法医临床学专业理论与实践

中国法医学会·全国第二十二届法医临床学学术研讨会论文集

主 编 夏文涛 张继宗

黑龙江科学技术出版社

图书在版编目（CIP）数据

法医临床学专业理论与实践：中国法医学会·全国第二十二届法医临床学学术研讨会论文集 / 夏文涛, 张继宗主编. -- 哈尔滨：黑龙江科学技术出版社, 2023.2

ISBN 978-7-5719-1724-1

Ⅰ. ①法… Ⅱ. ①夏… ②张… Ⅲ. ①法医学 – 临床医学 – 文集 Ⅳ. ①D919-53

中国版本图书馆 CIP 数据核字(2022)第 256509 号

法医临床学专业理论与实践——中国法医学会·全国第二十二届法医临床学学术研讨会论文集
FAYI LINCHUANGXUE ZHUANYE LILUN YU SHIJIAN——ZHONGGUO FAYI XUEHUI · QUANGUO DI-ERSHIER JIE FAYI LINCHUANGXUE XUESHU YANTAOHUI LUNWENJI

主　编　夏文涛　张继宗

责任编辑	王　研　项力福
封面设计	林　子
出　　版	黑龙江科学技术出版社 地址：哈尔滨市南岗区公安街 70-2 号　邮编：150007 电话：（0451）53642106　传真：（0451）53642143 网址：www.lkcbs.cn
发　　行	全国新华书店
印　　刷	哈尔滨双华印刷有限公司
开　　本	889 mm×1194 mm　1/16
印　　张	27.75
字　　数	800 千字
版　　次	2023 年 2 月第 1 版
印　　次	2023 年 2 月第 1 次印刷
书　　号	ISBN 978-7-5719-1724-1
定　　价	128.00 元

【版权所有，请勿翻印、转载】
本社常年法律顾问：黑龙江博润律师事务所　张春雨

法医临床学专业理论与实践

中国法医学会·全国第二十二届法医临床学学术研讨会论文集

编委会

主　　编	夏文涛	张继宗			
副主编	王　旭	周盛斌	吕永富	王正修	王丽萍
编　　委	（按姓氏笔画为序）				
	于晓军	马春玲	王立铭	王正修	王　旭
	王丽萍	王跃进	王　杰	王慧君	邓建强
	邓振华	邓德锐	田雪梅	邢　庭	吕永富
	刘技辉	汤　鹏	李玉峰	李永良	李寒松
	何冠英	谷建平	汪元河	王跃进	沈忆文
	张继宗	杨铁因	陈　腾	陈为龙	周盛斌
	林子清	依伟力	罗　斌	孟庆峰	赵丽萍
	洪　翔	夏　冰	夏文涛	徐获荣	高　冲
	唐　晋	常　磊	靳彦奎	蔡继峰	杨铁因
执行编委	夏文涛	李永良	高　冲	靳彦奎	田雪梅
	徐获荣	王正修	邓德锐	杨铁因	王丽萍

前 言

中国法医学会于 2021 年 5 月成功召开了第六次全国会员代表大会，选举产生了学会新一届领导班子，中国法医临床学专业委员会也在会议期间完成了换届。按照既定的工作安排，中国法医临床学专业委员会原拟定于 2021 年 8 月底在青海省西宁市举办全国第二十二届法医临床学学术研讨会暨 2021 年中国法医临床学高峰论坛。负责会议筹备的工作人员付出了大量的心血，各项工作均稳步推进，但因新冠疫情始终未得到有效控制，其后虽推迟至 9 月底，然天不遂人愿，会议最终仍未能如期召开。广大法医临床工作者均表达了深深的遗憾，同时也给予了宽容、理解和支持，让我们得到了慰藉，也更增添了把工作做得更好的信心。

虽然疫情让我们法医临床同行失去了在 2021 年内线下相聚的机会，但同志们对事业的热情和对中国法医临床学专业委员会的踊跃响应，让我们异常感动。2021 年在规定期限内收到的各类专业论文达数百篇，现已经编委、执行编委及《中国法医学杂志》编辑部的认真评审，遴选了其中部分论文编辑出版成《法医临床学专业理论与实践　中国法医学会·全国第二十二届法医临床学学术研讨会论文集》。

本书由全国公、检、法、司、大专院校及相关部门从事法医学工作的专家、学者、技术人员撰写，其中多数论文主要涉及法医临床学专业理论和技术应用，同时我们也遴选了部分以法医病理学、法医损伤学、法医物证学、法医毒物学、法医人类学、法医精神病学等学科内容为主，或者涉及其他相关或交叉学科的论文。所选论文充分反映了当前国内法医学领域科研和实践中的热点和难点问题，相信对实际鉴定、检案工作不无裨益。

本书的出版得到了全国公、检、法、司、院校系统领导及法医同仁的大力支持，也得到了相关评审专家的鼎力相助。在此，我们诚挚地感谢所有关心法医临床事业的领导和同行，感谢积极投稿的作者，感谢审稿专家和《中国法医学杂志》编辑部的老师们，感谢在组织协调过程中做了大量工作的大连市公安局的同志们。

相信这一部带着温度的著作可以在一定程度上弥补未能如期召开会议的遗憾，同时也可以让大家更好地期待在下一次相聚交流的过程中有更加精彩的碰撞。我们相信，在我们党和政府的坚强领导下，在全体防疫工作人员和广大人民群众的共同努力下，我们一定能够走出疫情的困扰，全国第二十二届法医临床学学术研讨会暨中国法医临床学高峰论坛也必将胜利召开，我们大家共同热爱的法医临床学事业创新发展的时刻必将很快到来，法医临床学从业人员将与其他法医学同道一起，共同为新时代中国特色社会主义法治建设提供更强有力的技术支撑。

由于论文量大且时间紧迫，本书错误之处在所难免，敬请各位领导、代表和广大读者不吝批评指正。

中国法医学会法医临床专业委员会

2022 年 4 月

目 录

第一章 颅脑损伤 1
对蛛网膜下腔出血法医临床学鉴定的浅析 1
对冲性脑损伤的法医学技术性证据审查 1 例 2
SWI 在弥漫性轴索损伤法医学鉴定中的应用 3
脑血管畸形出血引发无防护意识状态的摔跌死亡现场分析 1 例 4
颅内出血损伤程度鉴定探讨 1 例 4
冷冻致颅底及颞骨骨折法医学分析 1 例 6
CT 片测量帽状腱膜下血肿范围 1 例初探 7
脑外伤致智能减退的评残方法 8
3 例外伤性慢性硬膜下血肿的法医学鉴定及相关问题的分析探讨 9
法医学颅脑损伤鉴定探讨 10
法医学颅脑损伤鉴定案例分析 11
静脉窦血栓继发脑内血肿与外伤性脑内血肿的鉴别诊断 12
脑损伤的形态特点推断成伤方式分析 1 例 13
外伤性慢性硬膜下血肿技术性证据审查 1 例 14
外伤 100 多天硬脑膜下血肿伤情鉴定 1 例 16
慢性硬膜下血肿的法医临床学分析 1 例 16
基底节区出血与外伤之间的伤病关系分析 1 例 18
倒地致颅脑损伤特征及成因分析 19
颌面部损伤的伤残等级鉴定 1 例 20
JOUBERT 综合征并头部损伤临床法医鉴定 1 例 21
颞骨茎突变异误诊为骨折法医学分析 23
浅谈颅内出血的外伤性鉴定 24
老年颅脑损伤合并脑萎缩的法医学鉴定分析 25
"颅骨骨折"损伤程度鉴定探讨 26
技术性证据审查纠正颅脑损伤错误鉴定 1 例 26
面部损伤程度鉴定 1 例 28
基于《人体损伤致残程度分级》的颅脑损伤法医学鉴定 104 例分析 29
从 1 例轻微伤鉴定浅析微小创的鉴定问题 30
创伤性脑损伤法医学鉴定的难点与对策 31
交通事故颅脑与脊髓损伤继发脊髓空洞 1 例分析 32
额面部与额顶部头皮交界处瘢痕法医临床学鉴定 1 例 34

第二章 胸腹损伤 35
刀刺伤致左心室较大破裂存活 1 例 35
肺破裂、血气胸经肺脏切除术轻伤鉴定 1 例 36
对 2 型糖尿病实施"胃转流"外科手术医疗损害鉴定的初探 37
《人体损伤程度鉴定标准》肋骨骨折鉴定浅析 38
肠系膜损伤鉴定相关问题探讨 39
外伤致迟发性脾破裂行超选择性脾动脉栓塞术后损伤程度鉴定分析 1 例 41
肋骨纤维异常增殖症误诊为肋骨骨折的法医学鉴定分析 1 例 42

I

肋骨骨折在《损伤程度》与《致残分级》中计数标准的差异	43
直肠异物致完全性肠梗阻的人体损伤程度鉴定1例	44
关于外伤后流产的法医临床学认定引起恶性上访事件的分析	45
影像后处理时代肋骨骨折法医学应用	46
剪刀盲管创法医鉴定1例	50
隐匿性小肠破裂法医学鉴定1例	51
胰腺破裂致脾脏切除法医学鉴定1例	52
闭合性睾丸损伤致睾丸萎缩法医学鉴定1例	53
外伤性肋骨骨折技术性证据审查1例	54
肋骨骨折在人体损伤程度鉴定过程中常见问题分析	55
外伤性主动脉夹层法医临床学鉴定1例	56
肋骨骨折损伤程度鉴定3例分析	57
小儿腹股沟疝医疗损害鉴定2例	58
浅析腹腔积血的法医学鉴定	59
外伤性膀胱破裂法医学鉴定分析1例	60
高压气泵体外喷气致肠道破裂1例	61
胰腺假性囊肿因果关系鉴定1例	62
心包破裂修补评残重新鉴定后被投诉1例评议分析	63
1例外伤后流产的法医学鉴定讨论	65
外伤性早产1例的法医损伤程度鉴定的讨论	66
外伤性肠管破裂（腹股沟直疝内）法医临床损伤程度鉴定1例	67
肾结石经皮肾镜碎石术致感染性休克1例	68
影像学检查诊断在肋骨骨折鉴定案例中规范性适当性探讨	69
肩袖损伤的法医学鉴定	73
扩张性心肌病合并外伤死因鉴定1例	74
1例难免流产的法医学人体损伤鉴定	77
肋骨骨折的法医临床鉴定分析	77
11例肾损伤伤残鉴定的回顾性分析	79
关于肋骨骨折损伤程度鉴定的几点体会	80
蜂蜇伤致急性肾功能障碍的损伤程度鉴定	81
肋骨骨折的技术性证据审查1例	84
论肋骨骨折诊断	85
胸骨骨折法医学鉴定3例分析	85
非典型肋骨骨折的法医学鉴定	87
骨盆多发性粉碎性骨折错鉴不稳定性骨折浅析1例	88
1例误诊锁骨骨折的法医学鉴定分析	89
腹部损伤致迟发性脾破裂	90
肋骨骨折损伤形成时间鉴定1例	93
1例特殊类型肋骨骨折的鉴定分析	95
肋骨骨折诊断差异的原因及应对探讨	96
输尿管医源性损伤后自体肾移植伤残等级评定1例探讨	97
医源性心脏或大血管损伤医疗损害鉴定2例	98
伤后五个月多次影像检查发现6根隐匿性肋骨骨折1例	99
外伤后液气胸1例	100
肋骨多发性骨折引起急性呼吸窘迫综合征法医学分析	102

"外伤性流产"法医学重新鉴定 1 例	103
胸、腹部开放性损伤的法医学鉴定分析	104
1 例 18 根 25 处肋骨骨折的审查讨论	105

第三章 脊柱四肢

跟骨骨折致伤方式讨论 1 例	109
肩袖损伤的 MRI 影像学技术在法医临床学鉴定中的应用	110
膝关节韧带损伤的 MRI 影像技术在法医临床学鉴定中的应用	112
外伤性肩袖损伤的法医学鉴定探讨	114
脊柱四肢损伤和体表损伤中创口或者瘢痕长度鉴定失误 1 例	116
利用 Photoshop 软件计算体表不规则损伤面积的方法	117
尺神经损伤的损伤程度鉴定分析 1 例	118
实例分析足弓结构破坏法医学伤残程度评定要点	119
腰椎压缩性骨折 1 例的法医学鉴定分析	121
肩袖损伤合并伤病关系损伤程度鉴定 1 例	122
双踝骨折损伤机制分析 1 例	123
桡动脉浅支血管断裂法医学损伤程度分析 1 例	124
交叉韧带及半月板损伤与外伤之间的因果关系分析	125
齿状突骨折临床法医学鉴定 1 例	126
2 例损伤合并气性坏疽的法医鉴定分析	127
关于手骨挫伤的法医学鉴定 1 例	128
锐器骨折的法医学鉴定	129
关于腕关节损害的法医学鉴定探讨 ——技术性证据审查纠正 1 例腕关节功能鉴定案例	130
下肢外伤后糖尿病因果关系分析 1 例	132
撕脱性骨折的法医临床学鉴定	133
肩关节脱位法医学鉴别诊断 1 例	135
45 例"踝关节损伤"法医学鉴定分析	136
手功能丧失致残程度鉴定 1 例	137
66 例半月板损伤的法医学鉴定分析	138
咬伤致拇指部分离断的法医学鉴定	139
正中神经损伤法医学鉴定 1 例	140
膝关节前交叉韧带及半月板二次损伤 MRI 分析案例 1 例	141
腓骨远端骨折形成机制分析 1 例	142
第一掌骨骨折法医学鉴定 1 例	143
膝关节功能障碍法医伤残评定的客观化研究	144
下肢骨折并发肺栓塞致梗阻性休克损伤程度鉴定 1 例	146
肢体骨关节重要神经和软组织合并伤残程度鉴定 1 例	147
1 例髋臼盂唇损伤的法医学鉴定	148
伤残鉴定中肘关节功能障碍的法医学鉴定	149
骶骨骨折的法医学评定相关问题探讨	151
骨折不愈合人体损伤程度鉴定 1 例	154
钝器击打肘部致尺神经损伤 1 例	155
对 1 例被鉴定为踢伤致骨折案例重新鉴定的体会	156
1 例椎体压缩性骨折法医学鉴定浅析	157
影像学检查误诊骨折的法医学鉴定分析	158

技术性证据审查纠正手指损伤鉴定 1 例 160
三角骨、月骨囊变坏死法医学鉴定 1 例 161
1 例生理特性致掌骨骨折案例鉴定体会 162
浅论四肢长骨骨不连伤残程度鉴定标准与保险赔付合理性 164
对《人体损伤程度鉴定标准》中有关足部离断或者缺失条款的探讨 165
关于胸椎骨折的法医学鉴定案例分析 1 例 166
关于慢性骨髓炎伤残鉴定分析 167
多指畸形指骨骨折的鉴定探讨 169
腰椎压缩性骨折错鉴 1 例 170
浅谈足趾损伤的伤残评定标准 171
四肢骨多处骨折的法医学鉴定分析 173
外伤性骨折合并骨质疏松症的法医学鉴定分析 174
浅析腰背部钝性损伤致椎体横突骨折的法医学鉴定 175
1 例手指骨折关节功能障碍法医学鉴定分析 176
肩峰下撞击综合征的法医学检验鉴定 177
从一起个案分析同一处重复骨折的轻伤认定问题 178
脊柱骨折伤残等级案例报告 1 例 179
左上肢单瘫伤病关系鉴别讨论 1 例 180
掌骨基底部撕脱性骨折 2 例 182

第四章　眼耳鼻口

由 1 例眼外伤后视野缺损错误鉴定浅析法医学司法鉴定中的视野检查 183
开水烫伤并发鼓膜穿孔损伤程度鉴定 1 例 185
新标后的鼓膜造作伤探析 187
新时期耳鼻咽喉头颈外科医疗损害鉴定回顾性分析 188
一起误诊为外伤性耳聋鉴定为重伤的伤害案探讨 189
双眼视力功能障碍申请保外就医技术性证据审查 2 例 190
眼眶内下壁骨折法医学鉴定 1 例 191
眼外伤与视觉功能障碍因果关系讨论 1 例 192
鼓膜钙化合并穿孔法医学分析 193
外伤性鼓膜穿孔的损伤程度鉴定探讨 194
外伤致视力下降技术性证据审查分析 195
疑难听力损伤程度鉴定 1 例 197
鼻骨骨折的法医学鉴定 1 例 197
玻尿酸注射整容致单眼盲的法医学鉴定 198
鼻骨骨折的法医临床检验鉴定 200
非单纯眶内壁骨折损伤程度鉴定 1 例 201
牙齿损伤程度鉴定 2 例分析 202
对于《人体损伤程度鉴定标准》有关眶壁骨折的几点思考 203
鼻窦炎与外伤因果关系鉴定 204
盲眼伤后错误评定重伤 1 例 205
以 22 例两侧眶内壁骨折鉴定争议探索鉴定公信力 206
鼻骨骨折造作伤 1 例 207
视觉功能障碍鉴定分析 1 例 208
鼻缺损损伤鉴定 1 例 209
外伤后牙齿松动的法医学鉴定 211

IV

浅析鼓膜穿孔的法医学检验 211
关于听力损伤的法医学鉴定的探讨 213
"孔源性视网膜脱离"的法医学鉴定与分析 214
外伤性鼓膜穿孔急性期镜像表现分析 215
1 例口腔内损伤鉴定讨论 216
外伤性牙齿松动法医学鉴定 17 例 217
多排螺旋 CT 后处理技术在鼻区骨折鉴定中的应用 218
鼻骨骨折造作轻伤 1 例分析 219
有晶体眼后房型人工晶体外伤后脱位的法医学鉴定 1 例 221
眶鼻部骨折鉴定的分歧与探讨 222
新鲜与陈旧眼眶内壁骨折法医学鉴定浅谈 223
失血性休克致视力障碍的法医学鉴定 224
浅谈钝性暴力致鼻区骨折的法医学鉴定 226
双眼偏盲与外伤的因果关系分析 1 例 228
浅析鼻部骨折的法医临床学检验鉴定 229
喉咽部穿透创继发 HORNER 征桡神经损伤法医学鉴定 1 例 230
1 例眶壁骨折多重法医学鉴定的思考 232
从 1 例眼睛损伤错误鉴定谈检察机关法医技术性证据审查的困境与出路 234
关于眶壁骨折有关条文存在的问题及建议 236
牙齿折断伤病关系法医学分析 237
1 例眼角膜碱烧伤的损伤程度鉴定 238
外伤后中枢视野缺损的法医学鉴定 239
视神经损伤法医学鉴定 1 例 240

第五章 交通事故 242

伪装交通事故凶杀案的尸检分析 1 例 242
交通事故中摩托车驾驶员认定 1 例 243
交通事故驾乘关系的法医学鉴定 245
270 例道路交通事故死亡案例分析 248
交通事故并发肺动脉栓塞死亡 1 例 249
老年患者交通事故合并基础疾病因果关系及医疗费用审核 1 例 250
98 例酒驾类案件审查报告 251
对 148 例醉驾类案件血醇鉴定报告的审查分析及建议 252
交通事故致胸部损伤继发肺动脉栓塞死亡 1 例 253
1 例交通事故死亡引发的思考 255
交通事故致颈内动脉海绵窦瘘法医学鉴定 1 例 256
现场法医处置交通事故非正常尸体业务能力的思考 257
交通事故致颈髓损伤合并颈椎病伤病关系分析 1 例 258
2020 年度济南交警法医工作总结 259
交通事故致胰肠吻合术后伤残评定 1 例 261
54 例交通事故致骨产道损伤的法医学鉴定 262
高速公路上交通事故涉案者交通行为方式的鉴定 264
由一起杀人案浅谈交通事故与刑事案件尸体检验的体会 267
2019 年度济南交警法医鉴定工作分析 269
浅议交通事故法医鉴定与医院临床诊疗的关系 270

- 多车肇事致人死亡鉴定1例 271

第六章 司法体制 274
- 浅析我国刑事诉讼专家辅助人制度之完善 274
- 论司法鉴定的管理 275
- 成伤机制分析在检察办案中的作用 276
- 浅析法医鉴定人出庭应对策略 277
- "马斯洛需求层次理论"对加强公安法医队伍建设的启示 278
- 人民法院保外就医审核探讨 280
- 法医活体损伤程度鉴定中应注意的问题 281
- 浅谈现阶段法医学的社会认知以及加强法医学知识普及教育的意义 282
- 法医临床鉴定工作中遇到的问题及对策 283
- 浅谈对《人体损伤程度鉴定标准》部分条款的理解与运用 284
- 人体损伤程度鉴定的审查及思考 285

第七章 其他 288
- 口服地芬诺酯片死亡原因分析 288
- 86例医疗损害案件法医学鉴定及结果分析 289
- 议法医临床学鉴定方法 290
- 造作伤2例分析 291
- 通过尸检检验对死者生前损伤程度鉴定1例 292
- 268例家庭暴力损伤法医临床学回顾性分析 293
- 浅谈非正常死亡事件的处置 294
- 浅析法医伤情鉴定中伤病关系的论证 295
- 锐器损伤中自杀与他杀的鉴别 297
- 浅议伤情鉴定文书中论证原则与思路 298
- 实例浅析法医影像学在人体损伤程度鉴定中的应用 299
- 巢湖地区148例非正常死亡事件回顾性研究 301
- 动物破坏尸体的法医学分析1例 302
- 医源性扩创创口损伤程度鉴定1例 303
- 被牛撞死案例分析 304
- 氟利昂中毒致死 306
- 无肌病性皮肌炎并发间质性肺病与百草枯中毒性肺损伤的鉴定分析 307
- 帕金森病术后死亡致医疗损害1例 308
- 外伤迟发性心脏压塞死亡1例的司法鉴定 309
- 非典型性高坠迟延性死亡1例 311
- Y-STR数据库在本地深度应用的思考 312
- 气动枪枪击法医学鉴定1例 313
- 技术性证据审查保障命案审查起诉1例分析 314
- 吸脂手术致缺血缺氧性脑病的法医学鉴定1例 315
- 体位变化影响皮肤瘢痕长度案例分析 316
- 过度医疗伤残程度鉴定探讨 317
- 回顾1例杀人抛尸、藏尸案的法医学检验鉴定 319
- 骨盆骨折后手术治疗鉴定纠错1例 320
- 论人体损伤程度鉴定的时机 321
- 矿井下凶杀与事故两例分析 322
- 再谈对命案现场的现场重建 323

技术性证据审查中关于对幼女阴道Ⅱ度撕裂伤的理解ﾠ324
——以胡某强奸案为例ﾠ324
扼颈转换为顶腰锁喉窒息死亡分析ﾠ325
1 例胎儿畸形死亡鉴定分析ﾠ327
《人体损伤程度鉴定标准》中轻微伤条款使用频次及标准修改建议ﾠ328
人识法谎言识别在诈病与造作伤鉴定中的应用ﾠ329
技术性证据审查甄别三份不同鉴定意见协助检察官办理一起刑事申诉案ﾠ330
16 例不予损伤程度评定案例分析ﾠ331
法医技术性证据审查与刑事案件的责任归属ﾠ333
——由两起刑事案件带来的思考ﾠ333
从"疑罪从无"的视角考察损伤鉴定的相关问题摘要ﾠ335
刍议伤病关系ﾠ337
1 例钛网置换术后伤情鉴定讨论ﾠ338
浅议皮肤瘢痕接近临界值时的法医学鉴定ﾠ339
许莫氏结节的法医临床学意义试析ﾠ340
从案例中浅谈法医精准提取生物物证经 DNA 检验为侦查和诉讼提供证据ﾠ341
严把技术性证据关，杜绝冤假错案发生ﾠ342
杀人后高坠自杀法医学尸体检验两例分析ﾠ343
综合应用 STR、Y-STR 破获多年命案一起ﾠ345
法医学死因问题浅析 龙贵峰[1]，卫彦均[2]ﾠ345
磁共振水成像在脑脊液漏的法医学鉴定中的应用ﾠ347
浅谈损伤后迁延死亡及其法医学鉴定ﾠ348
人身损害赔偿"误工期"的法医学鉴定ﾠ349
法医技术性证据审查中关于隐性骨折的审查与判定ﾠ350
常见造作伤的法医学分析ﾠ351
2 例汽车燃烧火场尸体检验浅析ﾠ353
使用过氧化氢清创引起静脉气体栓塞的法医学分析ﾠ354
应用人工神经网络推断死亡时间的探索ﾠ355
浅谈 DNA 生物检材发现、提取、保存中的注意事项ﾠ356
1 例急性会厌炎伴会厌囊肿致猝死的医疗损害责任分析ﾠ358
口服氰化物及呋喃丹中毒死亡 1 例ﾠ359
1 例疑为他杀案件的法医学检验ﾠ361
数字影像阅片在法医鉴定中应用的体会ﾠ362
多专业参与审查，认定致伤原因ﾠ363
陈旧性膈疝与损伤的辩证分析 1 例ﾠ364
浅谈"外伤性癫痫"鉴定ﾠ365
浅谈法医阅片在人体损伤程度鉴定中的作用ﾠ366
浅谈司法鉴定文书的规范化制作ﾠ367
3 例机械性窒息死亡案例比较性分析ﾠ370
"毒针"杀人后自杀 1 例ﾠ371
轻微面部外伤致硬膜下血肿死亡 1 例ﾠ373
23 例比照评定伤残的审核分析ﾠ373
《人体损伤程度鉴定标准》遇到的问题及对策ﾠ374
外伤性心搏骤停猝死与心源性猝死法医学鉴定案例ﾠ375

252 例损伤程度鉴定审查报告	376
临床法医案例文证审查的实践与分析	378
二次 PCI 医疗事故鉴定两例分析	379
浅谈人体损伤程度鉴定的前期取证	380
利用电子数据推断死亡时间 1 例	382
百草枯投毒杀人未遂案法医损伤程度鉴定 1 例探讨	383
利用损伤形成机制成功鉴别头部造作伤的法医鉴定探讨	384
使用麻醉药剂杀人法医学分析 1 例	386
电动三轮车压迫身体致死亡 1 例	387
思维导图对《人体损伤致残程度分级》的知识梳理——以肢体瘫痪为例	388
法医学损伤程度鉴定书的分析说理	390
二次碾压损伤的法医学补充鉴定 1 例	394
一起涉嫌伤害案法医学鉴定思考	396
刑事责任能力在法医临床精神病鉴定中的相关问题	397
肺脂肪栓塞死亡 1 例	398
水中尸体死因鉴定	399
男性性功能鉴定 80 例分析	400
两次外力致颅脑损伤死亡 1 例鉴定分析	401
活体电击伤的伤情鉴定探讨	402
中医角度解释几种特殊的人体现象	403
同案两伤者损伤法医鉴定分析	404
体表挫（擦）伤消失后准确测量损伤面积的研究	405
男性假两性畸形法医学鉴定 1 例	406
浅论司法精神病鉴定的启动标准	407
1 例精神病责任鉴定的法医学讨论	408
未成年人案件中虐待伤的损伤特点	409
对虐待儿童案件的法医学分析与研究	412
人体损伤程度鉴定工作中遇到的问题及对策	413
外伤后心肌梗死医疗费及后续治疗费的计算	414
刍议保外就医中直肠癌疾病的审查	415
面部抓伤遗留色素改变重新鉴定 1 例	417
法医临床重新鉴定改变鉴定意见 26 例分析	418
关于人体损伤程度鉴定的一些思考	420
对醉酒合并颅脑损伤的挤压性窒息死亡的分析和认定	421
强奸案中的 DNA 应用	422
一起雷击事故的浅析	423
一起窒息死亡误鉴为心脏间叶瘤破裂死亡	424
超声检查在对刺裂创鉴定的意义	425
外伤性颈内动脉海绵窦瘘并假性动脉瘤法医临床鉴定 1 例	426
对一起寻衅滋事案中涉伤病关系的技术性证据审查	427
先天性室间隔缺损猝死法医学鉴定 1 例	428
法医临床中断指再植的手功能鉴定的回顾性研究	430
足弓结构破坏法医学鉴定中影响因素的分析性研究	430

第一章 颅脑损伤

对蛛网膜下腔出血法医临床学鉴定的浅析

常庆国[1]，沙统一[2]
1. 吉林省长春市公安局南关区分局　吉林 长春 130022
2. 吉林省长春市公安局朝阳区分局　吉林 长春 130000

蛛网膜下腔出血是指颅内蛛网膜下脑沟中血管破裂后，血液流入蛛网膜下腔的征象，与硬脑膜外和硬脑膜下出血多因外伤所致不同，蛛网膜下腔出血从出血机制上可分为损伤性和非损伤性两大类，二者的鉴别诊断是法医临床学鉴定工作的一个重点。

损伤性蛛网膜下腔出血，多见于青壮年，主要位于脑挫伤的部位。其损伤原因主要是脑挫伤造成皮质静脉和软脑膜血管破裂，冲击伤或对冲伤均可形成。此种出血一般比较局限，呈点片状，界限明显，可发生于着力部位和非着力部位。如果伴有多处脑挫伤灶，则出血常显示出以挫伤灶为中心，融合成片，甚至弥散整个大脑半球表面；其次是硬脑膜下脑底动脉或椎动脉破裂出血并伴有蛛网膜破裂（脑底动脉、椎动脉损伤性破裂出血的常见损伤机制如表1-1所示）。损伤性蛛网膜下腔出血严重时可引起全脑蛛网膜下腔出血，由于蛛网膜下腔中有流动性的脑脊液，所以蛛网膜下腔出血常不易积聚形成血肿。

表1-1　脑底动脉破裂出血与椎动脉入颅处破裂出血的常见损伤机制

病变部位	常见损伤机制
脑底动脉破裂出血	打击额面部，使头部突然后仰
椎动脉入颅处破裂出血	打击下颌部、颈部、项部、顶部及挥鞭样损伤时，特别是头部发生扭转，流出的血液进入颈髓和脑底蛛网膜下

非损伤性蛛网膜下腔出血，是由于脑部自身的病变或疾病状态引起的出血。非损伤性蛛网膜下腔出血最常见的原因是脑底动脉瘤破裂。非损伤性蛛网膜下腔出血根据其出血来源的不同可分为原发性和继发性两种（见表1-2所示）。非损伤性蛛网膜下腔出血有时可形成薄层血凝块。

表1-2　非损伤性蛛网膜下腔出血根据其出血来源不同分类

性　质	病变部位	常见病因
原发性	脑底部或脑表面的血管病变	动脉瘤、血管畸形等破裂后血液直接流入蛛网膜下腔
继发性	脑实质内出血	高血压性脑出血等血液穿破脑组织进入脑室和蛛网膜下腔

法医检案时，容易将非损伤性蛛网膜下腔出血误认为是外伤性蛛网膜下出血，故应认真分析，做出正确判断。损伤性与非损伤性蛛网膜下腔出血的鉴别要点如表1-3所示，通常认为外伤情况，脑皮质浅层挫伤以及病变血管的确诊是关键。但是限于技术条件所限，病变血管的确诊常难以尽善。所以有明确的头面部外伤史、准确的颅脑影像学检查且排除异常病理因素并结合案情，应当可以作为诊断外伤性蛛网膜下腔出血的基本依据，而脑挫伤和血管病变可以作为辅助依据。

表1-3　损伤性与非损伤性蛛网膜下腔出血的鉴别要点

病变部位	损伤性	非损伤性
脑皮质挫伤	多有	多无
颅脑损伤	明显	无或极轻微
出血范围	大小不一	多较大
出血部位	任何部位，多呈非对称性分布，但枕部着力时，可在两额极或颞极部出现出血量较少的对称性分布	颅底多，颅顶少
是否形成血肿	不易积聚形成血肿，较长时间体位固定可引起血液沉积形成血肿	可穿破蛛网膜形成硬脑膜下出血或形成血肿
脑实质深部出血	少见	多见，血管畸形者较多
血管病变	多无	多有

另外，下颌部损伤也可导致外伤性蛛网膜下腔出血，还应注意酒精对人体的影响。有研究认为：酒精具有抑制凝血、扩张血管、增加心搏出量和搏出次数从而增加血管内血液充盈度的作用，所以酒后脑血管在很轻微的外力作用下，也容易发生破裂出血。笔者在实践中，曾遇到酒后受轻微的头部损伤引起广泛性蛛网膜下腔出血而脑血管本身又无明显病变的案件。因此，法医在分析鉴定此类情况时，还应考虑酒精对出血的影响，即在实际工作中，遇到头部轻微损伤致蛛网膜下腔出血时，应详细了解伤者伤时状态，必要时可测定酒

精含量，可将醉酒作为轻微外伤后蛛网膜下腔出血的条件。因此在鉴定时，应详细了解案情，收集病史和临床状况。

对冲性脑损伤的法医学技术性证据审查1例

陈丽敏[1]，刘莹洁[2]

1. 湖北省襄阳市襄城区人民检察院 湖北 襄阳 441000
2. 湖北省襄阳市人民检察院 湖北 襄阳 441000

1 案例资料

1.1 简要案情

谭某，男，71岁，2020年4月5日，因邻里纠纷，被陈某用右手往脸上打了一拳，仰面倒地后，后脑部磕到水泥地面上，头部受伤，随即送医院住院治疗。2020年4月17日，某公安司法鉴定中心对谭某伤情做出鉴定，鉴定意见为重伤二级。某检察院刑事检察部门将鉴定书以及相关鉴定材料送检察技术信息处进行法医学技术性证据审查。

1.2 病历摘要

2020年4月5日，因"多处外伤3 h"入院。查体：GCS 15分，双侧瞳孔等大等圆，直径约3 mm，光反应灵敏。初步诊断：左侧额叶脑挫伤、创伤性蛛网膜下腔出血、右侧颞部创伤性硬膜下出血、多处软组织损伤。

2020年4月5日，某医院第10××71号颅脑、上腹部、胸部CT检查报告示：①蛛网膜下腔出血，左侧额叶脑挫伤出血，右侧颞部硬膜下积血，必要时复查；②左下肺钙化灶；③上腹部CT平扫未见明显异常。2020年4月6日，某医院第10××85号颅脑、颈椎CT检查报告示：①蛛网膜下腔出血，左侧额叶、双侧颞叶脑挫伤出血，右侧颞部硬膜下积血，较前片有所增加；②颈椎CT平扫未见明显异常。

2020年4月15日，患者病情加重，复查头部CT示：颅内水肿较前加重，同时左下肢肌力较前下降，急诊行开颅手术。

2020年4月15日，在全麻插管下行颅内血肿清除术，术中见患者脑组织肿胀，左侧额颞顶部多发性脑挫伤，硬膜下积血约20 mL，清除挫伤脑组织彻底止血。

1.3 鉴定意见

2020年4月17日，公安司法鉴定中心出具了重伤二级鉴定意见。主要观点如下：根据活体检验结果和相关资料，结合案情，分析认为谭某受伤属实，头部损伤形成颅内出血、脑挫伤，随后出现颅内水肿加重、左下肢肌力下降等脑受压神经症状体征，医院急诊行开颅手术治疗，根据《人体损伤程度鉴定标准》第5.1.2 g）条、第5.1.2 h）条之规定，损伤程度评定为重伤二级。

2 讨论

当运动的头部碰撞于较大平面上而突然静止，在颅骨停止运动的瞬间产生反作用力，脑组织向着力点的对侧运动，因而造成对冲性脑损伤。对冲性脑损伤的特点一般表现为作用部位损伤轻而对冲部位损伤偏重，因为人颅骨结构的特异性，颅骨和脑之间存在解剖结构不同，当力直接作用在颅骨时，脑组织同时也在运动，颅骨停止运动的瞬间，脑组织因惯性作用仍继续向前运动，撞击对侧静止的颅骨，从而产生对冲性脑损伤；同时着力部位的颅骨相对停止，造成其下方的脑组织损伤相对减弱，故对冲部位损伤的严重程度大于直接冲击部位的损伤。

本案例伤者损伤机制较清晰，询问笔录明确了后脑着地撞击水泥地面的情况，入院后头颅CT检查左侧额叶、双侧颞叶脑挫伤出血，蛛网膜下腔积血，右侧颞部硬脑膜下积血，符合头部后枕着力，额颞部对冲性损伤的表现。因伤者年纪较大，选择保守治疗，但随着病情的演变，颅内水肿加重，伴脑受压神经症状，医院急诊行开颅手术。其损伤情形符合《人体损伤程度鉴定标准》第5.1.2 g）条、第5.1.2 h）条之规定，综合分析认为谭某本次所受损伤程度为重伤二级。

在司法案件中的技术性审查阶段，往往检察官对成伤机制的审查更为重视，对于此类头部损伤，审查的难点在于直接打击形成还是意外摔跌形成，如果是口供不一致的案件，意外跌倒和他人施力后跌倒所致的对冲性脑损伤的情形差别不易发现，故必须充分了解案情并结合现场勘查情况分析，意外跌倒的是否有地面较滑或者高低不平，有无易造成绊倒的物品等；而被拳击头面部致跌倒的，受击打部位是否局部有发绀或骨折等。同时因对冲性脑损伤的特点，直接接触地面的部位损伤不明显，而对冲部位损伤严重，审查意见中需分析其对冲性脑损伤形成的机制，为司法案件的证据审查和对案件当事人的解疑释惑提供可靠的参考。

SWI在弥漫性轴索损伤法医学鉴定中的应用

陈甜子[1]，晁斌[2]

1. 山东省枣庄市公安局峄城分局刑侦大队 山东 枣庄 277300
2. 山东省枣庄市公安局台儿庄分局刑侦大队 山东 枣庄 277400

弥漫性轴索损伤（DAI）是头部遭受加速性旋转外力作用时，因剪应力而造成的以脑内神经轴索肿胀断裂为主要特征的损伤。DAI好发于交通事故、坠落、打击，尤以交通事故多见。在重度弥漫性轴索损伤中，CT、MRI的表现基本一致；在轻、中度弥漫性轴索损伤中，磁共振磁敏感加权成像（SWI）具有CT及常规MRI无法比拟的高准确性及高敏感性，本文结合案例加以介绍和讨论。

1 方法原理

弥漫性轴索损伤好发于神经轴索聚集区，如胼胝体、脑干、灰白质交界处、小脑、内囊和基底核。病理发现轴索球是确认弥漫性轴索损伤的金标准。临床以弥漫性轴索损伤中的组织撕裂出血作为诊断的间接依据，一般以微出血灶作为DAI影像诊断的主要标志。

SWI（磁共振磁敏感加权成像）是一种不同于常规MRI（T1WI、T2WI）的全新MRI成像技术，是利用组织间磁敏感性的差异进行成像，对含脱氧血红蛋白、正铁血红蛋白、铁血黄素等顺磁性物质拥有高度敏感性，在SWI序列上呈低信号影，与正常脑组织的反差明显。SWI最大优势是对出血敏感度高，其表现的出血信号变化建立在细胞、分子水平上，因而较CT、常规MRI更具优势。

2 案例应用

2.1 案例一

吴某，女，40岁。某日因纠纷被人用铁棍打伤头部。查体：神志不清，呼之不应，语言不能，左侧枕部肿胀；CT检查示左侧枕部头皮下血肿，脑内各结构未见明显异常。常规MRI检查示左侧额叶见少量高低混杂信号影，无法明确诊断。后行SWI检查示相应左侧额叶见大小不等的结节样低信号影，认定为左侧额叶弥漫性轴索损伤。后吴某出现行为紊乱、明显被害妄想，经省级精神疾病司法鉴定所诊断为脑外伤所致精神障碍。

2.2 案例二

孙某，女，2岁。某日因发生交通事故致头部受伤。查体：昏迷状，查体不合作，病理征（-）。CT及常规MRI检查示左侧顶骨及额骨左侧骨折，脑内各结构未见明显异常。后行SWI检查示双侧放射冠、胼胝体压部、左侧小脑齿状核多发点状异常低信号影，符合弥漫性轴索损伤慢性期表现。

3 讨论

由于法医临床学鉴定时无法获取DAI的病理标本，故影像学检查成为确诊的主要手段。但传统的CT、常规MRI检查均不能直接显示受损的轴索，并且对微小出血灶的显示能力欠佳，不利于确诊DAI。

本文通过2例弥漫性轴索损伤的案例，伤者CT及常规MRI检查示脑内各结构未见明显异常，而通过SWI均可确诊弥漫性轴索损伤。从而说明SWI（磁共振磁敏感加权成像）在诊断DAI中，其敏感性及准确性明显优于普通影像学检查。

有研究表明，DAI病灶数目越多，则轴索损伤的范围越大，脑组织损伤程度越重，致残率及致死率越高。由于SWI（磁共振磁敏感加权成像）对微出血灶的检出率明显高于CT及常规MRI检查，SWI在检出微出血灶大小、数量、体积及分布的效果是常规T2序列的3~6倍。故而在日常法医临床鉴定中对于神经症状明显的轻、中度颅脑损伤伤者应建议其尽早行SWI检查，以免漏诊及误诊。

脑血管畸形出血引发无防护意识状态的摔跌死亡现场分析1例

陈伟建[1]，徐金莎[2]

1.广西壮族自治区南宁市公安局良庆分局物证鉴定室 广西 南宁 530001

2.广西壮族自治区南宁市铁路公安局刑事技术处 广西 南宁 530001

1 案例资料

1.1 案情简介

2019年4月18日，赵某在南宁市国际壮医医院死亡。家属报警称，赵某3 d前在建筑工地被人发现倒地昏迷不醒，被工友送至医院治疗，经医院诊断为颅骨粉碎性骨折合并颅内出血和脑挫裂伤，当天行开颅减压清除血肿手术，3 d后在医院内死亡。

1.2 案件调查和现场勘查

派出所出警民警经询问赵某的工友，了解到的案情为：4月15日下午5时许，发现赵某倒在建筑工地地下室地面上，呼之不应，遂送至医院抢救。其工友原以为赵某是自身疾病发作，到医院后，医生告知赵某颅骨粉碎性骨折合并颅内出血。出警民警认为案件存在疑点，遂通知我刑事技术部门，请求协助调查。对赵某倒地昏迷的现场进行勘查，现场为在建建筑工地的负一层地下车库，层高3.5 m，顶部封闭，周边为平坦水泥地面。

1.3 尸体检验情况

在医院停尸间对赵某尸体进行尸表检验。死者身高175 cm，右顶枕部及左颞顶部见2处已缝合手术瘢痕，右顶枕部头皮可扪及头皮血肿，头皮血肿中心位置处见一2.5 cm×1.5 cm的擦挫伤，擦伤皮瓣方向向上；右肘关节外侧见一处0.5 cm×0.5 cm的擦伤，其余未见损伤异常。

国际壮医医院急诊医生反映，死者赵某入院时查体的主要损伤为右侧顶枕部头皮血肿合并颅骨骨折，左颞部蛛网膜下腔出血合并脑挫裂伤。调取颅脑外科全部病历资料，查阅开颅手术前的脑血管造影影像学片，发现死者赵某左侧颅中窝存在脑血管畸形伴破裂出血；阅颅骨三维成像影像学片，死者赵某的颅骨骨折为右顶枕部的"T"字形线性骨折，并非入院资料里描述的颅骨粉碎性骨折。

2 分析讨论

本例死亡案件中，出警部门初步了解到的情况为颅骨粉碎性骨折和颅内出血，但是死者被人发现昏迷不醒的现场位置不存在高坠损伤的条件和高空落物的条件，并且通常情况下单纯的后仰摔跌发生时人体自身都会存在下意识的防护动作，包括手撑地、护头、弓背等行为，以避免对头部造成巨大损害。出警部门怀疑死者单纯倒地造成的损伤不合常理，为了排除建筑施工方死后移尸伪装自身疾病逃避安全事故监督部门调查和人为打击的情形存在，请求我刑事技术部门给予专业意见。

通过尸表检验结合医院病历资料，我物证鉴定中心分析如下：死者颅脑损伤一次形成，头皮血肿和颅骨线性骨折位置对应，存在明显的对冲伤，头部损伤符合减速运动形成的颅脑损伤形态；除颅脑损伤外，肢体其余部位未见骨折和内脏出血，可以排除典型高坠损伤和外力打击造成的颅脑加速运动损伤；死者仅右肘部存在轻度擦伤，头皮血肿中心位置擦伤皮瓣方向向上，符合后仰摔跌的头皮与水泥地面摩擦受力方向，加之死者左侧颅中窝存在脑血管畸形伴破裂出血，分析认为，死者在工作过程中脑血管病变破裂出血，颅内压升高后造成意识障碍，直接后仰摔跌并且无下意识的防护行为，颅脑顶枕部直接与水泥地面碰撞，造成较为严重的颅脑损伤，可以排除高坠死亡后移尸和人为侵害。

颅内出血损伤程度鉴定探讨1例

段晓媛[1]，文天阳[1]，曹启文[2]

1.云南省楚雄三和司法鉴定所 云南 楚雄 675000

2.云南省楚雄州公安局刑侦支队 云南 楚雄 675000

蛛网膜下腔出血属于颅内出血的类型之一，《人体损伤程度鉴定标准》（以下简称《标准》）规定"外伤性蛛网膜下腔出血，伴神经系统症状和体征"和"颅内出血，伴脑受压症状和体征"为重伤二级。在实际工作中，通常会有多种类型的颅内出血同时存在，伤者的症状和体征也较为复杂，医疗水平对病历记载也影响较大，而"神经系统症状和体征"以及"脑受压症状和体征"两者往往难以显著区分，导致此类损伤程度鉴定争议较大。本文结合具体案例对此进行探讨，旨在为今后颅内出血的损伤程度鉴定提供参考。

1 案例资料

1.1 简要案情

2019年8月6日，袁某被他人从高处推倒落地后头部受伤住院治疗。

1.2 病历摘要

患者因"高处坠落伤后6 h余"入院。伤后伴意识障碍，恶心呕吐胃内容物数次，耳鼻流血性液，四肢活动欠佳，无大小便失禁。伤后到当地县医院CT检查示：左侧颞顶骨骨折、左侧颞部硬膜外血肿及硬膜下血肿、左侧颞顶部蛛网膜下腔少量出血。立即转院到我院以左侧颞顶硬膜外血肿收入我科，患者自发病过程中，意识伤后立即丧失，转运途中清醒，无大小便失禁，无进食。

专科情况：神志嗜睡，呼之可应，查体欠合作，言语不清，双瞳等大等圆，约3 mm，对光反射灵敏，四肢肌力及肌张力正常，脑膜刺激征阴性，病理征未引出。

手术名称：左额颞顶急性硬膜外、硬膜下血肿清除术。

病程记录摘要：2019年8月6日至2019年8月15日患者均神志嗜睡；时有恶心、呕吐，呕吐物为胃内容物，伴咖啡色样血性物。2019年8月15日至2019年8月23日患者有言语不清表现。

诊断：①闭合性颅脑损伤中型；②左额颞顶急性硬膜外及硬膜下血肿；③双侧额颞叶挫伤；④创伤性蛛网膜下腔出血。

1.3 法医临床检验

（1）一般检查：神清，对答切题，能叙述受伤经过，四肢肌力正常。左额颞顶见一手术愈合瘢痕。

（2）阅片：某县医院2019-08-06 17:43 CT片示：左侧颞顶骨骨折，左侧颞部硬膜外血肿及硬膜下血肿；左侧颞顶部蛛网膜下腔出血；右额叶脑挫伤；中线无偏移。

某医科大学第一附属医院2019-08-06 20:50 CT片示：左侧颞顶骨骨折；左侧颞顶部硬膜外及硬膜下血肿，血肿呈梭形，最厚处约2.4 cm，周围脑组织明显受压；左侧颞顶部蛛网膜下腔出血；中线无偏移。

1.4 鉴定意见

首次鉴定评定为轻伤一级，后两次鉴定评定为重伤二级。

2 讨论

2.1 评定依据

轻伤一级依据：袁某伤后意识立即丧失，伴呕吐数次，属脑震荡的临床表现。手术前后伤者神志嗜睡，呼之可应，言语不清，脑受压的症状和体征处于临界状态，CT片示中线无偏移，愈后良好，应就低不就高，评定为轻伤一级。

重伤二级依据：袁某伤后意识立即丧失，伴呕吐数次，转院途中有清醒，入院查体：神志嗜睡，呼之可应，查体欠合作，言语不清。2019-08-06 17:43 CT片与2019-08-06 20:50 CT片比较，颅内出血呈进行性加重，出血量明显大于60 mL，有明显手术指征，手术后仍有神志不清、嗜睡，时有恶心、呕吐、言语不清等症状和体征。伤者脑受压的症状和体征明显，应评定为重伤二级。

2.2 建议

（1）人体损伤程度鉴定标准5.1.2 f）"外伤性蛛网膜下腔出血，伴神经系统症状和体征"与5.1.2 h）"颅内出血，伴脑受压症状和体征"比较，内容上并无本质区别。在实际工作中遇到蛛网膜下腔出血和其他类型的颅内出血同时存在、共同作用产生症状和体征，无法分清主次时，在鉴定过程中单独引用5.1.2 f）或5.1.2 h）显然不妥，同时引用5.1.2 f）和5.1.2 h）则有简单相加之嫌。《法医临床学》（第5版）根据出血或血肿发生的部位不同，将颅内出血分为硬膜外血肿、硬膜下血肿、蛛网膜下腔出血和脑内血肿。因此，应将条款5.1.2 f）和5.1.2 h）合并为一个条款。

（2）单纯外伤性蛛网膜下腔出血仅有头痛、头晕和脑膜刺激征等一过性症状与体征，但不伴较长时间意识障碍、颅内压升高等体征，未危及生命的，不宜鉴定为重伤二级。

（3）颅内有人体重要的生命器官大小脑，颅内出血对人体的危害程度不亚于腹腔内出血对人体的危害程度，而"腹腔积血或者腹膜后血肿，须手术治疗"评定为重伤二级，颅内出血虽未出现明显的脑受压症状和体征，但达到手术指征且须行手术治疗的，应当评定为重伤二级。

冷冻致颅底及颞骨骨折法医学分析1例

黄迁秋，梅冬伟，戴辉

安徽省淮北市刑事科学技术研究所 安徽 淮北 235000

尸体冷冻保存导致颅底骨折的案例曾有报道，但是冷冻致颅底及颞骨骨折的案例比较罕见。笔者现报道一案例，并对这一现象进行法医学分析。

1 案例

1.1 简要案情

某年7月21日下午5时许，在某区滨河花园三期工地门卫室桑某（男，46岁）死亡。现场房门开启状，门窗完好，房内物品摆放整齐，未见翻动痕迹，电视机呈开启状态。

1.2 尸体检验

尸体冷冻存放12 d后再次检验，死者尸斑呈暗紫色分布于尸体背侧未受压处。十指甲发绀，右足第一趾见0.8 cm×0.4 cm结痂，右足第五趾甲缺失，见0.8 cm×0.6 cm结痂。右侧颅前窝见骨折线，右侧颞骨见骨折线。颞骨菲薄，最薄处仅1 mm。胃内容物呈稀水样，无成型食物可辨，量约100 mL。余检验均呈阴性。

提取心血、胃及胃内容物及部分肝脏进行常见有机磷类农药毒物检验，结果均呈阴性。

病理检验结果：①肺淤血、肺水肿。②心肌断裂。③右肾固缩肾。④脑、肝、脾等组织淤血。⑤颈髓（-）。⑥胰腺自溶。

1.3 专业气象台证明

市专业气象台证明，7月21日气温如下：12时整37.1℃，13时整38.2℃，14时整38.2℃，15时整38.4℃，16时整38.3℃，17时整37.8℃。

2 讨论

2.1 排除部分死因

根据尸体检验、毒物检验及病理学检验，可排除机械性损伤死亡、机械性窒息死亡、常见有机磷类农药中毒死亡及原发性疾病死亡。

2.2 确定桑某符合中暑死亡特征

根据死者肺脏淤血水肿，脑、肝、脾等组织淤血，心肌断裂等，符合中暑死亡的病理学征象；结合气象证明当日12时至17时气温最低37.1℃，最高38.4℃，说明周围环境温度已超过人体皮肤温度，且死者所处的环境较差，没有有效的降温设备，死者在这种高温环境中极易发生中暑。因此，桑某符合中暑死亡。

2.3 颅骨骨折属死后形成

尸体冷冻导致的颅骨骨折，易被认为外伤所致而引起争议。该案例，死者桑某双眼上、下睑无出血及"熊猫眼"征，口鼻部及双耳未见血性液体流出，解剖发现右侧颅前窝及右侧颞骨有骨折线，但是骨折线处未见血迹沿骨折断面上的细微骨折裂线渗入、浸润骨质，形成"骨荫"，骨折对应皮肤及肌肉颜色正常，未见出血表现，因此这两处骨折不符合生前伤的特征，应属死后形成。

颅骨为一相对密闭的结构，其内脑组织水分含量较高，水在0~4℃范围内呈现出"冷胀热缩"的反常膨胀现象，0℃的水凝结成冰，体积最大可膨胀10%左右，脑组织在其内水分膨胀的作用下体积明显增大，颅内压增加，导致相对薄弱的颅前窝骨折。有学者研究指出，综合脑组织成分及颅骨骨质的物理性质等多项因素，颅内温度为8℃时，脑组织体积增大到最大限度。该案例死者在死后不久就被送到殡仪馆冷冻保存，尸体头部未受到足以导致骨折的外力作用；死者颅骨发育不良，颞骨非常菲薄，最薄处仅1 mm（正常人体颞骨厚度一般为1.0~1.5 cm）；尸体冷冻存放12 d，显然脑组织体积膨大经历过峰值，在颅内压增大的情况下，易导致薄弱处颞骨骨折。因此死者桑某右侧颅前窝及右侧颞骨骨折系尸体冷冻所致。

CT 片测量帽状腱膜下血肿范围 1 例初探

李丹丹，何国栓

宁夏银川市永宁县公安局 宁夏 永宁 750100

1 案例资料

被鉴定人周某某 2017 年 1 月 5 日被他人用脚踢、踏头部多次致头部外伤。伤后当天就诊医院病历资料记载神清语利，精神尚可，头颅额部有一直径约 2 cm 大小的包块，质软，压痛阳性。1 月 6 日就诊医院病历资料记载头部外伤后头痛 2 d，神志清晰，精神尚好，正常面容，表情痛苦，发育正常，营养良好，轮椅推行步态。头皮广泛肿胀压痛，未触及明显波动。前额及鼻背部肿胀、压痛，双侧眼睑肿胀，双侧瞳孔等大等圆，直径 3.0 mm，光反应灵敏。1 月 10 日病历资料记载头部外伤后头痛 6 d。神志清楚，语利，问答切题，查体合作。额颞顶枕头皮广泛肿胀压痛，可触及明显波动感。前额及鼻背部肿胀，压痛，双侧眼睑肿胀，双侧瞳孔等大等圆，直径 3.0 mm，光反射灵敏。

法医学检验：2017 年 2 月 6 日查体见被鉴定人周某某右侧顶枕部长 1.5 cm 头皮下血肿引流口愈合痕；双眼角膜清亮，瞳孔居中，等大等圆，眼球活动自如，双眼周皮肤黄色样改变。2017 年 1 月 7 日颅脑 CT 片示：额顶部环形高密度影、额颞枕部新月形高密度影，边缘清楚，两边缘变尖。

2 讨论

2.1 成伤机制分析

头皮由外至内分为皮肤、皮下组织、帽状腱膜、帽状腱膜下、骨膜。帽状腱膜坚韧，与皮肤由纤维束紧密连接，与骨膜疏松连接，帽状腱膜下为疏松的结缔组织，因此帽状腱膜与骨膜间的活动性相对较大。头皮受到直接钝性外力作用或受到牵拉撕扯移位时致帽状腱膜下小动脉或导血管破裂出血，因帽状腱膜下结缔组织疏松且无纤维隔及颅缝限制，出血易向四周扩散，故帽状腱膜下血肿范围较大，可延及整个帽状腱膜下层。

本例鉴定中外伤史明确。被鉴定人头部被多次踢、踏，头皮受到脚踢直接钝性暴力及脚踏过程中头部一侧相对固定，另一侧受到切线方向钝性暴力致头皮、皮下组织、帽状腱膜相对骨膜移位，帽状腱膜下层血管牵拉破裂出血，可以形成帽状腱膜下血肿。

2.2 损伤情况认定

被鉴定人伤后于就诊医院查体见额颞顶枕头皮广泛肿胀压痛，可触及明显波动感。影像资料示额顶、额颞部颅骨外板环状及新月形异常密度影，边界清楚，跨越颅缝。被鉴定人临床表现及影像资料符合帽状腱膜下血肿。伤者于就诊医院行帽状腱膜下血肿引流术。根据被鉴定人外伤后临床表现及辅助检查等法医临床诊断为帽状腱膜下血肿成立。但是伤后 33 d 进行伤情鉴定时查体未触及头皮肿胀，右侧顶枕部可见头皮下血肿引流口愈合痕。

依据《人体损伤程度鉴定标准》第 5.1.4 c）规定："帽状腱膜下血肿范围超过 50.0 cm^2 以上构成轻伤二级。"该例鉴定帽状腱膜下血肿经治疗及自体吸收后临床症状及体征消失，但伤后影像资料可证实受伤当时情况。因此需通过颅脑 CT 片判断帽状腱膜下血肿面积非常重要。通过 Easytwain 软件测量每一层 CT 下帽状腱膜下血肿弧形长度×每层 CT 厚度即得出该层帽状腱膜下血肿面积，累加显示有帽状腱膜下血肿的各层 CT 片上血肿的面积，即得到伤者帽状腱膜下血肿的面积。

法医临床工作中常见被鉴定人在医疗结束后进行伤情鉴定，此时临床症状及体征已不可见，但通过案情及病历资料可以明确外伤所致人体损伤情况。对于帽状腱膜下血肿，若鉴定时仅通过查体测量血肿面积存在以下几点问题：①测量范围时受主观因素、被鉴定人个体差异影响，测量不易操作；②若鉴定不及时，则查体时帽状腱膜下血肿面积不能准确反映损伤程度；③损伤照相难以显示血肿面积。影像资料可以客观反映帽状腱膜下血肿程度及范围，因此对于帽状腱膜下血肿通过 CT 片测量面积更具有优势和可操作性。

脑外伤致智能减退的评残方法

李刚[1]，李卷林[2]

1. 陕西省新安司法鉴定中心 陕西 西安 710048
2. 陕西省西安市公安局航天分局刑侦大队 陕西 西安 710100

脑外伤致智能减退是由脑创伤后脑组织器质性损害引起的一组综合征，属精神障碍的一种表现形式，约占精神障碍的 18%。脑外伤致智能减退及伴随的日常生活活动能力受限程度的认定是评残的重要内容之一，其中脑外伤致智能减退是评残的前提条件，伴随的日常生活活动能力受限是评残的重要依据。现结合案例就脑外伤致智能减退及伴随的日常生活活动能力受限程度的鉴定方法浅析如下。

1 案情摘要

被鉴定人洪某车祸致头部外伤，急行开颅手术。术后诊断：右侧额颞部硬膜外血肿、左侧颞枕顶部硬膜下血肿、左侧颞叶脑挫裂伤、蛛网膜下腔出血。本次车祸前有 2 次煤气中毒史，车祸伤后智能及日常生活能力均明显减退。受某中级人民法院委托，对洪某本次车祸伤的伤残程度进行重新鉴定。

2 鉴定过程及分析说明

法医查体：被鉴定人周某被背入检查室，神志清楚，不能站立。右上肢肌力3级，双下肢肌力4级，腱反射亢进，大小便失禁。自知力、定向力、判断力、计算能力及逻辑思维能力均低下，思维、情感、行为异常。日常生活活动能力（ADL）测评为 42 分。依据《人体损伤致残程度分级》5.4.11）鉴定时实际残情评为四级伤残。考虑既往有 2 次煤气中毒史，本次车祸前已存在该脑病引起的精神障碍及智能减退，本次车祸伤的损伤参与度为 70%，据此评定本次车祸伤的伤残程度为六级伤残。该鉴定意见准确把握了本次脑损伤与既往脑病导致智能减退的伤病关系，客观、公正、科学、准确地评定了本次颅脑外伤导致智能减退的实际残情，当事双方对鉴定意见无异议，被法院采信。

3 讨论

鉴定实践中经常受理脑外伤致智能减退伴随的日常生活活动能力受限的评残案例，如何准确把握鉴定方法是形成正确鉴定意见的关键。笔者体会应注意以下几方面。

3.1 判定本次外伤被鉴定人有无颅脑器质性损伤

鉴定人应清楚地认识到：非器质性精神障碍引起的智能减退即使对被鉴定人的日常生活活动能力影响严重，也不宜进行伤残程度的评定。因为现行的鉴定标准只适用于颅脑器质性损伤者。

3.2 鉴定时被鉴定人是否存在智能减退及伴随的日常生活活动能力受限

智能减退的认定须依据：①本次颅脑外伤遗存脑组织的病理改变如脑软化灶、脑纤维化等；②第三方医疗机构复查智力（IQ值）及日常生活活动能力（ADL）的记录；③鉴定人客观、全面、细致的审查资料和查体。

3.3 既往有无智能减退或精神障碍

严格、仔细、全面了解既往病史，始终把握本次损伤是评残唯一依据的原则。排除伤前颅脑损伤、功能性精神障碍及其他可能导致智能减退的各种因素。

3.4 评定实际智能减退及日常生活活动能力受限的程度

参照《人身损害护理依赖程度评定》（GB/T31147－2014）、第三方医疗机构测评的智商、日常生活活动能力及法医检验综合形成评定意见。

3.5 本次损伤与现存残疾后果之间的因果关系及原因力大小的评定

应注意：①智能减退与本次颅脑损伤部位的对应关系。如额、颞叶损伤可出现智能障碍、情绪异常及人格改变，双颞叶损伤可出现遗忘综合征等；②颅脑损伤与出现智能减退在时间上存在密切相关性；③颅脑外伤部位、临床表现、辅助检查三者必须一致，即损伤的部位可以合理解释智能减退的临床表现；④客观公正评定损伤原因力大小。

3.6 正确把握评残的标准

工伤者采用《劳动能力鉴定 职工工伤与职业病致残等（GB/T16180—2014）》；其他损伤采用《人体损伤致残程度分级》或按委托人专门指定的标准评定。

3.7 评残的鉴定时机

原则上在原发性损伤及其并发症临床医疗终结或临床治疗效果稳定后进行，一般应在损伤后 6 个月；如果伤情严重可酌情在伤后 9~12 个月后进行；外伤性癫痫、外伤性精神障碍者一般应在损伤后 1 年以上评残。

3 例外伤性慢性硬膜下血肿的法医学鉴定及相关问题的分析探讨

李建，任立新

吉林省德惠市公安局刑事侦查大队 吉林 德惠 130300

颅内血肿是法医临床鉴定中经常遇到的一类损伤，对于急性和亚急性硬膜下血肿法医较容易判断及鉴定，相比之下慢性硬膜下血肿多为一个月，甚至数月，鉴定时需要明确诊断与外伤之间是否存在因果关系，鉴定人只有在充分掌握慢性硬膜下血肿的形成机制、发展过程、临床表现、诊断依据等要素，并进行全面分析、综合评判后，才能客观公正地出具鉴定结论。本文针对以下 3 例外伤性慢性硬膜下血肿的案例，从受伤时间、临床表现、影像学诊断等方面进行分析与探讨。

1 案例资料

1.1 案例一

赵某某，男性，49 岁，2018 年 3 月 10 日因债务纠纷被人用木棒打击头面部、左上臂等处。病历记载：外伤后头晕痛，无恶心呕吐。查体：左顶部见一斜行创口 3.5 cm，创周肿胀，予以缝合。CT 检查：左颞顶部头皮下血肿，住院对症治疗 6 d 后出院，患者出院 35 d 后感觉头痛逐渐加重，伴有恶心呕吐，复查 CT 示：左颞顶部硬膜下血肿，手术行钻孔引流术，引出黑色血性液体约 25 mL，术后病人状况良好，10 d 后治愈出院。

1.2 案例二

李某，男性，55 岁，2019 年 4 月 6 日因土地纠纷被人用石块击伤头面部等处。入院查体：头痛头晕，右额顶部肿胀。影像学 CT 检查：右额顶部头皮下血肿，颅骨完好，未见骨折。临床诊断：头部外伤。2019 年 5 月 16 日头部外伤 40 d 后头痛加剧，复查头颅 CT 示右侧额顶部硬膜下血肿，CT 值 40 Hu，行保守治疗，治疗约 8 d 后头颅 CT 值 25 Hu，影像片上比较有所吸收。

1.3 案例三

朱某，男性，63 岁，2020 年 1 月 8 日因购物纠纷被他人殴打，头晕头痛入院。查体：右顶部肿胀，双上肢外侧见多处擦皮伤，口鼻周围有血迹附着，未触及颅骨凹陷，头部 CT 扫描未见异常。临床诊断：头面部外伤、双上肢擦伤。于 2020-01-17 出院，出院后头痛症状未消失，2020 年 2 月 19 日头痛突然加剧，CT 检查：右颞顶部颅骨内板下可见新月形高密度影，最宽约 0.6 cm，CT 值 67 Hu，诸脑室、脑池的位置、大小和密度均未见异常改变，中线结构无移位。检查结论：右颞顶部硬膜下血肿，经保守治疗 12 d 后治愈出院。

2 讨论

2.1 概念与形成机制

硬膜下血肿是在硬脑膜与蛛网膜之间形成的血肿，可分为急性硬膜下血肿、亚急性硬膜下血肿、慢性硬脑膜下血肿 3 类。受伤 3 d 以内出现症状为急性，3 d~3 周为亚急性，3 周以上为慢性，大多数由头部外伤引起，少数由大脑表面的动脉瘤或者血管畸形的自发性破裂所致。出血来源常因桥静脉撕裂所致，早期出血量少而不发生症状，常在伤后 3 周以上由于血肿血液量的增加达一定量后才出现明显的症状与体征，因此诊断慢性硬膜下出血的关键是血肿包膜的存在。

2.2 临床特点与转归

慢性硬膜下血肿以额、顶、颞部为多，CT 表现多数显示为半月形或梭形低密度征象，少数也可呈现高密度、等密度或混杂密度，可见到脑萎缩以及包膜的增厚与钙化等。MRI 对慢性硬膜下血肿的诊断较 CT 为好，慢性硬膜下血肿在 T1 加权像显示为长 T1、低信号，T2 加权像呈长 T2、高信号片征象。其临床表现为持续加重的头痛、恶心、呕吐等症状，其转归一般以保守治疗为主，必要时行颅骨钻孔引流术。

2.3 法医学鉴定要点探讨

首先要确认慢性硬膜下血肿的存在，一般出现慢性颅内压增高症状，需经过CT扫描确认，如果CT扫描不明显的，临床症状和体征又高度怀疑的，应增加MRI进行确认。

其次要明确外伤史，由于慢性硬膜下血肿的发病时间一般为3周至数月，发病时容易忽略外伤情况，法医在鉴定时需要对办案单位的调查笔录及相关的医疗文件等进行分析研判，认定因果关系一定要有完整的证据链条支持。

对于上述3个案例的慢性硬膜下血肿，因事实清楚、诊断明确，案情调查排除出院后二次受伤的情况，其硬膜下血肿与头部外伤之间存在直接的因果关系，根据《人体损伤程度鉴定标准》文件中5.1.3 e）之规定，均鉴定为轻伤一级。

法医学颅脑损伤鉴定探讨

李江生

广东省揭阳市公安局揭东分局刑警大队 广东 揭阳 515500

法医临床业务范围广泛，涉及内容丰富，现实中经常会遇到各种各样的暴力行为所致的人体伤害，其中不乏颅脑损伤的案例。在日常所办理的故意伤害案件中，颅脑损伤占有很大比例（有资料显示约占24%）。因此，颅脑损伤研究意义的重要是不言而喻的。

1 颅脑损伤的一般状况

头部是人体重要的组成部分，外来暴力作用于头部某处就会造成头部的损伤，且因暴力作用的大小不同而出现程度各异的损害后果，从表至里分别有如毛发脱落、头皮及皮下组织挫伤或裂创、颅骨断折、颅内损伤（包括脑膜破裂、脑挫裂伤、脑出血）等。头部损伤可归纳为：①原发性损伤，如头皮损伤、颅骨损伤、原发性脑损伤等；②继发性损伤，如脑水肿、颅内出血等；③颅脑损伤并发症和后遗症，如脑神经损伤、损伤后感染、脑损伤后遗症等。就脑损伤来说也有原发性、继发性、迟发性之分，而按损伤特性区分为闭合性损伤和开放性损伤，其伴随症状表现有出血、局部红肿疼痛、头晕头痛、呕吐（多为喷射状，并无伴恶心），甚或意识障碍（浅昏迷、中度昏迷、深昏迷）、双侧瞳孔不等大、失语、瘫痪等。开放性损伤的情况虽然有些表浅显露，肉眼能见，尚可明辨，但是有些损伤细微不明，或被一些损伤间质所掩盖，或部位较深，肉眼观察就不能确认。况且还有闭合性损伤，肉眼是无法分辨的，这就需要借助医学设备，运用现代医学先进的科技手段进行检测来明确诊断。当前，科学技术飞速发展，各专业设备已高度发达，不仅理论先进，而且仪器精密，有理有据，医学领域更是如此，为我们法医学工作创造了有利的条件。

2 颅脑损伤的医学诊断及法医学鉴定

颅脑损伤包括头皮及皮下组织损伤、颅骨损伤及脑损伤。它们可同时产生，也可单独存在，其中以脑损伤较为重要而复杂。临床诊断主要依据入院时的体格检查、了解外伤史、辅助检查。体格检查是对伤者入院后的表现体征做全面细致的检验，必须认真如实，特别是对神经系统的症状和体征，既要发现并记录阳性体征，还要注意具有鉴别意义的阴性体征，以利于综合分析判断和区分；了解外伤史即临床上的询问病史，可以帮助鉴定人辨明真伪；辅助检查则主要是根据放射检验诊断，如X线、CT、MRI等，但随着CT、MRI技术的广泛应用，X片技术的使用范围已大大缩小，目前主要应用于骨骼系统损伤鉴定，当然其中也包含颅骨。这些技术的使用通常能使鉴定人较直观地认定损伤状况，确认形态特征，具有直接、明确、真实、稳定的特点，是鉴定人做出结论较为可靠的依据。颅脑损伤的法医学鉴定要求鉴定人根据活体检验情况，详细询问案发经过，全面了解现场状况及相关证物，结合病历记录和辅助检验资料进行综合分析，甄别判断、去伪存真，确定符合事实的真相后得出准确无误的鉴定结论。

3 颅脑损伤鉴定的难点及对策

颅脑损伤的鉴定在法医学鉴定中难度较大，争议也较多，误差在所难免。因此，多年来对颅脑损伤的法医学鉴定探讨也很活跃，不管理论上还是在实践运用上都很重视，所以使日常工作少走了许多弯路，更是积累了丰富的经验，取得了丰硕的成果。回顾经历，颅脑损伤的法医学鉴定难点主要在以下方面。

3.1 排除伪因素干扰

现实社会正在快速转型变革发展中，状态各样、充满复杂、矛盾重重，其中不乏人际关系、人为造作，应排除一些人为的伪因素。

3.2 观察复查

有些因为条件限制，设备落后，致检验结果与实际不符，使检验报告失真、诊查结果失误。这就要求工作中应谨慎采信，对于有疑问的须弄清楚，要观察复查。

3.3 应具备一定的阅片技能

对鉴定人要求较高，因颅脑构成较为复杂，有些方面难以把握，还须借助医学仪器设备，具有很强的专业性，其中不乏高、精、尖、难，需要有一定的专业知识基础才能完成；因此，需要鉴定人不但有本专业扎实的基本功，熟悉掌握颅脑的功能构造及生理病理知识，还必须有相关的专业知识及技能，特别是要学习研究影像学知识，掌握其一般工作原理，具备一定的阅片技能。

3.4 应有综合运用相关学科理论知识和成果经验的能力

实践工作中，常常会遇到一些疑难案例，也会有与标准规则不尽相符的情况，鉴定人须有综合运用相关跨学科理论知识和成果经验的能力，既要熟悉掌握应用《人体损伤程度鉴定标准》《人体损伤致残程度分级》等工具，包括有关的权威《释义》，了解实际工作中可能出现的特殊情况，吃透《释义》的相关注解说明，同时要准确采纳临床医学检测中可靠正确的诊断结果，使工作顺利开展，使鉴定结论符合事实、准确无误。

法医学颅脑损伤鉴定案例分析

李江生

广东省揭阳市公安局揭东分局刑警大队　广东　揭阳 515500

颅脑损伤的法医学范畴是指因外来暴力作用于头部的某处所造成的颅脑局部损伤，其范围涉及整个头部，包括头发、头皮、皮下组织、颅骨、脑膜、脑组织等；在此仅以颅脑损伤的法医学鉴定1例进行一些探讨分析，不妥之处敬请诸位同道斧正。

1 案例

2018年6月21日，本辖区村民吴某（男，53岁、农民）于其住宅旁的晒谷场上与他人纠纷时被木棍击中头部，当时倒地。家属报警称其昏倒于地，不省人事，急送当地人民医院诊治；入院体查记录：神志蒙眬，不省人事，呼之不应，时有恶心，呕但无吐……瞳孔未见明显变化，对光反射存在，神经系统未引出病理性体征……急诊行 CT 检查示：头顶部软组织肿胀、蛛网膜下腔出血。调阅伤者 CT 片见影像稍糊欠清，蛛网膜处似有透亮。对此，鉴定未予结论，嘱其观察复查。第 3 d 待病情稳定后复查 CT 并行 MRI 检验排除蛛网膜下腔出血。本案临床上诊断蛛网膜下腔出血似已明确，但结合案情研究，对发现伤者昏迷不省人事存疑，且双眼对光反射存在，但神经系统（-）。这些都是疑问，而其呼之不应可能不是不能应答而是故作不答；出现恶心但无呕吐也可人为，有造作可能，因为通常颅脑损伤出现呕吐为喷射状且无恶心。根据调查发现分析，认为伤者神志是清楚的，检验时也未自觉协助配合，在行 CT 摄片时未按医技人员的要求，故造成了影像效果不佳，而医院临床则根据此片以"负责"且"保险"的态度，为之出具了蛛网膜下腔出血的诊断，如果鉴定人盲从，则会被引向错误。

2 体会

此案并不复杂，但却处处暗藏玄机，稍有不慎或大意很容易造成失误，看似简单的案例却给了我们难得的警示和启发点。

2.1 人为的主观表现

案发后报案资料显示明确有外伤史并摔倒于地，且不省人事，似乎有严重的颅脑损伤，但仔细分析这都是人为的主观表现，并无客观的条件支持。

2.2 病史资料辨别

病史资料显示有神志蒙眬，不省人事，呼之不应，时有恶心，但无呕吐，但瞳孔未见明显变化，对光反射存在，神经系统未引出病理性体征，……这也是只有主观的症状而无体征支持，且颅脑损伤的呕吐一般是不伴恶心且呈喷射状，也是不相符合。

2.3 谨慎辨别

影像学检查虽明确提示蛛网膜下腔出血，临床治疗上也下了诊断，但调阅伤者CT片发现影像稍糊欠清，蛛网膜处似有透亮，对此存疑，不宜匆促轻率出具鉴定结论。此类情况应谨慎辨别，不能仅以一次检查结果做出结论，而应通过观察复查，以明真伪。

2.4 了解外伤史、现场勘查和就诊情况

可以通过致伤工具、发生细节发现分析推理案件事实经过，这是确定伤者损伤程度鉴定与否的关键所在，这方面的情况可以帮助了解造成伤者的致伤经过和作用工具，从不同角度综合分析确认案件事实和损伤机制，这是展开法医学损伤程度鉴定的前提，可以帮助鉴定人辨明真伪、分清是非。

2.5 关于影像学资料

颅脑损伤前提条件是有外来暴力作用，评定虽须依据临床检验的神经系统症状和体征，但主要是根据是CT和MRI检验证实损伤事实来确定程度。在特点\优势上，CT是一层层地扫描，其针对性比较强，不足之处是它有可能会漏掉某处病变部位，而MRI则能较为全面地获得脑和脊髓的主体图像，且能确定软组织的损伤（水肿炎症）发生情况，此二者有良好的互补性。所以，应注意利用这些优势，必要时为了鉴别需要可以两者同时进行。

2.6 虚伪信息易误导鉴定思路

鉴定工作专业性强，需要细心谨慎，从受理了解到勘查检验、查阅资料都应一丝不苟，不能大意。此案在急诊行CT检查示：头顶部软组织肿胀、蛛网膜下腔出血。调阅伤者CT片见影像稍糊欠清，蛛网膜处似有透亮。对此，鉴定人紧接着询问了主治医生和影像科室的接诊医生，结合案情调查，掌握了全面的事实，从而发现伤者有主观上的原因存在，没有配合诊疗检验，因此出现了虚伪信息，易误导鉴定人思路。

2.7 关于复查

实际工作中，往往会遇见有些因主观和客观的原因致检验结果与实际不符，这就要求鉴定人应慎重对待，对于有疑问的须一查到底，直至明白准确。有的还应异地复查，异地检查可以弥补条件的限制，如机器设备的短缺落后，同时也会因检验人员的不同避免先入为主造成的再错或碍于面子而坚持已错，误导鉴定。况且不同地方不同人员的水平也会有差异，可以取长补短。

静脉窦血栓继发脑内血肿与外伤性脑内血肿的鉴别诊断

李喜柱

黑龙江省大庆市公安局刑事技术支队 黑龙江 大庆 163311

脑内血肿约占颅内血肿的5%，在临床法医学鉴定中较为常见。CT作为临床影像学检查手段，是我们能够正确诊断脑内血肿所依赖的最为重要的客观指标。下面讨论的就是一起通过准确的CT诊断对静脉窦血栓继发脑内血肿与外伤性脑内血肿区分开来的典型案例。

1 案例资料

1.1 简要案情

2018年8月6日中午，刘某某（男，1998年5月17日出生，住大庆市）被人送至医院就诊，经医院诊断有脑内血肿并行开颅手术治疗，住院病案记载系外伤性脑内血肿，遂家属报警。办案单位经调查，确认被鉴定人刘某某2018年8月2日曾与人打架，头面部被人用拳头殴打四五下，案发当时没有明显颅脑损伤的症状和体征，也没有进行任何检查。现办案单位委托我鉴定机构对被鉴定人刘某某的脑内血肿性质进行鉴定。

1.2 病案资料

据医院病案资料记载：2018年8月6日11时许患者由他人送至某医院，主诉头痛、头晕、恶心、呕吐2d。呼唤能睁眼，对答切题，动作遵嘱，双侧瞳孔直径均3.0 mm，对光反射存在，NS（−），GCS13分。头颅

CT示右枕部硬膜下血肿。2018年8月7日中午起患者病情进行性加重，18时许神志模糊，呼唤睁眼，不应答，只能发声，刺痛能躲避，双侧瞳孔直径均2.5 mm，对光反射存在，四肢肌张力增高，CS 8分。颅脑CT示右侧颞枕顶叶脑内血肿，蛛网膜下腔出血，中线左偏。21时许至次日2时50分许行开颅探查+右侧颞枕叶脑内血肿清除术，术中取右颞马蹄形切口，翻开皮瓣、骨瓣见硬膜张力高，剪开硬膜后可见右颞叶广泛的脑挫伤，切开皮层后见有散在的凝血块，清除散在的凝血块约50 mL，并清除颞叶挫伤碎裂的脑组织。术后诊断：右侧颞枕叶脑内血肿、脑挫伤、外伤性蛛网膜下腔出血。术后颅脑CT示：脑内血肿基本已清除。2018年10月11日患者出院。出院情况：进食正常、无呕吐发热。自动睁眼，言语少，能完成部分遵嘱动作，右侧肢体肌力稍弱，四肢肌张力正常。出院诊断：右侧颞枕叶脑内血肿、脑挫伤、外伤性蛛网膜下腔血肿。

1.3 人体损伤检验记录

自诉：无法回忆当时情况。基本生活可以自理，日常生活有关的大部分活动可以自己完成。

查体：刘某某口齿尚清，有词不达意的情况，存在部分记忆缺失、减退，存在一定程度的失语、失认，表现较幼稚。右颞部有马蹄形手术瘢痕，双瞳孔等大、等圆，对光反射灵敏，张口正常，伸舌居中；四肢肌力、肌张力正常。

2 讨论

本案中确定被鉴定人刘某某脑内血肿性质的关键因素就是颅脑CT片的影像学诊断，除此之外，还要综合考虑。脑内血肿的诊断标准包括：明确的头部外伤史，原发性意识障碍、局灶症状和体征。本案中结合调查材料及查体所见，被鉴定人头部虽然有明确外伤史，但当时没有出现意识障碍、局灶症状和体征，CT检验亦未发现头皮下血肿及颅骨骨折等表现。因此，在这种情况下，确定为外伤性脑内血肿没有依据。

本案的阅片过程中发现，2018年8月6日CT检查示：直窦、窦汇及右侧横窦、乙状窦可见略高密度血栓影，以直窦、右侧乙状窦为著；后高密度影明显增高，右枕页出现小片状脑内血肿。2018年8月7日右侧颞、枕、顶部出现大片状不规则脑内血肿，周围脑组织广泛水肿，中线结构明显左移，蛛网膜下腔广泛出血，右侧静脉窦内高密度影变淡。被鉴定人刘某某的CT显示静脉窦血栓形成，进行性血栓密度增高，脑内多发血肿高中低密度混杂，呈棉花团样改变，脑组织水肿，中线结构偏移，蛛网膜下腔广泛出血。符合脑静脉回流系统血栓形成、脑组织缺血坏死和血肿的影像学表现。

本案中被鉴定人刘某某病情发展过程为：2018年8月6日11时许以主诉头痛、头晕、恶心、呕吐2 d收入院；2018年8月7日中午起患者病情进行性加重；18时许神志模糊，呼唤睁眼，不应答，只能发声，刺痛能躲避；21时许至次日2时50分许行开颅探查+右侧颞枕叶脑内血肿清除术。被鉴定人刘某某的病情发展过程符合脑静脉窦血栓继发脑实质多发血肿的临床表现：脑内压增高的症状，持续严重的头痛、呕吐等；多发脑内血肿；精神异常，意识混乱，意识模糊甚至昏迷等症状。

综上所述，被鉴定人刘某某自起病至检验时，其临床症状及影像学表现符合脑静脉窦血栓形成继发脑内血肿的临床表现。

脑损伤的形态特点推断成伤方式分析1例

李彦国[1]，晋芳[2]

1. 山西省阳泉市公安局刑事技术处 山西 阳泉 045000
2. 山西省阳泉市平定县公安局刑事科学技术室 山西 阳泉 045200

1 案例资料

1.1 简要案情

马某，男，32岁。2014年6月5日凌晨一饭店老板报警称，马某在其饭店吃饭喝酒，中途上厕所时摔倒，现昏迷不醒。110民警到达现场后遂将其送往医院治疗。查找到其家属后，家属对其受伤原因怀疑。伤者神志清楚后，也不能回忆起当时的情景。此外无其他旁证，办案单位提请对马某的伤情进行致伤方式鉴定。

1.2 现场勘查及调查

事发现场位于一路边小饭店外马路上。民警到达现场时，马某仰卧于路中央，路面为平坦质硬水泥路面。对饭店老板调查时，称当时饭店内除马某一人喝酒外，还有一桌人吃饭。询问该桌吃饭人员时，均称当时酒喝多了，不记得当时情况。

1.3 病历摘要

入院时生命体征尚可，神志昏迷，言语不能，对答不能，查体不合作，头部右侧颞顶部可见 3 cm×2 cm 头皮血肿，表皮有挫伤；左侧肢体瘫痪，肌力肌张力正常，双侧瞳孔不等大，左侧直径 4.0 mm，右侧 2.0 mm，对光反射消失；生理反射存在，病理征未引出。CT 示：左侧额、颞、顶硬膜下血肿，外伤性蛛网膜下腔出血。诊断为：左侧额颞顶硬膜下血肿，脑疝，外伤性蛛网膜下腔出血，脑挫裂伤，头皮血肿，头皮挫伤。行硬膜下血肿清除术+去骨瓣减压术，术中见：左侧硬膜下血肿量约 100 mL，脑表面有挫伤。

2 讨论

原发性脑损伤主要由颅骨变形和脑在颅内移动所致。其直线运动时加速性损伤和减速性损伤各有其损伤特点。加速性损伤冲击点脑损伤较重，对冲伤较轻；减速性损伤冲击点伤和对冲性伤均较严重，常常对冲伤比冲击伤更严重，有时冲击伤几乎阙如而对冲伤很重。加之因着力点不同的影响，常常合并具有各自形成特点的硬膜外或硬膜下血肿。

本案中，马某受力处（右颞顶部 3 cm×2 cm 头皮血肿，表皮有挫伤）仅为右颞顶部，相应的右侧颅骨、硬膜外、硬膜下、蛛网膜、脑组织均未见明显异常，反倒是头颅左侧出现了脑挫伤以及左侧的额、颞、顶部硬膜下血肿和蛛网膜下腔的出血，其损伤特点符合颅脑减速性运动形成。即右侧颞顶部受力后，左侧对冲部位因头部由运动至突然静止，脑在惯性的作用下继续向前运动，造成左侧脑底面与颅前窝或颅中窝骨质间相互作用，产生对冲性脑损伤，并伴发左侧的硬膜下血肿。因此，马某的损伤应为右侧头颅着地后形成，而不是被他人打击右侧颞顶部形成。

摔跌伤本质上应属于坠落范畴，但摔跌当时人体基本处于站立位置，与碰撞位置在同一平面，高度小于 2 m，其损伤的基本特点为：①体表损伤局限，相对轻微；②以头部损伤为主；③颅脑非着力点损伤严重。有资料表明：头部侧面着力，坠落所引起的脑组织冲击伤和对冲伤各占 50%，而摔跌时对冲伤占 90%。所以，非着力点的颅脑损伤是摔跌最明显的特征。

经调查证实，马某是在喝酒时与另外一桌人发生纠纷，醉酒状态下，被他人推倒在地，昏迷后被老板伙同推倒马某的另一方人抬到马路上，编造了马某喝多了自己摔倒的虚假案情。从而证实了本例对致伤方式的分析判断，同时也解除了伤者家属的疑虑。

外伤性慢性硬膜下血肿技术性证据审查 1 例

刘莹洁[1]，陈丽敏[2]

1. 湖北省襄阳市人民检察院 湖北 襄阳 441021
2. 湖北省襄阳市襄城区人民检察院 湖北 襄阳 441022

外伤性慢性硬膜下血肿由于出现临床症状的时间较晚，距离外伤时间相对较长，因此法医鉴定时存在一定难度，特别是对于血肿的形成原因容易引起争议。本文结合实际案例，对外伤性慢性硬脑膜下血肿的鉴定要点进行分析探讨。

1 案例材料

1.1 基本案情

李某某，男，56 岁，2019 年 2 月 2 日被他人用拳脚打伤头面部，伤后到当地医院检查左眼上下睑发绀浮肿，球结膜下大片出血，角膜稍浑浊，神经系统无阳性定位体征，头部 CT 检查未发现明显异常，给予止血等对症支持治疗 8 d 后出院。2019 年 2 月 16 日李某某因感觉四肢无力、麻木伴头晕到市一医院就诊，行头部 MRI 提示左侧额颞顶部及右侧额部硬膜下积液，给予减轻神经水肿、改善循环等对症支持治疗 4 d 后出院。2019 年 3 月 30 日李某某因头痛头晕加重伴步态不稳再次到市一医院就诊，行头部 MRI 提示左侧额颞顶部慢性硬膜下血肿并脑疝形成，右侧额部硬膜下积液已吸收；入院后在全麻下行硬膜下血肿清除术，经露骨钻孔引流出酱油色液体，并清除大量暗红色血凝块。术后第 3 d 复查颅脑 CT 示：左侧额颞顶部硬膜下血肿基本清除。

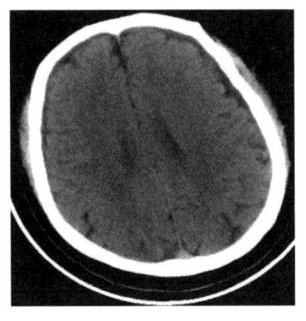 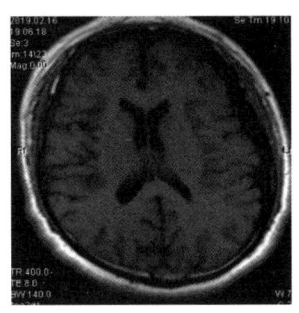 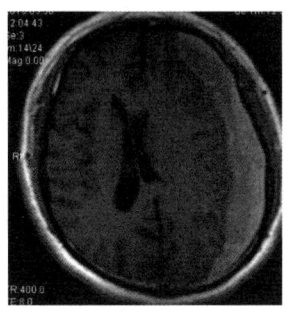

图 1-1　2 月 3 日头部 CT 左侧额颞部硬膜下积液　　图 1-2　2 月 16 日头部 MRI 左侧额颞部硬膜下积液较前片增多　　图 1-3　3 月 30 日头部 MRI 左侧额颞部硬膜下血肿并脑疝形成

1.2 法医学鉴定

李某某伤后第一次住院出院后，县公安司法鉴定中心对其进行了法医学检查，根据伤情检查及现有材料，认为其伤情根据《人体损伤程度鉴定标准》第 5.2.5 e）款之规定，仅构成轻微伤，该案未予立案。

2019 年 6 月 5 日某司法鉴定中心出具鉴定意见：被鉴定人左侧额颞顶部慢性硬膜下血肿并脑疝形成，依据《人体损伤程度鉴定标准》第 5.1.3 e）款之规定，构成轻伤一级；其原发外伤性硬膜下积液依据《人体损伤程度鉴定标准》第 5.1.3 e）款之规定，也构成轻伤一级。

2 技术性证据审查

通过审查详细了解李某某的原始伤情、既往病史和住院情况后，发现本案存在以下特点：①李某某头面部外伤轻微，仅有左眼睑挫伤、左眼结膜出血等外伤表现；②早期未查及明显阳性体征，神经系统检查均为阴性，早期头颅 CT 示颅骨未见明显外伤性改变；③受伤后 2~8 周才逐渐出现头痛头晕、四肢麻木、步态不稳等颅内压增高症状和神经系统症状，受伤后第 8 周头部 MRI 示左侧额颞顶部硬膜下血肿，经手术引流出酱油色液体及血凝块，说明出血时间长短不一；④李某某受伤时为 56 岁，符合慢性硬膜下血肿的好发年龄，且既往有高血压病史；⑤李某某伤后即住院治疗，出院后一直在家休养，无二次损伤情况。在审查李某某早期的头部 CT 片时，发现左侧额颞部即有少量硬膜下积液，而非医院影像学检验所报告的生理性脑萎缩。

综合分析认为李某某原发损伤明确，伤后第 2 d 出现硬膜下积液且量逐渐增加，伤后约 2 个月出现硬膜下血肿并脑疝形成（见附图），颅内出血部位与体表损伤位置相对应，其病变的发生、发展规律有明确的"外伤、硬膜下积液、硬膜下血肿"关联特征，在排除其他外伤史的情况下，符合 2019 年 2 月 2 日外伤所导致的慢性硬膜下血肿。

3 讨论

本案例的焦点是该慢性硬膜下血肿与损伤之间是否存在因果关系，因此在审查时应注意以下几个问题。

3.1 明确是否存在头部外伤史

从慢性硬膜下血肿的定义来看，发病时间要超过一定时间，可为数周甚至数月，且慢性硬膜下血肿原始的头部外伤往往较轻微，因此在发病的时候容易被忽略。此时，需详细询问既往是否有轻微头部外伤史，并且注意体表损伤和颅内出血的相对位置情况。

3.2 明确在初次外伤发生时没有硬膜下积液甚至硬膜下血肿的存在

司法鉴定实践中，由于各种原因，鉴定人过分依赖临床医疗机构的影像学检验报告，盲目直接采纳临床诊断意见，并据此出具鉴定意见。本案中，由于缺乏对伤者初期的 CT 进行有效的复审，因此并未发现外伤性硬膜下积液的存在，致该案初期未立案，导致了诉讼的滞后性。

3.3 排除其他疾病及二次损伤

慢性硬膜下血肿也可以无外伤，高血压、脑血管疾病（如脑动脉瘤、动静脉畸形）或凝血功能障碍等也可以引起慢性硬膜下血肿。同时应明确被鉴定人在初次外伤之后是否再次遭受头部外伤，进而引起颅脑损伤后发生慢性硬膜下血肿。

外伤 100 多天硬脑膜下血肿伤情鉴定 1 例

罗春学，孙小明

临夏回族自治州公安司法鉴定中心 甘肃 临夏 731100

慢性硬脑膜下血肿是指头部受伤后 3 周以上才出现颅内血肿症状者，外伤性慢性硬膜下血肿进展缓慢，病程较长，可为数月。常因鉴定时机的问题而影响鉴定结果，现就笔者遇到的 1 例慢性硬膜下血肿的损伤鉴定进行总结，分享于同行。

1 案例资料

高某，男，40 岁，2018 年 9 月 19 日晚，因琐事被他人用木棒击伤头面部及四肢，3 h 后到医院就诊，住院治疗 12 d。医院病历记录患者当即感头痛、头晕，频繁恶心。查体：头左颞顶部压痛，双上肢及下肢多处皮肤发绀。头颅 CT 轴位平扫未见异常。医院诊断，创伤性颅脑损伤，全身软组织损伤。出院后委托笔者所在鉴定机构进行鉴定，以现有病历及活体检查，根据《人体损伤程度鉴定》鉴定时机，依据体表损伤情况出具了轻微伤鉴定意见。

2018 年 12 月中旬，伤者自感双眼视力下降，到周边医院就诊，医院诊断：双眼视神经炎。随后在住院查体后，住院期间，视力逐渐下降。遂进行 MRI 检查，发现左侧额顶颞部慢性硬膜下血肿。医院行脑膜切开伴硬脑膜下血肿清除术，诊断为创伤性慢性硬膜下血肿。随后伤者提出重新鉴定，办案机关随后又委托笔者所在鉴定机构，我机构受理后认为患者外伤史明确，有头部损伤检查，无高血压病史，调查没有二次受伤可能。根据临床检查资料、症状经过及病程演变过程，明确慢性硬膜下血肿与 9 月 19 日外伤有直接关系，遂以补充鉴定形式出具了轻伤一级鉴定意见。

2 讨论

慢性硬膜下出血常因脑皮质通向静脉窦的桥静脉撕裂所致，早期出血量少而不发生症状，常在伤后 3 周以上由于血肿血液量的增加达一定量后才出现明显的症状与体征。有的甚至在头部外伤后数月、数年才出现颅内血肿症状。其临床表现为逐渐加重的头痛、恶心、呕吐、视力下降等颅内高压症状。

在法医临床学鉴定中，外伤性硬膜下血肿认定十分困难，通常应查明出血原因、外伤与病变在出血中的各自的作用、出血是陈旧的还是突发的、有无多次脑外伤及出血的关系。在鉴定时应注意有无明确的头部外伤史、有无颅脑损伤的证据、有无高血压等病史，详细了解临床治疗经过、病程演变情况，尽量调取全部影像资料，进行前后对比，进一步确定出血时间。

在本案中，伤者慢性硬膜下血肿距受伤跨度超过 3 个多月，且出现是在受伤后住院治疗结束后 2 个多月后，如何认定损伤与血肿有无直接关系是鉴定的关键证据。此案中，伤者在受伤后 100 多天中未进行连续性治疗，但伤者治疗结束后 60 多天，出现视力下降，多次到周边医院就诊，医院以"双眼视神经炎"治疗，其间核磁检查发现硬膜下出血，影像资料支持慢性出血，排除了因受伤就诊的可能。因此认为本案中伤者病程连续，确定血肿与外伤有直接关系。

慢性硬膜下血肿的法医临床学分析 1 例

吕丽珍，雷燕青

浙江省丽水天平司法鉴定所 浙江 丽水 323000

1 案例资料

1.1 简要案情

2020 年 6 月 3 日，吴某某驾驶电动自行车因受宋某某驾驶的小型汽车影响而摔倒，造成吴某某受伤的道路交通事故。被鉴定人吴某某伤后因自觉不严重，未到医院就诊。8 月 17 日开始出现头昏头痛等不适，8 月 19 日到医院就诊，查 CT 发现"慢性硬膜下血肿"，行钻孔引流术治疗。被鉴定人吴某某自诉伤后无再次头部外伤史。

1.2 病历资料

2020年6月3日受伤当时照片（监控录像剪切）显示：被鉴定人吴某某左侧颧部皮肤软组织挫伤，创面流血。

某市中心医院住院病历记载：住院日期：2020年8月19日至2020年8月26日，住院天数：7 d。患者因"头痛不适2 d"入院。现病史：患者2 d在喝酒后出现头部不适，患者未重视、未就诊，今早在家中自发头部不适，无恶心呕吐，无肢体抽搐，肢体活动障碍，遂至某市人民医院就诊，查CT显示：慢性硬膜下血肿，建议到我院急诊就诊。后出现头晕头痛，呈持续性钝痛，稍剧，难忍，伴头晕，双眼睁开困难，意识轻模糊，回答困难，能遵嘱活动，无肢体活动障碍。既往史：既往体健，否认"肝炎、肺结核"等传染性疾病，否认"高血压、糖尿病、心脏病、脑血管病、肺病、肾病"史。查体：意识清，对答正常，配合，颅神经（−），四肢活动对称。治疗摘要：入院后病人意识障碍加深，急诊全麻下行钻孔引流，术后止血补液对症治疗。出院诊断：慢性硬膜下血肿。

2020年8月19日某市中心医院CT检查报告单示：左侧额颞顶枕硬膜下血肿，蛛血，脑疝形成，右侧侧脑室扩张，建议复查。

2020年8月19日某市中心医院手术记录单示：手术名称：硬膜下血肿钻孔引流术。术中见暗红色血肿外包膜，切开血肿外包膜，见酱油色陈旧性血液涌出，颅内压力高。

2 法医学检查

2.1 查体

自行步入检查室，神志清，对答切题，查体合作，头颅外观无畸形，左侧颧部可见瘢痕；颈软，无抵抗，胸廓外观无畸形，腹软，无压痛。四肢各关节活动可。左侧膝关节前方可见小片状皮肤色素沉着。

2.2 阅片所见

审读2020年8月19日某市人民医院CT片及某市中心医院CT片电子版示：左侧额颞顶部慢性硬膜下血肿，蛛血，右侧侧脑室扩张。

审读2020年8月25日某市中心医院CT电子版示：左侧额颞顶部硬膜下血肿引流术后。

3 分析讨论

3.1 伤病关系分析

被鉴定人吴某某，男，1956年出生，2020年6月3日驾驶电动自行车发生交通事故致伤，根据提供受伤当时的照片显示见"左侧颧部皮肤软组织挫伤，创面流血"（说明存在明确的头部外伤史），伤后因自觉不严重，故未到医院就诊。2020年8月17日出现"头痛头晕"，8月19日因"头痛头晕"加重到某市人民医院门诊查头颅CT示：左侧额颞顶部慢性硬膜下血肿，当天转到某市中心医院就诊，行"硬膜下血肿钻孔引流术（术中切开血肿外包膜见酱油色陈旧性血性液涌出）"治疗。目前检查：四肢各关节活动可。

硬脑膜下血肿与颅脑外伤有密切的关系，特别是急性和亚急性硬脑膜下血肿，多在伤后数小时或数日出现临床症状，而慢性硬脑膜下血肿多在伤后3周以上出现临床症状。患者常将轻微的头部外伤史遗忘，临床上仅以颅内压增高为主要表现，局限性脑功能障碍出现较晚。慢性硬膜下出血早期由于出血量较少，可以不产生临床症状，但硬脑膜内层可因血肿刺激引起炎性反应而在血肿周围形成包膜，随后有新生血管长入而使其逐渐增生变厚，包膜一般是在伤后7~10 d开始出血，2周左右形成完整囊壁，此后随着血肿的逐渐增大而出现临床症状。

综上所述，本案中，被鉴定人吴某某有明确的头部外伤史，伤后2月余出现"头痛头晕"等颅内压增高的临床症状，查CT片示：左侧额颞顶部慢性硬膜下血肿。根据提供病历资料显示未发现被鉴定人存在"高血压、脑萎缩及其他出血性疾病"，且被鉴定人吴某某自诉"2020年6月3日外伤后无再次头部外伤史"。据此，根据慢性硬膜下血肿的病因病理及发病特点，结合被鉴定人伤后的临床症状、体征，认为其左额颞顶部慢性硬膜下血肿与2020年6月3日交通事故之间存在直接因果关系。

3.2 伤残程度评定

被鉴定人吴某某2020年6月3日车祸致伤头部，伤后出现左侧额颞顶部慢性硬膜下血肿，经行"硬膜下血肿钻孔引流术"治疗。根据《人体损伤致残程度分级》5.10.1 8）"开颅术后"及《人体损伤致残程度》适用指南中关于"开颅术"的有关规定，构成十级伤残。

基底节区出血与外伤之间的伤病关系分析 1 例

潘宏虹，吴轶慧

复旦大学上海医学院司法鉴定中心 上海 200032

1 案例

1.1 简要案情

2020 年 12 月 26 日 13 时，被鉴定人在工地地下室临时搭建楼梯上翻样钢筋时滑倒，头部撞至钢筋。工伤调查笔录记录当日被鉴定人在施工现场量楼梯长度时，直接从楼梯上滑倒，头部（头戴安全帽）碰到钢管，摔倒后被同事扶回了办公室，诉头晕，左手左脚感到麻木。后送院就诊。临床诊断：脑出血血肿扩大、脑干出血、脑水肿。委托方认为被鉴定人颅内出血与本次外伤之间因果关系难以认定，故就被鉴定人脑出血血肿扩大、脑干出血、脑水肿与本次外伤之间的伤病关系及参与度（百分比）进行司法鉴定。

1.2 病史摘要

2021 年 12 月 26 日 14 时 20 分因"左侧肢体乏力、失语 1 h 伴呕吐"就诊。入院时神志昏迷，GCS9 分，血压 170/123 mmHg；左侧偏瘫，伸舌不能；左侧肢体肌力 1 级，肌张力下降，左侧 Babinski 征阳性，右侧 Babinski 征阴性。头颅 CT 提示右侧颞顶叶、脑干脑出血，双侧基底节、放射冠、半卵圆区多发腔隙灶。急诊全麻下行颅内血肿清除术+颅内压监测导管置入术，术中见广泛薄层硬膜下血肿。术后 CT 复查右侧颞叶脑出血进展，伴脑疝形成；脑压增高，脑组织表面散在蛛网膜下腔出血。再次手术后在康复医院继续治疗，医院嘱服用降压药、降糖药，不能自行停药。

1.3 法医学检验

（1）体格检查：患者否认高血压病史，之前未参加任何体检。被鉴定人右颞部部分颅骨缺损，双瞳孔等大等圆，对光反射可，双侧鼻唇沟对称，伸舌尚居中。左上肢肌张力高，左下肢肌张力尚可，左侧肢体肌力检查不能配合；右侧肌力、肌张力尚可。

（2）阅片所见：受伤当日 2020 年 12 月 26 日头颅 CT 示：右侧基底节区脑血肿（出血量较大），脑干出血，右侧半球脑肿胀，未见头皮肿胀。当日急诊手术后头颅 CT 示：血肿清除术后，右侧颞顶叶、脑干出血，颅内积气，中线基本居中。

术后 2～3 d 头颅 CT 示：右颞顶叶出血、脑干出血，出血量较前增多；12 月 28 日头颅 CT：右侧颞骨部分缺损，右侧颞叶见低密度影，考虑脑梗，中线稍右偏，双侧颞顶部软组织肿胀明显。

（3）鉴定意见：被鉴定人脑出血血肿扩大、脑干出血、脑水肿等，与本次外伤有一定程度的关系，建议参与程度为 30%～44%。

2 讨论

2.1 外伤

硬膜下血肿是在硬脑膜与蛛网膜之间形成的血肿，颅脑外伤是最常见的病因。委托书及工伤认定调查记录，2020 年 12 月 26 日被鉴定人滑倒头部撞到钢管外伤明确。根据受伤当日手术记录记载，见广泛薄层硬膜下血肿。提示头部遭受较大外力作用。

2.2 自身疾病

基底节区脑出血是一种比较常见的大脑里面的出血，其成因主要和患者平时血压高、动脉粥样硬化等有密切的关系。基底节区脑出血患者出血以后，假如出血量不是非常大，这种情况下症状可能比较轻微，有一些患者只感觉到有轻度的头痛、头晕、恶心和呕吐，肌力的下降不是非常显著，只是轻度的肢体的活动障碍伴有肢体的感觉障碍。但是基底节区脑出血的量非常大的时候，就会有明显的颅内压增高的症状以及神经功能缺失的症状，患者会出现剧烈的头痛、头晕、频繁的呕吐，有一侧肢体的完全性的瘫痪以及感觉障碍，严重的还会有明显的意识障碍，神志不清，昏迷，甚至可形成脑疝。

被鉴定人多年未参加体检，否认高血压病史；后期治疗过程中见降压、降糖药医嘱，并不得自行停药，不能排除本次外伤前已患有高血压疾病的可能。

2.3 因果关系

本案例中，笔者认为被鉴定人头部外伤后症状较轻，被人扶回办公室后，不久开始出现肢体麻木。急诊时神清，血压 170/123 mmHg；入院后症状逐步加重，提示颅内出血进展中。结合被鉴定人血肿部位、薄层硬膜下血肿情况、伤后症状变化情况，其肢体麻木症状在头部外伤后出现，不能排除其遭受较严重头部外伤后才出现基底节区出血的可能，或原高血压基底节出血在头部外伤后血肿扩大，并出现脑受压体征的可能。即本次头部外伤导致其原有疾病性质发生改变。

综合以上原因分析认为，被鉴定人脑出血血肿扩大，脑干出血，脑血肿等与 2020 年 12 月 16 日本次外伤之间有一定程度的关系，建议参与程度为 30%~40%。

倒地致颅脑损伤特征及成因分析

孙海波

山东省莱州市公安局刑侦大队 山东 莱州 261400

人体在站立或接近地面的情况下，由于某种原因（骑自行车被撞倒、被击打、推搡等）而倒地，因头颅具有一定的形态，在与钝性平面物体碰击后会出现诸多颅脑损伤（颅底骨折、蛛网膜下腔出血、脑出血、脑挫伤等）情况。结合一现实案例将实际检验工作中总结归纳的几点经验与大家共研一下。

1 案例

某某，男性，49 岁，被他人拳击面部后，仰面枕部着地，跌倒在沥青马路上，当时短暂昏迷，回家 6 h 后死亡。尸检外表：鼻背及前额处有 5 cm×3 cm 轻微红肿区，头皮外表无明显损伤。解剖见：枕外隆突周围有一 4 cm×6 cm 头皮下血肿，自枕外隆突下方沿颅底正中有一向前延伸的线型骨折，达枕骨大孔分成左右两支，左支绕过枕骨大孔达颅中窝颞骨岩部，右支沿枕骨大孔右缘继续前行 3 cm。硬脑膜完好，蛛网膜下腔积血约 120 mL，脑血管未见明显硬化病变，脑脊液呈深红色血性，大脑额叶有 6 cm×5 cm 点片状出血，以底面为明显。筛板对应处脑组织有轻微脑挫伤。死因最终确定为：被人拳击头面部倒地致颅脑损伤死亡。

2 讨论

此类摔跌倒地致头部损伤有别于头颅受到致命性打击所形成的损伤，也有别于高坠等所致的损伤，其特点如下。

2.1 头颅外表往往无明显损伤，但内部则有严重致命伤，呈现内重外轻现象，多不形成创

倒地时头颅着地，与地面垂直撞击，缺少挫擦作用，加之受力面积较大且均匀，故头皮外表多无创口，但头皮内、头皮下几乎都有明显的出血，甚至形成血肿。出血部位也多为一处，多位于枕外隆突附近。由于该位置最突出于头颅，而倒地时往往枕部先着地，故该出血也常提示其为着地受力部位。

2.2 多数有颅底骨折并伴有蛛网膜下腔出血，常为直接死亡原因

倒地过程中，头颅在运动的情况下突然接触地面速度变为零，地面对头颅的反作用力和头颅向下运动的力量相交错，形成对颅骨前后方向的挤压力，由于颅骨类球形结构的特征，颅骨在发生前后径缩小做扁圆变形的同时，力的传导作用在颅底和颅顶产生垂直于挤压力方向的拉应力，而由于颅底较颅顶薄弱，抗拉力弱，故往往在颅底后方向形成线型骨折。线型骨折常为 1~2 条，骨折线呈前后方向行走，自枕外隆突向前下，绕过枕大孔沿最薄弱的地方放射，这也是由颅骨的解剖学特征所决定的。一般不会出现类似高坠伤所形成的环状、粉碎性颅骨骨折。

在颅骨触及地面的瞬间，由于变形作用，使硬脑膜与颅骨之间发生相对移位，而硬脑膜与蛛网膜几乎紧贴在一起，可致蛛网膜血管也被撕拉而断裂，这也是蛛网膜下腔出血的形成原因。脑组织损伤严重者还可伴有硬脑膜撕裂，造成血性脑脊液耳漏、鼻漏等，腰穿还可抽到血性脑脊液。

2.3 对冲性脑出血、脑挫伤也常见

这种损伤多见于额叶前下部，也可见于颞叶，多为点片状出血和轻微脑挫伤，很少会出现大面积的脑挫裂创伤，其成因是由该部位易受到对冲性外力作用所致。

结合物理学原理 $F\triangle t=mv$：颅骨受到地面的反作用力与体重和倒地速度成正比，与作用时间成反比。头颅接触地面的速度越快，地面越硬，脑损伤就越严重。

以上所论及的颅脑损伤及机制，都是指头颅距地面与身高相差不大或略高于身高的状态下倒地所形成的损伤情况，与高坠所形成的各种损伤（颅脑严重损伤、胸腹部脏器破裂和四肢长骨骨折）有所不同。由于这种损伤的隐蔽性，外表很难直接发现死亡原因，特别是一些头面部被打击致晕而跌倒或由于被推倒所形成的死亡必须正确认识其所形成损伤的特征，做详尽的尸体解剖检验，才能正确查明死因，澄清事实。

颌面部损伤的伤残等级鉴定 1 例

唐隆超

广东中一司法鉴定中心 广东 深圳 518000

交通事故中，颌面部的损伤较为常见，相应损伤的伤残等级鉴定也较为复杂。现将笔者在实际工作中遇到的 1 例有关交通事故中儿童颌面部损伤的伤残等级鉴定报道如下，以供参考。

1 案例

1.1 简要案情

某男童，5 岁，于 2020 年 7 月 31 日被小型普通客车撞伤入院。查体见右额颞部、右面部大片皮肤软组织挫擦伤，左额、左下颌部各一处皮肤软组织裂伤长约 2.5 cm 和 3.0 cm。61 牙松动，向唇错位，牙床牙龈裂伤出血，72、73 处明显错位，可扪及骨折线，牙龈裂伤出血等。头颅 CT 示左额骨、左眼眶外上壁、外侧壁骨折；双侧下颌头骨折，右侧下颌头向前下移位，右颞颌关节脱位，相邻颞颌关节、颧骨骨折；筛骨鼻突、左侧纸板可疑骨折；双侧筛窦、双侧上颌窦少量积液；左额部、左颞面部软组织肿胀及少量积气，双颞下窝少量积气等。于 8 月 4 日行下颌骨骨折手法复位+牙弓夹板结扎固定术治疗。8 月 10 日出院，诊断为下颌骨骨折（双侧髁突、下颌骨体），牙槽骨骨折（下颌骨），眶骨骨折（左侧），面部软组织挫伤（左侧眶外缘、下颌颏部皮肤）等。

1.2 鉴定过程

（1）法医临床学检查：2021 年 5 月 6 日对被鉴定人进行法医临床学检查：男童，步行入室，神清，查体合作。左额部眉弓外侧一 4.3 cm×0.4 cm 条片状皮肤瘢痕，局部淡黄褐色；颏部正中一 3.5 cm×0.1 cm 横行条状皮肤瘢痕，局部稍隆起。$\frac{1}{1|2}$ 牙缺失，张口无明显受限（张口位上下切牙间距 2.5 cm），右侧牙列轻度咬合功能障碍（嘱被鉴定人双侧牙列咬紧塑料膜片，垂直拉出膜片，膜片向左侧偏移）。

（2）阅片所见：阅 2020 年 7 月 31 日头颅 CT 示：左额部、颏部软组织肿胀；左额骨、眶骨外上壁、外侧壁骨折；双侧下颌头骨折；右侧下颌头向前下移位，颞颌关节脱位；右颧骨骨折。

阅 2021 年 4 月 2 日头颅 CT 示：双侧下颌头陈旧骨折征，畸形愈合；右颞颌关节半脱位，关节间隙增宽；左侧牙列对合关系良好，右侧牙列对合关系欠佳，间隙增宽。右颧骨陈旧骨折征。

1.3 分析说明

被鉴定人 2020 年 7 月 31 日因交通事故致伤颌面部，经头颅 CT 等检查，确诊为双侧髁突、下颌骨体、右颧骨等骨折，面部多发软组织挫裂伤等。伤后经"下颌骨骨折手法复位+牙弓夹板结扎固定术"等治疗，现治疗终结，符合鉴定时限要求。结合法医临床学检验及阅片所见，现遗留面部两处条状皮肤瘢痕形成，长度累计达 7.8 cm（左额部 4.3 cm，颏部 3.5 cm），以及右侧牙列轻度咬合功能障碍。依据《人体损伤致残程度分级》5.9.2 22）条款，评定其下颌骨多发骨折，经手法复位、牙弓夹板固定术等治疗，后遗右侧牙列轻度咬合功能障碍的损伤构成九级伤残；依据上述标准附录 6.11 及 5.10.24）条款，评定其左额部、颏部软组织挫裂伤，后遗留面部皮肤瘢痕累计达 7.8 cm 的损伤构成十级伤残。

2 讨论

颌面部损伤分为颌面部软组织损伤和骨与关节损伤。其中，软组织损伤的重点在于容貌毁损等问题；骨损伤主要指上颌骨、下颌骨和额骨等部位的骨折，不仅可导致颌面部畸形，还可导致牙齿咬合关系紊乱；颞下颌关节损伤指颞下颌关节骨折、脱位以及软组织损伤等，是张口受限的主要原因。

面部瘢痕检查需注意区别色素改变与皮肤瘢痕的区别，而色素改变面积的计算同皮肤瘢痕面积的计算方法相同。尚需注意是否存在颌面部穿透创等。

检查张口是否受限，需测量张口位时上下切牙之间距离，或者以被鉴定人自身的示指、中指、无名指并列垂直置入上、下中切牙切缘间测量。轻度张口受限系大开口时，上下切牙间距仅可并列垂直置入示指和中指；中度张口受限系大开口时，上下切牙间距仅可垂直置入示指；重度张口受限系大开口时，上下切牙间距不能置入示指横径。张口活动受限案件较为常见，主观性大，被鉴定人有控制自己张口程度的能力，且较易伪装，鉴定时需多加甄别。

颌面部骨与关节损伤致咬合紊乱、牙列错位等功能障碍的，除根据颌面部外伤史，临床表现以及 X 线、CT 等影像学检查认定外，暂无检验规范，可结合生活实践，利用某些适用的客观检查方法，予以佐证。

Joubert 综合征并头部损伤临床法医鉴定 1 例

童铁军[1]，邓宏亮[2]

1. 湖北省咸宁市通城县公安局刑事科学技术室 湖北通城 437400
2. 湖北省咸宁市通城县人民医院 湖北通城 437400

Joubert 综合征（Joubert syndrome，JS）是一种较为罕见的先天性脑发育畸形，经查阅相关文献，在头部损伤法医鉴定中，未曾有合并 JS 的报道，现将具有典型 CT 表现及相应临床症状、体征的 1 例报道如下。

1 案例资料

患儿，男，5 岁。从幼儿园游乐设施上摔下伤及头部 2 h，伴呕吐。查体：右侧额部头皮软组织明显肿胀；呼吸急促，四肢肌张力减低，肌力 4 级，巴宾斯基征阳性，不自主眼球震颤；发育较同龄儿迟缓，步态不稳，说话吐字不清，认知能力低下。CT 平扫：小脑蚓部发育不良，两侧小脑半球不连接，于中线处见纵行裂隙状脑脊液样低密度影，并与第四脑室相连，见图 1-4（a）；相当于脑桥和中脑连接水平，第四脑室扩张呈蝙蝠翼状，与小脑间裂隙共同形成雨伞状，见图 1-4（b）；脚间窝加深，小脑上脚变长、增粗，相应之中脑呈磨牙状，见图 1-4（c）、图 1-4（d）；矢状位重建：两侧小脑上脚与脑干近似垂直，见图 1-4（e）、图 4-1（f）。两侧大脑半球结构未见异常，脑实质内未见异常密度差改变，幕上脑室无扩张、积水。颅骨未见明显骨折征象；右侧额部头皮软组织肿胀，呈"丘状"隆起。结合临床及典型特征性 CT 表现诊断为 JS；除右侧额部头皮血肿外，未见其他颅脑外伤征象。

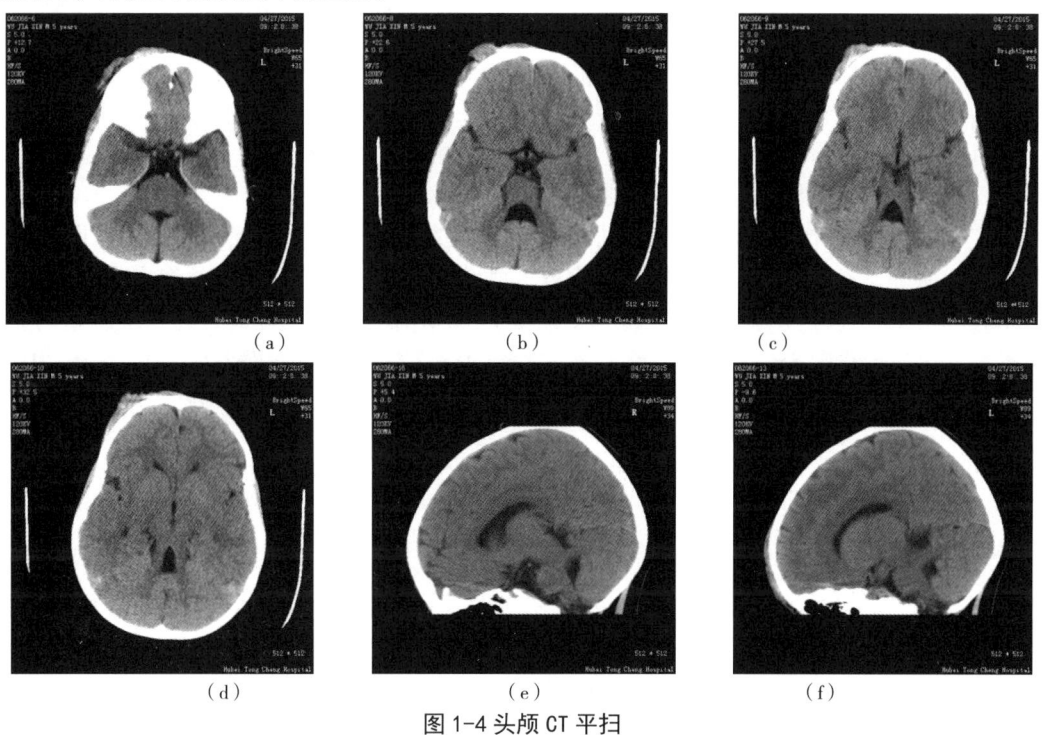

图 1-4 头颅 CT 平扫

(a) 两侧小脑半球于中线处不相连，出现"中线裂征"
(b) 第四脑室扩张，呈"蝙蝠翼"状，与小脑间裂隙共同形成雨伞状，呈"雨伞征"
(c)，(d) 脚间窝加深，小脑上脚变长、增粗，中脑呈典型的"磨牙征"
(e)，(f) 矢状位，两侧小脑上脚与脑干近似垂直

2 讨论

Joubert 于1969年报道了1例较为罕见的中脑和小脑发育异常，以后 Boltshauser 和 Isler 等做了相同的病例报告并命名为 JS。JS 属多基因常染色体隐性遗传性疾病，目前有3个基因位点，1个基因点定位于染色体9q34.3，另2个基因点分别定位于染色体 11p12-q13.3 和 6q23。典型神经病理学改变为小脑蚓部发育不良或不发育，还可有小脑核的发育不全和异位、下橄榄核和脑干束异常，以及锥体交叉阙如。JS 以男性较多，Maria 等报道男女比例约3∶2。发病比例为1/100000，预后通常较差。

JS 综合征常有以下临床表现：肌张力减低、共济失调、发育迟缓、认知缺陷和呼吸深快或呼吸暂停，常伴视网膜缺损或视网膜发育不良、伸舌、多囊肾和多指（趾）畸形。其中，肌张力减低和共济失调是 JS 最主要的表现。JS 无单一的临床诊断标准，如果同时出现上述临床表现时，应考虑 JS 可能；尚须影像学检查进一步证实。

JS 的检查主要依靠 CT 与 MRI，其影像学表现具有特征性，主要表现为：①中脑水平"磨牙征（molar toothing）"，因锥体交叉的缺乏使两侧小脑上脚增厚延长，且近于水平走行，脚间窝凹陷增深，导致轴位上中脑和小脑上脚连接层面犹如磨牙状改变，称为"磨牙征"。②小脑半球"中线裂征（midline cleft）"，是因为小脑蚓部不发育或发育不全而使两侧小脑半球在中线部位紧密相邻而不相连，脑脊液进入其中而形成线样低密度影（CT）或长 T1 长 T2 信号（MRI），其向前与四脑室相连续。该中线裂可因小脑蚓部不发育而将两侧小脑半球完全分离，也可因小脑蚓部部分发育，而于小脑上蚓部两侧小脑半球部分相连。③四脑室"蝙蝠翼征（bat-wing）"或称"三角征（triangular shaped）"，因小脑蚓部的发育不良而使四脑室扩张，表现为"蝙蝠翼"状或"三角形"改变；扩张的第四脑室与小脑间裂隙共同形成雨伞状，则称"雨伞征"。④矢状位上"小脑上脚垂直脑干征"，是因小脑上脚增粗、抬高并水平走行，使得小脑上脚与脑干垂直。以上4种征象中的前3种均与小脑蚓部发育异常有关，因此在影像学检查时如发现有小脑蚓部发育异常时应考虑到此病的可能性。当见到中脑"磨牙征"、小脑半球间"中线裂征"、和第四脑室"蝙蝠翼"征等征象可提示 JS，须密切结合临床才能做出诊断。

JS 应与 Dandy-Walker 畸形、Down 综合征、大枕大池、蛛网膜囊肿及 PEHO 综合征等相鉴别。尽管 Dandy-Walker 畸形也可伴有小脑蚓部阙如，但其典型的表现是第四脑向上方扩张及颅后窝扩大。JS 与 Down 综合征仅凭影像学鉴别有困难，根据临床表现或染色体组型可明确诊断。大枕大池亦显示颅后窝低密度区，但其小脑蚓部完整。蛛网膜囊肿则位于脑外，多为局限性脑池扩大，有占位效应，可引起梗阻性脑积水。PEHO 综合征有脑干、小脑蚓部发育不良，髓鞘形成异常，视神经萎缩，临床上多有皮下非凹陷性水肿。但从影像上很难与 JS 相鉴别，须依靠临床症状才能明确诊断。除上述鉴别诊断外，对于头部损伤患者而言，切勿将 JS 颅内异常改变当成脑外伤后遗症，如局限性脑萎缩、脑积水等。

JS 为先天性疾病，不属伤情鉴定之列，法医鉴定工作中需注意规避。本案例患儿虽有明确头部外伤史，但仅见右额部头皮血肿，未见其他颅脑损伤 CT 表现，颅内之异常改变，与头部外伤之间并无关联，且患儿绝大多数临床表现与 JS 相符，并经 CT 检查得到了证实。因 JS 存在不尽相同的神经系统病变的症状、体征，而头部损伤患者亦可出现程度不一之神经系统损害的临床表现，二者临床法医鉴定不易区分；因此，在头部外伤或头部外伤疑合并 JS 时，应追问既往史并完善影像学检查以明确诊断，确保鉴定结论科学准确。

颞骨茎突变异误诊为骨折法医学分析

王会知，关天庆，戴辉

安徽淮北市公安局刑侦支队 安徽 淮北 235000

1 简要案情及病历摘要

某男，30 岁，11 月 20 日被他人打伤头部。体检：头部多处头皮裂创。头颅 CT 平扫检查示：右顶部头皮下血肿，左侧茎突见线样低密度影，左侧茎突骨折。入院诊断：左侧茎突骨折。12 月 20 日头颅 CT 三维重建检查示：左侧茎突见线样低密度影，左侧茎突骨折后改变。

2 法医学检查

12 月 23 日法医临床学检查：被鉴定人右额部有 1.2 cm 条形瘢痕，右眼下方有 1.1 cm 条形瘢痕，右枕部有 0.6 cm 条形瘢痕。

详细观阅了影像归档和通信系统（PACS 系统）保存的被鉴定人的 11 月 20 日及 12 月 20 日两次影像学 CT 检查原始图像，并与医学影像学科专家组会诊阅片示：右侧茎突上部未骨化，可见长段低密度影，左侧茎突中下段局部可见裂隙样低密度影，边缘圆钝硬化，茎突周围软组织未见肿胀，两次 CT 检查左侧茎突未见明显变化，双侧茎突均存在未完全骨化部分，右侧为上部（鼓舌段）长段未骨化，左侧中下段骨化未完全融合，符合分节型茎突的影像学表现特征，不属于茎突骨折。

综上所述，被鉴定人头面部遗留有瘢痕，依据《人体损伤鉴定标准》有关条款规定，评定为轻微伤。

3 讨论

茎突为颞骨一部分，左右各一，位于颞骨岩部底面，茎突孔前方，乳突根部前内侧，与乳突部相连，向前下方突出，如喙状，由胚胎时期第二腮弓之软骨演变而来。茎突包括 4 个分开的胚胎部分，即鼓舌部、茎舌部、角舌部、舌骨下部，茎突有上下两个软骨内化骨中心，分别称为鼓舌部和茎舌部，前者在出生前出现，后者于生后 1～2 年内出现，到 7～8 岁时完成发育，多数直到中年才与前者完全融合骨化，根据其发育的不同，可分为 4 种类型，即完整型、分节型、发育不良型、未发育型。

茎突骨折多由颞颌部及上颈部遭受外界暴力导致，由于茎突的位置特殊，骨折后则常常压迫邻近的神经、血管而引起一系列的临床症状，如咽喉痛、咽异物感、头颈部不适、面神经损伤症状以及受伤处皮肤皮下出血、肿胀等。对于颌面部及颅底等一些解剖结构较为复杂部位的影像学检查，特别是茎突的影像学检查，干扰图像的因素多且不易辨别。影像学检查中，茎突未完全骨化变异与茎突骨折均会出现低密度影，但是骨折的低密度影表现为线样、边缘锐利、常伴有周围软组织的肿胀，而未完全骨化变异的低密度影边缘圆钝，有时可见骨化中心。

颞骨茎突骨折的法医学鉴定要点：①有明确的外伤史，特别是颞颌部及上颈部遭受暴力作用。根据生物力学原理，此外力可直接传导作用于茎突，可以造成茎突骨折、皮肤可见挫伤等。②有相应的临床症状和体征。由于茎突位置特殊，当茎突骨折时局部出血水肿可压迫刺激面神经、舌咽神经、三叉神经等而引起一系列临床症状，如咽喉痛、咽异物感、味觉障碍、流涎、头颈部不适、面部感觉麻木、面瘫等。因此不能照搬照抄医院诊断结果，机械套用《人体损伤程度鉴定标准》条款，应注意影像学表现与临床症状和体征是否相符。③需进行多次影像学 CT 三维重建检查，对比观察、比较。对于疑似骨折线的低密度影，应多轴面多角度旋转观察，比较周围软组织变化情况、骨折处是否有明显变化、是否符合骨折病理过程连续性，明确判断骨折还是变异。

该案例被鉴定人的临床症状表现及影像学表现不符合颞骨茎突骨折的特征，属于分节型茎突。由于医院临床医师询问病史及查体不详细，影像科医师缺乏对茎突解剖部位的了解，阅片不仔细，导致错误诊断为茎突骨折。

浅谈颅内出血的外伤性鉴定

王磊[1]，周佳川[2]

1. 浙江省杭州市萧山区公安司法鉴定中心 浙江 杭州 311200
2. 浙江省杭州市公安局刑事科学技术研究所 浙江 杭州 310016

外伤后颅内出血在法医临床学鉴定中经常遇到，《人体损伤程度鉴定标准》中涉及颅内出血的条款主要有重伤二级"5.1.2 f）外伤性蛛网膜下腔出血，伴神经系统症状和体征""5.1.2 g）脑挫（裂）伤，伴神经系统症状和体征""5.1.2 h）颅内出血，伴神经系统症状和体征"；轻伤一级"5.1.3 e）脑挫（裂）伤；颅内出血；慢性颅内血肿；外伤性硬膜下积液"；轻伤二级"5.1.4 e）外伤性蛛网膜下腔出血"等。

从标准条款中可以看出颅内出血的损伤程度一般都比较重，出具鉴定意见后，涉案嫌疑人可能要被追究刑事责任，因此，更需注意伤病关系鉴别，即对颅内出血外伤性的认定。

颅内出血包括硬脑膜外出血，硬脑膜下出血、蛛网膜下腔出血和脑实质及脑室出血等。其中硬脑膜外、硬脑膜下出血（一般来源于头部遭受外力作用剧烈晃动时造成的颅内血管破裂）、蛛网膜下腔出血外伤性的认定相对比较简单。而脑内出血包括外伤性脑内出血和自发性脑内出血。

外伤性脑内出血是指由外力作用造成的脑实质内出血。多为头部遭受巨大外力，多发生在头部着力的对冲部位，好发部位一般位于额叶或颞叶的白质内，多数伴有头皮下血肿及颅骨骨折，少部分出血也可由于外伤的剪切力作用，多好发于胼胝体、脑干及深部灰质。

自发性脑内出血是指非外力情况下（或外力较轻微）各种原因引起的脑大、小动脉，静脉和毛细血管自发性破裂引起的脑内出血。自发性脑出血是一种多因素疾病，受环境和遗传因素共同影响。病因常见有高血压、动脉粥样硬化、脑血管畸形及脑血管瘤等。其出血发生的部位和形态上与外伤性脑内出血均有一定差异。多为原有病变基础上，某些因素诱发破裂出血。其中高血压和动脉粥样硬化的情况下，脑内出血一般发生于大脑基底节区域，由于损及内囊故称为内囊出血。

从定义中不难发现，出血机制较为复杂，但仍然有迹可循。在实际操作中可以归纳总结出以下几种方法来分析判断。

① 体表分析法：在实际案例中，外伤性脑内出血均具有头皮下血肿、头皮裂伤等颅脑损伤的体表特征，而自发性脑内出血均具有体表损伤较轻微或无明显体表损伤等体表体征。②影像学法：在影像学中，CT、MRI 扫描检查是目前诊断脑内出血最安全、可靠、迅速和无创伤的手段。必要时应反复检查，以便动态观察其变化。CT、MRI 扫描尚能清楚地显示出其原发出血部位、血肿大小、形态、脑水肿程度、中线结构移位程度、脑积水的阻塞部位及其程度、穿破脑室的部位和脑室内出血的程度等，为法医学鉴定提供重要的资料依据。在实际案例中，外伤性脑内出血均具有颅骨骨折、脑挫裂伤（额叶、颞叶或脑干）等颅脑损伤特征，而自发性颅脑内出血均没有颅骨骨折、脑挫裂伤，且好发部位在基底节区域。③脑血管造影法：脑血管造影法能显示出自发性脑内出血的病因（如动脉瘤、脑血管畸形、烟雾病和颅内肿瘤等）表现及脑实质内血肿的表现。④走访调查法：在实际验伤过程中，由法医技术性指导侦查员走访调查，追根溯源，往往会取得意想不到的收获。走访调查的方向主要有以下几点：首先是伤者的病史，如有高血压史，一般在伤者生活周边的各大医院会有伤者的就诊记录，且在医保本上均会有看病、拿药等记录；其次对旁证的固定，看双方是否有肢体接触或打击动作；再次是调取监控，现在全国各地的监控都布置得较为完善，只要是在公共区域基本都已覆盖，在杭州地区，甚至农宅门前都已安装监控，为我们后期调查取证提供有力的支持。

综上所述，由于外伤后颅内出血的鉴定较为复杂，一直以来都是法医学鉴定的难点，因此对外伤后颅内出血的法医学鉴定一定要谨慎，因为差之毫厘，谬以千里。如果经调查访问双方并没有过多对肢体接触，且没有明显的体表损伤，影像学显示为内囊出血且没有脑挫裂伤，那么这时候我们就要考虑是自发性脑内出血。根据目前情况，属于伤病共存或无伤情况，依照《人体损伤鉴定标准》4.3.3 之规定，既往伤/病为主要作用的，即损伤为次要或者轻微作用的，不宜进行损伤程度鉴定，只说明因果关系。

老年颅脑损伤合并脑萎缩的法医学鉴定分析

王力，张超，罗璇

北京市通州区公安司法鉴定中心 北京 101100

随着我国步入老龄化社会，老年人颅脑损伤的发生率也逐年增加。有报道，目前我国老年颅脑损伤患者占所有创伤患者的8%~15%。在老年人特有的生理、病理因素中，我们要注意合理评估脑萎缩在此类案件的法医临床鉴定中的作用。

本文作者总结相关资料，旨在探讨此类案件的损伤程度评定相关问题。

1 老年性脑萎缩的特点

脑萎缩是由于各种原因所致的脑细胞体积和数量的减少。生理性萎缩是随着年龄的增长，机体功能性衰退，脑细胞功能逐步退化而引起的，以体积减小为主；病理性萎缩是由多种原因引起的一种衰退性疾病，多由血管性疾病（如脑动脉硬化、脑梗死、脑出血、高血压、冠心病等）引起，在体积减小的同时又有脑细胞数量的减少。另外，脑外伤、感染、中毒、退行性疾病、内分泌疾病等，也可导致脑萎缩。生理性脑萎缩是脑组织衰老的表现之一，与年龄呈正相关。有国内学者研究发现，70~74岁以上年龄脑萎缩率>90%。

脑萎缩由医学影像技术命名，故其诊断、分类与分级均依赖影像学检查。依脑萎缩的范围不同，分为广泛性和局限性两类。前者包括脑皮质和髓质及全部萎缩，后者包括局部、一侧大脑半球或小脑、脑干萎缩。在影像学上表现为：脑皮质萎缩显示脑表面脑沟及脑池扩大，脑髓质萎缩显示为脑室扩大，全部脑萎缩显示脑室、脑池和脑沟均扩大，局部脑萎缩显示脑室局部扩大或局部脑池和脑沟扩大。脑沟与脑室的测量可用以判断有无脑萎缩及其程度。脑沟宽度超过5 mm可认为脑沟扩大。脑萎缩脑室测量值和指数见表1-4。

表1-4 脑萎缩脑室测量值和指数

脑萎缩程度	三脑室宽度/mm	Huckman值/mm	脑室指数	侧脑室体部指数
轻度	8~10	16~20	1.4~1.6	3.6~4.0
中度	11~14	21~25	1.0~1.3	3.0~3.5
重度	>14	>25	<1.0	<3.0

2 脑萎缩与老年颅脑损伤的关系

脑萎缩使老年人蛛网膜下腔间隙增大，蛛网膜下腔脑脊液含量增加，颅脑空间相对增大。颅脑损伤时，脑组织在相对增宽的蛛网膜下腔中发生直线移动和旋转运动运动范围增大，加之退化萎缩的脑组织弹性减低、脆性增大，脑组织必然更容易受损。而硬膜下腔增大使桥静脉变长，皮层血管、颅底血管也因弹性差、脆性增大，容易破裂出血。故受轻微外力即可发生脑损伤与颅内出血。

由于老年人硬膜与颅内板附着紧密不易剥离，故颅内出血以硬膜下出血多见，而硬膜外出血较少。加之颅骨硬化、弹性降低，不利于暴力的缓冲，老年人颅脑损伤，多出现颅骨骨折、脑挫伤、蛛网膜下腔出血、硬膜下出血、脑内出血等两种或多种复合伤。

3 伤病关系的分析

根据损伤成因、临床表现、影像学检查等来确诊颅脑损伤并不困难，此类案件法医临床学鉴定的关键和难点在于伤病关系的认定。笔者认为，此类鉴定应综合分析外伤、颅脑损伤特征、脑萎缩程度及影响因素来综合评定。

对于头皮损伤和颅骨骨折，脑萎缩与其并无伤病关系，故无需考虑此因素。对于脑损伤首先要厘清外力的严重程度。对于外力巨大，足以对任何健康的脑组织造成损伤的，同样无需考虑脑萎缩的影响。如果外力适中，笔者认为应根据影像学检查所示脑萎缩的程度来进行认定。达到中度或者重度脑萎缩的，可以认定二者作用相当，在评定损伤程度时适度降低等级，轻度脑萎缩则可以认定为次要作用。如果外力轻微而脑萎缩呈中或重度，则可以认定损伤为轻微作用，不宜进行损伤程度评定，只说明因果关系。

另外，要注意脑萎缩和硬膜下积液的鉴别。脑萎缩一般表现为双侧脑回变宽，脑沟加深，脑实质萎缩，常有脑室系统的扩大。而硬膜下积液单侧者易于鉴别，双侧常见额颞顶区的条带状低密度区，由于占位效应，脑沟、脑回变浅，脑室缩小。对于合并脑萎缩者，积液处的脑沟、脑回也比其他部位要浅。

"颅骨骨折"损伤程度鉴定探讨

尉应良，俞良宇，彭正银

湖北省武汉平安法医司法鉴定所 湖北 武汉 430000

1 探讨"颅骨骨折"损伤程度鉴定有重要意义

"颅骨骨折"，在法医临床学鉴定中并不少见。在2014年01月01日起施行的《人体损伤程度鉴定标准》中，明确规定属于轻伤二级。其实，此标准即是《人体轻伤鉴定标准（试行）》（1990年07月01日颁布）中"颅骨单纯性骨折"属于轻伤的延续。对于"颅骨骨折"是属于轻伤或者属于轻伤二级没有任何争议，但是关键是28年了，在我国的临床学鉴定法医中对于此标准的理解一直没有统一的认识。甚至在新的损伤程度鉴定标准实施5年多，不同区域做出的规定是对立的，即在某个区域内"颅骨骨折"鉴定为属于轻伤范畴、行为人应该承担刑事责任，而同样的"颅骨骨折"在另一个区域鉴定是不属于轻伤范畴，可以不需要承担刑事责任。这也是目前司法鉴定中存在混乱局面的重要因素之一。因此，深入探讨"颅骨骨折"损伤程度鉴定问题是当前亟待解决的问题。

2 "颅骨骨折"损伤程度鉴定不统一的原因

对于"颅骨骨折"损伤程度鉴定认识不统一，其实是因为存在"颅骨不全骨折"的问题。

2.1 不全骨折指的是骨的完整性或连续性仅有部分中断

当前临床学鉴定法医的理解是：对于长骨而言，一侧骨皮质及部分骨髓腔破坏就属于标准中的"长骨骨折"。而对于扁骨而言，一侧骨板及部分板障破坏就属于标准中的"扁骨骨折"。即，按照现行标准：长骨破坏达骨髓腔、扁骨破坏达板障，都可以鉴定为轻伤二级。

2.2 现行标准除两处外其余骨折标准都包括不全骨折

现行标准中，只有2处——5.9.4 k）、5.10.4 d）规定是"完全骨折"才能鉴定为轻伤二级。那么，即显示除了这两处外，其余涉及的骨折标准都包括不全骨折。

2.3 即使是颅骨不全骨折也可对人身有中度伤害

颅盖骨表层为密质，分别称外板和内板。两板之间的松质称为板障，有板障静脉通过。颅盖骨板障是成人骨骼中始终保持红骨髓的地方之一。在板障中有树状或网状的血管分支，即板障静脉，其壁由海绵骨质构成并衬以内皮，管径不能缩小，所以外伤或手术时出血严重，需用特殊止血法。说明即使是颅骨不全骨折，对于人身健康也可以有中度的伤害。

2.4 注意标准细节

当前临床学鉴定法医中，认为"颅骨骨折"中仅外板发生骨折不应该评定轻伤的理由是现行标准第6.7条：骨皮质的砍（刺）痕或者轻微撕脱性骨折（无功能障碍）的，不构成本标准所指的轻伤。故认为"颅骨骨折"必须是指"外、内板均骨折"。其实，此规定明确的是骨皮质（包括颅骨外板）本身并不涉及骨髓腔即板障的损害。

3 总结

在法医临床学鉴定中，应该统一：除两处专门的规定外，骨皮质（包括外板，等）破坏并达骨髓腔、板障的均属于"骨折"。

当然，不全骨折是否属于"残疾分级"中的"骨折"，应再探讨。

技术性证据审查纠正颅脑损伤错误鉴定1例

杨彬斯

广西来宾市兴宾区人民检察院 广西 来宾 546199

1 案例资料

1.1 简要案情

2020年6月15日，张某饮酒后驾驶轿车与一辆普通两轮摩托车发生碰撞，造成乘坐在摩托车上的林某某车受伤的事故。2020年7月10日，甲鉴定机构出具鉴定意见：林某的损伤程度为重伤二级。2020年10

月27日，公安机关以涉嫌交通肇事罪将张某移送检察机关审查起诉。该院法医对林某的损伤程度鉴定书及病历材料审查后认为：甲鉴定机构认定的鉴定意见错误，建议重新鉴定。2020年12月8日，乙鉴定机构对林某的损伤程度重新鉴定：林某在交通事故所受的损伤，损伤程度构成轻伤一级。检察机关于2020年12月31日，以张某某不构成交通肇事罪，对其做出了绝对不起诉决定。

1.2 病历资料

林某，男，56岁，因"车祸致胸部、头部疼痛4 h余"到医院就医。专科检查：嗜睡状态，精神、反应差，提问不应答，检查不配合，右眼外眦侧眶缘软组织见一长约5 cm不规则纵行裂伤，深约5 mm，伤口内见泥砂样异物，活动性出血，两侧瞳孔等大等圆，对光反射灵敏。右侧胸背部压痛明显，未扪及骨擦感，胸廓挤压征阳性。CT检查影像学印象：①右侧额叶皮质少许脑挫裂伤，少量蛛网膜下腔出血；②右侧颞部、颧部软组织损伤；③右侧第5、6前肋，8~10后肋骨折并右侧少许血胸，右第7后肋骨折待排。诊断：①胸部闭合性损伤：右侧多根肋骨骨折、右肺挫伤；②头面部挫裂伤；③脑挫裂伤；④蛛网膜下腔出血。

1.3 鉴定过程

（1）第一次：2020年6月29日，甲鉴定机构对林某进行活体检查，并根据病历资料认定林某头部损伤参照《人体损伤程度鉴定标准》5.1.2 f) "外伤性蛛网膜下腔出血，伴神经系统症状和体征"和5.1.2 g) "脑挫（裂）伤，伴神经系统症状和体征"的规定，构成重伤二级。林某本次损伤综合评定为重伤二级。

（2）第二次：2020年12月8日，乙鉴定机构对林某进行活检检查，并且根据病资料记载认定林某头部的损伤参照《人体损伤程度鉴定标准》5.1.3 e) 条款"脑挫（裂）伤；颅内出血；慢性颅内血肿；外伤性硬脑膜下积液"、5.1.4 e) 条款"外伤性蛛网膜下腔出血"之规定，分别为轻伤一级、轻伤二级。林某本次受伤的损伤程度综合评定为轻伤一级。

2 讨论

根据《中华人民共和国刑法》第一百三十三条的规定，违反交通运输管理法规，发生重大事故，致人重伤、死亡或者使公私财产遭受重大损失的行为构成交通肇事罪，应当依法追究行为人的刑事责任。本案例中林某在交通事故中受伤的部位主要有头部、面部以及胸部，但是其头部的损伤影响本次事故的定性，因此本文只讨论其头部损伤的鉴定。

2.1 关于神经系统症状和体征

在法医鉴定实践中，常常将神经系统的症状和体征放在一起描述，因此会给人产生两者相伴相生的错觉。事实上，两者是不同的概念，在鉴定中必须严格区分，准确把握。神经系统症状指的是伤者一些自觉症状，包括头痛、头晕、乏力、恶心、呕吐等。而神经系统体征是指通过神经系统检查能够确定的神经系统功能障碍，包括瞳孔变化、对光反射迟钝或消失、颈项强直、失语、肢体瘫痪、肌张力增高、腱反射亢进、病理征阳性等。例如临床上描述的蛛网膜下腔出血，患者表现为头剧烈疼痛、喷射状呕吐、颈强直以及克氏征阳性等，其实是包含症状和体征两个方面的内容。

2.2 关于《人体损伤程度鉴定标准》的理解和适用

根据司法部编写的适用指南，颅内出血未伴有脑受压症状和体征，或者只出现脑受压症状而未出现脑受压体征，均不符合5.1.2 h) 条款"颅内出血，伴脑受压症状和体征"的规定，不应评为重伤二级。

虽然没有对5.1.2 f)、5.1.2 g)两个条款专门说明，但是本人认为可以通过类比理解这两条：即脑挫（裂）伤或是外伤性蛛网膜下腔出血，未伴有神经系统症状和体征，或者只出现神经系统症状而未出现体征的，不符合重伤二级的相关规定。而是应当参照5.1.3 e) 条款"脑挫（裂）伤；……"、5.1.4 f) 条款"外伤性蛛网膜下腔出血"之规定，分别评为轻伤一级、轻伤二级。

本案例中，CT检查见林某右侧额叶皮质少许脑挫裂伤和少量蛛网膜下腔出血，病历反映林某存在头痛、头晕、神志嗜睡等神经系统的症状，没有瞳孔变化、对光反射迟钝等神经系统的体征，因此不符合《人体损伤程度鉴定标准》第5.1.2 f)和5.1.2 g)的规定，而是应当援引5.1.3 e)和5.1.4 f)条款，综合评为轻伤一级。检察法医通过技术性证据审查工作，及时发现甲机构鉴定意见错误，并提出重新鉴定的审查意见，避免了检察官因采用错误鉴定意见而对提起张某公诉事件的发生。

面部损伤程度鉴定 1 例

杨帆，李铁城

大庆市公安局刑事技术支队 黑龙江 大庆 163000

1 案例材料

1.1 简要案情

2020 年 9 月 15 日晚，大庆市×区×小区刘某报案在家中被打伤。伤后 3 个月受委托要求对损伤程度进行认定。

1.2 病历摘要

2020 年 9 月 15 日×院×号门诊医疗手册：左侧颧弓区经左侧颞部、眉、外眦、颧部、颊部至颧弓下缘处见一长约 25 cm 创口，沿颞肌筋膜及肌层呈皮瓣样掀起，蒂宽约 2.5 cm，创缘整齐，局部菲薄，局部皮缘色黑。瓣下段见一长约 3.0 cm 创口，创口内无明显异物，可见多处活动性出血。

2020 年 9 月 16—10 月 15 日×院×号住院病案：头枕部见 4 cm 创口，已清创缝合；额面部见 20 cm 倒"U"型创口，已清创缝合；额面部见局部轻度肿胀，皮下淤青。左颈前外侧见 16 cm 斜行创口，已清创缝合，左肩背部见 2 cm 横行创口，已清创缝合。

颅脑螺旋 CT：左侧额颞部皮下软组织肿胀。

颌面部螺旋 CT：颌面部骨皮质连续，未见明显骨折线，左颞部软组织肿胀。

1.3 法医临床学检查

2021 年 1 月查体：神清语明，一般状态良。左枕部有 3.4 cm 长瘢痕。左面部于中心区外有 5.0 cm × 3.0 cm 片状痕区伴有长 11.8 cm "U"形瘢痕，U 形区内部分隆起明显，其内有长 2.5 cm 瘢痕；利用描记和测量尺工具检验片状瘢痕面积为 12.5 cm²；左颈前部至左胸部有长 14.5 cm 痕，其中颈前部分长 6.4 cm。左背部肩胛处有长 2.0 cm 瘢痕。

2 分析讨论

本案中其他损伤均达到轻伤一级标准，故当前仅讨论面部损伤。笔者认为讨论点在于此损伤与《人体损伤程度鉴定标准》（以下简称《标准》）5.2.2 重伤二级及 5.2.3 轻伤一级的损伤程度的鉴定标准的符合程度。

被鉴定人刘某左面部瘢痕上自左额部眉上 2 cm 处，下至左面颊平左嘴角处，内界累积部分左眉、左眼外眦及左面颊，外界累积发际线，整体成竖直长方形置于左面部中心部位。虽未累积面部感觉器官且无明显变形，未造成神经损伤及咀嚼障碍，但整体视觉上可见遗留的明显的条状瘢痕或较大面积块状瘢痕及较大面积色素改变。故仍需在面部条状瘢痕及面部块状瘢痕中权衡更符合此次损伤程度的条款。

被鉴定人刘某面部损伤经过不同日测量、不同人测量、不同方法测量的测算给出了科学、准确的结果：左面部于中心区外有 5.0 cm × 3.0 cm 片状痕区伴有长 11.8 cm "U"形瘢痕，U 形区内部分隆起明显，其内有长 2.5 cm 瘢痕；片状瘢痕面积为 12.5 cm²。由于未累积面部中心区，且长度、面积未累计至《标准》中重伤二级规定的基线。故无论从条状瘢痕考虑还是块状瘢痕考虑均未达到重伤二级的标准，最终选择第 5.2.3 a）与第 5.2.3 b）评定其损伤程度为轻伤一级。

3 总结

面部作为人情绪表达的主要部位及其凸显且脆弱的解剖学结构，容易招来攻击，留下容貌损毁。而实际中面部损伤的多样性、复杂程度难以预测也增加了鉴定难度。此次鉴定过程中笔者对面部损伤程度的案件有几条体会：第一，《标准》的翔实制定尤为关键。长度与面积的基线设定是否对等，面部中心区的划定是否科学，瘢痕的复杂程度是否能被《标准》中的条款完全涵盖，这些问题均需后来人在实践中反复推敲，使《标准》不断完善。第二，在鉴定损伤程度过程中法医人员要以对鉴定意见高度负责的态度，针对容貌损伤程度测量精确，反复推敲，做到不产生巨大偏差，鉴定意见要经得起考验。如若做出了不利于鉴定人的鉴定意见，则有损保障鉴定结论的权威性，也会给案件处理带来不少的困扰。第三，年轻同志在参与此类鉴定时，不要对疑难的鉴定有抵触情绪，要不畏困难，迎难而上。在实战中磨炼本领，在错误中发现真知。并且多与有相关经验的法医及临床医师交流，多翻阅相关论文及书籍。

基于《人体损伤致残程度分级》的颅脑损伤法医学鉴定 104 例分析

张峰，张忠，张锋，喻林升

温州医科大学司法鉴定中心 浙江 温州 325003

为了促进司法公正和维护公民的合法权益，最高人民法院、最高人民检察院、公安部、国家安全部及司法部联合颁布了《人体损伤致残程度分级》，2017 年 1 月 1 日该标准正式施行。该标准已经施行了 4 年多时间，其中颅脑损伤的案例与人体其他部位损伤的案例相比，具有更大的比例，且鉴定更加疑难、复杂。本文就《人体损伤致残程度分级》施行后温州医科大学司法鉴定中心对外伤导致颅脑损伤的伤残鉴定的 104 例案件，进行整理分析，并提出对颅脑损伤后不同伤残等级的鉴定注意点。

1 案例资料

1.1 一般材料

2017 年 1 月至 2021 年 6 月，各类颅脑损伤的法医临床学鉴定的案件共 104 件。统计被鉴定人的年龄、性别、颅脑损伤的原因、颅脑损伤的部位及数量、是否通过开颅手术治疗、伤后颅内软化灶残留情况、四肢肌力情况及其他相关症状法医临床鉴定要求等。

1.2 方法

颅脑损伤后根据《人体损伤致残程度分级》的伤残等级进行分组，其中 1 级伤残共 5 例，2 级伤残 8 例，4 级伤残 5 例，5 级伤残 3 例，7 级伤残 6 例，8 级伤残 8 例，9 级伤残 30 例，10 级伤残 41 例，未能评定伤残 30 例（部分案例涉及多个伤残等级）。结合案例情况，分析各级伤残等级的主要的颅脑损伤情况。

1.3 结果

104 例颅脑损伤鉴定结果分析如下：

表1-5 颅脑损伤中伤残等级评定中条款的使用情况

	例数	条款使用	例数	条款使用	例数	条款使用	例数
未能评定伤残等级	30						
十级伤残	41	5.10.1 8)	40	5.10.1 2)	1		
九级伤残	30	5.9.1 3)	30				
八级伤残	8	5.8.1 5)	4	5.8.1 6)	2	5.8.1 2)	2
七级伤残	6	5.7.1 4)	4	5.7.1 2)	1		
五级伤残	3	5.5.1 5)	2	5.5.1 2)	1		
四级伤残	5	5.4.1 3)	5				
二级伤残	8	5.2.1 5)	2	5.2.1 3)	6		
一级伤残	5	5.1.1 1)	4	5.1.1 3)	1		

表1-6 各种颅脑损伤和伤残的关系

	例数	颅骨骨折	硬膜外血肿	硬膜下血肿	蛛网膜下腔出血	脑挫伤或挫裂伤
未能评定伤残等级	30	10	3	11	14	17
十级伤残	41	16	19	22	18	24
九级伤残	30	13	6	23	8	26
八级伤残	8	3	3	4	3	6
七级伤残	6	1	3	2	2	4
五级伤残	3	0	0	0	1	2
四级伤残	5	1	1	3	0	4
二级伤残	8	0	1	5	1	5
一级伤残	5	1	0	3	3	3
合计		45	36	73	50	91

2 讨论

颅脑损伤占全身损伤的 10%～20%，居各部位损伤的第 2 位，颅脑损伤中的颅内血肿和脑挫裂伤是导致重度伤残的重要原因之一。由于颅脑的结构复杂和损伤机制的不明确，故在司法鉴定中存在很多疑难复杂案件。本文通过统计颅脑外伤后进行伤残鉴定的法医临床鉴定的案件，分析各种伤残等级下，各种条款的适用情况，分析造成该种情形的主要原因。

损伤基础是法医临床鉴定重要内容，通过对外伤后影像资料的分析。颅脑损伤的法医鉴定，利用 CT 检查可排除各种各样的干扰，常可进行明确的认定。本文对 104 例案件进行统计后发现，颅骨骨折、硬膜外血肿、硬膜下血肿、蛛网膜下腔血肿、脑挫伤或挫裂伤是最常见的颅脑损伤，通过对案例进行分析发现，颅脑损伤中最常见的损伤为脑挫伤或挫裂伤，而脑挫伤或挫裂伤在法医鉴定中各伤残等级中均占有较大比例。因此在法医临床鉴定工作中，应当注重通过医学影像学技术对颅脑损伤后损伤部位、范围甚至程度进行准确认定，同时该认定对与伤者颅脑损伤开颅手术的指征的把握具有重要意义。

经过法医临床鉴定，评价为 10 级伤残的案件，主要选用的条款为《人体损伤致残程度分级》第 5.10.1 8）开颅术后。与之相对的 9 级伤残较为常用的条款为 5.9.1 3）脑叶部分切除术后，本次统计的 30 例认定为 9 级伤残的案件均依据该条款，法医临床鉴定中，上述条款的适用最为广泛，且争议性较小，因为上述条款具有客观的评判标准，即通过影像资料和病历资料（手术记录），可以直接进行认定，被鉴定人难以在症状上进行伪装，因此目前法医临床鉴定实务中，其争议性较小。当涉及颅内血肿的手术时，应当认真分析伤者伤时颅内血肿的情况，颅内血肿应当符合颅内血肿的手术指征，同时应当对颅内血肿的形成原因进行详细分析，排除伤者自身疾病的影响。本次统计过程中，10 级伤残认定中，还涉及 1 例采用了 5.10.1 2）颅脑损伤后遗脑软化灶形成，伴有神经系统症状或者体征的条款，该条款主要在于软化灶的认定，其通过影像资料诊断，还要具有高度客观性和真实性。

1 级伤残是伤残等级评定中最严重的伤残，颅脑损伤造成 1 级伤残，本次 104 例案件统计中，评定为 1 级伤残的有 5 例，其主要适用的条款为 5.1.1 1），其条款表述为持续植物生存状态，4 例为该种情形，该情形在认定在伤后 12 个月后，通过现场检查，常可以明确认定，其认定较为简单。持续植物生存状态应为永久性的，法医临床鉴定中，对鉴定时间一般要在 12 个月以上，且难以恢复。

颅脑损伤伴神经系统症状和体征，本次统计的案件中涉及肢体瘫和非肢体瘫痪的认定伤残的共 16 例，涉及 1、2、4、5、7、8 等 6 个等级，其涉及的伤残标准与肢体瘫痪的数量具有重要的关系。因颅脑损伤造成的后遗症具有复杂性，本次统计的案例中还存在 4 例，适用的条款涉及失语的认定。上述伤残的认定和鉴定过程中，表现为颅脑损伤后神经系统症状和体征或脑受压的症状和体征，在认定上存在偏主观倾向，特别对于肌力分级，目前仍然按照徒手肌力进行检查分级，缺乏客观证据支撑的困难，认定存在一定难度。对伤者的配合度要求很高，伤者常常为获得更高金额的赔偿，往往会进行伪装。辨别伤者的真实肢体瘫痪情况是该鉴定较为重要的一个环节，鉴定中应当严肃对待，首先要依据影像学检查明确损伤部位，判定瘫痪的类型（单瘫、偏瘫、四肢瘫或者截瘫等），再结合肌电图检查和神经诱发电位，根据肌力减退程度适用条款鉴定伤残程度等级，必要时对伤者进行随访或者住院观察。

从 1 例轻微伤鉴定浅析微小创的鉴定问题

张维敏，谢洪彪

江苏省淮安市人民检察院 江苏 淮安 223001

在《人体损伤程度鉴定标准》关于轻微伤的条款中，涉及创或者瘢痕的，一般都规定了具体的数值，但部分条款则没有规定，实践中容易带来困惑。

1 案例

靳某，男，40 岁，2021 年 4 月 29 日与他人发生冲突，面部受拳击，其眼镜较锐利角部将面颊刺伤，公安机关委托某司法鉴定所进行损伤鉴定。5 月 6 日鉴定时见右眼眶下面颊部一短线状皮肤出血、伴局部血痂，无法确认损伤深度，后又于 5 月 24 日复查见右眼眶下 0.5 cm 愈合外观，其中见 0.3 cm 细微浅表瘢痕。鉴定人经多次讨论后，评定为轻微伤。

2 讨论

2.1 关于条款规定

《人体损伤程度鉴定标准》中，有 7 条未对创口或者瘢痕鉴定时的长度做出具体规定，分别是 5.1.5 c）头皮创口或者瘢痕；5.2.5 a）面部软组织创；5.2.5 b）面部损伤留有瘢痕或者色素改变；5.2.5 f）耳郭创；5.9.5

a）、5.10.5 b）、5.11.4 b）刺创深达肌层。在实践中，对于前 4 条标准的适用，通常是头面部存在创或者瘢痕，但创或者瘢痕的长度未达相应部位的轻伤二级规定标准，即可适用对应的轻微伤条款。但个别案件中，因为标准中未规定损伤的具体数值，当创或者瘢痕长度非常小，甚至类似于针刺创的时候，鉴定会带来争议。如上述案例中，一种鉴定意见认为被鉴定人右面部有损伤出血，愈合后遗留 0.3 cm 瘢痕，未达面部单个创口或者瘢痕长度 4.5 cm 以上（轻伤二级）标准。其损伤虽然很轻微，但 5.2.5 b）中并未规定须达到某个具体数值，只要认定有瘢痕形成，即可构成轻微伤。另一种鉴定意见认为根据损伤程度等级划分原则，损伤必须要达到一定损伤程度。其第一次查体时未明确认定为创，第二次复查仅见 0.3 cm 细微浅表瘢痕，损伤瘢痕表现不明显，与面部其他轻微伤标准的损害程度相比，损害也极其轻微，按损伤鉴定的谦抑原则，不宜评定为轻微伤。上述争议的存在，有必要对这些微小创的长度认定及标准适用问题进行探讨。

2.2 关于微小创

（1）微小创的概念理解：创是指皮肤的全层裂开，治疗措施中通常需要手术缝合，因伤及真皮层，一般以瘢痕的形式修复。创由创口、创缘、创角、创壁、创底、创腔六个部分组成，根据致伤物的不同，可分为钝器创和锐器创。刺创就是一种锐器创。微小创在性质上归属于创，应具有创的特征，因此须具有一定的创口长度，而在轻微伤的损伤条款中，一处创口规定的最小数值是 1.0 cm 以上，故认为长度小于 1.0 cm 的创可认定为微小创，但因长度较短、损伤轻微，一般无须缝合，以瘢痕形式修复。

（2）问题解决：微小创损伤程度的鉴定，困惑主要在于创或者瘢痕的长度太短，鉴定标准又未规定具体数值，能否认定达到轻微伤的损害程度存在不确定。笔者认为，可以从以下几个方面综合做出判断。一是从损伤性质上看，首先应判断损伤属于创，须达到皮肤全层裂开。因创口太小，无法辨认时，可根据是否形成瘢痕来判断。二是从损伤部位上看，在一般损伤条款中，相同损伤等级，面部的评价标准较其他部位低。如同是轻伤二级，单个创口或者瘢痕长度的标准，颈前部是 5.0 cm 以上，肢体和体表是 10.0 cm 以上，而面部是 4.5 cm 以上。因此，同等级面部创或者瘢痕的认定标准应低于身体其他部位。颈部、四肢、手、体表部位轻微伤的单个创或者瘢痕长度规定为 1.0 cm 以上，头皮、面部、耳郭单个创或者瘢痕长度在 1.0 cm 以下的微小创或者瘢痕理应可以进行轻微伤的评定。三是从损害程度上看，即使是轻微伤，擦伤、划伤等也都有长度的要求，这也是损伤构成人身损害的必然要求。微小创具有创的属性，创口也必须有一定长度要求，才会对组织器官造成一定损害后果，长度不能无限缩小，甚至接近针刺创而难以评价。因此，有必要对其创口或者瘢痕长度进行一个限定。在实践操作过程中，一般用于区分"明显"的标准数值是 2 mm，笔者认为可以用于微小创或者瘢痕的认定，即当创或者瘢痕长度达到 2 mm 以上时，就可以认为达到了损伤确认标准。

创伤性脑损伤法医学鉴定的难点与对策

支敏[1]，郑旭东[2]

1. 河南省郑州市人民检察院 河南 郑州 450046
2. 郑州大学基础医学院 河南 郑州 450066

创伤性脑损伤（traumatic brain injury，TBI）是近几十年来死亡和永久性损伤的主要原因，几乎占到脑损伤住院的 50% 左右。

1 创伤性轴索损伤的机制与病理改变

1.1 受伤机制

2002 年 Graham 和 Lantos 提出轴索水平的剪切和拉伸应变是任何遭受钝性头部伤害引起脑损伤的最重要单因素。颅脑在受到外力作用后，由于脑内灰白质、神经核和轴索等的存在而使颅脑不能作同步运动，相互间出现剪应力，导致轴索损伤（DAI）。

1.2 脑组织病理改变特征

弥漫性轴索损伤（DAI）是创伤性脑损伤（TBI）最常见、最重要的病理特征之一，在绝大多数情况下，轴索在随病程发展逐渐出现继发性病理改变，最终发生轴索断裂轴索的损伤引起"轴突反应"。

2 弥漫性轴索损伤的影像学检查

CT 和 MRI 检查在法医学鉴定中具有重要应用价值，是目前辅助诊断颅脑损伤的重要依据，但近期的研究发现 CT 和常规 MRI 均存在低估病灶范围的问题。

3 讨论

由于 TBI 病理机制复杂，目前还缺乏有效的检验检查方法，导致在法医鉴定实践中，对于 TBI 损伤鉴定存在一些困难。

3.1 观念上的误区

对于 ADI 观念上的误区集中在两点：一是 DAI 的发生与外伤的关系，二是外伤严重程度与 DAI 严重程度的关系。

首先，DAI 是与外伤直接相关的独立疾病，不是脑损伤的并发症，也就是说没有明显脑部机械性损伤而出现 DAI 是完全可能的。

其次，从 DAI 致伤模型可以看到，颅脑损伤导致的剪切力是轴索损伤的主要机制，直线加速与旋转加速联合可在较低力学水平情况下复制出中、重型 DAI。而且脑质量及体积越小，产生 DAI 所需要的旋转角加速度越大。因此，在一些案例中，较轻的头部打击伤、摔跌伤、撞击伤，没有形成严重外伤，伤后立即行影像检查也没有阳性发现时，但是 DAI 已经发生了。

例如一起案件中，一名武校学员在完成 30 多个后倒动作训练起身后倒地死亡，事后由于没有明显外伤，尸体解剖脑组织也没有明显损伤，但实际上 DAI 已经形成了。

3.2 鉴定时机的选择

DAI 的病理特征决定了创伤性脑外伤后，轴索会有一个从伤后数小时到数十天的习惯性加重过程，因此对 DAI 进行法医鉴定的时机把握是一个难点。

研究表明，TBI 可能诱发长期的神经退行性变过程，如隐匿进行性轴突病理，因此，在鉴定时应当适用 2014 年实施的《人体损伤程度鉴定标准》鉴定原则 4.1.3：以组织器官功能障碍作为鉴定依据的，鉴定时应以损伤的后果为主，损伤当时伤情为辅，综合鉴定。

3.3 对 DAI 损伤情况的检查方法

新的影像技术 DWI 及 DTI 是最近发展成熟的磁共振检查技术，是观察 DAI 一种简单无创的方法。但是由于成本的原因，这些影像检查方法大多没有在实践中得到充分的使用。

也有一些研究表明了 DAI 可以导致大脑认知功能的损伤，可以通过脑功能的变化对损伤部位和程度进行评估，但是目前还没有可以使用的检查方法和工具。

4 总结

通过回顾当前的研究，我们发现对于 DAI 的损伤后果，特别是对中、重度损伤造成的长期脑功能损害尚没有一个客观、标准的检查和评估方法，因此在法医学鉴定中难以对损伤与后果的因果关系，以及功能受损程度评定给出确切的意见，这给司法机关的定罪量刑和裁判带来了不确定性，将在相当一段时间成为司法鉴定的难点和热点。

交通事故颅脑与脊髓损伤继发脊髓空洞 1 例分析

周莉

连云港正达司法鉴定中心 江苏 连云港 222000

1 病史摘要

高某某，男，1982 年 1 月出生，2018 年 2 月 17 日因交通事故受伤后意识不清 1 h，入住××人民医院抢救治疗。查体：嗜睡，呼之偶应。前额部大片皮肤挫伤、渗血，右颞部肿胀，右耳流血。下颌部见长约 3、2 cm 创口，血流不止。四肢肌力检查不配合。肌张力正常。颅脑胸腹部 CT 示：左侧颞部硬膜下/外血肿，蛛网膜下腔出血，左侧额颞骨骨折，左侧小脑半球斑片状低密度影；腰 1 右侧横突骨折。入院后予对症治疗后复查头颅 CT 颅内出血无明显增多。出院诊断：左侧颞部硬膜下/外血肿，创伤性蛛网膜下腔出血，额颞骨骨折，腰 1 右侧横突骨折。

2018-07-04 至 2018-07-09，伤者因"双下肢无力、麻木半月"入住于××区人民医院。胸椎增强MRI示：脊髓中央管扩张（下段），脊髓形态不规则，胸6～7平面脊髓受压。出院诊断：脊髓空洞症。

2018-07-14 至 2018-07-22，××脑科医院。查体：胸7平面以下感觉减退，肛周、会阴部感觉减退，下肢肌力Ⅲ级，肌张力高，双下肢腱反射亢进，肌阵挛。MRI示：椎管内囊性占位，脊髓中央管扩张；胸7～11水平脊髓异常信号伴局段脊髓萎缩。诊断：胸6～腰1脊髓病变。

2018-08-15 至 2019-01-13，××市中医院胸椎MRI：胸8处脊髓损伤；胸8～11水平脊髓内管状异常信号，结合病史，考虑脊髓空洞为车祸外伤逐渐引起。出院诊断：脊髓损伤，脊髓空洞。

2 影像资料审阅

2.1 两次CT片

2018-02-18、2018-02-19 ××人民医院CT片示：右侧颞叶脑挫裂伤，左侧额颞部及右侧额部硬脑膜下/外血肿，蛛网膜下腔出血，左侧额骨、左侧颞骨多发骨折。

2.2 五次CT片

2018-02-17、2018-02-18、2018-02-19 ××人民医院CT片，2018-02-20、2018-02-28 ××医科大学附属医院CT片示：腰1椎体右侧横突骨折。胸主动脉CTA示：主动脉-降主动脉交界区不规则线样低密度影，局部管壁膨隆。右肾不规则斑片状低密度影。

2.3 MRI影像

2018-07-05、2018-07-08 ××人民医院MRI、2018-07-15 ××脑科医院MRI、2018-07-26 MRI示：胸8脊髓条状等T1稍长T2信号，压脂像呈稍高信号，胸8椎体相应端脊髓形态变形，局部蛛网膜与硬膜粘连，两端蛛网膜下腔增宽，胸7～8相应段脊髓变细。胸7～腰1脊髓内可见条状长T1T2信号，其内信号不均匀，余颈髓未见异常信号，椎体未见异常信号改变。诊断：符合胸8椎体相应段脊髓损伤伴胸7～腰1段脊髓空洞。

3 讨论

3.1 经多家医院多次影像学检查诊断为脊髓空洞症

伤者高某某于2018年2月17日受伤，临床检查诊断为左侧颞部硬膜下、硬膜外血肿，创伤性蛛网膜下腔出血，腰1右侧横突骨折等，经治疗，症状好转出院。伤后近5月时，伤者因双下肢无力、麻木再入院诊治，经多家医院多次影像学检查诊断为脊髓空洞症。

3.2 脊髓空洞症

脊髓空洞症是脊髓的一种慢性、进行性的病变，好发于颈部脊髓，常常引起节段性分离性感觉障碍、肢体运动障碍、神经营养障碍等，并缓慢进展。其形成原因及机制尚不完全明确。目前脊髓空洞大致分为两类：一类是伴随Chiari畸形（小脑扁桃体疝）的先天性脊髓空洞；另一类则不伴Chiari畸形，即由于创伤、肿瘤、脑出血或炎症等引起的脊髓空洞。创伤后脊髓空洞形成机制可能是脊柱、脊髓损伤导致局部无菌性炎症，炎症导致血脑屏障通透性增加，病变脊髓节段细胞间质水肿（空洞前状态），液体逐渐积累形成空洞，然后肿胀的脊髓造成脑脊液回流通路暂时性梗阻，致使脊髓间的积液渐聚渐多，形成空洞。

3.3 鉴定认为脊髓空洞症与本次交通事故外伤有关

脊髓损伤后形成脊髓空洞时间不一，可以发生在伤后十几天至数年间，空洞在损伤的上下方均可产生。MRI能多平面、高分辨的显示脊髓细微情况，是诊断创伤后脊髓空洞症的"金标准"。创伤后脊髓空洞症的典型表现为：与脊髓原发损伤相连的上行或下行脊髓内纵行管状或腊肠状长T1T2信号，有时可见脑脊液流空现象。本例中伤者高某某MRI检查明确脊髓空洞症，影像资料未见明确的脑脊髓先天发育异常（如小脑扁桃体疝等）表现。

根据影像科资料，伤者存在胸8脊髓损伤伴胸7～腰1脊髓空洞，结合其外伤史，脊髓空洞发生在损伤部位附近的胸腰段脊髓，而不是常见的颈段脊髓，符合创伤后脊髓空洞症特征及诊断标准。考虑被鉴定人高某某脊髓空洞症与本次交通事故外伤有关。

额面部与额顶部头皮交界处瘢痕法医临床学鉴定 1 例

周鹿希，李志艳，罗斌

中山大学法医鉴定中心 广东 广州 510080

1 案件资料

1.1 简要案情

周某，男，57岁，自述于 2017 年 3 月 27 日被人殴打致伤。曾在县、市两级公安机关法医室分别鉴定为轻伤二级、轻微伤。因打架双方均有投诉，故某法院委托本中心按最高人民法院、最高人民检察院、公安部、国家安全部、司法部《人体损伤程度鉴定标准》进行损伤程度重新鉴定。

1.2 病历摘录

2017 年 3 月 27 日被鉴定人周某因"打伤头部头痛、头晕伴流血 1 h"入院。查体：见急性病容，神志昏迷。双瞳孔等大等圆，对光反射正常。额部可见一长约 5 cm 伤口，有渗血；四肢各关节活动自如，肌力 V 级。损伤当日行 CT 检查示右侧额部头皮血肿。出院诊断：①头皮裂伤；②软组织损伤。

1.3 法医学检查

被鉴定人头发长 2~3 mm（短期剃光头发，发际线精心修剪后显示发际线高）；右额部与额顶部头皮交界区见 6.0 cm×0.1 cm 灰白色条状瘢痕；作者仔细分辨毛囊存有情况，据此划定发际线，其中发际线外部分瘢痕长度 2.8 cm，发际线内部分瘢痕长度 3.2 cm（图 1-5：右额部皮肤与额顶部头皮交界处裂创缝合后情况，图 1-6：划定发际线后测量被鉴定人瘢痕）。

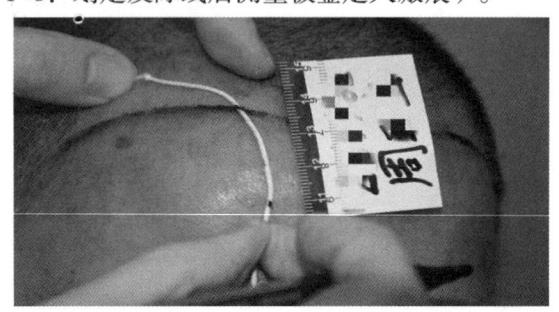

图 1-5 右额部皮肤与额顶部头皮交界处裂创缝合后

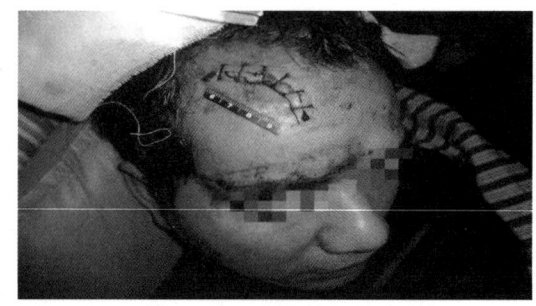

图 1-6 划定发际线后测量被鉴定人瘢痕

2 讨论

由于被鉴定人右额部皮肤与额顶部头皮交界处裂创已经缝合并瘢痕愈合，本次损伤程度鉴定已经无法对创口的形态长度、深度等情况进行认定，仅能通过客观测量瘢痕长度及所处发际内、外位置评定损伤程度。根据法医检查所见，结合医院临床病历及影像学资料，被鉴定人周某右额部皮肤与额顶部头皮交界处裂创的诊断成立，其特征符合钝物暴力作用所致。经手术清创缝合治疗 3 年余，现遗留右额部与额顶部头皮交界区灰白色条状瘢痕形成。

被鉴定人存在发际线上移情况，需要先结合发际线、眉线、鼻底线等距的一般规律与被鉴定人头发毛囊存有情况划定发际线。该案件划定发迹线后，棉线法测量发际线外部分(头皮)瘢痕长度 2.8 cm，未达 8.0 cm；发际线内部分（额面部皮肤）瘢痕长度 3.2 cm，未达 4.5 cm；瘢痕总长度未达 10.0 cm。根据最高人民法院、最高人民检察院、公安部、国家安全部、司法部《人体损伤程度鉴定标准》5.1.5 c）、5.2.5 b）条款，被鉴定人右额部皮肤与额顶部头皮交界处裂创后遗留瘢痕形成，其损伤程度属轻微伤。

此案重点要注意发际线内外创口或瘢痕的测量，以免人为干预判断。希冀以此为例，法医临床工作者一定要细致、认真！

第二章 胸腹损伤

刀刺伤致左心室较大破裂存活1例

曾纪中

安徽省阜阳市人民检察院 安徽 阜阳 236000

1 案例

马某，男，33岁，因纠纷被人用水果刀捅伤，入院主诉刀刺伤致胸闷2 h余，查体：T：36.8℃；脉搏90次/min；呼吸22次/min；血压：96/80 mmHg。神志清楚，左肺呼吸音低，右肺呼吸音粗，约左侧锁骨中线第4肋间可见一长约3 cm刀刺伤口。入院行"左进胸心脏破裂修补术"，探查见：左胸内有500 mL鲜红色血性液体，800 mL血凝块，心包胀满，切开心包，扩大心包切口，见心包内150 mL血性液体及血凝块，清除血凝块见左室近心尖部有一伤口约1.5 cm大小，通入心腔，入院诊断：胸部刀刺伤、左侧血胸、心脏穿透性损伤、左心室破裂、心脏压塞、失血性休克、心跳呼吸骤停。1月后，法医检验见马某神志清楚，对答切题，左前胸至左腋下有一长26 cm手术缝合创，依据《人体损伤程度鉴定标准》第5.6.2 a）条之规定，马某身体损伤程度属于重伤二级。

2 讨论

外伤性心脏破裂是极度危险的危急重症之一，约占胸部创伤的7%～12%，是仅次于颅脑外伤的重要死因。引起心脏破裂原因很多，其中刀刺伤是较为常见的原因。外伤性心脏各腔室的损伤概率与前胸壁暴露的范围有关：右心室47%，左心室31%，右心房16%，左心房6%，也有左右心耳损伤的报道。据有关文献记载，左心室破裂于数分钟死亡，右心室破裂可在30 min内死亡，右心房破裂可生存较长时间。很多伤者往往在伤后死于现场或者转运途中，部分死于抢救过程中，穿透性心脏损伤在入院前有50%～80%已经死亡，能在医院救治的患者死亡率仍然高达15%～30%。

在外伤性心脏破裂中，死亡原因主要为失血性休克及急性心脏压塞，其中心脏压塞型最多见，占51%～78%，死亡率为27%，而失血休克型虽仅占10%～14%，但最为凶险，死亡率高达89%。心包破裂口大小是影响压塞型或者失血休克的重要因素之一。心包是一层坚韧且缺乏弹性的包膜，在心包腔急性积血120 mL时可压迫心脏，限制心脏舒张，达到150～200 mL时可引起致命性心脏压塞。当心包破口较大时，伤后血液主要流入胸腔和体外，伤者表现的失血，死亡非常迅速，症状体征也较为明显；若心包创口相对较小，伤后血液积于心包腔内，则主要表现为心脏压塞，表现为胸闷、气促、胸痛及其他伴随损伤症状；心脏压塞使心脏受压，影响了血液回流心脏，使心排量降低直至心搏骤停，也避免继续失血，使伤者有机会得到治疗。

因心脏外伤死亡率高，法医鉴定中常以尸体检验为主，活体检验相对较为少见。法医临床中，对外伤性心脏破裂的鉴定较为简单，主要依据外伤史、临床症状及手术所见。因左心室压力大于右心室压力，外伤性左心室破裂活体检验则较少。本例伤者左心室破裂口达1.5 cm，伤后2 h余行手术治疗仍得以存活，临床实属罕见。

笔者认为主要有以下几个方面的原因：①创口位置特殊。马某心脏创口在心尖部，致伤物水果刀从第4肋间斜行向下向后进入心脏，心脏创口应为水果刀尖部形成，加上左心室位置较深且心尖部室壁相对较厚，创道应呈楔形，形成的室壁内创口应当远小于心脏表面创口。随着创口肿胀、凝血及心脏有规律的活动，使心室创口口径进一步缩小，趋于封闭状态，出血量相对减少。从伤者在伤后2 h余入院查体神志依然清楚及心包腔和左胸腔积血量来看，也印证了伤者出血量较相对较少。②心包压塞效应。心脏血液从创口流经心包腔，形成心脏压塞效应，客观造成压迫止血，同时心包腔积血从心包破裂口流入左侧胸腔和体外，使心包腔血液净流量相对保持动态稳定，不至于因心包急性压塞导致死亡，可能导致心包腔内的压力与心腔内的压力达到暂时平衡，为抢救治疗争取了时间。从伤者胸闷、气促、胸痛的临床症状及心包腔积血150 mL来看，说明其左心室破裂后主要表现为心脏压塞。③左心室创口未伤及心脏冠状动脉保障了心脏短时间持续供血，未伤及心脏重要传导系统保障了心脏有规律的收缩和舒张。④致伤物为水果刀，光滑锋利，形状规整，形成的心脏创口创缘整齐规则，未造成心脏其他钝挫伤；嫌疑人进刀和抽刀时未造成其他严重损伤，也无附加动作和二次加害行为。⑤与伤者自身身体素质密切相关，本案伤者 33 岁，身体较壮实，其机体的代偿能力、耐受力能力相对较强。⑥伤后送医及时，有效的采取了心脏修补和对症治疗等措施。

肺破裂、血气胸经肺脏切除术轻伤鉴定 1 例

陈龙[1]，朱才琴[2]

1. 四川省简阳市公安局 四川 简阳 641400
2. 四川省成都高新区人民检察院 四川 成都 640041

1 案例资料

2018 年 7 月 15 日 12 时许，某男被人用刀刺伤，伤后感左胸部疼痛，伴流血，稍感胸闷、气紧，无心悸、憋喘、呼吸困难及心前区疼痛、压榨感。入院查体：T36.4℃，P100 次/min，R25 次/min，血压 124/79 mmHg。发育正常，神志清晰，自主体位，面容无异常，查体合作。专科检查见：呼吸平稳，口唇稍发绀，气管右偏，左侧背部肩胛骨区域可见长约 2 cm 创口，渗血明显，伤口周围明显肿胀，左肺呼吸音低，右肺呼吸音粗。7 月 15 日 CT 示：左侧气胸，左肺压缩约 60%。7 月 15 日 16 时 10 分在全麻下行"胸腔镜下左肺上叶楔形切除术，左背部扩创探查清创缝合术"，术中见：左侧背部肩胛骨区域可见长约 2 cm 创口，贯穿至左侧胸腔，伤口明显渗血，伤口周围肿胀，左肺上叶尖后段可见长约 1 cm 表浅创口，可见渗血，左侧胸腔积血约 100 mL，术中切除左肺上叶肺裂伤处。术后诊断：左侧创伤性血气胸，左上肺裂伤，左侧背部刀刺伤。

2 法医临床学检查

2018 年 7 月 18 日，鉴定人到医院对被鉴定人进行法医临床学检验。查体：被鉴定人半卧于病床，神清语晰，对答切题，胸廓对称，呼吸平稳，未见皮肤及黏膜发绀，左胸部有 2 处纱布覆盖（手术创口、引流创口），左背部有一处纱布覆盖（原始创口）；阅 2018-07-15 王某胸部 CT 片示：左侧血气胸，左肺压缩约 60%。

3 分析

3.1 肺破裂损伤

《人体损伤程度鉴定标准》（以下简称《标准》）3.1）重伤的定义："使人肢体残废、毁人容貌、丧失听觉、丧失视觉、丧失其他器官功能或者其他对于人身健康有重大伤害的损伤，包括重伤一级和重伤二级。"即构成重伤的鉴定要件为损伤是否危及伤者生命或造成重度的功能障碍。《标准》中第 5.6.2 f）条"肺破裂，须手术治疗（重伤二级）"应以伤情是否危及生命健康、是否须手术治疗为考量依据，条款中的"须"字是指具有手术的绝对适应证，强调因损伤危及生命而必须进行手术，就肺损伤或者血气胸而言，其行急诊剖胸手术的绝对适应证主要为：①进行性血胸或凝固性血胸；②胸腔引流后见大量气体逸出，伴呼吸困难，提示气管或者支气管裂伤，或广泛的肺损伤。胸腔为负压腔隙，小而表浅的肺损伤出血多可自行停止，故表浅肺损伤者通过胸腔闭式引流等治疗即可缓解，笔者认为闭式引流术及胸腔穿刺术不宜纳入该条款所规定的手术治疗的范围。在鉴定实践中，临床上已行手术治疗的并不必然成为"须手术治疗"的依据，应根据受伤当时的情况、术中所见等综合判断伤情是否危及生命，是否达到必须手术的绝对适应证。本案中被鉴定人受伤时、入院时血压呼吸等生命体征均平稳，术中见肺脏损伤表浅未危及生命，不鉴定为重伤。

3.2 血气胸

《标准》中 4.1.1 鉴定原则"遵循实事求是的原则，坚持以致伤因素对人体直接造成的原发性损伤及由损伤引起的并发症或者后遗症为依据，全面分析，综合鉴定"，故本案还应对血气胸进行鉴定。7 月 15 日医院 CT 报告提示：左侧气胸，左肺压缩约 60%，因其计算不够精准，不能作为鉴定依据。鉴定人提取 7 月 15 日 CT 片原始数据（共计 643 张截面）利用 Photoshop 像素法计算出左肺压缩约 72%，按照《标准》5.6.2 g）"血胸、气胸或者血气胸，伴一侧肺萎陷 70% 以上，或者双侧肺萎陷均在 50% 以上"的规定，应属于重伤二级，但本案不予采纳，认定其伤情为轻伤一级。其原因有二：①本案中被鉴定人使用计算机软件计算出左肺压缩约 72%，《标准》规定一侧肺组织萎陷 70% 以上为重伤二级，处于重伤二级及轻伤一级的临界状态，依据公安部人体损伤鉴定标准释义：对于伤情在临界值状态的，就低不就高；②虽然利用 Photoshop 像素法计算方法比较准确，但依然存在合理的误差，误差值应在 5% 以上，本案中肺压缩的程度应在 67% 至 77% 之间，

该区间部分值 70%以下，按照鉴定中"就轻不就重原则"，其伤情不鉴定为重伤二级。结论：被鉴定人胸部损伤为轻伤一级。

4 肺损伤程度鉴定的几点建议

4.1 准确把握，"轻重伤"定义为鉴定实践工作指导方向

在遇到一些无绝对手术适应证，临床已行手术或过度医疗、医疗过错的案例，轻重伤定义的准确把握是鉴定的关键。重伤系损伤危及伤者生命或造成重度的功能障碍，只有深刻理解到其定义，才能做出准确的鉴定。

4.2 优化计算方法，理解合理误差的存在

在鉴定实践中经常涉及不规则的损伤面积及体积的计算，应加强学习最新的计算方式，借助计算机软件使计算值准确性大大提高，但无法避免误差的存在，在鉴定实践中一定要考虑误差值得存在。公安部人体损伤鉴定标准释义明确指出对于伤情在临界值状态的，就低不就高，就是考虑计算方法及鉴定人自身难以避免的合理误差。

4.3 手术适应证的评估

在鉴定实践中，实质脏器破裂重伤标准中往往要求"须手术治疗"，在这类鉴定中手术绝对适应证的把握尤为重要，特别是临床已行手术的尤为注意鉴别是否具有手术指征。鉴定中不能简单地以临床已行手术为鉴定依据，应仔细查阅病历综合考量伤者受伤时症状及体征，入院时的生命体征，术中客观查见的损伤情况，综合评估伤者是否具有绝对手术适应证。

对 2 型糖尿病实施"胃转流"外科手术医疗损害鉴定的初探

陈诗娟[1]，潘迅[2]，罗多夫[2]
1. 江西省中正司法鉴定中心 江西 南昌 330046
2. 江西省景德镇市人民检察院 江西 景德镇 333000

根据国际糖尿病联盟数据，2017 年全球约 4.25 亿成人患糖尿病。其中，中国是患病人数最多的国家，患病人数达到 1.14 亿。我国范围内的流行病学调查显示，中国糖尿病发病率在过去十年里增长迅速，造成这一状况的原因可以归咎于人口老龄化、城市化、工业化、营养变化、肥胖症流行和体力活动减少。糖尿病患者中绝大多数为 2 型糖尿病。而因治疗糖尿病的不当方式而引发的医疗纠纷是当前较为突出的一类司法鉴定。

糖尿病中的 2 型糖尿病是一种内科疾病，常用的治疗方法，如控制饮食，加强运动，口服降糖药物，使用胰岛素等，都不能保证病人血糖恢复正常水平，难以避免糖尿病并发症的出现。因此，有些外科医师就在尝试使用"胃转流"外科手术的方法治疗 2 型糖尿病。

"胃转流"外科手术最早是用在减肥手术中，临床手术实践中，意外发现这种手术能治疗 2 型糖尿病。主要治疗肥胖的 2 型糖尿病，好处是能有效地控制血糖，明显降低体重，改善身体的代谢异常，包括高血压、高血脂、高尿酸。弊端也比较多，手术后有并发症，如吻合口溃疡、胃肠功能紊乱、慢性胃肠道损害、营养素的缺失等。此类手术前必须做好综合的评估，谨慎选择，充分与患者本人解释弊处，任何手术绝非零风险。如果单纯的 2 型糖尿病患者体重没有超重或者肥胖，是否适合做胃转流手术尚无定论。目前这种手术方法治疗 2 型糖尿病还没有完全了解它的副作用，医师更要向手术者说清手术的并发症和弊端，只有充分取得患者的理解和谅解，减少手术的风险，才不会发生纠纷。本人在进行医疗损害鉴定中遇到 1 例，介绍给同仁，共同探讨。

1 案例资料

2017 年 12 月 25 日被鉴定人徐某某到××省××医院治疗眼睑的小疙瘩，在治疗期间，该医院院长冯某某查房时，得知徐某某患有糖尿病以及胆结石，告知"胃转流"手术，可以一次性解决糖尿病，手术零风险，徐某某同意做"胃转流"手术治疗。

2018 年 1 月 9 日徐某某在该医院做了"胃转流"和胆结石切除手术，术后出现持续腹泻，于 2021 年 6 月 1 日行"分流吻合口缩减术"仍腹泻。再于 2018 年 10 月 30 日行"肠转流"术后复原术，腹泻等相关症状改善。

徐某某以××医院医疗事故损害为由，向××省×县人民法院提起医疗损害民事诉讼，要求该医院赔偿其治疗期间的医疗费、损失费并承担全部后续治疗费。××县人民法院通过人民法院诉讼资产网委托司法鉴定中心对该案进行医疗损害司法鉴定。

2 讨论

2.1 "胃转流"手术概述

从医学角度看，"胃转流"手术的独特之处在于改变食物的生理流向，通过胃阻断、胃肠吻合、肠肠吻合等步骤完成。"胃转流"手术治疗 2 型糖尿病的机制是让食物的摄入和吸收减少，从而来降低血糖浓度。经"胃转流"手术后短期可能出现明显的消化不良、进行性消瘦，而此法对胰岛素抵抗导致的糖尿病效果不是特别好。目前一般认为，"胃转流"手术治疗糖尿病其适应证是：① 2 型糖尿病，1 型糖尿病不适用。②年龄不超过65 岁。③发病少于15 年。④体重指数（BMI）>27.5。⑤腹型肥胖（男性腰围≥90 cm、女性腰围≥80 cm）。⑥胰岛功能良好，C 肽释放试验存在泌峰。⑦没有严重的糖尿病并发症。⑧术后的康复和饮食管理。这个不但与做手术的医院有关，也会与病人和家属有关，医生、患者和家属三者都要一起努力，才能达到满意的效果。

2.2 鉴定过程及结果

××医院对徐某某因 2 型糖尿病进行的三次手术，即 2018 年 1 月 9 日硬全麻下行"糖尿病第三代"+胆囊切除术。2018 年 6 月 1 日硬麻下行"糖尿病第三代"手术后分流吻合缩减术。2018 年 10 月 30 日肠转流术后复原术。

从我们鉴定调查来看，该院在患者住院病历的书写、手术同意书等方面均违反《病历书写基本规范》：第三条"病历书写应当客观、真实、准确、及时、完整规范"；第十条"对需取得患者书面同意方可进行的医疗活动，应当由患者本人签署知情同意书；第二十三条"手术同意书是指手术前，经主治医师向患者告知拟施手术的相关情况，形成由患者签署是否同意手术的医学文书。患者签署意见并签名。"

××医院病历记录的相关签名，均没有徐某某本人的签名，存在过错。医方对本起医疗纠纷的产生有直接的因果关系。医院医疗行为的参与度以承担主要责任为宜。

关于徐某某具体的损害结果，鉴定如下：①"连续腹泻"：与医方的医疗行为有直接的因果关系，医方承担全部责任。②"手脚麻木"：医方的医疗行为与患者的糖尿病本身疾病共同作用所致，医方承担同等责任。③"常伴腿疼、全身无力"：医方的医疗行为与患者本身疾病共同作用所致，医方承担同等责任。④"常头晕反应迟钝"，医方的医疗行为与患者本身疾病，共同作用所致，医方承担次要责任。⑤"甲状腺功能减退"，患者本身疾病所致，医方无责。⑥"经常饭后肚子疼"，医方的医疗行为主要责任。⑦"性功能损害"，医方病历没有记录，患方也没有提供病历检查资料，暂无法判断鉴定，我们建议患者徐某某补充病历材料再次鉴定或补充鉴定。

关于对存在因果关系的身体损害结果进行伤残等级鉴定问题：依据《医疗事故分级标准》第四条第 15 项之规定，属于三级戊等医疗事故，医方的医疗行为存在因果关系，医方承担主要责任（性功能损害未考虑）。

依据《人体损伤致残程度分级》标准第 5.10.4 条第 3 项之规定，患者徐某某构成十级伤残，医方承担全部责任（性功能损害未考虑）。

关于存在因果关系的身体损害结果的后续治疗费具体金额的估算问题，由于后续治疗费受到医疗机构被鉴定人身体因素等多方因素的影响，治疗费用差别较大，加上性功能损害未确定，目前不好评估，建议以实际发生费用为准或协商解决为妥。

《人体损伤程度鉴定标准》肋骨骨折鉴定浅析

但红建，储成清

安徽省合肥市公安局刑警支队 安徽 合肥 230051

1 案例资料

秦某，男，50 岁，2015 年 3 月 1 日被人用拳击、膝顶等方式致伤头面部、右侧胸部。当日以"外伤致头痛、胸痛 1 h"由 120 急送入甲医院就诊。检查见：额部及右侧面颊稍肿胀，双侧胸部压痛（+），胸廓挤压征（−）。Imp：胸部外伤、头部外伤、腹部外伤。急诊头颅+胸部+上腹部CT平扫：①头颅早期未见明显颅骨骨折及颅内出血征象；②胸部及上腹部CT未见明显肋骨骨折及出血征象。3月4日，以"3 d前被人斗殴过程中击中右前胸、右上腹，近3日来右肋缘附近疼痛无缓解"就诊乙医院。检查见：右前胸及右上腹压痛（+），腹平软，反跳痛（−），胸腹部未见外伤性病变，胸腹部CT示：右侧第7、8前肋骨折。胸外科住院给予抗炎、化痰、活血化瘀、胸带固定、促进骨折生长、抑酸等对症治疗。4月15日，门诊复查CT示：右第7、8、9肋陈旧性骨折。4月24日伤者要求进行伤情鉴定。4月28日鉴定机构要求伤者到丙医院进行胸部CT平扫+肋骨三维重建检查示：右侧第7~9肋骨骨折伴骨痂形成。

2 讨论

本例秦某受伤当日急诊CT报告示：胸部及上腹部CT未见明显肋骨骨折及出血征象；受伤第四日胸腹部CT示：右侧第7、8前肋骨折；后期复查CT均检见右侧第7、8前肋骨折并于伤后一个半月检见右侧第9肋陈旧性骨折。CT检查具有密度分辨力高、可行密度量化分析、组织结构影像无重叠、可行多种图像后处理等优点，可明显提高病变的检出率和诊断准确率。秦某受伤当日CT检查未见明显肋骨骨折，在受伤时间与骨折诊断时间上就存在一个时间差，因此法医鉴定人的首要任务是要明确骨折与本次外伤的关系。

经法医鉴定人仔细阅伤者CT片，3月1日甲医院CT片示：肋骨未见明显骨折；3月4日乙医院片CT示：右侧第7、8肋前端可见骨皮质连续性中断；3月12日乙医院CT示：右侧第7、8前端可见骨皮质连续性中断，断面间毛糙；4月14日乙医院CT片及4月28日丙医院CT片示：右侧第7、8、9肋前端可见骨皮质连续性中断，断端可见少许骨痂形成。但从秦某临床表现及伤后持续就诊史分析其肋骨骨折与本次外伤有关。于是法医鉴定人要求办案单位调查秦某伤后活动情况排除二次外伤史，并会同办案民警一同到甲医院CT室调取秦某受伤当日CT片全部原始数据，行图像处理后发现当日CT示：右侧第7肋前端内侧骨皮质断裂，第8肋前端内、外侧骨皮质变形，以内侧骨皮质变形为著；其位置与后期4次复查CT片所示骨折及骨痂形成部位一致。综合被鉴定人秦某伤后胸痛症状持续、连续就诊史、5次CT片所示影像，可以诊断右侧第7、8肋骨骨折，符合新鲜性骨折演变过程，本次外伤可以形成。后期复查CT片所示右侧第9肋前端可见骨皮质连续性中断，断端骨痂形成，位置与第7、8肋骨折部位一致，其损伤可以与右侧第7、8肋骨骨折一次形成。依据《人体损伤程度鉴定标准》5.6.4 b），被鉴定人秦某的损伤程度属轻伤二级。

肋骨骨折是指暴力直接作用于肋骨，使肋骨向内弯曲折断或前后挤压暴力使肋骨腋段向外弯曲折断。临床表现有局部疼痛，胸廓挤压试验阳性等体征。随着医学科技及医疗水平的发展，CT已成为诊断肋骨骨折的首选方法，特别是对移位不明显的肋骨骨折提高了诊断率。本例受伤当日CT未见明显肋骨骨折形成的原因是：①本例肋骨骨折为移位不明显的骨折，甚至有部分嵌顿，骨折线显示不清；②CT成像仍有一定的局限性，常不能整体显示器官结构和病变，同时CT灰阶图像是将扫描层面的数字矩阵，依其数值的高低赋予不同的灰阶，进而转换为黑白不同灰度的图像单元，对骨折端嵌顿的隐匿性骨折显示不全；③CT机的扫描精度与观片人的水平有关。因此，在鉴定外伤史与医学诊断时间上有矛盾的肋骨骨折案件时，首先应要求办案单位排除二次外伤史；其次要调取受伤当日的影像学资料，特别是首次检查报告没有骨折，第二次报告有骨折的，一定要调取首次影像资料的全部数据并进行详细阅片；再次是要进行定期复查，根据骨折的愈合情况推断致伤时间；最后结合被鉴定人的外伤史、受伤过程、临床表现等情况，遵循实事求是的原则，全面分析，综合鉴定。

肠系膜损伤鉴定相关问题探讨

丁四喜，田平

湖南省常德市倚天司法鉴定所 湖南 常德 415300

腹部损伤在法医学鉴定实践中较为重要，其损伤类型与形态较为复杂。《人体损伤致残程度分级》对腹内实质性脏器和空腹脏器的损伤残情制定了相关的伤残程度条款，但对肠系膜损伤导致腹腔积血并行剖腹手术止血等损伤问题未做出具体适宜条款，造成鉴定困惑。作者曾遇见肠系膜血管损伤案件2例，现报道如下，并对相关问题予以分析讨论。

1 案例资料

1.1 案例一

汤某，男，53岁，2018年11月24日被他人用镰刀打、砍伤背腰部。主诉：外伤致左侧胸腰部疼痛，活动性出血5 h入院。查体：P87次/min，R22次/min，血压89/54 mmHg，神清，胸部对称，呼吸稍急促，胸廓挤压（－），左侧胸腹部见一长约5 cm皮肤裂口，已缝合，轻肿胀，少许渗血，左上腹深压痛。CT检查示：左肺挫伤并左侧胸腔积液（积血）；左侧第5肋骨欠规整；脾脏边缘欠规整及左肾改变考虑损伤可能，左腹肌、胸腹背部软组织及中上腹部胸壁及肠间组织改变；左肺挫伤；左胸腔积液；腹内脏器损伤待排。11月24日19:10诉上腹部疼痛，查体：血压92/69 mmHg，行诊断性腹穿，抽出不凝血约2 mL，复查血常规：Hb82 g/L↓。考虑腹内脏器损伤，急行剖腹探查术。11月24日20:25手术记录见：左侧腹脏大量积血，横结肠、结肠脾曲、降结肠周围大量凝血块，吸出约3000 mL，部分小肠系膜、横结肠、降结肠、乙状结肠系膜广泛血肿，有挫裂口出血，呈鲜红色，肠管未见破裂，左侧腰腹部后腹膜可见巨大血肿，修补肠系膜挫裂伤处，探查左侧胸腰部裂创长约5 cm，部分背阔肌，肋间内外肌肉断裂，断端可持续性活动性出血，延长切口上延肋骨上缘有一直径约0.15 mm血管断裂，活动性出血，予结扎，留置胸腹脏引流。术后诊断：失血性休克，左腹膜巨大血肿，肠系膜广泛挫裂伤，左侧胸腰部刀刺伤，左肺挫伤伴血胸，术毕送ICU监护治疗，于2019年1月10日出院。

于2019年6月4日法医鉴定检查：神清合作，胸部对称，左侧背腰部有一长10.0 cm术后瘢痕，腹平软，腹部长16 cm "L"型术后瘢痕。胸腹分别有4处长为2.5、2.0、2.0、1.5 cm的引流瘢痕。瘢痕周边皮肤牵扯时有疼痛不适，无突起。

鉴定意见：依据《人体损伤致残程度分级》标准，被鉴定人因左侧腰背部砍创致腹腔积血及后腹膜血肿，医院行剖腹探查+肠系膜修补+积血清除术后，不构成伤残（曾行损伤程度鉴定为重伤二级）。

1.2 案例二

周某，男，49岁，2019年2月13日因交通事故致伤入院。查体：血压124/72 mmHg。表情痛苦，神清，腹平软，左上腹压痛。入院急诊CT：双肺少许挫伤，脾脏前缘及周边改变，不排除外伤所致，予以抗感染，卧休，于2月14日2:00许左上腹疼痛较前加剧，诊断性腹穿可抽吸出不凝血，故全麻下行剖腹探查术，术中证实脾破裂伴胰尾损伤，肠系膜挫裂伤，遂行脾切除、胰尾修补+肠系膜修补术，术后抗感染，于2019年3月5日出院。出院诊断：外伤性脾破损，胰尾挫伤，肠系膜挫裂伤。

于2019年3月29日法医鉴定检查：神清合作，诉时有腹部不适。胸部对称，腹微膨隆，左上腹可见长15 cm×0.3 cm "L"型手术切口瘢痕，局部轻压痛，无反跳痛。

鉴定意见：依据《人体损伤致残程度分级》标准，被鉴定人脾破裂脾切除术后，评定为八级伤残。胰尾挫伤行修补术后，评定为十级伤残；肠系膜挫裂伤，不评定伤残。

2 讨论

2.1 肠系膜

肠系膜是由肠管连于腹后壁的双层腹膜，系膜中分布供应肠管的血管，神经与淋巴组织，它包括小肠系膜、结肠系膜、阑尾系膜，分别有肠系膜上、下动静脉分布伴行，血运丰富。当腹部遭受损伤时均导致出血和血肿形成、腹腔积血及弥漫性腹膜炎，急需行剖腹探查，手术止血。在法医临床鉴定工作中常有所见。

2.2 建议修订相关规定

本文报道肠系膜损伤鉴定案例2例。伤者虽伴有其他损伤，但是肠系膜损伤出血，也是不可忽视的损伤表现。考虑撞击腹部挫伤致肠系膜血肿形成与血管破裂。因《人体损伤致残程度分级》标准中无致残条款。因此，在鉴定过程中也难以做出客观评价，故建议专家们可否在今后标准修订中增加完善相关规定。

2.3 应制订相应的残情标准

肠系膜虽血运丰富，但肠系膜上动脉呈扇形分布，少吻合支，而静脉则有吸收输送营养的特殊功能。因此，系膜损伤也会影响到人体消化吸收功能。更应根据损伤状况和后果，制订相应的残情标准。

外伤致迟发性脾破裂行超选择性脾动脉栓塞术后损伤程度鉴定分析1例

董阳[1]，陆青青[2]，朱衡[3]

1. 浙江省舟山市公安局新城分局 浙江 舟山 316021
2. 浙江省舟山市人民检察院 浙江 舟山 316021
3. 浙江省舟山市公安局定海区分局 浙江 舟山 316000

1 案例资料

2020年5月27日16时许，吴某（男，65岁）在小店内因打扑克出牌问题与他人发生口角后被他人用手掌砍击左上腹部，当即感左上腹部剧痛，数分钟后缓解消失，未就诊。伤后当晚左上腹部有不适感，伤后第2~3 d左上腹部呈持续性隐痛，伤后第4 d腹痛逐渐加重并伴有腹胀。5月31日16时许被送至医院就诊。查体：左上腹压痛无反跳痛；B超示腹腔少量积液；腹部增强CT示脾肿大、脾破裂。诊断为脾破裂后即穿刺右股动脉，以导管插管至腹腔动脉造影，脾上极见片团状异常染色影，送微导管超选择插管至脾动脉上极二级以下分支远端，造影明确导管位置后注入吸收性明胶海绵颗粒，后多场复造影栓塞良好，出血染色影消失，术后诊断为脾破裂。6月1日8时许，吴某报警称其被他人打伤致脾破裂。

2 讨论

脾脏是位于人体左上腹内的实质性器官，血管网丰富、质地软脆，且站立时脾脏的位置通常比平躺低2.5 cm左右，而腹部柔软且无骨骼保护，一旦站立位时左上腹部受到外力作用极易发生脾破裂，按发生时间分为急性脾破裂和迟发性脾破裂。迟发性脾破裂在伤后早期无典型临床症状，经过一定时间的隐匿期，在伤后几天甚至是几周后才表现出相应的脾破裂症状，致使脾破裂的确诊时间与受伤时间存在一定的时间间隔。因此，在鉴定中要认定迟发性脾破裂与外伤之间是否存在直接因果关系前要先明确以下四个问题以避免产生争议：一是明确是否有外伤史；二是明确该外伤是否可以形成脾破裂；三是明确脾破裂是否已形成；四是明确是否存在脾脏自身性疾病及二次外伤史。

本案办案人员调取了小店内的监控视频，视频显示：5月27日16时7分许，吴某左前臂上抬持握扑克牌与其左侧一名人员起身争执，将牌举到行为人面前时，行为人向其右前方挥甩右手臂用手掌砍击吴某左上腹部后，吴某趴在桌子上数分钟后起身离开小店。该段视频证实了吴某左上腹部的外伤史。

在日常检案中致左上腹部或左季肋区造成脾破裂的常见外伤有拳击伤、脚踢伤、摔跌伤、钝性工具伤（钝器击打、捅伤）、锐性工具伤（刀刺伤）、交通事故伤、高空坠伤等。上述造成脾破裂的致伤物各异、作用力大小不一且差距较大，提示多种致伤物只要达到一定的作用力作用于左上腹部或左季肋区即可造成脾破裂，其破裂程度与致伤物、致伤部位及作用力等相关要素直接相关。本例行为人右手臂向外挥甩用手掌砍击吴某左上腹部，与以往鉴定中拳击左上腹部致脾破裂的情况相似，两者致伤物的硬度及其作用力的强度和速度都极为类同，分析认为本例外伤可以形成脾破裂。本例吴某伤后也出现了腹痛-腹痛缓解-腹部不适-腹部隐痛-腹痛加剧的迟发性脾破裂的典型间歇性腹痛的临床表现。

吴某伤后第5 d入院，经询问外伤史及症状表现、查体结合B超、CT等影像学检查诊断为脾破裂，又经腹腔动脉造影所见与其临床表现、影像学改变相符，按照《脾脏损伤程度分级》的相关标准，再次确诊其为脾脏Ⅰ级破裂。分析认为，本例因击打吴某左上腹部的致伤物强度及其作用力程度均相对较小致使脾脏破裂口小、出血缓慢，加之其体质较好、对疼痛的耐受力较高、伤后就医意识较差等主客观因素，伤后经过4 d出血逐渐累积对腹膜产生的刺激逐渐增强后就医并确诊脾破裂，系迟发性脾破裂。

根据医院的血液生化及其相关检查和办案人员的调查走访，无证据显示吴某存在脾脏自身性疾病和二次外伤史。

综合以上四个问题的明确，认定行为人手掌砍击吴某左上腹部与吴某的迟发性脾破裂之间存在直接因果关系。

脾脏是体内最大的免疫器官，占全身淋巴组织总量的1/4，含有大量的淋巴细胞和巨噬细胞，具有造血、储血、滤血及抗肿瘤、抗感染等免疫调节作用。目前临床上对于脾脏Ⅰ级破裂均采用保脾疗法，常行保守对症治疗或单纯缝合术，若在剖腹术中发现脾包膜破裂范围小，则仅予压迫或吸收性明胶海绵等物止血。

本例腹腔动脉造影后超选择性栓塞脾动脉和剖腹探查后行相应的保脾治疗措施，目的都是先直观地检查脾破裂的具体部位和程度后再行相应保脾措施，二者手术效果相当。开腹保脾易增加术后切口疼痛、切口感染、发热、肺部感染、胸腔积液、泌尿系感染、不完全肠梗阻、脾脏脓肿、腹腔脓肿、急性胰腺炎等并发症的发病率，而行腹腔动脉造影超选择性栓塞脾动脉具有诊断和治疗的双重作用且避免了开腹创伤，术后并发症的发生率较开腹保脾显著减少，免疫指标也可迅速恢复至伤前水平。本例从脾破裂程度、诊疗方案合理性、术后并发症及预后等多角度综合评估，比照脾破裂剖腹后仅予压迫或吸收性明胶海绵等止血符合轻伤一级程度的相关释义，评定为轻伤一级，确保鉴定结论的科学、客观、准确、合理。

肋骨纤维异常增殖症误诊为肋骨骨折的法医学鉴定分析 1 例

房勇，韦芝媛，段武华

广西壮族自治区柳州市铁路公安处刑事技术支队 广西 柳州 545007

1 案例资料

1.1 简要案情

邓某，男，2021 年 1 月 29 日与他人发生口角，被人殴伤，伤后医院就诊。1 月 31 日因自感不适再次入院，于 2021 年 2 月 5 日出院。2021 年 2 月 25 日委托我机构对其损伤程度进行鉴定。

1.2 病史摘要

2021 年 1 月 29 日某院急诊医学科病例摘要：邓某 1 h 前被人打伤全身多处疼痛，活动障碍，伤后即来诊。查体：神清，头部疼痛，患肢肿胀，压痛明显，活动障碍。CT 检查示：双肺未见明显异常密度影；左侧第六肋骨见囊状低密度影，边缘骨质硬化；左侧第 7~9 肋前段隐约见线状低密度影。诊断：①左侧第 7~9 肋前段可疑低密度，不除外骨折可能；②左侧第 6 肋骨改变，请结合临床。

2021 年 1 月 31 日门诊病例：多部位损伤复诊。自觉左侧胸肋部疼痛。CT 检查示：双肺未见明显异常密度影；左侧第六肋骨见囊状低密度影，边缘骨质硬化；左侧第 7~9 肋前段约见线状低密度影。诊断同前。

2021 年 1 月 31 日至 2021 年 2 月 5 日病案摘要：患者自诉被人打伤致全身多处疼痛，伤后我院头、双股骨、双胫腓骨、双手 CT 未见异常。胸部 CT：①左侧第 7~9 肋前段可疑低密度，不除外骨折可能；②左侧第 6 肋骨改变。急诊拟"肋骨骨折？"收入院。出院诊断：①多处软组织挫伤；②肋骨骨折待排。

2021 年 2 月 4 日某医院疾病证明书摘抄：邓某，男，34 岁，诊断：①多部位损伤；②左侧第 6 肋肋骨骨折。

1.3 检验情况

（1）伤情检验：

法医检验：伤者神清，自诉全身多处疼痛，查体欠合作。伤者面部多处表皮剥脱及皮下出血；右下唇口腔黏膜 0.5 cm×0.3 cm 创口，创缘不整，深达黏膜下。左侧肩背部见 3.5 cm×0.3 cm 表皮剥脱；左背部见 7.5 cm×0.2 cm 表皮剥脱。

（2）阅片情况：

阅某医院 CT 片示：双肺未见明显异常密度影，双侧胸腔未见积液；左侧第 6 肋骨见囊状低密度影，边缘骨质连续、硬化；左侧第 7~9 肋骨骨质连续，未见低密度影。

1.4 鉴定意见

邓某全身多处皮肤挫擦伤，头皮挫裂创，符合钝性力量损伤特点，本次损伤情况属实。其头面部多处钝性损伤，损伤程度构成轻微伤；其左侧第 7~9 肋骨质连续，未见低密度影。左侧第 6 肋骨囊状低密度影，边缘骨质连续、硬化，无骨折，考虑肋骨纤维囊性改变，故不予评定。

2 讨论

2.1 肋骨骨折

肋骨骨折是胸部外伤最常见损伤。不同作用方式所造成的骨折特点不一，胸部局限暴力所致肋骨骨折多位于受力处，胸部大面积受力致胸廓变形，骨折处常位于胸廓弯曲最大部位。外伤性肋骨骨折具有明确外伤史，临床表现为骨折处疼痛或压痛，错位时有肋骨异常活动，严重错位可能导致胸腔脏器破裂致胸腔积气、积液。肋骨骨折的辅助检查一般采用 DR、CT 检查等方法，其影像学表现为骨折部位骨皮质连续性中断或移位、骨折线呈低密度影、患处软组织肿胀等。

2.2 骨纤维异常增殖症

这是一种肿瘤样病变。其病因不明、以骨小梁被纤维组织逐渐取代为特点的自限性良性骨病，颅面骨、股骨、胫骨为好发部位，病程进展缓慢，患者大都无显著自觉症状。肋骨纤维异常增殖症又称肋骨纤维结构不良，其影像学表现有：均匀膨胀、囊状膨胀、骨硬化。均匀膨胀表现为肋骨呈梭形膨胀、皮质变薄、边界清晰、髓腔增宽，病变与正常肋骨之间无明显界限；囊状膨胀表现为肋骨局部膨胀，骨皮质可增厚或呈毛玻璃样改变，其内可有点状或斑片钙化形成粗细不均的骨间隔，类似囊性改变；骨硬化表现为局部肋骨呈梭性膨大的致密实体，髓腔内密度明显增高，骨结构消失。

本案中，医院对伤者的检查及诊断均提及左侧第 6 至 9 肋骨折可能，特别是在 2021 年 2 月 4 日疾病证明书中明确诊断左侧第 6 肋骨折，其后出院病历则为肋骨骨折待排，前后矛盾，给鉴定工作造成干扰。经法医检验阅片并调取伤者胸部 CT 断层图像，利用三维重建图像将肋骨病变部位直观显示，可见伤者左侧第 6 肋骨呈不规则中空性囊状低密度影，边缘骨质硬化，髓腔内部分骨质密度增高，周围软组织未见炎性反应、出血血肿及纤维骨痂等病理性改变，符合肋骨纤维异常增殖症纤维囊性改变特征。综合检验及阅片情况，排除骨折可能。

肋骨骨折在《损伤程度》与《致残分级》中计数标准的差异

顾岩

北京凤凰可丽法医临床学研究中心 北京 100176

"结构破坏"和"功能障碍"是《人体损伤程度鉴定标准》（以下简称《损伤标准》）和《人体损伤致残程度分级》（以下简称《致残标准》）之间相同的评定原则。基于上述评定原则，《损伤标准》和《致残标准》之间的条款应具有对称性和平衡性，对其加以研究，可以加深人体损伤和残疾之间的认识程度，具有重要的理论和实践意义。无论是损伤程度还是伤残程度，其本质均是对人体伤害程度的一种评定体系，因此，在以"结构破坏"，尤其是以"功能障碍"作为评定原则时，二者应具有良好的对称关系和平衡性。即作为法医临床学鉴定最为重要的两个标准，无论在结构上和内容上，《损伤标准》和《致残标准》应具有良好的对应性，符合损伤和残疾的临床发生和转归规律。但在实际工作中，对肋骨骨折评定条款进行比较时，会发现两个条款不但没有明确的对应性，而且肋骨骨折在《损伤程度》与《致残分级》中计数标准也存在差异。《损伤标准》中肋骨骨折评定的标准是以"处"为标准计数。而《致残标准》中肋骨骨折评定的标准是以"根"为标准计数。其具体条款如下：《损伤标准》5.6.3 c）肋骨骨折 6 处以上，轻伤一级；5.6.4 b）肋骨骨折 2 处以上，轻伤二级；5.6.5 a）肋骨骨折，轻微伤。《致残标准》5.8.3 6）肋骨骨折 12 根以上并后遗 6 处畸形愈合；5.9.3 11）肋骨骨折 12 根以上，或者肋骨部分缺失 4 根以上；肋骨骨折 8 根以上并后遗 4 处畸形愈合；5.10.3 7）肋骨骨折 6 根以上，或者肋骨部分缺失 2 根以上；肋骨骨折 4 根以上并后遗 2 处畸形愈合。为什么会出现这种情况呢？

首先从肋骨结构和功能上讲，肋骨是胸腔外壁的主要骨性结构，肋骨共为十二对，和胸骨、锁骨、胛骨以及脊柱组成了斗形胸廓，具有一定的保护作用，可以确保胸腹腔中的器官不受伤害。同时还有辅助呼吸作用。肋骨骨折时一旦断端进入胸腔导致肺部或心脏损伤，是有致命风险的。故肋骨骨折时，骨折"处"越多，风险越大，致命性越强。而肋骨骨折预后一般较好，遗留功能障碍的较少，同时遗留功能障碍对活动能力影响较小。从《损伤标准》和《致残标准》相关肋骨骨折的条款可以看出，单纯的肋骨骨折按照《损伤标准》最高只能评定为轻伤一级，而《致残标准》最高也只有 8 级伤残。而且肋骨骨折愈合个体差异比较大。其当时的损伤程度和后续遗留的功能障碍因个人原因可能并不完全匹配。身体状态好的其预后就好，畸形愈合和遗留功能障碍的可能性就低。相反身体状态差的、年龄大的、有骨质疏松等的其畸形愈合和遗留功能障碍可能性就大。并且其预后主要问题是肋骨畸形，其影响的主要是辅助呼吸功能减弱，而且肋骨对呼吸的辅助作用是需要肋骨之间相互配合的，即肋骨骨折及畸形愈合的"根"数越多，对呼吸的影响越大。

其次，从两个条款的适用范围上看，《损伤标准》主要适用于司法中的《刑法》及其他法律中所涉及的人体损伤程度鉴定。但是其适用最多的仍是《刑法》。也就是《损伤标准》主要服务于《刑法》。肋骨骨折的骨折"处"越多，说明其被伤害的次数越多，其损害越重，同时对生命的威胁更大。故《损伤标准》中肋骨骨折的计数标准为"处"。而《致残标准》主要适用于司法实践民事问题中的人身损害赔偿问题，主要是鉴定损伤医疗终结后遗留的功能障碍对被鉴定人以后活动能力的影响及对其基本生活的影响。而肋骨骨折对呼吸的辅助作用是需要肋骨之间相互配合的。肋骨骨折的骨折及畸形愈合的"根"数越多，对呼吸功能影响越大，对其造成的生活影响越大。故《致残标准》中肋骨骨折的计数标准为"根"。

综上，无论是损伤程度还是伤残程度，其本质均是对人体伤害程度的一种评定体系。因此，在以"结构破坏"，尤其是以"功能障碍"作为评定原则时，二者应具有良好的对称关系和平衡性。作为法医临床学鉴定最为重要的两个标准，无论在结构上和内容上，《损伤标准》和《致残标准》应具有良好的对应性，符合损伤和残疾的临床发生和转归规律。但就肋骨骨折相关条问题，虽然《损伤标准》和《致残标准》并没有良好的对应性，在《损伤程度》与《致残分级》中计数标准上也存在差异，但恰恰是这种不对应和差异才更符合损伤和残疾的临床发生和转归规律，才更加严谨。

直肠异物致完全性肠梗阻的人体损伤程度鉴定1例

关天庆[1]，毛毛[2]，方俊杰[3]

1. 安徽省淮北市公安局刑事科学技术研究所 安徽 淮北 235000
2. 安徽省利辛县公安司法鉴定中心 安徽 利辛 236700
3. 安徽省公安厅物证鉴定中心 安徽 合肥 231000

1 案例资料

1.1 简要案情

刘某，男，51岁。某年2月18日，因纠纷被人从肛门塞入"旺仔牛奶"易拉罐。当时未报警，未就医。回家后出现排便困难，伴少量鲜红血便，多次尝试自己取出未果，于2月21日入当地医院求治。

1.2 病历摘要

刘某于2月21日以"直肠异物嵌顿"收住入院。入院时，患者一般情况可，大便未解。PE：腹软，肝脾肋下未触及，全腹部无压痛及反跳痛，腹部听诊肠鸣音亢进，有过气水声，截石位：肛门指检，距肛门约6 cm左右触及圆柱体状物体，直径8～10 cm左右，长度不详，被直肠卡住，活动受限，不能取出。

同日对患者扩肛后取异物，由于异物嵌顿较紧，多种方法多次尝试后无法取出，后行直肠切开异物取出+乙状结肠造瘘术。术中见一直径约6.0 cm、长约8.0 cm的圆柱状"旺仔牛奶"易拉罐，位于直肠上段，钝性取出异物后距离吻合口约20 cm取乙状结肠行双腔造瘘术。

1.3 法医学检验

被鉴定人神志清楚，对答切题，查体合作。腹部正中见长9.0 cm纵向手术切口，右腹部引流管在位，左侧腹壁造瘘；肛周见两处大小分别为7.0 cm×2.0 cm、4.0 cm×3.0 cm的表皮剥脱，局部肿胀。余（-）。

1.4 鉴定意见

被鉴定人刘某因直肠异物致完全性肠梗阻，并行直肠切开异物取出+乙状结肠造瘘术，依据《人体损伤程度鉴定标准》第3.1条、第5.7.2 b）条、第6.4及附录A.2条之规定，其损伤程度评定为重伤二级。

2 讨论

本案中，被鉴定人因纠纷被他人从直肠塞入"旺仔牛奶"易拉罐，根据案件调查及病历材料，其直肠异物嵌顿后致肠梗阻系他人行为所致，其外伤史明确，适宜引用《人体损伤程度鉴定标准》（以下简称《标准》）对其损伤后果进行损伤程度评定。

肠内容物不能正常运行、顺利通过肠道，称为肠梗阻，其临床表现主要为腹痛、呕吐、腹胀及停止自肛门排气排便。本案中，被鉴定人被他人从肛门塞入直径为6 cm、高为8 cm的圆柱状"旺仔牛奶"易拉罐，体积较大，在直肠上段嵌顿较紧；临床表现为腹部肠鸣音亢进、有气过水声，无法排便，根据肠梗阻的分类，属机械性、完全性肠梗阻。

该异物经肛门无法取出，易引起肠黏膜损伤，肠道长期水肿可造成肠壁坏死穿孔，引发严重的腹腔感染，须及时行手术治疗解除梗阻，否则有导致感染性休克的危险，危及生命。根据《标准》第 3.1 及附录 A.2 重伤二级之规定，其完全性肠梗阻的后果属于重伤范畴。

《标准》条款中无肠梗阻的相关具体规定，但可根据《标准》第 6.4 条规定的比照原则，结合相关条款对该损伤后果进行损伤程度鉴定。本案中，被鉴定人刘某外伤性完全性肠梗阻，非手术治疗无效后行直肠切开异物取出术，其手术存在必要性。虽异物嵌顿未致肠管破裂，但直肠异物嵌顿较紧，须行肠管切开取出，其手术切开肠管与外伤致肠管全层破裂存在等价性，故可比照《标准》第 5.7.2 b）"胃、肠、胆囊或者胆道全层破裂，须手术治疗"对其进行损伤程度评定。

综上所述，本案中被鉴定人外伤性完全性肠梗阻诊断成立，依据《人体损伤程度鉴定标准》第 3.1 条、第 5.7.2 b）条、第 6.4 及附录 A.2 条之规定，其损伤程度评定为重伤二级。

关于外伤后流产的法医临床学认定引起恶性上访事件的分析

郭永春[1]，张丽霞[2]，孙长道[1]

1. 山东省东阿县公安局刑事侦查大队　山东　东阿　252200
2. 山东省聊城市公安局经济开发区分局刑事侦查大队　山东　聊城　252000

山东省东阿县公安局法医鉴定中心保持"20 年法医零上访"，历年来成为原聊城地区公安工作的一大亮点。但近两年的时间内却连续出现了多起法医检验鉴定类的信访事件，均为外伤性流产无法认定，在社会上造成极其恶劣的影响。对以上问题笔者从法医临床学和案件特点等角度做出以下分析意见。

1 在法律条文上难以认定的原因分析

1.1 现行条文的掌握认定要求

现行的《人体损伤程度鉴定标准》系 2014 年 1 月 1 日起执行。新条文中对于外伤性流产的认定要求更加严谨。

新条文 5.8.4 n）：外伤性难免流产系轻伤二级。何为难免流产？难免流产，指发生在保胎的过程中，由先兆流产（先兆流产是指妊娠 28 周前，先出现少量的阴道流血，继而出现阵发性腹痛或腰痛，盆腔检查宫口未开，无妊娠物排出，B 超检查胚胎无异常。先兆流产的病因：剧烈运动、内分泌失调、母体疾病、胚胎发育异常、染色体异常、精神紧张、饮食不当、外伤等多种因素均可引发流产。外伤在诸多因素中所占比例较小）发展而来，但是阴道流血更多，阵发性腹痛更强，保胎已经不可能了。再继续发展，可能会出现宫颈口张大，有组织从阴道排出。难免流产就是出现了先兆流产征象并及时就医后，用尽一切医疗保胎办法依然出现的不可避免流产。

1.2 基层工作中涉及条文的检验材料收集问题

（1）腹部外伤史往往不够明确：腹部组织柔软，且腹壁后脏器多为空腔器官，对外力有很大的缓冲作用，尤其是女性，腹部多脂肪沉积，不会轻易地留下体表外伤。

（2）医疗机构法律意识不强：医疗机构在进行流产术后，往往将脱落的胚胎直接处理掉，造成病理检材缺失，病理检验无法进行。

（3）医疗机构病历书写不全面：尤其是对于先兆流产的实际表现及诊疗过程中出现的难免流产的信息描述模糊，对重点材料认证造成严重障碍。

2 因外伤后流产人体损伤程度无法认定造成上访事件的原因分析

2.1 案情具有煽动性

外伤后孕妇身体不适，进而影响胎儿甚至流产，此类案情大多容易戳中情绪点，在当事人本人及家庭会造成极大的悲伤情绪，甚至于引发群体性话题。

2.2 涉案人员的问题

近年来基层案件的伤害类涉案人群中，女性所占比例逐年增高，且趋于年轻化。此类涉案人的特征：精力旺盛，情绪极易激动，对待案件处理的理性认识不够，往往以泄愤撒泼的形式导致案件处理被迫走弯路。

2.3 伤者家属法律意识淡漠的问题

案件发生后，伤者及家属不寻求正规法律帮助，而是通过不正当途径获取错误的指导信息，然后以孕妇伤后流产的案情为版本，利用多种手段进行舆论炒作，妄图以此达到其不可告人的目的。

3 对该类事件需做好的预防措施

3.1 法医检验方面

①对于外伤流产案件，首先明确外伤史。外伤不明显者，由委托单位第一时间走访调查，调查外力作用是否存在。②对于外伤流产案件，要对伤者体表外伤，尤其是腹部、腰背部、臀部等部位，不论有没有明显外伤，均拍照固定。③办案单位全面及时地沟通交流外伤性难免流产中所需要的条件，让办案单位在调查取证中，真正地做到全面可信。④及时和上级公安机关鉴定机构汇报会诊，必要时申请县市两级检察院、法院技术部等多方专家参与，保证法医检验意见的权威性。

3.2 案件处理工作方面

①对于无法认定的外伤流产，首先与受害人及家属进行必要的沟通，优先掌控舆论；②办案单位从案件处理角度，给予伤人者以相应的处理，对受伤者的心理起到一定抚慰的作用；③对于恶意上访或投诉事件，希望有关部门落实有关法规或条文，拿出行之有效的措施，对其采取相应惩戒。从法律角度上，给予恶意上访或拨打"12345 热线"缠访人员压力，促使其放弃；④各级领导、各级各部门协调处理案件，从多方面、多层次、多平台给予受伤者安慰及相关政策的解释说明，尽量圆满地处理案件。

影像后处理时代肋骨骨折法医学应用

黄红娟[1]，沈靓[2]，徐永城[3]，沈宇[1]，陆一[1]，龚群[1]

1. 浙江省公安厅 浙江 杭州 310009
2. 浙江省绍兴市公安局柯桥区分局 浙江 绍兴 312030
3. 浙江省宁波市公安局鄞州分局 浙江 宁波 315100

2014 年 1 月 1 日施行的《人体损伤程度鉴定标准》中对肋骨骨折表述为"肋骨骨折"或"肋软骨骨折"，以"处"的数量定级，对具体肋骨骨折类型未作进一步区分，除附则中"骨皮质砍（刺）痕"和"轻微撕脱性骨折（无功能障碍）"类型外，通常认为若骨折线达到髓质，不论骨折类型、程度如何，特别是疑似肋骨骨折经多次检查证实为骨折，均按肋骨骨折适用此条文。

科技进步使影像学从宏观深入到微观，肋骨骨折的影像学成像质量得到了质的提升，可精确鉴别肋骨骨折的类型、损伤愈合情况等。法医影像学也实现了从胶片向电子数据阅片的进步，利用影像学后处理技术中是肋骨骨折法医学鉴定的重要依据。

螺旋 CT 数据后处理可客观观察肋骨构态，可区分肋骨骨折部位和类型。主要包含多平面重建（MPR），最大密度投影（MIP），表面遮盖显示（SSD），容积再现技术（VRT），曲面重组（CPR）等。通过多次螺旋 CT 对比，观察骨痂的变化，分析肋骨骨折变化过程，可最大化提高骨折评判的精确度。常用电子数据阅片软件多为免费版，对多平面重建（MPR）支持尚可。

本中心通过对 39 例肋骨骨折资料的回顾性分析，探讨 CT 数据电子阅片后处理技术对肋骨骨折诊断的应用价值，为基层单位肋骨骨折法医学鉴定提供参考。

1 资料和方法

1.1 研究对象

搜集 2017 年 6 月至 2019 年 6 月本中心 39 例肋骨骨折资料进行回顾分析。所有对象均具有 16 排及以上螺旋CT扫描获得的DICOM(Digital Imaging and Communications Medicine)医学数字成像和通信标准格式数据，重建使用原始数据：层厚 0.625～1.000 mm、层间距≤0.625～1.000 mm，骨窗、标准算法。

1.2 方法

使用 RadiAnt DICOM Viewer，对 DICOM 数据进行后处理，形成可多平面多角度可观察的二维、三维图像，并统计分析 39 例对象的一般情况、骨折部位、骨折类型、骨折处数等方面的内容。

2 结果

2.1 肋骨骨折CT片表现

（1）肋骨骨折类型：肋骨骨折类型表现为隐匿性骨折，图2-1（a）；非错位骨折，图2-1（b）；错位骨折，图2-1（c）；骨折伴胸壁软组织、肺（血气胸、肺挫伤）损伤，图2-1（d）、（e）。隐匿性骨折48处，非错位骨折80处，错位骨折8处，骨折伴胸壁软组织（血气胸、肺挫伤）损伤7处。

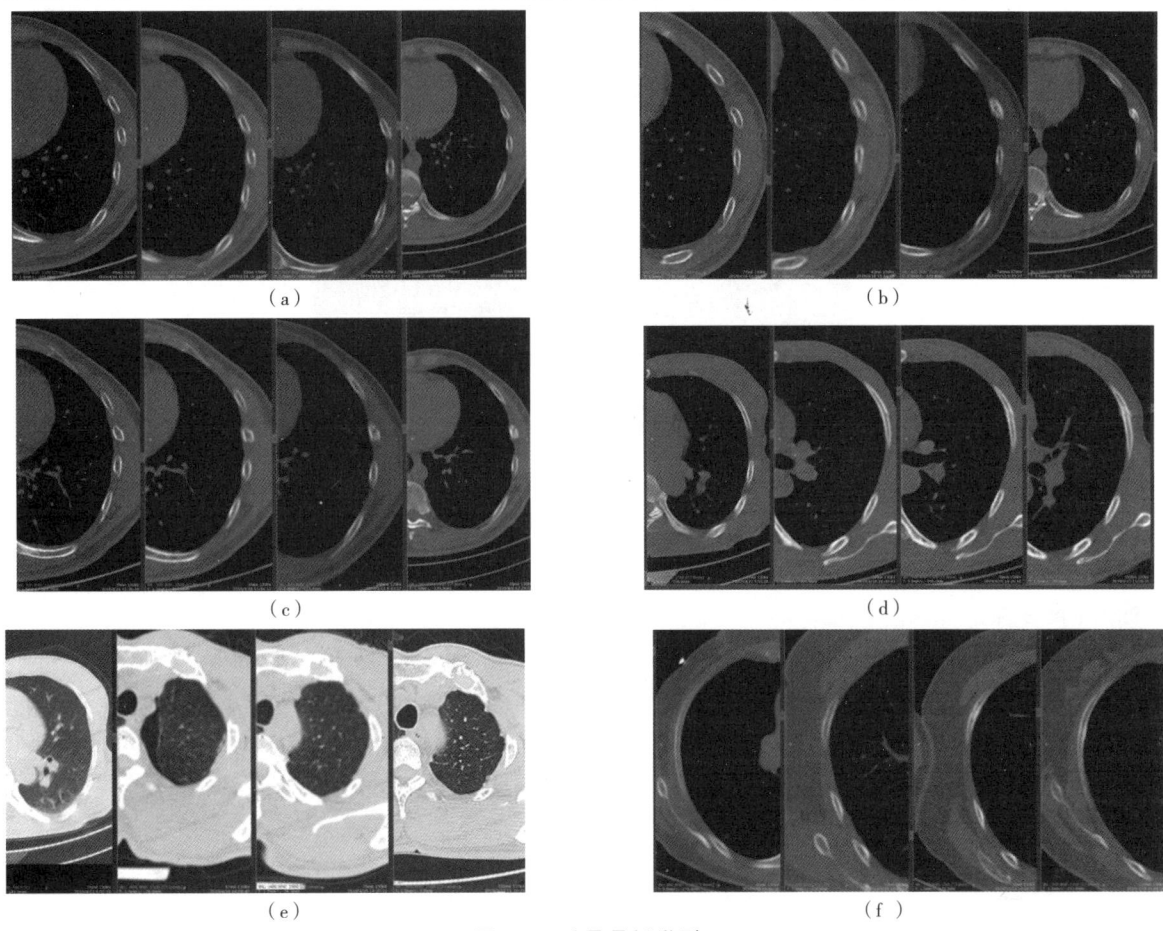

图 2-1 肋骨骨折类型

（a）隐匿性骨折；（b）非错位骨折；（c）错位骨折；（d）、（e）骨折伴胸壁软组织（血气胸、肺挫伤）损伤；（f）肋骨骨折时间形态变化

（2）肋骨骨折时间轴表现：初次检查后，1周内复查薄层，20 d可见骨痂生成，40 d骨痂明显，140 d左右骨痂减退明显，图2-1（f）。

（3）常见影像后处理方法图例，图2-2。

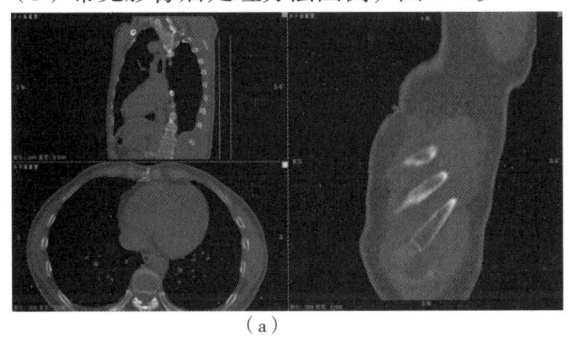
（a）

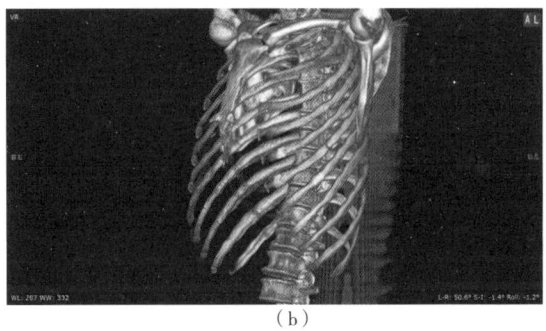
（b）

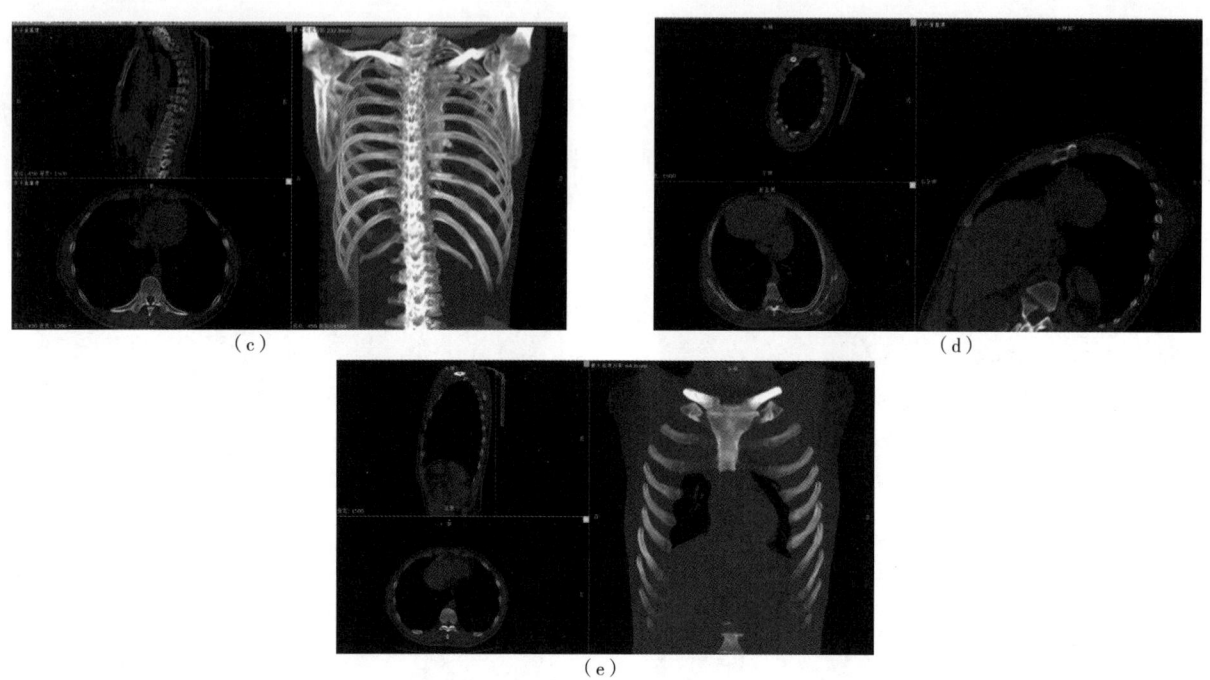

图 2-2 常见影像后处理方法图例

图 2-2（a）多平面重建（受伤初期水平面显示左第 5 前肋骨皮质凹陷，使矢状位轴贴合肋骨切线后，发现骨折线）；
图 2-2（b）容积再现技术（左侧第 6 肋骨）；　　图 2-2（c）表面遮盖显示（左侧第 6 肋骨）；
图 2-2（d）曲面重组（左侧第 6 肋骨 2 处骨折）；图 2-2（e）最大密度投影（左第 5、第 6 肋骨骨折）

2.2 性别、年龄分布

39 例伤者中，男性 24 例，女性 15 例，年龄 33～89 岁，平均年龄 55 岁。

2.3 肋骨骨折数量、部位的分布

39 例对象中，共计有 143 处肋骨骨折，以前肋骨折多见，并以第 4～7 肋骨骨折最多，共 82 处（57.34%）。多处肋骨骨折者 36 例（92.31%）、单处肋骨骨折伤者 3 例（7.69%），其中 2～5 处骨折 32 例，具体如下表 2-1、表 2-2、表 2-3、表 2-4 所示。

表 2-1　肋骨骨折处数分布

骨折处数	例数	占比/%
1	3	7.69
2～5	32	82.05
6 以上	4	10.26

表 2-2　肋骨骨折体表标记分布

体表标志	处数	占比/%
前胸部	105	73.43
腋部	27	18.88
胸背部	11	7.69

表 2-3　肋骨骨折左右侧分布

左右侧	例数	占比/%
单侧左	2	5.13
单侧右	1	2.56
单侧左多发	14	35.90
单侧右多发	13	33.33
双侧多发	9	23.08

表 2-4　肋骨骨折部位分布

肋骨位置	处数	占比/%
1～3	26	18.18
4～7	82	57.34
8～10	28	19.58
11～12	7	4.90

3 讨论

3.1 肋骨解剖特点

肋骨12对24根，第1~3肋较短，锁骨、肩胛骨保护，骨折率低。第4~7较长，相对固定，无骨骼保护，骨折率较高；第8~10肋，有弹性，骨折率低；第11~12肋为浮肋，骨折率低。

肋骨骨折按受力分直接、间接外力所致骨折两种，直接骨折多为直接外力作用所致，间接骨折多为胸廓受压变形，非受力处肋骨骨折。隐匿性骨折分为：完全性骨折（骨折线贯穿骨皮质，断端无移位、嵌插、成角分离）、不全性骨折（内、外侧骨皮质褶皱、不连续、起翘、局部骨密度增高）。

骨折愈合生长分为血肿机化期、肉芽生长期、骨痂形成期、改造塑形期4个时期。在骨折愈合过程中，骨痂形态的呈现规律性的变化，肋骨骨折影像学表现具有时间差异性。肋骨骨折伤后10 d内，骨折断端局部血肿形成，骨折端由成纤维结缔组织结合，骨盐含量低，无明显骨痂形成。11~20 d内，骨痂形成不明显。21~40 d，骨折断端主要通过内膜、外膜及纤维组织不断形成内骨痂、外骨痂、环状骨痂及髓腔内骨痂，影像学反应明显，可见部分骨痂形成，呈雾状稍高密度影，边缘模糊。41 d后，原始骨痂不断钙化加强，内外骨痂增生，图像上密度随之增高。50 d后，骨膜反应逐渐消退，骨痂慢慢被破骨细胞吸收，肋骨塑形，骨痂逐渐吸收，图像上肋骨骨折征象的敏感性逐渐降低。多数肋骨骨折在21~40 d时期基本有骨痂形成，影像检查能发现异常征象，应注重鉴定时机与检查方法并重，通过伤后首诊、20 d、40 d多次进行MSCT检查，观察骨膜反应及骨痂的生长变化，判断骨折的位置、性质、数量、时间，提高肋骨细微骨折（骨皮质褶皱、凹陷、透亮线）影像学检出率。鉴别急性与陈旧骨折，可从邻近胸膜反应、肋间肌肿胀、软组织损伤、血气胸、肺挫伤、骨折端高密度硬化缘、骨痂变化情况等影像表现来判断。此外，还需排除一些假阳性，如神经血管沟，通过MPR技术使透亮影位于切线位，通常骨折线贯穿一侧，皮质边缘锐利清晰，而神经血管沟局限于皮质内，边缘柔和模糊。

3.2 后处理方法应用

在影像数据前处理时，应在屏气状态下包全12对肋骨扫描肋，微调能够清晰显示肋骨骨质的图像层厚、间距、算法。多平面重建可任意方位的重建断层二维图像，对隐匿性骨折、非错位骨折具有较高的鉴别能力。多平面重建时，可将图像旋转10°~30°，得到平行与肋骨长轴的图像，在一个层面上完整显示单根肋骨形态。在法医学鉴定实例中，CT水平位、MPR、VR可结合使用，增加诊断的准确性。

新鲜肋骨骨折常伴有软组织损伤、胸腔积液等，后期可发现积液吸收及骨痂形成、吸收等动态变化。陈旧性骨折骨折端有硬化缘、骨痂生长出现，后期复查无动态改变。在法医鉴定工作中，多层螺旋CT检查及其后处理重建技术能准确地为肋骨骨折做出定量、定性、定位的诊断，能够确保司法鉴定的公正与公平，值得在法医鉴定中推广应用。

3.3 法医学应用

目前临床学和法医学对肋骨影像检查的目的差异较大，医生着重制定治疗方案，多检查胸腔脏器，主要区分错位与非错位肋骨骨折。首诊影像检查多为常规胸部非薄层CT，对骨折处数、根数及新鲜、陈旧性骨折不做细致要求，一般只扫到第10后肋与第6前肋骨平面，多为纵隔窗，显示肋骨较差。骨影像学检查虽是同类，但不同等级医院的仪器、阅片水平各不相同，经常存在不同阅片意见，法医学从业者应加强影像学后处理及阅片能力。

法医学中鉴定人在了解病史和外伤史的基础上，重点关注肋骨骨折情况，鉴别新鲜与陈旧骨折，分析前期临床症状，比较受伤前、后及伤后不同时期CT资料，观察软组织肿胀情况、骨折线形态、骨痂密度变化是否一致。肋骨骨折表现有无骨折愈合转归过程，分析骨折与外力的因果关系，如一次外力所致，常处于同一延长线，骨折位置相近，骨痂形态、密度基本一致。

肋骨骨折伤者从受伤到确诊，中间间隔的时间较长，易引起受害人、行为人甚至是办案单位的质疑。对此，鉴定人可要求办案单位提供详尽的案情材料，重点了解致伤过程、受伤部位及致伤物种类、击打次数，审阅病历和影像学资料，可邀请专家一起进行影像学会诊，综合分析，以负责的态度、严谨的作风和扎实的能力，出具准确公正、让人信服的鉴定，进而避免引发案件当事人的上访等一系列社会问题。

剪刀盲管创法医鉴定1例

黄志敏

内蒙古自治区磴口县人民检察院技术中心 内蒙古 磴口 015200

法医学人体损伤鉴定中，创当属最常见的损伤类型之一。从目前法医学临床的实践研究看来对于创道损伤的鉴定，有两个非常重要的参数，一个是创口的长度，另一个是创道的长度，这两个参数在创的损伤鉴定中具有十分重要的意义。随着磁共振（MRI）技术在临床上的应用，法医学对创道损伤鉴定的水平也不断提高，极大地提高了创道损伤的测量的水平。

1 案情资料

1.1 盲管创概念及特点

由尖细锐利物体沿其纵轴方向刺入人体所形成的管状创称为刺创，只有刺入口没有刺出口的称为盲管创。其与外界相通，是由细长尖锐的物体刺入软组织中所造成，以金属类锐器为多，如匕首、尖刀、剪刀、小刀等。在法医学临床鉴定实践中，综合考虑创口长度和创道长度得到法医工作者的认同。盲管创是一个主体结构，创口长度可以比较客观地指示在组织内部纵深方向对组织的损伤程度。创道长度和创口长度是描述创的损伤程度的两个非常重要的指标。综合考虑创口长度和创道长度可以全面、准确地描述创的严重程度。

1.2 盲管创鉴定1例案情

马某某，27岁，2014年3月9日，马某某在家中与刘某某因生意发生口角，进而肢体接触，后被刘某某用剪刀刺伤左上臂；左大腿外侧等处9处损伤，经急送医院行清创缝合手术治疗。其损伤分别为：左上臂1.7、0.9 cm皮肤缝合瘢痕2处；左下肢大腿前侧可见2.5、0.6、1.2、1.4、1.2、0.9、1.2 cm皮肤缝合瘢痕7处。从体表检验马某某9处损伤测量（11.6 cm）不能达到我国《人体损伤程度鉴定标准》5.9.4 i）"肢体皮肤一处创口或者瘢痕长度10.0 cm以上；两处创口或者瘢痕长度累计15.0 cm以上"的规定标准，只依据创口长度的检测结果不构成轻伤以上。

我国《人体损伤程度鉴定标准》附则中6.5又规定："盲管创、贯通创，其创道长度可视为皮肤创口长度，并参照皮肤创口长度相应条款鉴定损伤程度。"我们根据这一规定标准，经委托市人民医院采用磁共振（MRI）技术检查方法进行探查，被鉴定人马某某左上臂创道深度为分别2.2、1.0；左大腿分别为：2.9、0.7、1.6、1.8、1.5、1.2、1.5 cm，通过磁共振（MRI）技术探查到盲管创创道长度14.4 cm再加上创口（11.6 cm），共26 cm。故根据我国《人体损伤程度鉴定标准》5.9.4 i）、6.5之规定，被鉴定人马某某左、上下肢锐器损伤，致左上肢、左下肢皮肤裂，属轻伤二级范畴，评定为轻伤二级。

2 讨论

目前对盲管创类损伤的鉴定，现行《人体损伤程度鉴定标准》中均无对应的条款，只有在附则6.5中规定盲管创参照皮肤创口长度相应条款鉴定损伤程度。依据这一规定，我们便可充分掌握《人体损伤程度鉴定标准》轻松鉴定。

我们认为：盲管创的创腔可以作为"创口"来对待，应视为单纯皮肤创口的延伸，盲管创的"创口"长度是"入口"与"创腔"二者长度之和。本案例伤极左臀及左大腿便是1例典型的盲管性刺创，法医受检时，伤者创口已愈合，病历中并未记载其左臀及左大腿创腔的具体深度，其损伤鉴定就有了一定的困难。没有深度的测量，盲管创就无法认定。只有借助现代医疗器械磁共振（MRI）进行探测来得以实现。

本案受理中有人认为：依据伤者因外伤致左臀、左大腿损伤创口仅11.6 cm，不构成轻伤二级，应比照《人体损伤程度鉴定标准》5.9.5 a）："肢体一处创口或者瘢痕长度1.0 cm以上；两处以上创口或者瘢痕长度累计1.5 cm以上；刺创深达肌层。"定为轻微伤。

由于《人体损伤程度鉴定标准》上述条款规定过于轻简，不能完整界定损伤程度，被鉴定人马某身体9处损伤已很为严重，但创口不够鉴定条件，对当事人缺乏有效说服力，难以令人信服。

3 总结

磁共振（MRI）的随时测量，准确鉴定，为法医鉴定人员提供了人体损伤鉴定所依赖的重要的临床医学信号，有效地防止漏诊、误诊。因此磁共振（MRI）技术在盲管创的法医损伤程度鉴定方面具有重要的价值。

①在盲管创临床鉴定中，需要综合考虑创道长度和创口长度。但长期以来，创道长度作为鉴定指标，存在"测量困难"的问题。再者，法医临床鉴定中碰到的创大多数都已经过清创处理，法医无法直观准确地测定创道长度，难以直接做出鉴定结论。法医活体检查时，对于盲管创道，一般是根据病史反映或者伤者描述的创道走行，法医以手指在体表检查创道形成的条索感，只能测定潜行与皮肤较浅位置的创道。随着高场强的磁共振（MRI）设备在临床的普遍应用，对于创道长度的诊断及测量变得更为方便、准确。②磁共振（MRI）具有对比明显、层次分明的技术性能，在急性损伤和瘢痕期都能清楚地显示创道长度。

综上，法医临床盲管创的鉴定工作中，磁共振成像技术是一种非常科学的技术，将其应用在法医学临床盲管创的鉴定中，极大地提高了盲管创鉴定的水平，具有较高的应用及推广价值，值得法医学临床的广泛应用。

隐匿性小肠破裂法医学鉴定 1 例

李欢[1]，罗宝英[2]，赵小勇[1]

1. 福建省漳州市公安局长泰分局 福建 漳州 363900
2. 福建省闽南司法鉴定中心 福建 漳州 363005

1 案例资料

1.1 简要案情

陈某，男，52 岁，某年 1 月 10 日下午 3 时许，与人发生争执后相互拉扯过程中被踢伤腹部，伤后稍感上腹部疼痛，以中下腹著，咳嗽时疼痛可加剧，1 h 后入院行腹部彩超检查未见明显异常，诊断：腹痛、腹肌挫伤。伤后 9 h 因疼痛加剧再次入院，查体：神志清楚，对答切题，平车入院，检查合作。腹部视诊腹平坦，触诊腹肌尚软，中下腹广泛性浅压痛，无明显反跳痛。伤后第 2 d 晚转上级医院，查体：腹膨隆，未见胃肠型及蠕动波，腹式呼吸消失，腹肌紧，呈板状腹，全腹压痛、反跳痛，肠鸣音 0~1 次/min。CT 示：腹腔多发游离气体影；考虑空肠肠管破裂穿孔并部分肠管管壁水肿坏死、周围炎症、腹膜炎，腹盆腔积液。于当晚行剖腹探查+空肠破裂修补术+腹腔粘连松解术+肠排列术；术中见：盆腹腔及肠间隙内大量黄色脓性积液伴食糜样组织，肠壁附着脓苔，于距十二指肠悬韧带约 1 m 处小肠见一长约 3.0 cm×1.5 cm 破口，创缘不齐，破口内见大量肠内容物溢出，局部肠壁水肿明显，周围见挫伤痕。

1.2 法医学检验

1 月 11 日检见：神清，步行入室，自主体位，查体合作，对答切题。腹部平软，轻压痛，无反跳痛。腹部皮肤未见明显损伤。右膝关节一 6.3 cm×4.0 cm 斑片状擦挫伤。左大腿下段一 8.0 cm×2.3 cm 斑片状擦挫伤。

1 月 12 日检见：神清，平卧病床，查体合作，对答切题。左腹外侧区一引流管在位，见血性液引出；腹部正中一纵向缝合创口（手术切口）。

2 讨论

小肠及其系膜广泛分布于腹腔内，位置表浅，活动性极大，又无骨骼保护，因此在腹部遭受挤压、崩裂、牵拉等钝性暴力作用后可导致闭合性小肠破裂。闭合性小肠破裂在法医鉴定案件中常见于拳击、足踢、棍棒打击、挤压、高坠等钝器伤，其损伤机制主要为挤压、剪切和撕扯形成的强大间接暴力引起相对固定的肠段破裂，当暴力突然作用于充满液体的小肠或爆震引起腔内压力聚升也易导致小肠破裂。

对本例而言伤者腹部有足踢外伤史，伤后有短暂腹部疼痛史，破裂处位于肠系膜附着处对侧，肠壁脓苔附着局部水肿，盆腹腔有大量黄色脓性液伴食糜样组织。结合损伤发生于 15 时许，距餐后约 2 h 余，此时肠道充盈，肠壁变薄，分析其小肠破裂与足踢腹部存有因果关系，该损伤应为暴力突然作用于充盈变薄的肠壁引起肠腔内压力聚升导致肠壁破裂。

通常闭合性小肠破裂多因机械性损伤、肠内容物化学刺激引起相应的症状和体征，在早期即出现明显的急腹症，不易漏诊。部分因破口较小又因食物或异物堵塞，加上黏膜外翻及肠壁的强烈痉挛，肠内容物溢出少，导致腹膜炎症及气腹征不典型。本例伤者在伤后行腹部彩超检查未见明显异常，至次日法医临床鉴定时腹部症状和体征不显著，造成诊断延误。因此本案例提示：①腹部遭受钝器伤（如拳击、足踢、棍棒打击、挤压等）相关的检案，被鉴定人虽无明显腹部症状和体征，但仍要防范迟发性小肠破裂的可能。②部分被鉴定人在腹部遭受钝器伤后次日甚至数日后才因出现腹部症状和体征发现小肠破裂，不易对腹部钝器伤史与肠道破裂之间的因果关系做出判断，此时应明确腹部外伤史，结合是否有自身因素、暴力作用的程度、损伤形态学特征，详细审阅病案资料，综合分析判断。

胰腺破裂致脾脏切除法医学鉴定 1 例

李强，梁英楠

广东省佛山市公安局南海分局司法鉴定中心 广东 佛山 528200

1 案例

1.1 案情及病史摘要

某男，33 岁，2020 年 1 月 8 日，在饱食和大量饮酒后全身多处被人拳脚殴打致伤。入院体检：T：36.7℃，脉搏 87 次/min，呼吸 20 次/min，血压：133/83 mmHg，全身多处软组织损伤，左侧腹部疼痛。2020 年 1 月 9 日 CT 示：平扫胰腺体积明显普遍性增大，边缘模糊，密度欠均匀，未见钙化，胰周可见液性低密度渗出性改变，胰管未见扩张。诊断：胰腺体积明显普遍性增大，考虑创伤性胰腺破裂？急性胰腺炎？2020 年 1 月 10 日腹部 B 超示：胰体尾部明显增厚，较厚处 39 mm，其内见一低回声区，范围约 35 mm×22 mm，形态欠规则，回声不均，余胰腺实质回声正常。CDFI：低回声区内未探及明显血流信号。脾大小、形态正常，回声均匀，包膜完整。超声诊断：胰腺体尾内低回声区（胰腺挫裂伤？），脾脏未见明显异常。2020 年 1 月 15 日增强 CT 扫描示：胰腺明显肿胀，体尾部为甚，胰体尾交界部区域见一类圆形稍高密度影，其内密度不均匀，大小约 35 mm×32 mm×29 mm，CT 值 46～72 Hu，境界不清，轮廓模糊，胰周见条片状稍低密度影，边缘强化，包绕上述血肿。胰尾部近侧见小片状胰腺组织游离，增强有强化。脾脏内未见明显异常密度改变。诊断：胰体尾交界部断裂伤，血肿形成。

2020 年 1 月 12 日血常规：白细胞总数：$10.06×10^9$/L；红细胞总数 $4.05×10^{12}$/L；血红蛋白浓度 116 g/L；血小板：$213×10^9$/L。2020 年 1 月 16 日血淀粉酶：244 U/L（参考值 30～110 U/L）。2020 年 1 月 16 日行剖腹探查：肠粘连松解+联合脾脏的胰体尾切除术。2020 年 1 月 17 日血常规：白细胞总数：$14.8×10^9$/L；红细胞总数 $3.12×10^{12}$/L；血红蛋白浓度 89 g/L；血小板：$308×10^9$/L。血淀粉酶：73 U/L（参考值 30～110 U/L），引流液淀粉酶：666.7 U/L。2020 年 1 月 18 日血常规：白细胞总数：$14.04×10^9$/L；红细胞总数 $2.81×10^{12}$/L；血红蛋白浓度 80 g/L；血小板：$348×10^9$/L。血淀粉酶：67 U/L（参考值 30～110 U/L），引流液淀粉酶：3439.5 U/L。2020 年 1 月 31 日血常规：白细胞总数：$6.2×10^9$/L；红细胞总数 $3.44×10^{12}$/L；血红蛋白浓度 97 g/L；血小板：$839×10^9$/L。

1.2 法医学检验

伤者头面部、肢体发现多处软组织损伤，其中左季肋部检见 3.5 cm×2.2 cm 挫伤。

鉴定意见：伤者系受钝性暴力作用致全身多处软组织损伤及胰腺破裂（行剖腹探查：肠粘连松解+联合脾脏的胰体尾切除术），根据《人体损伤程度鉴定标准》第 5.7.2 c）条，属重伤二级。

2 讨论

本案伤者确诊为急性胰腺炎问题不大，确诊条件满足下列 3 条中任意 2 条即可：①急性、持续中上腹痛；②血淀粉酶或脂肪酶＞正常值上限 3 倍；③急性胰腺炎的典型影像学改变。伤者除血淀粉酶外，出现腹痛症状、CT 增强扫描、B 超结果均提示符合急性腹膜炎的诊断。难点在于伤者有饱食和大量饮酒情节，笔者认为这是急性胰腺炎的诱因之一，同时也可以是外伤性胰腺破裂的辅因。胰腺属腹膜后位器官，位于胃后方，损伤常系上腹部强力挤压暴力直接作用于脊柱所致，但笔者认为不排除在某种特定条件下有另外一种损伤机制，比如本案中伤者在饱食、大量饮酒后整个胃处于高度充盈状态，此时胰腺体表投影位置（上腹或左季肋区）遭受重击，冲击力形成的冲击波即可经过充盈的胃传导至胰腺导致损伤发生。二者的鉴别诊断此时主要根据外伤史调查、体表伤情检验、问诊尤其是询问伤者腹痛发生时间，是在进餐期间还是在被打之后出现等来进行。最终确认，本案伤者被多人拳打脚踢且有体表伤痕相互印证，腹部疼痛为被打后出现，应属外伤性胰腺破裂，胰腺破裂与外伤是直接因果关系，根据《人体损伤程度鉴定标准》第 5.7.2 c）条，属重伤二级。

其次需要考虑的是对于胰腺损伤导致脾脏切除是否存在过度医疗问题。笔者认为伤者血压、血常规、B超及CT影像学检查皆不支持脾脏破裂损伤需要切除指征。但手术时距离胰腺破裂累计有8 d，破裂的胰腺组织释放出的胰液浸润周边组织时间较长，术中发现胰腺体尾部胰腺包膜及胰周组织明显肿胀充血，胰周暗红色积血约100 mL，胰腺及胰周组织充血水肿，致密粘连，创面易出血，分离脾动脉及脾静脉极其困难，即胰液腐蚀和炎症反应使得脾脏动静脉存在高危风险，随时有二次手术行脾脏切除可能，此时脾脏切除具备了手术指征且与外伤有了间接因果关系。

闭合性睾丸损伤致睾丸萎缩法医学鉴定1例

李荣龙[1]，赵阳阳[2]

1.江苏省泰州市公安局姜堰分局 江苏 泰州 225500

2.江苏省泰州市公安局 江苏 泰州 225500

1 案例资料

1.1 简要情况

张某，男，21岁，某年7月1日，被人用膝盖顶了会阴部一下，致张某睾丸受伤。

1.2 病史资料

入院查体外生殖器正常，左侧阴囊肿大，睾丸抬举实验阳性，皮肤红肿，触痛明显，阴囊透光试验(－)，右侧阴囊未见明显异常。影像学检查提示左侧睾丸血肿。后期多次超声检查提示左侧睾丸体积在逐渐缩小，回声不均匀，血供由欠丰富到少许血流信号，直至无明显血流信号。多次测量抗精子抗体均为阴性。多次测量雄激素的水平均在正常范围以内。多次精液分析均提示精子浓度、精子总数、总活力（PR+NP）均在正常范围以内。

1.3 法医学检验

伤后4个月法医查体：左侧睾丸较右侧缩小，质地较软；右侧睾丸体积、质地正常；阴茎勃起功能正常。伤后7个月法医查体：左侧睾丸较右侧明显萎缩，质地较软；右侧睾丸体积、质地正常；阴茎勃起功能正常。

2 讨论

闭合性睾丸损伤是指患者受外界局部钝性暴力致阴囊部外伤，阴囊皮肤无破裂而睾丸受到损伤。睾丸位于阴囊内，左右各一，是产生精子和分泌雄性激素的器官。睾丸表面覆盖浆膜，即鞘膜脏层，其深部是坚韧的白膜。由于阴囊皮肤弹性好，活动度大，睾丸白膜坚韧，阴囊损伤比较常见，而闭合性睾丸损伤并不多见。

当睾丸受到损伤时，会影响睾丸的生精作用及雄激素的分泌。生精作用受到影响时，产生精子的数量就会改变，当精子数量少到一定程度时则会影响男性的生育能力；雄激素中睾酮的生物活性最强，而睾酮对男性的性行为及性活动具有重要的作用，睾酮水平降低时会引起阴茎勃起功能障碍。睾丸损伤产生的睾丸内的血肿、鞘膜腔内的积液，可以使鞘膜腔内压力升高，造成睾丸组织缺血、坏死，严重的更会导致睾丸萎缩。睾丸中的毛细血管的内皮和基膜、毛细血管与曲精小管之间的结缔组织、曲精小管的基膜组成了一道特殊的免疫屏障，即血生精小管屏障。如果当血生精小管屏障遭到外伤破坏时，可能会引起机体免疫系统产生抗精子抗体，进而影响生育能力。

遇到闭合性的睾丸损伤，笔者认为鉴定过程可以从以下几个方面来进行：①是否有直接的暴力作用。睾丸位于阴囊内，阴囊皮肤弹性好，活动度大，睾丸表面又有坚韧的白膜，因此一般不易受到损伤。②临床表现。临床上表现为阴囊部的疼痛，睾丸肿大、出血、触痛等。睾丸损伤的同时伴有阴囊的损伤，要注意鉴别睾丸血肿和阴囊血肿。③鉴定时间。针对睾丸破裂、血肿、脱位或者扭转，在伤后即可以进行鉴定。如果涉及睾丸萎缩及生育能力的影响，应在医疗终结后进行鉴定。

鉴定过程中要注意完善影像学检查，睾丸萎缩时要多次检查，力求能完善睾丸损伤后的整个变化过程。睾丸缩小并不代表就一定是睾丸萎缩。在一定的年龄下，正常睾丸的容积大小是有一定范围的，由于个体的差异较大，一般容积在15~25 mL内均属正常睾丸。正常成年男子的两侧睾丸体积大致相同。目前常采用国际通用的睾丸体积测量器测量睾丸体积（包括阴囊皮肤在内）。中国人的睾丸大小范围为15~25号。临床上常以小于12号的诊断为"睾丸萎缩"。如果考虑生育能力是否受到影响时，应对精液进行多次检测，观察精子数量、活性等数据的变化，同时对抗精子抗体进行检测。如果引起了阴茎勃起功能障碍，应注意对雄激素的检测。

本案例中，根据病史资料和委托单位的调查材料，伤者阴囊部受到直接的暴力作用，临床表现左侧阴囊肿大，睾丸抬举实验阳性，皮肤红肿，触痛明显，阴囊透光试验（−），后期多次 B 超检查佐证了睾丸出现血肿到缩小，继而到萎缩的变化过程。后期的精液检查结果均在正常范围内，抗精子抗体结果阴性，说明睾丸萎缩并没有影响生育能力。雄激素水平均在正常范围内，也未引起阴茎勃起功能障碍。依据《人体损伤程度鉴定标准》相关条款规定，评定为轻伤一级。

外伤性肋骨骨折技术性证据审查 1 例

李雪敏[1]，李忠华[2]

1. 四川省资阳市人民检察院 四川 资阳 641300
2. 四川省成都市人民检察院 四川 成都 610212

1 案例资料

1.1 简要案情

2019 年 2 月 20 日 10 时许，杨某（女，44 岁）与王某发生纠纷，两人相互打斗，杨某受伤。当日某市医院病历记载：杨某因"被人打伤致全身多处疼痛 6+h"入院。查体：胸廓挤压征可疑阳性，左侧胸壁有压痛，双肺呼吸音稍粗。当日胸部 CT 显示肺挫伤，伤后 4 d 胸部 CT 提示左侧第 9 肋前支骨折。诊断：左侧肋骨骨折。出院后，于次月 19 日、20 日、29 日（伤后 27 d、28 d、37 d）行胸部 CT 复查，均显示左侧第 8、9 肋骨前段陈旧性骨折。

1.2 原鉴定意见

2019 年 3 月 30 日，某市公安局物证鉴定室对杨某进行法医临床检验，并出具鉴定书，评定被鉴定人杨某肋骨骨折损伤程度为轻伤二级。

2 技术性证据审查

2.1 审查记录

经审查，原鉴定文书未发现委托程序、检验方法、鉴定流程及鉴定资质等存在违反相关规定的情形。复阅医院病历及影像学资料，并邀请专家会诊：受伤当日胸部 CT 片未见确切骨折征象，伤后 4 d 胸部 CT 片见左侧第 9 肋前支骨皮质表面欠规整，右肺中叶、左肺下叶后基底段条片状高密度影。伤后 27 d、28 d、37 d 胸部 CT 片均显示左侧第 8、9 肋骨前段局部外骨痂生长，骨皮质不规整，系陈旧性肋骨骨折。

2.2 审查意见

在本案中，杨某具有明确外伤史，受伤当时骨折征象不明显，结合多次胸部 CT 检查所示，左侧第 8、9 肋骨骨折处骨痂形成符合肋骨骨折临床愈合规律，两处肋骨骨折位置均于肋骨前段，位置相近，骨折断端边缘硬化程度及骨痂包裹、骨折线愈合情况相近。认为杨某肋骨骨折损伤程度为轻伤二级成立，故维持原鉴定意见。

3 讨论

3.1 关于本案的技术性证据审查

在本案中，犯罪嫌疑人王某对原损伤程度鉴定意见有异议，反复向检察院申诉，认为：其一，杨某伤后肋骨骨折诊断前后不一致，即受伤当天胸部 CT 检查未提示肋骨骨折，伤后 4 d 胸部 CT 检查提示存在一处肋骨骨折，伤后 27 d 及以后 2 次的胸部 CT 检查均提示存在两处陈旧性肋骨骨折；其二，杨某受伤当日未检查出肋骨骨折，原鉴定意见不应评定为轻伤二级。

对于犯罪嫌疑人王某申诉涉及的医学问题，该案承办检察官委托技术性证据审查。审查发现原鉴定文书中未对杨某外伤性肋骨骨折诊断的依据做出详细分析说明，仅简单陈述杨某伤后住院诊疗经过，以致犯罪嫌疑人王某未能正确理解原鉴定意见。审查后，及时补充原鉴定文书未作说明的外伤性肋骨骨折疾病转归过程，并对其诊断依据做出详细分析说明，解答了承办检察官对该案有关医学问题的疑虑。

3.2 关于明确外伤性肋骨骨折的实践方法

在司法实践中，胸部外伤导致的肋骨骨折案例并不少见，而这类案件往往在疾病前期都较容易漏诊。为正确处理此类案件，及时解决诉讼程序中相关人对疾病转归过程产生的疑虑，则需了解明确此类外伤性肋骨骨折诊断的实践方法。

此类外伤性肋骨骨折，在受伤当时无明确的骨折征象，影像学检查手段也很难发现，甚至骨痂出现才能认定骨折。这种疾病的转归过程，主要是由于自身呼吸、咳嗽和体位改变等因素，导致肌肉牵拉或者外力作用使得断端出现错位、分离等征象，原骨折部位出现较清晰的骨折线。为明确此类外伤性肋骨骨折诊断，避免认定出现遗漏，往往需要在伤后进行影像学随访，建议采用薄层CT扫描对肋骨进行曲面重组，获得较为完整的肋骨走形全貌图像，特别注意在伤后4周进行复查，通过观察有无骨痂的生长明确原损伤部位是否骨折以及骨折的具体数量，从而明确诊断。

肋骨骨折在人体损伤程度鉴定过程中常见问题分析

李志强，刘明忠，王裕好

山东省青岛市公安局城阳分局刑警大队 山东 青岛 266000

肋骨共12对，胸部两侧各12根，第1~7肋的前端与胸骨相连接，称真肋；第8~12肋前端不直接与胸骨相连接，称假肋，其中第8~10肋的肋软骨依次连于上位肋软骨，共同形成一软骨性边缘，称肋弓；第11、12肋细短而直，末端游离称浮肋。肋骨骨折在胸部损伤中最为常见，骨折的形成可因直接暴力作用或间接暴力作用所致。直接暴力如拳、脚、棍棒等直接撞击胸壁，使肋骨在直接暴力作用处向内弯曲而折断，称直接骨折。若暴力作用于胸廓的前后方，作用使胸廓受到挤压，发生变形，肋骨过度向外弯曲，在远隔处常发生骨折，称间接肋骨骨折。根据肋骨骨折程度又可分为完全性骨折和不完全性骨折，完全性骨折可见贯穿肋骨皮髓质的骨折线，断端有或无错位、嵌插、成角，而不完全性骨折只能见肋骨单侧骨皮质断裂、成角凹陷或隆起。完全性肋骨骨折因其在影像学表现上特点显著，诊断较为容易，而不完全性肋骨骨折，尤其是需要甄别是否为陈旧性骨折则较为困难。

1 案例资料

2020年9月12日李某（男，58岁）因琐事与人发生冲突后被人用拳头击伤胸部后感胸部疼痛。伤后当日医院查体见左季肋部压痛，医院CT示图像所见：左侧第5、6肋骨局部形态欠规整，印象：左侧第5、6肋骨骨折（见图2-3、图2-4）。2020年11月17日医院CT复查示图像所见：左侧第5、6肋骨局部形态欠规整，局部褶皱，较2020-09-16 CT所示变化不著，印象：第5、6肋骨改变，考虑陈旧性骨折，较前仿（见图2-5、图2-6）。

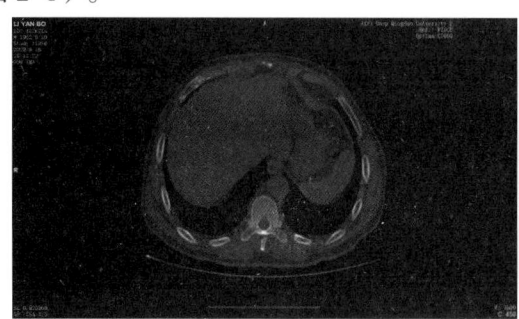

图2-3 2020-09-12 左侧第5肋骨改变

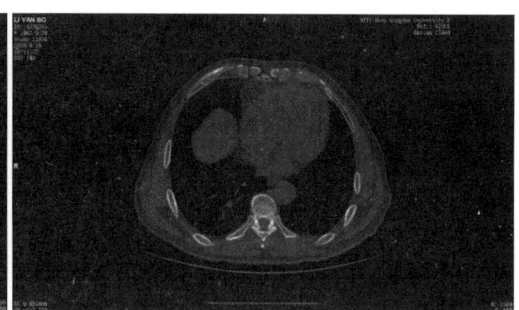

图2-4 2020-09-12 左侧第6肋骨改变

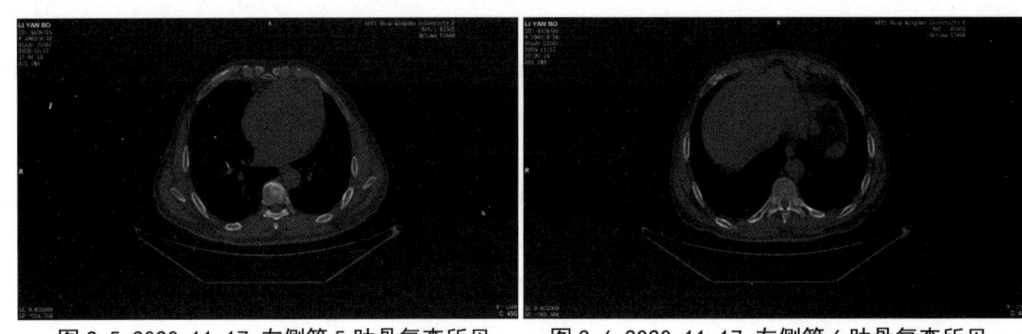

图 2-5　2020-11-17　左侧第 5 肋骨复查所见　　　图 2-6　2020-11-17　左侧第 6 肋骨复查所见

2 讨论

本文案例中,被鉴定人李某有胸部外伤史,伤后当日医院查体见左季肋部压痛,当日医院 CT 示左侧第 5、6 肋骨骨折,根据《人体损伤程度鉴定标准》5.6.4 b)条之规定,构成轻伤二级。上案看似定轻伤二级顺理成章并无不妥,法医在阅 2020-09-12 肋骨影像学资料时见左侧第 5、6 肋骨前肋虽有典型的"台阶状"骨折线影,但是该骨折属于常见的肋骨不完全性骨折,结合案情调查,嫌疑人供述只是与李某发生争执时推搡了其几下,并未用拳头击打李某胸部。后法医根据实际情况告知李某伤后一月余再行肋骨复查,李某于 2020 年 11 月 17 日复查肋骨 CT 见第 5、6 肋骨变化不显著,考虑陈旧性骨折,较前仿。由此得出被鉴定人李某第 5、6 肋骨为陈旧性的不完全性骨折,其所受损伤与本次外伤没有直接的因果关系。通过本文案例,本人在肋骨不完全性骨折的鉴定过程中有以下几点注意事项。

2.1 明确受伤史

对于涉及肋骨骨折的案件必须调查清楚被鉴定人胸廓受伤情况,不能仅依据被鉴定人自己的陈述,需要结合视频监控、证人证言、嫌疑人供述等相关证据,形成完整的证据链。

2.2 伤后医院出具的门诊病历记录外,鉴定人还应该自己亲自给被鉴定人查体

肋骨骨折后局部按压疼痛,随呼吸加重,咳嗽、喷嚏、深呼吸、体位改变均可使疼痛加剧。伤侧胸部的呼吸运动往往减弱,软组织可有擦伤、挫伤痕迹,局部软组织肿胀,骨折处剧烈疼痛,按压伤肋的任何部分均可致骨折点疼痛。若将一手在背部一手在前胸将胸廓轻压,可使骨折处疼痛加重,听诊可发现上侧呼吸音减弱。

2.3 必要的影响学复查

涉及肋骨骨折的案件,最好让被鉴定人在伤后及时(最好是伤后 3 d)去医疗机构行 MSCT 检查,等伤后三个周再复查肋骨 MSCT,比较两次检查的影像学表现,基本可以判定伤者的肋骨骨折情况。MSCT 扫描是诊断肋骨骨折的重要检查手段,并具有图像重组的软件技术。实践证明,采用 5 mm 层厚扫描,0.6 mm 骨窗无间隔或重叠薄层重建,然后对每幅轴位图像进行观察,必要时进行图像重组,可以较准确诊断肋骨骨折。但是此种方法由于数据量较大,无法将诸层都打印到影像学胶片上,所以必须要求委托方提供存储薄层骨窗图像的光盘。

外伤性主动脉夹层法医临床学鉴定 1 例

李志艳,周鹿希,谢剑捷,罗斌

广东省广州市中山大学法医鉴定中心　广东　广州　510080

1 案件资料

1.1 简要案情

曾某,男,54 岁,于 2017 年 9 月 17 日不慎从高处摔下受伤。经临床治疗终结后,由某法院委托要求按《人体损伤致残程度分级》标准对其进行伤残等级评定,并分析主动脉夹层与 2017 年 9 月 17 日高处摔伤的因果关系及参与度。

1.2 病历摘录

2017年9月17日被鉴定人曾某因"从房上摔下致全身多处外伤20 min"入院。否认既往存在高血压、糖尿病等病史。体查：见血压112/62 mmHg。胸部压痛明显，腹见擦痕，腹部及腰背部压痛明显。损伤当日行CT检查示：外伤性局限性主动脉夹层并纵隔血肿、多发肋骨骨折、脾破裂，左肾破裂。主动脉CTA检查示主动脉夹层，范围自降主动脉开口至右侧髂总动脉。予行"介入治疗经皮静脉支架置入术"。术中见：主动脉降部前缘管壁破裂，造影剂外溢至主动脉壁内呈不规则囊状；内支架释放后位于弓部至胸主动脉中段，扩张良好，造影剂无明显内瘘。出院诊断：①主动脉夹层B3S型；②左侧多发肋骨骨折；③脾破裂；④左肾破裂。

1.3 法医学文证资料审查

阅损伤当日胸腹部CT片示：①胸腹主动脉、髂总动脉、髂内外动脉壁未见钙化，未见斑块影；②主动脉弓水平夹层动脉瘤形成，左肾动脉开口下方腹主动脉局限夹层动脉瘤形成；右侧髂总动脉近段夹层动脉瘤形成，左肾动脉开口下方腹主动脉至左侧髂总动脉附壁血栓形成，左侧髂总动脉近端闭塞，其余段重度狭窄；③左肾、左脾破裂并包膜下血肿；④胸腹主动脉周围、后腹部、双侧肾上腺、腰大肌周围血肿形成。

2 讨论

主动脉夹层（动脉瘤）的病因主要为主动脉损伤、外周动脉损伤、动脉硬化、先天性疾病或遗传性疾病（如马方综合征）等。根据目前送检的病历资料，被鉴定人高血糖、高血脂、高血压及马方综合征等疾病的诊断证据不足。受伤当日的胸腹部CT扫描提示胸腹主动脉、髂总动脉、髂内、外动脉壁未见钙化，未见斑块影等病理性改变征象。而被鉴定人2017年9月17日从高处摔伤，影像检查显示胸、腹主动周围、后腹部、双侧肾上腺、腰大肌周围血肿形成；左肾、脾破裂并包膜血肿；左3~10肋骨折，表明所受减速暴力强大；2017年9月20日支架置入术检查报告主动脉降部前缘管壁破裂，上述征象均提示主动脉夹层（范围自主动脉弓沿降主动脉至右侧髂总动脉）符合外伤性改变，自身病理性形成的依据不足。

综上，曾某主动脉与2017年9月17日外伤存在直接因果关系，外伤参与度拟100%。

肋骨骨折损伤程度鉴定3例分析

廖洪兵1，梁熠2
1. 广西壮族自治区河池市公安局刑侦支队 广西河池 547000
2. 广西壮族自治区都安县公安局刑侦大队 广西都安 530700

1 案例

1.1 简要案情

（1）案例一：覃某，男，58岁，2018年8月27日被人打伤背部致疼痛。病历示：8月27日CT片示：左侧第10肋骨折。10月18日CT片示：左侧第8~10肋骨折，骨痂形成。

（2）案例二：张某，男，49岁，2019年4月18日被人打伤左胸部致疼痛。病历示：4月18日CT片示：左侧第3、4肋骨骨折。4月21日CT片示：左第3、4肋骨折。6月3日CT片示：左第3~7、右侧第5、6前肋骨折，骨痂生长期。

（3）案例三：莫某，女，70岁，2020年3月27日被人打伤胸部致疼痛，无昏迷等。3月28日CT片示：左第6肋骨折。4月2日CT片示：左侧第4、5、6肋骨折。

1.2 法医学鉴定

对上述3例损伤病例进行伤情检验见：伤者神清，检查合作，问答切题，全身体表受伤轻微，肺挫伤3例均有表现，第二次、第三次CT检查都比第一次检查骨折数量增多，位置不同。

2 讨论

2.1 损伤机制

肋骨骨折是最常见的胸部损伤，损伤机制是肋骨受力后超过肋骨的弹性强度极限后发生骨折，多系弯曲变形所致。损伤特点：第1~3肋骨粗短，有锁骨、肩胛骨保护，不易发生骨折；第4~7肋骨长而纤薄，易发生骨折；第 11～12 肋前端游离，弹性大，不易骨折。单纯骨折易刺破胸膜甚至脏器，产生气胸、血胸、肺心损伤等，造成血气胸等并发症。肋骨骨折不包括肋软骨骨折，儿童除外。

2.2 肋骨骨折的影像学检查

肋骨骨折伤后两周左右骨痂开始形成或出现骨膜反应，骨折线能清晰地显现。X 线，可见骨折线和移位情况，是常规优先检查方案，但分辨率低，受体位影响导致漏诊，在检查错位不明显的肋骨骨折、肋软骨和肋骨交界处骨折、"柳枝骨折"或因两侧肋骨相互重叠时，在诊断上并不能提供清晰的证据。有时虽确定骨折，但数量不能确定。CT 检查能清楚显示血胸、气胸、无错位的肋骨骨折和不完全骨折。

2.3 新鲜、陈旧性骨折及自身疾病的鉴别

从病例资料、骨痂形成时间和新旧程度来进行鉴别。CT 影像效果比较清楚等。

2.4 肋骨骨折数量、位置不一致的检查与辨别

当肋骨骨折前后不一致时，如何做才能保证鉴定符合客观事实。我们做法是：认真核查病历，注意对肋骨骨折进行检查追踪。①要认识到产生骨折数量和位置不一致的原因主要是：受伤当时由于骨折未移位，初次检查难以发现，伤者活动增加之后出现了移位、骨痂形成及骨折线变粗等，复查就发现骨折的数量、部位与初次检查不一致。②认真核查材料，确定骨折由外伤引起。③建议复摄 X 片，加以多层螺旋 CT 检查，既确定骨折的发生，也显示肋骨全貌、走形，既对肋软骨进行诊断，也通过骨痂形态和愈合情况鉴别新鲜和陈旧性骨折。案例一中覃某 8 月 27 日第一次检查：左侧第 10 肋骨折。10 月 18 日 CT 检查：左侧第 8～10 肋骨折，骨痂形成。案例三莫某，3 月 28 日 CT 片示：左第 6 肋骨骨折。4 月 2 日 CT 示：左侧第 4、5、6 肋骨折。④要证实骨折是本次损伤形成，需与医生研究 CT 影像，找到细微的肋骨骨折形态变化，以明确骨折发生时间的同时性。⑤询问医生形成笔录，做到各种材料齐全，综合分析后确保不误鉴，才能保证当事人权益。⑥鉴定满足资质认定要求。保证鉴定的溯源性，对阅片记录、原始记录、报告、证书等，归类为"技术记录"归档留存不少于 6 年，既符合鉴定管理要求，也符合资质认定评审准则要求，依据是《检验检测机构资质认定能力评价检验检测机构通用要求》4.5.27 条规定。

2.5 对伤后出现二次伤害等情况进行排查

肋骨骨折以后，伤者有无二次伤害导致多根肋骨骨折。调取伤者的就医记录，注意有无出院后再次受伤入院治疗的记录。对邻居、家属、同事等进行调查询问形成证明材料。

小儿腹股沟疝医疗损害鉴定 2 例

林明娇

广东中一司法鉴定中心 广东 深圳 518000

腹外疝是指腹腔内的脏器或组织连同腹膜腹壁层，经腹壁薄弱点或孔隙，向体表突出，临床分为易复性疝、难复性疝、嵌顿性疝、绞窄性疝。腹股沟疝指的是发生在腹股沟区的腹外疝。笔者在日常医疗损害鉴定中碰到过几例涉及腹股沟疝的案例，其中 2 例小儿腹股沟疝医疗事故给患儿身心造成了不可逆的伤害，如何正确、合理分析，解决医患矛盾显得尤为重要。现结合案例，查阅资料，并咨询临床专家，对案例进行分析论证，供同行参考。

1 案例资料

1.1 案例一

被鉴定人王某，男，2019 年 2 月 6 日出生。2019 年 3 月 26 日因"咳嗽 3 d，气促伴低热 1 d"入住某医院呼吸内科，2019 年 3 月 29 日凌晨患儿因"双侧腹股沟肠管嵌顿疝"行手法复位，2019 年 4 月 3 日出院，出院嘱"如有腹胀、哭闹不安、腹股沟包块、睾丸红肿等情况，立即就诊"。2019 年 4 月 3 日 22:36 因"左侧腹股沟包块不能还纳 2 h"再次就诊，门诊查体左侧腹股沟及阴囊可扪及一质韧包块，触痛，约 2 cm×2 cm×2 cm 大小，轻挤压后不能还纳入腹。请普外科会诊后于门诊行手法复位，门诊观察。4 月 4 日 02:00 呕吐胃内容物一次，复查超声提示左侧睾丸声像异常，考虑缺血；左侧腹股沟疝，右侧鞘状突未闭，双侧睾丸鞘膜积液。医方以"左侧嵌钝性腹股沟斜疝"于 02:04 收入普外科，急诊行"腹腔镜探查+左侧嵌顿疝松解+坏

死肠管切除+肠吻合+左侧坏死睾丸切除+左侧疝囊高位结扎+腹腔镜右侧腹股沟斜疝修补术"治疗。术中病理诊断：①（左侧睾丸）结合临床符合睾丸出血坏死改变。②（回肠）结合临床可符合肠坏死之病理改变。

1.2 案例二

被鉴定人张某，男，2014年12月25日出生。患儿于1年前发现右侧腹股沟有一包块，约鸡蛋大小，呈可复性，多余用力或哭闹时出现，平卧休息后可自行消失，当时未引重视，后发现包块逐步增大，遂于2017年1月3日就诊某医院，医方诊断为"右侧腹股沟斜疝"，2017年1月4日行"腹腔镜右侧腹股沟疝高位结扎术"，次日出院。2017年1月6日因"腹股沟疝手术后2 d，哭闹半天"入院，入院诊断为急性肠胃炎、不完全性肠梗阻？，经治疗后症状无好转，2017年1月10考虑有消化道穿孔可能，急诊行"腹腔镜中转开腹探查+小肠穿孔修补+阑尾切除术"，术后诊断为小肠穿孔、急性弥漫性腹膜炎、急性胃肠炎、轮状病毒感染。

2 讨论

案例一中，患儿2019年3月29日经外科会诊，诊断为嵌顿疝，存在手术指征，应尽早行手术治疗，医方未尽到相应告知义务，未告知家属需尽早收入院行手术治疗；患儿2019年4月3日22:36因"左侧腹股沟包块不能还纳2 h"来该院急诊就诊，医方未给予高度重视，反复行手法复位，且复位前未行B超、血象等有关检查，手法复位后亦未积极行B超检查，后经家属提示方行B超检查，存在过错。综合分析认为，医方的过错与被鉴定人的损害后果存在因果关系，建议医方存在过错的原因力为主要原因。

案例二中，医方在第一次手术操作过程中违反操作常规，仅一人参与手术，造成术中小肠损伤、穿孔，这是造成患儿第二次住院再次手术行小肠穿孔修补术的主要原因；患儿2017年1月6日第二次住院后，医方仅考虑为轮状病毒感染，未及时请上级医生查房及采取有效的检查手段，住院4 d后才再次手术探查，造成患儿术后恢复缓慢，并发腹腔脓肿。综合分析认为，医方的过错与被鉴定人的损害后果存在因果关系，建议医方存在的过错的原因力为主要原因。

小儿腹股沟疝是小儿外科常见病，多因腹膜鞘状突未闭而发生，依靠体格检查、血象分析、腹部超声、腹部X线检查等手段常可确诊，自愈率不高，经诊断后，一般应进行手术治疗。由于小儿腹股沟疝发生原因是先天性腹膜鞘状突未闭所致，腹腔镜下行疝囊高位结扎就可达到治疗目的，手术创伤性小、恢复快。根据临床经验，嵌顿性疝手法复位成功的患者建议3~5 d后限期手术，以避免再次发生嵌顿。医方在诊治过程中，若处理不及时可引起肠坏死、肠穿孔、腹膜炎等严重并发症。笔者认为，对于小儿腹股沟疝患儿，正确诊断，及时治疗，一般预后良好，做到术前详细告知风险，术中操作细致，术后密切观察，能很大程度减少此类医疗纠纷。

浅析腹腔积血的法医学鉴定

刘东明[1]，马慧洁[2]

1. 海南省海口市公安局刑事技术支队 海南 海口 570208
2. 新疆明正（双语）司法鉴定所 新疆 阿勒泰 836500

1 案例资料

1.1 简要案情

2017年某月5日，李某某（男，22岁）在某市某处被他人以锐器致伤腹部引起腹腔积血而住院治疗。

1.2 病历资料

专科检查：右中腹可见一斜行伤口，边缘不整，范围约3.0 cm×0.5 cm，流血不止，深达腹腔。全腹肌紧张，右中腹伤口周围明显压痛。

某市医院CT检查报告单：右侧中下腹壁挫裂伤并积气；右中下腹腔内肠周少许渗出物改变；少量腹水。

手术经过：取右上腹正中切口，长约10 cm，切开腹壁各层组织进入腹腔。术中所见如描述，施行横结肠系膜缝扎止血、横结肠浆膜破裂修补术；用吸引器将腹腔内积血及血凝块吸引干净，间断缝扎横结肠系膜出血，横结肠（肝曲）浆膜破裂约2.0 cm，行间断缝修补，用温生理盐水冲洗腹腔至冲洗液澄清，右侧腹腔留置8F多功能腹腔引流管。

手术名称：剖腹探查；横结肠系膜缝合结扎止血；横结肠浆膜破裂修补术。

术后诊断：腹部开放性刀伤；横结肠系膜损伤并出血；横结肠浆膜破裂。

2 讨论

2.1 本案例特点

（1）伤者医院检查仅发现"右中腹伤口流血不止，深达腹腔。全腹肌紧张，伤口周围明显压痛"。但未出现明显腹膜刺激征（包括腹痛等症状及腹部压痛、反跳痛、腹肌紧张等体征）的临床表现。

（2）伤者病历记载"剖腹探查术并行横结肠系膜缝扎止血和横结肠浆膜破裂修补术；用吸引器将腹腔内积血及血凝块吸引干净"。但既缺少横结肠系膜活动性出血的描述，又没有相关腹腔积血数量的记录。

（3）伤者CT检查结果是右中下腹腔内肠周少许渗出物改变、少量腹水。

2.2 本案鉴定难点

伤者受伤后是否需要做剖腹探查手术，是否具备了手术指征。

2.3 本案伤者损伤程度的分析

出现明显腹膜刺激征（包括腹痛等症状及腹部压痛、反跳痛、腹肌紧张等体征）的临床表现，且符合如下情形之一者，可认为其具有腹腔积血的手术适应证：①出现内失血的症状和体征，达到休克（轻度）的程度；②医学影像学检查（如CT、B超等）有腹腔积液征象；③腹腔穿刺抽出不凝血液；④腹壁创口深及腹腔，创口有血液流出。一般认为腹腔积血达到500 mL以上时，易继发感染及粘连等并发症，应具有清除积血的手术适应证。而本例伤者病历中未见出现明显腹膜刺激征的记载（仅为全腹肌紧张，伤口周围明显压痛）；虽有腹腔积血，但术前病历未见确切的内失血的休克（轻度）临床表现，虽行医学影像学CT检查，但显示积血仅为少量；术中虽证实腹腔有积血并且用吸引器吸引腹腔内积血及血凝块，但无出血量的记载。因此，可以认为该伤者手术适应证不明确，也就是说不具备手术适应证，临床上虽然已经行腹腔积血剖腹探查，再按照就轻不就重的原则，不宜鉴定为重伤二级，而应依据本标准相应条款之规定，鉴定为轻伤二级为妥。

2.4 亮点

本案鉴定既对伤者病历手术记载内容进行了客观分析，又对损伤后的临床表现做了评估，还结合影像学诊断意见，同时也不忽略其积血的特点以及积血的手术适应证条件，最终认定伤者腹腔积血不具备剖腹探查的手术适应证条件，可以说这是对鉴定的全面、客观、科学原则的最好诠释。

2.5 启示

本例病历是一份存在明显瑕疵的病历，特别是手术记录，如描述吸引积血、凝血块，但不描述积血数量。又如记录"横结肠系膜缝扎止血"，而不描述伤口大小及是否存在活动性出血等。虽然本案伤者病历存在内容记载简单，手术记录笼统，但我们抓住了伤者腹膜刺激征、积血数量以及影像学诊断特点等关键点，紧扣积血是否具备手术适应证这个主题，并结合相关资料，最后做出的鉴定意见使双方当事人均满意而顺利结案。

在法医实际鉴定中，对于存在一定瑕疵的病历，既要尊重病历原意，又不要被其内容所拘泥限制，发现并抓住关键点是第一要务，紧紧围绕鉴定标准条款及其相关释义内容是根本要求，始终坚持客观、科学、公正是基本原则，如此做出的鉴定意见才是正确的、准确的，才能经得起法庭的质证。

外伤性膀胱破裂法医学鉴定分析1例

刘军[1]，左聪[2]

1.浙江省舟山市公安局 浙江 舟山 316013

2.浙江省嵊泗县公安局 浙江 嵊泗 202450

1 案例资料

1.1 简要案情

刘某（女，22岁），某年4月10日醉酒后与人发生纠纷，继而相互殴打，被他人踢到腹、臀部，伤后诊断为膀胱全层破裂，派出所委托对其膀胱损伤进行损伤程度鉴定。

1.2 病史摘要

伤后当日医院门诊病历记载：查体：下腹部见软组织挫伤，压痛，腹肌紧张。CT片示：①膀胱及盆腔内高度灶，考虑积血可能；②腹水。下腹部彩超提示腹腔内大量积液，膀胱造影提示膀胱破裂，腹膜内型。诊断：膀胱破裂，全麻下行腹腔镜下探查术，术中见膀胱纵行破裂口，长约4 cm，创缘不整齐，行腹腔镜下膀胱修补术。术后恢复良好，未出现尿瘘，排尿困难，严重感染等并发症。

2 讨论

膀胱为盆腔内贮存、排泄尿液的器官，顶部和后上侧有腹膜覆盖。在男性，膀胱介于耻骨与直肠之间，女性介于耻骨与膀胱之间，两者之间是子宫膀胱凹。其解剖位置相对固定，根据裂口和腹膜的关系可以将膀胱破裂分为三个类型：腹膜内、腹膜外、混合型。

外伤性膀胱破裂在临床和法医鉴定中较少见，因为膀胱空虚状态下受到骨盆及周围脂肪组织的保护，一般不容易受伤，充盈状态下受到外力打击容易引起膀胱破裂。特别是大量饮酒后，膀胱内充盈膨胀，体积增大，高出耻骨联合，极易受到外界暴力作用而破裂。

本例膀胱破裂为大量饮酒后，膀胱充盈状态下，下腹部遭受钝性暴力所致，腹部外伤并不明显，临床表现及辅助检查结果对于外伤性膀胱破裂的认定尤为重要，如本例中的CT检查中的阳性表现，报告膀胱内积血，腹水等，均为膀胱破裂的间接征象。另外还有导尿试验、膀胱造影、下腹部彩超等，都是确诊膀胱破裂的较好辅助检查方法，通过上述辅助检查，不但能确诊膀胱破裂的类型，还能排除病变因素，如肿瘤、溃疡、炎症等。

2014年1月1日《人体损伤程度鉴定标准》中将膀胱破裂列入重伤二级，但此条标准并没有把饮酒因素、病变因素及后遗症的情况列出，《〈人体损伤程度鉴定标准〉释义》中对此条并无解释，但上述自身因素的存在，直接导致外力作用下的膀胱破裂，另外，外伤性膀胱破裂如能早期发现，及时处理，一般都能获得痊愈。因此笔者认为，外伤性膀胱破裂应参照胃肠、胆囊或者胆道破裂损伤的相应条款列入轻伤一级更为合理。

高压气泵体外喷气致肠道破裂1例

罗敏[1]，刘玉梅[2]

1. 江苏省盐城市人民检察院 江苏 盐城 224000
2. 江苏省盐城市大丰区人民检察院 江苏 盐城 224100

1 案例资料

庄某某，男，39岁，某年7月9日在车间工作时，在嬉闹过程中，工友张某某将带有高压气体的气泵管（压力值约0.75 MPa（75 mH$_2$O），内径4 cm）放置在庄某肛门处约2 s，后庄某某立即感觉腹胀，十几分钟后腹胀腹痛明显，疼痛很快弥漫全腹，送至医院就诊，CT检查腹腔大量积气，专科检查满腹压痛、反跳痛及肌卫，叩诊成鼓音，剖腹探查进腹后可感觉大量气体溢出，腹腔内褐色浑浊腹液，距离腹膜反折向上约25 cm处乙状结肠前壁见破口，自腹膜反折处向上约20 cm乙状结肠肠管浆肌层纵行撕裂，未破裂，距乙状结肠破裂口以上10 cm肠管见两处撕裂伤，乙状结肠内见大量粪便，后予以乙状结肠修补及造瘘术。出院诊断为急性弥漫性腹膜炎、乙状结肠破裂。

2 讨论

根据乙状结肠解剖结构、肠破裂特征、空气动力学、临床表现等，结合案件调查情况，就肠破裂损伤机制进行如下分析。

2.1 乙状结肠解剖结构

乙状结肠自左髂嵴起自降结肠至第3骶椎平面续于直肠，全长呈"乙"字形弯曲，长约40 cm，借乙状结肠系膜连于骨盆侧壁，活动度较大，结肠壁薄、血液供应差、含菌量大，日常储存粪便。

2.2 肠道破裂特征

除肠道损伤，其他腹腔脏器及躯干体表未见外伤特征，乙状结肠见直径约3.5 cm全层破裂口，破裂口上下均见肠管浆肌层纵行撕裂伤，剖腹探查时大量气体溢出，腹腔内大量积气。肠道内压力大，肠道过度膨胀达到一定程度后，可以形成上述损伤，符合外伤性损伤特征。

2.3 空气动力学

肠道是与外界相通的人体器官，正常情况下肛门括约肌处于放松状态，气体较容易进入。即使肛门括约肌处在紧张状态，临床肛门指检也较容易进行。故气体通过肛门进入肠道，不需要较强外力作用。办案人员与法医共同赴现场勘验感受气泵管喷气压强力度，喷气压力设置为案发 0.75 MPa（1 MPa=10 kg/cm^2=100 mH$_2$O，根据 $mgh=0.5\ mv^2$，计算出气泵管口气体初速度 $v≈12$ m/s，即 120 dm/s）时，直观压力感受已非常强烈，压力强度可穿透衣服，迫使肛门括约肌开放。与庄某某自述有气体喷入体内相互印证。持续 2 s 左右的高压气体从肛门进入后，通过相对较直的直肠，进入乙状结肠。同时，回盲部具有反向关闭作用，气体不能通过大肠进入小肠，气体积压在大肠中，同时因乙状结肠呈"乙"字形弯曲，乙状结肠以上的肠道内有大量成形粪便。鉴于上述两种因素，大量高压气体在乙状结肠突然受阻，瞬间肠道内压力陡升。

2.4 临床表现

本案调查显示，庄某某自述有气体喷入体内，后即感肚子胀气疼痛，手术中见腹腔大量气体。结肠内容物液体成分少而细菌含量多，结肠破裂后，粪便及细菌进入腹腔，易引起急性弥漫性腹膜炎。

综上，高压气体通过肛门进入肠道，大量气体短时间积聚在乙状结肠处，由于结肠壁薄，肠管不能承受高压，就会像气球一样瞬间被吹爆，可造成乙状结肠破裂伴多处撕裂。被鉴定人既往体检无明显肠道疾病，排除腹部其他暴力，可综合认定高压气体与肠道破裂之间具有直接因果关系。文中案例最终综合评定为重伤二级，犯罪嫌疑人无罪辩护失败，以过失致人重伤罪予以判处。通过本案例撰写，希望为安全生产从特殊角度敲响警钟，为今后相关案例的办理提供借鉴。

胰腺假性囊肿因果关系鉴定 1 例

马剑，任祥，苏守玉

江苏省连云港正达司法鉴定中心 江苏 连云港 222000

1 案例

1.1 病案摘要

王某某，女，1991 年出生，2017 年 6 月 9 日骑电动车时被小汽车撞伤。伤后感头痛头晕，头部外伤流血，上腹部疼痛较剧烈等。入院查体见左侧头顶部长约 7 cm 头皮裂伤，深达颅骨层，上腹部压痛明显，轻度肌紧张，反跳痛（+）等。2017 年 6 月 11 日 MRI 片见胰腺明显肿胀伴异常信号，胰腺体部见纵行异常信号影，胰腺周围见液性渗出，提示胰腺损伤伴体部断裂。2017 年 7 月 4 日 MRI 检查示胰腺断口上下多发假性囊肿形成。考虑胰腺断裂，无明显弥漫性腹膜炎，形成胰腺假性囊肿，予以抗炎、抑酸、营养等保守治疗。出院时上腹部可扪及约 10 cm 大小包块，无明显压痛，活动度差等。临床诊断为胰腺断裂、胰腺假性囊肿、头皮裂伤等。

2018 年 5 月 5 日于原南京军区某医院复查，检查提示胰腺假性囊肿，大小约 40 mm × 22 mm，临床诊断：胰腺外伤、胰管破裂、假性囊肿。2019 年 3 月 20 日门诊复诊，检查见胰腺假性囊肿。

事故之前的体检表中记载腹部彩超未见明显异常。

1.2 法医学检查

被鉴定人王某某一般情况好，神志清，自行步入检查室，检查合作，问答切题。自诉：偶有腹部疼痛。头颅五官未见畸形，后枕部见 5.0 cm 线性瘢痕，无面瘫征，颈软。腹平软，压痛（±），无明显反跳痛。四肢肌力、肌张力正常。生理反射存在，病理反射未引出。

1.3 法医阅片

2017-06-09 CT 片示：左枕部头皮血肿伴裂创。胰腺形态饱满，边缘模糊不清。

2017-06-11 MRI 片示：胰腺明显肿胀伴异常信号，胰腺体部见纵行异常信号影，胰腺周围见液性渗出（胰腺损伤伴体部断裂）。

2017-07-04 MRI 片示：胰腺体部腹侧不连续，局部上下延伸多个不规则液性囊状信号影，周围片状、条索状略高信号改变。

2017-08-27 MRI 片示：胰腺体尾部信号异常，胰腺周围脂肪间隙模糊，可见条索状高信号影，胰管颈部不连续，体尾部胰管扩张。

2018-05-02 CT 片示：胰腺体尾部萎缩伴胰腺扩张，胰体部下方可见类圆形水样低密度灶，周围脂肪间隙模糊。

2 讨论

2.1 理论

胰腺囊肿包括真性囊肿、假性囊肿和囊性肿瘤。外伤可造成胰腺组织的挫伤、出血、胰管破裂，以及胰液和炎症渗出。少量渗出可以被机体逐渐吸收、不留痕迹，如果渗出液的量较多或者吸收不完全，随着时间延长（多为数月甚至1年以上），渗出液体周围被纤维组织包裹形成一囊性肿胀。由于病理学上此类肿块的囊壁没有上皮覆盖，仅为纤维结缔组织，因而称为假性囊肿，不属于肿瘤。

除了外伤，各种原因引起的胰腺炎均有可能形成胰腺假性囊肿，如胆源性胰腺炎、原发性出血坏死性胰腺炎、胰腺手术、内镜逆行胰胆造影等。

囊肿形成早期（<6周）由于囊壁较薄，一般不做手术治疗。出现以下情况考虑手术：持续腹痛不能忍受，囊肿≥6 cm并有压迫症状，合并感染或出血等并发症。手术方式：内引流术，囊肿与空肠或胃吻合；外引流术，适用于有明显感染、囊肿时间短、囊壁较薄者；胰体尾切除术，适用于胰体尾部囊肿且无法除外肿瘤者。

2.2 因果关系

被鉴定人王某某因交通事故受伤，外伤史明确。伤后即出现上腹部疼痛，查体见上腹部压痛、轻度肌紧张、反跳痛等，存有腹腔脏器损伤的临床表现。伤后第3 d摄片证实胰腺体部断裂、胰腺周围见液性渗出。故胰腺损伤伴体部断裂诊断明确，与交通事故存在直接因果关系。被鉴定人王某某伤后近一月复查MRI片提示胰体部腹侧不连续，局部上下延伸多个不规则液性囊状信号影，提示胰腺囊肿已形成，后多次摄片复查予以证实。胰腺囊肿的形成符合胰体部断裂、渗出液被纤维组织包裹等病理转归过程，同时该伤者未存在可引起胰腺假性囊肿的非损伤因素。综合分析认为，胰腺假性囊肿的形成与交通事故存在直接因果关系。

通过该案，对于损伤与胰腺假性囊肿的因果关系的鉴定，笔者认为需考虑如下几点：①了解案情，有无明确的上腹部外伤史，伤后有无上腹部胀痛和不适等。②临床表现，腹部的查体。③辅助检查，伤后早期血白细胞和淀粉酶指标，后期腹部超声和CT检查等。④是否存在非损伤因素引起胰腺囊肿。

心包破裂修补评残重新鉴定后被投诉1例评议分析

马丽琴[1]，徐长苗[2]

1. 浙江大学司法鉴定中心 浙江 杭州 310030
2. 浙江省华硕司法鉴定中心 浙江 杭州 310030

1 案情摘要

1.1 简要案情

被鉴定人王某，2018年7月27日因纠纷被他人持刀刺伤左胸部，造成心包、左肺破裂。伤后王某经当地公安部门司法鉴定中心依据《人体损伤程度鉴定标准》之第5.6.2款"心脏破裂；心包破裂"评定为重伤二级。因涉及刑事部分的伤情鉴定已判决生效，加害人现也已服刑完毕。而附带民事赔偿的伤残定级部分一直未予解决。当地法院委托当地某司法鉴定所进行伤残等级评定，由于无明确的鉴定条款可依，鉴定机构比照心包破裂修补评定为八级伤残。因加害人不服该结果，当地法院再次委托另一司法鉴定机构对其伤残等级进行重新评定。重新评定维持了第一家鉴定机构的八级伤残意见。后加害人到鉴定机构属地的司法行政部门进行投诉，理由是"心包破裂不属于心脏破裂，鉴定机构评定八级伤残根本就是错误的"。为此，当地司法行政部门要求司法鉴定协会组织相关专家对鉴定机构做出的八级伤残进行评议。

1.2 病历资料摘要

据某县人民医院2018年7月27日王某的住院病历（NO：00175772）记载：左肺破裂出血，心包破裂出血，左侧气胸，失血性休克，左胸贯通伤。入院时情况：患者因"刀刺伤致胸部流血1 h"入院。查体：生命体征不平稳，精神软，贫血貌，双瞳等大等圆，直径0.25 cm；左胸可见1.5 cm大小创口，有血性液流出，左肺呼吸音消失，右肺呼吸音正常，心率快。CT检查示：左侧气胸，左侧大量胸腔积液、积血，左侧胸壁皮下气肿。完善相关检查，于2018年7月27日行"胸腔镜下左肺破裂修补止血+心包破裂修补止血+左侧胸腔闭式引流术"，术中见胸腔内大量积血及凝血块，查左上肺形成两处破裂口伴活动性出血，心包破裂口1.5 cm伴活动性出血，损伤未及心脏。术后予以对症支持治疗等，伤情愈后出院。

2 分析评议

本例为重新鉴定后被投诉案例，投诉内容包括鉴定程序的合法性及对鉴定意见的质疑。

2.1 伤残等级的争议

因《人体损伤致残程度分级》标准中，没有专门的心包破裂修补评残的具体条款可依。故某司法鉴定所比照《人体损伤致残程度分级》标准第5.8.3 7）条"心脏或者大血管修补术后"评定伤者为八级伤残。经论证，认为其八级鉴定意见缺乏客观的科学性依据，不同鉴定人对比照条款的理解存在差异。目前我国对心包破裂修补术后评残，存在有不同的观点，有鉴定人认为，心包破裂修补术后应视作心脏破裂，可评定为八级伤残；有的鉴定人则认为评定九级伤残更为合理。上述不同观点的出现是由于《人体损伤致残程度分级》标准中无明确具体的相关评定条款可依之故。

2.2 心包破裂是否可视作心脏破裂

评议专家论证了关于"心包破裂是否可视作心脏破裂"的问题，因目前国内也确有学者认为心包破裂和心脏破裂一样，可视为一体评残。如国内某些学者主编的专著对于《人体损伤致残程度分级》的解读中认为：外伤所致的心脏或大血管破裂修补，应包括心肌破裂修补、心包膜破裂和冠状动脉破裂修补。但我们认为，在实际的评定案例中应首先分心包与心脏的解剖学结构的关联性，不应简单的视作等同而评残。虽然《人体损伤程度鉴定标准》中胸部损伤的第5.6.2款"心脏破裂；心包破裂"都已构成重伤二级，但这只证明损伤程度是相等的。根据解剖学结构特点，心包与心脏既紧密联系又各自具有不同的功能特点，心脏的主要功能是"血泵"；而心包的壁层主要是保护心脏作用，而脏层紧贴心脏表面又称"心外膜"，可增加心脏表面的光滑度。脏壁两层互相移行形成心包腔，正常的心包腔内有少量液体可润滑及减少心脏的摩擦力，同时具有保护心脏作用。因此，心包与心脏两者既紧密联系又存在形态结构与功能上的差异性。故不考虑伤者伤后的实际恢复及后遗症等情况，简单地将心包破裂修补不加分析地等同心脏破裂修补评定为八级伤残，易产生误解和争议。

2.3 心包破裂修补评残问题

根据本案被鉴定人王某受伤当时的情况，其左胸前壁遭锐器刺戳形成了开放性损伤，创口深达心包壁层并致破裂，故损伤当时对其生命的威胁是明显的。幸运的是伤者及时得到了救治而幸免于难。据医院手术记录记载，术中见伤者的心包膜上有一1.5 cm的破裂口伴活动性出血，胸腔内积血多达2000 mL，并一度出现休克症状与体征。但经积极治疗，伤后的康复情况十分理想，目前无明显的医疗依赖情况，也未发现明显的后遗症出现。但心包破裂并行手术修补后的患者，存在心包粘连及瘢痕形成等后遗症的风险，由此并发形成心包缩窄的病理学基础，最终可影响心脏的功能。因此，我们认为，本例被鉴定人日后有出现缩窄性心包炎的可能性。故伤残定级应比照《人体损伤伤残程度分级》标准中的第5.9.3 16）款"缩窄性心包炎"（这也是唯一涉及心包的评级条款）评定为九级伤残更为科学、合理。

综上所述，心包破裂修补评残应结合损伤当时的具体情况并在伤情治疗终结或稳定后，客观、科学地评定。同时，《人体损伤致残程度分级》标准存在条款急需补充、完善、修改之处，如关于"心包破裂修补"问题等，亟待进一步明确、完善。

1例外伤后流产的法医学鉴定讨论

马晓军[1]，王兰平[2]

1. 河南省新乡市封丘县公安局 河南 封丘 453300
2. 河南省新乡市公安局犯罪侦查支队 河南 新乡 453000

1 案件资料

1.1 简要案情

2019年2月28日10时许，在×县××村，陈某与人发生矛盾被推倒导致流产。

1.2 体格检查

孕14周，伤后未见红，腹部未见明显损伤。

1.3 病历资料

×医院住院病历记载：患者以："停经3+月，阵发性腹痛2 h"为主诉入院。现病史：平素月经规律，于12月3日行体外受精，胚胎宫内移植，移植后14 d测尿HCG：阳性。停经40+天出现恶心、厌食等早孕反应，持续至今，曾做NT检查结果正常。2 h前因与他人发生争执，因地面滑，不慎摔倒，约10 min后出现下腹坠痛，呈阵发性，且逐渐加重。既往史：约十年前因宫外孕行输卵管切除术；月经婚育史：G3P1，6年前顺娩1女活婴，去年孕35 d因争执流产1次；宫外孕1次。专科检查：宫颈：2 cm，宫口：未开，胎膜未破。初步诊断：①宫内孕13+6周，②G3P1 LOA，③先兆流产，④体外受精-胚胎宫内移植。

2019年2月28日彩超：胎心：140次/min，羊水最大深度：30 mm；可见胎心、胎动；超声提示：宫内单活胎。

2019年3月1日超声：胎心：150次/min，头臀长：89 mm，羊水最大深度：31 mm，可见胎心、胎动；提示：宫内单活胎。

2019年3月3日出院小结记载：入院后积极保胎治疗，卧床休息，定时吸氧，解痉药物应用。做好医患沟通，完善检查，当天腹痛减轻，但夜间因情绪激动，难以入睡，次日仍诉腹痛伴恶心不适。继续应用解痉等保胎药物，治疗过程中患者情绪激动，多次与家属发生争吵，于11点自行拔除液体，经安抚后继续治疗。患者于12:00诉腹痛加重，阴道流液；规律宫缩，中等强度，30"/4-5|；消毒后内诊：宫颈2.5 cm，宫口未开，胎膜已破，羊水清；告知难免流产，患者于2019-03-01 15:30自娩一死胎，性别不清，身长15 cm，胎盘胎膜欠完整。

2 讨论

人民卫生出版社出版在《法医临床学》（第5版）第十六章第三节中记载：在法医鉴定中，外伤性流产认定的主要依据：①必须有明确的外伤史，尤其注意有无腹部及腰背部外力作用，且外力具有一定强度；②伤前B超、激素水平等检查结果证实胚胎发育正常；③伤后出现腹痛、阴道流血、胚胎娩出等流产的临床表现；④对阴道排出物进行病理学检验，证实为正常胚胎；⑤排除母体可能导致流产的相关疾病。对于不能满足上述5项条件的，原则上不能认定外伤性流产。但如果腹部受到强大外力作用或者反复受到外力作用足以导致流产，并且伤后短时间内流产且胚胎发育正常的，可推定外伤为主要原因或直接原因；对于腹部受到外力作用较小，伤后短时间内流产的病例，外伤可考虑为流产的诱因，其损伤程度根据体表软组织或其他部位的损伤情况评定。

结合入院查体及法医查体情况，陈某腹部无明显外伤，根据×县××医院记载"2 h前因与他人发生争执，因地面滑，不慎摔倒，约10 min后出现下腹坠痛，呈阵发性，且逐渐加重"，且伤后无阴道流血流液等症状，入院查体：宫颈：2 cm，宫口：未开，胎膜未破。入院彩超：宫内单活胎。综上所述，陈某腹部外伤并不明确，所受损伤作用轻微，无腹部及腰背部具有一定强度的外力作用。且住院病历记载伤者约十年前因宫外孕行输卵管切除术，G3P1，6年前顺娩1女活婴，去年孕35 d因争执流产1次；宫外孕1次。因此无法排除母体可能导致流产的相关疾病。入院后经相关治疗手段应用，治疗过程中患者情绪激动，多次与家属发生争吵，于11点自行拔除液体，可知陈某伤后入院并不配合治疗。因此，依照《人体损伤程度鉴定标准》第4.3.3条之规定："既往伤/病为主要作用的，即损伤为次要或者轻微作用的，不宜进行损伤程度鉴定，只说明因果关系"，故其腹部不宜进行损伤程度鉴定。

3 思考

在对损伤后至流产的相关鉴定工作中，病历材料、卷宗材料是关键点。对伤者外伤情况的记录、伤后体检的情况记录也是鉴定工作的要点。在对诸如此类无法排除自身因素的流产鉴定工作中，只要无法满足教科书、释义规定的鉴定要点，就对其流产不予认定。

外伤性早产1例的法医损伤程度鉴定的讨论

马晓军[1]，殷瑞峰[2]，潘恩光[3]

1.3 河南省信阳市封丘县公安局 河南 封丘 453300

2.河南圣德司法鉴定中心 河南信阳 464001

1 案件资料

1.1 简要案情

闫某，女，27岁，2019年2月20日晚在封丘县某村，因琐事自称被人打伤面部、腹部等。

1.2 体格检查

伤者孕33周，伤后未见红，腹部未见明显损伤。

1.3 病历资料

××县人民医院住院病历记载：患者以："孕8月余，外伤后阵发性下腹坠胀3 h"为主诉入院。现病史：平素月经规律，孕早期无明显早孕反应，现孕8月，3 h前与他人打架撞击腹部后出现阵发性下腹坠胀，伴阵发性腹痛，无阴道出血及流液，经查以"宫内孕33+2周，孕2产1，LOT；先兆早产"收入科。专科检查：宫底高度28 cm，腹围100 cm，胎心140次/min，未触及明显宫缩，子宫无张力。辅助检查：彩超示：胎儿双顶径86 mm，羊水指数117 mm，胎盘成熟度2度。初步诊断：宫内孕33周，孕2产1，LOT；先兆早产。

2019年2月21日病程记录记载：胎心145次/min，未触及明显宫缩。

2019年2月21日彩超：羊水：最大深度约48 mm，指数约146 mm，心率：138次/min，超声提示：宫内单活胎。

2019年2月23日病程记录：患者诉偶感下腹痛，呈阵发性，腹痛无明显加重及减轻，无阴道出血及流液，查体：胎心142次/min，可触及不规律宫缩，强度弱。

2019年2月25日彩超：羊水：最大深度约35 mm，指数约90 mm，心率：140次/min，提示：宫内单活胎。

2019年3月1日病程记录：患者诉偶感阵发性腹痛，无阴道出血及流液，查体：生命体征平稳，心肺正常。胎心130次/min，可触及不规律宫缩，强度弱，内诊：宫口1指，宫颈1 cm，S：0。

2019年3月4日病程记录：患者偶感下腹坠胀，伴阴道少量见红，无阴道流液，查体：生命体征平稳，心肺正常。胎心145次/min，未触及明显宫缩，未内诊。

2019年3月4日彩超：羊水：最大深度约33 mm，指数约73 mm，心率：157次/min，提示：宫内单活胎，羊水偏少。

2019年3月6日产后记录记载：产妇于20:20宫缩渐规律，阴道不自主流液，量多，色清，于22:50宫口开全，于23:00助娩活男婴，外观体表无畸形，早产儿貌，给予清理呼吸道后，阿氏评分1分钟8分……。

2 讨论

人民卫生出版社《法医临床学》（第5版）第十六章第三节中记载：在法医鉴定中，外伤性流产认定的主要依据：①必须有明确的外伤史，尤其注意有无腹部及腰背部外力作用，且外力具有一定强度；②伤前B超、激素水平等检查结果证实胚胎发育正常；③伤后出现腹痛、阴道流血、胚胎娩出等流产的临床表现；④对阴道排出物进行病理学检验，证实为正常胚胎；⑤排除母体可能导致流产的相关疾病。对于不能满足上述5项条件的，原则上不能认定外伤性流产。但如果腹部受到强大外力作用或者反复受到外力作用足以导致流产，并且伤后短时间内流产且胚胎发育正常的，可推定外伤为主要原因或直接原因；对于腹部受到外力作用较小，伤后短时间内流产的病例，外伤可考虑为流产的诱因，其损伤程度根据体表软组织或其他部位的损伤情况评定。

××县×医院病历记载伤者与他人打架撞击腹部后出现阵发性下腹坠胀，伴阵发性腹痛，但无阴道出血及流液，自入院至2019年3月1日均无阴道出血及流液；自入院至2019年2月26日均宫口未开；封丘县人民医院2月20日、2月21日、2月25日、3月4日彩超检查见，宫内单活胎，胎心正常，胎儿正常发育，且无胎盘早剥，胎盘成熟度及羊水变化符合正常生理过程。且腹部未见明显外伤，因此本次所受损伤作用轻微，无腹部及腰背部具有一定强度的外力作用，无阴道出血等症状，故依照《人体损伤程度鉴定标准》第4.3.3条之规定"既往伤/病为主要作用的，即损伤为次要或者轻微作用的，不宜进行损伤程度鉴定，只说明因果关系"，故其腹部不宜进行损伤程度鉴定。

外伤性肠管破裂（腹股沟直疝内）法医临床损伤程度鉴定1例

任晓斌

四川省南充市人民检察院 四川 南充 637100

1 案例资料

1.1 案情摘要

李某，男，65岁，2020年5月24日，与人发生冲突，被他人用脚踢伤左侧腹股沟区。

1.2 病历摘要

患者因"外伤后腹痛1 h"，于2020年5月24日入院。患者1 h前被他人用脚踢伤左侧腹股沟区后出现持续性剧烈疼痛，行走活动时疼痛加重，伴畏寒。体格检查：T：36.3℃，脉搏75次/min，呼吸19次/min，血压：124/75 mmHg。超声检查示：腹腔积液，左侧腹股沟疝。入院行腹腔镜探查中转开腹行小肠破裂修补术+肠粘连松解术+左侧腹股沟疝经腹修补术，术中见：腹腔内大量脓性积液，小肠壁附着脓苔，小肠中段破口直径1.5 cm，全层缝合小肠破口。于2020年5月31日好转出院，出院诊断：①创伤性小肠破裂；②急性化脓性腹膜炎；③肠粘连；④左侧腹股沟疝。

2 法医临床检验

2020年6月8日对李某进行法医临床学检查示：神志清楚，步入检查室，查体合作。查体见：腹部见敷贴覆盖，揭开敷贴，脐左侧见一处纵行愈合创口，长12.6 cm，右下腹见一处斜形愈合创口，长1.6 cm，左侧腹股沟区见一处包块凸起，余未见明显异常。询问李某主治医生笔录记载：问：病人肠破裂是外伤性还是病理性？答：肠破裂是外伤造成的；问：肠破裂口是否位于疝囊内？答：位于疝囊内，手术中打开时在腹腔；问：疝气是什么类型？答：是腹股沟直疝。

3 讨论

3.1 具有手术适应

被鉴定人李某被他人踢伤左侧腹股沟区后，出现持续性剧烈疼痛，行走活动时疼痛加重，伴畏寒，外伤史明确。超声检查示：腹腔积液，左侧腹股沟疝。入院行腹腔镜探查中转开腹行小肠破裂修补术+肠粘连松解术+左侧腹股沟疝经腹修补术，术中见腹腔内大量脓性积液，小肠壁附着脓苔，小肠中段破口直径1.5 cm。说明伤者确有腹股沟直疝，小肠破裂有引起腹膜炎的过程，具有手术适应证。

3.2 被鉴定人疝气与肠破裂有关系

腹腔内脏器或者组织经腹股沟直疝三角（腹壁下动脉、腹股沟韧带、腹直肌外缘组成的三角）突出的疝称为腹股沟直疝，好发于年老体弱者。结合病历资料及医生询问笔录，被鉴定人存在腹股沟直疝，肠壁破口位于疝囊内，腹股沟直疝与受伤部位、小肠裂口位置一致，疝气与肠破裂有关系。

3.3 鉴定意见

李某被他人踢伤，致腹股沟直疝内小肠破裂，系自身疾病与外伤共同作用所致。根据《人体损伤程度鉴定标准》（以下简称《标准》）5.7.2 b）"胃、肠、胆囊或者胆道全层破裂，须手术治疗"之规定，对照《标准》4.3.2条之规定，其损伤程度应降为轻伤二级。

单纯肠管破裂在法医临床检验鉴定中比较常见，鉴定相对容易，外伤性腹股沟疝内肠管破裂比较少见，鉴定相对复杂，一般分三种情况，第一种情况：外伤性肠管破裂与腹股沟疝无伤病关系，须行手术治疗的，之规定，评定为重伤二级；第二种情况：外伤性肠管破裂与腹股沟疝存在伤病关系，须行手术治疗的，则根据《标准》5.7.2 b）条，对照《标准》4.3.2 条之规定，降等鉴定为轻伤二级；第三种情况：肠破裂是由于自身疾病或者因疝气嵌顿造成的，则不宜进行损伤程度鉴定。

肾结石经皮肾镜碎石术致感染性休克 1 例

石佐荣，黄飞苑，肖贻有

广西盛邦司法鉴定中心 广西 梧州 543003

1 案例

1.1 案情摘要

吴某，女性，2018 年 1 月 6 日因双肾结石入住某县人民医院行右侧经皮肾镜碎石术手术治疗，术中出现休克，昏迷，诊断：感染性休克，缺氧缺血性脑病。吴某认为由于医方诊疗过程中手术处理不当所致，诉至法院要求医方赔偿，为便于审理此案，某县人民法院委托我中心，对某县人民医院在对吴某的诊疗过程中是否存在过错，该过错与其后果之间有无因果关系等进行法医学鉴定。

1.2 病史摘要

某县人民医院病历摘录。

吴某双肾结石 11 年余，2018 年 1 月 5 日门诊 B 超提示：①右肾多发性结石并右肾中度积水；②左肾结石，收入院治疗。PE：神清，心、肺（−），腹平软，神经系统（−）。尿液检查：潜血 1+，白细胞 3+，白细胞总数 1406↑，红细胞计数 23↑。腹部 CT 示：左肾小结石，右肾多发结石伴轻度积水。2018 年 1 月 7 日尿培养检出大肠埃希菌，无活性 G−杆菌。2018 年 1 月 8 日在腰硬联合麻醉行右侧经皮肾镜碎石术手术治疗，11:51 开始手术生命体征正常，在 B 超引导下将引导针穿刺至肾内，穿刺成功后，将肾镜沿薄鞘进入肾盂，术中见右肾多发性结石，周围息肉包裹，肾盂内轻度扩张积水，黏膜明显红肿，尿液混浊。行输尿管镜碎石取石术、肾盂镜取石术，用等渗冲洗液连续灌注冲洗出碎石渣，13:09 患者自述胸闷，血压 69/12 mmHg，心率 43 次/min，血氧 79%，予立即抢救，14:10 血压 139/92 mmHg，血氧 99%。术毕送 ICU 继续治疗。2018 年 1 月 10 日邀请某省医科大学重症医学科主任医师会诊，诊断为：右肾多发性结石并右肾中度积水；右侧经皮肾镜碎石术后；脓毒血症；感染性休克，缺氧缺血性脑病等。2018 年 01 月 19 日神志清，言语不清，记忆力、定向力、计算力下降，双侧瞳孔等圆等大，直径 4.0 mm，直接、间接对光反射灵敏，左侧肢体肌力 1 级，右上肢肌力 3-级，右下肢肌力 2+级。患者病情稳定，建议到上级医院行康复治疗，给予签字办理出院。

2 法医学鉴定

2.1 体格检查

神清，在家人陪伴下入检室，检查合作。言语含糊不清，记忆力、定向力下降；右腰部见 1.5 cm × 1.0 cm 手术瘢痕；左侧肢体肌力 4 级，右上肢肌力 4-级，右下肢肌力 3+级；肌张力正常。余未见异常。

2.2 鉴定意见

某县人民医院在对吴某的诊疗过程中存在过错，该过错与吴某术中发生感染性休克随后出现缺氧缺血性脑病之间存在因果关系（医疗过错系主要因素）。

3 讨论

3.1 关于手术时机的选择

吴某患双肾结石 11 年余，B 超示左肾结石，右肾多发性结石并右肾中度积水；腹部 CT 片示左肾小结石，右肾多发结石伴轻度积水；诊断：左肾结石，右肾多发性结石并右肾中度积水成立。入院后 2018 年 1 月 7 日查尿常规示潜血 1+，白细胞 3+，白细胞总数 1406，红细胞计数 23；尿液细菌培养出大肠埃希菌；2018 年 1 月 8 日手术经皮肾镜进入肾盂见尿液混浊，证实肾内感染较重。因肾结石合并感染，经皮肾镜碎石术易导致肾小管、淋巴管、肾窦部的返流，使病原菌入血，引起菌血症或毒血症，术前应行抗生素控制感染或先行充分引流，待感染控制后再择期行手术治疗。某县人民医院术前未见有抗感染治疗措施，即于2018年1月8日行经皮肾镜碎石术手术治疗，手术时机选择不当，存在过错。

3.2 关于术中出现休克及缺氧缺血性脑病发生原因分析

吴某于2018年1月8日在腰硬联合麻醉下行右侧经皮肾镜碎石术，11:51手术开始，术中见右肾多发性结石，周围息肉包裹，肾盂内轻度扩张积水，黏膜明显红肿，尿液混浊，说明肾内感染重，某县人民医院未及时改变手术方式，继续行输尿管镜碎石取石术、肾盂镜取石术等手术，中术高压水连续灌注冲洗，13:09诉胸闷，血压突然降至69/12 mmHg，心率43次/min，经抢救治疗14:10血压升至139/92 mmHg，血氧99%，神志不清，送ICU监护治疗；分析认为吴某术中13:09突然出现胸闷、低血压等不排除系术中高压水灌注时细菌或毒素进入血液，引起尿源性脓毒血症致感染性休克发生，因休克未能及时纠正，随后出现缺氧缺血性脑病，医方未能尽到医疗行为中的谨慎注意、危险预见及防止义务，存在过错。

3.3 关于因果关系

某县人民医院在对吴某拟行右侧经皮肾镜碎石术诊疗行为存在过错，该过错与吴某损害后果之间存在因果关系，医方过错系主要因素。

影像学检查诊断在肋骨骨折鉴定案例中规范性适当性探讨

宋红[1]，夏元飞[2]，孙勇[2]，黄李红[2]

1. 安徽大学 安徽 合肥 230601
2. 安徽省合肥市公安局 安徽 合肥 230051

在涉及肋骨骨折损伤程度鉴定案例中，影像学检查诊断无疑起到关键作用，通过影像学检查可以诊断出几根几处肋骨骨折，可以对肋骨骨折的新旧程度进行判断，进而依据《人体损伤程度鉴定标准》做出鉴定意见。但在鉴定实践中，鉴定人对影像学检查诊断的规范性、适当性几无论及，往往是尽可能多地从X线升级到CT，再从CT升级到薄层CT+三维重建，还要复查薄层CT+三维重建进行动态对比，甚至加做CT曲面重建来检查诊断。一个肋骨骨折鉴定案例，历时数周，多达数次反复影像学检查，也未必能达成统一明确的诊断鉴定意见，争论依然没有停止。经过如此纷繁复杂的证据收集和分析，除消耗时间、经济以及被鉴定人身心健康外，工作效率偏低，法律和社会效果也未必就好。在此背景下，笔者认为，有必要进行反思。

1 案例资料

1.1 案例

张某，女，53岁。2015-11-30，张某因口角纠纷被人打伤。因"头面部及胸部外伤2 h余"来诊。PE：胸廓挤压征（±），余（－）。胸部X片：两侧肋骨未见明确移位性骨折征象。印象：胸部外伤。2016-01-12，胸部CT+三维重建：示左侧第三、四肋骨骨皮质中断，断端及骨皮质外见骨痂。诊断意见：左侧第三、四肋骨骨折（愈合期改变）。临床上未做特殊处置。鉴定人认为，肋骨骨折愈合与病人的年龄、体质、营养状况、有无影响骨折愈合的疾病如糖尿病等因素有关，并且差别较大。根据肋骨骨折愈合的一般规律，被鉴定人张某左侧3、4肋骨骨折影像表现符合距2016-01-12之前5～8周内形成。依据《人体损伤程度鉴定标准》5.6.4 b），被鉴定人张某胸部二处肋骨骨折的损伤程度属轻伤二级。

1.2 案例

黄某，男，38岁。2016-04-20因拳脚伤到某医院门诊。PE：右侧胸部压痛（＋），局部轻度肿胀，胸廓挤压试验（±）。全胸片未见肋骨骨折，医嘱予口服抗炎药，必要时胸部CT检查等处理。2016-05-04，今复诊。仍诉右胸部疼痛不适。PE：右胸第七、八、九前肋处压痛（±），胸廓挤压征（±）。X线：未见骨折。诊断：右胸部皮肤软组织挫伤。2016-05-10，因"右侧胸部疼痛持续"来诊。PE：右侧胸部压痛（＋），呼吸时疼痛加重。胸部CT+3D：右侧第3、4、5腋前肋骨质连续性中断，骨折线模糊，骨折处皮质内外见少量骨痂影。给予胸腰支具固定等处理。损伤程度鉴定时，依据《人体损伤程度鉴定标准》5.6.4 b），被鉴定人黄某三处肋骨骨折属轻伤二级。

1.3 案例

成某，女，49岁。2016-12-08日因纠纷被他人打伤后半h就诊。PE：右侧胸部局部压痛（+），胸廓挤压征（+），摄X片见右侧第5肋骨骨折。收住院后2016-12-12胸部肋骨三维CT示：右侧多发肋骨骨折（右侧3、4肋骨见骨折线影，断端见骨痂，5肋骨见骨折线，断端错位，6前肋见骨折线，断端未见明显错位）。出院诊断：右侧肋骨骨折（5、6）。入院后予以胸带胸廓外固定、促进骨折愈合、祛痰等对症处理。2017-01-24复查肋骨CT及重建片，右侧第2~6肋骨骨折处皮质内外均见有高密度骨痂影。会诊结论：右侧第2~6肋骨骨折，结合临床病史及影像片动态观察，以上骨折考虑为新鲜骨折。依据《人体损伤程度鉴定标准》5.6.4 b），其损伤程度属轻伤二级。

1.4 案例

郭某，男，61岁。2018年2月11日，郭某被人打伤胸部3 h就诊。查体：胸廓挤压征阳性，左胸部触痛阳性。2018-02-11，CT诊断意见：左肺下叶肺挫伤可能，左侧第10肋骨骨折，左侧部分肋骨骨皮质稍扭曲，建议复查。建议肋骨固定带固定及抗炎、对症治疗。损伤程度鉴定时，2018-03-04复查CT平扫+三维重建诊断意见：左侧第10肋骨骨折，左侧第3~5前肋局部走形扭曲，左侧第3前肋骨皮质外见骨痂形成，皮质内有密度增高影，符合骨折愈合期骨痂形成的改变，左侧第3肋骨骨折诊断成立。依据《人体损伤程度鉴定标准》5.6.4 b），郭某二处肋骨骨折的损伤程度属轻伤二级。

1.5 案例

金某，男，48岁。2019年2月11日，金某被人打伤。"左胸部等多处外伤近1 d"入院，检查：左胸部局部压痛（+），未及明显骨擦感。胸片（-）。未做医学处置。2019年2月13日胸部CT片：左侧第7、8肋骨前端内侧缘皮质连续性存在，似有凹陷？诊断：肋骨骨折。予以促骨质愈合、促组织修复等治疗。损伤程度鉴定时，2019-04-03日复查CT+三维重建片：左侧第7、8肋骨前端骨皮质内见点状密度增高影，皮质外未见骨痂样密度增高影。依据2017年4月14日安徽省公安厅、安徽省人民检察院、安徽省高级人民法院《人体损伤程度鉴定问题联席会议会议纪要（第1号）》十四条，轻伤二级以上条文所指的肋骨骨折不包括皮质连续性未见破坏的肋骨挫伤、皮质凹陷（临床上常以肋骨骨折的诊断出现）。因此，被鉴定人左侧第7、8肋损伤表现诊断为肋骨挫伤。比照《人体损伤程度鉴定标准》5.9.5 c），被鉴定人肋骨损伤程度鉴定为轻微伤。被鉴定人提出重新鉴定，重新鉴定于2019-05-04再次复查CT+三维重建+曲面重建，亦认定左侧第7、8肋为肋骨挫伤，维持轻微伤鉴定意见。

2 讨论

胸部损伤导致肋骨骨折在法医实际检案中常见。肋骨错位性骨折伤后常规胸部X线检查较容易及时发现，以后的法医鉴定和处理也会顺势而为。而当时胸片未发现肋骨骨折，医院在诊疗上也未做特殊处置，事后数日复查发现新的肋骨骨折，或者当时仅有少数肋骨骨折，事后复查发现多根多处肋骨骨折，而且不同医院，不同医生诊断结果又不完全相同，往往因此产生较大分歧，给后续损伤程度鉴定和办理带来很大困难。

2.1 案例

被鉴定人被人打伤后门诊胸部X片未见肋骨骨折。一直未做任何医学处置，伤者也正常生活、学习、工作。伤后6周左右因鉴定复查胸部CT+三维重建，发现左侧第3、4肋骨骨折（愈合期改变），另外，左侧第5及右侧第6后肋亦发现陈旧性骨折。本例两根肋骨骨折（愈合期改变）因鉴定而发现，另两根陈旧性骨折当事人也自述不知何时何因所致。受伤后至鉴定期间，被鉴定人一直未再诊治，两根当时新鲜肋骨骨折结果出乎双方当事人和办案民警的意料。被鉴定人鉴定为轻伤二级后，打破了事件正常发展的平衡，处理难度和后期立案、移送的争议可想而知。

2.2 案例

被鉴定人首次到医院门诊诊治，胸片无肋骨骨折，因胸部疼痛持续再次到医院门诊诊治，通过伤后3周复查胸部CT+三维重建，发现右侧共3根无移位肋骨骨折。复查时发现肋骨骨折距离受伤约3周，肋骨骨折一定是3周前外伤造成的吗？虽然医学上可以对此做出各种可能性解释，但绝不能肯定就是3周前外伤造成。事后通过调查也难以认定或排除。侵害人认为，后面复查发现的肋骨骨折不是他造成的，必然有第二次外伤或其他原因，鉴定意见轻伤二级无法接受。那么，鉴定意见是否作为证据使用，成为办案人员的"痛点"。

2.3 案例

被鉴定人打伤后门诊胸片见右侧1根肋骨骨折，收住院后复查CT诊断右侧4根肋骨骨折，医院认为其中2根新鲜骨折（右5、6），2根陈旧骨折（右3、4）。鉴定时，在距离受伤6周余再次复查胸部CT及重建片，法医诊断为右侧第2~6共5根肋骨骨折，且都为新鲜性骨折。此案例受伤当日诊断1根肋骨骨折，住院又诊断4根肋骨骨折，并认为其中既有新鲜骨折，又有陈旧骨折，而法医鉴定时认定5根肋骨骨折都是新鲜骨折。上述不断变化的诊断结果难免使人对医学的科学性、诊断鉴定人员的职业性以及公正性产生合理怀疑，甚至不满。鉴定意见可能成为新的争议焦点。

2.4 案例

被鉴定人被人打伤后就诊。当日拍摄胸部CT，诊断为左侧第10肋骨骨折，左侧部分肋骨骨皮质稍扭曲。损伤程度鉴定时即伤后3周复查CT平扫+三维重建诊断为左侧第3、10肋骨骨折。法医鉴定人把首次鉴定时，难以认定的左侧第3肋骨骨皮质扭曲认定为骨折，从而做出轻伤二级的鉴定意见。鉴定意见遭到侵害人的强烈抗议。虽然从损伤程度鉴定上看似非常公正，严格区分开肋骨骨皮质扭曲和骨折，但肋骨骨皮质扭曲和骨折对人体健康的影响真如鉴定意见的差别那么大吗？鉴定意见真的能达到案结事了、止争息诉的作用吗？

2.5 案例

被鉴定人被人打伤近1 d就诊，左胸部局部压痛，胸片（−）。未做医学处置。2 d后胸部CT片：左侧第7、8肋骨前端内侧缘皮质连续性存在，似有凹陷？临床依然诊断为左侧第7、8肋骨骨折。予以促骨质愈合、促组织修复等治疗。损伤程度鉴定时，伤后7周余再次复查CT+三维重建片：左侧第7、8肋骨前端骨皮质内见点状密度增高影，皮质外未见骨痂样密度增高。依据地方省级规定，不认定为肋骨骨折。因此，鉴定为轻微伤。这时，伤者表示最强烈的反对，认为鉴定意见偏向对方，有失公允，不断投诉。这种临床诊断与法医鉴定认识的不同，同样把被鉴定人的火气烧到鉴定人身上，满意度又何从谈起？

在医学影像学上，肋骨骨折的检查诊断包括X线（胸片）、常规CT、薄层CT+三维重建、CT曲面重建等，胸部X片对大部分肋骨骨折线能够清晰显现，但由于影像上软组织对比度差，特别是肋骨下缘，对于无移位或移位不明显的线性骨折容易漏诊；另外，肋骨呈圆拱状形，投照时部分肋骨与成像平面重叠，肋骨投影不清，不易发现骨折线。而CT及三维重建分辨率明显高于X片，其扫描层厚更薄，空间分辨率高，重建能力强，更能清晰地显示胸部的立体解剖图像及其与周围结构的关系，从多角度观察骨折线的行走方向，解决了结构重叠问题，组织对比度明显提高，能更好地显示骨折线的情况以及骨痂生成情况，能有效地避免肋骨骨折的漏诊和误诊。新鲜与陈旧性骨折主要通过骨折线的变化和骨痂量的多少进行判断。3周以内的骨折称之为新鲜骨折，在X线、CT影像上显示清晰、锐利，无骨痂影，可伴有明显的软组织肿胀，骨挫伤等改变；骨折3周后为陈旧性骨折，断端可见骨质吸收，骨膜下有新骨形成。

门急诊医学中，胸部外伤的影像学检查常规为正位胸片（CR或DR）：曝光条件120 kV 4 mA（自动曝光）；常规胸部CT平扫：层厚为5 mm，层距5 mm，螺距为1.375，管电压120 kV，管电流260 mA。上述检查方法已基本达到检出需要医学处理或干预的损伤或疾病的要求。根据需要，可以安排胸部斜位或切线位X线（CR或DR）复查：管电压77 kV，管电流量20 mA。CT扫描：管电压120 kV，管电流260 mA或以上，螺距1.375，层厚5 mm，常规0.50~1.25 mm薄层重建，扫描获得的信息还可以通过影像工作站进行VR（容积再现）、MPR（多平面三维重建）或CPR（曲面重建）重建。显然，影像学检查中的放射线对人体有一定伤害，特别是CT扫描+重建，接触射线时间越长，伤害越大。

肋骨骨折临床表现：肋骨骨折断端可刺激肋间神经产生局部疼痛，在深呼吸、咳嗽或转动体位时加剧。胸痛使呼吸变浅、咳嗽无力，呼吸道分泌物增多、潴留，易致肺不张和肺部感染。骨折断端内移位可刺破胸膜、肋间血管和肺组织，产生血胸、气胸、皮下气肿或咯血。肋骨骨折处理原则：有效控制疼痛、肺部物理治疗和早期活动。临床上，对单纯肋骨骨折病人，往往采取保守治疗，一般只需止痛、固定等对症治疗，多根肋骨骨折也是针对严重的并发症治疗，如手术固定肋骨断端。

上述5个肋骨骨折鉴定案例，法医鉴定人利用专业知识，多次进行影像学检查收集证据材料，反复分析、研究、讨论，辛辛苦苦的劳动并没有换来当事人的认同，也未必得到法律、社会的认可，甚至是一地鸡毛。那么，如何规范使用这些影像学检查手段，何时何况进行影像学检查升级、复查、再复查，影像学检查诊断的规范性、适当性应当加以明确规定，才能实现此类肋骨骨折的损伤程度鉴定在具有相同或相近的鉴定材料基础上，有望达成较为一致的鉴定意见。结合前文阐述门急诊医学中影像学检查的常规，在适用《人体损伤程度鉴定标准》关于肋骨骨折的条文时，应当在制度上规定外伤后胸部损伤影像学检查和复查的参数和条件；法医鉴定人在何时何况下，可以复查何类影像学检查；鉴定人如何对影像学检查结果进行综合判断和认定；从而进一步规范鉴定资料收集，达成较为统一的鉴定认识和意见。

现行2014版《人体损伤程度鉴定标准》对重伤、轻伤、轻微伤给出明确定义，重伤是指使人肢体残废、毁人容貌、丧失听觉、丧失视觉、丧失其他器官功能或者其他对于人身健康有重大伤害的损伤，包括重伤一级和重伤二级；轻伤是指使人肢体或者容貌损害，听觉、视觉或者其他器官功能部分障碍或者其他对于人身健康有中度伤害的损伤，包括轻伤一级和轻伤二级。人体损伤程度鉴定的核心要义是损伤结果对人身健康的影响大小，重要考量条件为损伤对人体组织、器官的结构破坏及功能障碍，次要参考条件为损伤后，医学上所采取的相应处置或干预措施（如休克的急救，脏器破裂的手术切除或修补，骨折的复位，创口的缝合等），再结合现场勘查（现场时空条件、现场血量等）和调查（打击工具、方式等），共同做出符合事实和科学的鉴定意见。即使临床上有损伤诊断，而没有或不需医学处置或干预，应当视为此种损伤对人身健康的影响较小，否则，必定会有相对发达的医学处置或干预办法。在任何状况及条件下，鉴定意见应当且必须将重点放在损伤结果对人身健康的影响上，这既是立足点，也是落脚点，坚决不能偏离。

现行2014版《人体损伤程度鉴定标准》5.6.4 b）规定：肋骨骨折2处以上，5.6.3 c）规定：肋骨骨折6处以上。附则6.7规定：骨皮质的砍（刺）痕或者轻微撕脱性骨折（无功能障碍）的，不构成本标准所指的轻伤。肋骨骨折条文内容延续于1990年《人体轻伤鉴定标准（试行）》第三十三条，肋骨骨折"一处单纯性肋骨线性骨折除外"。原条文精神意为非移位性肋骨骨折多是单纯性线性骨折，医疗上无需特殊处置或干预，对人身健康影响不大，不认定为条文规定的肋骨骨折。新标准也且应当继承此精神，何况，现代医学影像学检查愈加细致和精准，不能将轻微的肋骨皮质损伤反复复查，在是否可以诊断为肋骨骨折问题上纠结，或许，有人提出，不反复进行影像学检查复查，难以对肋骨骨折做出判断，其实是想多了，这样的肋骨骨折应当按照鉴定规则"疑伤从轻"进行取舍，不能轻易认定为条文规定的肋骨骨折。损伤程度鉴定应当同临床医学理论和实践很好地融合在一起，保持其科学性、规范性、适当性。

因此，对胸部损伤致肋骨骨折案例中影像学检查应当加以规范和限制。对临床先行X线检查，未发现肋骨骨折，无体征症状的不再进行影像学检查、复查，有体征症状的可以进行1次影像学CT检查，损伤程度鉴定时，宜在伤后4周左右再进行1次影像学CT复查+重建；对临床直接行CT检查，未发现肋骨骨折，不再进行影像学检查、复查，有肋骨骨折的，损伤程度鉴定时，宜在伤后4周左右再进行1次影像学CT复查+重建。原则上，影像学检查以3次以内为限。考虑到各地区医疗设备的不平衡，对医院所拍摄的X线、CT检查参数因在鉴定前已经完成，不便做出规定。但法医损伤程度鉴定时，进行影像学CT复查+重建的参数（尤其是层厚）应当固定设置，CT扫描后，重建层厚定为0.50～0.625 mm较为合适（由于各医院CT设备品牌型号不同，难以确定唯一值）。一方面能够满足解决诊断肋骨骨折问题的要求，另一方面县级以上医院大多有此类设备，相对易于完成检查。损伤程度鉴定时，通过复查CT和前期影像对比，排除或认定肋骨挫伤、皮质凹陷、肋骨骨折。有骨痂突出于皮质内外，认定为肋骨骨折；仅有骨质高密度影在皮质内，无骨质高密度影突出于皮质外，不认定为肋骨骨折，从而确定骨折部位、数目和新鲜程度。损伤程度鉴定时，鉴定人不能再以显示不清，不好鉴别为由再次要求影像学复查，而是根据上述影像学资料做出结果判断。最后，依据《人体损伤程度鉴定标准》相关条文做出明确的鉴定意见。胸部损伤致肋骨骨折需要重新鉴定的，也应当遵守上述规定。

根据笔者提出的影像学检查的规范性适当性规定，上述案例一，被鉴定人首次胸部X线检查无肋骨骨折，无持续症状或体征，于门诊诊治。正常学习、工作、生活，医院未予影像学复查。鉴定时，不应当再要求进行影像学复查。复查CT发现无移位骨折，也发现陈旧性肋骨骨折，给鉴定工作带来被动，但复查发现的无移位肋骨骨折不构成标准规定的肋骨骨折。虽原鉴定意见为轻伤二级，但笔者认为鉴定为轻微伤为宜。案例二、案例三、案例四、案例五鉴定意见没有变化，间接表明影像学检查的规范性、适当性规定不仅是针对结果，更重要的是加强程序上的约束和限制，规范检查方法和次数，防止因过度滥用影像学检查而引起的更大程度上其实意义不大的争论。进而逐步建立一定区域范围内的共同认识和操作方法，形成统一的规范，保持鉴定意见的客观、稳定、适当，减少甚至是杜绝鉴定人理解操作不同而导致鉴定意见的差别。

肩袖损伤的法医学鉴定

孙丽娟

杭州医学院基础医学与法医学院 浙江 杭州 311300

由于肩袖解剖结构复杂，肩袖的影像学资料的阅读判断需要较强的专业知识等原因，肩袖损伤是法医学鉴定实践的一个难点，如何判断损伤的形成原因，确定损伤程度，《人体损伤程度鉴定标准》未对其进行明确规定。本文对肩袖损伤进行梳理，提出肩袖损伤判定的主要难题以及解决的建议。

1 肩袖解剖结构

肩袖是冈上肌腱、冈下肌腱、小圆肌腱和肩胛下肌腱在肩关节处围绕肱骨头形成的一组袖套状的肌腱复合体。其中肱骨头前方为肩胛下肌腱，上方为冈上肌腱，后方为冈下肌腱和小圆肌肌腱，内面与关节囊紧密相连，外面为三角肌下滑囊。肩袖将肱骨头稳定在关节盂内，使关节稳定，协助肩关节外展，使其具有旋转功能。

2 肩袖损伤机制

肩袖损伤按损伤机制可分为急性损伤和慢性损伤。急性损伤由间接暴力所致，常见于跌倒时上肢外展手掌扶地，造成冈上肌腱破裂。而95%的肩袖损伤为慢性损伤，多见于40岁以上男性，多由于长期过度使用以及增龄性退化所致。1972年NEER首次提出了慢性肩袖损伤的一种机制——肩峰下撞击综合征，指由于冈上肌肌腱在大结节与肩峰、喙肩弓之间通过，当上臂前屈或外展时，肩峰下滑囊、冈上肌腱等软组织在肩峰下间隙发生反复挤压、摩擦产生的充血、水肿、变性、断裂等一系列局部损伤病理改变。肩袖的增龄性退化是肩袖损伤的另一机制，是指组成肩袖的肌腱组织随着年龄的增长发生退化，表现为肩袖内肌腱细胞变性、坏死，钙盐沉积等。除此之外，还有学者提出了血运学说，Codman等提出在距离冈上肌腱止点1 cm处，肩胛上、下动脉的分支和旋前肱动脉的分支缺乏血管供应，是"乏血管区"，当肱骨内旋或外旋中立位时，此区有明显的缺血表现，使肌腱发生退行性变。而临床上肩袖完全断裂大多发生在这一区域。

3 肩袖损伤的诊断

肩袖损伤主要通过临床表现结合肩关节体格检查和影像学检查诊断。肩袖损伤主要表现为肩关节疼痛，尤其夜间痛，疼痛分布于肩周及三角肌区的前方和侧方，肩关节外展诱发疼痛加剧。肩关节活动受限，表现为外展、内收、外旋、内旋活动范围下降。肩关节活动肌肉肌力下降。肩峰下或肱骨大结节处有压痛。此外，肩袖损伤的特殊体格检查阳性，包括Neer撞击征阳性、Hawkins-Kennedy撞击征阳性、冈上肌试验阳性、坠臂试验阳性、疼痛弧征阳性。肩袖损伤的影像学检查包括常规MRI、肩关节腔造影术、MRI肩关节腔造影术等。MRI显示冈上肌肌腱连续性完全或部分中断，伴有关节囊增厚或积液、肩峰下滑囊积液等征象。

4 肩袖损伤法医学鉴定

肩袖损伤的法医学鉴定主要有两方面的难题，一是明确肩袖损伤是否为本次外伤形成，也就是明确肩袖损伤的新旧程度以及伤病关系。二是在确定肩袖损伤为本次外伤形成的基础上，如何判断损伤程度。对于肩袖损伤形成原因的问题，需要考虑伤者的年龄因素、职业因素等，还需具备下列条件：①有明确外伤史，尤其是存在剧烈拉伸动作以及摔倒的撑地动作；②外伤后肩关节疼痛，可伴有肿胀；③肩关节有活动障碍，尤其是外旋及上抬受限；④MRI证实有肌肉或肌腱损伤，必要时行MRI肩关节腔造影检查。

对于肩袖损伤程度判定，建议应注意：①MRI证实为不完全性肩袖损伤未经手术治疗，经功能恢复3个月后，依据是否存在功能障碍进行评定。②MRI证实为完全性肩袖损伤，经手术证实并治疗，可依照《人体损伤程度鉴定标准》中3.2轻伤的概念以及5.9.4 e）之条款，判断为轻伤二级。③对于有新鲜损伤依据的鉴定案件，宜进行因果关系评定；而年龄较大（超过50岁）未有明显新鲜损伤依据的鉴定案件，不进行损伤程度评定。

扩张性心肌病合并外伤死因鉴定 1 例

唐立冈[1]，周豪杰[2]，薛燕[3]，董塔娜[1]，何亭亭[4]，张磊磊[1]，刘伟[5]

1. 山东省公安厅物证鉴定研究中心 山东 济南 250001
2. 山东省日照市公安局刑事科学技术研究所 山东 日照 276800
3. 山东省康复研究中心 山东 济南 250109
4. 天津天狮学院 天津 301700
5. 山东省泰安市公安局刑事科学技术研究所 山东 泰安 271000

1 案例

1.1 简要案情

李某，男，37 岁，某年 4 月 11 日因与他人发生纠纷被致伤入院治疗，经过县市两级人民医院连续治疗，于 4 月 30 日出院，5 月 10 日在家死亡。

1.2 病史摘要

某年 4 月 11 日急诊科病历显示，患者外伤致头晕、头痛、胸闷 5 h。既往史：平素身体健康状况一般，扩张性心肌病病史 1 年，自服药物治疗具体不详。体格检查：T：36.5℃，脉搏 110 次/min，呼吸 19 次/min，血压：122/67 mmHg，右侧下眼睑见皮肤挫伤，左侧胸部压痛，无骨擦感。心前区无隆起，心尖冲动无移位，无心包摩擦感，心率 110 次/min，律不齐，可闻及室性早搏，各瓣膜听诊区未闻及杂音。辅助检查：头部 CT 未见异常。胸部 CT 示双肺正常，心影大。心脏彩超：扩张性心肌病。诊断：①脑外伤后综合征；②扩张性心肌病。

某年 4 月 11 日影像学检查显示，颅脑 CT 平扫未见明显异常；右肺纤维灶；心影大，建议进一步检查；右侧部分肋骨改变，考虑发育所致。

某年 4 月 13 日影像学检查显示，心影增大，轴扫及三维重建示诸肋骨未见异常。意见：右肺纤维灶；心脏增大，请结合临床进一步检查。

某年 4 月 21 日影像学检查显示：心影增大，轴扫及三维重建示诸肋骨未见异常。意见：右肺纤维灶；心脏增大，请结合临床进一步检查。

某年 4 月 22 日心内科病历显示，患者因胸闷、乏力 1 年，加重 1 d。体格检查：T 36.2℃，脉搏 81 次/min，R 18 次/min，血压 98/65 mmHg，神志清，精神不振。双肺呼吸音清，未闻及干湿性啰音，心率 81 次/min，心律不齐，偶闻及早搏，各瓣膜听诊区未闻及病理性杂音。辅助检查：心电图示：窦性心律，偶发室性早搏，非特异性 T 波异常。心脏彩超 AO：2.3 cm，LA：3.8 cm，RV：1.7 cm，IVS：0.93 cm，LV：7.2 cm LVpw：0.9 cm，E 峰：96 cm/s，A 峰：78 cm/s，E/A>1，EF：30%左室内径明显增大，余各心腔内径正常，房室间隔完整，左室各段心肌动度普遍减弱，回声、厚度未见明显异常，各组瓣膜未见异常。CDFI：三尖瓣见轻微返流信号。诊断：①扩张型心肌病、心功能Ⅲ级（NYHA 分级）；②室性早搏。

某年 4 月 25 日病历显示，患者发作性胸闷 10 个月，加重伴胸痛 4 d。查体：脉搏 55 次/min，呼吸 18 次/min，脉搏 97 次/min，神志清，精神差，左胸部压痛，双肺呼吸音粗，双肺未闻及干湿性啰音。心浊音界扩大，心率 55 次/min，律不齐，各瓣膜听诊区未闻及病理性杂音。入院诊断：扩张型心肌病；窦性心动过缓；室性期前收缩；阵发性室性心动过速；心功能级Ⅲ级；胸部损伤。诊疗经过：患者入院后完善相关辅助检查，心脏超声：符合扩张性心肌病超声表现，心尖瓣反流（轻度），三尖瓣反流（少量），左心功能减低，HOLTER 示频发多源室早，短阵室速，ST-T 改变。给予减轻心脏负担，预防电解质紊乱，控制心律，强心，抑制心肌重构，改善心脏微循环，止痛等对症支持治疗。患者无明显胸闷不适，但仍有频发室速，建议患者行 CRT-D 置入术，患者拒绝，自动出院。

某年 4 月 30 日出院情况：血压 101/58 mmHg，神志清，精神差，左胸部压痛，双肺呼吸音粗，双肺未闻及干湿性啰音。心浊音界扩大，心率 58 次/min，律不齐，各瓣膜听诊区未闻及病理性杂音。出院诊断：扩张型心肌病，频发多源性室性期前收缩，阵发性室性心动过速，窦性心动过缓，心功能级Ⅲ级；胸部损伤。

某年 5 月 9 日影像学检查显示，三维重建示左侧第 5、6 前肋骨形态欠规整，局部密度增高并见骨痂形成，心影增大，以左心室为著，纵隔内见淋巴结，胸腔内未见积液征象。意见：左侧陈旧性肋骨折（第 5、6）；心影大。

1.3 现场勘查

现场位于死者家中，门窗完好，死者仰卧于卧室床上，身上盖蓝色被子，卧室内物品摆放自然。

1.4 尸体检验

死后当天进行尸表检查，第 6 d 进行尸体解剖。

尸表检查：中年男性尸体，上身穿灰色短袖秋衫，下身着灰色秋裤，内穿黑色内裤，赤足。

发育正常，营养良好，尸长 173.0 cm，尸斑呈暗红色，分布于背侧未受压处，压不褪色，全身未见明显损伤。

尸体解剖：左侧第 5、6 肋骨于锁骨中线处可见骨折愈合瘢痕，触之较硬。双侧胸腔未见积血、积液。双肺未见异常，心包腔内见少量淡褐色心包液，量约 10 mL。心脏表面附着少量脂肪，未见明显损伤，余无异常发现。

组织病理学检验：心脏质量 747.2 g，体积 17.0 cm×14.0 cm×9.0 cm（图 2-7）。心腔内见大量暗红色血凝块，质地较硬，瓣膜周围可见附壁血栓形成，苍白色，质地较软，有弹性。二尖瓣周径 8.5 cm，三尖瓣周径 12.0 cm，主动脉瓣周径 6.0 cm，肺动脉瓣周径 8.5 cm，各瓣膜未见异常。右室壁厚：0.6 cm，左室壁厚：1.5 cm，室间隔厚：1.3 cm。左、右冠状动脉开口通畅。左冠状动脉前降支在距离开口处 4.0 cm 的范围内见冠状动脉粥样硬化形成，管壁增厚，管腔狭窄，肉眼观严重处达Ⅲ级。左旋支未见明显异常。右冠状动脉在距离开口处 3.0 cm 的范围内见冠状动脉粥样硬化形成，管腔狭窄，管壁增厚，肉眼观最狭窄处达Ⅱ级。镜下：窦房结、房室结周围心肌组织可见灶状纤维修复瘢痕，部分心肌细胞间质内可见少量脂肪组织。左冠状动脉前降支见管壁增厚，管腔狭窄，狭窄程度达Ⅲ级，冠状动脉内膜下可见大量胆固醇结晶及泡沫细胞，部分内膜下可见钙盐沉积。右冠状动脉管壁增厚、管腔狭窄，狭窄程度达Ⅱ级。左心室前壁、侧壁、后壁心肌组织可见大范围心肌纤维化瘢痕，瘢痕周围心肌细胞不均匀性肥大、伸长，细胞核大、深染（图 2-8）。部分心肌细胞萎缩，肌纤维疏松，细胞内可见脂褐素沉积。肥大和萎缩的心肌细胞交错排列，部分心肌细胞空泡变、小灶性肌溶解，大量心肌间质纤维化，可见微小坏死灶及微小瘢痕灶，呈岛屿状。部分心肌细胞胞浆疏松水肿，部分心内膜增厚。左心室内可见附壁血栓形成。右心室室壁部分心肌纤维化伴瘢痕修复，瘢痕周围心肌细胞肥大。右肺质量 610.9 g，体积 23.0 cm×15.5 cm×3.0 cm；左肺质量 548.0 g，体积 22.5 cm×13.5 cm×4.0 cm。双肺表面呈灰褐色，双肺沿肺门纵向切开，切面呈灰褐色，质软，部分肺组织颜色较深，呈暗红色，挤压可见少量红色泡沫，未见明显异常。镜检：双肺部分肺泡腔充满粉染的水肿液，双肺部分肺泡壁毛细血管扩张淤血，肺泡间隔变厚，间隔内见纤维组织增生。部分肺泡腔内可见心衰细胞。左侧第 5、6 肋骨骨痂，可见灰白色骨痂（图 2-9）。镜检：可见骨母细胞分化而形成的类骨组织，伴钙盐沉积，所形成的骨小梁相互连接、排列紊乱，即为骨性骨痂。纤维骨痂数量减少，以骨性骨痂所取代（图 2-10）。余脏器未见异常。

毒（药）检验：心血检材中未检出常见毒（药）物。

1.5 法医病理学诊断

①扩张性心肌病伴左心室附壁血栓形成；②冠状动脉粥样硬化（左冠状动脉前降支粥样硬化Ⅲ级、右冠状动脉粥样硬化Ⅱ级）；③肋骨陈旧性骨折（左侧第 5、6 肋骨）；④急性肺水肿、肺淤血；⑤多器官淤血。

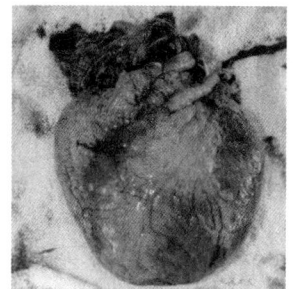
图 2-7 心脏

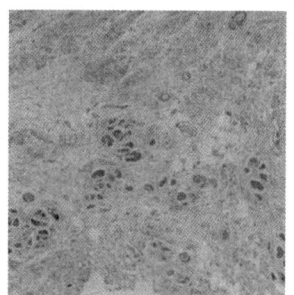
图 2-8 心肌组织

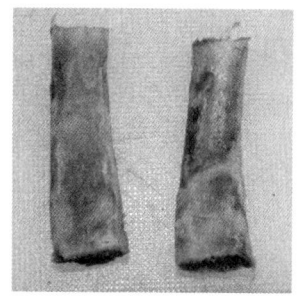
图 2-9 肋骨骨痂

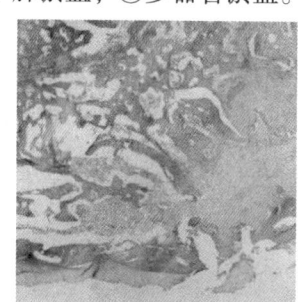
图 2-10 骨性骨痂

1.6 死亡原因

李某符合扩张性心肌病致心力衰竭死亡。

2 讨论

扩张型心肌病（dilatedcardiomyopathy，DCM）是一类以左心室或者双心室扩大伴收缩功能障碍为特征的心肌病，临床表现为心脏扩大、心力衰竭、血栓栓塞及猝死，本病预后较差，确诊后5年生存率50%，10年生存率25%。李某病历显示既往有扩张型心肌病史，此次因外伤后胸闷入院，体格检查存在心律不齐，偶闻及早搏，心电图示：窦性心律，偶发室性早搏，非特异性T波异常。HOLTER示频发多源室早，短阵室速，ST-T改变。心脏彩超：EF：30%，左室内径明显增大，左室各段心肌动度普遍减弱。CDFI：三尖瓣见轻微返流信号。CT显示心脏增大，其上述表现支持DCM临床诊断。

DCM病理组织学改变是非特异性的，组织学改变主要表现为心肌细胞缺血性损伤。DCM主要表现为心脏扩大，并有一定程度的心肌肥厚。肉眼观，心脏重量增加，可达500～800 g或更重（男性>350 g，女性>300 g）。两侧心腔明显扩张，心室壁略厚或正常（离心性肥大），心尖部室壁常呈钝圆形。二尖瓣和三尖瓣可因心室扩张致关闭不全。心内膜增厚，常见附壁血栓。光镜下，心肌细胞不均匀性肥大、伸长，细胞核大、浓染，核型不整。肥大和萎缩心肌细胞交错排列。心肌细胞常发生空泡变、小灶性肌溶解，心肌间质纤维化和微小坏死灶或瘢痕灶。

李某死亡后组织病理学检见心脏质量明显增加，体积明显增大，心腔内见大量暗红色血凝块，质地较硬，瓣膜周围可见附壁血栓形成，苍白色，质地较软，有弹性，心室壁略增厚，窦房结、房室结周围心肌组织可见灶状纤维修复瘢痕，部分心肌细胞间质内可见少量脂肪组织。左心室前壁、侧壁、后壁心肌组织可见大范围心肌纤维化瘢痕，瘢痕周围心肌细胞不均匀性肥大、伸长，细胞核大、深染。部分心肌细胞萎缩，肌纤维疏松，细胞内可见脂褐素沉积。肥大和萎缩的心肌细胞交错排列，部分心肌细胞空泡变、小灶性肌溶解，大量心肌间质纤维化，可见微小坏死灶及微小瘢痕灶，呈岛屿状。部分心肌细胞胞浆疏松水肿，部分心内膜增厚。左心室内可见附壁血栓形成。右心室室壁部分心肌纤维化伴瘢痕修复，瘢痕周围心肌细胞肥大。上述表现符合DCM病理表现，且程度较重，因此李某DCM诊断明确。

李某同时存在冠状动脉粥样硬化（左冠状动脉前降支粥样硬化Ⅲ级、右冠状动脉粥样硬化Ⅱ级），其心脏功能条件较差，此种情况与其心功能Ⅲ级（NYHA分级）临床诊断对应。DCM患者自身心脏收缩力减弱，搏出量减少，在情绪激动、外伤、劳累等心脏负荷增加情况下，容易引起心脏及机体供血不足而导致急性的心源性猝死。

李某4月11日被他人致伤入院，入院时右侧下眼睑见皮肤挫伤，左侧胸部压痛，无骨擦感，住院期间胸部CT检查肋骨无异常发现，5月9日复检CT见左侧第5、6前肋骨形态欠规整，局部密度增高并见骨痂形成，属陈旧骨折。李某死后组织病理学检见左侧第5、6肋骨可见灰白色骨痂，镜检可见骨母细胞分化而形成的类骨组织，伴钙盐沉积，所形成的骨小梁相互连接、排列紊乱，即为骨性骨痂，骨折愈合程度为纤维骨痂与骨性骨痂并存，按照骨折愈合的一般过程，骨性骨痂形成期一般为骨折后的30 d左右，李某胸部受伤至死亡间隔为29 d，符合肋骨骨折愈合的一般规律，该肋骨骨折符合本次外伤所致，其损伤程度依据最高人民法院、最高人民检察院、公安部、国家安全部、司法部2013年8月30日发布的《人体损伤程度鉴定标准》第5.6.4 b）之规定构成轻伤二级。该损伤程度较轻，为非致命伤，且当时未引起急性心源性猝死，其发生争执受伤至死亡的间隔时间较长，因此可以排除其死亡与此次外伤之间存在因果关系。

李某双肺见心衰病理表现，如部分肺泡腔充满粉染的水肿液，双肺部分肺泡壁毛细血管扩张淤血，部分肺泡腔内可见心衰细胞，结合毒化检验心血检材中未检出常见毒（药）物及现场勘查无异常发现，其死因符合扩张性心肌病致心力衰竭死亡。

1 例难免流产的法医学人体损伤鉴定

唐伟，黄奇杰

浙江省绍兴市公安局柯桥区分局刑侦大队 浙江 绍兴 312030

1 案例

1.1 简要案情

赵某，女，27 岁，无业。2017 年 5 月 31 日 21 时许，其家人因琐事与人发生纠纷，在劝架过程中，被摔倒在地（根据监控显示为臀部着地），当时笔录记载腹部有疼痛感，未就医治疗。6 月 3 日凌晨因阴道流血流液伴腹痛就医治疗。

1.2 病历记录

2017 年 6 月 3 日，主诉：停经 3 月余，阴道流液 4 d，伴下腹痛 3 h。体检：脉搏：77 次/min，呼吸：18 次/min，血压：110/62 mmHg，体温：37.6℃，心肺阴性，腹软，扪及子宫增大如孕 3 月，有压痛，肝脾肋下触诊不满意，双侧肾区无叩痛，神经系统阴性。妇科检查：外阴已婚经产型，阴道内见少量淡血性分泌物，无异味，宫口未开，有淡血性液体流出，子宫增大如孕 3 月，宫体张力高，有压痛。双侧附件区未见明显异常。辅助检查：B 超提示：单活胎，双顶径 29 mm，股骨径 12 mm；胎心率 77 次/min。阴道分泌物检测：沙眼衣原体 DNA 阳性。诊治经过：患者入院后阵发性腹痛逐渐加重，随即见胎儿完整排出，胎盘未及，阴道流血多于平时月经量，急诊行清宫术，钳夹多量破碎胎盘组织，经过顺利，出血少。术后，经中成药口服，恢复好。诊断：难免性流产（孕 3 月余）、泌尿生殖道衣原体感染。

1.3 法医学检验

伤者于 6 月 22 日在办案民警陪同下来某鉴定中心鉴定。①询问：受伤经过：在劝架过程中被甩倒在地，屁股着地，无腹部直接击打、撞击外伤史，当时即感腹部有疼痛感。既往史：末次月经 2017-02-？，产 2，为足月顺产，于 2013 年、2016 年两次人工流产，2016 年因"子宫内膜下肌瘤"行宫腔镜手术。②查体：腰腹臀部未见明显擦挫伤等损伤。

2 讨论

流产的病因复杂多样，可分为胚胎因素、母体因素、父亲因素和环境因素。其中胚胎因素主要为染色体异常；母体因素主要包括孕妇的全身性疾病、生殖器异常、内分泌异常、强烈应激与不良习惯。在法医学鉴定中，对于外伤后流产应排除非外伤性流产因素后，才能认定外伤性流产。

本案例中，首先，伤者生殖道具有沙眼衣原体感染，有研究表明，沙眼衣原体的持续感染会导致子宫内膜出现淋巴细胞和巨噬细胞的浸染产生慢性炎症反应，激活杀伤 T 细胞，诱发自身免疫反应和细胞凋亡，促使各种炎症因子产生，干扰胚胎着床，导致不孕；也可使生长中的胚胎受到干扰，造成早期流产。其次，伤者的既往史中，曾有两次人工流产和一次宫腔镜下"子宫内膜肌瘤"术，且时间较近，由于行刮宫术会导致子宫壁变薄，也容易在孕期发生胎盘破裂，引起流产。再者，根据监控显示，伤者无直接的腹部外伤，着地动作也不是特别剧烈。综上，我们认为损伤为流产主要原因的依据不足，不宜进行损伤程度鉴定。

此案例由于母体因素较多，鉴定结论上争议不大，但由于委托已在伤后 20 余天，法医介入时，胎儿组织医院已无留存，无法通过外观检查、病理检验及基因检测排除胚胎因素。此案例如母体因素不明确，对鉴定结论将产生较大影响。所以，应加强对委托单位的宣贯，对类似外伤后流产案例，应第一时间通知法医介入，留存提取相关检材，进行遗传、免疫、内分泌以及生殖器官和流产相关疾病的检查。同时，为了排除合理的怀疑，应第一时间抽取伤者血液，对相关引产药进行血药浓度监测，排除伤者自服引产药而终止妊娠。

肋骨骨折的法医临床鉴定分析

汪志良，刘松

江苏省淮安市涟水县公安局 江苏 涟水 223400

法医鉴定中最常见骨折非肋骨骨折莫属了。本文通过 58 例案例资料谈谈在工作中遇到肋骨骨折鉴定时的我们需要注意的相关问题，以使我们在日常工作中能做出更加科学、客观的鉴定。

1 案例资料

1.1 案例情况

在本单位过去5年受理的肋骨骨折鉴定共计58例，其中X线检查5例，CT检查53例，其中男性居多，为48例，女性10例，年龄段主要为22岁至70岁，除去X线检查中的1例以及CT检查中的6例，其余52例均进行了伤后4周的二次CT复查。

1.2 影像学检查情况

58例检查资料中，因骨折线清晰、骨折断端锐利、错位明显，直接予以认定的为7例，其余51例中有6例在首次影像学检查中出现了漏诊情况，通过伤后4周CT复查来观察骨折处骨痂生长的变化，认定陈旧性骨折的5例，其余46例认定为新鲜骨折。这46例中有8例存在着新鲜骨折与陈旧骨折共存的情况。

1.3 肋骨骨折并发血气胸

58例中，3例并发血气胸，未见并发胸腹腔脏器损伤情况。

2 讨论

2.1 肋骨的生理特点

第1~3肋骨粗短，常常不易骨折，若外力巨大导致其骨折，常常合并锁骨、肩胛骨骨折以及颈部、腋下神经血管等软组织的损伤；第4~7肋骨长而纤薄，较易骨折；第8~12肋骨都不易骨折，如果骨折，有可能合并胸腹腔脏器、膈肌的损伤。

2.2 肋骨骨折的症状

暴力直接作用在肋骨上可使肋骨向外弯曲骨折，常伴有周围软组织的损伤，因力度的不同，分为完全性骨折及不完全性骨折。骨折后，骨折端可以刺激相关神经，引起疼痛，呼吸、咳嗽时疼痛加剧，如果骨折刺破胸膜、肋间血管，则可出现血气胸，发生呼吸困难。

2.3 肋骨骨折的影像学检查

肋骨骨折主要依靠影像学检查来认定。主要是X、CT，其中X线检查能反应错位明显的骨折，对于细小的骨折或不完全性骨折则主要依靠CT检查来确定。而影像学检查的操作者水平的不同、仪器性能的高低以及患者检查时的体位都会影响最后的结果。

骨折过后随着时间的推移，其在影像学图片上呈现出一个动态的变化：①刚骨折时候，骨折线清晰锐利。②外伤2周左右，骨折附近软组织出血、水肿有所吸收好转，骨折线附近出现少量骨痂增长。③伤后4周左右，骨折线附近会出现大量骨痂增长。

2.4 肋骨骨折的法医鉴定

在工作实践中，因影像学检查的局限性常常会出现伤者临床症状明显而影像学检查结果正常的情况，可以建议其再次检查，并与伤后检查片进行对比。对于影像学检查结果阳性的病例，我们一般分三步走，首先明确外伤史，其次确定肋骨骨折的数量，最后判断新鲜陈旧。第一步外伤史比较好确定，通过送检单位的案情、病历资料及法医查体就可以明确。第二步，确定骨折的数量，断端错位明显的骨折，X片检查就可以明确诊断，但是如果存在骨折错位明显与不明显共存，则需要进行CT检查来诊断。第三步，对于断端锐利、骨折线清晰的可以直接认定为新鲜骨折，对于可疑骨折或者陈旧性骨折，宜在伤后及伤后4周分别CT检查来对比骨折处的骨痂的生长及其形态变化特征。

此外，对于临床症状与骨折数量、位置不符的鉴定，怀疑存在造假因素的，应在公安机关的监督下进行复查，对比之前的片子观察骨折的位置、数量等情况形态变化是否符合骨折的病理愈合程度。如此，方能做出一份公平公正、经得起推敲的伤情鉴定。

11 例肾损伤伤残鉴定的回顾性分析

王变，樊爱英

河南省新乡医学院 河南 新乡 453003

1 案例资料

本组 11 例案例均有明确外伤史，伤后经体格检查，结合辅助检查，手术探查、血管造影等方式，肾损伤诊断明确。现将案例资料归纳如下。

1.1 一般情况

左肾损伤 8 例，右肾损伤 2 例，双肾损伤 1 例。男性 6 例，女性 5 例。年龄：10～55 岁，平均 34 岁。

1.2 致伤方式

高坠 3 例，意外摔倒 2 例，交通事故 6 例。

1.3 肾损伤类型

肾碎裂 3 例，肾挫裂伤 5 例，肾挫伤 1 例，肾动脉损伤 2 例。单纯肾损伤 3 例，合并失血性休克、颅脑损伤、胸部损伤、腹部损伤、骨盆骨折、四肢骨折等 8 例。

1.4 临床表现

腰腹部疼痛 10 例，肾区压痛 4 例，失血性休克表现 4 例，血尿 3 例。

1.5 治疗方式

6 例保守治疗；5 例手术治疗（肾切除 4 例，肾动脉栓塞术+造影术 1 例）。

2 伤残评定结果

表 2-5 GFR 值、肾功能损害分期，肾切除与评残结果

被鉴定人	GFR（mL/(min·1.73 m^3)）			CKD 肾功能损害分期	肾功能障碍对应标准条款	伤残
	健侧	伤侧	双肾			
郭某	/	/	/	/	/	七级
郝某	67.24	37.28	104.52	肾功能正常	不够伤残	九级
李某1	/	/	/	/	/	七级
李某2	/	/	/	/	/	七级
刘某	/	/	/	/	/	七级
娄某	46.9	11.7	58.6	肾功能中度下降	六级	八级
卢某	85.75	7.15	92.9	肾功能正常	不够伤残	七级
时某	52.83	20.78	73.61	肾功能轻度下降	八级	九级
史某	52.8	1.63	54.43	肾功能中度下降	六级	七级
许某	20.9	10.3	31.2	肾功能中度下降	六级	十级
薛某	44.82	5.72	50.54	肾功能中度下降	六级	八级

3 讨论

3.1 肾损伤的认定

对外伤史明确，伤后临床表现（疼痛、血尿、血压下降、腰腹部肿块）、辅助检查（尿常规、彩超、CT、MSCT、MRI、选择性肾动脉造影）等，证实有肾损伤存在的，动态观察肾损伤具备临床演变过程的可以认定肾损伤。血尿虽是肾损伤的最常见和最重要的症状，但血尿的轻重并不与肾损伤程度一致，无血尿亦不能完全排除肾损伤；而伤后出现血尿，各种辅助检查不能证实肾损伤存在的，应不予评残。

3.2 伤残评定时间

本组案例中，遗留肾功能障碍者，均于伤后 8 个月余进行伤残评定，勿将急性肾功能损害误作为伤残鉴定的依据。

3.3 肾损伤伤残鉴定

肾小球滤过率（GFR）是评价肾功能的最好指标。放射性核素方法（ECT）进行功能-形态学检查、测定 GFR，既可以了解分侧肾功能的水平，又可以了解伤侧肾脏组织结构的破坏情况。《分级》采用 CKD 肾功能损害分期对肾功能进行分级，是以双肾 GFR 值为诊断标准的功能分期，而单肾损伤致肾功能损害时，健侧肾脏功能会有一定的代偿作用。由表 2-5 可见，对于单肾损伤，遗留肾功能障碍者，CKD 肾功能损害分期并不能有效评价单肾损伤后的肾功能障碍情况，应通过 ECT 检查，了解双侧肾功能、形态，从而准确界定伤肾功

能丧失的具体情况，采用附则 6.1 比照残情最相似条款（"一侧肾脏切除""一侧肾脏部分切除"）进行伤残评定。显然单肾损伤的伤残级别应不高于七级（一侧肾切除术后）。

关于肋骨骨折损伤程度鉴定的几点体会

王广东，武志伟

河北省张家口市公安局刑警支队 河北 张家口 075000

肋骨骨折在法医临床中是常见的一种损伤，一旦胸部受到直接外力或挤压均可形成肋骨骨折。《标准》第 5.6.3 c）条明确规定，肋骨骨折 6 处以上应鉴定为轻伤一级；第 5.6.4 b）条规定，肋骨骨折 2 处以上鉴定为轻伤二级；第 5.6.5 a）条规定，肋骨骨折属轻微伤。因此，是否有肋骨骨折，是几处骨折，是法医鉴定中的关键点。笔者发现由于侧重点的不同，医院的诊断是为了临床治疗服务，通常医院对于明显分离错位的肋骨骨折诊断很明确，但对于单纯线性肋骨骨折，特别是不全骨折，常常被漏诊。笔者总结工作中一些经验，与各位同仁探讨。

1 关于查体

在法医临床中，经常遇到轻症的肋骨骨折伤者，不需要手术治疗，多只需要对症治疗，等待骨折的自然愈合。对于此类伤者，笔者认为认真仔细查体非常重要。法医临床中，许多法医往往忽视查体的重要性，多是通过医院的病例、影像资料获得信息，做出鉴定。其实查体可以帮助解决好多问题，从视、触、叩、听四个方面，检查胸壁有没有外伤、畸形，有没有皮下气肿，有没有骨擦感，有没有压痛，压痛点的位置如何，胸廓挤压试验是否阳性等。通过查体可以初步判断有无骨折，骨折的部位是否与影像资料部位相一致，骨折的体征是否和病例及伤者本人描述相一致等。

2 关于肋骨损伤分型及鉴定时机

肋骨损伤可以分为以下几类：①单纯完全性肋骨骨折，即只有一条骨折线并贯穿骨质全层，断端有或无移位、嵌插、分离、成角；②单纯不完全性肋骨骨折，即只有 1 条骨折线但未贯穿骨质全层，断端无移位、嵌插、分离、成角。其中该型又分为皮质断裂达骨髓腔和皮质断裂未达骨髓腔两型；③粉碎性肋骨骨折，即有 2 条或 2 条以上骨折线、骨质碎裂成三块或三块以上；④骨质砍（刺）痕：即骨皮质浅表断裂；⑤撕脱性肋骨骨折，即骨皮质部分撕脱分离；⑥肋软骨骨折。

笔者认为对于①③，在 X 线和 MSCT 诊断比较明确，应损伤后即行损伤程度鉴定；④⑤⑥，仔细阅片也可诊断，并均属轻微伤范畴，可损伤后即行损伤程度鉴定；②为肋骨内板或外板的完全断裂或不完断裂，对于此类骨折无论是 X 片还是 MSCT 扫描及三维重建均存在漏诊、误诊，加之不同医院采用的检查方法不同及放射科医生业务能力参差不齐，很难在伤后即做出明确诊断。笔者认为对于此类骨折，应根据肋骨骨折的愈后的变化规律及伤者的年龄及身体情况划分时间节点进行复查。肋骨骨折在伤后 6 h 至 2 周内会产生血肿炎症肌化期；伤后 4~8 周为原始骨痂形成期；伤后 8~12 周为骨痂改造塑形期。建议在伤后 4~8 周进行复查，与损伤后原始影像资料对比后得出结论。

3 关于影像资料

在目前的临床影像学检查技术中，肋骨骨折常用的影像学诊断技术主要分为两大类，X 片（包括目前常用的 CR、DR 射片）和 CT 扫描。

3.1 X 线射片

传统 X 片检查容易受到干扰因素的影响，而且胶片的质量参差不齐。DR 影像技术是一种直接数字化的 X 线摄影，可以将 X 线光子直接转化为数字图像，该种检查方法具有高分辨率、图像层次清晰的特点，明显优于 X 片。无论是 CR 还是 DR 射片，均是摄片一次成像。影像上肋骨可有后肋、前肋、腋段之分，大致各占全场 1/3，但没有准确的分界点。医院大多拍摄胸部正位和侧位，往往忽略左前斜位或者右前斜位的拍摄，致使不能显示全部肋骨。再有 X 片对心影缘后、纵隔旁、膈下肋骨及前肋的显示较差，由于胸部软组织、血管及器官解剖结构的特点，在 X 线摄片上易相互重叠易形成伪影，往往会导致难以发现不完全肋骨骨折与错位不明显肋骨骨折。因此无论是 CR 还是 DR 射片在诊断肋骨骨折中均存在较高漏诊和误诊率。笔者认为，鉴定肋骨骨折不能单纯依靠 X 片，应加做 CT 检查。

3.2 CT 扫描

从现实的角度来看，传统 CT 只能发现患者较为明显的骨折点，而针对细微的骨折部位很难发现，进而导致出现漏诊以及误诊的问题。近年来，多层螺旋 CT 及三维成像技术在临床上广泛应用，不仅有效提升了图像的清晰度，同时诊断范围大幅度扩大，不仅保证了诊断的全面性，同时保证了诊断的清晰度，对于诊断准确率的提升具有十分积极的现实意义。笔者认为，多层螺旋 CT 平扫和三维成像对肋骨骨折的诊断均高于传统 CT，对于不完全性肋骨骨折与错位不明显肋骨骨折方面优势十分明显。笔者还发现，实际鉴定中，伤者带来的 CT 片，有许多无法从片中获取骨折的信息，无法确定是否有骨折、是哪侧第几肋骨骨折，只是报告中写到骨折的位置和数目。究其原因，笔者认为是和检查的目的有关，医院检查是为临床服务的，对于没有特别治疗的骨折，有许多只是检查报告说明，却没有在片子上显示。但是对于法医来说，需要看到骨折的位置，数清骨折有几处，才能做出鉴定结论。此时，笔者会要求伤者到医院拷贝 CT 影像的电子资料，有几次检查拷贝几次，其中伤后第一次检查的影像资料尤为重要。通过查阅、对比影像资料，得出正确结论。

综上所述，笔者认为，肋骨骨折是一种看似简单，但是实际鉴定中并不简单的损伤类型。可以从以上三个方面加以重视，查体-确定鉴定时机-选择最佳影像学诊断技术。以上所述为笔者经验总结，希望与各位同仁同勉，不足之处请指正。

蜂蜇伤致急性肾功能障碍的损伤程度鉴定

王立广

内蒙古自治区赤峰市医院司法鉴定所 内蒙古 赤峰 024000

1 案例资料

刘某，男，38 岁，农民，既往身体健康。2018 年 7 月 11 日，刘某与蜂农高某因琐事发生争执，高某将一蜂箱投向刘某，导致刘某被蜂群攻击，其头颈部、双上肢、躯干部及双下肢散在多发蜂蜇伤，并出现恶心呕吐、胸闷憋气、大小便失禁，伤后 5 h 被送至某市医院抢救。

查体：体温：36.7℃、脉搏：70 次/min、呼吸：16 次/min、血压：144/89 mmHg、体重：80 kg、身高：1.7 m，BMI：27.68，患者神志清楚，精神差，急性水肿面容，无表情，被动体位，查体欠合作，语言不清，声音低微，全身散在蜂蜇伤，上半身为重，皮肤可见蜂尾残留，蜂蜇部可见化脓及红肿，无肝掌，头面部及上半身水肿明显。查血小板总数 113×10^9/L、血红蛋白 153 g/L、中性粒细胞百分比 91.1% ↑、白细胞总数 34.61×10^9/L、血氯 97 mmol/L ↓、血钠 135 mmol/L ↓、快速尿酸 798.7 μmol/L ↑、快速肌酐 379.4 μmol/L ↑、快速尿素氮 17.1 mmol/L ↑、APPTT 144.5 s ↑、TNI 6.26 ng/mL、CK1 312.5 U/L、NT-proBNP 8462 g/mL、Myo 5113.2 ng/mL。初步诊断：①多脏器功能衰竭（蜂蜇伤）、横纹肌溶解、心肌损害、急性肾损伤 3 期、肝功能异常；②皮肤软组织感染；③过敏性皮炎；④电解质紊乱、低钠低氯血症、高钾血症；⑤凝血功能异常。诊疗经过：患者入院后持续无尿，查彩超示：双侧肾脏增大，双肾实质回声增强；超声心动图示：室间隔略厚，左室舒张早期充盈速率减低，左心收缩功能未见异常，射血分数 58%；血凝示：TT-5 29.6 s ↑、FIB 6.00 g/L ↑、APTT 47.4 s ↑；生化示：肌酸磷酸激酶同工酶 614.6 U/L ↑、快速乳酸脱氢酶 7157 U/L ↑、肌酸激酶 >64000 U/L ↑、直接胆红素 19.1 μmol/L ↑、快速谷草转氨酶 2407 U/L ↑、快速总胆红素 38.4 μmol/L ↑、快速谷丙转氨酶 308 U/L ↑、快速肌酐 366.5 μmol/L ↑、快速尿素氮 14.0 mmol/L ↑、钾 5.33 mmol/L ↑、氯 97 mmol/L ↓、钠 133 mmol/L ↓、总钙 2.43 mmol/L；给予营养支持、保护肝功能、抗过敏、抗感染、营养心肌、调节肠道菌群、保护肾功能及血液透析治疗。2018 年 7 月 16 日，出现应激性溃疡、消化道出血，给予抑酸止血治疗后好转。肌红蛋白、白细胞、嗜酸性粒细胞、中性粒细胞百分比、PCT、CRP、AST、ALT、CK、CK-MB、LDH 均较前明显下降，但患者仍持续无尿、肌酐持续性上升，考虑蜂毒毒素、肝功能、心肌损伤恢复，但肾功能恢复不佳，2018 年 7 月 22 日转入肾内科继续治疗，入科后给予吉法酯片、艾司奥美拉唑镁肠溶片、碳酸氢钠片、复方氨基酸注射液、肠内营养粉剂、10%葡萄糖注射液、血液透析治疗，2018 年 7 月 26 日拔除股静脉置管，行右侧颈内静脉置管建立透析通路，2018 年 7 月 29 日患者排尿，尿量逐步增多，最多时 5000~6000 mL\d，体重逐步下降至 74 kg，颜面部浮肿明显消退，2018 年 8 月 8 日复查：尿蛋白（-）、尿潜血（-）、尿白细胞（-）、血红蛋白 105 g/L↓、BNP 376.8 pg/mL↑、PCT 0.109 ng/mL↑、TP 72.9 g/L、ALB 42.8 g/L、尿素 15.91 mmol/L↑、肌酐 224 μmol/L↑、尿酸 683 μmol/L↑、钾 3.83 mmol/L，患者 AKI 明显恢复，给予拔除右侧颈内静脉置管，停止血液透析，给予尿毒清、百灵胶囊口服保肾治疗，2018 年 8 月 15 日出院。出院情况：今晨体重 72 kg，颜面部浮肿消退，体温：36.2℃、脉搏：68 次/min、呼吸：20 次/min、血压：140/82 mmHg，精神饮食睡眠好，无明显不适主诉，查体心肺腹未见明显异常。

出院诊断：①急性肾损伤 3 期；②多脏器功能衰竭（蜂蜇伤）、横纹肌溶解、心肌损害、肝功能异常；③皮肤软组织感染；④过敏性皮炎；⑤电解质紊乱、低钠低氯血症、高钾血症；⑥凝血功能异常；⑦应激性溃疡；⑧消化道出血。

2019 年 1 月 13 日，办案单位委托我鉴定所对刘某损伤程度进行鉴定。

2 法医学鉴定

受理委托后查体见被鉴定人刘某自行步入诊室，步态正常，神清语利，问答切题，查体合作，自诉无明显不适，头颅大小形态正常，双侧瞳孔等大等圆，对光反射灵敏，右颈部见直径 0.5 cm 类圆形皮肤瘢痕，胸廓对称，腹部平软，脊柱生理弯曲存在，右腹股沟部见直径 0.5 cm 类圆形皮肤瘢痕，四肢活动自如。经复查血尿常规及生化未见异常，心动图、心脏彩超及腹部腹腔彩超未见异常。

鉴定意见：被鉴定人刘某蜂蜇伤致急性肾功能障碍（可恢复）构成轻伤二级。

3 讨论

3.1 蜂蜇伤概述

蜂蜇伤在国际范围内尚无明确定义。蜂类属膜翅目昆虫，有蜜蜂、黄蜂（又称胡峰）、大黄蜂、竹蜂等，常见蜜蜂和黄蜂蜇伤中毒。蜂毒属神经和血液毒素，具有显著的神经毒性及出血和溶血等作用，蜂毒成分复杂多样，蜜蜂科的蜂毒呈酸性，胡蜂科的蜂毒呈碱性，但这两种蜂毒都含有一些具有生物活性的物质，包括肽类（溶血毒肽、蜂毒神经肽、阿度拉平、镇静肽、四品肽、缓激肽等）、酶类（磷脂酶 A 与 B、葡萄糖苷酶、酸性磷酸单脂酶、透明质酸酶）和生物胺（组胺、5-羟色胺、乙酰胆碱）。蜂蜇伤后的临床表现多样，轻者可表现为局部皮肤瘙痒、红肿、疼痛等过敏反应，重者可导致血管内溶血、横纹肌溶解、心肌梗死和心肌炎、肺水肿、肝小叶中心性坏死、急性肾损伤、弥散性血管内凝血、神经系统损伤等多系统器官功能损害或死亡。蜂蜇伤后引起临床反应的作用机制主要有两种，一种是过敏反应，如局部皮肤的过敏反应、过敏性休克、急性喉头水肿等；另一种是蜂毒直接介导的细胞损伤，如泌尿系统损伤、血液系统损伤、心血管系统损伤、神经系统损伤以及其他诸如蜂蜇伤眼部致白内障、前葡萄膜炎、玻璃体炎、睫状体脉络膜脱离等。每次蜜蜂蜇伤约放出 0.1 mg 的蜂毒，通常把 500～1000 g 蜂蜇伤所注入人体的蜂毒量当作致死量，对蜂毒非过敏体质的人被几只蜂重伤仅出现局部反应，但重要的是蜂毒能引起过敏反应，可因过敏性休克或急性喉头水肿致死，伤者身上可见荨麻疹或明显喉头水肿和肺水肿。

3.2 蜂蜇伤导致急性肾功能障碍的认定

蜂蜇伤导致急性肾损伤常见，有报道 1091 例马蜂蜇伤患者的急性肾损伤发生率约为 21%。急性肾损伤（AKI）是由各种病因引起短时间内肾功能快速减退而导致的临床综合征，表现为肾小球滤过率（GFR）下降，伴有氮质产物如肌酐、尿素氮等潴留，水、电解质和酸碱平衡紊乱，重者出现多系统并发症。AKI 以往称为急性肾衰竭，近年来临床研究证实轻度肾功能急性减退即可导致病人病死率明显增加，故目前趋向将急性肾衰竭改称为急性肾损伤，期望尽量在病程早期识别，并进行有效干预。临床依据血清肌酐和尿量变化幅度，将急性肾损伤分为 3 期：①Ⅰ期，血清肌酐绝对值升高≥26.5 μmol/L 或较基础值相对升高≥50%，但<1 倍；尿量<0.5 mL/（kg·h）（≥6 h，但<12 h）；②Ⅱ期，血清肌酐相对升高≥1 倍，但<2 倍；尿量<0.5 mL/（kg·h）（≥12 h，但<24 h）；③Ⅲ期，血清肌酐升高至≥353.6 μmol/L 或相对升高≥2 倍或开始时肾脏替代治疗或<18 岁病人估算肾小球滤过率下降至<35 mL/（min·1.73 m²）；尿量<0.3 mL/（kg·h）（≥24 h）或无尿≥12 h。由此可见，既往急性肾功能衰竭诊断标准中，血清肌酐升高 88～177 μmol/L 和尿量每天持续<400 mL/24 h 的变化，已达到急性肾损伤Ⅱ～Ⅲ期标准。

3.3 蜂蜇伤导致急性肾功能障碍的原因及临床病程

目前考虑有以下几大原因：①溶血毒素可引起溶血、横纹肌溶解及凝血障碍，红细胞碎片及肌溶解蛋白对肾小管有阻塞及毒性作用，继发肾小管坏死，并被认为是蜂毒引起 AKI 的主要机制；②对肾脏的直接毒性作用；③组胺类物质引起机体致敏，外周血管扩张及通透性增加，有效血容量减少。临床病程大致经历起始期、进展期和维持期、恢复期。起始期：此期病人尚未发生明显肾实质损伤，在此阶段如能及时采取有效措施 AKI 常可逆转，但随着肾小管上皮损伤加重，GFR 逐渐下降，进入进展期。进展期和维持期一般持续 7~14 d，也可短至数天或长至 4~6 周，GFR 进行性下降并维持在低水平，部分病人可出现少尿（<400 mL/d）和无尿（<100 mL/d），也有些病人尿量在 400~500 mL/d 或以上，后者称为非少尿型 AKI，一般认为是病情较轻的表现。但不论尿量是否减少，随着肾功能减退，临床上会出现一系列尿毒症表现，主要是尿毒症毒素潴留和水、电解质及酸碱平衡紊乱所致。AKI 全身表现包括消化系统症状，如食欲减退、恶心、呕吐、腹胀、腹泻等，严重者可发生消化道出血，呼吸系统表现主要是容量过多导致的急性肺水肿和感染；循环系统多因尿少和水钠潴留，出现高血压和心力衰竭、肺水肿表现，因毒素滞留、电解质紊乱、贫血和酸中毒引起心律失常及心肌病变，神经系统受累可出现意识障碍、躁动、谵妄、抽搐、昏迷等尿症脑症状；血液系统受累可有出血倾向和贫血，感染是急性肾损伤常见而严重的并发症，在 AKI 同时或疾病发展过程中还可并发多脏器功能障碍综合征，死亡率极高。此外，水、电解质和酸碱平衡紊乱多表现为水过多、代谢性酸中毒、高钾血症、低钠血症、低钙和高磷血症等。恢复期 GFR 逐渐升高，并恢复正常或接近正常，少尿型病人开始出现尿量增多，继而出现多尿，再逐渐恢复正常，与 GFR 相比，肾小管上皮细胞功能恢复相对延迟，常需数个月后才能恢复，部分病人最终遗留不同程度的肾脏结构和功能损伤。庄洪胜等认为，适用"急性肾功能障碍（可恢复）"条款进行损伤程度鉴定原则上要掌握伤后持续 1 周以上的急性肾功能障碍。

3.4 蜂蜇伤导致急性肾功能障碍的辅助检查及治疗

辅助检查主要包括：血液检查：Scr 和尿素氮进行性上升，横纹肌溶解引起肌肝上升更快，血清钾浓度升高，血 pH 和碳酸氢根高于浓度降低、血钙降低、血磷升高、贫血、凝血功能障碍等。尿液检查：尿常规可见尿色深、尿液外观多浑浊，尿蛋白可为阴性至强阳性，尿相对密度降低且较固定，尿与血渗浓度之比小于 1.1，尿沉渣检查可见肾小管上皮细胞、上皮细胞管型、颗粒管型、红细胞、白细胞等，尿液生化检查可见肾小球滤过率下降，尿量下降。影像学检查：包括肾脏超声、肾盂造影、CT 血管造影、MRI 或放射性核素检查等，主要判断肾脏大小及用于鉴别诊断。肾活检：肾活检是 AKI 鉴别诊断的重要手段，在排除了肾前性及肾后性病因后，拟诊肾性 AKI 但不能明确病因时，均有肾活检指征。治疗包括对症支持治疗和肾脏替代治疗（包括腹膜透析、间歇性肾脏替代治疗和连续性肾脏替代治疗）。

3.5 蜂蜇伤导致急性肾功能障碍的法医临床学鉴定

实际鉴定工作中，应通过详细的病历资料审查和法医临床学查体评估蜂蜇伤后进入人体的蜂毒量，明确蜂蜇伤与急性肾功能障碍之间存在直接因果关系，应认真分析相关实验室检查、影像学检查及临床表现以明确急性肾功能障碍诊断，应注意病程、治疗经过及预后以印证急性肾功能障碍（可恢复），同时排除其他病因所致的类似疾病。遇蜂蜇伤导致轻度中毒性肾功能障碍时应注意与泌尿道感染鉴别，除症状体征外，尿中查见细菌等对感染具有重要的提示作用。在鉴别诊断时要特别注意的一点，就是"急性肾功能障碍（可恢复）"条款中所强调的是急性肾功能障碍"可恢复"，这是本条款规定的重点。也就是不能诊断为急性肾功能障碍的，或是临床治疗不能"恢复"的，是不能引用本条款鉴定。因此要注意凡是慢性的肾功能障碍的不能适用本条款。如果急性肾功能障碍能临床确诊，但是经过治疗变成慢性肾功能障碍的，也是不能适用本条款鉴定的。

本例被鉴定人刘某因遭受蜂群蜇伤入院治疗，经实验室检查及影像学检查确认其多脏器功能衰竭，其中急性肾损伤 3 期，且持续时间达 18 d，经过积极治疗后其肝功能、心肌损伤恢复较快，肾功能恢复虽然较慢但最终未遗留慢性的肾功能障碍，因此本鉴定机构依据《人体损伤程度鉴定标准》第 5.7.4 g）条之规定出具了被鉴定人刘某蜂蜇伤致急性肾功能障碍（可恢复）构成轻伤二级的鉴定意见。

肋骨骨折的技术性证据审查 1 例

王林

安徽省阜南县人民检察院 安徽 阜南 236300

1 简要案情

2018 年 8 月 25 日 10 时许，在阜南县会龙镇廉租房工地，犯罪嫌疑人赵某某和被害人秦某某因工程款纠纷发生冲突，秦某某欲阻止工地施工，赵某某阻拦秦某某，迎面推搡秦某某右胸部。

2019 年 1 月 31 日经本县公安机关鉴定，秦某某右侧第 5、6 肋骨前段新鲜性骨折，右胸部损伤程度构成轻伤二级。后对方当事人对鉴定意见有异议，申请重新鉴定。2019 年 3 月 25 日经市公安机关鉴定，秦某某外伤致右侧 5、6 肋骨骨折，身体损伤程度为轻伤二级。

2019 年 5 月 16 日，公安机关以赵某某涉嫌故意伤害罪向我院提请批准逮捕。

2 病历资料

2.1 阜南县人民医院病历（住院号 2018045960）记载

入院时间：2018 年 8 月 25 日。

主诉：外伤后全身疼痛 3 h 余。

现病史：3+h 前患者被他人打伤，伤后感头面部、右胸部、左手部疼痛，伴恶心无呕吐，休息后症状缓解，急诊来我院就诊，门诊拟"头胸肢体外伤"收住院。

专科检查：神清，痛苦面容，右胸部轻压痛，右手无名指、小拇指见两处皮肤破损。

辅助检查：①颅脑 CT 平扫未见明显挫裂伤、骨折征象；②双侧基底节区腔隙灶；③两肺炎性改变。

入院诊断：多处软组织损伤，腔隙性脑梗死。

2.2 2018 年 8 月 25 日阜南县人民医院 X 线（影像号×0125425）报告示

两肺纹理稍增多，肺内未见明显活动性病灶。胸廓两侧对称，气管居中，心隔无殊，所示肋骨未见明显骨折征象。左手关节所示构成诸骨未见明显骨折征象，关节在位，关节腔隙未见明显狭窄征象，必要时复查。

2.3 2018 年 8 月 26 日阜南县人民医院 CT 片（片号 265493）示

双侧胸廓对称，两肺透亮度局部增高，两肺纹理增多紊乱，两肺可见斑片状高密度影，边界不清；气管及各支气管通畅，纵隔居中，纵隔内未见明显肿大淋巴结，双侧胸腔未见明显积液，双侧胸膜未见明显肥厚。肋骨 CT 三维重建示：右侧第 7、8 肋骨皮质不连续，骨质可见断裂；右侧第 3、4、6、7 肋骨骨质形态欠规则，局部骨质内侧板可见凹陷。

2.4 2018 年 9 月 18 日阜南县人民医院肋骨 CT 三维重建（影像号 270141）报告示

右侧第 5、6、7、8 肋骨骨皮质不连续，并可见骨痂形成，右侧第 3、4 肋骨骨质欠规则。

2.5 2018 年 9 月 20 日阜阳市人民医院肋骨 CT 三维重建（片号 20180920207）示

右侧第 5、6、7、8 肋骨骨皮质连续性中断，部分伴骨痂形成；左侧肋骨未见明显骨折征象。

3 案件焦点

被鉴定人秦某某在案发后 3 h 入院检查胸部 X 片未见明显肋骨骨折，次日检查肋骨 CT 三维重建仅发现右侧 3、4、6、7 骨质欠规则，未见右侧第 5 肋骨异常。而在 9 月 18 及 9 月 20 日的肋骨 CT 片中均发现右侧第 5 肋骨出现骨痂，该处骨折何时产生不得而知。

4 案件分析

案件分析：①案发后，秦某某躺倒在地上，随即捡拾砖块砸自己左手。可见秦某某存在造作伤残的故意，肋骨骨折是否系造作很值得怀疑。②在案发当天及第 2 d 拍摄的影像学资料中均未发现秦某某右侧第 5 肋骨前段外侧板存在明显骨折征象，却发现其右侧第 6 肋骨前段骨质欠规则，而在二十多天后即 9 月 20 日，秦某某第 5 肋骨前段外侧板上形成的骨痂较第 6 肋骨前段的骨痂明显很多，市县两级公安机关的鉴定中均未对此现象进行解释。③犯罪嫌疑人赵某某认为其仅推搡秦某某胸部，并未对其进行击打，故对秦某某的鉴定意见提出异议。

综上，为谨慎起见，我院该案件承办检察官以重新鉴定为由，对该案不批准逮捕。

论肋骨骨折诊断

吴新建[1]，富嘉莉[2]，金利刚[3]
1. 浙江省台州市公安局刑侦支队　浙江　台州　318000
2. 浙江省杭州市公安局刑事科学技术研究所　浙江　杭州　310016
3. 浙江省杭州市萧山区公安司法鉴定中心　浙江　杭州　311203

众所周知，肋骨骨折数量的认定是临床法医学鉴定难点之一，又对损伤程度鉴定有重要影响。《人体损伤程度鉴定标准》5.6.3 c）规定肋骨骨折6处以上为轻伤一级，5.6.4 b）规定肋骨骨折2处以上为轻伤二级，5.6.5 a）规定肋骨骨折或肋软骨折为轻微伤，上述规定均是达到相应损伤程度的下限。

在损伤程度鉴定过程中经常会遇到认定肋骨骨折数量上的分歧，此时专家会诊无疑是正确的选择，也是我们法医临床学鉴定人减少鉴定失误的法宝之一。然而在专家会诊过程中我们会发现，肋骨骨折数量准确的诊断也是影像医学界的难题之一。如在某年明华被殴打致伤案中某公安局某区分局法医经影像专家会诊鉴定为右侧4、5、6及左侧4、5、6、7共七根肋骨骨折，评为轻伤一级；在首次重新鉴定过程中某大学影像专家鉴定为右侧5、6及左侧4、5、6共五根肋骨骨折评为轻伤二级。因两个截然不同的鉴定结论对嫌疑人定罪量刑存在明显差别，遂对明华的损伤程度再次提起重新鉴定。

在第二次重新鉴定过程中，鉴定人面对两份均有专家会诊的鉴定文书，尤其是首次重新鉴定中还有某大学影像专家的会诊意见，自身的压力可想而知。鉴定人通过案情及就医情况了解后到医院调取了相应影像资料的电子数据，通过科学严谨阅片工作，确定了明华存在右侧4、5、6及左侧4、5、6、7共7根肋骨骨折，出具了其损伤程度为轻伤一级的鉴定文书。双方当事人均无异议，案件也因此得以审判。

通过十几年鉴定经验积累，个人认为一般肋骨骨折的认定仅有肋骨X片（非胸片）即可，有疑难的肋骨骨折首选肋骨CT（非胸部CT），有疑难又想快速结案的情况下，数字断层CT扫描是最好的选择，无论何种情况，MRI最好不选。在选择影像学检查手段时应特别跟被鉴定人及委托送检人交代清楚，以避免不必要的麻烦。

作为法医临床学鉴定人，在审阅肋骨CT过程中，不应该被重建后的片子（给不懂阅片的人看的）所左右，而应按拍摄时间顺序从每一个CT窗口进行认真审阅，审阅过程应首先确定每一根肋骨所在窗口的范围，再根据肋骨骨折的表现确定某一根肋骨有无骨折并做详细记录，最后根据动态的阅片结果做出综合判断。由此出具的鉴定结论才更具公信力。

胸骨骨折法医学鉴定3例分析

徐宏发[1]，石聿树[2]，成奎霖[3]
1.3 湖北省通山县公安局刑侦大队　湖北　通山　437600
2. 湖北省咸宁归真司法鉴定中心　湖北　咸宁　437100

胸骨骨折（Sternum fracture）在临床损伤中是一种并不多见的骨折类型，在法医临床学鉴定中比较少见。本文作者在近3年来千余例鉴定中发现3例，现报道如下。

1 案例资料
1.1 案例

王某，男，40岁。2017年9月10日晚被他人抵靠在墙壁上用膝盖击伤胸前部，当即剧痛，深呼吸、咳嗽时疼痛加重。查体：胸骨处有一横形5 cm×2 cm肿胀伴皮下瘀血。双侧胸廓对称，胸廓挤压征（+++），以胸骨中段压痛明显。胸部CT示胸骨体中段横斜形骨折，远折断端稍向内上移位（图2-11）。

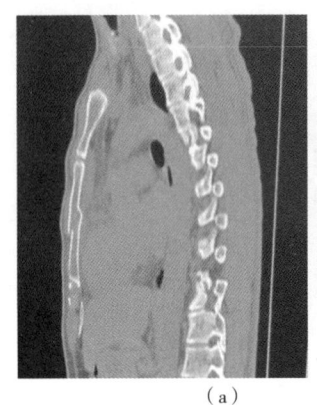 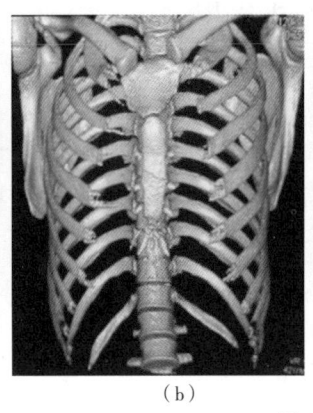 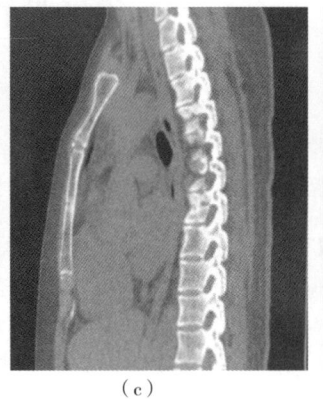 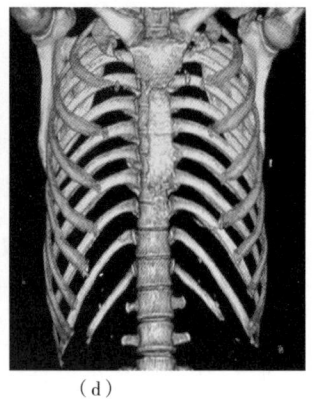

(a) (b) (c) (d)

图 2-11

1.2 案例一

张某，女，50 岁。2018 年 8 月 29 日被他人用拳头击伤胸部，当即胸部剧痛。查体：胸前壁红肿疼痛，胸骨处有一 5.0 cm×1.0 cm 皮下瘀血，右侧第 5~7 前肋区有一 6 cm×4 cm 皮下瘀血、发绀，咳嗽疼痛加重，胸廓挤压征（++）。胸部 CT 示右侧第 5、6 腋前肋骨折，无分离移位；胸骨体部中段前缘骨质不连续，断端无错位（图 2-12）。

1.3 案例二

周某，男，52 岁。2018 年 11 月 18 日乘小轿车，在副驾驶座位上因突然急刹车致胸骨剧痛入院。主诉：胸部受伤 2 h 伴胸痛、呼吸困难，无昏迷及大小便失禁。入院查体：胸部正中压痛明显（+），胸骨体处中段骨擦感（+），无明显肿胀。胸廓挤压征（++），未见活动受限。CT 示：胸骨体中段见一自左上斜向右下线状骨折线，远侧断端向上向外轻度移位，其上端重叠在近侧胸骨断端上方，颈、胸椎无明显异常（图 2-13）。

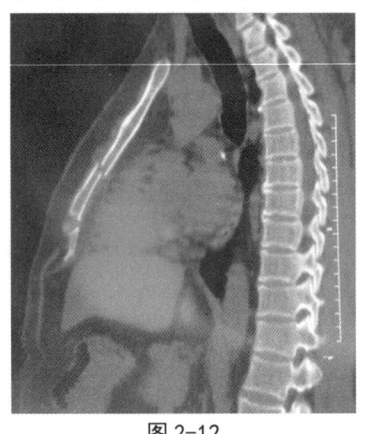 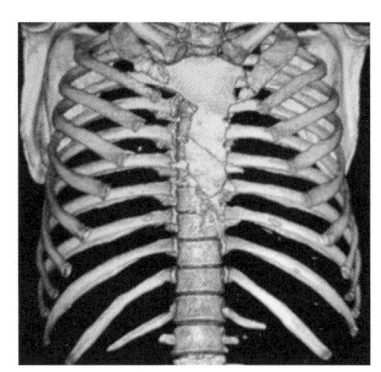

图 2-12　　　　图 2-13

2 讨论

胸骨与 12 对肋骨及 12 个胸椎共同构成骨性胸廓，保护胸腔内器官，并参与呼吸运动。骨性胸廓结构受损，特别是胸廓稳定性破坏或合并胸腔内的重要器官的损害会影响呼吸、循环功能，甚至危及生命。胸骨为长方形扁骨，位于胸前壁正中，前凸后凹，自上而下可分柄、体和剑突三部分。胸骨体呈长方形，外侧缘接第 2~7 肋软骨。胸骨骨折较为少见，约占胸部骨折的 5%，多系遭直接暴力作用所致，常见于拳击、挤压、坠落等损伤，也有因背部压伤使躯干呈过伸位所致。骨折多发在接近胸骨角的胸骨体部位，亦可发生在胸骨柄和胸骨体交界处软骨连接部。胸骨骨折多为横向骨折，如有移位，骨折下部多向前，胸骨断端相互重叠。

案例一王某胸骨中段斜形骨折，远侧断端向上向内轻度移位，其上端重叠在近侧胸骨断端下方；胸骨体处肿胀伴皮下瘀血。多为一次性发生暴力所致。案例二张某胸骨中段前缘见横形骨折线，骨折线累及髓腔，后缘骨质骨膜完整。超过其承受压力致前缘骨折，尚未完全骨折。有案例报道，用拳头致胸骨体完全性骨折。该案例分析认为当张某被拳头击打胸前部时，暴力直接作用于该胸骨所形成上述损伤。案例三周某由于乘坐副驾驶，因急刹车时使其身体突然剧烈向前移位，因安全带保护作用，胸部止运动，而头颈及上胸部因惯性向前运动，使胸骨与安全带突然发生撞击，间接暴力作用于胸廓，肋骨受到挤压变形，在暴力作用点远隔处过度向外弯曲发生骨折。

影响胸骨骨折的程度主要因素有：①与作用力接触的面积；②作用力的大小；③作用力的方向。案例一、案例二胸骨骨折，与拳头、膝盖接触面积、作用力的大小与受害人的抵抗程度有关。案例三胸骨骨折于安全带与胸骨接触的面积、汽车的行驶速度和人体的重量有关，属于特殊类型骨折。

上述3例损伤：案例一、案例二为直接外力钝性作用所致，案例三为间接外力钝性所致，法医学鉴定均评定为轻伤二级。

本文分析提示，胸骨骨折中多为直接暴力所致外，也有因胸部过度屈曲间接轴向作用力所致骨折。本文3例胸骨体部骨折中，案例一、案例二存在骨折部位相应皮肤挫伤，案例三则无相应皮肤表皮损伤。因此，在法医检案中对胸骨骨折鉴定，需全面掌握胸骨骨折部位、骨折形态及周围软组织损伤情况，并行胸骨侧位CT扫描，以确保法医临床鉴定的科学和公正。

非典型肋骨骨折的法医学鉴定

许云峰，高玉志，徐明，刘洪鹏，孙媛媛

山东省高密市公安局刑事科学技术室 山东 高密 261500

1 案例资料

1.1 案例

2018年4月20日李某在某市经济开发区某村被人打伤头面部及胸部。某市人民医院胸部X片（2018-04-20）示：胸廓对称，诸肋骨未见骨折改变。X线意见：胸部未见外伤性改变。某市人民医院胸部CT（2018-04-21）示：左侧第4~9肋骨及右侧第4、5肋骨内侧骨皮质欠自然。CT意见：符合双侧多发肋骨骨折CT表现。某市人民医院胸部CT（2018-04-29）示：左侧第4~9肋骨及右侧第4、5肋骨内侧骨皮质欠自然。CT意见：双侧多发肋骨骨折复查所见。某市中医院胸部CT（2018-06-06）示：左侧第4、5、6、7、8、9肋及右侧第4、5肋部分形态欠规整，均可见骨痂形成。CT提示：双侧多发肋骨骨折（左侧第4、5、6、7、8、9肋，右侧第4、5肋）。

1.2 案例

2020年10月01日，在某市某镇某村邱某与刘某因琐事发生争执，后相互厮打，刘某将邱某摔倒在地并跪压在邱某胸腹部，致使邱某胸部受伤。某市中医院胸部CT（2020-10-01）：左侧5~7肋骨及右侧4~6肋骨骨皮质见皱褶。CT提示：双侧多发肋骨见皱褶，建议结合临床2~4周后复查。某市中医院胸部CT（2020-10-08）：左侧5~7肋骨及右侧4~6肋骨骨皮质见皱褶。CT提示：双侧多发肋骨见皱褶，提示多发骨折，建议结合临床2~4周后复查。某市中医院胸部CT（2020-10-29）：左侧第5~7肋及右侧4~6肋骨皮质不连续，周围示骨痂形成。CT提示：双侧多发肋骨骨折。

1.3 案例

2020年10月28日，在某市某镇某村王某与他人因琐事发生争执并厮打，在厮打过程中王某被打伤面部、胸部。某市中医院胸部CT（2020-10-28）：左侧第5、6前肋示皱褶。某市中医院胸部CT（2020-10-31）：左侧第5、6前肋示皱褶。某市人民医院胸部CT（2020-12-10）：左侧第5、6前肋局部皮质欠规整。

2 讨论分析

肋骨骨折的愈合过程分为三个阶段，第一阶段是伤后2周为血肿炎症激化期，第二个是伤后4~8周为原始骨痂形成期，第三个是伤后8~12周为骨痂的重塑形成期，一般肋骨骨折需要三个月达到临床愈合。

上述三个案例中，伤者在胸部外伤后初次影像学检查时都未见明显骨折线，虽然案例一和案例二中的影像学报告提示肋骨骨折，但从我们法医鉴定的角度来看，肋骨是否骨折，不好确定。经过后面几次的复查，案例一伤后7周的影像学检查和案例二伤后5周的影像学检查均见到有骨痂形成，其变化过程符合肋骨骨折愈合的变化过程，伤后4~8周形成了原始骨痂，笔者认为可认定为骨折，所以案例一可依据《人体损伤程度鉴定标准》5.6.3 c）之规定，认定为轻伤一级，案例二可依据《人体损伤程度鉴定标准》5.6.4 b）之规定，认定为轻伤二级。案例三伤后初始阶段影像学检查未见到骨折线，而且复查时肋骨形态也未见明显变化，尤其是在伤后 6 周的影像学检查中未见到有原始骨痂的形成，其过程不符合肋骨骨折愈合的变化过程，笔者认为，不能认定为骨折。

3 结论

在日常鉴定工作中，经常会遇到胸部有外伤史，但影像学检查不确定肋骨是否骨折的情况，例如"皱褶、皮质欠自然、肋骨形态走行异常"等情况，对于这类情况，后期的影像学检查尤为重要。结合肋骨骨折的预后特点，我们应积极与办案人员及当事人进行沟通，在合适的时间进行影像学的检查，通过多次阅片来观察肋骨的形态变化，其变化过程与肋骨骨折愈合的变化过程相符合的，应给与认定，不符合的，则不予认定。

骨盆多发性粉碎性骨折错鉴不稳定性骨折浅析 1 例

杨光辉

四川省绵阳市人民检察院 四川 绵阳 621000

1 案例

1.1 简要案情

2017 年 12 月 19 日 16 时许，赵某乘小型客车时突发交通事故，受伤住院治疗。2018 年 5 月 23 日鉴定机构以"不稳定性骨盆骨折，手术治疗"重伤二级，而追究肇事者刑事责任。

1.2 病史摘录

赵某，男，43 岁。因"车祸伤致左髋部疼痛，活动受限 1+天"入院。查体：神志清晰，查体合作，骨盆挤压分离试验（+），左髋部明显肿胀，左下肢内收内旋，短缩畸形，左髋关节主、被动活动受限。2017 年 12 月 20 日 DR 及 CT 检查：左侧髋臼粉碎性骨折并左髋关节脱位，周围碎骨块分离；左侧耻骨下支骨折，右侧耻骨上下支骨折，断端明显错位分离；L5 椎体双侧椎弓峡部裂。手术发现：左侧髋臼后壁粉碎性骨折，骨缺损，后壁压缩塌陷，后柱横行断裂，前柱断裂，略移位。左髋关节囊破裂，股骨头部分软骨碎裂，髋臼后壁残缘关节软骨面压缩塌陷约 3 mm。行左髋臼粉碎性骨折内固定术。2018 年 2 月 12 日出院及诊断：左髋臼粉碎性骨折合并左髋关节脱位（levinⅣ型），左侧耻骨下支、右侧耻骨上下支骨折；L5 椎体双侧椎弓峡部裂。

1.3 损伤鉴定

2018 年 5 月 23 日鉴定，DR 复查左髋臼粉碎性骨折内固定术后，左髋臼粉碎性骨折断端对位尚好，骨痂生长；左侧耻骨下支骨折断端对位线好，右侧耻骨上下支骨折端对位尚可，骨痂生长。属"不稳定性骨盆骨折，经手术治疗"构成重伤二级。

2 讨论

2.1 骨盆结构及骨折受损分类

骨盆结构：由三块骨骼后侧的骶骨，两侧为髋骨链接成骨环，后侧为左右骶髂关节、前侧为耻骨联合相链接。骨盆分前、后两部分，骨盆后部为承重弓，由骶股弓和骶坐弓构成，为骨盆主弓主要起支持体重。骨盆前部为联结弓，起稳定支持作用。两侧耻骨体及其上支与骶股弓连接，两侧耻骨下支和骶坐弓连接，两侧耻骨于耻骨联合。

骨盆骨折按骨盆环完整性受损分 4 类：无损于骨盆环完整性骨折；骨盆环一处断裂；骨盆环两处以上断裂；髋臼骨折。

2.2 骨盆"不稳定性骨折，须手术"鉴定要件把握

不稳定性骨盆骨折指骨盆环的连接遭到破坏，环的前后部分至少有两处完全性骨折伴移位，致骨盆环失去稳定性，也即只有骨盆环两处以上完全性断裂骨折属于不稳定性骨折。临床影像学检查为其主要诊断手段，并结合临床既能准确判别不稳定性骨折。

本案中，鉴定机构在对伤者骨盆左侧耻骨下支、右侧耻骨上下支骨折及髋臼粉碎性骨折，认定为不稳定性骨折，其关键是未能严格按照骨盆不稳定性临床诊断标准，特别是医院 X 片检查未结合标准做出诊断鉴别，仅单纯性依靠骨折部位多认定"不稳定性骨盆骨折"，未进一步深究，欠严谨。根据伤者骨盆骨折及部位，骨折虽较重，但与不稳定性骨盆骨折之"骨盆环两处以上完全性断裂骨折伴移位"对比，存在一定差距，尚

未至不稳定受损的程度。与骨盆环两处以上的骨折断裂6种的类型也未在此范畴。此外，伤者骨盆部"切开复位内固定术"是针对髋臼粉碎性骨折而采取的内固定术，与骨盆不稳定性骨折也无直接关联。

骨盆不稳定性骨折及须手术治疗，既是本条款所规定最关键的地方，是该条款的两个要件。缺少这两条的存在鉴定就无依据，只存在一条也不能鉴定，总之两要件缺一不可。而"骨盆不稳定性骨折"的认定须是骨盆环两处以上完全性的断裂骨折。保证鉴定科学性及正确性的重要环节，是骨折类型及临床治疗的甄别。

3 总结

本案，鉴定中因未加深入斟酌分析，就认定为"骨盆不稳定性骨折，经手术"，属重伤二级，而追究肇事者刑事责任，在检察诉讼环节鉴定人技术性证据审查发现鉴定漏洞，鉴定意见发生质的改变，而免于刑罚。涉及交通事故罪与非罪的类似案件，实际鉴案必须做到严格严谨，熟悉掌握鉴定要点内容，必要的会诊，才可避免出现错鉴。

1例误诊锁骨骨折的法医学鉴定分析

杨正伟

甘肃省酒泉市公安局肃州分局刑事技术大队 甘肃 酒泉 735000

1 案例资料

1.1 简要案情

陈某，女，54岁，某日被他人用木棒殴打致伤。

1.2 病历资料

医院查体示左侧锁骨压痛明显，关节活动尚可，无明显骨擦感，额顶部可见一长约6 cm的创裂口，创缘较光整。急诊行头颅CT诊断为头皮血肿，脑实质未见明显异常；DR检查报告单示左侧锁骨骨折。

1.3 法医学检查

法医学查体检验时见：额顶部正中发际线上有纵行5.0 cm裂伤愈后瘢痕。阅X片示：左侧锁骨骨折远端凸起，无明显骨折线及骨痂，考虑为医院拍片投照角度问题造成误诊，左侧锁骨骨折诊断不成立，嘱其到医院加摄健侧相应部位X片复查。随后陈某在另一家医院复查DR片示双肩关节及双侧锁骨未见明显异常。

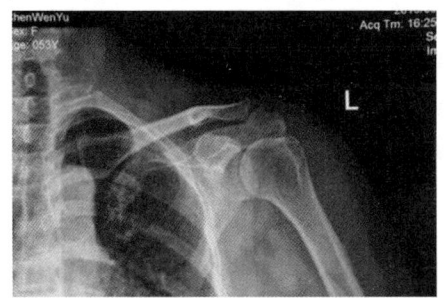

图2-14 伤者提供DR片示左侧锁骨骨折

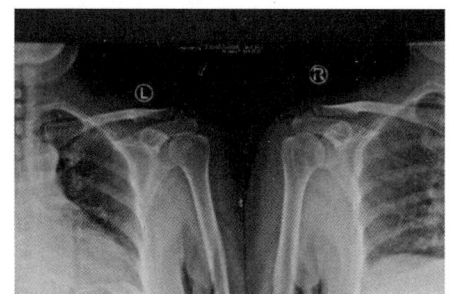

图2-15 双侧锁骨对比照示双侧锁骨对称性改变

2 讨论分析

锁骨呈S形架于胸骨柄和肩峰之间，是连接上肢和躯干之间的唯一骨性支架。锁骨位于皮下，表浅，受外力作用时易发生骨折，发生率占全身骨折的5%~10%，多发生在儿童及青壮年。

2.1 受力机制

受力机制是引起骨折最主要的因素，有明确的外伤史，直接暴力、间接暴力及肌肉牵拉暴力等作用均可致伤。

2.2 临床表现

主要表现为局部肿胀、皮下淤血、压痛或有畸形，畸形处可触及移位的骨折断端，伤侧肢体功能受限。

锁骨骨折多发生于中段，多为横行或斜行骨折。外1/3锁骨骨折，一般由前后位及向头侧倾斜40°位X线像做出诊断。锁骨外端凸起畸形容易误诊为骨折，一般不会引起临床症状和功能障碍，可根据情况要求加摄健侧相应部位对比。

2.3 小结

根据《人体损伤程度鉴定标准》5.6.4 c）之规定，锁骨骨折可评定为轻伤二级，确定是否有锁骨骨折，对保证法医学鉴定的准确性有重要意义。本例伤者伤后医院检查及法医学检查仅左侧锁骨压痛明显，左肩关节无活动受限，无明显骨擦感，局部皮肤无明显损伤，加摄健侧相应部位 X 片示对称性改变，故经临床资料审查及法医学检验未发现陈某有明显损伤的客观性依据。

在法医学检验鉴定中，大多数骨折都能通过 X 线及 CT 检查直接认定，但对于特殊部位的骨折及骨折线不明显、无骨痂形成的骨折应仔细阅片，必要时行 CT、MRI 等进一步检查以明确诊断，并加摄健侧相应部位对比，结合受伤史、症状和体征，全面分析，综合论证，为办案单位及双方当事人出具客观、科学、公正的鉴定结论。

腹部损伤致迟发性脾破裂

殷汉池

山东省潍坊市临朐县法院 山东 临朐 262600

1 案例资料

1.1 简要案情

被鉴定人，男，61 岁。2019 年 8 月 29 日因车祸致伤头面部及胸腹部。先后入多家医院住院治疗。其间行"胸腔积液引流术""脾动脉栓塞术"。

1.2 病例摘要

（1）第一次住院：

住院日期：2019 年 8 月 29 日至 2019 年 9 月 1 日。

入院时情况：神志清，精神差。左枕顶部触及一约 5 cm×5 cm 头皮血肿。双侧瞳孔等大等圆，直径 2 mm，对光反应灵敏。左胸部可触及握雪感，压痛，左肺呼吸音低，右肺呼吸音清。左季肋部压痛。左肩部擦伤、渗血。

2019 年 8 月 29 日 CT 检查示：右额颞部硬膜下血肿，图 2-16（a）；右颞脑挫裂伤，图 2-16（b）；颅底骨折。左侧第 2~9 肋骨骨折，图 2-17（a）；左胸腔积液，图 2-18（a）；脾脏挫裂伤图，2-18（b）。

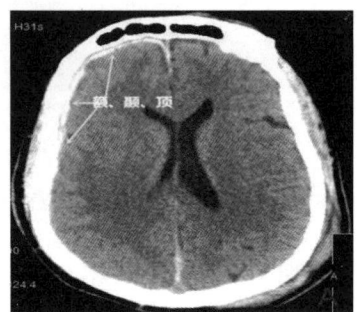 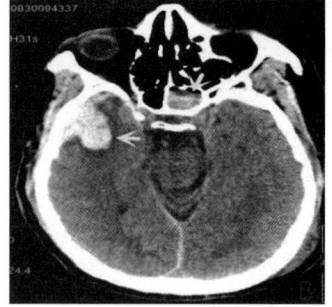

（a）右额、颞、顶硬膜下血肿　　（b）右颞脑挫裂伤、蝶窦积液

图 2-16 2019 年 8 月 29 日颅脑 CT 检查图像

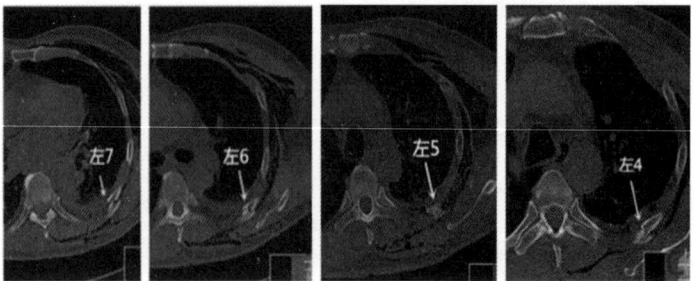

图 2-17 2019 年 8 月 29 日胸部 CT 检查图像

左 4、5、6、7 肋骨骨折并明显错位

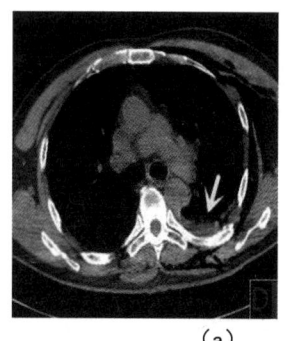
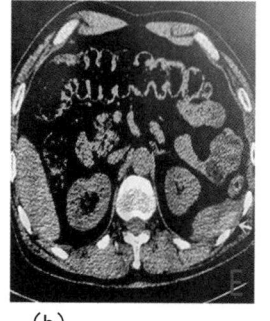

(a) (b)

图 2-18 2019 年 8 月 29 日胸、腹部 CT 检查图像

(a) 左胸腔积液；(b) 脾脏见高低混杂密度影，下缘局部高密度影。提示：脾挫裂伤

（2）第二次住院：

住院日期：2019 年 9 月 1 日至 10 月 10 日。

入院时情况：神志清，精神不振。查体：左侧头皮淤血、肿胀、压痛。胸部皮下气肿存在，握雪感存在。双肺呼吸音粗。双肺底闻及干湿性啰音。左上腹压痛，无反跳痛。四肢肌力肌张力正常。

2019 年 9 月 1 日颅脑、胸、腹部 CT 检查示：左侧顶部部分脑沟内密度增高，大脑后纵裂及小脑幕右侧密度增高；大脑镰左侧旁可见条状液体密度影。左侧额叶顶部及右侧额颞叶可见多发斑片状密度增高影，周围可见低密度影环绕，右侧颞叶为著，右侧额颞顶部颅板下新月形密度增高影。左侧第 1～10 肋骨多发骨质连续性中断，胸腔。脾脏形态不规则，内见高低混杂不均匀密度影，图 2-19（a）。

2019 年 9 月 16 日颅脑、胸、腹部 CT 示：右侧额颞叶斑片状密度增高影较前大部分吸收，呈低密度区，占位效应较前稍减轻。右侧额颞顶部颅板下见新月形低密度，较前无著变。左颞叶见斑片状高低混杂密度，高密度较前变淡。左侧多发肋骨（2～10）见多发骨折，并部分断端扦插、错位；右侧 5、6 前肋外侧皮质欠连续。肝脏周围见液性密度积聚。脾脏形态不规则，实质密度不均匀，内见斑片状高低混杂密度，脾周见少许积液，图 2-19（b）。

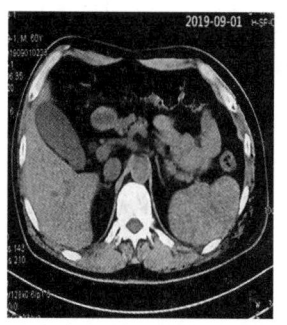
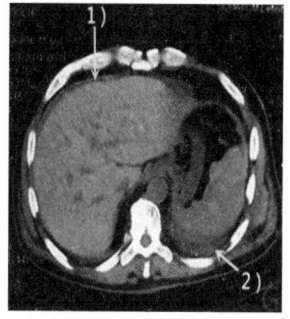

(a) 脾脏形态不规则，内见高低混杂密度影　　(b) 肝脏周围见液性密度积聚

图 2-19 2019 年 9 月 1 日及 9 月 16 日腹部 CT 图像

脾脏形态不规则，实质密度不均匀，内见斑片状高低混杂密度，脾周见少许积液。提示：脾破裂

2019 年 9 月 17 日行脾动脉栓塞术。附手术记录如下：

……，取右侧腹股沟韧带下约 1 cm 股动脉搏动最明显处为穿刺点，用 2% 利多卡因局麻成功、右股动脉穿刺成功后，引入 5F 动脉导鞘及动脉导管，选择性插管至腹腔动脉，注入对比剂，显示血管走行，造影示脾脏轮廓不整，局部见造影剂溢出，将微导管选择性插入，沿导管缓慢注入 PVA（500 μm）、吸收性明胶海绵颗粒（560 μm），出血动脉栓塞，冲管后拔出动脉导管及动脉鞘，术毕。

诊疗经过：入院后完善各项辅助检查，行"脾动脉栓塞术"及其他对症、支持治疗。病情稳定后出院。

出院诊断：右额颞顶硬膜下血肿；右颞叶脑挫裂伤；蛛网膜下腔出血；多发肋骨骨折；左胸腔积液；脾破裂。

2 法医学鉴定

2.1 鉴定过程

（1）检验日期：2020 年 10 月 20 日。

（2）被鉴定人自述：头痛、头晕，失眠、健忘。

（3）体格检查。老年男性，意识清。自主体位，查体合作。左顶部有一1.5 cm×1.5 cm瘢痕。右肩部有一7 cm×2 cm瘢痕。右侧腹股沟处可见介入治疗瘢痕。余外伤部位外观未见明显异常。右上肢肌力偏低，肌力Ⅴ-级，肌张力正常。左上肢及双下肢肌力、肌张力可。余（-）。

（4）影像学阅片：阅2020年9月28日CT复查片：右侧颞极及左侧放射冠区均见片团状较低密度灶，边界清，图2-20（a）。余脑实质内未见明显异常密度灶。颅骨未见明显异常。左侧2~9及右侧5~6肋骨局部可见高密度影，其中左4~7肋骨断端畸形著，图2-20（b）。

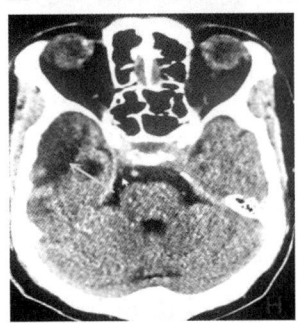 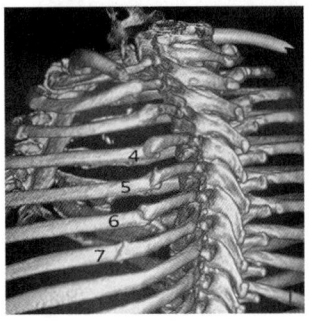

(a) 右颞部低密度度灶，提示脑软化灶　(b) 左4~7肋骨畸形愈合

图2-20　2020年9月28日CT复查图像

2020-10-20日脾脏CT平扫：内见53 mm×41 mm×38 mm低密度灶，边界较清（图5-2-6M）；脾脏增强扫描低密度灶区未见强化（图3-4-6N）。

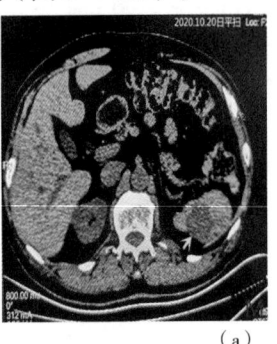 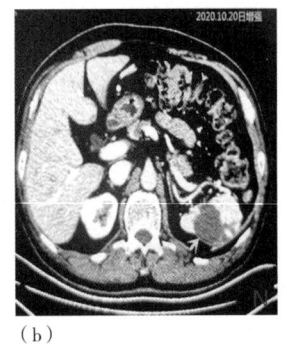

(a)　　(b)

图2-21　2020-10-20日脾脏CT图像

M：CT平扫局部低密度灶；N：CT增强扫描未见强化。提示：脾动脉栓塞术后部分组织软化怀死，失去功能

2.2 鉴定意见

（1）被鉴定人颅脑损伤后遗软化灶形成，并遗头痛、头晕及右上肢肌力减低（Ⅴ-）等神经系统症状、体征。根据《人体损伤致残程度分级》5.10.12）条之规定，构成十级伤残。

（2）被鉴定人多发肋骨骨折（左侧2~10、右侧5、6），其中左侧第4~7肋骨断端畸形愈合。参照《人体损伤致残程度分级》5.9.3 11）条之规定，构成九级伤残。

（3）被鉴定人脾破裂而行栓塞术，经CT检查证实：脾脏部分组织坏死软化，失去正常功能。根据《人体损伤致残程度分级》附则6.1、附录A规定，参照5.9.4 2）条之规定，构成九级伤残。

3 讨论

按病理解剖，脾破裂可分为中央型破裂（破裂位于脾实质深部；，被膜下破裂（破裂位于脾实质周边部分）；真性破裂（累及被膜）。前两种破裂因被膜完整，出血量受到限制，故临床上可以无明显腹内出血征象，不易被发现，脾内血肿可被吸收。脾被摸下破裂形成的血肿和少数脾真性破裂后被网膜等周围组织包裹形成的局限性血肿，可因轻微外力影响或胀破被摸或血凝块而发展为延迟性脾破裂。一般发生在伤后两周，也有迟至数月以后的，临床上应特别注意一旦发生，应立即手术。

《人体损伤致残程度分级》附则6.1：遇有本标准致残程度分级中未列入的致残情形，可根据致残的实际情况，依据附录A的规定，并比照罪相似等级的条款，确定其致残程度等级。

选择性脾血管栓塞疗法是一种行之有效的微创手术。可诊治并举：脾动脉造影可明确出血的部位、程度和速度，若结合 CT 则更能获得全面的伤情评估。栓塞止血后，可再次造影以明确止血效果。鉴定时应作脾脏 CT 检查（增强扫描）明确脾脏的形态、大小、血供情况，根据不同情况确定伤残等级（比如：通过增强 CT 被栓塞血管所供应脾段或脾叶无强化，视为该部分脾脏切除，定为九级残；若脾脏不显影可定八级残）。

本案例既有颅脑损伤，又有典型的"胸腹联合伤"。伤后 CT 检查：脾挫裂伤；伤后两周 CT 检查提示脾破裂。行脾动脉栓塞术。属"延迟性脾破裂"。术后一年，经增强 CT 检查证实：脾脏部分组织坏死，失去正常功能，构成九级伤残。

4 评析

本案例损伤涉及头、胸、腹部，系多部位复合伤。头部软化灶形成，十级残；胸部肋骨骨折，九级残。没有歧义。"脾动脉栓塞术后"。一种观点按"脾修补术"定十级，另一种观点按"术后效果"确定（可能十级，可能九级）。

第二种观点比较符合实际，因为术后本身就存在两种可能性：如果被栓塞血管供应区域被其他血管所代偿，脾脏结构与功能恢复正常；如果被栓塞血管供应区域缺血坏死，失去功能，可参部分脾切除评定九级残。尽管不是真正意义上的脾切除。

医学科学像其他学科一样，日新月异，治疗手段，尤其是手术方式也在不断改进、提高。比如：陈孝平，汪建平.外科学[M].人民卫生出版社，第 8 版，2014：337 是这样描述的："延迟性脾破裂，一般发生在伤后两周，也有迟至数月以后的。此种情况下应切除脾。"而第 9 版，2019：323 是这样描述的："延迟性脾破裂，一般发生在伤后两周，也有迟至数月以后的。临床上应特别注意。一旦发生，应立即手术。"第九版讲的是"立即手术"，而未具体讲何种术式。因此，鉴定人在具体鉴定工作中应当不再将思维局限于传统的手术方式，也应与时俱进。

肋骨骨折损伤形成时间鉴定 1 例

俞晓英

司法鉴定科学研究院/上海市法医学重点实验室/上海市司法鉴定专业技术服务平台 上海 200063

1 案例

1.1 简要案情

曾某，男性，31 岁。2020 年 7 月 2 日 9 时许，曾某在某工地干活时与他人发生肢体冲突致受伤，遂就医并报警，经医院摄片检查，诊断为"多发性肋骨骨折"。警方为查明案情，委托当地多家鉴定机构进行损伤程度的鉴定，均以各种理由拒绝受理。2021 年 4 月，警方委托本院进行肋骨骨折形成时间及其人体损伤程度的鉴定。

1.2 病史摘要

（1）某乡卫生院 2020 年 7 月 2 日急诊病历：

左面部一处擦伤，颈部一处擦伤，余未见体表红肿及擦挫伤。

（2）某县人民医院 2020 年 7 月 3 日至 7 月 6 日住院病历：

因"被打后全身多处疼痛 1 d"入院。查体：头部、胸前散在压痛；颈前见一条状皮肤擦伤，胸部未见红肿瘀血；左肩关节活动疼痛。出院诊断：全身多发性软组织损伤。

（3）某职工医院门诊病历：

2020 年 7 月 16 日：外伤致胸痛 14 d，前胸右侧疼痛，休息不缓解。查体：胸廓无畸形，右侧胸肋部压痛（+），挤压痛可疑，双肺呼吸音清。摄片报告：右侧第 6 前肋及左侧第 8 前肋骨折。诊断：闭合性胸外伤，双侧肋骨骨折。

2020 年 8 月 3 日摄片报告：右侧第 6 及左侧第 8 肋骨陈旧性骨折。

2 鉴定过程

2.1 询问及查体

神清，对答切题，查体合作。诉先被他人从后方卡住脖子侧摔，再被压在身上受伤，当时左肩及脚疼痛，胸背部疼痛明显。现无明显不适。查体：呼吸平稳，前胸部压痛（-），胸廓挤压试验（-），呼吸平稳，触觉语颤对称。

2.2 阅片及复查摄片所见

2020年7月16日胸部CT示：左第8前肋骨折处骨痂生长，骨折线模糊；右侧第6前肋内外侧骨皮质折曲、外侧骨皮质断裂，断端清晰，未见明显骨痂。

2020年8月3日胸部CT示：左侧第8前肋骨折处骨痂生长，骨折线模糊，骨痂较前略有吸收；右侧第6前肋骨折处可见少量骨痂生长，骨折线增宽。

2020年9月4日胸部CT示：左侧第8前肋骨折处密度增高，骨痂较前吸收，骨折基本愈合（图2-22）；右侧第6前肋骨折处骨痂较前增多（图2-23）。

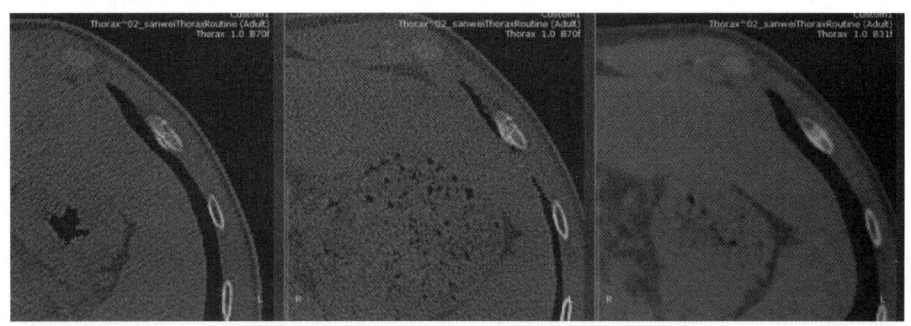

图2-22　左侧第8前肋骨折动态变化（自左至右分别为2020年7月16日、8月3日、9月4日图像）

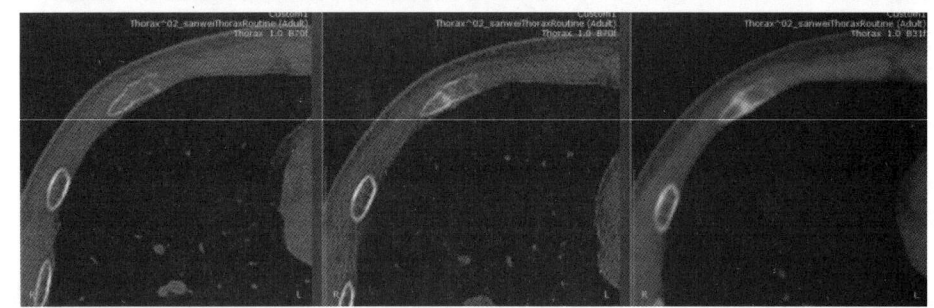

图2-23　左侧第6前肋骨折动态变化（自左至右分别为2020年7月16日、8月3日、9月4日图像）

2021年4月16日本院肋骨CT扫描示：左侧第8及右侧第6前肋骨折均已愈合。

2.3 鉴定意见

被鉴定人曾某左侧第8肋骨骨折不符合2020年7月2日外伤所致，右侧第6肋骨骨折符合新鲜骨折。被鉴定人曾某本次外伤致右侧一处肋骨骨折，评定为轻微伤。

3 讨论

人体骨折愈合一般经历肉芽组织修复期、骨痂形成期、骨性愈合期、塑形期等过程。肉芽组织修复期是指骨折后数日内断端血肿形成，影像学表现为骨折线清晰、断端锐利；骨痂形成期一般始自骨折后1～3周，断端少量骨痂形成致影像学表现呈云雾状，骨折线渐趋变粗变模糊；骨性愈合期是指骨折端形成骨性连接，约为骨折后3个月以上，影像学表现为骨折断端骨痂生成更为明显并致密。塑形期是指在应力轴线以外的原始骨痂逐渐吸收，直至骨的形态恢复，影像学表现为骨折端膨大，骨痂与骨质逐渐融合。

根据本案病历，曾某2020年7月2日胸部外伤成立，临床CT扫描示"右侧第6前肋及左侧第8前肋骨折"。于伤后1个月、2个月两次复查CT，显示了上述两处骨折均呈现动态变化。其中，伤后14d时右侧第6前肋未见明显骨痂，具有新鲜骨折的特征，而同时其左侧第8前肋骨折处已可见骨痂生长，骨折线模糊不清；1个月时右侧第6前肋骨折处骨痂生长，符合新鲜骨折后改变，而左侧第8前肋骨折处骨痂较前吸收，呈现骨折愈合中改变；2个月时右侧第6前肋骨折处骨痂更趋增多，而右侧第8前肋骨折处骨痂显著吸收，逐渐开始塑形。据此，根据上述两处肋骨骨折骨痂形态及其动态变化，无法认定为同一次外伤作用所致。

根据影像学改变，进行损伤形成时间的鉴别、判定，是法医临床鉴定实践中的常见问题。在实际工作中，鉴定人应始终绷紧这根弦，确保所认定的伤情与案情提供的外伤史具有符合性。当发现疑问时，应在委托受理过程中提示委托人，要求补充侦查、提供更加明确的案情，或者增加委托鉴定事项等方法，防范鉴定风险。即使未能获得进一步的资料，委托人也未要求补充鉴定事项时，鉴定人也应在鉴定意见书中加以必要的提示，防止鉴定结果被误用，引发冤假错案。

1例特殊类型肋骨骨折的鉴定分析

翟晓菲

江苏省泰州市公安局 江苏 泰州 225300

1 案例介绍

2019-09-15晚，杨某某（男，1963年5月生）与他人发生纠纷，被他人拳击殴打致使其胸部受伤。

2019-09-16泰州市中西医结合医院门诊病历记载："桶状胸"样改变，两侧胸前中上部偏外侧局限性压痛存在，胸廓挤压征（±），肺部呼吸音闻及。

2019-09-16泰州市中西医结合医院CT诊断报告示：脊柱后突畸形，鸡胸改变；考虑右侧第2前肋骨折，左侧第2及右侧第3前肋扭曲，建议复查并三维重建。

2019-09-20泰州市人民医院影像科CT检查报告示：两侧第2前肋骨折；右侧第3肋骨骨皮质扭曲。胸廓畸形。

2019-09-23法医检验：伤者杨某某自行步入，神志清楚，精神正常，一般情况可。诉被他人拳击胸部，现双侧胸部疼痛不适，无呼吸困难。胸廓畸形，胸部绷带外固定，内有中药外敷。根据现有病历结合案情，建议其伤后4~5周复查胸部薄层CT及三维重建。

2019-10-15泰州市人民医院影像科CT检查报告示：两侧第2前肋见透亮线影，局部骨痂生长。胸廓畸形。

2019-11-18泰州市人民医院骨密度检查报告单示：左侧股骨颈T值=-1.6 SD，L1~L4椎体T值=-0.5 SD，L2~L4椎体T值=0.5 SD，提示"骨量减少"，请结合临床（由于患者脊柱畸形，骨密度检测结果可能受到影响）。

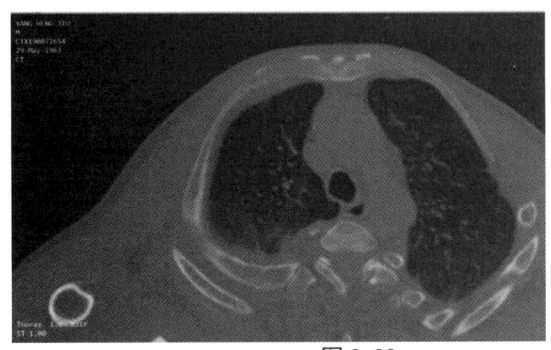

图2-22

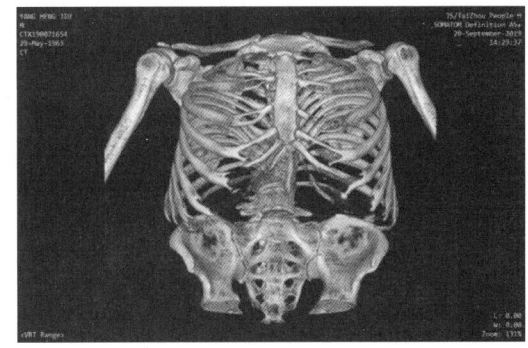

图2-23

2 针对此案的问题

①该伤者胸廓畸形的诊断是什么？佝偻病？鸡胸？原因是疾病性？病理性？生理发育不全？②该伤者胸廓畸形是否存在导致骨折易发生的因素？如骨骼发育不全？分叉？骨骼畸形？脊柱侧弯及后凸？骨质疏松？等等。③该伤者的胸廓及肋骨在解剖学结构上是否导致骨结构的完整性或坚固性改变？或者骨强度减弱？应力性减弱？

【拓展】骨强度：是指骨组织抵抗外力破坏的能力，主要与骨的材料特性/骨量/骨结构以及显微损伤等相关。骨刚度：是指骨组织抵抗变形的能力，主要与的骨的材料特性/骨量/骨组织的分布和骨的几何形态有关。骨的生物力学特征：骨是一种复合材料，主要由抗压强度高/抗拉强度低的矿物质（羟基磷灰石）和抗压强度低/抗拉强度高的蛋白（胶原纤维）组合而成。骨组织的力学强度主要由以下因素决定：①骨组织的材料特性，年龄/性别等因素对其影响微乎其微。②骨量。③骨结构及几何形态。④显微损伤。影响骨力学性能的因素：①骨成分因素：a.孔隙率；b.矿化（无机盐比例），矿化程度大骨刚度增加，骨强度减弱；c.密度。②骨结构（骨小梁/骨皮质/胶原纤维定向排列）。③年龄因素。

3 针对此案个人分析意见

①结合案情其胸部被他人殴打，病历记载其两侧胸前中上部偏外侧局限性压痛存在、胸廓挤压征（±），故其外伤史明确。②阅泰州市中西医结合医院及泰州市人民医院影像片示：杨某某双侧第2肋骨各1处骨折，伤后1月复查见骨痂生长；符合新鲜骨折的发生发展规律，故认为其肋骨骨折符合此次外伤所致。③阅其胸部CT及三维重建示双侧第2前肋骨折，稍错位，其胸廓及肋骨畸形考虑与脊椎侧弯畸形相关，一般而言对骨强度无明确影响。作为57岁男性，骨密度检查提示，骨量减少，是该年龄段的生理改变，轻微外伤一般不会导致骨折发生。本例肋骨骨折考虑外伤占主要因素。④综合以上情况分析，杨某某肋骨骨折2处，对照《人体损伤程度鉴定标准》5.6.4 b）、4.3.1之规定，其损伤程度已构成轻伤二级。

肋骨骨折诊断差异的原因及应对探讨

张宏星[1]，尚欢[2]
1.陕西省西安市人民检察院 陕西 西安 710016
2.西北政法大学 陕西 西安 710061

1 案例

A和B发生纠纷，厮打、倒地，A告B打伤自己。伤后1 d诊断左侧6肋骨骨折，伤后1周诊断左8肋骨骨折，伤后一月诊断左6、8肋骨骨折，右侧8、9肋肋骨骨折，第一次鉴定轻伤，第二次医学诊断，第三次鉴定轻伤，判决两次，发回重审一次，历时6年，最终以无罪告终。

2 肋骨骨折诊断差异原因分析

肋骨骨折的诊断是法医临床学鉴定的常见疑难问题。因为法医损伤程度评定一般是在肋骨骨折临床诊断的基础上进行分析评判的。在法医鉴定案件中，影像学能够明确肋骨骨折是否存在及骨折的部位、形态、数量和新旧程度，为法医确定损伤程度和伤残等级提供客观的依据。由于肋骨特殊的解剖特点，胸片容易漏诊未移位的骨折，对于第1～2肋骨和第11～12肋骨检出率低，对细微骨折不能确认，多次检查结果前后有可能不一致等，因此对肋骨骨折的鉴定应该综合X线及CT检查，CT三维重建可明显提高肋骨骨折的检出率，MPR图像可清晰显示未移位细微骨折线；VR重建图像立体感强，可多角度观察骨折的移位，对没有移位的肋骨骨折不容易显示；多层螺旋CT检查对于判断肋骨，尤其是肋软骨骨折有很高的诊断价值，明显优于X线检查。另外CT轴位图像所见的肋骨骨折，必须结合胸片才能准确定位。对没有移位的可疑细微骨折，应该建议在外伤后第2～5周复查，在临床法医鉴定中有时出现前后多次复查诊断肋骨骨折数量不一致的情况，这是由于肋骨骨折当时细微骨折未见移位、检查体位、呼吸动度等多种因素有关，应该结合临床表现及多次复查结果等综合确认。

3 肋骨骨折诊断差异应对措施探讨

①肋骨骨折诊断有差异，是客观存在的，有其临床上和案情上的原因，有主观原因，也有客观原因，又因为事关双方当事人的切身利益，需慎之又慎，力求准确客观。所以，思想上要重视该问题，具体原因具体分析，具体解决，才能做出准确的诊断意见。②对于客观原因造成的，可选择较好的设备和多种检查手段，如X片加CT加MPR，以及三维重建、动态观察等。③对于主观因素方面，可选择资质较高、经验丰富的影像学专家，减少人为因素的偏差等。④对于案情方面的因素，法医鉴定人在实际鉴定过程中，需注意当事方描述客观性，必要时做好造作伤的排除。⑤对于有些疑难复杂、多次反复检查诊断不一、久拖未决的鉴定，可组织多方参加的公开听证会或论证会，把鉴定方面的矛盾放在桌面，在一定范围内形成共识，以利于实现鉴定的客观科学性。

输尿管医源性损伤后自体肾移植伤残等级评定 1 例探讨

郑杏斌，秦金钊，熊先伟

广东南天司法鉴定所 广东 深圳 518045

手术致泌尿系统损伤评残在法医临床学鉴定中少见，涉及自体肾移植术后鉴定争议较大。现笔者将检案中遇到的医疗损害鉴定中仅伤残评定部分报道如下，供大家探讨。

1 案例

1.1 简要案情

王某，46 岁，2017 年 11 月 21 日在"经尿道输尿管镜左侧输尿管结石钬激光碎石、取石+左输尿管内支架植入术"中出现输尿管撕脱，行"左输尿管断端吻合+输尿管膀胱再植+左输尿管内支架植入术"，术后发生左输尿管瘘，后行"左肾切除+右侧自体肾移植术"。

作为医疗损害鉴定的一部分，2020 年 11 月 19 日受某市人民法院委托，按照《人体损伤致残程度分级》标准对王某损害后果的伤残等级进行鉴定。

1.2 病史摘要

2017 年 11 月 14 日，王某因"左腰部疼痛 1 d"入住某市高新技术产业开发区人民医院，泌尿系彩超示左肾结石、左输尿管结石并左肾轻度积液。予"体外冲击波"等治疗后出院。

患者因"反复左腰腹胀痛 1 周，加重 5 h"，于 2017 年 11 月 20 日第二次入住该院，次日行"经尿道输尿管镜左侧输尿管结石钬激光碎石取石+输尿管断端吻合+输尿管膀胱再植+支架管植入术"，术中"左输尿管撕脱，转开腹行输尿管吻合术"。病情稳定后出院。

某省人民医院住院病历记载：王某因"输尿管吻合术后持续性引流口处渗液 1 月余"，以"左输尿管瘘"于 2018 年 1 月 10 日收住院。1 月 13 日行"左侧肾切除+右侧自体肾移植术"。术中见左下段输尿管粘连严重，左肾灌注良好。供肾用 0～4℃的 HCA 液灌洗，从右下腹肾移植切口分离左输尿管末端，将管内支架拔出。游离髂外静脉、髂内动脉，肾静脉与髂外静脉端侧吻合，肾动脉与髂内动脉端端吻合，输尿管与膀胱瓣吻合，置入内支架。出院时移植肾区无压痛，双下肢无浮肿。

2018 年 1 月 31 日，王某在某市高新技术产业开发区人民医院行"经尿道输尿管内支架管拔除术"，术后当日出院。

王某 2019 年 7 月 4 日某大学附属第五医院 ECT 检查报告记载：自体移植肾稍小，血供轻度减轻，功能中度受损，肾小球滤过率 19.41 mL/min。2020 年 12 月 21 日肾功能检验报告：肌酐 89.00[正常参考值 57～111] μmol/L，肾小球滤过率估算值 87.27[正常参考值＞90] mL/min/1.73 m^2。

2 讨论

输尿管位于腹膜后间隙，受到周围组织的良好保护，且有相当的活动范围。因此外界暴力所致的输尿管损伤很少见，多为医源性损伤。经膀胱镜逆行输尿管插管、扩张、套石、活检、输尿管镜检查、取（碎）石等操作均可能发生输尿管穿孔、撕裂、断裂、剥脱等损伤。若输尿管断离部位较高，两断端对合后无张力者可施行端端吻合术。下 1/3 段损伤，部分缺损宜作输尿管膀胱吻合术或膀胱壁瓣输尿管下段成形术。若输尿管缺损过多，按具体情况选做输尿管造口术或自体肾移植术甚至回肠代输尿管术。

移植是将一个个体的细胞、组织或器官用手术或介入等方法，植入到自体或另一个体的同一或其他部位，以替代或增强原有细胞、组织或器官的一门医学技术。按供、受体是否为同一个人可分为自体移植和异体移植。按供、受体种系和基因关系分类，两者基因完全相同如同卵双生间的异体移植，称为同系移植或同基因移植，移植后不会发生排斥。种系相同而基因不同，称同种异体移植，移植后会发生排斥反应。不同种之间的移植，称异体移植，移植后会引发强烈的排斥反应。

本例系左输尿管医源性损伤后，主要经行左输尿管断端吻合+输尿管膀胱再植+左输尿管内支架植入术，后发生左输尿管瘘，进而行左肾切除+右侧自体肾移植术，现遗有肾功能轻度下降。

对于上述损伤，《人体损伤致残程度分级》标准的相关条款及伤残等级评定的争议点如下：①对照 5.5.4 3)"肾移植术后，肾功能基本正常"款，评为伍级伤残。标准及《〈人体损伤致残程度分级〉适用指南》

均没有对肾移植进行分类和说明，类似损伤依据上述条款评定已有报道。肾移植的适应证是各种肾病进展到慢性肾衰竭尿毒症期，包括慢性肾小球肾炎（占70%）、慢性肾盂肾炎、多囊肾、糖尿病性肾病、间质性肾炎和自身免疫性肾病等。本案自体肾移植非上述原因所致，术后不会发生排斥反应，且另一侧肾脏正常。比较同级别范围的"一侧肾切除术后，另一侧肾功能中度下降"规定，以现有的移植水平，标准"肾移植术后"应理解为同种异体肾移植术后，因此，评为伍级伤残不妥。②对照5.7.4 2）"一侧肾切除术后"款，评为柒级伤残。患者尽管左肾切除，但自体移植到右侧髂窝，并未离体缺失。因此，评为柒级伤残亦不妥。③对照5.8.4 8）"肾功能轻度下降"款或者5.8.5 1）"输尿管损伤代替术或者改道术后"款，评为捌级伤残。本例肾移植实为输尿管损伤改道术的范畴，术后有发生肾功能下降的可能，因此，依据手术的目的、性质和术后临床体征稳定后肾功能的状况评定为捌级伤残科学、合理。

综上所述，自体肾移植术后不属于《人体损伤致残程度分级》中"肾移植术后"范畴，类似损伤应依据手术的目的、性质和术后临床体征稳定后肾功能的状况等评定伤残等级。

医源性心脏或大血管损伤医疗损害鉴定2例

郑杏斌

广东南天司法鉴定所 广东 深圳 518045

1 案例资料

1.1 案例一

（1）简要案情。患者官某因"头晕伴四肢麻木3 d"入住某医院，入院诊断为脑动脉供血不足，肺结节等。医方择期予行经皮肺穿刺活检术，术毕患者坐起穿衣时突然从扫描床上倒地，经抢救无效死亡。

（2）尸体检验。内部检验：左侧手术切口处皮下及肌层少量出血，右侧第6肋间肌处见6.0 cm×5.0 cm范围出血。双侧胸腔内均有暗红色血性液体：左侧110 mL、右侧300 mL。升主动脉弓处有软组织片状出血，延伸至喉结下筋膜间，范围为12.0 cm×6.0 cm。左纵隔上部见一4.8 cm×3.6 cm出血灶。心包未见明显破裂口，腔内有暗红色血性液体130 mL，右心房见8.0 cm×3.5 cm片状出血；右心房近下腔静脉处见细小裂口。组织学检查：右心房心肌片状出血，累及窦房结，伴较多中性粒细胞等炎症细胞浸润。

（3）死亡原因。官某符合在左肺上叶结核穿刺活检术后，因右心房破裂、心包积血致急性心功能障碍而死亡。

1.2 案例二

（1）简要案情。某中医诊所予患者王某彧中穴针灸治疗后，患者突然出现头晕症状，随后两眼上翻、抽搐、呼吸急促，经抢救无效当日死亡。

（2）尸体检验。左锁骨下窝见一1.2 cm×1.0 cm大小的皮肤瘀斑。左胸第1、2肋间（与左锁骨下窝瘀斑对应处）见一2.0 cm×1.0 cm大小的皮下肌层出血；与左胸第1、2肋间对应处见小片状纵隔胸膜出血；心包腔内见暗红色血液及凝血块约350 mL；肺动脉根部近肺动脉瓣处见一1.0 cm长的破裂口伴出血，裂口处见凝血块，挤压可见血液流出，肺动脉内膜见0.6 cm×0.5 cm范围的出血，其间可见4个圆形裂孔；主动脉根部见2处出血斑，大小分别为1.0 cm×0.2 cm和1.2 cm×0.5 cm。

组织学检查：纵隔胸膜为灶片状出血；肺动脉外膜局部片状出血，肺动脉各层未见炎细胞浸润，未见夹层血肿形成。

（3）死亡原因：王某符合肺动脉破裂致心脏压塞死亡。

2 结果

案例一分析认为：官某术前无心包积血、心脏疾患的临床表现；有明确的胸肺部穿刺史；穿刺活检后短时间内心跳、呼吸骤停；死后法医病理证实右心房破裂，右心房心肌、窦房结处出血伴较多炎症细胞浸润，为生前性出血，且无心肌梗死、心肌炎的证据。其心脏破裂的原因，分析认为系穿刺所致。据此认为，医方术中未尽到医务人员应尽的高度谨慎的注意义务（预见、回避义务），存在医疗过错。因此，医方的医疗过错与患者的死亡之间存在因果关系，过错系患者死亡的主要因素。

案例二分析认为：王某有明确的彧中穴针灸史，死后尸体解剖见左胸第 1、2 肋间皮下肌层出血，纵隔胸膜出血，肺动脉根部破裂、出血，上述出血部位相邻、对应，且系生前损伤所致，未检见死者存在肺动脉病变，亦无遭受其他外伤的证据。因此，不能排除针灸时针刺引起肺动脉破裂。据此认为，医方存在针灸治疗时未尽到医务人员应尽的高度谨慎的注意义务（预见、回避义务）的医疗过错。医疗过错直接致患者王某肺动脉根部破裂，继发心脏压塞死亡。因此，医方的医疗过错与患者的死亡之间存在因果关系，系患者死亡的主要因素。

3 讨论

本 2 例手术或针灸操作，诊疗规范、常规均未要求全程录像。因此，发生医疗纠纷后缺乏医疗行为与心脏或大血管损伤之间是否存在因果关系的直观证据，鉴定意见容易引起争议或者令人难以理解。如案例一中医方辩称穿刺针的长度远远小于穿刺部位与右心房破裂处之间的距离，右心房的破裂非医疗行为所致。我们认为，类似的病例应该在术前准备充分，预见到可能发生不良后果并做好预案，且术中应谨慎操作以避免不良后果的发生。在本次损伤系生前伤，破裂部位非疾病所致，无其他外伤证据的情况下，可以认定医疗行为存在过错，医疗过错与患者心脏或大血管损伤之间存在直接的因果关系，且医疗过错系患者损害后果的主要因素。

伤后五个月多次影像检查发现 6 根隐匿性肋骨骨折 1 例

钟先明，唐述荣，马连星，王莉

安徽惠民司法鉴定所 安徽 合肥 230022

1 案情

被鉴定人李某某于 2018 年 12 月 21 日因琐事与他人发生肢体冲突后感胸部疼痛，至县人民医院住院诊治。查体：胸廓挤压征（+），右侧胸部多处压痛（+）。急诊行 X 线检查和胸部 CT 平扫+全肋骨三维重建示：右侧第 10 肋骨折、断端稍错位。经给予胸廓外固定、止痛、防治感染等治疗，胸痛稍缓解，病情趋于稳定。出院后李某某因在较长时间内胸痛不适无明显缓解，故在伤后 5 个月内，多次至该院复查胸部 CT+肋骨三维，每次都有不同部位陈旧性肋骨骨折发现，总计共发现 6 根肋骨骨折。因伤后并无再次外伤，李某某认为其多根肋骨骨折为他人打击所致，为此以故意伤害将被告方告上法院，要求追究其故意伤害的责任，对 7 根肋骨骨折构成的伤残等级进行鉴定并予以赔偿。被告方不服，只承认右侧第 10 肋骨骨折为其伤害行为所致，其余肋骨骨折与己无关。因案件审理的需要，某县人民法院委托我所司法鉴定人对李某某除右侧第 10 根肋骨以外其他肋骨骨折与本案涉及肢体纠纷之间的因果关系、关联度进行鉴定。

2 检验

阅读送检的胸部 CT 三维片，有以下重要检见：① 2018-12-22（受伤当时）片示：右侧第 10 肋新鲜骨折，断端错位；余处未见肋骨形态异常。② 2019-01-17 片示：新见右侧 11 肋骨折，断端明显错位，有轻微骨痂形成；右侧第 10 肋骨骨折骨痂形成。③ 2019-01-27 片示：新见右侧第 4、5 肋轻度骨痂形成，左侧第 5 肋轻度骨痂形成；余所见同上片，骨痂形成较明显。④ 2019-03-01 片示：新见右第 9 肋骨痂形成，轻度错位扭转；余所见同上片且骨折骨痂形成明显。⑤ 2019-06-01 片示：新见右侧第 8 肋骨骨痂形成；余所见同上片。经法医司法鉴定人检验阅片，在伤后 5 个多月的时间内，伤者李某某总共进行了 5 次胸部 CT 三维检查，共发现 7 根肋骨骨折，除右侧第 10 肋骨新鲜骨折为受伤当时发现外，其余 6 根肋骨骨折均在伤后不同的时间段，以肋骨骨折骨痂形成特征而被发现，不仅骨痂形成的程度有一定差异，而且骨痂的位置也不在同一力线上，符合外力多次作用于不同部位所形成的特征。

3 讨论

本例系多发性肋骨骨折，受伤当时只发现右侧第 10 肋为明显新鲜骨折，余处肋骨未见肋骨骨折征象。随着时间的推移，先后有 6 根肋骨骨折以骨痂形成特征被先后发现，可以认定均为隐匿性肋骨骨折。其发现的时序及影像学特征为：入院时仅见右侧第 10 肋骨骨折，余处肋骨未见明显骨折征象。伤后近 1 月时见右侧第 10、11 肋骨折断端错位，见骨痂形成。伤后 1 月半见右侧第 10、11 肋骨折断端明显错位；右侧第 4、5

肋可见轻度骨痂形成。伤后 2 月余见右侧第 10、11 肋骨折断端明显骨痂形成；右第 9 肋骨痂形成，轻度错位扭转；右侧第 4、5 肋可见轻度骨痂形成；左侧第 5 肋可见骨痂形成。伤后 5 月余见右侧第 4、5、8、9、10、11 肋，左侧第 5 肋骨骨痂形成，其中 10、11 肋骨折骨不连。上列影像学的不同所见，一方面与肋骨骨折病程发展中不同时间段在影像学上的不同特征性所见有关。通常，在伤后早期，影像学检查结果较为模糊不清，细微或隐匿性骨折很容易观察不到；第 2 周后检出率逐渐升高；第 3~5 周后骨痂生长加速，此时隐匿性骨折因骨痂形成而逐渐被发现；第 6~8 周后骨痂开始重塑，检出的骨折的数量可能有新的变化。另一方面与 CT 检查技术的不足有关。肋骨三维重建时，会造成部分细节特征的不易发现，特别是在损伤早期，其发现率更低。本例的显著特点是，在伤后 5 个多月的时间内，均有隐匿性骨折被先后发现，这与隐匿性肋骨骨折通常在伤后 1~2 月时因骨痂形成而被发现明显不同。结合案情，符合他人伤害时外力作用于不同部位且作用力大小不一的成伤机制特点。据此，根据上列连贯的 CT 影像检查结果及阅片所见，认定被鉴定人李某某因本次外伤致右侧第 4、5、8、9、10、11，左侧第 5 肋骨折，且与本案涉及的肢体纠纷之间相关联，两者之间存在着直接因果关系，为完全原因，其参与度为 100%。并依据《人体损伤致残程度分级》5.10.3 7）"肋骨骨折 4 根以上并后遗 2 处畸形愈合"条款之规定，评定为十级伤残，从而为案件的审理提供了影像检验的客观依据。

外伤后液气胸 1 例

周龙虎[1]，梁小锋[2]，吕岩[3]

1. 江苏省常熟市公安局 江苏 常熟 215505
2. 西北政法大学公安学院 陕西 西安 710063
3. 黑龙江省齐齐哈尔市公安局 黑龙江 齐齐哈尔 161005

2020 年 9 月 3 日，常熟市公安局法医室遇 1 例外伤后液气胸，伤者刘某，男性，1991 年生，据派出所介绍，2020 年 8 月 21 日，刘某在常熟市某 KTV 后的院子里被人打伤胸部等处。

1 部分病历摘录

常熟市第二人民医院出院记录（2020-08-21—2020-09-03）：

因"发现左侧大量胸腔积液半天"入院，查体：体温 37.1℃，脉搏 67 次/min，呼吸 18 次/min，血压 116/63 mmHg，脉氧 96%。神志清，精神萎，后枕部少许头皮外伤约 1 cm 伤口浅，无缝合。左眼球结膜充血，口唇无发绀，咽部充血，双侧胸廓活动度对称，左肺叩诊音稍浊，右肺叩诊清音，左肺呼吸音低，右肺呼吸音可及，两侧未及干湿啰音。心率 67 次/min，律齐，各瓣膜听诊区未闻及明显病理性杂音。腹平软，上腹部无压痛、反跳痛，肠鸣音正常。2020-08-21 急诊彩超：左侧胸腔积液，肝胆胰脾肾未见明显异常。血乙醇浓度 2.06 g/L，HB125 g/L，PLT52×10^9/L↓。胸部 CT：左侧大量胸腔积液伴左肺膨胀不全。头颅 CT：颅脑未见明显外伤性改变，两侧上颌窦炎。

住院经过：入院予以左氧氟沙星 0.5 qd 静滴，调整电解质紊乱等对症治疗，并予以胸腔穿刺引流术，抽出黄色混浊胸腔积液，后复查胸片提示左侧气胸（压缩约 90%），于 2020-08-26 胸腔闭式引流，复查胸片提示肺复张，病情好转，遂出院。

2020-08-21 胸腹水常规检验报告：李凡他实验 2+↑。乳糜定性检查检验报告：乳糜试验（一）。胸腔积液生化：腺苷脱氨酶 25 U/L，乳酸脱氢酶 1441 U/L↑，总蛋白 84 g/L↑，白蛋白 31 g/L，葡萄糖 0.25 mmol/L。2020-08-22 胸腔积液常规：颜色黄色，透明度混浊有凝块，李凡他实验 3+↑，白细胞总数 4232×10^6/L，中性粒细胞 30.0%，淋巴细胞 60.0%。尿常规化学检测（沉渣）检验报告：尿隐血弱阳性（+-）↑。胸腔积液生化：腺苷脱氨酶 22 U/L，乳酸脱氢酶 1338 U/L↑，总蛋白 74 g/L↑，白蛋白 28 g/L，葡萄糖 0.12 mmol/L。住院血细胞分析检验报告：血红蛋白 126 g/L，红细胞计数 3.08×10^{12}/L↓，血小板计数 56×10^9/L↓，白细胞计数 7.4×10^9/L，中性粒 51.9%，嗜酸性粒细胞 14.5%↑。红细胞沉降率 9 mm/L。超敏 C 反应蛋白 2.1 mg/L。白 CEA+铁蛋白测定+AFP+NSE+CY211+CA99 检验报告：细胞角蛋白片段 CY211 2.06 ng/mL，神经元特异性烯醇化酶 10.24 ng/mL，甲胎蛋白 2.94 ng/mL，癌胚抗原 1.80 ng/mL，糖类抗原 CA199 6.01 U/mL，铁蛋白 360.7 ng/mL。粪便常规+隐血试验检验报告：阴性。大生化组合+心酶检验报告：丙氨酸氨基转移酶 10 U/L，天门冬氨酸氨基转移酶 16 U/L，白蛋白 40.4 g/L，钾 3.81 mmol/L，钠 142 mmol/L，氯 105 mmol/L。CEA+CA125 检验报告：糖类抗原 CA125 676.80 U/mL↑。CEA+CA199+CA125 检验报告：糖类抗原 CA125 674.80 U/mL↑。血凝全套+血浆 D-二聚体检验报告：D-二聚体 0.67 μg/mL↑。术前传染病指标检验报告：未见异常。痰找抗酸杆菌检验报告：未找到抗酸杆菌。2020-08-24 胸腔积液常规。李凡他实验 3+↑。胸腔积液生化：腺苷脱氨酶 21 U/L，乳酸脱氢酶 1814 U/L↑，总蛋白 68 g/L↑，白蛋白 25 g/L，葡萄糖 0.21 mmol/L。胸腔积液结核分枝杆菌 DNA 检验报告：结核分枝杆菌 DNA 低于检测限。胸腔积液 CA125 检验报告：糖类抗原 CA125 516.10 U/mL↑。2020-08-27 胸腔积液细菌培养检验报告：无需氧菌生长，无厌氧菌生长。2020-08-21 住院超声检查报告：左侧胸腔大量积液。

出院情况：精神可，神志清，无发绀，呼吸平稳，左侧胸壁伤口愈合可，无明显涌出，两肺呼吸音可及，左肺呼吸音较前增强。

2020-08-21 胸穿记录：左肩胛下角线第 9 肋间为穿刺点……回抽见黄色胸腔积液……回抽到胸腔积液后……接注射器回抽见黄色混浊胸腔积液流出……接引流袋，引流管固定深度 12 cm。抽胸水 250 mL 分送常规、生化、肿瘤细胞及病理。现继续缓慢引流。

2020-08-21 CT 诊断报告单：左侧大量胸腔积液、伴左肺膨胀不全。

2020-08-22 检验报告单：结核分枝杆菌 DNA 检验值：低于检测限值。

2020-08-23 鉴别诊断：①结核性胸膜炎诊断依据不足；②脓胸/肺炎旁胸腔积液：需考虑。可进一步查胸腔积液常规生化等；③恶性胸水：胸腔积液部分肿瘤指标升高，需警惕；④漏出性胸腔积液：可排除。诊治计划：继续抽取胸腔积液缓解症状。

2020-08-24 普放报告：左侧液气胸引流后改变。

2020-08-25 结核性 T 细胞检测检验报告：结核 T 细胞检测阴性。

2020-08-26 细胞学检查诊断报告（呼吸内科送检）：未见肿瘤细胞。

2020-08-26 CT 报告：左侧气胸（肺压缩约 90%）引流术后观，左侧胸腔积液，继续随访复查。

2020-08-27 普放报告：胸腔引流管置管中；左侧气胸，请结合临床及老片。

2020-08-27 细菌培养报告：无需氧菌生长，无厌氧菌生长。

2020-08-29 普放报告：左侧液气胸治疗后改变，左侧气胸，左侧胸腔积液建议复查。

2020-09-23 CT 影像报告：左肺上叶胸膜下少许纤维病灶。左下肺炎性病变。左侧少量胸腔积液。

2021-05-06 佛山市三水区人民医院检验报告：①红细胞计数：2.9（参考：4.0~6.0）×10^{12}/L；②血小板计数：39.0（参考：100~300）g/L③；乙肝表面抗原：阴性，表面抗体：阳性，e 抗原：阴性，e 抗体：阴性，核心抗体：1.471（阳性）PEI U/mL。

2 检验所见

2020 年 9 月 3 日检验见伤者自行步入检验室，神志清，精神可，情绪平和，问答切题，查体合作。头颈部无伤痕（诉枕部头皮破损已愈）。左前胸见 1.5 cm 拆线手术伤口。左背部见直径 0.2 cm 许刺穿伤痕。现双肺呼吸平稳。四肢感觉、活动无受限。询问伤者，反映深呼吸时感左胸深部轻度隐痛。

阅 CT（2020-08-21，影像号：2181015）示：左侧大量胸腔积液、伴左肺膨胀不全，肺压缩 80%~90%。阅 CT（2020-08-26）示：左侧气胸，肺压缩约 90%。普放片（2020-08-27，2020-08-29）示：左肺已复张，左胸腔少量积液、积气。

2020 年 9 月 25 日阅 CT（2020-09-23）示：左肺复张，左侧少量胸腔积液。

3 分析说明

据委托单位提供的现有材料，结合检验所见，刘某被人致伤，但当时胸部皮肤未有贯穿伤，当日就诊摄 CT 示"左侧大量胸腔积液、伴左肺膨胀不全"，予胸腔穿刺引流术，抽出黄色混浊胸腔积液，与外伤性胸腔积血为红色的表现不符。后因复查胸片提示左侧气胸（压缩约 90%）于 8 月 26 日行左胸腔闭式引流，复查胸片提示肺复张，好转后出院。病程中刘某检测胸腔积液总蛋白 68~84 g/L（参考值 0~30）、李凡他实验（+++）（提示渗出性积液），且糖类抗原 CA125 为 516.1~676.80 u/mL（参考值 0~35）、胸腔积液乳酸脱氢酶达 1414~1884 U/L（参考值 12~200）。上述指标亦有多项存在明显异常，故考虑其左胸腔积液为其自身疾病所致病理表现，病毒性肺炎可能较大，但无法确证具体是何疾病，医院亦未有明确诊断。且左胸腔大量积气系在胸腔穿刺后出现，胸腔穿刺本身亦可导致气胸。

综上所述，认定刘某左侧胸腔积液、气胸、肺压缩与本次外伤的直接因果关系依据不足。参照《人体损伤程度鉴定标准》4.3.3 规定，不宜进行损伤程度鉴定。

4 视频印证

经与办案单位沟通调阅事发时视频，期望找到未受外伤的证据，结果并不如意。视频示：刘某突然从屋内冲出，随后被多人徒手围殴，但持续时间仅数秒，之后倒地未起。视频证据反而证明了外伤史。然从上文分析，以及刘某出院后血红细胞等表现分析，其出院后可能仍有体液、红细胞继续丢失的状态，亦与外伤性血气胸愈合后稳定的病程表现相矛盾。

5 此案例对鉴定的警示

对于外伤性液胸（血胸）常见于锐器刺破胸膜腔、钝器击打致肺、胸膜裂伤等，尤以第一种常见。对于钝器伤后出现液胸，若 CT 未见胸膜腔及肺的损伤者，应引起注意。此案例临床虽未明确诊断病因，但足以引起警示。而在现实中，基层一线的法医工作者可能会为了侦查办案先提供"已经构成轻伤（重伤）"的口头结论，在鉴定中需全程关注并全面收住资料，排除病理性积液、肺大疱破裂气胸等可能。

肋骨多发性骨折引起急性呼吸窘迫综合征法医学分析

周玉林[1]，林莉[2]

1. 北京凤凰可丽法医临床学研究中心　北京　111000
2. 吉林天衡司法鉴定所　吉林　四平　136000

《人体损伤程度鉴定标准》第 4.3 条规定了伤病关系处理原则，但对于伤者诊疗延误或拖延引起严重并发症的情况如何进行损伤程度鉴定没有做出具体规定。在鉴定实践中偶有此类案件，不同的鉴定机构或同一鉴定机构不同的鉴定人可能会做出不同的鉴定意见，造成当事人对鉴定意见不满意，形成上访案件。本文结合实际案例及文献对此类案件如何进行损伤程度评定进行分析，与同行商榷。

1 案例资料

某女，52 岁。2018 年 08 月 22 日 10 时 30 分左右被汽车撞击胸部送到医院就诊。于 2018 年 08 月 22 日 15 时 27 分入院。查体：脉搏 80 次/min，呼吸 20 次/min。左侧胸廓略塌陷，左侧胸壁局部肿胀、压痛阳性、可及骨擦感，听诊左肺呼吸音稍弱。胸部 X 片示：左侧第 2~8 肋骨多发性骨折，部分肋骨断端错位。胸部 CT 示：左侧多发肋骨骨折，左侧少量血气胸，双肺挫伤。诊断：胸部闭合性损伤-左侧多发肋骨骨折，左侧血、气胸，双肺挫伤，胸部软组织挫伤。入院后行一级护理、心电监护、低盐低脂饮食、吸氧、胸带固定、卧床等治疗。并建议行肋骨骨折内固定术治疗（病人及家属拒绝）。2018 年 08 月 23 日 20 时 00 分，病人血氧下降 78%，左侧胸部疼不适，呼吸困难明显，左侧胸廓塌陷。胸部 CT 示：左侧胸廓塌陷，多发胸椎棘突骨质不连续，左侧多发肋骨骨折征象，左侧胸腔少量积气征象，双侧胸腔积液，左侧明显，双肺多发斑片实变影。血气分析报：pH7.457，$p(CO_2)$=38.0 mmHg，$p(O_2)$=48.6 mmHg。临床补充诊断：呼吸功能衰竭（Ⅰ型），右侧血胸，多发胸椎棘突骨折。立即行左侧多发肋骨骨折内固定术。术中探查见：左侧胸壁内凹，皮下有淤血和水肿，左侧 2~8 肋骨骨折，部分为多段骨折，胸腔内有血性液体 300 mL。用记忆合金肋骨内固定器由冰水塑性后，分别固定 4~8 肋骨骨折处，恢复胸廓形状。2018 年 08 月 24 日 00 时 35 分，病人清醒，血氧 99%，心率 80 次/min，左侧胸腔闭式引流通畅可见少量血性胸腔积液引出。

2 讨论

多根多处肋骨骨折发生急性呼吸窘迫综合征的机制是局部胸壁失去完整肋骨支撑而软化，出现反常呼吸运动，即吸气时软化区胸壁内陷，呼气时外突，又称为连枷胸。连枷胸的反常呼吸运动可使伤侧肺受到塌陷胸壁的压迫，呼吸时两侧胸腔压力的不均衡造成纵隔扑动，影响肺通气，导致体内缺氧和二氧化碳滞留，严重时可以发生呼吸和循环衰竭。

2.1 本案伤者胸部X片及CT片示

左胸第2~8肋骨骨折,有的肋骨呈多段骨折,左侧血、气胸,双肺挫伤;入院时查体左侧胸壁内凹,说明伤者存在发生急性呼吸窘迫综合征的病理基础。

2.2 治疗中发生急性呼吸窘迫综合征并达到重度

伤者入院后进行吸氧治疗,于入院约28 h后出现血氧下降78%,左侧胸部疼痛不适,呼吸困难明显,左侧胸廓塌陷;胸部CT示:左侧胸廓塌陷,双肺多发斑片实变影;血气分析报$p(CO_2)$=38.0 mmHg,$p(O_2)$=48.6 mmHg;按照急性呼吸窘迫综合征诊断及分级标准,伤者入院治疗中发生了急性呼吸窘迫综合征并达到重度。

2.3 应以原发损伤评定损伤程度

根据病历记载伤者入院时检查虽有发生急性呼吸窘迫综合征的病理基础,但生命体征平稳,经治医生也已预见到伤者发生急性呼吸窘迫综合征的可能,故进行了吸氧、胸带固定等治疗,也建议行肋骨骨折内固定术,但遭到伤者及家属拒绝;伤者于入院约28 h后发生了急性呼吸窘迫综合征并达重度,由于伤者及家属不积极配合治疗即拖延治疗有直接的因果关系。如果伤者入院后及时行肋骨骨折内固定术,就失去了发生急性呼吸窘迫综合征的病理基础,且伤者胸部手术后生命体征平稳,故不应以急性呼吸窘迫综合征重度评定损伤程度,应以原发损伤评定损伤程度。

"外伤性流产"法医学重新鉴定1例

周智露[1],刘冬梅[2],杨小萍[2],夏文涛[2]

1. 贵州医科大学法医学院 贵州 贵阳 550009
2. 司法鉴定科学研究院/上海市法医学重点实验室/司法部司法鉴定重点实验室/上海市司法鉴定专业技术服务平台上海 200063

1 案例

1.1 简要案情

某日,李某因琐事与他人发生纠纷,2 d后李某流产。李某报案称,其系在相互撕扯中被他人打伤,导致了该后果。

1.2 病史摘要

(1)事发前病历:外伤前2 d医院超声检查报告:子宫前位,大小12.5 cm×9.7 cm×7.2 cm,宫腔内见胎囊,大小9.4 cm×6.2 cm×3.4 cm,胎儿头臀长约6.6 cm,宫腔内另可见节育环回声。提示:早孕约12周+6 d。

(2)事发后病历:受伤当天入住某医院,主诉:宫内孕13周,阴道出血伴下腹痛2 h余。月经初潮13岁,6~7(月经持续天数)/36~37(月经周期),LMP(末次月经)2017年12月初。孕2产1,2016年带环至今。B超:子宫前位,大小11.9 cm×9.6 cm×7.1 cm,宫腔内可见胎囊,大小9.3 cm×6.1 cm×3.3 cm,内可见胎儿,头臀径6.3 cm,前壁肌层见节育器反射,超声提示早孕约12周+5 d、宫内环移位。

临床考虑宫内活胎,如有生育要求,可保胎治疗,李某要求终止妊娠。事发后第3 d,李某排出一长约8 cm的胎芽,后胎盘、胎膜娩出,胎盘完整,胎膜部分残留,未见节育器排出,子宫收缩好,阴道流血不多。后行"刮宫术、宫内节育器取出术",未送病理检验。出院诊断:自然流产,瘢痕子宫。

1.3 鉴定意见

(1)初次鉴定:李某妊娠因外伤性腹痛,阴道流血而致难免流产,属轻伤二级。

(2)重新鉴定:被鉴定人李某流产原因无法明确,其自然流产与胚胎发育不良、宫内节育器妊娠等因素相关,与本次外伤之间存在直接因果关系的依据不足,不宜据此评定损伤程度。

2 讨论

妊娠不足28周、胎儿体重不足1000 g而终止者为流产。流产原因错综复杂,包括胚胎因素、母体因素、父亲因素及环境因素等,其中胚胎染色体异常是流产最常见的原因,约占50%~60%,多发生于妊娠早期。

孕妇全身性疾病、生殖器异常、内分泌异常、强烈应激（情绪激动、直接撞击腹部等）与不良习惯、免疫功能异常等，也可能导致流产。

研究表明，宫内节育器（Intrauterine Device，IUD）的抗生育作用主要是对精子和胚胎的毒性作用以及干扰着床。此外，活性IUD的避孕机制还与活性物质有关，如含铜IUD的铜离子进入细胞，影响受精卵着床及囊胚发育。带器妊娠发生流产、早产等不良妊娠的概率较高。因此，带器妊娠一经确诊，临床建议行人工流产同时取出宫内节育器。对于有继续妊娠要求的孕妇，尽早取出IUD可能改善妊娠结局，但无法完全避免流产等不良妊娠结局。

外伤性流产属于非自然流产，在流产因素中所占比例较小，需要与自然流产相鉴别。法医临床鉴定中，外伤性流产的认定应把握：①有无明确外伤史，外力大小与作用部位；②伤前是否确证为正常妊娠，尤其需排除胚胎发育不良，注意孕囊、胚芽长度及血HCG水平与孕周是否相符；③明确是早期流产还是晚期流产；④伤后是否出现阴道流血和腹痛等，可通过超声检查宫腔内有无积血；⑤有无习惯性流产史，或其他易致流产的疾病等；⑥排出体外的胚胎组织应行组织病理学检验，必要时行染色体检验。

本例中，根据李某的停经史、临床表现及超声检查结果等分析，其自然流产诊断成立。李某本次外伤前5 d超声检查提示胎儿头臀长约6.6 cm（相当于孕12周+6 d），外伤当日妊娠龄为13周+2 d，胎儿平均头臀长应为7.18 cm，但超声检查提示为6.3 cm，不符合正常胚胎生长发育变化之规律。其次，李某属带器妊娠，其发生孕期流产、早产等不良妊娠事件的风险相对较高。再次，本例未对胚胎组织行病理和染色体检验，无法排除因胚胎因素致流产的可能。最后，根据现有案情材料，李某腹部外伤史尚无法明确，故认定本次事件与李某流产之间存在因果关系的依据不足。

此外，流产的发生也可能受到社会因素、人为因素等的影响，比如外伤后存在先兆流产，本可以进行保胎治疗，出于多因素考虑最终通过药物或人为介入终止妊娠，此类情形不应认定为外伤性难免流产。鉴定中，应注意排除各种可能导致自然流产的因素。

胸、腹部开放性损伤的法医学鉴定分析

朱泽磊，史智勇，张义军，张秋芬，杨孝峰

北京市石景山区公安司法鉴定中心 北京 石景山 100043

1 案例资料

1.1 案例

（1）病历资料：田某，男，现病史：患者约1 h前被他人用刀刺伤，伤及前胸部，无咯血、胸闷及呼吸困难。T 36.2℃，脉搏82次/min，R 20次/min，血压130/80 mmHg。专科情况：左上胸壁敷见一长约2.0 cm伤口；右侧乳房旁可见一长约2.0 cm伤口。辅助检查：胸部CT（阅片）示双侧胸壁软组织损伤影，左侧伤口处皮下气体影，未见血气胸表现。手术经过：左上胸壁伤口长约2.0 cm，探查伤口于皮下组织层向中线方向走行，长约7.0 cm，深达肌层，未进入胸腔，放置引流管一枚并妥善固定；右侧乳房外上方可见一伤口，长约1.0 cm，探查伤口于皮下组织层向中线方向走行，长约3.0 cm，深达肌层，未进入胸腔。术后诊断：胸壁软组织裂伤；胸部刀刺伤；急性开放性胸部损伤。

（2）检验所见：伤者神情，语利。左上胸部可见一处皮肤瘢痕，大小为2.0 cm×1.5 cm。右乳头外下方可见一处皮肤线条状瘢痕，大小为1.4 cm×0.1 cm。阅送检的胸部CT片示：双侧胸壁软组织损伤影，未见血气胸表现。

1.2 案例

（1）病历资料：王某，男，现病史：患者自诉于入院前2 h被他人用刀刺伤腹部，无胸痛及呼吸困难。体格检查：T 36.8℃，脉搏110次/min，R 20次/min，血压130/70 mmHg。专科情况：右下腹可见约2 cm伤口，右下腹压痛，无反跳痛及肌紧张，余腹部无压痛，肠鸣音正常。辅助检查情况：腹部CT：腹腔可疑少量游离气体；前腹部软组织内气体密度影，请结合临床。手术记录记载：腹部伤口位于右下腹髂前上棘内侧4 cm，长约2 cm，探查伤口，深及肌层，因患者拒绝延长切口，无法进一步探查，缝合伤口，无菌敷料包扎固定。

出院诊断：开放性腹部损伤、腹部刀刺伤。据CT检查报告单（2019-01-12）记载：腹腔可疑少量游离气体；前腹部软组织内气体密度影。据CT检查报告单（2019-01-13）记载：前腹部软组织内气体密度影。

（2）检验所见：伤者神情，语利。右下腹部可见一处皮肤间断缝合创口，长为2.1 cm。阅送检的CT片（2019-01-12，2019-01-13）示：腹腔内未见明显游离气体。

2 讨论

胸、腹部损伤可分为开放性和闭合性损伤两大类。在开放性损伤中，又分为穿透伤和非穿透伤。根据致伤源的性质不同，也有将胸、腹部损伤分为锐器伤和钝器伤。锐器伤引起的损伤均为开放性损伤；钝器伤一般为闭合性损伤。在法医学鉴定标准中，胸壁及腹壁穿透创评定为轻伤二级，而非穿透创评定为轻微伤。被鉴定人在治疗后前往伤检室进行鉴定，鉴定人仅能通过体表损伤和病历资料明确其具体的损伤程度。因此，开放性损伤是否为穿透伤成为评定轻微伤和轻伤二级最关键的条件。

案例一中被鉴定人拒绝进行剖腹探查，医生无法明确是否存在腹壁损伤穿透至腹腔，在缝合过程中仅探查到刺创深达肌层；CT显示可疑少量游离气体，未发现积液或者积血；结合临床表现，未发现腹膜刺激征及腹部感染等征象。案例二中被鉴定人胸部刺创经医生探查深达肌层，未穿透胸腔，胸部CT显示未见血气胸，结合临床表现，未发现呼吸困难及胸腔积气等临床征象。依据《人体损伤程度鉴定标准》，上述两例案件中所导致的原发性损伤，造成组织器官结构轻微损害，未影响具体器官功能，均应评定为轻微伤。

在法医学鉴定中，胸部及腹部锐器所致的开放性损伤，关键在于判断创口是否穿透胸腹壁形成胸、腹膜破裂。伤者胸、腹膜破裂创口明显，可能会伴有相应的器官损伤和辅助检查的改变。当胸部外伤后，根据创口的深度是否刺破胸膜层以及胸部器官是否损伤，进行损伤程度评定。依照《人体损伤程度鉴定标准》规定，胸腔积血及胸腔积气评定为轻伤二级；血胸、气胸或血气胸，伴一侧肺萎陷30%以上，评定为轻伤一级。当肺压缩大于30%，需要行胸腔闭式引流术，而对于出现血气胸量较大时，需观察出血量，如果每h大于200 mL，连续三h以上则有开胸探查的指征；若具备上述手术指征，应按照相对应的胸部外伤条款进行评定。腹壁软组织相比胸壁软组织较厚，若致伤物尖端较细窄，不易暴露致伤物最尖端所形成的破损，会形成类似于针状物刺破腹膜的损伤。在临床治疗及法医学鉴定中，对于锐器尖端刺破胸、腹膜类似于针状物刺破胸、腹膜的情形，有如下特点：①无呼吸系统及消化系统功能障碍的临床症状及体征；②未见明显胸、腹腔积气及积血；③CT及B超等辅助检查未见明显异常；④未经过手术探查无法明确胸膜及腹膜是否存在明显破损。如果满足上述条件，在法医鉴定过程中不宜采用胸腹部穿透创相关条款，应依据胸、腹部体表损伤进行评定。

1例18根25处肋骨骨折的审查讨论

邹友[1]，杨彬斯[2]

1. 广西壮族自治区人民检察院 广西南宁 530028
2. 广西壮族自治区来宾市兴宾区人民检察院 广西来宾 546100

肋骨骨折是胸部常见损伤，也是法医鉴定的难点。笔者选取检察法医审查工作中遇到的1件肋骨骨折案例，讨论肋骨骨折法医学鉴定的常见专门性问题，供同行参考借鉴。

1 案例资料

1.1 简要案情

黄某敏，男，53岁。某日下午，因邻里纠纷，黄某敏被多人拳打脚踢、持石头打击、摔倒在地，致多处肋骨骨折等损伤。法医鉴定黄某敏损伤程度构成轻伤一级。黄某敏陈述被黄某贵用砖头打击了背部；黄某龙供述面对面拳打脚踢黄某敏，并用膝盖顶黄某敏腹部；黄某贵供述只看见黄某龙面对面打击黄某敏，随后两人摔倒在地。

侦查机关以涉嫌故意伤害罪，将黄某龙、黄某贵移送起诉。检察机关以故意伤害罪将黄某龙审查起诉，以事实不清、证据不足，对黄某贵做出不起诉决定。法院判决黄某龙犯故意伤害罪，判处有期徒刑一年。黄某敏不服不起诉黄某贵决定，向检察机关提出申诉。

为正确处理此案，明确黄某敏肋骨骨折的部位、数量及成伤机制，检察官委托法医对相关专门性问题进行审查，并结合案情，说明黄某敏肋骨骨折是否符合面对面拳打脚踢或持砖头打击背部的致伤方式。

1.2 病历资料

黄某敏,因"被人用砖头打伤致胸部等全身多处疼痛"入院。头部可见散在皮肤挫伤痕,局部压痛;胸部可见散在皮肤挫伤痕,两侧胸壁压痛,无明显骨擦感,胸廓挤压征阳性。急诊CT示:①左第6~9、右第8~12肋骨骨折,并左肺上叶及两肺下叶肺挫伤,双侧胸腔积血;②左第5~7肋骨可疑骨折。入院诊断:①胸部闭合性损伤,两肺挫伤并两侧胸腔积液,左第6~9肋骨骨折,右8~12肋骨骨折,右5~7肋骨骨折?②全身多处软组织挫伤。行左第6~9后肋骨折切开复位+环形记忆环抱接骨板内固定术、左胸腔闭式引流术,术见左第6~9后肋肩胛下角线附近骨折,其中第7~8肋骨骨折2处,骨折端爆裂不整,有骨碎片游离,骨折远端塌陷错位2.0~2.5 cm不等,断端缩短畸形约1.5 cm不等,骨折端均有周围软组织嵌顿,骨折周围均见血肿形成。伤后1周、两周复查CT示:左第6~9、右第6~12肋骨骨折,左第6~9肋骨骨折内固定术后改变。

1.3 鉴定意见

伤后18 d,初步鉴定意见:黄某敏因被他人用钝器(砖头等)打伤两侧胸腹部,导致左第6~9肋以及右第8~12肋骨共9处骨折,因仍在治疗中,未接受法医检查,鉴定条件和时机尚未成熟,依据当前疾病证明材料,损伤程度暂评定为轻伤一级。

伤后5个月,补充鉴定意见:检见被鉴定人左肩背部有一斜形长条状瘢痕,长17 cm,局部压痛,未见皮损;黄某敏因被他人用钝器(砖头等)打伤两侧胸背部,导致左第6~9肋以及右第8~12肋骨共12处骨折(含粉碎性骨折),本次受伤损伤程度评为轻伤一级。

1.4 阅片所见

调取黄某敏伤前、伤后CT原始数据,综合运用轴位骨窗、曲面重建、三维重建等影像技术,动态观察,所见如下。

左第2~4肋骨前段内缘、第5肋骨前段外缘(图2-24),右第3、4肋骨前段内缘、第5肋骨前段外缘(图2-25),均见骨皮质不连续,走形欠规则,其中右第3肋骨前段内缘骨皮质向髓腔内皱褶成角。

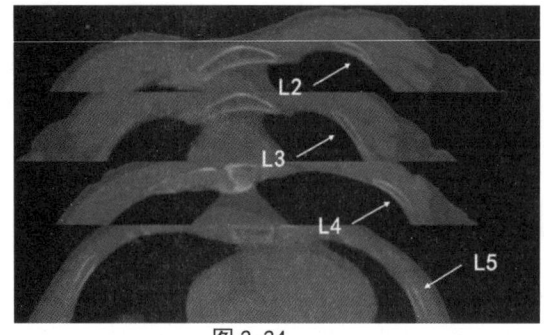 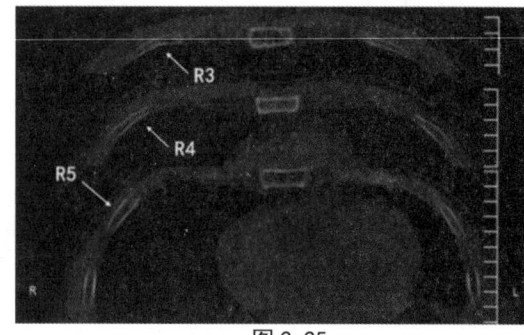

图2-24　　　　　　　　　　　　　图2-25

右第6~7肋骨腋段外缘骨皮质连续性中断,见透亮线;右第8肋骨腋段外缘骨皮质不连续,内缘骨皮质断裂,断端稍错位,图(2-26)。右第8、9肋骨腋后段内缘骨皮质连续性中断,见透亮线;右第10肋骨腋后段内外缘断裂,见透亮线,图(2-27)。

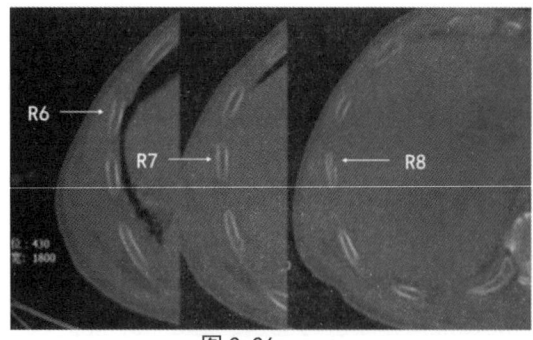 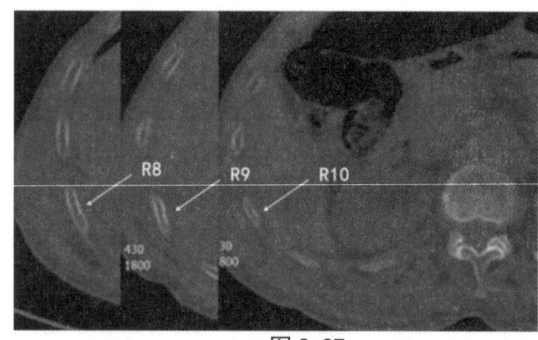

图2-26　　　　　　　　　　　　　图2-27

右第 8、9、11 肋骨后段内缘骨皮质连续性中断，见透亮线；右第 10 肋骨后段完全性断裂，断端向内、向前稍错位。右第 12 肋骨后段距中线约 4 cm 处内、外缘骨皮质连续性中断，内侧骨皮质见透亮线，外侧骨皮质向髓腔内凹陷成角，图 2-28。

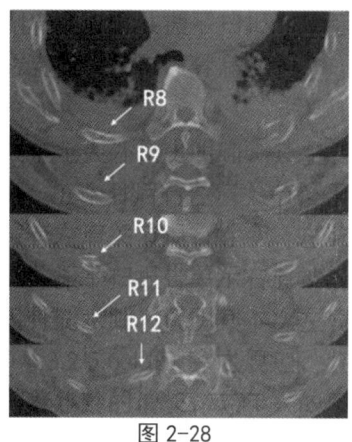
图 2-28

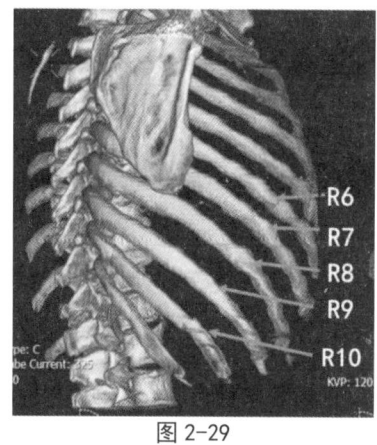
图 2-29

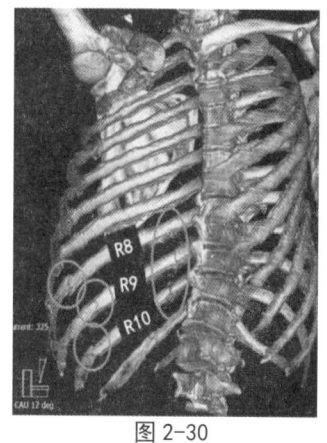
图 2-30

左第 6~9 肋骨后段内外缘骨皮质断裂，远侧断端向前、向内嵌插错位，内缘骨皮质比缘侧骨皮错位明显；其中第 6~8 肋骨断端处均见骨碎片，以内缘骨皮质碎裂为主，图（2-29）。

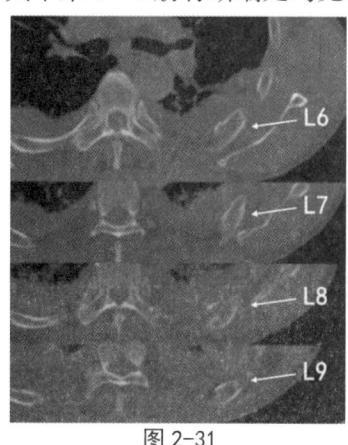
图 2-31

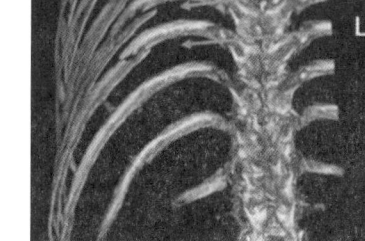
图 2-32　　　　图 2-33

上述肋骨骨皮质断端均锐利。双侧肋骨后段骨折处软组织肿胀，左肺上叶及双肺下叶见斑片状高密度影，双侧胸腔见弧形高密度影。影像意见：左第 2~5 肋骨前段、右第 3~7 肋骨前段各 1 不完全性骨折；右第 8 肋骨腋段、腋后段、后段各 1 处骨折；右第 9 肋骨腋后段、后段各 1 处不完全性骨折；右第 10 肋骨腋后段、后段各 1 处完全性骨折；右第 11 肋骨后段 1 处不完全性骨折；⑥右第 12 肋骨后段、左第 6~9 肋骨后段完全性骨折，其中左 6~8 肋骨后段各两 2 处骨折（骨碎片分离）；⑦双肺挫伤，双侧胸腔少量积血，双肺萎陷程度未达 20%。

2 讨论

2.1 标准的理解与适用

鉴定实践中，肋骨不完全性骨折是否适用《人体损伤程度鉴定标准》（以下简称《标准》）存在争议。有同行认为，不包括肋骨骨皮质凹陷、皱褶等不完全性骨折。笔者认为，按照《标准》法定原则，根据骨折的定义，只要肋骨骨皮质连续性中断或完整性破坏，就应认定为骨折；动态影像学随访，肋骨骨皮质不连续、皱褶、成角凹陷或凸起，后期会有骨痂形成，应认定为骨折；而且有的不完全性骨折，后期发展成完全性骨折，甚至发生错位。因此，《标准》中的肋骨骨折应包括不完全性骨折，本例临床存疑或漏诊的左第 2~5、右第 3~5 肋骨不完全性骨折，审查时均给予了认定。

鉴定实践中还经常见到单根肋骨 2 条以上骨折线、肋骨碎裂成三段以上的情况，如本例中黄某敏右第 8 肋有 3 处骨折，右第 9、10 肋均有 2 处骨折，应称为单根肋骨多发性骨折。肋骨粉碎性骨折，一般仅特指肋骨骨折处见到 "T" 形或 "Y" 形骨折，伴有骨碎片形成的，也应认定为单根肋骨多发性骨折。本例的左 6~8 后肋的骨折，补充鉴定意见认定为 3 根 6 处，符合《标准》规定，审查时给予了认定。

2.2 肋骨骨折部位、数量的认定

诊断肋骨骨折，主要依靠影像学检查。CT检查是最可靠的手段，快速薄层容积扫描，结合图像后处理技术，能够直观显示肋骨骨折的部位及形态，大大提高骨折检出率。对于肋骨骨皮质不连续、轻微皱褶等细微不完全性骨折，早期CT影像诊断也有一定难度，容易漏诊。肋骨骨折不同时间段的病理变化在影像学上存在不同的表现，呼吸运动可致使骨折端发生轻微移位，骨折端骨质吸收也可导致骨折明显，骨折修复时骨折处环状骨痂形成会清晰显示，动态复查后，肋骨骨折会容易被识别。有研究证明，伤后3~5周，螺旋CT能客观反映肋骨骨折的病理生理改变，最大限度减少肋骨细微骨折的漏诊和误诊，是肋骨细微骨折较为适宜的检查时间段。本例鉴定意见未审阅影像资料，仅依据病历资料，认定黄某敏肋骨骨折为9根12处，存在遗漏。审查时，综合运用CT影像技术，动态阅片后，最终认定为18根肋骨25处骨折。

2.3 肋骨骨折的成伤机制、致伤方式

肋骨骨折的成伤机制分为直接外力和间接外力。外力直接作用于胸部时，肋骨骨折常发生于受打击部位，骨折范围常与作用面、作用力大小相关，一般相对局限。作用力较小时，一般仅内缘骨皮质断裂（图2-27）；作用力较大时，骨折断端常向内弯曲折断（图2-28、图2-31），称内向性骨折，骨折端可刺破胸膜乃至肺脏，或者损伤肋间血管，引起气胸、血胸或血气胸等并发症。当胸部遭受间接外力时，肋骨骨折发生于外力作用点以外的部位，骨折范围随外力作用程度大小而变化，一般相对广泛。最常见的是胸部前后方向遭受挤压，胸廓整体变形，肋骨弯曲致肋骨腋段骨折（图2-26），断端可向外移，又称外向性骨折。

法医临床鉴定中的"致伤方式"和"成伤机制"，虽然针对的是基本相同的问题，都是试图解决"损伤从何而来""为何会发生损伤"，但其实有比较大的不同。"成伤机制"主要解决的是，发生损伤的病理学或者病理生理学机制，如本例的肋骨骨折是符合直接外力作用造成还是间接外力作用所致。"致伤方式"主要解决的是，损伤与某一种特殊行为是否具有符合性，如本例肋骨骨折，是否符合面对面拳打脚踢造成。判断致伤方式，主要根据案情是否符合，体表损伤部位与骨折是否吻合，多发性肋骨骨折的部位是否相邻，是否处于同一力线，结合致伤工具形态进行综合分析。

综上所述，本例黄某敏左第2~5肋骨、右第3~8肋骨腋前段骨折，符合直接外力与间接外力共同作用整体变形的成伤机制，考虑为胸部与大平面钝性外力（如地面）撞击挤压一次性形成可能性大，不排除较大平面外力挤压胸部（如膝盖顶压）叠加作用形成。右第8~10肋骨腋后段、右第8~12肋骨后段、左第6~9肋骨后段骨折，完全性骨折的远端向前向内移位，同时伴肺挫伤、胸腔积血，符合直接外力的成伤机制，作用力方向主要为由后往前，而且骨折范围较大，分别处于3处不同的受力线范围，符合3以上较大平面直接外力作用形成，考虑为倒地后遭受他人脚踹、踩方式形成的可能性大，面对面拳打脚踢的方式难以形成，是否符合砖石打击背部形成，现有病历资料及鉴定意见未记载有体表损伤的具体部位及特征，需结合砖石形态、衣着检验等情况再做分析。

第三章 脊柱四肢

跟骨骨折致伤方式讨论 1 例

初巧红，吕永富

山东省青岛市人民检察院 山东 青岛 266000

1 案例材料

1.1 案情摘要

2020 年 7 月 13 日 21 时许，常某某酒后到黄某某家门口处拍打、脚踹大门，并与黄某某发生争执、打斗，黄某某曾跳起踢常某某，后黄某某跟骨骨折。

1.2 病历摘要

2020 年 7 月 14 日门（急）诊电子病历：病人约 3 h 前被人打伤头、右手及双下肢，当即疼痛、头晕、恶心，不敢活动。查体左膝部压痛，双小腿多处皮肤挫伤渗血，压痛，左踝部明显肿胀，压痛明显，活动明显受限。7 月 14 日 DR：左踝周软组织肿胀。7 月 15 日 DR：左侧跟骨骨质形态欠自然，左侧踝关节周围软组织肿胀。7 月 15 日 CT：左侧跟骨骨折，左踝关节、左侧足背部软组织肿胀。7 月 16 日 MRI：左侧跟骨骨折，左跟腱损伤，跟腓韧带损伤，踝关节、左侧足背部软组织肿胀。

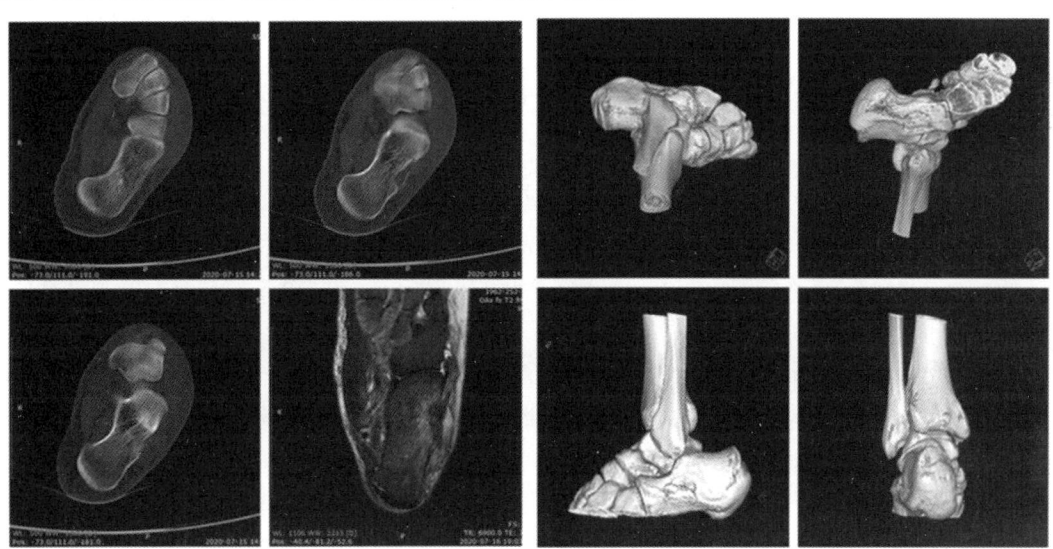

图 3-1　左足 CT、MRI，左侧跟骨外下方粉碎性骨折，左踝关节周围软组织肿胀

1.3 法医检验

2020 年 7 月 20 日法医检验：被鉴定人拄单拐入诊室，查体见左膝部有 2.5 cm×1 cm、1.5 cm×1 cm 皮肤擦伤，右膝部有 2 cm×2 cm 皮肤擦伤。左足背部弥漫性肿胀，左足跟部有 4 cm×2 cm 皮下出血。

2 讨论

跟骨是足骨中最大的骨，以松质骨为主，呈不规则长方形而略有弓形，跟骨后端为足弓的着力点之一。跟骨的载距突与距骨颈接触，支持距骨头并承担体重，跟骨上关节面与距骨远端形成距骨下关节，跟骨与骰骨形成跟骰关节。跟骨骨折占全身骨折的 2.9%，占足部骨折的 30.3%。跟骨骨折中 60%～75% 属波及距下关节的关节内骨折，其主要原因是高处坠落、足底直接撞击地面，常导致跟骨压缩或劈裂。跟骨骨折后足跟变短变宽，呈内翻状态，软组织肿胀，张力性水疱甚至足筋膜室综合征均可发生，尚可因力沿下肢向骨盆、脊柱传导并发脊柱骨折及肢体其他损伤。在坠落伤后出现跟部疼痛，肿胀，皮下瘀斑，足底扁平及局部畸形，不能行走。跟骨关节外骨折占所有跟骨骨折不到 30%，一般而言皆为较低能量暴力所致，如扭伤，或由强大的韧带或肌腱牵拉所致的撕脱性骨折。如跟骨体部骨折，其损伤机制与关节内骨折相似，但常为低能量暴力所致，骨折线不会延伸至后关节面，跟骨体部其他类型骨折可由直接撞击所致，通常无移位。

本案跟骨骨折比较特殊，一是部位特殊，骨折位于跟骨前结节与跟骨结节外侧突之间较为平坦的区域；二是形态较为特殊，为左侧跟骨外下方蝶形骨折，呈粉碎性，部分骨折片轻度向外移位，部分骨折片向内移位，同时见左踝关节周围软组织肿胀，以踝关节前方为著，骨折部位软组织肿胀相对较轻，如附图所示。伤后跟部疼痛、肿胀，法医检验见皮下出血。初见此损伤可能有两种理解：一是部分骨折片向外移位，且踝关节周围软组织肿胀较重，而骨折部位软组织肿胀较轻，符合间接暴力所致撕脱骨折的特点；二是部分骨折片向内移位，且骨折块位于跟骨外侧，其外下方粉碎性骨折，骨折线穿过跟骨底部，较符合由底部向上方向的直接外力作用所致。

跟骨撕脱性骨折，多见于跟骨后侧的结节部位，这与跟骨后方中 1/3 处跟腱附着有关，发生机制是在失足或摔倒后踝关节强迫背伸时，由腓肠肌-比目鱼肌复合体强力牵拉所致。而本案损伤部位仅有腓骨肌下支持带附着，并无强力韧带或肌腱附着，支持带是深筋膜的增厚部分，由 2~3 层平行的胶原纤维束组成，层与层之间由疏松结缔组织紧密相连，没有弹性纤维，故而排除撕脱骨折可能。因此结合骨折部位、骨折块形态、解剖学、生物力学分析，笔者认为本案中左侧跟骨粉碎性骨折由直接暴力所致可能性大，力量来自外侧足底，由于跟骨大部分由骨松质组成，仅在后关节面前下方及跟骨结节后下方骨皮质稍厚，其他部位骨皮质极薄，因此在受到外力时极易压缩，从而导致跟骨外侧骨折片向内或向外移位。这一分析意见也与黄某某跳起踢常某某后出现跟骨骨折的案情一致。

肩袖损伤的 MRI 影像学技术在法医临床学鉴定中的应用

戴林[1]，阚兴亮[2]，金卫东[2]
1.吉林省敦化市公安局刑侦大队 吉林 敦化 133700
2.吉林省敦化市医院 吉林 敦化 133700

肩袖是覆盖于肩关节前、上、后方之肩胛下肌、冈上肌、冈下肌、小圆肌等肌腱组织的总称。位于肩峰和三角肌下方，与关节囊紧密相连。呈一个袖套状包绕肱骨头，维持盂肱关节的稳定，同时提供肩关节活动时所需的动力。

1 病因及症状

病因：①急性外伤（多为青壮年，常见于跌倒时手外展着地，或肩关节突然、过度外展上举等）；②慢性劳损（多为中老年人，因随着肩袖组织的退行性改变、供血不足、肩部慢性撞击所致）。

肩袖损伤由 Smith 于 1834 年发现并命名，指组成肩袖的冈上肌、冈下肌、肩胛下肌和小圆肌的损伤。肩胛下肌、冈上肌、冈下肌和小圆肌肌腱在经过肩关节囊前面、上面和后面时，与关节囊紧贴，且有许多腱纤维编入关节囊内，形成"肌腱袖"，对肩关节的稳定起重要作用。冈上肌和冈下肌在肱骨大结节上有共同止点，冈上肌和肩胛下肌在结节间沟处共同包绕肱二头肌长头腱。这样紧密的关系预示着肩袖的某一部分组织发生病变一般都会波及其余的肩袖组织。

2 肩袖损伤分级

常用的是 Neer 的病理分期：①肌腱炎，肌腱的水肿和出血，尤其是冈上肌的肌腱；年龄小于 25 岁的有症状患者最为典型。②肌腱退变和纤维化。25~40 岁患者多见。③肩袖全层撕裂。主要是 40 岁以上患者。

Neer 分期提示我们，年龄是肩袖损伤诊断的重要因素，MRI 诊断时也要注意这点，而且 1、2 期代表退变，3 期为撕裂，也就是真正的肩袖损伤。

3 肩袖撕裂原因

3.1 撞击

肱骨头和喙肩弓之间的撞击最常见。因此，MRI 诊断中必须高度重视并重点关注撞击因素。

Bigliani 通过研究将肩峰形态分成 3 种类型：Ⅰ型肩峰（平坦形），Ⅱ型肩峰（弧形），Ⅲ型肩峰（勾状形）。并且发现 73%的肩袖撕裂的患者具有Ⅲ型肩峰（勾状形）；24%的肩袖撕裂的患者具有Ⅱ型肩峰（弧形）；3%的肩袖撕裂的患者具有Ⅰ型肩峰（平坦形）。

3.2 损伤

运动急性损伤（仅 8%）和过度应用。

3.3 退变

危险区/乏血管区退变。

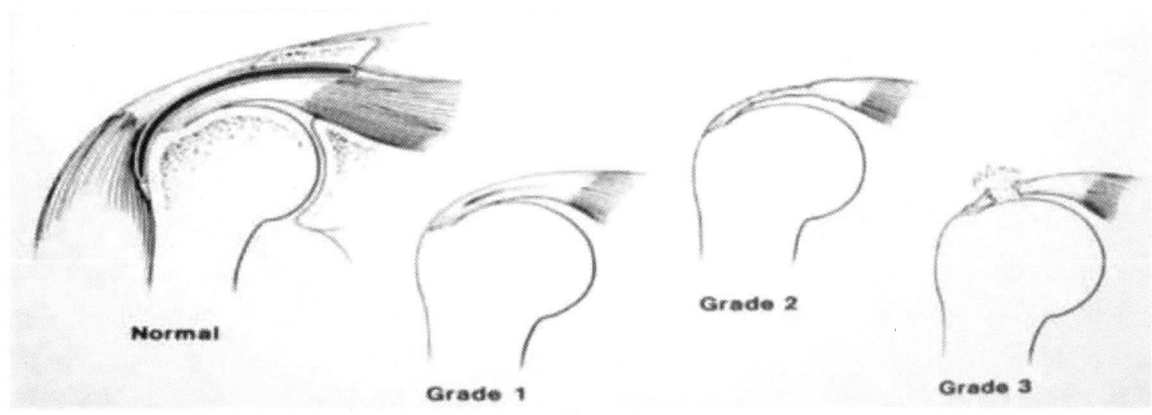
图 3-2 肩袖损伤病理分期

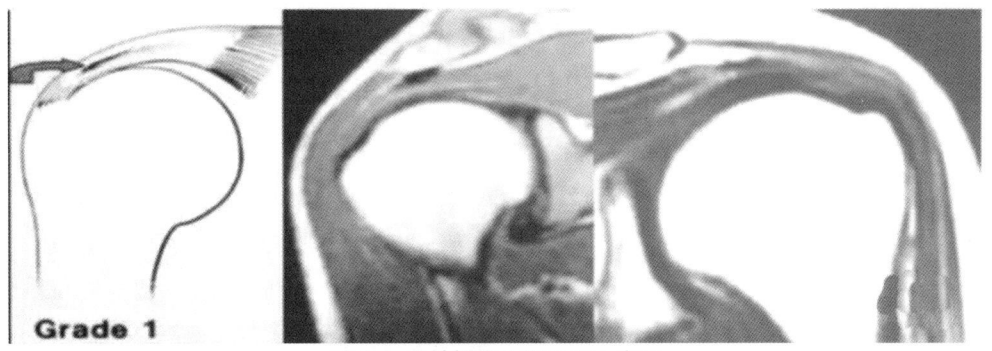
图 3-3 肩袖损伤 1 期及 MRI 表现

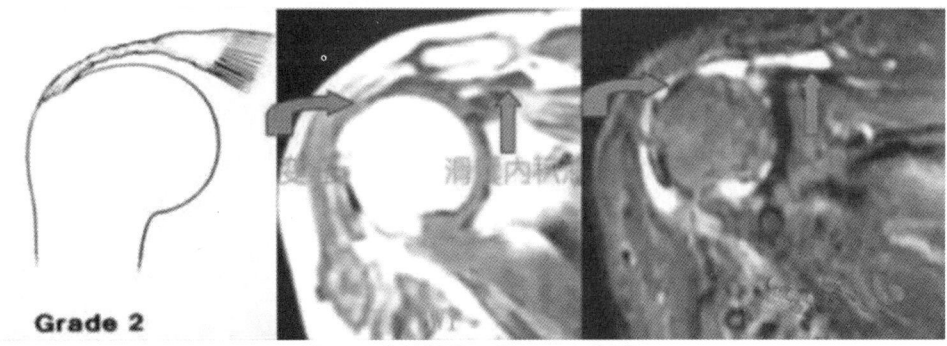
图 3-4 肩袖损伤 2 期及 MRI 表现

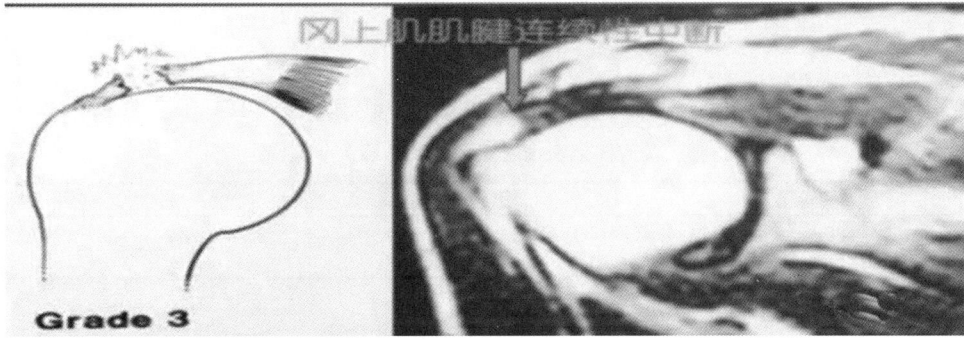
图 3-5 肩袖损伤 3 期及 MRI 表现

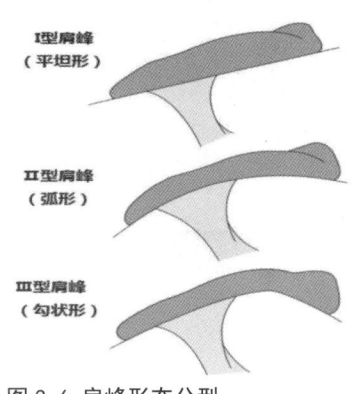

图 3-6 肩峰形态分型

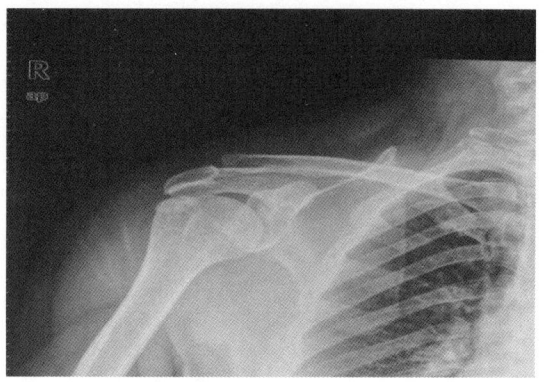

图 3-7 该患者的 X 片显示存在 III 型肩峰（勾状形）

4 肩袖撕裂分类

按照损伤程度分为部分撕裂（MRI 准确性>85%）和完全撕裂（MRI 准确>95%）。

肩袖撕裂的 MRI 为：①信号异常：肩袖出现 3 级信号，是诊断的直接征象，一旦发现 3 级信号，肩袖撕裂无疑。②形态异常：肩袖可以变薄、变厚或不规则，但只有中断才是 3 级信号，肩袖中断后断端回缩，肌肉萎缩也是肩袖撕裂的直接征象。③邻近组织异常。

5 讨论

肩袖损伤的法医临床学鉴定问题在肩节病变中肩袖损伤占肩关节病变的 17%~41%。肩袖撕裂的病因包括急性外伤、过度用力、撞击综合征等。95% 肩袖损伤是肩峰撞击综合征所致，大多数肩袖撕裂是因慢性退变的结果，先引起肌腱退变及纤维化，而后肩袖滑膜表面部分性撕裂，最后致肩袖全层撕裂。

在现行的《人体损伤程度鉴定标准》中尚无有关肩袖损伤的鉴定标准的条款，建议在标准修订时加上此条款以便于今后法医临床鉴定工作。肩袖损伤一般是不会遗留严重的肩关节功能障碍的，当肩袖损伤时患者出现疼痛而就诊，如未及时就诊和治疗，最终导致肩袖撕裂越来越大，最后导致肩关节功能基本上完全丧失。据此：①如急性外伤后肩袖部分撕裂未遗留肩关节明显功能障碍者，应定为轻伤一级，如肩袖损伤严重，经治疗后遗留肩关节运动活动度丧失达 50% 以上，则应定为重伤二级。②如是慢性退变，对于老年肩关节脱位肩袖损伤发生率高，既可能是肩关节脱位之前已经有了肩袖的损伤，也可能是肩关节脱位的同时发生了退变肩袖的撕裂，此外，还要考虑其他变因素。

肩袖损伤的 MRI 表现：肩袖撕裂根据撕裂后的信号和形态的异常以及一些继发征象来诊断。

膝关节韧带损伤的 MRI 影像技术在法医临床学鉴定中的应用

戴林[1]，阙兴亮[2]，金卫东[2]

1. 吉林省敦化市公安局刑侦大队 吉林 敦化 133700
2. 吉林省敦化市医院 吉林 敦化 133700

膝关节韧带和半月板损伤法医临床实践中为常见损伤，其鉴定标准内容如下表：

表 3-1 《人体损伤程度鉴定标准》膝关节损伤部分

条款	损伤	伤残级别
5.9.2 j	一侧膝关节交叉韧带完全断裂遗留旋转不稳	重伤二级
5.9.3 c	膝关节韧带断裂伴半月板破裂	轻伤一级

1 膝关节韧带的组成

稳定膝关节的结构主要由 4 个韧带构成：前交叉韧带（ACL）、后交叉韧带（PCL）、内侧副韧带（MCL）、外侧副韧带（LCL）。其他韧带还包括膝横韧带、股板韧带、内侧支持带、髌韧带等。

从图 3-8 正常后交叉韧带质子密度加权成像（PDWI）及 T2WI 压脂图像中可以看出，膝关节矢状位显示正常的后交叉韧带为完全均匀黑信号，形态弯曲。

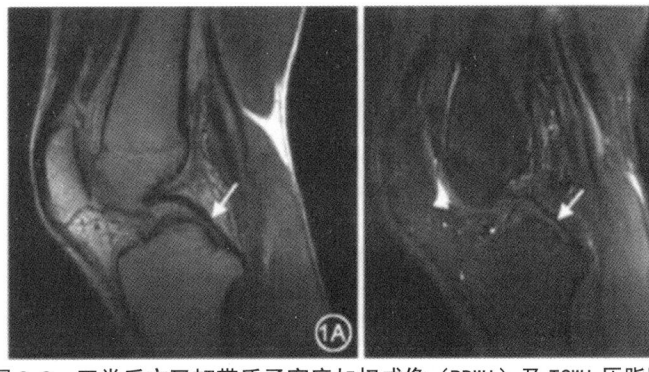

图 3-8　正常后交叉韧带质子密度加权成像（PDWI）及 T2WI 压脂图像

2 膝关节韧带损伤的 MRI 诊断

膝关节韧带主要由胶原纤维组成，其内的氢原子固定在多肽链形成的致密网架上，因此在所有的序列上均呈低信号，韧带损伤时，多肽网架破坏，出现水肿或出血，表现为 T2WI 上高信号，韧带增粗肿胀。

ACL 在 MRI 矢状位显示最清楚，T1WI、T2WI 均表现为斜行的带状低信号，界限清楚，前缘均光滑，大部分后缘欠光滑。ACL 撕裂的程度分为完全撕裂和部分撕裂。ACL 撕裂在斜矢状位观察最佳，最常见的撕裂部位是韧带中部，其次是股骨髁附着点，而胫骨附着处则较少见。ACL 损伤的 MRI 直接征象表现包括：信号增高、走行异常、连续性部分或完全中断以及出现假瘤征、空虚征（图 3-9）。

从图 3-9 前交叉韧带损伤质子密度加权成像（PDWI）及 T2WI 压脂图像中可以看出，膝关节矢状位显示前交叉韧带撕裂，韧带下部分走行异常。从图 3-10 后交叉韧带 PDWI 及 T2WI 压脂图像中，可以看出膝关节矢状位显示后交叉韧带部分损伤，信号增高，但韧带纤维尚连续。

间接征象则包括：膝关节外侧部骨挫伤或骨软骨损伤、胫骨后内侧平台骨折合并半膜肌附着点撕裂、PCL 角度改变、胫骨位置前移、半月板和其他韧带撕裂。

PCL 在 MRI 矢状位显示最佳，T1WI、T2WI 均表现为斜行的带状低信号，信号略低于 ACL，界限清楚，边缘光滑。撕裂也分为完全撕裂及部分撕裂。PCL 完全撕裂 MRI 表现主要是 PCL 连续性中断，残余的交叉韧带退缩、扭曲，而有时也可见 PCL 阙如，多见于慢性损伤后吸收改变；部分撕裂则表现为 PCL 有信号异常改变，部分纤维连续性中断而部分纤维完整（图 3-10）。间接征象则包括内侧胫骨平台的撕脱骨折等。

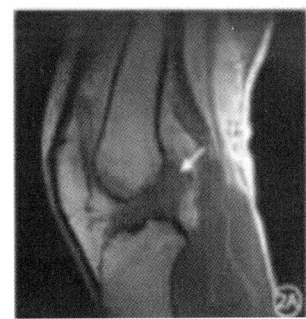
图 3-9　前交叉韧带损伤质子密度加权成像（PDWI）及 T2WI 压脂图像

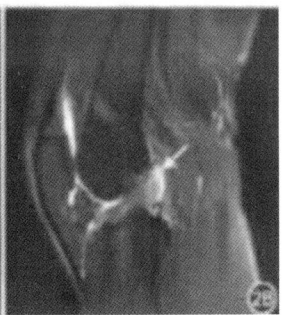
3-10 后交叉韧带 PDWI 及 T2WI 压脂图像

内侧副韧带损伤则以冠状位和横断位扫描为主，根据侧副韧带损伤的 MRI 表现将其分为 Ⅰ、Ⅱ、Ⅲ 级。Ⅰ 级损伤：韧带形态及厚度无明显改变，与邻近的脂肪组织分界清楚，主要为韧带局部水肿和新生的肉芽组织增生，所以 T2WI 显示韧带内出现条形高信号。Ⅱ 级损伤：侧副韧带纤维呈纵行部分撕裂，纤维束撕裂分离出现水肿及出血，但信号连续性依然存在，韧带局部不同程度增粗，边缘模糊，韧带与周围脂肪分界不清，T2WI 显示韧带内出现不规则条形高信号。Ⅲ 级损伤：韧带失去正常形态，信号的连续性大部分或全部中断，韧带断裂处卷曲、挛缩成团块状，T2WI 呈混杂信号（图 3-11）。

内侧副韧带损伤常合并其他结构的损伤，文献报道发生率约为 73%。合并的损伤包括骨挫伤，ACL、PCL、半月板损伤等。其中骨挫伤以膝关节的外侧部多见，另外胫侧副韧带损伤可合并大量的关节液渗出。

外侧副韧带损伤的 MRI 表现与内侧副韧带相似，同样也是在冠状位上显示较好，尤其是在脂肪抑制序列上，对韧带损伤显示更加敏感、准确。根据韧带损伤的程度分为3级，与内侧副韧带分类方法相同（图3-12）。但是外侧副韧带损伤较内侧少见，而且多为单发损伤，严重者可伴有关节囊和外侧半月板损伤。

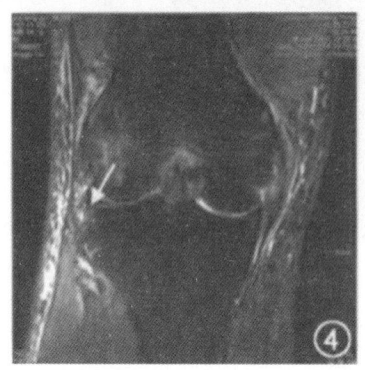

图3-11 内侧副韧带损伤冠状位 T2WI 压脂序列图像
（内侧副韧带完全撕裂不连续，周围软组织肿胀）

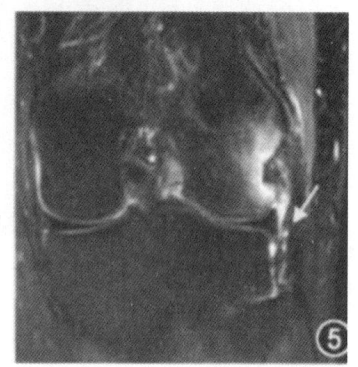

图3-12 外侧副韧带冠状位 T2WI 压脂序列图像
（部分撕裂，欠连续，局部信号增高，股骨外侧髁骨挫伤）

3 讨论

膝关节四大韧带对维持膝关节稳定和功能有重要作用。其损伤在法医临床鉴定较为常见。在司法实践中，判定膝关节韧带损伤性质是定罪量刑的重要依据。MRI 以其优越的软组织分辨率和多平面扫描及重建能力，成为目前诊断检查膝关节韧带损伤的首选的检查方法。因此，利用 MRI 影像学技术现成为法医鉴定膝关节韧带损伤的重要技术手段。

外伤性肩袖损伤的法医学鉴定探讨

杜成祝[1]，杜娟[2]，李润霞[3]，刘清波[3]
1.陕西省榆林市公安局刑警支队技术大队　陕西　榆林　719000
2.陕西省榆林市第四（星元）医院　陕西　榆林　719000
3.陕西省榆林市中医医院　陕西　榆林　719000

肩袖主要覆盖在肩关节前、上、后方的冈上肌、冈下肌以及肩胛下肌、小圆肌等肌腱连成腱板，并与关节囊紧密相连称肌腱袖，又称肩袖，对肩关节起稳定并悬吊肱骨、稳定肱骨头、协助三角肌外展上臂、旋转肩关节作用。法医学检验鉴定实践中，肩袖损伤在人身伤害案件、交通事故中经常遇到。因影像学检查技术快速飞猛的发展，特别磁共振在临床应用，肩袖损伤能明确诊断，这类型的案例逐年增多，引起人们的广泛关注。现就外伤性肩袖损伤的法医学鉴定与同仁共同研究探讨。

1 肩袖损伤的分类和形成机制

1.1 肩袖损伤的分类

临床上将肩袖损伤分为肩袖腱炎和肩袖撕裂两种情况。肩袖腱炎又分为肩袖肌腱炎、钙化性肌腱炎两种（图3-13）。肩袖撕裂从损伤部位可分为部分和完全撕裂，从发病急缓可分为急性撕裂和慢性撕裂，从发生原因可分为创伤（外伤）性肩袖撕裂和退变性撕裂（图3-14）。

1.2 形成机制

肩袖损伤的主要原因95%为撞击综合征引起，本质上是一种慢性退行性疾病，多数没有明确外伤史；少数因素有外伤、关节失稳和糖尿病、风湿性关节炎、吸烟及糖皮质激素使用等因素所致，由外伤引起的肩袖损伤占比较小。其形成机制有四种学说：①退变学说：随着年龄增加肩袖内细胞变性、坏死，钙盐沉积，纤维蛋白样增厚，肌纤维断裂，原纤维形成，软骨细胞出现（40岁以下少见）。②血运学说：在肩袖危险区因缺血引起的原发性退行性改变，也是肩袖撕裂的原因之一。肩袖危险区：冈上肌肌腱远端1 cm以内，因缺少血供极易受损，也是冈上肌肌腱损伤约占肩袖损伤的90%以上的原因。③撞击学说：肱骨头和肩峰、喙肩弓之间的撞击是肩袖损伤最为常见的诱因，肩袖等结构在这里会受到长期反复挤压、摩擦而引起慢性损伤。④创伤学说：劳动作业、运动损伤、人身伤害案件和交通事故是肩袖损伤的常见原因。

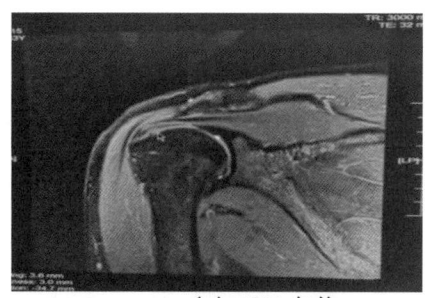
(a) T2WI 矢位

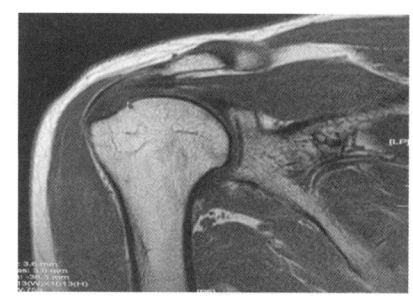
(b) T1WI 冠位

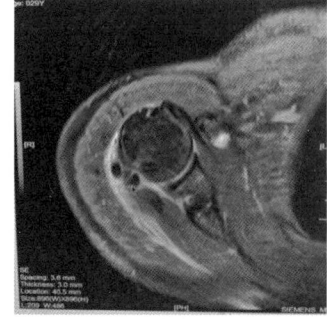
(c) T2WI 轴位

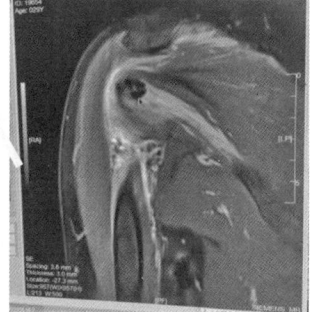
(d) T2WI 冠位

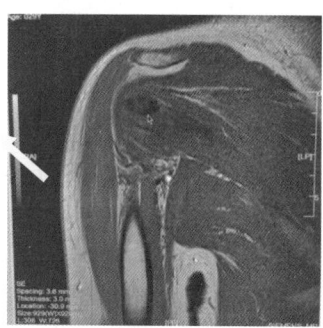
(e) T1WI 冠位

图 3-13 肩袖腱炎（分为肩袖肌腱炎、钙化性肌腱炎两种）

(a)、(b) 为退行性改变；(c)、(d)、(e) 为钙化性肌腱炎

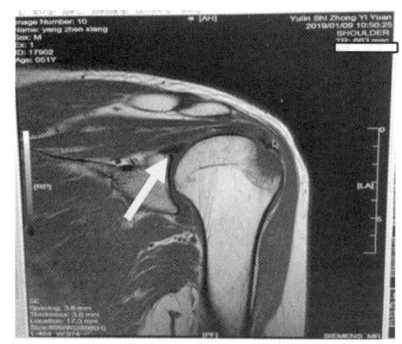
(a) T1T1WI 冠位

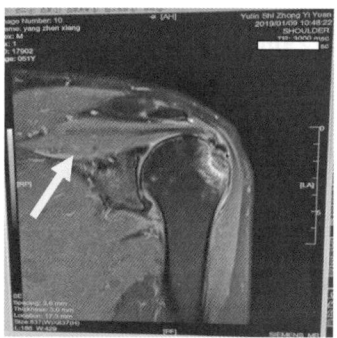
(b) T2WI 冠位

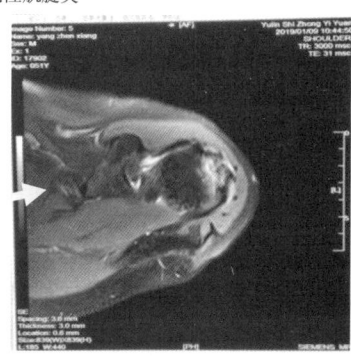
(c) T2WI 轴位

图 3-14 肩袖撕裂（伴肱骨大结节撕脱骨折）

2 肩袖损伤的诊断依据

主要症状和体征表现外伤后立即出现局限性肩关节及三角肌区疼痛、肩关节活动受限、肌力下降、肩关节弹响、交锁、疼痛弧征等。在辅助检查中，X 线、CT 检查、超声检查、磁共振检查（MRI）各有优缺点。因此，在法医学检验鉴定中需要选择辅助检查方法，进行鉴别是疾病、外伤或两者均存在。

辅助检查方法具体有以下几种：① X 线检查：无特异性，可以发现肩关节退变，肱骨头与肩峰距离变小、骨质增生、大结节硬化（图 3-15）。② CT 检查：亦无特异性，不能明确诊断，但有助于发现肩袖广泛性撕裂伴有盂肱关节不稳（关节间隙异常）。③ 超声检查：用高分辨率探头能显示肩袖水肿、增厚等改变，部分撕裂表现为肩袖缺损或萎缩、变薄，完全断裂显示肩袖断端、裂隙。④ 磁共振检查（MRI）：是常用和有效的方法，可以根据受损肌腱在水肿、出血、断裂以及钙盐沉积等方面的不同信号，显示肌腱组织的病理变化（注意 MRI 检查中有魔角效应），能很好地检查出肩袖损伤的种类、部位、急缓等情况，结合临床诊断。

3 肩袖损伤的法医学鉴定

3.1 损伤认定

依据外伤史、案情调查、肩部损后症状与体征、影像学检查，认定肩袖损伤并不困难，但难的是单纯性外伤还是退行性变所致或二者共同存在的诊断上。影像学检查，特别磁共振检查应用，能明确诊断和进行鉴别诊断。法医工作者要掌握影像学诊断技术，同时与影像学诊断医师进行沟通交流，便于掌握检查方式，进行明确诊断。

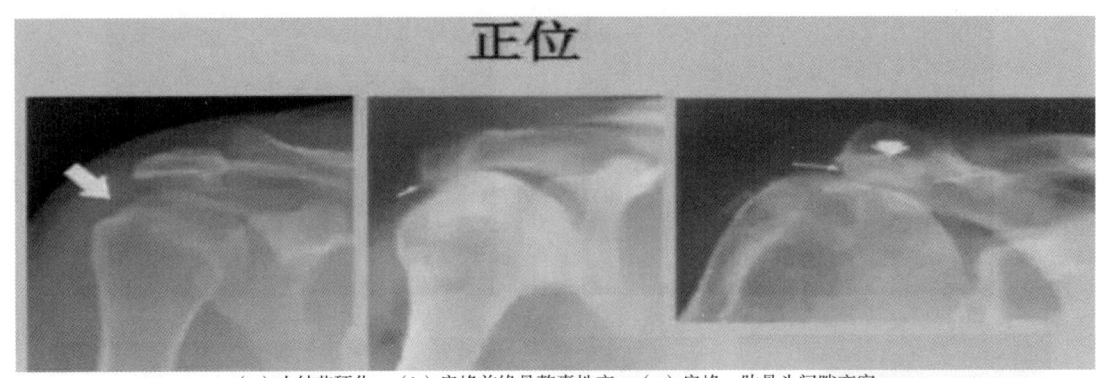

（a）大结节硬化；（b）肩峰前缘骨赘囊性变；（c）肩峰、肱骨头间隙变窄

图 3-15　4. X 线检查

3.2 损伤程度与伤残等级评定

外伤引起肩袖损伤，经保守治疗短期症状改善，关节功能不受影响的，依据《人体损伤程度鉴定标准》3.3、5.9.5 b）条款，评定轻微伤；肩袖损伤形成严重撕裂，需经手术治疗的，对关节功能影响不大的，依据《人体损伤程度鉴定标准》3.2、5.9.4 e）条款，评定轻伤二级；肩袖损伤较严重，需手术治疗，关节功能明显受影响的，依据《人体损伤程度鉴定标准》关节功能丧失程度条款评定；涉及伤病共存情形，依据《人体损伤程度鉴定标准》4.3 条款，按伤病关系处理原则评定。伤残等级评定一般不涉及，只有明显影响关节功能的，依据《人体损伤致残程度分级》标准关节功能丧失程度条款评定。

脊柱四肢损伤和体表损伤中创口或者瘢痕长度鉴定失误 1 例

冯伟[1]，赖仕刚[2]，聂波[2]

1. 四川省鼎诚司法鉴定中心　四川　成都　611730
2. 四川省成都市公安局郫都区分局　四川　成都　611730

1 案例

某男，21 岁，2020 年某月某日因刀砍伤致右大腿、左前臂疼痛、出血伴活动受限 2+h 到医院就诊。查体：左上臂可见一 6 cm 创口，左前臂背侧可见一长约 20 cm 创口，可见背侧肌纤维断裂，可见明显活动性出血。右大腿前方可见一长约 20 cm 创口，深达筋膜下可见部分肌纤维断裂。急诊行：①左前臂背伸肌开放性断裂肌腱修复术；②左前臂骨间背神经开放性断裂修复术；③左上臂、前臂及右大腿皮肤软组织裂伤清创术；④左前臂、左腕石膏外固定术等对症治疗。

伤后第 5 d 行第一次损伤程度鉴定。法医检查：左上肢石膏外固定在位，拆开石膏及纱布见：左上臂近端背侧见 7 cm 斜弧形缝合创（缝线之间），缝线在位，缝合 6 针，其上下创口分别见 1.0、0.5 cm 浅表划伤（未缝合区）；左前臂背侧见 19 cm 斜弧形缝合创（缝线之间），缝线在位，缝合 16 针，下端创口下可见 0.5 cm 浅表划伤。右大腿拆开纱布见：右大腿前内侧见 16 cm 斜弧形缝合创（缝线之间），缝线在位，缝合 10 针，其上下创口分别见 1.0 cm 浅表划伤（未缝合区）。其全身多处裂伤，创口累计长度为 42 cm（缝线之间），根据《人体损伤程度鉴定标准》5.11.2 轻伤一级 b）"创口或者瘢痕长度累计 40.0 cm 以上"之规定，鉴定为轻伤一级。

因加害方对第一次鉴定有异议，于伤后第 28 d 行第二次损伤程度鉴定。法医临床学检查见：左臂上段后侧见 7.9 cm 弧形暗红色瘢痕；左前臂后侧见 20.5 cm 弧形暗红色瘢痕；右大腿前内侧见 17.9 cm 弧形暗红色瘢痕。其肢体瘢痕累计长度为 46.3 cm，根据《人体损伤程度鉴定标准》5.9.3 轻伤一级 m）"肢体皮肤创口或者瘢痕长度累计 45.0 cm 以上"之规定，鉴定为轻伤一级。

2 讨论

虽然两次鉴定的意见一致，均为"轻伤一级"，没有给办案单位带来明显的法律障碍，但两次鉴定中"创口累计长度"和"瘢痕累计长度"数据有明显偏差，引用的条款截然不同，而如果准确引用鉴定标准，结论又会出现不一致，这才是值得我们法医重点关注的地方。

第一次鉴定引用的条款明显是错误的,得出的结论自然也是错误的。5.11.2轻伤一级b)"创口或者瘢痕长度累计40.0 cm以上"这一规定,是针对"体表损伤"确定的条款,其左上肢、右大腿皮肤裂伤属"脊柱四肢损伤"范畴,结合测量所得累计长度42 cm,应当根据5.9.4轻伤二级l)"肢体皮肤一处创口或者瘢痕长度10.0 cm以上;两处以上创口或者瘢痕长度累计15.0 cm以上"之规定,鉴定为轻伤二级。

在《人体损伤程度鉴定标准》中,对"脊柱四肢损伤"和"体表损伤"部分损伤程度均以"创口或者瘢痕"的测量长度为判断标准,但创口与瘢痕在不同时间段测量的长度存在差异,其中瘢痕的收缩率在10%左右,特别是在创口或者瘢痕长度涉及临界值时,一些细微的差异可能就会对其结果造成严重影响。虽然标准中,已经明确在鉴定过程中,不需要考虑其瘢痕收缩等因素,但是其差异客观存在,如果重新鉴定必然会导致测量值或鉴定意见的偏差。本案例中,两次鉴定中"创口累计长度"和"瘢痕累计长度"数据有−4.3 cm偏差,与"瘢痕的收缩率在10%左右"矛盾,考虑为测量时体位不规范造成的可能性大。

轻伤一级针对"脊柱四肢损伤"和"体表损伤"的条款中,其累计长度标准差异5 cm。这样的规定,应该是出于对不同部位损伤的危险程度不同所致,其中头部的致死率最高,胸部损伤的致死率8.33%,腹部损伤的致死率2%~3%,而四肢损伤的致死率最低。

综上,对"脊柱四肢损伤"和"体表损伤"的损伤程度进行鉴定时,只有做到体位规范、测量准确,在充分考虑是否有跨界损伤的情形后,精准引用《人体损伤程度鉴定标准》相关条款,才能保证鉴定意见科学、准确。

利用Photoshop软件计算体表不规则损伤面积的方法

高恒康[1],王金权[2]

1. 云南省开远市公安局 云南 开远 661699
2. 云南省元阳县公安局 云南 元阳 662400

2013年8月30日,最高人民法院、最高人民检察院、公安部、国家安全部、司法部联合发布的《人体损伤程度鉴定标准》(以下简称《标准》)中有多条需要准确测量瘢痕、擦(挫)伤、色素改变等的损伤面积,从而确定损伤程度的条文。实际鉴定工作中遇到的上述损伤形态往往极不规则,使用常规几何图形面积公式计算误差较大,不能满足鉴定需求,《标准》和相关释义中亦未给出推荐性方法进行这类损伤面积的测量或计算。笔者通过《标准》实施以来的探索和不同方法之间的比较,认为利用 Photoshop 软件测量并结合几何原理计算损伤面积的方法较简便,可供同行参考。

1 材料与方法

1.1 材料

尼康D7200数码相机1台,透明胶带若干,质地较硬的A4纸若干,校准比例尺若干,黑色细头记号笔1支,EPSON扫描仪(型号DS-1660W)1台,装有Photoshop(版本:13.0.1)软件的计算机1台。

1.2 方法

(1)取样:检查前嘱被检查人先行将损伤区域的体毛小心剃除,将无色透明胶带完全贴合于损伤区域,用黑色细头记号笔沿损伤区域外缘完整勾勒出闭合的轮廓,再将透明胶带撕下平摊于A4纸内,轮廓边缘不得溢出纸外,并粘贴比例尺。将A4纸放入扫描仪中,设置扫描文档大小为A4,分辨率为472像素/cm(1200 dpi),将扫描的图像保存为JPG格式存储备用,图3-16(a)。取样时按人体损伤检查标准拍照备查。

(2)Photoshop测量:用Photoshop打开扫描好的图像,在窗口菜单中点击直方图,弹出直方图框,记录下图3-16(a)的像素值p_1为138773244,图3-16(b)。使用磁性套索工具沿轮廓内圈进行框选,形成闭合的选区,在直方图框中记录下选区的像素值p_2为107576,图3-16(c)。

(3)计算面积:根据几何图形的性质可知,图3-16(b)与粘贴损伤轮廓的A4纸为相似图形,Photoshop软件中选区所占图3-16(a)的比值与损伤面积所占A4纸面积的比值相等。A4纸面积为固定值623.7 cm^2,令损伤面积为s,则可得出计算公式:$s/623.7=p_2/p_1$,代入p_1、p_2的值可计算出损伤面积$s=0.48$ cm^2。

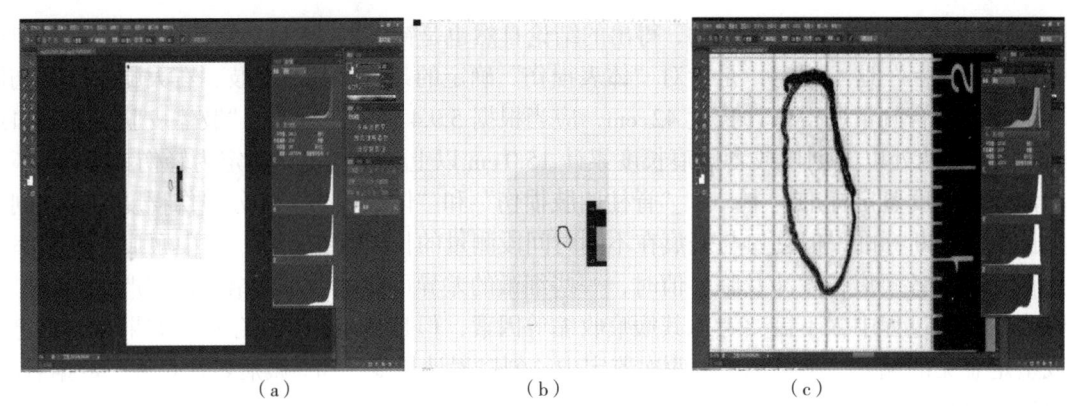

(a) (b) (c)

图 3-16 Photoshop 测量步骤

2 讨论

本文所述方法测量的是位图图像，是由一个个颜色不同的像素点组成的图像，这也就为计算这个图像的面积提供了基础和可能。磁性套索工具的主要作用是利用颜色差别，从而精准地框选不规则形状的图形。该工具就像磁铁一样，通过吸附框选图像的边缘，形成闭环后即可得到比较精确的选区。为更精准地进行吸附框选，对宽度、对比度和频率三个参数进行合理的设置就比较重要。完成设置后，仔细框选出图像中的轮廓，即可得出所求损伤区域的像素值，再通过上述公式计算后即可得出损伤面积。

为直观反映面积，笔者在撰文时使用了坐标纸作为衬垫，实际检验时无需使用。本方法所使用的数据虽不用直接通过比例尺测量，但放置检定/校准合格的比例尺，可以达到溯源的条件，同时也具备了用其他方法验证的条件，故不能省略。

随着国家法治化逐步深入，对鉴定人的职业素养要求越来越高，传统的直接测量方式不能满足现代法治的要求，使用计算机图形扫描技术开展检验鉴定势在必行。目前国内有期刊报道了采用不同方法对不规则损伤面积测量的方法，大多提及了 Photoshop 进行测量的方法，但均比较复杂，需要熟练掌握软件操作的人才能胜任。笔者提供的方法操作简便、精确度高，值得推荐。

尺神经损伤的损伤程度鉴定分析 1 例

高永超[1]，储成清[2]，方俊杰[3]，何勇[1]

1. 安徽省芜湖市公安司法鉴定中心 安徽 芜湖 241000
2. 安徽省合肥市公安局刑事科学技术研究所 安徽 合肥 230001
3. 安徽省公安厅物证鉴定中心 安徽 合肥 230061

1 案例资料

1.1 简要案情

段某，男，31 岁。2020 年 8 月 25 日，因纠纷与他人发生打架，段某用左前臂抵挡他人砸来的破损玻璃杯，被玻璃杯碎片致伤左前臂。

1.2 治疗经过

伤者段某于 2020 年 8 月 25 日至 2020 年 9 月 8 日住院治疗，诊断为左前臂外伤伴尺神经、肌肉断裂，入院记录记载左前臂中段水平两处不规则创口，创缘不规则，色淡紫，创口内见尺侧腕伸肌、尺侧腕屈肌断裂，尺神经断裂，腕关节活动尚可，左前臂及左手尺侧感觉麻木，末梢血运尚可。入院当天行左前臂清创神经肌肉探查修复术，手术记录记载左前臂中段水平两处不规则创口，创口内见尺侧腕伸肌、尺侧腕屈肌断裂，尺神经断裂，用缝线修复尺神经。出院记录记载左前臂伤口愈合良好，缝线已拆除，左前臂及左手尺侧感觉麻木，末梢血运尚可。

1.3 辅助检查

伤者外伤当日 X 片未见左肘关节、左尺桡骨明确骨折征象。伤者伤后 4 个月、5 个月、6 个月分别行肌电图检查，均显示左尺神经感觉传导速度与波幅下降，提示左尺神经感觉功能损害。

1.4 法医学人身检查

伤者左前臂中段内侧见一 6.0 cm 长瘢痕，背侧见一 4.8 cm 长瘢痕。左前臂及左手骨间肌、蚓状肌、小鱼际肌等手部肌肉未见萎缩，左肘关节、左腕关节活动可，左手未见爪形手畸形，左手各指未见内收、外展障碍及 Froment 征，左手小鱼际区感觉稍减退，余左手各指感觉可。

2 讨论

尺神经是上肢重要的周围神经，发自臂丛内侧束，于肱动脉内侧下行，在上臂中段逐渐转向背侧，经肱骨内上髁的尺神经沟，后转至前臂前内侧，在前臂发生手背支，主干下行进入手掌。本案例中伤者左前臂被玻璃碎片致伤，造成内侧与背侧的开放性损伤，损伤的位置与尺神经在前臂走行的位置相符，可导致尺神经损伤。

周围神经是由多个神经束与包裹神经束的神经外膜构成，神经束是由多个神经纤维与包裹神经纤维的神经束膜构成，神经外膜与神经束膜均为结缔组织，因此神经束是周围神经的主要结构与功能区。尺神经是属于周围神经的躯体神经，尺神经的神经束一旦发生断裂、撕裂等严重损伤，势必会引起其支配肢体功能障碍。尺神经损伤引起的功能障碍主要有小鱼际肌、骨间肌、蚓状肌萎缩，环、小指爪形手畸形，环、小指末节屈曲功能障碍，手指内收、外展障碍及 Froment 征，以及手部尺侧、小指全部、环指尺侧感觉消失等，尺神经损伤，特别是高位损伤，手内肌功能恢复较差。本案例中伤者伤后入院行手术治疗，手术记录虽记载尺神经断裂，用缝线修复尺神经，但未描述尺神经断裂的具体情况；入院查体及后续治疗的病历记载未见尺神经断裂所致的严重功能障碍，法医学人身检查仅见左手小鱼际区感觉稍减退，多次肌电图检查仅提示左尺神经感觉功能损害，伤者左上肢功能表现与尺神经断裂所致功能障碍明显不符。周围神经损伤必须具有对应神经损伤的体征及肌电图失神经电位和神经支配区的肌肉萎缩等客观体征，因此笔者认为伤者左尺神经断裂的诊断依据不足，结合其损伤的位置与机制，手术记录记载情况，分析认为其左尺神经的神经束有轻微挫伤，神经外膜、神经束膜有破损。

本例尺神经损伤的损伤程度鉴定的焦点在于伤者段某的尺神经损伤是否符合《人体损伤程度鉴定标准》（以下简称《标准》）5.9.4 b）条所指的四肢重要神经损伤。《标准》3.2 与附录 A.4 分别对轻伤与轻伤二级进行了界定，轻伤是指使人肢体或者容貌损害，听觉、视觉或者其他器官功能部分障碍或者其他对于人身健康有中度伤害的损伤，包括轻伤一级和轻伤二级；轻伤二级是指各种致伤因素所致的原发性损伤或者由原发性损伤引起的并发症，未危及生命，遗留组织器官结构、功能轻度损害或者影响容貌。笔者认为 5.9.4 b）条四肢重要神经损伤是轻伤二级条款，应符合轻伤与轻伤二级的定义内涵，四肢外伤造成四肢重要神经的结构、肢体功能轻度损害方可评定为轻伤二级。本案例中伤者左尺神经损伤仅为神经束轻微挫伤，神经外膜、神经束膜破损，法医学人身检查仅见左手小鱼际区感觉稍减退，分析认为其左尺神经主要结构与功能区损害轻微，肢体（手）功能损害轻微，不符合轻伤、轻伤二级的定义内涵，因此笔者认为本例尺神经损伤的损伤程度应评定为轻微伤。

实例分析足弓结构破坏法医学伤残程度评定要点

何建伟[1]，王胜峰[2]

1. 浙江省千麦司法鉴定中心 浙江 杭州 311100
2. 浙江省兰溪市公安局 浙江 兰溪 321100

1 案例资料

李某，男，49 岁。2017 年 5 月 19 日发生交通事故致左足损伤，经治疗后某司法鉴定所评定为十级伤残。因保险公司对鉴定意见提出异议，要求对其伤残等级、外伤与原有先天扁平足及原有损伤之间的因果关系进行重新评定。

1.1 病历资料

（1）第一次住院记录：2017 年 5 月 19 日至 2017 年 6 月 13 日。车祸致左足肿痛活动受限 2 h。既往史：2013 年受伤致右足第四跖骨骨折。查体：左足背肿胀明显，广泛压痛，左足背内侧横行 1 cm 挫裂口，左足拇趾活动受限。X片示：左足第1、第3~5跖骨骨折。治疗经过：入院后于5月29日行左第1跖骨切复内固定术。出院诊断：左足1、3~5跖骨骨折，左足挫裂伤。

（2）第二次住院记录：2018年7月29日至2018年8月9日。因左足骨折术后12月入院，治疗经过：行左第1跖骨骨折拆除内固定术。出院诊断：左足第1跖骨骨折术后骨性愈合。

1.2 X线拍片资料

2017年5月19日X片示：左足第1跖骨粉碎性骨折，错位；第3~5跖骨近端骨折。5月30日X片示：左足第1跖骨粉碎性骨折内固定术后改变，左足第3~5跖骨近端骨折。

2018年8月8日X片示：左足第1跖骨骨折愈合，原移位骨碎块错位愈合，内固定已拆除。左足第3~5跖骨近端骨折愈合。

2019年1月25日左侧足弓X片示：左足D角（横弓）为14°，左足A角（内弓）为145°，左足C角（外弓）为159°，提示左侧足弓结构破坏。

2019年4月25日双侧足弓X片示：左右足D角（横弓）分别为14°及13°，左右足A角（内弓）分别为145°及138°，左右足C角（外弓）分别为159°及158°，提示双侧扁平足。

2013年5月16日右足X片测量右足足弓：D角（横弓）为13°，A角（内弓）137°，C角（外弓）158°。

1.3 重新鉴定法医学临床检验

李某自行步入检查室。查体见：左足背第1跖骨皮肤对应处见一长5.5 cm纵行瘢痕。双足呈扁平足，各趾感觉正活动常。

1.4 鉴定结论

（1）首次（2019年2月1日）鉴定结论：李某于2017年5月19日因交通事故致左足第1跖骨粉碎性骨折，第3~5跖骨近端骨折等，行手术治疗，目前遗留左足足弓结构部分破坏（内侧纵弓145°，正常参考值113°~130°），依照《人体损伤致残程度分级》5.10.6 18)条之规定，评定为十级伤残。

（2）重新鉴定结论：李某因交通事故致左足第1跖骨粉碎性骨折，第3~5跖骨近端骨折，行手术治疗。经调取既往2013右足损伤时X片，为右第4跖骨骨折，系为外侧纵弓的构成骨，其损伤程度不至于造成内侧纵弓结构破坏，且经对照2013年、2019年X片，其右足外侧纵弓的角度相同，故推定2013年右足的损伤未对右侧足弓造成破坏。现复查双侧足弓片，双足均为扁平足，其外侧纵弓、横弓角度基本一致，内侧纵弓角度左足较右足稍大，但相差未达10%，认定左足弓结构未见明显破坏。依照《人体损伤致残程度分级》相关条款之规定，不构成伤残等级。

2 讨论

2.1 足弓的概念和作用

（1）足弓是由跗骨、跖骨及其连接的韧带形成的突向上方的弓，由横弓、内侧纵弓、外侧纵弓组成。内侧纵弓由跟骨、距骨、舟骨、骰骨和第1、2、3跖骨及籽骨构成。外侧纵弓由跟骨、骰骨及第4、5跖骨构成。横弓由5个跖骨基底及跗骨的前部构成，背侧面大于跖侧面，上宽下窄。

（2）足弓的作用增加了足的弹性，发挥弹性和缓冲震荡的作用。足弓的完整与足骨、韧带、肌肉以及下肢力线密切相关。由于足骨、韧带、肌肉等损伤导致足弓结构破坏，可导致足缓冲震荡和弹性等功能受损。

2.2 足弓结构破坏

足弓结构破坏指的是足损伤致跗、跖骨骨折愈合后足弓X线测量值背离临床医学足弓正常参考值和/或维持足弓功能作用的肌肉、韧带严重损伤（挛缩、毁损、缺失）。

2.3 足弓结构破坏伤残评定注意要点

①有明显的足部外伤史。②伤者足部是否存在先天扁平足、先天足弓变异、畸形的情况，并与之相鉴别，还需排除既往的足部损伤史。③足弓结构部分破坏的认定：当一侧足部损伤时，需与健侧对比并结合正常参考值综合判断足弓破坏程度；当双足损伤时，比较正常参考值。纵弓的测量值若背离临床医学足弓正常参考值（或健侧对比）达10%以上，可认定为足弓结构部分破坏。横弓的测量值若背离临床医学足弓正常参考值（或健侧对比）达3%以上，可认定为足弓结构部分破坏。④足弓结构完全破坏的认定：鉴于纵弓和横弓的解剖结构特点，当内侧纵弓、外侧纵弓均破坏时，横弓结构也必然破坏，故理论上当内侧纵弓与外侧纵弓均破坏时，可视为足弓结构完全破坏。⑤足弓破坏既包括足弓角的异常，也包括因足弓角测量点破坏引起的情

形。⑥维持足弓功能作用的肌肉、韧带严重损伤（挛缩、毁损、缺失）引起的伤残情形，可参照足弓破坏条款鉴定。⑦足弓角测量方法和原则：足弓角的测量需严格按照《法医临床像学检验实施规范》标准进行，同时需摄取站立（生理性负重）下双侧足部X线水平位片。

总之，足弓结构破坏法医学伤残程度评定中的难点，需鉴定人更加细致及运用科学测量的方法，严格按照规定进行，才能得出正确的结论。

腰椎压缩性骨折1例的法医学鉴定分析

黄立闯，杨帆

黑龙江省大庆市公安局刑事技术支队 黑龙江 大庆 163000

胸腰椎压缩性骨折是胸腰椎骨折中最常见的，是由于暴力使脊柱向前屈曲，椎体被压缩成楔形，多为脊柱前柱损伤。此类骨折通常为高空坠落伤、足、臀部着地，身体猛烈屈曲，产生了椎体前半部分压缩。

1 案例资料

1.1 简要案情

2017年5月5日9时许，刘某报警称在某自建一处平房处被城管执法人员吴某殴打。分局民警出警并进行调查取证，未发现刘某有被殴打情形。

1.2 病理摘要

专科检查：头枕部肿痛，皮肤碾挫，未见出血，局部压痛，脊柱生理弯曲存在，腰3椎体棘突处有压痛，疼痛无放散，无明显异常活动及骨摩擦感。两侧软组织轻度压痛。腰椎活动受限。双侧拇趾背伸力未见异常，双下肢略麻木，肌力5级，双上肢运动及感觉正常。X片和腰椎CT示：腰3椎体压缩性骨折，椎体前缘变扁，椎管内未见骨块。

1.3 影像资料

阅刘某X片、CT片示：腰3椎体略变扁，前缘及上缘骨皮质不光滑，椎体内密度略增高，腰3、4、5椎体前缘可见骨质增生，各椎间隙未见狭窄。腰3椎体压缩性骨折（压缩约20%）。

1.4 现场视频资料

吴某面对刘某并将左手放在刘某的右背部，刘某左脚抬起并向后撤，身体向其左前方倒下，刘某的腿部、左肘部先着地，倒地后趴在地上并用双手主动抓吴某的左脚，吴某抽出左脚后离开，刘某顺势翻身，脸部朝上躺在地上。后刘某自行起来。

2 分析讨论

2.1 腰椎骨折可分为屈曲型和伸展型

屈曲型：高坠时足、臀着地，身体过度屈曲；或肩、背部被压伤、撞伤，可引起椎骨脱位、椎体压缩性骨折或粉碎性骨折、椎弓骨折或关节突脱位、骨折。伸展型：见于背部或腰部受暴力作用，引起前纵韧带撕裂，椎体裂开或椎弓骨折。

2.2 本案属于屈曲型骨折

本案中根据刘某住院病案记载及X片、CT片检验，其骨折为腰3椎体压缩性骨折，该骨折属于屈曲型骨折，符合能够造成身体过度屈曲的外力作用形成的骨折。本案中视频资料及说明介绍的刘某同城管执法人员吴某身体接触并向左前方倒地的过程不易造成身体的过度屈曲，故刘某向左前方倒地的过程不易形成腰3椎体压缩性骨折。

3 总结

外伤性椎体骨折主要依据外伤史、临床表现和影像学检查来诊断。要从作用于脊柱暴力的方向、大小，伤后的临床表现和专归，是否有病理因素存在等方面全面分析，综合评定。对于时间久远的骨折更是要慎重，因缺乏医学证据不能明确是哪一次损伤所致的时候，应建议办案单位结合其他证据来认定，不要草率下结论。

胸腰椎压缩性骨折为椎体前方受压缩楔形变。压缩程度以X线侧位片上椎体前缘高度占后缘高度的比值计算，一般为稳定性骨折。

影像学检查是椎体骨折的认定依据，X线摄片通过对比分析骨折椎体中心和椎体缘的形态变化、骨痂生长和改建变化、临近组织的损伤征象与变化以及病理征象是否存在等判断骨折形成的原因和性质。CT检查可以显示出椎体的骨折和椎管情况，脊柱全长的CT三维重建能更清晰地反映脊柱的损伤状况，以便判断损伤的形成。疑有脊髓、神经损伤或椎间盘与韧带损伤时应作脊柱相应部位的磁共振检查。

鉴定椎体压缩性骨折时，要注意以下几点：新鲜骨折与陈旧性骨折的鉴别，椎体压缩性骨折与椎体粉碎性骨折的区别，椎体压缩性骨折与老年性退行性变化所致的椎体楔形改变的鉴别，外伤性椎体压缩性骨折与肿瘤所致压缩性骨折的区别。

肩袖损伤合并伤病关系损伤程度鉴定1例

黄荣发

安徽省合肥市肥西县公安局 安徽 肥西 231200

1 案例资料

1.1 简要案情

2020年7月22日，缪某某（女，56岁）与任某某（男，53岁）因琐事发生纠纷，任某某携家属赵某某等五人到缪某某干活的地方进行理论，双方发生争吵进而发生肢体接触，后缪某某到医院住院治疗。

1.2 病历摘要

据送检病历资料记载：

安徽中医药大学第一附属医院西区出院记录：就诊日期，2020年7月22日，出院日期：2020年8月17日。"外伤致全身多处肿痛不适13 h"入院，检查：左肩部压痛阳性，活动受限，右手部石膏固定在位，右拇指肿胀，屈曲活动受限明显。左肩关节MRI示：左侧肩袖损伤。诊断：全身软组织损伤，左侧肩袖损伤。行患肢支具外固定中药外敷及活血止痛等对症治疗，出院时左肩部压痛阳性，活动受限好转，出院。

安徽省中西医结合医院2020年7月27日左肩关节MRI报告单示：左肩关节MRI平扫：左侧关节盂唇、肱骨大结节增生、变尖，肩锁关节面毛糙，肱骨头关节面下见囊状长T1、抑脂高信号影，边界尚清，冈上肌肌腱连续性完整，信号欠均匀增高，关节腔、肩峰下滑囊及肱二头肌长头肌腱周围见少量条片状水样信号影，肩锁关节面毛糙、关节间隙稍增宽，周围软组织肿胀。印象：左侧肩袖损伤，肩锁关节炎并周围软组织肿胀，左肩关节退行性变，肱骨头囊变区，关节腔及周围滑囊少许积液。

安徽省中西医结合医院门诊病历示：就诊日期，2020年11月23日，"左肩部损伤后3月余"就诊，患者诉3月前被他人打伤后右手及左肩部疼痛不适，PE，左肩部压痛（+），活动部分稍受限，左肩关节MRI示：左肩冈上肌肌腱损伤，肱骨头小囊变区，左肩关节退行性变，左肩关节腔、肩峰下滑囊、肱二头肌长头腱周围及肩锁关节少量积液。

安徽省立医院门诊病历示：就诊时间，2020年12月10日，主诉：右肩部损伤后疼痛活动受限4月余。检查：MRI诊断报告单示：左肩袖损伤；肱二头肌长头肌肌腱损伤，左肱骨头骨质退行性变，左肩锁关节退行性变。诊断：左侧肩袖损伤。

安徽省立医院出院记录示：入院日期，2021年1月5日，出院日期，2021年1月12日，"外伤致左肩关节疼痛伴活动受限5月余"入院，入院后检查：左肩关节无明显肿胀，稍压痛，左肩关节活动稍受限，手指感觉、血运、活动可。2020年12月21日左侧肩关节磁共振平扫：左肩袖损伤，肱二头肌长头肌腱损伤，左肱骨头骨质退行性变，左肩锁关节退行性变，诊断：左肩袖损伤，左肩锁关节脱位、左肩锁关节炎，2021年1月8日在全麻下行左肩关节镜下肩袖修补+肩关节镜下锁骨远端切除术+肩关节镜下肩峰成形术，术中见肱二头肌腱挫伤明显，周围滑囊充血水肿，冈上肌止点处小破裂，内为空腔，裂口对应肩峰前外侧缘骨性凸起。术顺，术后对症治疗，现患者病情平稳，出院。

1.3 法医学检查

2020年12月23日检查：被鉴定人缪某某，神志清楚，回答切题，发育正常，营养一般。诉左上肢下垂时左肩关节酸痛。检查：左肩部按压痛（+），屈曲、伸展、外展、内收等动作能完成。余无明显异常。

2021年1月11日检查：左肩部手术术后，患肢支具固定。

阅片：阅安徽省立医院 2020 年 11 月 23 日左肩 MRI 平扫片、2020 年 12 月 21 日 MRI 平扫片、2020 年 12 月 21 日、2021 年 1 月 8 日、2021 年 1 月 10 日 X 片示：左肩锁关节脱位，伴锁骨端骨挫伤，软组织挫伤；左侧冈上肌肌腱损伤；左肩关节腔、肩峰下滑囊、肱二头肌长头肌腱周围及肩锁关节积液。2021 年 1 月 28 日右侧肩关节磁共振平扫报告单示：右肩袖损伤可能（冈上肌肌腱），部分滑囊及关节腔少量积液；右肱骨头骨质囊变，关节盂骨髓水肿。

2 讨论

被鉴定人外伤史明确，其左肩部损伤，结合影像学检查诊断为左侧肩袖损伤，左肩锁关节脱位、左肩锁关节炎，五个月后行左肩关节镜下肩袖修补+肩关节镜下锁骨远端切除术+肩关节镜下肩峰成形术，其就诊病历记载有左肩关节退行性变，左肱骨头小囊变区，左肱骨头骨质退行性变，左肩锁关节退行性变。其右侧肩关节磁共振平扫报告单示右肩袖损伤可能（冈上肌肌腱），部分滑囊及关节腔少量积液；右肱骨头骨质囊变，关节盂骨髓水肿。说明其本次左肩锁关节脱位与左侧肩袖自身疾病构成伤病关系，依据《人体损伤程度鉴定标准》4.3.2/5.6.4 d）款之规定，鉴定为轻微伤。

随着年龄的增长，老年人的肩袖组织可发生退行性变，提拉重物、过度活动甚至轻微受力都可导致肩袖损伤，涉及肩袖损伤的法医鉴定，应将对侧肩袖作相应的检查进行对比，综合分析。

双踝骨折损伤机制分析 1 例

黄樱睿

安徽省马鞍山市和县人民检察院 安徽 和县 238200

1 案例资料

1.1 案情

2019 年 12 月 14 日晚，陈某龙与他人因琐事发生矛盾，后被殴打。导致陈某龙右胫骨内侧髁、右腓骨下段骨折，骨折累及关节面。经鉴定，陈某龙的损伤程度构成轻伤一级。犯罪嫌疑人平某洲不服，认为陈某龙的损伤并非自己造成，而是在双方打架之前就已经存在，系陈某龙自己摔跌所致。故案件承办人委托技术部门法医对陈某龙的伤情鉴定进行审查，明确陈某龙胫、腓骨骨折的损伤机制。

1.2 医疗资料

某县中医院陈某龙的出院记录：入院日期：2019 年 12 月 14 日。入院时主要症状和体征：右踝部外伤、肿痛伴活动受限 2 h。2 h 前与人发生纠纷被他人打伤右踝部，当时即感到右踝部疼痛剧烈，渐肿无法站立行走。查体：右踝部肿胀剧烈，局部触压痛（+），骨擦音（+），踝关节活动受限，被动活动疼痛加剧，末梢血运及感觉均未见明显异常。住院治疗简要过程及主要治疗措施：于 2019 年 12 月 19 日在联合腰麻下行右内外踝骨折切开复位+内固定术。术后复查示：右侧内外踝可见金属固定物影，骨折断端对位、对线良好。出院诊断：右双踝骨折。

阅陈某龙的 X 片示：右胫骨内侧髁见横行低密度骨折线，到达关节面，断端未见错位；右腓骨下段见斜行低密度骨折线，断端稍错位，未累及关节面。

1.3 现场监控录像资料

陈某龙自行从屋内走到屋外，步态正常。陈某龙与平某洲发生争执之后被平某洲从背后抱住摔向地面（右足先着地）。其后多次尝试从地上爬起来，都没能成功，在被平某洲等人殴打的过程中，没有被他人踩踏腿部及足部。

2 分析论证

胫腓骨骨折可由直接暴力和间接暴力造成。直接暴力如车祸、打击形成的胫腓骨骨折，其骨折线常在同一平面上，骨折线多为横形、短斜形，暴力巨大亦能形成粉碎性骨折（如车辆保险杠撞击小腿，造成胫骨楔形骨折）；间接暴力如高坠时双足落地，胫腓骨承受纵向暴力，常造成粉碎性骨折，亦可见胫骨平台骨折，而摔跌时，由于腿部肌肉牵拉旋转，常造成胫腓骨螺旋形骨折，腓骨的骨折线常较胫骨骨折线高，这种不在同一平面发生的骨折是胫腓骨遭受间接暴力损伤的特殊性。陈某龙右侧胫、腓骨骨折断端几乎位于同一平面，胫骨内侧髁骨折为横行，断端未见错位，腓骨远端骨折为短斜行，断端稍错位，与间接暴力形成的粉碎性、螺旋形骨折不符，应系直接暴力形成。

踝部骨折多由间接暴力引起，大多数是在踝跖屈扭伤，力传导引起骨折。暴力大小、作用方向、踝足所处的姿势状态不同，可造成不同类型的踝部骨折。有时暴力直接打击也可引起复杂性骨折。旋后位足部的外旋应力是踝部骨折的常见损伤机制，占 40%～75%。外踝的螺旋斜形骨折线通常始于胫骨远端平台，并向腓骨近端延伸。该损伤的机制为小腿内旋足猛烈外旋时，距骨对腓骨的螺旋剪切应力造成了腓骨的骨折，即旋后外旋（外翻）型骨折。摔跌或扭伤时，由于小腿和足部运动时的应力方向不同，距骨对腓骨的螺旋剪切应力常造成腓骨不同平面不同程度的螺旋形骨折。腓骨远端内侧有韧带与胫骨相连，较为固定，间接暴力形成的骨折线常由内下螺旋向外上。而陈某龙的腓骨远端骨折，其骨折线由外下斜向内上，且断端未见明显错位，与旋后外旋（外翻）型骨折的损伤特征不符，结合现场监控录像判断，陈某龙被平某洲从背后抱住摔向地面时右足外踝先着地可以形成。

踝关节是人体接触地面的第一个负重大关节，维系着人体的各种运动与平衡。踝关节的主要功能为负重和行走，日常生活中的行走和跳跃等活动，主要依靠踝关节的背伸、跖屈活动，以及围绕纵轴的内旋、外旋和围绕矢状轴的内翻、外翻活动等。陈某龙踝关节骨折后，踝关节功能丧失，不可能正常站立行走，结合现场监控，能排除陈某龙在被平某洲等人殴打之前踝关节已经受伤的可能。

3 审查意见

同意鉴定机关鉴定陈某龙的损伤程度构成轻伤一级的鉴定结论。排除陈某龙在被平某洲等人殴打之前踝关节已经受伤的可能。陈某龙踝关节骨折的致伤方式符合被他人从背后抱住摔向地面时右足外踝先着地形成。

桡动脉浅支血管断裂法医学损伤程度分析 1 例

冀晓文[1]，张钧[1]，冀柏颖[2]

1. 山西省寿阳县公安司法鉴定中心 山西 寿阳 045400
2. 辽宁省沈阳市中国刑事警察学院 辽宁 沈阳 110000

1 案例介绍

1.1 简要案情

2018 年 5 月 24 日 19 时 30 分许，陈某娥在某县某镇家里被邻居郝某东用镰刀砍伤左腕。

1.2 病历摘要

患者：陈某娥，女，62 岁，主诉：左腕部外伤致疼痛、出血伴活动受限 6 h 余。现病史：患者于入院前 6 h 左右在家和人发生口角时被人用镰刀伤致左腕部，当即致左腕部疼痛、出血伴活动受限，于附近医院行简单包扎止血后，为求进一步诊治急诊入我院。体格检查：T37.3℃，P104 次/min，呼吸 20 次/min，血压 163/89 mmHg。左腕部桡掌侧可见长约 6 cm 横行皮肤裂伤，皮缘尚整齐，肌腱断端外露，伤口污染可见活动性出血点；虎口背侧皮肤感觉麻木，伸腕力量弱。辅助检查：胸部后前、侧位、左腕正侧位片（X 号：23705）示：左腕关节骨质未见异常。于 2018 年 5 月 25 日行左腕部清创拇长展、拇短伸肌腱、桡侧腕长、短伸肌腱断裂修复术、桡动脉、桡神经浅支断裂吻合术。术中探查可见：拇长展、拇短伸肌腱、桡侧伸腕长、短肌腱，断端欠整齐；桡动脉、桡神经浅支断裂。入院后完善相关检查，术后抗炎等对症治疗，于 2018 年 6 月 8 日出院。诊断：左腕部皮肤裂伤伴拇长展肌腱、拇短伸肌腱、桡侧伸腕长、短肌腱、桡动脉、桡神经浅支断裂。

1.3 法医检验

伤者神清，对答切题，自动体位，检查合作。左手腕部可见长 9.0 cm 创伤愈合瘢痕及手术愈合瘢痕，其余未见明显外伤。2018 年 9 月 17 日聘请有关专家会诊，示：桡神经支损伤、肌腱损伤术后粘连、腕关节及拇指关节部分僵直。

1.4 法医学鉴定意见

陈某娥之损伤为轻伤二级。

2 讨论

依据 2013 年 8 月 30 日，最高人民法院、最高人民检察院、公安部、国家安全部、司法部联合发布的《人体损伤程度鉴定标准》中四肢重要血管破裂规定解释，四肢重要血管中包括桡动脉，即血管全层破裂伤，构成本标准所指的轻伤二级。

在解剖学中，桡动脉是肱动脉的终支之一，其主要分支是：①掌浅支，与尺动脉末端吻合成掌成弓。②拇主要动脉，分为 3 支，分布于拇指掌面两侧缘和示指桡侧缘。

该案中，受害人陈某娥左手桡动脉、桡神经浅支断裂。在检验鉴定中，鉴定人往往会因概念混淆不清习惯性将桡动脉浅支排除出四肢重要血管，在医学上，主动脉的概念含义包括其主干和分支，是一个整体。在此类鉴定中因概念模糊不清，极易进行误判，影响案件性质的定性。

综上所述，结合陈某娥左手腕部外伤史及损伤情况，本次外伤造成其左桡动脉破裂，其损伤程度符合《人体损伤程度鉴定标准》5.9.4 轻伤二级 c）之规定。

交叉韧带及半月板损伤与外伤之间的因果关系分析

兰霞，潘宏虹，吴轶慧

上海复旦大学上海医学院司法鉴定中心 上海 200032

1 案例材料

1.1 案情介绍

2019 年 9 月 4 日，被鉴定人在参加公司工会组织的篮球赛中被人撞倒，膝部受伤。2019 年 9 月 5 日到医院就诊，诊断：左膝损伤。10 月 15 日到另家医院就诊，诊断：韧带疾患。12 月 4 日到第三家医院就诊，诊断：左膝前交叉韧带损伤，左膝半月板损伤。委托方要求就 2019 年 9 月 4 日事故与左膝前交叉韧带损伤，左膝半月板损伤，是否存在因果关系及参与度（百分比）进行司法鉴定。

1.2 病史摘要

2019 年 9 月 5 日，因"外伤致左膝疼痛不适 1 d"就诊。摄片：患者轴位无法配合，左膝关节结构良好，各骨及关节面未见明显骨质增生、骨质破坏等异常改变，关节间隙正常，周围软组织稍肿胀。2019 年 10 月 15 日另家医院要求复查 MRI，提示：左膝关节内侧半月板后角及外侧半月板前角损伤、前交叉韧带损伤、左膝关节及髌上囊积液。

2019 年 12 月 4 日"外伤致左膝关节疼痛伴活动受限 3 月余"入院。入院查体：双膝关节外形正常，无内外翻畸形存在，左膝关节无肿胀，髌后撞击痛（-），Shelf 征（-），恐惧症（-），髌骨活动度（-），左膝关节关节线内侧压痛（+），麦氏征阳性。左膝关节屈曲活动稍受限，膝关节外翻不稳，反 Lachman 试验（+），ADT（-），PDT（+），轴移试验（+），内侧间室压痛（+），无内外旋不稳。双大腿周径无差别。无腘绳肌短缩，伸屈膝抗阻试验正常。MRI：左膝后交叉韧带、后内侧副韧带损伤、半月板损伤。2019 年 12 月 7 日全麻下行膝关节镜下左膝前交叉韧带重建术+关节清理术，术中见内侧半月板后角损伤，内侧滑膜皱襞 2 型，髁间凹狭窄；ACL-AM 束、ACL-PL 束断裂。2019 年 12 月 11 日出院，出院诊断：左膝前交叉韧带损伤。

1.3 视频录像

视频开始 10 min 16 s 左右，被鉴定人与他人发生碰撞后，左膝外翻摔倒在地。

2 法医学检验

2.1 体格检查

被鉴定人左膝前见数处手术瘢痕，长度在 0.5 cm 至 2.0 cm 之间。左膝关节活动稍受限。

2.2 阅片所见

2019 年 9 月 5 日 X 片示：左膝关节诸骨未见明显骨折征象，周围软组织轻度肿胀。2019 年 10 月 21 日 MRI 片示：左膝前交叉韧带部分撕裂、肿胀，内侧半月板后角撕裂，外侧半月板前角损伤，左膝关节腔及髌上囊积液，周围软组织轻度肿胀；未见明显骨质密度不均匀及退行性改变。2019 年 12 月 5 日、2020 年 1 月

15 日 MRI 片示：左膝前交叉韧带撕裂，内侧半月板后角及体部撕裂，外侧半月板前角损伤，左膝关节腔及髌上囊积液，周围软组织轻度肿胀；复片示左膝韧带重建术后，内侧半月板信号不均，关节积液较前吸收。

3 讨论

①视频开始 10 min 16 s 左右，被鉴定人与他人发生碰撞后，左膝外翻摔倒在地。左膝存在外伤史。②2019 年 9 月 4 日撞倒受伤，9 月 5 日因"左膝疼痛不适 1 d"就诊，后于 2019 年 10 月至 12 月间多次因左膝损伤医院就诊。左膝关节在就诊时间上存在连续性。③2019 年 9 月 4 日被鉴定人与他人发生碰撞倒地，9 月 5 日就诊，病史记载"左膝关节屈曲活动稍受限，膝关节外翻不稳"；左膝关节 X 片提示左膝部软组织轻度肿胀。随后左膝关节 MRI 片提示其左膝关节左膝前交叉韧带撕裂，内侧半月板后角及体部撕裂，外侧半月板前角损伤，左膝关节腔及髌上囊积液，周围软组织轻度肿胀；2019 年 12 月 7 日行左膝前交叉韧带重建术+关节清理术，术中见内侧半月板后角损伤，内侧滑膜皱襞 2 型，ACL-AM 束、ACL-PL 束断裂。结合视频其左膝外翻摔倒在地，符合膝关节韧带损伤改变。且影像学资料提示左膝关节未见明显骨质密度不均匀及退行性改变，提示左膝外伤诊断明确，排除自身疾病或退变的影响。

4 因果关系及参与度

本案例中，笔者认为被鉴定人左膝前交叉韧带损伤、左膝半月板损伤与 2019 年 9 月 4 日事故之间存在直接因果关系，外伤是导致其左膝前交叉韧带损伤、左膝半月板损伤的唯一原因，建议外伤参与程度在 96%～100%。

齿状突骨折临床法医学鉴定 1 例

黎明州，李锦森，潘阳红

福建天行司法鉴定所 福建 泉州 362000

1 简要案情及病史摘录

刘某，男，57 岁，2020 年 4 月 19 日在作业过程中不慎从约 3 m 高处坠落受伤，同日以"外伤后头痛、颈部痛伴双上肢麻木、疼痛 2 h"入院。查体：头颅无畸形，双侧瞳孔等大等圆，直径 2.5 mm，对光反射灵敏。颈部压痛明显，左上肢肌力 2 级，右上肢肌力 3-级，双上肢浅感觉减弱，左侧较右侧明显，双下肢肌力 5-级，双上肢肌张力下降，双下肢肌张力正常。影像-颈椎 CT 平扫检查报告示枢椎齿状突骨折，颈椎退行性变。入院后予 Holla 支具外固定、营养神经等治疗。诊断：脑震荡；枢椎齿状突骨折；颈椎退行性变；全身多处软组织挫擦伤。

1.1 法医学检验

同年 11 月 9 日法医学检查：伤者自行入所，步状正常，神清语顺，述左上臂皮肤麻木。颈椎生理弯曲变直，枢椎压痛阳性，活动功能受限，活动度：前屈 300°、后伸 150°、左侧屈 150°、右侧屈不能、左旋转 250°、右旋转 200°，双上肢深浅感觉正常，四肢肌力、肌张力正常，左上肢肌张力略增强，左肩关节活动略受限，余肢体各大关节活动自如，肢端血运、感觉及活动良好。余（-）。

1.2 阅片所见

同年 4 月 19 日、5 月 1 日颈椎 CT 平扫示枢椎齿状突椎体部见多条透亮骨质线，贯穿前、中柱及后缘，多块骨碎块分离、移位明显，骨碎片累及、突入椎管，椎管狭窄，提示枢椎齿状突（椎体部）粉碎性骨折，骨性占位；4 月 19 日颈椎 MRI 示颈 2 椎体水平颈髓挫伤，硬膜囊受压迫，椎管狭窄。

1.3 鉴定意见

被鉴定人刘某的损伤评定为九级伤残。

2 讨论

齿状突骨折（Fracture of odontoid process of axis），常见于高坠、高空坠物及交通事故等暴力作用所致，根据 Anderson-D，Alonzo 分型：Ⅰ型是齿状突尖部撕裂性骨折；Ⅱ型为齿状突与枢椎椎体连接处的骨折，即齿状突基底部骨折；Ⅲ型即枢椎椎体部的骨折。在临床上，甄别齿状突骨折分型不仅对临床诊治有着重要的价值意义，在司法鉴定实践中，也是准确判断损伤基础的客观依据。本案例根据委托单位调查、取证及案情经过，枢椎齿状突骨折的成伤机制明确，但伤残程度评定中有两种观点：第一种意见认为，齿状突骨折导致遗留颈椎生理弯曲变直、活动功能障碍，依照《人体损伤致残程度分级》（以下简称《分级》）5.10.6 1）之规定，评定为十级伤残；第二种意见认为，枢椎齿状突粉碎性骨折，椎管内骨性占位，依照《分级》5.9.6 1）之规定，评定为九级伤残。

笔者从影像学特征及临床表现综合分析，本案例 CT 示齿状突椎体部见多条透亮骨质线，贯穿前、中柱及后缘，多块骨碎块分离、移位明显，骨碎片累及、突入椎管致椎管狭窄，提示枢椎齿状突（椎体部）粉碎性骨折，骨性占位；MRI 示颈 2 椎体水平颈髓挫伤，硬膜囊受压迫，椎管狭窄，即属齿状突骨折Ⅲ型；也属于 Denis 三柱理论中的前柱及中柱骨折分型；也符合椎体骨折分型粉碎骨折判定中第一和第二合并之情形，结合两例临床表现伴有相应的脊神经根压迫所产生一系列症状及体征。据此说明，上述影像学特征与临床表现符合该损伤产生的发生机制及脊柱损伤演变常规规律，故"齿状突粉碎性骨折，椎管内骨性占位"客观事实立。

案例中评残存在同一部位的原发性组织结构破坏与后遗症功能障碍并存问题，优先选择高等级条款、不得重复鉴定的基本原则，损伤最终鉴定为九级伤残，也能体现评残之原则精髓。脊柱损伤在司法鉴定实践中常见，本案例齿状突骨折类型少见，熟悉及掌握齿状突骨折分型，是客观评价及准确判定的重要依据。

2 例损伤合并气性坏疽的法医鉴定分析

李华海

广西壮族自治区扶绥县人民检察院 广西 扶绥 532100

近年来，本人办理法医技术性证据审查案件中，发现 2 例损伤合并气性坏疽的案例，鉴定意见不一，经法院审理做出不同的判决。

1 案例一

案情摘要：某年 11 月 2 日，李某在斗殴中被他人用铁枝打伤右小腿。经医院拍片示右下肢骨折。李某觉医院收费过高而放弃在医院的常规治疗，回家后自用草药敷治。同年 11 月 6 日发现病情恶化遂到医院治疗，于次日经抢救无效死亡。

鉴定经过：该案因案情需要，分别委托三家鉴定机构做出了相应的鉴定意见。

1.1 某鉴定机构的法医病理学报告

李某尸体最主要的病理变化为：①右小腿骨骨折并右下肢气性坏疽及右下肢截肢术后。②脓毒症。③感染性休克。李某的主要死亡原因为右下肢外伤骨折。直接死亡原因为右下肢伤后合并动、静脉血栓形成进一步合并气性坏疽。最后经炎症播散形成的脓毒症及感染性休克导致死亡。伤后没有及时地接受正规治疗为以后的一系列合并症奠定了基础。因此，右下肢外伤骨折为条件致命伤。

1.2 某公安局尸体检验意见

李某的主要死亡原因为右下肢外伤骨折，直接死亡原因为右下肢损伤后合并动、静脉血栓形成进一步合并气性坏疽。最后经炎症播散形成的脓毒血症及感染性休克导致死亡，伤后没有及时地接受正规治疗加速伤情恶化。

1.3 某市公安局损伤程度鉴定意见

根据文证审查之病历记载，李某伤后在两家医院检查均为：右侧胫腓骨下段双骨折。因李某被打伤后第 5d 即死亡，没有出现治疗转归，比照两院两部关于《轻伤标准》（试行）第二十五条规定，李某当时的损伤程度为轻伤。

法院判决：伤者受伤后没有接受正规治疗可加速病情恶化，胫腓骨骨折的损伤程度为轻伤，按故意伤害致轻伤判处刑罚。

2 案例二

案情摘要：某年 6 月 30 日，陆某与农某军因言语不和引发争吵并发生肢体冲突，后陆某持刀朝农某军砍了一刀，农某军就摔倒在路边的灌木丛。农某军受伤后被送到医院抢救，于同年 7 月 9 日在医院死亡。

鉴定经过：该案先后进行了两次鉴定。

2.1 某公安局法医损伤程度鉴定意见

受伤后次日，依据右侧胫腓骨中下段完全离断缺失，构成重伤二级。

2.2 某公安局法医尸体检验鉴定意见

死亡原因：农某军被砍伤右小腿呈离断伤，因创伤感染严重，出现伤下肢肿胀，皮肤发黑坏死、肌组织溶解液化，恶臭；肌组织呈鱼肉状坏死，肌间隙可见淡黄色积液、溢气等征象；医院给予截肢、加强抗感染治疗。终因伤口感染严重（气性坏疽、脓毒症）而死亡。农某军是因右小腿离断伤合并伤口严重感染而死亡。右小腿离断性损伤与伤口的严重感染形成因果关系。

法院判决：死者的右小腿离断性损伤与伤口的严重感染形成因果关系，按故意伤害致死判处刑罚。

分析：气性坏疽亦称梭状芽孢杆菌性肌坏死，是由梭状芽孢杆菌引起的特异性感染，致病菌产生的外毒素可引起严重毒血症及肌肉组织的广泛坏死。损伤后并发气性坏疽是一种急性的、迅速扩展的、以肌肉坏死为主的最严重的创伤感染。在法医鉴定实践中不常见，但死亡率高，鉴定相当棘手。

3 讨论

该两案都是损伤后并发气性坏疽而死亡。经过法院审理，采信了法医鉴定意见，做出了不同的判决。在法医学鉴定中，如果存在损伤与感染并存的情况，一定要缜密分析损伤与感染之间的因果关系。否则，出具的鉴定意见可能加重"加害人"的刑事处罚，失去应有的公平。

该两案均进行了重新鉴定，因损伤合并气性坏疽，病情变化快，办案机关因办案需要，先按原发损伤程度进行鉴定，过后再进行补充鉴定，鉴定程序合法。

第一个案例中，如果被害人能用现代普及的医疗技术治疗四肢长骨骨折，一般来说治疗效果会很好。但被害人伤后不在医院进行常规诊治，用草药外敷，该行为可能促进厌氧菌的生长，导致气性坏疽的发生。这类放弃常规医疗，导致损伤后果加重的鉴定案件，可否只需对原发性损伤进行损伤程度鉴定，相关的规定和专家意见不多见，建议相关部门及时做出意见。

第二个案例中，鉴定机关提到了损伤与死亡有因果关系，但没有提到参与度的问题。损伤性感染疾病的鉴定有学者提出判定损伤与气性坏疽之间存在直接因果关系，外伤参与程度为56%~100%，评定为重伤。也有的提出参与度在损伤性疾病评定中的具体应用，有十分法、四分法等如果该案鉴定时做出了参与度的意见，依刑法的"罪刑法定原则"，可能判决结果会轻一些。在法医鉴定务实中，参与度多在伤残程度鉴定的民事案件出现，而对于损伤程度鉴定的刑事案件中鲜有提及，特别是该类损伤并发感染而死亡的案件，双方当事人矛盾重重，难以化解，鉴定人出于不得罪双方，就出具较为模糊的意见。这不利于保障人权，也不利于诉讼以审判为中心的刑事制度落实。

因此，损伤合并感染的鉴定案件，更需要鉴定人保持中立、遵循实事求是的原则，全面分析，利用参与度综合做出鉴定，使每份鉴定意见都能让当事人充分感到公平、公正。

关于手骨挫伤的法医学鉴定1例

李俊敏

福建省仙游县公安局物证鉴定室　福建　仙游　351299

1 案例资料

某男，29岁，因邻里土地问题发生纠纷被人殴打受伤。伤后于医院检查：右手CT平扫及三维重建未见明显异常，右手MRI检查见第一掌骨及拇指近节指骨压脂T2WI见斑片状高信号，周围软组织肿胀，压脂T2WI见斑片状高信号，诊断：右侧第一掌骨及拇指近节指骨挫伤，周围软组织肿胀、渗出。

伤后2d法医检验所见：右侧第一掌骨及拇指处皮肤稍肿胀，活动诉疼痛。MRI影像检查示其骨挫伤，损伤程度根据《人体损伤程度鉴定标准》5.9.5 c）的规定评定为轻微伤。

2 讨论

2.1 本案引起争议的法医临床学问题

（1）认为《人体损伤程度鉴定标准》规定，手腕骨、掌骨或者指骨骨折才到轻微伤，手骨挫伤未达到轻微伤的损伤程度，对其不应评定或评定为不构成轻微伤。

（2）认为《人体损伤程度鉴定标准》对手损伤有专门条文（5.10）规定，其未规定骨挫伤，本案使用《人体损伤程度鉴定标准》5.9有关脊柱四肢损伤的条文来评定骨挫伤属于条文适用错误。

2.2 笔者意见

（1）骨挫伤，又称隐匿性骨软骨损伤或微骨折，是指骨小梁断裂和伴发的骨内出血或水肿，属于比较隐匿性的骨损伤，并非自身疾病，其外伤导致的损伤应当予以评定。

（2）解剖学上，人体四肢包括双上肢和双下肢，而上肢又包括肩部、上臂、肘部、前臂、腕部、手部，故手部属于四肢的一部分。《人体损伤程度鉴定标准》5.10手损伤应理解为5.9脊柱四肢损伤的子集，是对手部损伤等级划分的进一步规定，而非两个集合并列，在5.9未做具体规定的时候，可以适用其上集5.10的条文进行评定。

（3）手部骨挫伤与四肢长骨骨挫伤相比，同等面积的挫伤，在手骨中占比要远大于在长骨中的占比。手部作为活动和功能丰富的部位，骨挫伤的持续性疼痛，导致手部活动受限，影响手部功能，其治疗与非手术治疗的手部骨折一样，都是通过石膏外固定促进骨折愈合，故其损伤也符合《人体损伤程度鉴定标准》附录A.5关于轻微伤的定义："各种致伤因素所致的原发性损伤，造成组织器官结构轻微损害或者轻微功能障碍。"

综上，手部骨挫伤应当评定为轻微伤，在手损伤条款中无骨挫伤规定的情况下，可以适用5.9条款对其进行轻微伤的评定。

锐器骨折的法医学鉴定

李梦

湖南省涟源市公安局刑侦大队　湖南　涟源　417100

1 案例资料与法医学鉴定

2019年4月3日21时许，周某（50岁）因纠纷被人用菜刀砍伤头部，伤后在医院检查治疗。CT示：枕骨可见团状、条状高密度金属影，局部金属伪影较大，考虑异物可能。枕部头皮血肿。已扩创探查+金属异物取出+碎骨片摘除+清创缝合手术，术中枕骨内可见金属异物及头皮异物嵌入污染。在骨折处旁以手动颅钻钻1孔后，以咬骨钳将枕骨碎骨片咬除，将嵌顿金属异物取出（共计5片1～3mm大小金属异物），形成一约1.5cm×1.5cm不规则骨窗。术后诊断：枕骨开放性颅骨骨折并异物存留。复查CT示：左侧顶骨与枕骨交界处见金属异物影，达颅骨内板；术后片似见一长约5mm条状金属异物影。印象：颅骨骨折伴金属异物滞留术后。

2019年6月27日8时，周某（56岁）因纠纷被人用菜刀砍伤左肩背部，伤后在医院检查治疗。X线报告示：可疑左肩胛骨骨折，建议CT。当日行扩创探查，克氏针固定肩胛冈骨折手术治疗。CT检查报告单示：左侧肩胛骨骨折，克氏针内固定术后，周围软组织肿胀伴积气，建议短期复查。复查CT示：左侧肩胛冈处可见骨质碎裂，骨折线深约14mm达冈下窝处皮质，内见克氏针内固定影，相应周围软组织仍稍肿胀，局部见少许积气影。左侧肩胛骨粉碎性骨折内固定术后。

颅骨（skull）是由外板、中间的板障及内板构成的坚硬骨质；肩胛骨（scapula）为三角形不规则扁骨，分为肩峰、冈上、冈下、关节盂、肩胛骨体部等构成。以上两例锐器砍击导致颅骨、肩胛骨骨折的鉴定中，对骨折的部位、深度认定的影响因素有：医院检查设备的差异造成的客观性差异（X线，CT平扫，多层螺旋CT，三维CT）、治疗手段、医师认知水平，还有同一种类的致伤工具，根据使用人的砍击部分、方向、力度有关。

2 讨论

2.1 鉴定意见

依据二院三部《人体损伤程度鉴定标准》释义相关规定，身体各部位骨皮质的砍（刺）痕；轻微撕脱性骨折，无功能障碍，属于轻微伤范围。在锐器（菜刀）砍击颅骨的损失程度评定中，对于砍击的力度和骨折的深度、刃面较长导致的砍击过程中颅骨的外板及板障甚至内板全层的贯穿，应根据骨折的累及范围及深度、是否有异物滞留而定。肩胛骨为人体的三角形不规则扁骨，对锐器砍击伤害的认定，应根据骨折部位、累及范围及深度、是否有异物存留而定，由此均应排除本标准中骨皮质中的砍（刺）痕。

2.2 建议多摄多层螺旋CT（MSCT）、MRI比较检查

菜刀属于一种比较方便而常用的致伤工具，砍击力度及作用的部位导致的骨折截然不同，一般影像学检查如X线，颅骨及肩胛骨的骨折在X片上很难清楚的显现骨折线，会受到气体等伪影的干扰。建议多摄多层螺旋CT（MSCT）、MRI比较检查，这样可以显示骨折的全貌、走形，既可对骨折类型进行诊断，也能通过骨折累及的范围及深度分析致伤工具，在本标准适应过程中使用得当。

关于腕关节损害的法医学鉴定探讨
——技术性证据审查纠正1例腕关节功能鉴定案例

李雅婷[1]，周建东[1]，陈振磊[2]

1. 江苏省苏州市人民检察院 江苏 苏州 215000
2. 江苏省苏州市姑苏区人民检察院 江苏 苏州 215007

肢体损伤导致的关节功能障碍是法医临床学鉴定中较为常见的损伤类型，在处理关节功能障碍的案件中，通过何种方法计算关节功能丧失的数值存在一定的争议。现针对实际工作关于腕关节功能障碍进行的损伤程度评定的不同鉴定意见进行分析，探讨关节功能障碍的计算方法的适用。

1 案例资料

1.1 简要案情

2019年10月19日23时许，犯罪嫌疑人张某饮酒后无驾驶资格驾驶非营运小型轿车沿苏州市中环快速西线由南向北行驶至玉山路出口附近时，发生追尾牌号为苏××××的小型普通客车事故，致轿车乘客熊某受伤、两车受损。经事故认定，犯罪嫌疑人张某承担该事故全部责任。经鉴定，犯罪嫌疑人张某血液中乙醇浓度为186 mg/100 mL。

1.2 病历材料

据医院病历记载：熊某因车祸致左腕部肿痛伴活动受限4 h余。查体：左腕部明显肿胀，畸形，局部压痛，可触及明显骨擦感、骨擦音，左腕关节活动受限。摄片示左侧桡骨粉碎性骨折，累及关节面，断端错位畸形。后经左桡骨远端骨折切开复位支架外固定+克氏针内固定+同种异体骨植骨术治疗。

1.3 首次鉴定（2020年11月13日）

查体：左手腕部见纵行手术瘢痕，左前臂背侧见多处散在的小瘢痕等。左腕部关节活动受限，腕关节活动度为：背伸42°，掌屈25°，尺偏20°，桡偏15°；右腕关节（健侧）活动度为背伸65°，掌屈80°，尺偏53°，桡偏35°。经测算，其左腕关节功能丧失程度已达该关节功能的50%以上。

鉴定意见：参照《人体损伤程度鉴定标准》5.9.2 a）"四肢任一大关节强直畸形或功能丧失50%以上"之规定，评定为重伤二级。

1.4 技术性证据审查意见（2020年11月30日）

按照《人体损伤程度鉴定标准》附录C.6肢体关节功能丧失程度评价中的方法计算，所得计算结果未达关节功能丧失50%以上，与原鉴定意见按照关节功能丧失50%以上将被鉴定人的损伤评定为重伤二级的结果不相符，审查意见认为原鉴定意见依照腕关节功能损害情况评定的重伤二级依据不足，建议就被鉴定人的损伤开展重新鉴定。

1.5 重新鉴定（2021年4月29日）

查体：左腕部背侧及掌侧可见手术瘢痕，左腕部外观未见明显畸形，左腕关节活动部分受限背伸50°，掌屈20°，尺偏25°，桡偏30°，右腕关节活动正常背伸55°，掌屈50°，尺偏30°，桡偏35°。左手各指活动未见明显受限，左手肌力5级，肌张力正常，四肢皮肤触痛觉存在。

1.6 鉴定意见

被鉴定人左桡骨粉碎性骨折、累及关节面明确，左腕关节功能部分受限可依照《人体损伤程度鉴定标准》第5.9.3 e）、第5.9.3 f）条之规定评定为轻伤一级。

2 讨论

自《人体损伤程度鉴定标准》与《人体损伤致残程度分级》先后实施以来，上述标准均将肢体大关节功能丧失程度作为评定轻、重伤以及伤残等级的重要依据。但是两个标准在涉及关节功能丧失上存在计算方法不一致的情况，导致将同一损伤作为审理依据的刑事案件或附带民事案件中，会出现损伤程度与致残程度的评定因计算方法不同得出同一损伤同时期关节功能丧失数值不同的情况，使公众对国家的鉴定标准或鉴定机构的公平及公信力产生怀疑。

《人体损伤程度鉴定标准》在附录C.6中明确表示应当用查表法计算关节功能丧失程度。《人体损伤致残程度分级》附有查表法来确定关节功能丧失程度，但查表法仅限于关节骨损伤合并周围神经损伤后遗功能障碍的情形，而以肢体关节骨性损伤为主的关节功能障碍没有规定计算方法。目前法医实践在进行损伤致残程度评定时，会采用关节活动度丧失百分比或者方向均分法进行计算。

在本案中，根据首次鉴定意见测量的被鉴定人腕关节活动度，如按照方向均分法进行计算，可超过50%（约为58%），但是按照查表法计算，计算数值未及50%（约为42.5%）。笔者认为本案为损伤程度评定，应当适用《人体损伤程度鉴定标准》中查表法进行计算。同时通过两次鉴定可以看出，首次鉴定与重新鉴定关于右腕关节（健侧）的活动度测量存在较大的差异，首次鉴定测量的右腕关节（健侧）活动度为背伸65°，掌屈80°，尺偏53°，桡偏35°；而重新鉴定测量的右腕关节（健侧）活动正常背伸55°，掌屈50°，尺偏30°，桡偏35°；且首次鉴定的右腕关节（健侧）活动度明显优于查表法中的极限值。在法医鉴定实践中，不同时间段的鉴定如因患侧功能恢复等导致患侧的活动度测量存在较大差异尚属合理，但健侧活动度测量差异如此之大，如按照关节活动度丧失百分比或者方向均分法直接计算必然会影响计算结果的客观性。

综上，笔者认为本案中的腕关节功能障碍应按照《人体损伤程度鉴定标准》在附录C.6的查表法进行计算，一方面损伤程度鉴定作为定罪量刑的重要依据应严格按照《人体损伤程度鉴定标准》从严把握损伤程度鉴定条款的适用；另一方面建议统一并明确损伤程度评定与致残程度分级评定中关于功能丧失的计算方法，避免出现同时期同一损伤在不同诉讼阶段计算数值不一致的情况。

3 法律效果

在本案中，根据最高人民法院《关于审理交通肇事刑事案件具体应用法律若干问题的解释》第二条第二款第（一）、（二）项的规定，犯罪嫌疑人张某属于酒后、无驾驶资格驾驶机动车辆，交通肇事致1人以上重伤，负事故全部责任，应当以交通肇事罪追究刑事责任。故被害人熊某的伤情是否构成重伤，直接影响对犯罪嫌疑人张某上述行为认定为交通肇事罪还是危险驾驶罪。经过技术性证据审查并重新鉴定，最终认定被害人伤情为轻伤一级，以危险驾驶罪追诉犯罪。

准确追诉犯罪，保障当事人合法权益，是检察机关的职责使命。在本案中，重新鉴定保证了案件定性的准确，为向案件当事人释法说理、化解矛盾奠定了坚实基础，为实现司法公正提供了重要保障。

下肢外伤后糖尿病因果关系分析 1 例

李延柠[1]，裴孝田[2]

1. 赣南医学院基础医学院/赣南医学院司法鉴定中心 江西 赣州 341000
2. 福建义成司法鉴定所 福建厦门 361009

1 案例资料

赖某，男，66 岁，某年 9 月 12 日上午因交通事故致右踝部肿痛、出血、活动受限 2 h 入院。体格检查：体温 37℃，呼吸 24 次/min，血压 150/100 mmHg。发育正常，体型中等。右踝关节肿胀明显，局部压痛，畸形，有多处皮肤擦裂伤，出血，右踝关节活动受限，右踝局部可见淤青。X 线示：右胫、腓骨远端粉碎性骨折伴右踝关节脱位。于 9 月 19 日行右侧三踝骨折、踝关节脱位切开复位内固定术。出院诊断：①右侧三踝粉碎性骨折；②右踝关节脱位；③多处皮肤软组织挫裂伤；④高血压。患者住院期间于 9 月 12 日及 9 月 20 日两次测量空腹血糖，分别为 5.44 及 5.56 mmol/L，未见血糖异常。10 月 7 日出院。同年 12 月 17 日赖某自觉"口干、多尿、多饮半月余"再次入院。体格检查：体温 36.5℃，呼吸 20 次/min，血压 147/98 mmHg。身高 162 cm，体重 52 kg，体重指数 19.81 kg/m^2。颜面部轻度水肿，余查体无异常。实验室检查：空腹血糖 12.95 mmol/L，尿液检测葡萄糖 4+，糖化血红蛋白 12.5%，餐后 2 h 血糖过高。给予降糖、降脂等对症处理后于 12 月 27 日出院。出院诊断：①2 型糖尿病；②高血压；③高脂血症。出院后持续口服降糖药及血糖随访。

伤后 8 月余，当地法院就赖某本次交通事故与糖尿病之间是否存在因果关系委托我中心进行鉴定。法医学检查：神志清楚，右下肢跛行入室，查体合作。右踝关节内侧见长 4 cm 手术瘢痕，右小腿下段外侧至右踝关节外侧见长 15.7 cm 手术瘢痕。右踝关节活动明显受限。余无异常。

2 讨论

糖尿病是一组以高血糖、糖尿为特征的内分泌-代谢系统疾病，可分为原发性和继发性两类。原发性糖尿病发病机制复杂，目前尚未完全阐明。继发性糖尿病是指由原发病变导致的慢性高血糖状态，外伤性糖尿病属继发性糖尿病。外伤引起糖尿病大多数是由于颅脑损伤，特别是伴有颅骨骨折的严重颅脑损伤所致，少数是由于胰腺损伤所致，其基本病理生理过程为绝对或相对胰岛素分泌不足和胰高血糖素活性增高所引起的代谢紊乱。本例中，赖某第二次住院期间血糖、尿糖持续增高，经长期降糖治疗，其 2 型糖尿病诊断成立。赖某本次交通事故未伤及头部及胸腹部，未造成颅脑或胰岛损伤，故其 2 型糖尿病的发生与本次外伤不存在直接因果关系。但赖某第一次住院期间两次检查空腹血糖均无升高，既往无糖尿病，亦无糖尿病家族史，伤后 2 月余出现糖尿病症状，故家属就本次交通事故与糖尿病之间是否存在间接或诱发关系存在疑问。糖尿病的易感因素众多，文献表明，遗传、体态、饮食结构、运动不足、精神应激、病毒感染、高血压、高脂血症、冠心病史等是糖尿病发生的主要影响因素。本例中，赖某外伤后右下肢不便，长期卧床，饮食结构变化，高热量饮食增多，且伤后精神压抑、情绪不佳，加之年龄偏大，有高血压史，以上均构成糖尿病高危因素。然而，糖尿病是代谢性慢性病，在易感因素作用下，糖尿病的发作是长期漫长的过程，不良状态仅 2 个月时间促发糖尿病的可能性甚微。此外，赖某第一次住院期间虽两次测量空腹血糖正常，但血糖值属正常范围内偏高，未测量餐后 2 h 血糖及口服葡萄糖耐量试验，且缺乏动态观察，无伤前血糖检查资料，故难以排除既往患有隐性糖尿病的可能。综合以上分析，笔者认为，认定赖某本次外伤与糖尿病之间存在间接因果关系的依据不足，但本次外伤可加重糖尿病的发展。

实际法医检案中，外伤性糖尿病少见，如有颅脑损伤或胰腺损伤史，可结合案情及病历资料考虑是否存在直接因果关系。但未伴有颅脑或胰腺损伤，伤后引发糖尿病的个例也偶见报道。笔者认为，若未伤及头部及上腹部，但有伤后长期卧床、高热量饮食、精神应激等情况，并伴有其他糖尿病易感因素，亦可考虑外伤与糖尿病之间是否存在间接因果关系，但操作中应特别慎重，鉴定中充分了解案情和临床资料，必须能够确定伤者无隐瞒糖尿病史，伤前无隐性糖尿病，并排除应激性糖尿病，综合分析后做出是否具有间接因果关系的结论。若无法确定存在诱发关系，宜考虑为外伤加重糖尿病的病程发展。

撕脱性骨折的法医临床学鉴定

张瑜李，李长青

甘肃省兰州市公安局城关分局刑警技术大队 甘肃 兰州 730030

1 案例资料

1.1 案例一

谭某，男，30岁，2018年3月20日被他人推翻右踝关节扭伤2 h，入院诊断：右外踝骨折。专科情况检查：枕部头皮下血肿，右外踝部轻度肿胀，皮下可见瘀血，压痛（+），踝关节屈伸略受限，足趾活动可，辅助检查：X线拍片示：右侧腓骨下段骨折，右踝关节周围软组织肿胀。诊断意见：右腓骨下段骨折。右踝关节消肿数日后，压痛存在，右踝关节屈伸尚可，2018年4月10日MRI片示：①右外踝撕脱性骨折，②右踝关节腔少量积液。2018年5月14日法医检验：右下肢踝关节轻度肿胀，右踝关节功能可，右下肢肌力、感觉正常。阅片印象：右腓骨下段见撕脱性骨折改变，左枕部头皮软组织肿胀。法医鉴定意见：被鉴定人谭某右腓骨下段轻微撕脱性骨折的损伤程度为轻微伤。

1.2 案例二

伤者王某某，男，45岁，主诉：外伤致右足肿胀疼痛，不能行走2 h，专科检查：右踝关节肿胀畸形，踝关节屈伸受限，髋关节可轻度屈伸，触痛（+），右胫骨下段内缘压痛（+），生理反射存在，病理征未引出。辅助检查：右胫腓骨正侧位片：右侧胫骨下段后缘撕脱骨折，右踝关节周围软组织肿胀。初步诊断：右内踝骨折。在连续硬膜外麻醉及止血带下行内踝撕脱骨折内固定术，采用外踝前缘的斜向切口，长2~4 cm，逐层切开至骨折端，清除嵌顿于骨折端的软组织及血凝块，在直视下复位，采用锚钉修复内踝撕脱骨折及距腓前韧带。伤后半年法医检查右踝关节功能受限，评定为轻伤二级。

1.3 案例三

伤者白某某，男，42岁，主诉：外伤致腰部、右膝关节肿胀疼痛，不能行走3 h，某中医院住院病历专科情况记载：腰部疼痛，活动受限，腰背部广泛压痛，右膝肿胀，右膝关节周围压痛明显，活动受限，抽屉试验阳性。患肢末梢血运及足趾活动良好。辅助检查：X片：右胫骨髁间嵴骨折，断端错位，腰部X片未见骨质异常。右膝关节 MRI 影像所见：右膝关节骨性结构完整，骨皮质连续，胫骨髁间隆起横行长T1短T2信号影，IRFSE上呈高信号改变。内侧半月板后角及外侧半月板前后角可见线样信号增高影。前交叉韧带下段损伤，后交叉韧带及内外侧副韧带未见明确异常信号影，周围软组织区未见异常。MRI诊断：①右膝关节胫骨髁间隆起骨折伴骨髓水肿。②右膝关节内侧半月板后角及外侧半月板前后角变性。③右膝关节前交叉韧带下段损伤。④右膝关节腔及髌上囊积液。入院诊断：中医诊断：骨折病，气滞血瘀证。西医诊断：右胫骨髁间嵴（髁间隆起）骨折，腰部软组织损伤，右膝前交叉韧带损伤。入院后给予右胫骨髁间嵴骨折切开复位内固定术，手术取右膝关节前内侧纵向切口，长约12 cm，依次切开皮肤及皮下组织，打开关节囊，充分暴露髁间嵴，膝关节屈曲，见髁间嵴骨质骨折，断端错位，直视下复位满意后，钢丝捆扎固定，活动膝关节见骨折稳定，C型臂透视见骨折对位良好，右膝前交叉韧带给予修复，大量生理盐水冲洗伤口，松止血带，见无活动性出血，清点敷料器械无误后逐层缝合伤口，手术顺利，麻醉满意，术中出血不多。术后诊断：右胫骨髁间嵴骨折，右膝前交叉韧带损伤。伤后6月法医鉴定意见：伤者右膝肿胀，活动受限，右膝关节周围压痛明显，抽屉试验阳性。MRI显示右膝关节胫骨外侧髁骨折伴骨髓水肿，右膝关节内侧半月板后角及外侧半月板前后角变性，右膝关节前交叉韧带下段损伤，右膝关节腔及髌上囊积液，给予右胫骨髁间嵴骨折切开复位内固定术+右膝前交叉韧带修复术，复查膝关节功能受限，测量膝关节功能屈曲105°，伸展-5°，肌力Ⅴ级，计算得左膝关节功能丧失值为20%，故按肢体关节功能丧失程度《人体损伤程度鉴定标准》第5.9.4 a）条之规定评定为轻伤二级。

1.4 案例四

某女，32岁，2018年5月16日被他人殴打致右尺骨鹰嘴撕脱性骨折，头皮裂伤，全身多处软组织挫伤。门诊诊断为全身多处软组织，头部外伤。给予药物治疗。2018年5月27日因"外伤致右肘部肿痛，活动受限10 d"入住某院治疗。查体：头顶部可见约3.0 cm×0.2 cm创口，右肘部轻度肿胀，外翻畸形，右尺骨上压痛明显，可扪及骨擦音及骨擦感，末指血供可，感觉存在，活动可。辅检：X线示右尺骨鹰嘴撕脱性骨折。入院诊断：右尺骨鹰嘴撕脱性骨折，头皮裂伤。于2018年5月28日在臂丛麻醉下行右尺骨内固定术。

3月后法医检见"头顶部可见约2.7 cm×0.1 cm创口愈合痕。右肘后侧有一6.7 cm长的手术创口，右肘关节活动受限。法医阅片见右尺骨鹰嘴处骨折块大，骨折线呈横形，骨折端分离。鉴定意见：被鉴定人损伤程度评定为轻伤二级。

1.5 案例五

陈某，男，46岁，2016年4月2日因与他人发生纠纷被木棒击伤左上肢，2016年4月2日至4月27日某市医院住院治疗，医院住院病史摘录。主诉：木棒击伤全身多处，疼痛伴左肘关节活动受限4 h。查体：左顶部可触及一约2 cm×2 cm头皮血肿，压痛；左肘关节肿胀、皮肤发绀，左肘关节外上缘可见3 cm×2 cm皮肤擦挫伤，左肘关节活动受限；左上肢无麻木感；左膝关节肿胀、皮肤发绀、活动受限。入院后给予左上肢石膏托固定、抗感染及对症支持等治疗。出院诊断：左肱骨外髁骨折，全身多处软组织损伤。受伤当日某市医院左肘关节正侧位影像学检查报告示：左肱骨外髁撕脱性骨折。2016年7月3日某市医院左肘关节正侧位影像学检查报告示：左肱骨外髁撕脱性骨折。法医学检查：伤者步入检查室，神清，对答切题，查体合作。左上肢无麻木感，肌力在正常范围。左肘关节稍肿胀，左肘关节外上缘见2 cm×2 cm色素沉着。左肘关节主动活动度：屈曲0~120°（右侧0~140°），伸展0°（右侧0°）；被动活动度在正常范围内。左腕关节及左手指活动无明显受限。受伤当日某市医院左肘关节X片示：左肱骨外髁上缘见一小骨折片影，远端稍分离移位；余未见明显异常。法医阅片X片示：左肱骨外髁上缘见一小骨折片影，远端稍分离移位；余未见明显异常，印象：左肱骨外髁撕脱性骨折。鉴定意见：被鉴定人陈某左肱骨外髁骨折呈轻微撕脱性骨折，依照《人体损伤程度鉴定标准》第5.12.5 a）条及附则6.7之规定，该损伤程度评定为轻微伤。

2 讨论

撕脱性骨折（Avulsion fracture）是一类特殊的骨折，指在肌肉强烈收缩时导致的与肌腱相连的骨性突起或粗隆部的一部分或者全部的骨质分离。理论上所有肌腱的止点都有可能发生撕脱性骨折，常见的部位有上肢肱骨大结节、肱骨外上髁，尺骨鹰嘴、掌骨或者远节指骨基底部，下肢有内、外踝，胫骨髁间隆突等。撕脱性骨折的症状与骨折相近，以伤处疼痛及关节活动部分受限为主要表现，其次就是局部的肿胀，压痛。由于肌腱的止点受到破坏，肌腱通常出现回缩现象，产生类似肌腱断裂的症状，影响关节的活动。

撕脱性骨折的影像学特征：①具有典型的好发部位，比如股四头肌腱附着处，肱二头肌肌腱附着处、肱二头肌肌腱附着处等。②损伤当时均具有骨折的直接、间接征象，例如撕脱后的不完全游离骨或游离骨及所对应的受损骨，其边缘骨皮质毛糙、不连续或缺损且其边缘锐利、清晰（CT摄片更清楚地显示）；MRI摄片可示局部软组织肿胀、积液或者积血等改变。最为有力的证据是伤后一段时间，上述影像学征象发生了如边缘骨质吸收、有骨硬化、骨生长、局部软组织肿胀不明显或消退等动态改变。③撕脱骨块脱离后位移方向与其损伤机制密切相关。④撕脱性骨折多病情急、病程比较短。

鉴别是否为撕脱性骨折应把握以下几点：①骨折是否发生于撕脱性骨折的好发部位（上肢肱骨大结节、肱骨外上髁，尺骨鹰嘴、掌骨或者远节指骨基底部，下肢有内、外踝，胫骨髁间隆突）。②案情材料能否提供形成撕脱性骨折的致伤方式，判断骨折处附着肌肉（肌腱）有无快速强力收缩，形成该骨折。③撕脱性骨折一般局部无明显皮肤软组织损伤，如挫伤、挫裂创。④撕脱性骨折形成的撕脱骨片一般较细小，但并非绝对，如肱骨大结节撕脱性骨折的骨块、内踝骨折骨块可以较大。⑤撕脱性骨折有时伴有肌腱韧带损伤。

《人体损伤程度鉴定标准》第5.9.4 f）条规定四肢长骨骨折属轻伤二级，而第5.12.5 a）条及附则6.7规定，轻微撕脱性骨折无功能障碍的，属轻微伤。实际检案中要具体问题具体分析，是否为撕脱骨折以及有功能障碍是判定该损伤是何种伤情的关键因素，笔者遇到的上述案例一和案例五分别为右外踝骨折及肱骨外髁骨折，该两处骨折都发生于撕脱性骨折的好发部位，骨折块小，在短期内可以吸收，不遗留功能障碍，符合《人体损伤程度鉴定标准》第5.12.5 a）条及附则6.7规定，属轻微伤。案例二内踝撕脱骨折，案例四尺骨鹰嘴撕脱骨折的骨块较大，移位较大，且行骨折复位及修复距腓前韧带等，影响关节功能，评定为轻伤二级。案例三胫骨髁间嵴撕脱性骨折属关节内骨折，进行手术治疗，对胫骨髁间隆起撕脱性骨折的损伤程度评定存在不同意见，有观点认为《人体损伤程度鉴定标准》附则中规定轻微撕脱性骨折（无功能障碍）的，不构成轻伤，此类骨折既然属撕脱性骨折，只要不累及关节功能，不应评定为轻伤。也有观点认为，此骨折属关节内骨折，骨折线累及关节面，应直接以"四肢长骨骨折累及关节面"评定为轻伤一级。笔者认为，此类骨折不属于轻微撕脱性骨折，对于此类骨折的损伤程度评定应根据其结构、功能特点，结合损伤程度评定的原则，具体分析。该案中伤者右胫骨髁间嵴骨折合并右膝前交叉韧带损伤，给予"右胫骨髁间嵴骨折切开复位内固定术+右膝前交叉韧带重建术"，伤后膝关节功能受限，故其并不是无障碍的轻微撕脱性骨折，应按照其功能障碍程度评定为轻伤二级或以上。对于经治疗功能障碍程度较轻或不明显的，可以评定为轻伤二级。

另外对撕脱性骨折的鉴定还需注意：医院的病历记录常将上肢肱骨大结节撕脱骨折、肱骨外上髁撕脱骨折，尺骨鹰嘴撕脱骨折，下肢内、外踝撕脱骨折，胫骨髁间隆突撕脱骨折描述为上肢肱骨骨折，尺骨骨折，腓骨下端骨折，胫骨下端骨折，胫骨平台骨折等。法医鉴定时，如果按照医院的病历记录，不加以区分，就会以四肢长骨骨折而鉴定为轻伤二级，而造成不公正的结果，反之，如临床诊断是撕脱性骨折，不考虑骨折部位及功能情况鉴定为轻微伤，也是造成鉴定失误的原因。

综上，此类损伤的关注点应在撕脱骨折范围大小及影响关节功能上，一般伤情轻微，骨折碎片细小，可较快痊愈者为轻微伤。如骨折块大，进行手术治疗且造成关节功能障碍的评定为轻伤，在法医临床鉴定中，应具体问题具体分析，通过综合骨折形态、骨折部位及体表损伤、案情等情况，分析致伤机制，确保鉴定意见的客观、公正及科学。

肩关节脱位法医学鉴别诊断1例

李智慧[1]，吕永富[2]，孙纯[2]

1. 山东省青岛市城阳区人民检察院 山东 青岛 266109
2. 山东省青岛市人民检察院司法鉴定中心 山东 青岛 266101

1 案例

1.1 简要案情及病史摘要

李某某，男，21岁，2020年8月3日与罗某发生纠纷，诉"左肩部被对方用拳头打伤"，当日于当地医院就诊。查体：左肩内侧肿胀、压痛，无畸形，活动受限。CT检查示左肩关节脱位，当日行手法复位。

1.2 法医检验

2020年8月5日，查体：左肩部略肿胀，活动受限。阅2020年8月3日左肩CT示左肩关节对位不佳，肱骨头向前下移位，肱骨头后上方局部凹陷，嵌顿于骨性关节盂前下部，肩关节周围软组织肿胀，局部见低密度影。阅2020年8月6日左肩部MRI示左肱骨头损伤（片状长T1长T2信号影）并肩关节及周围滑囊少量积液，肩胛下肌水肿。

1.3 争议点

一是罗某律师称据监控录像显示，双方打完架后李某某将左臂举过头顶两次，据此认为李某某之损伤非罗某造成。二是影像学证实李某某有Hill-Sachs损伤，该多出现于反复脱位之后，应排查李某某是否为复发性肩关节脱位。

1.4 调查追踪

（1）调阅监控录像显示，当天打架过程有李某某左臂外展外旋位被牵拉史，打完架后李某某左臂实际是被右手被动牵引上举，且在上举动作前已出现活动受限。

（2）李某某无左侧肩关节脱位或肱骨骨折病史。

1.5 鉴定意见

被鉴定人李某遭他人外力致左侧肩关节脱位、肱骨头凹陷性骨折，构成轻伤二级。

2 讨论

2.1 关于肩关节脱位

习惯上将肱盂关节脱位称为肩关节脱位，创伤是肩关节脱位的主要原因，多为间接暴力所致。当上肢处于外展外旋位跌倒或受到撞击时，暴力经过肱骨传导到肩关节，使肱骨头突破关节囊而发生脱位。根据肱骨头脱位的方向可分为前脱位、后脱位、上脱位及下脱位四型，以前脱位最多见。笔者认为，根据法医学鉴定需要，可将肩关节脱位分为：①初次肩关节脱位，即创伤性肩关节首次脱位；②复发性肩关节脱位，即创伤性复发性肩关节脱位和习惯性肩关节脱位；③发育性肩关节脱位（少见）。

复发性肩关节脱位指患者在初次创伤后因损伤的关节囊或盂唇未能及时修复，以后较轻的暴力或日常生活中某些动作，如上肢外展、外旋及后伸，穿衣举臂等即可导致肩关节反复脱位。临床有时仅单纯表现为方肩畸形、肩峰下空虚感而无肩部的肿胀等。影像检查绝大多数可见肩关节囊机制的慢性损伤，常见盂唇形态不完整，肱骨头骨折，软组织呈慢性损伤表现等征象。

2.2 关于 Hill-Sachs 损伤

Hill-Sachs 损伤是指肱骨头压缩性骨折，为肩关节前方脱位时，关节盂前缘撞击肱骨头后外侧而导致的压缩骨折。研究表明，Hill-Sachs 损伤的发生率占初次肩关节脱位的 40%～70%，在复发性肩关节脱位中则高达 80%～93%。案例中李某某即为此损伤，说明暴力足够大。

值得注意的是，Hill-Sachs 损伤在复发性肩关节脱位时发生率较高，且与肩关节不稳定有着相互作用、相互影响的关系，反复肩关节脱位又加剧了肱骨头的病损程度，肩关节的稳定性也随着肱骨头缺损面积的增大而降低，但不能以发现 Hill-Sachs 损伤作为复发性肩关节脱位的诊断依据。结合案情、病史及辅助检查，李某某左肩关节为初次脱位，且左侧肱骨头骨折、肩关节软组织损伤皆为新鲜损伤，未见慢性损伤征象，因此不能认定其为复发性肩关节脱位。

2.3 肩关节脱位的鉴定要点

（1）全面了解案情及病史：尽可能调阅监控录像或全面查阅卷宗，确证肩部外伤史，分析受力的部位、强度及方向，同时进一步追踪调查以明确是否为初次脱位。复发性脱位者应高度重视习惯性脱位的排除。

（2）注意致伤方式与实际伤情的对应：重视结合暴力大小和影像学特异性表现综合分析所述致伤方式能否与该脱位情形、影像学所示骨折特点、临床症状相对应。X 线摄片可作为肩关节损伤的筛选检查，CT 对于骨折的诊断率较高，MRI 对软组织损伤的诊断率高，能直接观察关节囊、滑膜及关节软骨等结构。创伤性肩关节脱位 MRI 检查常可见肩关节韧带、盂唇、肱骨大结节的损伤。

（3）准确出具鉴定意见：对于单纯由外力所致的新鲜脱位，应鉴定为轻伤二级。对于存在肩关节脱位并伴有盂唇、肱骨大结节损伤的，应结合 CT 及 MRI 检查结果。如为此次形成的新鲜骨折伴肩关节脱位，应根据骨折及大关节脱位评定；对于陈旧性骨折伴肩关节脱位，应考虑到有复发性肩关节脱位的可能，是否存在肩关节稳定性下降、较正常肩关节更容易发生脱位的自身因素，需综合判断陈旧性病变和外力在本次外伤中的参与度，做出准确评定。

总之，对于肩关节脱位的法医学鉴定，不能单纯以临床病历资料记载和简单影像学方法进行认定，应科学分析致伤机制，结合案情、临床表现、科学的影像学检查方法和细致的病史资料分析综合评定。

45 例"踝关节损伤"法医学鉴定分析

梁江江，李光明，蒋春舫

湖北省武汉平安法医司法鉴定所　湖北　武汉　430000

1 案例资料

1.1 一般资料

2019 年 01 月 02 日—05 月 31 日共受理法医临床类案件 1366 例，其中涉及踝关节损伤 45 例。占 3.29%。其中女性 29 例、男性 26 例。年龄在 32～72 岁之间。致伤原因：意外（交通及工伤事故、摔伤）40 例，殴打伤 5 例。受伤机制：摔跌 41 例，钝性物体作用 4 例。

1.2 临床表现

踝关节损失后踝部疼痛、肿胀，皮下可出现淤斑、发绀，不敢活动踝关节，不能行走。X 线、CT、MRI 检查表现诊断骨折、韧带损伤十分明确。本组资料中只有 8 例（占 17.77%）诊断单纯性踝关节损失，另外 37 例（占 86.23%）踝关节损伤均合并其他损伤；其中只合并相邻胫腓骨下段骨折及韧带损伤的 11 例（29.72%）、只合并相邻跟骨、舟骨、距骨骨折及韧带损伤的 8 例（21.62%）、只合并相邻跖骨、楔骨骨折及韧带损伤 5 例（13.51%），而同时合并以上三种中的二种或三种的 9 例（24.32%），只合并其他部位损伤的 4 例（10.80%）。

1.3 鉴定意见

殴打伤 5 例 2 例单纯外踝骨折评定为轻伤二级，1 例双侧外踝骨折评定为轻伤一级，1 例摔跌致内踝和（或）距骨骨折及内侧副韧带损伤功能丧失 40%以上分别评定为轻伤一级；意外致伤 40 例中，除单纯单踝骨折 7 例（合并的其他部位损伤另定）、合并相邻部位损伤但是功能丧失未达 50%以上 6 例外，27 例（评残率 67.50%）中评定十级残疾 18 例、九级残疾 9 例。

2 讨论

踝关节是由胫、腓骨下端的关节面与距骨滑车构成,胫骨的下关节面及内、外踝关节面共同形成的"门"形的关节窝,容纳距骨滑车（关节头）而关节囊前后较薄,两侧较厚,并有韧带加强。胫侧副韧带为一强韧的三角形韧带,又名三角韧带,位于关节的内侧。起自内踝,呈扇形向下止于距、跟、舟三骨。反映出胫、腓骨、距、跟、舟骨及相关韧带的损伤都可以导致踝关节的功能障碍。而且这些骨骼所处位置局限,合并损伤容易发生。这是踝关节损伤的主要特征。因此,对于"踝关节"损伤的法医学鉴定,必须详细分析、鉴别受伤踝关节的功能丧失与相邻部位损伤（骨折及韧带损伤）的关系。

另外,在四肢六大关节中,踝关节只有两个运动方位,并且背屈 M5 中功能丧失从 0~80%只有 16°的差异、跖屈 M5 中功能丧失从 0~80%也只有 31°的差异,因此对于踝关节活动度的准确测量十分重要,否则对于功能丧失程度的判断,极易引起争议。

手功能丧失致残程度鉴定 1 例

刘桂洪，周兵

江苏省泰州市人民检察院 江苏 泰州 225300

1 案例资料

1.1 简要案情

顾某,女,76 岁,于 2017 年 11 月 15 日因交通事故受伤,伤后在××省人民医院住院治疗。

查体：右示指中节毁损伤,仅部分肌腱连续,骨折断端软组织外露,伴活动性出血,末梢颜色苍白。X 片示：右示指中节指骨阙如,远节指骨骨折。入院急诊行"手外伤清创术+手指残端修整术",术中探查见右示指中节毁损伤,予以清创,剪除毁损组织,高位截除双侧指神经,结扎指动脉,咬骨钳咬除近节指骨至近节指骨基底部。出院诊断：右示指毁损伤,右示指中节指骨阙如。

1.2 法医临床学检查

被鉴定人诉右手指大部分缺失,残端不能自主活动。检查见：右手示指中、远节指骨缺失,近节指骨缺失 1/2,残端皮肤瘢痕愈合良好,右示指掌指关节活动受限,僵直固定于屈曲 45°（健侧示指掌指关节活动度 0~90°）。

2 讨论

本案被鉴定人同时遗留右示指近节 1/2 处以远缺失、掌指关节活动障碍,对照《人体损伤致残程度分级》（以下简称《分级》）标准,没有可以对照的专门条款。

如果依据《〈人体损伤致残程度分级〉适用指南》（以下简称《适用指南》）中"应用手功能丧失分值计算方法时,对一手单个或多个手指损伤既造成缺失又造成功能障碍的,首先应分别依据上述手功能缺失或者手功能障碍的评分方法,分别评定分值,再行简单相加以获得该手的功能丧失分值"之规定,将本案被鉴定人右示指按结构缺失和功能障碍,分别评分,再进行简单相加得出：右示指近节 1/2 以远缺失,对照附录 C.8.1,在第 3 处平面处缺失,评分 20 分；右示指掌指关节活动障碍,强直于非功能位（功能位 0°~15°）,对照附录 C.8.2,评分为 10 分；两项相加 20 分+10 分=30 分。再对照《分级》第 5.9.6 15）款之规定,被鉴定人手功能丧失分值>25 分即可评定为九级伤残。但根据《分级》附录 C.8.1 图 C-1 手缺失评分示意图之规定,若一手示指完全缺失最高评分也仅为 20 分,对照标准,即一手示指完全缺失也仅构成十级伤残。

综上,本案若完全按《适用指南》对手指结构缺失、功能障碍评定的释义进行生搬硬套,评定其损伤为九级伤残肯定是错误的。因手指结构部分残留的评残结论比结构完全缺失还要高,既不合理,也与《分级》

标准制定的本义相违背。故本案应直接单纯按手结构缺失来评定被鉴定人右示指近节 1/2 以远缺失致手功能丧失分值 20 分构成十级伤残。

3 关于鉴定中的体会

由于手损伤情况复杂，在平时的法医学伤残程度鉴定中，鉴定人不能机械照搬《人体损伤致残程度分级》标准中相关量化图表以及《适用指南》中"单个手指缺失与功能障碍评分可以分别评分再简单相加"的规定，而应该在充分理解鉴定条文精神和内容的前提下，详细分析损伤特征，结合案件实际情况做出正确评定，以免造成错案。

66 例半月板损伤的法医学鉴定分析

刘军明[1]，徐永东[2]

1. 河南省光山县公安局 河南 光山县 465450
2. 河南省信阳市公安局 河南 信阳 464000

半月板损伤是法医检案中的常见问题，现将检案中遇到的 66 起有关案例统计并分析如下：

1 一般资料

1.1 年龄分布

年龄最小为 23 岁，最大的 71 岁，其中 30 岁以下 8 例占 12.1%，30～40 岁 12 例占 18.2%，40～50 岁 19 例占 28.8%，50～60 岁 17 例占 25.8%，60 岁以上 10 例占 15.2%。

1.2 合并其他损伤

半月板损伤合并胫骨、股骨、髌骨骨折 19 例，占 28.8%；合并膝关节韧带损伤 35 例，占 53%；单纯半月板损伤 23 例，占 34.8%。

1.3 损伤程度

因半月板损伤评为轻伤或轻伤二级以上 15 例，占 22.7%；轻微伤 31 例，占 47%；半月板损伤与此次外伤无关 20 例，占 30.3%。

2 典型案例

2.1 案例一

向某，男，50 岁，于 2012 年 1 月 3 日被他人用脚踹击右膝部并因地面湿滑而跌倒，伤后右膝立感剧烈疼痛，不能站立。次日 MRI 检查见：右股骨髁、胫骨平台骨质损伤、水肿，关节腔积液，髌下脂肪垫损伤；右膝内侧半月板后角及外侧前角变性、损伤，外侧后角撕裂，外侧半月板移位。2012 年 1 月 12 日行关节镜下右膝关节清理术：术中见膝关节滑膜稍增生，关节软骨稍退变，内侧半月板形态可，外侧半月板前后角均新鲜撕裂，前后交叉韧带形态可。参照《人体轻伤鉴定标准（试行）》（法（司）发（1990）6 号）第二十六条之规定，其损伤程度已构成轻伤。

2.2 案例二

邹某，男，52 岁，于 2021 年 5 月 1 日早晨被他人致伤。次日查体见：颈右侧、左手掌、右小腿分别有一小片状表皮剥脱。初次鉴定结论：邹某损伤程度构不成轻微伤。该结论出具后，邹某提供了 2021 年 5 月 8 日所作的右膝部 MRI 片并要求作补充重鉴定。并称打架当时被掐住颈部推搡及往后倒行过程中因地面不平而导致右膝部受伤，受伤后全身痛，不知具体伤在哪里，初次鉴定时不知道右腿受伤了，直至 5 月 8 日因右膝疼痛作 MRI 检查，才知道半月板撕裂了。

阅 5 月 8 日右膝关节 MRI 片及 6 月 16 日复查的双膝关节 MRI 片显示：邹某双侧膝关节内侧半月板后角均为Ⅲ度损伤，内侧半月板前角及外侧半月板前、后角均为Ⅱ度损伤，膝关节韧带未见损伤。可见邹某双侧膝关节半月板损伤程度、部位一致并对称分布，而且其描述的受伤过程不符合半月板损伤的成伤机制。因此认为邹某的双侧膝关节半月板损伤属退行性改变或陈旧性损伤，与此次外伤无关。

3 讨论

3.1 半月板损伤

半月板是膝关节结构的重要组成部分，在传导负荷与协同维持膝关节的稳定、吸收振荡、限制股骨髁在胫骨上的过度移动、协助润滑关节以及调节压力等方面有重要作用，膝关节的各种运动使半月板承受着传导载荷的垂直压力、向周缘移位的水平拉力、旋转时的剪式应力。因此在斗殴、日常生活中半月板均可受到损伤。

3.2 判断、区分及分析

上述两案例是外伤性半月板破裂及半月板退行性变或陈旧性损伤的典型案例，但检案中有些案例可能会存在外伤与退行性变共存，如何判断、区分及做出伤病关系分析，特别是对外伤性半月板破裂的认定尤为关键。笔者认为以下几个方面可作为外伤性半月板破裂的诊断参考：

（1）明确外伤史。该外伤史应能造成符合半月板损伤机制的膝关节运动：该膝关节运动能引起的半月板矛盾运动，及膝关节运动中的突然变化。如：膝关节突然旋转，或从高处落地时扭伤。

（2）临床表现。伤后膝关节立即出现疼痛并逐渐肿胀、可伴有伸直障碍、弹响以及打软腿等现象，关节间隙处压痛。

（3）MRI检查：半月板破裂MRI检查半月板内可见Ⅲ度高信号，多为单侧。检查时应注意与健侧进行对比，比较损伤程度、部位等情况，退行性变可表现出双膝关节半月板损伤呈对称分布。

（4）关节镜检查。关节镜既是半月板破裂的诊断手段，也是半月板破裂治疗的微创手术方法。关节镜直视下半月板、韧带损伤等情况一目了然，诊断准确率最可信。

（5）其他。外伤性半月板破裂常伴有胫骨、股骨、关节软骨等骨挫伤甚至骨折，韧带损伤及关节积液、积血。

总之，半月板损伤需要鉴别新鲜、陈旧或退行性变以及盘状半月板变异等因素，历来是法医鉴定中的难点，本文通过该组案例的统计分析，期望能给同行提供有益的参考。

咬伤致拇指部分离断的法医学鉴定

柳峻[1]，谢年烽[2]

1. 浙江省杭州市公安局刑侦支队 浙江 杭州 310016
2. 浙江省建德市公安局刑事科学技术室 浙江 建德 311600

1 案例资料

1.1 简要案情

余某，女，58岁，2019年2月3日因琐事与他人发生纠纷，后被对方咬伤右手拇指致右手拇指末节部分离断。

1.2 病历资料

据病历资料记载：2019年2月3日，诉"右拇离体出血疼痛1h余"，查体：右拇甲根部离体，离体组织无血供，创面不齐，残端骨外露，损伤污染重。诊断：右拇离断伤。伤后予以伤口消毒，无菌敷料包扎等处理。2019年2月12日为求进一步治疗，拟"右拇指远节创面"收住入院。X片检查：右手拇指末节指骨部分缺损。专科检查：右拇指远节甲中段以远组织缺损，骨外露，轻度肿胀，创缘欠整齐，创面见水肿肉芽，少许渗出。2019年2月13日在全麻非插管+臂丛麻醉下行右拇清创，截指，骨残端修整，神经松解，V-Y皮瓣修复术。2019年2月14日X片检查：右手拇指末节指骨远端部分骨质缺损，残端光整。2019年2月19日出院，出院诊断：右拇指远节创面（人咬伤），出院情况：右拇指残端红润，皮瓣红润，伤口干燥对合良好。

1.3 法医学检验

2019年5月14日来我处进行鉴定，法医学检查所见：右手拇指末节部分缺损，残端愈合好，右手拇指指间关节活动度为0~70°，左手拇指指间关节活动度为0~70°。阅2019年2月14日X片示：右手拇指远节部分缺失，测右手拇指远节残端骨质长1.2 cm，测左手拇指远节骨质长1.9 cm。

2 讨论

余某右手拇指被咬伤致末节部分离断，经手术修整，现右手拇指末节部分缺失，右手拇指指间关节活动度较左手拇指指间关节活动度无差异。根据《人体损伤程度鉴定标准》（以下称《标准》）有关手损伤的相关条款，若直接根据关节活动度来计算手功能丧失，则明显不合理。余某的手部损伤则应以手指缺失来进行鉴定，依照《标准》5.10.3 b）一手拇指离断或缺失未超过指间关节之规定，余某右手拇指末节部分缺失可鉴定为轻伤一级。而《〈人体损伤程度鉴定标准〉释义》中关于指节部分缺失功能的确定也明确指出，手部损伤后导致完整指节缺失（在关节处）其功能的确定依据各指节所占一手功能的比例进行确定即可，同时依据缺失的指节比照相应的条款鉴定其损伤程度。但某一指节部分缺失时，首先要确定指节缺失的长度，再比照健侧同名手指的长度，算出该部分指节缺失丧失的功能。计算余某右手拇指部分缺失功能=1.2/1.9×18%=11.4%，比照《标准》5.10.4 a）手功能丧失累计达一手功能 4%，余某右手拇指末节部分缺失可鉴定为轻伤二级。

同一种损伤，按照同一个《标准》，却得出不同的鉴定结论，显然不利于实际操作，也有失公允。①直接比较该两个条款，《标准》5.10.3 b）只规定了拇指离断或缺失的上限，没有规定下限，只要有离断或缺失就可以定，可导致鉴定人自由裁量权过大，而《标准》5.10.4 a）则根据拇指缺失比例折算成手功能丧失则逐级递进，相对合理。②间接比较该两个条款，《标准》5.10.4 b）除拇指外的一个指节离断或缺失，鉴定为轻伤二级，若该指为示指或中指，折算手功能丧失为 8%，若该指为环指或小指，折算手功能丧失为 4%，均与《标准》5.10.4 a）鉴定结论一致；《标准》5.10.3 c）一手除拇指外的示指和中指离断或者缺失均超过远侧指间关节，鉴定为轻伤一级，折算手功能丧失 > 16%，则与《标准》5.10.3 a）鉴定结论一致；反之，要与《标准》5.10.3 a）鉴定结论一致，折算成拇指一个指节要离断或缺失 88.9%以上；要与《标准》5.10.4 a）鉴定结论一致，折算成拇指一个指节要离断或缺失 22.2%以上。综合比较认为，《标准》5.10.3 b）定义范围过大，不易把握，容易将损伤程度严重化，个人认为该条款主要适用拇指末节严重毁损的范畴。《标准》5.10.4 a）将拇指缺失比例折算成手功能丧失，损伤程度数量化，操作性强，数量递增，损伤程度也递增，相对科学合理。作者认为，将余某右手拇指末节部分缺失鉴定为轻伤二级较为合理妥当。

正中神经损伤法医学鉴定 1 例

马岩波[1]，郝海东[2]

1. 天津市天永法医司法鉴定所 天津 300000
2. 北京市怀柔区公安司法鉴定中心 北京 101400

1 案例资料

1.1 简要案情

2019 年 05 月 15 日，王某被消防栓柜玻璃割伤。

1.2 病历资料

据 2019 年 5 月 15 日医院门诊病历记载：左前臂可见一伤口约 7 cm，出血，伤口内肌肉外露、有出血。Rx：CR；手术室处理。患者入室：见左前臂伤口出血较多，给手臂麻醉满意后，常规术区消毒，左上肢外展于手术台上，左前臂、掌侧中段长约 9 cm 不规则伤口，术中探查见桡侧腕屈肌腱断离、拇长屈肌、指浅屈肌完全断裂，正中神经、桡动脉离断，余组织未见异常。给予过氧化氢、碘附、盐水反复清理后，逐一缝合断裂之肌肉、肌腱、神经、动脉，见动脉搏动良好，肌肉、神经逐段恢复，反复冲洗伤口后，修剪皮缘，逐层缝合伤口。术后左前臂石膏托屈腕屈指位固定。

据 2019 年 12 月 11 日医院肌电图检验报告单记载：Medianus Motor Left：Wrist-APB 未引出，Elbow-Wrist 未引出，伤口上-Elbow 未引出。结论：①左侧正中神经损害（运动感觉纤维受累重度）左侧尺神经、右侧正中神经感觉运动传导未见异常；②左侧拇短展肌肌电图提示神经源性损害，左侧伸指总肌肌电图大致正常。

1.3 法医临床检查

神清语利，步入检查室，一般情况可，查体合作。左前臂有一 9.0 cm 长手术瘢痕。腕关节活动度检查：左：掌屈 30°，背伸 30°，尺偏 20°，桡偏 20°；右：掌屈 60°，背伸 60°，尺偏 40°，桡偏 30°。左手掌桡侧麻木，掌心浅感觉消失，左手存在拇指对掌功能障碍和拇、示指捏物功能障碍，左手大鱼际肌及第1、2蚓状肌对比右手存在萎缩，主动活动能力明显降低，拇指、示指、中指无法对抗阻力，示指、中指肌力3级。

1.4 鉴定意见

王某左前臂正中神经断裂，正中神经损伤水平在腕部以上，符合一手部分肌瘫的损伤基础，临床检查其左手存在拇指对掌功能障碍和拇、示指捏物功能障碍，左手大鱼际对比右手存在萎缩，主动活动能力明显降低，拇指、示指无法对抗阻力，左手部分肌力3级，故依据《人体损伤致残程度分级》第5.9.1 6)条"一手部分肌瘫（肌力3级以下）"之规定，构成九级伤残。

2 讨论

正中神经于腕部和肘部位置表浅，易受损伤。不同位置的损伤，会表现出不同的感觉运动功能障碍。腕部损伤时，拇指屈曲、外展、对掌等功能会丧失或受损，食、中指并拢不严，桡侧三个半手指会出现感觉异常或麻木，需检查手掌桡侧半、桡侧3个半手指掌面和近侧指间关节以远背侧的感觉功能，检查大鱼际肌和第1、2蚓状肌是否存在萎缩，检查是否存在拇指对掌功能障碍和拇、示指捏物功能障碍。肘上损伤时，桡侧三个半手指出现感觉异常或麻木，旋前圆肌、桡侧腕屈肌、掌长肌、指浅屈肌、拇长屈肌，以及食、中指指深屈肌和旋前方肌功能全部或部分丧失，表现为前臂旋前运动功能阙如或减弱；腕关节屈曲运动功能阙如或减弱；食、中指近指间关节和远指间关节屈曲运动功能阙如或减弱；掌指关节因为屈肌力量减弱而过伸。除检查腕部正中神经损伤项目外，还应注意是否存在拇、示、中指屈曲功能障碍。本例中王某损伤在前臂，正中神经损伤水平在腕部以上，属于低位正中神经损伤。

正中神经损伤是属于比较少见的一种现象，发生这种现象之后会对身体造成一些危害和影响，发生这种疾病之后对身体所造成的危害是不容忽视的。在生活中受到玻璃切割伤、刀伤、机器伤以及火器伤之后会引起正中神经损伤。损伤发生后应及时积极治疗。

膝关节前交叉韧带及半月板二次损伤MRI分析案例1例

欧素玲

广东中一司法鉴定中心 广东 深圳 518033

膝关节的损伤在伤残鉴定非常多见，而因年龄、职业、运动情况的不同，交叉韧带和半月板的损伤特点十分复杂。现就1例膝关节二次损伤的伤残评定案例进行探讨。

1 案例资料

1.1 简要案情

李某，男，25岁，2020年12月6日打篮球时扭伤左膝，诊断为左膝交叉韧带断裂、内侧半月板撕裂，住院行手术治疗。患者2年前（2018年5月）左膝受过伤。

1.2 病史摘要

2020年12月8日门诊病历：现病史：患者自诉2 d前不慎扭伤左膝。既往史：2年前有左膝扭伤史。专科检查：左股四头肌内侧稍萎缩，浮髌试验（－），磨髌实验（＋），KS征（＋）。2020年12月11日行"左膝前交叉韧带重建、半月板修整缝合、髁间窝成形、取自体肌腱移植、关节清理、关节镜检术"。关节镜下探查见髁间窝滑膜增生，髁间窝狭窄，前交叉韧带于股骨止点处完全撕裂。内侧半月板后角及体后部纵裂伴层裂。

1.3 法医学检验

查体：右膝关节活动受限，右膝关节伸屈：10°～85°（左膝：0～125°）。浮髌试验（－），磨髌实验（＋）。

阅××医院2018年5月24日MRI示：内侧半月板后角内可见小片状异常信号影，未达半月板骨性关节面边缘；前交叉韧带信号欠连续，局部见小片状长T1长T2异常信号影；异常信号影在各序列中均呈稍高信号改变；关节腔内及髌上囊见长T1长T2异常信号改变。

阅××医院2020年12月7日MRI示：内侧半月板见条状、球状、片状等T1、长T2信号，以后角明显，达半月板软骨面。前交叉韧带中上部明显增粗，走形中断，结构不清，脂肪抑制PDWI序列中未见片状高信号影，股骨外侧髁压迹异常加深。

1.4 鉴定结论

根据《劳动能力鉴定职工工伤与职业病致残等级》（GBT16180—2014）5.10.2 11）条款之规定，被鉴定人李某左膝关节内侧半月板后角损伤（Ⅲ级），伤残等级构成十级。

2 讨论

2.1 半月板损伤的解剖特点

半月板按照损伤的解剖特点分型，分为退变型、水平型、放射型（斜形、鸟嘴形）、纵型（垂直形、桶柄形）、横行、前后角撕裂型、边缘型、混合型等。本案例中，被鉴定人初次受伤MRI提示左膝内侧半月板后角Ⅱ度损伤，本次打篮球扭伤左膝MRI提示左膝内侧半月板后角Ⅲ度损伤。本案例中半月板两次损伤均在后角，初次外伤时造成Ⅱ度损伤，MRI片的信号提示是水平型的，症状较轻微，一般不需手术治疗。在本次急性外伤作用下，半月板后角呈Ⅲ度损伤改变，关节镜下见后角及体后部纵裂伴层裂，与Ⅱ度损伤相比，水平型与纵行损伤类型完全不同。因此，半月板Ⅲ度损伤可以认为与被鉴定人本次外伤存在直接因果关系，并不是两次损伤的累加结果。

半月板Ⅰ度、Ⅱ度损伤多为退行性改变造成，Ⅲ度损伤多与急性外伤有关。半月板Ⅲ度损伤可以是Ⅱ度的严重发展，也可以是后者质的改变。当前后两次半月板损伤的类型完全不同时，且暴力足够大的情况下，伤病关系可忽略不计。而对于半月板无明显退行性改变的年轻患者，外伤是半月板损伤的直接原因。

2.2 本案例损伤影像表现

本案例中初次损伤MRI影像表现膝关节前交叉韧带（ACL）信号欠连续，局部见小片状长T1长T2异常信号影，提示ACL已有撕裂。本次临床查体股四头肌内侧稍萎缩，浮髌试验（－），磨髌实验（＋）。MRI示：ACL中上部明显增粗，连续性中断，断端毛糙，结构不清，脂肪抑制PDWI序列中未见片状高信号影，股骨外侧髁压迹异常加深，未见明显骨挫伤。上述临床查体、MRI表现不符合新鲜外伤性交叉韧带断裂的损伤特点。

对于ACL陈旧性撕裂，韧带的出血及水肿多已吸收。同时，瘢痕组织的形成导致单凭信号异常对诊断ACL撕裂的敏感性较低。关节镜下ACL的陈旧性损伤也很可能误诊，这是由于撕裂部位纤维瘢痕修复、局部肿胀而误以为部分撕裂。对于陈旧性撕裂，韧带的出血及水肿多已吸收，同时瘢痕组织的形成，导致单凭信号异常对诊断ACL撕裂的敏感性较低。对于ACL完全撕裂，包括前抽屉试验、Lachraan试验及轴移试验的物理学检查也有较高的灵敏度及特异度。因此，临床物理检查和MRI检查相结合是诊断陈旧性ACL损伤的有效方法。

腓骨远端骨折形成机制分析1例

史彦彦，唐晋

北京市人民检察院 北京东城 100005

1 案例

1.1 简要案情

2019年6月19日7时，在北京某田地间，王某（男，64岁）与张某某因琐事发生冲突，在抢夺铁锹中，王某腿部受伤。

1.2 病史摘要

2019年6月19日门诊病历记载：主诉外伤后左手、左小腿疼痛1 h。体检：左手小指背侧可见皮肤擦伤，无活动性血。左膝左踝处肿胀，左膝、小腿、踝关节压痛（＋），踝关节活动稍受限。影像诊断报告：X片未见明显骨折或脱位；左手、左膝、左踝关节骨质增生。诊断：左手、左小腿软组织损伤，左手小指皮肤擦伤。

2019年7月3日门诊病历记载：主诉：外伤后左踝疼痛2周余，体检：左踝肿胀压痛，活动受限，CT示：左外踝骨折，后踝骨折？诊断：踝关节骨折，踝关节损伤，软组织损伤。

2019年7月22日诊断报告记载：与2019-07-02左踝关节CT比较：左外踝骨折愈合期改变，余大致同前。

1.3 法医学技术性证据审查

2021年5月17日某检察院信访部门送来该案的病历资料和影像资料，要求对左腓骨骨折的成因进行分析。

阅送检的2019年6月19日左踝关节正、侧位X片见：左踝关节腓骨远端骨皮质完整，外侧软组织较比内侧微肿胀。2019年7月2日左踝关节CT片见：左踝关节腓骨远端骨皮质不连续，未见位移。

结合受伤当时的病历记载左踝及左小腿均没有皮肤损伤，影像资料显示当天X片有左踝外侧软组织肿胀，后CT显示左腓骨远端呈斜行骨折，由此推断王某的左踝骨折为间接外力形成（扭转、摔倒过程中可以形成）。并出具技术性证据审查意见。

该案承办检察官根据技术性审查意见答复当事人，并给以详细讲解后，当事人表示接受，并口头承诺息诉罢访。

2 讨论

胫腓骨骨干骨折占全身骨折的6.8%，不同损伤因素可引起不同形状的胫腓骨骨折。胫腓骨遭受直接暴力损伤，可引起胫腓骨同一平面的横形、短斜形成粉碎性骨折，同时在外力作用的部位可形成皮肤破损、擦伤、挫伤等软组织损伤。胫腓骨远端（踝部）骨折多由间接暴力引起，踝关节遭受外翻（旋前）暴力时，使内侧副韧带紧张，暴力使距骨撞击外踝，经胫腓骨间膜传导，引起下胫腓韧带平面以上的腓骨的斜行或粉碎性骨折。

本案中王某受伤当日病历资料未记载左踝部部位存在皮肤破损、擦伤，仅记载左踝部肿胀、压痛、活动受限。结合影像学资料，王某伤后当日X线检查未见明显骨折，十余日后经CT平扫检查发现左踝关节腓骨远端斜形骨折，不符合直接暴力所致腓骨骨折特点，应为间接暴力所致。

在实践中，分析腓骨远端骨折的形成机制应重点把握以下几点：①深入了解案情及病史，为还原损伤经过及推断损伤的形成机制提供根据；②关注损伤早期的情况，可通过影像片了解骨折早期的特点及动态变化，检查早期骨折部位及周围是否存在软组织损伤可推断骨折形成时的受力情况；③需根据具体案情、病史、影像综合判定损伤形成机制。

第一掌骨骨折法医学鉴定1例

孙纯，初巧红，吕永富

山东省青岛市人民检察院 山东 青岛 266000

1 案例资料

1.1 简要案情

王某，男，37岁。2017年12月5日因琐事与人发生争执后双方互相厮打。

1.2 病历摘要

2017年12月5日门诊病历：外伤致右手伤、面部伤。查体：右手肿胀、压痛，头面部及右手不规则皮外伤。右手正斜位X片（图3-17）见：右手第一掌骨基底部骨折，断端移位，余未见明显异常。

2017年12月6日医院住院病历：头面部、右手外伤肿痛不敢活动伴头痛头晕1 d。患者自述于昨天被他人打伤头面部、右手多处，即肿痛不敢活动。CT（图3-18）示：右手第一掌骨基底粉碎骨折并半脱位。专科情况：右手拇指近端肿胀，触痛，不敢活动，手指血运及感觉正常。初步诊断：①右手第一掌骨基底粉碎骨折并半脱位；②头面部软组织损伤；③头外伤后反应。行"切开复位钛板、钢针内固定术"，术中见骨折呈粉碎性，关节面塌陷，裂碎，3块较大碎骨片。

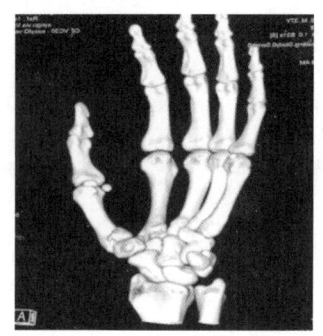

图 3-17　右手正斜位 X 片　　　　　　图 3-18　CT 片

1.3 法医学检验

2018 年 1 月 2 日法医检验见：右手石膏托外固定，右手第一掌骨纵向手术瘢痕一处长 4.5 cm，钢针外露。

2 讨论

骨折根据受力方式不同，可分为直接外力和间接（传导）外力。直接外力造成的骨折，通常在骨折部位会留下直接外力作用形成的损伤，如锐器损伤应有锐器创口，钝器损伤应有局部皮肤的擦挫伤或钝器创，骨折线亦应与受力方向保持一致。间接外力造成的骨折，一般由来自指端的传导外力，如"拳击手骨折"，骨折部位皮肤不是外力的直接作用点，因此不会出现局部的皮肤损伤，而在骨折的远端，如指端、指间关节或掌指关节处的直接受力部位可出现皮肤损伤。

掌骨骨折可分为掌骨头、掌骨颈、掌骨干及掌骨基底骨折，掌骨基底骨折多由于纵向撞击力量作用在掌骨，传达至腕掌关节处，造成掌骨骨折。常在下列情况下发生：握拳时掌骨头作为接触点击打硬物，其反作用力可致掌骨骨折，如攻击他人；摔跌时手指屈曲着地，掌骨头顶压于地面；手指内收时，掌骨头部遭受纵向钝性外力打击；其中第一种情况最为多见。掌骨基底部骨折常发生在第 1、4、5 腕掌关节，第 2、3 掌骨由于与腕骨紧密结合，形成固定单元，较难形成基底部骨折。第 1 掌骨基底骨折可以细分为关节外骨折和关节内骨折，尤以关节内骨折或粉碎性骨折多见。关节外骨折多为横行或斜行骨折，骨折线不通过关节面，骨折整体呈向桡背侧成角畸形；关节内骨折，又称为 Bennett 骨折，是第 1 掌骨基底部尺侧斜形累及关节面的骨折，常合并腕掌关节的脱位，在基底内侧形成三角形骨块，骨折远端向背外侧移位；粉碎性骨折称为 Rolnado 骨折，骨折将第 1 掌骨分成三块骨块，近端两块向两侧移位，拇指呈短缩畸形，常合并第 1 腕掌关节脱位。

本案，王某伤后右手拇指近端肿胀、触痛、不敢活动；伤后 CT 片示右手第一掌骨基底部掌尺侧骨折，骨折线由内上斜向外下，且合并第一腕掌关节半脱位；术中见 3 块较大碎骨片，关节面塌陷、碎裂；符合关节内骨折特征，且病历材料中未见骨折处皮肤软组织损伤的记载，因此王某右手第一掌骨基底部粉碎性骨折符合受到与第一掌骨纵轴同向外力作用所致（如握拳击打硬物），不宜依据《人体损伤程度鉴定标准》进行伤情评定。

掌骨骨折在打架斗殴中非常常见，当事双方往往对骨折的形成说法不一，掌骨骨折的成伤机制鉴定直接关系到案件定性，在实际鉴定中，应全面了解案情、伤者体表损伤情况，仔细审阅病史及影像学资料。

膝关节功能障碍法医伤残评定的客观化研究

孙大明[1]，王强[2]

1. 华东政法大学司法鉴定中心　上海　200000
2. 华东政法大学刑事法学院　上海　200000

随着 2016 年 4 月 18 日两院三部联合发布《人体损伤致残程度分级》（以下简称《分级》），并于 2017 年 1 月 1 日正式实施，尤其是 2017 年 3 月 23 日《道路交通事故受伤人员伤残评定》（GB 18667—2002）废止后，该标准已经成为我国法医伤残评定适用范围最广泛的标准之一，也促使我国人体损伤行业标准开始向标准化方向迈进。新标准的颁布促进了司法鉴定行业标准化，但回归实践，其中仍有些许不足，值得探讨修正。本文主要结合评定实践，阐述《分级》标准在膝关节评定方面存在的客观性问题，并提出完善建议。

1 客观性原则

《分级》4.1规定："应以损伤治疗后果或者结局为依据，客观评价组织器官缺失和/或功能障碍程度，科学分析损伤与残疾之间的因果关系，实事求是地进行鉴定。"该原则作为指导性术语，对于鉴定活动开展具有指导意义，而膝关节伤残评定客观检查尤显重要。客观性原则贯穿于伤残评定全过程，如，将心理和社会功能受损作为影响因素融入器质性损伤的伤残等级评定。现代医学模式又称"生物心理社会医学模式"，将心理社会功能受损作为伤残评定的影响因素之一，是对被鉴定权利的维护，也是司法鉴定客观性原则的体现。

2 膝关节损伤

2.1 膝关节

膝关节作为人体重要的六大关节之一，也是负重最大，最复杂的滑车关节。但相对于其他关节而言，膝关节由于稳定性较差，容易发生损伤影响生活质量。膝关节损伤主要包含软组织损伤，肌肉肌腱损伤，韧带、骨、关节损伤，其中多以复合性损伤为主。《分级》条款中涉及膝关节功能评定的条款主要有肢体缺失、关节强直、神经损伤韧带、关节功能、半月板损伤和创伤性关节炎这几大类，其中关节功能丧失程度评定较多。在膝关节韧带、半月板损伤伤残评定中，也涉及膝关节活动度评定，即"损伤治疗后影响功能"，对"影响功能"的评定，临床主要依据"损伤后膝关节活动度丧失程度"及"对日常生活的影响程度"等来评定，具有较大的主观性，而在实践中，将"膝关节功能丧失"理解为"膝关节活动度的丧失"更是多见。

2.2 《分级》膝关节功能缺损评定条款与客观性原则

胫骨平台骨折在实践中较为多见，胫骨平台骨折后是否遗留膝关节功能障碍在伤残评定中具有较大的争议。但笔者认为，鉴定意见的客观性当建立在鉴定意见考虑被鉴定人体质、损伤部位、骨折类型等因素的基础之上，缺乏客观性依据而全盘否定胫骨平台骨折定残，有违司法鉴定科学性原则。

在膝关节功能丧失程度的评定中，关节活动度的测量就《分级》的条款来说显得尤为重要，但膝关节活动度测量的主观性常成为重新鉴定的原因之一。膝关节活动测量受到被鉴定人知识水平、对案件的认识程度以及是否受"高人"指点的影响，导致初次鉴定和重新鉴定意见不一的现象较为多见。如何把控膝关节活动度测量主观因素的影响？这不得不引起法医临床鉴定行业的思考。

3 完善膝关节功能评定的建议

3.1 适用方面

《分级》适用指南对四肢大关节功能丧失程度的解释侧重于损伤的基础和部位，但并未对膝关节负重、稳定性等问题进行说明。GEPI提出的"循诊残损"（diagnosis-basedimpairment DBI）理论，提倡依据客观诊断而不是主观检查确定残损级别。DBI相较于《分级》膝关节伤残等级的评定较为客观。借鉴GEPI之经验，有学者指出，在膝关节伤残评定时，以临床客观诊断为主要判断标准，如胫骨上端、股骨下端骨折，胫骨平台粉碎性骨折，韧带及相关附件损伤等，综合损伤的部位和数量、活动度检查结果、功能史、被鉴定人主观及客观配合程度对膝关节功能予以评定，并考虑负重程度等因素综合评定伤残等级。但笔者认为，上述方法综合性强，考虑要素过于周全，实践中对鉴定人的要求较高，但其本质无法规避鉴定的主观性。故，笔者建议在膝关节评定时引入膝关节量表评分制度。

3.2 标准完善

Lysholm评分对于患者不同强度的运动功能等级能做出初步评估，该评分更倾向于日常生活的活动。在临床实践中，Lysholm评分低于70分表示膝关节活动功能较差，该评分与膝关节活动度的测量相结合，能够较好地反映膝关节功能丧失程度。

笔者建议在膝关节功能评定的过程中结合lysholm评分客观中立评判膝关节功能丧失情况。将Lysholm评分作为膝关节功能评定的辅助条件，现有膝关节功能丧失条款"四肢任一大关节功能丧失25%、50%和75%"可修改为"Lysholm评分高于70且四肢任一大关节功能（踝关节除外）丧失25%、50%和75%"，提高膝关节功能评定的客观性、科学性。Lysholm评分主要包括跛行、支撑、交锁和不稳定四方面的内容，结合膝关节活动度的测量，能够较为全面的考虑膝关节功能丧失程度。同时，量表在实践中具有较好的可操作性，在充分全面考虑膝关节功能丧失程度的同时兼顾操作的简便性。

下肢骨折并发肺栓塞致梗阻性休克损伤程度鉴定 1 例

孙岩，钟志豪，刘智航

广东康怡司法鉴定中心 广东 东莞 523047

1 案例

1.1 简要案情

伤者叶某妹，女，68 岁，于 2021 年 1 月 19 日因交通事故致右股骨颈骨折。

1.2 病史摘要

伤者叶某妹因"被电动三轮车撞伤右髋疼痛 4 个多 h"入院。

诊疗经过：入院后完善相关检查，于 2021 年 1 月 22 日行右股骨颈骨折闭合复位内固定术，术后患者生命体征平稳，2021 年 1 月 23 日护士查房发现患者大汗淋漓，呕吐黄绿色内容物，患者诉头晕严重，测血压 55/30 mmHg，立即予增大氧流量，给予升压、补液，床旁心脏 B 超检查见右房内异常高回声区，考虑肺栓塞可能性大。查四肢彩超示：右侧股总静脉及右侧腘静脉内异常回声，考虑深静脉血栓形成。予抗凝、防治感染、器官功能支持等综合治疗，复查心脏彩超示右房内异常高回声区消失，肺动脉增宽，右房增大。1 月 27 日转至呼吸内科后突发意识不清，伴有血压下降至 60/40 mmHg，血氧降至 80% 左右，转入重症医学科进一步治疗。肺血管 CTA 检查示：两侧胸腔积液，左、右肺动脉及其分支肺动脉栓塞。于 2021 年 1 月 29 日行下腔静脉滤器置入术。复查肺动脉 CTA：左下肺动脉边缘略毛糙，局部管腔稍变窄，未见明确充盈缺损。心脏及双下肢血管彩超：左室舒张功能减低，右侧腘静脉、胫后静脉、小腿肌间静脉血液高凝状态，凝血功能 INR：2.98。D 二聚体定量结果 5.89 mg/L（参考范围 0 ~ 0.8 mg/L）。

诊断：肺栓塞，梗阻性休克，右股骨颈骨折（内固定术后），右下肢深静脉血栓形成（腘静脉–胫后静脉）。

表 3-2　护理记录

日期	时间	脉搏	呼吸	血压	脉氧饱和度	意识	特殊情况记录
	6:00	60	20	118/65	100		
	7:00	62	20	118/65	98		
	7:58	78	30	78/55	98	清醒	患者诉头晕伴大汗淋漓，恶心无呕吐，给予复方氯化钠 500 mL 静脉滴注
	8:06	78	33	60/64	98	清醒	建立第二条静脉通道，给予复方氯化钠 500 mL 静脉滴注，给予多巴胺 20 mg 静脉滴注
	8:08						建立第三条静脉通道，给予复方氯化钠 500 mL 静脉滴注
1 ~ 23	8:10	110	31	66/41	95	清醒	
	8:15	110	26	62/23	96	清醒	
	8:17	110	26	62/23	96	清醒	给予去甲肾上腺素静脉泵入
	8:20	108	20	58/33	97	清醒	
	8:25	92	36	55/30	98	清醒	
	8:30	88	31	58/32	98	清醒	
	8:35	88	31	58/32	98	清醒	给予多巴胺 5 mg 静脉滴注，给予复方氯化钠 500 mL 接瓶
	8:40	126	32	71/41	97	清醒	给予复方氯化钠 500 mL 接瓶
	8:45	132	30	71/38	98	清醒	
	8:48	128	29	76/36	97	清醒	
	11:48	112	25	112/65	95	清醒	
1 ~ 27	12:00	62	25	60/40	80	意识模糊	突然出现意识障碍，呼之不应
	12:06	88	25		89	清醒	

1.3 鉴定意见

被鉴定人本次损伤后并发肺栓塞致休克（中度）、右股骨颈骨折及右上臂、右前臂软组织挫伤面积达 15 cm² 以上，根据《人体损伤程度鉴定标准》5.12.2 d）和总则 4.3 条、5.9.4 f）条、5.11.4 a）条之规定，综合评定为轻伤二级。

2 讨论

按照休克的发病过程可分为休克代偿期和失代偿期，也称休克早期和休克期。休克代偿期的临床表现主要为精神紧张、兴奋或烦躁不安、皮肤苍白、四肢厥冷、心率加快、脉压小、呼吸加快、尿量减少等。休克失代偿期的临床表现主要为精神淡漠、反应迟钝，甚至出现意识模糊或昏迷；出冷汗、口唇肢端发绀；脉搏细速、血压进行性下降。严重时，全身皮肤、黏膜明显发绀，四肢厥冷，脉搏摸不清，血压测不出，尿少甚至无尿。

被鉴定人年龄已 68 岁，具有血液呈高凝状态的自身因素，右股骨颈骨折也易激活凝血系统使血液处于高凝状态，手术前的预防措施不足等，都是导致其右下肢深静脉血栓形成的因素，因此，其肺栓塞为本次外伤的并发症，肺栓塞的原因为外伤与其他因素并存，外伤与其他因素作用相当，难分主次。

《人体损伤程度鉴定标准》附录 B.8.7 表 B.8 只是休克部分临床表现的分度，不能全面反映休克程度，不宜单独使用该表进行休克的分度，要从临床表现、病理基础、实验室检查结果、治疗过程综合判断。本例血压、脉搏变化虽符合《人体损伤程度鉴定标准》附录 B.8.7 表 B.8 休克中度判断指标三项中的两项，但经治疗，短时间内生命体征即恢复正常，属于休克的代偿期，不宜鉴定为重伤。同时，没有休克中度的其他临床表现，又不符合休克轻度的判断指标，故综合伤病关系、休克的程度，评定为轻伤二级更为合理。

肢体骨关节重要神经和软组织合并伤伤残程度鉴定 1 例

唐述荣，马连星，王莉，吴新奇

安徽惠民司法鉴定所 安徽 合肥 230022

交通事故损伤致肢体大关节及手足功能障碍的伤残程度评定，因造成肢体大关节及手足功能障碍的损伤基础不同，涉及《人体损伤致残程度分级》中不同部位和不同性质的多个条款。主要有单肢瘫、四肢重要神经损伤、手足肌瘫、肢体缺失及关节功能障碍、手足损伤及体表损伤等。如果仅为单一的骨关节、周围神经或软组织的损伤，在伤残鉴定时，其条款的援引，通常不会有什么困难，其鉴定意见鲜有争议。但当交通肢体伤程度严重或有肢体毁损伤，致使骨关节、肌肉皮肤软组织、周围神经（不同节段）合并损伤时，其伤残程度鉴定如何援引上述不同性质和部位的条款，援引哪些具体条款，往往成为难点。疑难的焦点在于，对骨关节、周围神经和皮肤肌肉等软组织合并损伤时，其伤残程度依据什么原则进行评定。实践中，我们以《人体损伤致残程度分级》原则和条款为指引，根据损伤基础的不同，采取全面分析，综合检验、分别评定的方法，对合并有骨关节、周围神经和软组织损伤的，采取综合检验的方法，遵循就高不就低、分别鉴定的原则，较为准确地评定了严重交通肢体伤的伤残程度。

1 案例

2018 年 × 月 × 日 × 时，许某骑行自行车时摔倒，被拖拉机碾压到左上肢致骨关节、周围神经和软组织严重损伤，就诊于 × 市医院。因案件审理的需要，× 县人民法院委托对许某伤残程度进行鉴定。

根据送检材料记载，许某因碾压伤，致左上肢疼痛、流血、畸形。查体：自手部至肩部皮肤严重脱套损伤伴缺损，撕脱皮肤挫伤严重伴血运差，大面积皮肤及肌肉组织缺损，伤口污染严重，左手末梢血运差，桡动脉搏动扪不清，感觉麻木，手指及腕部活动不能。影像学检查左桡骨下端骨折伴局部骨质缺损、腕关节脱位，左上肢软组织影严重不规整。经行"清创+血管、神经、肌腱探查修复+骨折复位内固定+撕脱皮肤回植+负压吸引材料覆盖+石膏外固定术""清创+VSD 及植皮手术"，术后抗感染等治疗，症状及体征改善，伤情稳定。遗留有：左上肢植皮后大面积瘢痕形成并挛缩；左上肢臂丛神经重要分支损伤、肌群缺损，左手肌力下降；左腕关节功能部分丧失、腕无力等后遗症。复查：肌电图示：左侧正中神经、桡神经和尺神经感觉传导未引出，运动传导减弱，提示左臂丛重要分支损伤；X 线示：左桡骨骨折骨性愈合，腕关节间隙狭窄，周围可见致密影。

2 检验

本次鉴定法医鉴定经综合检验示：①左手大部分肌瘫，肌力 3-级；②左腕关节被动检查丧失功能 52%，肌力 4-级；③左上肢瘢痕形成，达体表面积 4.5%。以上外伤史、临床表现、影像学检查、手术所见及后遗症提示，被鉴定人因车辆碾压致腕部前臂至肩部皮肤、肌肉软组织严重脱套缺损；臂丛神经重要分支损伤，左手大部分肌瘫（肌力 3-级）；左桡骨下端骨折伴局部骨质缺损、腕关节脱位，左腕关节功能丧失 52%，周围神经损伤，肌力 4-级；左上肢瘢痕形成达体表面积 4.5%的后果。

3 讨论

鉴于被鉴定人左上肢车辆碾压毁损伤，既有臂丛神经重要分支损伤导致的左手大部分肌瘫，又有明显的桡骨骨折、腕关节脱位的骨性损伤导致的关节功能丧失和神经损伤所致的肌力减退，还有严重的前臂至肩部的软组织瘢痕形成，属于损伤后果复杂严重交叉的情形，故应遵循《人体损伤致残程度分级》确立的综合检验、分别评定和就高不就低的原则，对本例左上肢不同部位和不同性质的损伤，进行伤残程度鉴定。据此，依据《人体损伤致残程度分级》5.8.1 7）"一手大部分肌瘫（肌力 3 级以下）"之条款，评定左上肢臂丛神经重要分支损伤所致左手大部分肌瘫，肌力 3-级为八级伤残；遵循就高不就低的原则，依据上列标准第 5.9.6 9）"四肢任一大关节（除踝关节外）功能丧失 50%以上"之条款，评定左桡骨骨折缺损和腕关节脱位，右腕功能丧失 52%为九级伤残，对其周围神经损伤所致肌力 4-级，不再依据 5.10.1 6）"四肢重要神经损伤，遗留相应肌群 4 级以下"进行评定；依据上列标准 5.10.7 2）"皮肤瘢痕形成达体表面积 4%"之条款，评定左上肢体表瘢痕达体表面积 4.5%为十级伤残。

1 例髋臼盂唇损伤的法医学鉴定

王春龙

天津市公安局物证鉴定中心 天津 300384

1 案例

李某，女，40 岁，2019 年 12 月 15 日与邻居发生纠纷被脚踢伤下腹部后倒地受伤，自觉下腹疼痛到医院就诊，查体可见左腹股沟区血肿，左髋部压痛，叩击痛，"4"字试验（+），左髋活动受限，腹部彩超（-），骨盆片：未见异常。李某左髋部及腹股沟区持续疼痛多次到医院就诊，拍摄骨盆 X 片、CT 片、MRI 片均未见异常。2020 年 5 月 13 日，再次行髋部 MRI 片检查提示"左髋前上臼唇见线状高信号影"，诊断为"前上臼唇撕裂"。后进一步左髋关节镜检查行"盂唇缝合 Pincer 成型、Cam 成型、病灶清理术"，术中见左髋滑膜充血水肿，左髋臼连接部盂唇软骨 1 点 2 点处纵裂（全层）裂伤。术后患者疼痛部分缓解，后患者疼痛又逐渐加重，2020 年 12 月 2 日，患者再次在关节镜下行"髂前下棘减压，关节盂唇缝合修补、滑膜清理术"。

患者术后恢复半年后进行损伤程度鉴定。检查可见：跛行步态。左侧髋关节屈曲 110°，后伸 35°，外展 45°，内收 25°，外旋 30°，内旋 10°，各方向肌力 5 级；右侧髋关节屈曲 110°，后伸 25°，外展 50°，内收 40°，外旋 45°，内旋 45°，各方向肌力 5 级。左侧"4"字试验阳性。各方向抗阻，左侧弱于右侧。

2 分析

审阅被鉴定人的全部病历材料，并结合临床查体所见，分析意见：①李某左下腹区受伤后倒地，伤后病历材料记载"左大腿腹股沟区血肿""4"字试验阳性等表现，表明其左下腹腹股沟区外伤史明确。②李某伤后早期因为左髋部疼痛，先后进行了 X 片、CT 片、MRI 片等，未能确定疼痛原因，与投照角度未能显示损伤部位有关，伤后半年行 MRI 检查，诊断为左髋有前上臼唇撕裂，后经关节镜手术治疗确诊有左髋臼盂唇撕裂。③李某左髋部有退行性病变，但至本次受伤时程度较轻，案情调查表明李某伤前活动正常，结合关节镜检查所发现盂唇损伤的位置和特征，分析该盂唇损伤是在自身轻度退行性病变的基础上由外力作用所致，外伤是主要原因。④通过影像片和手术记录，分析李某受到外力后倒地过程中，左髋关节因屈曲、内收、外旋体位下致左髋关节前内侧盂唇损伤。⑤李某左髋关节遗留部分活动功能障碍，与左髋关节盂唇损伤及其并发症有关。综上所述，李某在左髋部退行性病变的基础上，受到外力作用致左髋盂唇撕裂，外伤是主要原因，目前左髋部遗留活动障碍与本次外伤有关，应按照鉴定标准进行损伤程度鉴定。按照《人体损伤程度鉴定标准》附录 C.6.4 条的规定，测算其左髋功能丧失程度达到 21.7%。依据《人体损伤程度鉴定标准》第 5.9.4 a）条的规定，认定其左髋部损伤程度为轻伤二级。

髋臼盂唇是围绕在髋臼骨性边缘上的纤维软骨结构，在髋臼下方切迹处由髋臼横韧带相连。髋臼盂唇有丰富的游离神经末梢和神经末梢器官，主要分布在盂唇的前上部和后上部，传导痛觉和本体感觉。髋臼盂唇有多种功能，包括加深髋臼窝，密封关节腔，维持关节稳定性，保持关节润滑和营养关节软骨等作用。髋臼盂唇损伤主要症状包括腹股沟前方疼痛，长时间站、坐或行走时加重，疼痛还可位于髋关节外侧，大腿前侧、臀部等。根据病因可将盂唇损伤分为 5 类：创伤性、先天性、退变性、关节囊松弛和特发性。髋臼盂唇损伤在法医学鉴定中比较少见，此类损伤在早期难以确诊，有针对性的 X 片（Dunn 位）、MRI 和 MRA 检查是目前临床最常见的诊断髋臼盂唇损伤的方法，髋臼关节镜检查是诊断盂唇损伤的金标准，可在直视下判断盂唇损伤的位置和类型，并可同时进行治疗。法医鉴定人在鉴定过程中要注意鉴别创伤性盂唇损伤和先天性、退变性等损伤，尤其是充分了解损伤过程，被鉴定人员既往病史、伤前伤后状态和手术情况进行综合分析。髋臼盂唇损伤治疗时间漫长且容易复发，建议在治疗终结后综合评定。

伤残鉴定中肘关节功能障碍的法医学鉴定

王雷

河北省张家口市法医鉴定中心 河北 张家口 075000

肘关节是上肢三大关节之一，其损伤后功能障碍评定在法医学评定中经常遇到，搜索相关标准和文献，肘关节功能障碍的损伤程度鉴定计算方法比较统一，但伤残评定时（不伴有神经损伤的）肘关节功能丧失的具体计算方法尚未有统一规定，现提出几种观点，可以用来研究，希望尽快达成一致意见，并出台相关规定。

1 肘关节的检查方法

肘关节的检查方法详见表 3-3。

表 3-3 肘关节的检查方法

标准及技术规范		
《法医临床检验规范》SF/Z JD0103003—2011		《法医学 关节活动度检验规范》GA/T1661—2019
方位	正常参考值/°	正常参考值/°
中立位	0	0
屈曲	135~150	0~（135~150）
伸展	0~10	0~10（过伸）
旋前	80~90	
旋后	80~90	

2 肘关节功能障碍的计算方法

肘关节功能障碍的计算方法见表 3-4。

表 3-4 肘关节功能障碍的计算方法

	依 据		
	《人体损伤致残程度分级》	《人体损伤程度鉴定标准》	《人身保险伤残评定标准》
	《适用指南》	《附录 C》	《操作细则》
方位数	四	二	四
检查时中立位	0°	0°	屈曲、伸展未规定；旋前、旋后 0°
计算时中立位	0°	90°	未规定
计算方法	方向均分法	查表法	丧失活动度的总和与正常活动度总和的百分比（参考下肢功能丧失的计算方法）

2.1 观点一

鉴定依据为《法医临床检验规范》（SF/Z JD0103003—2011）、《〈人体损伤致残程度分级〉适用指南》（以下简称《适用指南》）。《法医临床检验规范》（SF/Z JD0103003—2011）属司法鉴定技术规范，中华人民共和国司法部、司法鉴定管理局 2011 年 03 月 17 日发布，2011 年 03 月 17 日生效。其中肘关节活动度检查方向为屈曲、伸展、旋前、旋后四个方向，4.10.7 条规定，关节活动是基于关节的中立位 0°，关节活动度数从 0° 开始，用 "+" 标记为过伸，用 "−" 标记为不能伸展到 0°。

《人体损伤致残程度分级》（适用指南）规定，以肢体关节骨性损伤为主的，不适用附录 C.7 查表方法评定关节功能，而应按照《法医临床检验规范》（SF/Z JD0103003—2011）的规定评定关节功能丧失程度：

直接测量关节各方向运动活动度，通过方向均分法计算肢体大关节功能障碍程度。如肘关节屈曲90°（健侧140°），过伸5°（健侧10°），旋前50°（健侧90°），旋后60°（健侧90°），即肘关节功能丧失[(140-90)/140+(10-5)/10+(90-50)/90+(90-60)/90]/4×100%=40.9%。

2.2 观点二

依据《法医学 关节活动度检验规范》（GA/T1661—2019）。《法医学 关节活动度检验规范》（GA/T1661—2019）属公共安全行业标准，中华人民共和国公安部2019年10月14日发布，2019年12月01日实施。其范围规定了人体关节活动度的法医临床学检验原则、方法和内容，适用于人身损伤后涉及关节活动度的法医临床学检验。其中肘关节活动度的检查方向为屈曲、伸展两个方向，且《人体损伤致残程度分级》中前臂旋转功能障碍已有专门条款规定，故认为肘关节活动度仅可检查屈伸、伸展两个方向即可。

其认为：肘关节为单轴关节，关节活动只有一个方向（轴向），即由伸至屈，故按一个方向计算功能丧失，过伸度数仅可加入由伸到屈的总活动度数中，不能作为一个方向单独计算。如肘关节屈曲90°（健侧140°），过伸5°（健侧10°），即肘关节功能丧失为[(140+10)-(90+5)]/(140+10)×100%=36.7%。

2.3 观点三

依据《法医学 关节活动度检验规范》（GA/T1661—2019）、《人体损伤程度鉴定标准》。依据《法医学 关节活动度检验规范》（GA/T1661—2019）检查肘关节活动度，并参照《人体损伤程度鉴定标准》肘关节功能丧失评定（注：为方便肘关节功能计算，此处规定肘关节以屈曲90°为中立位0°）计算肘关节功能丧失数值。如肘关节屈曲120°，伸展-30°，可换算成屈曲30°，伸展60°，查表C.3得肘关节屈曲功能丧失30%，伸展功能丧失30%，肘关节功能丧失（30%+30%）/2=30%。

2.4 观点四

依据《法医临床检验规范》（SF/Z JD0103003—2011）、《人体损伤程度鉴定标准》。采用《人体损伤程度鉴定标准》规定肘关节以屈曲90°为中立位0°的方法"测量时以伸直位（0°位）为中立位，计算时以肘关节的功能位（屈曲90°位）为中立位"，检查肘关节屈曲、伸展、旋前、旋后四个方向活动度，其认为屈曲、伸展为一运动轴上，旋前、旋后为一运动轴上，应按两个运动轴计算肘关节功能丧失数值。如：屈曲90°（计算正常值50°），伸展5°（计算正常值105°），旋前50°（计算正常值90°），旋后60°（计算正常值90°）。计算时，应将测量的屈曲、伸展活动度数换算成肘关节90°功能位时的活动度数值（即屈曲90°-90°=0°，伸展90°+5°=95°，旋前50°，旋后60°），屈曲、伸展轴位活动度数0°+95°=95°（正常值50°+105°=155°），旋前、旋后轴位活动度数50°+60°=110°（正常值90°+90°=180°），即肘关节功能丧失[(155-95)/155+(180-110)/180]/2×100%=38.8%。

2.5 观点五

依据《人身保险伤残评定标准》及操作细则。《人身保险伤残评定标准及代码》JR/T0083—2013是中华人民共和国金融行业标准，中国银行保险监督管理委员会2014年1月发布并实施，中国保险行业协会2013年10月28日发布关于印发《人身保险伤残评定标准操作细则》（以下简称《操作细则》）的通知（中保协发〔2013〕239号），《操作细则》为中国保险行业协会与中国法医学会联合制定，其版权归中国保险行业协会所有，并无偿提供各保险公司印刷和适用，对《操作细则》的版式内容不得进行任何编辑和更改。

《操作细则》规定，肘关节活动度包括屈曲、伸展、旋前、旋后四个方向，其中旋前、旋后功能检查时规定肘关节屈曲90°，前臂中立位，掌心向内，手指伸展，即掌心向内，手指伸展为中立位（即0°功能位），而屈曲、伸展正常值均为0~145°，未规定其中立位，且0°位不固定，建议参照《法医临床检验规范》（SF/Z JD0103003—2011）、《法医学 关节活动度检验规范》（GA/T1661—2019）检查时伸直位（0°）为中立位进行换算。参照《操作细则》下肢关节功能丧失计算方法"关节活动度丧失的百分比指该关节在各方向丧失活动度的总和与正常活动度总和的百分比"进行计算。

3 讨论

不同的观点下，有不同的理解和依据，依据《人体损伤程度鉴定标准》《人身保险伤残评定标准》鉴定时肘关节功能障碍计算方法比较统一，使用《人体损伤致残程度分级》标准鉴定时，存在一定差异，而作者比较认同观点一，原因如下：

3.1 司法鉴定技术规范适用

《法医临床检验规范》（SF/Z JD0103003—2011）属司法鉴定技术规范，《法医学 关节活动度检验规范》（GA/T1661—2019）属公安安全行业标准，两个标准目前均现行有效，而《司法程度程序通则》规定标准的使用顺序为：①国家标准；②行业标准和技术规范；③该专业领域多数专家认可的技术方法。《法医临床检验规范》（SF/Z JD0103003—2011）与《法医学 关节活动度检验规范》（GA/T1661—2019）属第二项，并列存在无先后顺序，从《司法鉴定程序通则》方面考虑使用其一均可。

3.2 有待商榷之处

使用《人体损伤致残程度分级》鉴定伤残程度时，其《适用指南》规定，以肢体关节骨性损伤为主的，不适用附录 C.7 查表方法评定关节功能，而应按照《法医临床检验规范》（SF/Z JD0103003—2011）的规定评定关节功能丧失程度，直接测量关节各方向运动活动度，通过方向均分法计算肢体大关节功能障碍程度。且《法医临床检验规范》（SF/Z JD0103003—2011）规定，关节活动是基于关节的中立位 0°，关节活动度数从 0° 开始。采用方向均分法，可以认为有理有据。肘关节活动度检查时应检查屈曲、伸展、旋前、旋后四个方向。

值得注意的是，因肘关节正常的伸展为 0～10°，当健侧伸展为 0° 时（无过伸活动），基于 0° 位为中立位，肘关节无过伸活动，肘关节活动应为三个方向，即屈曲、旋前及旋后。如：肘关节检查屈曲 100°（健侧 140°），伸展 0°（健侧 0°），旋前 50°（健侧 90°），旋后 60°（健侧 90°），即肘关节功能丧失为 [（140-100）/140+（90-50）/90+（90-60）/90]/3×100%=49.7%。此算法是否合适有待商榷。

当伸展受限不能达到 0° 位时又该怎么计算，也需进一步明确。建议分两种情况考虑：①当健侧肘关节有过伸活动时，伸展方向可考虑为功能完全丧失（即 100%）；②当肘关节无过伸活动时，只考虑屈曲、旋前及旋后三个方向。

骶骨骨折的法医学评定相关问题探讨

王立广

内蒙古自治区赤峰市医院司法鉴定所 内蒙古 赤峰 024000

骶骨既是脊柱的组成骨，又是骨盆的组成骨，骶骨骨折是十分复杂的骨折类型，复杂的原因首先源于解剖结构的复杂性。《人体损伤程度鉴定标准》未对骶骨骨折致伤情况进行明确规定，导致这类案件的鉴定在鉴定标准适用及鉴定意见不尽相同。而《〈人体损伤致残程度分级〉适用指南》明确将骶骨骨折归为骨盆损伤部分，由于骶骨骨折的复杂性，单纯按照骨盆形态异常进行伤残等级评定对部分伤者又显示公正。本文从解剖结构、受伤机制、骨折分型、诊断标准、治疗措施以及对骨盆的稳定性和畸形愈合等方面展开详细、完整地论述，归纳骶骨骨折损伤程度及伤残等级的评定要点，以提高鉴定意见的客观性与公信力。

1 骶骨概述

骶骨由 5 块骶椎融合而成，呈三角形，底向上，尖向下，盆面凹陷。上缘中份向前隆凸，称岬。中部有 4 条横线，是椎体融合的痕迹，横线两端有 4 对骶前孔，背面粗糙隆凸。正中线上有骶正中嵴，嵴外侧有 4 对骶后孔，骶前、后孔均与骶管相通，分别有骶神经前、后支通过，骶管上通连椎管。下端的裂孔称骶管裂孔，裂孔两侧有向下突出的骶角，骶骨外侧部上宽下窄，上份有耳状面与髂骨的耳状面构成骶髂关节，耳状面后方骨面凹凸不平，称骶粗隆。骶骨是骨盆的组成部分，骨盆为环形结构，是由两侧的髂、耻、坐骨经 Y 形软骨融合而成的两块髋骨和一块骶尾骨，经前方耻骨联合和后方的骶髂关节构成的坚固骨环，在直立位时，重力沿骶股弓传递，在坐位时，重力沿骶坐弓传递。

2 骶骨骨折的影像学评价

骨盆侧位片对骶骨骨折的诊断并不理想，常规的骨盆正侧位片表现为骶孔线、椎间盘线的异常，如模糊、中断、消失、结构紊乱、硬化、左右不对称等征象。此外，骶前、后孔相互间的位置改变也提示骶骨骨折。一般认为，必要时摄骨盆的入口位和出口位片，前者可清晰显示骶骨翼和骶骨体，后者对骶骨孔的显示更为理想。CT 断层扫描能较好地显示骶骨骨折部位、损伤类型、椎管形态、骨折块移位程度及神经根受压情况，但CT无法将坐骨神经、骶丛神经与周围软组织区分开来。螺旋CT三维重建技术的发展，使得骶骨骨折的诊断大大提高，它采用多种技术，使骶骨完整、立体地展现在医师面前，并且可以使图像多轴化、多角度地展现，对于判断骶骨骨折的类型、骶神经受压的部位、决定治疗方案均有重要的价值。MRI检查对神经软组织有较好的分辨率。采用适当的扫描断面，可以显示理想的骶丛神经的解剖。其中垂直冠状位和水平轴位像能较好地显示L4~5神经根、腰骶干、坐骨神经近端及部分骶丛结构；骶骨长轴冠状位扫描可用于观察S1~4神经根及骶孔周围损伤 MRI还可以辅助判断骨盆后环韧带完整性的情况。

3 骶骨骨折的分型

Dennis 将骶骨分成三个区：Ⅰ区，骶骨孔外侧的骶骨翼部；Ⅱ区，为骶孔处；Ⅲ区，骶骨孔内侧的骶管区。骶骨骨折可能引起腰骶神经根与马尾神经的损伤。Roy-Camille 和 Strange-Vognsen 根据骶骨侧位片（矢状位）上骨折移位的情况将骶骨骨折分为4类，作为对 Denis 分类Ⅲ型骨折的一个补充，Ⅰ型骨折屈曲损伤无移位，Ⅱ型骨折为屈曲损伤轻度移位，Ⅲ型损伤为完全的骨折脱位，Ⅳ损伤为由于轴向暴力而使骶骨节段性粉碎骨折。按骨盆环的稳定性分类，Tile 将不影响骨盆环稳定性的骶尾骨横形骨折分在A3；影响骨盆环垂直稳定性的骶骨骨折分在C1~C3型。C2型骨折为一侧C型损伤另一侧B型损伤，C3型损伤则为双侧C型损伤。C2、C3型损伤中涵盖了单侧或双侧的骶骨骨折。相关文献记载的骶骨骨折分类方法很多，但上述两种方法对骶骨骨折的法医临床学鉴定最具意义。

4 骶骨骨折的损伤原因与机制

骶骨是骨盆主弓的组成部分，骶骨骨折多见于车祸、撞击、碾压、砸伤及高坠等，锐器和枪弹也可直接损伤。

4.1 直接暴力

直接暴力撞击骨盆后部可造成骶骨骨折，如孤立性骶骨横断骨折，多为后仰坐倒撞击所致，骨折在两骶髂关节下缘连线平面以下，或有向前轻度移位。

4.2 间接暴力

间接暴力如暴力来自侧方，可以导致骶骨翼部压缩性骨折；如暴力来自垂直方向的剪力，可以导致骶骨的U形、H形及Y形骨折等；如暴力来自前方且力量足够大或混合方向，可以导致包括骶骨骨折在内的混合性骨折。

5 骶骨骨折对骨盆稳定性的影响

稳定性是指解剖结构在抵御生理应力时不出现变形的能力，骨盆的稳定性主要取决于后侧负重弓和骨盆底的完整性。骨盆骨折的稳定性评估必须包括骨性结构和韧带结构损伤程度的综合判断。当骨盆环形结构未出现破损时，可认为是稳定性损伤，如骶骨嵌压骨折时，韧带并无破坏，环形结构仍然完整，因而是稳定性骨折。部分失稳的损伤常为旋转不稳定，可有外旋与内旋两种类型。外旋型即所谓的开书型损伤，耻骨联合分离小于2.5 cm时，后方结构仍保持完整。内旋损伤常由侧方挤压暴力引起，后侧结构可有部分损伤，但骨盆底仍然完整。当后侧结构破坏时，骨盆失去前后稳定性，常发生向后移位；当骨盆底破裂或撕脱时，骨盆失去垂直稳定性，这两种情况到会造成不稳定损伤。提示存在不稳定的临床体征有：①骨盆体表解剖标志明显移位，肢体不等长；②后方有明显压痛、青肿或畸形，表明后方结构可能破损；③存在血管、神经或其他脏器的严重损伤；④骨盆开放性损伤。不稳定的放射学提示性证据包括：①耻骨联合分离>2.5 cm；②骶棘韧带或骶结节韧带起止点撕脱骨折表明盆底破裂；③腰5横突撕脱骨折常是纵向不稳定的结果；④骶髂复合体结构存在分离移位。

6 骶骨骨折的治疗方式

不论何种机制的骶骨骨折，如不影响骨盆环的稳定性、不造成脊柱骨盆分离、无神经压迫症状、不引起患者不可忍受的疼痛，都可以考虑采取保守治疗。如不满足上述条件，均应采取手术积极干预。保守治疗包括卧床骨牵引、石膏或支具等外固定辅助矫正等，多数患者需要卧床休息8~12周才能功能锻炼。保守治疗的适应证很狭窄，Denis等认为对于无明显移位的且无明显神经损伤的骶骨Ⅰ型骨折可行保守治疗。2012年Lehman 等提供一种决定手术或非手术的方式，首先如果患者不能耐受手术或不可避免地要卧床3个月，则考虑保守治疗；其次，如果骶骨后凸 cobb 角小于20°，则畸形进一步恶化的趋势可能性小，不会导致脊柱骨盆进一步不稳定，则选择保守治疗。依据狭窄的非手术指征，多数患者需要手术治疗。目前普遍认为骶骨骨折，骨折移位＞10 mm 可影响骨盆后环的稳定性，并将其称之为不稳定型骶骨骨折，且需行手术内固定治疗。目前主流的针对骶骨骨折的固定方式主要有：骶髂螺钉固定、后方经皮钢板固定、髂腰固定三种方式。如果患者有神经受累及的表现，经影像学证实为椎管内占位，应在骨折复位内固定之前行椎板切开减压术。U 型骶骨骨折的神经损伤可以是单一神经根受累或完全型的马尾综合征。由于骨折后骨折端对神经造成牵拉、扭转及直接的挤压而造成神经损伤。神经损伤经过早期积极的减压处理仍存在恢复的可能。对骨折有效的复位或直接的椎板切开均可以达到神经减压的效果。不论采用哪种方式，减压手术应尽早进行。在伤后的 24～72 h 内进行干预可以防止继发性损伤。如果等到骨折开始愈合再进行减压，由于神经纤维生长及椎管内瘢痕形成，神经的恢复将十分困难。

7 骶骨骨折的法医学评定

骶骨及骶髂关节是人体重力由脊柱向下肢传导的重要节点，骨盆后环是承担上身重量的重要部位，占骨盆功能的 60%，骶骨及骶髂关节是构成后环的重要结构，其稳定性直接关系到腰骶部稳定性。骶骨骨折并非以往所想的那样少见，特别是其不仅可为孤立的损伤，而且常常合并有骨盆其他部分的骨折，所引起的神经系统损害很容易被忽略，因此必须对其保持应有的警惕。同时，《人体损伤程度鉴定标准》与《人体损伤致残程度分级》均未对骶骨骨折进行明确规定，本文提出了一些骶骨骨折法医学评定的见解，与各位同仁共同探讨。

7.1 损伤程度评定

骶骨虽为脊柱的组成部分，但《外科学》（第 9 版）明确，脊柱骨折包括颈椎、胸椎、胸腰段及腰椎的骨折，故在进行人体损伤程度鉴定时建议将骶骨骨折归入骨盆部损伤，对达到轻伤二级的骶骨骨折适用 5.8.4 a）条款，而不再适用 5.9.4 d）条款；若包括骶骨骨折在内的 2 处以上骨盆骨折或者双侧骶骨骨折、骶骨骨折后遗骨盆畸形愈合的，适用 5.8.3 a）条款评定为轻伤一级；若骶骨骨折畸形愈合，致双下肢相对长度相差 5.0 cm 以上的或不稳定性骶骨骨折，须手术治疗的，适用 5.8.2 a）或 5.8.2 b）条款评定为重伤二级；若骶骨骨折造成是单一神经根受累或完全型的马尾综合征而行椎板切开减压术，建议视骶骨骨折是否为不稳定性骨折以及手术的目的是否为恢复骨盆正常形态等情形区别对待，不能一概引用 5.8.2 b）条款评定为重伤二级。

7.2 致残等级评定

司法部司法鉴定管理局编写的《〈人体损伤致残程度分级〉适用指南》规定：本节条款中所述脊柱仅涉及颈椎、胸椎和腰椎。故在进行致残程度鉴定时建议将骶骨骨折归入骨盆部损伤，若包括骶骨骨折在内的 2 处以上骨盆骨折或者骶骨粉碎性骨折、双侧骶骨骨折后遗骨盆畸形愈合，适用 5.10.6 4 条款评定为十级伤残；若包括骶骨骨折在内的 2 处以上骨盆骨折或者骶骨粉碎性骨折、双侧骶骨骨折后遗骨盆严重畸形愈合，适用 5.9.6 3）条款评定为九级伤残；若女性骶骨骨折致骨产道变形，不能自然分娩的，适用 5.8.6 3）条款评定为八级伤残；若骶骨骨折畸形愈合，遗留骨盆倾斜者须测量双下肢长度，并根据双下肢长度之差值和标准专门性条款之规定，进行致残等级鉴定；若骶骨骨折遗留相应神经系统功能障碍，建议依照相应神经系统损伤部分条款进行伤残等级评定。

7.3 骨盆畸形愈合的判定

《人体损伤程度鉴定标准》与《人体损伤致残程度分级》均未规定骨盆畸形愈合的判定方法，特别是进行人体损伤程度鉴定时对骨盆畸形愈合的判定使鉴定人更感困难。公安部刑事侦查局编《〈人体损伤程度鉴定标准〉释义》规定：骨盆骨折畸形愈合是指骨盆骨折愈合后骨折断端对线及对位差，引起骨盆环欠规整，存在一定的变形。鉴定中涉及骨盆骨折畸形愈合的条款为 5.8.3 a）骨盆骨折畸形愈合。该条款不包括严重的骨盆骨折，如骨盆环多处骨折，形状明显不规则，前后径或左右径显著缩短，对于女性骨产道破坏，胎头不能入盆等，如果畸形愈合达到上述情形需依据 5.8.2 b）条鉴定为重伤二级；如果达不到上述程度，则依据 5.8.3 a）条鉴定为轻伤一级。司法部司法鉴定管理局编写的《〈人体损伤致残程度分级〉适用指南》规定：骨盆骨折后两断端对位、对线差，两断端错位，骨盆环不规则、有变形，致使骨盆环状结构的完整性和对称性发生明显改变，对于轻伤一级第 5.8.3 a）条所指的骨盆畸形愈合是指骨盆一处骨折，断端错位，愈合后是骨盆局部的变形，若骨盆两处骨折则属于轻伤一级的另一种情形。笔者认为上述两种关于骨盆畸形愈合的权威解释仍欠明确，建议在实际检案中对骶骨骨折后遗骨盆畸形愈合应按照 SF/Z JD0103006—2014《法医临床影像学检验实施规范》对骨盆骨折畸形愈合、严重畸形愈合以及女性骨产道破坏致不能自然分娩的影像学判定标准进行原则上的判定，并希望相关部门对《人体损伤程度鉴定标准》与《人体损伤致残程度分级》相应条款进行修订，使《人体损伤程度鉴定标准》与《人体损伤致残程度分级》对应条款判定标准相统一。

骨折不愈合人体损伤程度鉴定 1 例

王维，唐俊亮，刘礼，方丛行，吴成庆

安徽省铜陵市公安局刑警支队 安徽 铜陵 244000

1 案例简介

2016 年 12 月 25 日，行为人苏某在快餐店用餐时，见在店内休息的被鉴定人吴某（男，1941 年出生，系乞讨人员）比较可怜，便付钱买了一碗面条供其食用，后苏某提出付钱帮吴某打车回家时遭到吴某拒绝，后店员告知苏某，吴某常在店内行乞，苏某感觉被欺骗即与无法发生争执，并先后 2 次推搡吴某胸口致吴某摔倒，后经医院摄片示：右股骨颈骨折，入院后行骨牵引治疗，1 周后拆除骨牵引；2017 年 7 月 12 日骨密度测定示：左侧股骨颈、大粗隆及 Wards 三角骨量正常，右侧股骨颈、大粗隆及 Wards 三角骨量减少、钙储备量减少；2017 年 10 月 31 日复查 X 片示：右股骨颈骨折，骨折不愈合。

2 法医学检验

神清，精神可，查体合作，对答切题，躺卧于家中地面被褥上，右下肢主动活动受限，左下肢活动尚可。右下肢肌肉部分萎缩。阅 2016 年 12 月 25 日 X 片，如图 3-19（a）所示：右股骨颈骨折，断端错位不明显，未见明显骨质疏松征象；阅 2017 年 10 月 30 日 X 片，如图 3-19（b）示：右股骨颈骨折，断端明显分离错位，骨折远端骨髓腔封闭，骨折不愈合。

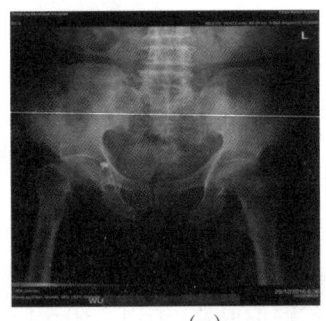
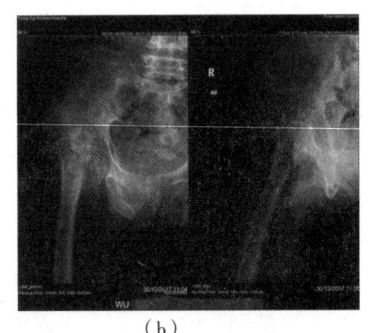

（a） （b）

图 3-19 右股骨 X 片

3 讨论

骨折不愈合指骨折经治疗，超过一般愈合时间（9 个月），且经再度延长治疗时间（3 个月），仍达不到骨性愈合。骨折不愈合多由于骨折端间嵌夹较多软组织。开放性骨折清创时去除的骨片较多而造成的骨缺损，多次手术对骨的血液供应破坏较大及内固定失败等因素所致。根据 X 片表现分为肥大型和萎缩型。骨折不愈合，不可能再通过延长治疗时间而达到愈合，而需切除硬化骨，打通骨髓腔，修复骨缺损，一般需行植骨、内固定，必要时还需加用石膏绷带外固定予以治疗。带血管蒂的骨膜和骨移植以及吻合血管的游离骨膜和骨移植已成为治疗骨折不愈合的重要方法。一般经积极治疗，骨折不愈合情况较少发生。

本例中，被鉴定人吴某因家庭条件困难，无法支付手术费用，故一直采取保守治疗，虽然给予了骨牵引治疗，但牵引时间较短，以致骨折断端分离、错位加重，最终导致骨折不愈合。其骨折不愈合的发生不应归结为医院医疗行为的过错，主要系其自身因素所造成。同时，根据其受伤当天 X 片提示骨质未见明显疏松征象，故理论上不影响其骨折愈合。综上所述，笔者认为本例鉴定宜根据《人体损伤程度鉴定标准》总则 4.1.2 款之规定，以损伤当时情况为主，损伤的后果为辅，综合鉴定。故依据《人体损伤程度鉴定标准》5.9.4 f）之规定，其损伤程度评定为轻伤二级。

钝器击打肘部致尺神经损伤 1 例

王旭

安徽省阜阳市人民检察院 安徽 阜阳 236300

钝器击打肘部，在肘关节无脱位、无骨折的情况下，引发尺神经损伤的情况在临床上较为少见，在法医临床的相关文献中也鲜有报道。笔者在此分享 1 例，与各位同行商榷。

1 病历资料

2015 年 1 月 22 日，唐某某因故于邻居发生纠纷，被用钢管击打致头部和肘部受伤。当日就诊临床记载"左肘部肿胀发绀，左小指压叩痛（+），左手尺侧麻木，小指活动受限；X 线：左肘未见骨折影"。1 月 26 日（伤后 4 d），当地市人民医院肌电/诱发电位检查显示左尺神经波幅下降，左桡神经波幅略下降。2 月 9 日出院时体检显示"左肘部肿胀发绀，左手尺侧麻木，小鱼际暂无明显萎缩，小指伸屈受限"。以后左尺神经肌电图多次检查及临床体格检查提示，其左肘部尺神经损伤进一步发展，进而出现电生理明显改变及手部肌肉萎缩。2015 年 11 月 30 日再次入院手术，术中见："尺神经于尺神经沟内明显受压变性表现，神经近端可见明显压迹，远端呈神经瘤样表现，局部膨大，约 3 cm 大。"

2 讨论

案发后嫌疑人一方坚持辩称没有打到被害人肘部，只打了头部一下，被害人以前肘部就有病。伤者左侧尺神经功能障碍是 2015 年 1 月 22 日肘部遭受直接外力作用所致还是其自身患有慢性嵌压性尺神经病，是鉴定关键。从手术记录看，尺神经在神经沟内明显受压，此种受压如认定为损伤所致，本案只能是肘部软组织损伤导致。从理论上讲，钝器伤致神经及周围软组织水肿，血肿机化神经粘连狭窄是有可能的。但从文献检索相关论文，钝器伤不伴有骨折和脱位而单独导致尺神经损伤的，在临床上几乎没有类似案例报道。

尺神经来自臂丛内侧束，沿肱动脉内侧下行，于上臂中段逐渐转向背侧，经肱骨内上髁后侧的尺神经沟，穿尺侧腕屈肌尺骨头与肱骨头之间，发出分支至尺侧腕屈肌，然后于尺侧腕屈肌与指深屈肌间进入前臂掌侧，发出分支至指伸屈肌尺侧半，再与尺动脉伴行，于尺侧腕屈肌桡侧深面至腕部。肘关节炎症、骨质增生、尺侧副韧带增厚、软组织瘤等均可形成对尺神经的压迫。此时尺神经的压迫所产生的症状，称肘管综合征，其明显的体征是尺侧腕屈肌软弱或软瘫，尺神经分布的皮区呈现麻木或刺痛，并随屈肘而加重（《周围神经伤学》，朱盛修，宋守礼主编）。根据送检资料，未发现被鉴定人唐某某 2015 年 1 月 22 日前有左尺神经损伤的临床记载，只有 2015 年 1 月 22 日伤后呈现出逐渐发生发展的尺神经损伤表现。因此，其尺神经损伤系慢性损伤的诊断依据不足。

通常，肘部尺神经损伤的原因及致伤方式有钝性暴力击打、挤压、牵拉，锐器暴力切割、砍击及火器伤等。造成的损伤类型有神经传导障碍、神经轴索断裂、神经部分断裂和神经完全断裂。其中神经传导障碍无神经纤维组织结构的改变，数日或数周后功能可自行恢复。神经轴索断裂是神经膜完整，神经纤维的轴索和髓鞘断裂，出现运动和感觉功能障碍、相关肌肉萎缩，由于神经鞘膜完整，近端轴逐渐生长，功能多可自行恢复。神经部分断裂使相应神经功能部分丧失，表现为不全瘫或不完全性感觉障碍，可部分恢复，有时需要手术修复。神经完全断裂致神经功能完全丧失，表现为运动、感觉完全障碍、所支配肌萎缩，损伤远端可发生活勒变性，一般需要手术修复。神经受损后，神经纤维由受损近端开始长出轴芽，向远侧端缓慢生长，一般轴突以每天 1.0 ~ 1.5 mm 的速度向所支配的部位生长，如果新生轴突延伸生长受阻，则新生的轴芽在近侧端无序生长，形成团块状神经瘤。

本案例中，被鉴定人唐某某肘部外伤史明确，有证人证言、院前急救病历、门诊病历、住院病历、伤情照片等。左肘部钝性暴力外伤史明确，该损伤可以通过击打直接造成尺神经损伤，同时也可以由于局部软组织肿胀（外伤引起出血、水肿等），压迫尺神经而造成间接损伤。被鉴定人损伤当天就诊就有"左小指压叩痛（+），左手尺侧麻木，小指活动受限"的尺神经损伤表现，伤后 4 d 神经电生理检查显示左尺神经损伤；2015 年 2 月 9 日出院时体检显示左尺神经支配肌未见明显萎缩。但随时间推移，出现尺神经支配肌萎缩、神经肌电图异常表现明显的动态过程，11 月 30 日手术中所见的情况符合尺神经损伤后修复中神经纤维再生的表现。综合以上情况表明，被鉴定人唐某某尺神经损伤系新鲜损伤，与 1 月 22 日外伤存在因果关系。

对1例被鉴定为踢伤致骨折案例重新鉴定的体会

王英琦，许赛英，钟凌

复旦大学上海医学院司法鉴定中心 上海 200083

法医在鉴定工作中，遇到因被踢、推跌等外伤造成的肢体骨折较常见，肢体骨折的损伤程度鉴定并无难处，但关键在肢体外伤骨折是他人外力打击所致还是自己摔、跌伤等所致，伤势成因在伤害案件中公检法司对犯罪嫌疑人的案件定性、处置及判刑量罪至关重要。笔者曾经遇到1例被鉴定为他人踢伤致骨折，而实际是伤者自己摔倒所致骨折的鉴定案例。

1 案例材料

1.1 案情摘要

2017年4月15日，伤者在与邻居发生肢体冲突过程造成左腿胫骨骨折，伤者指认是对方脚踢所致，而对方不承认有用脚踢过，此案又无旁观见证人及监控视频。伤者左胫骨骨折经某鉴定机构损伤程度及伤势成因鉴定意见认为：伤者左胫骨骨折构成轻伤，是他人直接钝性暴力（脚踢）所致，故对方面临追究刑事责任，警方为明确案情性质，带伤者前往本鉴定中心进行伤势成因重新鉴定。

1.2 病史摘要

2017年4月15日伤者左下肢外伤后医院急诊。医院检见左下肢膝部及小腿以下明显肿胀，小腿表面皮肤发绀，膝盖下方压痛（+），左小腿纵向叩击痛存在，患者因左下肢骨折肿胀明显，张力高，曾于2017年4月17日行左小腿上段减张手术，术后冷敷消肿，换药处理。2017年4月24日骨折切开复位术，术中见左膝外侧半月板破裂，劈裂之骨块向外翻开。临床诊断为：左胫、腓骨上段骨折。

1.3 阅片所见

医院对伤者摄片显示：左胫骨平台粉碎性骨折，外侧平台呈下沉塌陷，伴骨块向内、外、后侧移位（以向外、后侧为著），同时伴有左腓骨小头骨折，骨折周围软组织明显肿胀，后期摄片示左胫骨平台骨折内固定在位，左腓骨小头骨折后改变。

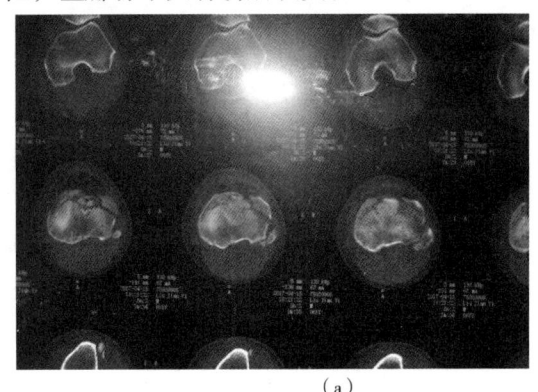 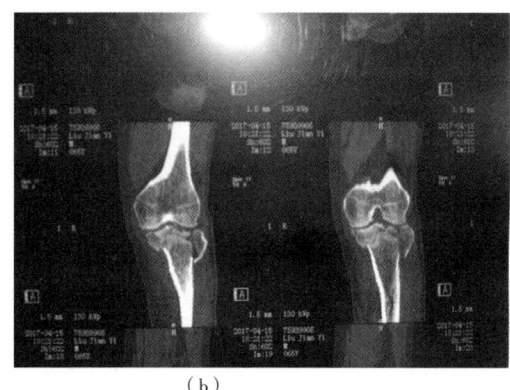

(a) (b)

图 3-21 左胫骨、腓骨影像

2 讨论

2.1 全面了解案发过程

本案例鉴定过程中，笔者不仅根据提供病史、影像资料进行分析判断，而且注重对案发的过程进行全面了解，为此我们请警方提供了双方的陈述笔录及案发现场照片，向伤者详细询问受伤当时的情况。伤者反映案发当时，左颈部后方遭他人袭击自己想转身回击他人时，不知怎么突然倒地，好像有人踢一样，案发后经医院诊断左胫骨骨折，因此认为自己骨折是他人踢的。

2.2 鉴定意见

笔者在结合案情、病史、影像资料对此案进行分析鉴定：伤者左胫骨平台呈粉碎性骨折伴下沉塌陷，骨折线的延伸方向有纵向，也有斜形，骨折块以向外、后侧移位为著，骨折周围软组织明显肿胀。以此分析，伤者体重超过180斤（90 kg），在案发时其转身想回击后方他人，身体急速左转失重后左膝部着地，此过程破坏了其左膝关节稳定结构的正常负荷及传导，在其向左后方急速下沉时，左膝关节由伸至屈伴旋转的力集中于左股骨外髁，撞击于左胫骨平台的外侧，使其左胫骨平台关节面解剖轴破坏，导致其胫骨平台外侧有纵向的骨折线；胫骨平台为粉碎性骨折并伴有下沉塌陷，而斜形的骨折线延伸方向提示有来自肢体旋转后左膝倒地的外力所致。且骨折块的移位方向以向外、后侧为著，同时左腓骨小头骨折及周围软组织明显肿胀情况也印证上述损伤机制。因为此案是重新鉴定，笔者为慎重起见还请资深的骨科、影像学专家进行分析论证，经本中心法医全面分析、综合判断得出伤者左胫骨平台骨折的伤势成因意见：伤者左胫骨平台粉碎性骨折伴左腓骨小头骨折、骨折周围的软组织损伤是由其失重后自身体重向左后方急速下沉伴旋转及左膝着地的力导致，可排除来自他人的直接钝性暴力所致。

2.3 了解案发全过程并结合现场照片和医院病史影像资料

法医在实际司法鉴定过程中，由于各种原因，鉴定人有时会出现意见分歧甚至判断失误，为避免一些假象的干扰，鉴定人必须注重于了解案发全过程、结合现场照片、医院病史影像资料等，必要时请教相关学科专家进行论证从而得出科学、客观、公正的鉴定意见。

1例椎体压缩性骨折法医学鉴定浅析

王宇建，郭胜

安徽省宿州市萧县公安局 安徽 萧县 235200

1 案例资料

马某，女，64岁。2020年6月30日7时许，马某称其因与他人发生争执被别人殴打。3 h余入某医院门诊就诊。入院检查：神清，腰部、双足触痛（+）。2020年6月30某医院DR片报告示：①部分胸腰段椎体楔形变；②腰椎退行性改变。2020年7月1日某医院MRI检查报告单示：①腰1椎体压缩性骨折，腰2、3椎体骨髓水肿。②腰椎退行性改变，胸12~腰4许莫氏结节形成。③腰3/4、4/5、腰5/骶1椎间盘突出。2020年7月8日某某医院CT诊断报告单示：腰椎退行性变，部分腰椎许莫氏结节形成，腰椎骨质疏松。胸11~腰4椎体压缩性改变。2020年7月8日某某医院MRI诊断报告单示：腰3~骶1椎间盘膨出伴椎管狭窄，腰椎退行性变。胸腰椎多发压缩性改变。

法医学伤情鉴定检查见：神清，右下背部可见1.2 cm×0.2 cm表皮擦伤，胸腰椎活动受限；右小腿可见4.0 cm×3.5 cm皮下瘀血，右足背可见1.2 cm×0.2 cm表皮擦伤，右足趾近节处可见2.5 cm×2.5 cm皮下瘀血。

2020年6月30日某医院DR片显示：腰椎侧弯，生理曲度反弓，椎体骨质增生明显，胸腰椎有不同程度压缩。

2020年7月1日某医院MRI片显示：胸腰椎有不同程度压缩。

2020年7月8日某某医院CT片显示：胸椎、腰椎有不同程度压缩，腰椎骨质增生明显；腰1~骶1椎间盘内见气体密度影。

2020年7月8日某某医院MRI片显示：胸腰椎多发压缩性改变，胸9椎体异常信号广泛，STIR序列呈高信号；腰1、2、3椎体异常信号较少，STIR序列呈部分高信号；胸12、腰4、5椎体无异常信号。

正位脊柱T9~L5骨密度检查结果：BMD值为125.0 mg/cm^3，T值评分为-0.5 SD。

2 讨论

脊柱的损伤多见于闭合性暴力所致，分为直接暴力、间接暴力两种。直接暴力损伤系暴力直接作用脊柱，造成脊柱的损伤，是机械性外力与脊柱直接接触，产生挤压、冲击及脊柱的异常运动结果。直接暴力常有伴有受力处软组织损伤。间接暴力指暴力作用于人体后通过力的传导或人体运动引起脊柱异常运动的结果。常见类型有力的传导、脊柱的屈曲、脊柱的伸展三种类型。暴力作用在脊柱上的分解形式可分为垂直和水平两种，垂直分力主要产生上下椎体间的压缩，水平分力主要产生椎体的前后移动，前者产生压缩性骨折，后者引起椎体脱位。在年龄偏大的人群中，由于其骨质中钙成分流失，椎体内部产生骨质疏松，出现椎体退行性改变，椎体在自身负重的过程中，受到纵向承重力，导致病理性椎体压缩性骨折。

本次鉴定通过影像学观察：初次椎体DR、CT片仅反映椎体骨质增生明显，胸腰椎有不同程度压缩。1周后摄椎体MRI片示：胸腰椎多发压缩性改变，胸9椎体异常信号广泛，STIR序列呈高信号；腰1、2、3椎体异常信号较少，STIR序列呈部分高信号；胸12、腰4、5椎体无异常信号。根据后期MRI检查结果分析被鉴定人马某胸9椎体压缩性骨折，符合新近外伤所致；腰1、2、3椎体压缩性骨折，考虑为既往压缩的基础上新近外伤所致；胸12、腰4、5椎体压缩性骨折考虑为非新近外伤所致。

正位脊柱T9～L5骨密度检查结果：BMD值为125.0 mg/cm³，T值评分为-0.5 SD，脊柱骨密度处正常范围。故马某胸9椎体损伤程度依据《人体损伤程度鉴定标准》5.9.4 d）条之规定，评定为轻伤二级；腰1、2、3椎体压缩性骨折，考虑为既往压缩的基础上新近外伤所致，为二者共同作用结果，根据降级原则，依据《人体损伤程度鉴定标准》5.9.4 d）、4.3.2）条之规定，评定为轻微伤；胸12、腰4、5椎体压缩性骨折，考虑为非新近外伤所致，不予损伤程度评定。

3 体会

本次鉴定，被鉴定人年龄偏大，腰椎退行性改变，部分腰椎许莫氏结节形成，腰椎骨质疏松。既有胸9椎体新鲜压缩性骨折，又有腰1、2、3椎体既往压缩的基础上新近外伤所致压缩性骨折，胸12、腰4、5椎体陈旧性压缩性骨折，情况非常复杂，稍有不慎，就会判断错误，给鉴定结果带来不准确性。

此案已判决生效，双方当事人均对判决结果无异议。根据办案单位的调查证实，马某在他人发生争执的过程中，被对方推到臀部着地。根据胸腰椎体损伤机制，倒地时臀部着地，人体的重力沿着脊柱向下传导，椎体受垂直分力作用，容易引起压缩性骨折。调查发现伤者马某两年前腰椎曾受外伤住院治疗，当时腰椎有压缩性骨折，调取住院病历得以证实。①鉴定人员需详细了解案情，与办案人员交流沟通，尽可能多掌握案件信息。②要有扎实的人体损伤法医学鉴定理论基础，对损伤机制有明确的分析判断。③培养高深的影像学阅片能力和水平，在复杂的伤情鉴定中能够敏捷的分辨、发现影像资料反映的主要问题症结，科学分析，从而得出正确的鉴定结论。

影像学检查误诊骨折的法医学鉴定分析

王元兴[1]，姚博[2]，徐进宝[3]，陈智会[3]

1. 北京市海淀区公安司法鉴定中心　北京　100142
2. 福建省厦门市公安局海沧分局刑事侦查大队　福建　厦门　361026
3. 河北省张家口市公安局万全分局　河北　张家口　076250

骨折是法医临床学鉴定中最常见的损伤之一，多数可通过影像学检查确诊。但由于诊断者主观因素及普通X线与常规CT在技术原理、性能上的不足等影响，其误诊的情况时常发生，为法医在鉴定过程中得出正确的鉴定结论带来了困难。

1 案例资料

1.1 案例一

某男，24岁，某日被人用拳脚打伤左胸部，因左胸部疼痛到医院诊治。入院查体：左胸部肿胀、压痛，左锁骨X片、CT（图3-21）示：左锁骨骨折。诊断：左胸部皮肤挫伤；左锁骨骨折。伤后3 d来我鉴定所行损伤程度评定，鉴定时查体：神清语明，检查合作；左胸部锁骨下方见1处5 cm×5 cm皮肤挫伤，略肿胀，压痛（+），左上肢活动受限，阅伤者提供的左锁骨CT示：左锁骨骨折？伤后3个月复查见：左胸部外伤已愈，左上肢活动未见异常。复查左锁骨CT，左锁骨形态与受伤当时无明显变化。故左锁骨骨折不成立，依据《人体轻微伤鉴定标准》，评定为轻微伤。

1.2 案例二

某女，28岁，某日被人推倒后头部撞击地面，因头晕、头痛到医院诊治。入院查体：左颞顶头皮轻度肿胀，意识清醒，头部CT（图-22）示：左颞顶线性骨折。诊断：轻型闭合性颅脑损伤；脑震荡；左颞顶骨骨折；左颞顶头皮软组织损伤。伤后当天来我鉴定所行损伤程度评定，鉴定时查体：神清语明，检查合作；头部未见外伤，无头晕、头痛。阅伤者提供的头部CT示：头皮未见肿胀，颅内未见脑挫裂伤及出血灶，颅骨未见骨折。故认定其身体损伤程度不构成轻微伤。

1.3 案例三

某男，50岁，某日被人用脚踢伤右手后，因右手肿痛到医院诊治。入院查体：右手背肿胀、压痛，以第2掌骨及舟骨处压痛为著，右手腕部活动受限。右手X片及CT片（图-23）示：右侧腕关节舟骨骨折。诊断：

右手钝挫伤；右腕舟骨骨折。伤后 2 d 来我鉴定所行损伤程度评定，鉴定时查体：神清语明，检查合作；右手见石膏托固定，拆开后，右手背见 1 处 5 cm×5 cm 皮肤挫伤，肿胀，压痛（+），右腕部活动受限。阅伤者提供的右手 X 片及 CT 片：腕舟骨骨折？伤后 3 个月复查见：右手背第 2 掌骨基底部见 1 处 3 cm×2 cm 皮肤硬结，略肿胀，压痛（+），右手及腕部活动未见异常。复查右手 CT，右手舟骨形态与受伤当时无明显变化。故右手舟骨骨折不成立，依据《人体轻微伤鉴定标准》，评定为轻微伤。

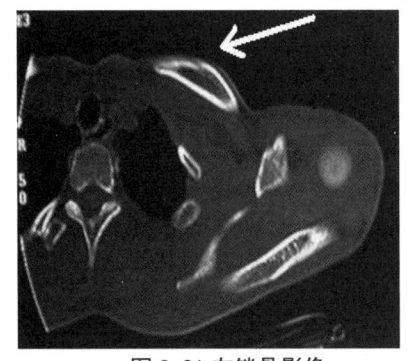
图 3-21 左锁骨影像

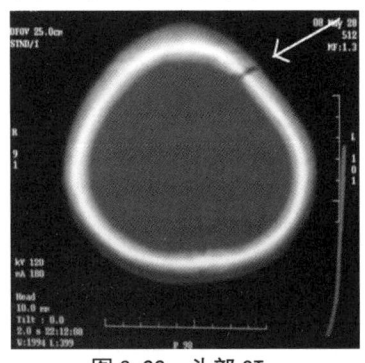
图 3-22 头部 CT

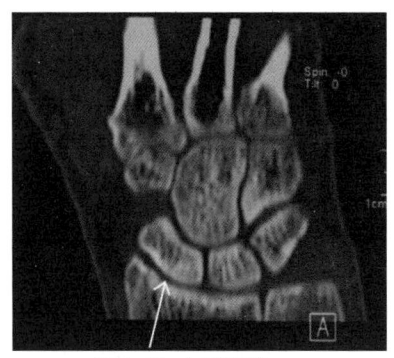
图 3-23 右手影像

2 讨论

2.1 影像学上出现骨折误诊的原因

骨折是骨骼受外力作用发生断裂，骨的连续性中断。骨折确诊常用的影像学检查手段是 X 线和 CT 扫描检查。骨折线一般为不规则的、边缘锐利的透明线，可呈曲线、横线、S 形或螺旋形，于骨皮质显示清楚整齐，在骨松质则表现为骨小梁中断、扭曲、错位。不少损伤，如长骨骨折，即可通过 X 线检查确诊。而 CT 则可以显示 X 线诊断不明确及未发现的骨折，如颅面骨骨折时 CT 检查即可确诊。而且由于骨折的愈合过程分为血肿机化演进期、原始骨痂形成期和骨痂改造塑型期，骨折愈合后在影像学上则可以显现出骨折线模糊，有连续性骨痂通过骨折线。无论是 X 线还是 CT 检查，在成像上都要将人体正常的滋养动脉、颅缝、韧带及血管压迹等影像与骨折线相区分，以免出现误诊，得出错误的鉴定结论。

上述 3 个资料均为骨折在影像学上的误诊。案例一伤者左胸部锁骨下方虽有外伤，左上肢活动也受限，但仔细观察 CT 片，其左锁骨中段的低密度影，边缘并不锐利，对比伤后 3 个月的 CT 片，并没有明显的变化，可见此低密度影并不是骨折线，应该是血管在锁骨上的压迹形成的影像。案例二伤者头部未见外伤，CT 片上也未见头皮肿胀、颅内出血及脑挫裂伤，且低密度影柔和、无错位，可见此影不是骨折线，应该是左冠状缝的影像。案例三是极易出现误诊的，右腕部有外伤，且活动受限，来诊时医院已将右腕部石膏固定，观察 X 片和 CT 片，低密度影不规则，贯穿整个腕舟骨，很具迷惑性，但伤后 3 个月复查，此影像并没有明显变化，无骨折后的愈合特征，是误将桡舟头韧带在舟骨上形成的切迹当成了骨折的影像。

在影像学上出现骨折误诊的原因很多，笔者认为主要有以下几个方面：①诊断者业务素质不高，对骨骼的正常解剖、变异不够熟悉，对骨的某些病理生理变化不认识。放射科医生若缺乏临床骨科学和法医学知识，缺乏整体观和层次观，不及时与临床接诊医生交换意见及了解被检查者的临床表现，将很难准确把握诊断。而法医鉴定人若不具备必要的放射学知识，必然会导致检查方法和摄片位置选择的不恰当，导致草率的引用未加专门审查的放射学诊断，从而导致误诊的发生。②主观因素。再简单的问题不认真对待，也会出错，而缺乏责任心甚至有意弄虚作假则更会出错，再加上放射科医生对创伤与法律的关系认识不足，缺乏证据意识，且即使一旦出现误诊也很少追究放射科的责任等，都会容易做出错误的诊断；而法医鉴定人对放射科做出的诊断不认真审查，不加以辨别，马虎从事，或主观上默认了这种错误的诊断，进而导致误诊的发生。③拍片技术及检查方法不当。a.医院的设备落后，不能摄出优质的影像照片，技术力量薄弱，不能正确诊断是出现误诊的原因之一；b.拍片位置选择不当，对某些情况应摄特殊位的影像照片，如颅骨凹陷骨折需摄局部切线位，腕舟骨骨折应加腕部尺偏位，椎弓峡部断裂应照双斜位，有时需在透视下点片骨折才能显示；c.影像学检查方法选择不当，一般骨创伤以 X 片为首选，但 CT 有助于显示重叠、复杂部位的结构，如颅底、颞骨、髋臼等处的骨折，而对膝半月板、关节软骨及软组织的损伤，MRI 应为首选。

2.2 法医如何做出科学、准确的鉴定结论

面对临床上骨折在影像学上出现的误诊，法医应如何辨别真伪，做出科学、准确的鉴定结论呢？

第一，提高自身业务水平，只有熟悉正常的影像学解剖和正常的解剖变异，才能发现和认识骨折所引起的异常改变。人体内容易误诊为骨折的结构有：①颅骨缝及缝间骨变异较多，若不熟悉也常误诊。颅缝多为锯齿状、波纹状，二分性状的骨缝基本上位置中央，而颅骨线形骨折的位置、大小、方向、程度均不定。②骨的血管沟影常与骨折混淆。如颞顶骨板障及肩胛、髂骨的血管沟影多呈星形或Y形，边缘光滑柔和，逐渐变细。长骨的滋养血管也类似于裂纹骨折，但多有固定部位，如股骨在骨干中部背侧，胫骨在中上1/3外侧，桡骨在中上1/3交界之内侧。③接近愈合的骨骺线常误诊为骨折。表现为长骨两端或短骨一端的透亮线影，很似骨折，但一般两侧对称，厚薄相等，有一定的出现和愈合年龄，如能结合临床，应可区分。第五跖骨基底部是常见的误诊部位。④椎体楔形变容易误诊为椎体压缩骨折。正常的椎体楔形变高度一般在5 mm内，而骨折则大于7mm，椎体两侧不等高，或有皮质皱褶嵌插，CT和MRI可有助于二者的鉴别诊断。⑤身体其他部位的变异较多。如锁骨菱形窝、椎缘骨、手足部的副骨与子骨、双髌骨、双舟骨、终生不闭的骨骺等，若不认识，都可误诊为骨折。

第二，端正态度，仔细阅片，全面观察。①首先要判定影像照片是否符合诊断要求，如投射位置、对比度、清晰度、片号和左右号等，因为片子与人不符、投照位置不正、对比度不佳等都是造成误诊的原因之一。②对不能确诊的细微骨折，必要时应摄对侧相应部位比较。③动态拍摄、观察受伤部位。骨折在愈合过程中会有骨痂形成，一般在三个月后，骨折部位在影像学上会有明显的变化，可做前后对比研究。

第三，结合临床，综合分析。必须了解案情及受伤经过，观察可疑骨折部位的损伤情况，做到"临床、病理、影像"三结合，然后经综合分析判断得出正确结论。

技术性证据审查纠正手指损伤鉴定1例

魏金刚

江苏省沛县人民检察院 江苏 沛县 221600

1 简要案情

2019年10月8日22时许，在江苏省沛县胡某家中，胡某因琐事与刘某发生争执，后胡某持刀将刘某手部砍伤。

2019年10月31日，经县公安局物证鉴定室法医鉴定：刘某手部损伤程度属轻伤一级。县公安局以胡某涉嫌寻衅滋事等罪，移送至我院。

2 审查经过

承办检察官委托我院技术部门法医对刘某伤情进行技术性证据审查。

2.1 仔细审查病历材料

刘某2019年10月19日沛县人民医院入院记录记载其主要损伤：左小指自近侧指横纹处环形离断仅尺侧宽约2 cm皮肤软组织相连，离断指体色白，无血运，近节指骨骨折并外露，创面可见屈伸指肌腱断端；左环指末节指体尺侧皮肤软组织斜形缺损，创面大小约2.0 cm×1.0 cm；右示指自近节指体桡掌侧向远端至近节指体尺侧可见一长约4 cm斜形裂开伤口，伤口处可见屈肌腱断端。

刘某2019年10月9日沛县人民医院DR诊断报告单（影像号：191009215）：左手小指近节指骨粉碎性骨折。

刘某2019年10月10日沛县人民医院手术记录，术中探查见：左小指自近侧指横纹处环形离断仅尺侧宽约2 cm皮肤软组织相连，探查可见左小指末节指骨近端骨折。

2.2 严格比对人体损伤鉴定标准

《人体损伤程度鉴定标准》5.10.3 d条款规定，一手除拇指外的环指和小指离断或者缺失均超过近侧指间关节，构成轻伤一级；《人体损伤程度鉴定标准》5.10.4 b条款规定，除拇指外的一个指节离断或者缺失，构成轻伤二级；《人体损伤程度鉴定标准》5.10.4 c条款规定，两节指骨线性骨折或者一节指骨粉碎性骨折（不含第2至5指末节），构成轻伤二级。

刘某的左小指自近侧指横纹处环形离断仅尺侧宽约 2 cm 皮肤软组织相连，属于指节离断，而且刘某左手离断的小指近节指骨粉碎性骨折，依照《人体损伤程度鉴定标准》5.10.4 b、5.10.4 c 条款规定，刘某手部损伤属轻伤二级。

2.3 及时反馈审查意见

通过上面的工作，显而易见，沛县公安局物证鉴定室法医根据《人体损伤程度鉴定标准》5.10.3 d 条款，做出的刘某手部损伤鉴定是错误的。

我院技术部门及时将审查意见告知承办检察官，检察机关将此案退回公安机关，要求对刘某伤情重新鉴定。经县公安局重新鉴定后，刘某手部损伤程度由轻伤一级更正为轻伤二级。

3 指导意义

本案中，法医鉴定人由于对《人体损伤程度鉴定标准》5.10.3 d 条款理解偏差，错误地认为一手除拇指外的环指或者小指离断或者缺失均超过近侧指间关节，就可以构成轻伤一级。但该条款实际上规定一手除拇指外的环指和小指离断均超过近侧指间关节，才构成轻伤一级。县公安局物证鉴定室法医由于对该条款理解错误，导致做出错误鉴定意见。

面对诸如法医学鉴定之类的证据，如果没有相关专业技术知识的人对关键证据进行专业的审查，承办检察官很难发现类似鉴定存在的问题。法医作为有专门知识的人，提供的技术据审查意见有效地协助检察官审查判断证据的客观真实性，增强了检察官敢于监督的信心，切实有效发挥了检察监督维护司法公正的作用，为此案的成功办理做出了贡献。

三角骨、月骨囊变坏死法医学鉴定 1 例

夏芳

安徽信立司法鉴定所 安徽安庆 246001

1 案例

1.1 简要案情

胡某，女，31 岁，2019 年 10 月 19 日在工作中右手腕扭伤。

1.2 病史摘要

2019 年 10 月 26 日门诊病历记载：患者 7 d 前不慎因外伤致右腕疼痛，当时未系统诊治，后右腕肿痛加剧。查体：右腕轻度肿胀，局部压痛（+），活动痛性受限，射片。诊断：右腕外伤，软组织挫伤。处理：避免过度活动。2019 年 11 月 18 日因"右上肢劳动后发作肿痛 3~4 周"门诊复诊，查体：右腕肿胀，压痛，腕背伸（+），手活动差。X 片未见骨折征象。行右腕 MRI 示：右腕三角、月骨囊变、缺血，予以石膏托固定。2019 年 12 月 9 日、17 日、23 日、25 日多次复诊，予以营养骨质等对症处理，诊断：右腕三角骨、月骨缺血。

1.3 法医学检验

胡某自诉右腕部疼痛、活动障碍，呈持续性疼痛。查体：神志清楚，查体合作，四肢肌力、肌张力正常，右腕关节处压痛阳性，右腕关节活动稍受限，左腕关节活动正常。

阅其 2019 年 10 月 26 日右腕关节 X 片示：右腕关节诸骨未见明显骨折，三角骨见囊样低密度并见周边点状高密度影，三角骨囊样变。

阅 2019 年 11 月 19 日、24 日右腕关节 MRI 片示：右腕关节诸骨未见明显骨折，三角骨、月骨小囊变，边界清晰。

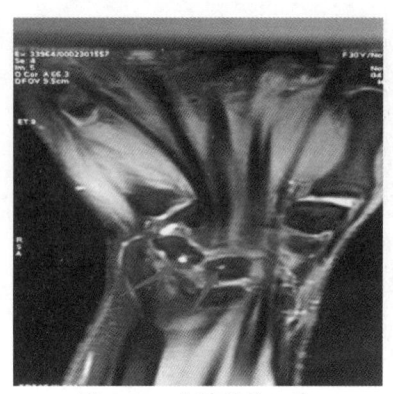
图 3-25　右腕关节 X 片

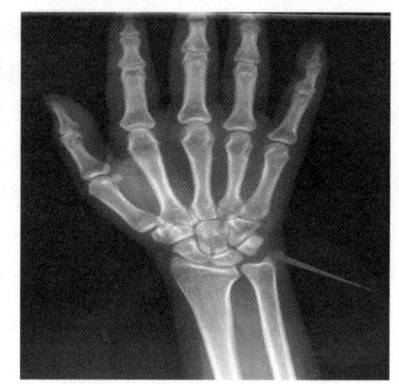
图 3-26　右腕关节 MRI 片

1.4 鉴定意见

被鉴定人胡某的右腕三角骨、月骨囊样变与 2019 年 10 月 19 日工作中右手腕扭伤无关。

2 讨论

腕骨由 8 块短骨构成，近侧列和远侧列各 4 块，由桡侧向尺侧依次为大多角骨、小多角骨、头状骨和钩骨，近侧列依次为手舟骨、月骨、三角骨和豌豆骨。近侧列的 4 块骨由韧带连接在一起，使其近侧形成一个向上凸的椭圆形关节面，与桡骨下端的腕关节面和关节盘构成桡腕关节；远侧列腕骨的远端与掌骨底形成腕掌关节。

三角骨、月骨位于近排腕骨中心，活动度较大，稳定性差。其血供主要依靠桡腕关节囊表面小血管和腕骨间韧带内小血管。对腕部活动频繁者，尤其是某些手工业工人，长期对月骨产生振荡、撞击，使关节囊、韧带小血管损伤、闭塞，导致月骨缺血。而缺血的月骨骨髓内压力增高，进一步使循环受阻，产生缺血性坏死。

在实际检案过程中，应注意辨别腕骨急性损伤与慢性损伤，急性损伤多伴有出血、肿胀、骨折、活动明显受限等表现，在影像学上表现为软组织水肿、骨折等急性表现。而慢性损伤或疾病则有起病缓慢，活动受限不明显，长期慢性疼痛等特点。本例被鉴定人的损伤特点、临床表现及影像学表现，符合慢性损伤或疾病的特点，与急性外伤无关。

本例中被鉴定人不慎因外伤致右腕疼痛，右腕肿痛加剧后入院就诊，体格检查见其右腕轻度肿胀，局部压痛（+），活动痛性受限，影像检查示其右腕三角骨、月骨见囊样低密度并见周边点状高密度影，边界清晰。以上系列检查提示被鉴定人右手三角骨、月骨囊变坏死。

骨头坏死囊变指骨质发生破坏，并且有骨质坏死的情况，这种情况在 X 片上表现为局部的骨密度增高，也就是有高透亮影，并且与正常的骨质之间有明显的界线，坏死骨呈团状，因此在临床上称作骨囊变。骨囊变往往见于骨性关节炎、骨坏死的发病过程中，在骨坏死的发病过程中，一旦产生骨头的囊变，提示骨头外形马上要产生塌陷，此时是骨坏死的早期，若不及时治疗，下一步将会出现骨质塌陷、骨髓水肿、骨小梁稀疏、边缘不清等骨坏死典型征象（通过阅片被鉴定人尚未达到此程度）。骨囊变发病原因：①多为缺血引起。②长期的慢性劳损。③骨折等。本案中被鉴定人胡某 2019 年 10 月 19 日右手腕扭伤，未见骨折，伤后 7 d X 片就见三角骨囊样变，而骨囊变是骨坏死早期的一种表现，短时间内不可能形成（一般至少 3 个月以上）。

被鉴定人右手三角骨、月骨囊变坏死不符合急性损伤的特点，符合慢性损伤或疾病的表现。故分析认为，被鉴定人胡某右腕三角骨、月骨囊变坏死与 2019 年 10 月 19 日工作中右手腕扭伤无关。

1 例生理特性致掌骨骨折案例鉴定体会

许赛英，王英琦，钟凌

复旦大学上海医学院司法鉴定中心　上海　200083

掌骨骨折在我们法医鉴定工作中时并不少见，一般是用拳打击他人或用手自卫抵抗时被他人用物击打所致，但笔者在鉴定中遇到 1 例由于生理特性造成的外伤后引起的掌骨骨折。

1 案情介绍

1.1 案情简介

2016年11月17日在某公共场所发生一起群殴纠纷案中，伤者左手第三掌骨骨折，经某鉴定机构对双方进行伤势鉴定得出：伤者的掌骨是自己用拳头击打他人所造成，对方不负刑事责任，而伤者因拳打击对方造成对方面部软组织挫伤，构成轻微伤，因此伤者被警方治安拘留两周。在其拘留期间，伤者一再强调自己是想用拳击打对方，但没打到对方，而对自己左手掌骨骨折却无论如何讲不清，为此，警方为慎重起见，要求对伤者的左手掌骨骨折进行伤势成因鉴定，周转了几个鉴定部门都认为伤者的左手掌骨骨折是自己打击他人所致，最后警方到了本鉴定中心要求对伤者进行伤势成因鉴定。

1.2 病历资料

2016年11月17日伤者受伤当日到医院就诊，某医院经检验，见伤者左手部软组织肿胀，左手X线摄片示：左手第三掌骨体部骨折，院方予以石膏托外固定等对症治疗。2016年12月6日复伤者左手X片提示左手第三掌骨骨折石膏固定中，位线可。

1.3 外伤后纸质体表照片及X片

警方提供伤者左手外伤后体表纸质照片及医院摄伤者左手X片显示：①伤者左手软组织肿胀是位于左手第三掌骨体部骨折相应处；②伤者第三掌骨体骨折呈短螺旋形、粉碎性，伴有一小骨片分离，骨折近端向手掌侧、骨折远端向手背侧轻度移位，骨折远端延长线至左手第3掌骨掌侧，后期复片示伤者左手第三掌骨骨折轻度向掌侧成角、较健侧有短缩畸形愈合。

2 讨论

2.1 本案案情分析

（1）在警方提供案发当天现场的监控视频中法医发现，伤者用拳打击对方时被对方避开未打到，而伤者在遭受对方多人推、打过程中，有失重摔倒用左手撑地的动作，并且撑地时没有一下子起身又摔倒在地面。

（2）伤者左手部软组织肿胀位于第三掌骨体相应部位，如用拳打击他人导致自己掌骨骨折的软组织肿胀部位多见于掌指关节周围，而骨折也常发生在掌骨的远端部位。

（3）笔者根据伤者X片提示的骨折部位、类型、骨折应力延长线方向进行推理认为：如果伤者的骨折不是用拳击他人所致，那伤者肯定存在生理特殊性，其掌指关节囊因松弛而致掌指关节背伸超过90°，才能使其左手相对其他掌骨较长的第三掌骨头充分暴露，此时如摔倒用左手撑地时掌骨与地面形成垂直的外力作用可导致上述部位、类型特点的骨折。本中心法医在对伤者进行检验时发现其除有左手第三掌骨体部骨折错位畸形愈合有短缩外，又确实存在双手掌指关节囊松弛、背伸可超过90°的个体特异性。一般人掌指关节背伸度小，摔倒时肘关节伸直位手部撑地的支撑力从掌指关节过渡到腕关节，导致我们常见的桡骨Colles骨折，而本案伤者由于左手掌指关节囊松弛，背伸超过90°，使其左手较长的第三掌骨直接撑地的外力导致第三掌骨体部骨折。

（4）根据人体解剖学及影像资料分析，人体掌骨具有向掌侧略成弧形的特征。当本案伤者摔倒用左手撑地时，其第三掌骨头受到来自地面的垂直外力，当此垂直外力传导到掌骨略成弧形的部位时，该应力受到分散而导致本案伤者左手第三掌骨短螺旋形、粉碎性骨折，且骨折具有近端向手掌侧、远端向手背侧移位的影像特征。

2.2 本案鉴定体会

笔者认为通过此案例，法医在对掌骨骨折伤势成因分析时一定要慎重，在掌握外伤导致掌骨骨折的普遍规律同时，也要考虑到伤者个体生理特异性，并且了解受伤全过程将有助于我们对损伤机制的分析判断，从而能得出客观、求实、公正的鉴定意见。笔者希望通过本案例的鉴定体会供同行借鉴。

浅论四肢长骨骨不连伤残程度鉴定标准与保险赔付合理性

颜意诚，陈一清

南宁市中一司法鉴定所 广西 南宁 530025

法医临床鉴定实践中，四肢长骨骨折经内固定术后骨折不愈合——骨不连的伤残等级评定及保险赔付时常常因为鉴定标准的不明确、实际操作性不强、等待鉴定时间过长、保险赔付时对伤者不利等问题，难以达成各方都认可且合理的赔偿协议，致使案件处理时间拖延并易引发民事诉讼的情况发生。本文结合作者近年来工作中相关案例的鉴定及赔付实践，就适用《人体损伤致残程度分级》（以下简称《分级》）对四肢长骨骨折骨不连伤残程度评定与保险赔付合理性等问题进行探讨，为今后《分级》修订时引入操作性强、兼顾利益平衡及赔付效率、体现保险行业社会责任的具体条款抛砖引玉。

1 案例资料

1.1 案例一

舒某，女，20岁，2016年3月2日因交通伤致左股骨中段粉碎性骨折，经内固定手术治疗后出院至今，之前曾在某机构鉴定为十级伤残，因不服原鉴定意见拒绝达成赔偿协议拖延至今，鉴定时已1年8个月余。术后至今所拍的连续复查片显示：左股骨中段横形骨折，断端对位对线良好，术后初期可见少量外围骨痂生长，但断端未见明显骨痂生长，后期则完全没有骨痂生长。本次鉴定时其左腿尚不能负重行走活动，活动时骨折处疼痛明显，仍需挂单臂拐辅助行走，左髋关节及膝关节活动尚可，复查片显示：左股骨中段骨折内固定术后，左股骨呈骨质疏松改变，断端对线良好，稍错位，骨折端仍清晰可见，断端边缘硬化、较圆钝，断端两侧隐约可见吸收的碎骨块影，稍移位，与前述各片对比，断端间隙加宽，骨痂生长不明显，且断端两端骨干较前稍萎缩，内固定钢板下端螺钉断裂、松脱。

1.2 案例二

郭某，女，40岁，2018年04月19日因交通伤致左胫腓骨中下段开放性粉碎性骨折，入院初期经外固定保守治疗后效果不佳，于入院8 d后行左胫腓骨骨折内固定+石膏外固定术并住院治疗8个半月后出院，之前因住院康复拒绝过早达成赔偿协议拖延至今，鉴定时距受伤时已12个半月余、距内固定手术后12个月余。术后至今所拍的连续复查片显示：左胫腓骨中下段粉碎性骨折，断端对位对线尚可，术后初期可见外围有较多骨痂包饶生长，但断端未见连续性骨痂生长，后期外围骨痂则逐渐变少及稀疏。本次鉴定时其左下肢仍不能负重及站立行走，活动时骨折处疼痛不适，左踝关节活动部分受限，仍需挂双腋拐辅助行走。复查片显示：左侧胫腓骨中下段粉碎性骨折内固定术后，胫腓骨下段呈骨质疏松征象，骨折愈合不良，断端骨质不连，无连续性骨痂生长，边缘骨质吸收，呈硬化变钝表现，局部密度增高，多个碎骨片嵌插骨管内并形成无效腔；内固定钢板螺钉均在位，未见松脱、断裂等异常征象。

1.3 案例三

张某，男，29岁，2018年04月16日因交通伤致右股骨中下段粉碎性骨折，入院初期经外固定保守治疗后效果不佳，于入院8 d后行右股骨骨折切开复位内固定+人工骨植骨术并住院治疗26 d后出院，之前亦因康复治疗拒绝过早达成赔偿协议拖延至今，鉴定时距受伤时已13个月余、距内固定手术后12个半月余。术后至今所拍的连续复查片显示：右股骨中下段粉碎性骨折，断端对位对线尚可，术后初期尚可见外围有少量骨痂包饶生长，但断端未见连续性骨痂生长，后期外围骨痂则逐渐稀疏。本次鉴定时其右下肢仍不能离拐负重站立及行走，骨折处仍疼痛不适，右膝关节活动受限，下蹲困难，仍需挂单腋拐辅助行走。复查片显示：右侧股骨中下段骨折内固定术后，折端对位对线稍差，远折端稍向内移位，断端仍未达骨性愈合，其间可见碎骨块嵌插、移位，断端骨质硬化、骨质不连、边缘变钝、髓腔封闭、外围有少量稀疏骨痂包饶，断端间无效腔形成，无连续性骨痂生长；内固定钢板螺钉均在位，未见松脱、断裂等异常。

2 讨论

2.1 尚无统一的标准

目前对骨不连的定义国际上尚无统一的标准。《外科学》（第8版）认为：骨折经过治疗，超过一般愈合所需的时间（9个月），骨折断端仍未出现骨折连接称之为骨折延迟愈合，且经再度延长治疗时间（3个月），仍达不到骨性愈合，称之为骨折不愈合。《实用骨科学》（第4版）认为，骨折超过3个月不愈合为延迟愈合，超过6个月骨折愈合无任何进展迹象可诊断为骨不连。而美国食品药品监督管理局（FDA）对骨不连的认定时限定义为9个月。骨不连的X线影像学表现分为肥大型和萎缩型两种，前者表现为骨折端膨大、硬化，新生骨痂难以跨越骨折线或仅有少量骨痂，这类较多，后者则骨折端无明显骨痂生长，断端分离、萎缩。临床司法鉴定实践中，典型的骨不连较少，非典型的骨不连居多；或者早期呈肥大型，晚期为萎缩型。早期可在断端旁有骨痂形成，但断端处骨痂稀少或者无骨痂生长，形成无效腔，晚期外围骨痂停止生长并且逐渐吸收消失或部分残留，断端处骨质不连、骨质硬化、髓腔封闭，两折端附近骨骼甚至逐渐萎缩，拆除内固定后断端即可形成假关节。

2.2 鉴定结果

根据《〈人体损伤致残程度分级〉适用指南》（以下简称《指南》）对肢体大关节组成骨骨折后骨不连接这类残情的鉴定指引，鉴定时机应在距骨折损伤已满12个月仍不愈合且伴有相应的医学影像学表现的前提下进行，按"该骨折以远（以下）相邻肢体大关节的功能视为丧失75%以上"鉴定致残程度，但须经被鉴定人同意或委托人确认伤情已医疗终结。案例一、案例二、案例三临床表现均符合骨不连的临床诊断，其中案例一属于典型的萎缩型骨不连，其余2例则逐渐演变成萎缩型骨不连，3例继续自行愈合的概率极小，目前再次施行手术治疗效果不确定，不排除二次手术失败并导致截肢的可能。因此，经被鉴定人和保险赔付方共同确认本次伤残等级评定为医疗终结后的终极鉴定，依据《分级》附则6.1并按"该骨折以远（以下）相邻肢体大关节的功能视为丧失75%以上"比照5.8.6 8)、5.9.6 10)条款评定相应部位骨折的伤残程度。案例一、案例三股骨骨折骨不连均评定为八级，案例二胫腓骨骨折评定为九级，3例均据此鉴定意见进行包括后期一次手术治疗费用在内的保险赔付，案结事了。

2.3 关于骨不连鉴定标准与保险赔付合理性

《分级》对肢体大关节组成骨骨折后骨不连接这类残情的鉴定没有具体标准，操作性不强，《指南》的有关鉴定指引只是专家们的意见表达，与肢体骨性损伤以关节功能丧失程度作为评定伤残等级的标准设计理念有不同，而且实践中也存在法律效力的争议，毕竟还未上升到法规的层面，不能直接引用。此外，《指南》对骨不连的评残条件也过于苛刻，不利于伤者，实际操作中"无法或难以手术的"要求鉴定人并不好把握，"采取至少一次手术治疗"可能让伤者承担再次手术失败导致截肢等不良后果的风险，而且如果最终出现截肢的后果时则实际的伤残等级将较手术前上升两个级别，对保险赔付方也存在赔偿金额剧增的风险，对于伤者和赔付方的利益平衡点不能很好地体现。因此，并不能被伤者接受和认可，保险机构等有关赔付方也希望在一次性给予后期手术治疗费用的情况下与伤者达成赔偿协议，提高赔付结案效率并规避后期可能出现伤残级别更高导致赔付更多的风险。因此，建议《分级》修订时将肢体骨折骨不连的残情单独列出评分级准，并且明确释义：骨不连诊断成立，且鉴定时机为伤者和赔付方均认可已医疗终结的情况下，不必考虑后期手术或手术成功与否的问题。至于骨不连的伤残层级划分，我们认为，因为胫骨要承受躯干通过股骨传导下来的重量压力，其骨不连后的残情性质实际上与股骨骨不连的一样，因此，胫骨骨折的骨不连也宜按八级定残，这样才能更好地体现伤残分级划分的客观科学公正，更好地维护伤者的权益，兼顾各方利益平衡及保险行业赔付效率与社会责任。

对《人体损伤程度鉴定标准》中有关足部离断或者缺失条款的探讨

杨正凯

四川省阆中市人民检察院　四川　阆中　637400

两院三部颁布的《人体损伤程度鉴定标准》中有关足部离断或者缺失的条款共十条，其中重伤二级有五条：5.9.2 m)"一足离断或者缺失50%以上；足跟离断或者缺失50%以上。"5.9.2 n)"一足的第一趾和其余任何两趾离断或者缺失；一足除第一趾外，离断或者缺失4趾。"5.9.2 o)"两足5个以上足趾离断或者缺失。"5.9.2 p)"一足第一趾及其相连的跖骨离断或者缺失。"5.9.2 q)"一足除第一趾外，任何三趾及其相连的跖骨离断或者缺失。"轻伤一级有四条：5.9.3 i)"一足离断或者缺失10%以上；足跟离断或者缺失20%以上。"5.9.3 j)"一足的第一趾离断或者缺失；一足除第一趾外的任何两趾离断或者缺失。"5.9.3 k)

"三个以上足趾离断或者缺失。"5.9.3 l)"除第一趾外任何一趾及其相连的跖骨离断或者缺失。"轻伤二级有一条：5.9.4 i)"第一趾缺失超过趾间关节；除第一趾外，任何二趾缺失超过趾间关节；一趾缺失。"

纵观上述条款，经比较研究发现其缺乏系统性、可比性，存在疏漏、矛盾、包含不清等问题，给司法鉴定带来一定的困惑。如离断或者缺失一足百分之五十就包含了其他条款，而且标准高于其他条款。上述条款中没有规定除跟骨、距骨外的跗骨及跖骨单独或混合离断或者缺失的情况。5.9.2 o)规定两足离断或者缺失五个以上足趾构成重伤二级，如果两足皆离断或者缺失第一趾及其余任何一趾，共四趾，则未达重伤二级；而离断或者缺失一足第一趾和其余任何二趾就达重伤二级（5.9.2 n）；显然前者比后者严重，却不能鉴定为重伤二级，显失公平。

笔者认为要解决上述矛盾，就必须统一尺度，即规定离断或者缺失一足的百分之多少就达重伤或者轻伤标准。而足部的离断或者缺失都是以骨的离断或者缺失为标志，骨的离断或者缺失必然伴有相应软组织的损伤或缺失，且骨的离断或者缺失通过影像学检查就能准确判断。因此，我们可以将足部骨的离断或者缺失作为衡量的标准。我们可以根据足部骨的功能和分区，确定骨组织所代表的功能区占足部功能的比例。当然，足部功能不仅是骨结构所能完成的，还有软组织、肌腱、关节等综合组成，但考虑到足功能评定目前尚未形成统一的方法，目前《人体损伤程度鉴定标准》仍以足部离断或者缺失以及骨折作为确定损伤程度的依据，尚未涉及足部软组织损伤。

每侧足由7个跗骨、5个跖骨、14个趾骨和2个籽骨组成，7个跗骨构成足跟，我们可以根据每个骨的功能、解剖位置、体积大小来综合确定其所占一足的比例。笔者提出如下建议供大家参考和商讨：我们将足分成四大等份，跟骨、距骨一份，占一足25%，其中跟骨占一足的15%，距骨占一足的10%，主要承担负重和足内外翻功能。足舟骨、骰骨、外侧楔骨、中间楔骨、内侧楔骨一份，占一足25%，各占一足5%。5个跖骨一份，占一足25%，各占一足5%，与跗骨一起主要维持足弓结构，起保持平衡、承重、缓冲和减少震荡的作用。14个趾骨和两个籽骨一份，占一足25%，主要承担奔跑、行走、扒地功能。第一趾（包括两个籽骨）占足趾的40%，其余各趾共占足趾的60%；第一趾占一足的10%，第一节趾骨占一足4.5%，第二节趾骨占一足5%，两个籽骨占一足0.5%；第二、三、四趾各占一足4%，其中第一节趾骨占一足0.5%，第二节趾骨占一足1.5%，第三节趾骨占一足2%；第五趾占一足3%，第一节趾骨占一足0.5%，第二节趾骨占一足1%，第三节趾骨占一足1.5%。

确定了每个骨所占一足的比例，我们在不改变原有鉴定标准适用的情况下，再根据骨离断或者缺失的占比来确定轻重伤标准。笔者提出如下建议供大家参考和商讨：离断或者缺失一足15%以上构成重伤二级；离断或者缺失一足7%以上构成轻伤一级；离断或者缺失一足3%以上构成轻伤二级；两足缺失相加计算。

按照笔者提出的这个观点，我们既没有改变《人体损伤程度鉴定标准》中原有足部离断或者缺失条款的适用，又体现了公平性、合理性，将众多条款统一成一个标准，方便了操作。该方法还填补了原鉴定标准的疏漏和不足，如离断或者缺失两足第一趾，构成重伤二级；除跟骨、距骨外，离断或者缺失任何三个跗骨或者跖骨构成重伤二级；一足距骨离断或者缺失，构成轻伤一级；除跟骨、距骨外，离断或者缺失任何两个跗骨或者跖骨构成轻伤一级；除跟骨、距骨外，离断或者缺失任何一个跗骨或者跖骨构成轻伤二级等。因此，笔者认为将足部缺失统一为一个条款是可行的，是科学的。

关于胸椎骨折的法医学鉴定案例分析1例

叶兰秀

广东中一司法鉴定中心　广东　深圳　518000

1 案例

1.1 简要案情

王某，男，60岁，于2017年11月2日因交通事故致伤，伤后当天入住某人民医院，入院查体：左侧额部、颜面部、眼眶明显瘀肿，以左侧额部明显，可见多处皮肤挫擦伤，少许渗液，左侧眼睑瘀肿明显，睁眼受限，眼睑外侧可见长约0.5 cm的皮肤挫裂伤，伴少许渗血，双侧瞳孔等大等圆，对光反射灵敏，鼻孔、外耳道未见渗液。桶状胸，呼吸平顺，肋间隙增宽，胸骨处轻微压痛，无触及骨擦感，双肺叩诊过清音，呼吸音粗，双下肺未及少许湿性啰音；无喘鸣音，无胸膜摩擦音。双侧上肢、双侧膝部可见少许皮肤软组织挫擦伤，瘀肿，无渗液，均无活动障碍，四肢肌力、肌张力正常。

入院后完善相关检查，2017-11-02 CT 报告：①双下肺挫伤；②左侧颞额顶部头皮软组织肿胀；③颅内未见明显出血及挫伤，颅骨未见明显骨折；④C4/5、C5/6 椎间盘轻度突出；⑤颈椎骨质增生；⑥腹主动脉可见多发钙化灶；⑦全腹 CT 平扫未见明显出血及挫伤。予吸氧、止血、防治感染、止痛、活血化瘀等治疗，患者病情好转，于 2017 年 11 月 13 日出院。

出院诊断：①双肺挫伤；②脑震荡；③全身多处软组织挫擦伤；④ 2 型糖尿病；⑤低钾血症；⑥ T11、T12 椎体轻度变扁；⑦双侧眼睑外伤性淤血；⑧双侧老年性白内障；⑨双侧眼部视网膜震荡伤。患者自行委托某鉴定所行伤残等级鉴定，出具 "T11、T12 椎体压缩性骨折构成十级伤残" 的鉴定结果。被告方保险公司不服该次鉴定意见，向法院申请重新鉴定，现法院委托对原告王某 T11、T12 椎体轻度变扁伤情的参与度进行鉴定及对被申请人王某的伤残等级进行重新鉴定。

2 分析讨论

根据委托方提交所有鉴定材料，无相关材料证明王某车祸当时具体损伤情况，无法判断是否有导致胸椎骨折的相关外伤存在。现结合病历资料及影像资料分析如下：

王某伤后当天入院查体未见胸 11、12 椎体骨折临床表现，CT 检查提示：胸 11、12 椎体前缘轻度变扁，未见明显骨折线，所见椎体序列退行性变明显，相邻软组织未见明显异常。经查阅所有送检影像片，有患者 2017 年 6 月 26 日所摄胸腰部 CT 片 1 张示：胸 11、12 椎体前缘轻度压缩变扁，所见胸腰椎序列可见骨质增生。经对比伤前伤后两张 CT 片，王某两胸椎压缩程度前后一致，无明显差别，再结合患者年龄、伤后临床表现，可排除其胸 11、12 椎体为新鲜压缩性骨折，故初次九级伤残鉴定意见依据不足，重新鉴定意见为：①被鉴定人王某胸 11、12 椎体轻度变扁与 2017 年 11 月 2 日交通事故无因果关系；②被鉴定人王某 2017 年 11 月 2 日车祸所致损伤未达伤残等级。

在实际司法鉴定工作中，对于高龄患者，出现椎体压缩改变时因高度注意鉴别是否为新鲜损伤。脊柱损伤影像学检查方法有：X 线检查、CT 检查及 MRI 检查。

MRI 检查在鉴别是否为新鲜损伤上具有重要意义：椎体新鲜骨折在 MRI 图像上通常显示椎体楔形改变，且椎体内可见斑片状等或低 T1W1、高 T2W1 信号影，抑脂序列呈高信号影，在骨折后数月逐渐消退。对于老年患者，因椎体中大量黄骨髓信号影响，T2 序列下新鲜损伤信号可能不太明显，需注意观察抑脂序列下椎体信号。

综上所述，在椎体压缩性骨折的伤残程度鉴定工作中，需格外注意鉴别新鲜、陈旧损伤。MRI 检查虽然在法医学鉴定中可有效地帮助判断新鲜、陈旧损伤，提高法医学鉴定意见的准确性。但实际鉴定时遇到影像学资料不够完整的案例，需结合外伤史、患者自身情况、病历、影像资料综合考虑分析，不能仅以其中一项表现草率进行鉴定。

关于慢性骨髓炎伤残鉴定分析

叶小琴，古厚隆

四川金沙司法鉴定所 四川 宜宾 644000

1 案例

1.1 基本案情

伤者李某某，于 2017 年 03 月 22 日因交通事故受伤，伤后反复多次出院治疗，现治疗终结，于 2021 年 01 月 30 日委托进行伤残等级鉴定。

1.2 病历摘抄

2017 年 3 月 22 日某区中心医院急诊病历：主诉：即刻前车祸外伤，左下肢皮损伴疼痛、活动受限。查体：左膝前外侧挫裂伤，骨质外露，膝部肿胀，压痛，叩击痛，活动受限。处置：局部清创包扎，行膝关节 CT 扫描。

2017年3月23日至3月29日某大学附属医院出院小结：入院时情况：车祸外伤致左下肢肿痛、功能障碍半天。查体：左膝清创包扎中，打开敷料见前外侧挫裂伤，膝部肿胀，压痛，叩击痛，活动受限。诊疗经过：入院后予行MRI摄片等检查，明确诊断后于2017年3月27日行左胫骨平台骨折清创+切开复位内固定术等治疗，术后左下肢制动。出院诊断：左胫骨平台开放性骨折，左膝前交叉韧带损伤。

2017年3月29日至4月18日某区人民医院出院小结：入院时情况：左膝关节术后3d，肿痛伴切口渗液。查体：左膝关节肿胀明显，外侧可见斜行缝合切口，局部红肿，切口处有淡血性渗出，伴周围皮温增高。3月29日实验室检查：白细胞计数白细胞及中性粒细胞明显增高，切口分泌物细菌培养+药敏示有金黄色葡萄球菌生长。给予抗感染等对症治疗。出院时左膝关节肿痛较入院时稍有好转，切口处干燥、无渗出，局部皮温不高。出院诊断：左胫骨平台开放性骨折术后感染，左膝前交叉韧带损伤。

2017年5月13日至5月28日某大学附属医院出院小结：入院时情况：左侧胫骨内固定术后一月余，时有局部肿痛不适，要求取出内固定。查体：左膝关节轻度肿胀，外侧手术瘢痕愈合尚可，但局部红肿较明显，皮温不高。诊疗经过：于2017年5月16日行左胫骨平台内固定取出术等治疗。

2017年11月12日至12月21日某大学附属医院出院小结：入院时情况：左胫骨平台骨折术后伤口反复破溃数月余。查体：左膝关节稍肿胀，膝关节外下方可见一长约8cm斜行陈旧性手术瘢痕，周围稍肿胀，其中可见一长约1cm左右伤口，伤口周围红肿明显，伴炎性渗出。诊疗经过：于2017年11月16日行左膝关节镜下探查清理术+左胫骨慢性感染灶清创术，术中见胫骨髁间嵴陈旧性撕脱性骨折未完全愈合，暴露胫骨平台外侧缘，经皮下窦道和原钉道彻底清除炎性坏死分泌物，清除周围坏死骨。术后多次另行左膝伤口清创灌洗引流、VSD引流术、左膝伤口清创探查冲洗缝合术，其间给予抗感染等对症治疗。出院诊断：左胫骨慢性骨髓炎伴窦道形成，左胫骨平台骨折内固定取出术后。

2018年3月22日至3月30日某大学附属医院出院小结：入院时情况：左胫骨平台骨折内固定取出及清创术后，左膝关节活动受限1年。现病史：2017年11月行左膝关节清创术后未再出现伤口破溃、渗液等。查体：左膝前外侧可见瘢痕，愈合良好，局部无红肿、压痛，左膝关节活动受限。2018年3月22日实验室检查：白细胞及中性粒细胞正常。出院诊断：左胫骨平台骨髓炎清创术后，左膝前交叉韧带损伤。

2019年3月12日至3月26日某大学附属医院出院小结：入院时情况：左膝关节活动受限近2年。查体：左膝前外侧可见瘢痕，愈合良好，局部无红肿、压痛，左膝关节活动受限。诊疗经过：于2019年3月14日行左膝关节镜检查、关节腔清理、前交叉韧带重建术等治疗。出院诊断：左膝前交叉韧带损伤。

1.3 法医临床检查

自诉左膝关节仍时有肿痛不适，尤其阴雨天、负重行走时疼痛较甚。拄拐跛行，神清，对答切题，查体合作。双下肢长度基本对称，左下肢未见缩短畸形。左大腿肌肉萎缩，左侧髌骨上缘上方15cm大腿周径37cm，右侧相应处周径41cm。左膝前和小腿近端前外侧可见多处瘢痕，未见皮肤破溃及渗液，瘢痕周围无压痛。左膝关节活动度：屈曲95°，伸0°。右膝关节活动度：屈曲140°，伸0°。左膝外翻应力试验（-），内翻应力试验（-），抽屉试验（-）。左踝关节活动度：背伸10°，跖屈40°。右踝关节活动度：背伸20°，跖屈50°。左髋关节活动度与右侧基本对称，均在正常范围。左下肢肌力5级，皮肤触痛觉存在。

阅片所见：2017年03月23日李某某CT片可见：左胫骨外侧平台骨折，骨折块分离、移位，髁间嵴粉碎性骨折，关节囊积液，左膝关节周围软组织肿胀。2017年03月24日李某某MRI片可见：左侧股骨远端以及胫骨平台骨水肿，髁间嵴以及平台外侧分骨片分离，左膝前交叉韧带损伤，左膝外侧半月板变形或损伤，左膝关节囊积液，周围软组织肿胀。2017年03月28日李某某X片可见：左胫骨外侧平台骨折钢板螺钉内固定术后，局部骨质缺损，内固定器在位。2018年09月19日李某某CT+三维重建片可见：左胫骨外侧平台钢板内固定取出术后改变，外侧平台骨质部分缺损，边缘硬化，髁间嵴呈陈旧性骨折改变，骨质硬化。2019年10月13日李某某CT+三维重建片可见：左胫骨外侧平台钢板内固定取出术后改变，外侧平台骨质部分缺损，边缘硬化，髁间嵴呈陈旧性骨折改变，骨质硬化，左膝前交叉韧带内固定术后表现，内固定器在位。

2 分析说明

被鉴定人李某某于2017年03月22日因车祸受伤，受伤当时经临床医生检查以及CT、MRI检查后诊断为：左胫骨平台开放性骨折，左膝前交叉韧带损伤，明确诊断后于2017年3月27日行左胫骨平台骨折清创+切开复位内固定术等治疗，术后左下肢制动，术后3d左膝发生患处感染，立即入院完善相关实验室检查，给予抗感染等对症治疗，感染控制后出院，内固定术后一月余因患处局部疼痛、红肿明显，再次入院于 2017 年 05 月 16 日行左胫骨平台内固定取出术，后期伤口反复破溃数月再次入院，确诊为左胫骨慢性骨髓炎伴窦道形成。于 2017 年 11 月 16 日行左膝关节镜下探查清理术+左胫骨慢性感染灶清创术，经皮下窦道和原钉道彻底清除炎性坏死分泌物，清除周围坏死骨。术后多次另行左膝伤口清创灌洗引流、VSD 引流术、左膝伤口清创探查冲洗缝合术，其间给予抗感染等对症治疗。结合影像学资料，2018 年 09 月 19 日李某某 CT+三维重建片可见：左胫骨外侧平台钢板内固定取出术后改变，外侧平台骨质部分缺损，边缘硬化，髁间嵴呈陈旧性骨折改变，骨质硬化。此时影像学表现为慢性骨髓炎经治疗后的改变，骨质无炎性改变。于 2019 年 3 月 12 日因左膝关节活动受限近 2 年入院行了左膝前交叉韧带重建术，2019 年 10 月 13 日李某某 CT 可见：左膝前交叉韧带内固定术后表现，内固定器在位，左胫骨外侧平台骨质部分缺损，边缘硬化，考虑慢性骨髓炎治疗术后，未见骨质存在炎性改变。2021 年 5 月 15 日法医临床检查见：左大腿肌肉萎缩，左膝前和小腿近端前外侧可见多处瘢痕，未见皮肤破溃及渗液，瘢痕周围无压痛。左膝关节活动度：屈曲 95°，伸 0°。右膝关节活动度：屈曲 140°，伸 0°。左踝关节活动度：背伸 10°，跖屈 40°。右踝关节活动度：背伸 20°，跖屈 50°。经计算，左膝关节活动度丧失 32%，左踝关节活动度丧失 35%，其余检查无异常。综合病历、影像学资料及法医临床检查提示李某某慢性骨髓炎已临床治愈，目前遗留左膝关节功能障碍及左踝关节功能障碍，参照《人体损伤致残程度分级》十级第 5.10.6 11) 项"四肢任一大关节（踝关节除外）功能丧失 25%以上"所规定，被鉴定人李某某左膝关节功能障碍评定为十（拾）级伤残，其左踝关节功能障碍达不到伤残等级评定。

3 争议要点

伤者李某某车祸伤致左胫骨平台开放性骨折，左膝前交叉韧带损伤，在行左胫骨平台骨折清创+切开复位内固定术等治疗后并发了慢性骨髓炎，后期进行相关治疗，治疗长达一年多，根据《人体损伤致残程度分级》八级第 5.8.6 5) 项"四肢长骨开放性骨折并发慢性骨髓炎、大块死骨形成，长期不愈（1 年以上）"所规定，可评定为八级伤残，此案委托鉴定时间为 2021 年 1 月，此时影像学资料显示器慢性骨髓炎已临床治愈，故只能以关节功能障碍进行伤残等级评定，假如伤者申请鉴定时间为伤后一年多，正是慢性骨髓炎发作期，我们考虑应该对患处多次进行影像学检查，了解骨髓炎愈合情况，如呈进行性好转，则鉴定时机未达到，应该严格把控临床治疗终结时机，以免造成伤残等级虚高情况。

多指畸形指骨骨折的鉴定探讨

尹胜安[1]，刘福贤[2]，赵勇[3]

1. 湖南省邵东市公安局物证鉴定室 湖南 邵东 422800
2. 湖南省邵阳市昭阳司法鉴定所 湖南 邵东 422800
3. 湖南省邵阳市光大司法鉴定所 湖南 邵东 422800

手是人体的重要部位，在打斗过程中又能起到防卫的作用，因此手的损伤特别常见，而手指指骨骨折在手的操作中又占据着非常大的比例，因此手指指骨骨折的损伤程度鉴定也是法医学鉴定中比较常见的鉴定。2013 年 8 月 30 日发布自 2014 年 4 月 1 日起施行的《人体损伤程度鉴定标准》（以下简称《标准》（2013））5.10.4 c)"两节指骨线性骨折或者一节指骨粉碎性骨折（不含第 2 至 5 指末节）"构成轻伤二级和 5.10.5 d)"腕骨、掌骨或者指骨骨折"构成轻微伤，对手指骨折的情形做出了规定，但对于手指畸形者畸形手指骨折的情形未作规定。2013 年 10 月公安部刑事侦查局组织编写了《〈人体损伤程度鉴定标准〉释义》（以下简称《释义》），2013 年 11 月司法部司法鉴定管理局组织编写了《〈人体损伤程度鉴定标准〉适用指南》，也均未对此做出规定，这就给法医临床鉴定带来了难度和不便。

手指畸形是先天性畸形中最常见的，其类型可分为桡侧多指、尺侧多指、中央多指和镜形手四类，有些多余手指仅有软组织而无任何骨组织，这里不做探讨，这里仅探讨多余手指有骨组织的情形，大部分患者在幼儿时期就做了手术切除治疗，但因各种原因仍然有一部分人保留着多指。虽然，手指畸形者畸形手指相较正常人体来说是多余的，但其受到骨折的伤害比正常人体一点也不为轻，损害是一样的。《标准》（2013）3.2 规定：使人肢体或者容貌损害，听觉、视觉或者其他器官功能部分障碍或者其他对于人身健康有中等伤害的损伤，包括轻伤一级和轻伤二级。《释义》规定：物理、化学及生物等各种外界因素作用于人体，造成组织、器官结构的一定程度的损害或者部分功能障碍，尚未构成重伤又不属于轻微伤害的损伤。这说明对于手指骨折的鉴定主要是针对其损害程度来进行鉴定的。对于造成组织、器官结构的损害，正常人体手指和畸形者手指是一样的，而《标准》（2013）6.4规定：本标准未作具体规定的损伤，可以遵循损伤程度等级划分原则，比照本标准相近条款进行损伤程度鉴定。因此，笔者认为，畸形手指的骨折可以按正常人体手指的骨折一样对待进行鉴定，这样不仅比较合理而且也符合《标准》（2013）的立法本义。

腰椎压缩性骨折错鉴1例

尹胜安[1]，赵勇[2]，刘福贤[3]，周素煌[4]

1. 湖南省邵东市公安局物证鉴定室 湖南 邵东 422800
2. 湖南省邵阳市光大司法鉴定所 湖南 邵东 422800
3. 湖南省邵阳市昭阳司法鉴定所 湖南 邵东 422800
4. 湖南省邵阳市光大司法鉴定所 湖南 邵东 422800

1 案情资料

1.1 案情

被鉴定人袁某，女，1958年出生，自诉于2018年12月29日与人发生争吵时被打伤背腰部。

1.2 病史摘要

（1）2018年12月29日××医院门诊病历记录：因"外伤致背腰部疼痛4 h"入院，查体：背腰部压痛，诊断：L1椎体压缩性骨折，软组织挫伤。

（2）××医院住院病历记录：患者自诉8 h前与人争吵时被打伤背腰部，当时感伤处疼痛，伴背腰部活动障碍，患者在家未予特殊处理，遂送入我院就诊，门诊摄片后以"L1椎体压缩性骨折，软组织挫伤"收入我科住院治疗。专科检查：腰部稍肿胀，压痛明显，以L1椎体为甚，腰背部活动受限。入院诊断：L1椎体压缩性骨折，软组织挫伤。

（3）2018年12月29日X线检查报告单（影像号：201812290077）：L1椎稍扁，椎前压缩约2/5。诊断：L1椎压缩性骨折，腰椎退变。

（4）2018年12月29日MRI检查报告单（影像号：2018122968）：L1腰椎呈前低后高的楔形改变，前缘压缩约1/3，该椎体见条带状长T1长T2异常信号，T2 Spair呈高信号，椎体中央见带状低信号。诊断：L1椎压缩性骨折并骨髓挫伤，腰椎退变。

1.3 检验过程

被鉴定人扶入诊室，对答切题，L1椎处局部压痛。

1.4 法医鉴定意见书

××司法鉴定所〔2019〕临鉴字第0001号鉴定意见：被鉴定人袁某L1椎体压缩性骨折，构成轻伤二级。

2 重新鉴定

因对方不服初次鉴定意见，申请重新鉴定，派出所委托重新鉴定。

2.1 调查情况

（1）多位村民反映袁某在此次纠纷发生之前十多天，在山上采菌子时摔了一跤。

（2）袁某在此次发生争吵时被他人从身前推了一下，袁某后退时背腰部碰撞在土坡上，但并未摔倒着地。

（3）在××医院放射科找到袁某于2018年12月5日的X线检查报告单（影像号：181205064），检查部位为腰椎正侧位，检查诊断意见为L1椎体压缩性骨折。

2.2 会诊意见

××医院放射科阅××医院181205064号X片及××医院201812290077号X片，两次所示诸腰椎形态及腰椎退变情况一致，L1椎体压缩性骨折情况一致。

2.3 重新鉴定意见

分析说明：根据病史资料及检查所见，被鉴定人袁某的××医院 181205064 号 X 片已显示 L1 椎体压缩性骨折，与××医院 201812290077 号 X 片所示诸腰椎形态及腰椎退变情况一致，L1 椎体压缩性骨折情况也一致，可以肯定袁某在 2018 年 12 月 5 日之前已经受伤致 L1 椎体压缩性骨折，不能认定 2018 年 12 月 29 日此次受伤后造成了 L1 椎体新的损伤，故不能构成轻伤二级。

3 讨论

在椎体骨折中，椎体压缩性骨折比较常见，法医学临床鉴定时，椎体压缩性骨折的鉴定要根据外伤史、临床表现、X 线检查和形成机制来确定，我们在法医临床工作中很容易出现错鉴的情况，成为法医临床中的一个难点。当临床表现和 X 线检查不能鉴别的时候，对外伤史和形成机制的甄别分析就格外重要了。椎体压缩性骨折的形成机制为纵向压缩力，如人体直立坠落或被重物垂直砸伤，造成椎体纵向压缩骨折，整个椎体变得扁而宽；铰链折力（脊柱极度屈、伸及侧弯力），向前的铰链折力使脊柱过度屈曲将椎体前缘压缩呈楔形，向后的铰链折力使脊柱过度伸展，椎体后缘压缩性骨折，前缘呈张嘴样撕裂骨折，侧方的铰链折力使脊柱急骤侧弯可造成椎体侧方缘压缩性骨折。本案中，背腰部的外伤为水平方向的横向力，不是纵向压缩力，也不是铰链折力，因而是不可能形成椎体压缩性骨折的。

浅谈足趾损伤的伤残评定标准

喻沙沙，李楚倩，王军，伦广志

广东链信司法鉴定所 广东 东莞 523000

1 足趾的结构和功能

足是人体最直接的负重器官，也是人体负重、行走和缓冲震荡的功能结构，如图 3-26 所示。足骨包括跗骨、跖骨和趾骨。每足有五个足趾，14 块趾骨，拇趾有 2 节，其他各趾为 3 节。分别为 1~5 趾的近节趾骨和远节趾骨以及第 2~4 趾的中节趾骨。趾骨与跖骨组成跖趾关节，可做轻微的屈、伸和收、展运动。各趾相邻的两节趾骨的底和滑车共同构成趾骨间关节，属于滑车关节，可作屈伸运动。

足趾在负重及行走中均起到辅助作用。人体站立或者重心前移时，足趾起到承重的重要作用。此外，足趾在人行走时，特别是跑跳时有扒地的作用；在行走于湿滑地面时，有附着力，防止滑倒擦跌。足趾还参与足弓形成，完成足部的弹性缓冲作用，而拇趾在足趾中占有更重要的作用。特别是军人在行军、训练、作战及抢险救灾工作中，足的作用就显得更为重要。

2 足趾损伤伤残评定的相关条款

在《人体损伤致残程度分级》（以下称之为《标准》）中关于足损伤的条款主要涉及的有：跖跗关节以上缺失、足弓结构破坏、跟骨粉碎性骨折畸形愈合、足功能丧失以及足趾功能丧失这几种类型。其中，涉及足趾的损伤若不考虑对足弓的影响则最主要的有足功能丧失和足趾功能丧失这两种类型。有关足趾损伤的伤残等级可以达到十级到六级不等。其中足功能丧失最低的定级标准是分值≥10 分。而足趾功能丧失也有一足与双足的区别，其最高伤残等级可达九级。关于具体条款，在这里就不再一一列举了。

3 对标准的看法

3.1 将足缺失与足趾功能丧失区分评定

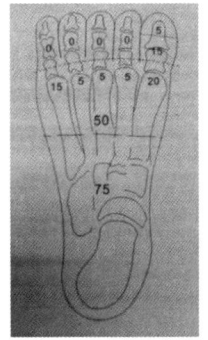

图 3-26 足骨解剖图

足损伤在法医学鉴定实践中大致分为结构缺失和功能障碍两种情形,以单足作为评价单位,涉及双足时采用加权相加的方式,综合评估。标准中足损伤相关条款中规定的足功能丧失分值,均仅限于结构缺失,不涉及功能障碍的情形,而标准也专门以条款的形式对功能障碍做出了具体规定,将足趾的缺失与功能障碍明确进行了区分。其中足趾功能丧失程度(百分比值)是指足趾关节活动功能丧失的程度,而足趾关节活动功能仅考虑拇趾的趾间关节屈曲、跖趾关节背伸以及第 2~5 趾的跖趾关节背伸。所以,在应用标准进行足损伤的致残程度等级法医学鉴定时,需区分足结构缺失与功能障碍的情形,原则上两者应引用不同的条款分别进行评定。

3.2 定级标准有所提高

标准中足功能丧失分值是指足缺失的评分,不包括足虽然完整但存在功能障碍的情形。而足缺失评分示意图(如图)也沿袭了《劳动能力鉴定 职工工伤与职业病致残等级》(GB/T 16180—2014)附录 B 中的足功能缺损评估参考图。将缺损平面自远至近分为五处,第一处是拇趾远节趾骨 1/2 水平,第二处是第 1~5 近节趾骨 1/2 水平,第三处是第 1~5 跖趾关节水平,第四处是第 1~5 跖骨近 1/3 水平,第五处是跗跖关节水平。但是却将定级的最低分值由 ≤10 分调整为了 ≥10 分。就足缺失来讲,当足缺失的部位严格按照足缺失评分示意图的骨性缺失划分,达不到 10 分将不能予以评残。而《劳动能力鉴定 职工工伤与职业病致残等级》中十级条款中的"除拇趾外,任何一趾末节缺失"在新的标准中也不再能达到伤残的评级要求了。同时相较于之前的《道路交通事故受伤人员评定》(GB 18667—2002)十级条款中"双足十趾缺失(或功能丧失)20%以上"的条款,新标准除将足趾缺失与功能丧失分开评定外也更为细化了。

4 存在的一些困惑

4.1 对足缺失平面划分的困惑

根据足损伤相应的标准,在足损伤的伤残评定中,除结构缺失的可视为功能完全丧失以外,结构缺失与功能障碍是难以合并计算的。当我们按照足趾缺失程度来区分时,第一足趾缺失占一足足趾 50%,第五足趾缺失占 20%,第二、三、四足趾各占 10%。此时,其余四趾缺失与第一趾缺失单就所占足趾功能的比例是相同的。但是足缺失评分示意图中除拇趾外的其他四趾却是直到跖趾关节水平才有相对应的分值。

足趾对足功能的影响较足跟为轻,其余四趾较拇趾为轻这是无可厚非的,但第 2~5 趾也并非一无是处。除却标准中相关条款规定的足趾关节活动功能外,足趾还有负重及行走的功能。在行进过程中,足趾的作用较站立相明显增大,在前足登离地面的最后阶段,拇趾的推离作用明显,2~5 趾承受压力也明显增大。临床实践也证明,第一趾和其余任何二趾完全缺失或者一足除第一趾外,完全性缺失其余四趾时,可以出现站立不稳、行走速度慢、跳的不高等功能障碍。由于长期缺趾还可以使足部变形,出现足骨关节病。更有学者研究表明,2~5 趾多趾缺损时,即使每趾保留长度上多于单趾缺损,其对足功能的影响也较单趾缺损大。即使仅为中远节趾骨的缺损,跖骨头均得到保留,与单趾缺损相比,无论是疼痛评分还是行动障碍评分均会显著增加。

我们假设一个人一足除拇趾外其余四趾均缺失至近节趾骨 1/2 水平但不达跖趾关节水平,他的足缺失评分为 0 分,远不及拇趾缺失至远节趾骨 1/2 水平的 5 分。所以,笔者认为,第 2~5 趾到近节趾骨 1/2 水平缺失都是 0 分这种划分似乎弱化了其余四趾的作用,对除拇趾外其余四趾来说略有不公。

4.2 个别条款存在争议

若我们按照足功能障碍程度的判定方法,即拇趾占一足功能的 17%,其余各趾分别占一足功能的 3%。当一足拇趾功能丧失 75% 以上时即可达到十级伤残,此时足功能的丧失值为 12.75%,而当除拇趾外的其余四趾功能均完全丧失时,足功能的丧失值是 12%。从这点来说,除拇趾外其余四趾功能均完全丧失比拇趾功能丧失 75% 所占一足功能的比例稍微少一点。但此时不免会想到标准中"双足除拇趾外任何 4 趾功能均完全丧失"这条。严格来说,标准前提明确提出了是"双足除拇趾外",那么这四趾就应该分布在双足,但是,任何四趾的组合又包含了这四趾在同一足上的可能。所以就容易使人陷入一种矛盾与困惑,一旦真的碰到这种情况不同的人可能会有不同的理解,但目前来讲还找不到更具体的解释。

因此,我们期待更权威的解释与说明来为我们答疑解惑,也为日后的鉴定工作提供更加全面科学的依据。

四肢骨多处骨折的法医学鉴定分析

袁哲伟

浙江省岱山县公安司法鉴定中心 浙江 岱山 316200

《人体损伤程度鉴定标准》（以下简称《标准》）对四肢长骨、手骨骨折做出了详细规定，但对四肢长骨与手骨骨折并存的损伤程度鉴定未予明确界定。现笔者结合实际案例进行鉴定分析。

1 案例

某男，30岁，被他人伤害。病历记载：其左上臂3.5 cm创口，左肱骨骨折，左肱三头肌肌腱断裂；左前臂3.0 cm创口，左桡骨粉碎性骨折，左侧桡侧腕长、短伸肌腱及肱桡肌腱、部分指伸肌群断裂；右手部分离断伤，右手尺侧掌腕关节处14.0 cm斜行裂口，第3~5掌骨完全性骨折，右环指近、中节指骨骨折，右小指近节指骨粉碎性骨折（仅少许皮肤相连），右手中、环、小指指浅深屈肌腱及伸肌腱断裂，右手第3~5指总动脉、指总神经断裂，右手环、小指的骨间肌、蚓状肌断裂，右手环指双侧指固有动脉、固有神经断裂；左踝关节10.0 cm创口，左侧胫、腓骨骨折，左踝关节囊破损、关节腔内积血，左侧腓骨长、短肌完全断裂，左侧跟腱部分断裂，左侧腓肠神经、小隐静脉断裂；右小腿5.0 cm创口，右胫骨骨折，右侧胫前肌、部分趾长伸肌腱断裂；右小腿6.0 cm创口，右腓骨骨折，右侧腓骨长短肌、腓浅神经断裂。入院后予剔除其右侧第5掌骨、小鱼际肌及右小指，骨折复位、内固定等相应处理；其间，未出现休克（中度）情况。伤后约1年时检验：其左上肢瘢痕总长14.6 cm，右手第5掌骨、小指缺失，右手瘢痕总长23.8 cm，左踝部瘢痕长10.6 cm，右小腿瘢痕总长10.7 cm。右腕关节、右手及左踝关节、右踝关节功能分别丧失约15%、25%、18%、35%。

2 鉴定分析

本例伤者骨折范围较广泛、损伤较严重，但其身体素质较好，经有效医疗，未出现急性创伤性失血性休克（中度）情况。

2.1 损伤程度评定一

受伤致其左肱骨骨折、左桡骨粉碎性骨折，相应肌腱断裂，依据《标准》5.9.4 f）、5.9.3 e）之规定，其损伤程度分别评定为轻伤二级、轻伤一级。

2.2 损伤程度评定二

受伤致其右手部分离断伤，右第3~5掌骨完全性骨折，右环指两节指骨骨折，右小指近节指骨粉碎性骨折，相应的肌腱、血管、神经断裂，后医生切除其右第5掌骨、右小指；依据《标准》5.10.4 d）、5.10.4 c）、5.10.4 b）之规定，其右第3~5掌骨完全性骨折及右环指两节指骨骨折、右小指指骨粉碎性骨折分别评定为轻伤二级。治疗后，其右腕关节、右手活动功能分别丧失约15%、25%；依据《标准》5.10.3 a）、5.9.4 a）之规定，前述功能丧失评定为轻伤一级、轻伤二级。

2.3 损伤程度评定三

受伤致其左踝关节囊破损，左侧胫、腓骨骨折，相应的肌腱、血管、神经断裂；依据《标准》5.9.3 e）之规定，前述骨折评定为轻伤一级。治疗后，其左踝关节活动功能丧失约18%；依据《标准》5.9.4 a）之规定，评定为轻伤二级。

2.4 损伤程度评定三

受伤致其右胫骨粉碎性骨折，右腓骨骨折，相应的肌腱、神经等断裂；依据《人体损伤程度鉴定标准》5.9.3 e）、5.9.4 f）之规定，上述骨折分别评定为轻伤一级、轻伤二级。治疗后，其右踝关节功能丧失约35%；依据《标准》5.9.3 a）之规定，评定为轻伤一级。

本例伤者左上肢、右手及双下肢多处骨折，就骨折的损伤程度而言，有三处轻伤一级、七处轻伤二级；就治疗后相应关节功能而言，有两处轻伤一级、两处轻伤二级。按照现行《标准》相关规定，被鉴定人上述情况未能构成重伤二级。但从其严重程度、治疗情况来分析，笔者认为被鉴定人的损伤程度未被评定为重伤二级是不符合情理的；《标准》5.9.3 e）"四肢长骨粉碎性骨折或者两处以上骨折"的规定显然不能解决上述损伤。分析其原因，主要是《标准》没有四肢长骨与手骨骨折并存的条款。

客观地讲，《标准》无法使用罗列式条款穷尽具体的损伤情况。为解决上述问题，笔者建议引入原《人体重伤鉴定标准》（司发〔1990〕070号）中的晋级精神；在今后《标准》修改时增加晋级条款，可规定出现四处以上轻伤一级或六处以上轻伤二级（含轻伤一级）四肢骨折时晋升为重伤二级。同时，不主张多处轻微伤晋级为轻伤二级。

外伤性骨折合并骨质疏松症的法医学鉴定分析

张超，罗璇，王力

北京市通州区公安司法鉴定中心 北京 101100

外伤性骨折合并骨质疏松症的法医临床学鉴定并不少见，伤病关系的评定是此类鉴定的关键。本文作者通过总结相关资料，旨在探讨此类案件的损伤程度评定相关问题。

1 骨质疏松症的特点

骨质疏松症是一种以骨量低、骨组织微结构损坏导致骨脆性增加、易发生骨折为特征的全身性代谢性骨病。骨质疏松症可发生于任何年龄，但多见于绝经后女性和老年男性。骨质疏松症按病因分为原发性和继发性两大类。原发性骨质疏松症包括绝经后骨质疏松症、老年骨质疏松症和特发性骨质疏松症（包括青少年型）。绝经后骨质疏松症一般发生在女性绝经后 5~10 年内；老年骨质疏松症一般指 70 岁以后发生的骨质疏松；特发性骨质疏松症主要发生在青少年，病因尚未明。继发性骨质疏松症指由任何影响骨代谢的疾病和或药物及其他明确病因导致的骨质疏松。

骨质疏松症是一种与增龄相关的骨骼疾病。随着人口老龄化日趋严重，骨质疏松症已成为我国面临的重要公共健康问题。我国 50 岁以上人群骨质疏松症患病率女性为 20.7%，男性为 14.4%；60 岁以上人群骨质疏松症患病率明显增高，女性尤为突出。

骨量的诊断是骨质疏松症诊断的金标准，骨矿物质含量（BMC）和骨矿物质密度（BMD）是评价骨量的两项指标，上述指标的降低与骨质疏松直接相关，而 BMD 的减少是发生骨折的一个重要决定性因素。骨密度是指单位体积（体积密度）或者是单位面积（面积密度）所含的骨量，目前医学临床上有多种测定骨密度的影像技术。双能 X 线骨密度测量（DXA）是目前在骨质疏松症的诊断中应用最广的骨密度测量技术，中国人骨质疏松症 DXA 诊断标准（2018）将 T 值或 Z 值 ≤ -2.5 SD 作为诊断标准。但 DXA 为面积密度测量，易受骨质增生、退化、血管钙化等及骨骼尺寸、软组织密度改变的影响而出现假阴性和假阳性。故真正的体积骨密度测量技术定量 CT（QCT）应用日趋广泛，可以准确地测量不同部位的松质骨及皮质骨的真实骨密度。《中国人骨质疏松症 CT（QCT）诊断标准（2018）》将骨密度绝对值 ≤ 80 mg/cm³ 作为诊断标准。有学者依照骨量减少的程度进行分级，从低于 30% 为起点，每减少 15% 即增加一个分级将骨质疏松分为 Ⅰ~Ⅳ 级。并观察到不论男性和女性骨质疏松进入 Ⅲ 级后，稍遇冲击外力即可能引起骨质疏松性骨折。特别是进入 Ⅳ 级后，有 55% 的人均有不同程度的多次多部位骨折。

表 3-5　骨质疏松分级诊断标准及诊断量化表（QCT）

诊断	标准差（s）降低	BMD 减少率/%	男性 BMD/（mg/cm³）	女性 BMD/（mg/cm³）
Ⅰ级	2.5~3.8	30~45	160~126	168~133
Ⅱ级	3.8~5.0	45~60	125~91	132~97
Ⅲ级	5.0~6.3	60~75	90~56	96~61
Ⅳ级	6.3~	75~	>55	>60

2 法医学鉴定分析

根据损伤成因、临床表现、影像学检查等来确诊外伤性骨折并不困难，此类案件法医临床学鉴定的关键和难点在于伤病关系的认定。笔者认为，此类鉴定应综合分析外伤、骨质疏松特征、影像学检查结果来综合评定。

有学者认为，应区分骨折部位，对于椎体、髋部、前臂远端及肱骨近端的骨折才需考虑伤病关系，其他部位的骨折，一般不考虑骨质疏松症，直接依据标准评定损伤程度。笔者认为，应首先确定骨质疏松累及的骨骼范围，是全身还是局部。除失用性、反射性交感神经综合征、大关节一过性骨质疏松，以及感染、骨折、肿瘤等特定原因外，骨质疏松一般累及全身骨骼，故此种情况不应区分骨折部位。

对于外力巨大，足以对任何健康的骨骼造成损伤的，无需考虑骨质疏松的影响。如果外力适中，笔者认为应根据影像学检查所示骨质疏松的程度来进行认定。BMD减少率为30%~60%的，可以认定二者作用相当，在评定损伤程度时适度降低等级，BMD减少率为30%以下的，则可以认定为次要作用。如果外力轻微而BMD减少率为60%以上的，则可以认定损伤为轻微作用，不宜进行损伤程度评定，只说明因果关系。

浅析腰背部钝性损伤致椎体横突骨折的法医学鉴定

张二永[1]，王伟光[1]，彭永来[1]，刘娟[2]

1. 河南省郑州市公安局 河南 郑州 450004
2. 河南省郑州市第一人民医院 河南 郑州 450004

腰背部在人体后侧，经常成为暴力侵害部位，椎体横突很容易在受到打击时发生骨折，在法医临床鉴定中为常见损伤，笔者收集了近两年来50例椎体横突骨折的法医学鉴定案例，进行回顾性分析，供同行参考。

1 案例资料与方法
1.1 案例来源及分析项目

收集本地2017年1月—2018年12月间伤害案件中椎体横突骨折的案例。按年龄、性别、致伤物、骨折类型、影像学检查结果分类整理，并加以总结分析。

2 结果
2.1 伤者一般情况

（1）伤者年龄分布：50例伤者年龄分布情况见表3-6，范围从16岁至65岁，以36~45岁最多。

表3-6 50例伤者年龄分布

年龄分布	被害人/%
16~25岁	8（16.00）
26~35岁	15（30.00）
36~45岁	22（44.00）
46~65岁	5（10.00）

2.1.2 伤者性别分布：50例伤者中，男性36例（72.00%），女性14例（28.00%）。

2.2 椎体横突骨折致伤物

50例椎体横突骨折案例中，脚踢伤40例（80.00%），棍棒伤5例（10.00%），凳子砸伤例（8.00%），其他1例（2.00%）。

2.3 椎体横突骨折类型

50例椎体横突骨折案例中，单侧一处椎体横突骨折32例(64.00%)，双侧椎体横突多发骨折10例(20.00%)，一侧椎体横突多发骨折8例（16.00%）。

2.4 影像学检查结果

本文50例均进行影像学检查，结果显示：单侧椎体横突线状骨折32例（64.00%），双侧椎体横突多发线状骨折10例（20.00%），一侧椎体多发线状骨折16例（16.00%）。

2.5 体表损伤情况

本文50例椎体横突骨折案例中，体表有明显损伤的35例（70.00%），分别为挫裂创2例（4.00%），擦伤8例（1.00%），片状皮下出血25例（50.00%）；体表未见明显损伤的15例（30.00%）。

3 讨论
3.1 椎体横突骨折的损伤机制

椎体横突为椎骨的附件骨，位于椎体后方，两侧各一，呈条片状，在腰背部受外力击打时易发生形变移位而发生骨折。

3.2 椎体横突骨折的诊断

（1）椎体横突骨折的诊断：外伤性椎体横突骨折都有明确的外伤史，在法医临床检查中，多数可见腰背部明显外伤特征，如局部软组织损伤、擦伤或皮下片状出血。确证椎体横突骨折主要依据影像学检查，拍摄椎骨正侧位 DR 片，CT、MRI 等影像学检查则能准确客观地对椎体横突骨折做出诊断。

综上所述，《人体损伤程度鉴定标准》5.9.3 b)（轻伤一级）规定三处以上横突、棘突或者椎弓骨折。5.9.4 d)（轻伤二级）规定椎骨骨折或者椎间盘脱位。相对于老标准，《人体损伤程度鉴定标准》中规定椎体横突骨折的鉴定条款容易操作，依据骨折数量进行了分级，减少了争议。随着影像学检查手段不断更新，椎体横突骨折的诊断也越来越准确。在近两年鉴定中椎体横突骨折鉴定要求重新鉴定已很少见，不同鉴定机构对同一椎体横突骨折损伤的伤情评定也趋于统一。

1 例手指骨折关节功能障碍法医学鉴定分析

张宏星[1]，汪小博[2]，白宁波[3]

1. 陕西省西安市人民检察院 陕西 西安 710016
2. 陕西省西北政法大学研究生院 陕西 西安 710061
3. 陕西省人民检察院 陕西 西安 710016

1 案例资料

1.1 案情简况

2018 年 5 月 16 日中午，陕西省西安市临潼区秦岭道办居民周某某，女，41 岁，与同小区居民张某某（女，31 岁）等人在养生馆，因感情纠纷发生争吵，进而厮打，其间周某某用手等将张某某右手致伤，经医院抢救，进行了手术缝合，诊断有：头皮裂伤、闭合性颅脑损伤；左手钝器伤、左手指骨折、桡神经损伤、左手功能障碍。经治疗仍留有瘢痕和功能障碍。后双方协商未果，7 月后委托伤情鉴定及成伤方式鉴定。经鉴定为轻伤二级。后法院以周某某某犯故意伤害罪判处有期徒刑一年又四个月并附带民事赔偿。

1.2 活体检验

主要发现，一般情况可，头顶部有 4 cm 长陈旧性头皮线状瘢痕；左手背部有不规则瘢痕，左无名指背侧有 3 cm 缝合痕，轻度弯曲畸形，不能完全伸直，左手无名指及小志指对指握物功能受限。查肌电图示桡神经损伤，拍片示无名指第一指骨粉碎性骨折，小指第二指骨线状骨折。

2 鉴定讨论

2.1 鉴定意见

对指握物功能受限是指由于拇指或其他任何三指遭受钝器或锐器打击、挤压损伤，等致使相应手指部分丧失屈伸、外展、内收的功能。无名指粉碎性骨折，对指握物功能受限，按照 5.10.4 c)，属轻伤二级。本例鉴定结果定为轻伤二级，由于当时参与打架人较多，供述不一，嫌疑人拒不认罪，鉴定成伤方式，确定嫌疑人成为该案关键，通过现场勘验，多次走访参与人，并做侦查实验，最终确定了嫌疑人，嫌疑人承认了犯罪事实，愿意认罪认罚，使案件得以顺利处理，收到较好的法律效果和社会效果。

（1）手的功能检查：此类鉴定需要注意精确拍片和手的功能检查。检查手指各关节功能时，以关节完全伸直为 0°。各关节活动范围存在个体差异，检查时应注意双侧对比，人民卫生出版社第八版《外科学》骨关节损伤的检查，拇指掌指关节屈伸范围可达 90°，一般为 30°~40°，指间关节为 80°~90°。拇指外展即拇指与手掌平行方向伸展为 90°，内收至示指近节桡侧为 0，拇指对掌以拇指指腹与小指指腹对合为标准，手指掌指关节屈曲 80°~90°，过伸 0~20°；近侧指间关节屈曲 90°~100°，伸 0°，手指以中指为中心，靠拢中指为内收，远离中指为外展，内收外展的活动度为 30°~40°。检查手部各关节活动时，以关节伸直位为 0°，注意双侧对比。

（2）准确理解此类鉴定的功能计算标准精神。《人体损伤程度鉴定标准》附录 C7.1 手缺失和丧失功能的计算规定：一手拇指占一手功能的 36%，其中末节和近节指节各占 18%；示指、中指各占一手功能的 18%，其中末节指节占 8%，中节指节占 7%，近节指节占 3%；无名指和小指各占一手功能的 9%，其中末节指节占

4%，中节指节占3%，近节指节占2%。一手掌占一手功能的10%，其中第一掌骨占4%，第二、第三掌骨各占2%，第四、第五掌骨各占1%。本标准中，双手缺失或丧失功能的程度是按前面方法累加计算的结果。

2.2 手指功能损伤程度评定应注意的问题

（1）应确诊造成手指功能障碍的损伤。如外伤造成指浅、深屈伸肌腱的断裂、指间神经、血管的损伤、关节囊的破坏、指骨骨折或累及关节面的损伤。

（2）鉴定时限位受伤后3~6月：结合临床实践，手指功能障碍鉴定时限为受伤后3~6月为宜。

（3）准确测量出伤指的关节活动度：根据损伤所在手指占全手功能比例折算占全手功能丧失程度，评定损伤程度。注意主动与被动活动度检查，通过X线、MRI、神经肌电图、手指活动度等检查与对侧手对比来综合判断评定。

（4）注意区分诈伤或伪造伤：根据检查结果，综合慎重评判。

（5）注意成伤机制的分析：往往此类案件鉴定关键在于成伤机制，确定嫌疑人。一定要结合现场勘验，核对参与人的叙述，必要时进行侦查实验，提高鉴定的科学性，减少鉴定纠纷。

肩峰下撞击综合征的法医学检验鉴定

张磊磊[1]，王静[2]，刘子铭[3]

1. 山东省公安厅物证鉴定研究中心 山东 济南 250001
2. 齐鲁制药药物研究院 山东 济南 25000
3. 山东省公安厅特警总队 山东 济南 250001

1 案例

1.1 简要案情

牛某，男，60岁，建筑工人，自诉与他人因琐事发生纠纷受伤。伤后住院手术治疗，诊断为"右肩峰下撞击综合征"。牛某以伤后右肩肱二头肌长腱断裂到公安机关进行损伤程度评定。

1.2 病历摘要

急诊外科门诊主诉：右上臂被人打伤后局部隆起5h余。体检：右前臂前侧局部隆起，隆起处近端空虚，右肘屈曲可。骨创门诊主诉：右上臂外伤后疼痛1d。体检：胸腹部无压痛，右上臂大力水手症。关节运动医学门诊主诉：右肩关节外伤疼痛4d。体检：右上臂局部隆起，压痛，肩关节间隙压痛，上举、外展受限，上肢感觉及肌力可。

住院病历主诉：外伤致右肩疼痛、活动受限6d。专科情况：右肩关节无明显肿胀，右上肢大力水手征，右肩前外侧压痛明显，右肩关节活动受限，Neer征（+），Jobes征（+），DropArm征（+），抱拾试验阳性，熊抱试验（-）。右肩MRI：右肱二头肌长头肌腱断裂可能，并周围损伤；右冈上肌腱损伤并考虑部分撕裂。关节镜下行右肩关节镜下冈上肌腱、肩胛下肌腱皱缩+肱二头肌长腱固定+肩峰成形+滑囊清理术，术中见盂肱关节内大量滑膜增生。二头肌腱长腱于肱骨结节间沟处断裂，前盂唇与盂接触紧密。肩胛盂软骨毛躁，二度损伤，肩胛下肌腱局部损伤，予皱缩处理。将关节镜置入肩峰下间隙，肩峰下滑囊明显增生，肩峰Ⅱ型，用刨刀清理滑囊，肩峰外、前侧下表面可见撞击痕迹，用磨钻使成Ⅰ型肩峰。冈上肌腱滑囊面局部肌腱变形、毛躁，清理变性的肩袖组织。术后复查右前臂术后愈合良好，摄右肩MRI，提示撞击综合征术后改变。

1.3 法医检验

查体：右肩活动轻微受限，余未见异常。

阅片：右肩MRI示右侧肱二头肌长头肌腱显示不连续，其走行区间条片状压脂高信号影，右冈上肌压脂像信号增高，近肱骨大结节附着区间局限性液性信号，显示欠连续。冈下肌腱、肩胛下肌腱走行可。

2 讨论

研究证实，肩关节功能性、结构性不稳与肩峰下撞击综合征之间关系密切，长期频繁的肩上举等过顶活动会造成肩袖使用过度，反复的肩关节外展、前屈等活动也会导致喙肩弓和肩峰发生碰撞，而反复、微小的撞击和拉伸损伤容易造成肩关节静、动力稳定结构的损害，使肩关节周围组织功能性失稳。肩部外侧由肩峰、喙肩韧带、喙突组成的喙肩弓，喙肩弓与肱骨头之间形成的三角形间隙，称为"肩峰下隙"，各种原因导致肩峰下间隙体积减小、内容物体积增大，均可导致肩峰下撞击综合征。肩峰下撞击综合征与肩袖损伤的发生被认为与肩峰的形态、肩峰下骨赘及肩峰下表面与关节盂的夹角（the lateral angle，LAA）等因素有关。

肩峰下撞击综合征的临床表现是肩部疼痛和活动受限，疼痛多发生于肩峰下间隙及肩部前外侧，常于上臂上举、外展及内旋时出现疼痛。查体时可见 Neer 征、Hawkins-Kennedy 征、疼痛弧征、空罐试验（Jobe 试验）、撞击试验等阳性。另外，Neer 提出撞击注射试验，用于鉴别非撞击征引起的肩痛病症。关节镜检查作是诊断肩峰下撞击综合征的"金标准"。影像学检查主要依赖 X 线和 MRI 检查。

本案被鉴定人牛某伤后首次入院查体右肩部未见有皮肤擦挫伤痕及软组织肿胀等外伤性改变，提示其无明确的右肩关节外伤史；右肩 MRI 检查示右肱二头肌长头肌腱断裂可能，并周围损伤。行关节镜下冈上肌腱、肩胛下肌腱皱缩+肱二头肌长腱固定+肩峰成形+滑囊清理术，术中见肩关节存在退行性变和肩峰下撞击综合征的改变，均属于明显的肩关节退变表现，非新鲜急性外伤特征。根据被鉴定人年龄及职业因素、外伤史、影像学表现、关节镜下所见及临床症状和体征，牛某外伤后出现肩袖损伤、右肱二头肌长腱断裂，应属于肩峰下撞击综合征的后期病程伴发表现，不能认定为外伤性损伤，其肩撞击综合征属于肩关节长期慢性病变，非新鲜急性外伤所致，不宜进行损伤程度评定。

在法医临床学鉴定实践中，如系明确的外伤性肩袖损伤，外伤属于直接影响因素；或是自身肩关节退变所造成的损伤，外伤多为诱发或促发因素，所以，认定外伤性肩袖损伤需满足以下条件：①必须有明确的致伤方式和足以引起肩关节损伤的外伤史（如跌倒时手外展着地）；②伤后及时进行影像学检查，肩关节有相应的新鲜损伤的影像学证据，如 MRI 检查存在肩关节周围软组织挫伤或肱骨头骨挫伤等；③临床检查及影像学检查无明显肩关节退行性改变。

从一起个案分析同一处重复骨折的轻伤认定问题

赵阳

湖南省常德市武陵区人民检察院 湖南 常德市 415000

1 案例基本案情

2019 年农历正月期间，湖南省津市市某村村民田某树在本村 5 组与 8 组的公路挖地种树，挖了 5 组村民龚某贵的一小块地。2 月 28 日 17 时许，龚某贵驾驶摩托车到田某树住处找齐质问，此时村民刘某某也在，田某树顺手拿起一把锄头就欲殴打龚某贵被刘某某拉住将锄头夺下，然后龚某贵与田某树就扭打在一起。田某树的妻子杨某某拿起锄头准备上去帮忙时也被刘某某拉住，随后陆续有村民雷某某及儿子雷某上来拉劝，龚某贵借机跑开，田某树追不上便躺在龚某贵的摩托车上，直到派出所民警赶到才将两人带走。后田某树与龚某贵均在湖南省常德市九澧司法鉴定所做了法医鉴定，田某树右外踝骨折构成轻伤二级，龚某贵面部挫伤评定为轻微伤。

2 案例争议问题

案发后田某树在公安机关控告龚某贵、刘某某、雷某某及雷某涉嫌故意伤害。当地公安机关经过审查后认为没有证据证明龚某贵、刘某某、雷某某及雷某有共同伤害的主观故意，且刘某某、雷某某及雷某没有与田某树发生直接肢体冲突，且该案无证据证明田某树的伤情右踝骨骨折系直接暴力所致。最关键的就是公安机关查明田某树于 2018 年 8 月 4 日因右踝骨骨折在津市市人民医院住院，此次事件是同样的位置发生骨折，不应当认定为故意伤害，决定不予立案。

田某树不服公安机关不立案决定就向津市市人民检察院提出了申请，要求立案监督。在检察机关的组织下，邀集了公检法相关专家对田某树的伤情鉴定进行了重新审查，最终认定田某树确实系原受伤处再次受伤，即同一处发生了再次重复骨折。原鉴定意见没有将 2018 年 8 月田某树右脚踝受伤的情况记录，但轻伤二级的鉴定意见应当是正确的，应当补充材料后再次鉴定。检察机关最终意见是鉴定中心重新鉴定认定为轻伤二级后公安机关应当立案侦查。

3 常规分析

同一处骨折是否认定那我们应当重新认识骨折，骨折通俗的说法即骨的完整性或连续性中断。骨折的愈合过程从病理学的角度可分为以下阶段：血肿形成，骨折断端坏死骨的吸收，纤维骨痂形成，骨的改建再塑。骨折愈合过程缓慢，可长达一年。

骨折愈合可分为临床愈合和牢固愈合，临床愈合指骨折断端由网质骨连接，X片显示的连续骨痂，仍可见骨折线，断端无异常活动，承受轻微应力时疼痛；牢固愈合指骨断端的网质骨被牢固的板状骨替代，X线等显示骨折线完全消失，愈合牢固，承受应力时无疼痛，允许肢体负重。对骨折已经一年以上的，骨折线消失，髓腔贯通，塑形结实的，重复骨折后损伤程度评定，一般不存在争议，发生在骨折牢固愈合之前的往往有不同的意见。

从临床表现上来分析，新鲜骨折的骨折线是比较锐利和边缘不规则的，局部见不到骨痂显示，MRI扫描可见局部物理性炎症所致的相关异常信号，临床上出现较为明显的疼痛和肿胀等症状；而陈旧性骨折影像学检查会发现断端出现了新生的骨痂，骨折线可以因为骨折愈合而消失，即便是骨折线依然存在也表现的比较钝，临床上往往没有明显的疼痛、肿胀等功能障碍症状。

4 处理意见

其实对于同一部位骨折的认定不可千篇一律，幻想用某种公式去套用是不现实的，毕竟骨折间隔时间的长短、患者年龄大小、患者身体状况、不同治疗方式、不同部位的位置都对认定有不同程度的影响，可能都需要具体问题具体分析，要分析新鲜外伤与原有骨折的各自作用，才有利于进行伤情的认定。

对于本案例来说，上一次骨折发生在六个月前，且伤者年龄偏大也不方便确定上次骨折是否完全愈合。但从现有的病历资料及X片等材料来分析，2018年8月田某树因右外踝骨折在湖南省津市市人民医院治疗，仅做右踝石膏外固定等处理，未行手术治疗。而2019年2月受伤后行右外踝骨折切开复位固定术，且术中见腓骨远端骨折，少量凝血块，很明显第二次受伤程度远远超过第一次受伤，且根据X片及CT结果显示骨折线与骨痂形成均是新鲜非陈旧性。当然该处有伤自然会更易再次受伤，但也只会导致外伤参与度的评定，不能否定外伤的主要作用。

就本案案例来看，单纯的鉴定工作不好做，但鉴定之后的工作可能就更不好做。因为鉴定所需要知识的专业性很强，大部分老百姓肯定有些东西无法理解，这需要鉴定人去解释给他们听，让他们理解并且接受，所以在鉴定过程中要充分满足当事人的知情权、监督权和表达权，保持客观公正的司法形象，严防鉴定结果成为冤假错案的帮凶。只有付出相应的努力，才能让法医鉴定达到法律效果、社会效果的有机统一。

脊柱骨折伤残等级案例报告1例

郑欢辉，邵燕芬

浙江光华司法鉴定中心浙江 台州 318020

1 案例

某男，60岁，2020年7月29日发生交通事故受伤，就诊于医院。

主诉：车祸致腰背部外伤疼痛、活动受限4 h。补充及专科情况：胸8椎体棘突、腰1椎体棘突处叩击痛阳性，腰部活动受限，骶部压痛，左肘部后侧皮肤挫伤，四肢各骨关节活动可，肌力V级等。辅助检查：CT（2020-08-02）：胸7、腰2椎体骨折，伴腰2椎管狭窄。MRI（2020-08-10）：胸7、腰2椎体压缩性骨折伴硬膜囊受压，背部软组织轻度肿胀。骨密度检查报告（2020-07-30，本院）：骨质疏松（重）。诊治经过：入院后完善相关检查，予对症保守治疗。2020年8月31日出院。出院诊断：胸7、腰2椎体骨折，多处挫伤，骨质疏松。

2 检验所见

2.1 法医学检验所见

步行入室，神志清，对答切题，查体合作。脊柱生理曲度存，胸腰背部无肿胀、压痛，腰背部活动稍受限。四肢肌力、肌张力正常。

2.2 阅片所见

DR 片 2 张（2020-07-30）：L2 椎体楔形改变，骨皮质断裂，胸 7 椎体楔形改变。

电子 CT 影像（2020-07-30）：腰 2 椎体压缩、变扁，压缩最显著处与腰 1 相同部位比较程度达 1/3 以上，内见锐利数条骨折线影，骨折线累及前中柱，椎体后缘骨碎片向椎管内突入。提示腰 2 椎体压缩性粉碎性骨折伴椎管内骨性占位（压缩程度达 1/3 以上）。

电子 CT 影像（2020-08-02）：胸 7 椎体压缩、变扁，内见锐利数条骨折线影，骨折线累及前中柱，椎体后缘骨碎片向椎管内突入。提示胸 7 椎体压缩性粉碎性骨折伴椎管内骨性占位（压缩程度未达 1/3）。

电子 MRI 影像（2020-08-11）：胸 7、腰 2 椎体呈楔形改变，骨质信号呈 T1WI 低信号，T2WI 高信号，STIR 高信号改变，椎体后缘向后突出，相应硬莫囊受压，提示胸 7、腰 2 椎体新近压缩性骨折。

电子 CT 影像（2020-10-28）：胸 7、腰 2 椎体压性骨折，椎体内见骨痂形成，其中腰 2 椎体压缩达 1/3。

3 讨论

3.1 因果（伤病）关系鉴定

根据其受伤史、病历记载及检验情况，结合影像学资料，分析认为：

某男交通事故致胸 7、腰 2 椎体压缩性粉碎性骨折伴椎管内骨性占位。本所阅片证实上述损伤明确，予以认定。2020-07-30 骨密度检查报告提示骨质疏松。骨质疏松是一种以骨量底下、骨微结构破坏导致骨脆性增加，易发生骨折为特征的全身性骨病。

某男自身的骨质疏松，导致其脊柱的骨量减低、骨强度下降、骨脆性增加，致其骨头本身承压能力较正常人弱，并使其较正常人脊柱骨折后椎体更易压缩性改变。但就其暴力程度而言，其遭遇交通事故，导致胸、腰部及骶部，左时部多处外伤，上述症状在本次交通伤后即刻发生，时间上存在紧密连续性；同时影像学资料显示胸 7、腰 2 椎体骨折等，均高度支持本次交通事故撞击作用的暴力较为巨大，若作用干正常人也会导致脊柱出现不同程度的骨折。

据此综合分析认为，某男目前损害后果（胸 7、腰 2 压缩性粉碎性骨折伴椎管内骨性占位）系在自身骨质疏松的基础上遭受本次外伤所致，外伤起主要原因，建议外伤参与度 85%。

3.2 伤残程度鉴定

脊柱骨折分型：主要分为椎体压缩性骨折和椎体粉碎性骨折。

椎体压缩性骨折：来自矢状轴的屈曲暴力仅造成椎体前柱的骨皮质断裂以及变扁、压缩。

椎体粉碎性骨折：来自纵轴的垂体暴力作用或者联合矢状轴的屈曲暴力作用所致。

本案中胸 7 椎体压缩性骨折，最显著压缩处虽未达 1/3，但存在很明显的粉碎性骨折，目骨碎片突入椎管，骨折已经累及脊柱三柱。骨碎片突入椎管，会对硬膜囊造成压迫，可能造成相应的脊髓的损伤或潜在的脊髓损伤风险。目《人体损伤致残程度分级》标准中椎体单纯压缩性骨折，压缩程度 1/3 为十级伤残，椎体粉碎性骨折，椎管内骨性占位为九级伤残。

由此可见其胸 7 椎体骨折情况远远严重干椎体单纯压缩性骨折，压缩程度 1/3 这种类型。

据此参照《人体损伤致残程度分级》5.8.6 1）、5.9.6 1）、5.10.6 2）条及附录 A 致残程度等级划分依据之规定，其损伤致胸 7 椎体压缩性粉碎性骨折、椎管内骨性占位及腰 2 椎体压缩性粉碎性骨折，椎管内骨性占位综合评定为八级伤残。

左上肢单瘫伤病关系鉴别讨论 1 例

周兵，刘桂洪

江苏省泰州市人民检察院 江苏 泰州 225300

1 案例材料

1.1 简要案情

2019 年 2 月 6 日 19 时许，沈某酒后驾驶小型轿车与骑地动自行车的杨某发生交通事故，致杨某受伤。沈某在此次事故中负主要责任。

1.2 病历摘要

2019年2月6日杨某因外伤后左上肢、左小腿疼痛活动受限2 h入院诊治,查体:颈部压痛、叩击痛,局部可见发绀斑,颈部活动尚可,左上肢主动活动受限,肌力0级,疼痛伴麻木;MRI示:颈椎退变,椎间盘突出,C2/3、C3/4后纵韧带钙化,椎管狭窄,硬脊膜囊受压,左侧臂丛神经损伤,左侧颈根部及肩部软组织肿胀;肌电图检查:左侧臂丛神经损害;出院诊断:左臂丛神经损伤、颈部脊髓损伤、颈后纵韧带钙化、颈椎管狭窄。4月1日因左上肢功能障碍前往上海华山医院继续诊治,查体:左上肢除耸肩轻度受限外各关节主动活动均不能,被动可,左上肢皮肤感觉消失;肌电图检查:左侧臂丛神经锁骨联合损伤之电生理表现;行左侧臂丛神经探查术,术中见左臂丛上中干在根干部大量瘢痕增生,外膜增厚,上干与前中斜角肌粘连严重,分离后,予以彻底松解臂丛神经。出院诊断:左侧臂丛神经损伤。

2020年3月31日因颈髓损伤一年余前往上海华山医院诊治,查体:C3~4水平压痛明显,左上肢肌力2级,腱反射未引出,病理征未引出,余肢体正常;MRI示:C3~4、C4~5、C5~6、C6~7水平椎间盘突出,椎管狭窄,C3~4、C4~5为甚;行颈椎后路单开门椎板成形内固定术+椎管减压术+神经松解术;出院诊断:脊髓型颈椎病。

1.3 法医学检查

颈背部见长12 cm纵形手术瘢痕,左上肢、左手各肌群较对侧萎缩,左前臂呈旋前状,左肩关节主动外展、前屈、后伸肌力4级,左肘关节主动屈伸、伸直肌力3级,左腕关节主动背伸肌力2级,左手指主动屈曲、伸直、内收、外展肌力3级。

2 讨论

该案中杨某的颈部外伤史明确(伤后查体见局部发绀斑,摄片见左侧颈根部软组织肿胀),伤后立即出现"左上肢主动活动受限,肌力0级,疼痛伴麻木"等运动神经功能障碍的神经损伤临床表现,查阅其整个诊治过程,未出现其他肢体的运动神经功能障碍和颈髓损伤的临床表现,多次摄片复查也未见颈椎骨折、颈髓挫伤及出血的影像特征,且临床上颈髓损伤多表现为损伤平面以下的四肢瘫或同侧肢体运动及深感觉消失,与杨某伤后出现的临床表现不符,颈髓损伤的临床诊断依据不足。邀请临床专家会诊,排除无骨折脱位性颈髓损伤可能。诊疗期间多次肌电图检查及左臂丛探查术证明杨某左侧臂丛神经损伤明确,主要累及臂丛干支和束支,其左臂丛神经损伤在部位、性质及程度上具有造成左上肢运动功能障碍的损伤基础,与其伤后左上肢出现的损害表现相吻合,因此其左侧臂丛神经损伤与其左侧肢体单瘫存在直接因果关系。故对照《人体损伤程度鉴定标准》第5.9.2 b)条之规定,杨某因外伤致左侧臂丛神经损伤遗留左侧单瘫,其损伤程度构成重伤二级。

3 指导意义

人体损伤程度鉴定中涉及伤病关系的鉴定最为复杂,认定损伤与疾病对损害后果的作用大小是鉴定的难点和关键点。2013年颁布适用的《人体损伤程度鉴定标准》专门设置了第4.3条加以明确,但实际操作中仍存在很多不确定因素,给鉴定的客观准确性造成一定的困扰。通过该案的办理,笔者在伤病关系鉴定中有几点思考,一是对被鉴定人出现的临床症状和体征要有明确的损伤病理基础支持,即要有明确的外伤史;二是要考虑本次外伤所能引发的临床表现与实际损害表现是否相符,即症状要相符;三是临床辅助检查要完善详尽,借助科学手段鉴别损伤或疾病,为鉴定人提供科学的参考依据;四是积极引入相关医学专家参与鉴定,就复杂疑难情况进行会诊或提供咨询意见,帮助鉴定人鉴别伤病,从而客观公正地做出鉴定意见。

掌骨基底部撕脱性骨折2例

左聪[1]，刘军[2]

1. 浙江省嵊泗县公安局 浙江 嵊泗 202450
2. 浙江省舟山市公安局 浙江 舟山 316013

1 案例资料

1.1 案例一

被鉴定人孙某，男，59岁，因"扭伤致右第一掌指关节疼痛1 d"就诊，查体：右第一掌指关节部略肿，压痛阳性，右手掌指骨正斜位示：右手拇指近节指骨内侧基底部撕脱性骨折。

1.2 案例二

被鉴定人方某，男，58岁，因"扭伤致右拇指疼痛不适半小时"就诊，查体：右拇指近节关节处肿胀，压痛阳性，活动稍受限。右手掌指骨正斜位示：右手各掌骨未见明显骨折及脱位X线征象，右手部骨骼CT平扫+三维重建示：右手拇指近节指骨基底部撕脱性骨折，位置尚可。

2 讨论

2.1 损伤机制

掌骨撕脱性骨折是法医鉴定中较为常见的手部损伤之一，好发于第一掌骨基底部。掌骨基底部是掌骨的隆起部分，此处有强大肌肉附着，当肌肉突然猛烈收缩时，该处骨质被强大的肌肉拉力撕脱而剥离下来，形成撕脱性骨折。

2.2 法医学意义

上述两例掌骨基底部撕脱性骨折，均为闭合性损伤，属于掌骨的不完全骨折，分离的骨折块较小，且容易移位，其骨折改变较隐匿，正位、侧位、斜位上常可以观察到透亮区，但不明显，须做进一步的检查。如案例二中的方某的手部骨骼CT平扫加三维重建，能更清晰地观察到骨折块的位置，对分析骨折线的形态、走行，是否进入腕掌关节内，骨折块的多少，都有重要意义，但也注意与籽骨、副骨等区别。掌骨基底部撕脱性骨折损伤初期可伴有功能受限，如对掌功能受限等，部分手术治疗的伤者，其掌骨骨折愈合的好坏很大程度取决于手术后期功能锻炼，一般愈合时间为4至6周。笔者认为应注意以下几点：①分离的骨折块与相对骨缺缘相吻合，应与籽骨、副骨等鉴别，伤后须多次摄片复查，必要时采用三维重建手段做进一步的检查；②此类损伤较轻微，但其早期功能锻炼尤为重要，部分伤者后期可能存在功能问题，不能大意，待治疗终结，伤情稳定后，确定其没有功能障碍后再作轻微伤的结论；③被鉴定人手部损伤情况，是否与骨折部位对应，是否与损伤机制相符合；④可以参考询问笔录、证人证言、视频等资料，以辅助做出准确的鉴定意见。

第四章 眼耳鼻口

由1例眼外伤后视野缺损错误鉴定浅析法医学司法鉴定中的视野检查

陈朗

四川省攀枝花市人民检察院 四川 攀枝花 617000

1 案例资料

1.1 案情摘要

2016年7月27日21时许，犯罪嫌疑人陈某某因土地使用权纠纷在受害人宋某某居住处，用拳头将宋某某右眼打伤。

1.2 病史摘要

宋某某，男，1954年8月出生，于2016年7月27日被人用拳头及板凳砸伤右眼后3+h住进当地医院。述被打后当即感右眼疼痛，视物不见，眼胀痛不适，伴头晕，全身疼痛。门诊以"右眼钝挫伤，右眼外伤性前房积血，右眼继发性青光眼，左眼老年性白内障，2型糖尿病"收入院。入院时眼部情况：Vod：光感，Vos：0.4。右眼眼眶饱满，眼压偏高；上睑轻度下垂，遮挡一半角膜，上下眼睑发绀肿胀明显，未见明显皮肤裂伤；球结膜混合充血++，角膜雾状浑浊肿胀，前房满贯积血，眼内结构看不进。左眼晶体皮质轻度浑浊，余未见明显异常。眼压：右眼43.38 mmHg，左眼20.55 mmHg。入院诊断：①右眼外伤性前房积血；②右眼继发性青光眼；③右眼玻璃体积血；④右眼虹膜根部断裂；⑤右眼外伤性白内障；⑥右眼外伤性房角后退；⑦双眼糖尿病视网膜病变Ⅰ期；⑧2型糖尿病；⑨糖尿病肾病。

入院后经治疗，伤者于两周后出院。出院时：Vod：0.3，Vos：1.0。右眼角膜透明，前房深度正常，积血基本吸收，上方虹膜根部从（10:30）~（1:00）离断，瞳孔呈"D"型，散大，直径约5 mm，直接光反射消失，晶体皮质及核轻度浑浊，玻璃体少许积血，眼底未见特殊。房角镜检查提示：右眼房角部分后退。眼压：右眼15 mmHg，左眼14 mmHg。

伤者于2017年9月入该院行"右眼白内障超声乳化+人工晶体植入术"，手术顺利，1周后出院。

2. 鉴定

2.1 2017年10月23日法医临床学检查

视力Vod：0.15，矫无助（+4.00/+0.50×5）Vos：0.25，矫无助（+1.00/+0.75×85），右眼结膜轻充血，角膜透明，kp（-），前房清，中深，瞳孔椭圆，直径约3 mm，对光反射消失。上方虹膜根部11:30~1:00方向离断，人工晶体位正，玻璃体未见明显浑浊，眼底见视盘边界清，生理凹扩大，加深，C/D约0.6，余网膜未见水肿、渗出、出血等。左眼瞳孔直径约1.5 mm，对光反射存在。眼压：右眼11.3 mmHg，左眼14.3 mmHg。辅助检查提示右眼神经纤维层厚度局部变薄，右眼视野受损，缺损直径<10°（以上为摘抄鉴定文书内容，此处多为笔误，可能应为"视野半径<10°"）。

2.2 鉴定意见

根据《人体损伤程度鉴定标准》，伤者视野检查报告提示：右眼视野缺损，缺损（残留）直径<10°。故伤者符合5.4.2 c）条之规定："一眼视野半径10°以下（视野有效值16%以下）"，伤者宋某在该案件中人体损伤程度为重伤二级。

该伤情鉴定因当地检察机关在作技术性证据审查时，以未行伪盲检查和视野检查方法错误而要求重新鉴定。

3 重新鉴定

3.1 2018年2月11日法医临床学检查

视力：右眼：0.2矫+1.50 DC×110°→0.3，左眼：0.3，矫：+1.50 DC×100°→0.6 右眼上睑无明显肿胀，不垂，结膜不充血，角膜透明，前房清，上方虹膜12点至1点周边缺失，瞳孔稍大，瞳孔直径约4 mm，稍显椭圆形，对光反射消失，人工晶体位正，透明，眼底可见视盘颞侧大部分呈灰白色，C/D=0.5~0.6，黄斑中心光反射减弱。左眼晶体皮质部分浑浊，眼底显模糊，视盘颜色大致正常。眼压：右眼24 mmHg，左眼18 mmHg；

双眼黄斑 OCT 检查未见明显异常；电脑动态视野检查在同一段时间内连续 2 次动态视野检查，左右眼各做两次，其结果均不吻合，其视野缺损部位完全不能重合。

3.2 重新鉴定意见

宋某某人体损伤程度依据《人体损伤程度鉴定标准》5.4.4 a）款，以外伤性虹膜离断、前房积血等伤情被评定为轻伤二级。

4. 本文针对该案例仅对视野检查部分展开讨论

《人体损伤程度鉴定标准》中关于视野缺损的评定标准从重到轻一共有五条，见图 4-1。

第二节　视野缺损

一、鉴定标准条款

5.4.1b	一眼视野完全缺损，另一眼视野半径 20°以下（视野有效值 32%以下）	重伤一级
5.4.2c	一眼视野半径 10°以下（视野有效值 16%以下）	重伤二级
5.4.2d	双眼偏盲；双眼残留视野半径 30°以下（视野有效值 48%以下）	重伤二级
5.4.3d	一眼视野半径 30°以下（视野有效值 48%以下）；双眼视野半径 50°以下（视野有效值 80%以下）	轻伤一级
5.4.4g	一眼视野半径 50°以下（视野有效值 80%以下）	轻伤二级

图 4-1　《人体损伤程度鉴定标准》关于视野缺损的评定标准

在应用最普遍的司法部司法鉴定管理局/组织编写的《〈人体损伤程度鉴定标准〉适用指南》和公安部刑事侦查局编撰的《〈人体损伤程度鉴定标准〉释义》中对法医学司法鉴定中视野检查，都有相差无几的论述。

视野是法医学司法鉴定中除视力以外另一项重要的视功能评定指标。人的视野被定义为头部或眼部固定不动时注视方向上可见的范围（它确定了可见范围的区域边界）。一只眼所见的视野称为单眼视野，正常人单眼视野的空间范围受限于面部解剖结构，眼眶、鼻子、眉毛和颧骨限制了视野的范围，一般情况下，鼻侧为 60°，颞侧 90°，上方接近 60°，下方 70°。若受检眼视野的周界缩小，或视野的范围内出现看不见的盲区，则属于视野缺损。

视野检查通过系统化、高度标准化的方法量化被鉴定人的光敏感度。细小的视标投射在半球形的仪器内进行整个视野范围内的评估。这些被投射在仪器背景内的视标在形状、大小、颜色、光强度和时长都是高度标准化的，以确保高度的可重复性。最常见的是一个投射在白色暗背景上的圆形白色视标。视标的亮度（即反射的光强度）可以从低到高调节。目前常用计算机自动视野计。

在法医学司法鉴定中，视野的检查常用的为静态视野检查和动态视野检查。静态视野检查中视标的不同亮度可用于确定在不同情况下视敏度的阈值，它的每一个视敏度阈值点都是独立的、静止不动的，这种检查方法更多地用于检测中心视野（通常为 30°视野范围）变化，适用于青光眼、黄斑疾病和视功能检测。而动态视野检查中，敏感度阈值是由不同大小和光强的视标从不可见区域移动到可见区域时确定的，视标移动的轨迹称为径线。检查时，视标光源从不可见区域到可见区域的移动，患者须在看见视标时按下应答按钮，发生应答的视野区域的敏感度阈值与相应径线的光强相同。继续使用同一光强及大小的视标完成整个视野区域的评估。使用不同光强及大小的视标重复这一过程，就可将视觉敏感度阈值连接成等视线（同一敏感度的连线）和视野光敏度地形图。等视线标志了视丘可见区与不可见区的分界线，根据看到视标大小和强度的不同而分界，其图形和原理相当于地图上的等高线。视野光敏度地形图可发现可见区域中的视野暗点和暗区。法医司法鉴定时，鉴定人根据动态视野计确定被鉴定人视野的周界，与正常或健侧视野范围相比较，计算评估出其视野缺损的程度，从而对其人体损伤程度做出法医学的司法鉴定意见。

为什么法医学司法鉴定在视野检查中更多采用动态视野检查的结果？相较于静态视野检查需在若干提前设定好的位点测定其视敏感阈值，动态视野检查则运用某一特定的光强在检测视敏度阈值为此光强的区域其好处在于：

4.1 动态视野检查具有高空间分辨率

动态视野检查具有高空间分辨率，能更好地显示视野缺损的模式和形态。被鉴定人可以在视标径线上的任何一点发生应答，因此可能在少量径线上便可绘制大量应答位点。而且动态扫描程序可以做到"因眼而异"，而不是在所有检查中都遵循相同的检查模式。这对于检查出某些边缘陡峭或较小的视野缺损很有益处。

4.2 可以较快速地进行周边视野检查

可以较快速的进行周边视野检查。移动的视标可以在相对较短时间内覆盖较大的视野区域，这在法医学临床检查中，视野损害多由外伤造成，此类损伤更早或更易累及周边视野而不是中央视野，动态视野检查就会更具优势。

4.3 动态视野检查具有高度的灵活性与交互性

对于被鉴定人来说更容易。动态视野检查具有高度的灵活性与交互性，可以根据被鉴定人的可靠性进行调整。移动的视标较固定的视标更易见。因此，动态视野检查更适合用于低视力者的检查，甚至用于检查包括儿童在内的较难以接受视野检查的被鉴定人。

在本案中，被鉴定人第一次的人体损伤程度鉴定，在视野检查方面，鉴定人只对被鉴定人进行了静态视野检查，而且只进行了一次，就得出视野残留半径<10°的结论，并以此评定其人体损伤程度为重伤二级，显然错误。作为法医学司法鉴定，其鉴定意见对于案件性质有至关重要的影响，视野检查（无论动态、静态）都需要被鉴定人主观反应和配合。而第一次鉴定，没有进行反复测试，以排除伪装视野缺损，检查方法也选择错误，没有进行动态视野检查。因此其鉴定意见被认为不可靠，不能作为证据使用。在第二次的检查，被鉴定人由于左右眼各做两次动态视野检查，其视野缺损的部位完全不能重合而被认为未能通过伪装视野缺损检测，而放弃了对视野缺损的评估。

其实笔者认为第二次的鉴定仍然存在明显问题。因为视野检查结果受诸多因素影响，即使排除检查者方面的因素，从被鉴定人因素来看，可能存在以下影响：

（1）学习和实践效应：被鉴定人第一次进行视野检查时，常常会出现对检查理解不到位，按键犹豫，反应迟缓的现象，导致较差的视野检查结果。只有当被鉴定人进行多次测试后，其反应情况及试验结果才逐步接近真实状态。

（2）疲劳效应：视野检查全程需要被鉴定人全神贯注，反应灵敏。当被鉴定人疲劳时，容易应答不连续，导致结果差于真实状态。

（3）固视偏离：如果检查过程中被鉴定人固视点偏离，视野检查将失去参照点，导致视野缺损将不能够被准确定位，这叫固视偏离，是产生不可信结果的最常见原因。被鉴定人一旦对自己的检查结果没有把握并开始四周环视寻找闪光点时，固视偏离就显现出来了。因此，检查员务必详细反复交代被鉴定人要在检查时保持固视、无须看到所有的视标。

对于本案来说，被鉴定人时年 63 岁，职业务农，受教育程度低，同时伴有多种眼疾，除了外伤造成的视力损害，还有 2 型糖尿病，白内障。因此在进行视野检查时，更需要考虑到这些因素给检查带来的影响。只有在正确、精确掌握其真实的视野状况的情况下，才能对其视野是否有缺损，缺损程度进行科学合理的法医学司法鉴定。

开水烫伤并发鼓膜穿孔损伤程度鉴定 1 例

崔俊明，窦乃迪，李林

河南省唯实司法鉴定中心 河南 郑州 450004

1 案例资料

1.1 简要案情

尚某，女，49 岁，某年 10 月 18 日 09 时许被他人用开水泼至面部致使左侧面部、左耳等部位被烫伤。自述伤后急诊入某医院接受诊疗，伤后 17 d 发现左耳鼓膜穿孔。某市公安局物证鉴定所鉴定意见为尚某的损伤程度已构成轻微伤，其左耳鼓膜穿孔可在损伤 6 周后根据其鼓膜穿孔自行愈合情况进一步检验鉴定。现尚某左耳损伤已满 6 周办案单位要求对其左耳损伤程度进行重新鉴定。

1.2 病史摘要

受伤当日某医院入院记录体格检查记载：患者面颈肩部、左上肢可见烧伤后外观。伤后 7 d 耳镜检查左侧外耳道存在大量白色分泌物，左侧鼓膜未显示。伤后 14 d 耳镜检查左侧外耳道壁充血，余同前。伤后 17 d 耳镜检查（图 4-2）左侧外耳道皮肤黏膜充血，左耳鼓膜紧张部存在一处穿孔，形态近椭圆形，边缘整齐，残余鼓膜充血，光锥消失。鼓室未见明确分泌物。右耳鼓膜完整。伤后 20 d 耳镜检查录像显示左侧外耳道皮肤黏膜充血水肿，并附着少许毛丝状物，左耳鼓膜紧张部存在一处穿孔，前份残缘较薄光滑，残余鼓膜充血，鼓室存在少量渗出物，呈气泡征，残余鼓膜充血，光锥消失。右耳鼓膜正常。伤后 38 d 耳镜检查（图 4-3）录像显示左侧外耳道充血水肿，程度较前减轻。外耳道附着毛丝状物，较前增多。左耳鼓膜紧张部存在一处穿孔，边缘光滑，残余鼓膜充血，程度较前减轻。右耳鼓膜正常。伤后 43 d 耳镜检查（图 4-4）录像显示左侧外耳道充血水肿，程度较前检查无明显变化。外耳道附着毛丝状物，程度较前检查无明显变化。左耳鼓膜紧张部存在一处穿孔，边缘光滑，残余鼓膜充血，程度较前检查无明显变化。鼓室内未见明确异常。右耳鼓膜正常。

送检伤情照片显示左侧面部及左耳郭烫伤后表现。

伤后次日某市公安局物证鉴定所法医学人体损伤程度鉴定书检验记载：左面部在 11 cm×14 cm 范围内有 Ⅱ 度烧烫伤，左耳郭在 6.5 cm×2 cm 范围内有 Ⅱ 度烧烫伤，左耳郭背侧在 4 cm×1.5 cm 范围内有 Ⅱ 度烧烫伤。

1.3 法医学专科检验

双侧耳郭无畸形，耳郭及乳突皮肤无损伤。双侧外耳道通畅。双侧乳突无压痛。

复查（伤后 63 d）耳镜（图 4-5）显示：右侧鼓膜完整。左耳外耳道底存在纤毛样分泌物附着，鼓膜紧张部存在一处穿孔，穿孔形态呈类圆形，残缘厚钝。残余鼓膜浑浊，鼓室干燥，光锥消失。

复查双侧颞骨 CT 显示：双侧乳突气房发育良好，其内无异常密度影，鼓室、鼓窦骨质结构未见明确异常，听骨形态及位置无异常，内听道形态无异常。

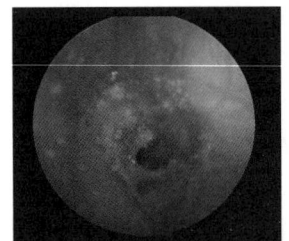 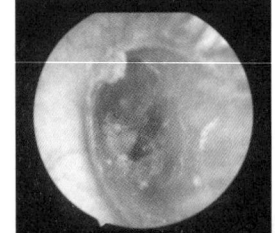 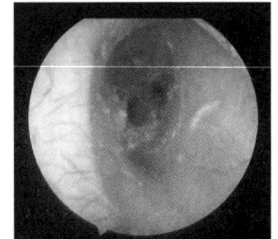 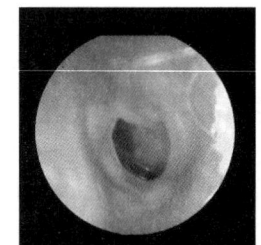

图 4-2　伤后 17 d 耳镜检查　　图 4-3　伤后 38 d 耳镜检查　　图 4-4 伤后 43 d 耳镜检查　　图 4-5 复查（伤后 63 d）耳镜

1.4 鉴定意见

被鉴定人尚某左耳鼓膜穿孔未在 6 周内自行愈合，依据《人体损伤程度鉴定标准》5.3.4 轻伤二级 a）之规定，其损伤程度为轻伤二级。

2 讨论

鼓膜又称耳膜，为一椭圆形半透明状薄膜，厚约 0.1 mm，由上皮层、纤维层和黏膜层构成，位于中耳鼓室与外耳道交界处，构成鼓室的外侧壁，由其将外耳道和中耳腔进行分隔，并阻挡保护外耳道的异物，细菌等进入中耳腔。

炎症性鼓膜穿孔常有急性或慢性中耳炎病史，局部外伤不明确，外耳道多有脓性分泌物。穿孔可发生在紧张部，也可发生在松弛部，穿孔多呈圆形或肾形，穿孔边缘光滑。

灼热伤并发鼓膜穿孔是一种特殊类型的创伤性鼓膜穿孔，鲜有报道。此类穿孔多由高温物质溅入耳道所致，常常伴随耳郭、外耳道损伤，早期内窥镜下表现为外耳道高度肿胀，渗出明显，甚至不能窥及鼓膜，或鼓膜广泛充血水肿及渗出物覆盖。鼓膜穿孔多为继发性穿孔，该类穿孔均位于紧张部，发现时多为类圆形，损伤相对较轻的鼓膜，可以表现出愈合趋势。

本案例中被鉴定人面颈肩部、左耳郭、左上肢等处被烫伤，伤后存在左侧外耳道烫伤后表现，多次耳镜检查显示：①穿孔残缘较薄，残余鼓膜充血；②外耳道及鼓室渗出物较多，且无明显化脓性物；③充血、水肿、渗出等表现逐渐减轻；④穿孔形态有改变。虽然伤后左耳外耳道及鼓室内渗出物和白色分泌物的出现可以影响到鼓膜穿孔的自行愈合，但是与烫伤存在直接因果关系，且颞骨 CT 检查结果不符合化脓性中耳乳突炎表现。因此被鉴定人左耳部烫伤并发鼓膜穿孔且未在6周内自行愈合，依据《人体损伤程度鉴定标准》5.3.4 轻伤二级a）之规定，其损伤程度已构成轻伤二级。

新标后的鼓膜造作伤探析

窦乃迪[1]，王基锋[2]

1. 河南省唯实司法鉴定中心 河南 郑州 450004
2. 河南省公安厅 河南 郑州 450004

在伤害案件鉴定中，造作伤是以逃避刑事责任、加重损伤程度，或反诬他人、恶意索赔为目的行为。鼓膜穿孔以其小的代价，极易成为伤情鉴定中的造作伤对象。新标实施后，鼓膜穿孔案例明显减少，造作鼓膜穿孔案例减少；穿孔愈合过程中造作影响愈合案例增加。作者通过对2014年以来参与鉴定的案例资料统计分析，对新标实施后的造作性鼓膜穿孔伤鉴定提出一些新的认识。

1 资料

2014年以来作者参与的鼓膜穿孔伤鉴定案例71例，共计74耳，均可以存在造作行为。所有案例均提供伤后（3 d内）及定期（10 d左右）耳内窥镜检查的录像或截图。

2 结果

2.1 鼓膜穿孔伤鉴定案例数量

71例鼓膜穿孔（74耳）：63例为外伤性穿孔，8例穿孔为陈旧性穿孔。

2.2 致伤方式

63例为外伤性穿孔：判断为直接损伤4例（4/63），间接损伤59例（59/63）64耳。

2.3 鼓膜穿孔愈合过程

59例64耳间接伤案例中46耳6周以内未愈合。表现为：①穿孔有愈合趋势，但愈合速度缓慢；②残缘上皮生长膜突然消失；③愈合过程中继发出血或感染；④伤4周以后穿孔无明原因痂皮增多；⑤穿孔愈后新穿孔形成；⑥无明原因裂隙样小穿孔不愈合。

2.4 阻滞或延缓愈合的方式

根据鼓膜穿孔愈合过程中的表现及案情调查结果分析，阻滞穿孔愈合的方式包括：①外加气流或捏鼻鼓气反复冲击；②滴药或进水污染；③未予证实造作方式，但不符合愈合过程表现；④委托单位提供存疑行为证据。

3 讨论

造作伤是自己或授意他人在自己身上造成的损伤。新标施行以后，鼓膜损伤轻伤程度下限的提高在一定程度上预防了鼓膜穿孔造作伤的发生。

本次统计的可疑造作伤由直接损伤的造作伤方式逐渐变为间接损伤后阻滞愈合。这一类案例被鉴定人都熟知条款，穿孔愈合过程后期存在可疑行为，甚至自己预判可以得到轻伤二级的结果。对上述镜像异常表现，不能合理解释。

目前对鼓膜穿孔自行愈合过程的研究尚不完善，尤其是小穿孔的不愈合现象。许多因素可以影响鼓膜的自行愈合，但本次统计案例出现的异常体征均不符合影响愈合的常见因素。

在损伤程度鉴定过程中，遇到违反常规表现的鼓膜穿孔6周不能愈合案例，鉴定时一定要结合案情审慎处理。

新时期耳鼻咽喉头颈外科医疗损害鉴定回顾性分析

窦乃迪，李林

河南省唯实司法鉴定中心 河南 郑州 450003

因其解剖结构和生理、病理特点，尤其是新的诊疗技术广泛应用，对耳鼻咽喉头颈外科从业人员保证医疗安全的专业素质与技能的要求更高，随着患方维权意识的增强及侵权责任法的正式实施，医疗损害案件鉴定时有发生。

作者对 2015 至 2020 年度参与的 11 例耳鼻咽喉头颈外科医疗损害鉴定案例进行回顾性分析，探讨新时期耳鼻咽喉头颈外科医疗损害发生因素及专业特点。

1 资料

1.1 一般资料

2015 年 3 月至 2020 年 12 月作者作为司法鉴定人以及医学会专家库成员参与的耳鼻咽喉头颈外科医疗损害案件共 11 例。患方为男性 4 例，女性 7 例；年龄范围 8 岁至 57 岁。每例案件鉴定资料完整，鉴定程序合规，均做出明确的鉴定意见，并被委托人采信。

1.2 案例分类

11 例案例分为急诊手术 1 例、中耳手术 1 例、鼻科手术 5 例、鼻整形手术 2 例、咽部手术 1 例、胸科手术 1 例、外伤性耳聋 1 例。

2 鉴定意见

11 例案例医方均存在侵权责任，即医方的诊疗行为与患方损害存在因果关系，其中原因力为轻微原因 5 例，次要原因 1 例，同等原因 3 例，主要原因 3 例。

3 讨论

3.1 医疗损害发生率

20 世纪 90 年代我国医院耳鼻咽喉科更名为耳鼻咽喉头颈外科，是外科系统的二级科室，尽管外科是医疗损害案例的高发科室，但本专业在外科系统相对不是高发专业。谢冬玲、杨立、蔡梓薇等统计中均不在高风险外科专业之中。但是作者的统计发现，近 5 年每年都存在本专业医疗损害鉴定案件，则需要引起执业人员的高度警惕。

3.2 完善诊断是精准治疗的基础保障

由于本专业解剖部位较为隐匿，诊疗过程中极易遗漏重要信息，尤其是跨专业收治本专业疾病或产生严重并发症时易导致不良后果。

3.3 规范操作是急诊处治的必须技能

目前，除教科书及专业文献指导诊疗以外，中华医学会也专门制定了各专业的诊疗指南及技术操作规范，各医疗机构也针对本单位实际制定相关工作制度。但是，在临床实践中依然出现医疗差错，说明在实际工作中还是存在执行力缺陷。

3.4 严格行业培训，把握风险操作

目前鼻内窥镜下鼻窦手术与传统手术方式相比，并没有将并发症降低，尤其是严重并发症发生的绝对数反而增加。随着耳鼻咽喉专业动力系统以及等离子低温消融等技术在临床治疗中的应用，由于部分技术应用规范尚不成熟，或者执业人员没有接受严格的技术培训，随之也带来了一定的医疗风险。

耳鼻咽喉头颈外科解剖结构复杂，术者解剖结构不熟悉，手术野不清楚时，操作就带有一定盲目性，容易导致并发症的发生。如鼻科手术时眼部并发症主要包括眶内出血、眼外肌损伤、泪道损伤、视网膜中央动脉痉挛或栓塞、视神经损伤等，而视神经损伤是由鼻内窥镜下鼻窦手术引起的最严重并发症之一。

3.5 术前正确评估是精准治疗的关键

从业者的技术能力水平不同，不是医疗损害产生的根源。接诊后，尤其是术前对患方进行正确评估，是降低医疗风险的关键。这里所谓的正确评估包括既要评估患方病情的复杂性，同时也要评估医方技术是否达到对复杂病情的控制能力。

3.6 掌握基本解剖生理结构及设备操作技术是诊疗成功的基础保障

慢性鼻炎手术的主要目的是缓解闭塞症状，而根据鼻腔解剖生理特点，一旦将鼻腔结构过度减容，可能带来鼻塞、鼻腔干燥等不适。

低温等离子射频消融手术系统目前已经逐渐应用于耳鼻咽喉头颈外科各个领域，并显示出其优良的性能。目前尚没有统一的应用参数与操作规范，各生产厂家的等离子刀头进入深度及作用时间还要探索，操作不当也出现了相关手术后的医疗损害案例。

3.7 鼻部美容手术是新时期医疗损害案件的高发领域

鼻部整形美容是医方与受术者约定根据美学标准运用医学手术方式对人鼻部进行的再塑造。随着追求完美的人群增大，而从业者技术水平参差不齐，导致该类案件日益增多。由于受术者本身是健康者，这一特点决定整形美容不同于一般的外科手术，案件也有别于一般的医疗侵权纠纷。

医学归根到底是一门探索性科学，许多问题存在一定程度的未知性。外科手术后还有不可避免的并发症存在，《医疗事故处理条例》和法律也都有免责的规定。如何在围手术期与患方沟通是医方的一项重要工作。取得患方理解，可以最大程度地化解医患矛盾，降低医疗风险。

一起误诊为外伤性耳聋鉴定为重伤的伤害案探讨

樊湘欣

湖南省湘潭市惠景司法鉴定所 湖南 湘潭 411100

1 案例

受害人，朱某，男，36 岁，2014 年 8 月 22 日与邻居唐某，因宅基地纠纷被对方用锄头打伤右头面部、胸部等处。外伤后诉头痛、右耳听力障碍，经 CT 及电测听检查：右颞顶部颅骨凹陷骨折、右耳气导 500 Hz 80 dB，1000 Hz 87 dB，1000 Hz 95 dB，左耳气导正常，脑干诱发电位，双耳给予 90 dB 刺激时，右侧波 V，潜伏期 T3～T5、T1～T5 延长，反应阈上升，左侧正常。2015 年 3 月 4 日经湘潭市某法医鉴定机构以外伤性耳聋鉴定为重伤二级。公安机关以伤害罪移送起诉，湘潭市某检察院委托重新鉴定。

复查情况：经调阅案卷材料及病历资料，受害人因右头顶部、胸部等处，被锄头打伤后 3 h 入院，右耳无外伤痕迹，双耳无出血，CT 检查：右颞顶部颅骨凹陷骨折，脑实质无损伤；电测听及脑干诱发电位检查，提示右耳聋。法医临床学复查：右头顶部见 6 cm 长愈合瘢痕，交谈中右耳听觉较左侧稍差，其余未见异常。这种耳聋究竟是怎么形成的呢？很明显，右耳聋成了本鉴定的关键：①右头顶部外伤是否可造成右耳聋？②右耳聋程度是否达到重伤二级程度？③是否诈聋或其他人为因素？这些是我们重新鉴定时要解决的问题。专科检查：右耳鼓膜紧张部绿豆大圆形穿孔，陈旧性改变，直径 3 mm，边缘光滑，无充血及溢脓，左耳正常；经语音检查，右侧稍差，脑干诱发电位复查，右侧诱发电位波形稍差。根据专科检查情况，右耳鼓膜紧张部绿豆大圆形穿孔形状与外伤损伤所致穿孔形状不符，同时此次右耳无外伤，可排除右耳外伤所致耳聋，经 CT 检查，可排除颅脑损伤所致的中枢性耳聋，此次专科检查，耳聋属轻微耳聋。然而是耳聋吗？究竟是什么原因造成的呢？经询问受害人，会同办案人员到案发地调查取证，受害人曾患过慢性中耳炎，从而使得这一案件真相大白。受害人朱某经重新鉴定，其损伤为颅骨骨折，头皮挫裂创属轻伤贰级，耳聋系因病诈聋，从而防止了一件错案的发生。

2 探讨

2.1 鉴定结论错误

本例伤害案，伤情简单，伤后病理变化不复杂，原鉴定人由于没有全面、细致、认真的检验，没有正确的区分头部外伤与耳聋的关系，没有常规细致的检查，只看到局部现象，从而导致了错误的鉴定结论。

2.2 诊断缺乏有力根据

对检查结果不加分析，过于疏忽作为鉴定结论，没有分析单纯颅骨骨折是否可以造成耳聋，也没有作常规右耳检查，询问既往病史，以排除右耳病变，仅凭一个听力检查报告就作为伤情鉴定的依据，诊断上缺乏有力根据。

2.3 错误原因

没完全细致的了解案情、审查病史资料是导致错误的重要原因。朱某受伤后无耳部外伤，也无耳流血，对于重度耳聋的报告，缺乏因果关系，没有关联性。所以认真了解案情，掌握第一手资料，了解损伤的前因后果，排除其他致聋因素，是做出正确鉴定的保障。

2.4 不能盲目采用临床资料

法医鉴定不可缺少临床资料，但对临床资料的确认、引用要十分谨慎，不能盲目加以采用。病历资料是医务人员对伤情的真实记载，也有一些通过隐瞒事实、欺诈等骗取的虚假病历和检验结果。因此鉴定机构的法医对提供的检验报告、病历资料要认真核实，去伪存真，方可引用作为鉴定依据。

双眼视力功能障碍申请保外就医技术性证据审查2例

方超

江苏省南京市人民检察院 江苏 南京 214000

2014年颁布实施的《暂予监外执行规定》（以下简称为《暂外》）所附"保外就医严重疾病范围"中关于双眼视力功能障碍的保外就医条款与1990年颁布的《罪犯保外就医执行办法》（以下简称为《保外》）所附"罪犯保外就医疾病伤残范围"条款存在不同，造成实际工作中各地理解、适用不一致。笔者以近期所遇两例双眼视力功能障碍申请保外就医案例，探讨相关条款的理解与适用。

1 简要案情

1.1 案例一

王某，男，1970年生，因盗窃罪被羁押于某地监狱。2019年，罪犯王某因双眼视力渐进性下降伴夜盲史20年，加重10年，双眼视力功能障碍提出保外就医申请。经检查，左眼手动，右眼光感。左眼晶体混浊，右眼人工晶状体，双眼视网膜色素变性。诊断：①双眼盲；②双眼视网膜色素变性；③右眼人工晶体；④左眼并发白内障。医学专家及保外就医复核小组一致认为王某病情符合保外就医严重疾病的标准。王某被同意保外就医暂予监外执行。2020年，检察机关社区矫正检察监督发现，王某在保外就医社区矫正期间未进行相关治疗，并从事盲人按摩等经营性活动。

1.2 案例二

潘某，女，1969年生，因犯提供虚假证明文件罪，于2020年11月被法院判处有期徒刑4年。潘某于2019年3月因双眼爆炸伤，行"右眼球内探查+角膜修补+玻璃体切割术+激光+重硅油注入术"；出院诊断：①右眼球修补术后；②右眼晶状体阙如；③右眼虹膜阙如；④右眼脉络膜劈裂伤；⑤左眼球摘除术后；⑥面部多处外伤。2021年3月，医学诊断：①右眼角膜白斑；②右眼硅油取出术后；③右眼无晶状体眼；④左眼义眼。患者病情稳定，无特殊治疗。潘某于交付执行前向法院申请保外就医暂予监外执行。

2 案件争议点

对于双眼视力功能障碍是否能申请保外就医暂予监外执行存在以下两种观点：

一种观点认为，1990年《保外》条款明确规定"伤病后所致的双目失明或接近"符合保外条件。2014年《暂外》只规定了双眼矫正视力<0.1需手术治疗情形，未涉及双眼盲病情稳定时的情形。对照《保外》老条款，比照《暂外》十八条第3款"其他职业病并有……双眼矫正视力<0.1……，经规范治疗未见好转"，上述两案例双眼盲符合保外就医条件。

另一种观点认为，2014年《暂外》条款明确规定了"伤、病后双眼矫正视力<0.1，……需手术治疗"，若无需手术治疗，则不符合保外就医情形。

3 条款理解与适用

笔者认为，要准确理解上述条款，需从以下几个层次分析。

3.1 刑法层面

《刑法》第十九条规定，又聋又哑的人或者盲人犯罪，可以从轻、减轻或者免除处罚。这包含两层含义。其一，盲人犯罪，同样需要接受法律惩罚，如果盲人犯罪被判处有期徒刑但又暂予监外执行，则造成法律惩处漏洞；其二，若罪犯在判决前已是盲人，法院在判决时已将双眼视力功能障碍在量刑中考虑，如果再申请暂予监外执行，则一种情形被多重考量。

3.2 《暂外》条款层面

2014年《暂外》所附"保外就医严重疾病范围"第十二条规定："五官伤、病后，出现严重的功能障碍，经规范治疗未见好转。1.伤、病后双眼矫正视力＜0.1，经影像检查证实还有白内障、眼外伤、视网膜剥离等需要手术治疗。"该条款明确指出了眼伤、病的适用条件，而第十八条为职业病情形不适用上述两案例。同时，该条款明确双眼视力功能障碍严重程度达＜0.1，且符合白内障、眼外伤、视网膜剥离等并需要手术治疗，点明了保外就医暂予监外执行是出于"就医"目的，而非其他。上述两案例分别因病、伤导致双眼视力功能障碍，但病情、伤情稳定，无进一步手术治疗可能，故不符合保外就医条款含义。

3.3 《暂外》与《保外》条款变化后的立法考量层面

从1990年《保外》规定双眼失明或接近失明即符合保外，至2014年《暂外》规定双眼矫正视力＜0.1且需手术治疗。上述条款的变化，反映立法者对双眼视力保外情形的从严，也更贴合"保外就医"的原意，并与《刑法》判决相衔接，弥补法律惩处漏洞，是立法的进步。

规范保外就医，是惩处罪犯、杜绝"纸面服刑"的重要保障。近年，各地陆续出台相关文件，在区域内统一保外就医严重疾病范围相关条款的理解与适用。希望国家层面能搜集各地疑点与经验，出台相关条款释义，进一步规范保外就医工作。

眼眶内下壁骨折法医学鉴定1例

龚群[1]，罗喜[2]，陆一[1]，渠吉路[2]，葛延昌[2]，沈宇[1]，黄红娟[1]

1. 浙江省公安厅 浙江 杭州 310009
2. 浙江省嘉兴市公安局 浙江 嘉兴 314000

1 案例

1.1 简要案情及病史摘要

某年4月30日，黄某（男，35岁）被人打伤头面部。眼科查体：双眼矫正视力（-2.0 DS=1.0）右眼睑轻度肿胀，球结膜充血，角膜清亮，前房清亮，瞳孔圆，晶体透明，眼底视盘色泽红润，边界清楚，黄斑中心凹反射明亮，眼压：右15 mmHg、左17 mmHg。CT：右侧眼眶内侧壁骨折，右侧筛窦积液，右眼内直肌稍粗，球外侧软组织肿胀。MRI：右侧眼眶内侧壁凹陷性骨折，右侧筛窦及球后脂肪层内积血，右眼眶周围软组织及上、下外直肌损伤，合并眶周局部骨挫伤，上颌窦炎性。后三次复查CT均提示右眼眶内侧壁骨折。

7月23日复查：双眼矫正视力1.0。右眼眼球凹陷，双眼眼球运动未见明显异常，双眼角膜透明，前房深，晶体透明。辅助检查：16 mm-107-20 mm。建议眶壁骨折手术。

8月30日入院查眼球突出度：12 mm-107-17 mm，9月1日行鼻内镜下经泪阜径路右侧眶骨骨折切开复位+眼窝填充术，见眶内下壁骨折，大量眶内容物疝入。术（中）后诊断：右眼眶内下壁骨折。

1.2 法医学检验

伤者自诉偶有右眼胀不适及右眼分泌物。专科检查：双眼矫正视力1.0，双结膜无明显充血，角膜透明，瞳孔对光反射灵敏，眼底未见异常。双眼眼球运动可。

阅片：伤后序贯影像显示右眼眶内侧壁及下壁皮质中断，多处向中鼻道形成内疝，局部眶壁水肿及少量积气，随诊中吸收，提示急性损伤。意见：右眼眶内下壁多发性骨折。

1.3 鉴定意见

初次鉴定根据右眼眶内侧壁骨折，评定为轻微伤；第二次鉴定认为系右眼眶内下壁骨折，评定为轻伤一级。

2 讨论

由于解剖部位、结构的特殊性，眶壁骨折特别是涉及眶内、下壁骨折的，在损伤评定实践中易成为鉴定难点。

《人体损伤程度鉴定标准》根据眶壁骨折部位、类型及功能影响划分损伤程度等级,公安部、司法部和最高人民法院分别就相关条款做出了解释,但解释之间存在矛盾,其中以 5.2.3 g)"两处以上不同眶壁骨折"和 5.2.4 f)"眶壁骨折(单纯眶内壁骨折除外)"最为明显。根据最高人民法院研究室答复意见,单侧或双侧眶内壁骨折,不论损伤类型(线性、粉碎)和数量,均应当认定为轻微伤;眼眶四壁中只要有两处不同眶壁的骨折,认定为轻伤一级。因此单眼眶内壁骨折时在内下壁交界处是否合并下壁骨折决定着跨等级差别。

解剖结构上,各个眶壁之间没有明显界限,眶下壁存在眶下沟、骨缝等,使得认定眶内壁骨折时是否合并下壁骨折变得困难。根据《法医临床影像学检验实施规范》眶底壁新鲜骨折 CT 认定标准,本案例无法认定眶下壁骨折。对于骨折引起的眼球内陷,各地把握也不同,有的认为原则上不单纯以眼球内陷定伤,明显凹陷手术整复的,按术后测量结果评定。因此,本案例初次评定为轻微伤。

对于此类问题,实践中有人提出不同解决方法,如"象限分区"法,按象限分区定位并结合其他损伤征象共同认定是否为眶内壁或下壁骨折;有的地方采纳影像专家意见,对影像学上有下直肌嵌顿、中鼻道内疝或上颌窦内疝三种情况之一的眼眶内、下壁移行部位骨折,可认定为存在眶下壁骨折。此案例经重新阅片,结合手术记录,再次鉴定认定系眶内下壁联合骨折,评定为轻伤一级。

笔者以为,目前眶壁骨折的损伤程度等级划分存在着眶内壁单纯性骨折认识不一致和骨折与功能损伤关系割裂的问题,为保证鉴定标准的合理性、统一性,建议多部门统一发布标准解释。笔者观点是须手术治疗的眶内壁骨折评定为轻伤二级,因眶壁骨折导致眼球内陷或复视等功能障碍的,损害程度以必要的治疗(如手术)后评定;轻伤一级中两处不同的眶壁中建议不包括内壁。

眼外伤与视觉功能障碍因果关系讨论 1 例

龚雪

四川省绵阳市人民检察院 四川 绵阳 621000

视觉功能障碍的法医学鉴定是法医临床学鉴定的难点,需要运用临床眼科学、视觉科学和法医学理论与技术,结合司法鉴定实践,在客观检查的基础上,全面分析,综合判定。只有这样,才能做出正确的推断,真正发挥法医科学鉴定的有力作用,以便明确损伤界限,从而解决刑事、民事责任。

1 案例

刘某,男,76 岁。被人用锅铲打伤左眼。伤后半日在当地卫生院就诊,主诉:左眼被殴打伤后疼痛、渗血,伴视力障碍半天。查体:左眼睑肿胀、淤血、淤斑明显,左眼球见血肿,结膜充血,角膜透明,瞳孔直径约 0.3 mm,双侧瞳孔等大等圆,对光反射灵敏,左眼无光感。经治疗后,患者左眼睑肿胀、淤斑消退,左眼仍无光感。

伤后 1 周转入上一级医院治疗。入院情况:左眼视力无光感,球结膜混合充血伴积血,球结膜松弛,角膜透明,前房深浅正常,瞳孔约 4.5 mm,对光反射迟钝,晶体皮质性混浊,眼后节看不见,眼压 T_n。住院期间行彩超提示:右侧晶状体边缘稍增厚:多系白内障;双眼玻璃体混浊;左眼眼周皮下软组织增厚伴回声不均质:多系水肿。经治疗后出院,出院时情况:左眼视力无光感,球结膜混合充血伴积血,球结膜松弛,角膜透明,前房深浅正常,瞳孔约 4.5 mm,对光反射迟钝,晶体皮质性混浊,眼后节看不见,眼压 Tn。右眼视力 0.4,球结膜无充血,角膜透明,前房深浅正常,瞳孔约 2.5 mm,对光反射灵敏,晶体轻度皮质性混浊,眼压 Tn。伤后 10+月行 PVEP 印象:左眼波形波幅降低,P100 ms 潜伏期延长。R(右眼)矫正视力 0.6,(左眼)矫正视力 HM/63 cm。伤后 10+月行眼底检查:左眼外伤后 10+月,双眼晶体皮质性混浊,眼底看不清。

法医学临床检查,双眼睑无肿胀,双眼睑裂正常,双侧瞳孔等大等圆,左眼视力极差,双眼球运动无异常。余检(-)。鉴定机构根据两院三部《人体损伤程度鉴定标准》5.4.2 a)被鉴定人损伤评为重伤二级。

2 讨论

2.1 视觉功能障碍鉴定时机

本案鉴定时间为伤后 10+月,鉴定时临床治疗已终结,眼部损伤的症状已消失,眼部体征及视觉功能障碍已稳定,鉴定时机合适。

2.2 损伤与视觉功能障碍关系

本案中鉴定机构根据相关标准评为重伤二级。经过了解外伤史及查阅鉴定材料，认为视觉功能下降不宜以重伤二级认定。其一，被鉴定人为老年，经查体左眼有晶体皮质性混浊，故不排除老年性白内障对视觉功能障碍的影响。其二，伤后被鉴定人是否确实无光感及造成无光感的原因不明确。从整个病程描述来看，两次入院检查见左眼无光感，但瞳孔对光反射是存在的，存在矛盾。被鉴定人左侧眼部损伤是锅铲的打击形成，受伤后主要症状为左眼疼痛、渗血、视力障碍。查体未见有左眼球破裂等严重损害视觉功能的损伤。影像学检查双眼玻璃体有混浊，玻璃体混浊会导致视觉功能障碍，其混浊的原因是积血还是网脱等病历记载不明确。如为积血及网脱，则可通过手术治疗，较轻的可以通过自身吸收恢复视力。据了解案情，被鉴定人仅为左眼打击伤，但查体为双眼玻璃体混浊，不排除损伤之前被鉴定人已存在损伤。经保守治疗后，被鉴定人于伤后10+月行 PVEP 提示：左眼波形波幅降低，P100 ms 潜伏期延长。其可以作为视力评估的参考，只能解释视神经有损伤，并不能支持左眼视力无光感。如果是视神经损伤，首先瞳孔对光反射会出现相应的表现。但在首次入院查体瞳孔直径约 0.3 mm，双侧瞳孔等大等圆，对光反射灵敏。其前后存在矛盾。认为本案由眼外伤引起无光感的依据不足。

眼因组织结构精细、脆弱，且暴露在面部，易于受伤。由眼外伤引起的视觉功能障碍的鉴定专业性非常强，对鉴定人专业知识要求高。在鉴定工作中如何尽可能避免错误鉴定，笔者觉得要注意以下几点：

（1）全面搜集资料，详细了解、既往史、受伤史、受伤时间、伤后眼器官的损伤部位、性质及程度。

（2）全面详细的法医学临床检查。

（3）对于单眼无光感或视力下降，建议行伪盲鉴别或其他视力下降的相应检查方法。注意检查之前要告知医生需要做伪盲鉴别或视力下降鉴别，如按照常规的检查方法（比如验光），则不能鉴别出伪盲或视力下降。

（4）对于被鉴定人伤后出现视觉功能障碍，鉴定人应根据眼器官的结构检查结果，分析其损伤性病理基础。对于无法用损伤性质、部位、程度等解释的视觉功能障碍，应排除损伤与视觉功能障碍的因果关系。

鼓膜钙化合并穿孔法医学分析

关天庆，王会知，戴辉

安徽省淮北市公安局刑侦支队 安徽 淮北 235000

1 案例资料

1.1 简要案情及病历摘要

况某，男，51岁。被他人用拳头打击头面部，当时感左耳闷、耳鸣，听力下降。查体：左耳郭稍肿胀，左外耳道通畅，鼓膜可见穿孔。电子鼓膜内窥镜示：左侧鼓膜穿孔，穿孔边缘可见血迹，鼓膜可见钙化斑。纯音电测听检查 AC（气导）右 69、左 71。乳突 CT 检查未见明显异常。入院诊断：左耳外伤性鼓膜穿孔。伤后 2 周、4 周、6 周电子鼓膜内窥镜示：左侧鼓膜穿孔，鼓膜可见钙化斑。

1.2 法医学检查

伤后 8 周检查：左耳郭未见明显损伤。

阅伤后电子鼓膜内窥镜示：左侧鼓膜塌陷，鼓膜可见穿孔，穿孔边缘见血迹，无脓性分泌物，可见钙化斑。伤后 2 周、4 周、6 周电子鼓膜内窥镜示：左侧鼓膜塌陷，鼓膜穿孔渐进性缩小、未自行愈合，鼓膜可见钙化斑。

伤后 8 周双侧电子鼓膜内窥镜检查示：左侧鼓膜穿孔；右侧鼓膜见陈旧性椭圆形大穿孔，穿孔边缘圆钝。双侧鼓膜塌陷，无脓性分泌物，可见钙化斑。

1.3 法医学鉴定意见

况某被他人拳头打击头面部后检查见左侧鼓膜塌陷，左耳鼓膜穿孔，边缘可见血迹，无脓性分泌物，鼓膜有钙化斑；2 周、4 周、6 周检查见左侧鼓膜塌陷，鼓膜穿孔渐进性缩小、未自行愈合，鼓膜钙化；8 周双侧电子鼓膜内窥镜检查见右侧鼓膜陈旧性穿孔，左侧鼓膜塌陷，鼓膜穿孔未愈合，鼓膜可见钙化斑。综合分析认为：况某左耳鼓膜穿孔 6 周后未自行愈合，但其鼓膜钙化为主要因素，故不宜对鼓膜穿孔进行损伤程度评定，只说明因果关系。

2 讨论

2.1 此案不宜进行损伤程度评定

况某双侧鼓膜均有钙化斑，无脓性分泌物，右侧鼓膜陈旧性穿孔，符合鼓室硬化症的表现，考虑为双耳鼓室硬化症。由于伤前患有鼓室硬化症，鼓膜塌陷、钙化、厚薄不一，鼓膜的抗应力作用下降，在轻微外力作用下即可发生穿孔，因此其鼓室硬化症、鼓膜钙化为主要因素，《人体损伤程度鉴定标准》（以下简称《标准》）第 4.3.3 条规定"既往病为主要作用的，不宜进行损伤程度评定，只说明因果关系"，故不宜进行损伤程度评定，只说明因果关系。

2.2 鼓膜穿孔法医学鉴定注意要点

（1）明确的外伤史。《标准》所指的外伤性鼓膜穿孔主要是故意伤害和意外伤害所致。鼓膜穿孔案例，一般都会有头面部或耳部外伤，如拳击、掌掴等，应详细询问被鉴定人致伤部位、致伤工具、伤后症状等。

（2）诊断准确。鼓膜穿孔者会突然感到耳鸣、耳痛、听力减退等症状。要仔细审阅病历资料及电子鼓膜内窥镜检查情况，来确定是否为新鲜穿孔。要注意分析被鉴定人纯音电测听检查，一般单纯性鼓膜穿孔听力损失表现为轻度传音性听力下降，对于双侧听力下降程度相当的应特别注意是否有陈旧性穿孔。检查乳突 CT 以观察乳突气房改变，判断被鉴定人是否有中耳炎类病史。

（3）确定 6 周后鼓膜穿孔是否自行愈合。鼓膜穿孔，需要定期做电子鼓膜内窥镜检查至伤后 6 周，动态观察穿孔愈合情况，对其病理过程连续性和时间间隔规律性全面分析，对于不符合穿孔愈合规律的，应对比观察双侧鼓膜情况。

（4）伤病关系分析。存在疾病基础的案例，要分析伤病关系，结合致伤工具、致伤部位、病历资料等综合分析，以得出科学准确的鉴定意见。

外伤性鼓膜穿孔的损伤程度鉴定探讨

何永旺[1]，文天阳[2]

1. 湖南省长江航运公安局岳阳分局 湖南 岳阳 414000
2. 云南省楚雄三和司法鉴定所 云南 楚雄 675000

外伤性鼓膜穿孔是鉴定中较为常见的损伤之一，《人体损伤程度鉴定标准》（以下简称《标准》）规定外伤性鼓膜穿孔 6 周不能自行愈合为轻伤二级。伤后 6 周鼓膜愈合情况一定程度上成为罪与非罪的分水岭，而伤者对耳部损伤及其鉴定的认知、伤者的经济状况，医院的医疗条件和医生的医疗行为，以及不法分子的唆使、造作等均会对鼓膜愈合产生较大的影响。外伤性鼓膜穿孔者常伴有体表损伤、牙齿脱落、面部抓伤、耳郭损伤等各类损伤。其中鼓膜穿孔的鉴定分析颇有争议，不同的医疗行为对损伤等级的影响也较为显著，于是笔者对既往经手的外伤性鼓膜穿孔案例回顾分析，探索出下述行之有效的鉴定思路和应对策略，旨在为今后外伤性鼓膜穿孔的损伤程度鉴定提供参考。

1 外伤性鼓膜穿孔的认定及鉴定思路

外伤性鼓膜穿孔的认定需有明确的耳部或头面部外伤史，伤后有鼓膜穿孔可能出现的耳痛、耳溢血、耳鸣、听力减退等症状，鼓膜内窥镜检查发现外伤性鼓膜穿孔的形态学改变；迟发性破裂者，伤后可有鼓膜充血、红肿等改变；伴有听力减退者，听力检查呈传导性耳聋特征，声导抗检查不能引出鼓室图，或伤耳呈 B 型曲线但外耳道容积明显大于健耳。对于伤后前来咨询者，应及时受理并进行鼓膜内窥镜检查拍摄鼓膜照片，详细记录鼓膜穿孔的形态、大小和部位，以及有无出血等外伤性的特征，要求被鉴定人动态复查鼓膜愈合情况至伤后 6 周，根据鉴定需求收集好病历资料。对于治疗终结后委托鉴定者，通常临床资料不够齐全，需再次进行鼓膜内窥镜检查；如有穿孔，需与伤后穿孔形态进行对比，排除造作可能。对于伤后 6 周鼓膜内窥镜检查难以辨认穿孔是否愈合时，应进行声导抗检测鼓室图进行确认。

2 外伤性鼓膜穿孔的鉴定时机

外伤性鼓膜穿孔未行修补术者，可动态复查鼓膜愈合情况满伤后6周再进行损伤程度鉴定；如未满伤后6周鼓膜就愈合，则鼓膜愈合后即可进行鉴定。穿孔后行修补术者，术后病情平稳即可进行鉴定；如有并发症、后遗症时可适时复检并补充鉴定。外伤性鼓膜穿孔伴有听力减退者，可于伤后1周进行听力测试，并在受伤3月后复查听力再给出鉴定意见。

3 外伤性鼓膜穿孔行修补术的处理

根据《标准》、《〈人体损伤程度鉴定标准〉释义》和《〈人体损伤程度鉴定标准〉适用指南》的相关内容，并参照《关于〈人体损伤程度鉴定标准〉相关条款的适用意见》的通知（苏公通〔2017〕384号）第22条、《关于〈人体损伤程度鉴定标准〉相关条款的适用意见》（陕社法〔2018〕1号）第16条、《湖北省人体损伤程度鉴定指引（试行）》的通知（鄂司鉴协〔2019〕1号）第6.3条和《四川省法医临床司法鉴定执业指引（试行）》附件二《人体损伤程度鉴定标准》适用第5.3条等解释，外伤性鼓膜穿孔行修补术者依据《标准》第5.3.5 a）条"外伤性鼓膜穿孔"之规定，评定为轻微伤。

4 外伤性鼓膜穿孔6周不能自行愈合的处理

对于穿孔较大、伤后保守治疗、无人为干扰导致穿孔6周未愈合者，依据《标准》第5.3.4 a）条之规定评定为轻伤二级；对于因本次外伤引起感染导致鼓膜穿孔6周不愈合的，也可依据《标准》第5.3.4 a）条之规定评定为轻伤二级；对于采用灌水引起感染干扰鼓膜愈合或采用擤鼻鼓气、刺破鼓膜等引起新的鼓膜破裂者，依据《标准》第5.3.5 a）条之规定评定为轻微伤，并在分析中说明情况；对于外伤性鼓膜穿孔伴有听力减退者，如穿孔6周未愈合，可于受伤3月后复查听力再根据听力障碍和鼓膜穿孔6周未愈合综合评定损伤程度；对于存在病理基础导致外伤性鼓膜穿孔6周不能自行愈合者，按伤病关系处理原则酌情处理。

5 其他注意事项

法医学鉴定涉及医学、法学、社会学等多个领域，需要渊博的知识、广阔的见识和灵活的应变。作为法医鉴定人员，必须夯实理论基础、熟知鉴定标准，不断提升专业技能、掌握多项检查技巧，强化阅图阅片能力、注重资料审查，从而给出科学客观的鉴定意见。

外伤致视力下降技术性证据审查分析

黄俊

安徽省芜湖市人民检察院 安徽 芜湖 241000

1 简要案情

2018年10月24日，李某甲、李某乙兄弟二人因琐事发生争吵，在双方争打过程中，徐某某进行阻止，李某甲推了徐某某肩膀一下，徐某某用右手拳头打了李某甲左眼一拳，致其左眼受伤。经公安机关鉴定，李某甲的损伤程度评定为轻伤二级。

2 病历资料摘要

医院出院记录：左眼眶周高度发绀、肿胀，球结膜下出血、水肿，皮肤轻度水肿。入院症状体征：Vod：1.0，Vos：0.15，右眼角膜透明，KP（−），前房深浅适中，瞳孔直径约3 mm，光反应（＋），晶体透明，眼底未见异常，左眼睑痉挛、青肿，球结膜充血（＋＋＋），水肿明显，角膜尚透明，角膜后血色素附着，前房深浅适中，Tyn（＋），瞳孔散大，尚圆，直径约5 mm，直接光反应不明显，间接光反应存在，晶体透明眼底窥不清。出院情况：Vos：0.4，左眼睑皮肤发绀，球结膜充血（＋＋＋），角膜透明，前房深浅适中，Tyn（−），瞳孔圆，直径约3.5 mm，光反应存在，晶体透明，眼底视盘色淡，网膜平伏。

2018年11月5日医院诱发电位报告：异常VEP（左侧视路异常，建议定期复查）。

2018年11月10日医院眼科OCT报告：右凹区N上皮层局部性脱离，RPE局部隆起（多处），左凹区RPE局部隆起（多处）。

2019年2月19日医院门诊病历：左眼外伤，Vod：1.2，Vos：0.3。

2019年3月18日医院诱发电位报告：异常VEP（左侧视路异常，建议定期复查）。

2018年2月24日铜陵市某医院职业健康检查表：目前未见异常，本次职业健康检查各项检查指标均在正常范围内。

2019年5月11日公安机关法医检验所见：伤者神清，精神可，营养发育中等，应答切题，检查合作，伤者自诉左眼视物模糊，左眼视力下降，余一般情况尚可。

3 技术性证据审查过程

受理技术性证据审查案件后，检察机关法医调阅了伤者所有病例资料并向原鉴定人了解了鉴定过程，发现以下问题。

3.1 未见其左眼矫正视力检测数值

虽然被鉴定人外伤后左眼眶周发绀肿胀，球结膜下出血、水肿，后出现视力下降，诱发电位显示其左眼视路异常，但医院病历未见检测其左眼矫正视力，公安机关法医也未检测，因此无法判断被鉴定人鉴定时左眼矫正视力的具体数值，不符合《人体损伤程度鉴定标准》第5.4.4 f）条要求的一眼矫正视力减退至0.5以下。

3.2 无法明确判断被鉴定人伤前视力和视力下降程度

虽然2018年2月24日职业健康检查表显示未见异常、各项检查指标均在正常范围内，但视力一栏中为空，因此也无法明确判断被鉴定人伤前视力和视力下降具体程度，不符合《人体损伤程度鉴定标准》第5.4.4 f）条要求的较伤前视力下降0.3以上。

3.3 一审鉴定意见无法被采信

本案中原鉴定机构法医未对被鉴定人眼部结构进行检查，未对其矫正视力进行检查，也未进行伪盲或伪装视力降低的检验，仅根据医院病历就认定其视力受损程度，检查不够全面细致，鉴定方法明显不当，分析论证不够充分，认定被鉴定人损伤程度为轻伤二级的依据不足。因此，无论事实上被鉴定人视力是否符合轻伤二级的标准，都导致此鉴定意见无法被采信。

4 后续处理情况

因本案属于二审上诉案件，根据刑事诉讼法的相关规定，在事实不清、证据不足的情况下，公诉部门承办人建议二审法院撤销原判，发回重审。后原一审公诉机关撤回起诉。

5 讨论

5.1 检察机关法医技术性证据审查的核心价值在于辅助检察官审查判断专门性证据

在一审阶段，检察机关负责捕诉部门的检察官要加强对鉴定意见等技术性证据的审查意识，对定罪量刑起决定性作用的鉴定意见要尽可能委托技术人员进行审查，及早发现错误或者瑕疵鉴定，及时补强相关证据，将证据审查工作做到极致，避免进入审判环节或到二审阶段发现后因办案期限限制等客观情况导致办案的被动，有效降低"案-件比"。

5.2 技术性证据审查要注重对鉴定所依据的资料和材料情况的审查

审查鉴定资料的来源是否合法，是否对鉴定意见的产生有充分、可靠的支持。例如在法医学伤情鉴定书中，审查病历材料是否为正规医疗单位出具的，病历的制作是否规范，病历书写的时间与当事人受伤时间是否吻合，病历与法医检验所见是否吻合，病历所述的伤情与处方用药是否吻合，病历本身有无自相矛盾以及病历与案卷中的其他调查材料之间有无矛盾等。

5.3 必须进行伪盲或伪装视力降低的检查

视力损伤的法医学鉴定中，为防止伤者对视力检查不配合，过分夸大其视力损伤程度，必须进行伪盲或伪装视力降低的检查，同时结合眼部结构的检查结果和视觉电生理检验结果，分析其损伤性病理基础及伤病关系。

5.4 鉴定时应慎用不规范体检资料

在鉴定实践中，往往很难获取伤者伤前的真实视力资料，对单位体检表、驾驶证体检表等材料，由于体检不规范，不能明确证明伤者伤前视力，在鉴定时应慎用。

疑难听力损伤程度鉴定 1 例

黄荣发

安徽省合肥市肥西县公安局 安徽 肥西 231200

1 案例资料

1.1 简要案情

2020 年 9 月 5 日 14 时许，高某在饭店喝喜酒期间，饭店经理何某（女、34 岁）、单某二人询问高某一行什么时候吃饭结束引起高某的不满，无故对何某及单某实施了殴打行为，后何某诉左耳听力下降，经了解其亲属、单位同事，伤前何某听力正常。

1.2 病历摘要

据送检病历资料记载：

中国人民解放军联勤保障部队第九〇一医院门诊病历示：就诊日期，2020 年 9 月 6 日，"被人打伤头部伴头晕耳鸣 10 h"就诊，患者大约昨日 14 时 15 分被人打伤头部及左耳，感头晕、耳鸣，无呕吐。检查：神清，头顶部触痛，左侧耳前触痛，双瞳（－），诊断：头部外伤。耳鼻咽喉门诊：左侧耳外伤后疼痛 20 h 余就诊，检查：左侧耳郭无皮肤破损，耳道通畅，未见异常液体，鼓膜未见穿孔。左侧听力下降，平均听阈 40 dB，头颅 CT 平扫未见异常，诊断：耳外伤（左），感音神经性聋（左），对症治疗；2020 年 9 月 21 日：左耳疼痛不适伴听力下降 15 d，加重 3 d。检查：左侧耳郭无皮肤稍有破损，触痛，耳道通畅，鼓膜未见穿孔。复查平均听阈 45 dB，对症治疗。2020 年 12 月 2 日：病史从前，用药效果不理想，检查：左外耳道（－），鼓膜内陷，诊断：左神经性耳聋，鼓膜内陷，复查平均听阈 48 dB，建议住院治疗。

2020 年 12 月 21 日安徽省立医院南区门诊病历示：耳外伤后 3 月余伴耳鸣及听力下降。辅助检查：纯音听阈测定，左：气导 55，骨导 51，右：气导 21，骨导 20；听性脑干反应：左耳异常：气导阈值 60 DBnHL，右耳 50 dBnHL；40 Hz 相关电位，左气导阈值 50 dBnHL，右 30 dBnHL。诊断：感音性神经性耳聋，耳外伤，耳鸣，对症治疗。2021 年 1 月 5 日双侧中耳乳突平扫+听小骨重建：中耳乳突 HRCT 未见明显异常。

1.3 法医学检查

2020 年 12 月 16 日检查：何某，女，神志清楚，回答切题，发育正常，营养一般。诉左耳听力下降，时觉耳鸣。检验：面部、左耳未见明显损伤，余无明显异常。

2 讨论

被鉴定人诉 9 月 5 日被人打伤头部及左耳，病历记载头顶部触痛，左侧耳前触痛，左侧耳郭无皮肤破损，耳道通畅，未见异常液体，鼓膜未见穿孔。2021 年 1 月 5 日双侧中耳乳突平扫+听小骨重建示中耳乳突 HRCT 未见明显异常。主观纯音听阈测定，9 月 6 日：左耳平均听阈 40 dB；2020 年 9 月 21 日：左耳平均听阈 45 dB；12 月 2 日：左耳平均听阈 45 dB；2020 年 12 月 21 日：左：气导 55，骨导 51，右：气导 21，骨导 20。客观听阈测定，2020 年 12 月 21 日听性脑干反应：左耳气导阈值 60 DBnHL，右耳 50 DBnHL；40 Hz 相关电位，左耳气导阈值 50 dBnHL，右 30 dBnHL。左耳听性脑干反应和 40 Hz 相关电位阈值减去修正值 15 dB 再计算均值为 40 dB，依据《人体损伤程度鉴定标准》5.3.5 c）款之规定，构成轻微伤。

引起听力减退有外伤、疾病、先天性听障等，首先要确定听力损伤与本次外伤的关系，再行常规纯音气导和骨导听阈测试，如 0.5、1、2、4 kHz 听阈均值在 41 dBHL 以上的，应进行客观听力测试。选择 40 Hz 听觉相关电位，获得 0.5 KHz 和 1 KHz 听阈，选择听性脑干反应，获得 2 kHz 和 4 kHz 听阈，减去修正值后再计算四个频率的均值，对照鉴定标准，确定损伤程度等级。

鼻骨骨折的法医学鉴定 1 例

纪尚起

山东省青岛市中级人民法院 山东 青岛 266071

1 案例简介

2017 年 11 月 2 日，孙某某与他人因琐事发生口角，被他人致伤眼部、鼻部。

2017 年 11 月 2 日在区人民医院门诊病历记载："拳击伤致左眼睑肿胀、淤青 1.5 h，伴头痛、头晕、恶心、呕吐，体检：神志清晰，查体合作，面部疼痛反应，多出血肿，左眼上下睑发绀肿胀，瞳孔大小正常，光反射存在。鼻部有裂伤，长约 1.5 cm。诊断：①眼球挫伤（左）；②皮外伤。"当天住院病历记载："外科系统检查：鼻部可见长约 1 cm 皮肤裂口，左眼睑肿胀淤青，左眼视物模糊。右颞部及顶部可及多处头皮血肿，压痛。面部可见多处皮肤挫伤及皮下淤青。双侧瞳孔等大等圆。诊断：①脑挫裂伤；②急性硬膜外血肿；③头皮血肿；④鼻骨凹陷性骨折；⑤左眼球钝挫伤；⑥面部软组织挫裂伤。"当日第一次 CT 平扫检查示：考虑左顶部硬膜外血肿，建议复查。当日第二次颅脑、全腹部 CT 平扫检查示：鼻骨骨折。11 月 5 日鼻骨平扫检查示：鼻骨凹陷性骨折。11 月 28 日潍坊医学院附属医院 CT 片会诊报告示：双侧鼻骨骨折，局部略塌陷扁平。分析说明：被鉴定人面部有皮肤瘢痕、双侧鼻骨骨折，损伤特征符合钝性外力作用所致，他人可形成。

2 鉴定意见

面部皮肤瘢痕根据《人体损伤程度鉴定标准》5.2.5 b）的规定，构成轻微伤。双侧鼻骨骨折根据 5.2.4 o）的规定，构成轻伤二级。

3 争议焦点

本案中，争议的焦点问题在于被告人认为案发后 3 d 内，被害人在医院仅检查出右侧鼻骨骨折，58 d 后又查出双侧鼻骨骨折，间隔时间太长，其间不能排除存在二次伤害的可能。后经专家会诊发现 11 月 5 日的 CT 片就可见双侧鼻骨骨折，可见明显骨折线，尤以冠状位重建图像明显，考虑为本次外伤所致。但是在医院时给漏诊了。右侧鼻根部、左侧面部软组织肿胀，骨折线较清晰，符合本次外伤新鲜骨折改变。

4 讨论分析

鼻骨骨折的诊断较为复杂，鼻间缝、鼻颌缝、鼻额缝、额颌缝和鼻骨孔也常常被误诊为鼻骨骨折。鼻骨骨折的法医学鉴定中，首先要仔细审阅病历材料，了解第一现场被鉴定人是否存在鼻出血和鼻背部肿胀等外部体征。但是出血和肿胀只表明鼻部受到外力作用，并不一定必然导致鼻骨骨折。此外，鼻骨骨折后，会导致鼻黏膜的充血肿胀，这可以从 CT 扫描的软组织窗可以看到鼻黏膜的肿胀情况。我们还可以从骨折断端的情况判断是新鲜还是陈旧骨折，看一下断端是锐利还是钝圆。这对解决鼻骨骨折的鉴定难题至关重要。

玻尿酸注射整容致单眼盲的法医学鉴定

焦泓钰[1]，郑勋[2]，王文超[3]，许青松[1]

1. 吉林省延边大学医学院/吉林延平司法鉴定所　吉林　延吉　133000
2. 吉林省延吉市公安司法鉴定中心　吉林　延吉　133000
3. 吉林省汪清县公安司法鉴定中心　吉林　汪清　133000

玻尿酸（hyaluronic acid，HA），又称透明质酸，是由葡萄胺与葡萄糖醛酸互相键结合所形成之长链状高分子多糖体聚合物，是人体皮肤内天然细胞间质组成之一。目前已被广泛地运用于微整形，对颜面部凹陷处进行局部填充以改变轮廓并减轻细纹，作为面部注射整形的填充原料，一般被认为很安全/但国内外也有一些致使视网膜动脉阻塞、视网膜分支动脉阻塞、局部皮肤坏死，甚至合并急性脑梗死的病例报道。笔者曾遇到数例玻尿酸注射致单眼盲的案例鉴定，现选择典型案例报告如下。

1 案例资料

1.1 案例一

被鉴定人黄某，女，26 岁，为隆鼻于 2015 年 8 月经鼻行玻尿酸注射后右眼立即视物不能，右侧面部及右侧头部疼痛，伴头晕、大汗、恶心、呕吐数次，呕吐物为胃内容物，就诊于当地三甲医院，给予疏血通、腺苷钴胺、甘露醇、硝酸甘油片等药物治疗，症状未见好转；15 h 后转入吉林大学第二医院，超声诊断检查回报：右眼玻璃体内可见弱中点状回声，眼底球壁回声不均匀明显增厚，可见膜状扁平隆起，视盘前隆起较高，CDFI 显示眼底球壁未见血流信号。诊断为脑梗死、眼动脉栓塞。后转上海第十人民医院，MRI 示右侧大脑半球脑梗死，予以对症支持治疗，视力未见好转。转诊上海第九人民医院，复查 CT 报告"右侧额顶部出血，右侧额叶、顶叶点状出血"，神经外科会诊后予以脱水、消肿、减轻水肿、预防感染、对症处理，并建议行高压氧舱治疗，患者右眼仍无光感、伴有头痛。本次检验见，右鼻部可见3个小片状红褐色斑块，右眼略凹陷、眼裂较左侧略小，右眼无光感，左眼视力正常。

1.2 案例二

被鉴定人武某，女，48岁，于2017年1月在美容院接受右额部玻尿酸注射后，突然右眼视物不见、眼部麻木，1 h后到当地医院，眼科检查右眼无光感，瞳孔散大，直接光反射消失，诊断为右眼视网膜中央动脉阻塞、右眼动眼神经麻痹，给予右眼前房穿刺、硝酸甘油含服、吸氧等治疗。第3 d转诊到北京同仁医院，门诊检查右眼肿胀、发绀，结膜充血，角膜上皮缺损、角膜浑浊，晶体苍白，视网膜苍白，黄斑部呈樱桃红样改变，面部皮肤脓疱形成，诊断为额头玻尿酸注射后、右眼动脉阻塞、右眶尖综合征，给予右眼球后玻尿酸溶酶注射等治疗。第7 d转诊到海军总医院，入院检查右眼无光感，右眼球运动受限，右颜面部皮肤脓疱破溃，结膜重度充血水肿，角膜水肿，对光反射消失。眼底血管造影，右眼视盘部分血管显示。诊断为：右眼视网膜中央动脉阻塞、右眼动脉阻塞、右侧额部及眼眶周皮肤坏死，给予改善微循环、营养神经、高压氧气等治疗。本次检验见，神清语明，右眼无光感（盲目5级），左眼视力0.5（矫正不应），右额部、鼻根部、右眼周见皮肤色素改变，右鼻翼旁见皮肤增生性瘢痕。

2 讨论

玻尿酸可以结合大量水分子，具有较好的生物相容性和可降解性，是比较常用的美容填充剂。通过颜面部注射玻尿酸可以达到整形效果,但具有一定的风险性。据统计，玻尿酸注射后严重并发症的发生率为0.06%，其中玻尿酸注射后致单眼盲的案例屡见不鲜。案例一为隆鼻术患者，注射后右眼立即视物不能，同侧面部及头部疼痛，临床诊断为眼动脉栓塞、脑梗死、脑出血。由于面部血管吻合支较丰富，鼻部动脉与眼动脉相通，当玻尿酸被注射到鼻部动脉后，在压力作用下，可逆行进入眼动脉甚至同侧颈内动脉，导致瞬时性眼球失明和脑梗死，脑梗死和失明眼球为同侧，头颅CT提示出血灶，出血的原因可能与异物所致的血管炎有关。案例二患者，右额部玻尿酸注射后，突然右眼视物不见、眼部麻木，诊断为右眼视网膜中央动脉阻塞、右眼动脉阻塞，可能与眼动脉逆行栓塞机制有关，当进行填充物额部注射时，如果填充材料进入额肌内，可经眶上动脉反流进入眼动脉，导致失明；如果注射层次在皮下的额肌浅层，填充的材料可能会经过滑车上动脉反流进入眼动脉，栓塞视网膜中央动脉，引起失明。

对于此类案例，在鉴定过程中应注意是否属于非法行医案例，因本文两例均属于非法行医所致，故除伤残等级外还需鉴定损伤程度。鉴定损伤程度前，首先应进行因果关系分析。案例一具有明确的鼻部玻尿酸注射史，注射玻尿酸后立即出现右眼视物不能、头痛等症状，超声诊断脑梗死、眼动脉栓塞，MRI回报右侧眼球体积缩小、变形，FLAIR上球内信号增高，右眼无光感（盲目5级）。因此，被鉴定人右眼盲目符合玻尿酸鼻部注射时进入眼动脉导致栓塞所致，玻尿酸经鼻注射与右眼盲目之间存在直接因果关系。根据案情需要，损伤程度鉴定为重伤二级、伤残等级为8级。案例二，有明确的玻尿酸注射史，注射后突然右眼视物不见、眼部麻木，1 h后检查见右眼无光感，瞳孔散大，直接光反射消失，诊断为右眼视网膜中央动脉阻塞、右眼动脉阻塞、右侧额部及眼眶周皮肤坏死，右眼无光感（盲目5级），左眼视力0.5（矫正不应），右额部、鼻根部、右眼周见皮肤色素改变，右鼻翼旁见皮肤增生性瘢痕。因此，右额部注射玻尿酸与右眼失明、左眼视力减退之间存在直接因果关系。根据案情需要，损伤程度鉴定为重伤二级、伤残等级为6级伤残。案例一与案例二伤残等级鉴定结果不同的原因在于另外一只眼的视力不同，因此可影响伤残评定结果。案例一为右眼无光感（盲目5级），左眼视力正常，根据《人体损伤致残程度分级》标准5.8.2 7)之规定，一眼盲目4级评定为8级伤残；案例二为右眼无光感（盲目5级），左眼视力0.5（矫正不应），根据《人体损伤致残程度分级》标准5.6.2 5)之规定，右眼盲目5级、左眼视力0.5评定为6级伤残。

本文案例告诫人们，在追求美的同时也要注意自身的安全，在注射之前确保操作者是否具有相应的行医资质以及产品是否安全合格，避免此类事故的发生。

鼻骨骨折的法医临床检验鉴定

李铁城，胥爱博

黑龙江省大庆市公安局刑事技术支队 黑龙江 大庆 163700

鼻部位于头面部正中位置，突出于面部，并且骨质很薄，面部外伤时最易受外力的作用而发生骨折，是法医临床检验鉴定中常见损伤。由于鼻部解剖结构复杂，在轻重伤鉴定标准中鼻部骨折鉴定就一直是难点，因此要求我们司法鉴定工作者熟练掌握鼻部解剖结构和影像学表现，为准确鉴定鼻部骨折打下基础。现对《人体损伤程度鉴定标准》实施后的 77 例鼻部骨折的法医临床检验鉴定资料进行分析，对鼻部骨折的检验鉴定谈几点认识。

1 资料与方法

1.1 临床资料

2016 年 3 月至 2021 年 3 月期间受理的 77 例鼻骨骨折患者中，年龄为 16 岁至 68 岁，平均年龄为 32 岁。

1.2 方法

所有鉴定检验均依据《人体损伤程度鉴定标准》进行。经详细询问，依据：①鼻部外伤史；②鼻部畸形、面部肿胀；③鼻部 X 线检查、CT 检查伴螺旋 CT 三维重建进行。

2 结果

鼻骨粉碎性骨折 6 例、双侧鼻骨骨折 24 例、鼻骨骨折合并上颌骨额突骨折 7 例、鼻骨骨折合并鼻中隔骨折 11 例、双侧上颌骨额突骨 5 例，一侧鼻骨线形骨折 21 例、单侧上颌骨额突骨折 3 例。

3 讨论

3.1 正常鼻部骨骼解剖结构

鼻的支架结构由鼻骨和鼻软骨构成。鼻部的骨骼包括鼻骨、上颌骨额突和组成骨性鼻中隔的犁骨、筛骨垂直板等。鼻骨位于鼻脊、上颌骨上部的内缘，突出面部的正中区域，其形态呈长方形，分左右两块，上窄下宽，两块鼻骨之间隔有鼻软骨；鼻骨的上端与额骨的鼻突相接，之间的裂隙称鼻额缝；鼻骨的两侧外缘与上颌骨的额突相接，之间的裂隙称鼻颌缝；鼻中隔由软骨部分和骨性部分构成，骨性部分前上后部为筛骨垂直板，后下部为犁骨。

3.2 正常鼻部 CT 影像学结构

CT 横断面显示双侧鼻骨呈"∧"字形条状高密度骨性结构，CT 显示鼻软骨呈条状等密度结构。鼻骨的上端与额骨的鼻突相接，留有一裂缝称鼻额缝，CT 显示横行的线样低密度结构，以冠状面显示得较为清楚。鼻骨的两侧外缘与上颌骨的额突相接，也留有一裂缝称鼻颌缝，CT 横断面显示双侧对称出现的横行线样低密度结构，鼻颌缝前方的结构为鼻骨，后方是上颌骨的额突，额突的后方显示的结构是泪骨。鼻中隔由软骨部分和骨性部分构成，横断面显示前后走行的条状结构，软骨部分显示为软组织密度条状结构，骨性部分则显示为条状高密度骨性结构。鼻中隔的骨性部分前上后部为筛骨垂直板，后下部为犁骨。冠状面显示鼻中隔骨性部分为上下走行的条状高密度骨性结构，软骨部分位于前下方，上接骨性部分，鼻甲软组织窗显示弯曲的高密度结构，分为上、中、下鼻甲。鼻骨分为上、中、下和前、中、后部分。鼻骨后缘的裂缝为鼻颌缝，以 CT 横断面显示为佳，鼻骨外伤的 CT 检查中能否识别鼻颌缝非常重要。这是因为如果找到了鼻颌缝就能明确鼻骨的界线，正常人上颌骨额突的发育大小差异很大，CT 横断面均可清楚的将其显示。

3.3 影像学在诊断鼻骨骨折的作用

鼻骨骨折诊断中，鼻骨双侧骨折、鼻中隔骨折、上颌骨额突骨折仅依靠 X 线检查难以明确诊断，而 CT 检查对于上述骨折的诊断有明显的优势，螺旋 CT 加三维重建可以清楚地显示出鼻骨、上颌骨额突及鼻中隔等骨折以及移位情况，为鉴定工作提供重要的依据。因此，X 线检查结合 CT 检查，必要时螺旋 CT 加三维重建有利于诊断鼻骨骨折，但鉴定人还需结合被鉴定人的外伤史、面部损伤情况，同时还要考虑判别新鲜、陈旧骨折才能保证鉴定的准确性。

鼻骨骨折类型多样，现行《人体损伤程度鉴定标准》具体细化了鼻骨骨折损伤的类型，例如：鼻骨粉碎性骨折、双侧鼻骨骨折、鼻骨骨折合并上颌骨额突骨折、鼻骨骨折合并鼻中隔骨折、双侧上颌骨额突骨折评定为轻伤二级，一侧鼻骨线形骨折、单侧上颌骨额突骨折或者鼻中隔骨折评定为轻微伤。总之掌握正常鼻骨的解剖结构，认定有无鼻骨骨折需除外正常的生理骨缝的前提下，综合判断有无骨折及骨折的类型，只有在实际工作中从不同的个案中来寻找共性，不断累积经验，才能按照标准科学、客观、公正地做出评定。

非单纯眶内壁骨折损伤程度鉴定1例

李卓，夏文涛

司法鉴定科学研究院/上海市法医学重点实验室/上海市司法鉴定专业技术服务平台 上海 200063

1 案例

1.1 简要案情及病史摘要

被鉴定人吴某于某年5月3日与他人发生争执时被拳头打伤左眼，伤后随即前往当地医院就诊。入院时主诉：左眼被他人拳头击伤后肿痛，伴视力下降3 h。专科检查：右眼视力0.6，左眼视力指数/1尺，左眼睑红肿、发绀，左眼眶有压痛，左眼角膜透明，房水混浊（+），Tyn（+）。5月4日行头颅、眼部CT检查示左眼眶内壁骨折，左眼内直肌与上斜肌间结节状稍高密度影，考虑局灶性出血可能，前额部及眶周软组织肿胀。经临床对症处理后出院，出院诊断：左眼球挫伤，视神经损伤，视网膜震荡，外伤性上睑下垂，眶壁骨折，眼睑皮肤软组织挫伤。

1.2 法医学检验

伤后11个月行法医学检验。眼科检查：双眼第一眼位正位。双眼球运动无受限，左眼上睑皮肤松弛，平视时遮挡部分瞳孔。Hertel突眼计测量双眼球突出度：右17 mm，左16 mm。视力表投影仪检查双眼远视力：右眼0.8，+0.50 DS−0.25 DC×73度→不提高；左眼0.3+1，+0.50 DS−0.25 DC×76度→0.5-2。双眼无复视。

阅片所见：损伤次日眼眶CT示左眼眶内壁较大范围骨折，累及眶尖，左侧筛窦积液，左眼内直肌显著增粗，肌间隙显示小团状高密度影提示眶内出血。伤后11个月本院眼眶CT示左眼眶内壁骨折后改变，骨折累及球后段，达眶尖区，左眼内直肌增粗。CT三维后处理工作站测量左眼球内陷未达2 mm，左眼眶内壁骨折面积达3.63 cm^2，左眼眶容积为29.43 cm^3，右眼眶容积为26.91 cm^3。

1.3 鉴定意见

吴某左眼拳击伤，致左眼眶内壁大范围骨折（非单纯眶内壁骨折），评定为轻伤二级。

2 讨论

眶内壁骨折一般是由眼眶遭受钝性物打击时，致伤力挤压眼眶内软组织，眶内压力突然升高使眶壁薄弱处（眶内壁）发生骨折，并使眶内软组织嵌顿于骨折处，造成眶容积扩大，引起眼球内陷、复视、眼球运动障碍及眼位不正等并发症。外伤早期由于眶周及眶内软组织水肿、血肿严重，眼球内陷往往不够明显从而被忽视，延误治疗时机。随着CT技术的发展及图像后处理技术的进步，使通过测量眼眶容积及眶内壁骨折面积来评估眶内壁骨折的严重程度成为可能。目前临床一般认为，眼眶容积扩大8%、眶内壁骨折面积大于2 cm^2，是眶内壁骨折的手术适应证。

本例中，伤者吴某遭他人拳击眼部致伤，符合眶内壁骨折的形成机制。考虑吴某的左眼眶内壁骨折范围较大，已达球后眶尖区，并伴有内直肌肿胀、肌间隙出血等，本院将其眼眶CT数据通过CT三维后处理工作站测量得出其左眼眶内壁骨折面积达3.63 cm^2，左眼眶容积29.43 cm^3，右眼眶容积26.91 cm^3，左眼眶容积较右眼扩大达9.36%。临床上一般认为，当眼眶骨折面积达2 cm^{2}以上，眼眶容积扩大8%以上时，属大范围眶壁骨折，可引起晚期眼球内陷乃至复视等后遗症，符合临床一般认可的手术指征，可考虑早期行手术治疗。据此认为吴某左眼眶内壁骨折不属于单纯眶内壁骨折。依照《人体损伤程度鉴定标准》5.2.4 f）之规定，本例左眼眶内壁骨折评定为轻伤二级。

在法医临床鉴定实践中，就何为《人体损伤程度鉴定标准》5.2.4 f）条所规定的"单纯眶内壁骨折"，一直以来缺少统一的认识。由公安部刑事侦查局编著的《〈人体损伤程度鉴定标准〉释义》中认为预后较好，亦不遗留功能障碍的眶内壁骨折，属单纯眶内壁骨折。俞晓英、夏文涛则提出骨折累及眶内壁与眶底壁移行区，或累及后方视神经管的，不属于单纯眶内壁骨折。笔者建议，今后在对眶内壁骨折实施损伤程度鉴定时，如遇眶内壁骨折范围较大，则可通过 CT 测量伤者双侧眼眶容积及眶内壁骨折面积，若伤侧眼眶容积较健侧扩大 8%以上，且眶内壁骨折面积≥2 cm²，因符合眶壁修复术的适应证，不属于单纯眶内壁骨折，应依照 5.2.4 f）之规定，评定为轻伤二级。

牙齿损伤程度鉴定 2 例分析

梁熠1，廖洪兵2

1. 广西壮族自治区都安县公安局刑侦大队广西都安 547200
2. 广西壮族自治区河池市公安局刑侦支队广西河池 547000

牙齿损伤在鉴定工作中少见表现简单，但也存在难点和问题，值得我们去思考。笔者在工作中收集 2 例相对比较疑难的案例，以供参考。

1 案例资料

1.1 简要案情及临床经过

（1）案例一：韦某，女，26 岁，2018 年 5 月 27 日被人打伤致头面部疼痛，左侧嘴角流血。病历资料示：左侧面颊压痛，左上l1 牙折，左⊥2 牙松动，牙龈出血。X 片示：左侧上中切牙折断。诊断：①左侧上中切牙折断；②左上l2 牙松动；③面部软组织挫伤。入院给予拔除左上l2 牙。

（2）案例二：张某，男，49 岁，2019 年 4 月 18 日被人打伤致左面部疼痛住院治疗。病历资料示：左面部压痛明显。CT 片示：左、右上 12|12 种植牙，左上l1 牙崩裂。

1.2 法医学检查

对 2 例进行伤情检验见：伤者神清，检查合作，问答切题，全身体表无受伤，头面部无瘢痕。案例一左上l2 牙失，X 片示：左侧上中切牙折断。案例二右 1、2，左 1、2 牙缺失。案例一补充完善检查牙片或 CT 片等。

2 讨论

2.1 牙损伤的定义

牙齿脱落或者折断多见于碰撞、打击或者事故，在伤害案件中常见，单独发生也可与颌面部损伤同时存在。牙齿损伤包括松动、脱位、折断，出现疼痛、牙龈肿胀、咀嚼功能障碍。牙齿折断包括牙冠、牙根折断。

2.2 牙损伤的法医学检验

首先了解伤前牙齿情况，有无损伤、病变、脱落缺失等情况。其次是有几类人群，特别是老年人牙齿松动不牢、轻微外力即可脱落，应深入调查，审查病史，全面分析。条款规定：损伤致牙齿脱落或牙折共 7 枚以上的评定为重伤二级。牙齿脱落或牙折共 4~6 枚以上的评定为轻伤一级。牙齿脱落或牙折共 2~3 枚以上的评定为轻伤二级，牙齿脱落或者缺损；牙槽突骨折、牙齿松动 2 枚以上或者Ⅲ度松动 1 枚以上评定为轻微伤。案例一原来检查未能显示牙折的程度，经完善 CT 检查后，确定左 1⊥牙折为冠折达牙髓，左 2⊥牙松动无法保留拔除治疗，符合释义 5.2.4 q）规定，评定轻伤二级。案例二种植牙折断，需手术更换，同时更换 4 枚种植牙，符合释义 5.2.5 j）规定，评定轻微伤。

2.3 牙齿损伤的难点

牙齿损伤有明确面部损伤史的，经临床检查一般可明确。鉴定中的难点有：第一，在冠部折断的，可清楚地看到折断线；折断线位于牙颈部和牙根的，无法明确折断线的分布，做 X 线检查有时可看出牙齿的分布及折断线，有时组织重叠，需摄口腔全景 X 片或 CT。CT 检查能形成三维立体图像，可能很好地显示口腔牙齿各部位，但费用费用较高。第二，要明确口腔损伤中牙齿脱落或折断包括恒牙、乳牙和固定义齿中的种植牙等，不包括损坏后无需手术更换和修复的义齿，检查时要注意：牙齿有无牙震荡、牙脱位及牙折，牙列是否完整，明确牙脱位、牙折的数量。第三，牙折时需区别冠折、根折或冠根联合折。注意有无牙及牙周疾病，牙龈有无肿胀、出血等。第四，牙部位的记录要使用统一的符号，乳牙用罗马数字表示，恒牙用阿拉伯数字表示，如左上中切牙记录为"l1"。第五，松动程度不易把握。松动一般分为Ⅰ度（牙向颊、舌侧方向活动 <1 mm）、Ⅱ度（牙向颊、舌侧方向活动 1~2 mm）、Ⅲ度（牙向颊、舌侧方向活动>2 mm）。在鉴定中，牙齿脱落包括Ⅲ度松动以上无法保留的；难以判断是否无法保留时，应按病历记载和实际发生情况具体分析，原有断齿或已暴露髓腔的坏齿脱落、外伤后松动拔除的应不计算在内；根管治疗后牙齿质地变脆，受外力后较易折断。有时还需要与医生进行探讨才能确认。第六，牙齿损伤鉴定，对于义齿脱落或折断目前，广西壮族自治区还缺乏相关的释义，无法指导法医对牙齿损伤进行鉴定，应尽快出台关于牙齿脱落或折断的释义，特别是义齿脱落或折断方面的释义。

在案例一中，有一颗牙齿牙折已达冠折，一颗牙齿松动，医生明确为Ⅲ度松动需拔除无法保留，评定轻伤。案例二外伤仅导致1枚牙齿崩裂，但手术治疗且同时更换4颗种植牙，根据释义假体解释，假体包含固定义齿（种植牙），但可摘式义齿等除外，固定义齿的损坏比照标准中牙齿损伤的相应条款评定，所以案例二应评轻微伤。对于超过规定数量的牙齿脱落给予相应的治疗费用，本例给2次义齿的治疗费用，不包括相应的对症治疗费用。

对于《人体损伤程度鉴定标准》有关眶壁骨折的几点思考

刘明忠，李志强，王裕好

山东省青岛市公安局城阳分局刑警大队 山东 青岛 266000

《人体损伤程度鉴定标准》自2014年1月1日正式实施以来，对于促进司法公正，保障公民合法权益起到了显著作用。鉴定意见作为诉讼法规定的一种法定证据种类，在侦查、起诉、审判以及民事调解中都有着不可替代的地位。新标准根据时代的发展，顺应学科发展规律，对于具体条文进行了适当修改，并对损伤程度等级进行了细化区分，从而保证了办案机关对于鉴定意见的采信有了更为具体量化的根据。但是新标准在某些具体条款的规定中仍然存在些许不足之处，本文现对《人体损伤程度鉴定标准》（以下简称）中关于"眶壁骨折"的有关规定做出具体论述。

《标准》（2013）第5.24 f)规定：眶壁骨折（单纯眶内侧壁骨折除外）构成轻伤二级，第5.2.3 g)条：两处以上不同眶壁骨折构成轻伤一级。在公安部刑事侦查局对于新标准的释义中对于上述条文所做的解释：一侧单纯眶内侧壁骨折对照5.2.5 d)评定为轻微伤；5.2.3 g)两处以上不同眶壁骨折是指两眼上、下、内、外共8个眶壁中2个以上任意眶壁的骨折，两侧单纯眶内壁骨折除外。通过对上述条文的研读，其所存在的问题如下：两侧单纯眶内侧壁骨折如何评定伤情等级？根据5.2.5 d)条评定为轻微伤是否有畸轻的嫌疑？一侧眶壁骨折（单纯眶壁骨折除外）合并单纯眶壁骨折根据上述条文的字面含义即依据第5.2.3 g)条评定为轻伤一级是否有畸重的嫌疑？

一侧单纯眶内侧壁骨折评定为轻微伤没有任何争议，两侧单纯眶内侧壁骨折评定为轻微伤本文认为略有不妥。根据新标准附录A.4条有关轻伤二级的解释以及A.5有关轻微伤的解释，一侧单纯眶内壁骨折与两侧单纯眶内侧壁骨折对于人体机能及健康状态肯定存在不同影响，为了体现条文对于损伤程度规定的连续性和渐进性，本文认为两侧单纯眶内壁应评定为轻伤二级。虽然没有具体条文对此做出规定，但是根据新标准附则6.4条：本标准未作具体规定的损伤，可以遵循损伤程度等级划分原则，比照本标准相近条款进行损伤程度鉴定。由此可知，我们可以比照5.2.4 o)条：双侧鼻骨骨折构成轻伤二级，将两侧单纯眶内侧壁骨折也评定为轻伤二级。在骨性构成上两者性质也类似，鼻骨位于面颅前部，呈长方形，左右各一，在梨状孔上方中线处相互连接，形成鼻梁骨性支架。鼻骨上缘窄而厚，与额骨相接，形成鼻额缝，下缘宽而薄，外侧缘接上颌骨额突，形成鼻颌缝。眶内侧壁略呈长方形，从前向后依次由上颌骨额突、泪骨、筛骨眶板和蝶骨体的侧面构成，眶内侧壁最为薄弱，尤其是筛骨眶板，是外伤后最易骨折破碎的部位。双侧鼻骨骨折的损伤程度与两侧单纯眶内侧壁骨折具有相当的类似性，所以不论是从鉴定条文的字面含义，还是从两者的对照解释中来看，两侧单纯眶内侧壁骨折评定为轻伤二级合情合理。

对于5.2.3 g)两处以上不同眶壁骨折评定为轻伤一级的相关规定当中，结合公安部刑侦局事宜的解释：5.2.3 g)两处以上不同眶壁骨折，是指两眼上、下、内、外共8个眶壁中2个任意眶壁的骨折，两侧单纯眶内侧壁骨折除外，上、下、外6个眶壁中任意2个眶壁骨折评定轻伤一级并无不妥，但是上、下、外6个眶壁中任意1个合并一侧单纯眶内侧壁骨折评定为轻伤一级本文认为略显畸重。根据新标准条文规定及释义这并无不妥，但是根据实际损伤程度对于人体机能的影响的角度考虑，此种损伤评定为轻伤一级略显畸重。根据附录A.3对于轻伤一级一级A.4对于轻伤二级的解释，轻伤一级是遗留组织器官结构、功能中度损害而轻伤二级是轻度损伤，上、下、外 6 个眶壁中任意 2 个眶壁骨折与上、下、外 6 个眶壁中任意 1 个合并一侧单纯眶内侧壁骨折损伤程度明显不同。故本文认为上、下、外 6 个眶壁中任意 1 个合并一侧单纯眶内侧壁骨折最好分别评定：对于上、下、外 6 个眶壁中任意 1 个眶壁骨折评定为轻伤二级，而一侧单纯眶内侧壁另行评定为轻微伤，这样既不违反新标准中条文的规定，又可以做到实质上的司法公正。

鼻窦炎与外伤因果关系鉴定

刘伟丽，张志湘

苏州大学司法鉴定中心 江苏 苏州 215021

1 基本案情

2019 年 2 月 27 日，向某发生交通事故，临床诊断为：右上颌窦积血、右眶骨骨折等，后于 2019 年 11 月诊断为"鼻窦炎"。现因案件审理需要，法院委托我中心对向某鼻窦炎的形成与外伤的关联性进行鉴定。

2 病历资料摘录

2.1 门诊病历

2019 年 2 月 27 日，患者 1 h 前被车撞伤致多处疼痛。PE：右眼眶发绀肿胀、压痛。Imp：车祸伤，多处软组织伤，右上颌窦积血。2019 年 3 月 11 日，CT：右眼眶内、下壁骨折。

2.2 ××医院出院小结

入/出院时间：2019 年 5 月 6 日/5 月 10 日。

入/出院诊断：右眶骨骨折。

入院情况、诊疗经过：患者因"右眼车祸伤 2 月余"入院。查体：眼球凹陷 5 mm，眼球各方向运动无明显受限，伴向上、下方向注视时复视。入院后于 5 月 7 日行右眼眶切开伴置入眼眶植入物术。

2.3 ××医院门诊病历

2019 年 11 月 13 日，右眶术后，CT 发现右侧上颌窦炎。PE：右侧中鼻道水肿，右侧中道积脓。Imp：右侧鼻窦炎。

2.4 出院诊断：鼻窦炎

2019 年 11 月 19 日至 11 月 26 日××医院住院治疗，患者因"右鼻塞、头痛 3 月"入院。患者于 3 月前感冒后出现右鼻塞、流涕，伴头痛。2019-11-14 就诊我科行颌面部 CT 提示：右眶骨折后改变。入院后于 2019-11-21 行内镜下鼻窦炎手术。鼻内窥镜下见：双侧下鼻甲略大，右鼻道见脓涕，右侧钩突黏膜肿胀明显，术中开放右侧上颌窦窦口，见窦内黏稠脓性分泌物，清理后见黏膜肿胀，暴露后方的筛泡，见其内黏膜水肿伴脓性分泌物。出院诊断：鼻窦炎。

3 法医学检查

自述：之前没有得过鼻窦炎，目前没有不舒服。查体：右眼外眦处见一 0.5 cm 长小瘢痕。

阅片所见：

2019 年 2 月 27 日 CT 片（片号：0138259）示：右侧眶周肿胀，右侧眶下壁、内壁骨折伴眶内积气，右侧上颌窦内见高密度影及气液平。

2019 年 3 月 12 日 CT 片（片号：91406180）示：右侧眶下壁、内壁骨折伴眶内积气，右侧上颌窦黏膜增厚。

2019 年 4 月 9 日 CT 片（片号：91406180）/2019 年 5 月 15 日 CT 片（片号：3301276）示：右侧上颌窦高密度影较前吸收。

2019 年 11 月 13 日 CT 片（片号：3301276）示：右侧上颌窦、筛窦见混杂密度影。

2020 年 5 月 25 日 CT 片（片号：3301276）示：右侧鼻窦炎术后，上颌窦黏膜增厚。

4 分析说明

鼻窦炎是指一个或多个鼻窦发生的炎症，累及的鼻窦包括：上颌窦、筛窦、额窦和蝶窦。鼻窦炎可分为急性、慢性鼻窦炎两种。急性鼻窦炎多由上呼吸道感染引起，细菌与病毒感染可同时并发。慢性鼻窦炎较急性者多见，由急性鼻窦炎转变而来多因对急性鼻窦炎治疗不当，或对其未予彻底治疗以致反复发作，迁延不愈，使之转为慢性。

本案被鉴定人交通事故外伤后临床诊断为右侧上颌窦积血，右侧眼眶内侧、下壁骨折等，右侧眶壁行手术治疗。复阅伤后当日影像学资料示右侧上颌窦内见高密度影及气液平，右眶下壁、内壁骨折，临床诊断明确。后上颌窦高密度影逐步吸收，患者伤后鼻窦（上颌窦积血）损伤明确。

2019 年 5 月 7 日右眼眶行手术治后，CT 片（2019 年 5 月 15 日，片号：3301276）显示右侧上颌窦混杂密度影，右眶术后改变。上颌窦上壁即为眼眶的下壁，本例患者右侧眶下壁骨折术后积血积液等会渗漏到右侧上颌窦，故影像学资料显示为右侧上颌窦混杂密度影。

结合病历及影像学资料显示，2019 年 11 月 13 日患者右眶术后，CT 发现右侧上颌窦炎。临床诊断为：右侧鼻窦炎。2019 年 11 月 21 日行内镜下鼻窦炎手术。鼻内窥镜下见：右鼻道见脓涕，右侧钩突黏膜肿胀明显，右侧上颌窦内黏稠脓性分泌物，清理后见黏膜肿胀，暴露后方的筛泡，见其内黏膜水肿伴脓性分泌物。手术记录记载，右侧鼻窦符合慢性炎症改变。

此外，患者伤后多次影像学资料显示右侧上颌窦存在黏膜增厚，与此次鼻窦炎的发生也有一定的关联性。

综上所述，依据病史、影像学资料及患者后期手术记录记载，本例符合外伤致右侧上颌窦积血、后右侧眼眶骨折术后引发右侧上颌窦慢性炎症的病情转归。但被鉴定人此次鼻窦炎的发生与其自身因素也有一定的因果关系，考虑为次要因素较为合适。故本次鉴定分析认为，交通事故与被鉴定人向某本次鼻窦炎的发生（2019 年 10 月 19 日至 11 月 26 日第二次住院）之间存在因果关系，考虑为主要因素较为合适。

盲眼伤后错误评定重伤 1 例

吕建立[1]，金刚[2]

1. 河南省三门峡市陕州区人民检察院 河南 三门峡 472100
2. 河南省三门峡市卢氏县人民检察院 河南 卢氏县 472100

1 案例

1.1 案情简介

被害人马某被他人用拳头打伤右眼，当时自觉右眼痛，眼角出血伴头疼、头晕等。入院查体：体温 36.5 ℃，脉搏 80 次/min，呼吸 20 次/min，血压 18/12 kPa，神志清，精神可，右眼视力光感（+），角膜清，前房清，闪辉（−），瞳孔直径 4 mm，对光反射迟钝，虹膜震颤，晶体混浊，眼压 Tn，玻璃体及眼底看不见，左眼正常。入院诊断：右眼外伤性白内障。第一次检查：症状同入院时情况，散瞳后见右眼晶体半脱位，在局麻下行右眼白内障摘除术，手术顺利。第二次检查：视力（R）眼前指数，视盘边缘清，色泽正常，视盘颞侧可见苍白色变性区，表面可见圆形色素，未见出血。复查：右眼白内障术后，视力眼前指数，右眼视网膜有大量色素沉着及变性。原鉴定机构法医依据医院的入院诊断结果，鉴定马的右眼损伤为重伤二级。

1.2 审查处理

此案移送我院审查起诉，我院法医依法对此重伤结论进行审查。经过认真仔细审查，发现此鉴定书有两处疑点：①鉴定书的病历摘录内容没有伤者的手术记录；②伤者的既往病史没有详细记述。随后，我院法医同办案人员一起多次到伤者的所在地进行调查取证，获得了伤者原有右眼疾病的可靠依据，又从医院眼科调取了伤者手术记录等病历材料，然后对伤者进行了详细检查，再结合伤者当时右眼损伤情况，综合判断原定鉴定机构出具的重伤二级鉴定意见是完全错误的。我院法医依据上述材料出具了不同意此重伤二级鉴定意见的技术性证据审查意见书，审查起诉部门采纳了此意见，遂做出对伤者进行重新鉴定的决定。后经上级有关部门鉴定其伤情为轻微伤，起诉部门根据此鉴定意见，做出对犯罪嫌疑人不予起诉的决定，使得关押长达半年的犯罪嫌疑人得到了公正的处理，避免了一起错案的发生。

2 分析总结

本例受伤者当时的眼部损伤只表现为右眼疼，眼角出血，未发现其他严重损伤情况。原鉴定机关仅依据医院诊断证明：右眼外伤性白内障，右眼盲，鉴定其伤情为重伤二级，没有考虑其白内障是否为本次外伤所致。从伤者的手术记录上，可知其晶状体膜完整且白内障呈成熟期。一般情况下，眼球受钝挫伤所致的白内障发病缓慢，特别是在晶状体膜未破的情况下，形成成熟期白内障，需 1~3 个月。据此可知，被鉴定人受伤 7 d 后在晶状体膜完整的情况下根本形不成成熟期白内障，因此，可以判断伤者的右眼白内障与本次外伤无关。另外，伤者右眼视网膜后极部呈青灰色，伴有大量色素增生，血管在变性区消失，说明其原有视网膜变性疾病且属于后期，此病完全可以使其丧失视力。

通过办理此案，笔者认为应从两方面避免此类鉴定发生错误，以供同行借鉴。①对于伤者的既往病史要全面调查，不可忽视。特别对于功能性（视力、听力等）鉴定，在调查中要结合本次损伤的临床表现，从中寻找可疑点，为鉴定提供可靠的依据。②对于医院的诊断证明以及临床专家的会诊鉴定意见，法医学鉴定人应独立思考、分析，要应用法医学知识及临床医学知识鉴别本次损伤与临床检查结果是否有关，才能决定是否采纳或进一步研讨。不应照抄，以免鉴定错误。

以 22 例两侧眶内壁骨折鉴定争议探索鉴定公信力

吕小红[1]，徐中升[2]，靖国甫[2]
1. 河南省淅川县人民检察院 河南 淅川 474450
2. 河南省南阳市人民检察院 河南 南阳 473000

1 引言

两侧眶内壁骨折鉴定各类使用指南，标准释义对此类鉴定指导意见不尽相同，两侧眶内壁骨折有轻伤一级，轻伤二级，轻微伤的三种不同鉴定意见。本文对 22 例两侧眶内壁骨折鉴定做出统计分析，并对两侧眶内壁骨折鉴定存在的问题进行初步探讨，以期为此类鉴定提供有益参考。

上述 22 例鉴定案例的来源：2014 年到 2020 年在全国裁判文书网上登记的 22 例两侧（双侧）眶内壁骨折（无其他眶壁骨折）案例。

2 正文

2.1 眶内壁骨折概念、特点

眶内壁由前向后先依次由上颌骨、泪骨、筛骨、和蝶骨构成，主要结构为极薄（0.2~0.4 mm）的筛骨纸板。成年人眶内壁弹性减弱，是骨折最常累及的部位。

2.2 存在的问题

（1）各种"释义、指南"指导意见混乱，造成司法实践中各为其政。

《〈人体损伤程度鉴定标准〉释义》（公安部刑事侦查局主编）提到"两侧眶内壁骨折应对照 5.2.4 f)评定为轻伤二级"。《〈人体损伤程度鉴定标准〉适用指南》（司法部司法鉴定管理局和最高人民法院司法行政装备管理局主编）指出："两处以上不同眶壁骨折，是指两眼上、下、内、外共 8 个眶壁中任意两处以上的骨折，包括两侧单纯性眶内侧壁骨折，评定为轻伤一级。"《人体损伤程度评定速查》（谷建平主编）提出"对于两处以上眶内壁骨折法医界有不同看法，认同"两侧内壁单纯骨折属于轻伤一级"的观点。

《最新〈人体损伤程度鉴定标准〉条文详解与适用指南》（庄洪胜编著）指出："两处以上不同眶壁骨折应包含两侧眶内壁骨折），应评定轻伤一级。"

《最高人民法院研究室关于"眶壁骨折"伤情等级鉴定问题的答复》（2014 年 12 月）指出："单侧或两侧眶内壁骨折不论损伤类型和数量，均应当认定为轻微伤。"

（2）鉴定人对条款认识混乱、争议较大。2014 年 1 月 1 日《人体损伤程度鉴定标准》实施后，鉴定人对两侧眶内壁骨折认识不同，引用鉴定条款不同，出现轻伤一级、轻伤二级、轻微伤三种不同的鉴定意见。见表 4-1。

表 4-1 引用条款情况表

引用条款	条款内容	鉴定意见	鉴定数量/件	占比/%
5.2.3 条 g 款	两处以上不同眶壁骨折	轻伤一级	9	32.7
5.2.4 条 f 款	眶壁骨折（单纯眶内骨折除外）	轻伤二级	4	40.4
5.2.5 条 d 款	眶内壁骨折	轻微伤	9	26.9

表 4-2 　地区分布情况统计表

单位：件

省（市、区）	轻伤一级	轻伤二级	轻微伤	省份	轻伤一级	轻伤二级	轻微伤
辽宁省	4	1	2	甘肃省	1		
吉林省		2	5	天津市	1		
河北省	1		1	山西省		1	
山东省	1			云南省			1
北京市	1			合计	9	4	9

①上述表格反映两个不统一现象：一是全国鉴定意见不统一；二是部分省份内部鉴定意见也不统一。鉴定不统一影响司法机关鉴定机构承办的此类案件鉴定的客观性、唯一性。②两侧眶内壁骨折鉴定意见出现轻伤一级、轻伤二级与轻微伤等三种不同结论，可能造成此类刑事案件的定罪量刑结果差异较大，无法做到公平公正，影响司法公信力。

（3）鉴定争议持续存在。现对此类案件鉴定意见进行统计，见表4-3。

表 4-3 　2014 年以来三种不同鉴定意见对比统计

单位：件

鉴定意见	2014年	2015年	2016年	2017年	2018年	2019年	2020年	合计
轻伤一级	2	0	1	1	2	3	0	9
轻伤二级	0	1	2	0	0	1	0	4
轻微伤	0	1	1	2	1	2	2	9

2014年以来，共审理了此类案件22案，鉴定争议持续存在，鉴定意见未得到有效统一。

3 结论

通过 22 个案例定量定性分析发现的上述问题，笔者就两侧眶内壁骨折的鉴定有两点建议：一是统一鉴定意见。有关部门对两侧眶内壁骨折出台统一鉴定意见。要求所有鉴定人按照统一鉴定意见进行鉴定。二是鉴定条款应当明确规定。如可在眶壁骨折有关条款中明确两侧眶内部骨折的损失程度等级，如两侧眶内壁骨折鉴定不论损伤类型和数量，均为轻微伤。

鼻骨骨折造作伤 1 例

马超[1]，童雪松[2]，聂波[2]

1. 四川省鼎诚司法鉴定中心　四川　成都　610000
2. 四川省成都市公安局郫都区分局　四川　成都　611730

1 案例资料

沙某某，男，2020年某月某日因"外伤后头面部后头痛头晕、心慌胸闷伴左侧肢体麻木2 h"入院。专科情况：鼻腔通畅，鼻窦区无压痛；头面部局部外伤淤血肿胀。受伤当天颅脑CT示：脑梗死。伤后第2 d头颅磁共振提示：额部软组织肿胀，腔隙性脑梗死，怀疑左侧外侧裂池蛛网膜囊肿，左眼眶内壁凹陷改变。伤后第3 d病程记录：鼻骨骨折。

伤后第4 d行损伤程度鉴定。法医查体：左眼下睑及内眦处皮下淤血；右眼内眦处皮下淤血；鼻根处有1.5 cm×0.7 cm皮下出血伴肿胀；左侧鼻背部压痛。复阅伤后第3 d CT片示：双侧鼻骨粉碎性骨折。根据《人体损伤程度标准》5.2.4轻伤二级o）"鼻骨粉碎性骨折；双侧鼻骨骨折；鼻骨骨折合并上颌骨额突骨折；鼻骨骨折合并鼻中隔骨折；双侧上颌骨额突骨折"之规定，鉴定为轻伤二级。

伤后 3 个月行致伤物和致伤方式推断鉴定。复阅沙某某伤后第3 d CT片及元数据示：双侧鼻骨可见多处骨皮质中断，鼻中隔、左眼眶内侧壁局部可见骨皮质中断，断端锐利，符合新近骨折改变，鼻骨前缘断端向下塌陷，右侧鼻骨、鼻中隔骨折断端向左后塌陷，左侧鼻骨中份骨折断端向右后塌陷成角，左侧鼻骨近鼻颌缝处骨折断端向左外侧突起。被鉴定人沙某某双侧鼻骨新近粉碎性骨折，鼻中隔、左眼眶内侧壁骨折，其鼻骨骨折严重，鼻部周围软组织损伤明显，入院当天颅脑CT及第2 d头颅磁共振检查均未发现鼻骨骨折，伤后第3 d发现鼻骨骨折。根据现有材料不能明确其双侧鼻骨、鼻中隔骨折与受伤当日拳头打击头面部存在直接因果关系。其鼻骨前缘骨折符合由上向下的钝性作用力所致；右侧鼻骨、鼻中隔骨折符合自右前向左后的钝性外力作用于右鼻部所致；其左侧鼻骨中份骨折符合自左前稍向右后的钝性外力作用于成角处形成，其作用面窄，拳头难以形成，考虑为接触面较小的钝性物体直接作用形成；其左侧鼻骨近鼻颌缝处骨折断端向左外侧突起，符合自右后向左前的作用力所致。被鉴定人沙某某受伤时间与发现骨折的时间存在间隔，左侧鼻骨中份骨折（向右后塌陷成角）其作用面窄，拳头难以形成，其面部软组织损伤部位及形态与鼻骨骨折作用力方向存在矛盾点（由上向下及右前向左后钝性作用力难以形成左眼下睑及内眦处皮下淤血，双眼上下睑内侧及内眦处软组织损伤特征具有高度相似性，随机的作用力难以形成），考虑存在造作伤。

2 讨论

鼻骨骨折多由直接暴力引起，急性鼻骨骨折必然同时伴有鼻部软组织损伤征象，如鼻面肿胀、眼睑淤紫、鼻出血、鼻黏膜肿胀以及外鼻不同程度的畸形等。

本例伤者在入院时鼻部软组织损伤征象、发现骨折的时间、软组织损伤部位与形态、骨折的形成方式等方面均存在矛盾，故考虑其存在造作伤。

在现行的司法体制下，构成轻伤对当事人后期处理案事件有着巨大的法律优势，当事人就有了铤而走险的动力，近年来鼻骨骨折的造作伤也有增多的趋势。如果造作伤的参与人有一定医学背景，反向应用鼻骨骨折复位术人造鼻骨骨折并不是一件难事。这种造作伤的隐蔽性，给法医鉴定水平提出了更高的要求。这要求法医在损伤程度鉴定过程中应注意详细了解案情，核实伤后是否存在相应部位的皮肤软组织损伤；询问受伤方式，分析所提供的受伤方式是否能形成相应的鼻骨骨折；审查病历，看伤者是否有造作的时间和空间，分析损伤与临床症状、体征是否一致。特别需要仔细审查鼻骨骨折 CT 片，根据鼻骨骨折的形态推断其作用力方向。在鉴定时若发现伤者在临床症状、体征、软组织损伤与骨折的形成方式等方面存在矛盾或疑点，应当慎重鉴定。

视觉功能障碍鉴定分析 1 例

穆勇民

山东省临沂市公安局罗庄分局 山东 临沂 276017

1 案例

1.1 简要案情

马某，男，55 岁，某年 7 月因琐事被他人打伤鼻子、眼等部位。

1.2 法医学检验及病史摘要

（1）法医检验：受伤当日法医检验见左眼睑周有 5.5 cm×5 cm 的皮下出血伴肿胀。鼻背部中段有 2 cm×0.7 cm 的表皮剥脱和皮肤出血。右眼睑周有 5 cm×5 cm 的皮下出血伴肿胀。

（2）住院材料：受伤当日某区医院神经外科查体，双侧眼周肿胀，皮肤发绀，左眼睁开困难，无法观察，右侧瞳孔直径约 3.0 mm，对光反射灵敏，鼻外观肿胀，鼻根处可见一约 3 cm×2 cm 的皮肤挫伤，流血，鼻腔内可见有血迹。当日 CT 检查示左侧眶内壁骨折。伤后 5 d 查体：左侧眼周稍可睁开，自诉有光感。伤后 10 d 查体示：左侧眼周肿胀症状较前稍改善，左侧瞳孔直径约 5.0 mm，直接光反射消失，间接光反射消失，眼球动度可，球睑结膜充血，左眼视物不清。

伤后 11 d 某市人民医院查体：视力左 0.02；左眼角膜清晰，瞳孔大小约 8 mm，虹膜缘可见小裂口，晶体状体尚清，黄斑区反应不清。OCT 示：右眼黄斑区形态大致正常，左眼黄斑区神经皮层薄，中心凹及黄斑区鼻侧外层视网膜分辨不清，局限性 RPE 层改变。P-VEP 示：左眼 P-VEP 波形振幅降低，潜伏期大致正常。

伤后 27 d 某市眼科医院体检：视力左 0.04；双眼睑肿胀、淤血，结膜轻度充血，视盘上方鼻侧出血。伤后 29 dP-VEP 示双眼"P100"波存在，潜伏期延长；左眼波幅低。OCT 检查报告：左眼黄斑区视网膜变薄，光感受器层及 RPE 层反射欠光滑。

伤后 3 月余，体检：左眼睑轻度红肿。P-VEP 示左眼波幅较右眼重度下降。视网膜视力：左眼小于 0.06。F-VEP 示：双眼波存在，左眼波幅较右眼重度下降。

伤后 6 月余，体检：VOS 0.02→0.05。左眼虹膜裂伤，晶体轻混浊，视盘色可，黄斑区视网膜反光不清。OCT 示右眼黄斑区视网膜在位，重型凹形态及厚度大致正常，视网膜各层次清晰可见，左眼中心凹可见，黄斑区局部 IS/OS 层次连续。F-VEP 示双眼波形存在，左眼较右眼相比稍降低。

1.3 鉴定意见

伤者马某伤后有明确外伤史，OCT 示：右眼黄斑区形态大致正常，左眼黄斑区神经皮层薄，中心凹及黄斑区鼻侧外层视网膜分辨不清，局限性 RPE 层改变。后多次复查均证实伤者存在左眼视网膜挫伤出血。同时伤者通过相关检查可排除糖尿病或其他可能导致眼底病变的自身疾病，且右眼视力、视器未见明显病变存在。根据视网膜挫伤的损伤机制，并结合临床转归，分析认为其视网膜挫伤遗留左眼视力功能障碍符合本次外伤作用所致。伤者左眼视力 0.04，矫正不应，属于盲目 3 级。根据《人体损伤程度鉴定标准》5.4.2 a）之规定，伤者左眼视力功能障碍评定为重伤二级。

2 讨论

眼部损伤的鉴定在实践中对鉴定人员要求较高。结合本案例，笔者简述以下意见，不当之处敬请指正。

首先要详细了解致伤物、致伤方式、作用部位等相关情况，同时要求办案人员提供现场损伤的照片，以固定好原始证据。本案中伤者有明确的外伤史（双眼发绀肿胀），同时对方承认用拳头击打伤者眼部。

其次收集材料要全面。收集病历时应当注意受伤当日的首诊病历、既往史、外伤部位及伤后早期的就诊材料。因为伤者早期的重点还是诊断治疗，并未关心后期的鉴定事项，因此其在反映主观感受时还能主动配合，其信息较为客观。办案人员可以走访伤者居住地附近的邻居、工作单位，以及单位入职体检记录、驾驶证体检以及各种查体记录。实践证明，这样在一定程度上有助于了解受伤前的视力情况。

通过前期工作对收集的材料进行全面综合分析。如本案中，伤者有明确的外伤史（皮下出血、眶内壁骨折、左眼虹膜缘裂伤、视网膜水肿），伤后多次 OCT 示：右眼黄斑区形态大致正常，左眼黄斑区神经皮层薄，中心凹及黄斑区鼻侧外层视网膜分辨不清，局限性 RPE 层改变；多次复查均证实伤者存在左眼视网膜挫伤出血。多次 VEP 均显示左眼波幅下降。同时在排除糖尿病、眼底动脉硬化、血管炎等其他可能导致眼底病变的自身疾病的情况下，可以认为伤者的左眼视力功能障碍符合本次外伤作用所致。

笔者认为，由于视力功能损伤的鉴定对相关要求较高，且基层大多不具备相应的技术条件。可以根据实际情况，组织以市为单位，形成区域性鉴定资源，以合作形式组建眼科专家小组。从而提高鉴定水平，保证鉴定质量，增强鉴定的权威性，为案件的顺利诉讼提供强有力的技术支撑。

鼻缺损损伤鉴定 1 例

冉聃

司法鉴定科学研究院/上海市法医学重点实验室/上海市司法鉴定专业技术服务平台 上海 200063

1 案例资料

1.1 简要案情

崔某，男性，49 岁。2020 年 5 月 8 日，崔建军被他人咬掉鼻尖部，委托当地多家鉴定机构进行损伤程度的鉴定，均以超出机构鉴定技术条件和能力范围等理由，未予受理。2020 年 11 月，警方委托本院进行法医学鉴定，要求评定其鼻部缺损的人体损伤程度。

1.2 病史摘要

某乡卫生院 2020 年 5 月 8 日至 5 月 20 日某市人民医院住院病史：

主诉：外伤后鼻部缺损出血及全身多处肿痛 2 h。查体：鼻尖部皮肤软组织缺损，可见鼻软骨缺损外漏，耳无畸形，左耳后淤血肿胀，疼痛拒按。左侧颈部肿痛，左侧胸背部肿痛明显，可见皮肤损伤。摄片示：右侧鼻骨骨折不除外。治疗经过：入院后急诊行鼻部创面扩创+局部带蒂皮瓣修复术。术中见：鼻尖部皮肤软组织缺损，可见鼻软骨缺损外漏，缺损面积约 3 cm×1.8 cm，边缘不整齐。用手术刀扩大切除坏死创缘，彻底清除创面坏死组织，彻底止血，结扎血管。因鼻部创面较大，鼻软骨外漏，于右侧鼻唇沟处设计一带蒂复合组合瓣，切取后彻底止血，通过皮下隧道转移覆盖创面，用可吸收缝线缝合皮下组织，丝线间断缝合皮肤。出院诊断：鼻损伤等。

2 鉴定过程

2.1 询问及查体

神清，步入检查室，对答切题，查体合作。鼻尖部缺失，遗留块状皮肤瘢痕，色褐，质韧，皮下组织粘连，经计算机测量，面积达 2.8 cm²，瘢痕累及双侧鼻翼区及鼻小柱，但双侧鼻翼区未见明显缺损；自鼻尖经右侧鼻翼区过鼻唇沟至口唇右侧可见一长 11.2 cm 皮肤瘢痕，色淡，质韧，宽度 0.1 cm。双侧鼻孔欠对称，欠规整，双侧鼻腔通气可，未见异常液体流出。

2.2 鉴定意见

被鉴定人崔某鼻部遭他人咬伤，致面部软组织损伤并后遗瘢痕及鼻尖部缺损等，上述损伤已构成轻伤一级。

3 讨论

外鼻部按照解剖学上分鼻根、鼻背、鼻尖、鼻翼，其中鼻根为外鼻与额相连的狭窄部，鼻尖为外鼻前下端的隆起部位，鼻背为鼻尖与鼻根之间，鼻翼为鼻尖向两侧半圆形隆起部位。根据面部正、侧位的美学标准及面部中轴 4 高 3 低的美学标准，鼻部又细分为 10 个亚单位，分为鼻根区、鼻背上区、鼻背下区、鼻尖上区、鼻尖正中区、鼻尖下区、鼻小柱区、软三角、侧鼻区、鼻翼区，如图 4-6（a）所示。根据《人体损伤程度鉴定标准》使用指南同时将外鼻部分对眉间区、左侧鼻背区、右侧鼻背区、左侧鼻翼区、鼻尖区、右侧鼻翼区及鼻小柱区分别赋予 10：16：16：16：16：16：10 的权重。

本案中，崔某 2020 年 5 月 8 日有外伤史，入院查体"鼻尖部皮肤软组织缺损，可见鼻软骨缺损外漏"。并行手术治疗，术中见"鼻尖部皮肤软组织缺损，可见鼻软骨缺损外漏，缺损面积约 3 cm×1.8 cm，边缘不整齐"，说明其确实存在鼻尖部缺损的损伤基础。根据图 4-6（a），并结合崔某体格检查所摄照片，图 4-6（b）（c），本院鉴定人分析认为，崔某目前鼻尖部缺失，缺失范围累及鼻尖上区、鼻尖正中区、鼻尖下区及下方鼻小柱，就现有材料无论是解剖学上的分类或者是医美亚单位分类，崔某目前所遗留均符合鼻尖缺损。

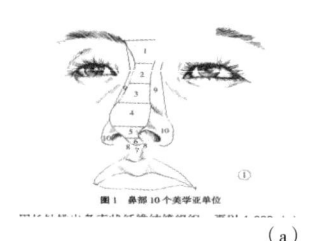 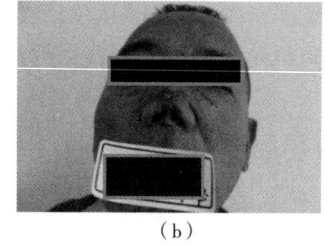 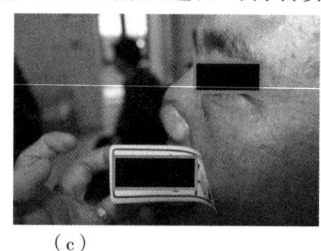

(a) (b) (c)

图 4-6 鼻部解剖学分区及伤者体格检查照片

根据外鼻的解剖形态及鼻部亚单位，可以明确的定义鼻尖部，并分为三个部分即为鼻尖上区、鼻尖正中区及鼻尖下区，考虑鼻尖上区及鼻尖正中区均位于面部中心区，在实际操作中，笔者认为可以考虑这三部分单独损伤即可认定为鼻尖部缺损。同时由于鼻尖部与双侧鼻翼相邻，若在判定鼻尖缺失较困难时，可以考虑是否存在鼻翼缺损。故鼻尖或一侧鼻翼缺损的判定较为容易。

根据指南中将鼻部分别赋予的权重，其中左侧鼻翼区、鼻尖区、右侧鼻翼区及鼻小柱区分别为 16、16、16、10。结合鼻部解剖形态，鼻尖区完全缺损后均会有双侧鼻翼区及鼻小柱区缺损，结合双侧鼻翼区及鼻小柱区缺损范围，仅需要推断上述部位缺损达权重 14 即可判定鼻部缺损达 30%。故判定鼻部缺损达 30% 也较为容易。同时，由于鼻部损伤位置均位于面部中心区，所以在考虑鼻缺损的时候还需要考虑面部中心区遗留条状瘢痕是否达 10.0 cm 或者块状瘢痕是否达 6 cm²。

但是，在司法鉴定实践中，对于鼻部缺损达 15% 以上的认定存在一定的困难。因为按照鼻部解剖形态，并无明确的界限区分范围，按照指南中赋予的权重，并不能完全地、准确地将每一个部位的权重更加细分，更多还需要通过主观的推断，不利于实践操作。同时由于鼻尖部赋予的权重系 16，那么按照现行标准有关鼻尖部缺损的规定，鼻尖部的缺损即可以达到轻伤二级也可以评定为轻伤一级，存在模糊地带，故目前急需一种统一或者多位专家论证之后行之有效的方法。

外伤后牙齿松动的法医学鉴定

任记伟[1]，赵杰[1]，窦乃迪[2]，尚纯江[1]，田振华[1]，崔占领[1]

1. 河南省鹿邑县公安局刑事科学技术研究所 河南 鹿邑 477200
2. 河南唯实司法鉴定中心 河南 郑州 450003

牙齿损伤是法医学鉴定中经常遇到的损伤程度或致残程度鉴定。因松动导致牙齿脱落是鉴定工作中常常遇到的疑难问题。因伤者个人或医源性因素导致松动的牙齿缺失，干扰了司法鉴定工作的正常进行。

1 案例资料

1.1 案例一

李某男（31岁）被人打伤，伤后2h就诊时存在上唇（左侧）皮肤挫裂伤，对应唇侧黏膜裂伤，口腔内血迹。口腔卫生可，22牙缺失，牙槽窝凝血块附着，龈缘肿胀，21牙松动、叩痛等外伤体征。影像学检查显示22牙缺失，骨性牙槽窝规整。21根间隙略增宽。2d后21牙齿脱落。

分析：牙脱位是牙外伤多种表现形式中的一种，特点是牙齿脱离牙槽窝。根据损伤程度分类为不全脱位、完全脱位、嵌插脱位等。一般认为牙齿的Ⅲ度松动无法保留为牙齿脱落。

李某男存在牙齿外伤史，伤后2h专科检查符合钝性外力致22缺失、21松动的外伤后临床表现。影像学检查结果及初诊记载，只能判定被鉴定人存在21松动的外伤基础，21骨性牙槽窝规整，根间隙略增宽，不符合21牙Ⅲ度松动的影像学征象。对外伤致21脱落不予认定。后证实，李某男伤后反复用手或舌活动21牙，导致最后脱落。

1.2 案例二

邵某女（52岁），2018年6月5日13时许受伤，致伤方式不详。120送诊A医院，伤后30m专科检查见42牙松动，43牙缺损。鉴定人在A医院了解，伤后检查时42牙松动不明显，未予口腔X线检查。住院期间，邵某女于2018年6月8日在B医院拔除42牙。拔牙前B医院病历记载：43缺失，42牙3度松动，舌侧移位，触痛明显。B医院拔牙前未行口腔X线检查。

分析：鉴定中常出现损伤致Ⅰ度至Ⅱ度松动或部分脱位的牙齿被拔除的情况。凡非治疗上的需要，无明显的拔牙适应证而拔除伤牙的，均属于过度医疗行为，不能认定为外伤所致牙脱落。邵某女在B医院就诊未行影像学检查，没有客观证据支持42牙Ⅲ度松动，不能排除伤者与医疗机构夸大损伤程度及过度医疗行为。

2 讨论

牙齿脱位损伤在活体检验中并不复杂，一般为钝性暴力作用所致。关键是伤后损伤程度的加重则是要警惕的问题。采取临床医学和法医临床学相结合的原则，仔细审查原始病历材料及治疗前的影像学检查，根据个体牙齿的具体特征，对比其治疗前后影像学变化，剔除其患牙并做出判断。正确区分出治疗措施是否存在扩大化治疗性与非治疗性处置。少数正在医治中的伤牙被伤者自行拔除，或伤牙脱落不能讲明原因的，均不能认定为外伤所致牙脱落，应按牙齿受伤当时的实际伤情进行认定。

浅析鼓膜穿孔的法医学检验

邵辉

黑龙江省海伦市公安局技术大队 黑龙江 海伦 152300

鼓膜穿孔在法医临床学鉴定中经常遇到，能够引起鼓膜穿孔的原因很多，主要分为外伤性（直接或者间接外力作用）鼓膜穿孔和炎性鼓膜穿孔，此处讨论的鼓膜穿孔主要指间接外力作用所致的外伤性鼓膜穿孔。根据《人体损伤程度鉴定标准》的有关规定，外伤性鼓膜穿孔6周不能自行愈合的属轻伤二级。《人体损伤程度鉴定标准》将外伤性鼓膜穿孔分为自行愈合和不能自行愈合两种，前者属轻微伤，后者属轻伤二级。炎性鼓膜穿孔主要见于急性中耳炎和慢性中耳炎所引起。

1 鼓膜的解剖学和组织学

鼓膜为灰白色半透明弹性薄膜，呈浅漏斗形，形成了鼓室外侧壁的大部分，其漏斗的尖部是鼓膜脐部，相当于锤骨长柄的最下段。大部分鼓膜边缘变厚，形成纤维软骨环，附着于鼓沟。纤维软骨环上部缺损，称之为 Rivinus 切迹，切迹前后有锤骨前后皱襞，附着于锤骨短突，位于皱襞以上的鼓膜较松，称之为鼓膜松弛部。鼓膜在组织学上由三层组成，外层为复层鳞状上皮，与外耳道的皮肤相连接；中层为纤维层；内层为黏膜层，与鼓室黏膜相连接。

2 外伤性鼓膜穿孔与炎性鼓膜穿孔的区别

2.1 机制

直接外力作用于鼓膜可形成不同形状的鼓膜穿孔。间接外力所致鼓膜穿孔的主要机制是间接外伤作用于耳部，挤压空气进入外耳道，由于耳郭、耳道及鼓膜解剖结构特点使气压逐渐增大，形成瞬间高压作用于鼓膜以致破裂穿孔。炎性鼓膜穿孔是由于急性、慢性中耳炎等化脓性炎症产生大量分泌物引起的鼓膜穿孔。由于两种鼓膜穿孔的机制不同，故在法医鉴定中应对被鉴定人受伤经过进行详细询问，结合调查材料分析是否有能够引起鼓膜穿孔的外力存在。

2.2 临床表现

引起穿孔的机制不同，外伤性和炎性鼓膜穿孔的主观症状也不相同。外伤性鼓膜穿孔病人受伤后多诉听力下降、耳鸣，有时伴有头痛头晕，也有少部分伤者诉耳闷、耳漏气。急性中耳炎病人在鼓膜穿孔前往往有恶寒、发烧、全身乏力、食欲减退甚至头痛、恶心、呕吐等全身症状，局部症状有耳深部锐痛，打喷嚏、咳嗽、吞咽时疼痛加重，疼痛可放射到额部、颞部或整个头部。慢性中耳炎病人的主要症状有由水样到脓性的耳漏、重听、听力下降和耳鸣。

2.3 部位

外耳道有一定的曲度，加上鼓膜紧张部的顺应性较差，外伤性鼓膜穿孔多位于鼓膜紧张部，少部分位于鼓膜的结合部，而松弛部的外伤性鼓膜穿孔较少见到。炎性穿孔的部位因急性炎症和慢性炎症而不同：急性中耳炎的穿孔多为鼓膜紧张部的中央；单纯型慢性中耳炎穿孔也多为紧张部的中央，骨疡型慢性中耳炎穿孔多为紧张部边缘或者中央。

2.4 形状与大小

外伤性鼓膜穿孔的形状有裂隙状、梭形、三角形、类圆形、不规则形，最小的有类针头样。急性中耳炎穿孔多为中央性小穿孔，呈针尖状。单纯型慢性中耳炎穿孔多呈椭圆形或肾形；骨疡型慢性中耳炎穿孔多为类圆形大穿孔。

2.5 边缘

边缘对区别鼓膜穿孔性质也有一定意义。新鲜的外伤性鼓膜穿孔边缘常有血迹附着，随着时间推移，血迹逐渐干燥变成血痂直至消失；炎性鼓膜穿孔的早期，边缘可见到血清样或者脓性分泌物附着；较大的鼓膜穿孔边缘常出现翻卷现象，外伤性鼓膜穿孔的边缘多向内翻卷，炎性鼓膜穿孔的边缘多向外翻卷。另外，边缘还能够判断穿孔的大概时间：新鲜的穿孔边缘锐利且欠整齐，陈旧性鼓膜穿孔的边缘往往增厚且变得整齐平滑。

2.6 愈合

鼓膜穿孔愈合是鼓膜对穿孔部位的自我修复，一般情况下，年龄越小，愈合越快，穿孔越小，愈合越快，反之则慢。在形状与愈合的关系中，裂隙状穿孔的愈合最快，其次是梭形、不规则形，再次是三角形，最难自行愈合的是圆形的鼓膜穿孔。慢性炎性鼓膜穿孔往往因感染因素长期存在，多不易自行愈合。

2.7 听力

穿孔破坏的鼓膜的完整性和传导功能，往往对听力有不同程度的影响。外伤性鼓膜穿孔其听力障碍主要表现为传导性或者混合性。值得注意的是在法医鉴定过程中伤者对主观听力的损失程度往往有不同程度夸大，所以在做电测听的同时应与脑干听觉诱发电位相比较。炎性鼓膜穿孔病人早期往往表现传导性听力障碍，长期的慢性中耳炎，常可形成严重的混合型听力障碍。

综合以上，我们在日常检案工作中要详细了解案情，区分伤与病的关系，仔细甄别，得出科学准确的鉴定结论。

关于听力损伤的法医学鉴定的探讨

束长宝，卢从顺

江苏省东台市公安局 江苏 东台 224200

法医临床鉴定中，由于耳外伤、头部外伤等导致听力损伤的鉴定比较多。特别是种种因素，被鉴定人有时会故意伪装或者扩大听力损失程度，以达到鉴定为轻伤或重伤的目的。如果鉴定法医不能准确客观的把握实际情况，往往会造成错误的鉴定，导致冤假错案的发生。因此准确判断听力损伤是否存在、分析听力损伤与外伤之间的因果关系一直都是鉴定的重点与难点。

1 目前听力测试的方法

主观测听法（即电测听）、客观测听方法（听性脑干反应（ABR）、40 Hz 听觉相关电位（40 Hz AERP）、听觉稳态反应（ASSR）。

《人体损伤程度鉴定标准》规定听力损失计算应按照世界卫生组织推荐的听力减退分级的频率范围，取 0.5 kHz、1 kHz、2 kHz、4 kHz 四个频率气导听阈级的平均值。如所得均值不是整数，则小数点后之尾数采用4舍5入法进为整数。即通过纯音听力以气导听阈为计算标准进行测定。但纯音气导听阈测定为主观检测，经常受被鉴定人主观意识、情绪、年龄等影响，经常失真。因此有些测试结果不能反映被鉴定人的客观听阈。客观测听方法由于客观测听法不受被鉴定人主观意识的影响，结果相对客观、可靠。一般情况下，被鉴定人听觉诱发电位反应阈要比其行为听阈高 10~20 dB（该差值又称"校正值"），即被鉴定人的行为听阈等于其听觉诱发电位反应阈减去"校正值"。听觉诱发电位检测实验室应建立自己的"校正值"，如果没有自己的"校正值"，则取平均值（15 dB）作为"校正值"。ABR 的 V 波反应阈在一定程度上仅仅可以反映高频范围（2k~40 kHz）行为听阈，而人的言语频率主要分布在 300~3000 Hz 范围内，可见 ABR 阈值不能完整反映人类言语频率范围内的听力损失，更不能准确反应或代替行为听阈。40 Hz 听觉相关电位是客观听阈监测的有效方法，具有良好的频率特性。其对 1000 Hz 以下的频率的阈值确定更具价值，反应阈值非常接近纯音听阈水平，同样，40 Hz 听觉相关电位也不能代替行为听阈听力损失。听觉稳态反应（ASSR）检查具有五大临床应用优势：①客观性：具有客观指标，客观判断的特点；②频率特性：ASSR 所用的调制信号是持续的，可避免由短声（click）刺激导致的频率失真，故能较准地反映相应载波频率的特性，从而得出相应频率的听阈；③最大声输出强度高：通常 ASSR 测试信号可输出 120 dBHL 的声刺激，这对于重度听力损失患者测定残余听力十分必要；④不受睡眠和镇静药物的影响：ASSR 是叠加在 EEG 波上的很小的诱发电位，因为睡眠时 EEG 波形稳定，可增加信噪比，使得 ASSR 容易检出；⑤快速简便，能在非常短的时间内自动测出双耳稳态的听力。听觉稳态反应（ASSR）刺激信号测听频率在 250~8000 Hz 范围，比用于 ABR、40 Hz 听觉相关电位更接近纯音测听。

2 主观、客观相结合、相比较，综合分析，准确判断听力损失程度

常规听力损失程度计算应以主观纯音气导听阈为标准，当纯音气导各频率听阈值均在 41 dbHL 以上时，或提示有伪聋或扩大聋者，应进行客观听力检测。如果条件允许，可进行听觉稳态反应（ASSR）检查。①明确的外伤史是听力损失鉴定的基础。②根据损伤史、临床表现、耳科检查以及听力学表现做出听力损失类型的诊断。③常规摄颞骨 CT 扫描，明确中耳及内耳损伤，排除疾病或畸形。④动态观察被鉴定人的听力变化情况，确定是否存在伪装。

3 应当尽可能取得被鉴定人伤前的客观听觉资料

若受伤之前已存在听力减退，则需要判定损伤、原发疾病与听力损失之间的因果关系。对于头部或耳部损伤轻微而听力损失严重的，一定不能轻易简单以听力损失程度进行评定伤情。

4 无法做出客观、准确评定时可以客观说明

如果现有条件实在无法做出客观、准确的评定，则不进行伤情评定，可以客观说明。

"孔源性视网膜脱离"的法医学鉴定与分析

田金涛

山东省淄博市公安局张店分局刑事科学技术大队 山东 淄博 255000

1 "孔源性视网膜脱离"的基本概述

视网膜脱离通常是指视网膜的神经上皮层与色素上皮层之间分离。一旦脱离，会出现眼前有飘动性阴影、闪光、视力下降、视野缺损，随着脱离范围逐渐扩大和时间延长，会出现全视网膜脱离，玻璃体、视网膜增殖，并发虹膜后粘连、白内障，可能导致眼球萎缩，严重有可能会导致失明。

视网膜脱离的原因有多种多样的，那么根据它产生的原因不同，我们可以将视网膜脱离分为孔源性视网膜脱离和非孔源性视网膜脱离。其中孔源性视网膜脱离占了90%以上。孔源性视网膜脱离是指形成视网膜裂孔以后，液化的玻璃体经视网膜裂孔进入视网膜神经上皮层下，从而导致视网膜脱离的形成。视网膜产生裂孔的原因可以有外伤、高度近视、视网膜变薄、变性、自发产生裂孔，另外玻璃体后脱离，使得视网膜撕裂产生裂孔；还有黄斑前膜导致的，视网膜在慢性的、长期的牵拉状态下产生了裂孔，导致的视网膜脱离；以及各种原因出现的PV2，我们叫作玻璃体视网膜增殖的病变，导致了视网膜被撕裂，产生裂孔，导致的视网膜脱离。而孔源性视网膜脱离，主要是由外伤、高度近视、玻璃体后脱离、黄斑前膜，以及增殖性病变的出现，这是产生裂孔的主要原因。

2 "孔源性视网膜脱离"的法医学鉴定

孔源性视网膜脱离主要涉及条款为5.4.4 a），轻伤二级。

《人体损伤程度鉴定标准》5.4.4 a）："眼球穿通伤或者眼球破裂伤；前房积血须手术治疗；房角后退；虹膜根部离断或者虹膜缺损超过1个象限；睫状体脱离；晶状体脱位；玻璃体积血；外伤性视网膜脱离；外伤性视网膜出血；外伤性黄斑裂孔，外伤性脉络膜脱离。"

在法医学鉴定中，确定视网膜脱离是否为外伤性是个难点，确定孔源性视网膜脱离是否为外伤性更是难点。孔源性视网膜脱离常发生于伴有视网膜变性、裂孔改变的高度近视者。钝性挫伤可导致视网膜变性、萎缩，进而形成视网膜裂孔，加之玻璃体液化、机化牵拉等作用，可继发视网膜脱离。因此，外伤后发生孔源性视网膜脱离，需对外伤和疾病情况进行详细分析。鉴定时重点考察外伤的严重程度、视网膜脱离距离损伤的时间、视网膜脱离的部位与范围、伤前眼科与视力状况、健眼眼底状况、诊疗经过等。

在进行孔源性视网膜脱离的法医学鉴定时，我们可以大致分为以下几种情形：①外伤为视网膜脱离的直接原因或主要原因。眼部损伤较为严重，存在严重的眼睑损伤，角膜擦挫伤，前房积血，晶状体脱位，玻璃体积血，视网膜、脉络膜出血等情形，而既往仅为轻度近视或为正视眼，无明显眼底变性，或虽为高度近视，但眼底变性程度尚不足以直接导致视网膜脱离，则可认为外伤在视网膜脱离中起主要作用或是视网膜脱离的直接原因。②外伤与视网膜脱离之间存在相当因果关心。若作用外力达到一定程度，如在损伤当时存在眼睑损伤、前房积血、玻璃体积血、眼底出血等情形，同时存在明显眼底变性，可认为外伤与视网膜脱离系相当因果关系，外伤参与度为50%。此时，损伤与疾病的作用几乎相当，两者单独存在，一般均不至于导致目前后果。③外伤是视网膜脱离的次要原因。受伤当时仅有眼睑淤血，或虽有前房积血，但量少，并在1~2 d吸收，余未见损伤性改变，说明外伤较轻微。在体格检查中，发现存在玻璃体液化、浑浊、高度近视眼眼底改变，眼底存在视网膜格子样变性或视网膜萎缩等。此时，认为外伤是视网膜脱离的辅助因素或诱发因素。④外伤显著轻微的，且视网膜脱离距损伤时间间隔较久，则认为外伤与视网膜脱离之间无因果关系。

3 "孔源性视网膜脱离"在法医学鉴定中遇到的问题

在临床法医学鉴定中，孔源性视网膜脱离的鉴定还有很多复杂的情形。比如外伤程度不严重或仅有眼部轻度挫伤，无前房、玻璃体积血情况，眼底视网膜检查无变性、萎缩表现，外伤后出现孔源性视网膜脱离，还有伤后眼科检查不全面，未行欧堡、OCT等检查，造成非黄斑区视网膜裂孔未及时发现（早期发现可及早行激光治疗，封闭裂孔），发展为孔源性视网膜脱离，还有很多特殊情形，在此不再一一赘述。这些情形都提示孔源性视网膜脱离的鉴定是非常复杂的。

因此，在工作中遇到孔源性视网膜脱离的鉴定，一定要全面考察，重点分析。一是看眼部损伤严重程度，有无眼睑损伤、角膜擦挫伤、前房积血、晶状体脱位、玻璃体积血、视网膜裂孔、出血等情形；二是注意全面检查，应用最新的眼科检查设备，比如欧堡、OCT、ERG等，与临床表现相互印证，不遗漏伤者损伤征象；三是注意鉴定时机，眼部损伤不宜即刻鉴定，要考虑伤者眼部损伤后续演变，视网膜在挫伤后可能会出现变性、裂孔、脱离，玻璃体积血后会出现液化、机化牵拉等作用，造成视网膜裂孔脱离。因此眼部损伤鉴定应在伤后三个月之后；四是全面考察伤者伤前眼部基本情况，查看伤前眼科与视力状况，健眼眼底状况，以及诊疗经过及诊疗后果等，全面掌握伤者眼睛病理基础状况以及损伤程度状况。

综上所述，通过对孔源性视网膜脱离的全面评估，厘清伤病关系，明确外伤与孔源性视网膜的因果关系，最终可以得出伤者准确损伤程度结果。

外伤性鼓膜穿孔急性期镜像表现分析

仝国斌[1]，郭卫华[1]，窦乃迪[2]
1. 河南省平顶山市公安局 河南 平顶山 467002
2. 河南唯实司法鉴定中心 河南 郑州 450004

1 资料与方法

对2014年以来作者参与鉴定的鼓膜穿孔案例伤24 h以内接受检查案例中选取150耳内窥镜检查获得的清晰影像的截图。所有案例均诉气压伤导致鼓膜损伤，检查距离伤后最短时间20 min，最长时间24 h。明确鼓膜穿孔后进行了耳内窥镜复查。

2 结果

2.1 鼓膜充血、创缘肿胀

伤后30 min以内，鼓膜充血不明显，残缘无肿胀。伤后3 h，开始出现明显的充血反应，表现为穿孔撕裂处充血，逐渐向周围扩展。伤后12 h，影像鼓膜穿孔周围局限性充血，创缘稍肿胀。伤后24 h，影像鼓膜穿孔周围局限性充血、淤血明显，创缘肿胀。伤后3 d，充血减轻，创缘肿胀基本消失。伤后5 d充血肿胀征象基本消失，仅在鼓环处轻度局限性充血，松弛部及锤纹处表现为毛细血管显著扩张。

2.2 鼓膜穿孔

鼓膜穿孔创伤导致鼓膜辐射状纤维组织破坏，鼓膜残缘不整齐是鼓膜撕裂伤的特征。有的顺沿辐射状纤维组织走行形成的裂隙紧密贴合则可以没有典型的穿孔镜像表现。

伤后2 h以内，紧张部不规则穿孔，残缘薄锐，可见薄锐的鼓膜残瓣或碎片。伤后6 h，残瓣向鼓环及锤骨柄方向退缩皱褶。伤后12 h，残瓣充血明显，肿胀。伤后24 h，残瓣及创缘明显充血肿胀、色泽红润、淤血，距穿孔缘远端鼓膜瓣开始坏死发黑，近穿孔缘鼓膜瓣淤血，红润。伤后48 h，创缘肿胀逐渐消退，残瓣逐渐萎缩减小，创缘逐渐变钝。伤后72 h，创缘肿胀基本消退，穿孔缘处开始可见环状透明带，鼓膜坏死物（淡黄色痂）逐渐增多。残瓣逐渐萎缩形成痂皮，近穿孔缘处残瓣呈褐色，远端呈黑色痂皮。

2.3 再次检查时的表现

残缘血迹部分案例初次检查较早（伤后30 m以内），穿孔残缘未发现出血征象，由于伤后鼓膜剧烈运动，再次检查时（伤后24 h～72 h）穿孔残缘或许可以出现星点状血迹或较原出血量少许增多。一般情况下，伤后2 h，局部血管断端血液凝固为新鲜血痂样物。伤后12 h，创缘逐渐表现出淤血、肿胀，形成血痂；也有观察发现伤后6～24 h，穿孔缘出血凝固，新鲜血痂转为干性血痂，血色逐渐变暗。

2.4 鼓室腔表现

除极少的小星点状喷射性血迹进入鼓室腔，伤后鼓室干燥，除残瓣内卷出现少量鼓室积血之外，一般情况下无鼓室大量积血。鼓室黏膜无异常表现。

3 讨论

由于鼓膜的解剖位置具有隐蔽性，有一些伤者因为特殊原因没有及时进行耳内窥镜检查，还有一些损伤则涉及可疑造作伤。通过对鼓膜穿孔伤耳内窥镜检查急性期影像表现的认知，可以大体推断受伤时间，结合案情调查结果，对法医鉴定工作具有指导意义。

1 例口腔内损伤鉴定讨论

童万章[1]，刘旸[2]，熊攀[2]

1. 湖北省黄冈市黄州区人民检察院 湖北 黄冈市 438000
2. 湖北省麻城市人民检察院 湖北 麻城 438300

口腔颌面部位于人体暴露部位，容易受到损伤，是口腔颌面外科常见急症。包括软组织损伤、颌骨骨折、牙损伤、神经损伤等，还可能同时伴发其他部位的损伤和危及生命的并发症。

1 简要案情

被鉴定人吕某，67岁，湖北省武穴市人，2018年7月10日因房屋纠纷，被犯罪嫌疑人吕某某用木棒打伤左侧面部，导致口腔出血不止。专科检查见：神志清楚，痛苦面容，左侧颈面部部弥漫性肿胀、瘀斑，局部压痛明显，张口重度受限。口腔内左侧面颊部及下颌前庭沟处各见一伤口，分别长约2.0、2.5 cm，创缘不规则，活动性出血，其中左下颌前庭沟处伤口呈喷射状出血，+4残根，牙龈少量渗血，+56叩痛明显，无松动。双侧腮腺及颌下腺导管口无红肿及溢脓，分泌物清亮。手术中见：创面部分组织缺血坏死，伤口深及骨面，部分颊肌及咬肌断裂，创面内肌肉供血小动脉破裂。CT检查示：左侧颌面部软组织肿胀，左侧颌面部、颈部皮下积气，颌面部诸骨未见明显骨折，颅内未见明显外伤性改变。2018年9月26日，当地司法鉴定中心认为吕某的伤情符合《人体损伤程度鉴定标准》第5.2.4 b）规定，认定吕某损伤程度为轻伤二级。

2 讨论

吕某某故意伤害案进入起诉环节，辩护律师对该鉴定结论提出异议，认为吕某的伤情不够轻伤二级，公诉部门要求司法鉴定人员对该案伤情鉴定进行审核。受案后，笔者邀请几位法医鉴定人，对该案进行了评议。评议意见两种，一是支持原鉴定结论，构成轻伤二级；二是认为构成轻微伤，因为吕某的损伤虽然经过了手术修补，但面部皮肤并没有破损，不是穿透伤，不符合《人体损伤程度鉴定标准》第5.2.4 b）之规定，应以《人体损伤程度鉴定标准》第5.2.5 a）规定来认定。笔者同意第一种意见，吕某的伤情构成轻伤二级。

2.1 法明文规定为罪，法无明文规定即无

对标准不能适用"罪刑法定原则"，法明文规定为罪，法无明文规定即无。《人体损伤程度鉴定标准》不能以像法律规定的法条一样来要求，从医学角度来说，人体损伤引起原因各异，个体承受损伤的差异大，造成损伤的后果千差万别，标准不可能将人体损伤的后果全部概括到一条一条具体条款。因此标准6.4条规定：本标准未作具体规定的损伤，可以遵循损伤程度等级划分，比照本标准相近条款进行损伤程度鉴定。所以，不能按照法律制定的要求来要求标准的制定，也不能按照法律的实施来要求《人体损伤程度标准》必须严格按照具体条款来进行鉴定。从本例鉴定来说，吕某口腔损伤没有穿透，不符合《人体损伤程度鉴定标准》第5.2.4 b）规定，就不能认定其伤情构成轻伤二级。

2.2 应按照损伤程度来确定伤情等级

《人体损伤程度鉴定标准》把伤情分为重伤、轻伤、轻微伤，重伤包括重伤一级和重伤二级，轻伤包括轻伤一级和轻伤二级。伤情的区别是伤害程度。为了便于鉴定人员把握伤情，《人体损伤程度标准》对损伤程度分级制定了具体条款，规定了什么损伤程度构成什么样伤情等级。从本例受害人损伤程度来说，相对于《人体损伤程度鉴定标准》第5.2.4 b）规定"面颊穿透创，皮肤创口或者瘢痕长度1.0 cm以上"规定的伤情来比，其左侧颌面部软组织肿胀，左侧颌面部、颈部皮下积气，口腔内左侧面颊部及下颌前庭沟处各见一伤口，分别长约2.0、2.5 cm，创缘不规则，活动性出血，其中左下颌前庭沟处伤口呈喷射状出血，+4残根，牙龈少量渗血，+56叩痛明显，伤口深及骨面，部分颊肌及咬肌断裂，创面内肌肉供血小动脉破裂，除了皮肤未破裂外，面颊部其他软组织均破裂，其损伤程度大于第5.2.4 b）条款规定。

2.3 应遵循实事求是原则性

《人体损伤程度鉴定标准》规定："鉴定要坚持对致伤因素对人体直接造成的原发性损伤及由损伤引发的并发症或者后遗症为依据，全面分析，综合鉴定"，本例鉴定案件来看，吕某某用木棒将吕某的面部打伤，造成了吕某左侧面部弥漫性肿胀瘀斑、左上第四牙齿断裂和口腔软组织受损，符合原发性钝器损伤的特征，并造成了创面内肌肉供血小动脉破裂，如果不及时对小动脉进行处理，会造成失血性休克的后果，遵循

实事求是原则，对吕某的伤情应根据《人体损伤程度鉴定标准》第 6.4 条规定，比照《人体损伤程度鉴定标准》第 5.2.4 b）规定，鉴定其伤情为轻伤二级。

外伤性牙齿松动法医学鉴定 17 例

王曦[1]，陈曦[2]，卜玉峰[1]

1. 山东省威海市公安局 山东 威海 264209
2. 山东省威海市立医院超声科 山东 威海 264200

颌面部为人体突出部位，易于受到打击，法医学鉴定工作实践中，外力打击颌面部导致牙齿损伤的情况较为常见，其中以牙齿折断及牙齿脱落为主。牙齿折断，依据牙片可准确认定其损伤程度。而牙齿脱落因受病历材料描述不详、口腔医生对牙齿松动度认定主观性较强、被鉴定人口腔疾病影响等因素，致使牙齿脱落鉴定在实践工作中解释难度较大，进行二次鉴定概率较高。本文收集整理我局参与的外伤性牙齿松动法医学鉴定 17 例，归纳总结鉴定难点，并阐述鉴定意见。

1 案例资料

17 位被鉴定人全为男性，伤后未经处理即来医院治疗，案情清晰，病历资料完整，无造作伤。表格中年龄为受伤时年龄，疾病为病历中对牙齿、牙周组织健康状况的描述。仅序号为 8 的鉴定结果为轻伤二级，其余为轻微伤或治安调解后不进行鉴定。

表 4-4 鉴定意见汇总

序号	松动牙齿	年龄	疾病	是否拔除
1	B_1Ⅱ度 B_2Ⅰ度	24	√	×
2	D_1Ⅲ度 D_2Ⅱ度 D_3Ⅰ度	37	√	D_{12}
3	A_{12}Ⅱ度 B_1Ⅱ度	32	√	A_{12}
4	A_1Ⅰ度	22	×	×
5	C_1Ⅱ度 D_1Ⅱ度	30	×	C_1D_1
6	B_{12}Ⅱ度 D_{123}Ⅱ度	45	√	D_{12}
7	C_{12}Ⅱ度 C_3Ⅰ度	27	√	×
8	B_{12}Ⅲ度 A_1Ⅱ度	50	×	B_{12}
9	B_3Ⅱ度 B_4Ⅰ度	27	×	×
10	C_1Ⅱ度 D_1Ⅱ度	45	√	C_1D_1
11	A_1Ⅰ度 B_1Ⅱ度	35	×	×
12	A_1Ⅱ度/Ⅲ度 A_2Ⅱ度	28	√	A_{12}
13	D_2Ⅰ度	24	×	×
14	C_{23}Ⅰ度 C_1Ⅱ度	27	×	×
15	B_1Ⅱ度	36	√	×
16	B_{123}Ⅰ度 A_{12}Ⅱ度 C_1Ⅱ度	67	√	$A_{12}B_{12}$
17	C_{12}Ⅱ度	20	×	×

2 讨论

2.1 牙齿松动度界定

牙齿松动度以患牙活动方向及动度为界定依据，其中方向为内外、左右、上下，一至三度依次递增。动度为一度在 1 mm 以内，二度在 1～2 mm 之间，三度超过 2 mm。临床口腔医生主要使用牙科镊晃动患牙来判断其松动的程度，其诊断结果具有较强的主观性，例如序号 12 的被鉴定人，由于其在神经内科治疗，伤后两天内请口腔科进行两次会诊，两位口腔科医生认定的结果不同，导致鉴定难度增大。医疗行业存在能定量反映牙齿松动程度的牙动度测量仪，分为阻抗测量仪、位移测量仪两大类，但因操作烦琐、精确度不高、可加重牙损伤等原因，未在临床上广泛使用。

2.2 口腔问题的普遍性

牙齿健康状况是牙齿松动鉴定的一个必须考虑的因素。根据《第四次中国口腔健康流行病学调查报告》提供的数据，中国人牙龈出血检出率高于 85%，牙石检出率高于 95%，口腔问题具有普遍性。法医检验时，大多伤者因个人或治疗原因，牙齿状况不佳，17 例中有 15 例存在牙周病，但不能以此判定伤前牙齿健康状况。实际工作中，主要以首诊病历及牙片判断伤前有无牙周病。首诊病历对牙周病的描述不尽相同，多以"口腔卫生差"进行描述，缺少"牙周袋""牙龈附着""牙龈炎"等详细描述，有的甚至不予描述，且事后取证多不合作，给牙齿伤病关系的确定带来极大难度。牙片仅能提示牙根裸露、牙根吸收等重度牙周病病理改变，实际效用小。

2.3 患牙的治疗与拔除

数据中显示，外伤性牙损伤主要集中于前切牙，本地临床上前切牙松动的主要治疗方法为玻璃纤维树脂夹板固定技术，多篇文献显示此方法治愈率高达90%。本次数据中，此方法治愈率仅40%，不排除被鉴定人为特殊群体，且个人原因（牙周病、咀嚼用力、牙齿清洁等）、医疗原因（用力过大导致牙根吸收、固定不牢等）影像患牙治愈。但对17个案例伤者病程分析后发现，多数患牙松动Ⅱ度（包括病情加重发展至松动Ⅲ度）诊断两次以上，口腔医生即建议伤者拔除患牙，伤者普遍同意拔除，拔除后多予以种植牙治疗。拔除的牙齿，民间即认为符合牙齿松动至无法保留的情况，加大解释难度。

3 鉴定意见

我局牙齿脱落鉴定采用"首诊定性"方法。此方法指在外伤史明确的条件下，被鉴定人伤后首诊病历中描述患牙松动Ⅲ度即定性，之后拔除即符合牙齿脱落鉴定条件。其余情况，包括患牙松动Ⅱ度予以拔除，松动Ⅱ度发展至松动Ⅲ度予以拔除，均不予牙齿脱落鉴定。首诊病历中描述伤者存在严重牙周疾病的情况，不采用此方法。

此方法优点为弱化医源性、个人原因等未知及不可控影像因素，以致伤因素对人体直接造成的原发性损伤为主，鉴定依据易于获取，降低解释难度。缺点为公安部、司法部对《人体损伤程度鉴定标准》释义中无明确解释支持此方法，此方法应用后，多数被鉴定人无法认定为牙齿脱落，多以牙齿松动鉴定为轻微伤。

多排螺旋CT后处理技术在鼻区骨折鉴定中的应用

王志强[1]，耿书峰[1]，窦乃迪[2]

1. 河南省郑州市公安局 河南 郑州 450004
2. 河南唯实司法鉴定中心 河南 郑州 450004

鼻区骨折主要指鼻骨骨折、上颌骨额突骨折以及鼻中隔骨折。是法医临床工作中的常见损伤，影像学检查首选多排螺旋CT检查。一般情况下行薄层扫描，必要时进行多方位图像重组或重建。新鲜骨折的直接征象为上颌骨额突和鼻骨骨皮质连续性中断，骨折线影清晰，断端锐利。间接征象包括鼻背部及邻近颌面部软组织增厚肿胀，鼻腔黏膜增厚等。由于鼻区解剖结构的特殊性，尤其是鼻区是否存在骨折及新旧伤甄别常常给鉴定带来争议。作者应用后处理曲面断层结合最大密度投影图像，对复杂的鼻区骨折进行鉴定，取得了一定的效果。现报告如下。

1 资料与方法

1.1 一般资料

收集来自河南唯实司法鉴定中心及郑州市公安局2018年9月至2021年4月以来鼻区损伤鉴定案例，首次鉴定13例，重新鉴定18例。伤后具有鼻区外伤体征者23例，无明显体征8例。以上案例均有明确外伤史。

1.2 方法

来自伤后首次多层螺旋CT检查影像电子数据以及鉴定时的复查结果。复查时采用东芝64排螺旋CT机。横轴位扫描，伤者仰卧头先进，扫描基线与鼻骨垂直，扫描范围从鼻尖下至眶上壁，层厚2 mm、螺距1 mm，骨算法重建层厚1 mm。将上述与首次检查电子数据均进行重建多平面重组（MPR）、曲面断层（CPR）及最大密度投影（MIP）图像，对照分析，综合判断。

2 结果

全部31例鼻区骨折伤鉴定经过检查后诊断为新鲜骨折17例；明确为单纯性新鲜骨折6例，多发新鲜骨折5例，重新发现新鲜骨折3例；排除骨折7例（5例为先天变异或正常骨孔）；明确为陈旧性骨折7例。

3 讨论

《法医临床影像学检验实施规范》对于鼻区骨折首选 CT 检查。由于鼻区解剖的复杂性，建议行薄层 CT 扫描，必要时多方位图像重组或重建。

常规 CT 扫描方式，对鼻区骨折的整体形态显示差，正常骨缝、骨孔及先天性骨结构变异等易与骨折混淆。曲面重建（CPR）是多排螺旋 CT 常用后处理技术，是 MPR 技术的延伸和发展。其以横断扫描所得的二维图像以像素为单位，重建为以体素为单位的三维数据，再用横断面、矢状面、冠状面或任意斜状面去获取三维数据，得到重组的二维图像。重建的多平面层厚、层数和层间距可以自行设定，在把每一层横断面叠加起来的时候，其插值在层与层之间确定，形成间距相同各向体素的三维容积数据。最大密度投影（MIP）成像原理是利用投影法，在任意方向将二维数据进行投影，形成二维影像投影；由所有投影线对应的最大密度像素组成的图像就是 MIP 产生的图像，其密度差异在组织中显示较好，密度高低对比较明显，容积组织最大强度值反映在每个像素中，图像显示骨折线影及走形等具有清晰性好的明显优势。

对 31 例涉及鼻区骨折的检查结果表明，可以通过上述技术的联合应用，对于明确鼻区骨折线、解剖变异等方面具有明显优势。

鼻骨骨折造作轻伤 1 例分析

吴晓鸣[1]，魏刚[2]

1.中国刑事警察学院法医学系 辽宁 沈阳 110035

2.河南省濮阳市公安局刑侦支队 河南 濮阳 457000

1 案例资料

刘某，男，29 岁。2018 年 4 月 2 日 18 时 50 分许，刘某在某市总医院被人殴打致伤。接警 10 min 后，管辖办案民警到达现场，刘某自诉面部受伤，办案民警对刘某的面部进行照相固定证据，未见明显损伤。随后，告知刘某可到市级医院进行相关检查。2018 年 4 月 3 日管辖办案民警委托我单位对刘某进行法医损伤程度鉴定。

2018 年 4 月 3 日下午，管辖办案民警陪同刘某来我单位进行损伤检验。法医学检验结果：刘某自诉面部被人打伤、鼻部触之疼痛、鼻部无出血，刘某面部及鼻部均未见外伤性改变。两名法医对刘某面部及鼻部进行多方位、多次照相均未发现外伤性改变。同时管辖办案民警提供以下影像学资料：2018 年 4 月 2 日某市总医院 CT 检查报告单：诊断意见：急诊报告：左眼眶内侧壁据不贵皮质欠连续，骨折不除外；鼻骨左支局部骨皮质似略显毛糙；请结合临床，必要时复查或进一步检查；阅 CT 片示：双侧鼻骨及上颌骨额突未见明显异常，见图 4-8（a）、（b）。

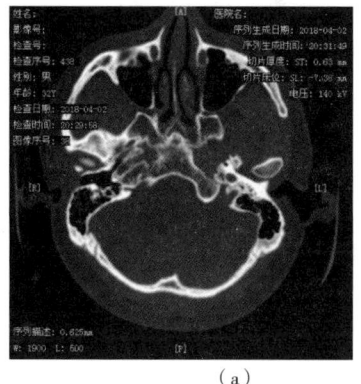 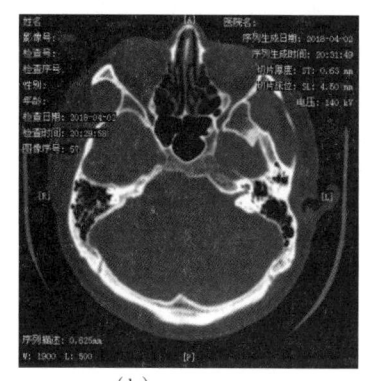

（a） （b）

图 4-8 2018 年 4 月 2 日伤者 CT 片

当场告知管辖办案民警，所提供的 CT 胶片均未显示刘某左眼眶内壁及鼻骨左支骨折，不排除本次 CT 设备相对落后等原因对检查结果的影响，骨折是否存在，需对刘某的鼻部进行高分辨率 CT 扫描检查。刘某当场同意对其鼻部再次进行影像学检查。2018 年 4 月 4 日下午管辖办案民警提供一份新的影像学资料：2018 年 4 月 4 日某市人民医院 CT 检查报告单：影像表现：鼻骨骨折，周围软组织肿胀；左侧眼眶内壁向内凹陷，不除外骨折，请结合临床，急诊报告；阅 CT 片示：左侧鼻骨及上颌骨额突骨折，周围软组织肿胀，见图 4-8（a）、（b）。

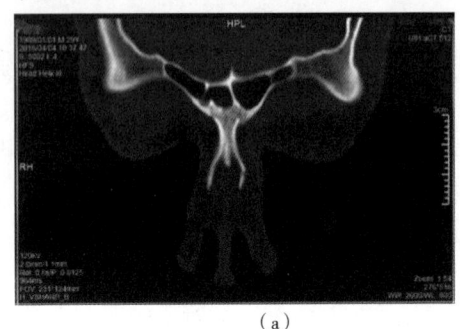
（a）

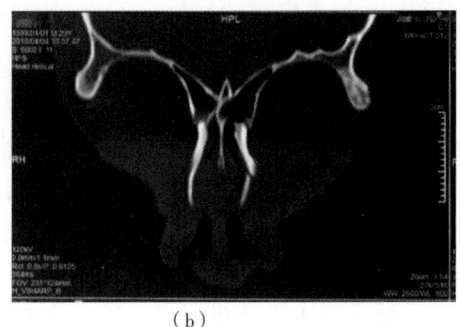
（b）

图 4-9　2018 年 4 月 4 日伤者 CT 片

为说明刘某鼻部是否存在骨折，需要管辖办案民警调取刘某 2018 年 4 月 2 日在某市总医院 CT 原始数据。借助 RadiAntDICOMViewer 阅读 2018 年 4 月 2 日某市总医院 CT 原始数据，显示出鼻部 CT 扫描层厚为 0.63 mm 的影像图像，根据原始数据重建得到鼻部三维图像，经过多名法医及影像学科主任严谨科学会诊审阅示：刘某鼻骨及上颌骨额突未见异常，即刘某双侧鼻骨及上颌骨额突均未见骨折。

2 案例讨论

鼻由外鼻、鼻腔和鼻旁窦 3 部分组成。鼻骨、上颌骨额突、额骨鼻部、筛骨垂直板和鼻中隔软骨共同构成外鼻的骨性支架。鼻骨位于面部正中，突出于面部。鼻骨成对，其上缘、外侧缘和下缘分别与额骨、上颌骨额突、鼻外侧软骨上缘连接，鼻骨上端窄而厚，下端宽而薄，在外力作用于鼻根部时，容易发生鼻骨骨折。鼻骨骨折多由钝性外力直接作用于鼻部形成，鼻骨骨折的法医临床学损伤程度鉴定需注意新鲜与陈旧损伤认定、某种暴力作用能否形成以及否为一次暴力作用所形成（即是否为造作伤）。在鉴定中需充分遵循相关性、可信性与合法性三原则。

影像学检查作为法医临床学鉴定的主要判定方式，在用于法医鉴定中有着较高的特异性、敏感性与准确性，其应用效果显著。CT 扫描可将骨折客观的显示出来，有利于司法鉴定的评判，有很强的说服力。GE64 排 CT 斜冠状面重建技术，可使骨折线清晰显示，用较少的图像显示所要的信息，所得图像更贴近鼻骨的自然走形，清楚的显示骨折，并能更直观地显示鼻骨骨折的形态、范围、骨折线的走形、有无移位及程度，鼻中隔有无合并骨折，偏曲方向及程度。CT 原始数据是指 CT 扫描时探测器收到的透过人体后衰减的 X 线信号经放大与模拟数字转换后所得的数据（Raw Data）。将原始数据输入 CT 计算机进行重建处理后，就可形成能显示出图像的显示数据，即 CT 图像。利用原始数据可进行骨骼的放大重建处理。利用计算机将各个不同的像素重新排列的技术对病人进行一定数量的无间隔的薄层扫描后，可利用这些数据进行三维图像重建，显示三维的主体图像和任意断面的图像以及斜面或任意曲面的图像。因此，可通过原始数据进行高分辨薄层（层厚 1～2 mm）重建来观察骨质的细微机构以及是否存在骨折。

在本案例中，对刘某 2018 年 4 月 2 日某市油田总医院 CT 原始数据进行重建，得出结论：刘某双侧鼻骨及上颌骨额突均未骨折。而刘某 2018 年 4 月 4 日某市人民医院 CT 检查胶片明确显示左侧鼻骨及上颌骨额突骨折，并且为新鲜骨折。将刘某鼻部两次 CT 检查的同一位置同一扫描层的图像进行比对，证明该两次 CT 系同一人的影像学检查，均为刘某本人的检查。刘某前后两次检查相互矛盾，无法进行法医学损伤程度鉴定，新鲜骨折疑似为二次损伤形成。

3 调查印证

经管辖办案民警多方调查，刘某于 2018 年 4 月 2 日下午与人发生争执后相互推搡，由于当时吵架场面较混乱，刘某面部是否被人打击无法查明。刘某以鼻部不适为由，敲诈对方钱财，经法医鉴定后，发觉鼻部没有骨折。后经多方打听鼻骨骨折可构成轻伤，加上当时场面混乱，事实不清楚，便心生恶意，造作鼻骨骨折。经过管辖办案民警对刘某的详细询问，刘某承认作案过程，自己不忍心对其鼻部进行打击，令其亲属打击其鼻部，拳头打击后找熟人进行影像检查发现并未骨折，随后用木棍进行打击，才致使其左侧鼻骨及上颌骨额突骨折。

4 办案思考

①造作伤（病），因为伤（病）确实存在，因此更具有欺骗性。既然是假的，必然会有漏洞和矛盾存在，全面掌握审阅影像学资料及病例，找出漏洞、揭露矛盾就可能辨别造作伤，这也是法医临床鉴定工作中会遇到和必须解决的问题。②法医临床学人体损伤鉴定对于人身伤害案件的深入调查与庭审质证有着重要作用，准确客观的鉴定结果可保障受害人自身权益得到保护；法医临床损伤检验在司法活动中起着不可或缺的作用，造作伤虽鲜有发生，却严重影响司法活动的客观公正性，违背了司法鉴定公平正义的执法理念。在鉴定过程中，法医必须认真检验和辨别该损伤是否为造作伤（病）。③对于可能构成轻伤案件的调解，涉及金额较大，有些被鉴定人抵挡不了数字诱惑，不惜一切代价造作轻伤。有些造作伤法医在自己能力范围内可以识别，若未识别出来，那么就有可能做出具存在问题的鉴定文书。对于造作损伤，一方面法医需提高专业水平，另一方面也需要公安机关相关部门完善有关措施，使得造作损伤有违法成本，减少和杜绝造作损伤情况的发生。

有晶体眼后房型人工晶体外伤后脱位的法医学鉴定 1 例

武鹏[1]，刘四海[2]，阮海根[3]

1. 湖北省武汉荆楚法医司法鉴定所 湖北 武汉 430000
2. 湖北省武汉市公安局江岸区分局刑侦大队 湖北 武汉 430014
3. 湖北省武汉市公安局刑侦局 湖北 武汉 430015

1 案例资料

王某，男，37 岁。2020 年 6 月 15 日因高度近视行双眼有晶体眼后房型人工晶体（ICL）植入术。2020 年 10 月 29 日被人打伤。入院时专科检查：视力：右 1.0，左 1.0，右眼结膜无充血，角膜光滑透明，右眼前房见人工晶体一只襻，前房深度可，瞳孔欠圆，直径约 5 mm，对光反射（-），晶体尚透明，双眼玻璃体浑浊，双眼底可见视盘色可、界清，视网膜豹纹状；眼压：右 24 mmHg，左 15 mmHg。眼前段照相：右眼人工晶体脱位，瞳孔欠圆，散大。于 2020 年 10 月 29 日急诊局麻下行右眼人工晶体复位术。2020 年 11 月 1 日出院。出院时情况：视力右 0.6，左 1.0，前房深度可，瞳孔大致圆，直径约 4 mm，ICL 在位，晶体混浊，玻璃体混浊；左眼瞳孔直径约 3 mm，晶体透明；眼压：右 18 mmHg，左 15 mmHg。

ICL 手术随访记录：2020-07-22，裸眼视力右 1.0，左 0.8，眼压右 17 mmHg，左 15.3 mmHg，晶体情况：右眼透明，左眼透明；2020-09-24，裸眼视力右 1.0，左 1.0，眼压右 17.7 mmHg，左 15 mmHg，晶体情况：右眼 ICL 表面色素沉着，左眼 ICL 表面色素沉着；2020-11-01：裸眼视力右 0.6，左 1.0，眼压右 13.7 mmHg，左 13.7 mmHg，晶体情况：右眼晶体皮质现薄层水雾样改变，左眼（-）。

2020 年 11 月 17 日法医活体检查（邀请眼科医生）：矫正视力右 0.8，左 1.0 双瞳基本对称等圆，右眼晶体皮质尚见薄层水雾样改变。

2 讨论

有晶体眼人工晶体（ICL）植入术是一种矫治屈光不正的眼内屈光手术。实践中，ICL 植入术后因外伤脱位而进行法医学鉴定的案例罕见，且易有争议。

有种意见认为应该依据《人体损伤程度鉴定标准》5.12.4 1）及附则 2.13 的规定，直接确定 ICL 植入术后受外伤需手术复位者（如本例伤者）的损伤程度为轻伤二级。笔者认为，有晶体眼人工晶体（ICL）植入术与白内障摘除或吸除联合人工晶体（IOL）植入术不同，不仅两者人工晶体的形态不同，所植入的人工晶体的功能也存在差别，后者以人工晶体取代了患者自身的晶状体，而前者在于帮助高度近视患者实现手术脱镜，其自身晶状体仍然存在。植入的人工晶体（ICL）并未替代尚在的组织器官功能，而是替代了框架眼镜或角膜接触镜的功能，故 ICL 植入术作为屈光手术的一种普遍被认为是带有美容目的手术，其手术可逆，可根据需要取出，实际上就是内置于眼球的眼镜。因此，ICL 不能被认为符合附则 2.13 所规定的假体定义。

此类伤者的法医学鉴定应综合外伤与 ICL 脱位对眼球结构及视力的损伤结果来确定其损伤程度。一是区分 ICL 脱位属于外伤还是术后并发症。虽然 ICL 植入后通常稳定性较好，但旋转、脱位等术后并发症仍可见到。另一方面，造成 ICL 脱位的外力不一定很大，特别是在术后早期，伤者眼部软组织不一定可检见皮下出血、表皮剥脱等。故需依据案情与受伤前后的临床资料仔细甄别。如本例，即无眼部软组织损伤表现，但伤后瞳孔出现明显变化，分析其 ICL 脱位与本次外伤有直接因果关系。二是区分外伤、ICL 脱位对眼球结构的损伤与 ICL 植入术后并发症。外伤、ICL 脱位可直接损伤眼球结构，ICL 脱位还可通过前房扰动、影响房水循环或其他间接因素而损伤眼球结构，引起白内障、黄斑水肿等。对于由间接因素而损伤眼球结构的，尤其需要与 ICL 植入术后并发症相鉴别，因为白内障、黄斑水肿、玻璃体积血等均是 ICL 植入术后可见到的并发症。鉴别的主要依据是详尽的病历资料，特别是 ICL 手术随访记录。如本例伤者右眼人工晶体复位术前右眼晶体尚透明，术后出现的右眼白内障，分析主要由术中损伤所引起。三是区分外伤、ICL 脱位对视力的损伤与 ICL 植入术后并发症。除需鉴别基于眼球结构损伤所引起的视力损伤外，还需关注眼压的变化。高眼压是 ICL 植入术后较常见并发症，长时间的高眼压可以导致视网膜缺血，引起视力下降，所以依据详尽的病历资料（包括 ICL 手术随访记录）观察受伤前后一段时间眼压的变化比较重要。另外，ICL 植入术后的视力，仍可能存在进一步矫正的空间，所以，鉴定时需经专业眼科医生对其矫正视力进一步确认。

本例伤情分析：①伤者右眼瞳孔散大，医院就诊时直径约 5 mm，后逐渐恢复；②伤后其右眼眼压短期轻度升高，复位术后恢复，不构成外伤性青光眼；③外伤致其右眼 ICL 脱位经人工晶体复位术后出现白内障，分析主要由术中损伤所致，且表现为右眼晶体皮质薄层水雾样改变，不属于可直接依据相应条款鉴定为轻伤二级的绕核性白内障和全白内障；④经临床治疗后，伤者右眼视力因多种因素轻度下降，其外伤致 ICL 脱位是起因，可依据《人体损伤程度鉴定标准》5.4.5 a）之规定鉴定为轻微伤，并可说明外伤与其右眼人工晶体复位术之间存在因果关系。

眶鼻部骨折鉴定的分歧与探讨

肖圣兵[1]，郑国民[2]，董其兵[2]

1. 安徽省公安厅物证鉴定中心 安徽 合肥 230061
2. 安徽省滁州市公安局刑事科学技术研究所 安徽 滁州 239000

眶鼻部位于面部中央，系面部的显著突出部位及功能要害部位，往往成为暴力打击的主要目标，且二者在解剖部位上属邻近关系，往往可单一或合并受伤，其骨折是外伤中最常见的骨折种类之一。据相关文献报道，眶鼻部骨折占面颅骨折的 59.3%，法医工作中最常见。

2014 年 1 月 1 日两院三部联合发布的《人体损伤程度鉴定标准》（以下简称《标准》）实施，至今运行已有 5 年余，公安部刑事侦查局、司法部司法鉴定管理局和最高人民法院司法行政装备管理局相继主编了《〈人体损伤程度鉴定标准〉释义》（以下简称《释义》）、《〈人体损伤程度鉴定标准〉适用指南》（以下简称《适用指南》）进行指导，使得标准更精细化，增强了适用性和可操作性。但业内对眶鼻部骨折的漏项理解存在明显分歧，如鼻骨线性骨折伴鼻颌缝分离、额突骨折伴鼻中隔骨折、双侧眶内壁骨折等，导致相同损伤的鉴定意见出现较大偏差，有的甚至截然相反。

部分人认为标准已对眶鼻部骨折的部位、形态进行了详细具体的描述，如没罗列的损伤应该已考虑到危害性小、预后影响不大，应严格适用，不宜主观推断，一律按照具体条款进行评定。也有人认为都是作为眶鼻部骨骼的组成部分，具有相同的解剖学地位和同等的功能学定位，应当进行类推解释，比照相关条款进行评定。

下面主要针对《标准》中的眶鼻部骨折漏项，因无具体的对应条款，易在法医学鉴定中引发争议进行探讨：

1 鼻骨缝分离的理解

一种观点认为鼻颌缝是骨缝的一种，参照颅骨骨缝分离是一种特殊类型的线形骨折可认定鼻颌缝分离为骨折，因为在解剖学上鼻颌缝连接较为紧密，且上颌骨额突是支撑鼻骨的重要组成部分，因此鼻骨线形骨折合并鼻颌缝分离可评定为轻伤二级。另外一种观点认为鼻颌缝分离损伤程度较轻，经手术复位后愈后好，应评定为轻微伤。

徐海涛从功能学、解剖特征、预后角度以及标准无鼻颌缝分离表述等，认为鼻颌缝分离不宜等同颅缝分离视为骨折而评定损伤程度。

2014年3月17日司法部司法鉴定管理局发布的《法医临床影像学检验实施规范》第4.3.3 3）条规定"外伤致鼻颌缝分离，视为鼻骨线形骨折，但不宜认定为鼻骨骨折伴有明显移位"，那么，鼻间缝、鼻额缝、额颌缝又该如何认定呢？从解剖结构上来看，其他三个骨缝连接的程度并不比鼻颌缝弱，从损伤的程度看也并不比鼻颌缝轻，况且新《标准》又摒弃了鼻骨骨折移位的情况，无论从何种角度考虑，笔者比较赞同梁建军等应当将鼻部的所有骨缝分离视为鼻骨线形骨折，但骨缝分离不宜再与其他鼻部骨折进行合并。骨缝分离可视为鼻骨线形骨折，但不能完全等同于鼻骨线形骨折，因解剖结构的差异性，其在损伤形式上更接近撕脱骨折。

2 鼻中隔骨折的理解

鼻中隔的骨性结构由鼻中隔软骨、筛骨垂直板、犁骨构成。无论是鼻中隔软骨骨折，还是筛骨垂直板骨折、犁骨骨折，都应称之为鼻中隔骨折。

鼻中隔在鼻部组织结构中起到支撑鼻背和分隔鼻腔的作用，严重的鼻中隔损伤会导致鼻部畸形和通气功能障碍，如果处置不当，可遗留一些后遗症，对伤者今后的健康生活造成一定的影响，严重时嗅觉丧失、鼻中隔坏死穿孔。

新的《标准》中并未对鼻中隔骨折的损伤等级进行规定，也没有哪一个条款能够将其竞合，笔者认为如果单纯的鼻中隔骨折，在不影响通气功能的情况下，可以评定为轻微伤；如果鼻中隔骨折导致通气障碍，须经过手术恢复的，应当评定为轻伤二级。如浙江省就出台相关的损伤释义规定鼻骨、骨性鼻中隔、上颌骨额突等部位两处以上骨折参照5.2.4 0）执行评定为轻伤二级。

3 眶壁骨折的理解

该区域损伤的鉴定突出争议集中在双侧眶内壁骨折。公安部、司法部、最高法分别就该条款作了相关解释。如《释义》认为双侧眶内壁骨折损伤程度等级为轻伤二级，《适用指南》则认为属轻伤一级，而《最高人民法院研究室关于"眶壁骨折"伤情等级鉴定问题的答复》（法研〔2014〕171号）认为轻微伤。

笔者认为从损害行为和损害结局而言，双眼均骨折说明双眼分别遭受损害或一次性损害伤及双眼，其损害程度不应低于一眼两处骨折，支持刘瑞珏、夏文涛等认为"两处以上不同眶壁骨折"包括两眼眶内壁骨折。但考虑到眶内壁的易损性，且轻微的眶内壁骨折对面部容貌及功能影响轻微，无须特殊治疗。故比较推崇李学博等对此类损伤的建议，即双侧眶内壁骨折评定为轻伤二级。

因此，为了避免鉴定标准理解的分歧，对新的《标准》相关条款的解释和发布要做到步调一致，尽可能覆盖全面，对争议的条款适时统一口径，确保鉴定标准的有效统一。

新鲜与陈旧眼眶内壁骨折法医学鉴定浅谈

胥爱博，黄立闯

黑龙江省大庆市公安局刑事技术支队 黑龙江 大庆 163000

眼眶内壁骨折是日常法医检验鉴定中极为常见的一种损伤方式。眼眶内侧壁骨折系眼部遭受暴力后由眼球软组织将压力传导至眶内壁形成，属于间接暴力；因筛骨纸板较薄，往往很小的暴力即可形成骨折，在没有临床症状时往往伤者并无察觉而被漏诊；而眶内壁骨折后，与鼻区骨具有类似的特征，难以形成骨性愈合，因此在影像学检查中仍然显示骨质断裂影像，导致在日后再次发生外伤时容易引起混淆。下面本人结合工作中的真实案例与各位同仁探讨新鲜与陈旧眼眶内壁骨折的鉴别。

1 案例一

1.1 简要案情

王某在2021年1月12日晚9点多钟和朋友在饭店吃饭时，遇到李某，席间王某与李某两人发生争执后，李某用灭火器将王某眼部砸伤，故此来分局报案。

1.2 病案

眼科检查：左眼内侧鼻根部见4.0 cm弧形创口，上眼睑外侧见约4.0 cm横行创口，创口污秽，活动性出血，左眼眼睑高度肿胀、淤血，左眼眼球各方向活动尚可，左眼结膜充血、水肿，结膜下片状积血，房水微混，瞳孔圆，直径约 5.0 mm 对光反射迟钝，视网膜未见明显出血及渗出；CT 颌面部三维重建：左侧眼眶内壁、下壁骨折，左眼眶内积气，左眼上、下直肌，外直肌及视神经增粗，球后脂肪间隙密度增高，左侧筛窦、上颌窦密度增高，左侧颌面部皮下软组织肿胀。

1.3 鉴定结论

被鉴定人王某外伤致左眼睑皮肤裂创，左眼眶内壁骨折，左眼眶下壁骨折，依照《人体损伤程度鉴定标准》5.2.3 g）条之规定，其损伤程度评定为轻伤一级。

2 案例二

2.1 简要案情

2021 年 5 月 15 日，薛某因琐事被陈某用拳多次击打头面部，故向分局报警。

2.2 病案

查体：额部肿胀，双眼发绀，双眼球结膜未见出血，瞳孔对光反射可，右面部、上唇发绀、肿胀，CT 检查：额部头皮肿胀，右面部软组织肿胀，左眼眶内壁不连续，左眼眶内壁骨折。门诊初步诊断：左眼眶内侧壁骨折，面部多处软组织伤。一个月后进行损伤程度鉴定，复查颌面部 CT 显示：左眼眶内壁不连续，左眼眶内壁骨折。

2.3 鉴定结论

结合两次 CT 片，显示左眼眶内壁不连续，左眼眶内壁骨折，但两次 CT 检查无明显变化，第一次受伤后 CT 片左眼软组织未见肿胀，眼眶内未见积气，筛窦也未见积液。所以认定左眼内侧壁骨折考虑陈旧性骨折，与此次外伤无因果关系，依照《人体损伤程度鉴定标准》，损伤程度以面部软组织伤评定为轻微伤。

3 讨论

3.1 眼眶内壁结构特点及损伤机制

眼眶是四边锥形骨性空腔，其开口向前，尖向后，由额骨、蝶骨、筛骨、腭骨、泪骨、上颌骨和颧骨 7 块骨构成，外侧壁较厚，其他三壁骨质较薄，且与颅腔及诸鼻窦相毗邻，眶内有眼球、视神经、眼外肌、泪腺、血管、神经、脂肪等内容物，其中内侧壁菲薄，骨质薄厚约为（0.2～0.4 mm），又由于眼球韧性较强且四周有脂肪、血管，眼肌等组织，当受到外力作用，眼眶内压力突然升高，使眼球向四周挤压，使力向最薄的眶内壁释放，当力足够大时引起骨折。

3.2 眼眶内壁新鲜与陈旧骨折的鉴别

（1）了解案情，在有条件时结合现场视频监控设备及办案单位调查来明确受伤过程的真伪，以防被鉴定人混淆视听，使其达到自己的目的。

（2）通过就医时查体来明确眼部受伤情况，如眼部发绀肿胀，结膜出血，角膜水肿，视物不清等体征的出现。

（3）通过 CT 片来鉴别，不管是新鲜还是陈旧眼眶内壁骨折均会出现眼眶骨壁结构连续性中断的直接征象，但新鲜眼眶内壁骨折会出现如眼周软组织肿胀，眶内积气，筛窦内积液，内直肌局部肿胀等间接征象。而陈旧眼眶内壁骨折则没有，要结合数周后的复查 CT 对比，通过与之前 CT 片比较，无明显变化，来确认眼眶内壁骨折属陈旧性。

总之，眼部外伤的损伤程度与外力作用程度有关，在局部软组织损伤不严重，内部征象不明显的情况下，鉴定损伤程度时一定要慎重，不要操之过急，要结合各方面及复查结果综合评定，以防鉴定错误。

失血性休克致视力障碍的法医学鉴定

杨广达[1]，李长青[2]

1. 甘肃省三维司法鉴定所 甘肃 兰州 730030
2. 甘肃省兰州市公安局城关分局 甘肃 兰州 730030

失血性休克致视力障碍的案例，文献中报道较少。笔者在检案中遇到因失血时间多且较久，引起失血性休克，出现双眼视力严重障碍；由于对双眼视力障碍的原因存在异议，故委托我中心对其视力障碍的原因及损伤程度进行法医学鉴定。

1 案例资料

1.1 案情及病历资料

张某，男，18岁，某日上午10时许左胸部被他人用刀刺伤，右腹部被脚踢伤，约1h后送往某县医院就诊。查体：呼吸25次/min，血压12/8 kPa，脉搏90次/min，神清，精神欠佳，急性痛苦病容，贫血外貌，面色苍白，双眼睑结膜苍白，双侧瞳孔等大等圆，对光反射尚灵敏。颈软。左前胸第三、四肋间有1.4 cm×0.5 cm的斜形皮肤裂口，伴有活动性出血，左肺呼吸音减弱，右肺呼吸音清，右季肋区有触压痛。经B超和X线检查诊断为：左胸部锐器创（贯通性），左侧气胸，脾包膜下血肿。给予清创缝合，输液等治疗。下午3时，患者突然出现呼吸急促，左肺中下野叩诊呈浊音或实音，听诊呼吸音消失，行胸腔闭式引流，引流出血性液体约500 mL，下午7时诉腹痛较剧，呈重度失血病容，查血压8/4 kPa，脉搏109次/min，腹部移动性浊音（+），腹穿抽出大量不凝固的血液，立即行抗休克、输血等处理，并行脾破裂修补术，术中曾出现中度缺氧性休克，术后第4 d患者自觉视物不清，请五官科会诊，眼底检查示：双眼视网膜反光增强，后极部局限性视网膜失去正常的粉红色反光，左眼后极部见片状出血，量微，黄斑部未窥见，伤后22 d眼底检查：左眼视神经乳头苍白。右眼视盘颞侧可见渗出，黄斑部有少量出血，视神经乳头苍白。伤后1月诱发电位（VEP）检查，模式翻转刺激时VEP波形分化不良，重复性差，双眼P100波潜伏期明显延长，闪光刺激检查示双眼波形重复性差。诊断为：双眼视神经萎缩。出院诊断：①左胸锐器创；②左侧血气胸；③脾破裂；④失血性休克；⑤双眼视神经萎缩。

1.2 法医检验

2月后法医检查见左前胸壁有两条1.9 cm和1.5 cm的创伤瘢痕，左上腹部有一17 cm纵向的手术瘢痕。脊柱及四肢活动正常。神经系统检查：生理反射存在，病理反射未引出。眼科检查：右眼裸眼视力0.2，左眼裸眼视力0.1，矫正无提高；双眼结膜白，角膜清亮，瞳孔直径3 mm，光反射存在，前房清，晶体、玻璃体未见混浊；眼底检查见双侧视神经乳头苍白，黄斑中心凹反光未见，网膜平。余（-）。伤后6月复查矫正视力：右0.1，左0.1。阅被鉴定人胸部CT片印象：左侧血气胸，左侧肺压缩17%。

1.3 鉴定意见

根据案情、病历资料及本次检查所见分析，伤者张某外伤史明确，左胸部损伤符合锐器作用所致，右腹部损伤系钝性外力所致。其主要损伤为左胸贯通性锐器创，左侧血气胸，脾破裂修补，失血性休克，双眼视神经萎缩。被鉴定人张某左胸贯通性锐器创，左侧血气胸，左侧肺压缩17%。故依据《人体损伤程度鉴定标准》第5.6.4 f）条、第5.6.4 g）条之规定，该损伤程度评定为轻伤二级；被鉴定人张某脾破裂后行脾破裂修补术，故依据《人体损伤程度鉴定标准》第5.7.2 c）条之规定，该损伤程度评定为重伤二级；被鉴定人张某左侧血气胸和脾脏破裂后出现失血性休克，伤者面色苍白，双眼睑苍白，血压8/4 kPa，脉搏109次/min，给予抗休克、输血等处理，故依据《人体损伤程度鉴定标准》第5.12.2 d）条之规定，该损伤程度评定为重伤二级；被鉴定人张某伤后双眼视力下降为0.1，属重度视力障碍，其双眼视力障碍在排除其他导致视力障碍情况下认为与本次外伤有因果关系，视力障碍系休克缺血缺氧引起双眼视网膜、视神经变性并出现视神经萎缩所致。其双眼视力障碍属永久性损害，目前除营养神经药物外再无特殊治疗，该损伤依据《人体损伤程度鉴定标准》第5.4.2 b）条之规定，评定为重伤二级。综上张某损伤程度评定为重伤二级。

2 讨论

伤者左侧血气胸和脾脏破裂后出现失血性休克，休克与视功能障碍有因果关系，其机制可能有以下几个方面：①休克是一个由多种病因引起，以有效循环血容量减少，组织灌注不足，细胞代谢紊乱和功能受损为主要病理生理改变的综合征，本案中伤者休克系低血容量性休克，机体失血后引起有效血量下降，激发交感-肾上腺髓质系应激反应后，导致外周血管收缩、组织液反流入血，以保证心、脑主要生命器官的血液供应。由于伤者血压过低，全身氧输送下降，细胞内ATP耗竭，导致离子泵功能障碍，细胞内环境稳定性崩解，神经细胞死亡，表现为视网膜、视神经供血发生障碍，视神经及视觉中枢脑组织受到损伤；②加上左胸血气胸，呼吸功能受到障碍，进一步加剧了机体的缺血缺氧，加速了双眼视网膜及视神经因缺血缺氧而变性萎缩的进程。休克导致视力障碍的程度，与出血量的多少和持续时间的长短以及个体差异有关。轻者可致一过性黑蒙，重者可造成永久性失明。眼部改变与急性贫血相同，眼底仅见视网膜色淡和缺血性视盘病变，久之，则出现视网膜血管变细，视盘苍白萎缩。视觉诱发电位检查多表现为视神经损害的波形。对失血性休克与视力障碍之间的关系鉴定，应全面了解病史，进行眼科检查，排除其他导致视力障碍情况。

浅谈钝性暴力致鼻区骨折的法医学鉴定

杨亮，袁锋，张垒

阜阳市公安局刑科所 安徽 阜阳 236000

鼻部位于面部居中突出位置，面部钝性外力可直接作用于鼻部，头面部损伤以鼻部最易受累；鼻区的组织结构复杂，鼻骨较薄，周围又缺乏其他骨质支撑，相对比较脆弱，受外力作用后极易发生复合骨折。据文献报道，在人身伤害事件中，鼻骨骨折在全身骨折中发生率居第三位。在面部骨折中的比例更高，据 Mu-raoka 等报道鼻骨骨折占全部面部骨折的 59.3%。鼻区骨折的伤情鉴定是公安法医工作中的重点也是难点，鼻区骨折能否准确判定直接关系到案件定性及处理，需慎之又慎。本文笔者根据实际检案经验并对近年来相关文献进行回溯总结，探讨钝性暴力致鼻区骨折的法医学鉴定要点。

1 鼻骨的解剖学特点

外鼻呈三角椎体形，上 1/2 由鼻骨构成骨性构架，下部为软骨及软组织结构，外表附着肌肉及皮肤组织。鼻骨为成对的长条形小骨片，左右各一块，呈不规则梯形，上窄下宽。鼻骨在解剖上紧邻上颌骨额突、泪骨和额骨鼻突，它们彼此借骨性连接紧密结合在一起，形成正常的鼻额缝、鼻颌缝和缝间骨。鼻骨的上部厚而窄，结构固定，不易骨折，下部薄而宽呈片状，结构突出且缺乏支撑，当受到外界暴力作用时容易发生骨折，同时易累及邻近骨结构，形成复合型骨折。

2 鼻区骨折临床表现

鼻区骨折的主要临床表现为鼻部瘀血、肿胀、疼痛、鼻腔出血、鼻塞等，专科检查可见鼻部擦挫伤、鼻部软组织肿胀、鼻梁偏斜及塌陷畸形等改变。影像学特征主要体现在骨骨折断端形态、鼻腔积血积气、鼻黏膜及鼻背部软组织肿胀等。

3 鼻区骨折的诊断

诊断鼻区骨折可通过 X 线、CT 平扫或者三维重建等。医疗技术的快速发展以及三维重建技术和多层螺旋 CT 的广泛使用使鼻区骨折的检出率及诊断正确率远高于 X 线检查。目前临床上首选轴位和冠位薄层高分辨率 CT（HRCT）扫描，这种扫描方式采用的扫描层厚仅为 1～2 mm，对鼻区骨质的分辨率高，且有效减小部分容积效应的影响，能清楚地显示各种不同类型的鼻区骨折的直观征象，最大程度地避免漏诊、误诊。

4 鼻骨骨折与鼻骨正常解剖结构及变异的鉴别

鼻骨有些特殊的结构及变异易误诊为骨折，尤以骨缝、缝间骨、鼻骨孔多见。骨缝有特定的解剖位置，两侧对称、等宽，边缘光滑，多呈锯齿状、细线状；而骨折线位置不定，无对称关系，边缘锐利，仔细观察多伴移位成角。缝间骨为 CT 扫描线横贯于锯齿状骨缝间时形成的影像。呈点状，紧邻骨缝，且与邻近连接骨走行一致。鼻骨孔在横轴面和冠状面图像上可表现为线样低密度影，边缘光滑，周围皮质连续、弧度自然，在 VR 图像上鼻骨孔则呈点状或小圆孔状。鼻骨正常变异包括鼻骨"内收"或"外撇"状变异，以及"驼峰状"或"鹰嘴状"鼻骨尖变异。鼻骨的"内勾"或"外撇"状变异多表现为两侧鼻骨尖对称性内收或外翘，骨质连续性良好。上述易误诊为骨折的特殊结构及正常变异可结合三维重建 VR 图像进行甄别，明确鼻骨正常生理结构及正常变异，可极大减少临床误诊、漏诊的发生，提高鼻骨骨折诊断的准确性。

5 鼻区骨折造作伤及资料造假的鉴别及预防

鼻区常被选择作为造作伤的部位。鼻骨造作伤，痛苦小，损伤程度易达轻伤标准，且多无生命危险，经治疗易康复，一般不留后遗症。伤者常拒绝民警当场陪同检查，以各种借口拖延时间，伺机造作损伤，然后再行摄片检查，由于鉴定人无法掌握原始损伤情况，靠一般方法难以识别。对于怀疑篡改他人影像资料进行鉴定的，鉴定时一定要求办案人员或鉴定人员陪同伤者到医院进行摄 CT 片检查，并对比前后影像片显示的鼻区骨折是否在同一位置、形态是否相同，并适用观测的方法，观察同一层面显示的正常蝶窦、筛窦、额窦形态及其内分隔是否相同，测量同一层面正常眼球、鼻骨、上颌骨额突前后径或左右径距离是否相同，同时结合查体所见鼻部外伤情况，综合上述情况对伪造的影像资料予以识别。只要出警人员在第一时间对双方当事人的损伤进行详细询问并拍照固定，然后及时陪同伤者到医院进行摄 CT 片检查，可以从源头上防止鼻区损伤从无到有，从轻到重的人为改变。

6 鼻区陈旧性骨折的鉴定

鼻骨为膜内成骨，与软骨内成骨存在差异，其骨折愈合为外骨膜增生为主，一般很少形成明显骨痂，且骨折愈合后不会如长骨骨折一样骨折线完全消失。因此在法医实践中新鲜陈旧性判断是鼻区骨折鉴定的难点。对存在面部钝性暴力的鼻区骨折可以从临床体征与影像学特征进行鉴别。首先审核外伤当时出警资料查看鼻腔是否存在出血、鼻背部软组织是否肿胀等暴力作用后痕迹，这些体征并不是鼻区骨折的必要条件，认定为新鲜性骨折关键通过 CT 片查看鼻区周围软组织、鼻黏膜肿是否肿胀、鼻骨骨折断端是否锐利等影像学改变，如果影像片满足上述条件基本可认定为新鲜性骨折。当然如果条件允许通过复查 CT 片进行动态对比观察，那么对认定鼻区新鲜性骨折更加准确。

7 外伤后未出血鼻区骨折的鉴定

鼻黏膜血管丰富，位置表浅，黏膜菲薄且紧贴软骨面，对血管的缓冲保护作用较差，且血管的自行收缩能力也较差，鼻部外伤后易导致血管破裂致鼻腔出血，但在法医实践中经常遇到鼻面部钝性外伤致鼻区骨折但鼻腔未出血的情形。笔者经对部分外伤史可靠的案例总结发现，这些案例虽然鼻腔未出现流血情况，但询问伤者伤后情况均反映有鼻塞情况，患侧尤甚。阅伤后影像学资料可发现鼻黏膜明显充血肿胀或血液潴留于鼻黏膜内并致鼻腔明显狭窄情况。少数案例随着血液逐渐积聚达到一定程度时可致使鼻黏膜破损出现迟发性出血。此种情况复查 CT 片进行动态对比可以和临床规律相互印证。鼻骨骨折导致鼻腔软组织所遭受的暴力常常容易引起鼻黏膜肿胀这一点毋庸置疑，但对鼻黏膜增厚这一影像学特征，需要注意鉴别的是一般性鼻炎或鼻部其他疾病也容易引起鼻黏膜增厚。一般炎症导致的黏膜增厚远远没有外伤导致的情形明显，且短期内复查无明显动态变化。对于外伤鼻腔未出血而提供影像片无明显黏膜充血、肿胀致鼻腔狭窄情况的鼻骨骨折应谨慎，注意认真研判被鉴定人伤后活动轨迹，防止造作损伤。

8 总结

综上所述，法医工作者在对钝性外伤性鼻区骨折进行损伤鉴定时应做到如下几个方面：①详细审核案情调查材料及送检病历材料，了解出警现场被鉴定人是否存在鼻腔出血、鼻背部肿胀等外部体征，明确致伤物和作用方式、伤后的治疗过程及辅助检查等。分析鼻区骨折的类型及临床表现是否相符。②详细了解伤者既往是否有鼻部外伤史，必要时调取被鉴定人伤前面部照片作参照，完整做好体格检查并与病历体格检查进行对比是否吻合。分析损伤与临床症状及影响学表现的逻辑性，经检查发现损伤与其所述逻辑性不一致时，要反复仔细询问其受伤过程、致伤行凶的方式、伤后症状，并进行甄别。③指派办案民警陪同伤者进行鼻骨 CT 片影像检查或复查，确保影像资料的真实性，将先后检验的医学影像资料进行形态学对比，进行同一人、损伤前后一致性等影像资料的研判与认定，通过比对送检影像资料防止篡改影像资料或损伤后期再加工的情形发生。④认真审阅送检影像资料片是否存在鼻背部软组织肿胀、鼻黏膜肿胀、骨折断端锐利等情形。应将轴位、冠状位扫描及三维重建作为鼻外伤的常规检查手段，以利全面观察鼻区的复合骨折，且对准确判断鼻区骨折、减少漏误诊发生有很大价值。⑤条件允许时应定时复查鼻骨 CT，进行动态观察分析。总之，法医工作者应多元要素相结合，去分析判断、识别真伪，确保鉴定结论的客观性与准确性，必要时通过适当形式对辖区委托单位进行相关培训，提升其对鼻区损伤等易造作伤的警惕意识及伤情第一时间拍照等固定流程，从源头杜绝造作伤。

双眼偏盲与外伤的因果关系分析 1 例

杨青

江苏省海安市公安局刑警大队 江苏 海安 226600

1 案例资料

1.1 简要案情

黄某，男，74 岁，2020 年 7 月 9 日因琐事与他人发生纠缠后摔倒致头部着地受伤，现委托本鉴定机构对其进行损伤程度鉴定。

1.2 病史摘要

2020 年 7 月 16 日门诊病历。主诉：外伤后头痛 7 d，伴头晕恶心呕吐。查体：神清，精神萎，头部压痛（+），头皮无明显损伤。头颅 CT：双侧基底节区及双侧脑室旁多发性腔梗，老年性脑改变，双侧额颞顶硬膜下少量积液（图 4-10）。

2020 年 8 月 3 日。现病史：一月前出现头痛头昏症状，为间歇性放射痛，部位不能详述，无规律或多出现于晨起时，近三天来出现意识模糊，伴恶心呕吐，呕吐物为胃内容物，小便失禁，精神状态萎靡。头颅 CT：双侧额颞顶枕部硬膜下血肿（图 4-11），双侧胸腔少量积液，主动脉硬化。住院当天急诊行颅内钻孔引流术，引流出硬膜下咖啡色陈旧性血性液约 100 mL。2020 年 8 月 15 日出院。

2020 年 9 月 15 日头颅 MRI：脑干、双侧基底节区、侧脑室旁、半卵圆中心多发腔梗，左侧枕叶脑梗死，脑萎缩（图 4-12）。眼科检查：VOD 0.5，VOS 0.4，双眼角膜明，前房（-），瞳孔圆，直径 3 mm，对光反射灵敏，晶状体混浊，眼底视盘界清，C/D 0.3，网膜平伏，中心+周边视野检查：双眼右侧同向偏盲。

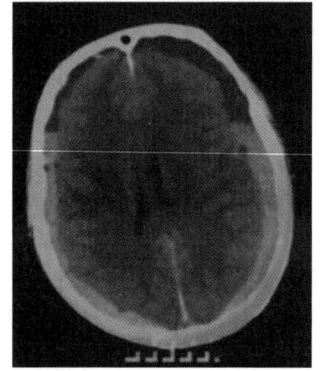
图 4-10　2020 年 2 月 16 日头颅 CT 片

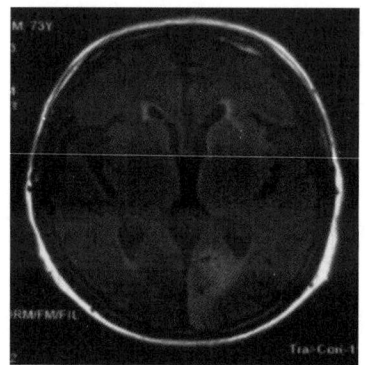
图 4-11　2020 年 8 月 3 日头颅 CT 片

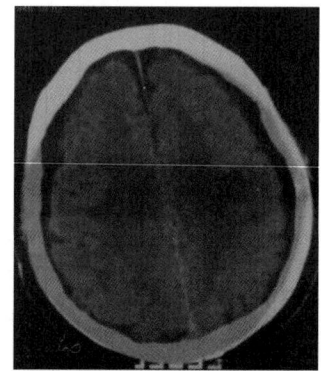
图 4-12　2020 年 9 月 15 日头颅 MRI

2021 年 2 月 4 日门诊病历：诉双眼视野缺损。眼科检查：中心+周边视野检查：双眼右侧同向偏盲。VOP 检查：双眼振幅下降。OCT 检查：未见明显异常。

1.3 法医临床检查

双侧颞部各一处残留手术瘢痕。双瞳孔等大等圆，对光反射灵敏。

2 讨论

2.1 慢性硬膜下出血发生与进展

慢性硬膜下血肿多见于中老年人，有轻微的头部外伤史，在伤后 3 周以上出现硬膜下血肿，CT 表现为颅骨内板下新月形的低密度或等密度影像。临床表现以慢性颅内压增高症状为主。硬膜下长期积液，周围形成包膜，积液逐渐增多导致桥静脉或包膜壁的新生小血管破裂出血，出血不止而最终可演变成慢性硬膜下血肿。

本例伤者有轻微头部外伤史，伤后一直感觉头痛头晕伴恶心呕吐，伤后 7 d CT 检查见双侧额颞顶硬膜下少量积液，伤后 24 d CT 检查见双侧额颞顶枕部硬膜下血肿。伤后临床症状体征符合外伤性硬膜下积液演化为慢性硬膜下出血的发生及进展过程，病程中除有头痛头晕呕吐等症状外，未发现其他明显脑受压体征，故依据《人体损伤程度鉴定标准》，评定为轻伤一级。

2.2 左枕叶脑梗死的性质及双眼同侧偏盲出现原因分析

外伤性脑梗死常发生在基底节区并以腔隙性或小梗死为主，多数出现在伤后 24～48 h 内，一般不超过 10 d；而病理性脑梗死常见于中老年，既往有脑血管病变史，无明确的外伤史或者外伤轻微，常表现为多发的腔隙性梗死灶，梗死范围一般较大。

视皮层中枢位于两侧大脑枕叶皮质的纹状区，每一侧的纹状区代表对侧一半视野，因此视皮层损害引起病灶对侧一致性同向偏盲。如果病变范围较广，损害一侧的全部纹状区，则视野缺损表现为病灶对侧的双眼完全的同侧偏盲。

本例中伤者为老年男性，且其本身有多发性腔隙性脑梗死病史，伤后 2 月余 MRI 检查发现左枕叶新发脑梗死灶，且梗死范围较大，不符合外伤性脑梗死临床特征，诊断为病理性脑梗死。后多次查中心+周边视野示双眼右侧同向偏盲，符合因病理性脑梗死引起左枕叶视皮质损害，与外伤无明显因果关系。

2.3 本例鉴定中的注意事项

对于同时有头部外伤，自身疾病及后遗症的出现，鉴定情况极为复杂。需做好以下几个方面工作：①提供较为详细的笔录，结合首次就医的门诊病历，明确外伤史的存在；②通过多次影像资料的对比，明确伤者由外伤性硬膜下积液向慢性硬膜下出血的演进过程；③通过脑梗死的发生时间及部位，结合伤者自身年龄、基础疾病等方面，明确脑梗死的性质；④通过视神经通路的研究，明确其双眼右侧同向偏盲确系左枕叶病理性脑梗死导致，排除因外伤致双眼偏盲的判断。

浅析鼻部骨折的法医临床学检验鉴定

于民强，毛云

河南省长垣市公安局 河南 长垣 453400

鼻部位于人体头面部正中，呈三棱锥形突出于面部，在颌面部创伤中，易受外力损伤而发生骨折。鼻骨、上颌骨和额骨为支持外鼻的骨骼，鼻中隔起支撑外鼻作用。上颌骨额突借坚韧的结缔组织与侧鼻软骨相接，以此决定鼻背的宽度。故不同强度和方向的外力作用于鼻部除易发生鼻骨骨折，还常常伴有鼻中隔骨折。鼻骨相邻骨结构大部分较菲薄，骨折后易形成复合伤。

1 鼻部诸骨的解剖结构

鼻部骨骼包括鼻骨和鼻中隔，以及与其相邻的上颌骨额突、鼻旁窦、眶内壁等。四缝：鼻颌缝、鼻间缝、鼻额缝、额颌缝；两孔：两侧鼻骨孔，有鼻外动脉、鼻外静脉及鼻外神经；一缘：鼻骨下缘。

2 鼻骨骨折检验鉴定应认清的几个问题

2.1 鼻骨骨折与正常解剖结构及鼻骨正常变异

由于鼻部自身及其周围骨质连接部形成的缝隙较多以及存在的不同类型的变异，如果对这些正常的解剖结构及正常变异不熟悉或缺乏了解，极易导致误诊与漏诊，从而得出错误的鉴定意见。正常解剖结构：鼻部骨骼四缝两孔一缘；正常变异：鼻骨内收或外撇状变异、缝间骨以及驼峰状或鹰嘴状鼻骨尖变异。

在无明显移位型鼻骨骨折中，骨皮质不连续，CT 横断位或 MIP 上呈现为线状低密度影，然而，鼻骨正常解剖结构（如四缝、两孔和一缘）影像上亦表现为低密度线影，常造成误诊或漏诊，尤其是鼻颌缝，可从以下 6 点进行鉴别：①断端两侧的骨皮质若有明显扭曲或成角畸形，则为骨折；②若骨皮质虽无明显扭曲或成角畸形，但是断端锐利，多考虑为骨折；③还需要排除是否为鼻骨正常解剖结构，左、右对称者多为骨缝，不对称者多为骨折；④MIP 上显示为线状低密度影而非正常鼻缝走行区域则诊断为骨折；⑤MIP 上显示为圆形小孔，且在鼻骨孔可以出现的位置则为正常鼻骨孔；⑥MIP 上显示为鼻骨下缘的窄带状骨缺损，则为鼻骨先天变异。

2.2 新鲜性或陈旧性骨折

因鼻骨为扁骨，骨折愈合比长骨时间要长，而且有时会出现终生不愈合的情况，故新鲜性骨折认定一定要注意以下指征：鼻腔出血，鼻背部软组织肿胀（皮肤、皮下脂肪、鼻背筋膜、筋膜下疏松结缔组织、骨膜及软骨膜），鼻腔黏膜肿胀增厚，骨折线（锐、宽、端面对合）。笔者在实际工作中遇到鼻骨骨折且有可能鉴定成轻伤的，一般都要查询有无因鼻骨骨折就医、住院或鉴定的记录。曾经有一起案件经查询一年前因鼻骨粉碎性骨折已出轻伤鉴定意见，本次查 CT 骨折线仍显示锐利，无明显愈合征象，但本次鼻部外伤不确切，故不予鉴定，经向办案单位民警及被鉴定人解释，表示无异议。

2.3 与鼻部诸骨的复合性骨折

当外力作用于外壁侧面时容易造成鼻骨、上颌骨额突的复合性骨折，如外力波及该处眶壁时，也可合并眼眶内侧壁的骨折，临床还常见鼻骨合并鼻中隔骨折。上颌骨梨状缘骨质菲薄，易骨折，其骨折参照上颌骨额突骨折有关条款鉴定。

2.4 宁轻勿重，罗列性标准不比照

《人体损伤程度鉴定标准》5.2.4 o）规定："鼻骨粉碎性骨折；双侧鼻骨骨折；鼻骨骨折合并上颌骨额突骨折；鼻骨骨折合并鼻中隔骨折；双侧上颌骨额突骨折，构成轻伤二级。"

对案件鉴定中诊断模糊、临床专家意见不一致甚至相反难以取舍或伤情在临界状态时，要遵照"宁轻勿重，就低不就高"的原则。

罗列性标准是指在标准的一个条款中罗列了两个以上同类的损伤。与罗列性标准中类似而《人体损伤程度鉴定标准》中没有明确的损伤，不应简单根据《人体损伤程度鉴定标准》6.4 的规定进行比照鉴定。如单纯眶内壁骨折合并上颌骨额突骨折、单纯眶内壁骨折合并鼻骨骨折、单纯眶内壁骨折合并鼻中隔骨折及鼻中隔骨折合并上颌骨额突骨折不能通过比照鉴定为轻伤二级。

总之，基层法医在鼻骨骨折的检验鉴定过程中应非常慎重，必须在排除误诊漏诊、既往损伤及陈旧性骨折的基础上严格按照《人体损伤程度鉴定标准》5.2.4 o）条规定出具鉴定意见。

喉咽部穿透创继发 Horner 征桡神经损伤法医学鉴定 1 例

喻清萍[1]，姜峰[1]，胡火梅[1,2]

1.广东中一司法鉴定中心 广东 深圳 518033
2.江西省德兴市公安局 江西 德兴 334200

1 案例资料

1.1 简要案情

李某，男，27 岁，某年 12 月 17 日 0 时许，在熟睡中因呼噜声大，被室友用匕首刺伤颈部。

1.2 病历摘要

因睡眠中被人割伤颈部伴疼痛、流血、声嘶 4 h 余入院。查体：体温 36.6℃，脉搏 100 次/min，呼吸 20 次/min，血压：112/72 mmHg，颈部见一横行刀创口，累及甲状软骨板，5～7 cm，表面见渗血，见颈阔肌、带状肌断裂，甲状软骨右上缘贯通喉部，见漏气。入院后伤口大出血，抢救 1 次，在气管切开插管全麻下行颈部外伤血管探查术+喉功能重建术+筋膜组织瓣成形术，术中见颈前带状肌横断，右侧胸锁乳突肌前缘局部断裂；甲状软骨板右侧上缘局部横断，右甲状腺上动脉断裂出血；喉内黏膜破损，与喉咽腔相通；右侧椎前肌肉及筋膜断裂，椎体骨裂渗血；左侧带状肌断裂；术后 X 线示：右侧胸腔少许积液，右下肺少许膨胀不全。口服造影剂有剧烈咳嗽，造影剂未见呛入肺内。CT 示：右侧颈间隙渗出，引流管留置，颈前区、左侧面软组织肿胀，双侧声门区软组织肿胀，少许积气，甲状软骨右侧骨折（图 4-13），气管插管；左侧颞部、双侧顶部头皮软组织肿胀，双肺下叶实变，左肺上叶少许渗出，双侧胸腔少量积液；颈椎附件撕脱骨折（图-14）。耳鼻喉镜检查见：口咽：咽后壁黏膜稍充血；喉咽：黏膜稍充血；右侧劈裂黏膜水肿；喉部：右侧室带前端可见白色线头，双声带稍充血肥厚，右侧声带外展活动稍受限。

术后给予抗感染及对症治疗先后出现肺部感染，颈创腔脓腔形成，肩部、上肢出现麻木疼痛不适，右侧眼裂变小。李某由于右侧卧创口疼痛、咳嗽、咳痰不畅，而左侧位卧床，4 周后出现左臂阵发性向下臂放射性酸疼，服止痛药无效，持续 1 周后疼痛缓解，出现手臂麻木手腕、手指下垂。肌电图示：左侧桡神经上臂中下段以下功能较明显急性受损电生理表现；MRI 示：颈 4～6 水平右侧颈长肌水肿，颈椎椎体未见明显水肿信号；颈 4／5～颈 6/7 椎间盘轻度膨出。临床诊断：桡神经损伤。经抗感染及给予激素、营养神经、神经解痉、镇痛等对症处理。颈部伤口愈合良好，拔除气管套管。左肩部及上肢麻木疼痛较前明显减轻。右侧室

带及劈裂稍肿胀，左上肢垂腕垂指。右侧眼裂较左侧稍小。次年 2 月 1 日出院诊断：颈部开放性伤口累及喉；失血性休克；第 5 颈椎骨折；肺部感染；左桡神经损伤；右颈交感神经麻痹综合征（右侧 Horner 征）。

3 月 13 日因左手活动受限 2 月余入湖南省人民医院。查体：左上臂疼痛、麻木、无力、活动受限，左腕部疼痛、垂腕，左上臂、腕部感觉、血运可。肌电图示：①左桡神经损害，损害部位在桡神经沟处可能；②右 C7 水平部分支配肌失神经损害。临床诊断：左侧桡神经损伤。于 3 月 15 日全麻下行左上臂外侧入路行左上肢桡神经探查松解术，术中见：左上臂外侧桡神经断裂，仅余少量外膜相连，卡压神经断端局部水肿。将桡神经向远、近端游离约 3 cm；使用显微器械松解神经外膜，8-0 缝线外膜缝合法缝合桡神经，术后石膏固定左肘关节于 90°，术中出血约 20 mL。术后经抗感染及对症治疗伤情稳定 3 月 19 日出院。

1.3 法医学检查

法医学临床检验见：李某左侧卧病床，留置鼻胃管，颈部气管导管留置，输氧输液，颈部喉结前皮肤见横行 Z 形缝合创口长 7.5 cm，创口内置引流管；伤后 41 d，步入诊室，神清语利，查体合作。查体见：眼睑稍下垂、右眼裂小，右额皮肤无汗，胸骨上窝见气管插管瘢痕 2.8 cm×0.6 cm，左上臂中段外侧纵性手术瘢痕长 8.0 cm×0.6 cm；左肩关节上举、外旋受限、左肘关节伸受限，垂腕、尺屈、桡屈、拇指外展受限。伤后 6 月余检体见：右眼裂、瞳孔缩小（图 4-15），右额皮肤无汗，说话声音小，左肘以下肌力 3 级；左前臂肌肉略萎缩，左肘屈曲 45°，伸展 70°，左腕垂腕（图 4-16），掌屈 10°（可上抬 10°）、背屈 0、桡曲 0、尺曲 0、被动达功能位。左手肌肉松弛肌力 2~3 级，各指伸达功能位，屈曲、外展受限，握物无力。伤后 9 个月复查查，上述功能障碍无明显改善。

7 月 4 日肌电图复查示：左侧桡神经上臂中段以下功能严重受损，可见少许恢复电生理表现；9 月 24 日肌电图示：左侧桡神经上臂中段以下功能严重受损，可见少许恢复电生理表现。

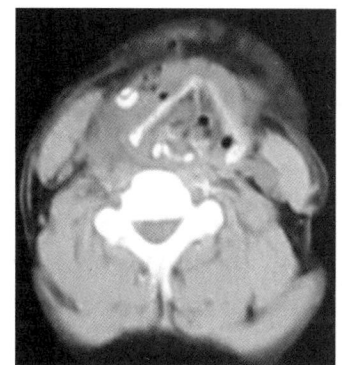

图 4-13 右侧甲状软骨骨折

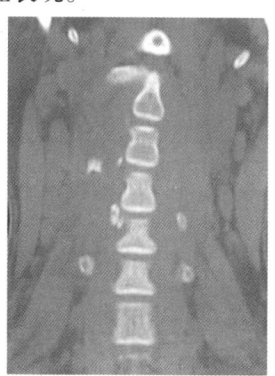

图 4-14 颈 4、5 椎体右侧撕脱性骨折

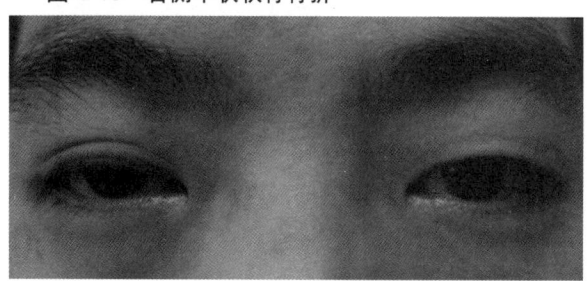

图 4-15 右眼裂、瞳孔略小

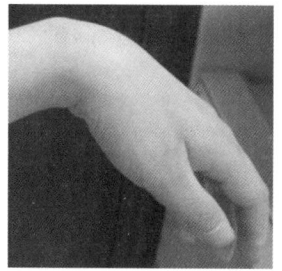

图 4-16 垂腕

1.4 鉴定意见

李某被人刺伤颈部致喉咽部穿透创，颈 4、5 椎体右侧撕脱性骨折，继发坠积性肺炎、创道脓肿、右颈交感神经麻痹综合征、左桡神经损伤，经多次手术及对症治疗病情好转，遗留右眼裂、瞳孔略小，右额皮肤麻木、右额无汗，说话声音小，右项部、右肩部麻木感，左肘以下肌力 3 级；左前臂肌肉略萎缩，左肘功能丧失 10%，左手肌肉松弛，肌力 2 级，垂腕，腕关节功能丧失 95%，左手各指屈曲外展受限，握物无力，其损伤程度构成重伤二级。右颈交感神经麻痹综合征；左桡神经损伤断裂，左肘以下肌力 3 级；左前臂肌肉萎缩，左肘功能丧失 10%，垂腕，腕关节功能丧失 95%，左手肌力 2~3 级，各指屈曲外展受限，握物无力，残疾程度 7 级伤残。

2 讨论

喉位于颈前正中，舌骨之下，上端是会厌上缘，下端为环状软骨下缘，成人喉的位置相当于第 3～5 颈椎平面，女性及儿童位置较男性高。喉由软骨、肌肉、韧带、纤维结缔组织和黏膜等构成。喉的前方为皮肤、皮下组织、颈部筋膜及带状肌，两侧有甲状腺上部，胸锁乳头肌及其深面的重要血管神经，后方是喉咽及颈椎。

霍纳综合征（Horner 征）由瑞士眼科医生 Johann Freidrich Homer 在 1869 年首先详细描述，这一综合征是由于支配头面部的交感传出通路中任何一部分中断所造成的，主要有三大指征：瞳孔缩小、睑裂变小、眼球内陷；还有可能出现半侧面部无汗、眼压降低、球结膜充血。霍纳综合征通常由于支配瞳孔开大肌，上下睑板肌，眼眶肌，半侧面部的汗腺和血管的交感神经传出通路中任何一部分损害所致。其中颈内动脉 C4 段被蜂窝组织、海绵窦内相互沟通的静脉丛及节后交感神经包绕，故其病变可能损害或压迫颈上交感神经节，阻断交感神经节后纤维的传导，表现为霍纳综合征。霍纳综合征多见于颈段脊髓炎症和颈内动脉血栓形成，但也有右颈动脉支架植入引起、臂丛神经根性撕脱伤引起。

李某被他人持匕首刺伤喉咽部经 X 线、CT、耳鼻喉镜、MRI、肌电图等检查及手术证实；颈右前带状肌横断，右侧胸锁乳突肌前缘局部断裂；甲状软骨板右侧上缘局部横断，右甲状腺上动脉断裂出血；喉腔黏膜破裂与喉咽腔相通；右侧椎前肌肉及筋膜断裂，椎体骨裂渗血；左侧带状肌断裂；在治疗的过程中出现颈部脓肿、坠积性肺炎、右侧 Horner 征，左肱骨中下段桡神经损伤等。分析认为：李某被匕首从喉结的右侧刺入穿透右甲状软骨板、喉腔、喉咽腔；创底颈 4 椎体右前下缘、颈 5 椎体右上缘撕脱性骨折，创道内颈右前带状肌横断，右侧胸锁乳突肌前缘局部断裂；右甲状腺上动脉断裂出血；喉腔黏膜破裂与喉咽腔贯通；右侧椎前肌肉及筋膜断裂；抽刀造成左侧带状肌断裂；创口向左延长、形成横行 Z 形创口；喉腔出血吸入肺内引起坠积性肺炎，病原体随刀体及喉腔、喉咽腔破损的黏膜进入创道引起创道感染脓肿形成。李某颈部损伤的初期未见 Horner 征表现，而在创腔继发感染脓肿形成后出现 Horner 征表现。CT 提示：颈 4～6 水平右侧颈长肌水肿，考虑炎症波及和局部水肿压迫右颈交感神经节，阻断了交感神经节后纤维的传导，表现出上肢麻木疼痛不适，右侧眼裂、瞳孔缩小，右额皮肤无汗等 Horner 征的临床表现。

桡神经损伤常见于肱骨中段骨折、外伤、炎症或睡眠时以手代枕、手术中上肢长时间外展和受压，上肢被缚过紧及铅中毒和酒精中毒。也有学者认为闭合性损伤是由于桡神经在外伤撞击或长时间睡眠，昏迷压迫桡神经可引起严重闭合性损伤。李某伤前无左臂麻木的症状，无左臂撞击、卡压、撕裂、扭打等损伤，在治疗中无手臂局部注射及捆扎等治疗行为，在喉咽部穿透创术后继发坠积性肺炎、创腔脓肿，经治疗病情稳定，在伤后 4 周出现急性左臂阵发性向下臂放射性酸疼，服止痛药效果不佳，持续 1 周后疼痛缓解，出现手臂麻木，手腕、手指下垂等典型的桡神经损伤的临床表现和体征。手术证实左上臂外侧李某喉腔穿透创继发创腔脓肿、右颈交感神经麻痹综合征（右侧 Horner 征），左上臂左桡神经损伤；遗留右眼裂、瞳孔缩小，右额皮肤无汗，说话声音小，左肘以下肌力 3 级；左前臂肌肉略萎缩，垂腕，腕关节功能丧失 95%，左手肌肉松弛肌力 2～3 级，各指外展屈曲受限，握物无力，一处创口继发两处神经损伤功能，依据《人体损伤致残程度分级》5.7.1 6）、5.7.1 7）及附则 6.2 条款之规定，其残疾程度为 7 级伤残。

1 例眶壁骨折多重法医学鉴定的思考

张继国[1]，杨久晖[2]

1. 黑龙江省鹤岗市人民检察院 黑龙江 鹤岗 154100
2. 黑龙江省鹤岗市公安局刑事技术支队 黑龙江 鹤岗 154100

眶壁骨折是常见的颅颌面损伤类型之一，可单独发生，也可与颅面其他骨折联合发生，这其中眶底和眶内壁是骨折最常累及的部位。笔者以 1 例眶壁骨折多重法医学鉴定的实际案例粗浅地谈一些对眶壁骨折损伤程度评定的思考。

1 案例资料

2018 年 12 月 30 日，郭某与他人发生口角被殴打，造成郭某眼眶受伤、脖子被抓伤，后送至医院进行检查。病历记载：郭某眼部拳击伤入院，视力：右眼：0.5，左眼：0.6，眼压：右眼：28 mmHg，左眼：38 mmHg，双眼睑肿胀，皮下淤血，颜面皮肤多处擦伤，左眼结膜下出血、水肿，右眼球结膜轻度充血，双眼角膜光滑，前房中深，房水清，瞳孔圆，D=3.0 mm，对光反射迟钝，晶状体轻度混浊，玻璃体略混浊，眼底视盘色界正常，血管走形及比例正常，黄斑中心凹反光暗。2019年1月7日行左眼眶内壁骨折复位及钛网植入术，手术指征：左眼球后退（右眼23 mm，左眼21 mm）保守治疗无效。2019年1月5日复查眼压，右眼：20 mmHg，左眼：19 mmHg。2019年1月7日复查眼压，右眼：18 mmHg，左眼：14 mmHg。辅助检查：2018年12月30日及2019年1月2日CT影像片示：右侧眼睑未见软组织肿胀影，右眼眶内侧壁凹陷，右侧筛窦内未见液体密度影及眶内容物疝入筛窦内，右侧上颌窦内未见液体密度影。左眼睑软组织肿胀，左眼眶内壁骨质不连续，左侧筛窦内可见眶内容物疝入及液体密度影，左眼眶下壁未见骨质不连续影，上颌窦内未见液体密度影；左侧颧弓可见骨质断裂，断端可见骨质硬化影。左眼眶外侧壁可见骨质不连续，断端可见骨质硬化影。

1.1 法医学鉴定书记载（某市公安机关出具）

阅被鉴定人郭某双眼CT，右眼睑未见软组织肿胀影，右侧筛窦、上颌窦内未见液体密度影及眶内容物疝入，故无充分依据证实被鉴定人郭某右眼眶内壁损伤为此次外伤所致，不宜评定损伤程度。阅被鉴定人郭某双眼CT，可见其左眼眶内壁骨质不连续，筛窦内可见液体密度影及眶内容物疝入，眶下壁未见骨质不连续影，上颌窦内未见异常液体密度影，故分析认为被鉴定人郭某左眼眶内壁骨折诊断成立。依据《人体损伤程度鉴定标准》第5.2.5 d）条之规定，其左眼眶内壁骨折属轻微伤。

1.2 法医学鉴定书记载（某省公安厅出具）

2019年2月14日复查眼眶三维及平扫CT片，综合各CT片，见眶周软组织肿影，皮下气体密度影，左眶内多处积气，左眶内、外侧壁及右眶内、下壁骨质连续性中断。复查片见软组织肿胀影及气体密度影消失。其伤后辅助检查所见双眶壁及眶周软组织改变之形态特征，可认定眶壁骨折符合新鲜外伤所致，依据《人体损伤程度鉴定标准》第5.2.3 g）条之规定，其眶壁骨折属轻伤一级。

1.3 法医学鉴定书记载（某医科大学司法鉴定中心出具）

2018年12月30日及2019年1月2日CT影像片示左眼睑明显肿胀，皮下积气，左眼眶内壁骨质断裂凹陷，眶壁内见气体影，左侧筛窦内可见积液。右眼眶内壁凹陷，右侧筛窦内未见积液。2019年2月14日CT片可见左眼眶内壁内固定术后，双侧筛窦内无积液，与前片比较，右眼眶内壁形态无明显变化。因对比两张CT片，右眼眶内壁形态无明显变化，故其眶内壁改变不符合新鲜骨折特征，不予评定。对于其左眼眶内壁骨折，影像学反应符合新鲜骨折特征。根据伤后病志记载，郭某伤后出现左眼球后退，并行左眼眶内壁骨折复位及钛网植入术治疗，故其左眼眶内壁骨折不属于单纯性眶内壁骨折，对此，依照《人体损伤程度鉴定标准》第5.2.4 f）条之规定，其左眼眶内壁骨折属轻伤二级。

1.4 法医学鉴定书记载（某权威鉴定机构出具）

审阅郭某初期CT片（2018年12月30日及2019年1月2日），显示其左侧眼眶内壁、下壁骨质连续性中断、并有移位，邻近内直肌和下直肌增粗，边缘模糊，临近脂肪间隙密度增高，眶内可见气体密度影，左侧眶周软组织明显肿胀。符合左侧眼眶内壁、下壁新鲜骨折影像学特征。结合其伤后一个半月复查眼眶CT所示"左侧眼眶外侧壁骨质及外直肌无明显变化"，尚不能认定为左侧眼眶外侧壁新鲜骨折。其初期眼眶CT片同时显示"右侧眶壁骨质欠规整、未见明确骨折，眼外肌无增粗，眶内脂肪间隙清晰"，结合其伤后一个半月眼眶CT所示"右侧眶壁骨质及周围眼外肌等软组织无明显变化"，不符合右眼眶新鲜骨折的影像学特点。综合，可认定郭某左侧眼眶内壁、下壁新鲜骨折，目前法医学检查可见左侧眶壁骨折术后改变，无明显眼球内陷及视觉功能障碍表现。依据《人体损伤程度鉴定标准》第5.2.3 g）条之规定，郭某左侧眼眶骨折属轻伤一级。

2 归纳总结四份鉴定如下

2.1 鉴定意见一

郭某左眼眶内壁骨折诊断成立。依据《人体损伤程度鉴定标准》第5.2.5 d）条之规定，其左眼眶内壁骨折属轻微伤。

2.2 鉴定意见二

郭某左眶内、外侧壁及右眶内、下壁骨质连续性中断。其伤后辅助检查所见双眶壁及眶周软组织改变之形态特征，可认定眶壁骨折符合新鲜外伤所致，依据《人体损伤程度鉴定标准》第 5.2.3 g）条之规定，其眶壁骨折属轻伤一级。

2.3 鉴定意见三

郭某左眼眶内壁骨折不属于单纯性眶内壁骨折，依照《人体损伤程度鉴定标准》第 5.2.4 f）条之规定，其左眼眶内壁骨折属轻伤二级。

2.4 鉴定意见四

郭某左侧眼眶内壁、下壁新鲜骨折，目前法医学检查可见左侧眶壁骨折术后改变，无明显眼球内陷及视觉功能障碍表现。依据《人体损伤程度鉴定标准》第 5.2.3 g）条之规定，郭某左侧眼眶骨折属轻伤一级。

四份鉴定意见书所认定出郭某眼眶的损伤部位各不相同，造成鉴定意见均不一致。

3 讨论

鉴于此种情况下，针对此案件，笔者有自己的思考与想法，在此与各位法医同仁分享。

笔者认为：结合 2018 年 12 月 30 日及 2019 年 1 月 2 日的 CT 片，也就是郭某初期的影像学资料来分析。CT 平扫可见其右眼眶内壁、下壁骨质不连续，但阅片见右眼睑软组织无肿胀，眶内未见积气，且各眼外肌无增粗，筛窦内未见异常液体密度影，由此可以认定其右眼损伤不符合新鲜损伤，不宜进行损伤程度评定。比对来看其左眼，可见左眼眶内壁骨质断裂，筛窦内见有液性密度影，内直肌未见明显嵌顿征象，据此可以认定其左眼眶内壁骨折为新鲜骨折。其左眼眶下壁经过多次 CT 检查均未见明确骨折影像学改变，且伤时下直肌也未见明显增粗，据此可以认定其左眼眶下壁无骨折。左眼眶外侧壁可见骨质断裂、断端凹陷移位，骨折端见有骨质硬化边，左侧颧弓可见分离骨折，且凹陷移位，左侧上颌窦外侧壁见骨质断裂凹陷移位，以上后期复查无变化，据此可以认定其左眼眶外侧壁、左侧颧弓、左侧上颌窦外侧壁均为凹陷陈旧性骨折。因存有上述骨折致使左眼眶骨性眶腔增大，眶下壁整体下移，以颧侧下移为主，左侧上颌窦腔缩小，左侧眶下壁的倾斜导致左眼筛骨纸板和上颌骨连接处轻度分离成角，后期复查左眼眶下壁疑似骨质不连续影像学改变无变化。因此，综上所述可以认定本次外伤所致为左眼眶内壁骨折，后期查体双眼球无后退情况，且不存有复视情况。按照最高法《关于眶壁骨折伤情等级鉴定问题的答复》法研〔2014〕171 号及《人体损伤程度鉴定标准》的相关规定，郭某眼眶部所受损伤应评定为轻微伤。

从 1 例眼睛损伤错误鉴定谈检察机关法医技术性证据审查的困境与出路

张俊涛

中国政法大学 北京 100088

1 简要案情

L 某，以"外伤后全身多处疼痛 1 d"为主诉入院。现病史：1 d 前被他人打伤，伤后感胸闷、头痛，并进行性加重。诊断：胸外伤，右眼钝挫伤，右侧多处软组织损伤。2015 年 × 市公安局物证鉴定室鉴定 L 某的损伤程度为轻微伤（第一次鉴定）。2016 年 × 市公安局物证鉴定室以"所受外伤致右眼视野半径 10°以下"，鉴定为重伤二级（第二次鉴定）。2016 年司法部司法鉴定科学技术研究所司法鉴定中心鉴定意见书认为，被鉴定人 L 某遭他人外力作用，致右眼球钝挫伤、右眼眶内侧壁骨折，构成轻微伤，钝性外力作用可以形成（第三次鉴定）。在 × 市法院审理期间，A 法医申请重新鉴定，× 市法院委托北京法大法庭科学技术鉴定研究所鉴定意见书，其右眼损伤程度属轻微伤。A 法医被 × 市法院以徇私枉法罪判处有徒刑。A 法医上诉后，某中级人民法院裁定发回重审。2019 年，重审后，A 法医被以徇私枉法罪判处有期徒刑。以此错误鉴定研究检察机关法医技术性证据审查制度的困境与出路。

2 我国检察机关法医技术性证据审查的困境

2.1 检察官的能力审查不了技术性证据

检察官都学过法律，对刑事法律等比较熟悉，对收集、固定、审查证据都有经验，对法律规则、法律原则、法律适用等都能较好运用。但是，对于法医鉴定意见、物证鉴定意见、痕迹鉴定意见等的审查，对于专门性问题、专门性证据、专业的技术，检察官的能力、知识储备、经验不能够满足审查法医技术性证据的要求。具体表现就是，因法医技术性证据的审查缺失、错误审查、错误采信技术性证据导致的冤假错案。本文提到的错案，就是对于错误的眼睛受伤的鉴定意见，检察官不能审查出鉴定意见存在的问题，错误采信鉴定意见，导致检察机关错误批捕，最终检察机关因为错误批捕承担国家赔偿。张辉、张高平的错案，同样也是因为检察官、法官缺乏审查鉴定意见的能力，最终导致错案。"这些冤假错案的出现，哪一个不与检察院有关系呢？不是我们逮捕的，就是我们起诉的。"

2.2 检察机关大量的法医流失，没有法医来审查技术性证据

监察、检察制度改革，检察机关大量的法医流失，导致基层检察机关缺乏技术性证据审查监督的专业技术人员。原因有5个方面：

（1）监察体制改革，有的法医技术人员转隶到监察委。有的是主动到监察委工作。不管是司法体制改革，还是个人选择，造成了检察法医人才的流失。

（2）检察机关人员分类管理，有的法医考过法律资格后，转岗为检察官去办案了。转岗也是法医人才流失的主要原因。

（3）技术人员的待遇相对偏低。与检察官相比，技术人员的待遇偏低，待遇低，自然留不住技术人才。

（4）检察机关内设机构改革，基层检察机关技术部门撤了，技术人员去办公室了。检察技术边缘化了，技术人员被认为是可有可无。

（5）技术人员的职称待遇不挂钩。公安机关法医等技术人员职称待遇改革已完成。而检察机关法医等技术人员的职称、待遇至今没有解决。2016年7月，中央出台了《专业技术类公务员管理规定（试行）》，2017年最高检技术信息中心向政治部提交了《关于成立检察系统专业技术任职资格评审委员会和专业技术职称评审委员会的报告》，3年没有进展，检察机关技术人员盼望着最高人民检察院能尽快推进此项改革。

2.3 检察机关业务部门与技术部门案件移送审查机制不健全

在检察机关，办案是检察官的职责，检察官对案件质量终身负责。对于涉及法医技术性证据案件，对于技术性证据，检察官来审。检察官认为需要审查就审查，不需要审查就不审查。即使有可疑的技术性证据，检察官会凭个人的知识、经验去审。对于技术人员来说，由检察官移送技术性证据进行审查，不移送审查，法医对技术性证据就无法审查，技术人员不可能主动出击去审查技术性证据。检察业务部门与技术部门之间的技术性证据移送审查机制不顺畅，导致检察官遇到的技术性证据审查不了，技术人员没有案件可审，造成了错案发生。以一起危险驾驶案件为例，可以看出检察官不会审，法医无法审，导致非法证据没有排除。

2.4 技术性证据审查规范性文件缺失

截至2021年6月，最高人民检察院尚没有出台技术性证据审查规范。哪些案件需要进行技术性证据审查，哪些案件不需要技术性审查，哪些案件必须进行技术性证据审查，这些都没有规定。省级的技术性证据审查规范，有的省出台有技术性证据审查规定，有的没有出台技术性证据审查的规定。这就导致对技术性证据有疑问，该审得技术性证据没有审查，而不该审查的技术性证据出于考评，流于形式的审查了。最终的结果是，较多涉及技术性证据审查的案件，轻则是有瑕疵的证据的案件流向法院，重则导致冤假错案。

3 我国检察机关技术性审查的出路

3.1 最高检出台最高人民检察院技术性证据审查的规范

当前，对于检察机关来说，最重要的是出台《最高人民检察院技术性证据审查的规定》。组织检察机关的高水平法医专家、法学专家，尽快制定《最高人民检察院技术性证据审查的规定》，解决检察机关业务部门与技术部门之间的案件移送机制不畅通的问题。省级检察机关根据《最高人民检察院技术技术性证据的规定》，可以对最高人民检察院出台的规定进行细化，使检察机关业务部门与技术部门之间的案件移送机制顺畅起来。

3.2 构建专业化的技术性证据审查队伍

检察技术人员必须走专业化的道路。最高人民检察院政治部、技术信息部门联合研究制定技术人员专业化建设的方案。

首先，要在全国范围内对法医进行职称评审，评审后，最高人民检察院要与人事部门、组织部门研究，实现职称与待遇的挂钩，推动建立专业技术类公务员岗位任职资格评审制度。全国公安机关技术人员职称评审已经结束，也实现了职称与待遇挂钩。检察机关只要借鉴公安机关的做法就行。

其次，建立全国检察机关范围内的一体化调配适用机制。对于高素质的法医技术人员，最高人民检察院建立法医人才库和一体化的调配使用机制。

再次，建立全国检察机关法医论坛、法医辩论赛。每年召开一次全国检察机关技术人员论坛，发布典型案例，提高检察法医的综合水平等。

最后，构建"全国检察机关建立技术调查官参与办案活动"的制度。技术调查官是指在刑事检察、民事检察、行政检察、公益诉讼检察工作协助解决专门性、技术性问题或者提出意见的检察辅助人员，但是不包括以鉴定人身份参与办案的人员。

3.3 优化地级市检察院的法医人员

检察机关机构改革，人员分类管理后，基层检察机关技术部门并入办公室，技术人员转岗、技术人员流失。面对这一局面，检察机关的技术部门如何开展技术工作？从我们的调研可知，省以下检察机关人财物统一管理后，可以整合市区的法医到市检察院，建立市检察院法医技术咨询中心，解决检察官提出的技术性问题。还可以开展技术巡回检察之路，对公安机关鉴定机构、社会鉴定机构的法医鉴定意见进行专门的审查，发现问题后通过制发检察建议等解决问题。

3.4 引进高水平的法医技术专家

检察机关为了实现高水平的监督，必须有高水平的技术专家。最好的办法就是引进少量的高水平的专家。一是要引进高水平的检察技术专家。二是对于引进的技术专家，要给予他们较高的待遇，让他们能留下来为检察机关服务。

3.5 提高技术法医的出庭水平

为了精准地控诉案件，检察机关的法医提高出庭能力、技巧。在与辩护人的对抗中，检察机关的技术人员要有高超的出庭水平，高质量的出庭是为了案件的客观、公正控诉。同时，对于实务中出庭涉及技术性证据的案件，组织法医技术人员观摩庭审，提高实战能力。

3.6 建立检察官与技术人员互动机制，提高检察官的技术审查水平

为了避免冤假错案的发生，要建立检察官、技术人员的互动机制，提高检察官的审查水平，能够发现法医鉴定的常见问题。检察官、技术人员互动的路径，一是建立检察官与技术官的交流互动机制。定期举办检察官、技术官交流沙龙，提高检察官的技术性证据审查能力。二是举行检察技术开放日活动。让基层检察院检察官走进检察技术实验室，让他们知道技术的门类、技术的作用，遇到疑难案件时，想到如何运用技术手段来突破案件。三是到国家检察官学院、中国政法大学等院校参观学习、培训，提高疑难案件技术性证据的能力。

关于眶壁骨折有关条文存在的问题及建议

张蒙蒙[1]，王绍波[2]

1.内蒙古根河市内蒙古根河森林公安局 内蒙古 根河 022357
2.内蒙古根河市内蒙古得耳布尔森林公安局 内蒙古 根河 022357

1 产生争议的条文

关于眶壁骨折的损伤分级，在《人体损伤程度鉴定标准》（以下简称《鉴定标准》）里给了3个等级的标准。①轻伤一级：《鉴定标准》第5.2.3 g）"两处以上不同眶壁骨折"；②轻伤二级：《鉴定标准》第5.2.4 f）"眶壁骨折（单纯眶内壁骨折除外）"；③轻微伤：《鉴定标准》第5.2.5 d）"眶内壁骨折"。

2 产生争议的原因

笔者曾遇到过两侧单纯眶内壁骨折的案例，当时鉴定为轻微伤，伤患对鉴定有异议，提出重新鉴定，重新鉴定是在社会鉴定机构（司法部门管理）进行的，鉴定为轻伤一级，差异较大，查找资料寻求支持，结果发现，对于两侧单纯眶内壁骨折的相关鉴定条文，公安部门和司法部门给出的相关解释截然不同。

公安部刑侦局组织编写的《〈人体损伤程度鉴定标准〉释义》（以下简称《释义》）第41页对相关条文的解释为："绝大部分眶内侧壁骨折功能影响，或随着出血吸收和水肿消退，眼球运动功能障碍有的可缓解，预后较好，亦不留功能障碍，属单纯眶内壁骨折。一侧单纯眶内壁骨折的对照5.2.5 d)评定为轻微伤。眶壁骨折（单纯眶内壁骨折除外）对照5.2.4 f)评定为轻伤二级。5.2.3 g)两处以上不同眶壁骨折，是指两眼上、下、内、外共8个眶壁中2个以上任意眶壁的骨折，两侧单纯眶内壁骨折除外。"

司法部司法鉴定管理局组织编写的《〈人体损伤程度鉴定标准〉适用指南》（以下简称《指南》）第29页对相关条文的解释则为："绝大部分眶内侧壁骨折无功能影响，或随着出血吸收和水肿消退，眼球运动功能障碍有的可缓解，预后较好，亦不留功能障碍，属单纯眶内壁骨折。眶内侧壁骨折影响功能的，对照相应条款评定损伤程度。一眼其余眼眶壁骨折的，可鉴定为轻伤二级。两处以上眶壁骨折，是指现眼上、下、内、外八个眶壁中任意两处以上眶壁的骨折，包括两侧单纯眶内侧壁骨折。"

问题产生的原因清楚了，《释义》对条文的解释是"除外"，而《指南》对条文的解释是"包括"，意义截然相反，结果也就相差了两级。依照《释义》的解释，两侧单纯眶内壁骨折，在轻伤一级第5.2.3 g)条中被除外了，而轻伤二级第5.2.4 f)也将其除外了（虽然没有说明是一侧还是两侧），最后只能用轻微伤第5.2.4 d)来评定。而按照《指南》的解释，两侧单纯眶内壁骨折被包括在轻伤一级第5.2.3 g)条的范围内，直接评定为轻伤一级。就这样，同样是两侧眶内壁骨折，却出现了轻微伤和轻伤一级两个损伤程度级别，前者属于治安案件，而后者则属于刑事案件。不同的损伤程度对案件的处理也就有了不同的处理结果，极大地影响了案件的公平、公正。

3 解决争议的建议

对待"两侧单纯眶内壁骨折"，不管是根据《释义》鉴定为"轻微伤"，还是根据《指南》鉴定为"轻伤一级"，都不太符合《鉴定标准》对伤情评价的基本理念。笔者认为，对待这个争议应慎重对待，应本着"公平、公正"的态度对待每一起鉴定，不能简单敷衍了事。使用《释义》鉴定为轻微伤，有点儿过于苛刻，而使用《指南》鉴定为轻伤一级，则有点儿两个轻微伤简单相加的意思，令人感觉有些夸张。笔者认为，不管将两侧眶内壁骨折评定为轻微伤还是轻伤一级，都不合适，笔者认为，应本着损伤程度等级划分的基本原则，遵循实事求是、客观、全面、公正的鉴定原则，参考类似制定"上颌骨额突骨折"的条款精神，将两侧眶内壁骨折评定为轻伤二级较为妥当。

针对《鉴定标准》目前存在两部门不同的版本解释，笔者呼吁公安部门和司法部门应该统一《鉴定标准》的相关释义，以免工作中造成被动。且不可因两部门对《鉴定标准》具体条款的不同，造成同一损伤不同鉴定结果尴尬局面，对伤者和嫌疑人都显失公正、公平，不但造成社会对法医的误解，甚至造成当事人上访等严重不良后果，而且对公、检、法的侦查、起诉和定罪量刑都是一个巨大困扰。

牙齿折断伤病关系法医学分析

张士军[1]，周玉林[2]，林大可[2]

1.吉林衡德司法鉴定所 吉林 四平 136000
2.北京凤凰可丽法医临床学研究中心 北京 111000

外伤导致牙齿脱落或折断在法医日常鉴定中常见。特别是牙齿脱落，涉及的伤病关系多有论述。但牙齿折断涉及伤病关系，如何进行降级，未见报道。现作者结合实际案例及牙齿结构特点，应用杠杆原理进行分析，提出伤病关系处理原则。

1 案例资料

1.1 案情

某男，50岁。某日被他人用拳击伤口唇部，致41、42牙齿根折。

1.2 病历资料

某男门诊病历记载：前牙外伤后松动、疼痛2 h。查体：口内见大量牙石软垢堆积，31、32 Ⅱ度松动，叩诊（＋），龈缘渗血明显。41、42Ⅲ度松动，叩诊（＋），龈缘渗血明显。11金属桩核在位，叩诊（＋），约Ⅰ度松动，12、22牙冠阙如，叩诊（＋），约Ⅰ度松动。21阙如，牙龈完整。X片示：32～42牙槽骨吸收至根尖 1/3，11、12、22 根管充填物在位，牙周膜略增宽，11 金属桩核在位，21 牙槽骨较完整。41、42 根折，31、32 牙周膜增宽。初步诊断：41、42 根折，42、41、31、11、12、22 牙外伤，慢性牙周病。

1.3 法医学检查

12、22 牙冠缺失，11、12、22 根管充填物在位，11 金属桩核在位，41、42 Ⅲ度松动，全口牙龈萎缩，牙根外露，见大量牙石软垢堆积。

2 讨论

2.1 损伤程度

第一种意见：只要能证明被鉴定人二枚牙齿外伤性折断，就应评定为轻伤二级。

第二种意见：根据《人体损伤程度鉴定标准》伤病关系处理原则，损伤与既往伤/病共同作用的，即二者作用相当的，应依据本标准相应条款适度降低损伤程度等级，评定为轻微伤。

2.2 牙龈萎缩

牙龈萎缩是指覆盖在牙根和牙槽骨表面的牙龈出现退缩，使部分牙根显露出来，是一种由多种原因导致的常见疾病，主要表现为牙缝变大、牙根暴露、牙齿敏感、牙齿松动度增加等。根据 Miller 分类可将牙龈萎缩分为 Ⅰ、Ⅱ、Ⅲ、Ⅳ类。Ⅰ类牙龈缘有退缩但未达到膜龈联合处，邻面没有牙槽骨或软组织丧失。Ⅱ类牙龈缘退缩达到或超过膜龈联合处，邻面没有牙槽骨或软组织丧失。Ⅲ类牙龈缘退缩达到或超过膜龈联合处，邻面牙槽骨或者软组织有丧失，位于牙釉牙骨质界根方，但仍位于唇侧退缩牙龈缘冠方。Ⅳ类牙龈缘退缩超过膜龈联合，邻面骨丧失已达到唇侧退缩龈缘的水平。

2.3 牙周病分类

临床上将慢性牙周病分为轻、中、重度。轻度：牙周袋深度小于等于 4 mm，附着丧失 1~2 mm，X 片示牙槽骨吸收不超过根长 1/3；中度：牙周袋深度小于等于 6 mm，附着丧失 3~4 mm，X 片示牙槽骨水平型或角型吸收大于根长 1/3 小于 1/2，牙齿轻度松动，轻度根分叉病变；重度：牙周袋深度大于 6 mm，附着物大于等于 5 mm，X 片示牙槽骨吸收超过根长 1/2，多根牙根分叉病变，牙多有松动。

2.4 牙槽骨吸收程度与牙承受外力的关系

根据牙的形态，可视牙为柱形客体，根部受力符合杠杆原理，即动力×动力臂=阻力×阻力臂，即施力点距离支点越近，受到的作用力越大，施力点距离支点越远受到的作用力越小。也就是说牙槽骨吸收越多，牙根折断需要的外力就越小，根据计算，当牙槽骨吸收 1/2 时，牙根折断需要的外力已降低至正常牙齿的一半左右。

2.5 降级原则

《人体损伤程度鉴定标准》伤病关系处理原则 4.3.2 规定，损伤与既往伤/病共同作用的，即二者作用相当的，应依据本标准相应条款适度降低损伤程度等级。等级为重伤一级和重伤二级的，可视具体情况鉴定为轻伤二级或者轻伤二级；等级为轻伤一级和轻伤二级的，均鉴定为轻微伤。理论上当牙槽骨吸收 1/2 时，牙根折断需要的外力已降低至正常牙齿的一半左右；因此，牙周病轻、中度的患者，牙齿折断可以不考虑降级；牙周病重度患者，牙齿折断应采用降级原则。

1 例眼角膜碱烧伤的损伤程度鉴定

张振清，郭如强，孟福庆

河南安阳县公安局 河南 安阳 455000

眼部碱性烧伤初期往往不容易引起伤者重视，如果就诊治疗不及时容易导致病情恶化，伤情鉴定时如果不观察病情发展和愈后情况容易造成漏鉴，作者在检案过程中遇到 1 例眼部碱烧伤，现介绍如下。

1 案例资料

1.1 简要案情

2018 年 8 月 30 日上午，田某被人用水泥浆甩到脸上及眼内，田某当时眼睛看不清，当天到本市眼科医院门诊进行处理，9 月 15 日到本市眼科医院住院治疗。

1.2 病历资料

安阳市眼科医院门诊病历手册显示：2018年8月30日，兹证明田某在本院就诊。临床诊断：①角膜结膜异物；②钝挫伤。处理：取异物、用药、复诊。

安阳市眼科医院门诊病历手册显示：2018年9月1日，兹证明田某在本院眼科门诊就诊。视力未查，临床诊断：双眼角膜异物，结膜异物，双眼钝挫伤。处理：双眼异物取出术，点眼，抗生素应用。

安阳市眼科医院住院病历显示：患者田某以"水泥浆溅入双眼疼痛、视物模糊半月，右眼重"为主诉于2018年9月15日入院。眼科检查：视力：右眼0.12，左眼0.8，眼压：右眼15 mmHg，左眼14 mmHg，眼睑无肿胀，皮下无淤血，结膜无充血，角膜透明，前房深浅正常，房水清，虹膜纹理清，瞳孔圆，直径约2.5 mm，对光反射灵敏，晶状体透明，眼底视盘色橙红边界清，血管走行正常，黄斑区反光未见。入院诊断：右眼碱烧伤。入院后积极准备，予以抗炎、营养上皮等药物治疗。于2018年10月8日出院，出院情况：视力od 0.15, os 1.0；双眼眼压 T_n；右眼角膜上皮略粗糙，角膜略水肿，角膜缘见新生血管长入角膜。

1.3 鉴定情况

2018年8月30日进行首次鉴定，根据被鉴定人面部皮肤外伤和眼部挫伤出具了轻微伤鉴定意见。

2019年4月22日进行了重新鉴定，根据被鉴定人右眼碱烧伤遗留角膜血管翳形成评定为轻伤二级。

2 讨论

2.1 化学性眼烧伤

化学性眼烧伤分为酸、碱化学物质烧伤，碱性物质兼有水溶性、脂溶性，可以使蛋白溶解包括溶解细胞膜从而造成严重伤害，为持续进展性损伤，常见致伤物为氨水、生石灰、氢氧化钠、电石、水泥等。

2.2 角膜血管翳

角膜血管翳是指角膜损伤后新生血管长入，常既影响容貌又影响视力。

2.3 鉴定意见

该案被鉴定人有水泥浆溅入眼部外伤史，伤后进行了眼部异物清除，受伤半月后仍感眼部疼痛、视物模糊住院治疗，出院时检查见右眼角膜上皮略粗糙、角膜略水肿，角膜缘见新生血管长入角膜，分析符合右眼碱烧伤后角膜血管翳形成，根据《人体损伤程度鉴定标准》第5.4.4 b）条之规定评定为轻伤二级。

外伤后中枢视野缺损的法医学鉴定

卓佩佩[1]，夏文涛[2]

1. 复旦大学上海医学院司法鉴定中心 上海 200032
2. 司法鉴定科学研究院/上海市法医学重点实验室/上海市司法鉴定专业技术服务平台 上海 200063

视野是法医学鉴定中除视力以外另一项评价视功能的重要指标。颅脑外伤后造成球后视神经至枕叶皮层之间通路上任何部位的损伤，都可能导致视野缺损。视野缺损可能由于水肿、出血或撕裂伤、骨片等波及视纤维而引起，起病时视野缺损往往严重，以后可逐渐有所恢复。颅脑损伤可使脑组织在颅腔有一定的移位，血管移位受牵扯后，可致局部血液循环异常加重脑损害，动脉损害可使其供血部位发生缺血、梗死，使深部小血管受压致血液回流障碍，脑组织淤血、出血可使脑水肿进一步加重，出血粘连或瘢痕形成，可以合并颅神经的纤维挫伤和受压损伤，造成视野缺损。

人脑内神经中枢及神经走形较接近，因此无论是外伤致颅骨骨折还是脑组织在颅腔移位后相应的血管移位受牵扯，均容易造成相应的脑功能区受损，除了引起脑内出血、缺血、颅内压增高等原发性损害，还可引起一系列神经系统的病理生理改变。王旭等收集了11例高位视路损伤的法医学资料进行分析，损伤当时均有除视神经外的神经系统阳性体征，而损伤后仅3例遗留神经系统阳性体征。11人眼科检查均无阳性症状，其中有8例CT所见为枕叶视皮层的损伤，电生理异常程度较轻仅表现为P100波潜伏期轻度延迟或接近正常，与视野缺损的程度并不匹配；3例CT所见均为皮层下损伤，电生理异常程度严重，与视野检查严重程度几乎平行；4例行脑电图检查，均表现为与其CT表现颇具一致性的枕叶脑电图异常和/或脑电地形图异常。艾凤荣等报道了6例头颅外伤所致的同向偏盲的案例，6人均有明确的较为严重的颅脑外伤史，存在10余天~1个月不等的昏迷，其中3人清醒后存在脑电图异常、一侧肢体偏瘫等神经系统阳性表现，其余3例为阴性。

6人清醒后眼科检查结果均未检见异常，视野缺损范围符合CT所见，如某男性患者，视野检查见双眼各残留中心5°视野，属同侧偏盲伴黄斑回避，符合其CT示两侧枕叶大脑镰旁片状低密度影的征象。曹征等统计了50例视交叉以上视道疾病的视野改变，其中有4例存在视野缺损但经CT扫描未发现异常的病例，认为视野检查更能说明视功能损伤的多少及病情发展情况，且在一定程度上可以辅助定位诊断，特别是某些不易被CT、X线检查发现的较小的脑血管病变。还有其他相关文献报道提示，脑外伤后造成的中枢性视野缺损，在眼科检查时常无阳性发现，即瞳孔直接/间接对光反射正常、眼底无视神经萎缩、双眼电生理基本正常、两眼对比无明显差异，神经系统阳性体征存在或不存在，视野缺损检查结果与其影像学征象可能一致，也可能不一致，只有综合上述检查才能得出更准确的结论。

因此，笔者认为对于外伤后中枢视野缺损的法医学鉴定，应该高度关注以下几点：①脑内病变损伤基础明确。尤其是枕叶皮层损害的颅脑外伤，损害后果应与外伤部位存在解剖学上的关联性；②详细的神经系统检查。是否合并存在脑电图异常，或者失语、偏瘫、偏身感觉障碍等脑功能区受损的表现；③眼科常规检查。高位视路损伤造成的视野缺损，对中心视敏度的影响通常不大，瞳孔对光反射、眼底等眼科常规检查可无阳性发现，常规进行视野检查对于损伤部位的定位诊断有一定辅助作用，若神经电生理检查结果为双眼严重异常，常提示高位视路损伤的诊断，反之则不能否认高位视路损伤的诊断，应结合其原发损伤及影像学资料综合分析。若影像学检查能与视野缺损检查结果呈现符合性，则更能说明结果的可靠。只有综合考虑以上信息，才能准确做出视野缺损范围程度与中枢损害是否具有符合性的分析与判断。

视神经损伤法医学鉴定1例

左聪[1]，刘军[2]

1. 浙江省嵊泗县公安局　浙江　嵊泗　202450
2. 浙江省舟山市公安局　浙江　舟山　316013

1 案例资料

1.1 简要案情

林某（女，42岁），某年6月25日因琐事与他人发生纠纷，继而相互殴打，其右眼眶部被雨伞伞柄砸伤。

1.2 病史摘要

伤后当日县医院门诊病历记载：查体：右眼眶周皮肤擦伤肿胀，结膜充血肿胀，角膜透明，前房清，瞳孔圆，视网膜窥视不清。眼眶CT平扫示：眼眶未见明显骨折。

7月2日因"右眼雨伞打伤8 d，视力下降"入市医院就诊，查体：右眼眶皮下淤血青肿，角膜明，前房清，瞳孔圆，对光反射可，眼底未见明显异常。眼压：右眼：12 mmHg，左眼：14 mmHg。验光：右眼：0.16+2（+0.25/-1.50×170），左眼：0.9+（+0.50/-0.50×180），纠正无提高。PVEP提示：右眼P100波较左眼显著下降。ERG提示：检查欠合作，双眼b波纹正常下降。诊断：眼钝挫伤，视神经损伤。

8月11日，因"右眼外伤2月余"再次到市医院专家门诊复诊，查体：眼眶淤血已消失，双眼角膜明，前房清，瞳孔圆，右对光反射迟钝，左对光反射存在，双晶体明，视网膜平，视盘清，验光：右眼：0.05+2（+0.75×170），左眼：1.0（+0.25/-0.75×5），纠正无提高，OCT提示：双眼视网膜色素上皮层反射信号欠均匀，视神经纤维层厚度在正常范围内。诊断：右眼外伤，右视神经损伤。

1.3 法医临床学检验

6月28日对林某进行法医临床学检验，自诉：右眼视物模糊，畏光（佩戴阳光镜），不能久视。查体：右侧眼眶上缘见一1.1 cm×0.3 cm擦伤，已结痂皮，右眼睑淤青，略显肿胀，结膜未见明显充血。

2 讨论

2.1 视神经损伤的损伤机制

视神经损伤分为直接损伤和间接损伤。前者包括：①眼球与视神经之间急剧扭转；②视神经孔处或视神经管骨折，以及颅前凹骨折，使视神经受到牵拉、撕裂甚至切断；③眼球严重挤压，使视神经撕脱；④视网膜裂伤可延伸损伤视神经前端。后者包括：①视神经管及其周围眶骨质损伤，造成硬脑膜血管撕裂至视神经鞘膜下积血、渗出，引起视神经缺血、水肿、变性；②视神经鞘膜撕裂，使该段视神经硬膜内外出血；③由于硬膜下血肿蔓延至视神经硬膜下腔引起积血。而间接损伤较为多见，往往来自眶周受力，如眼睑、眉弓、前额、颧部等受到打击，其分为原发性损伤和继发性损伤，前者包括视神经撕裂、鞘膜腔出血、视神经挫伤性坏死等，后者为组织水肿及局部血液循环不良所造成。

2.2 本案不宜进行损伤程度评定，只说明因果关系

本案中，林某伤后检见右眼视力下降，眼部检查示其眼部结构未见明显损伤，颅脑、眼眶 CT 未检出眼眶骨折及颅脑损伤，病历记录其右眼对光反射迟钝，PVEP 检查示右眼 P100 波较左眼显著下降。笔者认为，视神经损伤临床体征并不明显，损伤基础轻微，眼眶外伤不至视神经鞘膜损伤，眼球结构未见异常，且伤后未检见视神经盘水肿等继发性损伤表现，其外伤性病理基础不足以认定其右眼视力障碍与视神经损伤相关联。依据《人体损伤程度鉴定标准》4.3 伤病关系处理原则之 4.3.3 条，损伤为次要或者轻微作用的，不宜进行损伤程度评定，只说明因果关系。故而，对其外伤性视神经损伤所致视力障碍不予认定。

判断是否外伤性视神经损伤，在法医临床鉴定中难度较大，视力障碍是其主要判断依据，视觉功能检测受伤者主观因素影响较大。且研究表明，临床上缺乏相关客观检查能认定其视力障碍，临床诊断较为困难，准确性不高，容易误判，形成冤假错案。笔者认为在法医学鉴定时应注意以下问题：①是否存在眼及邻近部位的既往病史；②是否存在明确的外伤史，尤其是颅脑损伤史；③视力下降系视神经损伤的主要功能障碍，须符合视神经损伤的损伤机制，并难以用其他原因解释，才可以做出外伤性视神经损伤的结论。④视力下降，眼底未见明显异常，需待伤后 3 至 6 月重新进行眼科视力及眼底等相关检查。⑤视神经损伤的鉴定以伤后治疗终结，伤情进入稳定期为准。

第五章　交通事故

伪装交通事故凶杀案的尸检分析 1 例

古厚隆，赵超，叶小琴

四川省金沙司法鉴定所　四川　宜宾　644000

成功侦破一起命案的关键需要在案发初期，通过现场勘查、尸体检验，同时结合现场和尸检来认识现场、分析现场，为后期侦查提供有价值的线索，从而确定侦查方向和侦查范围，并为案件的移送、起诉、审判提供强有力的证据支撑。在侦破×××"5.27"伪装交通事故杀人案的工作中对死者的尸检分析，就是对上述观点充分体现。

1　案情

2019 年 05 月 27 日 23 时许，驾驶员某某某驾驶川 QZ6478 小型轿车从李庄往宜宾方向行驶，行驶至盐李路水流溪大桥附近时，翻于公路右侧山下（高坠），造成某某某死亡、车辆受损的事故。

2　尸检

2.1 *尸表检验*

尸表检验：中年女尸，尸体轻度腐败。

颜面部瘀紫明显，双侧眼角膜重度浑浊，双侧睑结膜淤血，鼻腔有血迹及泥沙沾附，舌露于齿外，口唇重度微绀，左侧额顶部见 4.5 cm 挫裂创口，伴头皮撕脱，口腔有血性液体，右眼外侧见 6 cm×2.5 cm 皮肤挫伤，左侧颈部至胸骨窝处见 14 cm×2.5 cm 皮肤挫伤（安全带勒痕），右颈部至颈前部可见一环形 11.5 cm×1.5 cm 间断性皮肤挫擦痕（勒痕）。

左侧腰部见 7 cm×2.5 cm 皮肤挫擦伤，左肩前侧见 11 cm×7 cm 皮肤挫擦伤，左下腹见 15 cm×2 cm 散在皮肤擦伤，右髋部见 4 cm×2 cm 的挫伤。

十指指甲甲床重度发绀，双膝及小腿前侧散在皮肤挫擦伤。

2.2 *解剖检验*

头部：头皮前额部皮下散在淤血，脑水肿，小脑扁桃体可见压迹。

颈部：食管从喉头至下段均可见黏附的食物。

胸部：胸骨柄断裂（第二肋处），左胸积血 500 mL 左右，左胸 1~6 肋腋段骨折，第三肋间后段骨折，双肺饱满，肺叶间可见点状出血。

腹部：肝右叶膈面见 2.5 cm 浅表挫裂创。

提取死者心、肝、肺、脾、肾、胰腺、喉头、脑组织作病理组织学检验。提取胃内容物做毒化检验，提取心血作酒精检测。

2.3 *病理检验*

病理组织学诊断：肺挫伤出血，急性肺淤血、肺水肿；邻近喉头处气管旁肌肉出血；肝被膜下浅表裂伤；急性脑水肿；各脏器淤血。

理化检验：某公安局物证鉴定所检验报告：检材：某某某血液一份，检验意见：送检血液中检出乙醇成分，浓度为 7.12 mg/100 mL。

某公安局物证鉴定所理化检验报告：某某某的胃内容物，约 200 g，检验意见：送检检材中未检出氯氰菊酯、高效氟氯氰菊酯、甲氰菊酯、氰戊聚酯、甲氨磷、对硫磷、甲拌磷、敌敌畏、毒鼠强成分。

3　分析意见

在排除醉驾及中毒死亡后，根据检验情况，体现在死者尸体上有两种损伤及体表特征。

3.1 *窒息征象明显*

面颈部发绀、口唇及甲床重度发绀，睑结膜淤血，舌露于齿外，颈部见一环形 11.5 cm×1.5 cm 勒痕，邻近喉头处气管旁肌肉出血（病检发现），解剖见肺部有出血点，这些尸体现象均提示死者有窒息的征象。

3.2 高坠伤表现

左侧额顶部见 4.5 cm 头皮挫裂创，伴头皮撕脱，颅骨无骨折，颅内无出血，右眼外侧见 6 cm×2.5 cm 的皮肤挫伤，左侧颈部至胸骨窝处见 14 cm×2.5 cm 皮肤挫伤，（安全带勒痕），胸骨柄断裂，左侧 1~6 肋腋段骨折，左侧第 3 肋后段骨折，肋间肌出血、淤血明显，部分肋间肌撕裂，左侧胸腔积血 500 mL 左右，肝右叶膈面可见一 2.5 cm 挫裂创，创口较浅，腹腔未见积血。

尸检提示某某某符合窒息死亡特征，有高坠伤表现，但死者某某某高坠伤不是致命伤，其窒息征象不能用高坠解释，存在疑点，需进一步结合现场分析及调查。

3.3 复勘

交警部门根据尸检提示，立即对事故现场进行复勘发现：

（1）事故现场有护栏隔离，其车辆坠落地点狭窄，不符合直接开下坠落的特征。
（2）从轮胎压痕上反映出有缓慢向下的特征。
（3）立即调取沿途监控发现，从第一监控到第二监控车辆运行时间于正常车辆运行时间严重不符。
（4）外围调查：车辆在案发时间段有停留在现场的证据。
（5）并在停留时间段发现有一中年男性在车辆旁边。

3.4 本案基本排除交通肇事案

通过尸体检验结合现场调查基本排除交通肇事一案，立即移交刑侦部门进行艰苦的侦查及现场实验，终于锁定犯罪嫌疑人，在犯罪嫌疑人零口供的情况下成功提请批捕，等待他的是法律的严惩。

4 此案的成功告破体会

实践证明，破案成功依靠的是全体参战干警整体智慧，只有在现场勘查及尸检中相互配合，才能发挥各自在侦查破案中的重要作用。成功地侦破一起命案需要在案发初期，通过现场勘查、尸体检验，同时结合现场和尸检来认识现场、分析现场，此案法医在尸检中客观地提出疑问，为后期侦查提供了有价值的参考，并予以立案侦查并成功告破，为案件的移送、起诉、审判提供强有力的证据支撑。对于此案的成功告破，检察院及法院已作为经典案例准备予以上报。

交通事故中摩托车驾驶员认定 1 例

何诗振，黄钱军

浙江省千麦司法鉴定中心 浙江 开化 311100

1 案例资料

1.1 简要案情

某日 06 时许，柳某与陈某所驾乘的两轮摩托车在行驶过程中，追尾一辆电动三轮车，造成柳某当场死亡、陈某及电动三轮车驾驶员受伤的道路交通事故。事发前其他路口监控模糊，仅可分辨两轮摩托车驾驶员衣服颜色为蓝色，乘客衣服为红色。事后陈某身着红色 T 恤称自己是两轮摩托车乘客，死者杨某为两轮摩托车驾驶员。

1.2 法医学检验

柳某枕部见一处"人"字形头皮裂创，长 5.5 cm+3.3 cm；创周可及 12.0 cm×10.0 cm 头皮血肿。鼻腔、外耳道见血液流出。右侧腰部见 7.3 cm×3.7 cm、5.5 cm×4.5 cm 擦挫伤。余未见明显异常。

陈某额部正中见 6.0 cm×2.0 cm 头皮血肿。左肘见 2.5 cm×1.5 cm 皮下发绀，左手背见 5.0 cm×3.5 cm 皮肤发绀，左手第 1 指甲床淤血发绀。右肘部见 8.5 cm×3.5 cm 擦伤，右腕部桡侧见 1.0 cm×0.5 cm 皮肤擦伤，右手背虎口处见 3.0 cm×1.5 cm 皮下发绀，右手第 3~5 指甲床淤血发绀，第 3、4 指掌指关节背侧发绀。左大腿内侧见 10.0 cm×10.0 cm 皮肤擦挫伤，左膝内侧见 2.5 cm×1.0 cm 皮肤擦挫伤，左膝部见 0.8 cm×0.5 cm、3.5 cm×2.0 cm 皮肤擦伤。右大腿内侧见 8.0 cm×5.0 cm 皮肤挫伤，右大腿前侧见 8.5 cm×5.5 cm 皮肤擦伤，右膝部周围见三处小片状皮肤擦伤，右小腿中段前侧见 2.5 cm×1.0 cm 皮肤擦伤；右内踝 4.0 cm×3.0 cm 皮肤擦伤，右足背见 3.0 cm×2.0 cm、4.0 cm×3.0 cm 皮肤擦伤，右足内侧见 0.5 cm×0.5 cm 皮肤擦伤，右足第一趾肿胀，趾背见 1.5 cm×2.0 cm 皮下出血，右足第 4 趾趾跖关节处见浅表皮肤裂创，见血液渗出。阴茎头部见擦挫伤伴少许渗血。

1.3 车辆痕迹检验

肇事摩托车为无号"铃木"牌普通两轮摩托车，双侧把手内侧均可见剐擦痕。摩托车为红色油箱，上部靠后凹陷变形。油箱上部两侧可见白色擦痕，右侧发动车/变速箱下部以右侧脚刹为起点的 8～11 cm 高度范围可见少量擦痕，摩托车驾驶座位两侧可见擦痕。

2 讨论

2.1 驾乘关系认定

本案例中，在事发前其他路口虽有监控记录，但监控视频模糊，仅可分辨驾驶员衣服颜色为蓝色，乘客衣服为红色。同时事故另一方当事人不能确切指认摩托车驾驶员。对于本案驾驶员的认定，对于事故的处理有直接意义。是否如监控事故所示事故发生后身着蓝色上衣的死者柳某就是驾驶员，或是另有隐情？法医学鉴定成为成了本案的关键所在。

本案例中，伤者陈某主要损伤为：左手背皮肤发绀，左手第 1 指甲床淤血发绀。右腕部桡侧皮肤擦伤，右手背虎口处皮下发绀，右手第 3～5 指甲床淤血发绀，第 3、4 指掌指关节背侧发绀。左大腿内侧，左膝内侧皮肤擦挫伤，右大腿内侧、前侧皮肤挫擦伤，右小腿前侧表皮擦伤，右内踝皮肤擦伤，左、右膝部散在片状皮肤擦伤。右足背、右足内侧皮肤擦伤，右足趾挫伤出血。阴茎头部擦挫伤等。分析认为：①两轮摩托车的车头通常有方向控制手把、后视镜仪表盘等，在事故发生瞬间，因摩托车方向制动手把突然受力，可造成驾驶员双手虎口及十指软组织挫擦伤及出血。此外，驾驶员在驾驶摩托车时，双手交易与对方车辆或其他物体发生碰撞和擦划，从而造成手部和腕部损伤。陈某双手的软组织损伤符合把手伤损伤特征。②在驾驶两轮摩托车时，驾驶员为骑跨的驾驶姿势使其会阴部及大腿内侧紧贴摩托车油箱。两轮摩托车追尾事发生时，摩托车受阻后突然减速，驾驶员因惯性作用继续往前运动，其会阴部、大腿内侧与摩托车油箱发生碰撞、挤压和摩擦，从而形成会阴部及大腿内侧的软组织损伤，严重者可造成股骨和耻骨骨折。陈某双侧大腿内侧均检见皮肤擦挫伤，阴茎头部擦挫伤，其符合上述特征性骑跨伤。③两轮摩托车追尾事发生时，驾驶员因惯性作用继续往前运动其双下肢尤其是膝关节部位，易与摩托车保险杠及其他车辆或物件相撞，造成挫擦伤。法医学检验见陈某右足背、右足内侧皮肤擦伤，右足趾挫伤出血。同时摩托车脚刹位于右侧，事发时驾驶员本能急踩脚刹，可造成右足损伤。

另一死者柳某主要损伤为枕部头皮裂创及头皮血肿，右侧腰部见擦挫伤，分析其损伤符合在摔跌倒地过程中形成。在事故发生时，乘员因前方有驾驶员的遮挡，不会形成把手伤及骑跨伤。当事故发生突然，其难以采取保护措施，极易导致人车分离，造成严重的摔跌伤。

通过分析上述两人的损伤部位、损伤特征及成伤机制，陈某的损伤与摩托车驾驶员损伤特征吻合。柳某的损伤不具备摩托车驾驶员损伤特征。据此认定陈某是驾驶员，柳某是乘员。

根据上述鉴定事实依据，最终陈某承认自己是两轮摩托车驾驶员。陈某交代在事故发生后，上前查看时发现柳某已死亡，其知晓在事故发生前路口存在监控，故将刘某的衣物与自己的衣物进行了对换，企图能逃脱罪责。

2.2 体会

目前城市道路监控设施相对较完善，但在城郊结合或是农村地区路段监控设施相对较缺乏，同时监控设施亦存在损坏或是视频不清晰的情况。本案中虽事发前路口存在监控，但监控视频模糊，无法分辨驾驶人员面部特征，仅可分辨驾驶员及乘员衣服颜色特征。对于本路段相对熟悉的陈某反而利用了视频监控的此漏洞，与死者衣物进行了对换，企图逃脱罪责。作为增强交通管理手段的道路监控，差点成为他人逃脱罪责的工具。两轮摩托车事故中驾驶员的认定对法医学鉴定具有最直接的意义。

摩托车作为最常见的交通工具，由于其有高速、开放、缺少保护设施和稳定性差等特点，在涉及摩托车交通事故处理过程中，多出现一死一伤情况，仅凭一般现场勘查难以判定驾驶员。两轮摩托车在发生事故时，驾驶员的手部、大腿内侧、会阴部、膝部及小腿前侧等部位可形成与摩托车特定部件的特征性损伤，而乘员在这些部位较难形成特征性损伤，多为摔跌形成。已有案例资料对两轮摩托车驾驶员及成员损伤进行了对比分析。法医在检验鉴定过程中，上述特征性的损伤可以帮助法医判断交通事故涉案人员的行为方式及明确驾乘关系，同时又要结合现场人车倒地相对距离、现场勘查、痕迹物证和案件调查情况进行综合分析，为案件提供客观的科学依据和技术支持。

交通事故驾乘关系的法医学鉴定

黄钱军，何诗振，张狄锋

浙江省千麦司法鉴定中心 浙江 杭州 311100

1 驾驶员及乘员损伤特征

在处理道路交通事故时，有时会遇到驾乘关系不明的情况，为分清法律责任，要进行驾乘关系鉴定。驾乘关系鉴定要根据相关人员的损伤特征，结合相关因素进行综合分析，以查明事实真相，得出客观、正确的鉴定结论。

1.1 汽车驾驶员损伤特点

驾驶室空间较小、部件多，造成损伤的部位多为挡风玻璃及其框架、车门及其内饰、方向盘、各种仪表盘，油门、离合、制动器踏板，靠背，变速器操纵杆、气囊等。

（1）头面部损伤。挡风玻璃或其框架与面部接触形成的损伤：在车辆行驶过程中，由于驾驶员没有系安全带（或冲击力过大）或车内安全气囊爆裂的情况下，发生碰撞的一瞬间在惯性的作用下身体前倾，头面部与挡风玻璃或玻璃框架接触，造成前额、面部、顶部擦挫伤、皮下出血或（和）细小挫裂创，创中常有玻璃碎片镶嵌，有时面部可形成较大裂创。

（2）颈部损伤。①颈部横行裂创：当车速较快，撞击力较大时，头部可从挡风玻璃处穿出，在头部、颈部可形成切割状条形、梭形和菱形或不规则形创口，可将胸锁乳突肌及颈动静脉切断，创口中可发现玻璃碎片；②挥鞭样损伤：机动车碰撞时，驾驶员或乘车人由于车辆行驶中突然加速（追尾）或减速（正面相撞，紧急刹车），头部急剧加速或减速运动致颈椎过度屈伸而易造成挥鞭样损伤。在机动车高速前进时的急刹车或在停车后突然受到后方车辆撞击，因车座靠背矮，不能抵挡头颈部的运动，发生过度伸展及过度屈曲性运动，使黄韧带向椎管内皱褶，压迫脊髓，或发生颈椎脱位，造成挫伤、出血。碰撞突然发生时，颈椎常以颈椎6~7作为鞭柄，颈椎1~5和头部在惯性力的作用下作为鞭条甩动，如此过度的伸展或和过度的屈曲，常造成4~6颈椎发生损伤，亦可发生在颈椎1、2或寰枕关节。表现为颈椎脱位或半脱位，椎体前缘及横突骨折，韧带和关节囊的撕裂出血，颈髓震荡和挫伤，周围软组织出血。

（3）胸部损伤。①驾驶盘损伤：没有系安全带的驾驶员在撞车时，身体前倾时驾驶者胸部或上腹部撞击在方向盘上，可在相应部位形成挫伤出血，肋骨、胸骨骨折，心肺及大血管、肝、肾、充盈的胃肠损伤破裂或撕裂。胸部与挡风玻璃接触形成损伤：驾驶员胸部与方向盘、挡风玻璃发生碰撞后，挡风玻璃破碎散落，在细小挫擦伤和小创口内常有玻璃碎片遗留。如驾驶员身着衣物较少，加之车舱室内变形挤压，可形成与方向盘、仪表盘形状相似的皮下出血、挫擦等损伤。②安全带损伤：机动车发生事故时因撞击力巨大，或车辆翻滚，束缚胸腹的安全带猛然收紧挤压人体胸腹部造成的损伤。表现为与安全带对应的斜行跨越胸腹和环绕腹部的条带状皮肤擦伤。目前机动车多采用腰带加斜挎式肩带的安全带。通过安全带损伤的特点可以判断出车内人员在事故发生时的位置。另大型车辆方向盘柄可致大腿根部、会阴部及外生殖器等骑跨伤。

（4）四肢部损伤。当车辆撞击时，驾驶员本能地抓紧方向盘，并用力撑住身体采取避险动作，常造成手腕和前臂尺桡及腕骨骨折。同时为紧急刹车用右腿急踩刹车踏板，车辆碰撞产生的冲击力集中传至受力的右腿，造成踝关节脱位或骨折，跟腱断裂，另小腿扭转时，可发生胫腓骨的扭转螺旋性骨折，这些损伤又称为踏板伤。该过程易在脚踏板上留有右脚鞋印或踏板印痕，可作为判断驾驶员的依据。另驾驶员双膝胫前部接触仪表盘架等部位并发生碰撞，可以形成擦伤、挫裂创、股骨下端骨折及股骨头脱位或股骨颈骨折、髌骨楔入、踝、膝部骨折、髋关节脱位、骨盆骨折等。

1.2 乘车人员损伤

（1）头面部。副驾驶人员形成的损伤多与驾驶员相似，但没有方向盘挤压伤及踏板损伤。由于没有方向盘的阻挡，发生撞击时头面部撞击挡风玻璃及其框架的概率比驾驶员大，且损伤严重（常形成较严重的挫裂创），甚至从挡风玻璃处抛出。后排乘客一般不会与前挡风玻璃接触，但前额和下颌部与前方座位靠背碰撞，形成前额、下颌的挫擦伤甚至骨折。身体一侧可与车门内饰和车窗接触形成相应挫裂创。枕部与后挡风玻璃及其框架接触形成可形成挫裂创。

（2）颈部。挥鞭样损伤，与驾驶员相似，但后排乘客多于副驾驶人员。

（3）胸腹部。安全带损伤（同前），但安全带的方向与驾驶员不同，可作为区分驾驶员的依据。车辆翻滚或撞击后，造成车辆变形，可对人体形成挤压伤，表现为擦伤、挫伤、挫裂创及肋骨、胸骨等多发骨折。

（4）四肢。（前排）手掌突然杵向仪表盘或储物箱门，容易形成肘部鹰嘴骨折和肱骨下段骨折。此外，当头部撞击时，副驾驶座席向前划动，脚被楔入坐垫下造成小腿和足跟部的擦伤、挫伤、挫裂创及骨折（鞋遗留在副驾驶位下）。后排乘员双腿容易形成外展式损伤，髋关节骨折，股骨颈骨折。车体铁板撞击可形成肢体离断，其离断面参差不齐，断缘不整，皮肤创缘有明显的撕裂痕。

2 相关因素

2.1 事故发生现场勘查

了解道路走向；发生事故路段、路面及路边情况；发生事故具体位置；人、车所在位置及状态，其相互间的关系；现场痕迹和物证的位置、形态、数量、距离、所属，等等。

2.2 车辆

车辆所处位置及状态；车辆毁损状况及部位、程度；车辆上的痕迹和物证（凹、剐、擦，油漆、血迹、人体组织、携带物、脱离物等）。

2.3 衣着痕迹物证及人体损伤

衣着痕迹物证及尸体损伤（衣着物上的擦划、撕裂痕，附着物、血迹、轮胎印痕等）；活体损伤，尸体损伤检验（尸表、解剖检验、酒精含量测定、毒物、毒品、药物、病理组织学检验等）。

2.4 物证的发现与提取

各种物证的发现与提取（道路、车辆、尸体、心血等痕迹物证和生物物证）。

2.5 文证审查

各种文证审查（车辆检验报告、监控、行车记录、现勘材料、死伤者材料、物证检验报告等）。

3 损伤及成伤机制分析要点

①衣着的破损，尸体的位置姿势、状态与车辆和道路的关系；②尸体的损伤分布、部位、数量、种类、形状、程度、性质和特征；③损伤和路面、车辆接触部位的对照检验；④损伤的比较检验（伤者和尸体损伤的比较、死者与死者损伤的比较、受伤人员相互间的比较）；⑤分析损伤和成伤机制与事故发生过程各个环节之间的关系。

4 附案例分析

4.1 简要案情

×年×月×日，内蒙古某×旗发生一起交通事故，经查白、吕二人酒后驾乘蒙 F07204 号牌捷达轿车沿音江公路从东向西行驶到 22 km+351.5 m 处时，与前方同向行驶的四轮拖拉机拖斗追尾相撞，造成驾乘人员一死一伤（死者位于左侧路肩上，伤者位于捷达轿车不远的草地上）。白某当场死亡（证人证实当时二人离开饭店时，白某驾车，吕某位于右后排座上；吕本人自述，其上车后倒在座位上，发生事故及其后一段时间什么都不记得了）。白某家属因其酒后不开车之多年习惯提出异议，要求进行司法鉴定，明确驾乘关系。

4.2 现场勘查

白、吕二人驾乘蒙 F07204 号牌捷达轿车沿音江公路从东向西行驶到 22 km+351.5 m 处时，与前方同方向行驶的四轮拖拉机追尾相撞。捷达轿车前挡风玻璃右上方破碎，顶棚全部变形脱落于现场。捷达轿车冲下路基，整个车体右侧破损严重，车底盘从中部前座靠背后横向断离。四轮拖拉机横位于有车道上，挂斗翻于左侧路肩处。

（1）捷达轿车检验：驾驶位前挡风玻璃基本完好，方向盘、仪表盘和驾驶座位无明显变形、破损和血迹；副驾驶位靠背后倒，靠枕脱落于现场地面，上有血迹。副驾驶位置对应后排座靠背偏左侧、坐垫、后排靠背（脱落于路面，上有血迹）后铁板上有大量血迹及脑组织。车棚严重变形全部脱落，在副驾驶位置顶棚内饰上见有血迹。

驾驶员座椅靠背背面下部见大面积血迹；左前驾驶位车门坐垫左侧中部及其附近见有大量血迹及脑组织，周围溅有细密小血点。左前门玻璃内面见有多量点状血迹。左前门及其下方、边框及其内侧、坐垫左侧见有多量血迹和脑组织。左后车门及门玻璃内面见多量血迹；左前后门间立柱见有大量血迹及脑组织，以下部为著。

吕某衣物无破损，无血迹，体表无明显损伤，未进行系统医学检验。

提取现场各部位血迹及脑组织经DNA检验，均为死者吕某所留。

4.3 法医学检验与鉴定

（1）尸体检验。

衣着检验：上身外着棕色夹克衫。内着黑色毛衣，下身外着灰黑色裤，毛裤，内着蓝色线裤蓝色短裤。衣物上有大量血迹附着；尸体损伤检验：男性尸体，发际内沾满血迹，口鼻腔出血。前额部头面颅骨不规则粉碎性骨折，骨质缺损13 cm×12 cm，脑组织被抛出体外，颅腔清空。上唇部纵行开放性挫裂创，贯通口腔。颈前有一长6.0 cm挫裂创，并伴有13 cm×10 cm挫伤。胸前有一33.0 cm×16.0 cm擦挫伤，触之有骨擦音，呈袋状游离。右肩峰处10 cm×5 cm挫伤出血。左腋窝处10 cm×6 cm挫伤，皮肤皮下软组织脱离，右尺、桡骨骨折，第1、2掌骨粉碎性骨折。右肩背部擦伤面积33.0 cm×26.0 cm，余未见异常。

（2）酒精检测：经测白某血中酒精浓度为300 mg/100 mL。吕某当时未检测血中酒精浓度。

（3）案件分析：

1）车损分析：根据捷达轿车前挡风玻璃右上方破碎，顶棚全部变形脱落于现场。轿车冲下路基，整个车体右侧破损严重，车底盘从中部前座靠背后横向断离。四轮拖拉机横位于有车道上，挂斗翻于左侧路肩处等分析。两车相撞首先接触部位为捷达轿车前挡风玻璃右上方与四轮拖拉机挂斗左下角。

2）白某损伤分析：根据白某尸检情况分析，死者前额部头面颅骨不规则粉碎性骨折，骨质缺损，脑体分离，颅腔清空，上唇部纵行开放性损伤，贯通口腔；右腕部背侧及掌背部皮肤由近端向远端撕脱，右1、2掌骨粉碎性骨折，胸、肩部软组织游离等分析，上述损伤系巨大暴力直接作用所致，具有直撞伤特点，符合死者坐于副驾驶位，右手上举（把握扶手）状态下被钝性物体直接撞击所致。其他损伤，在发生事故过程中，因撞击、翻滚、挫压、跌落等人、车及路面相互作用可以形成。

3）现场血迹分析：车上驾乘两人，仅有白某一人形成开放性损伤并大量出血及脑组织外溢，故捷达轿车车内血迹及脑组织均为白某所留（经DNA检验得以证实）。血迹及脑组织主要分布范围及位置见于副驾驶位后靠枕，后排座靠背、坐垫及靠垫后铁板，驾驶位靠背后面下部、左前后门及中间立柱及车窗上的血迹以溅落、接触血迹为主，尤其是左前门中部的血迹、大量的脑组织及周围溅出的细小血点为一次性垂直溅落并向下流注形成。

4）其他方面分析：根据车辆状态和损坏情况，血迹分布状况，吕某身上无血迹，无明显损伤等分析，捷达轿车除驾驶位处无毁损，无血迹外，其他位置均有毁损或血迹形成。吕某询问笔录记载，事故发生时其躺在后排座上，如吕某所述其处于此种状态，当车辆突然减速时，其应滑落后排座前的踏板上，由于车辆中部断离，在其没有任何固定装置的情况下，其自然跌落，必有剐擦碰撞甚至碾压伤形成，衣物上亦应有死者血迹附着，只有其位于驾驶位时方能解释其无明显损伤、无衣物破损、无血迹附着的状态。

综合分析：死者白某位于副驾驶位，右手上举把握扶手，捷达轿车与前方同向行驶的四轮拖拉机追尾两车相撞时，首先接触部位为捷达轿车前挡风玻璃右上方与四轮拖拉机挂斗左下角，并以巨大暴力直接撞击位于副驾驶位坐姿之白某头面部，造成白雪峰头部粉碎性开放性颅骨骨折，血迹溅于副驾驶位对应棚顶内面之上，由于巨大暴力将副驾驶头枕靠背一并推倒，死者头部接触头枕，后排座靠背和坐垫之上形成相应血迹，后排座靠背脱落，死者头部接触后部铁板形成接触血迹印痕。

当车辆向左倾斜（有可能离地）时，左前门打开，因重力关系死者头部向左移动，接触驾驶位靠背背侧形成擦拭血迹，同时头部血迹及脑组织溅落于后门内侧，尸体继续向左移动撞击在左前后门间的立柱下部时，血液及脑组织通过驾驶位靠背与立柱间的部位垂直溅落于前门内侧并形成周围细密血点，后由于车体摆正，车门关闭，溅落于前门内侧的血液及脑组织向下流注并留于驾驶位下门框及车内。捷达轿车肇事后继续异常行驶，将白某甩出车外。

分析意见，吕某为驾驶者，死者白某为副驾驶位乘员。

总之，道路交通事故驾乘关系判定有时极其复杂，鉴定时应以车上人员损伤特征、成伤机制分析为根本，尽可能利用可利用的相关因素进行综合分析，只有这样方能得出正确的结论。

270 例道路交通事故死亡案例分析

纪中华[1]，王元斌[1]，康秋君[2]

1. 吉林省四平市公安局交警支队 吉林 四平 136001
2. 吉林省公安厅物证鉴定中心 吉林 长春 130000

随着经济发展，机动车保有量增多，交通事故也增多，已成为居民意外死亡的重要原因，本文对 2013—2018 年发生在四平市的 270 例因交通事故死亡的尸检资料进行了分析，以期对交通事故的发生、损伤机制、死因等进行探讨。

1 案例资料

1.1 案例来源

资料来源于四平市交警支队事故科 2013—2018 年 5 年间因道路交通事故死亡尸检档案资料，共 270 例。

1.2 死者性别

在 270 例中，男 194 例，女 76 例，男女之比约为 2.5∶1，和文献描述的接近。

1.3 死者年龄

在 270 例中，10 岁以下的 3 例，11～20 岁 6 例，21～30 岁 31 例，31～40 岁 37 例，41～50 岁 55 例，51～60 岁 61 例，61～70 岁 74 例，71 岁以上的 3 例，以 41～70 岁的最多，共 190 例，占总数的 70.37%。

1.4 案发时间及季节

案发时间见表 5-1，案发月份见表 5-2。

表 5-1 270 例交通事故死亡案例案发时间

时间	0—2	2—4	4—6	6—8	8—10	10—12	12—14	14—16	16—18	18—20	20—22	22—0	合计
案例数	2	1	44	13	38	11	19	25	26	57	20	14	270

表 5-2 270 例交通事故死亡案例案发月份

月份	1	2	3	4	5	6	7	8	9	10	11	12	合计
案例数	21	11	6	24	34	35	25	26	40	22	5	21	270

1.5 案发地点

在 270 例中，发生在城市街道的 43 例，公路 204 例，农村道路 23 例。

1.6 损伤部位

肇事损伤部位分 6 个部位。损伤部位以单个部位计算，有 2 个以上损伤的分别统计计算，见表 5-3。在 270 例中，有 2 个部位以上损伤的共 142 例，占总数的 52.6%。最多的死者损伤部位达 6 处。

表 5-3 270 例交通事故死亡案例死者损伤部位

损伤部位	头面部	胸部	腹部	盆部	脊柱	四肢
案例数	224	99	45	24	18	81

1.7 死因

270 例交通事故死亡案例死因，见表 5-4。

表 5-4 270 例交通事故死亡案例死因

死因	颅脑损伤	胸部器官损伤	腹部器官损伤	盆腔器官损伤	脊髓损伤	四肢损伤	合计
案例数	195	37	23	3	11	1	270

2 讨论

交通事故是现代社会生活中的一个严重问题，给人民的生命和财产安全造成了极大危害。

本组资料显示交通事故男女各年龄段均有发生，但以壮年多见，男性多于女性。年龄以 41～70 岁的最多。与文献记载的有所不同，这主要是因为：①城市人口老龄化；②随着年龄的增长，人的协调反应能力及机体抵抗力减弱，41~70岁的人体钙质流失增大，易发生骨折；③他们交通规则意识稍弱，违反交通规则也使其受伤死亡率增加。案发时间以4—6时和18—20时为最多，共101例。案发季节以夏秋季略多于冬春季。

交通事故案发地点以公路为最多，这是由于我市为交通枢纽，公路里程长，车流量大，车速又较快有关。

交通事故所致的损伤具有突然性，伤害多发性及损伤严重性的特点。本组资料中，由表5-3可见损伤部位以头面部、胸腹部最多。本组资料中，2个部位以上损伤的共142例，最多的死者损伤部位达6处。说明机动车所致人体的损伤具有多发性特点。

本组资料示死因以颅脑损伤最多，其次为胸部器官损伤，腹部器官损伤致死排第三位。这充分体现了脑、心、肺、肝、肾等人体重要器官在维持人体生命中的重要作用，这些器官的损伤往往是致命性的。

交通事故并发肺动脉栓塞死亡1例

纪中华[1]，王元斌[1]，康秋君[2]

1. 吉林省四平市公安局交警支队 吉林 四平 136001
2. 吉林省长春市公安厅物证鉴定中心 吉林 长春 130000

1 案例资料

1.1 简要案情

马某某，60岁，2018年12月21日00时30分许，其乘坐出租车去办事，途中出租车与一小型轿车发生交通事故，马某某受伤，伤后0.5 h被送往医院就诊，经抢救无效于2018年12月22日9时死亡。

1.2 病历记载

车祸后右侧胸痛、胸闷，反复双下肢水肿50余年，胸闷气短1个月，腹泻、呕吐2 d。既往史：肾衰10余年，透析5年，查体：血压：190/100 mmHg，右侧胸壁触痛明显，叩诊清音，呼吸音略粗，辅助检查：肺及肋骨三维CT：右侧第4~9肋及左侧第2肋肋骨骨折，入院诊断：右侧胸部外伤，慢性肾功能不全，尿毒症期，肾病综合征，高脂血症，肾性高血压，高血压3级极高危组，冠心病，缺血性心肌病，心功能Ⅳ级，心律失常，窦性心动过速。22时，诉胸痛气短，血压90/60 mmHg，血氧饱和度56%，2018年12月22日患者忽然出现意识不清，呼之不应，经抢救无效于9时死亡。

1.3 尸体检验

（1）尸表：颜面青黑肿胀，双眼球睑结膜苍白，口唇黏膜发绀，右胸部触及第4~9肋肋骨骨折，左胸部触及第2肋肋骨骨折，并可闻及骨擦音。

（2）解剖：右侧4~9肋骨与腋后线交汇处骨折，左2肋肋骨骨折，骨折处周边肋间肌出血，提取心脏，剪断肺动脉，见肺动脉及右心室内可见条形血栓样物。肺淤血、水肿样改变。双下肢深静脉内均有血栓样物。

（3）病理组织学检查：脑实质内血管及神经细胞周围间隙加大。局部脑实质内小血管扩张淤血。脑基底动脉管壁可见粥样硬化改变。心肌间质及心肌间质血管周围结缔组织增多，管壁可见粥样硬化改变，管腔狭窄。局部心肌纤维横纹消失，部分心肌肿胀，可见嗜伊红染色阳性，并可见波浪样变性。局部尚可见心肌纤维颗粒样变性。肺泡壁增宽，肺泡壁和肺间质内血管扩张、淤血。局部肺泡间质血管内可见微血栓形成。局部可见淋巴细胞聚集，部分肺泡腔内可见水肿液。肝血窦扩张。部分肝血窦及肝中央静脉内可见微小血栓。肾皮质血管扩张、淤血。肾间质局部可见灶状淋巴细胞浸润。部分肾小球动脉内可见透明血栓。局部可见肾小球纤维化。脾窦淤血，血栓样物：大量红细胞、白细胞相间排列，为混合血栓。

2 讨论

根据马某某住院资料示：其呼吸困难、低血压（休克发生）、血氧饱和度下降，解剖见肺动脉及右心室内可见条形血栓样物，肺淤血、水肿样改变，双下肢深静脉内均有血栓样物。加之病理组织学检验结果见肺动脉血栓栓塞。上述体征解剖及病理组织学检验结果，可以认定肺动脉血栓栓塞为其直接死因。

根据死者腹泻、呕吐2 d，失液过多，造成有效血容量减少，血液浓缩，以及高脂血症造成血液黏稠度增加。此外，因死者患有肾病综合征，因某些蛋白质从尿中丢失，及肝代偿合成蛋白增加，引起机体凝血、抗凝和纤溶系统失衡，容易形成下肢静脉血栓，有肺动脉血栓栓塞的病理生理基础。

尸体检验见双侧多发性肋骨骨折，但车祸后无创伤性休克或血气胸的症状与体征，在本例尸体检验中不为致死伤。但多发性肋骨骨折（疼痛）该有应激反应发生，应激反应可改变血液黏稠度，使血小板黏附功能增强纤溶功能降低，使机体处于一种高凝状态，这些都有利于血栓形成，且应激时血浆肾上腺素、去甲肾上腺素浓度迅速增高，造成血流加快，对血管壁的冲击加强，可造成下肢静脉血栓脱落，继而栓塞在肺部，形成肺栓塞。

损伤及疾病两因素在肺动脉血栓形成的发生发展中互为因果、互为条件，共同作用，可以认为是被鉴定人因肺动脉血栓栓塞死亡的联合死因，伤病关系为对等责任。

老年患者交通事故合并基础疾病因果关系及医疗费用审核 1 例

雷燕青[1]，毛剑波[2]

1. 浙江省丽水天平司法鉴定所 浙江 丽水 323000
2. 浙江省丽水天平司法鉴定所 浙江 丽水 323000

1 案例资料

1.1 基本案情

被鉴定人蔡某某，1941 年 8 月出生，2019 年 6 月 30 日因交通事故致伤左髋部，伤后经多次住院治疗，2020 年 7 月 5 日因抢救无效死亡。2020 年 7 月经××司法鉴定中心鉴定为"死亡原因系交通事故损伤后继发原基础疾病加重导致的远期多功能衰竭所致"。为赔偿需要，××法院委托我所对其治疗与交通事故外伤及基础疾病的因果关系鉴定，对其医疗费用进行审核。

1.2 资料摘要

某人民医院住院病历（住院号×××）记载：2019 年 6 月 30 日因"车祸致左髋部肿痛、活动受限 2 h"入院，2019 年 7 月 26 日出院。专科情况：脊柱无畸形，骨盆挤压痛阴性，左髋部近大腿上段肿胀，压痛，活动受限，左下肢呈外旋短缩畸形，左下肢感觉正常，足背动脉搏动存在。入院后急诊行"左股骨转子间骨折牵引复位 PFNA 内固定术"。当日 15:30 患者出现休克状态，并左侧肢体无活动，体温 38.7℃，血压 90/50 mmHg，心率最高达 130 次/分，予急查颅脑、肺部、颅脑平扫、肺薄层常规 CT：两侧脑室旁腔隙性脑梗死。右侧大脑中动脉支架植入术后改变。左侧颞顶叶软化灶。两肺间质性病变，两侧胸膜增厚。神经内科会诊后考虑"脑梗死"，与家属商议后转入 FICU 继续治疗。后休克缓解。查体：神志清，两肺呼吸音粗，两肺可闻及湿啰音，未闻及明显哮喘音。出院诊断：左侧股骨转子间骨折，腰椎骨折术后，骨质疏松，脑卒中后遗症，高血压，间质性肺炎。

2019 年 7 月 26 日之后其原患有老年性基础性疾病"两侧脑室旁腔隙性脑梗死、右侧大脑中动脉支架植入术后，左侧颞顶叶软化灶，腰椎骨折术后，脑卒中后遗症，高血压，肺部感染"等反复发作，多次住院治疗，直至 2020 年 7 月 5 日抢救无效死亡。

2 分析说明

2.1 对蔡某某的治疗与交通事故外伤及基础疾病的因果关系进行鉴定

（1）被鉴定人 2019 年 6 月 30 日交通事故致左侧股骨转子间骨折，伤后行手术治疗，术后出现休克，经对症治疗，休克症状好转，于 2019 年 7 月 26 日出院。故而受伤当时的门诊及入院治疗与交通事故之间存在直接因果关系。

（2）之后在近一年的治疗中，除去骨折必需的治疗、关节功能康复外，其所有的临床症状均与其自身基础疾病的反复发作有关。本鉴定人认为，被鉴定人年龄大、基础疾病重、多，机体免疫力差，其损伤性治疗及转归往往比较复杂，单纯骨折损伤无需如此长时间的复杂治疗；但是骨折后手术麻醉、长期卧床等，对其原有基础疾病的反复发作也有一定的诱发因素，使其原有基础疾病显现的更明显，治疗也更复杂。据此，结合其骨折程度、骨折后恢复情况、基础疾病以及年龄综合考虑，2019 年 7 月 26 日至 2020 年 7 月 5 日该阶段的治疗中，自身基础疾病为主要因素，交通事故为次要因素。

2.2 医疗费用审核

（1）在2019年6月30日至2019年7月26日期间，被鉴定人右转子间骨折后经手术治疗，医疗费用不予扣除，全部视为合理。

（2）鉴于前述分析，虽然被鉴定人自身基础疾病与交通事故无关，但骨折术后仍需进行康复，且交通事故损伤对其自身基础疾病的反复发作也有一定的诱发因素。据此，2019年7月26日至2020年7月5日该阶段的治疗中，交通事故为次要因素，建议本阶段的治疗中合理性费用占比为35%左右，仅供参考。

3 鉴定意见

（1）鉴定人蔡某某受伤当时的门诊及入院治疗与交通事故之间存在直接因果关系；2019年7月26日至2020年7月5日该阶段的治疗中，交通事故与自身基础疾病均有一定的因果关系，其中自身基础疾病为主要因素，交通事故为次要因素。

（2）被鉴定人2019年6月30日至2019年7月26日的医疗费用全部视为合理。2019年7月26日至2020年7月5日该阶段的治疗中，交通事故为次要因素，建议本阶段的治疗中合理性费用占比为35%左右。

4 讨论

老年性基础疾病较重者一旦发生损伤，其损伤性救治和转归往往比较复杂。虽自身基础疾病与外伤无因果关系，但老年性患者机体免疫力低，一旦发生损伤，对其原有基础疾病的反复发作、加重具有诱发因素，使其原有基础疾病显现的更明显，治疗也更复杂。据此，此类案件结合其损伤程度、骨折后恢复情况、基础疾病以及年龄综合评判。

98例酒驾类案件审查报告

梁春迎[1]，赵普宗[2]

1. 河南开封市人民检察院司法鉴定中心 河南 开封 475000
2. 河南省三门峡市监察委员会网信室 河南 三门峡 472099

1 案件资料

2019年9—12月份开封市检察机关公诉环节办理的98例危险驾驶案的案卷材料复印件。包括血样检材提取、存储、送检材料及血液酒精含量检测报告等。

2 审查依据的标准

审查依据的标准：①公安部《关于公安机关办理醉酒驾驶机动车犯罪案件的指导意见》。②中华人民共和国公共安全行业标准GA/T842—2009《血液酒精含量的检验方法》。③中华人民共和国国家标准GB19522—2010《车辆驾驶人员血液、呼气酒精含量阈值与检验》。④中华人民共和国公共安全行业标准GA/T1073—2013《生物样品血液尿液中乙醇、甲醇、正丙醇、乙醛、丙酮、异丙醇和正丁醇顶空-气相色谱检验方法》。⑤中华人民共和国司法部司法鉴定管理局SF/ZJD0107001—2016《血液中乙醇的测定顶空气相色谱法》。

3 审查的方法步骤

3.1 血液提取环节的审查

民警通过呼气式酒精测试仪测试行为人涉嫌酒驾或醉驾，需进一步带其至医院由专业人员进行血液抽取以便进一步检验鉴定，审查时看是否符合以下要求：提取血液时应用无醇类药品对皮肤进行消毒，抽出血样中应添加抗凝剂，防止血液凝固，装血样的容器应无菌干燥，并贴上标签编号。

3.2 血样储存、送检环节的审查

审查提取的血液是否按规范低温保存及时送检，推迟至3 d内送检的是否经上级公安机关交通管理部门负责人批准，对储存时间可能较长的血液，因长时间存放的检材受到污染等情形要作为审查的重点，这时可通过查看检验报告中的"物理检验"部分进行验证（比如拆开信封后，观察检验材料血液保存良好，体积约X mL，试管编号YYY，密封完好）。另外，对血液交由执法人员后储存的地点应有登记材料。

3.3 鉴定环节的审查

审查检验结果是否对检材进行物理检验（上文已述及），运用标准是否正确，鉴定单位及鉴定人员是否具有鉴定资格，是否存在回避情形，鉴定意见书是否有鉴定人的亲笔签名等。

4 审查中发现的问题

审查中发现的问题见表 5–5。

表 5–5 审查中发现的问题

序号	问题类型	审查案件总数	问 题	备 注
1	血样检材的提取	98	未注明消毒方式 1 例	23 例卷宗缺少血样提取登记表导致无法审查
2	血样存储	98	不按规定填写真空抗凝管及填写错误存储介质或空白的共 21 例	23 例卷宗缺少血样提取登记表导致无法审查
3	血样送检检验	98	本次审查的 98 起案件中，鉴定机构均在 3 d 内出具鉴定报告，但均未交代采血后冷藏保存；报告中性状、数量一栏均未对检材的物理性状进行相关描述；检验报告单中均缺少送检采血管的编号	
4	检验标准	98	本次审查的 98 起案件中，均采用的是 GA/T1073—2013 检验标准	
5	鉴定资格	98	本次审查的 98 起案件中，均附带鉴定机构资格、业务范围及鉴定人资格证复印件，但是所有检验报告上均缺少鉴定人的手写签名	
6	其 他	98	个别登记表和检验报告中事发地点未注明，医务人员未签字，见证人未签字，通知家属一栏未填写，办案单位未填写，血样提取登记表中抽取的血量与监测报告中的检测血量不一致等	

5 讨论整改分析

5.1 提出整改措施和建议

针对上表存在问题，我们与相关执法部门及原鉴定机构召开了联席会，大家对存在问题逐项进行了讨论，就如何规范执法水平规范鉴定程序提出了措施建议。会后迅速整改，使出具的每一份检验报告科学规范真实公正。

5.2 醉酒驾驶类案件技术性证据审查的技术性较强，应该做好审查工作

通过 98 例醉酒驾驶类案件的技术性证据审查，使我们感受到该项工作是一项较新的技术工作，也是检察技术工作转型发展的需要。醉驾案件中乙醇含量是否达到 80 mg/100 mL 是认定醉酒型危险驾驶罪的关键，执法部门在执法过程中，诸如上表所列的存在的问题和不规范，使得核心证据的合法性破坏，鉴定结果可能将不被采信。以致最终导致案件存疑不起诉或者撤诉、无罪判决等，这在全国也有多起案例。如 2015 年 6 月 17 日，四川达州市达川区人民检察院对甯某危险驾驶案做出存疑不起诉决定；山西太原市中院在（2015）并综字第 492 号刑事裁定书中以"事实不清，证据不足"为由将孙某某危险驾驶案发回重审。所以做好此项审查工作，防患于未然，是我们检察技术人员发挥监督职能的应尽职责。

对 148 例醉驾类案件血醇鉴定报告的审查分析及建议

吕小红[1]，靖国甫[2]，徐中升[2]

1. 河南省淅川县人民检察院 河南 淅川 474450
2. 河南省南阳市人民检察院 河南 南阳 473000

1 引言

血醇鉴定报告是醉驾类危险驾驶案件定罪量刑的关键依据。其中血样的提取和送检是出具血醇鉴定报告的关键环节，倘若血样提取和送检流程不规范，会导致样本作为非法证据被排除，严重影响醉驾类危险驾驶案件的办理效果。本文就 148 例醉驾类危险驾驶案件审查发现的问题进行初步探讨，以期为醉驾类案件鉴定程序规范操作提供参考。

2 正文

2.1 审查基本信息

本次审查血醇鉴定报告共 148 例，其中 145 例鉴定报告由市公安局交通事故鉴定所出具，3 例鉴定报告由社会鉴定机构出具；143 例按照 GA/T1073—2013 检验标准鉴定，5 例按照 GA/T842—2009 检验标准鉴定。其中鉴定机构及鉴定人的资质合法有效。

2.2 审查发现的问题

（1）血液提取方面：

一是 148 例案件中共有 11 例没有相关血样提取登记表，占总样本量的 7.4%。血样登记表是程序合法的有效证明，应当作为卷宗材料随案移送。最高人民法院刑诉法司法解释第 73 条规定对于在提取血样的过程中未制作笔录规定了可以排除此类瑕疵证据的法律后果，即"在勘验、检查、搜查过程中提取、扣押的物证、书证，未附有笔录或者清单，不能证明物证、书证来源的，不得作为定案的依据。"

二是 87 例案件血样登记表未粘贴对联号，占抽查案件的 58.7%。根据"医护人员抽血交叉检查制度"及"医护人员三查十对制度"要求，抗凝管上两个"对联号"，抽血后应按要求将对联号粘贴到登记表上。抗凝管和登记表上的"对联号"相符是提取血样同一性的有效证明。

三是 6 例血样登记表中消毒剂是否含醇类及是否应用未知，1 例消毒剂为酒精；26 例无血样样本量；8 例容器是否密封未知、4 例血液储存容器未知、2 例是否添加抗凝剂未知；1 例只有一个血样。根据《车辆驾驶人员血液、呼气酒精含量阈值与检验标准》GB/T19522—2010，5.3.1 规定"对需要检验血液中酒精含量的，应及时抽取血样……不应采用醇类药品对皮肤进行消毒。……抽出血样中应添加抗凝剂，防止血液凝固"；根据《法医学物证检材的提取、保存与送检》要求，对提取血样的量、样本数量、抗凝剂名称、密封方法等应当进行详细、准确记录。

（2）血样送检方面：

一是市局交通事故鉴定所出具的血醇鉴定报告中关于检材和样本，没有详细的记录和描述，以致不能确定鉴定样本与采集血样是否为同一来源。最高人民法院关于刑诉法的解释第五节第八十五条："鉴定意见具有下列情形之一的，不得作为定案的依据："（三）送检材料、样本来源不一；（四）鉴定对象与送检对象、样本不一致的。"

二是 3 例血液提取时间与送检时间超过 3 d 且未有相关审批说明。如吴某某案，材料显示抽血时间为 2018 年 6 月 12 日，血液送检时间为 2018 年 7 月 20 日。公安部《关于公安机关办理醉酒驾驶机动车犯罪案件的指导意见》："5.规范血样提取送检提取的血样要当场登记封装，并立即送县级以上公安机关检验鉴定机构或者经公安机关认可的其他具备资格的鉴定机构进行血液酒精含量检验。因特殊原因不能立即送检的，应当按照规范低温保存，经上级公安机关交通管理部门负责人批准，可以在 3 d 内送检。"

3 审查建议

血醇鉴定报告的鉴定意见是酒驾类犯罪的关键性证据之一，事关案件的定罪量刑。在血样提取和送检中存在的不规范问题可能会导致案件出现存疑不起诉、撤诉、无罪判决等情况的发生。提出三点建议如下：

一是抽取血样时要求办案人员、医务人员按要求规范填写，避免项目漏填。在血样的提取、登记、存储方面做到科学、规范，详细记录相关数据，增强鉴定报告的证明力。

二是血样提取登记表中规范粘贴"容器对联号"，移送审查起诉时，血样提取登记表作为随卷材料一并移送。

三是对提取血样的送检时间应当规范。目前血液样品的采集无法做到完全真空，血液样品采集过程中会混入微生物，随着保存时间的延长，微生物会导致血液开始腐败，从而影响血液样品检测值的可参考性，为了避免血液样品在保存时产生鉴定风险，建议办案部门严格规范送检时间，降低鉴定风险。

交通事故致胸部损伤继发肺动脉栓塞死亡 1 例

梅越，汪保国

河南省固始县公安局刑事科学技术室 河南 固始 465200

1 案例资料

1.1 简要案情及临床经过

简要案情：张某，女，48 岁，步行时被一电动三轮车撞倒致胸部损伤。

临床经过：张某伤后即感胸部剧烈疼痛，不能站立，无头痛头晕。遂急诊送至当地人民医院就诊。查体：血压 95/70 mmHg，P91 次/min，右侧胸壁压痛（+）。查胸部 CT 示：右侧第 5~8 肋肋骨骨折；右侧血气胸。头颅 CT 及腹部 B 超无异常发现。入院后经完善各项检查，给予"胸腔闭式引流术"，对症处理等治疗。患者住院治疗期间，临床症状体征逐渐好转，血气胸得到控制。患者于入院第15 d在家属陪同下上厕所时，突然晕倒，口唇发绀，后呼吸心跳停止，经心肺复苏等抢救无效死亡。

1.2 尸检记录

应死者家属要求，于我部进行尸检以查明死因。

（1）尸表检验：

青壮年女性，发育正常。尸长155 cm，发长20 cm。右侧第5~8肋于腋中线处可触及骨擦感。右侧腋中线第5肋间有一胸腔闭式引流手术切口。其他各部位未见损伤。

（2）解剖检验：

颅内未见损伤。左侧胸腔清洁，左肺表面未见出血。右侧胸腔可见暗红色血性液体约300 mL，右肺下叶表面可见血凝块。心包腔少量淡红色液体，心脏大小正常。腹腔内脏器位置正常，未见损伤。

1.3 组织学检查

右心室腔见灰红色相间的条索状物，双侧肺动脉及其分支内见灰红色相间的条索状物堵塞血管。右心室腔、双侧肺动脉内条索状物镜下见呈蓝紫色与红褐色相间的层状结构，可见淡红色血小板梁交织成网状结构，其间见大量红细胞、部分中性粒细胞及少量单核、淋巴细胞（图5-1）。

其余各内脏系统均未见与死因密切相关的组织学改变。

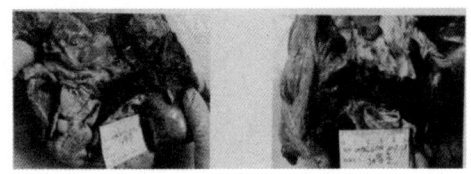
（a）肺动脉内血栓　（b）肺动脉内血栓

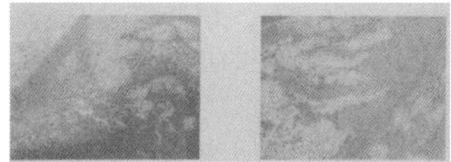
（c）肺动脉内血栓镜下观　（d）肺动脉内血栓镜下观

图5-1　组织学检查

1.4 尸检病理诊断

①肺动脉栓塞（双侧肺动脉血栓形成），肺水肿，灶性肺气肿。②闭合性胸部损伤（右侧肋骨多发性骨折，右侧胸腔积血）。③脑水肿。④冠状动脉粥样硬化症（心脏重357 g，左冠状动脉前降支病变Ⅱ级），灶性心肌细胞肥大，灶性心肌纤维断裂。⑤片状肝细胞水样变。⑥脑、肺、肝、脾、肾及甲状腺瘀血，脾、肾、胰及喉头黏膜自溶。

结论：死者符合交通事故致闭合性胸部损伤继发肺动脉栓塞而死于急性呼吸循环功能衰竭。

2 讨论

肺动脉栓塞（pulmonary embolism, PE），或称肺栓塞，是指身体其他部位的栓子通过血流进入肺动脉主干或者分支，而栓子通常是由来自于下肢的血栓，所以统称为静脉血栓栓塞症（VTE），其他一小部分是由于空气、脂肪和羊水栓塞。根据VTE危险因素来源的不同，可将VTE危险因素分为原发性和继发性两大类。原发性危险因素由遗传变异引起。继发性危险因素是指后天获得的任何可以导致静脉血液淤滞，静脉内皮损伤和血液高凝状态的因素，包括骨折、创伤、手术、恶性肿瘤等。肺栓塞的临床表现轻重不等，主要决定于肺血管栓塞的范围和病人原有的心脉功能状况。栓塞范围累及肺血管床的30%以下，对于心肺功能良好的病人临床上可不产生明显症状，而原有心肺疾病的病人则可引致严重后果。肺栓塞的临床症状有呼吸困难、肺梗死、肺性心病、急性心功能衰竭及休克等。肺栓塞范围超过肺血管床50%以上可以在很短时间内引致病人死亡。

本例患者尸检所见右心室腔血栓附着，双侧肺动脉及其分支血栓堵塞血管，脉动脉栓塞诊断明确，是死亡的直接原因，经仔细检查未获得其他实质脏器与死因相关的改变。死者因交通事故致胸部损伤后，长时间卧床、制动，静脉处于最大的舒展状态，且静脉失去了肌肉对其挤压作用，均造成血流速度减慢，从而增大了静脉血栓形成的概率。加之，治疗过程中没有采取措施预防和治疗下肢静脉血栓形成，最终引致患者肺栓塞死亡。本例提醒因交通事故致伤需卧床、制动的患者，医生应采取措施，如抬高下肢，增加小腿肌肉运动，穿弹性袜，尽早下床活动等以降低肺栓塞的发病率和复发率。一旦发现患者出现下肢局部疼痛、肿胀、皮肤发红、浅表静脉扩张等静脉血栓形成的症状和体征，应及时给予治疗，挽救患者生命，避免误诊、漏诊造成进一步的医患纠纷，为创造和谐的医患关系打下坚实的基础。同时要求法医工作者，在对疑因肺动脉栓塞死亡的尸体进行检验时，应将舌、咽壁与颈部、胸腔器官联合取出，以保持各器官的解剖关系，便于观察损伤、病变及相互关系，避免肺动脉内血栓的遗漏和破坏。检查下肢及盆腔静脉有无血栓，为肺动脉栓塞致死者找到血栓来源。以上对于肺动脉栓塞的确诊至关重要。

1例交通事故死亡引发的思考

孟凡刚，刘爱鹏

吉林省东辽县公安局刑事侦查大队 吉林 东辽 136600

1 案例资料

1.1 简要案情

冯某，男，17岁。2019年10月9日10时30分许，冯某父亲驾驶吉D270××号小型轿车载乘冯某及母亲刘某行驶至集锡线公路266+500 m处与王某驾驶的吉DA16××号重型货车相撞，事故发生后冯某死亡，两车损坏。

1.2 资料摘要

据辽源市中心医院抢救记录记载，姓名冯某，男，17岁。就诊时间：2019年11:15分，病情：死亡状态，体温未测，脉搏0次/min，呼吸0次/min，血压0/0 mmHg，现病史：40 min前该患意识丧失，未经治疗，急呼120现场急救后入院。查体：呼之不应，双瞳散大固定，右颈动脉无搏动，右颈部可触及肿大淋巴结。无自主呼吸、心跳。剑突下及右下腹部可触及质地较硬肿物，印诊：呼吸心搏骤停，腹部占位。心电图呈直线。临床死亡。

1.3 尸表检验

男性尸体，发育正常，消瘦，头颅大小正常，头皮表面未见外伤，未触及头皮下血肿及骨质凹陷，双瞳散大。左锁骨上至左颈肩部见13.0 cm×14.0 cm皮肤红肿，色泽暗，质地较硬。胸廓对称，腹部平坦。左后臀部可见一表皮剥脱，左手背、右手背见片状皮下出血，并见针孔。

1.4 解剖检验

打开颅腔，颅骨完整未见骨折，硬膜无蓝染，脑组织未见异常，颅底未见骨折。颈部肌群未见出血，打开胸腔，左侧胸腔见大量黄色液体，量约2500 mL，左肺萎缩，右肺气肿改变，打开心包见液体约50 mL，剖开腹腔，腹腔脏器位置正常，见黄色液体量约3000 mL，肝叶边缘发黑，质地较硬。大网膜及肠管见大面积出血点。切开左背部第3椎旁可见5.0 cm×4.0 cm出血区，颈部切开可见4.0 cm×3.0 cm皮下出血，左臀部表皮剥脱切开见2.0 cm×1.0 cm皮下出血。

病理学检验：①心外膜、心内膜下出血；②肺灶状出血；③肺癌；④胸膜炎；⑤胸腔、腹腔积液；⑥肺、肝、肾淤血。

毒物检验：提取死者心腔血未检出有机磷类、杀虫剂、氰化物、毒品类；检出急救药成分，未达致死量。

1.5 鉴定意见

①符合钝性外力作用致胸腹腔压力增高致心脏受到冲击、震颤，心源性猝死。②所患疾病在死亡过程中起到辅助、促进作用。

2 讨论

死亡原因的鉴定是法医学的一项重要内容，也是明确法律责任的重要依据。法医学鉴定中死亡原因的鉴定要收集多方面的资料，除了尸体勘验、现场勘查、视听资料、临床资料以及法医病理学资料都对死因的鉴定起到重要作用。个别案件往往在出现事故前就有自身某种严重的疾病，而在受伤后短时间内死亡，法医学鉴定一方面需要明确死亡原因，另一方面需要明确与本次损伤的关联程度，本次损伤与死亡之间是否存在因果关系。

死亡的原因很多，如外伤、烧伤、冻伤、意外、中毒、自身疾病、医疗事故等均可造成死亡。在对死因鉴定时需要注意以下问题：①尸体检验：要详细地对尸体进行勘验，进行全面系统的尸体解剖，注意损伤程度、部位，特别是相对应的神经血管，观察损伤有无生命特征，观察是事故发生前死亡，还是与本次事故有关联，必要时进行病理检验和理化毒物检验。②鉴定依据主要以尸表、尸体解剖结合病理组织学的检验结果。

注意主要死因和辅助死因二者的关系。辅助死因（contributory cause of death）是独立于根本死因或直接死因之外的自然性疾病或暴力性损伤。这些疾病或损伤在死亡过程中起到辅助或促进作用。

本案的双方争议的焦点是以下两点：其一，是交通事故之前冯某就以死亡还是交通事故导致冯某死亡；其二，冯某是自身疾病死亡还是交通事故导致死亡。本案例青少年全身未见明显的致死性机械性损伤，颈部擦伤、双手背、局部肌肉出血，背部、左肘关节内侧，左臀部皮下出血损伤轻微，不足以致死，但可以证明损伤符合生前受到钝性外力作用所致。因此结合病理组织学冯某患肺癌，身体虚弱，伴胸膜炎胸腔大量积液，受到交通事故较大暴力作用致胸腹腔震颤、积液冲击，心脏受到冲击、震颤，进而发生心源性猝死。心源性猝死诊断可以明确。自身所患疾病危重（累及多脏器）相对于正常人抵御外界能力势必大大降低，因此自身所患疾病在死亡的过程中起到辅助、促进的作用。

交通事故致颈内动脉海绵窦瘘法医学鉴定 1 例

任祥，马剑

江苏省连云港正达司法鉴定中心 江苏 连云港 222000

1 案例资料

1.1 案情摘要

被鉴定人张某某，女，55 岁，2018 年 3 月 3 日骑电动车被撞倒致头部受伤，当即昏迷、呕吐，伴有右外耳道出血，右侧眼睑发绀肿胀等。急诊查头颅 CT 示右侧额颞部硬膜下血肿、脑挫伤、外伤性蛛网膜下腔出血、右侧颞骨骨折（图 5-2）。予以对症处理。住院期间伤者诉视力下降，查体见右眼上睑下垂、结膜充血、眼球活动受限、瞳孔散大等。2018 年 4 月 22 日因右眼视力下降、眼球突出加重转院就诊，眼科查见右眼睑肿胀下垂、瞳孔散大、对光反射消失、右侧眼球红肿突出固定、活动受限等。2018 年 4 月 24 日行脑动脉造影术检查（图 5-3），明确其颈动脉海绵窦血管瘘的诊断，并于 2018 年 5 月 3 日行介入栓塞术+颈内动脉支架植入术治疗，经治疗后仍遗留视力下降等症状。

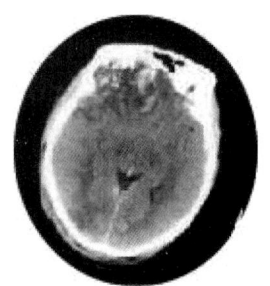 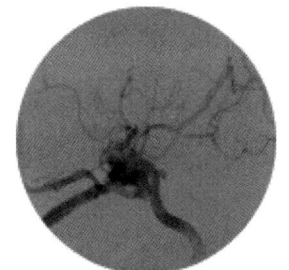 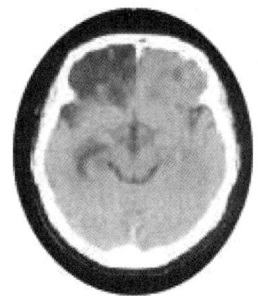

图 5-2　2018 年 3 月 3 日头颅 CT 片　　图 5-3　2018 年 4 月 24 日脑动脉造影术检查　　图 5-2　近期复查片

1.2 法医学检查

神志清，右眼矫正视力 10 cm 指数，左眼矫正视力 1.0，右眼睑结膜较充血，角膜较清，前房界清，瞳孔直径 4 mm，对光反射（+），眼底 C/D=0.6，黄斑区反应正常，右眼视神经萎缩。

阅近期复查片见右侧额颞叶大片状低密度影，右侧枕叶小片状低密度影形成（图 5-4）。

1.3 鉴定意见

被鉴定人张某某目前遗留右眼盲目 4 级，构成人体损伤八级残疾；损伤及后遗症与本次交通事故存在直接因果关系。

2 讨论

颈内动脉海绵窦瘘是指海绵窦段的颈内动脉或其分支破裂后与海绵窦形成的异常动静脉交通，导致海绵窦内的压力增高，继而引起眶部、中枢神经系统的相应症状。据统计，75%以上的颈内动脉海绵窦瘘是由外伤所致，头颅直接或间接创伤都可能引发，常见的外伤性颈内动脉海绵窦瘘病因有：①颅底骨折，骨折片刺破动脉或静脉，或骨折线直接撕破血管，为最常见的病因；②异物穿通伤；③医学性损伤，为颅脑手术操作不慎所致；④头部外伤，动脉壁受到强烈血流冲击破裂出血。外伤后受损动脉不一定立即破裂，所以伤后眼部及其他症状出现的时间不尽相同。其中最常见的症状有搏动性突眼、球结膜充血、血管性杂音、耳鸣。发病前期不易确诊，很多患者因为明显的眼部不适而首诊于眼科，实际上这是神经外科的疾病，并且需要血管内介入治疗，临床上容易误诊。而自发性颈内动脉海绵窦瘘是由先天性动脉病变、动脉粥样硬化、动脉瘤等所致。

本案中被鉴定人张某某无先天血管病变、动脉瘤及明显动脉粥样硬化病史。本次交通事故致头部严重颅脑损伤明确（右侧额颞部硬膜下血肿、脑挫伤、外伤性蛛网膜下腔出血、右侧颞骨骨折等）。伤后随即出现眼部症状（右侧眼睑肿胀下垂，右侧瞳孔散大，对光反射迟钝，右侧眼球红肿突出固定、活动受限等），该临床症状符合颈内动脉海绵窦瘘。脑动脉血管造影明确其颈内动脉海绵窦瘘的临床诊断，并行介入栓塞术+颈内动脉支架植入术治疗。综上分析认为被鉴定人张某某的颈内动脉海绵窦瘘与交通事故存在直接因果关系；其目前遗留右眼盲目4级，构成人体损伤八级残疾。

通过本案，笔者认为外伤性颈内动脉海绵窦瘘需考虑如下几点：①明确的头部外伤史；②存在典型的临床症状（眼球突出，结膜充血，视力下降等）；③影像学检查提示存在脑出血或水肿；④脑血管造影证实颈内动脉海绵窦段破裂，并可提示破入的血液有其固定的引流方向。

现场法医处置交通事故非正常尸体业务能力的思考

施聪明

江苏省南京市公安局江宁分局刑警大队 江苏 南宁 211100

1 案例

2018年9月15日8时40分许，在205国道南京市江宁区江宁街道石山村村口道路处路段时，发生一起交通事故，造成王某受伤，经医院抢救后，王某生命体征始终不稳定，王某家属为顺应当地风俗习惯，2018年9月18日王某被家属放弃抢救，运回家，后王某在家中死亡。

王某家属按照他们当地风俗习惯，人在家中死亡后，尸体必须在家中安放3 d后，才能起运，后办案民警联系南京市公安局江宁分局物证鉴定室法医前往王某家中进行尸体检验。

南京市公安局江宁分局物证鉴定室法医到达王某家后，对王某前期的案情进行了详细的了解后，考虑到王某家属准备在家中存放尸体3 d后，直接送到殡仪馆进行火化，法医决定对王某尸体进行现场法医病理学检验，但遭到王某家属的一致阻挠，认为王某有明确的交通事故受伤史，受伤后也被送到医院进行抢救治疗，由病历为证，检验王某尸体，是对王某的不敬，对他家属也是一种感情上的伤害，并用数十部手机对现场出警法医进行拍摄取证，导致现场法医对现场尸体的法医病理学检验无法进行。现场办案民警看到这种情况后，左右为难，不知如何处置。

为控制现场局势，又能完成办案任务，南京市公安局江宁分局物证鉴定室法医要求家属在一百多名王某的亲属、朋友中推选一名能代表大家意见的人选，向现场办案民警表达家属的诉求，同时让现场办案民警告知家属的法律权利和法律责任，并在相关的笔录中签字、摁手印确认。经过告知家属代表家属的法律权利和法律责任后，王某家属最后同意对王某尸体进行法医病理学检验，法医病理学检验工作顺利完成，并受到王某家属的一致好评。

2 现场法医处置交通事故非正常死亡尸体业务能力的思考

2.1 熟知法律、法规

现场法医在处置交通事故非正常死亡尸体业务时，要熟知相应的法律、法规。如《公安机关刑事案件现场勘验检查规则》、《公安机关办理刑事案件程序规定》、中华人民共和国公安部令第146号《道路交通事故处理程序规定》等。让死者家属知道，公安机关在办理案件过程中，尽量方便人民群众的获取利益需求，同时公安机关必须依法履职，否则损害的是人民群众的利益需求。

2.2 积极引导

积极引导死者亲属通过正常的法律途径保护死者及死者家属的合法权益。

2.3 把握舆论主动权

加强舆论引导，把握舆论主动权。死者家属针对交通事故非正常死亡案件容易引起社会同情、媒体关注、网络炒作等情况，在我们警察到达王某家中后，王某家属使用十多部手机，对警察的一言一行进行连续拍摄，警察反而成了王某家属怀疑帮助肇事司机的对象，所以我们必须及时公布事实真相，通报公安机关已所做及即将做的工作，公开处置过程。同时，加强与死者亲属的联系沟通，并接受群众监督，使死者亲属和人民群众知道整个事件调查处理的合法性、公正性、公平性，迅速辟谣，牢牢把握舆论主动权，正确引导舆情，尽快消除影响，防止被少数人炒作利用，使事态扩大、矛盾升级。

2.4 规范处置

公安机关现场民警要严肃声明公安机关依法打击违法犯罪行为的决心。对因交通事故非正常死亡引发的群体性事件，公安机关在处置过程中，既要对交通事故肇事双方提出的查明死因、追究责任、经济赔偿的合理要求给予支持，现场法医让现场办案民警告知家属的法律权利和法律责任，并在相关的笔录中签字、摁手印确认，规范处置这类案件。

2.5 现场告知

现场法医要告知死者家属，法医在进行道路交通事故非正常死亡尸体法医病理学检验时，需要解决的问题。第一，死亡原因是由交通工具造成的致命伤，还是由其他原因致死；第二，死亡性质是交通事故、意外、还是自杀或他杀；第三，是生前或死后碾压；第四，根据损伤特征和痕迹物证检验结果，进行事故经过的重建等。

综上所述，一线工作的现场法医，首先要熟知现场尸体法医病理学检验的相应的法律、法规。其次，要熟练掌握法医病理学检验的基础知识，做到检验过程的程序清楚，动作规范，检验的重点明确。

交通事故致颈髓损伤合并颈椎病伤病关系分析 1 例

苏国庆[1]，杨青[2]

1. 江苏省海安市公安局刑警大队 江苏 海安 226600
2. 江苏省海安市公安局刑警大队 江苏 海安 226600

1 案例资料

1.1 简要案情

周某，男，50 岁。于 2019 年 9 月 3 日晚 21 时 43 分骑行电动车与一辆小型轿车发生交通事故，周某倒地受伤。

1.2 病历摘要

2019 年 9 月 3 日，周某因"外伤致头痛头昏 1 h"入院。查体：神志清楚，GCS 评分 15 分，左侧颞顶部可见一长约 4 cm 的伤口，已缝合对位……颈部不适，双上肢肌力Ⅲ级，双下肢肌力Ⅳ级，肌张力正常，生理反射存在，病理反射未引出。影像检查示其左顶部头皮血肿，C3～4 平面脊髓挫伤可能，C7 椎体上缘少许骨髓水肿，C3～4、C4～5、C5～6、C7～T1、L5～S1 椎间盘突出。

2020 年 12 月 21 日，某市医院病情鉴定书摘要：2019 年 9 月 3 号外伤后出现四肢运动障碍，10 d 后检查双上肢上抬不高。

检查：双手上抬不充分，双手握力Ⅳ+，Hoffmann（+）。自诉胸 1 椎体以下痛觉下降，余 NS（−）。

2020 年 12 月 23 日，某市医院肌电图检查报告：EMG：所检上下肢肌肉静息状态下未见自发电位，右侧 C5～6 部分支配肌轻收缩 MUP 时限偏宽、电位增高，伴少量多相电位，主动收缩募集反应正常；余检上下肢肌肉反应正常……。

结论：右侧 C5～6 部分支配肌针极肌电图呈轻度神经源性损害改变；余检上下支神经、肌肉未见明显特征性异常；请结合临床。

2020 年 12 月 25 日，某市医院所摄颈椎 MRI 平扫示：颈椎退行性变，颈 4/5、颈 5/6、颈 6/7 椎间盘突出，颈髓内未见异常信号。

1.3 法医学检验

（1）检查所见。①主诉：双上臂背侧、双前臂内侧皮肤疼痛。②体格检查：头颅无畸形，左颞顶部见一处长3.4 cm的头皮瘢痕。颈椎生理弧度变直，颈部活动无明显受限。四肢肌力、肌张力基本正常，末梢循环良好，生理反射存在，病理反射未引出。余（-）。

（2）阅片所见。①2019年9月7日某市医院颈椎MRI片一张示：C3~4平面、C7椎体上缘骨髓水肿，C3~4、C4~5、C5~6、C7~T1椎间盘突出（图5-5）。②2020年12月25日某市医院颈椎MRI片一张示：颈椎退行性变，颈4/5、颈5/6、颈6/7椎间盘突出，颈髓内未见异常信号（图5-6）。

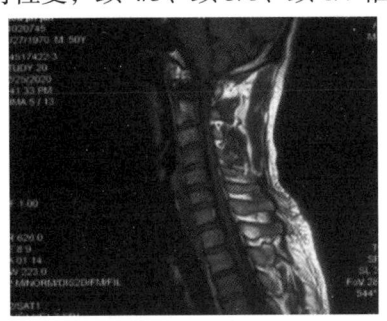
图5-5　2019年9月7日MRI片

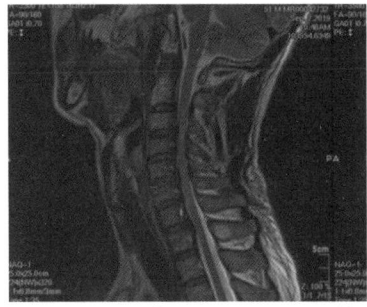
图5-6　2020年12月25日MRI片

（3）鉴定意见：被鉴定人周某因交通事故受伤，其颈部损伤系在自身颈椎病的基础上遭受本次交通外伤共同所致，外伤为次要作用，自身颈椎病为主要作用。

2 讨论

脊髓损伤占全身损伤的0.2%~0.5%，约占脊椎骨折与脱位的20%，多见于交通事故、工伤事故、地震灾害。脊髓是感觉和运动神经的重要通路，除头面部外，全身的深、浅感觉和大部分内脏感觉冲动，均经脊髓白质的上行传导束传递到大脑。由大脑发出的冲动，也要通过脊髓白质的下行传导束调节躯干、四肢骨骼肌及部分内脏的活动。

脊髓水肿属于继发性脊髓损伤的一种，是脊髓损伤后受损的脊髓和脊髓周边的组织对损伤所发生的一种创伤性反应。脊髓局部组织水肿、结构疏松，并波及上下数个脊髓节段。水肿被吸收后脊髓功能障碍会随之减轻而消失。

脊髓损伤的临床表现与脊髓损伤的性质、部位、程度和范围有关，脊髓损伤后可表现为感觉、运动、自主神经功能的障碍及反射的异常。

本例中被鉴定人系中老年男性，MRI片显示其多发性颈椎间盘突出，其罹患有严重颈椎病诊断明确，其伤后头部轻微挫裂伤，颈部无明显外伤，四肢肌力下降，影像检查示颅内无明显挫伤出血，仅见颈髓水肿，经颈部牵引等对症治疗后复查MRI示颈髓内未见异常信号，肌电图检查示其右侧C5~6部分支配肌轻度神经源性损害改变，四肢肌力基本正常。综合以上分析，其颈椎病是致脊髓损伤的主要原因，头部轻微外伤则是加重其脊髓损伤的辅助因素，故其颈髓之损伤程度不予认定。

鉴定此类案件时，病历材料中可见损伤前已有明显的颈椎病并诊断明确，影像学资料中除颈髓水肿外未见其他新鲜损伤的征象，且案情中未见有颈部受伤的事实存在，伤者在受伤后就诊时或多或少都有症状加重的主诉，临床病历的记录亦如此，而影像复查示颈髓未见明显异常信号，则在判定伤病关系时亦会考虑损伤的参与因素，一般为轻微作用。

2020年度济南交警法医工作总结

王东明，赵军峰，邹常新

山东省济南市公安局交警支队　山东　济南　250014

2020年度，济南市公安局交通物证鉴定所法医在支队党委和事故处的坚强领导下，恪尽职守，锐意进取，共完成尸体检验548例，其中解剖10例，病理检验6例，虚拟解剖4例，完成伤情鉴定56例，2020年度适逢疫情，且有难度有影响的案件增多，给我们的工作带来了挑战，我们克服困难，迎接挑战，圆满地完成了各项鉴定工作，为基层办案提供了扎实的证据，保障了事故处理工作的顺利进行。

1 尸检及伤情鉴定情况

1.1 各单位尸体检验起数

各单位尸体检验起数见表5-6。

表5-6 各单位尸体检验起数

总数	单位												
	历下	市中	槐荫	天桥	历城	高新	莱芜	钢城	南山	高速支队	莱芜高速	省高速总队
548	30	51	29	67	104	37	112	31	18	58	3	8

1.2 死因分类

死因分类见表5-7。

表5-7 死因分类

总数	死因												
	颅脑损伤	胸腹腔器损伤	联合损伤	整个机体毁损	颈髓损伤	窒息	烧死	溺死	休克	颅脑损伤并发症	下肢严重毁损	肺栓塞	伤病并存	不明死因（不同意解剖或CT）
548	243	73	175	3	2	5	2	5	19	7	2	6	5

1.3 各单位伤情鉴定起数

各单位伤情鉴定起数见表5-8。

表5-8 各单位伤情鉴定起数

总数	单位										
	历下	市中	槐荫	天桥	历城	高新	莱芜	钢城	南山	高速支队	商河
56	1	9	4	11	13	3	13	1	0	0	1

1.4 伤情等级分类

伤情等级分类见表5-9。

表5-9 伤情等级分类

总数	伤情等级					
	重伤一级	重伤二级	轻伤一级	轻伤二级	轻微伤	达不到轻微伤
56	1	16	20	14	5	0

2 抗击疫情，勇于担当

2.1 抗击疫情，加强防护

2020年度突降疫情，给法医工作带来了很大的风险。有一个被检验人需要解剖，她有外地旅居史并伴有肺部感染，医院也没有给她做过核酸检测，解剖前我们联系卫生防疫部门想提前给她做一个核酸检测，但是被告知程序烦琐最后只能作罢，只有加强解剖中的个人防护。我们积极准备了防护服、N95口罩等防护用品，工作中严格遵守医学防护规范，穿好防护服、靴套，戴着N95口罩和护目镜，在解剖室工作了3个多小时，等防护服脱下时里面穿的衣服都已被汗水浸湿，直到解剖完成两周后过了理论上的隔离期，大家都平安无事才把心放下。

2.2 迎接挑战，破解难题

2020年度解剖10例，做病理6例，解剖及病理检验数量增加，而且复杂案例增多，多为伤情不太重不足以致命，后在医院突然死亡的，属于伤病并存的情况。医院定的死亡原因多为推测性的诊断，不能予以认定，我们则必须给出明确的结论。面对这种情况，我们要在尊重事实的基础上，规范解剖和病理检验，对比损伤和个人疾病的情况，结合案情分析和死亡过程，综合做出客观公正的结论。其中有4例医院诊断为肺栓塞，最后经过解剖和病理检验我们都予以排除，得出了准确的结论，还原了事实真相，获得了各方的认可。

2.3 虚拟解剖，拓宽业务

按照新的《道路交通事故尸体检验》GA/T268—2019，我们继续开展虚拟解剖业务。因疫情的原因，上半年虚拟解剖暂停了一段时间，疫情过后，我们积极联系了一家三级医院继续同我们合作开展虚拟解剖业务，共完成死后CT检验4人次，完善和拓宽了业务范围，提升了鉴定效率，同时给死者家属增加了可以选择的机会，维护了死者尊严，体现了济南交警法医鉴定工作的科学性和与时俱进的能力。

2.4 案卷完整，资料齐全

自实验室资质认证通过后，我们严格执行认定标准，规范鉴定程序和案卷整理工作，收集了大量现场录像及相关的一手资料，用于成伤机制的分析，使鉴定结论更加准确，鉴定工作更加完整，也为交通损伤研究和交通安全宣传积累了素材。

2.5 同城合作，携手发展

2020年的前11个月，莱芜和钢城的鉴定由我所进行，工作中我们与原莱芜交警的两名法医通力合作，他们德才兼备，能力突出，大家相互学习，切磋交流，顺利完成了鉴定工作，同时也结下了深厚的战友情谊。12月份以后两地的交通事故鉴定交由属地受理，希望大家今后继续加强合作，共同携手发展。

3 学习培训，稳中求进

由于疫情的原因，2020年度减少了外出培训，我们相应地加强了内部学习交流，定期组织学习活动，钻研新业务，探讨工作中的典型案例和难题。本着"请进来，走出去"的计划，除了经常邀请市局、分局等专家前来授课外，我们还前往各个分局刑警大队，向刑警的法医们学习取经，观摩各种暴力犯罪和意外死亡的案例，学习刑事办案的方法，延伸拓展业务知识，防范可能出现的业务盲区，能够更从容地应对工作中的挑战。

交通事故致胰肠吻合术后伤残评定1例

王雷

河北省张家口市法医鉴定中心 河北 张家口 075000

1 案例资料

某男，50岁，于2019年08月02日发生交通事故受伤，既往史：伤者精神病史10年余，伤后入院查体：体温36.5℃，脉搏136次/min，呼吸：24次/min，血压133/80 mmHg，神志清楚，精神欠佳。全腹未触及包块，腹肌紧张，呈板状腹，满腹压痛，以上腹部为著，伴有反跳痛。腹部CT示：胰腺损伤，腹腔积血。急诊行剖腹探查、胰腺近端封闭、远端胰腺空肠吻合。手术经过：上腹部正中切口，长约12 cm，探查所见：切口下腹直肌及腹膜血肿，腹腔积血，肝门部血肿，清除腹腔积血，胃前壁挫伤，小网膜囊内积血，打开胃肠韧带，清除积血及凝血块，发现胰腺体部近颈部断裂，拟行胰腺近端封闭、远端胰腺空肠吻合术。在胰腺下缘近胰腺断端处切开后腹膜，丝线缝合胰腺出血处，丝线缝闭胰腺近端断端胰管，游离胰腺远端断裂，距十二指肠悬韧带约15 cm处用切割缝合器横断空肠，距残端约50 cm处用切割缝合器行空肠与空肠的Y型端侧吻合，将肌层缝合加固。吻合口近端并行缝合4针（形成Y型）。将远端空肠游离后，从横结肠后将空肠断端与胰腺远端行胰管空肠吻合，胰腺后壁与空肠后壁浆肌层用可吸收外科缝线连续缝合，空肠后壁全层与胰腺断端后缘用可吸收缝线行连续缝合，空腔前壁全层与胰腺断端前缘用可吸收外科缝合线行连续缝合，胰腺前壁与空肠浆肌层用可吸收外科缝线行连续缝合。诊断：腹部外伤，创伤性胰腺损伤，胃挫伤，腹腔积血，腹腔感染。

2 法医临床学检验

伤者于伤后一年余接受检查。既往精神病史，自诉腹部不适，轻度疼痛，无营养不良及糖尿病。查体：步行入室，神清，言语流利，注意力不集中，查体欠合作。营养良好。上腹部术后瘢痕11.5 cm，腹部平坦，轻度压痛，无反跳痛及肌紧张。肠鸣音存在。余检查未见明显异常。

因伤者存在精神病史，不能配合进行腹部胰腺的影像学检查，故家属自愿放弃腹部胰腺影像学检查。

3 鉴定意见

依据《人体损伤致残程度分级》附则6.1条、附录A.9，并比照第5.9.4 3）条"外伤性胰腺假性囊肿术后"之规定，评定为九级伤残。

4 讨论

2019年08月02日发生交通事故，伤残鉴定标准应依据《人体损伤致残程度分级》（以下简称《分级》），在《分级》中关于胰腺损伤的条款有：①十级第5.10.4 2 条规定"肝、脾或者胰腺修补术后"；②九级第 5.9.4 3）条规定"外伤性胰腺假性囊肿术后"；③八级第 5.8.4 3）条规定"胰腺部分切除术后"；④六级第 5.6.4 3）条"胰腺部分切除术后伴功能障碍，需药物治疗"；⑤五级第5.5.4 1）条"胰头合并十二指肠切除术后"；⑥四级第5.4.4 3）条"胰腺大部分切除，胰岛素依赖"；⑦三级第 5.3.4 1）条"全胰缺失"。

《分级》中未发现胰腺断裂行胰肠吻合术后伤残评定的具体条款，故应依据临床诊断与所选择的手术方式，以及和（或）手术所出现的并发症类型，结合是否存在药物依赖或其他各种后遗症等情形。致残程度等级鉴定时，胰腺切除范围以剖腹探查术中所见为主要依据，结合胰腺的损伤类型、范围、程度，有疑义的可参照术前及术后腹部 CT 片或 MRI 片胰腺长度的影像学改变，对胰腺切除范围进行评估。

胰腺因创伤造成出血，渗出并包裹形成囊肿，胰腺假性囊肿形成往往是由于手术探查时未能发现主胰管的损伤，溢液渗入受损伤的胰腺实质组织中，也可由于胰腺聚集于胰腺裂伤缝合后胰腺组织间的潜在腔隙中而形成；大的胰腺假性囊肿，发病时间在 6 周以上，手术方法包括：①假性囊肿胃肠吻合术；②假性囊肿空肠 Roux-en-Y 吻合术。其中②为最常用方法。

本案伤者外伤致胰腺断裂伴有胰管损伤，如单纯缝合伤口，后期可形成胰腺假性囊肿或胰腺坏死，仍然有行胰腺空肠吻合术的可能，甚至有生命危险。伤者伤后直接行胰腺空肠吻合术，可有效避免外伤性胰腺假性囊肿的形成和胰腺坏死的可能。伤者伤后行胰腺近端封闭、远端胰腺空肠吻合术，后期未出现外伤性胰腺假性囊肿和胰腺坏死，目前未出现营养不良或糖尿病等并发症，未长期服用药物。手术记录未发现胰腺切除的相关记录，鉴定时患者亦不能配合行腹部影像学检查。故现有材料不能证明术中存在切除部分胰腺的情况，仅根据目前鉴定材料，可依据《人体损伤致残程度分级》附则 6.1 条、附录 A.9，并比照《人体损伤致残程度分级》第 5.9.4 3）条"外伤性胰腺假性囊肿术后"之规定，评定为九级伤残。

胰腺损伤后手术治疗原则为彻底清创、止血、充分引流，制止胰液外漏，具体术式选择根据胰腺损伤的部位、病理损伤、程度、是否有主胰腺管破裂、是否合并有十二指肠及其他胸腹部内器官损伤和患者的全身状况等因素综合确定。具体可包括：①胰腺修补，适合于胰腺挫伤，包膜破裂，但不伴有主胰管的损伤时，可用浅层褥式缝合后，再引流。②胰腺切除，适用于胰腺断裂者。胰尾部断裂伤可行胰腺远端切除；近侧胰腺残端清创、止血后胰腺上下缘间断褥式缝合。部分胰腺切除术通常是胰体、胰尾（切除胰腺的 40%～80%）附加或不附加脾切除，适用于不很严重的胰腺外伤。胰腺次全切除术是指切除胰腺 80%～90% 及脾，仅保留附贴于十二指肠曲的条状胰腺组织，适用于重度胰腺外伤。胰腺损伤经手术治疗，若不彻底清除其残留并已失去生机的胰腺组织，术后将进一步出现坏死、继发感染、胰腺囊肿、胰瘘等并发症。

伤者手术记录中未见切除或清除部分胰腺组织的相关描述，但交通事故外伤属钝性外力，胰腺断裂处组织会发生挫碎，甚至失活，根据胰腺损伤手术治疗需清除其残留的失活组织的要求，手术中有清除胰腺挫碎或残留失活组织的可能。如术后患者能配合行腹部胰腺的影像学检查，能证明术后存在胰腺短缩的情况，可依据《分级》第 5.8.4 3）条规定"胰腺部分切除术后"之规定，评定为八级伤残。

综上，作者认为，本次伤者交通事故致胰腺断裂后行胰肠吻合术，无胰腺切除的客观证据，评定为九级伤残较为合适。如手术记录中记载切除或清除部分胰腺组织或胰腺的影像学检查能证明术后胰腺较术前短缩，可评定为八级伤残。

54 例交通事故致骨产道损伤的法医学鉴定

王元斌[1]，纪中华[1]，康秋君[2]

1. 吉林省四平市公安局交警支队 吉林 四平 136001
2. 吉林省公安厅物证鉴定中心 吉林 长春 130000

产道是胎儿娩出的通道，分为骨产道与软产道两部分，骨盆是产道的主要构成部分，由左右髋骨和骶、尾骨及其间的骨连接围绕而成，骨盆形态异常将直接关系到分娩的难易。本文重点探讨法医活体检案中交通事故所致女性骨盆损伤的鉴别要点。整理了2010年1月到2020年12月间我鉴定中心受理的54例交通事故致女性骨盆损伤的资料，进行分析。

1 案件资料

1.1 女性年龄、交通参与方式

未成年女性（0～17岁）16例，育龄女性（18～49岁）24例，中老年女性（49～99岁）14例，其中育龄女性占比44.44%。女性行人32例，女性乘坐两轮交通工具19例，女性驾驶小型轿车3例，其中女性行人及女性两轮交通工具驾乘人员占比94.44%。

1.2 损伤的主要部位

耻骨上下支骨折40例，髂骨骨折6例，髋臼骨折5例，骶骨骨折3例，耻骨上下支骨折合并其他部位骨折18例，其中耻骨上下支骨折占比74.07%。

1.3 辅助检查

54例均有X线、CT平扫或三维重建等辅助影像学检查，阅片见骨盆环单处骨折29例，骨盆环多处骨折25例，54例均为外伤后的新鲜骨折。

1.4 骨盆部位的体表损伤特征

会阴、臀部、腰部有表皮剥脱、发绀肿胀等体表损伤的41例，体表损伤不明显的13例。临床检查中骨盆挤压、分离试验阳性的38例，阴性16例。

损伤程度评定54例中重伤二级9例，轻伤一级45例。

2 讨论

2.1 交通事故中骨盆损伤机制

交通事故骨盆损伤常继发于直接暴力，任何使骨盆后环结构完整性受到破坏的应力，都会造成严重后果。正常骨盆的极限载荷为2762 N，在达到极限载荷时，骶髂关节裂开或在髋臼处骨折，坐骨结节处失稳。交通事故中骨盆的损伤机制有：前后挤压、侧方压缩、垂直剪力、复合应力等。其中机械性外力作用于骨盆，导致骨盆前环中较为薄弱的耻骨上下支及耻骨联合分离，此类损伤系交通事故中最为常见的骨盆损伤，在我总结的54例女性骨产道损伤中占比74.07%。当上述耻骨上下支骨折端产生内旋移位时，骨折端还可导致盆腔内下行血管、输尿管及膀胱等软组织损伤。

行人在交通事故中骨盆损伤多来自机动车直接撞击骨盆部，或者碰撞倒地后骨盆遭到外力挤压所致。骑乘两轮交通工具与小车或同类型车发生碰撞时，骨盆侧方应力常见骑跨骨折，此类型损伤为两轮交通工具驾驶员多见。驾驶小型轿车发生骨盆损伤常见于车辆碰撞后的前后挤压，或者垂直剪力。经数据分析，行人及两轮交通工具驾乘人员在交通事故中发生骨盆损伤的概率高于小型轿车的驾乘人员。

2.2 交通事故致骨产道损伤机制

产道是胎儿娩出的通道，在分娩三大因素中占重要地位，特别是骨产道的大小与形态能否适应胎儿是决定分娩顺利与否的关键。笔者总结的54例女性交通事故骨盆损伤的特点及骨折愈合后情况综合分析认为，交通事故所致骨盆损伤愈后极易导致骨产道的大小与形态发生改变。

一是交通事故中一般伤者易遭受巨大钝性外力作用，致骨盆多发性骨折。若骨折多发且呈粉碎性并伴有显著移位（系不稳定性骨折）虽经手术复位固定治疗，治疗后易畸形愈合，导致骨盆狭窄，骨盆狭窄导致胎儿不易进入骨盆，或是胎头下降受阻，产程延长。

二是交通事故中骨盆损伤易后遗骨盆形态异常。交通事故中髂骨、耻骨上下支、骶尾骨骨折，即便骨折未移位，骨痂突起可影响骨盆入口、中骨盆、出口的骨结构形态，进而成为影响胎儿顺利娩出的不利因素。

司法鉴定中如遇到有育龄期女性因交通事故致骨盆损伤，在进行损伤程度评定时需考虑到骨盆损伤愈合后是否存在致骨产道变形的情况来考虑是否构成重伤。

高速公路上交通事故涉案者交通行为方式的鉴定

夏朝晓[1]，邵瞭华[2]，吴戈[1]

1.浙江千麦司法鉴定中心 浙江 杭州 311100
2.浙江千麦司法鉴定中心温州（律证）所 浙江 温州 325000

不管是一般公路上还是高速公路上，对交通事故发生时交通事故涉案者所处的行为状态的判断历来都是交警处理事故时的难点，而交警在遇到此类事故往往会委托有资质的司法鉴定机构来做鉴定。交通行为方式鉴定依据有：人体损伤特征、碰撞后的运动轨迹、生物物证、微量物证等物质交换特征。本文主要分析1例发生在高速公路上交通事故参与者的交通行为方式的鉴定过程。

1 交通行为方式

1.1 定义

根据司法部司法鉴定管理局颁发的SF/Z JD0101001—2016里面的解释：交通行为方式是指道路交通事故发生时交通事故涉案者所处的行为状态。

1.2 涉案者所处的具体行为状态

具体行为状态：驾驶状态，乘坐状态，推行状态，直立状态，蹲踞状态，倒卧状态等。

2 交通行为方式鉴定的依据

要鉴定行为方式主要需要以下几点工作：①法医人员对人体（活体或尸体）衣着、体表痕迹及损伤检验，把握其形态特征，分析致伤物和致伤方式。②痕迹人员对整个事故中所涉及的人、车、物及周围环境进行认真细致的勘查（如有发现生物物证或微量物证要一并提取）。③提取的生物物证或微量物证，交由法医物证鉴定或微量物证鉴定。

3 案例

3.1 简要案情

2020年3月19日凌晨，浙江省杭新景高速公路富阳路段上发现一辆小货车。一名年轻的男子（后得知该男子是车牌为黑A××××轻型普通货车驾驶员杨某某）躺在车头前，路面上有很多血迹，经医生确认该男子因头部伤势严重已经没有了生命特征。交警认为是一起道路交通事故引起，而肇事车辆逃逸，在后续的侦查中嫌疑车辆被查获（号牌为豫P××××/皖K××××挂），并确定嫌疑人。

3.2 委托要求

对事故发生时杨某某的行为状态进行鉴定。

3.3 鉴定过程

（1）事故现场勘查：结合事故出警民警的视频和对事故发生地进行实地勘查，发现事故发生时间是凌晨，发生地点在杭州杭新景高速公路上，一辆轻型普通货车停靠高速公路富阳段跨硬路肩与行车道上，货车前头躺着一人，旁边有一大摊血迹。

（2）法医对尸表的检查：

尸者：杨某某，男性，尸长166.0 cm。

1）杨某某的衣服、裤子痕迹特征详见痕迹鉴定中的3.3.3处。

2）头面部：颜面部可见大量血迹残留。额部偏左侧可见一处挫擦伤，大小为8.5 cm×7.0 cm。左眼下睑外侧可见一处挫擦伤，大小为3.0 cm×2.5 cm。右枕顶部可触及大面积血肿，大小为12.0 cm×11.0 cm。枕部可触及骨擦感。

3）躯干部：双侧肋骨未见明显骨折，双侧胸廓无塌陷。右侧腋下至右腹外侧可见条形挫擦伤，范围为31.0 cm×11.0 cm。右肩胛部可见大面积挫擦伤，范围为26.0 cm×14.0 cm。右腰部可见一处挫擦伤，大小为5.0 cm×3.5 cm。骨盆未触及骨折。

4）四肢：右肩至右上臂上段毁损伤，其内可见两处哆开创口、肌肉挫伤、深达骨质、右肩峰及右肱骨上段粉碎性骨折，创口大小分别为17.0 cm×11.0 cm（右肩峰）、21.0 cm×10.0 cm（右上臂）。右上臂前侧可见一处挫擦伤，大小为12.0 cm×7.5 cm。右前臂外侧至背侧可见散在片状挫擦伤，范围为20.0 cm×11.0 cm，其内部分皮肤缺损。右腕背面桡侧可见一处挫擦伤，大小为6.0 cm×2.5 cm。右手背皮肤发绀伴散在片状挫擦伤。右小指末节可见挫擦伤，大小为 3.0 cm×1.5 cm，甲床凹陷。左前臂前侧可见一处斜行挫擦伤，大小为 17.0 cm×6.5 cm。左腕背侧桡侧见一处挫擦伤，大小为 8.0 cm×5.5 cm，其内可见齿状痕迹。左手甲床发绀。右大腿上段外侧（裤子痕迹对应处）可见一处挫擦伤，大小为 15.0 cm×13.0 cm，其内可见规则分布点状印迹，范围为 10.0 cm×7.0 cm；其下方可见一处挫擦伤，大小为 4.0 cm×2.0 cm。右小腿下段胫前至右内踝可见一处挫擦伤，大小为 12.0 cm×2.0 cm。

总结：杨某某主要损伤为枕骨骨折、右顶枕部头皮血肿、口鼻腔及双侧外耳道流血、右肩至右上臂上段毁损伤、右肱骨上段粉碎性骨折及多处软组织挫伤，其损伤特点符合钝性物体暴力作用，结合案情本次事故可以造成。杨某某枕骨可触及骨擦感，口鼻腔及双侧外耳道流血，分析其头颅遭受暴力作用，存在颅脑损伤；其右肩至右上臂上段毁损致创伤性休克。综上所述，分析其死亡原因符合颅脑损伤合并创伤性休克导致死亡。

（3）车辆检验：交警在侦查中抓获的肇事车辆号牌为豫 P××××/皖 K××××挂，以下简称甲车；停在现场的车是车牌为黑 A××××轻型普通货车，以下简称乙车。

1）甲车检验：车身颜色为红色，号牌为豫 P××××/皖 K××××挂，重型半挂牵引车/重型低平板半挂车，牵引车车辆识别代码为 LFWSRXSJXHXF××××，挂车车辆识别代码为 LX99D××××ZXFJ×××。①挂车低层地板右侧前端，距地高 104～117 cm 范围内有疑似人体组织及血迹、油脂类物质附着（提取疑似人体组织备检）。挂车低层地板右侧由前向后第一处绞绳器处有一矩形黑色织物碎片（提取黑色织物碎片备检），织物碎片尺寸约 7 cm×10 cm，织物碎片前后各有一条黑线，前侧黑线向前上方向，夹于地板侧面与螺帽之间，至低层地板前缘与绑绳缠绕于绳钩处，后侧黑线向后上方与绑绳缠绕。②挂车右侧防护杠前部锁扣处，距地面高 87～94 cm 范围内有人体组织类物质附着。挂车右侧防护杠前端向后至工具箱后端部位有大量点、片状油脂类物质附着，高度范围 52～83 cm。挂车右侧防护杠自前端起向后 5～105 cm 范围内有尘土减层痕迹。③挂车右侧后部由后向前第 1 个侧标志灯灯罩表面尘土呈减层，距地高度 98～102 cm。挂车右侧后部由后向前第 1 个侧标志灯上方距地高 105～135 cm 处透明塑料篷布有长约 40 cm 缺损。

2）乙车检验：车身颜色为白色，车辆识别代码 LZ0B4JW23J1092039。①前保险杠左侧面距地高度范围 50～61 cm 处见片状尘土减层。左侧后视镜距地高度范围 132～164 cm，其外侧表面有多次形成的线状剐擦痕，局部有绿色物质附着。左侧车门距地高约 110、127、150 cm 处，见 3 处直径约 0.2 cm 的点状红色附着物。车身左侧防护杠前端，距地面高度 33～46 cm 范围内见点、片状油脂类物质附着；车架左侧纵梁自车厢下侧前端向后至末端，及左侧纵梁左方区域的车厢地板下表面、车身左侧防护杠支架、左后轮挡泥板、车身后侧防护杠左部等部位见大量点、片状油脂类物质附着。②车身左侧篷布后部距地面高 135～165 cm 范围内见片状剐擦痕。车身左侧后缘有一超出车厢后缘的篷布支架，支架下缘距地高度约 127 cm。

（4）死者衣服和裤子检验：

衣服：黑色短袖，右肩部有大量人体组织类物质附着；右肩部缝线开裂，且有大小约 7 cm×10 cm 的矩形破损缺失；背部右侧有大小约 8 cm×10 cm 的"丁"字形破裂。

裤子：黑色运动裤，右侧裤兜周边部位有大小约 12 cm×24 cm 的剐擦痕，局部有红色物质附着；右裤口前侧自下边缘向上 35 cm 范围内有两处剐擦痕迹，表面有尘土附着，局部有红色漆类物质附着物。

（5）法医物证鉴定：

把甲车挂车低层地板右侧前端，距地高 104～117 cm 范围内提取疑似人体组织送到法医物证专业室与尸者杨某某进行 DNA 比对，比对结果与尸者杨某某的 DNA 相吻合。

（6）整体分离物证鉴定：

把甲车挂车低层地板右侧前端部位表面距地面高 104～117 cm 一块黑色织物碎片与尸者杨某某上衣右肩部背面一处"丁"字形破损痕迹进行整体分离的痕迹鉴定，发现两者在颜色、材质、尺寸、形状等相互吻合，拼合后两者缝线位置、走向相互吻合，可以认定：豫 P××××/皖 K××××挂重型半挂牵引车/重型低平板半挂车上的黑色织物碎片与杨某某身着短袖 T 恤为同一整体所分离。

（7）分析说明：

1）根据整体分离鉴定结论：甲车黑色织物碎片与杨某某身着短袖 T 恤为同一整体所分离物证。

2）甲车挂车右侧防护杠的尘土减层痕迹符合与软物接触形成。

3）乙车车身未检见有明显符合与甲车碰撞形成的痕迹。

4）甲车挂车右侧后部由后向前第 1 个侧标志灯上方篷布的缺损痕迹符合由前向后撕扯形成。根据事故现场视频，乙车车尾偏向左侧。根据车辆的检验，乙车车身左侧后缘有一超出车厢后缘的支架，支架下缘高度处于甲车右侧后部篷布缺损高度区间内。根据乙车左侧后缘构造及乙车停车状态等方面分析认为，甲车右侧后部篷布缺损痕迹在痕迹高度、形态及形成机制等方面存在与乙车左侧后缘擦刮形成的可能性。不排除因甲车篷布为软性物质且具有一定弹性，在乙车对应部位未留下相应痕迹的可能性。

5）根据甲车挂车低层地板右侧前端处的痕迹，结合尸体右肩至右上臂部位毁损伤及黑色短袖右肩部痕迹，综合分析认为挂车低层地板右侧前端处的痕迹符合与杨某某右肩部位接触形成。

6）根据甲车的检验，挂车低层地板右侧前端的痕迹高度范围约为 104～117 cm。根据法医对尸体检验：尸长 166.0 cm。对比痕迹高度及尸长分析认为，挂车低层地板右侧前端的痕迹高度低于杨某某直立状态下右肩部位的高度。

7）根据事故现场视频：乙车车身左缘部分位于第三车道与硬路肩分道实线上，从空间位置分析，事故发生时杨某某可在分道实线上及分道实线左侧区域内。乙车前方地面血迹形成方向呈自左后向右前方向，表明人体与地面接触时运动方向为自左后向右前方向，则人体被碰撞时的位置应在路面血迹左后方向。综合空间位置及人体运动方向分析，事故发生时杨某某在分道实线左侧区域内。

8）根据车辆及血迹的空间位置分析，事故发生时杨某某在分道实线左侧。

（8）鉴定意见：

事故发生时，杨某某在行车道区域内且处于蹲踞状态。

4 道路交通事故涉案者交通行为方式鉴定

道路交通事故涉案者交通行为方式鉴定是道路交通事故司法鉴定中综合性较强且较为复杂的一种鉴定项目，在实际鉴定过程中往往会涉及以下几类鉴定专业。

4.1 法医鉴定

鉴定涉案者的交通行为方式，大多数交通事故都离不开法医的鉴定，其中由法医临床（病理）对活体（尸体）的检验，法医物证（个体识别）对生物检材的鉴定，法医毒物对生化检材的鉴定。

4.2 痕迹鉴定

痕迹学是研究造痕客体、承痕客体、作用力三者物理特性的学科。而痕迹鉴定人员对现场、车辆、周围环境的勘查至关重要，对痕迹的相互印证、对物证的提取固定保全、对事故周围环境的了解等，只有把事情做细了才能对涉案者行为方式鉴定做出正确的判断。

4.3 微量物证鉴定和电子数据鉴定

微量物证包括油漆、纤维、塑料等这些相对比较细小的物证鉴定，在判断人车两者是否有过接触的鉴定中起着重要的作用。电子数据鉴定包括行车记录仪、手机恢复等鉴定，电子数据鉴定在对交通行为方式鉴定案件中起着不可或缺的作用。

总之，交通行为方式鉴定应该先了解案情，然后对与事故相关的事故现场、涉案车辆、伤亡的人员进行勘验后，勘验后再进行综合的分析。

在整个鉴定过程中，鉴定人员要遵守相关的法律、法规，去勘验现场鉴定人员最好能掌握和运用法医学、物理学、车辆工程学、痕迹学等相关的知识，只有能掌握和运用相关知识的鉴定人员才能得出客观实事求是的鉴定结论。

在科学日益发展的今天，还可以借助博世软件系统读取车辆事件数据记录系统（vehicle event data recorder system，EDR）数据和运用计算机仿真模拟事故重建等科技手段来协助分析交通行为方式的鉴定。

4.3 思考

文中的案例能够得以顺利鉴定，其中原因就是办案民警在案发后第一时间便聘请资深鉴定人员参与现场勘验。而资深的法医和痕迹鉴定人也第一时间配合交警现场勘验，此案的痕迹鉴定人和事故民警花三天两夜时间辗转 1400 多千米外广西全州勘验肇事车辆痕迹，并在肇事车辆上找到重要的物证，为鉴定此案提供最有力证据支持。此案结案后在央视第 12 套《今日说法》栏目中以《没有痕迹的现场》为标题进行播放。

由一起杀人案浅谈交通事故与刑事案件尸体检验的体会

张洪旺，吴凯

山东省寿光市公安局 山东 寿光 262700

1 案例资料

1.1 简要案情

2011年07月05日21时51分，山东寿光市营里镇营里社村王某某报警称：其在寿光市营里镇羊临路引黄济青大桥南60 m左右西侧发现一名青年女子趴在路沟里，人已经死亡。我局即派侦技人员对现场进行了详细勘验，对尸体进行初步尸表检验。经现场勘查，现场路面无明显车辆碰撞及擦划痕迹，死者所骑电动车无明显碰撞痕迹，电瓶与车体分离且距离较远，现场可疑，分析死者所处位置并非第一案发现场，现场为伪造交通事故。

1.2 尸体检验

（1）衣着检查：上身白色半袖T恤衫，白色胸罩；下身着青色运动裤，内衬为网格状，其裆部、臀部及双大腿处见多处新鲜撕裂破口，白色内裤，双足穿黑色袜子，左足穿黑色休闲布鞋。

（2）尸表检验：左额部发际内一1.0 cm×0.8 cm皮下出血伴表皮剥脱，左顶部一1.2 cm×0.6 cm皮下出血伴表皮剥脱。右下眼睑结合膜点状出血，右额部一4.0 cm×2.5 cm皮下出血，右面部一12.5 cm×5.5 cm表皮剥脱，右颏部一2.7 cm×2.8 cm表皮剥脱。

胸腹背部：左季肋区一10.5 cm×4.0 cm表皮剥脱，左腹部一12.5 cm×8.5 cm表皮剥脱，右侧胸腹部一23.5 cm×6.0 cm表皮剥脱；左背部一20.0 cm×4.8 cm表皮剥脱，腰部一4.8 cm×3.0 cm表皮剥脱，左肩背部一1.8 cm×1.8 cm表皮剥脱。

脊柱四肢：左肩部一4.5 cm×2.0 cm表皮剥脱，左上臂外侧一14.5 cm×9.0 cm表皮剥脱，左前臂外侧一4.5 cm×1.5 cm、3.5 cm×1.0 cm、1.8 cm×1.5 cm表皮剥脱，左肘内侧一5.0 cm×2.9 cm表皮剥脱，右肘背侧下方一8.5 cm×2.5 cm表皮剥脱；左股上段前侧一5.5 cm×2.5 cm网格状皮下出血，左髂前一5.5 cm×2.5 cm表皮剥脱，左髂外下方一7.3 cm×2.7 cm网格状皮下出血，右髂前至右腹股沟一17.0 cm×6.5 cm表皮剥脱，右股中下内侧一14.5 cm×6.5 cm皮下出血及一11.5 cm×1.5 cm表皮剥脱。

（3）解剖检验：冠状位切开头皮，左顶部一3.5 cm×2.5 cm头皮血肿，右顶部一3.0 cm×3.5 cm头皮血肿，右侧颞肌出血。颅骨未见骨折，未见硬膜外及硬膜下血肿，脑组织未见损伤。常规打开颈胸腹部，颈前肌群未见出血，气管内见少许血性黏液，颈前筋膜未见异常，舌骨未见骨折；左侧第2、3、4、5、6、8、9、10肋骨骨折，右侧第5、6肋骨骨折，骨折断端软组织出血。左侧肺脏挫伤，左肺下叶一2.0 cm×0.2 cm裂创，左侧胸腔约300 mL积血，右胸腔积血100 mL。打开心包，约150 mL积血，右心室一1.0 cm裂创，肺动脉破裂；右侧腰腹部皮下出血，腹腔内有80 mL积血，脾脏破裂，肝脏左叶膈面两处5.5 cm×2.2 cm、1.5 cm×1.2 cm挫裂伤，余胸腹脏器未见明显异常；打开背部皮肤，见腰背部肌肉13.5 cm×8.5 cm出血，左侧肋间肌少量出血，双股上段前面及双股背侧皮下及肌肉均未见损伤出血，余未见异常。

1.3 分析论证

（1）根据尸体检验所见：尹某某头面部、胸腹腰背部及四肢散在多处表皮剥脱，裤子裆部、臀部及双大腿处多处撕裂口，左股上段前侧及左髂外下方网格状皮下出血，双肋骨多发性骨折（断端软组织出血），心脏、肺动脉、左肺、肝脏、脾脏均破裂，腰部肌肉出血范围较大，说明其胸、腹、背、腰部及双大腿等部位生前遭受过巨大钝性外力作用，上述损伤的形态特征符合车辆撞压所致。

（2）结论：双肋骨多发性骨折，心脏、肺动脉、左肺、脾脏、肝脏均破裂，综合分析认为尹某某系因创伤性休克而死亡。

1.4 案件情况

破案后经询问嫌疑人周某某，2010年3、4月份，其与尹某某通过电视点歌互动认识，后发展为情人关系。2011年2、3月份周某某以做生意资金短缺为由向尹某某借款24000元，案发前仍欠款20000元。2011年7月5日20时许，犯罪嫌疑人周某某与尹某某在寿光市营里镇羊临路引黄济青桥南大坝东侧土路发生性关系后离开时，周某某所驾驶的六轮货车发生故障。周某某停车维修，尹某某趴在车底下帮助其维修车辆。

因近期尹某某多次向其索要借款，周某某无力偿还。故周某某想到用车将尹某某轧死后，便可不用偿还借款。后周某某借故让尹某某继续在车底观察车辆故障情况，其驾驶车辆从尹某某身上轧过，后将尹某某尸体及电动车抛至寿光市营里镇羊临路引黄济青桥南公路西侧路沟中。

2 讨论

利用交通事故杀人案件不多见，有资料显示，在杀人案件中，利用交通事故的约占0.5%～1.0%，在交通事故中刑事案件占0.1%左右，在这些少见的案件中，如何区别交通事故与杀人案件很重要。遇到这类问题，对法医是一种考验。本人从最近几年的一些案例中进行总结，参考有关理论知识，综合提出以下几点，供基层法医在遇到此类问题时参考。

2.1 事故痕迹

首先注意交通事故痕迹的勘查，发生交通事故，一般会留下不同程度的痕迹，如汽车玻璃，挡泥板，车灯等。可将这类痕迹分为两类。

（1）司机本能反应形成的路面痕迹的勘查。司机对路面情况判断失误，对突然出现的应急情况采取的措施，如刹车痕迹、车侧划痕迹等。对这类痕迹应区别新鲜程度，有无破坏，和形成部位相对照，判断形成过程及鉴别有无伪装，仔细查看轮胎印痕形状，印记间距等并固定，有助于查找嫌疑车辆。

（2）外力作用与人体形成的痕迹。车与人接触，到人死亡有一暴力接触过程。因此在人身或周围会发现车灯、碎玻璃、漆片、牌照等，有些会发现车轮处的干泥巴。对这些仔细鉴别，分析判断其形成过程对事故的定性会有帮助。

本例案件的成功告破就在于法医技术人员对现场的仔细勘查中发现了不少的疑点，并没有想当然地认为是交通事故，从而让刑事案件得到了侦破。

2.2 尸体的衣着检查

（1）交通事故直接致死的，常在衣服上形成撕裂，除接触部位破损外，特别是在腋部、裆部衣缝、衣袖、裤脚等处。这些破损有撕裂的痕迹，撕裂的方向与受力方向一致。杀人案件中衣服的破损，躲在易暴露的部位，多为致伤工具直接接触形成，破损形态常能反映工具形态。

（2）衣服上的擦痕及压痕。交通事故的发生是车与人的相对运动形成的，常在死者的衣服上留有擦痕、泥土、油迹等，有些汽车碾压在衣服上形成明显泥土或灰尘的轮胎印痕，对认定交通事故有帮助。

2.3 从生命特征上区别

生命特征是活体对机械性损伤或其他致伤因子作用产生的反应，对认定生前伤或死后伤，确定是在此处伤或他处伤，进一步区别交通事故或杀人很有帮助。

出血的量及分布情况。现场出血的量不好估算，也无法量化。多数凭经验，只有在平时多注意观察积累，一般出血量多，形成血泊，有喷溅状血迹等多为现场形成，支持交通事故的认定。当然有些内出血、脑干损伤等现场见不到出血现象。

表皮擦伤及皮下出血。人体皮肤不论与地面还是与车辆某一部位近切线位接触，多数会形成表皮擦伤，擦伤处有渗出及表皮剥脱，用放大镜观察表皮卷曲的方向，可判断作用力的方向，这些伤与现场相联系，有助于案件的定性分析，在杀人案件中擦伤相对少见。

二次损伤情况。在交通事故形成过程中，多数情况作用力强大，且存在撞击、摔跌、碾压等复杂作用过程。对这些伤的判断及成伤机制的分析认定，有利于案件的定性判断。

2.4 从损伤特点分析

交通事故在尸体上形成的损伤表现为部位的广泛性，致伤方式的多样性，内种外轻，颅脑损伤多见，有些类似坠跌伤等。多数在短期内死亡。

（1）交通事故暴力强大，多在人体上形成复合伤，如广泛的肋骨骨折，多处内脏损伤，同时伴有其他地方的骨折。而杀人案件少有这种程度的损伤，其损伤多在暴露位置，反映工具形态等。

（2）抵抗伤的认定，抵抗是人抵抗外来暴力的本能反应。损伤多在手掌、手背、指端及上肢前臂等处。多形成裂创或表皮伤。交通事故多形成磕碰伤，磕碰伤多在肢体的外侧、肘、膝关节等处，与案件中的抵抗伤有明显的区别。

2.5 交通事故中特殊损伤的认定

（1）伸展创与伤处的生活反应。伸展创常见于腋前部、腹股沟、颈部以及腹部腘窝等身体屈侧部位，多为车轮碾压形成，其形态类似妇女妊娠纹，皮肤表面可见多数微小撕裂群，各撕裂呈断断续续并行排列，其走行方向多于皮肤纹理一致，多数同时伴有皮下出血伴表皮剥脱。有时在肢体上形成皮下出血，可见清晰的轮胎花纹。这些伤对认定交通事故很有帮助。伸展创与碾压伤处的生活反应对认定或否认交通事故很有意义。

（2）碾压伤。是车轮压在人体软组织上形成的皮下出血。有些伴有伤处的骨折，骨折情况与肇事车辆重量及人体接触部位有关。碾压在头颅可形成颅脑崩裂。在胸部可表现为外观扁平，尸检有广泛肋骨骨折。有些婴幼儿尸体由于其骨质塑性大，骨折常不典型。

（3）挥鞭样损伤。由于人体惯性作用，静止时突然运动或运动时突然静止时形成。这类损伤多见于大脑、脑干、颈髓、颈椎等。损伤伤及脑干的死亡快，有时有颈椎的骨折。尸检时颈部解剖，脑干病理切片等能认定此类损伤。这类伤常在交通事故中出现。

（4）抵擦伤。由于车轮制动后，车辆因惯性作用前冲，人在车轮与地面之间相对运动，摩擦形成。表现为大片，广泛的表皮剥脱，较易形成皮革样化。

2.6 死因的确定

对可疑尸体应系统解剖，做系统病理切片和系统毒物分析，对正确确认死因帮助很大。在基层法医工作中，由于受工作条件和经济条件的限制，不可能对每具尸体都这样做，但个别疑难尸体还应要认真对待。有些内脏系带的撕裂出血能帮助定性。

2.7 区别死后伪装交通事故

死亡后伪装交通事故的认定，主要靠尸检。看现场出血情况（出血量、有无喷溅、血液分布等）、生命特征。解剖尸体确定死因能帮助确定案件性质。参考案情能帮助分析定性。

2.8 区别利用交通事故杀人案件

这类案件多长时间预谋，多次踩点，多人作案或雇佣他人等。死者除有交通事故形成的损伤外，多数案件中的损伤没法解释。有些发现典型的工具伤。如本人在事故尸检中发现的典型棍棒伤。在另一起案件中，死者头部发现在不同片面处相同的锐器伤。侦破案件后均将嫌疑人抓获证实。利用交通事故杀人这类案件，死者因果关系多明确，发案稀少，矛盾集中。除尸体检验外，现场勘查、案情调查、死者身份确认，周围关系调查、嫌疑车辆查找等认定案件性质都有很大帮助。

2019年度济南交警法医鉴定工作分析

赵军峰，王东明，洪德国

济南市公安局交警支队 山东 济南 250014

支队交通物证鉴定所2018年底通过资质认定，2019年以来，法医工作趋于规范，由于行政区划的调整，增加了莱芜区和钢城区的鉴定工作，且莱芜路途较为遥远，法医工作的业务量和辛苦程度大大提高，法医队伍在支队党委的坚强领导下，遵循服务基层、方便办案的宗旨，克服困难，恪尽职守，圆满完成各项鉴定工作，开创了鉴定工作的新局面。

1 鉴定工作，精益求精

1.1 各单位尸体检验起数

全年共完成尸体检验550例，其中解剖8例，含多起二次（及以上）事故，提取DNA、病理检材、毒化检材、CO检材及痕迹物证多例，完善了鉴定内容，拓展了业务范围，为侦查办案提供了扎实的证据，保障了事故处理工作的进行。

表 5-9 各单位尸体检验起数

总数	单位												
	历下	市中	槐荫	天桥	历城	高新	莱芜	钢城	南山	机场	高速支队	莱芜高速	省高速总队	济阳
550	40	33	38	73	89	41	122	34	19	1	46	1	12	1

1.2 尸体检验死因分析

表 5-10 尸体检验死因分析

总数	死因												
	颅脑损伤	胸腹腔脏器损伤	联合损伤	整个机体的毁损	骨盆	颈髓损伤	窒息	烧死	溺死	休克	颅脑损伤并发症	左下肢严重毁损	疾病（癌症晚期）	不明死因（不同意解剖或CT）
550	214	91	194	7	5	3	1	6	2	11	3	1	1	11

1.3 虚拟解剖 3 人次

按照新的《道路交通事故尸体检验》GA/T268—2019，交通事故死因不明尸体进行虚拟解剖和二次事故的尸体解剖进入法律程序，我们联系了山东某省级医院影像科，开展不明死因尸体的 CT 检验，给死者家属增加了选择机会，维护了死者尊严，提升了鉴定效率，拓宽了法医鉴定的局面。

1.4 各单位伤情鉴定起数

表 5-11 各单位伤情鉴定起数

总数	单位										
	历下	市中	槐荫	天桥	历城	高新	莱芜	钢城	南山	高速支队	商河
41	4	8	0	6	9	6	3	1	0	3	1

1.5 伤情鉴定结论分析

表 5-12 伤情鉴定结论分析

总数	损伤程度					
	重伤一级	重伤二级	轻伤一级	轻伤二级	轻微伤	达不到轻微伤
41	2	17	11	7	2	2

2 学习培训，总结提高

在支队和事故处领导的关怀和支持下，支队法医大力开展内外部的培训学习，先后多次参加公安部、司法鉴定研究院等上级单位组织的培训，同时开展内部学习交流，定期组织并邀请省厅、市局、医院及区分局的专家同事前来交流授课，提升了业务水平，取得良好的效果。

3 政治坚定，一警多能

法医队伍在业务学习的同时，非常重视政治学习，紧密团结在以习近平同志为核心的党中央周围，立场坚定，斗志昂扬，2019 年除了法医本职工作，还参加了创建文明城的复审、泉城马拉松等多项勤务工作，在事故预防和宣传中也起到了应有的作用。

浅议交通事故法医鉴定与医院临床诊疗的关系

赵军峰[1]，张波[2]

1. 山东省济南市公安局交警支队　山东　济南　250014
2. 山东省济南市公安局天桥分局　山东　济南　250031

法医学作为医学的一部分，与临床关系密不可分，发生交通事故受伤后伤者先由医院进行救治，医院的病历及影像资料是法医鉴定最原始的证据材料，临床的诊断和治疗情况对法医鉴定至关重要，临床的进步和科研对法医的发展也有很大的影响。

1 交通事故损伤与临床救治科室的联系

交通事故损伤为典型的外伤致伤情况，2020 年济南市交通事故受伤总人数为 8836 人，济南市交通物证鉴定所共受理尸体检验 548 例。通过尸检中死亡原因和占比可以看出重大交通事故造成的致伤部位和后果：

颅脑损伤 243 例（44.3%）；胸腹腔脏器损伤 73 例（13.3%）；联合损伤 175 例（31.9%）；整个机体的毁损 3 例；颈髓损伤 2 例；窒息 5 例；烧死 5 例；溺死 2 例；休克 19 例；颅脑损伤并发症 7 例；下肢严重毁损 2 例；肺栓塞 1 例；伤病并存 6 例；不明死因（不同意解剖或 CT）5 例。可以看出交通事故致命损伤中颅脑、胸腹骨盆的损伤等较为常见，以上尸检案例多数都经过医院抢救和治疗，相应临床治疗由神经外科、胸外科、普外科、骨科、重症医学科等科室救治的比较多，有些伤者因自身有其他疾病，属于伤病并存，还需要内科治疗，法医鉴定时要全面了解当事人的整个诊疗情况和过程，所以法医鉴定与临床科室的联系广泛，密不可分。

2 交通事故受伤后医院救治及愈后情况

①受伤严重：受伤严重，或者继发严重并发症，在任何医院都不可能救活。②受伤较严重：受伤较严重，经救治后好转，包括颅脑损伤需要开颅，胸腹损伤需要开胸开腹，严重肢体损伤等需要手术治疗，或者进入重症监护室需要特级监护的，包括受伤后继发严重并发症的情况，高等级医院救治水平会高一些，预防并发症会考虑更全面，愈后会相对较好，原则上交通事故伤者住院后要转院的，要求向上一级医院转。③受伤较轻微：受伤较轻微，包括表皮擦伤，对救治医院不作要求。

3 法医与临床科室的合作

3.1 需要临床提供证据和业务支持

医院作为交通事故伤者救治的第一站，临床的诊疗记录是法医认定伤情的最原始材料，医院提供的病历和影像资料等是法医鉴定的基础证据。同时医学知识博大精深，临床知识专业性强，法医经常需要向临床医生请教学习，理顺成伤机制和伤病关系，得出准确地鉴定结论。

3.2 联合医院开展的新业务

虚拟解剖，拓宽业务。按照新的《道路交通事故尸体检验》GA/T268—2019，交通事故尸体检验可以开展虚拟解剖，即死后的 CT 检查，因 CT 机价格昂贵，还需要配备相关技术及诊断人员，鉴定机构单独开展此项业务难度很大，济南交通物证鉴定所联系了一家医院开展合作，进行虚拟解剖业务，拓宽了业务范围，提升了鉴定效率，给死者家属增加了可以选择的机会，体现了济南交警法医鉴定工作的科学性和与时俱进的能力。

3.3 向临床学习新技术及科研方法

医学发展日新月异，特别是临床医学，各种新技术新疗法进步很快，远远超过了大多数行业，所以我们必须虚心向临床学习，学习他们先进的诊疗技术和科研能力，提升自身的业务水平和创新能力。

4 从法医角度看医院临床存在的问题

4.1 存在诊疗疏忽、漏诊误诊的情况

几年前一起交通事故造成驾驶员受伤，送医院救治后做了 CT，影像报告未发现严重外伤性改变，临床医生也没发现问题，留院观察期间当事人很快休克死亡，经法医解剖后发现肝脏破裂，腹腔大量积血，再回看 CT 片，发现有肝破裂的情况，而影像及临床医生都没有发现。

4.2 存在夸大伤情、过度医疗的情况

个别医院及医生为追求经济效益，夸大交通事故伤者伤情，开具大药方，多次重复做一些没必要的检查项目，花费巨大，给当事人造成巨大的压力和浪费，相关部门应该加强监管和查处。

多车肇事致人死亡鉴定 1 例

周爱福，何金虎

浙江省台州市三门县公安局　浙江　台州　317100

多车碰撞碾压死亡后确定死亡原因及损伤方式是交通事故中法医鉴定的重点及难点，是事故责任划分的重要依据及刑事责任追究的关键证据，本文通过对 1 例多车碰撞碾压致死案例的法医学分析，探讨此类尸体法医学检验相关问题。

1 案例资料

1.1 简要案情

2020年11月12日，李某驾驶两轮电动车追尾撞击停在路边的轻型厢式货车，发生碰撞后倒地。1 min后，倒地的李某被经过的小型轿车碾压。现办案部门委托根据案件材料推断李某被小型轿车碾压之前是否死亡；如未死亡，对碾压在死亡中的作用进行法医学鉴定。

1.2 尸体检验

死者头部狭长，可触及多处骨擦感。左前额顶部见2.5 cm×6.0 cm挫擦伤，左颞部至左后枕见4处创口，分别长4.8、2.9、3.2、4.0 cm，创缘周边有挫擦伤，创壁不齐。右前额头皮见挫伤，范围2.0 cm×2.3 cm。右颞顶部头皮见短条状表皮剥脱及皮下出血印痕，范围6.5 cm×6.0 cm。右面颊见两处表皮剥脱。右上睑外侧边缘处见长1.8 cm撕裂创。左眼内眦部见1 cm长撕裂创。鼻骨可触及骨擦感。左上唇见1.5 cm×2.0 cm挫擦伤，唇色苍白，左上2牙折断，上颌骨在左上2、3牙之间至左上腭区域见骨折错位，下颌骨在左下1牙与右下1牙之间断裂骨折错位。右耳垂见1.4 cm创口，未贯穿。两耳道见血迹。左肩及左上臂近肩部皮肤见三处散在挫伤，范围大小在直径1.0 cm左右。左肘部外侧见3.5 cm×2.0 cm大小皮肤挫擦伤。左拇指背侧见1.0 cm×1.5 cm大小皮肤挫伤区域。

1.3 解剖检验

死者右额颞顶枕部见大范围帽状腱膜下出血，左颞部头皮创口与颅骨骨折缘对应，左前额挫擦伤区域可见头皮内少许出血。额骨近中间位置见一前后左右交叉呈"十"字形骨折线，其骨折线向前延伸至鼻骨，在两眉间骨折线沿左眶上向左侧延伸，横跨整个眶上壁；向后延伸至左顶骨后部，转向左侧，与左颞部骨折线相交；左右走向骨折线向左跨过骨折于左颞部骨折区上缘骨折线相连，向右止于额骨右侧冠状缝附近。头颅左侧见大凹陷性粉碎性骨折区，呈马蹄形，上缘骨折线起至左眶上壁外侧，经额骨、顶骨，沿人字缝向下向前，经颞骨止于外耳门。头颅右侧颞骨外耳门处凹陷性骨折，上端骨折线向后上方延伸至右顶骨，然后向枕骨延伸，止于人字缝。右眼眶外侧见骨折，右颧弓骨折。枕骨大孔后缘见一横行骨折，左侧与左颞部骨折区相连。颅中窝后缘见一横行骨折线，横跨整个颅底部，止于两侧外耳门；其在蝶鞍部骨折沿左颅中窝前缘向左颅前窝延伸，止于颅前窝眶上壁骨折线。硬脑膜在左侧近外耳门处有一长1.5 cm破口，蛛网膜下腔见少量出血，右颞顶部见1.5 cm×2.0 cm脑组织挫伤区域。切开脑组织，见两侧脑室积血。颈椎第6椎体见横行骨折，椎旁肌肉少许出血。剪开气管支气管，在气管分叉处及左右支气管见大量血液。

2 讨论

2.1 死因分析

根据事故现场勘查、调查访问、车辆勘查检验及对尸体进行检验，死者李某头面部严重受损，整个颅骨呈崩裂状态，蛛网膜下腔出血，右颞顶部脑组织挫伤，两侧脑室积血，分析认为本例系因交通事故造成严重颅脑损伤而死亡。

2.2 致死车辆认定

通过尸体解剖，死者左侧额顶部挫擦伤及左上唇挫伤（含左上2牙断裂），符合撞击损伤表现，推断为撞击伤。左肩、左上肢皮肤挫伤和挫擦伤位于外侧单侧突出部位，分析死者撞击货车后部车厢后倒地时形成。第6颈椎椎体横行骨折，其对应皮肤浅表软组织无损伤，系间接性损伤，在死者人体撞击时，头部过度屈伸形成。以上损伤符合第一次机动车追尾撞击及撞击后摔跌所致，死者皮肤软组织、牙齿及第6颈椎椎体骨折，受力方向为前后方向，对应脑组织前额部、后枕部、底部均未见脑挫伤表现，脊髓亦未见明显损伤，因此上述损伤不足以致命。

死者右颞顶部见右轮胎印痕，头部两侧损伤面积大，颅骨损伤严重呈崩裂状态，颅骨骨折特别是颅底骨折成伤机制符合两侧颞顶部横向挤压形成，头部骨折车辆碾压能一次性形成。分析死者倒地后，头部遭第二辆车辆碾压形成的损伤为根本死因。该损伤形成时存在明显的生活反应，表现为右侧头皮帽状腱膜下大范围出血和肺部左右支气管由于呼吸运动吸入血液（血液来源于颅底骨折血液进入口腔）。

2.3 小结

综上所述，两车先后分别对同一人造成损伤的交通事故并不常见，二次事故的死因分析是法医鉴定工作中的难点。要对死因做出客观、公正的评定，则必须在全面、认真尸检的基础上，正确区分撞击伤、摔跌伤、拖擦伤、碾压伤，得出确切死因。再通过对损伤严重程度、损伤时间、致伤方式及致伤物，结合现场及车辆痕迹等进行综合分析，最终确定致命车辆，力求客观准确的还原事实真相。

第六章 司法体制

浅析我国刑事诉讼专家辅助人制度之完善

程凌龙，方冉

安徽省巢湖市公安局刑事科学技术室 安徽 巢湖 238000

新刑诉法中明确了专家辅助人制度。条文中描述为"具有专门知识的人"，在实际应用中，一般称为专家辅助人。该制度在我国刑诉诉讼中应用较少，究其原因，主要为现行法律对其规定较少，适应起来感到无所适从，部分司法人员甚至非常抵制专家辅助人制度，不会用，也不愿意用。尽管专家辅助人制度还存在诸多不足，但制度的完善需要实践的锤炼。本文就我国专家辅助人制度的现状出发，总结探讨目前存在的诸多问题，并结合实践提出相应的参考意见，为法律工作者在司法活动中提供一些参考。

1 专家辅助人制度的相关规定

《刑事诉讼法》第192条规定："公诉人、当事人和辩护人、诉讼代理人可以申请法庭通知有专门知识的人出庭，就鉴定人做出的鉴定意见提出意见。"其中"有专门知识的人"在诉讼活动中一般被称为专家辅助人。但刑诉法针对专家辅助人的规定内容较少，规定不够明确，主要表现为：一是对于专家辅助人出庭后的诉讼地位不够明确；二是对于专家辅助人认定标准不够明确，没有统一的认定标准；三是聘请专家辅助人的启动程序不够明确。这就导致虽然我国刑事诉讼专家辅助人制度已经建立多年，但是在实际运用中会遇到诸多难题，办案人员在司法实践中难以运用该制度，在运用过程中常常会感觉到缺乏依据。

2 我国目前刑事诉讼专家辅助人制度存在的问题

2.1 专家辅助人诉讼地位不明确

关于专家辅助人的定义，刑诉法中原文仅表述为"具有专门知识的人"，这仅仅是对其功能做出了一个简单的描述和说明，而对于其如何参与到诉讼活动中以及其诉讼地位并没有明确规定。目前我国对于其诉讼地位是属于独立、还是从属，还有较大争议，有理论认为专家辅助人是属于和鉴定人、证人同等地位的诉讼参与人，但查阅《刑事诉讼法》及相关的司法解释均没有提及将其纳入诉讼参与人中，并没有赋予其诉讼参与人的地位。角色定位不清晰，必然带来诸多问题。

2.2 专家辅助人认定标准不明确

法律条文中仅表述"具有专门知识"，而专家辅助人的资格由谁认定，怎么认定均没有明确表述。鉴定人、鉴定机构均具有资质，并且有相关证书，那么专家辅助人是否也需出具相关证书方可作证。但是如果将专家辅助人的资格认定设计得过于严格，要求必须有鉴定人资质的人才能发表意见，那么这项制度就和"重新鉴定"程序产生重合。如果将专家辅助人的资格认定条件放宽，则有可能陷入"人人都能成为专家辅助人"的怪圈，走向另一个极端。

2.3 专家辅助人的启动程序不明确

专家辅助人出庭程序、申请方式等方面缺乏相关依据。比如专家辅助人是否适用回避制度，回避制度的存在主要是为了保证诉讼参与人的中立性。所以专家辅助人是否适用回避制度的问题，其答案要诉诸是否应当保障专家辅助人发表意见的中立性。假如认定专家辅助人的角色具有倾向性、非中立性，那么就不应适用回避制度。在申请方式、程序方面，司法人员往往期待更为具体的指引，比如应当如何提出申请、由谁提出申请等。

3 完善刑事诉讼专家辅助人制度之我见

3.1 明确专家辅助人的诉讼地位

应将专家辅助人纳入诉讼参与人的范畴，明确其具有诉讼参与人的地位。从该制度的出台来看，专家辅助人承担了其他诉讼参与人无法完成的活动。专家辅助人从作用上来讲举足轻重，其专家意见很可能会影响法官最后的裁决。在立场方面，笔者认为专家辅助人的意见应当在合理合法的前提下保持一定倾向性，也就是应当为其委托方申诉，阐明观点。尽管有观点认为专家辅助人应当保持中立，但笔者认为这有违专家辅助人的特征。从程序上看，专家辅助人出庭是某一方的委托而出庭，并且获得了一定报酬，那么他自然而然就会偏向委托方。在实践中，就会出现质证鉴定意见，形成与鉴定人之间的对抗，这种对抗也是法官所期许的，在对抗中，法官兼听则明以做出更为客观公正的判决。

3.2 明确专家辅助人认定标准

笔者认为，在专家辅助人的聘选上应当以在具有鉴定人资质的人员中进行选聘为主导方案，再以其他具有专门知识的人员作为补充。建立花名册，由委托方从中挑选。此方案一方面可以使选聘的专家辅助人中大多数具有法定鉴定人资质，另一方面又可以在一些特殊情况时，选聘其他专家予以补充。首先，以具有鉴定人资质的为主，因为专家辅助人具有较强专业性的知识，直接从鉴定人中选聘专家辅助人，在专业水平方面通常不存在异议，这在实际庭审中也就避免了对其专业水平进行反复审查以及抗辩双方对其专业性的质疑。其次，以其他具有专门知识的人为补充，专家辅助人可以是各行各业的专家，如某二甲医院主任、某大学知名教授等。

3.3 完善专家辅助人出庭程序及规则

专家辅助人出庭一般出现在庭审阶段中的举证环节，具体应当在公诉方或辩护人对鉴定意见进行举证之后，另一方进行质证时申请专家辅助人出庭。专家辅助人经申请出庭之后，则应根据法律所赋予的权利对鉴定意见发表意见。为充分发挥专家辅助人的作用，应允许专家辅助人对鉴定人进行发问，其发问的范围应当限于争议焦点的鉴定意见本身以及相关的鉴定依据、方法、程序等。

论司法鉴定的管理

富嘉莉[1]，江南[2]，金利刚[3]

1.浙江省杭州市公安局刑事科学技术研究所 浙江 杭州 310016
2.浙江省杭州市萧山区公安司法鉴定中心 浙江 杭州 311203
3.浙江省温州市人民检察院检察技术处 浙江 温州 325000

公正是法治的生命线，司法是维护社会公平正义的最后一道防线，司法不公正对社会公正具有致命的破坏作用，一次不公正的审判，其恶果甚至超过十次犯罪。

司法鉴定是实现司法公正的关键环节之一，司法鉴定中弄虚作假的情况时有发生：有医生及司法鉴定人员伪造外伤性鼓膜穿孔致多人被错误追究刑事责任，有因严重不负责任出具鉴定文书致被鉴定人反复无理信访，2020年10月21日某中级人民法院终审裁定沈某、王某、谢某等九人涉嫌56起诈骗案（一人提供虚假会诊意见，八人出具与实际不符的鉴定意见），等等，可见加强对司法鉴定（鉴定机构及鉴定相关人）的管理势在必行。

1 加大检查力度、处罚力度，提高司法鉴定机构主观能动性

加强对司法鉴定的检查力度，加大对发生鉴定结论失准的司法鉴定机构的现有处罚力度，提高机构对鉴定人监督管理的主观能动性。如因鉴定人对鉴定材料等审核不严而发生鉴定结论失准的，自多位该项目鉴定专家联合调查确认之日起，对一年内发生二次、三次、四次的鉴定机构，由司法鉴定管理部门分别给予暂停3个月、半年、一年受理该项目鉴定的资格，并处相应鉴定费用一倍、三倍、五倍的罚金上缴国库，视整改措施是否到位、有效，决定是否恢复其鉴定资格，对发现未经批准恢复受理鉴定的机构给予注销该项目的鉴定资格，注销后不再予以恢复。

2 加大处罚力度，提高司法鉴定人的违法成本

加大对发生鉴定结论失准的鉴定人的处罚力度，提高司法鉴定人的违法成本，对经调查确认因鉴定人业务能力不足引起的鉴定结论失准，由鉴定机构自行处理并将整改措施报司法鉴定管理部门备案，在之后的监督检查中若发现未真正落实整改措施的，对鉴定机构处以暂停所有项目鉴定一个月、对鉴定人处以暂停相关鉴定资格三个月的处罚。对严重不负责任发生的鉴定结论失准的鉴定人，由司法鉴定管理部门注销其在本辖区内的鉴定资格并处罚金上缴国库；对故意做虚假鉴定的鉴定人由鉴定管理部门除做出处罚后，移交司法机关依法从重追究其刑事责任。

3 建立征信黑名单

建立鉴定人、鉴定相关人（律师和提供会诊意见的具有专门知识的人）征信黑名单，加大对黑名单人介绍的相关鉴定资料的审查力度，对涉及被鉴定人相关功能的检查增加事后调查，防止其弄虚作假，使其无法从事原行业"黄牛"工作。

成伤机制分析在检察办案中的作用

江南[1]，吴新建[2]，金利刚[3]

1. 浙江省温州市人民检察院、浙江 温州 325000
2. 浙江省台州市公安局刑侦支队 浙江 台州 318000
3. 浙江省杭州市萧山区公安司法鉴定中心 浙江 杭州 311203

对于特殊损伤的鉴定多注意相关损伤形成机制分析，可以理清外伤形成的原因，防止因就伤论伤而出现鉴定失误。

如击打所致的前牙松动，外在的表现应为对应部软组织肿胀可有局部破损，牙冠主要向口内松动。若在就医病历中及法医学检查过程中均未发现唇黏膜肿胀及破损，又仅有前牙向口腔前庭方向松动的，应该可以得出其前牙齿系受到由内向外的作用力所致松动的结论，即是以牙咬的方式攻击他人、被攻击人为摆脱伤害而拉扯所造成。

外力直接打击所致的椎骨骨折以横突、棘突骨折多见，腰椎椎体压缩骨折见于脊柱过度弯曲过程中，一般在跌坐于硬质地面过程中形成，属间接外力作用所致结果。

四肢长骨螺旋性骨折系在旋转外力作用下形成，属骨折局部以外受力所致间接结果，直接外力所致长骨骨折在骨折相应部位应有软组织肿胀、破裂出血等表现。双侧肋骨对称性骨折，多见于挤压致胸廓整体变形的间接外力所致，与直接击打所致的肋骨骨折在形态特征上也有明显差异。

前面列举了四个损伤的成伤机制，在检验鉴定过程中稍加注意即可收到好的效果。检察机关作为宪法确立的法律监督机关，作为检察机关的法医不仅要在办案中监督，还要在监督中办案。

本人受理一起公安机关以过失致人重伤立案侦查、移诉后侦查机关将案件性质变更为故意伤害致人死亡的案件，律师提出该案应定性为因疏忽大意导致的过失犯罪的辩护意见。收到全部案卷材料后，通过审查尸体检验鉴定书、现场勘验笔录及尸体检验照片，认为：①死者的死亡原因明确，但在法医鉴定中记录的头皮损伤出血仅有左耳郭上缘的左颞部一处，与审核尸体检验照片中发现左枕部还有另外一处相对孤立的出血相矛盾。而且这两处出血的部位不在同一平面，即一次性外力作用难以形成；②在死者左颞部头皮下见片状的出血、头皮表面并未发现条形印痕与犯罪嫌疑人供述死者头部损伤为撞击木桌上大理石台面棱边时形成相矛盾；③桌面上摆放的物品整齐有序，即现场状态过于平静与在经过巨大外力碰撞后，应该呈现零乱状相矛盾；④现场照片中电脑桌面上有一个呈倒放状态的玻璃杯与常理相矛盾。综合分析认为死者头部损伤符合钝性物体两次以上打击形成，可以由现场遗留的倒放的玻璃杯形成的审查意见。将案件退回公安机关补充侦查。

侦查机关最终以现场玻璃杯为突破口，查明了犯罪嫌疑人先用拳击后持玻璃杯砸死者头部的犯罪事实。法院最终以故意伤害罪，判处罪犯无期徒刑，剥夺政治权利终身，同时以伪证罪对作伪证的嫌疑人判处相应的刑罚。

检察机关只有敢于监督、善于监督才能更好地履行法律监督职能。该案中，正是检察法医的介入，通过对成伤机制详细分析论证，对案发现场的客观还原，使得一起最初侦查机关定性为过失的命案得以告破，彰显了法律监督的效果和权威，也为引领公诉部门和侦查机关办案方向起到了关键作用。

浅析法医鉴定人出庭应对策略

李东东，白宁，李清霞

宁夏回族自治区吴忠市公安局　宁夏　吴忠　751100

作为法医工作者，自身专业水平和应对法庭质询的能力在伤害案件和命案审判中作用是无法替代的，对法官最后的定罪量刑起到支撑作用。如果法医鉴定人的专业水平和法庭答辩能力低下，法官就会对鉴定意见产生怀疑，同时严重影响法官对司法鉴定意见的采信，导致最后的宣判是一种"带病的判决"。2012年以前我辖区的法医鉴定人出庭率不到10%，随着司法体制改革的不断深入，法医鉴定人出庭的概率呈逐年增加的趋势。自2012年开始，法医鉴定人员出庭的次数明显增加，逐渐高于30%。

1 鉴定人出庭作证的情形及程序

刑事诉讼法第192条规定："公诉人、当事人或者辩护人、诉讼代理人对鉴定意见有异议，人民法院认为鉴定人有必要出庭的，鉴定人应当出庭作证。经人民法院通知，鉴定人拒不出庭作证的，鉴定意见不得作为定案的根据。"可以理解为鉴定人出庭作证的情形有两个条件：①公诉人、当事人或者辩护人、诉讼代理人对鉴定意见有异议；②人民法院认为鉴定人有必要出庭的。人民法院决定开庭审判后，鉴定人出庭通知书最迟在开庭3 d前送达。法律规定，法庭必须以通知的形式告知的鉴定人需出庭作证及出庭的时间、地点、案由等。

2 鉴定人出庭准备

鉴定人出庭作证是对出具的鉴定文书做深入的详细的解释，将专业术语尽可能地转变为法官、检察官和辩护人能听懂、能理解的言语，判决依据更加充分和扎实。鉴定人掌握的专业知识、鉴定技能和语言表达能力是否周密与严谨，很大程度上还取决于出庭前的准备工作。如果出庭前的准备工作不充分，很可能会出现法官、检察官及辩护人听不明白，回答关键问题论据不足、推理混乱等情况，会增加鉴定意见被法官采信的力度减弱或不被采信的风险。因此，出庭前应做好以下几项准备工作。

2.1 全面掌握案件鉴定情况

认真回忆案件检验鉴定当时的情况，阅读检验记录，熟悉相关资料，对鉴定文书进行审查，特别是检验照片，要反复查阅，不但要查阅鉴定文书里面附的照片，还要熟悉当时没有附鉴定文书的照片，做到对案件鉴定中所涉及的鉴定程序的规范性、检验方法的客观性、结论依据的充分性、鉴定意见的准确性等内容了如指掌。

2.2 了解当事人方提出的疑点、难点和争议焦点

详细了解案件当事人及其代理人对鉴定意见所提出的疑点、难点和争议焦点，对所出具的鉴定文书以及本案的情况进行分析，预测可能出现的发问。尤其要在应对控辩双方特别是专家辅助人可能提出的专业性、技术性很强的各种询问上逐一做好充分准备。

2.3 准备出庭材料

出庭材料包括鉴定文书、答辩材料以及专业书籍。在准备材料过程中，如果发现自己原来的鉴定中存在某些不足，一定要进行补充完善，在开庭质证前交给法庭。对于一些无法弥补的漏洞，或因当前的技术水平无法解决的问题，也要仔细研究其妥善的答辩方案，同时与法庭取得联系加以说明。如果发现原鉴定意见确实错误，应当及时向主管领导如实汇报，重新组织鉴定，同时将该情况通报法庭。

2.4 心理准备

鉴定人员在受理案件之初就应做好出庭质证的思想准备，对从未参加过出庭的鉴定人，初次出庭会有一定的心理压力，因做好自我减压的训练，如深呼吸、咬舌等方法。在接到出庭通知时，鉴定机构在协助做好出庭前准备工作外，还应鼓励、提高出庭人员的自信心，进行多次模拟训练等方式锻炼、培养出庭人员的口才和情绪，使其具备良好的出庭心理素质，以保证质证效果。

2.5 证件准备

鉴定人出庭时应当准备好身份证、专业职称证、鉴定人资格证、警察证、人民法院的出庭通知书等各种证件，以备法庭查验。

2.6 统一口径

鉴定意见一般由两名及以上鉴定人员出具，因此出庭作证有可能是两名以上鉴定人出庭。出庭前，各鉴定人员要对鉴定采用的方法、出具鉴定意见的依据等统一口径，以免各说一词，相互矛盾。

3 鉴定人出庭作证时的应对策略

3.1 按时到庭，着装得体，遵守法庭纪律

鉴定人应按时到庭，整理着装，充满自信进入法庭，给人以一种沉着、冷静、有信心的感觉。切不可傲慢、胆怯和畏缩。在质证过程中要听从审判长的指挥，遵守法庭纪律。不能情绪失控，和提问人发生正面冲突，"有理不在声高"，不要担心回答问题的时间不够。

3.2 有选择地回答提出的问题

对审判人员询问鉴定人的身份与当事人及本案的关系，受什么机关委托所作，是否受过他人干扰，鉴定的依据和材料，鉴定人必须如实回答。专业性问题只需回答与鉴定结论有关的问题，对于本案无关的问题，可提请审判长同意，鉴定人有权拒绝回答。

3.3 预防陷阱和圈套

认真听清发问人的问题和要求，在回答问方提问时，要时刻预防问方布下的陷阱和设下的圈套，避免使自己陷入被动的处境。当不能完全记住问题时还可以将用笔该问题记下以备思考，然后做出正确回答。对问方提出的突发性问题或未准备的问题，鉴定人一定要沉着，采用以问方所问的内容未听清楚为由要求对方复述1次等合法的方法来拖延时间，以求能尽可能好地回答问题。

3.4 掌握时间

面对控辩双方的交叉询问，应答时要始终保持清醒头脑，态度端正，避免情绪激动导致判断力下降，对于发问方式不当或纯属无理刁难的应立即提请审判长予以纠正、制止。如果法官态度含糊，应采取拖延战术，等待检察官或辩护人提问后，将问题用专业术语回答后，把相关的材料或书籍多读一些。因为根据法庭审判的设计，对鉴定人的提问是有时间限制的，让后面的问题没有时间提问。

3.5 掌握语言表达技巧

鉴定人在回答问题时不仅要用语规范、准确、严谨，而且要注意掌握语言表达技巧，应紧紧围绕本案鉴定文书的内容运用专业理论知识和有效鉴定依据作为应答用语。对于专业术语要避免使用肢体语言和推测性的语言，切忌打比方。

综上所述，法医学鉴定人出庭作证中法官、公诉人和辩护人所提出的问题主要围绕确定死亡原因，判断死亡方式，推断死亡时间，推断和认定致伤物及鉴定相关的法律法规展开。只要做好前期准备工作，注意出庭中的有关事项，多做庭前预演，就可以从容应对庭审中出现的问题。

"马斯洛需求层次理论"对加强公安法医队伍建设的启示

刘平[1]，王广杰[2]，吉玉强[2]

1.天津市公安局河北分局物证鉴定所 天津 300070
2.天津市公安局河东分局物证鉴定所 天津 300011

马斯洛需求层次理论是行为科学的理论之一，由美国心理学家亚伯拉罕·马斯洛在1943年在《人类激励理论》论文中所提出。笔者以加强建设公安法医队伍为着眼点，以马斯洛需求层次理论为基础，探析队伍的需求结构现状和如何构建完善统一、科学、有效的激励机制。

1 马斯洛需要层次理论的基本内容及内涵

马斯洛认为，根据人的需求而进行的激励是最有效的激励方式，马斯洛需求层次理论将人类需求像阶梯一样从低到高按层次分为五种，分别是：生理需求、安全需求、情感需求、尊重需求和自我实现需求。其核心观点是个体成长发展的内在力量是动机，而动机是由多种不同性质的需要所组成。

2 公安法医专业队伍激励机制存在的不足

2.1 生理需求

由于公安法医专业工作的特殊性质，充满各种未知危险的现场、高度腐败的尸体和繁杂的检验鉴定工作都严重威胁着法医专业民警的身体健康，同时因从事工作的特殊性，决定了其面临的心理健康问题更加突出。工作中持续紧张的精神状态，再加上群众的不理解和质疑，使法医专业民警的心理处于亚健康状态。现行的激励机制无法满足法医专业民警报酬方面的实际需求。警察是所有的公务员中工作量最大的群体，特别是法医专业民警的工作条件和工作环境更为艰苦和恶劣，但是专业津补贴政策大部分省市还没有出台。

2.2 安全需要

作为公务员法医专业民警基本福利可以得到保证，但各类暴力抗法、恶意投诉等事件日益增多，严重影响到民警的人身安全。对于法医专业民警来说，在案件现场的各种意外、解剖尸体的如履薄冰，面对危机四伏的工作环境人身安全目前仍未能得到良好的保障。

2.3 情感需要

法医专业民警的超负荷劳动是具有普遍性的，久而久之家庭不和睦，民警不被理解，积极性受影响，职业认同下降，陷入恶性循环。因为工作性质的原因，大量时间都在和社会的负面及黑暗面接触，使自己一直处于一种焦躁易怒的状态，影响与他人的正常交往。

2.4 尊重需要

当前公安执法环境非常严峻，而法医专业民警常年处于信访热点的法医检验鉴定工作的执法一线，因各种原因都很容易成为群众不满情绪的转嫁对象。部分民警得不到群众应有的尊重，对这些现象一时难以接受，心理产生不平衡。

2.5 自我实现需求

法医专业民警处于刑事技术执法、服务人民群众的一线，检验鉴定受到各种干预，工作结果要顾及信访维稳，久而久之消磨了民警的主动性。法医专业民警往往被很多繁杂琐碎的工作填满，导致缺少时间用于提高自身素养和技能，甚至很多原有技能也因工作不需要而渐渐遗忘，使民警缺乏完成工作的成就感，缺乏工作挑战性。

3 从需求结构完善对应激励机制的建议

3.1 坚持体恤与解困并进，落实爱警惠警

突出文化育警。进一步丰富警营文化内涵，创新文化活动载体，让民警及时调整和放松心情。保障民警身心健康。工作中及时为民警提供心理健康服务，帮助疏导化解不良情绪，有效增强民警的心理调节能力和保健意识。平衡物质与精神激励关系，确保法医专业民警权益保障的最大化、最优化。

3.2 以做强后盾为载体，加大保障维权力度

规范配备通用的警用装备并及时进行更新换代，同时针对法医专业工作的特点配齐、配全各种专业防护设备。增强民警规范执法和自我保护意识，着眼实战需求进一步强化警务实战训练和应急防护演练。全力营造良好执法环境，不断完善容错免责、履行职责受到侵害保障救济、不实举报澄清等维权制度。

3.3 进一步优化基层减负，做实警心工程

改革勤务指挥模式，减缓民警工作压力，使民警身心得到及时的休整。建立家庭走访让家属充分理解民警的辛苦，同时通过慰问让民警和家属感受组织的温暖。切实帮助民警解决家庭困难，增强职业认同，让民警能够全身心地投入公安工作中。

3.4 健全思想教育机制，占领民警精神制高点

坚持政治建警，激发队伍感染力。特别是法医专业要坚持正确导向，营造氛围，唤起民警职业归属感，激发民警内心崇高的职业责任感。积极探索建设警民关系新路子，增进同人民群众的感情。树典型学优秀，固化职业认同感。通过先进典型崇高精神和高尚品质推动单位争先创优，固化民警的职业认同。

人民法院保外就医审核探讨

龙贵峰[1]，卫彦均[2]

1. 河南省三门峡市中级人民法院 河南三门峡 472000
2. 河南省卢氏县人民法院 河南卢氏 472200

2014年最高人民法院、最高人民检察院、公安部、司法部、原国家卫生计生委联合制定了《暂予监外执行规定》（112号），实施以来，罪犯的保外就医组织诊断在全国得到了统一的规范，罪犯交付执行前暂予监外执行是由人民法院决定，法院司法鉴定部门法医对罪犯所患疾病是否符合保外就医严重疾病范围进行审查，出具法医审查意见书，审判部门依据法医审查意见决定罪犯是否暂予监外执行。人民法院法医对《保外就医严重疾病范围》掌握和运用将直接影响暂予监外执行案件结果，从而影响司法公正。《保外就医严重疾病范围》作为附件，疾病范围有详尽的注释。2016以来共审核各类保外就医案件80例，其中符合疾病的条件22例占27.5%，其余不符合条件。以下就工作实际常见具体问题，特别是有高血压、心脏病、糖尿病的保外就医谈谈体会。

1 对高血压的诊断及其严重程度的评定存在不规范等问题

在组织审核工作中发现医学鉴定医院高血压的诊断及其严重程度的评定存在很多不规范等问题。因此在组织医学诊断和技术审查时，特别对三类罪犯患有高血压的，必须从严把握疾病范围和条件。高血压罪犯的保外就医在保外就医案例中占有一定比例，我院所审核案件中以患高血压占案件比例的20%，其中只有4例高血压符合《保外就医严重疾病范围》所列疾病的。我们采纳检查结果，不能以临床诊断标准代替保外就医标准。《保外就医严重疾病范围》第三条第4款规定：高血压达到很高危程度的，合并靶器官受损。高血压的医学诊断标准高血压是定义为未使用降压药物的情况下诊室收缩压≥140 mmHg或舒张压≥90 mmHg，根据血压升高水平，进一步将高血压分为1~3级。根据合并的心血管危险因素、靶器官损害和同时患有其他疾病，将高血压分为4层（组），即低危、中危高危和很高危。本条款规定中隐含着三个并列需要符合的条件，即一血压高，二分层达到很高危程度，三要合并有靶器官受损。因此，在实际工作中应该谨慎把握，缺一不可。但是交付执行前的罪犯是在投监时才发现血压高或者自知血压高但从未有过治疗。对于既往没有经过规范治疗的罪犯，严格意义来讲，是不符合保外就医审核条件的，但实际工作中因罪犯血压过高，且与看守所有关收监条件相冲突，看守所拒绝收押，又不能将犯罪一直滞留在社会上。在这样的情况下，对那些未经过规范治疗的罪犯，在组织检查和诊断的时候要更加仔细和慎重。

2 对心脏功能不全的罪犯进行暂予监外执行审核应注意的问题

第一，所患疾病的审查，根据《保外就医严重疾病范围》第三条1款的规定，是何种疾病导致其心功能不全及其目前心功能不全的分级等级。第二，对三类罪犯生命危险性的评估。"短期内有生命危险"是指疾病短期内发生不可以防控治疗、危及生命的情形。对于发生猝死的情形因具有突发性和意外性，难和防控，一般不作为短期内有生命危险的情形。实际工作中医学鉴定医院仅依据NYHA心功能分级方法，这种主观依据来评定心功能不全等级，难以客观反映患疾病的严重程度。针对实践中的问题，我们结合被鉴定人实际情况，结合鉴定医院客观检查，重点做心脏彩超，24 h动态心电，胸片，查冠脉造影、心脏核磁、负荷超声心动图；实验室查血浆利钠肽，血清肌酸激酶综合评定判断心功能不全。短期内生命危险性审查主要看罪犯所患疾病短期内否有危及生命的客观医学证据，一般认为冠心病等心脏病及高血压引起的心功能不全达Ⅲ级，经治疗后症状不能改善即认为短期内有生命危险。

3 对患糖尿病的罪犯进行暂予监外执行审核应注意的问题

糖尿病在组织审核工作中数量仅次于高血压、心脏病。现代医对糖尿病学比较容易诊断。糖尿病对人体的主要危害在于并发症，可危及全身多重要器官。《保外就医严重疾病范围》规定比较明确详尽，相对高血压、心脏病的鉴别简单。规定糖尿病合并严重并发症：糖尿病并发心、脑、肾、眼等严重并发症或伴发症，或合并难以控制的严重继发感染、严重酮症酸中毒或高渗性昏迷，经规范治疗未见好转。糖尿病保外就医这些规定比较详细，一般医学鉴定医院对糖尿病检查很成熟，项目基本能达到审核要求。

法医活体损伤程度鉴定中应注意的问题

宋海波[1]，邵瞭华[2]

1. 浙江千麦司法鉴定中心 浙江 杭州 311100
2. 浙江千麦司法鉴定中心温州（律证）所 浙江 温州 325000

随着以"公正和效率"为主题的司法改革日趋深入，社会主义法治不断加强，审判方式进一步深化和变革，法医鉴定在其中的作用更加重要。目前，依赖案情及临床资料做出鉴定的情况时有发生，尤其是伤情鉴定，就伤论伤，不考虑成伤机制就做出鉴定的情况多有存在，给办案机关和当事人造成办案困难和社会矛盾。

如何发挥法医鉴定的职能作用，充分保护当事人的合法权益，有利于案件审理，就成为专业技术人员所面临的问题。据此本人结合相关案例提出几点意见，供商榷。

1 伤情与案情相结合，重在伤情

伤情与案情同样是司法鉴定重要的组成部分，但是就司法鉴定而言，伤情更加客观，是法医做出司法鉴定的根本依据。法医活体伤情检验和鉴定，是为司法立案、侦破案件、量刑及赔偿等提供科学证据的法律文书。是依据人体损伤当时伤情及损伤后果全面分析，综合评定的结果。

1.1 案例

被鉴定人李某，男，14岁，因在网吧被怀疑偷窃游戏币被游戏厅老板打伤右前臂，经医院检查，系尺、桡骨骨折。初次鉴定机构依据人体损伤程度鉴定系直接钝性外力作用所致，依据《人体损伤程度鉴定标准》鉴定为轻伤，嫌疑人被刑拘，原告监护人要求追究被告人刑事责任并附带经济赔偿，此案被报送法院审理。被告对该鉴定不服，提出重新鉴定。

1.2 鉴定意见

尺、桡骨骨折均可因直接暴力及间接暴力所致，直接暴力就是致伤物直接打击或碰撞致伤部位等，因直接暴力作用在前臂引起尺、桡骨骨折，多见打击伤或撞击伤，骨折为横形或粉碎性，骨折线在同一平面。间接暴力一般是跌倒时手着地，暴力通过手、手腕传导到手臂引起尺、桡骨骨折，如跌倒手掌接触地面所致。桡骨多为横形或锯齿状，尺骨为短斜形。其骨折线多不在同一平面，尺骨的骨折线往往低于桡骨骨折线，且骨折多向掌侧成角。另扭转暴力亦可发生双骨螺旋性骨折，骨折线方向一致，骨折线往往是由内上（尺骨内侧）而斜向外下。尺骨骨折线在上，桡骨骨折线在下。

本例损伤部位未见表皮剥脱和皮肤出血，影像学显示其骨折线不在同一平面，尺骨的骨折线低于桡骨骨折线，且骨折向掌侧成角。骨折线方向一致，骨折线由尺骨内侧斜向外下，故李某右前臂骨折符合跌倒时，右上肢因支撑并旋转，当超过尺桡骨强度时，导致其在应力集中部位发生骨折。依据客观伤情，结合案情评断，被鉴定人的骨折损伤系非他人打击所致。法医的严格把关，为罪与非罪的定性和避免错案的发生，起到了其他职能部门无法替代的作用。

2 医疗文证和法医鉴定结合，重在法医鉴定

医生和法医对病人的伤情诊断，由于其目的不同、结果的评估不同、预后标准不同、法律意义不同等原因，医生在对症状、体征、检查结果的利用和描述，检查的内容及疾病诊断和防伪意识等方面并不考虑到下一步的法医鉴定工作，这就有可能造成法医鉴定误判。有资料表明，有的省高级人民法院"追究错案责任制"中明确规定："因法医或技术人员鉴定结论错误导致错案的，由有关的法医、技术人员承担责任。"

法医鉴定人的人体损伤程度鉴定，在某种程度上源于医疗资料，根据司法办案要求转变成法律文书。但是法医鉴定如何客观、真实地在鉴定中运用临床资料，如何运用法医学的理论和技术，并依据相应的标准、法规、法律依据得出正确的鉴定结论，达到实事求是，科学公正的目的，则是每一个法医鉴定人在司法活动中不断学习和探索的内容。

3 医疗证据与法医证据结合，重在法医证据

医疗部门提供的临床资料和司法鉴定机构提供的法医鉴定书，在检察和审判机关都要经过检察官和（或）法官的进一步严格审查。有时，医疗证据和法医鉴定书还要由办案人、律师、专家辅助人、专家证人或更高

一级的鉴定机构的鉴定人,司法鉴定监督机构审查。由于医疗机构出具的相关资料缺少法律法规的约束,在伤情程度上,愈合的结果的评估上,有可能出现问题。如病历失真问题:

3.1 病历质量管理环节导致病历失真

病历质量控制人员发现病历书写不符合规范要求,尤其是不符合医疗机构评审提出来的病历质量评审标准的要求,有明显的缺项、漏项,为了保证病历符合相关标准的形式要件,要求医护人员修改病历、完善病历,甚至伪造病历或者病历中的一部分,造成病历部分失真。

3.2 医务人员工作态度不严谨导致病历失真

医务人员工作态度不严谨,询问病史、观察病情不仔细,在病历书写中将没有询问到的情况写入病历,应付上级医师的检查和交差,造成部分病历失真。

3.3 医护人员医疗经验、技术水平导致病历失真

主要是医师询问病史能力差;在检查病人身体方面,不会做临床检查,因而体格检查中没有反映出病人已经出现的体征;病程记录中,对于病人已经发生的病情变化不能观察到;记不下上级医师的查房记录;对辅助检查资料不会分析、判断,因而判断结论失误。

3.4 涂改、伪造病历

发生医疗纠纷后,医疗机构或者其医务人员害怕承担责任而涂改、伪造病历。这种情况虽然不多见,仅仅发生在个别的医院和个别医务人员身上,但影响很坏,危害很大。对病历的真实性的影响虽然只是篡改部分,但是难以判断哪一部分被篡改。

医疗证据与法医证据结合,重在法医证据,就是要法医鉴定人合理运用医疗证据,甄别使用证据,要做好三个审查:①临床检查与辅助检查的一致性审查,如听力检查;②主观检查与客观检查的审查,如视野检查;③原发伤情和疾病与现有伤情和疾病的审查,如损伤形成时间的动态观察,疾病和损伤关系的判定。还要注意临床检查与法医检查相结合,如关节活动度,只有这样才能得出科学公正的鉴定结论。

4 总结

综上所述,司法鉴定工作逐步纳入规范化、法制化、科学化发展道路,在保障司法公正,维护人民群众合法权益,提高司法鉴定质量和公信力方面发挥重要作用。

浅谈现阶段法医学的社会认知以及加强法医学知识普及教育的意义

张晓莹,张光宇,周玉林

吉林省四平市公安局刑事侦查支队 吉林 四平 136001

法医学作为一门历史悠久的学科,对社会稳定发展有着极为重要的价值和意义。纵观法医学的历史发展,从《礼记·月令》中记载他杀、杀婴、自缢、外伤性流产等检验案例到众人熟知的法医鼻祖南宋宋慈的《洗冤集录》,从 1598 年意大利医师菲德利斯发表的《医生关系论》一书,到现在影视剧中法医形象,法医这个职业越来越多的呈现在世人面前。那么现阶段人们对法医学和法医工作者具体有着什么样的认知呢?本文想借助社会问卷调查的形式和结果,探讨一下这个问题。

1 目的

探讨现阶段法医学的社会认知以及加强法医学知识普及教育的意义。

2 方式方法

采取随机参与问卷调查的形式,记录受访者年龄、性别、所学专业或职业等自然信息,并回答如下问题:在您眼中的法医是什么形象的?您从哪里知晓法医这个职业?听到法医这个词您的第一感觉是什么?您认为法医学是什么?您是否了解法医的工作内容?您觉得法医学专业的就业前景如何?您觉得法医学现阶段处于何种社会地位?您觉得法医是万能的吗?

3 结果
3.1 一般性结果
收集调查问卷共137份。受访者男性为87人，女性52人，年龄主要集中在20~30岁和30~40岁，分别占受访者人数的43.6%、45%；从事与医疗相关职业或是相关专业的在校生占46.1%。

3.2 问卷问题回答情况
认为法医形象是冷漠的、神秘的、令人毛骨悚然的占53%，认为法医和正常人没有什么太大不一样的占43%；从影视剧知晓法医这一职业的占81%，报刊、书籍的占9%；听到法医这个词第一感觉是酷、帅气、伸张正义的占60%，觉得血腥、暴力、反感的占17.9%，觉得无所谓的占22.1%；认为作为法医的主要任务是出现场、解剖尸体的占79%，其他检验鉴定工作的占21%；觉得法医学专业毕业后就业能进入公检法工作的占60%，其他相关工作的占33%；觉得法医现阶段处于不可或缺的社会地位的占90.6%；觉得法医是万能的占69%；法医学是什么几乎无人回答。

3.3 问卷调查结论
社会认知对法医学范畴的理解存在误区，人们缺少对法医学知识的了解。

4 讨论
4.1 对法医学存在认知误区的原因
目前人们对法医学的认知存在误区，人们对法医学的了解主要源自媒体和新闻报道，影视剧情及道听途说等，缺乏系统、全面、理性认知，片面地认为法医学就是研究尸体的特殊行业。同时由于人们对法医学常识的缺乏导致对法医工作的盲目崇拜，这种法医学知识的社会空缺性的产生还容易导致对法医工作提出诸多不合理的要求，进而产生误解或不信任，一些不知情的人们更容易在网络媒体的引导下产生误区，严重的更会导致社会不和谐因素。

4.2 加强法医学知识普及的意义
要改变社会认知对法医学理解的误区，就要加强法医学知识的普及。法医学作为一门分支学科，早就有着自己特定研究对象和特定的研究内容，是应用临床医学、生物信息学、药学和其他自然科学理论和技能解决法律问题的循证医学，为侦查犯罪和审理民事或刑事案件提供科学证据。法医是国家司法鉴定人的一种，按照法律法规和行业操作规范，利用各种技术或手段，在重要的时间节点内通过公对公调查，公对公取证，进行现场医学勘查、医疗跟踪取证、伤情活体医学检验观察、尸体解剖等运用基础医学、临床医学以及相关的形式技术、司法鉴定技术对法律有关的人体和犯罪现场进行勘查鉴别并做出鉴定的科学技术人员，其学术性和理论性可见一斑。

利用媒体的宣传作用，在影视节目中加入法医知识，可使全民树立法律意识，促进法治建设发展；越来越多的人了解法医常识，正确定位法医学社会功能，就能减少对于一些社会热点问题的不良炒作，有利于法律更好地推进和执行，有利于逐步消除不和谐因素推动社会和谐发展。

法医临床鉴定工作中遇到的问题及对策

周纯萍

黑龙江省哈尔滨大工司法鉴定中心 黑龙江 哈尔滨 150001

法医临床鉴定工作是公安刑事执法与公安行政执法的重要构成部分。法医临床鉴定工作对保证人民的权益，有效有力打击违法犯罪行为，确保司法诉讼的顺利都有积极的保障作用。但在实践应用中仍存在一些问题，个别群众对法医鉴定结果不认可，存在上访的情况。由此延长了后续执法，增加了重新鉴定及符合鉴定的概率。从一定意义讲，为公安队伍带来负面影响。

1 用词不准确易产生歧义
新的《人体损伤程度鉴定标准》中部分条款使用"显著""明显"等表述，造成不同的鉴定人有不同的理解，以致出现不同的鉴定结果，建议用长度或面积等单位具体地描述损伤程度。

2 相关"解释"缺乏合理性

标准 5.2.3 g) 两处以上不同眶壁骨折；一侧眶壁骨折致眼球内陷 0.2 cm 以上。公安部刑事侦查局编写的《人体损伤程度鉴定标准》（以下简称《标准》）释义中这样解释：两处以上不同眶壁骨折，是指两眼上、下、内、外 8 个眶壁中 2 个以上任意眶壁的骨折，"两侧单纯眶内壁骨折除外"。

本条解释可否理解为两侧单纯眶内壁骨折不能鉴定为轻伤一级呢？如果不鉴定为轻伤一级，那么轻伤二级中也没有相应条款可以适用，鉴定为轻微伤吗？很显然缺乏合理性。从条款字面上理解两侧单纯性眶内壁骨折适用本条款是没有问题的，可是释义出台后更难于理解了。笔者认为两侧单纯性眶内壁骨折应该适用本条款更为合理。

《标准》5.2.4 c) 口唇全层裂创，皮肤创口或者瘢痕长度 1.0 cm 以上。公安部刑事侦查局编写的《人体损伤程度鉴定标准》释义中这样解释：唇红创口比照皮肤创口评定。唇红创口比照皮肤创口进行评定有欠合理性，唇红部黏膜不能等同于皮肤，如果按释义操作，明显偏重，笔者认为按唇红上 1.0 cm 操作较为适宜。

《标准》中体表损伤鉴定条款涉及创口和瘢痕长度的界定。公安部刑事侦查局编写的《〈人体损伤程度鉴定标准〉释义》中这样解释：因临床治疗需要进行扩创的，以扩创后创口或瘢痕长度确定损伤程度。该解释没有细化临床治疗需要进行扩创所必需的几种形式，操作起来很难把握，很容易受临床治疗的干扰，从而显失公正。笔者认为只有创口需要清理坏死的组织时进行扩创的才适用本解释较为适宜。

3 条款缺项只能参照同类损伤

《标准》5.2.4 o) 鼻骨粉碎性骨折；双侧鼻骨骨折；鼻骨骨折合并上颌骨额突骨折；鼻骨骨折合并鼻中隔骨折；双侧上颌骨额突骨折。本条款未体现上颌骨额突骨折合并鼻中隔骨折如何适用，具体操作中可否根据本条款规定的鼻骨骨折合并上颌骨额突骨折为轻伤二级，鼻骨骨折合并鼻中隔骨折为轻伤二级，反推出上颌骨额突骨折合并鼻中隔骨折也为轻伤二级呢？

4 个别条款操作困难

《标准》5.3.4 a) 外伤性鼓膜穿孔 6 周不能自行愈合。本条款实际操作起来有难度，需要动态观察，可能会出现被鉴定人不配合，或者出现主观或客观因素等干扰，直接影响鉴定结果。笔者认为该条款不应按鼓膜穿孔 6 周后能否自行愈合进行鉴定，参照 6 周后实际听力减退指数进行鉴定更好把握。

5 条款表述不清晰，难以操作

《标准》5.10.3 b) 一手拇指离断或者缺失未超过指间关节。这里所说的未超过指间关节没有细化，具体是指影像片上末节指骨的几分之几，或是外表形态上超过某个部位，没有量化，具体操作起来只能按各自的理解把握，笔者认为从外表形态上缺失达到甲床即可适用本条款较为合理。

《标准》5.10.4 c) 两节指骨线性骨折或者一节指骨粉碎性骨折（不含第 2 至 5 指末节）。本条款中的（不含第 2 至 5 指末节）作为限定条件，是只限定一节指骨粉碎性骨折呢？还是对两节指骨线性骨折也限定呢？从字面上容易让人理解为两节指骨线性骨折如果发生在 2 至 5 指的末节也不适用本条款。

综上所述，基于笔者多年鉴定工作实践，本文就较常见的问题进行梳理分析。希望提供给同行加以参考和讨论，以便找到更好的解决办法应用 1 节指骨（不含第 2 至 5 指末节）粉碎性骨折或者 2 节指骨线性骨折"的表述更好理解。到工作中去，为鉴定结果的严谨性、客观性、公正性找到更合理的方法。

浅谈对《人体损伤程度鉴定标准》部分条款的理解与运用

周纯萍

黑龙江省哈尔滨大工司法鉴定中心 黑龙江 哈尔滨 150001

人体损伤程度是公安司法鉴定工作的重要构成。人体损伤鉴定对于案件性质判别以及对审理工作的影响都有至关重要的影响。工作人员应秉承科学、合法、公正、可信的原则，确保鉴定结论与事实相符。为此，我们应从理解相关术语及条款开始，并运用时应做到审慎科学。本文就《人体损伤程度鉴定标准》（以下简称《标准》）部分条款存在的问题进行简要分析，供同行借鉴。

1 条款缺项时能否参照同类损伤

《标准》5.2.5 d）眶内壁骨折；《标准》5.2.5 g）鼻骨骨折；鼻出血。以上两条款规定均为轻微伤，现实案件中，因解剖位置关系，钝器打击同时造成眶内壁合并鼻骨骨折，或者眶内壁合并上颌骨额突骨折的案例很多，如果按照部位不同分开鉴定，均不构成轻伤二级，但是，此类损伤同时出现，笔者认为，已经达到轻伤二级的损伤程度，依照《标准》附则 6.4 的规定，能否比照《标准》5.2.4 o）进行鉴定。

2 条款对照存在不合理

《标准》5.9.3 m）与《标准》5.11.2 b）对照：《标准》5.9.3 m）肢体皮肤创口或者瘢痕长度累计 45.0 cm 以上。《标准》5.11.2 b）创口或瘢痕长度累计 40.0 cm 以上。前者为脊柱和四肢章节，限定为肢体和躯干部损伤引用本条款。后者为体表损伤章节，不限部位引用本条款，从字面上看让人很不理解，从解剖学角度看肢体也应算体表一部分，如果算体表一部分，那么规定长度却不同。

《标准》5.9.4 l）与《标准》5.11.3 b）对照：《标准》5.9.4 l）肢体皮肤一处创口或者瘢痕长度 10.0 cm 以上；两处以上创口或者瘢痕长度累计 15.0 cm 以上。标准 5.11.3 b）单个创口或者瘢痕长度 10.0 cm 以上；多个创口或者瘢痕长度累计 15.0 cm 以上。

如果按照《标准》5.9.3 m）与《标准》5.11.2 b）规定，部位不同，长度不同来推理的话，那么《标准》5.9.4 l）与《标准》5.11.3 b）规定的长度也应该不同才对，然而却没能得到类推结果，后者两条款规定的长度却是相同的，出现了损伤类似，标准却不类同的地方。

公安部编写的《〈人体损伤程度鉴定标准〉释义》对以上四条款的解释是这样的：本标准中"肢体创口或瘢痕"中的"肢体"是指四肢和躯干。所有创口或瘢痕仅位于四肢和躯干的，依据"5.9.3 m）""5.9.4 l）"条款评定。肢体有创口或瘢痕，头、面、颈、会阴任意部位也有创口或瘢痕时，依据"5.11.2 b""5.11.3 b"条款评定。笔者认为，以上四个条款存在相似性，如果 5.9.3 m）与 5.11.2 b 存在长度上的差异，那么 5.9.4 l）与 5.11.3 b 也应该存在长度上的差异。否则反之，都不存在长度上的差异。按照"释义"本意，标准 5.11.2 b）执行长度变化是因为有头、面、颈、会阴等重要部位参与。如果按照"释义"操作的话，那么我认为头、面、颈、会阴等重要部位参与的长度和总长度之间要有个百分比，或者有个最低长度限制。如果没有长度限制，那么头、面、颈、会阴等重要部位参与长度过短，标准 5.9.3 m）与标准 5.11.2 b）相对比之下显失合理性。

3 条款与"释义"不一致

公安部编写的《〈人体损伤程度鉴定标准〉释义》第 31 页：跨部位的单条软组织创口或者瘢痕的损伤程度鉴定，可按"系数相加"的方法进行鉴定，即测量单条创或者瘢痕位于头皮或面部的长度，分别除以同等级标准相关条款规定的值，若相加后大于或等于 1，分别对照相应的条款进行损伤程度鉴定。而《标准》附则 6.17 规定，两个部位以上同类损伤可累加，比照相关部位数值规定高的条款进行评定。

这两种操作方式完全可出现不相同结果，假设有一跨部位创口，面部创口长度为 X，头皮创口长度为 Y，若存在 $X/4.5+Y/8 \geq 1$，$X+Y<8$，则可出现不相同鉴定意见。可以看出，若按照标准附则 6.17，选用累加法评定，某些情况下会比系数相加法评定得轻。鉴于跨部位（头部）创口的特殊性，使用系数相加法看起来有一定的合理性，但是标准上没有具体规定，如果按系数相加法做出鉴定，那么《标准》上没有相关条款支持。所以，笔者认为《标准》中有条款规定的就应该按条款进行鉴定，毕竟《标准》是具有法律权威性的。

综上所述，法律总是滞后于实践的，一个新的标准出台，标志着法律体系的完善，随着实践的深入，《标准》在实际操作当中可能会出现难以把握的地方，建议相关部门进行阶段性的总结和研究，以便达到对《标准》执行的统一性。

人体损伤程度鉴定的审查及思考

周建东，李雅婷

江苏省苏州市人民检察院 江苏苏州 215004

以庭审为中心的司法活动，将证据作为定罪量刑的重要依据，需要查证属实及非法证据排除，实行疑罪从无原则，意味着证据采纳、采信也应疑证从无、瑕疵证据补强，技术性证据也不例外；检察机关的法医工作重心也因此已全面转向技术性证据审查，而其中人体损伤程度鉴定数量最大，争议问题最多，结合《人体损伤程度鉴定标准》（以下简称《标准》）实施以来，本文简要归纳了我们在审查过程中遇见的几类困惑（或争议）和思考，供讨论。

1 成伤机制不清或争议

《标准》适用于刑法等所涉的人身伤害问题，而刑法等所规矩的是不法行为，因此《标准》4.1.1 确定的针对"对人体直接造成的原发性损伤及由损伤引起的并发症或者后遗症"的鉴定原则，首要是明确成伤机制，解决"该不该""能不能"鉴的问题，即明确外力（伤）或病患等与人体损伤之间的因果关系，从而再确定"不法行为"的损害后果。当外力作用方式难于直接解释损伤类型时，就需要观察损伤的形态、部位、新旧等多方面的一致性及相适问题，并加强逻辑说理。但许多损伤程度鉴定对成伤机制没作深入考量，而将在纠纷、殴斗等过程中形成的人体损伤，不考虑主动或被动、直接或间接等形态，笼统认为是被打形成而出具鉴定意见。

1.1 主动攻击所致的自身伤害和自卫过程所致的自身或他人伤害

主动攻击所致的自身伤害，如拳击手等情形，原则上不予鉴定损伤程度（但应分析说明）；而自卫过程所致的自身或他人伤害，应予鉴定。

1.2 自身意外与自卫过程所致的自身或他人伤害

自身意外，如摔跌等形成的伤害，原则上不予鉴定损伤程度；而外力所致的间接形成的伤害，如摔跌伤，应予鉴定。

1.3 伤病关系

伤病关系，一直是鉴定困惑之处，法医所言的因果关系较法律上的因果关系要具体得多，主观强，争议多，《标准》虽给出了一般原则，但操作颇具难度；鉴定时应详细了解案情，分析病患严重度、外力作用强度，如外力强度明显巨大，足可破坏组织结构或功能，应视外力为主因。而如脑梗、蛛网膜下腔出血等常见形态，随着医疗检查设备的灵敏度、分辨率的提高，微血管出现异常的发现率也随之提高，即便有外力参与，也需慎重分析、综合评价。

2 诊断不确定或争议

伤情诊断是损伤程度鉴定的基础、关键，而确认这类伤情的前提是病史记录，包括影像资料，但是临床医生、法医等对于医学、损伤的主客观认知存在很多差异，对同一现象或同样资料的某些认识、测量、诊断会有所不同，这给鉴定带来不少麻烦，同一人同一伤情不同鉴定意见的现象不在少数。出庭制度、专家证人制度虽可解决诸多此类问题，但会商、会诊仍是获得共识的一个有效方法。

2.1 结构性损伤的有无

如某些蛛网膜下腔出血、挫伤、骨折等轻微类形态，时会发生争议，尤其是发生在颅脑部分，"有"即可考虑轻伤，"无"甚至不构成轻微伤，对案件的走向起着决定作用。

2.2 结构性损伤的多少

这发生在创口或瘢痕的长度或面积、骨折的数量等有数量要求的鉴定条款上。如皮肤创口的愈合、肋骨骨折的诊断，可能在不同时期（甚至滞后）或不同检查，出现量的差异，而造成质（鉴定意见）的不同。

2.3 结构性损伤的新旧

有些陈旧性形态并不典型，或有该次损伤前后的叠加伤，临床医生之间、法医之间的分析判断时有不一致，而有被错误判定的鉴定案例。另外，如慢性颅内出血等，因时间跨度的存在，在分析损伤过程、病理转归的同时要明确案情调查的重要性、必要性、排他性。

2.4 功能性损害的演变

《标准》确定了 90 d 的最低鉴定时效，但功能的修复并不止于此。多数情形，时间跨度越长，功能状态越稳定，而检察阶段、法庭阶段中的审核或复查时间又都晚于之前鉴定或申诉时间，在时效符合条件下，功能状态如何评价及采信成为难点，对之前及当前状态，既不能简单认可，也难于否定，此类情形下需要诉讼参与各方都能明了当前鉴定的动态，慎重操作，恰当归责。

2.5 功能性损害的夸大

除外鉴定人员的能力、责任等影响，在肌力、关节活动度、视听、精神状态等人体功能评价方面多数因缺乏必要的客观的技术手段、方法，而使既于普通求偿心理下的病患陈述或展示所出现的夸大或造作，在检查不被配合时，不能得到有效识别、处理，功能评价、取舍也因此成为当前很大争议，如某些个案中当事一方使用跟踪、视频等较极端方式来获取否定当初鉴定的证据，使鉴定的公正性、客观性、科学性受到限制、挑战、质疑。

3 基本概念、具体条款的矛盾或争议

3.1 《标准》具体条款明显异于基本定义

《标准》对重伤、轻伤、轻微伤作了基础定义，但在实践中发现许多案例并不恰当，具体条款明显异于基本定义，如头外伤后CT示灶性蛛网下腔出血（极微量），未过10 h复查已无影像，此损伤不能致人体中度伤害，但因具体条款却要考虑轻伤是否合适，有分歧。

3.2 统一同类伤情的规则

同类伤情，因不同部位、不同时间或不同体质等原因，出现鉴定意见不一，如创伤的愈后修复过程中的鉴定。是否可统一规则，将差异性用损害赔偿等方式来平衡、补偿。

3.3 "手术"的合理把握

临床观察、治疗是动态过程，手术适应证多基于经验和"理性"判断，不可能出现严重症状后才考虑施行手术，如果具备客观、合理的手术适应证而实施的手术，应视为《标准》所言的手术。同样，诊断性手术（如探查术等）与治疗性手术应有区分，《标准》中的手术应具备治疗功能，如纵隔损伤出现心包积血填塞、心搏骤停症状，实施穿刺、抽血后心功能即恢复正常，这类穿刺术并不是单纯的诊断术，应视为手术。另外，对临床新技术与传统技术的理解，不应机械，如近几年尤其是微创技术在心、脑、血管及其他脏器的治疗方面进展迅速，手术治疗概念等应该有全新解读，不能限于传统认识，使具体条款适用发生差异。

3.4 争议条款的释义和执行

对《标准》某些争议条款的释义和执行，不同部门、不同地区有所不同，但鉴定机构受理案件可以不分地域，使证据审查、采信面临困扰。

3.5 证据审查、采信面临困扰

检查定位偏差、测量误差、临界值对鉴定的影响，也是鉴定或审查会遇见的情形，某些个案争议颇多值得关注。

总之，刑法框架下的《标准》在适应鉴定、证据审查等司法实践方面，仍然存在很多不足、缺陷，应及时修订、完善。

第七章 其 他

口服地芬诺酯片死亡原因分析

阿布地热依木·买买提[1]，艾尔肯·尼牙孜[1]，尼外尔·亚森[1]，赵盟涛[2]

1. 新疆维吾尔自治区阿克苏地区沙雅县公安局 新疆 沙雅 842200
2. 陕西省咸阳市公安局刑警支队 陕西 咸阳 712000

地芬诺酯又名苯乙哌啶，为哌替啶的衍生品，属阿片类药物，作用于肠平滑肌，通过抑制肠黏膜感受器，消除局部黏膜的蠕动反射而减弱肠蠕动，增加肠的节段性收缩，使肠内容物通过延迟，有利于肠内水分的吸收，具有较强的止泻作用，大剂量有镇静作用，产生欣快感。

1 案例资料

1.1 简要案情

2019年1月某日晚，死者艾某（男，25岁）在自己家中口服地25片地芬诺酯片后睡觉，次日8时左右家属发现其死亡。

1.2 现场情况

尸体仰卧于床上。

1.3 法医学检验

尸表及解剖检验：上身穿棕色T恤，下身穿灰色裤子，双足穿黄色袜子，尸僵存在于全身各关节、强度较大，尸斑位于身体后侧未受压处、呈淡紫红色，指压褪色。颜面部左侧可见散在片状表皮剥脱伴皮下出血，双眼睑结膜苍白，球睑结膜可见点状出血，鼻背可见多出散在点片状表皮剥脱及皮下出血，上唇黏膜可见皮革样化，左肩部可见多处片状条状皮下出血区，最大为 5.0 cm × 5.0 cm，左胸前季肋区可见一片状皮下出血，大小为 10.0 cm × 6.0 cm，双手十指指甲发绀。解剖头颅未见异常，颈部肌肉无出血，环状软骨、甲状软骨及舌骨无骨折，喉头无水肿，食管上段及气管腔内可见大量食物反流，双侧胸肌及肋间肌肉无出血，双肺质地较韧，双肺表面可见多处点片状出血，心脏外膜下可见多处点状出血，胃内容物呈褐色糊状。

毒物检验：从死者的血液、尿液、胃内容中均未检出地芬诺酯成分。

鉴定意见：本例尸体气管腔内可见大量食物反流，心肺表面及眼睑可见点状出血点，其直接死亡原因食物反流气管腔引起呼吸道阻塞，最终导致机械性窒息死亡。本案中死者生前曾长期服用地芬诺酯片及其他具有阿片类毒品成瘾性的替代药品，结合调查、现场情况进行综合分析，排除他杀的可能性，系意外死亡。

2 讨论

阿片类药物具有极强的麻醉作用，中枢神经系统兼有兴奋和抑制的双重作用，以抑制占优势，同时具有抑制咳嗽中枢及呼吸中枢，刺激呕吐中枢，引起恶心、呕吐，与其引起的欣快症并存。急性中毒的症状是中枢神经系统深度抑制死亡，阿片类毒品依赖者戒断症状发作时，临床表现多有兴奋、失眠、流涕、震颤、呕吐、腹泻、焦虑、虚脱和意识丧失等症状，严重者可因急性呼吸、循环功能衰竭死亡。本案中死者长期大剂量服用曲马朵、地芬诺酯片，本次服用大剂量地芬诺酯片后出现呕吐症状，并因呕吐物误吸入气管腔窒息死亡。尸检心血、尿液中虽未测出地芬诺酯的有效成分，分析其因长期吸食阿片类药物造成药物成瘾，本次出现兴奋、震颤、呕吐、肌肉疼痛等戒断症状，随后服用大剂量的地芬诺酯片后，出现呕吐、意识蒙眬等状态，并因误吸入气管腔最终窒息死亡。而药物成分并未进入血液，故死者血液及尿液中并未检出地芬诺酯的成分。

阿片类药物具有超强的成瘾性，对社会具有极大的危害性，我国大力开展禁毒工作，贩卖毒品得到明显遏制，但仍有吸食者屡禁不止，通过购买阿片类相关药品满足其毒瘾。本案中地芬诺酯片系治疗腹泻的药品，被死者大剂量服用，最终因其服药后出现呕吐症状，食物误吸入气管腔内引起意外死亡，这一结果应该引起禁毒部门的注意。应加强阿片类药品及吸食人员的管控工作，避免意外发生。

86例医疗损害案件法医学鉴定及结果分析

白羽石

广东省中一司法鉴定中心 广东 深圳 518000

在对医疗损害案件进行鉴定的过程中，因果关系的分析和原因力大小的评定是医患双方关注的焦点问题，也是鉴定的重点。医疗损害鉴定的因果关系应当是事实因果关系，即根据医疗过错行为判断与损害后果之间的因果关系，而非法律层面的因果关系（考虑诸多因素）。医疗损害鉴定的因果关系具有复杂性的特点，多数案件表现为多因一果或多因多果，单纯明确的一因一果关系相当少见。在分析因果关系时要考虑诸多方面的原因，在相关依据不充分的情况下很难准确区分某一因素的原因力大小。在判断医疗过错与损害后果的因果关系时，应先明确医疗损害后果。医疗损害后果是指在诊疗护理过程中，医疗过错对患者所产生的不利事实，直接表现为患者的死亡、残疾、组织器官的损伤及健康状况相对于诊疗前有所恶化等情形。鉴定时选择不同的损害后果会有不同的因果关系。最高人民法院《关于审理医疗损害责任纠纷案件适用法律若干问题的解释（2020修正）》第十二条将因果关系定量表述为6个等级：鉴定意见可以按照导致患者损害的全部原因、主要原因、同等原因、次要原因、轻微原因或者与患者损害无因果关系，表述诊疗行为或医疗产品等造成患者损害的原因力大小。

1 案例资料

深圳市2020年法院及医患双方共同委托进行医疗损害鉴定案件86例，均为初次鉴定。鉴定意见完全原因2例（2.3%）、主要原因17例（19.8%）、同等原因18例（20.9%）、次要原因20例（23.3%）、轻微原因27例（31.4%）、无原因2例（2.3%）。

表7-1　86例医疗损害案件因果关系统计

	鉴定结论	案件数量及占比
原因力大小	完全原因	2（2.3%）
	主要原因	17（19.8%）
	同等原因	18（20.9%）
	次要原因	20（23.3%）
	轻微原因	27（31.4%）
	无原因	2（2.3%）

1.1 损害致患者死亡案件与无损害后果案件比例

86例医疗损害案件，其中损害致患者死亡案件共29例（33.7%），无损害后果案件2例（2.3%）。

1.2 涉及医疗科室比例

86例医疗损害案件其中涉及外科案件45例（52.3%），涉及内科案件20例（23.3%），涉及急诊案件3例（3.5%），涉及整形科案件8例（9.3%），涉及妇产科和儿科案件7例（8.1%），涉及检验科室案件3例（3.5%）。

表7-2 86例医疗损害案件涉及科室统计

涉及科室	案件数量及占比
外科	45（52.3%）
内科	20（23.3%）
急诊	3（3.5%）
整形	8（9.3%）
妇产科和儿科	7（8.1%）
检验科室	3（3.5%）

1.3 过错类型

86例医疗损害案件的过错类型主要有以下几个方面：医方对患方的告知不足，手术操作不当，超范围诊疗，药物使用不当或不足，术前准备评估不足，术后监护不力，缺乏辅助检查，延误诊断、治疗，漏诊。

表 7-3　86 例医疗损害案件过错类型统计

过错类型	案件数量及占比	涉及科室
医方对患方的告知不足	29（33.7%）	涉及全部科室以手术科室及内科为主
手术操作不当	21（24.4%）	主要涉及手术及检验科室
超范围诊疗	4（4.7%）	主要涉及妇产科、整形科
药物使用不当或不足	13（15.1%）	主要涉及内科及儿科
术前准备评估不足	19（22.1%）	主要涉及手术科室及需麻醉检查科室
术后监护不力	7（8.1%）	主要涉及手术科室
缺乏辅助检查	8（9.3%）	主要涉及内科、儿科、妇产科
诊断不足、延误、漏诊	23（26.7%）	涉及全部科室

2　讨论

通过对 86 例医疗损害案件进行统计后，存在以下问题：

2.1　要增强风险意识

医方在与患方进行风险告知及沟通中存在问题，虽然医生会有口头的告知，但往往因为没有书面的告知，或已告知但患方并未签字，导致在医疗损害鉴定过程中，没有证据表明医方已经进行相关的告知。而手术科室及急重症科室所面临的经常是危重症患者的救治工作，时间有限风险责任相对较高，因此要增强风险意识。

2.2　处理预案不够充分具体

手术及涉及麻醉的检验科室，术前手术方案及出现突发情况的处理预案不够充分具体，导致在手术过程中，出现突发情况后，对患者的救治过程出现瑕疵，以致后续患者出现损害。

2.3　术后监护存在疏忽

术后监护存在疏忽，不够谨慎，在患者出现病情突发进行性改变时，无法进行及时的诊疗和救治。

2.4　出现漏诊及延误诊断

诊断及鉴别诊断在医生资历相对较不足的地区，会出现漏诊及延误诊断，此类案件与医生的经验不足，存在直接关系。辅助检查的疏忽或遗漏，也会增加漏诊及延误诊断的风险。

议法医临床学鉴定方法

曹晓亮[1]，吴新建[2]，金利刚[3]

1. 浙江省义乌市公安局物证鉴定中心　浙江　义乌　322000
2. 浙江省台州市公安局刑侦支队　浙江　台州　318000
3. 浙江省杭州市萧山区公安司法鉴定中心　浙江　杭州　311203

从事法医学损伤程度鉴定十六年来，按照"审""问""视""触""听"等五步鉴定法，纠正过陈旧伤累加到新伤、陈旧伤鉴定为新鲜伤的损伤程度鉴定，也鉴定出因医生参与造假加重损伤程度而维持原较轻损伤程度的鉴定意见，均收到较好效果，借此与同行分享。

众所周知，"望""闻""问""切"四种诊断方法是中医辨证施治的重要依据，中医至今依然普遍使用"四诊法"诊断疾病；西医主要通过"问""视""触""叩""听""嗅"诸法及实验室检查等结果辅助诊断疾病，以减少误诊误治。

对于进行人体损伤程度鉴定的临床法医学鉴定人来说，掌握并综合运用好法医临床学的"审""问""视""触""听"等鉴定方法可以减少鉴定失误的发生。下面对各法进行阐述：

所谓"审"就是对委托送检的相关材料进行快速浏览审查，主要目的是看首诊病历相关内容与后续病历有无明显出入，一般情况下，首诊病历中所记载更加真实可靠，对接下来的"问"提供方向及指向性的意见。

所谓"问"就是用交谈的方式，向被鉴定人或者委托送检人详细了解被鉴定人此次受伤的时间、地点、致伤物、致伤部位、伤后情况、送医经过以及受理鉴定时损伤所致后果等情况，并在人身检查笔录本上按照记述六要素要求简明扼要的记录（如：因琐事纠纷被人拳击致左眼部受伤后三月余，现左眼视物模糊），必要时可要求被鉴定人及委托送检人签字确认。

所谓"视"就是在问损伤所在的基础上通过直接观察的方式检查损伤的部位、形态、色泽以及就医期间医生对损伤的处理方式等相关情况进行观察以判断新旧损伤、是否造作伤等，并拍照固定、测量及记录。

所谓"触"就是通过触摸、按压、平搓等方式对损伤局部的质地、瘢痕生长情况、创伤的范围、周围软组织有无肿胀、波动，判断关节僵硬的原因、判明肌肉紧张是因疼痛引起还是为了得到相对较重的损伤程度鉴定结果而对抗检查。

这里所谓的"听"不是听被鉴定人怎么说，而是指听听医院的CT、MRI等辅助检查报告单上怎么说，阅片时可以将有问题的同一部位的片子放在一起审阅，以观察判断"问题"是否符合外伤发生发展的一般规律，挑出需要进一步会诊的片子，这样可以让我们在阅片时更有针对性，更加快捷高效。

在"五步鉴定法"中"问"至关重要，因为其余"四法"在鉴定过程中均可以通过"会诊"进行弥补，在最多跑一次改革的今天，对被鉴定人反复多次的"问"则可能成为信访投诉的焦点，而"问"对损伤的多个方面均可以有更好的把握，防止鉴定失误。

造作伤2例分析

晁斌，王玉

山东省枣庄市公安局台儿庄分局 山东 枣庄 277400

1 案例资料

1.1 案例一

（1）2016年10月13日，苏某因琐事与他人发生争执后，被他人打伤头面部等处，伤后自行前往人民医院住院治疗。

医院病历记录查体见：左顶部有一长0.8 cm头皮裂伤，左耳前对耳轮处有一长0.5 cm纵行划伤，自对耳轮下缘至耳垂可见长1.5 cm纵行创口，边缘整齐，创缘无表皮剥脱，两创角均较为尖锐，创腔内无组织间桥。左侧下颌缘近下颌角处有一斜行皮肤划伤，伤及表皮。此划伤后下方1.5 cm处有一与划伤走形一致的长7.0 cm斜行创口，边缘尚整齐，创缘无表皮剥脱，两创角均较为尖锐，创腔内无组织间桥。2016年10月16日法医门诊检验：左顶部有一长0.8 cm头皮挫伤，左耳对耳轮耳垂前面可见一长约1.5 cm纵行缝合创口；左侧下颌角处近下颌缘有一长5.0 cm斜行皮肤划伤痕；此划伤后下方1.5 cm处有一长7.0 cm斜行缝合创口，与划伤走形一致，边缘整齐，两创角均较为尖锐（图7-1）。

（2）根据损伤的部位、形态，结合案情调查分析：伤者面部损伤均发布在左侧，对耳轮、耳垂、下颌处损伤形态规整且走形一致，打斗过程中无法形成，符合静止状态下锐器切割形成损伤特点，其对耳轮划伤、下颌处表浅划伤符合试切伤特点，且右利手本人可以形成。分析意见出具后，办案单位对苏某进行讯问，苏某最后交代了自行造作面部损伤的全部过程。

1.2 案例二

（1）2018年7月14日，李某因感情纠葛与他人打斗，将对方砍成重伤后离开现场，次日李某投案，自称案发时被对方用斧头砍伤左前臂。

中医医院门诊病例记录：患者男性，神志清楚，精神可，查体合作，左前臂伤口较长，伤及皮下，伤口出血。急行左前臂皮肤裂伤清创缝合术。2018年7月17日法医门诊检验：左顶部可见一2.0 cm×2.0 cm头皮挫伤。右侧颈前可见一1.0 cm×0.5 cm表皮剥脱。左前臂远端内侧至肘窝内上缘可见一长约26.0 cm缝合伤口（图7-2）。此伤中段可见一伴行的皮肤划痕，长约10.5 cm（图7-3）。伤口近端可见三处延长划痕，呈鱼尾状。

（2）损伤分析：根据病历资料、本法医门诊检验、案情调查、现场重建，结合办案民警出警时执法记录仪所拍摄的影像资料，综合分析认为：被鉴定人李某左前臂软组织创，形态规整，损伤表浅，近端呈鱼尾状延长划痕，损伤中段近距离伴行划痕，符合静止状态下锐器切割所形成损伤的特点，打斗过程中无法形成，其伴行划痕及近端鱼尾状划痕为试切伤。分析意见出具后，对被鉴定人进行再次讯问，在强有力的证据面前，苏某交代了其左前臂损伤系本人右手持刮脸刀片自伤形成。

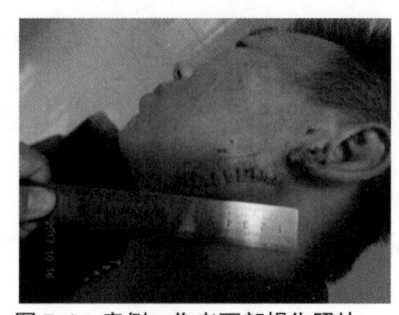 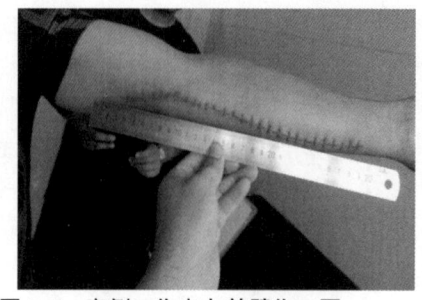 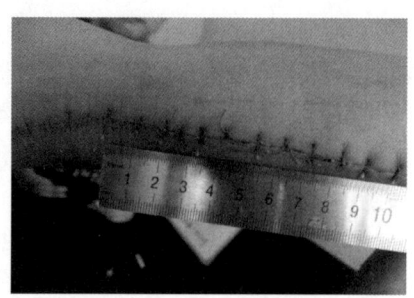

图 7-1 案例一伤者面部损伤照片　　图 7-2 案例二伤者左前臂伤口图　　图 7-3 案例二伤者左前臂伴行皮肤划痕

2 讨论

为了达到某种个人目的，自己或者授意他人对自己身体造成损伤或者故意扩大和加重原有损伤，称为造作伤。近年来人身伤害的法医学鉴定中，造作伤呈现逐渐增多的趋势，严重妨碍了司法公正，引起质疑和上访。在伤害案件鉴定中，造作伤常以逃避法律责任、加重损伤程度、反诬他人为目的，造作的损伤一般较轻，以不威胁生命或造成严重伤害为限，造作结果为轻伤的最为常见。造作伤参与人往往对伤情程度鉴定标准有一定的了解，经查证，案例一中的苏某在造作面部损伤前曾向医院的一名外科医生咨询。

造作伤中最常见的为鼓膜穿孔、造作创、外伤性牙齿脱落、难免流产、鼻骨骨折等。造作创中最为常见的是在原有创口基础上，进行一边或两边延长，此两例中在身体完好部位独立形成的造作创较为少见，而面部的造作创更为少见。

法医检案实践中，对与机械性损伤所致的造作伤的法医鉴定，应注意以下几点。①对于有造作嫌疑的伤者，要与办案民警做好沟通，了解案情，案件发生的时间、地点、参与人数，反复、详细询问被鉴定人其损伤形成的方式与过程，尽可能全面提供现场照片、现场视频，有时候通过现场照片、现场视频的对比可以比较容易地鉴别出造作伤。②细致审查案卷及临床资料，仔细甄别被鉴定人所述情况与所提供的鉴定资料是否相符，有无事实根据和旁证材料，尽可能提供致伤工具，通过比对致伤物与损伤形态的一致性进行分析，可以有效解决钝器创后锐器切割延长的情况。③条件许可的情况下法医鉴定人要进行现场勘验，了解现场环境，注意发现现场的搏斗痕迹、血迹的滴落距离、滴落方向，是滴落血迹还是喷溅血迹，损伤时伤者体位，还原参与人当时的位置，有助于判断损伤的合理性。④疑是造作的损伤检验要注意检验伤口的数目、形态，各损伤之间的距离、范围、形成损伤的方向，注意发现不合理的损伤，有无平行表浅的试切痕，可作为判断自伤的重要依据。

通过上述细致工作，可以发现伤者造作伤的出现存在诸多矛盾，损伤时间、损伤部位、损伤形态、损伤程度的不符，损伤与现场的矛盾，损伤与衣着的矛盾，损伤与病历材料的矛盾，其本质就是损伤不具备被突然迅速袭击而形成的特点，而与静止状态下的造作伤相符。

通过尸检检验对死者生前损伤程度鉴定 1 例

陈蓉，罗春学

甘肃省临夏市回族自治州公安司法鉴定中心　甘肃　临夏　731100

法医临床学损伤程度评定是法医学任务之一，通常情况下，损伤程度鉴定的客体一般是活体，死后进行损伤程度的评定一般是排除的。但在特定的案件中，伤者死亡后而不能自然终止司法程序，为了案件发展的需要和诉讼的需求，一般仍然要对死者的损伤程度进行鉴定。现就笔者遇到的一起案件加以总结，分享于同行。

1 案例资料

周某，女性，20 岁。2019 年 3 月 5 日，周某在家中因琐事与丈夫发生争执时，其丈夫赵某将周某殴打致伤，后周某在家中口服农药，被丈夫赵某发现随即送往医院抢救，经医院抢救无效并于当日死亡。

尸体检验情况：额部、鼻部、面部有皮肤发绀，颈部有擦伤；胸部有一发绀区；左手背有多处皮肤发绀；左下肢有多处皮肤发绀；右下肢有多处皮肤发绀。全身体表软组织损伤面积为 404 cm²。切开头皮，可见右颞部头皮下有一出血区，左颞部头皮下有一出血区，后枕部有一出血区。解剖见胸腹部脏器呈淤血貌。切开胃，大蒜味明显。通过尸体检验，初步确定符合有机磷农药中毒死亡（后理化鉴定检出机磷农药）。鉴于体表损伤达不到轻伤以上标准，为进一步确定死者损伤情况，局部切开鼻部皮肤，可见双侧鼻骨骨折，左侧鼻骨粉碎性骨折。依据两院、三部《人体损伤程度鉴定标准》6.1 之规定，伤后因其他原因死亡的个体，其生前损伤比照本标准相关条款综合评定，故对周某的损伤程度评定为轻伤二级。

2 讨论

在故意伤害案件中最关键的是对伤者进行损伤程度鉴定，损伤程度的高低对案件性质起至关重要。在本案例中，周某丈夫涉嫌故意伤害，其妻子死亡为口服农药中毒死亡，所以伤情的准确性，对案件起决定性作用，损伤程度鉴定应以原发性损伤、损伤引起的并发症、后遗症，全面分析，综合评定。

在本案例中，对于伤者周某损伤程度鉴定未能完成或未鉴定前，伤者已于其他因素死亡，损伤的并发症、后遗症对其影响自然消失，客观上只能依据当时的情况鉴定。鉴于此，尸体损伤情况直接决定损伤程度，在此案中，通过尸体检验，除体表发绀，头皮下出血外，余未见明显较重损伤，鉴于死者面部发绀损伤较重，认为鼻部损伤有可能致鼻骨骨折，常规鼻部损伤是结合影像学资料综合评定损伤程度，由于伤者在损伤程度鉴定前已经死亡，无法提供相关的影像学资料，只能依据尸体检验的结果对其生前的损伤程度做出评定，故决定对死者鼻部做局部解剖，进一步发现证据。

通过本案，在外伤后因自身因素死亡的案件中，生前损伤认定和发现是法医工作者的主要职责，应结合案情，详细检查，必要时对可疑部位局部解剖，确定死者生前损伤程度，保证伤情的准确性。

268 例家庭暴力损伤法医临床学回顾性分析

陈燕嫦[1]，吴绍鉴[2]，罗斌[1]

1. 广东省广州市中山大学法医鉴定中心 广东 广州 510080
2. 广东天平司法鉴定所 广东 海丰 516400

我国于 2016 年 3 月 1 日实行《中华人民共和国反家庭暴力法》（以下简称《反家暴法》），5 年来对家庭暴力的高度重视，但家庭暴力所引发的问题屡见不鲜。现通过中山大学法医鉴定中心收集 268 例家暴案进行分析，探讨其新的特点或趋势，为完善立法及预防家暴提供素材。

1 案例资料

1.1 一般资料

据《反家暴法》关于家庭暴力对象收集中山大学法医鉴定中心 2016 年 3 月至 2020 年 4 月间受理涉及家庭暴力致伤案件 268 例。

（1）受害者与施暴者基本信息：①性别：女性受害者 243 例，占 90.67%；男性受害者 25 例，占 9.32%。施暴者 274 人，以男性居多，占 86.86%，女性施暴者占 13.14%，其中收集到六宗案件为两人共同致伤一人。②年龄：受害者平均年龄 39.71±12.174 岁，最大年龄 82 岁，最小年龄 2 岁；施暴者平均年龄 39.77±8.53 岁，最大年龄 65 岁，最小年龄 17 岁。③学历：此次收集整个学历分布中，可见家庭暴力受害者及施暴者中既有文盲又有博士学历，可见于各个学历段。受害人初中以下（包含初中）学历 89 例，占 33.21%，初中至高中学历 32 例，占 11.94%，大专以上学历 147 例，占 54.85%；施暴者中初中以下学历 119 例，占 43.43%，初中至高中 23 例，占 8.39%，大专以上 132 例，占 48.16%。④双方关系中，夫妻关系 217 例，占 80.97%，同居恋人关系 18 例，父母子女关系 15 例，婆媳/翁婿关系 14 例，兄弟姐妹 4 例。

（2）案件基本信息：①委托方：委托鉴定的委托方基本为派出所，占 95.52%，其余为个人委托。未检见妇联组织、街道办、村居委等相关机构委托；②受害者遭遇家暴次数：3 次以上 192 例，占 71.64%；2 次 29 例，占 10.82%；首次 47 例，占 17.54%。③发生时段：上午（6 时~11 时）33 例，占 12.31%；中午（11 时~14 时）6 例，占 2.24；下午（14 时~18 时）30 例，11.19%，夜间（18 时~6 时）199 例，占 74.25%；④受伤到鉴定时间：24 h 内 137 例，占 51.12%，48 h 内 54 例，占 20.15%，1 周内 49 例，占 18.28%，一个月内 21 例，占 7.83%，一个月以上 7 例，占 2.61%。

（3）损伤情况：①致伤物及致伤方式：家庭暴力常见的致伤物包括徒手（拳脚）、家庭常见钝器物（如皮带、桌椅、酒瓶）、常见锐器（如菜刀、剪刀）等。家庭暴力常见致伤方式为直接暴力殴打、抓、咬、烫伤等。②损伤部位分布：以头面部、四肢多见。③损伤程度：以轻微为主，轻伤、重伤少见。

2 讨论

本次调查结果显示，家庭暴力仍以女性受害者为主，以夫妻关系常见，其发生多集中于中年年龄段阶段。以多次遭受家庭暴力为主。其发生多在夜间，遭受家庭暴力后多能在 24 h 内鉴定。致伤物以拳脚殴打多见，损伤程度以轻微为主，轻伤、重伤少见。其基本特点与既往关于家庭暴力损伤的情况类同。但与既往家庭暴力损伤案件存在变化。

2.1 委托司法鉴定途径较单一

本次调查中，委托方仅有公安派出所和伤者本人，未见妇联组织、街道办、居委会、职工单位等相关机构单位的委托。

2.2 受害者学历呈上升趋势，维权意识和证据意识增强

发现受害者和施暴者都比较集中于高等学历方面，受教育程度较高，这是新特点；对于低学历受害者不排除其受学识、传统习惯等影响而放弃鉴定或继续忍受家庭暴力，因此需加大《反家暴法》的宣传。

2.3 家庭暴力损伤具有性别特征性

施暴方式以拳脚和家庭器物为主，损伤多见于面部及四肢。男性施暴者多为拳脚直接殴打，女性施暴者以咬伤、烫伤等非暴力型为主。这可能跟男女性别及成长心理相关。

2.4 家庭暴力主体复杂和公开化

出现外遇者联手情人殴打配偶，幼儿遭受家庭暴力等情况。当今社会，通信、网络发达，家庭暴力情况更加容易通过网络被人知晓。受害者越来越多地通过媒体、网络等公开方式来维权。

2.5 非肢体家庭暴力亦不容忽视

冷暴力方式并非作用于身体部位而被检见损伤，故该类家庭暴力存在取证和举证困难的局面。

通过本次研究，希冀为法律、侦查、诉讼及司法审判提供科学证据，为完善反家暴相关法律规范提供基础研究和实操依据，共同维护社会的稳定和和谐。

浅谈非正常死亡事件的处置

程凌龙，蔡正

安徽省巢湖市公安局刑事科学技术室 安徽 巢湖 238000

非正常死亡事件的处置是法医的一项日常工作，在处理过程中，极易引起纠纷，继而引发群体性事件。在处置非正常死亡事件过程中，应充分利用各种社会协调机制和积极因素，及时、规范、妥善处理，方能收到良好的社会效果。非正常死亡事件容易引起围观，引发纠纷，及时、规范、高效地处理各种非正常死亡事件，消除不安定因素，促进社会和谐，保障社会稳定，具有重要意义。

1 非正常死亡的基本内涵

非正常死亡在法医学上指由外部作用导致的死亡，包括火灾、溺水等自然灾难；或工伤、医疗事故、交通事故、自杀、他杀、受伤害等人为事故致死。与之相对的正常死亡，则指由内在的健康原因导致的死亡，例如病死或老死。非正常死亡指的是一些外意伤亡，不是正常规律导致的死亡，需法医检验之后方可以确定；原因不明的死亡先被列为非正常死亡，在确定死因之后可能被重新归为正常死亡（例如心肌梗死）。

2 非正常死亡的主要类型

非正常死亡，又称非自然死亡、暴力性死亡或外因性死亡。以笔者所在地区为例，常见的有安全生产事故、过失致人死亡案件、其他因家庭或工作原因导致的自杀事件等。在夏季，一般溺水死亡较多。从性质上讲，非正常死亡主要有用暴力、毒物或药物等手段剥夺自己生命的自杀，地震、海啸、水灾、火灾等致死的灾害，人为的、非主观故意或过失致死的事故，被他人非法暴力、毒物或药物致死的他杀，以及让饱受不治之症痛苦折磨的病人安详地、无痛苦地离去的安乐死等。无论是自杀或是他杀，也无论是灾害或是事故，非

正常死亡都暗藏事端，事关稳定。因此，对于每一个非正常死亡事件，都必须高度重视、倍加警惕、妥善处理。

3 浅谈非正常死亡事件的处置要点

3.1 加强教育，切实统一民警思想

要加强民警思想教育，端正其思想认识，纠正其认识偏差，引导民警站在维护稳定和谐大局、防止死者家属上访的高度，认真处理好每一起非正常死亡事件。只有民警从思想上认识到这一工作的重要性，才会自觉以严谨务实的作风、吃苦耐劳的精神，做好非正常死亡事件每个环节的每项工作，才能真正取得群众的信任与理解。

3.2 规范处理，严格履行法定程序非正常死亡事件

虽然不是案件，但因涉及人命事关重大，因此，在处理非正常死亡事件时，应当严格按照有关规定，认真按照每个步骤完成每项工作，增强当事人可能上访的预见性，坚决不留任何后遗症。比如尸体解剖时应找家属签字，就要找家属签字，提取物证实该找见证人就要找见证签字，只有这样才能免受群众质疑，免遭家属谩骂。

3.3 积极组织，坦诚告知死者家属

一旦群众对非正常死亡事件的处置工作提出质疑，就应及时组织侦办技术，法制及信访民警报告事件真实情况，研究统一对外解释口径，然后集体召开座谈会来接待。家属将家属想要了解的情况坦然告知，对家属所提疑问要逐一进行解答，认真公布死亡事实真相，消除家属的思想顾虑。要尽量避免单个接待家属，这样不仅造成人力物力财力的大消耗，而且容易解释口径的不统一，造成家属产生不信任感，由此带来不必要的麻烦。

3.4 换位思考，始终保持理性态度

民警要时刻心存大局理念，以高度的集体荣誉感责任心来引导自己的行为，不该说的过激话语坚决不说，超出原则的行为坚决不做。不应因自己的一时冲动而给单位造成影响，导致损失。面对群众在丧亲之痛，加之疑虑重重时言语不恭，民警绝不能以牙还牙，导致双方处于对立状态，加深群众对公安机关的误解。民警应保持一份平常心，多进行换位思考。想想假如这个事情发生在自己身上，自己会不会产生类似的想法？由此让自己耐下心来，交心换心，多安慰体贴，用行动温暖感化群众。

3.5 善于总结，努力完善应对机制

一旦非正常死亡事件处理不当，很有可能引发信访事件发生，甚至造成恶劣的社会影响，使公安机关处于极端被动的局面。为此，我们应该善于将处置非正常死亡事件中成功的经验、败的教训认真总结。

善后处置重在一个"调"字，要充分利用社区、街道、村社、维稳、综合治理、人民调解等各种社会协调机制和死者亲友、社会名流等积极因素，加强沟通、协调、疏导工作，促进当事各方充分协商与及时和解，将各种消极、不稳定、不和谐因素消除在萌芽状态，避免事态扩大，降低社会成本，提高处置效率，预防和减少无端上访和长期缠诉，避免诉累，促进社会和谐，保障大局稳定。

浅析法医伤情鉴定中伤病关系的论证

程詹京，李军

天津市公安局物证鉴定中心 天津 300000

2014年1月1日起，国家五部委联合发布的《人体损伤程度鉴定标准》开始施行，新标准统一了很多之前旧标准施行期间的学术分歧，特别是在伤病关系对于损伤程度判定中的作用方面，一定程度上统一了以往学界关于此问题的争论，针对自身疾病对于损伤后果的三种不同程度的影响，给出了相应的解决办法。但是在实际应用中，如何判断伤病关系，尚没有一个明确的、统一的衡量标准。笔者多年从事法医临床学鉴定工作，与本地及其他兄弟省市的专家曾经就此问题进行过多次交流，有了一定的理解，现结合本人实际工作中的三起案例，就伤病关系中的不同情况和大家进行探讨，请各位前辈和同行们指正。

1 案例资料

1.1 案例一

刘某,老年女性,2019年因纠纷被他人推倒在地,伤及左肩。伤后第二日拍摄肩关节MRI片发现左肩袖损伤、左肩峰下撞击综合征,周围软组织未见明显出血、水肿。

鉴定人审查材料后发现,刘某伤前即患有双肩退行性病变,左肩为重,本次纠纷中左肩所受外力加重了原有左肩退变的症状和临床表现,因此认为本次外伤应在其左肩袖损伤中占轻微作用。依据《人体损伤程度鉴定标准》之第4.3.3条的规定,认定刘某的左肩袖损伤不宜进行损伤程度鉴定。

1.2 案例二

王某案例,老年男性,2012年与他人发生纠纷,录像显示其在与对方互相拉拽铁链过程中倒地。立即出现持续性颈肩疼痛、四肢麻木无力进行性加重,随即被送往医院住院治疗,颈椎MRI检查显示颈椎间盘突出、椎管狭窄以及脊髓水肿等,临床诊断四肢不全瘫。伤后一年半仍未恢复,复查颈椎MRI,原颈髓水肿的位置颈髓变性及局部软化灶形成。

鉴定人认为,被鉴定人王某受伤前患有严重颈椎退变,本次纠纷前活动正常。因双方互相拉拽铁链,致颈部剧烈屈伸运动、颈髓受压迫引起急性颈脊髓损伤,造成四肢瘫,分析该损伤系在自身颈椎退变基础上与颈部所受外力共同作用形成,依据《人体损伤程度鉴定标准》之第4.3.2条及5.1.1 b)条,损伤自重伤一级降级评定为轻伤一级。

1.3 案例三

牛某,中年男性,2018年5月与他人发生纠纷,调查证实被对方多人抬起四肢,自一米余的空中摔落至地面伤及背部,当日检查发现"腰1椎体压缩骨折,腰椎退行性变"等。鉴定人审查伤后影像学片:第1腰椎爆裂性压缩性骨折并压迫硬膜囊,骨折新鲜型,压缩程度超过1/2,伴轻度骨质疏松。

鉴定人认为,牛某的第1腰椎骨折的爆裂程度,说明受到了较大的纵向为主的暴力作用,该暴力作用于正常人的椎体足以导致新鲜骨折,结合外伤史,认为外力是致牛某腰1骨折的主要因素,自身骨质疏松是次要因素。牛某第1腰椎的损伤程度依据《人体损伤程度鉴定标准》之第4.3.1、5.9.3 b)条的规定,应评定为轻伤一级。

2 讨论

2.1 伤病关系的讨论

通过以上案例,对于伤病关系的讨论,我们得出以下观点:

(1)所受外力明显严重,即使没有自身疾病也可形成相应外伤时,以认定外伤为主要作用为宜。

(2)外伤史明确,经过医学客观检查有急性损伤,其预后与自身疾病缓慢形成的有明显差异,认定为共同作用。

(3)外伤史和自身疾病均明确,但是所受外力较轻微,与损害后果明显不符,应认定以自身疾病为主,外伤是次要或者轻微因素。

2.2 鉴定中应注意的事项

为了能在鉴定过程中顺利应用以上成果,有如下事项应当在鉴定过程中厘清。

(1)外伤史必须明确:除了明确是否有外伤,还应当包括受伤的详细过程,并且在尽可能的情况下,用调查来确证损伤的形成方式,如案例二。更多的时候是技术和调查的综合应用,例如案例三。

(2)既往史尽量明确:不论自身疾病与外伤之间的相互作用如何,在案发前当事人未必有清醒的认知,或者有人会选择隐瞒病史,这就需要办案单位向可能的医疗机构取证社保机构调查取证。

(3)损伤新旧必须明确:确证是否存在新鲜损伤是判断伤病关系的必要条件。但是,很多当事人出于经济或者其他原因没有及时固定证据,这就会给鉴定工作带来困扰,容易引起争议。笔者建议,这种情况应当按照《〈人体损伤程度鉴定标准〉释义》的精神,采取有争议时就低不就高、先轻后重的原则,取一个对被害人不利的结果。

锐器损伤中自杀与他杀的鉴别

董建民，司建国，陈峰

山东省临沂市兰山区公安局刑事科学技术室 山东 临沂 276000

锐器作为致伤物的死亡案件，是法医工作者经常遇到的，为了弄清案件的性质，常需要进行自杀与他杀的鉴别。本文中作者根据自己现场勘查和尸体检验的心得体会，总结出"抓住核心证据，综合统筹分析"的方法，对锐器所致死亡案（事）件性质进行自杀与他杀的鉴别。

1 核心证据

在以锐器为致伤物的自杀案（事）件中，作者认为所谓核心证据主要以下几种。

（1）试探伤。自伤、自杀案件中行为人自行试割、试切、浅刺所致。

（2）抵抗伤。为他伤、他杀案件中行为人在打斗过程中抗击外来伤害，自我保护所致。

（3）损伤是否本人易于形成。损伤是否本人易于形成，是指各类创口的部位、形态是否为被伤害的自身肢体或特殊体位、方式能够形成。

（4）创口分布及创道方向。创口分布特点通常是自杀伤分布规律、平行排列，创道方向较一致，他杀则分布混乱、排列无序，创道方向不同。

（5）创口深度与长度。一般自杀案事件中创口深度多表浅且没有大的创口；他杀案件中创口深度较深，大创口较多，基本直奔要害部位，且刀刀毙命。

上述核心证据在不同案事中呈现的个数、分布、方向、深浅、长度各不相同。

2 案件调查、现场勘查、尸体损伤检验和 DNA 检验要点

该类案件在案件调查、现场勘查、尸体损伤检验和 DNA 检验中应注重的要点主要有以下几点。

2.1 死者生前是否有自杀动机

死者生前是否多次流露出类似"不想活了"的言辞，这点可能通过亲属证言、遗书、微信、QQ 聊天记录等表现出来。自杀动机只代表主观意愿，不能代表结局。另外，每起案件均要考虑到死者生前有无精神异常病史，有无吸毒史等。

2.2 自杀案件现场特点

现场有无他人进入的痕迹，以锐器为致伤物的自杀案（事）件的现场往往不凌乱，无搏斗痕迹，血迹分布较集中，尸体周围多有血泊，足印（或血足印）均为本人所留，致伤物遗留在尸体周围或握在死者手中。如果进入现场的通道有监控，并确定无他人进入，可为确定自杀提供有力的证据。

2.3 尸体检验

（1）试探伤：试探伤因致伤物不同，可以表现为点状、条状皮肤损伤，重的可以深达真皮，或为浅表创口，数目可以几个到十几个不等，分布密集，大小方向基本一致。试探伤是自杀的核心证据，有试探伤说明自杀的可能性较大，但自杀是一个过程，试探伤往往发生在自杀过程的起始时段，但不可以因为有了试探伤，就认为可以给案件定性了。

（2）防卫伤：防卫伤又称抵抗伤，是被害人为了保护自己，及时本能地抬起胳膊防备袭击或抓住凶器时犯罪分子给死者造成的损伤。防卫伤的存在对于区别自杀、他杀是很有价值的。没有防卫伤不能排除他杀，但有防卫伤往往可以排除自杀。

（3）损伤的特点：在法医学上，锐器主要分切器、刺器和砍器，种类不同，作用方式就不同，损伤的特点也不一样。以锐器为致伤物的自杀案件中，损伤分别有以下特点。

1）切器：①以切器为致伤物的自杀损伤可以位于颈部、手腕、腹股沟处等。②切器自杀以颈部为主，切腕自杀致腕部血管断裂，血压下降，血栓形成，难以成功。③颈部切创多在喉结附近，浅切创或表浅皮肤损伤多，深切创少，重的切创只有一个，所有损伤平行排列，作用方向一致，大切创的创缘有多个皮瓣，创角处见有多个创角和延伸拖刀痕，有时呈鱼尾纹。

2）刺器：①以刺器为致伤物的自杀损伤可以分布于颈部、胸部、腹部、腹股沟部。②刺创分布较集中，有多数深浅不一的点状皮肤损伤或浅表刺创，较重的刺创深浅不一。

3）砍器：①以砍器为致伤物的自杀者损伤多位于头部（顶部、颞部）、颈部。②自杀砍创密集分布，平行排列，方向一致，多数为轻伤。

（4）损伤分布：损伤位于自杀者本人容易形成的部位，且创道的方向亦为死者本人容易形成的方向。对于刺创创道，要用手术刀柄类器具逐一探查、拍照、分析，观察损伤部位及方向是否为其本人容易形成。要调查死者生前为右利手还是左利手，看损伤的部位和方向是否符合右利或左利。

（5）成伤物体：自杀的成伤物体通常为其本人易于得到、锋利而轻便的锐器，如剃刀、水果刀、匕首、菜刀、剪刀等。

（6）衣着：自杀者的衣着一般整齐，损伤部位往往表现为衣袖卷起、纽扣解开。而他杀损伤往往为衣服上的破口和创口相对应。

（7）致命伤：自杀死亡者的致命伤数量少，特别是立即致命伤只能有一个。

（8）死后伤：他杀死亡者可有死后伤，自杀死亡者没有死后伤。

综上所述，在以锐器为致伤物的案件性质确定为自杀，应满足以下条件，首先应该有试探伤，无抵抗伤，创口及皮肤损伤的作用方向本人易于形成，损伤均具有生命特征。其他证据还有很多，虽不是核心证据，但不能起到反证作用。

浅议伤情鉴定文书中论证原则与思路

董其兵[1]，许洁[2]，方俊杰[3]

1. 安徽省滁州市公安局刑事科学技术研究所 安徽 滁州 239000
2. 安徽省滁州市定远县公安司法鉴定中心 安徽 定远 233200
3. 安徽省公安厅物证鉴定中心 安徽 合肥 230061

为增强伤情鉴定文书论证的法律性、科学性、逻辑性，指导鉴定文书规范工作，根据《公安机关鉴定规则》《人体损伤程度鉴定标准》《关于推进以审判为中心的刑事诉讼制度改革的意见》等有关规定，结合鉴定文书的特点和办案实际，谈谈伤情鉴定文书中的论证说理原则及思路。

1 基本原则

1.1 合法合理原则

伤情鉴定文书论证说理要紧紧围绕《人体损伤程度鉴定标准》条款和释义的真实意思表示，文理要求语言表述规范，言简意赅，做到论证充分，表述准确。

1.2 差异性原则

论证说理过程中要繁简适度，简案略说，繁案精说，力求恰到好处。当损伤检验结果与《人体损伤程度鉴定标准》中规定对应良好，这类鉴定论证说理宜直接明了；当损伤检验结果存在疾病参与时，这类鉴定论证说理要判定损伤与疾病的主次作用。

1.3 针对性原则

论证说理过程中要针对论点和争点，做到有的放矢。通过运用有关科学理论，对鉴定材料、检查、检验、检测结果、专家意见等进行鉴别、判断，围绕论点和争点，综合分析、逻辑推理，达到证明论点、解决争议点，排除合理怀疑。

2 构建论证证据体系

收集固定能够证明案件事实、损伤诊断、既往身体状况及其他证据，构建论证证据体系。

2.1 外伤史明确的论证

（1）案情介绍，证明案件已经发生的证据。如接警记录、120急救材料、目击者证言、伤者供述、现场勘察等。

（2）就诊情况，证明犯罪结果的证据。如医学检查、治疗记录、损伤诊断等能够证明犯罪行为已经造成后果的证据。

（3）检验情况，印证案件事实的证据。通过损伤的检查与案情介绍中殴打方式、部位等供述进行印证。

2.2 医学诊断成立的论证

（1）诊断来源，是否客观。医学诊断主要依据患者主诉、临床检查、诊断标准等，而鉴定诊断必须有肉眼可见或仪器检查证实等客观资料。

（2）检验所见，印证诊断。通过人体体格检查，可以明确损伤性质、形态、部位，与诊断结果进行印证。

（3）新旧损伤，动态辨别。对于新旧损伤，可以运用动态观察，根据损伤的发生、发展及转归过程，判定损伤新旧与否。

（4）医疗因素，介入影响。是否有医疗因素介入，导致延迟或过度医疗等，引发损伤结果的夸大、严重等现象。

2.3 外伤与诊断之间关系的论证

（1）损伤机制原理分析。根据损伤的性质、分布、形态、作用方式等分析与诊断的关系，判定诊断结果与外伤之间的因果关系，分清外伤直接所致损伤、医源性损伤或造作伤。

（2）伤病关系参与分析。可通过了解案情、询问损伤或疾病史、体检诊断、功能诊断、影像检查等，对其病理过程连续性和时间间隔规律性全面分析，判定诸因素在损伤结果中的作用。鉴定时可参照《人体损伤程度鉴定标准》有关条款进行程度评定。

2.4 目前恢复状况阐述的论证

（1）出院时情况，依据伤者就诊病历的出院时的病史采集和体格检查，可以初步评估伤者恢复状况，有无并发症、后遗症等。

（2）检验时状况，对伤者进行损伤性和功能性检查，印证有无由损伤导致的并发症、后遗症。

2.5 鉴定标准引用的论证

（1）符合鉴定标准的构成要件。标准条款一般由损伤事实和损伤程度组成，论证要符合《人体损伤程度鉴定标准》有关条款的构成要件，进行因果关系论证。对涉及容貌损害或组织器官功能障碍为主要鉴定依据的，要对鉴定时机进行评价，必须符合鉴定标准中鉴定时机的要求规定。

（2）具体条款引用。分析论证中，具体条款引用要注意几个原则，即笼统条款和专门条款都可以使用时，不管结果是否一致，说理时采用专门条款优于普通条款的原则；一处损伤导致多个组织器官损伤，说理时采用重伤吸收轻伤的原则；对某些条款限定不太明确或依据不太充分时，采用界定从紧、相权从轻的原则；对未列入条款的损伤，与拟比照的条款在损伤结果、危害、影响上具有相近性、可比性，说理时采用比照原则。

3 其他注意的事项

3.1 灵活处理，拓展论证

依法收集固定证据以及论证的途径和方式不限于上述途径和方式，可根据案件实际情况，依托鉴定材料灵活处理，拓展论证，形成良好的科学性、逻辑性。

3.2 加强与检法机关的沟通协调

应当加强与检法机关的沟通协调，尊重客观实际，解决鉴定文书审查判断中存在的分歧问题，积极取得共识。必要时，可邀请检察机关提前介入，指导和监督损伤程度鉴定工作。

实例浅析法医影像学在人体损伤程度鉴定中的应用

范金银

广州铁路公安局惠州公安处 广东 惠州 516221

自医学影像学诞生以来，其在法医鉴定工作中就占有重要的位置。随着当前影像学技术的迅猛发展，影像学技术在法医学鉴定中的应用已日趋广泛。

近年来，随着临床影像学技术的发展，法律的完善，对法医的人体损伤鉴定水平也越来越高要求，以前，法医是直接摘抄被鉴定人送来的病历资料，尤其是影像报告，现在，法医除了要选择性摘抄，阅片后还不能人云亦云，需要有自己的见解。

下面笔者结合一起典型案例,浅析法医影像学在人体损伤程度鉴定中所发挥的作用,供大家借鉴和探讨。

1 案情摘要

2019年×月×日20时,伤者王某某到××车站派出所报案称:其于2019年×月×日18时许在××市××站出站口被人用拳脚踢打致伤,后自行到××院住院治疗。

派出所即调取了伤者的病历至本中心咨询伤者损伤程度是否达到刑事立案标准。伤者CT报告提示:双侧第5~10肋局部骨质欠规整,未排除不完全性骨折。诊断:双侧第5~10肋不全骨折。因缺少CT胶片,笔者根据现有材料告知派出所伤者6根肋骨骨折,初步判定其损伤程度已达到轻伤一级,但鉴定材料不全,需提供影像学资料并对伤者进行检验方能做出准确结论。

派出所在得知初步结论后即立了刑事案件并于第2d将调取的CT片送至我中心。笔者经阅片,发现5~10肋骨骨质确有欠规整,但周围并未伴随有软组织挫伤及肿胀,分析为骨质疾病引起的骨皮质扭曲,遂要求派出所进行委托并将伤者带到本中心进行检验。

经检验,伤者胸部体表未见损伤,右肩、左腋前线3~4肋区域及左腰部有压痛,但5~10肋并未有压痛感。考虑作案工具为拳脚,伤者衣服较多,且有躲避的过程,CT片也未显示肋骨欠规整的位置周围有软组织挫伤,伤者的肋骨骨折应为骨质疾病引起的骨皮质扭曲。伤者在听到解释后表示不服,认为医生都确诊是骨折了,我们法医怎么又说不是骨折,笔者遂要求其补拍核磁共振,确认肋骨是否有骨折线。两天后核磁共振结果显示:胸部MRI平扫未见明确肋骨骨折影像。

此次案例我们可以得出以下几点:

临床影像报告只能在立案时做初步鉴定引用,不能代表最终的法医影像报告。

此次案例中,临床影像报告为伤者5~10肋骨不完全性骨折,其损伤程度已达到轻伤一级,如果不仔细阅片,而是完全摘抄和引用,那么得到的将会是一个完全错误的结论,而且也会面对嫌疑人无休无止的责难与上诉等。

2 临床医学上的损伤不代表法医学上的损伤

在人体损伤鉴定中,法医学意义上的骨折是突破骨皮质并深入骨髓腔后的骨折,而骨皮质扭曲、骨皮质的砍切伤都为临床意义上的骨折,这些临床意义上的骨折并不适用于我们损伤鉴定中应用的条款。

3 要结合案情、检验及法医影像学分析损伤的形成机制

本案中,伤者衣服较多,且受伤时有躲避行为,体表没有损伤,结合阅片中肋骨周围未见软组织挫伤,其肋骨骨折并非外力所致,而是临床医学上肋骨骨皮质扭曲,其骨皮质扭曲应为骨质疏松或其他骨质疾病所致。

4 不同的损伤需要用到不同的影像

在法医影像学中,X线或者CT一般用到骨骼系统损伤鉴定,且CT对损伤后出血的诊断有较高的特异性。而MRI主要用于颅脑骨骼病变,脏器部位的病变及关节软组织损伤等较细微的影像分析中。本次案例中,伤者肋骨并非外力导致的肋骨骨折,在伤者不服的情况下,我们可以要求伤者去做MRI检验,因为骨骼病变如果用CT一层一层地扫描有可能漏掉病变部位,而MRI检验则能得到较准确的立体图像,这样最终双方都会得到较为满意的结果。

5 活到老学到老

法医要真正掌握法医影像学技术还需了解各种影像技术基本原理和术语;熟悉影像学状态下各组织器官状况和比邻关系;还要熟知不同组织部位最适宜的影像学检测方法等;而以上这些影像知识需要读懂摸透,我们还任重而道远,要活到老学到老。

技术工作中存在多种多样的可能性,技术人员应与时俱进,活到老学到老,只有多学知识,将所学应用到实际工作中去,谨小慎微,这样才能将鉴定工作做得更好,也能更好地保护自己。

巢湖地区 148 例非正常死亡事件回顾性研究

方冉，赵日沐

安徽省巢湖市公安局刑事科学技术室 安徽 巢湖 238000

近年来，非正常死亡事件呈逐渐增多的趋势，处理难度也越来越大，处理不好很可能引起死者家属信访。2020 年，笔者与同事一共妥善处置了 148 起非正常死亡事件，通过对这 148 起事件回顾性总结，以期为进一步提高非正常死亡事件处置经验提供帮助。

1 巢湖地区非正常死亡事件特点

非正常死亡在法医学上是指由外部作用导致的死亡，包括火灾、溺水等自然灾难，或安全生产事故、医疗事故、他杀、自杀等人为事故致死。巢湖地区非正常死亡有以下特点。

1.1 数量增多

近年来，巢湖地区非正常死亡事件逐年增加。2020 年，巢湖地区（含水上分局、合巢经开分局）共发生非正常死亡事件 148 起。

1.2 种类多样

2020 年巢湖地区非正常死亡事件中：溺水死亡 21 起；安全生产事故 18 起；学生自杀 6 起；成年人因感情纠葛、心理抑郁、生活不顺、家庭矛盾等自杀 32 起；突发疾病猝死 41 起；独居老人在家中病死 17 起；其他意外事件（如电击、高坠、老年人因脑萎缩迷路在野外意外死亡等）13 起。

1.3 难度增加

随着人们维权意识不断增强，非正常死亡事件的处置难度不断增加。十年以前，公安机关在调查结束以后，简单通报一下，当事人就会接受事情处置结果。但是现在，尽管事实已经查清，但是当事人亲属仍然依托网络、媒体进行炒作，扩大事态影响，以便获得更多赔偿。

2 非正常死亡事件处置存在的问题

非正常死亡事件发生后，派出所、刑侦部门会立刻开展全面调查，并将调查结果通报死者家属。在处理时经常遇到以下问题。

2.1 存在警力浪费现象

通过对 2020 年数据分析，独居老人在家中病死占比 11.4%，突发疾病猝死占比 27.7%，此两类警情中，大部分只需简单调查走访即可排除案件，甚至部分死者猝死时，其亲属就在旁边。其家人对死因并无异议，但是死者亲属去派出所开死亡证明时，派出所以无医院证明材料为由拒绝开具死亡证明，并要求法医勘查现场。根据殡仪馆统计数据，巢湖地区每年自然死亡 2000 余人，一般农村老年人并无条件送医治疗，大多数在家中死亡。特别是家中已经在办理丧事，死者已更换衣服并入冰棺，家人正在摆酒席，数名警察涌入勘验现场，并给死者开棺检查，死者亲属往往因难以接受而产生情绪激动。

2.2 前期调查不够全面

非正常死亡事件发生以后，应立即开展全面调查。但在实际工作中，因思想重视不够、民警工作能力等原因，前期调查工作不够扎实，往往没有第一时间取证，贻误战机，给后期工作带来无穷无尽的隐患，这也导致了一些非正常死亡事件的处置难度甚至大于命案。

2.3 处置部门比较单一

目前非正常死亡事件的处置，往往仅依靠公安机关调查取证、协调处理。死者家属无非两点要求，一是查明死因，二是要求赔偿。在排除案件以后，家属的要求就是赔偿，仅仅依靠公安一家并不能解决其诉求。死者家属的诉求无法满足，就会想尽一切办法从公安工作中寻找瑕疵，并不断信访，导致公安工作陷入被动。

3 浅谈非正常死亡事件的处置建议

3.1 加强宣传引导

近年来，学生自杀类警情呈上升趋势。非正常死亡事件处置的第一要义是防范，从源头减少非正常死亡事件才是最成功的处置方式。建议与教育部门一起加强宣传教育，避免学生因课业压力或家庭矛盾，一时冲动酿成大错。巢湖地区因地理位置特殊,水资源丰富,湖泊、河流、池塘较多,因此溺水死亡事件高发,建议派出所社区民警在日常工作中进一步加强夏季防溺水宣传。

3.2 加强规范处理

针对非正常死亡事件,刑侦部门带班负责人需到达现场,并做统一调度,统一答复,严禁参与调查事件的个人向死者亲属答复。带班领导应积极调度有关警力,特别是家属有异议的,应立刻成立视频组、走访组、现场勘验组开展相关工作,即时汇总各部门信息,三日内答复调查结果。应当严格按照有关规定,认真按照每个步骤完成每项工作,增强当事人可能上访的预见性,坚决不留任何后遗症,比如在前期调查工作中,应客观全面调查取证,周围视频监控应第一时间调取并安排专人查看,只有这样才能免受群众质疑。

3.3 加强部门协作

在处置非正常死亡事件时,仅靠公安一家往往很难化解全部矛盾,建议协调社区、乡镇政府、福利机构、民间慈善组织参与到非正常死亡事件的处置中来。对于死者亲属的合理要求,各部门应主动担当,适当补偿,充分利用多手段化解矛盾。

动物破坏尸体的法医学分析 1 例

方冉,刘婷婷,程凌龙

安徽省巢湖市公安局刑事科学技术室 安徽 巢湖 238000

2020 年 2 月 16 日下午 3 时,110 指挥中心接报警称巢湖市某街道一处空地发现一具无头尸体,疑似 2 月 14 日失踪人员罗某华(女,90 岁),值班局领导遂既携侦查员、法医、痕迹技术等人员到达现场开展工作。

1 现场勘查情况

1.1 中心现场情况

现场平静,死者尸体紧靠于树木东侧,头北脚南呈仰卧位,两腿屈曲,尸体旁边见少许散在碎骨片。死者衣着整齐,上身外侧着黑色呢子外套,下身着碎花棉裤。右侧臀部裤子有泥土痕迹,左侧臀部裤子干净。黑色呢子外套背部及外裤背侧未见拖拽痕迹,脚穿红面白边红底运动鞋,鞋帮鞋底干净。分析考虑应为身体突发不适,手扶树木,身体向后坐在地面,后仰卧位倒于地面。说明死者倒下后,未被拖拽移动过。

1.2 外围现场情况

中心现场东侧 20 m 处发现死者骨性头颅,头颅旁边不远处见上牙槽骨及碎骨残片。尸体南侧菜地、北侧菜地地面泥土可见动物蹄印痕迹,中心现场南侧楼房后未化积雪上发现大量动物蹄印。

1.3 现场天气情况

2 月 14 号夜当地天气为大风伴雨,2 月 15 日下雪,2 月 16 日天晴,死者衣着正面潮湿,背部相对干燥,证明死者死后至被发现并未被移动。

2 衣着检验情况

死者上身衣着从外到内依次为:黑色呢子外套、紫色外套、紫红色马甲、灰色套头毛衣、灰色开衫毛衣、横条纹秋衣。黑色呢子外套左领口有一处破损,破损处边缘为扯断,周围有疑似动物毛发。紫色外套左袖袖口处有不规则状破损,疑似利齿撕扯;紫红色马甲未见破损,背侧浸染血迹;灰色套头毛衣左袖近肘部有几处破洞,边缘毛线有锯齿状痕迹;灰色开衫毛衣左袖有撕裂痕迹;贴身秋衣为横条状花纹,领口处破损,左臂袖口衣物缺失,缺失处断端不规则,尸体东侧地面有少量横条状花纹衣物碎片,与贴身秋衣衣服特征一致,疑似动物牙齿撕扯。

3 尸表检验情况

3.1 符合动物暴力咬合特征

尸体头颈部缺失,肩部部分缺失,缺失处创口残端为不规则状,创面创缘不整齐,皮缘呈撕裂状伴有利齿状痕迹,断端有组织肌肉血管丝状游离。离断骨性头颅,毛发皮肤肌肉组织全部缺失,面颅毁损严重,残存部分鼻骨、颧弓,颅骨未见其他钝性暴力击打痕迹。颅骨残端有明显不规则锯齿状痕迹,以牙槽骨边缘痕迹最为典型明显，颈部骨头断端为不规则状，符合动物暴力咬合特征。气管、食管外露部分残缺，断端呈锯齿状，向内探查，心脏缺失。左肩部可见多条爪痕。

3.2 腹部完整

胸壁腹壁背部未见其他损伤，腹部完整。

3.3 尸体其他部分

尸体右前臂缺失至腕部，左前臂缺失至肘部，两前臂断端尺骨、桡骨及伴随血管、神经、肌肉组织离断，损伤边缘皮瓣呈不规则撕裂状。死者双下肢未见明显损伤。

4 初步分析意见

4.1 死亡原因推断

死者颅骨未见致命外伤，胸腹部未见明显损伤，初步排除机械性损伤死亡。考虑死者年龄较大且有心脑血管基础疾病，在当日外出至中心现场时突发疾病死亡或自然衰老死亡。

4.2 死亡时间分析

人体死亡后会出现尸僵，根据理论数据，一般尸僵在死后24～48 h开始缓解，2月16日下午5点在勘验现场时尸僵开始缓解，分析死者为2月14日下午死亡。

4.3 致伤机制分析

颈肩部创口及左右两臂残端创口，出血量较少，生命特征不明显。头部缺失处衣物正面无血迹，背侧有少量浸染血迹，左、右手臂断端几乎无肌肉出血。证明其创口为其死亡后形成，死后损伤因血液停止流动，出血量较少。

尸体头颈及双手暴露于衣服外部分全部缺失，且损伤深达颈肩部、左肘部和右腕部，头部衣领向内侧凹陷，衣领处有大量灰色、白色较短疑似动物毛发，左臂袖口可见大量撕咬痕迹，尸体周边见少许散在碎骨片。综上所述，死者损伤符合多只动物头部伸进袖领咬食特征。

4.4 法医物证检验

现场血迹、碎骨片及颅骨表面、颈肩部及手臂部损伤创口表面经DNA检验，仅检出死者罗某华DNA基因分型，未检出其他人DNA基因分型。

5 结论

根据尸表检验，结合现场勘查、调查走访等情况，初步认定排除他杀可能，事发当时恰逢新冠疫情封闭管理，餐馆等营业场所停业，大量食肉动物无食物来源，四处游荡。综上，死者罗某华系意外死亡后被多只食肉动物破坏尸体。

动物破坏尸体的案例并不多见，辖区至今仅此1例，写出来仅供大家参考。

医源性扩创创口损伤程度鉴定1例

冯卫光[1]，范哲[2]，徐京男[3]

1. 吉林省松原市人民检察院 吉林 松原 138000
2. 吉林省人民检察院 吉林 长春 130000
3. 吉林省延边州人民检察院 吉林 延吉 133001

1 案情资料

1.1 简要案情

李某，男，32岁。于2014年6月3日凌晨01时许醉酒后，被他人用啤酒瓶刺伤左肩部。伤后约1 h急往医院送诊。专科情况：患者左侧肩部前侧可见一长约7 cm伤口，伤口较深，因患者疼痛无法探查，失血较多。手术记录：患者左侧肩部前侧可见一长约7 cm伤口，伤口较深，部分肌肉断裂，由于创口较深，向两侧扩延创口，见颈部深侧部分肌肉断裂，探查未见血管神经断裂，向深部探查，未见创口进入胸腔。清除创面内污染及失活组织。诊断：左肩部切割伤。

1.2 法医学检查

2014年6月10日法医查体见：左侧肩前部可见一12.7 cm缝合创口。上肢活动良好。

2 讨论

2.1 "单个创口或者瘢痕 10 cm 以上"构成轻伤二级

《人体损伤程度鉴定标准》第 5.11.3 b）条："单个创口或者瘢痕 10 cm 以上；"构成轻伤二级。对于在法医临床学鉴定中，是否应将扩创后的整个创口长度作为鉴定依据的问题，释义已经明确：因临床治疗需要进行扩创的，以扩创后创口或者瘢痕长度确定损伤程度。本例损伤系被啤酒瓶刺伤左肩部，因创口较深及临床探查需要，诊治上将左肩部 7 cm 创口向两侧扩延至 12.7 cm，对颈、胸、肩部行血管、神经、肌肉探查术，术中清除创面内污染及失活组织，扩创较合理，被鉴定人左肩部损伤宜评定为轻伤二级。

2.2 创

创是指较强大的暴力造成皮肤全层或内脏器官破裂的损伤。创属于开放性损伤，分为钝器创，锐器创、火器创。开放性损伤伤口可分清洁伤口（无菌手术切口）、污染伤口（有细菌污染但尚未构成感染）和感染伤口。开放性伤口常污染，应行清创术，较深入体内的创伤在手术中必须仔细探查和修复，伤口或组织内存有异物，应尽量取出以利于组织修复。必要时可扩大伤口。在原创口的基础上扩大创口的长度或面积，即医源性扩创，扩创的大小根据实际需要决定。

2.3 原始创口与扩创

在临床上具体怎样扩创要根据具体情况，如切开、剪开、钝性分离等，因治疗需要（扩大、引流等医疗措施）使原始创口变化或者复杂化；同样的原始创口，不同的医生扩创的长度不一定相同，无特定的标准。在实际案件中，存在某些被鉴定人为达到某种目的，诊治时故意要求医生扩大伤口，将伤口延长；也有些医生在治疗过程中盲目、随意扩大伤口，故而笔者认为，严格准确把握扩创创口的损伤程度鉴定，对于保证法医临床学鉴定的公正性、保护当事人的合法权益有重要的意义。

认真观察创口或瘢痕的特征、仔细测量计算创口或瘢痕长度、及时甄别原创和扩创。创口长度常是进行伤情鉴定的主要依据，法医临床学鉴定工作实践中，锐器创和钝器创尤其是锐器创比较常见，从创口或瘢痕的形态、特征、部位、走向结上甄别原始创口和扩创，观察创口是否一次形成，各部位特征是否一致，应及时照相固定。原始创口因皮肤受压、身体运动、致伤物形态及表面光滑度、刀刃锋利程度及衣着遮挡等原因，常创腔较深，在创缘处伴有擦伤、创角处有拖刀痕、皮肤断面毛糙、污染；扩创创口因手术刀片锋利、切割时皮肤组织保持相对固定、创口无菌等比较规则。对于识别不清的创口可以在形成瘢痕后测量，对于增生性瘢痕进计算与窗口相吻合的部分。

细致听取被鉴定人陈述及了解详细案情，客观分析住院资料。原始创口是恒定的，是可以量化的，创口的大小和致伤物大大小有一定关系，认真比对致伤物的长度区别原始创口与扩创。被鉴定人陈述可以解受伤当时的具体情况，调阅卷宗和向办案人员询问案发时客观状况，必要时应询问案发时在场人员，以便了解致伤物的形态特征、打击方向、打击力度、伤后被鉴定人临床表现等。要详细阅读病例，查询治疗经过，特别是手术记录中对原始创口的描述，以及对扩创过程的详细描述，进而确定扩创是否合理。向诊治医师咨询就诊时创口情况及扩创目的和必要性；确实难以分辨、分歧较大的，应邀请医师、学科教授等成立专家组会诊。

被牛撞死案例分析

冯宇，珊丹，温洋洋

内蒙古呼伦贝尔市鄂温克旗公安局 内蒙古 鄂温克旗 021100

1 案例资料

1.1 简要案情

2020 年 9 月 30 日，鄂温克旗锡尼河西苏木牧民邓某电话报案称：在鄂温克旗锡尼河西苏木家中草场网围栏内变压器附近草地上发现雇佣的工人张某死亡。

1.2 法医学检验

（1）衣着检查（2020-09-30）：上身外着深棕色棉服，左肩上方有一可疑斑迹，左下摆有一纵行纤维破口，左右袖口浸有大量血迹。下身外着灰色运动裤，左裤管有两处可疑斑迹，右兜下方浸有大量血迹，右臀部浸有大量血迹。脚穿黑色皮鞋。

（2）尸表检验：尸长174 cm，发育正常，营养一般。尸斑呈暗红色，分布于身体背侧未受压部位，尸斑指压不褪色，尸僵已缓解。

头面部：双眼球结膜苍白，角膜混浊，不可透视瞳孔。左眼外侧有一面积为1.8 cm×0.7 cm表皮剥脱。右眼外侧有一面积为1.5 cm×2.2 cm表皮剥脱。右面部有一面积为3.0 cm×1.5 cm表皮剥脱。双外耳道无异物，双耳郭无损伤。鼻腔未见异常分泌物。鼻根部有一面积为1.0 cm×0.8 cm表皮剥脱，鼻背侧有横行1.5 cm创口。上下唇有一面积为1.5 cm×0.8 cm表皮剥脱。左下颌有一面积为5.0 cm×1.2 cm表皮剥脱。牙齿无松动，舌居中。

颈项部：颈椎活动异常，未见损伤及异常改变。

胸腹部：胸廓塌陷。

四肢部：左前臂下段外侧有一面积为8.5 cm×3.5 cm表皮剥脱，左前臂骨折形成假关节畸形，左手背有一面积为2.5 cm×0.7 cm表皮剥脱；右拇指指间关节外侧有一2.0 cm×2.0 cm创口，创口内可见指骨外漏。左小腿中段前侧有一面积为4.0 cm×0.5 cm表皮剥脱，左小腿中段外侧有一面积为1.0 cm×0.8 cm表皮剥脱。右大腿根部骨折形成假关节畸形，右小腿前侧有一面积为9.0 cm×3.8 cm表皮剥脱伴周围皮肤肿胀。

（3）解剖检验：沿正中线纵行切开颈部、胸腹腔皮肤及皮下组织：颈部肌群未见损伤及异常。左1~10肋骨在锁骨中线处骨折伴肋间肌出血。右1~10肋骨在锁骨中线处骨折伴肋间肌出血，右4~7肋骨在锁骨旁线处骨折伴肋间肌出血。双侧胸腔积满血性液体。左肺上叶挫裂，下叶外缘有1.0 cm挫裂创；右肺下叶有点状创口。心包前侧浆膜层出血。心脏未见损伤。肝脏左、右叶挫裂。脾脏皱缩。腰椎前侧大面积出血。

沿双耳连线冠状环形切开头皮，右颞顶部头皮下出血，面积为2.0 cm×2.0 cm。双侧颞肌无出血。颅骨完整无骨折。

2 讨论

2.1 死者张某尸体解剖检验

死者胸廓塌陷，双侧肋骨多发骨折，双肺挫裂伤，胸腔积满血性液体，心包浆膜层出血，肝脏挫裂伤，脾脏皱缩，腰椎前侧软组织大面积出血等损伤综合分析，死者死亡原因系为前胸部受到有一定面积的较大钝性外力作用致胸廓塌陷肋骨多处骨折、肺脏、肝脏破裂大出血而死亡。

2.2 创口特点符合抵抗伤

经过对死者张某尸表检验，可见面部多处表皮剥脱及右大腿根部骨折形成假关节畸形等损伤特点符合高处跌落所形成损伤特点。死者右拇指处创口特点符合抵抗伤。

2.3 致伤物及成伤机制

死者张某死亡原因已经明确，但致伤物及成伤机制是什么呢？是高坠？现场没有楼房高物。是变压器电击高坠？死者张某尸体解剖没有发现明显电击伤，且变压器距离死亡位置有些远。是交通事故死后抛尸？死者张某尸表损伤不符合典型交通事故损伤，根据现场勘查及尸体衣着斑迹、尸斑、口鼻血液流注方向推断现场应为第一现场，一时案件陷入僵局。

于是对现场进行复勘，现场发现很多牛的脚印，对尸体解剖重新分析，尸体下身外着灰色运动裤上附有绿色污物，疑似为草地上擦蹭形成痕迹；上身外着深棕色棉服，左肩上方有一可疑斑迹；下身外着灰色运动裤左裤管，有两处可疑斑迹，疑似牛口水斑迹。至此，工作重心转移到牛身上。经调查走访，附近李某家有一红白花公牛，经常攻击人。后经对李某家有一红白花公进行检查，发现这头牛角只有一个，且为断牛角。对牛角上可疑斑迹进行提取并送往市局DNA实验室，并提取牛的血样，连同死者张某深棕色棉服左肩上方一可疑斑迹和灰色运动裤左裤管两处可疑斑迹送往北京市鉴定中心检验，结果李某家红白花公牛牛角上可疑斑迹为死者张某所留；死者深棕色棉服左肩上方和灰色运动裤左裤管上可疑斑迹为李某家红白花公牛所留。至此案件得以水落石出。

本案例侦破提示：在法医检验中，要充分考虑到动物致伤，对特殊案件不仅要对人的DNA进行提取送检，而且必要时要对动物的DNA提取检验，这样，可为案件侦破提供重要依据。

氟利昂中毒致死

冯宇，珊丹，温洋洋

内蒙古呼伦贝尔市鄂温克旗公安局内蒙古 鄂温克旗 021100

1 案例资料

1.1 简要案情

2018年8月23日8时05分左右，鄂温克旗新绿源屠宰场发生一起疑似冷库内氟利昂泄漏事故，事故导致王某和李某2人死亡。

1.2 *尸体检验*

（1）衣着检查：上身着灰色夹克，衣服附有污物。下身着蓝色休闲裤，前侧及臀部附着污物，黑色腰带。

（2）尸表检验：

尸长170 cm，发育正常，营养一般。尸斑呈紫红色，位于身体背侧未受压部位，指压不褪色。尸僵已形成，位于全身各大关节处，程度强。

头面部：左前额至左颧部见有11.5 cm×5.5 cm散在片状表皮剥脱。右前额见有5.5 cm×3.5 cm散在表皮剥脱，双眼球睑结膜充血，右颧部外侧见有2.5 cm×1.5 cm表皮剥脱。牙齿内有泥土样污物。

四肢部：双手发绀。

（3）解剖检验：

沿两耳连线冠状剖开头皮：头皮及帽状腱膜下无出血，双侧颞肌无出血，颅骨完整，环形锯开颅骨，硬膜完整，蛛网膜下腔无出血，大脑灰白质间见有点状出血，颅底无骨折。

沿前正中线纵行剖开颈胸腹部皮肤及皮下组织，颈部及胸腹部肌群呈鲜红色。切开气管、支气管可见气管、气管内附有白色黏液，气管壁点状出血。食道内有白色黏液。双肺有握雪感，并见有大面积点状出血，左肺根与纵隔连接处见有点状出血，右肺叶间点状出血，左后肋肋间肌见有点状出血。心包充血，前侧、背侧见有点状出血，心包内有30 mL积液，心脏肥大，前侧有白色斑块，心肌松弛，主动脉弓充血。肝脏大、肝脏右叶背侧点状出血。胰腺大、脾巨大，右肾盂颜色加深，膀胱空虚。胃内容物约为500 mL，肉眼可见白色面粒状物质，胃黏膜充血。

1.3 *其他相关检验结果及检材*

中国刑事警察学院物证鉴定中心检验报告中警鉴字〔2018〕849号。

检验结果：在所送王某血样（2018084901）中检出一氯二氟甲烷（氟利昂22，R22）。

2 论证

经过对王某尸体检验，可见死者尸斑紫红色，双眼球睑结膜充血，双手发绀，大脑水肿，大脑灰、白质间见有点状出血，颈部及胸腹部肌群呈鲜红色，气管、气管内附有白色黏液，气管壁点状出血，食道内有白色黏液，双肺有握雪感，并见有大面积点状出血，右肺叶间点状出血，左肺根与纵隔连接处见有点状出血，左后肋肋间肌见有点状出血，心包充血，前侧、背侧见有点状出血，心脏肥大，前侧有白色斑块，心肌松弛，主动脉弓充血，胃黏膜充血，肝脏右叶背侧点状出血，右肾盂颜色加深等损伤。综上损伤结合中国刑事警察学院物证鉴定中心中警鉴字〔2018〕849号检验报告符合一氯二氟甲烷（氟利昂22，R22）中毒之征象。死者系为一氯二氟甲烷（氟利昂22，R22）中毒而死亡。

死者王某死亡原因为中毒死亡已经确定，因为现场勘查中发现冷库有制冷装置管道断裂，制冷装置为氟利昂。现场冷库装有监控，可以清晰看见整个中毒过程，泄露导致王某和李某2人死亡，还有两个中毒比较轻送医院抢救，无生命危险，医院给予对症治疗，医院有病历记载。确定何种毒物中毒成为关键，因为冷库制冷装置为氟利昂，制冷装置管道断裂，再根据尸体检验和临床病例记载，并且在中国刑事警察学院物证鉴定中心检验报告中所送王某和李某血样中均检出一氯二氟甲烷（氟利昂22，R22），因此确定死者王某系为一氯二氟甲烷（氟利昂22，R22）中毒而死亡。

无肌病性皮肌炎并发间质性肺病与百草枯中毒性肺损伤的鉴定分析

高贵山，诸仁祥，简俊祺，葛建荣

浙江省绍兴文理学院司法鉴定中心 浙江 绍兴 312000

无肌病性皮肌炎（ADM）指仅有皮肤损害或者以皮肤损害为主的皮肌炎类型，通常无肌肉损伤或损伤非常轻微。ADM 相关性肺间质病变（ADM-ILD）的部分患者会发生急进型肺间质病变（RP-ILD），病死率高。以 ILD 为首发症且无明显皮肤受累的 ADM 少见，本文对司法鉴定实践中遇到的 ADM-ILD 因怀疑百草枯中毒鉴定案例进行报道，以提高对该病的法医学认识。

1 案例资料

1.1 案情及病史

某男，报警称 20 多天前有人在其种的菜上喷洒农药，其食用后身体受到伤害。其间曾到多家医院就诊，首诊 2 月余死亡。经检测菜叶用药残留为甲胺磷。

门诊首诊：1 月前无明显诱因下出现左侧胸痛胸闷不适，与活动有关，稍咳嗽咳痰。初步诊断：肺部感染。首诊 27 d 后以"咳嗽咳痰 1 月余，发热半月"住院，查皮氧饱和度 96%，呼吸稍促，两侧呼吸音稍粗，CT 见两肺炎症。首诊 50 d 后 2 次住院，查皮氧饱和度 85%，CT 示间质性肺炎，较前进展。诊断：间质性肺病伴急性加重、肺部感染等。予抗纤维化等治疗 3 d 后转院。

转院病历：反复胸闷气急伴发热 3 月余。CT 示两肺纹理增多、紊乱，多发囊状无肺纹理透亮影，多发小叶间隔增厚，多发磨玻璃影、斑片影及实变影，边缘模糊，内见支气管充气征。查百草枯血、尿药物浓度为 0 ng/mL，抗核抗体谱阴性，肌炎抗体 MDA5 阳性，铁蛋白 1155.8 ng/mL，活检未见明显炎症性肌病。诊断：MDA5 阳性 ADM 合并间质性肺炎等，予丙种球蛋白、激素、环磷酰胺等药物救治，氧和难以维持，建议行 ECMO，家属拒绝，自动出院。

1.2 检验情况

左肩外侧一缝合创，余未见明显特异性皮损，口唇、指甲床发绀明显。气管下段、支气管内见黏痰样物。肺各叶质地均较实，肺胸膜局部纤维化增厚，肺间质、肺泡壁血管扩张瘀血，肺泡间隔弥漫增厚水肿，肺间质广泛纤维增生，部分肺泡腔内见炎细胞浸润、肺泡上皮脱落及纤维素渗出，各叶肺泡腔内见水肿液。余脏器未见致死性疾病、损伤。毒化未检出百草枯、敌草快及其他常见毒药物。鉴定意见：某男符合 ADM 并发肺间质纤维化致呼吸循环功能衰竭死亡。

2 讨论

2.1 关于 ADM 与 ILD

ADM 是皮肌炎的一种少见临床亚型，主要侵犯皮肤肌肉的自身免疫性疾病，侵犯全身结缔组织。本病发病机制尚未明确，可能与免疫、感染及遗传因素有关，可对全身各系统产生损害，比较常见的为 ILD。ADM 合并 RP-ILD 者对激素及免疫抑制剂等治疗反应差，可在短期内出现呼吸衰竭，死亡率高。日本学者统计发现 ADM-ILD 从最初诊断到死亡 6 个月时间的病例占到 50%，叶霜等研究报道以急性间质性肺炎为表现的 ADM 中 6 个月的存活率为 40.8%，中位数存活时间仅为 2 个月（2 周~7 个月）。ADM 早期诊断困难，研究表明抗 MDA5 抗体可作为 ADM 患者的特征性抗体，阳性率高达 81%，临床上对于该病的诊疗主要也是基于抗 MDA5 抗体的检测。

本例患者以左胸痛不适，稍咳嗽、咳痰为主要早期临床表现，无相关病史提供，无皮肌炎的典型皮损，四肢肌力正常，仅以轻微 ILD 为特征，而临床 ADM 合并 ILD 的患者病变不累及皮肤的很少见，加之就诊医院医疗水平限制，难以及时诊断 ADM-ILD。其在临床治疗、影像学动态观察、完善实验室检查尤其是免疫学检查后，诊断为 MDA5 阳性 ADM-ILD，经相应疗后，仍氧和难以维持，最终死于呼吸循环衰竭。结合相关文献，提示 MDA5 阳性 ADM 者合并 RP-ILD 时病情重、进展快、病死率高，临床经典治疗方法对本类型治疗效果不佳，预后差。在临床上对于仅出现 ILD 表现，无特殊病史，无明确致病原因，缺乏特异性病变的患者，要考虑到 ADM 的可能，尽早完善免疫学检查、诊断，采用多种治疗方式，及时调整治疗方案，以期改善预后。

2.2 关于百草枯中毒性肺损伤

百草枯中毒的特征性病变是肺损伤，摄入该农药 24 h 后出现呼吸道症状，表现为咳嗽、咯痰、呼吸困难，少数患者出现肺水肿，严重者可因成人呼吸窘迫综合征死亡。如存活稍长者，肺泡腔内渗出物开始机化，纤维细胞肥大，分泌胶原纤维，形成稀疏的纤维组织，可见 masson 体样纤维化结节形成。一般案例根据毒物分析结果，结合接触史、尸检病理所见，可做出鉴定。本例案情中无百草枯中毒的依据，亦不符合百草枯中毒的过程表现，临床治疗过程中及尸检时取心血做毒化检测均未检出百草枯。结合临床病史资料、尸检及组织病理学检查，本例抗 MDA5 抗体阳性 ADM-ILD 诊断明确，其肺部病情可以用 ADM-ILD 解释，不支持百草枯中毒引起的肺纤维化。

2.3 法医学认识

通过本例的鉴别分析，提示法医学工作中遇到病变以 ILD 为特征，无相关病史及特异性皮损，无明确致病原因发现，病程在 3~6 个月以内迅速进展死亡的案件时，需考虑 ADM-ILD 的可能性，尽早采血行免疫学检查（如抗 MDA5 抗体等），以帮助鉴别诊断。

帕金森病术后死亡致医疗损害 1 例

葛志强，葛建荣，高贵山，王聪

浙江省绍兴文理学院司法鉴定中心 浙江 绍兴 312000

1 案例

1.1 案情摘要

某男，74 岁。因左侧股骨颈骨折、帕金森病等入院，行左半髋关节置换术。术后出现肺部感染，感染性休克，多脏器功能衰竭等经抢救无效死亡。原告认为医院诊疗过程存在医疗过错，法院委托予医疗损害法医学鉴定。

1.2 病史摘要

某男，74 岁。2017 年 10 月 25 日，以"摔倒致左髋部疼痛伴活动受限 16 h"为主诉，诊断为左侧股骨颈骨折、高血压、帕金森病、横结肠肿瘤术后等收住院。于 2017 年 10 月 30 日，予左半髋关节置换术。术后第 2 d 当家属在患方熟睡期间予以喂食稀粥后，逐渐出现血氧饱和度偏低，经查 CT，诊断为两肺感染。当日 ICU 会诊见患方神志不清，呼之不应，血氧饱和度低至 80%，遂以"肺部感染，感染性休克，呼吸衰竭等"等转入 EICU 进一步常规生命支持，并抗帕金森病，抗感染治疗。予纤维支气管镜吸痰时吸出大量淡血性液体及食物残渣。后出现多脏器功能衰竭，经抢救无效，于 2017 年 12 月 4 日死亡。死亡诊断为肺部感染、感染性休克、多脏器功能衰竭等。

2 法医学鉴定

2.1 流程

先召开听证会，听取医患双方各自陈述的意见，并回答了鉴定人的提问。

2.2 检验依据

检验方法依据《法医临床影像学检验实施规范》SF/ZJD0103006—2014。

2.3 法医学阅片所见

2017 年 10 月 26 日某市第二医院胸部 CT 片示：提示右肺上叶、下叶感染灶，右肺中叶、左下肺慢性炎症，两侧胸腔少量积液；左髋关节 CT 片示：左股骨颈头下型骨折。

2017 年 10 月 31 日 X 片示：左股骨颈骨折人工股骨头置换术后。

2017 年 11 月 1 日胸部 CT 片示：两肺多发感染性病变，两侧胸腔少量积液。

2.4 法医学鉴定意见

医方在针对某男的诊疗过程中，存在医疗过失行为，该医疗过失行为与某男死亡后果之间存在临界型因果关系（同等原因）。

3 讨论

3.1 说明术前检查不完善

根据围手术期处理原则，凡年龄超过60岁，或有慢性呼吸系统病史者，帕金森病等术前均应作肺功能检查。本例74岁，术前存在肺部炎症，医方却未予肺功能检查和评估。说明术前检查不完善。

3.2 术前对控制肺部炎症措施不到位

某男术前胸部影像提示右肺上叶、下叶感染灶，右肺中叶、左下肺慢性炎症。而医方一是术前未予适当抗生素、祛痰药、雾化吸入、体位引流、深呼吸和咳嗽训练等；二是未请呼吸科会诊以协助控制肺部炎症、评估肺功能。说明术前对控制肺部炎症欠重视，措施不到位。

3.3 术前检查不完善

因帕金森病可出现吞咽功能异常，易引起误吸。术前应进行洼田氏饮水实验或钡餐实验，以评估其吞咽功能，而医方却未采取上述检查。也说明术前检查不完善。

3.4 其告知不全

帕金森病手术风险较大、手术效果差、易死亡，术后有可能增加肺部并发症的发生率且易使原有病情加重、恶化。而在病历中却未见上述针对性风险告知的记载，说明其告知不全。

3.5 鉴定意见

某男死亡后未行尸体解剖法医病理学鉴定，无法明确其确切死亡原因。根据现有病史材料，患方病情符合在帕金森病伴肺部炎症的基础上，加之髋部骨折及其手术的创伤打击、术后食物误吸，致肺部感染加重，继发感染性休克，终致多器官功能衰竭而死亡的发生发展规律。

帕金森病患者行髋关节置换术后并发症的发生率较高，容易并发感染，其中10%为肺部感染。另外，患方家属未听从医护人员关于"睡眠期间勿与进食"告诫，存在患方在睡眠中喂食稀粥致误吸、加重肺部感染的情节。食物误吸可致吸入性肺炎，其病情发展迅速，预后差，病死率高达40%~50%。由上，即使无医疗过失行为，也存在术后并发肺部感染，继发感染性休克，终致多器官功能衰竭乃至死亡的可能性。故患方自身疾病因素及医疗依从性差与患方死亡的后果之间存在因果关系。

然而，若医方能在术前予其常规肺功能检查和评估、在控制肺部炎症后再手术、能在围手术期认真指导患方防范误吸的方法，则患方术后并发肺部感染，继发感染性休克、多器官功能衰竭、死亡的后果有可能不会发生或有可能减少其发生概率。故医疗过失行为与患方死亡后果之间也存在因果关系。

综上，医方在对某男的诊疗过程中，未完全履行一般注意义务、风险防止义务、告知义务，存在上述医疗过失行为。患方死亡的后果是患方自身疾病及其自身因素与医方医疗过失行为因素共同作用所致，其原因力作用相当，即医方的医疗过失行为与患方死亡后果之间存在临界型因果关系（同等原因）。

外伤迟发性心脏压塞死亡1例的司法鉴定

古厚隆，赵超，叶小琴

四川省金沙司法鉴定所 四川 宜宾 644000

随着法制的不断完善，医疗损害案例逐渐增加，公民对健康、医疗的自我保护意识曾强，医患双方将认识上的分歧诉诸行政或法律的理性行为增多，法医介入参与解决医疗纠纷的机会越来越多，通过查明死因，分析死亡与医疗的关系，以达到正确处理医疗纠纷的目的。

1 案例资料

石某，男，31岁，农民。于2020年11月1日17时许在自家作装修的过程中，使用砂轮机时该砂轮片炸裂，碎片伤及左面部、耳、胸左壁等处，18时许入××中医专科医院救治。行耳郭修补术，摄片、抗炎、止血后，石某于当日22时许死亡。

尸检所见：死者身长164 cm，黑发长4 cm，尸僵存在下颌关节及下肢各关节，尸斑暗紫，指压褪色，位于仰卧位低下处。结膜苍白，角膜微浊，瞳孔直径0.4 cm，唇发绀、干燥。左耳屏前有5.5 cm×6.0 cm呈倒"L"形向后梳状擦伤，该伤后有0.5 cm×0.5 cm挫创；该创下0.6 cm处有0.8 cm×0.3 cm向下挫创；耳郭前上有1.7 cm×1.0 cm挫创，对耳轮有1.5 cm×0.2 cm挫创，耳根上部有3.0 cm×0.5 cm撕裂创；上述各创已缝合。耳软骨骨折，左锁骨中线第2、3、4肋处皮肤有11.5 cm×1.6 cm垂直条状挫伤，左第3、4肋软骨扪及凹陷粉碎性骨折。余未检见异常。

解剖见：第2至5左侧肋间肌有12.0 cm×8.0 cm范围大小肌肉瘀血，左第3、4肋软骨骨折，下陷0.6 cm，中心断裂呈活动性骨折，前纵隔有12.0 cm×5.5 cm瘀血，心包左上有9.0 cm×5.0 cm瘀血，深部蓝色变，心包扩大，腔内有红色流动状血性液体约500 mL，沿心室外周有血凝块约150 g，左心室外上壁有8.0 cm×2.6 cm挫伤，该伤外侧有3.6 cm×0.6 cm挫创口右心室腔相通，心内膜附于心壁断层。左肺瘀血呈暗紫色，上叶纵面有3.0 cm×0.9 cm挫伤，左胸腔内积血约400 mL。余未检见异常。

2 论证

2.1 证据

据：左耳、面、胸部挫伤明显，肋软骨骨折，心肺挫伤，外轻里重等情况说明石某符合被力量猛、速度快的钝性物体击中所致。

据：心挫伤、穿孔、心包腔内血块、血液量大，在肺挫伤瘀变的损伤基础上，因左心舒缩活动力度不一致，挫伤部位当时未完全贯穿心肌组织，随着心脏收缩力的作用下受力不均匀，随时间推移，其薄弱部位因力的作用导致心壁穿破，血液外溢至心包腔，导致心包腔填塞而死亡。

2.2 心脏损伤机制

心脏损伤大多为穿入性创伤所致。其受伤的结果大致有三类：一为大量出血，迅速死亡，但在有现代化交通设备的城市，急症室装备良好可作开胸手术的医院，病人到达医院已濒于死亡或心跳已经停止，仍有救活的可能。另一类是心脏伤口不大，特别是心包伤口很小，血流至心包内不易排出，则心包积血的压力可以阻止心脏继续出血但构成Beck三联征，即：①静脉压增高；②心搏微弱，心音遥远而轻微；③动脉压降低。由于心包缺乏弹性，150~200 mL的血即可造成急性心压塞，故心影扩大不明显。凡在左腋前线至右锁骨中线的胸部损伤均可伤及心脏。如有大量出血或大量血胸，病人心动加速，呈休克状态；或心音微弱，血压降低，颈静脉怒张，说明有心压塞，均应考虑心脏损伤，立即采取措施。因右心房和右心室位置在前，最易受伤，其次为左心室，冠状动脉和心包内大血管也可伤及。心脏损伤应立即施行手术。怀疑心包积血，可先经剑突下途径做心包穿刺术，这个途径的优点是不致伤及冠状动脉的主要分支，若证实有心包积血后，应作开胸手术。

3 本案例不足之处

3.1 缺少心胸外科专科相关医疗技术设备，不具备相应水平

该医院作为一家骨科专科医院，对类似的损伤情况缺少心胸外科专科的相关医疗技术设备及水平。

3.2 入院后辅助检查过于单一

患者入院后辅助检查过于单一，如果当时结合心脏B超或彩超检查则可提高其诊断的准确性。

3.3 医院方未综合考虑其病情的严重性

医院方在患者入院时应综合考虑其病情的严重性，下病危医嘱，要求病员绝对卧床休息（经调查，入院后病员曾随意走动，其间曾有咳嗽，这也是因咳嗽致胸内压力增高，心室壁进一步破裂流血，致使心脏压塞的原因之一）。严密监测其生命体征变化，一旦确诊，立即请相关专科医师对其进行救治。

4 讨论

对于医疗纠纷的尸检或司法鉴定，医方是比较认可的，不管是明确死因还是医疗教训，对医方都是一次很好的提高或教训，唯一需要做的工作是患方家属对尸检的不理解，我们法医介于医患双方之间，属中立地位容易取得双方的信任，对于维护稳定，正确解决医疗纠纷打下良好的基础。

非典型性高坠迁延性死亡 1 例

郭立志[1]，王海龙[2]，赵勇[3]，张东旭[2]
1. 内蒙古乌拉盖管理区公安局 内蒙古 乌拉盖 026321
2. 内蒙古东乌珠穆沁旗公安局 内蒙古 东乌珠穆沁旗 026300
3. 内蒙古锡林郭勒盟公安局 内蒙古 锡林浩特 026000

1 案例

1.1 简要案情

某年 10 月 10 日 10 时 40 分，李某报案称：其舅舅在自家院内死亡。经调查：该男子于 10 月 8 日在盐场干活时，不慎从 2 m 高盐堆上坠落，短暂意识不清后请假回家休息。10 月 10 日上午被他人发现死在自家门口院落台阶南侧约 1 m 处，地面上有喷射状咖啡色呕吐物。

1.2 现场勘查

现场位于社区居民平房，该住宅为两间砖木结构平房，坐北朝南，南北两侧为草滩，东侧为家畜棚，西侧为居民房。现场院门外南侧停放一辆黑色摩托车，车头朝西，院门呈开启状，无明显撬压痕迹。院内平房门呈关闭状态，未发现撬压及其他痕迹物证。平房南侧台阶地面上有一具男尸，呈仰卧状，头朝东北，脚朝西南，衣着整齐，上身穿棕色皮质上衣，下身穿蓝色布料裤，右脚穿迷彩胶鞋，左脚未穿鞋。尸体全身未见明显损伤。

1.3 尸体检验

尸表检验见尸体头面部、颈部、胸腹部均未见明显损伤及骨折，右臀部至左腰部有一长约 8 cm 的斜形表皮擦伤，皮瓣向上卷曲，脊柱、四肢未见明显损伤及骨折，阴囊皮革样化。尸体解剖见颅前窝及颅后窝可见多处骨折线，脑底部可见蛛网膜下腔出血，左侧脑室及小脑可见大量凝血块。各脏器排列整齐，未见损伤。后颈部肌群、背部沿脊柱走形的肌肉及腰骶部肌肉大面积出血。

1.4 其他检验

理化检验：心血、胃内容未检见药物、毒物成分。
病理检验：未检见明显的疾病病理改变，小脑、延髓可见灶状出血。

2 讨论

高坠损伤的特点是体表损伤较轻，内部损伤重，损伤较广泛，多发生复合性骨折，多处损伤为一次暴力所形成，损伤分布有一定的特征，如身体的某一侧大面积擦伤或挫伤等，其中高坠造成的颅脑损伤一般较重，受伤即刻出现意识不清、昏迷，多于伤后短时间内（24 h 内）死亡……

本例死者损伤特点体表及内脏未见明显损伤，除颅底有多条线性骨折外，未检见其他部位骨折，左侧脑室及小脑可见大量凝血块，却没有迅速死亡，还有一定行为活动能力，这有异于高坠损伤的典型特点。分析认为，本例由于死者坠落起点比较低，故高坠伤的特点不明显。死者坠落后有短暂意识不清，腰部有斜形表皮擦伤，皮瓣方向向上卷曲，背部沿脊柱走形的肌肉及腰骶部肌肉大面积出血，颅底骨折及脑挫伤均为一次性暴力形成，符合高坠下肢或臀部先着地损伤特点，即下肢或臀部与地面接触受力后，暴力通过脊柱向上传递，导致脊椎两侧肌肉出血和颅底线形骨折，脊柱无骨折，同时颅底骨折导致脑干、小脑损伤出血和脑底部蛛网膜下腔出血；死者伤后没有立即死亡，且有行为活动能力，推断系高坠坠落点较低，形成的脑挫伤较轻，出血量少且缓慢，后随着出血进行性加重，导致大脑功能障碍，呼吸、循环衰竭形成迁延性死亡。

高坠死亡多死亡迅速，本例死者伤后仅有短暂意识不清，且有行为活动能力，为高坠死亡的特例。但是本例脑损伤位于脑底部，同时伴有小脑和脑干损伤，且脑出血量较大，形成血凝块，我们在鉴定时应注意与脑血管疾病引起的脑出血区别，如先天脑血管畸形、脑底动脉瘤等，疾病引起的脑出血无脑挫伤，出血量较多且迅速，死亡较快，实践中做病理检验加以区别。

高坠伤的原因有多种，自己形成还是他人形成，决定了案件的性质。本案案情明确，死者自己从 2 m 高盐堆上坠落，现场及周围未见可疑痕迹物证。对于案情不明的案件，应重点勘查高坠现场坠落起点有无坠落者的足迹和手抓痕迹及其他痕迹物证，坠落者自己是否有条件和能力到达坠落起点；对坠落起点有蹬踏痕迹的，看坠落者自己能否自然形成这些痕迹，同时根据着地点状况，分析其与尸体上的损伤有无矛盾。对坠落者的损伤检查,注意伤痕的形状、大小、分布等,看高坠现场能否形成。对尸体的检验,注意有无除高坠伤外的其他损伤。这些均为判定案件性质提供依据。

Y-STR 数据库在本地深度应用的思考

郭中云[1],廖长青[2],刘忠文[1]

1.辽宁省鞍山市公安局刑侦局 辽宁 鞍山 114001
2.湖南省湘潭市公安局刑侦支队 湖南湘潭 411100

近年来,随着一系列重特大积案相继告破,Y-STR 数据库发挥的巨大作用,逐渐被人们所认识,Y-STR 数据库的建设也得到了飞速的发展和充分的应用。笔者借鉴国内成功案例的新思路、新模式,结合本地数据库建设情况,对于 Y-STR 数据库的深度应用做了如下思考。

1 鞍山地区 Y-STR 数据库建设情况

鞍山地区作为公安部重点地区,Y-STR 数据库建设启动较早,目前已基本完成城区重点地区及所属三县(市)农村地区的数据库建设工作,鞍山采取"常+Y 同时检验"的方案,常染色体使用 Goldeneye®25A 试剂盒,Y-STR 检验使用 Goldeneye TMY-Plus 试剂盒检测,均涵盖公安部要求的全部核心基因座,截至现在,鞍山 Y-STR 数据库已录入数据 12 万余条。2020 年度,按照省厅要求,我们将对全部前科人员样本进行 Y-STR 检验,对数据库进行扩容。

2 结合本地数据库建设初成

笔者对如何深度应用 Y-STR 数据库,使其发挥最大作用做了如下思考。

2.1 Y-STR 数据库应用的前提条件

应用 Y-STR 数据库进行破案,应当具备以下几个前提条件:第一,家系图谱中家系人员信息必须准确无误,尤其是对于领养、招赘等外源性 Y-STR 信息做要到准确标记;第二,案件的物证中检出男性 DNA 分型,且排查后确认为嫌疑人所留;第三,判定犯罪嫌疑人应来自遗传关系相对稳定、以家族为单元的封闭地区或者本地区外来人员的聚集地。值得注意的是,由于 Y-STR 分型不是某一家系所特有,而且与姓氏无关,因此在全国范围内比对时,会比中多个家系,在甄别和应用这些比中信息时,应以本地区的比中信息为重点。

2.2 Y-STR 数据库应用模式的探究

(1)常染色体+Y-STR 数据库联合应用模式:由于本地区采用"常+Y 同时检验"的建库模式,因此在 Y-STR 数据库中比中人员后,可直接展开亲缘关系比对,判断是否符合单亲关系等。如若不符合亲缘关系,则可采取隔代、隔支采集家系中重点人员样本的方式进行进一步甄别。这种模式的优势在于可以减少样本的检验数量,降低检验成本,同时可以扩大侦查面,不会遗漏外出未采集到样本的人员。2004 年 7 月 23 日鞍山海城金某被杀,通过对其阴道拭子检验后获得嫌疑人的 Y-STR 分型,经过数据库比对比中海城响堂李某伍,由于本地区采用"常+Y 同时检验"的建库模式,我们直接对其常染色体分型进行细致分析,发现比中的李某伍与犯罪嫌疑人符合同胞关系,于是专案组对其亲兄弟进行排查,最终发现其兄李某玉与被害人阴道拭子内检出的男性 DNA 分型完全一致,李某玉即犯罪嫌疑人,至此藏匿 16 年之久的犯罪嫌疑人最终难逃法网。

(2)Y-STR 数据库+常染色体单亲比对在追逃工作中的应用模式:随着公安部追逃工作的开展,各地对逃犯亲属的样本进行了采集,部分逃犯仅能采集到单亲样本,由于 DNA 数据库中单亲比中的反馈信息量较大,在这种情况下,我们利用逃犯亲属的 Y-STR 分型通过 Y-STR 数据库进行比对,并将 Y-STR 数据库和常染色体数据库单亲比对的比中信息进行碰撞,找出其中的交叉地点,从而推测嫌疑人藏匿地的最大可能性,为追缉逃犯提供更多的线索,甚至直接指向犯罪嫌疑人。2004 年 5 月 17 日,本地发生一女生被他人强奸后杀害的案件。我们通过 DNA 男性家族系统,无容差比中鞍山市千山区唐家房镇张姓家族。经过对唐家房镇及周边亲缘关系较近的张姓家族成员百余人的基因分型逐条分析之后,最终发现张某成的基因分型与"阴道拭子"的基因分型符合单亲关系,从而确认张某成之子张某强有重大作案嫌疑,采集张某强血样进行核对检验后,确认张某强即犯罪嫌疑人,这件 16 年前影响恶劣的强奸杀人的陈年积案得以侦破。

(3)利用基因突变进行家系排查的应用模式:Y-STR 基因组结构相对稳定,但在发生碱基缺失、复制滑脱等时,会发生基因突变,每个基因座的突变频率有所不同,这种利用基因突变进行家系排查排查的模式,具体是利用中低突变率基因座从 Y-STR 数据库中锁定有比对价值的重点家系,然后利用补充的一些多态性好、多拷贝、突变率高的基因座,对重点家系进行精准排查,从而为侦查提供方向和技术支持。

(4) Y-STR 数据库与大数据平台联合应用模式:随着公安工作信息化、科技化程度越来越高,大数据时代已经到来,利用 Y-STR 数据库与大数据的联合应用为侦查破案带来了新模式,这种新模式在很大程度上可以缩小侦查范围、串联犯罪嫌疑人等。Y-STR 数据库在发挥传统意义的"以点带面"的家族定位作用基础上,结合情报研判可以快速精确地锁定犯罪嫌疑人或者嫌疑人的密切关系人,结合视频影像资料可以提供另外的信息维度,结合技侦网侦等手段,可以直接锁定犯罪嫌疑人。

3 结束语

合理运用 Y-STR 数据库可以缩小嫌疑人范围,提高排查效率,为案件侦破提供侦查方向和线索,随着 Y-STR 数据库的数据量越来越大,多种新模式、新思路的深度应用,Y-STR 数据库在打击犯罪、服务侦查、追缉逃犯等方面发挥的功效必将越来越大。

气动枪枪击法医学鉴定 1 例

郝海东[1],马岩波[2],王晶晶[1]

1. 北京市怀柔区公安司法鉴定中心 北京 101400
2. 天津市天永法医司法鉴定所 天津 300000

1996 年,我国开始推行《中华人民共和国枪支管理法》,收缴各个地区的民间枪支取得了显著成效,涉枪案件大幅度降低。但是近年来随着网络的普及,犯罪分子可通过网络购买零件自行组装枪支,网络涉枪犯罪行为高发,其中以气动枪为主,气动枪伤人案件多发。

1 案例资料

1.1 简要案情

2018 年 10 月 23 日 17 时许,高某报警称在农田内被人用枪状物打伤。

1.2 病历资料

据 2018 年 10 月 23 日医院门诊病历记载:右大腿远端外侧可见约 1 cm×1 cm 皮肤伤口,缓慢渗血。下肢活动可。2018 年 10 月 23 日医院住院病历记载:右膝上轻肿,少许血性渗出,见右膝上外侧一约 0.5 cm× 0.5 cm 伤口,伤口边缘欠规整,出血,非喷射状,伤口污染较重,膝关节活动无明显受限。2018 年 10 月 23 日影像诊断报告:右大腿下段软组织异物。2018 年 10 月 25 日 CT 诊断报告书:右股骨中下段前部软组织内异物。

2018 年 10 月 29 日行清创+异物取出术,手术记录示:右膝上外侧一约 0.5 cm×0.5 cm 伤口,伤口边缘欠规整,已结痂,伤口污染中等。C 型臂透视下定位异物位置,取大腿前侧切开,顺利取出较大异物。膝上外侧创面行梭形切口,沿创口通道向内上寻找较小异物,C 型臂透视辅助寻找,仍未能找到异物。

2018 年 10 月 30 日影像诊断报告:右大腿异物。

2018 年 12 月 6 日医院病历记载:体检,右膝正侧位:右膝上方可见多个散在金属影。

1.3 法医临床检查

伤者神清、语利,查体合作。右大腿下段外侧可见斜行皮肤缝合痕 1 处,长为 1.5 cm,右大腿中段内侧可见斜行皮肤缝合痕 1 处,长为 2.0 cm。阅影像片与诊断相符。

1.4 鉴定意见

高某所受外伤致右大腿开放损伤伴异物存留,其损伤程度参照《人体损伤程度鉴定标准》5.12.4 j)之规定评定为轻伤二级。

2 讨论

气动枪,是通过加压气体为动力发射弹丸的枪支的统称,是不运用火药发射的轻武器,靠压缩空气或气体的压力将弹头射出的枪支。枪弹的损伤机制分为三种,分别为弹头直接撞击作用、瞬时空腔效应以及压力波作用。与火器相比气动枪的弹丸发射速度在 120 m/s 左右,速度较低,Di Maio 等(1982)实验结果表明 4.4 mm 气枪弹穿透皮肤的速度需大于 99 m/s,5.38 mm 口径则需大于 74 m/s,而穿透骨骼的速度需大于 105 m/s。

故其损伤机制主要为弹头直接作用，且气枪弹多致盲管创。本案例中嫌疑人使用的是自制铅弹弹头，弹丸自右大腿远端射入，射入人体组织后动能逐渐降低，最终停留于体内。因使用自制铅弹，铅弹质量不佳，在进入人体组织后破裂，最终导致异物残留。

气动枪虽不易致死且多为事故导致伤人事件，但换装特殊弹头（如 JSB 捕食者气枪弹、Gamo 致命弹等）其杀伤力将大幅提升，且击中头部及重要脏器亦可致死，因此打击非法持有气动枪仍刻不容缓。

技术性证据审查保障命案审查起诉 1 例分析

黄俊

安徽省芜湖市人民检察院　安徽　芜湖　241000

1　简要案情

犯罪嫌疑人袁某某与被害人张某相识并一直保持恋情关系，2020 年 1 月 10 日，张某发现袁某某盗用其手机转账进行赌博后，发生激烈争吵，争吵过程中，袁某某手持匕首朝被害人张某胸部及以上部位猛戳数刀，后又持同一把单刃匕首至被害人曾某某（系被害人张某儿子）卧室内，趁曾某某熟睡之际采取割划颈部，猛戳头部、胸部等身体部位，以及割划腕部的方式将其杀害。

2　技术性证据审查过程

2.1　审查发现的问题

公诉部门受理审查起诉后，委托检察技术部门法医对鉴定意见进行技术性证据审查，经市院法医审查发现鉴定意见存在下列问题：

（1）办理此案的县级公安机关将法医病理组织学鉴定委托安徽某司法鉴定所进行鉴定，根据所附鉴定资质材料，此鉴定机构及鉴定人均没有组织学检验鉴定资质。

（2）两名死者解剖检验均描述见脑组织有明显外伤征象，但论证部分未进行分析说明。

（3）死者曾某某颈部损伤较严重，但解剖检验描述食管、气管未见明显异常，又无食管、气管尸检照片印证，故食管、气管有无损伤存在疑问。

2.2　办案过程

针对发现的上述问题，技术办案人员先后采取了调取鉴定意见书原件、查阅司法鉴定人和司法鉴定机构名册、向公安机关和安徽某司法鉴定所鉴定人员了解相关鉴定情况等调查核实工作，最终出具了尸体检验鉴定存在重大瑕疵的技术性证据审查意见，公诉部门根据审查意见将此案退回公安机关进行补充侦查。

3　讨论

3.1　注重鉴定意见证据合法性审查

由于实践中司法鉴定门类分类较细，各鉴定机构和鉴定人由于软硬件条件和业务能力素质不同，可能在取得鉴定资质时有所限制，如常见的法医病理鉴定（组织学检验除外）、法医临床鉴定（视觉、听觉、性功能、活体年龄鉴定除外），因此在对鉴定意见进行审查时要特别注意审查鉴定事项是否属于鉴定机构或鉴定人的业务范围，保证鉴定意见符合证据合法性的要求。

3.2　进一步完善相关管理规范

随着司法鉴定行业不断发展，存在的问题逐渐暴露，一方面，一些司法鉴定机构存在违反鉴定程序要求、质量管理不到位、鉴定人员职业操作不规范以及专业水平欠缺等问题，另一方面，司法行政部门监管力量不足、覆盖面不够、效能不高等问题一定程度存在，亟需进一步明确市、区级司法行政部门的监督管理职责，赋予设区的市级司法行政机关对司法鉴定的监督、管理、投诉处理和违规处罚职责，推动司法鉴定管理职权下放、管理重心下移、管理力量下沉。完善司法鉴定人终身负责制，建立对鉴定人和鉴定机构违法违规行为的惩治机制，提高违法违规"成本"，倒逼鉴定人规范鉴定、诚信执业。

3.3　建立司法鉴定信息互通和对接制度

加强检察机关和司法行政部门在鉴定机构和鉴定人执业资格、能力评估、奖惩记录、鉴定人出庭作证等方面信息的共享，通过充分发挥信息化在受理、鉴定、出庭等鉴定过程的全程留痕作用，提升监管的即时性和有效性，进一步提升司法鉴定行业的管理水平、服务能力和司法公信力。

3.4 提高鉴定人出庭作证率

法院对开庭前各方当事人的身份审查程序，是司法鉴定人出庭的第一道程序，鉴定人要出示鉴定机构和鉴定人执业证，保证参与的鉴定符合执业证上的鉴定业务范围。因此，落实以审判为中心的诉讼制度改革要求，尽可能要求鉴定人出庭作证，意味着鉴定人员在受托到鉴定的任务后就要有出庭接受质证的心理准备，促使其自觉按照相关法律、法规的规定，合法、独立、公正地进行相关鉴定活动。

3.5 进一步加大对命案证据的技术性证据审查力度

命案是侵犯公民人身权利犯罪中最严重的刑事犯罪，后果严重、情节恶劣、手段残忍、社会影响大，对人民群众生命安全造成极大威胁，同时涉案被告人又可能面临死刑这个最严厉的刑罚处罚。正是由于人民群众对命案的关注度不断提高的舆论环境及死刑本身的不可逆转性，决定了检察机关法医必须时刻把质量放在案件办理的最高位置，在技术性证据审查中要始终坚持最严格的证据标准，最规范的办案程序，最审慎的工作态度，最严谨的工作作风，秉承质量瑕疵"零存在"的办案观念，就技术性证据是否规范、意见是否客观准确出具审查意见，帮助办案人员准确把握专门技术性问题。

吸脂手术致缺血缺氧性脑病的法医学鉴定 1 例

黄卫巍，刘敏，唐可爽

北京通达首城司法鉴定所 北京 100001

颅脑损伤在法医学鉴定十分常见，主要见于交通事故、打架斗殴或是意外坠落等，但在进行腰腹部吸脂手术过程中致人脑部受损的案例在国内外的报道中并不多见。笔者遇一由腰部吸脂手术致人重伤案例，现报道如下，并借此案例探讨缺血缺氧性脑病的致伤机制。

1 案例资料

2008年8月4日张某（女，56岁）在某医疗美容诊所进行吸脂手术过程中突发呼吸心跳停止，后送至医院诊治，体查：呈昏迷状态，呼吸机辅助呼吸，肢体抽搐，四肢肌张力高。影像学资料显示脑室狭窄明显，脑实质灰质、白质界限不清，脑池、脑沟变浅，提示脑水肿；右侧额叶可见团片状高密度影，周围可见水肿带，蛛网膜下腔出血，在紧急进行开颅手术时见脑组织呈瓷白色，脑搏动弱。4个月后影像学检查显示幕上脑室系统扩张，脑池、脑沟增宽，两侧基底节条带样异常信号影，提示脑萎缩。出院诊断为缺血缺氧性脑病。后经多方治疗及恢复后，于2019年8月11日本所鉴定人对被鉴定人张某进行体格检查，可见：张某躺卧于床上，插有鼻饲管。两侧顶颞骨部分缺失，局部呈凹陷状，颈部可见器官切开愈合瘢痕，自主睁眼，呼之不应，四肢肌张力高，呈持续性植物状态。据所提供的临床病例资料可示被鉴定人张某的缺血缺氧性脑病与吸脂手术之间存在有直接的因果关系。根据被鉴定人张某的症状体征，依据《人体损伤程度标准》5.1.1 a）条款"植物人生存状态"属重伤一级。

2 讨论

2.1 缺血缺氧性脑病的病理基础及致伤机制

缺血缺氧性脑病（hypoxic ischemic encephalopathy，HIE）主要由多种因素引起脑组织缺氧或缺血而形成的脑损伤。主要多见于新生儿围产期窒息，成人多见于呼吸心搏骤停、一氧化碳中毒等，均有脑部缺氧病史。约40%的HIE可以造成机体永久的脑组织损伤，甚至残疾。HIE的发病机制较为复杂，其病理变化也是多种机制相互作用，包括微血管损伤、神经细胞能量代谢异常以及缺血缺氧后的再灌注损伤。大量研究表明缺血缺氧后的再灌注损伤为HIE的主要损伤机制，该机制主要包括"缺血期"和"再灌注损伤期"两个阶段。首先在缺血期，脑组织内血流和供氧的减少甚至中断，启动了潜在的生化反应，包括ATP生成大量减少、无氧酵解引起细胞内ATP迅速减少、K+-ATP酶失活，细胞内Na^+、Ca^{2+}增多导致细胞内水钠潴留，引起细胞毒性水肿。同时，由于再摄取障碍，兴奋性氨基酸（EAAs）释放、乳酸堆积，进一步加重脑细胞损伤。再灌注期，由于脑组织供氧量增加，大量的氧自由基产生，导致脂质过氧化，DNA/RNA片段化，血脑屏障（blood-brain barrier，BBB）受到破坏。同时，caspases的级联反应被激活，神经细胞发生凋亡，脑组织坏死周围成胶质细胞、脂肪颗粒及毛细血管增生引发脑栓塞。

2.2 本案致伤机制探讨

本案例是在进行腰腹部吸脂手术过程中即发生昏迷、抽搐，临床诊断缺血缺氧性脑病，怀疑由脂肪栓塞引发脑部缺血缺氧。脂肪栓塞（fat embolism，FE）是由于脂滴进入血液循环，阻塞小血管所致，主要见于四肢长骨骨折、严重脂肪组织挫伤或脂肪肝挤压伤，其导致的后果严重程度主要取决于进入体内的脂肪滴含量及大小，少量的脂肪滴进入血液循环后可被血液中的脂肪酶清除，或由巨噬细胞吞噬吸收；若大量的脂肪滴（9~20 g）进入血液循环，且脂滴直径大于 20 μm，则会引起肺动脉分支的栓塞，可引起肺脂肪栓塞导致猝死或右心衰竭，而当脂滴直径小于 20 μm 时，则会引起全身多器官的栓塞。医源性创伤性脂肪栓塞主要见于整形手术中的抽脂手术、脂肪移植手术以及体外循环术、关节修复术、静脉脂质输入等，由于腰腹部是人体体表脂肪含量最高的部位，在进行脂肪抽吸过程中，有脂肪细胞破裂，脂滴进入血液循环的可能。也可在进行注射操作时压力增加，促使破裂脂肪颗粒进入外周血管，再通过交通支进入颅内动脉，直接导致脑栓塞。

2.3 缺血缺氧性脑病的影像学表现

由于脑部不同区域的血流量分布不同，因此在缺血缺氧的情况下，各区域对血流量减少的敏感性也存在一定的差异性。当缺血缺氧发生时，大脑在第一时间会进行血流的再分配，优先保证代谢活跃的皮质结构区的血液供应包括：基底神经节、脑干及小脑。这种血液的自身调节使得缺血缺氧主要损伤大脑重要血管区域，例如：大脑前动脉-中动脉、大脑中动脉-后动脉交界区的皮质和邻近的皮质下白质。当缺血缺氧进一步加重时，血流的自我调节功能丧失，损伤进一步加重伤及深部，主要影响皮质结构包括：基底神经节、丘脑、海马、小脑、大脑皮质等。因此根据影像学表现的特点，可判断损伤的严重程度，反映缺血缺氧的严重程度及持续时间。

在本案的鉴定过程中，张某损伤事实明确，临床体征及影像学表现明显。由于当事人是在手术进行过程中突发呼吸心跳停止，对于其缺血缺氧性脑病的发生与其进行腰腹部吸脂手术之间的因果关系明确，但是部分案例的发生具有一定的延时性，在分析损伤后果与致伤方式因果关系的过程中具有较大的困难。在此案例分析中阐述了缺血缺氧性脑病的发生机制与影像学表现规律，望能给今后类似案件的鉴定中提供一定的参考方向。

体位变化影响皮肤瘢痕长度案例分析

黄迁秋，梅冬伟

安徽省淮北市公安局刑侦支队 安徽 淮北 235000

在法医临床鉴定中，检验皮肤创口或瘢痕长度是常见的鉴定类型。通常情况下在长度明显小于或高于临界值的情况下，检验结果不会引起争议，但是长度在接近临界值时，法医学鉴定人就要高度重视，因为不同的检验者、不同的检验时机、不同的检验方法均可导致不同的检验结果。本人给大家分享一起因体位变化导致检验结果不一致的案例。

1 鉴定过程

1.1 简要案情

9月6日晚9时许，石某某在蔡某家被一名男子持刀砍伤右手和胸部左侧。

1.2 病历材料

病历记载：主诉：右手及左胸壁被刀砍伤 1 h 伴流血。体检：左胸部皮肤裂伤有三处，约 1 、2、8 cm，右手伤口约 2 cm。入院诊断：右手及左胸壁皮肤裂伤。

1.3 法医学检查

9月20日第一次检查：左腋下有 9.8 cm×0.2 cm、1.6 cm×0.2 cm、0.5 cm×0.2 cm 瘢痕三处，左背部有 10 cm×0.3 cm 划伤，右手掌有 2 cm×0.1 cm 瘢痕。

11月6日第二次检查：左腋下有 11.2 cm×0.2 cm、1.6 cm×0.2 cm、0.5 cm×0.2 cm 瘢痕三处，左背部有 10 cm×0.3 cm 划伤，右手掌有 2 cm×0.1 cm 瘢痕。

1.4 鉴定意见

被鉴定人石某某因外伤致全身多处瘢痕，长度累计超过 15 cm，依据《人体损伤程度鉴定标准》第 5.11.3 b 条之规定，评定为轻伤二级。

2 讨论

2.1 发现问题

本案例第一次（9月20日）测量石某某左腋下较长伤口时，因伤口位于腋下，为了更好地暴露伤口，让石某某左上臂呈外展、前屈、上举位，测量结果为 9.8 cm，如图 7-4 所示。由于第一次测量值接近鉴定标准临界值，引起法医学鉴定人高度重视，遂要求伤后两个月再次检验石某某左腋下皮肤瘢痕长度。第二次（11月6日）测量时，石某某呈人体标准解剖学姿势，测量结果左腋下皮肤瘢痕长度 11.2 cm，如图 7-5。经过多次测量发现随着被鉴定人左上肢体位变化，测量出的左腋下皮肤瘢痕长度有变化，而且有较大差异。

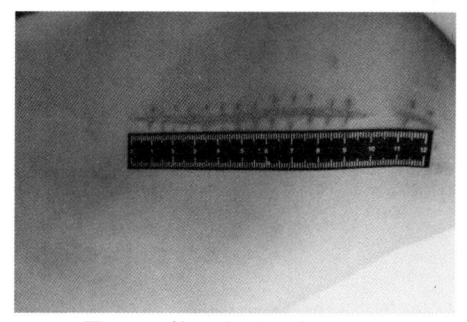
图 7-4 第一次测量结果

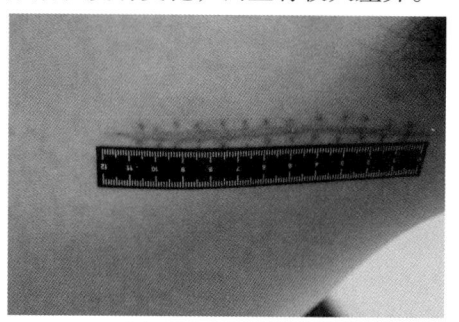
图 7-5 第一次测量结果

2.2 分析问题

同样的检验人员、测量工具及测量方法，却因被鉴定人左上肢体位变化导致测量结果不同。为什么会出现这种情形呢？笔者分析认为：

被鉴定人左腋下瘢痕长轴垂直于胸大肌、前锯肌长轴，当左上肢呈外展、前屈、上举位时，腋下皮肤及皮下软组织明显松弛，导致瘢痕收缩变短，当呈解剖学标准姿势位时，双臂自然下垂于躯体两侧，胸廓下降，腋下皮肤及软组织受到牵拉，瘢痕变长。随着体位的变化，测量结果出现变化，如果不能给出一个令人信服的解释，极易引起双方当事人的质疑，甚至产生信访案件。

《人体损伤程度鉴定标准》《〈人体损伤程度鉴定标准〉适用指南》《法医临床学》等法医学相关资料，均未对验伤时被鉴定人的体位进行明确的规定。笔者认为，教科书、鉴定标准等未对体位进行明确规定，而法医学属于医学范畴，那么，就应该参考解剖学中的人体解剖学标准姿势，即：即身体直立，面向前方，两眼平视正前方，两足并拢，足尖向前，双上肢下垂于躯干的两侧，掌心向前。

2.3 解决问题

在法医临床实践中，我们会遇到很多因体位不同导致损伤形态发生改变的情形，为了避免分歧的产生，应该确定一个统一的标准。笔者认为，应重点把握以下几点：①让被鉴定人尽量处于人体解剖学标准姿势；②测量创口或瘢痕时，皮肤皮纹应处于自然状态，即不过分牵拉或皱缩；③要能够较好的暴露损伤，以便进行测量和拍照；④特殊部位：a.损伤位于眼睑口唇部，眼睑或口唇应闭合；b.损伤位于腋窝处，上臂外展 90°左右；c.损伤位于虎口处，拇指处于外展 90°左右；d.损伤位于臀股沟，上身向前弯曲呈 90°；e.损伤位于肘关节、腕关节、膝关节、踝关节、掌指关节、指间关节等处，应使皮肤处于自然状态。

过度医疗伤残程度鉴定探讨

黄正友

湖北省随州市中心医院法医司法鉴定所 湖北 随州 441300

过度医疗是指医疗机构或医务人员违背临床医学规则和伦理准则，不能为患者真正提高诊疗价值，只为增加医疗资源耗费的诊治行为。在临床医疗过程中表现为不恰当、不规范、不道德、脱离病人实际病情而进行的检查、治疗等行为。包括过度检查、过度治疗、过度用药、小病大治、轻病久养等。过度医疗是与道德相违背的,是法律和相关制度所禁止的。但在现行医疗体制下,过度医疗仍是一种普遍存在的现象,这种过度医疗行为也给法医临床鉴定带来了困惑,产生了争议,影响了鉴定意见。

1 案例资料

1.1 案例一

××医院出院记录(住院号略)摘录:2018年11月4日,伤者赵某(男,50岁,教师)因"车祸伤1h"入院。专科情况:脊柱居中,L3椎体棘突压痛、叩击痛(+),腰部活动明显受限。鞍区感觉正常,双下肢感觉正常,肌力Ⅴ级。腰椎CT片(909941号)示:L3椎体压缩性骨折。腰椎MRI片(910025号)提示:L3椎体压缩性骨折,椎管正常,L5~S1椎间盘变性、轻度突出。入院后完善相关辅助检查,于2018年11月7日在全麻气管插管下行第3腰椎骨折切开复位+椎弓根钉内固定术。术后给予抗感染、促骨折修复等对症治疗。出院诊断:L3椎体压缩性骨折。

受×××交警大队事故处理队委托,要求按照《人体损伤致残程度分级》对赵某的伤残程度进行鉴定。

法医检验:被鉴定人赵某、步行入室。查体:生命体征稳定、发育正常、营养中等、神清、痛苦面容、对答切题,查体合作。双侧瞳孔等大等圆,对光反射灵敏。颈软,心肺腹(-)。腰椎区见纵向长10.5 cm愈合手术切口,伴腰部活动功能部分障碍。双下肢感觉运动功能正常。阅术前腰椎CT片(影像号:909941)示:L3椎体前缘轻度压缩性骨折。阅术后腰椎X片(912872号)提示:L3椎体骨折椎弓根钉内固定术后,位置尚好。

1.2 案例二

××医院出院记录(住院号略)记载:2018年12月1日,伤者刘某(男,34岁,工人)因坠地撞伤左小腿半小时入院。查体:一般情况可,神清,痛苦貌。专科检查:左小腿下段肿胀、压痛(+),左腓骨纵向轴叩击痛(+)。X片(影像号:1867432号)提示:左腓骨下段线形骨折。入院后在连硬外麻醉下行左腓骨骨折切开复位+钢板内固定术,术后抗感染对症治疗。出院诊断:左腓骨下段骨折。

受某律师事务所的委托,要求按照《职工工伤与职业病致残程度鉴定标准》(GB/T16180-2014)对刘某的残程度进行鉴定。

法医检验:被鉴定人、步入室内。查体:一般情况可,神清、合作、生命体征正常。左腓骨下段外侧区见纵向长7 cm愈合手术切口。阅术前X片(1867432号)提示:左腓骨下段线形骨折。阅术后左胫腓骨X片(1897953)示:左腓骨下段线形骨折钢板内固定术后,对位对线好。

2 讨论

2.1 两起案例临床手术治疗均无手术治疗指征

根据送检资料记载,审阅X片、结合法医检验分析认为:案例一赵某因交通事故造成的主要损伤为:L3椎体前缘轻度压缩性骨折,临床已行椎弓根钉内固定术。根据《人体损伤致残程度分级》第5.10.6 2)条之规定,应评定十级伤残。案例二刘某因坠地造成的主要损伤为:左腓骨下段线形骨折(内固定术后)。根据《职工工伤与职业病致残程度鉴定标准》第九级32条之规定,应评定为九级伤残。但两起案例临床手术治疗均无手术治疗指征,保守治疗即可且疗效显著,选择手术治疗方法不当,属过度医疗行为。如非过度医疗(非手术治疗),则案例一赵某的损伤不构成伤残等级,案例二刘某的损伤应根据相应条款之规定,评定拾级伤残。

2.2 医院存在过度医疗问题

从上述两起案例看,临床诊断明确,手术治疗已成事实,但均是在未出现手术治疗指征的情况下而采取了手术治疗,临床类似案例不胜枚举,目的只是为了追求更高的经济效益,应视为治疗方法选择不当,属过度医疗行为。如果直接引用相应鉴定标准条款进行评定,则说明临床过度医疗行为决定了法医临床鉴定意见,从而导致冤假错案和鉴定纠纷的发生。因此笔者认为,在法医临床鉴定过程中,应注意以下几点:

(1)对医检资料审查时,要认真细致,全面分析论证。看临床诊断是否明确,手术治疗是否具备手术指征,治疗方法是否得当,对损伤或疾病的发生、发展及转归过程应全面了解,结合各种辅助检查综合分析,客观公正的评定。

（2）在引用鉴定标准条款时，不能盲目套用，要考虑到鉴定标准的原则性规定，同时结合鉴定标准条款的适用性，灵活应用，科学合理的评定。

（3）法医司法鉴定人员应加强法医理论学习，积极参加临床实践活动，掌握各种损伤或疾病的诊断及治疗方法，做到理论与实践相结合，文证审阅与活体检验相结合，逐步提高鉴定水平，不能因临床过度医疗行为影响了法医临床鉴定意见。

回顾1例杀人抛尸、藏尸案的法医学检验鉴定

季江林，臧勤，杜凤军，周洪伟

江苏省泰兴市公安局 江苏 泰兴 225400

1 简要案情

2018年5月，何某某失踪25 d后，被发现被掩埋在某鸭场地里。

2 尸体检验情况

2.1 尸体被包裹、捆绑情况

尸体被红色地毯包裹，并被尼龙绳捆绑。

2.2 尸表损伤检验情况

右额顶部两近平行创口，大小分别为1.6 cm×0.2 cm、2.9 cm×0.2 cm，由中间一横行创口0.5 cm×0.2 cm相连，两平行创口上方欠规则创口1.0 cm×0.2 cm；右侧顶部条状欠规则创口3.5 cm×0.2 cm；右侧颞顶部6.0 cm×7.0 cm范围内头皮肿胀；左侧顶部条状欠规则创口4.2 cm×0.3 cm；左侧枕部条状欠规则创口1.8 cm×0.1 cm。右额部表皮剥脱1.6 cm×0.6 cm；右眉弓处弧形创口4.5 cm×0.5 cm，对应处眉弓骨骨折；右眼外眦外侧弧形创口3.7 cm×0.3 cm；左额部皮下出血3.0 cm×2.0 cm，伴散在小块状表皮剥脱；左眉弓外侧上方皮下出血3.0 cm×2.2 cm，伴散在小块状表皮剥脱；左眉弓内侧欠规则条形创口2.2 cm×0.5 cm；左眼外眦外侧片状表皮剥脱3.2 cm×2.0 cm；双眼睑发绀、肿胀，两眼睑结膜见点状出血，鼻背部2.5 cm×1.0 cm范围内散在表皮剥脱；上下唇中央内侧黏膜均见块状瘀血，大小分别为1.5 cm×1.0 cm、2.0 cm×1.1 cm；下颌部表皮剥脱1.5 cm×0.7 cm。

以上创口创缘两侧均伴有表皮剥脱，创角有挫裂，创壁不整齐，创腔有组织间桥。右肘关节背侧6.0 cm×7.0 cm范围内片状皮下出血，伴表皮剥脱1.0 cm×0.5 cm；双手十指甲床发绀。

2.3 解剖检验

右额颞顶部13.0 cm×10 cm范围内帽状腱膜下出血；右侧颞肌出血；右侧额颞顶部颅盖骨粉碎性塌陷性骨折，形成14.0 cm×11.0 cm范围的骨窗；右额颞顶叶散在挫伤，蛛网膜下腔广泛出血，右侧颅前窝、颅中窝、颅后窝粉碎性骨折。两肺叶间包膜下见出血斑点；心血呈暗红色流动状；脾包膜呈明显皱缩状。

3 论证

3.1 案件性质

死者何某某尸体被从地里挖出，尸体被包裹、捆绑等，且头面部多处创口，方向不一，其自身不能形成，符合他人所为，案件性质为他杀。

3.2 致伤工具

根据死者何某某头面部创口，分别呈条形、弧形，创缘伴有表皮剥脱，创角有挫裂，创壁不整齐，创腔有组织间桥，颅骨呈粉碎性塌陷性骨折，推断各创口符合被具有条弧形棱边易挥动的金属类工具反复作用所形成；死者何某某额面部散在小片状皮下出血，伴散在块状表皮剥脱，多分布在左侧额面部，推断符合被钝性外力挤压所形成。

3.3 死亡原因

死者何某某头面部多处创口，右侧额颞顶部颅骨粉碎性塌陷性骨折，右额颞顶叶散在脑挫伤，蛛网膜下腔广泛出血；双眼睑结膜见点状出血，上下唇中央内侧黏膜块状瘀血，心血呈暗红色流动状，肺叶间包膜下见出血斑点，脾脏包膜皱缩，双手十指甲床发绀等；结合心血理化检验未检见常见毒物。据此分析，何玉华符合颅脑损伤合并机械性窒息死亡。

4 讨论

经侦查，该案件迅速获破，为熟人之间的杀人、抛尸、藏尸案，作案动机为报复加谋财。该案件存在多种致伤方式：①电动三轮车砸压头面部（诱骗修轮胎，故意把三轮车推倒，有伪装意外事故的嫌疑）；②嫌疑人用床单包裹头面部，用脚反复踩踏面部，并引起窒息；③嫌疑人用扳手反复击打死者头面部致颅脑损伤。

为防止犯罪嫌疑人翻供、定性出错，技侦人员进行了侦查实验，侦查实验过程与尸体检验起到了以下相互印证的作用：①明确了三轮车砸压的部位为左侧头面部，且损伤轻微（损伤仅为皮下出血伴表皮剥脱），不足致死，排除了意外事故致人死亡的可能。②颅脑损伤分布在右侧头面部，为带有条弧形棱边的金属类工具扳手类反复作用所致，为致死方式之一。③额面部突出部位散在表皮剥脱，符合头面部被床单包裹胶鞋反复踩踏并引起窒息，为致死方式之二。④右肘关节背侧片状皮下出血，证明了受害人在下蹲位被三轮车砸压时，左侧额面部受伤时的体位状态：右肘撑地。

经过侦查实验，印证了作案过程与法医检验完全吻合，明确了致死方式，为案件的定性，提供了客观的证据链，增加了办案人员的信心。

骨盆骨折后手术治疗鉴定纠错 1 例

蒋浩[1]，刘静[2]，聂波[2]

1. 四川鼎诚司法鉴定中心 四川 成都 610023
2. 四川省成都市公安局郫都区分局 四川 成都 610023

1 案例资料

王某某，女，2020 年某月某日因"左手、髋部车祸伤后疼痛功能障碍 3 h"入院治疗。专科情况：神清，精神萎靡，头面部皮肤挫裂伤已清创缝合无菌敷料覆盖，左手掌肿胀疼痛压痛，主动活动疼痛功能障碍，被动活动疼痛剧烈；骨盆挤压分离实验（+），双下肢感觉存在，足趾血运正常。足趾肌力 4-。辅助检查：骨盆正位：左侧耻骨上下支及耻骨梳-髋臼骨折。右侧耻骨下支及左侧骶骨附件区骨质密度欠均。全腹部 CT+盆腔：骶椎左份，左侧髋臼，双侧耻骨上下支骨折。左侧盆腔软组织肿胀，盆腔积血。伤后 20 d 在全麻下行"左髋臼及骨盆骨折切开复位内固定术"治疗。

伤后 2 个月行第一次损伤程度鉴定，其"左髋臼骨折、左耻骨上下支骨折、右侧耻骨下支及左侧骶骨附件区骨折"，行"左髋臼及骨盆骨折切开复位内固定术"治疗后，根据《人体损伤程度鉴定》5.8.2 重伤二级 b）"骨盆不稳定性骨折，须手术治疗"之规定，鉴定为重伤二级。

因肇事方对第一次鉴定有异议，于伤后 5 个月行第二次损伤程度鉴定。法医临床学检查见：左下腹见 10.0、1.8 cm 术后瘢痕；左大腿外侧至臀部见 18 cm 术后瘢痕；骨盆挤压分离试验（+）。双下肢等长，活动可，肌力及肌张力正常。病理反射未引出，生理反射正常引出。复阅受伤当日 X 片示：左侧耻骨上支骨质欠规整，左侧耻骨下支骨折，折端错位，骨折断端可见一小骨片影，右侧耻骨下支骨质欠规整；左侧髋臼骨折，折端错位，可见一小骨片分离移位。复阅受伤当日 CT 片示：骶骨左侧骨折，折端稍显分离，可见一较小折块分离移位；左侧髋臼粉碎性骨折，折端分离移位，周围见较多碎小骨折块；双侧耻骨下支骨折，折端错位，以左侧为甚，左侧耻骨下支骨折断端见游离碎骨片。复阅伤后 23 d、术后 3 d X 片示：骨盆多发骨折复查表现，其中左侧髋臼为骨折内固定术后复查表现，骨折线模糊，折端稍显错位，内固定在位，未见松动及断裂征象，左侧耻骨下支折端错位，骨折断端周围见碎小骨片影。王某某"骶骨左侧骨折、左侧耻骨上下支骨折、右侧耻骨下支骨折、左侧髋臼粉碎性骨折"，根据《人体损伤程度鉴定标准》5.8.3 轻伤一级 a）"骨盆 2 处以上骨折；骨盆骨折畸形愈合；髋臼骨折"之规定，鉴定为轻伤一级。

2 讨论

骨盆是一个完整的闭合骨环，以髋臼为界，可将骨盆环分为前、后两部分。骨盆后部是承重的主要部分，故称承重弓或主弓。骨盆前部由两侧耻骨上、下支与耻骨联合构成的弓形结构称为联结弓（或称副弓）。承重弓骨折将破坏骨盆环的稳定性，影响承重功能。Tile 分型，也叫 AO 分型，其将骨盆环的概念引入了分型之中，分为 A 型稳定骨折、B 型旋转不稳定骨折（部分稳定型）和 C 型垂直及旋转不稳定骨折（不稳定型）。

本例骨盆骨折为"骶骨左侧骨折、左侧耻骨上下支骨折、右侧耻骨下支骨折、左侧髋臼粉碎性骨折"。该损伤系 AO 分型中 B 型骨折，其中骶骨骨折处未完全骨折、分离，承重弓部分未完全破坏，其手术部位主要位于髋臼粉碎性骨折处，对骨盆后侧承重弓部位未做手术处理，其骨盆环结构未完全破坏，双侧骶髂关节未见异常，骨盆形状未见明显不规则改变，故其不属于不稳定性骨折范畴，虽经手术治疗，其损伤程度只能鉴定为轻伤一级，而非重伤二级。第一次鉴定错误的造成，应该是只考虑了骨盆骨折、手术治疗这两个因素，而忽略了骨盆不稳定性骨折才是本条款成立的前提条件这一重要因素。

综上，骨盆骨折在损伤后早期鉴定中，需要根据骨盆实际损伤程度为依据，并非骨盆骨折发生手术即可依照重伤条款进行评定，对于骨盆是否属于不稳定骨折的认定尤为重要，AO 分型中对骨盆的损伤程度鉴定具有一定局限性，并非所有 B 型损伤皆可认定为不稳定性骨折，承重弓骨折将破坏骨盆环的稳定性，影响承重功能。重伤二级的骨盆骨折鉴定，应当综合考虑骨盆原发损伤，及是否由不稳定性骨折所导致的手术治疗，才能避免鉴定错误。

论人体损伤程度鉴定的时机

金利刚[1]，曹晓亮[2]

1. 浙江省杭州市萧山区公安司法鉴定中心 浙江 杭州 311203
2. 浙江省义乌市公安局物证鉴定中心 浙江 义乌 322000

在临床法医学鉴定实践中，关于鉴定时机的把握有很多公安司法鉴定中心的法医存在误区，鉴定时限被机械的拉长，被伤者或其家属认为鉴定人不作为或慢作为，并因此导致伤者或其家属对鉴定人信访或投诉。现就损伤鉴定时机的理解和把握展开论述，希望对此存在误区的法医有用。

《人体损伤程度鉴定标准》"4 总则"第 4.2 中分三条对人体损伤程度鉴定的时机作了明确规定。个人认为这三条规定以伤情稳定为基本原则，只要伤情稳定（总则规定的特殊情况除外），可以随时出具损伤程度鉴定文书。因此，鉴定时机仅仅是对"伤情稳定"的理解及把握问题。

所谓伤情稳定，就是原发损伤所致的并发症、后遗症、容貌损害、功能障碍等不会进行性加重或减轻损伤程度等级，最终以原发性损伤或其所致的并发症、后遗症、容貌损害、功能障碍等为主要鉴定依据评定损伤程度。

1 伤情是否稳定需综合分析、确定

1.1 与所鉴定损伤相关的医学资料是否齐备

资料齐备以能够确定对损伤程度鉴定结果没有影响为基本要求。如未涉及神经损伤的四肢长骨中段骨折，最终不会造成肢体关节功能活动障碍，因此，只要有门诊病历、影像检查片子及报告单、出院记录（住院治疗的），就满足鉴定所需病历资料的基本要求；但对于创伤性失血性休克的鉴定，就需要增加住院病历、手术记录、麻醉记录甚至病程记录、验血报告单等加以明确。

1.2 损伤所致的并发症、后遗症、容貌损害、功能障碍等是否对损伤程度起加重作用

如一侧膝关节韧带断裂术后经功能锻炼两个月，其关节功能丧失未达 25%；仅有面部非中心区单条创伤（未伤及重要神经）在 6~10 cm 之间；外伤性鼓膜穿孔 3 周已愈合且听力正常；……均可认为达到伤情稳定，直接出具鉴定文书，不能简单、机械的告知被鉴定人等三个月或六个月复检后再出具鉴定文书。

2 讨论

多数情况下，损伤程度鉴定无法实现"最多跑一次"，为尽可能减少被鉴定人往返鉴定中心的次数，鉴定人的信息有限公开（如办公电话）、在受理鉴定过程中对鉴定时机做好解释并告知被鉴定人必须补充的资料是必要的。

矿井下凶杀与事故两例分析

晋芳[1]，李彦国[2]

1. 山西省阳泉市平定县公安局刑事科学技术室 山西 阳泉 045200
2. 山西省阳泉市公安局刑事技术处 山西 阳泉 045000

1 案例资料

1.1 案例一

2008 年 2 月，某矿井下发现一具尸体，要求派员前往勘验现场及检验尸体。

现场勘验：尸体位于井下一巷道内，尸体呈俯卧状位于井下一长 11 m、宽 3 m、深 0.2～0.3 m 巷道积水区内，在尸体东侧散乱放着死者的头灯、井下用自救器、安全帽。经调查：尸体发现地点不是死者的工作地。检查死者周围巷壁及巷顶未发现煤、矸石脱落等事故迹象，在水边东侧发现一堆 8 cm×5 cm×2 cm 的新鲜黄沙，摊开黄沙检验覆盖处，经检验有血迹，沿此处向东继续搜寻，在 87 m 处到达一井下配电室。在该室内馈电开关（规格为 84 cm×82 cm×50 cm）边地面有一层 60 cm×50 cm×2 cm 的黄沙，检验黄沙底部发现有血迹，在开关的一侧及底部支架上发现有呈喷溅状、流注状、新鲜擦拭状血迹（后经 DNA 检验为死者所留），在室内有一防火用的铁沙箱，箱内黄沙呈新鲜翻动状。

尸体检验（简介）：死者穿井下工作服，头顶枕部多处挫裂创，创口排列无序，相应处颅骨粉碎性骨折；额部多处挫裂创，创口排列无序；右面部一挫裂创；右手背红肿。余未见明显异常。

结论：分析认定为杀人后移尸。发案后 20 h 案件侦破。

1.2 案例二

2010 年 9 月，某矿井下发现一具尸体，怀疑被害，要求派员前往勘验现场及检验尸体。

现场勘验：尸体位于井下一运输巷道内，呈俯卧状，左侧为巷帮，右侧为运输皮带，在尸体头部右侧 30 cm 有一块 60 cm×40 cm×40 cm 不规则矸石，检验此矸石发现其上有多处新鲜擦划痕。在运输皮带两侧皮带架上平行悬挂有多根高压水管及电缆线，其间距在 15～20 cm 之间，高压水管和电缆线沿途分别用电缆夹固定，在距死者头部 2.5 m（脚侧）左侧电缆架上发现平行走向的高压水管和电缆线间有一相向变形区，间距最大处为 32 cm，在变形区前后由近至远相邻的电缆夹处高压水管及电缆线上发现由长到短的新鲜擦划痕。运输皮带的运行方向为死者的脚侧向头侧方向。经调查：死者为清煤工，死亡地点为死者的工作地。

尸体检验（简介）：死者穿井下工作服，右颞部 4 cm 挫裂创，右颞部、顶部粉碎性凹陷骨折，全颅崩裂。余未见明显异常。

结论：综合分析认定为事故致人死亡。

2 讨论

煤矿生产中的采煤业属高危行业，事故致人伤亡的比例较高。另外，近年来，因对煤矿井下事故死亡人员赔偿金的提高，受经济利益的驱使，在煤矿井下杀人后冒充事故死亡以骗取赔偿金的案例屡有报道。同时，煤矿井下是一个相对封闭、工作环境比较复杂的特殊的作业场所。因此，发生死亡事故后，特别是单人单岗时发生的死亡事件，对死亡性质的判定往往有一定的难度。因此，在煤矿井下发生死亡事件后，一定要对现场、尸体损伤进行仔细的分析、研究，同时要进行认真的调查走访，准确确定事件的性质。通过上述两例案例，对事故致死与凶杀的特点进行分析、区别，从而确定死亡性质。

2.1 现场的特点

首先要调查清楚死亡事件发生的地点是否为死者的工作岗位场所？死者的岗位及职责？现场有无其他工作人员？死亡事件发生的周围有无冒顶、滚帮、煤块及矸石等的抛落、运输及机械事故等生产事故？同时要聘请专业技术人员向其了解咨询现场设备的工艺流程及周边环境的应有状态和可疑变化情况。在现场勘验中做到心中有数，有的放矢，以确定死亡事件的性质。如案例一，死亡现场不是死者的工作岗位，现场未发现能够形成损伤的事故迹象，扩大搜索范围发现黄沙掩埋的血迹，直至发现第一现场，确定为杀人移尸案件来侦破。案例二的死亡现场在工作岗位，在其尸体侧的皮带架上发现新鲜的变形区，现场设备的工艺流程符合矸石从皮带架上高压水管和电缆线间穿出打击死者右侧头部的情况，确定为生产事故死亡来处理。

2.2 损伤的特点

生产事故所致的损伤往往较严重，常为钝性损伤，损伤多分布在身体的一侧，损伤形成方向一致，常符合一次形成的特点。由于冒顶、滚帮、煤块及矸石等的抛落形成的损伤因矸石、煤块的表面凹凸不平，作用于人体组织时因受力大小及接触面的不同而引起不同的损伤，尤其是头面部本身结构尚不平坦，常常形成多处甚至多种不同类型的损伤。常表现为一击多伤和挫裂创不规则的损伤，同时在创口内常可见到煤矸石碎块。由于运输及机械事故所致的损伤常伴有多处、广泛的骨折，甚至肢体离断。凶杀案件中的钝性损伤常表现为致伤物多样，损伤形状多样，损伤方向不一致，损伤由多次作用形成。用生产事故对损伤不能进行解释。如案例一，死者头面部、头顶枕部多处挫裂创，创口排列无序，损伤是由于被碰撞配电室内的开关底座、水泥台的边缘、地面等部位形成。案例二死者头部的损伤在右颞部、顶部，符合事故中矸石抛落所致。

2.3 分析时的注意事项

首先要仔细了解死亡事件的发生经过和发现尸体的经过，尸体有无进行过抢救、有无移动过位置、尸体的原先发现位置和姿态为何，从中了解及辨析所提供事件经过的真实性。其次在现场勘验及尸体检验中要对现场的痕迹物证、尸体的损伤加以分析研究，确定损伤能否用现场情况做解释。然后要对来处理尸体后续事情的亲属人员的身份进行确认甄别，防止制造事故骗取赔偿金案件的发生。

总之，技术员在处理井下死亡事件进行现场勘验和尸体检验时不能孤立地进行，要结合现场情况、尸检结论和调查访问情况，一定要熟悉现场设备的工艺流程，准确发现、提取、固定现场痕迹，科学地分析、研究、利用，合理地解释现场的变化、尸体的损伤，正确确定事件性质。

再谈对命案现场的现场重建

康希同，吉玉强，王广杰

天津市公安局河东分局物证鉴定所　天津　300011

犯罪现场重建理论在20世纪80~90年代产生于美国，它对美国刑事司法领域产生了重大影响，并将现场重建结论作为提出控诉或辩护的重要事实依据。犯罪现场重建是"运用科学方法、物证、合理的逻辑推论，以及它们之间的相互关系来获得对一系列犯罪情节的明确认识。"

笔者认为命案现场重建就是运用科学技术的方法，重新构建现场人员死亡发生的经过，并以获得其非正常死亡的真相。要立足现场勘查情况、尸体检验情况，并结合调查走访对犯罪过程进行客观分析。

1 案例

丙（男，36岁）的亲属多次与其电话联系，但丙的电话一直处于无人接听状态。后来，其亲属来到丙的居住地拨打电话，发现屋内有铃声但无人回应。于是找开锁公司开门后，发现丙躺在卧室床上已无呼吸，因此报警。

经勘查该单元房为一室一厅，防盗门锁为碰撞式弹子锁，门边及锁体未见撬压。进入单元，可见客厅地面有墩布墩地形成类似水印的痕迹，墩布放于门口鞋柜旁。沙发上有一个靠垫只有棉胆，其他几个靠垫均有垫套。进入卧室，丙靠一侧床沿呈仰卧位，身上盖有被子，颈背部枕在枕头上，头顶顶在床头，穿一内裤。仅在丙的面部及颈部发现了可疑皮肤擦伤，据此我们又着重检验了其双侧眼睑，发现均有出血点，立即将此情况向上级汇报。

调查走访获取到丙和其妻感情并不美满，其妻可能还有情人；丙有睡觉时从屋内反锁门的习惯，但开锁时门并未从内反锁，据此我们继续勘查。经过对前期发现客厅地面擦拭痕迹进行分析，其应为用浸有大量水的墩布擦拭地面所致，它不同于日常家庭中一般的擦地习惯，而把带水的墩布直接放置在门口更显异常。经过全面搜索，先在卫生间内的洗衣机内发现靠背垫的外套，后借助紫外多波段光源，又在靠背垫的棉胆上发现了可疑的斑迹，经DNA检验获取到了丙和一外男的混合型分型。

尸检所见：面部淤血，双侧眼睑结合膜均可见出血点，口唇、双手指甲发绀。左眼下睑可见表皮剥脱，左口角可见表皮剥脱，上唇可见黏膜破损，下唇可散在黏膜破损，颈前部可见多处较小的皮肤擦伤，左肘上臂中后侧靠近肘关节处可见皮肤擦伤。锁骨乳突肌、胸骨舌骨肌和肩胛舌骨肌出血，扁桃体、甲状腺可见灶状出血；甲状软骨、舌骨大角两侧骨折伴肌群出血。心脏隔面、肺叶间浆膜下可见散在出血点，大脑皮质椎体细胞肿胀变圆、尼氏小体溶解。心肌细胞肿胀，染色质凝聚在核膜下；毛细血管内皮细胞肿胀，周围心肌细胞坏死。肺泡腔内可见水肿液。胃内容物中未检验出常见毒物成分。

2 现场重建

卧室内盖有棉被半裸体的丙给人的第一反应是睡眠中去世。但是，根据其颈部的皮肤损伤面积较小且不明显，仅表现为虎口部扼压形成的皮肤损伤，同时结合左肘上臂擦伤符合在左上肢向上抬起做屈肘动作时形成，我们分析该动作很可能是自卫过程中发生。因此，分析该损伤应为抵抗伤。同时结合现场勘查发现的异常大面积地面擦蹭水痕、放在门口滴水的墩布，我们分析应为犯罪分子作案后对尸体和现场进行伪装。

依据轻微的抵抗伤和伪装现场，结合调查走访，我们分析，本案符合对现场比较熟悉、事先有预谋、由两个以上的嫌疑人共同实施做案的。结合靠背垫棉胆所在位置及丙躺在床沿、头顶床头的异常睡姿，分析嫌疑人应该在客厅对杨某先后实施扼颈、闷堵口鼻，后将其衣服及靠垫套脱下扔进洗衣机，并把半裸状的丙摆放至床沿，伪装成睡觉的状态。

没有明显的翻动痕迹，也无物品丢失，排除图财；防盗门未破坏，开锁时门未从内反锁，阳台未见攀爬痕迹，由此断定嫌疑人是由门和平进出现场。办案单位根据 DNA 结果，围绕关系人进行排查，直接锁定了嫌疑人。嫌疑人甲到案后交代因和丙妻子有不正当关系，伙同乙用事先配好的钥匙提前潜入丙家中厕所。丙回家后，甲在客厅内上前扼颈，乙从旁帮其制服丙。其间甲拿起沙发上的靠垫捂住了丙口鼻；并按事先计划好的对尸体进行伪装，最后在离开现场时，对卧室、厕所、客厅地面用湿墩布墩地，企图彻底清除足迹。

在命案现场重建中，法医要准确把握现场勘查、尸体检验和案情调查三者之间的关系，坚持以客观事实为依据，通过全面、系统的现场重建再现被害人死亡的真相，进而指导破案工作。

技术性证据审查中关于对幼女阴道Ⅱ度撕裂伤的理解
——以胡某强奸案为例

蓝婧尹

广西壮族自治区来宾市人民检察院 广西来宾 546100

1 案例

1.1 简要案情

某年3月4日19时许，被害人韦某，女，3岁6个月，在某地被性侵受伤，后被送往某市医院治疗。后经某地法医鉴定，韦某的损伤程度为轻伤二级。笔者在技术性证据审查中认为被鉴定人韦某应为重伤二级，建议重新鉴定。后另一鉴定机构鉴定为重伤二级。最后法院采信了重伤二级的鉴定意见。此技术性证据审查意见为检察官指控犯罪，提供了有力的技术支撑。

1.2 病史摘要

（1）患儿因"外阴裂伤、出血6 h"入院。妇检：外阴幼女型，血污，阴道口见凝血块附着，阴道口会引体裂伤，长约2.5 cm。因患儿疼痛无法配合，内诊及直肠指检未施。初步诊断：①创伤性阴道裂伤；②会阴损伤。

（2）手术记录：患儿于入院当日全麻下行阴道修补术+会阴裂伤缝合术+处女膜缝合术。术中见：外阴幼女型，血污、阴道口见凝血块附着，阴道内凝血块填满，完全清除阴道内、阴道口及外阴血凝块后见阴道口会阴体纵行裂伤至部分肛提肌断裂，长约2.5 cm，深达1.0~1.5 cm；处女膜三瓣型破裂，阴道内两侧壁不规则延裂至阴道后穹隆，两侧壁裂伤均长约3 cm，深度约0.5 cm，局部活动性出血；另于阴道后穹隆见一长约1.5 cm横裂，深约0.5 cm，见少许活动性出血；阴道前壁及前穹隆未见异常；宫颈幼稚，未见明显损伤。肛查：肛门括约肌及直肠无损伤，但阴道后壁局部缺损处直肠表面组织较薄弱，退出指套无血染。术中行连续单纯缝合阴道内裂伤伤口，充分止血。缝合处女膜及会阴体，缝合阴道后壁缺损处加固直肠。缝合会阴裂口表皮。术中清除阴道内积血块后复查超声后方混合声消失。术后予止血、预防感染及对症治疗。患儿现会阴无明显痛，术后恢复可。

（3）出院时情况：患儿诉会阴口无明显疼痛，摩擦到裤子时偶有少许淡红色血迹，肛门排便正常，自解小便顺畅。外阴无明显红肿、淤血，术后清洁，无明显渗血渗液。出院诊断：创伤性阴道撕裂、会阴损伤（深Ⅱ度）、处女膜破裂、继发性贫血。

（4）第一次检验：阴道修补术后13 d，会阴裂伤基本愈合，无渗血、渗液，外阴形态基本正常。

（5）第二次检验：阴道修补术后4个月+3 d，阴道口至会阴体有一纵行瘢痕，外阴及阴道口无红肿，阴道口外观欠规整。

1.3 鉴定意见

（1）首次依照《人体损伤程度鉴定标准》第5.8.4 e）条"阴道撕裂伤"，韦某的损伤程度为轻伤二级。

（2）第二次：依照《人体损伤程度鉴定标准》第5.8.2 l）条"幼女阴道Ⅱ度撕裂伤"，韦某的损伤程度为重伤二级。

2 讨论

2.1 争议焦点

本案中两次鉴定意见的分歧在于临床医生诊断的会阴损伤（深Ⅱ度）是否能比照《人体损伤程度鉴定标准》中"幼女阴道Ⅱ度撕裂伤"。

2.2 审查意见

建议补充临床医生术中所见裂伤是否累及盆底肌肉筋膜的记录，重新鉴定。

2.3 分析

（1）会阴的定义。狭义的会阴仅指肛门和外生殖器之间的软组织。广义的会阴是指盆膈以下封闭骨盆下口的全部软组织。会阴裂伤分为Ⅲ度：Ⅰ度裂伤是指会阴部皮肤、黏膜、阴唇系带、前庭黏膜与阴道黏膜等撕裂，未累及肌层及筋膜。Ⅱ度裂伤是指皮肤、黏膜及肌肉（会阴深、浅横肌、肛提肌）与筋膜裂伤，但肛门括约肌完整。Ⅲ度裂伤是指皮肤、黏膜、会阴体撕裂外，还包括肛门括约肌完全裂伤，甚至直肠阴道隔及部分直肠壁裂伤。

（2）手术医生确认了韦某会阴裂伤已达会阴体筋膜及肌层，并且向阴道后壁两侧沟延伸至阴道后穹隆。对于本案中的实际情况，可以明确阴道裂伤达到Ⅱ度裂伤的界限。综上，可以依照《人体损伤程度鉴定标准》第5.8.2 l）条"幼女阴道Ⅱ度撕裂伤"评定为重伤二级。

3 总结

在性犯罪中，阴道撕裂伤的法医学鉴定常见，但是检验过程存在一定困难，尤其是幼女的阴道比较短小及薄弱，加上年幼的恐惧心理和特殊的生理因素，常常给鉴定人带来困惑。按照检验规范，鉴定人在鉴定时需要对被鉴定人进行活体检查，但是实际案例中，幼女不能配合检查，容易造成二次伤害或医源性损伤，往往鉴定人做出鉴定的依据就是首诊医生的临床诊断再综合专科检查所见或者手术记录，而临床医生的病历一般是为了治疗而记录的，仅仅对处女膜的裂口作概貌的描述，至于处女膜破裂的具体部位于何处等其他鉴定需要确定的具体款项，临床医生一般不会准确并详细描写，给鉴定及审查带来一定的困难。

扼颈转换为顶腰锁喉窒息死亡分析

李东东[1]，田进有[2]，李清霞[1]

1.宁夏吴忠市公安局刑侦支队 宁夏 吴忠 751100
2.宁夏吴忠市公安局利通区分局刑侦大队 宁夏 吴忠 751100

扼颈死亡在死亡案件的致伤方式中是比较常见的一种，它是指用单手或者双手、上肢等扼压颈部而引起的窒息死亡，有时可见用肘部、前臂或器械压颈部所致。扼颈主要是颈部气管、血管受压迫及颈部神经受刺激造成死亡。自扼死亡是不可能的，应为自扼颈部者，当意识开始丧失时，肢体肌张力也迅速消失，不可能继续扼压颈部致死。而体位性窒息是因身体长时间限制在某种一处体位，使呼吸运动和静脉回流受阻而引起的窒息死亡。在实际工作他杀案件中用单纯的方式致人死亡较为常见，但是由扼颈转换为顶腰锁喉窒息死亡的案件非常罕见，这也能反映出嫌疑人的职业特点。

1 案例资料

1.1 简要案情

2017年11月13日23时许,死者殷某某丈夫回家后发现其妻子躺在自家出租屋内的床下面,逐将其拖出来,发现其没有呼吸,上衣呈翻起状,故拨打110报案。

1.2 尸体检验

尸表检查:死者殷某某,女性,51岁,发育正常,营养中等,面色发绀。尸长156 cm,尸斑呈紫红色,位于身体背侧未受压处,指压褪色,尸僵中等强度,存在尸体全身各大关节处。黄色头发,顶发长8 cm,后枕部接发长为40 cm。右额部有一处皮肤抓擦伤,大小为4 cm×0.2 cm。左眼睑发绀肿胀,大小为6 cm×3 cm。右眼睑略肿胀,大小为4 cm×3 cm。双眼角膜清晰,双侧瞳孔等大等圆,直径0.5 cm,双眼球睑结膜轻度充血,可见针尖样出血点。右眉弓内侧有一处皮肤擦伤,大小为0.6 cm×0.3 cm。上唇右侧有一处皮肤擦伤,大小为1.5 cm×0.4 cm。左下唇内侧黏膜有一处皮下出血,大小为1 cm×0.9 cm。右下唇内侧黏膜有一处皮下出血,大小为0.8 cm×0.4 cm。上唇系膜周围广泛点状出血。上颌牙齿为套装义齿,舌位于齿列后方。左下颌下缘有多处不规则皮肤擦挫伤,大小为6.5 cm×2.0 cm。左颈部有两处皮肤擦伤,大小分别为1.1 cm×0.6 cm和1.0 cm×0.3 cm。右颈部有两处皮下出血,大小分别为5.0 cm×0.4 cm和4.0 cm×0.2 cm。左侧腰部有多处点片状皮下出血,大小为12.5 cm×6.0 cm。右髂前上棘有两处皮肤挫伤,大小为2.0 cm×1.9 cm和1.0 cm×0.6 cm。

解剖检验:切开头皮,双侧颞肌有散在出血点。锯开颅骨,颅内未见异常。切开颈部皮肤肌肉,颈部皮下组织未见出血。左颈部胸锁乳突肌中上段有一处肌肉出血,大小为1.8 cm×0.6 cm。剥离气管旁肌肉,见胸骨舌骨肌及甲状腺出血,左侧大小为2 cm×1 cm,右侧大小为3.5 cm×2.0 cm。会厌软骨可见散在针尖样出血点,甲状软骨、舌骨未见骨折。十字切开项部皮肤及皮下组织未检见出血。切开肌肉组织,深浅层肌肉均未检见出血,颈椎未检见骨折。切开胸腹部,心脏外形稍大,心尖部稍钝圆,表面光滑,左右心房、心脏大血管根部及左心室见散在针尖样出血点。双肺位置正常,双肺表面光滑,呈淤血貌,双肺肺叶间粘连,肺叶间及肺底被膜下散在出血点。剪开气管,气管内可见少量泡沫样分泌物。切开腹壁,各脏器均在正常位置,无积血,无损伤。切开胃壁,见胃内容物呈成型状态,量约700 mL,有米粒、豆芽、菜叶等。

2 讨论

根据尸体检验,死者头面部及颈部有多处皮肤软组织擦挫伤,双眼球睑结膜充血,上下眼睑有针尖样出血点,会厌软骨有针尖样出血点,心脏左右心房及左心室表面有针尖样出血点,双肺呈淤血貌,肺表面、肺叶间及肺底部有针尖样出血点,符合机械性窒息死亡的征象。死者右眉弓内侧,右上唇皮肤软组织擦挫伤,口唇内侧黏膜出血,分析认为符合捂压口鼻造成的损伤特征。死者左颈部皮肤软组织擦伤,方向由外向内,解剖见胸锁乳突肌中段肌肉出血、胸骨舌骨肌及甲状腺出血,切开气管见泡沫样分泌物,分析认为符合扼颈(锁喉)造成的损伤特征。

综上所述,死者颈部前侧有两处横行皮肤裂伤,边缘整齐,创腔内无组织间桥,左重右轻,深达皮下组织,分析认为系质较硬、接触面较纤细且较锐利的致伤物自左至右作用形成。结合死者右侧髂前上棘的皮下出血和下颌部皮肤擦挫伤,方向自下至上。分析作案过程为:死者与嫌疑人发生争执后,进行捂压口鼻,死者挣脱后逃跑,在逃跑的过程中,嫌疑人追上死者后将其拉倒,骑在死者后背,用双手将死者头部强直向后拉伸,完成顶腰锁喉的动作,死者最终因机械性窒息死亡。

3 犯罪嫌疑人抓获后供述

犯罪嫌疑人朱某某(曾经有从军经历)到死者殷某某(卖淫为生)的出租房内嫖娼。犯罪嫌疑人朱某某和死者殷某某发生性关系后,犯罪嫌疑人朱某某因被害人殷某某说了一句"你这么帅的小伙还玩这个(嫖娼)"被激怒,遂用双手掐住殷某某的脖子,殷某某反抗时将犯罪嫌疑人朱某某脖子抓伤并乘机挣脱,跑到过道处被犯罪嫌疑人朱某某从背后用双手勒住脖子压倒在地上,犯罪嫌疑人朱某某骑在殷某某后腰上用双手把死者头部搬至仰头位最高点并固定,最终致其窒息死亡,将尸体拖至房间床下藏匿。

1例胎儿畸形死亡鉴定分析

李刚[1]，李卷林[2]

1. 陕西省新安司法鉴定中心 陕西 西安 710048
2. 陕西省西安市公安局航天分局刑侦大队 陕西 西安 710100

1 案例

胡某，女，28岁，以宫内孕38+6周、孕2产1之诊断住院，孕期内胎儿各项监测指标均正常，次日行常规剖宫产术。术中未见胎儿异常，断脐后出现新生儿窒息，经抢救无效死亡。受某中级人民法院委托，对院方在产妇分娩期内医疗行为是否存在过错及原因力大小进行鉴定。

1.1 病历资料

某医院住院病案记载：患者胡某停经9月余入院待产。查体：宫高30 cm，腹围96 cm。先露头，胎位枕左，胎心145次/min。诊断：宫内孕38+6周、孕2产1。住院当日腹部B超示：宫内晚孕，单活胎，头位。住院次日行剖宫产术：术中见胎儿为左枕横位，男婴，羊水清，量约800 mL。断脐后Apgar评分：1min评3分，立即吸痰、气管插管、气囊复苏+心脏按压正压通气及肾上腺素药物脐静脉注射并建立静脉通道等新生儿复苏抢救，抢救无效死亡。

1.2 鉴定过程

（1）鉴定听证会。

患方：①胎儿产前检查一切正常。直至出生时院方未告知胎儿有任何异常，院方已做剖宫产。②剖宫产全程胎儿一切正常，有院方病历及监控视频为证。院方在分娩期内因医疗行为过错致胎儿死亡。

医方：院方在产妇分娩期内医疗行为符合诊疗规范，无过错。

（2）分析说明：该案难点和重点是新生儿的死因？断脐后原本正常的胎儿为什么会立即转变成窒息的新生儿？为此，鉴定人要求行新生儿尸检。

尸体解剖："膈肌食道裂孔旁膈肌结构缺失，成类圆形，直径达3.5 cm；脾脏、部分横结肠伴节段肠系膜疝入左侧胸腔，造成左侧胸腔内占位效应，限制左肺扩展、膨胀充气。纵隔右偏，影响右肺扩展，终致呼吸不能而窒息死亡。"

1.3 鉴定意见

院方在产妇分娩期内抢救新生儿窒息的医疗行为中存在过错，过错与新生儿死亡之间有因果关系，属轻微原因，原因力大小为5%~15%。

2 讨论

本案围产期内胎儿的所有指标均正常，属正常待产儿。剖宫产过程中，院方在新生儿窒息抢救环节上仅有轻微过错，属轻微原因。但断脐后原本正常的胎儿为什么会立即转变成窒息的新生儿死亡？医患双方各执己见，纠纷难以调解。笔者体会：在正常产程中新生儿突然死亡，鉴定人应充分注意以下几方面。

2.1 胎儿畸形

胎儿畸形分为致死性和非致死性两大类，致死性畸形常见先天性心脏病、神经管缺陷、脐膨出、腹裂、脑积水等。先天性膈疝致新生儿死亡的案例报道少见，应引起鉴定人的重视。

2.2 先天性膈疝致新生儿死亡机制

胎儿在宫内的营养供给和代谢物排出均由脐血管经胎盘即子宫胎盘循环完成。胎儿期双肺处于闭锁非呼吸状态，肺循环、肺呼吸的模式在宫内尚未建立。对于先天性膈肌裂孔未闭的畸形儿，尽管腹腔内脾脏，肠管疝入胸腔，占据胸腔大量空间。因宫内胎儿营养代谢不依靠肺循环而是由子宫胎盘循环完成，故孕期的胎儿发育不受双肺功能的影响完全可以正常代谢。表现为产前各项检查均正常，而先天性膈疝在胎儿期临床产前很难检查确诊。当娩出时子宫胎盘循环阻断，由于膈疝使得腹腔内脾脏、肠管疝入胸腔，胸腔内已无肺膨胀的空间，不能同步建立正常肺呼吸引起新生儿窒息是死亡直接原因，先天性膈疝是死亡的根本原因。

2.3 鉴定应重点问题

围产期内胎儿非正常死亡纠纷案的鉴定须重点把握以下方面：①胎儿产前检查是否正常？②医方在产妇分娩过程中医疗行为是否符合诊疗规范？③应排除其他常见致死性畸形如：先天性心脏病、神经管缺陷、脐膨出、腹裂、脑积水等；④当产前检查正常的胎儿娩出时（断脐后）立即出现窒息缺氧和肺呼吸障碍的表现，须行尸检确证有无胎儿先天性畸形（如本案就是先天性膈疝致死的根本原因）；⑤注意分析产程视频录像，了解胎儿娩出及医方产程处理的全过程，有助于固定鉴定依据。

本案严格按照上述鉴定过程形成的鉴定意见医患双方均无异议，法院予以采信。

《人体损伤程度鉴定标准》中轻微伤条款使用频次及标准修改建议

李建军，陈志刚，赵奇，李亚腾

河北省石家庄市公安局物证鉴定所 河北 石家庄 050000

《人体损伤程度鉴定标准》自2014年应用以来，已经历经7个年头，据统计7年来本室对各条款的使用频次，并从中找出低频率未使用条款，发掘其意义，为今后该标准的修改提供建议。本文拟以轻微伤标准为例，对此加以分析。

1 轻微伤标准条款

轻微伤条款合计47条，共涉及头部3条，面部耳郭10条，听器听力3条，视器视力1条，颈部4条，胸部损伤2条，腹部1条，盆部及会阴5条，脊柱四肢6条，手5条，体表3条，其他损伤4条等12个部位。

7年来我鉴定室共出具鉴定文书11903份，其中轻微伤鉴定3292份，所有鉴定文书中共计使用轻微伤鉴定条款合计8849条。各部位损伤使用轻微伤条款情况见表7-4。

表7-4 各部位损伤使用轻微伤条款情况

	a	b	c	d	e	f	g	h	i	j	总计
5.1.5	0	746	627								1373
5.2.5	864	26	888	224	1437	133	98	91	200	178	4139
5.3.5	178	0	0								178
5.4.5	0										0
5.5.5	40	32	58	28							158
5.6.5	133	0									133
5.7.5	1										1
5.8.5	1	6	2	0	0						9
5.9.5	480	36	10	18	6	0					550
5.10.5	91	250	66	198	57						662
5.11.4	1424	113	70								1607
5.12.5	24	6	4	5							39

2 条款使用频次情况

从表7-4中可以看出，1000次以上使用条款为2条，分别为5.2.5 e）、5.11.4 a；500~1000次使用条款为4条，分别为5.1.5 b）、5.1.5 c）、5.2.5 a）、5.2.5 c）；100~500次使用条款为10条；10~100次使用条款为15条；1~10次使用条款为8条；未使用条款为8条。使用500次以上者分布于头部、面部及体表损伤，使用10次以下者主要分布于腹部、盆部及会阴损伤。具体使用频次如表7-5。

表7-5 条款使用频次情况

频次	条款	合计
1000次以上	5.2.5 e）、5.11.4 a）	2
500~1000次	5.1.5 b）、5.1.5 c）、5.2.5 a）、5.2.5 c）	4
100~500次	5.2.5 d）、5.2.5 f）、5.2.5 i）、5.2.2 j）、5.3.5 a）、5.6.5 a）、5.9.5 a）、5.10.5 b）、5.10.5 d）、5.11.4 b）	10
10~100次	5.2.5 b）、5.2.5 g）、5.2.5 h）、5.5.5 a）、5.5.5 b）、5.5.5 c）、5.5.5 d）、5.9.5 b）、5.9.5 c）、5.9.5 d）、5.10.5 a）、5.10.5 c）、5.10.5 e）、5.11.4 c）、5.12.5 a）	15
1~10次	5.7.5 a）、5.8.5 a）、5.8.5 b）、5.8.5 c）、5.9.5 e）、5.12.5 b）、5.12.5 c）、5.12.5 d）	8
0次	5.1.5 a）、5.3.5 b）、5.3.5 c）、5.4.5 a）、5.6.5 b）、5.8.5 d）、5.8.5 e）、5.9.5 f）	8

3 未使用条款或低频次使用条款原因分析

未使用条款如表7-6。

分析8条未使用条款，有以下原因。

表 7-6 未使用条款情况

5.1.5 a）	头部外伤后伴有神经症状
5.3.5 b）	鼓室积血
5.3.5 c）	外伤后听力减退
5.4.5 a）	眼球损伤影响视力
5.6.5 b）	女性乳房擦挫伤
5.8.5 d）	睾丸或者阴茎挫伤
5.8.5 e）	外伤性先兆流产
5.9.5 f）	尾椎脱位

3.1 兜底性条款

兜底性条款，无具体数值标准，无法准确把握，包括5.1.5 a）头部外伤后伴有神经症状、5.3.5 c）外伤后听力减退、5.4.5 a）眼球损伤影响视力，上述条款过于虚化，实际检案中如不伴有同部位其他类型损伤，办案单位又无法提供其他有价值的信息，单纯依据该条款出具轻微伤依据不足。

3.2 单部位单纯性损伤极其少见

单部位单纯性损伤极其少见，多为同部位或相邻部位严重损伤累及所致，包括鼓室积血、睾丸或者阴茎挫伤、尾椎脱位，一般鉴定结论只注明严重损伤所依据标准，该类轻微伤条款无法单独使用。3.3 隐私部位损伤，例如女性乳房擦挫伤、睾丸或者阴茎挫伤，由于害羞等心理因素影响，往往在鉴定人员询问时伤者不愿提及；如果存在身体其他部位明显损伤的情况下，这种现象更为突出。

3.4 伤病关系鉴定

伤病关系鉴定，例如外伤性先兆流产，造成先兆流产的因素很多，即使有外伤因素，也无法完全排除遗传、药物、感染等其他因素的影响，因此在实际检案中这类鉴定往往鉴定机构以超出鉴定能力为由不予受理。

4 对修改轻微伤标准的建议

4.1 建议将轻微伤鉴定改变现有模式

由于轻微伤多数是行政案件，第一个建议就是将轻微伤鉴定改变现有模式，单独设置第六项，将原第六项顺延为第七项。

4.2 有些条款可以合并

轻微伤47条中，有些条款可以合并，比如5.5.5 a）、5.9.5 a）、5.10.5 a、5.11.4 a等条款，均为体表创口条款，应合并为1条。

4.3 有些条款可以去除

比如上述兜底性条款，在实践中没有使用价值；有些条款可以融入其他条款，比如将睾丸及阴茎挫伤融入会阴部软组织挫伤。

总之，轻微伤条款作为行政案件处理的依据，应操作性强，易于掌握。

人识法谎言识别在诈病与造作伤鉴定中的应用

李健[1]，罗谢添[2]，肖鹏[3]

1. 安徽省安庆市检察院信息技术部　安徽　安庆　246000
2. 江西省南昌大学基础医学院　江西　南昌　330000
3. 山东省潍坊盛泰司法鉴定所　山东　潍坊　261000

当前，诈病、造作伤的伪装逐渐专业化，鉴别难度进一步加大。因此，笔者探讨将谎言识别应用于法医临床鉴定，以期增加诈病、造作伤鉴别的准确度。

1 鉴定过程中被鉴定方的常见欺骗表现

根据自身经历和相关文献，笔者对鉴定过程被鉴定方的常见欺骗表现进行了统计，包括：①逃避检查：被鉴定方对临床检查不配合，甚至不愿进行鉴定；②含糊其词：采用模棱两可的方式，对案情、伤情描述似是而非；③沉默不语：推脱于昏迷、忘记等，不陈述受伤经过，甚至无理由的不回答与案情、伤情相关的信息；④过于配合检查：极为配合临床检查，甚至会不断提示或暗示损伤情况；⑤描述过于详尽：会极为详尽的描述损伤经过、损伤情况，甚至会不断重复、强调，并模拟损伤经过；⑥言语自相矛盾：言语前后不一、逻辑冲突，若被指出，多不承认自身言语存在错误；⑦情绪过于激动：情绪化明显且难以安抚，甚至会进行威胁，表示鉴定结果必须达到某一程度。

2 人识法谎言识别在临床鉴定中的应用

"人识法"是指不借助任何外在手段，仅依靠人自身的知识、经验和智慧，对谎言进行识别的方法，按观察对象可分为言语技术和非言语技术。言语技术是指根据供述者的言语实质内容，进行谎言识别；而非言语技术则是通过对供述者的身体动作、表情、声调、语速等进行分析，判断供述者是否说谎。

人识法中，依靠非言语技术识别谎言的具体标准多样，为人们所熟知的包括目光是否回避、言语停顿是否增加、是否坐立不安等。但一些研究表明这些表现与是否说谎无关，还有些研究认为，言语技术识别谎言的准确率更高，但同样有研究表明，言语的一致性、合理性和矛盾、泛化性措辞等，没有任一表现存在稳定的模式。综合而言，在以往的实验中说谎者的表现各异，还未发现与欺骗直接关联的行为指标和行为模式。但几乎所有研究都表明，在欺骗，尤其是高风险欺骗行为中，被询问者总会泄露一些线索。

谎言识别的方法多样，以下是一些被认可度较高且适合临床法医的技巧：第一，学习识谎相关知识，了解哪些表现与说谎有关、哪些与说谎无关；第二，证据使用策略，即不在问询开始时展示所掌握证据，避免被鉴定方根据证据进行回答或拒绝回答；第三，信息收集式询问，即鼓励被鉴定方提供损伤情况的相关信息，以便获得更多细节、一致性和自相矛盾等言语线索；第四，提问出乎意料的问题，打乱被鉴定方计划，增加被鉴定方压力，以获得真实回答；第五，不过度依据单一特征，综合、全面分析被鉴定方表现，如是否有"表演成分"。

法医临床鉴定中，不能仅依据谎言识别的分析结果直接认定被鉴定人存在诈病、造作伤，谎言识别的作用更多是提示可能存在诈病或造作伤、作为识别诈病和造作伤的突破口以及强化其他证据。

技术性证据审查甄别三份不同鉴定意见协助检察官办理一起刑事申诉案

李小华，罗赟

江西省南昌市人民检察院 江西 南昌 330029

在现行的司法实践中，同一案件多个鉴定意见时常出现，具体采信哪份鉴定意见或重新鉴定，检察官往往很难做出决定，在遇到此类情形时应委托法医进行审查，法医要认真仔细审查，给出客观公正的技术性证据审查意见，为检察官后续案件办理提供客观科学的依据。

1 基本案情

廖某不服 X 区法院对原审被告人吴某的刑事判决，认为其损伤程度经补充鉴定已由轻伤一级变为重伤二级，向区检察院提出申诉，要求依法追究吴某刑事责任。案卷中三份法医学活体损伤检验鉴定书，分别给出了不同的鉴定意见，给办案带来了困难。法医对被鉴定人进行检查、问话，同时到伤后治疗的医院调取住院病历及 X 片。

1.1 关于损伤

根据病历资料，廖某因刀砍伤致全身多处疼痛出血 2 h 余入某医院就诊。术中见右股骨外侧髁部横行骨折、髌骨体部横行骨折、胫骨中上段粉碎性骨折，急诊手术治疗。经阅 X 片示右胫腓骨、髌骨、股骨外侧髁骨折，可见高亮影，廖某外伤致右股骨外侧髁、右髌骨、右胫腓骨骨折诊断明确。

1.2 关于损伤程度

（1） X 区公安局法医学鉴定书：

廖某所受外伤有引起右膝关节功能障碍的可能性，鉴定机构根据骨折这一原发性损伤评定被鉴定人为轻伤一级，但没有对可能出现的后遗症加以说明并提出复检要求，因此该轻伤一级的鉴定意见在没有经过补充鉴定的情况下不能作为最终的鉴定意见。

（2） S 市某社会鉴定机构补充鉴定：

根据病历记载，廖某 DR 检查显示右胫骨断端仍可见模糊骨折线，诊断右胫骨骨折术后延迟愈合。2015 年 11 月 7 日行右髌骨骨折、右股骨髁上骨折术后内固定存留取出术，右胫骨骨折外固定支架术后支架拆除术。2015 年 11 月 30 日某社会鉴定机构对行鉴定。审查人认为此时虽外支架已拆除但骨折尚未完全愈合，患肢功能锻炼尚不充分，该鉴定机构存在鉴定时机过早的问题，该鉴定书标题为补充鉴定，根据《司法鉴定程序通知》（司法部令第 107 号）第二十八条"补充鉴定是原委托鉴定的组成部分"的规定，补充鉴定一般应由原鉴定机构进行。综上所述，该鉴定书检验鉴定程序不规范，鉴定意见依据不充分。

1.3 江西某社会鉴定机构鉴定意见书

该鉴定书载"右膝关节屈曲、伸展主动活动度：30°~110°，根据《人体损伤程度鉴定标准》C.6 4 "由于本标准对关节功能的评定已经考虑到肌力减退对于关节功能的影响，故在测量关节运动活动度时，应以关节被动活动度为准"的规定，对肢体关节功能丧失程度评价应测量肌力和关节被动活动度，该鉴定未记录关节活动肌力，且测量的是关节主动活动度，因此审查认为该鉴定检验方法不规范、依据不充分。同时损伤参与度是指在有外伤、疾病等因素共同作用于人体，损害了人体健康的事件中，损伤在人死亡、伤残、后遗症的发生上所起作用的比例关系。该鉴定过程中未发现损伤有疾病等因素参与，因此不宜使用参与度的表示，该鉴定意见分析论证不够严谨。综上所述，该鉴定书检验鉴定方法不规范、分析论证不够严谨、依据不充分。

对被鉴定人进行检查：膝关节屈曲肌力右侧Ⅳ级、左侧Ⅴ级，伸展肌力右侧Ⅴ级、左侧Ⅴ级；膝关节被动活动度屈曲右侧 115°、左侧 120°，伸展右侧-15°、左侧 0°。根据检查情况，右膝关节活动度与之前多次鉴定的检查情况相比均有所恢复，虽然活动度仍存在一定程度的丧失，但在肌力Ⅴ级的情况下右膝关节功能丧失程度未到达重伤二级的标准。

2 典型意义

检察机关技术性证据专门审查是保证办案质量的需要，法医不仅要审查鉴定程序是否合法，送检材料是否齐全，鉴定机构及鉴定人员是否具有鉴定资格，更要对鉴定意见进行全面审查判断，包括鉴定过程中所运用的医学知识、理论是否正确，鉴定标准是否运用准确，检验步骤、方法是否符合规范等。通过专业人员对鉴定意见本身的审查判断，使办案人员对鉴定意见有更深入更准确的认识，从而更客观、科学地认定鉴定意见所证明的案件事实。

对鉴定意见的审查是审查的难点、重点，对于发现有疑点或涉及专业性较强的鉴定意见，须委托专业技术人员进行专门性、全面性审查，在充分了解受伤情况，准确确定损伤程度的基础上，科学分析损伤机制，准确把握鉴定意见，还原事实真相，出具客观的技术性证据审查意见书，从而为案件处理提供技术支持。

16 例不予损伤程度评定案例分析

李军[1]，曹晓亮[2]，金利刚[1]

1. 浙江省杭州市萧山区公安司法鉴定中心 浙江 杭州 311203
2. 浙江省义乌市公安局物证鉴定中心 浙江 义乌 322000

目前公安机关依据法医学损伤程度鉴定结果界定涉损伤事件参与双方是否需要被追究刑事责任，公安部双修订了冤假错案责任终身追究制，对法医学鉴定人可说责任和压力巨大。在损伤程度鉴定过程中，如果不考虑成伤机制，就很容易出具错误鉴定，这对于鉴定人来说存在潜在风险。下面结合我单位近年来 16 起不予损伤程度评定的案例进行分析总结，供同行参考。

1 研究对象和方法

1.1 研究对象

本次收集到 2012 年至今因成伤机制分析对相关损伤不予损伤程度评定的案例共 16 例（其中 20~30 岁 1 例，31~40 岁 3 例，41~50 岁 4 例，51~60 岁 4 例，61~70 岁 4 例）。

1.2 方法

统计分析 16 例不予损伤程度评定的案例的受伤部位、自诉受伤经过、实际损伤情况、成伤机制分析、案件调查结果等方面的内容。

2 结果

结果见表 7-7。

表 7-7　16 例案例分析

受伤部位	自诉受伤经过	实际损伤情况	成伤机制分析	调查结果
多部位	徒手、刀刺	损伤 1 周检查左踝部无伤，一个月后软组织肿胀	三个月后 MRI 检查示左踝关节组成骨水肿，即急性期损伤	后期损伤
嘴面部 3 例	拳击致牙齿折断或脱落	牙齿向口腔前庭方向松动，唇黏膜无破损伤	牙槽骨重度吸收、唇黏膜无伤	以牙咬人过程中脱落
右眼部/左颜面部	拳击后视力下降	眼部未见损伤改变	晶体、玻璃体混浊、黄斑色素紊乱、网膜变性	外伤后视力下降 30 年余/原有高度近视
左耳部	掌击致鼓膜穿孔	伤后即见脓性分泌物	中耳炎性穿孔	CT 见乳突实变
左颧	拳击致颧弓骨折	左颧部软组织无肿胀	陈旧性骨折	5 年前单方事故所致
左锁骨部	不明物击打受伤	体表未见损伤，锁骨骨折、断端圆钝	陈旧性骨折	无打斗，前期内固定拆除时骨折未愈合
右下腹	脚踢致右腹股沟斜疝	体表未见损伤	一般人不会出现，考虑病加伤	斜疝修补后 12 d
腰背部	榔头敲击	腰椎椎体压缩性骨折	多见于摔倒身体前曲臀部着地	拉防护网时坐在地上
会阴部	踢致尿失禁	会阴部未见外伤	腰椎间盘变性突出，马尾受压	经睡硬板床后恢复
左前臂	左前臂扭伤	左尺骨中段横行骨折	致伤物直接作用形成	扭打中用扳手反手击打他人时撞硬物所致
左/右手	扭打中受伤	左手中指红肿/右第五掌骨完全骨折，远端向桡侧成角	远端受向桡侧直接外力作用	攻击他人时形成
右小腿	铁棍击打致小腿骨折	右胫骨螺旋性骨折	右脚相对固定，急转身（旋转）	纠纷逃跑时（对方未追）转身回看时倒地

3 讨论

3.1 不予损伤程度评定的情况与年龄相关

不予损伤程度评定的情况与年龄相关，随年龄增大出现的可能性也增大，究其原因是随年龄的增大其相应部位曾经受过外伤、生病、退行性改变的概率增大。

3.2 不予损伤程度评定的伤者身体各部位

不予损伤程度评定的伤者身体各部位均可出现，以面部及四肢居多，与肢体冲突中颜面部受伤后最易失去攻击能力、四肢用于防护有关。

3.3 不予损伤程度评定的伤者自诉的致伤工具均为钝器

不予损伤程度评定的伤者自诉的致伤工具均为钝器，并以徒手为主，与工具损伤一般容易在体表出现相应损伤表现有关。

3.4 绝大多数自诉损伤部位有疾病、陈旧性损伤或退行性改变

除明确的自诉为攻击伤外，绝大多数自诉损伤部位有疾病、陈旧性损伤或退行性改变；如果的确存在新鲜损伤，该损伤与其所述成伤机制不符，大多的目要纠纷对方承担医药费未果，想通过鉴定来实现。

3.5 所有不予评定损伤程度评定的案件均可经调查证实与所述受伤过程不符

所有不予评定损伤程度评定的案件，其均可经调查证实与所述受伤过程不符。

在损伤存在问题时，如果鉴定人接诊后不对损伤进行相关分析，直接出具与损伤相应的鉴定文书，会让伤者认为鉴定人没有能力，容易被利用，造成鉴定机构、鉴定人失信。因此排除干扰、不被相关人员利用，出具公正的鉴定文书，是鉴定人鉴定权威的集中体现。

综上所述，在损伤鉴定过程中，受理法医应详细询问、记录受伤经过并要求被鉴定人签字、捺印，认真审阅相关病历资料，仔细推敲成伤机制、排除陈旧性损伤、疾病、退行性改变情况，对存疑的鉴定就疑问情况要求委托人进行相关调查，在资料补充完整后出具相应的鉴定文书。

法医技术性证据审查与刑事案件的责任归属
——由两起刑事案件带来的思考

李雅婷，周建东，聂吉波

江苏省苏州市人民检察院 江苏苏州 215004

1 基本案情
1.1 案例一

20××年×月××日凌晨，犯罪嫌疑人侯某强、张某川、侯某兵等人酒后在黄埭镇东桥东新街"四川人家"店门口，因行路碰撞与王某宇、周某、张某乾发生争执并互殴。其间犯罪嫌疑人侯某强持木棍、张某川持塑料盖板、犯罪嫌疑人侯某兵使用拳头殴打被害人王某宇头部。后犯罪嫌疑人侯某强、侯某兵、张某川离开现场，被害人王某宇等人持棍跟随并纠集多人前来。在东新街"藏书羊肉"店门口路段被害人王某宇用砖拍打犯罪嫌疑人侯某强头部，犯罪嫌疑人侯某强持酒瓶殴打被害人王某宇头部，致使被害人王某宇当场受伤倒地。经鉴定，被害人王某宇左颞顶部硬膜外血肿构成重伤二级，颅骨骨折构成轻伤二级。

1.2 案例二

2016年6月29日凌晨，犯罪嫌疑人程某在昆山市缤纷年代KTV门口附近因琐事与被害人与吴某某发生矛盾，后犯罪嫌疑人程某伙同犯罪嫌疑人毕某、程某某等人对被害人吴某某进行殴打。后经法医鉴定吴某某左颧骨凹陷性骨折依照《人体损伤程度鉴定标准》第5.1.3 c）条之规定，损伤程度构成轻伤一级，吴某某右眼上睑皮肤瘢痕依照《人体损伤程度鉴定标准》第5.2.5 e）条之规定，已构成轻微伤。

2 案件办理
2.1 案例一

本案案发时，存在参与争执互殴的人数众多、涉案工具较多、打击过程复杂等情况。被害人在不同时间段与不同地点遭受了暴力打击，视频材料仅能反映第一次暴力过程的具体情况，无法确认被害人的伤情是何人击打哪次击打所致。单凭法医学鉴定意见书难以进行认定致伤工具与明确案件责任归属。因此，市院法医鉴定人提出送检全案卷宗进行全面分析，并补充完整案件的病例材料、损伤照片与原始的影像学材料。

通过损伤情况分析致伤物。根据损伤照片，被害人王某宇左侧颞顶部见马蹄形手术缝合创口及一处引流管，手术缝合创口上方见椭圆形局部挫伤带，头皮显示的挫伤表面较为平滑。分析认为由于头皮的组织结构特征，通常头皮损伤能较好地反映致伤物接触面，以上提示致伤物可能为圆弧形钝器。王某宇的影像学材料显示其左侧颞顶部颅骨骨折、硬膜外血肿。其中受伤当时至手术前的硬膜外血肿呈增多趋势，同时手术记录记载："左侧颞骨见一条骨折线直达中颅底，取下骨瓣发现硬膜外大量血肿，颞底可见骨缝渗血严重。"提示被害人的硬膜下出血与颅骨骨折导致的脑血管破裂有关，且出血量的增多与受伤时间能相印证。综上所述，认为王某宇左侧颞顶部的损伤遭受直接暴力，且力的作用较大较集中，结合头皮挫伤带较为平滑，提示致伤工具为接触面较光滑的物品。

本案被害人存在两次被打击的过程，第一次打击过程可以通过视频材料进行判断致伤工具以及打击部位。通过视频材料与询问笔录，第一次打击工具为塑料盖板与木棍，打击部位与被害人损伤部位无关，且致伤物导致的损伤形态与实际损伤形态不相符。第二段打击过程没有视频印证，从卷宗中的证言与讯问笔录中梳理出嫌疑人存在手持酒瓶对被害人进行打击的事实。根据被害人王某宇的损伤特征，鉴定人做出致伤工具为接触面较为光滑的钝器（酒瓶可以形成）的分析意见。

在本案中依据审查意见，案件承办人最终形成了对犯罪嫌疑人侯某强起诉，对张某川、侯某兵作存疑不起诉的处理决定。××区法院于20××年×月××日做出判决对侯某强以故意伤害罪判处有期徒刑三年，缓刑四年。

2.2 案例二

本案中被害人吴某某遭受多人殴打，造成其轻伤一级的嫌疑人是否为毕某存疑。理由：缤纷年代KTV门口监控显示被害人与5名嫌疑人发生肢体冲突，其间被人用拳头殴打、脚踢踹、烟灰缸打击等，被打击方式多样。需要明确其评定为轻伤一级的损伤即"颞骨凹陷性骨折"的致伤工具,进而明确该多人参与的共同伤害案件中的责任归属。

(1)调阅影像学材料发现问题。案发当天2019年6月29日,被害人吴某某因头面部外伤就医,病历资料显示其左耳郭皮肤不规则裂伤,已清创缝合,伤口少许血性渗出。CT报告显示左侧颞骨凹陷性骨折。

通过调阅吴某某损伤当天的照片发现,其左颞部、右眉部存在已缝合的创口,提示这两部位受过外力作用,左颞部缝合后的皮肤创不甚规则,呈类"{"状。法医阅片发现,其头部CT显示存在左颞骨凹陷性骨折,影像学材料显示的凹陷性骨折部位凹陷区域较小,提示可能受力面较小。但单纯的硬拷贝影像学材料不足以清晰说明。

(2)调阅影像学材料电子数据进行3D重建。在法医的建议下,承办检察官立即前往医院调取了被鉴定人吴某某伤后影像学材料的电子数据。法医通过阅片软件对电子数据进行3D重建并测量,经对2016-06-30 CT(ID:2306458,如图7-6所示)的左颞骨凹陷性骨折的连续性扫描层的观察测量及3D重组(如图7-7所示),该骨折凹陷区域较小(上下纵径长约1.0 cm左右,前后横径约0.9 cm左右),尤其骨板陷入深度0.2~0.3 cm,且有一定阶梯状,近下端有明显"V"形凹陷。据此分析,认为造成其左侧颞骨凹陷性骨折的外作用力较为集中,结合相应左颞部皮肤损伤形态,推测该致伤物质地较硬、与人体接触部位有一定棱角(边);拳击等情形难于形成。

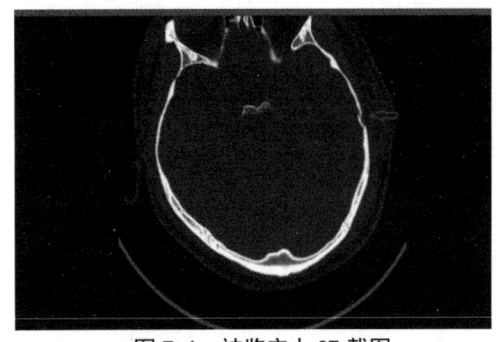 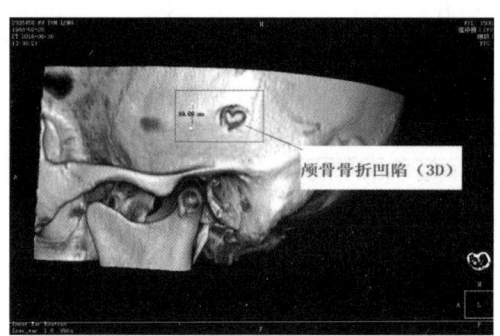

图7-6 被鉴定人CT截图　　　　图7-7 三维重建截图

(3)结合案情出具技术性证据审查意见书。通过对涉案监控视频的反复审阅,发现被害人与5名嫌疑人发生肢体冲突,其中程某拿着烟灰缸砸向被害人,砸中其左侧头部,后被害人左耳部流血。其余包括毕某在内的4人不同程度地对被害人采取拳打、脚踹对被害人进行殴打。将损伤与案情相结合,出具技术性证据审查意见书,认为烟灰缸砸击形成的机会远大于其他击打方式。

根据法医的专业意见,案件承办人认为本案毕某虽伙同程某等人共同故意伤害他人身体,构成犯罪,但被害人的伤势主要由程某持烟灰缸砸击所致,应考虑从轻处理毕某的刑罚,建议二审法院对毕某从轻改判。最终二审改判,苏州市中级人民法院(2019)苏××刑终×××号刑事判决书撤销江苏省××市人民法院(2019)苏××××刑初×××号刑事判决,以故意伤害罪判处毕某有期徒刑一年两个月,缓刑二年。

3 讨论

检察机关是国家法律监督机关。司法办案不仅仅要惩治犯罪,更是要保障人权。针对上述两个案件中存在的多人、多次、多工具的互殴伤害,较难直接判断伤情形成。技术性证据审查关于致伤工具的认定对案件的办理起着至关重要的作用。本案中,检察机关的法医鉴定人通过收集完整的损伤照片、视频资料、影像学材料与病历材料等反映全案信息的材料,通过法医学专业知识排除了承办人的合理怀疑。

确保没有罪、不够罪的人不被起诉,是"疑罪从无"刑法理念的客观实践,是法治社会法治国家建设的必经过程。今后在进行技术性证据审查过程中,我们技术人员需带着全面的眼光看待每一个案件,通过案件细节找到审查突破点,为检察业务干警提供优质的专业知识支撑,共同捍卫公平正义。

从"疑罪从无"的视角考察损伤鉴定的相关问题摘要

李志强，刘明忠，王裕好，王振刚

山东省青岛市公安局城阳分局刑警大队　山东　青岛　266000

推断损伤时间历来是法医临床学和法医病理学的难点，虽然近年来对于推断损伤时间的研究不断深入，但是能够简单快捷准确地推断出损伤时间的技术和方法仍未在基层法医实际检案中得到运用。在新技术尚未成熟之前，我们在法医检案中不妨转变检案思路，对于不能准确判定损伤时间的案件，运用刑法中"疑罪从无"的原则，对于委托案件做出不予受理的决定。这样既可以跳过"推断损伤时间"的技术短板，又可以避免做出错误鉴定的风险发生。

1 案例材料介绍

1.1 基本案情经过

2017年10月8日，被鉴定人杨某某（女，61岁）在城阳区夏庄街道某社区因为琐事被人殴打致头部、右侧肩膀受伤。

1.2 第一次鉴定情况

（1）资料摘要。

2017-10-08青岛市城阳区第三人民医院门诊病历：

头痛、头晕、恶心约半小时。

查体：头顶部广泛压痛，颈后部压痛，活动略受限，右肩压痛明显，活动受限，未扪及明显骨折，右上臂、右肘肿胀、疼痛，活动受限，余（－）。

（2）法医检验：被鉴定人杨某某神志清，精神不振，头顶部见4 cm×2 cm头皮下瘀血，主诉有关节疼痛，活动受限，余未见明显异常。

（3）鉴定意见：根据法医检验结合就医材料，被鉴定人杨秋花头皮擦伤，根据《人体损伤程度鉴定标准》之第5.1.5 b）条规定，其所受损伤构成轻微伤。

1.3 第二次鉴定情况

（1）资料摘要。

2017-10-17青岛大学附属医院影像学MRI检查报告单（影像号：3562424）。

图像所见：右侧冈上肌腱见条状压脂高信号影，边缘模糊。右侧肩胛下肌腱，冈下肌腱、小圆肌腱区域未见明显异常信号影。右侧肩锁关节局部见斑片状长T2信号影，边缘模糊。右侧肩关节腔、肩峰下囊、三角肌下囊、喙突下囊及肱二头肌长头腱周围可见多发液体影。

印象：①右侧冈上肌肌腱损伤可能性大，请结合临床；②右侧肩关节少量积液及肱二头肌长头腱腱鞘积液。

2017-10-23青岛大学附属医院入院记录。

主诉：外伤后有肩关节疼痛15 d余。

专科检查：右侧肩关节肿胀，无静脉怒张、开放窦道或引流；右侧肩部大结节处压痛；动诊和量诊：右肩关节前屈45°、后伸5°、内收40°、外展30°、内旋20°、外旋10°。特殊检查：Dugas征（－），Neer征（－），Hawkins征（＋），0°外展抗阻试验（＋），Jobe试验（＋），抬离试验（＋），压腹试验（＋）。肌力4级。肘关节后方局限性压痛，余肢体未见明显异常。

2017-10-25青岛大学附属医院手术记录。

手术经过、术中发现：依一定次序检查右肩关节腔，见关节腔内滑膜增生，肱骨头关节面软骨边缘近大结节处见肩袖撕裂表现，肩胛盂盂唇略有磨损；然后重新置入肩峰下滑囊，见关节腔内滑膜增生，肩峰下表面毛糙，清除肩峰下脂肪组织和肩峰下滑囊后，显露肩袖表面，见肩袖近大结节处断裂，累及冈上肌腱、冈下肌腱，部分肌腱分层。

（2）法医检验：被鉴定人神志清，精神可，查体合作，右肩部见长度约0.3 cm散在手术创口，余未见明显异常。

（3）鉴定意见：根据法医检验结合就医材料，被鉴定人杨秋花伤后感右肩部疼痛，后至青岛大学附属医院行关节镜下肩关节损伤修复术+肩峰成形术（右侧）见：肱骨头关节面软骨边缘近大结节处见肩袖撕裂表现；肩袖近大结节处断裂，累及冈上肌腱、冈下肌腱，部分肌腱分层，根据《人体损伤程度鉴定标准》之第5.9.4 e）条和附则6.4条规定，其所受损伤构成轻伤二级。

1.4 第三次鉴定情况

在上述鉴定意见出具后，经办案单位在被鉴定人所在村庄走访发现，被鉴定人在发生本次纠纷前曾经因干农活致右肩部受伤。办案单位也在城阳区人民医院调阅到被鉴定人于2017年9月29日来该院影像科做过X线检查，检查结果显示未见右肩关节有异常。被鉴定人解释来医院检查右肩关节是因为其有关节炎，拒不提供门诊病历的原因是不慎将其丢失。了解到上述情况后本鉴定机构根据《公安机关鉴定规则》第八条第六款之规定，对其做出了撤销鉴定意见的决定。

2 讨论

2.1 法医鉴定是法庭审理案件的重要证据

法医临床学是应用法医学和临床医学或者其他相关自然科学的理论和技术，研究并解决与法律有关的个体受外界因素作用后导致损害后果等情况的一门专业学科。法律实践是法医临床学认识的来源，法医临床学需要不断解决司法实践中出现的与法律相关的医学问题，在研究解决这些新问题的过程中法医临床学自身也得到了发展提升，两者相辅相成，相互促进。

随着我国经济社会的快速发展，社会矛盾日益增多，为了快速有效解决社会矛盾，形成了诉讼、仲裁、公证、调节等多元纠纷解决机制。在纠纷解决过程中，当事人通过法律手段解决问题成为社会主流，公民法律意识、证据意识不断提高，把社会问题转化为法律问题，把法律问题转化为技术问题，通过技术手段解决矛盾纠纷，法医临床界定发挥着举足轻重的作用。鉴定意见直接关系到案件事实认定、法律正确适用和公民合法权益保障。法医鉴定是为法庭审理案件提供重要证据的学科，这就要求法医鉴定的技术方法成熟稳定，技术条件科学规范，鉴定意见客观公正。

2.2 损伤发生时间明确

活体损伤者多数在伤后及时到公安机关报案或到医院就诊，因此损伤发生的时间是明确的。但有的案件往往必须进行损伤时间推断，而且损伤时间的推断直接关系到案件的定性。

例如，上述案例中，杨某某肩袖所受损伤是否由2017年10月10日所受损伤造成成为案件调查的关节所在。而损伤时间推断往往主观意识比较强，没有客观充实的理论方法进行支持，推断意见并不是法定证据种类。借助分子生物学技术，根据创伤后的一系列生理应急变化可以做出损伤时间推断，但在实践应用中又缺乏简单与实用性。在上述案例中我们依据现有医学检查材料并不能排除杨某某在本次纠纷以前是否右肩关节受过损伤，也就是并不能证实本次纠纷所受损伤是其右肩关节肩袖损伤的直接原因。据杨某某交代其右肩部遭受到嫌疑人用棍棒打击，而我们通过损伤原理推测棍棒打击很难造成肩袖损伤，但也不能百分百排除其右肩肩袖损伤是由棍棒打击所形成。结合杨某某拒不提供其在2017年9月29日前往城阳人民医院就医的门诊病历，我们也不能排除其右肩关节肩袖是在本次纠纷以前形成。这就是法医临床学在实践中遇到的难题，要是通过现有自身学科知识寻求解决之道往往困难重重。我们可以通过法律理论对其进行解释，应用刑法学上"疑罪从无"的原理，对于这类不能确认是本次损伤导致损伤结果的法医鉴定，以不予受理的方式做出处理，这样不仅可以避免我们做出错误鉴定的风险，又可以保障嫌疑人的合法权益，还有利于无罪推定原则的落实。

刑事诉讼法第十二条规定：未经人民法院依法判决，对任何人不得确定有罪。该条集中体现了无罪推定的精神。无罪推定在证据法上的含义在于将证明责任分配于控诉方，其诉讼法上的含义在于保障被告人的程序性权利，约束政府权力，体现司法公正。由于历史等原因，在现行公安行政管理模式下，侦查机关往往以打击犯罪为最高诉讼目标，效率成为其优先考虑的价值追求，当事人的程序性权利不能得到有效保障。公安机关法医病理鉴定人在侦查阶段由于职业身份的界定不清，鉴定思路难免会倾向于侦查破案，先入为主的惯性思维总是将案件作为刑事案件去考虑。高等医学院校法医病理鉴定人在行政关系、人事关系等方面均独立于办案机关，作为中立的第三方则可以客观公正地进行检验鉴定，从而避免案件"被刑事化"的发生。这种新型的法医病理鉴定模式既可以扭转公安机关内设鉴定机构鉴定人"有罪推定"侦查思维，保障各方当事人的合法权益。

刍议伤病关系

李智慧[1]，吕永富[2]

1.山东省青岛市城阳区人民检察院 山东 青岛 266109
2.山东省青岛市人民检察院司法鉴定中心 山东 青岛 266101

1 案例

1.1 案例一

张某，男，44岁，在与他人发生纠纷时被对方扼颈，致颈椎骨折。伤后1 d首诊病历示：颈腰部压痛，活动受限，双膝反射亢进，双下肢肌力Ⅳ级，既往强直性脊柱炎病史10余年。CT示颈5、6椎体附件斜形骨折，累及颈6椎体前上缘及颈5附件，其颈椎椎缘增生明显，椎间盘及黄韧带增厚，未见明显骨质疏松表现，符合强直性脊柱炎CT表现。综合分析张某损伤特点，认为其颈椎骨折系外力与疾病共同作用所致，降级评定为轻微伤。

1.2 案例二

唐某，男，44岁，在与他人发生纠纷时被对方用拳头打伤双眼，致左侧眶内侧壁骨折。伤后6 h首诊病历示：双眼眶周皮肤淤青，发绀肿胀，左眼结膜充血，颞侧可见片状结膜下出血，球结膜未见充血水肿，双角膜透明，前房中深，左眼房水细胞（+），双瞳圆，对光反射存在，晶体透明，眼底：左眼视盘边界清，眼底豹状纹，CT示双侧鼻骨、左侧上颌窦额突、鼻中隔前部、左侧筛骨纸样板骨折。根据调查及病历记载，唐某患高度近视，平时戴1300度近视眼镜，外伤一月后因"左眼视物遮挡感3 d"就诊，医院检查示左眼玻璃体混浊，豹状纹眼底，视盘颜色偏淡，边界清晰，除鼻下方局部在位外，变性区内可见数个视网膜裂孔，B超示双眼高度近视眼轴，左眼探及视网膜脱离光带，呈V字形连接视盘，诊断为左眼孔源性视网膜脱离。综合分析认为唐某自身疾病系孔源性视网膜脱离的主要因素，不宜进行损伤程度评定。

2 讨论

损伤与疾病均会引起人体组织结构的破坏及功能障碍，而人体损伤形态包罗万象，受损伤个体身体条件及对损伤的耐受性千差万别，医疗因素的介入对疾病及损伤的影响也较为复杂，因此伤病关系一直是法医学鉴定的难点。《人体损伤程度鉴定标准》第4.3条已对伤病关系处理原则进行了明确说明，《人体损伤致残程度分级》第4.3条也对伤病关系作了明确规定，在法医学鉴定实践中务必准确把握、理清思路，一般来讲应把握以下原则。

2.1 明确外伤、疾病与损害后果之间是否存在因果关系

这需准确把握损伤原因与损害后果之间是否存在时间上的先后关系，科学分析致伤机制，特别关注损伤原因与结果的发生部位在科学规律上其因果关系的可能性是否能够成立，判断损伤的转归是否符合时间间隔的规律性和病理变化的连续性，明确逻辑上的内在联系。

2.2 明确损伤与疾病各自在损害后果中参与度的大小

这需充分了解案情，收集原始性、连续性、完整性的病历材料，运用"循证"法沿时间轴分析各个环节的因素影响，明确损伤或疾病对损害结果是否具有主导性，分析致伤因素或个体自身因素单独存在是否会导致损害后果的发生，即使可能发生后果，是否必然导致类似的损伤程度。如案例二，唐某有明确外伤史，受伤当时仅有眼睑瘀血，左眼颞侧结膜下出血，房水细胞（+），虽有临近部位骨折，但其左眼球损伤较轻微，无引起外伤性视网膜脱离的病理基础。高度近视是孔源性视网膜脱离最常见的高危眼疾，而唐某患有双眼高度近视，体格检查见高度近视眼底改变，其左眼孔源性视网膜脱离发生在伤后一个月，但有类似病变的右眼未出现视网膜脱离的情况，故笔者认为外伤在一定程度上加速或诱发了有基础病变的视网膜脱离。该案例中唐某自身疾病系主要原因，外力为次要原因，因此该例不宜进行损伤程度鉴定，只说明因果关系。

2.3 依据相应条款确定损伤程度

在外伤、疾病与损害后果之间的因果关系及各自参与度已明确的基础上，根据伤病关系处理原则，结合损害后果对应的条款确定损伤程度。如案例一，张某有明确的外伤史，伤后出现颈椎局部压痛、活动受限，轻度脊髓压迫症状，临床表现出现于此次外伤以后，与此次外伤在时间上存在连续性。其患有强直性脊柱炎10余年，但颈椎病变尚未达到晚期强直程度，且影像学未见明显骨质疏松表现；颈椎骨折一般系因受到强大

暴力，多见于交通事故，扼颈造成颈椎骨折少见。综上分析，张某颈椎骨折系外界暴力和自身疾病共同作用所造成的损害后果，上述伤、病单独存在的情况下均难以导致颈椎骨折等损害后果的发生，依据《人体损伤程度鉴定标准》第 4.3.2、5.9.4 d）条之规定，降级评定为轻微伤。

做出鉴定意见后，要仔细审查鉴定的依据是否充分，是否遵循了循证医学的思路和方法。总之，在损伤与疾病关系的分析、判断中，鉴定人应理清鉴定思路，全面收集原始病历材料，结合案情把握损伤、疾病与损害后果之间的逻辑关系，重视对致伤机制的分析，方能得出正确的鉴定意见。

1 例钛网置换术后伤情鉴定讨论

刘明忠，李志强，王裕好

山东省青岛市公安局城阳分局刑警大队 山东 青岛 266000

随着医学的发展、科技的进步，许多疾病或损伤通过组织器官的移植或者人工组织器官的替代都能获得治疗和好转。这些原本不属于人体的物质通过医疗手段成为人体的组成部分，与人体融为一体，甚至密不可分，保持着人体的外形，承担着人体的功能，还可能维系着人的生命。本案例中被鉴定人王某多年前因交通事故伤及颅脑，后行开颅手术并用钛网修补缺损颅骨，被鉴定人王某自述本次外伤致钛网松动凹陷，后行手术置换，根据《人体损伤程度鉴定标准》之 5.12.4 1)"各种植入式假体装置损坏需要手术更换或者修复"规定，构成轻伤二级，但是对于植入假体损伤的鉴定也需要考虑是否为本次外伤所致。

1 案例经过

被鉴定人王某（男，33 岁）报警称：2020 年 11 月 4 日 21 时 51 分，其在青岛市××区××村启明星幼儿园西侧马路边因跟路边工地工人发生口角，被路边工人打伤头部。

2 病历材料摘抄

2020-09-22 青岛市××人民医院 CT 示：颅脑术后，右侧部分颅骨骨质阙如，可见金属钛网覆盖，钛网连续性中断，右侧额顶顶叶区颅板下密度欠均匀。

2020-11-04××区人民医院病历摘抄：

头部外伤后疼痛流血半小时。

查体：左侧前额部肿胀，皮肤擦伤渗血，压痛。右侧额颞部可见马蹄形术后切口，愈合良好，右侧颞顶部可见局部凹陷性，凹陷深度约 1.5 cm，范围约 2.5 cm，左手肌力约 4 级，左手对指动作不灵活，左侧下肢肌力 5 级，右侧肢体肌力 5 级，腱反射对称，病理反射阴性 CT：右侧颅骨修补术后，钛板局限性凹陷性中断，右额顶枕叶交界区脑软化灶。

2020-11-12 手术记录：患者经全麻后，取原手术切口，沿切口逐层切开头皮达颅骨，将头皮组织自颅骨修补移植片表面剥离，可见移植片多发断裂，后将二维 3D 塑形钛板覆盖于骨窗。

3 法医检验及鉴定

经法医检验结合医院病历见，王某于 2020 年 9 月 22 日在医院颅脑 CT 检查提示右侧部分颅骨骨质阙如，钛网连续性中断，2020 年 11 月 4 日被打受伤后去医院就诊，医院检查见左侧前额部肿胀，皮肤擦伤渗血，压痛，左上肢活动不灵，颅脑 CT 检查见右侧颅骨修补术后，钛板局限性凹陷性中断，本次法医检验见王某右颞顶部见有手术瘢痕，左手肌力下降，对比本次受伤前后两次 CT 见，王某本次受伤前钛网已经发生断裂，其保持功能下降，受外力后容易发生凹陷，此次外伤钛网部位头皮未见异常，颅内未发现新的脑挫裂伤及出血灶等外伤性改变，其左手肌力下降考虑与钛网断裂、凹陷压迫脑组织有关，依据《人体损伤程度鉴定标准》4.3.3 条之规定，其损伤不宜进行损伤程度的鉴定；根据检验，王某左前额部头皮肿胀，依据《人体损伤程度鉴定标准》第 5.1.5 b)条之规定，其损伤构成轻微伤。

4 案例讨论

对于植入式假体损坏的鉴定首先应询问被鉴定人受伤史，在本案中被鉴定人王某起初拒不承认自己在本次外伤之前钛网受过损伤，也没有提供 2020-09-22 青岛市××人民医院 CT 资料。我们通过调阅被鉴定人提供 2020-11-04××区人民医院 CT 阅片后见右额顶枕叶交界区脑软化灶，认为右额顶枕叶交界区脑软化灶不可能在受伤当日形成，遂将此分析意见告知办案派出所民警，后经民警反复询问，被鉴定人王某才如实交代自己在 2020 年 9 月 22 日右侧颅脑受过外伤并当日就医进行了 CT 检查；其次受伤经过极为关键，我们在进行鉴定时特别要考虑本次外伤的暴力程度与损伤程度是否匹配，本案中被鉴定人王某只是左前额部头皮肿胀，而损伤结果是右侧颅脑修复钛网断裂，很显然外伤与损伤后果不相符；最后高分辨率螺旋 CT 多方位扫描加三维重建是必要的加固或者确定手段，通过该种检查仔细分辨是否有损伤部位相应头皮血肿以及是否有新鲜颅内出血、脑挫裂伤，以便判断损伤是否为本次外伤所致。

浅议皮肤瘢痕接近临界值时的法医学鉴定

刘淑波，余映奇

贵州省都匀市公安局 贵州 都匀 558000

1 案例资料

1.1 案例一

李某，5 岁，2018 年 10 月 7 日因钝器伤，造成头左颞顶部、左枕顶部三处创口并缝合。2018 年 11 月 5 日时测量瘢痕长分别为 1.5 、1.5 、1.1 cm，累计长 4.1 cm，因其未满 6 周岁，鉴定为轻伤二级。2019 年 4 月 10 日，申请重新鉴定，测量瘢痕长分别为 1.3、1.3 、1.0 cm，累计长 3.6 cm，鉴定为轻微伤。

1.2 案例二

张某，30 岁，2019 年 9 月 25 日因锐器伤，造成其左前额处一处创口并缝合，2019 年 10 月 9 日测量瘢痕长 4.6 cm。伤后 3 月后，2019 年 12 月 27 日进行损伤程度鉴定，测量瘢痕长 4.3 cm，鉴定为轻微伤。

1.3 案例三

陆某，20 岁，2019 年 5 月 8 日因被破啤酒瓶刺伤，造成其左右肩部、右肩背部、左肘部、右前臂六处创口并缝合，2019 年 6 月 5 日，测量瘢痕长分别为 4.3、5.3、2.1、1.8、1.1、0.8 cm，累计长 15.4 cm。伤后 3 月后，2019 年 8 月 9 日进行损伤程度鉴定，测量瘢痕长分别为 4.1 、5.1 、2.0 、1.7 、1.0 、0.7 cm，累计长 14.6 cm，鉴定为轻微伤。

2 讨论

2.1 瘢痕组织的形成过程

瘢痕组织的形成是从肉芽组织纤维化开始，是非常缓慢的渐进性的病理过程，其形成的速度受年龄、体质、局部血液循环状态、有无继发感染等因素影响，伤后前 2 个月的瘢痕收缩比较明显。据文献，面部、头部、四肢伤后 3 d 收缩率分别为 7.5%、5.6%、6.8%，伤后 15 d 收缩率分别为 12.5%、8.4%、10.6%，伤后 90 d 为 15.2%、10.1%、13.4%。由以上收缩率计算，面部、头部、四肢伤后 3～15 d 时测量瘢痕长度在轻伤二级临界值时（4.5、8.0、10.0 cm），其伤后 90 d 后瘢痕可分别缩短 1.2～3.4 mm、1.3～3.6 mm、2.8～6.6 mm。以上 3 个例案例中，伤后 3～6 个月测量瘢痕较前期的值分别缩短了 5、3、8 mm，其与文献瘢痕收缩率基本相符，由此看出，伤后 3 个月前的瘢痕长度均具有明显的收缩性（增殖性瘢痕除外），因此不易用作接近临界值时的鉴定依据进行鉴定。

2.2 瘢痕种类

瘢痕是缓慢渐进性的病理过程，会形成浅表性瘢痕、增殖性瘢痕、瘢痕疙瘩、萎缩性瘢痕及凹陷性瘢痕，过早地对瘢痕进行测量定性，不符合瘢痕的形成特征。据文献报道：330 例伤者中，有 16 例在伤后 3 个月瘢痕长度大于创口长度。由此看出，未到稳定期时，瘢痕仍有不同的变化，有增生、萎缩、凹陷等，甚至影响关节功能，因此我们以瘢痕稳定后的测量数值作为接近临界值时的鉴定依据进行鉴定较为妥当，更加符合瘢痕的形态特征。

2.3 皮肤瘢痕接近临界值时的鉴定时机依据

皮肤瘢痕接近临界值时，大部分瘢痕会随着时间逐渐缩短，极小部分瘢痕（增殖性瘢痕）会逐渐增长，其轻微的变化均会影响到鉴定结果，因此其具有明显的特殊性、疑难性、复杂性；另瘢痕接近临界值时，其是损伤创口形成的瘢痕，是以瘢痕形成的后果为鉴定依据的，属后果鉴定。因此皮肤瘢痕接近临界值时的鉴定属于疑难、复杂的损伤鉴定和损伤后果的鉴定。根据《人体损伤程度鉴定标准》4.2.3 规定：疑难、复杂的损伤，在临床治疗终结或者伤情稳定后进行鉴定。《〈人体损伤程度鉴定标准〉释义》："对于伤情在临界状态的，就低不就高；以观察、检测损伤后果为鉴定依据的在医疗终结后进行鉴定（伤后 3~6 个月）；疑难复杂、一时不能确定的损伤，鉴定时限不超过 1 年。"《法医临床鉴定规范》3.2.2 规定："鉴定以损伤后果为依据的应在临床医疗终结后检验，原则上在损伤后 3~6 个月进行。"

2.4 鉴定要点

皮肤瘢痕形成是一个非常缓慢的渐进的过程，稳定期为 3~6 个月，个别人因体质等原因增生会持续一两年甚至更久。皮肤瘢痕接近临界值时的鉴定具有疑难复杂性，测量时，至少 2 名以上鉴定人对瘢痕进行仔细测量并拍照固定，减少误差率，提高准确率。遇有弧度或不规则的瘢痕，用易于弯曲的金属细线沿瘢痕形状走行，拉直后测量。以损伤后 3~6 个月测量的瘢痕数值为鉴定依据进行鉴定，临界状态的，就低不就高，且鉴定时限不超过 1 年。

许莫氏结节的法医临床学意义试析

刘文斌，李超，胡继虹

河南省潢川县公安局 河南 潢川 465150

许莫氏结节（Schmorl's node，SN）临床上较为常见，在活体损伤检验中也时常遇见。当椎体骨折且伴有 SN 的发生时，其在损伤程度鉴定中如何界定伤病关系，在实践中存在争议。笔者针对这个问题，通过对一组病例的相关数据进行统计分析，试图提出自己的意见。

1 概念

许莫氏结节（Schmorl's node，简称 SN）是由德国人 Schmorl 于 1927 年提出，是指椎间盘的髓核由于各种原因上下椎体的软骨终板面疝入到椎体的松质骨内形成的压迹，又称椎间盘内突出，是椎间盘突出的一种特殊形式。

2 形成的原因

SN 形成的主要原因是由于软骨终板本身的异常，或椎体软骨下骨的异常引起来的。终板异常有先天发育因素，也有随着年龄增加而发生的退行性改变，而病变如创伤、感染、椎间盘的退行性改变、代谢或肿瘤性疾病也可以导致软骨终板或软骨下骨的减弱。最近也有研究发现 SN 起因为终板下的缺血性坏死，也与椎间盘的退变、膨出有明显关系，并与椎体的莫迪克（modic）改变密切相关。

3 影像学的改变

较小的 SN 在常规 X 片上不易发现。在 CT 的轴位或矢状位图像显示椎体的上缘或下缘可以清楚显示类圆形或方形的等密度灶（急性阶段）或低密度灶，边缘如有高密度影为硬化缘，则为陈旧性改变；在 MRI 矢状位或冠状位图像显示髓核疝入到椎体松质骨内，内缘或上缘与椎间盘相连，急性阶段 SN 信号与疝入的髓核信号相同，后遗阶段因疝入的髓核脱水纤维化等继发性改变，信号又低于髓核信号。SN 可单发亦可多发（如图 7-8）。

3.1 病例统计分析

选取在潢川县人民医院 3 个月的时间内因腰部疼痛进行腰椎 CT 平扫或三维重建的患者共 110 例，记录其性别、年龄、结节发生的椎体及位置、是否多发、结节的截面积与椎体截面积之比、椎体有无骨折等信息，然后对数据进行统计分析。

3.2 结果

在参与调查的 110（男：53，女：57）例病人中发现许莫氏结节患者 34（男性：18，女性：16）例，许莫氏结节的发生率为 30.91%；许莫氏结节在男性中的发生率为 33.96%，女性 28，07%；SN 在单个椎体发生数为 21 例，多发（包括一人多个椎体和一个椎体多发）13 例；涉及椎体 44 块，其中胸椎 17 块（T7 1 块、T10 3 块、T11 7 块、T12 6 块）、腰椎 26 块（L1 2 块、L2 6 块、L3 5 块、L4 7 块、L5 6 块）、骶椎 1 块（S1）；年龄在 40 岁以下的 3 人，40~60 岁 5 人，60 岁以上 26 人；SN 占椎体截面积之比在 10% 以上的有 3 例（占

8.8%），在10%以下的有31例（占91.2%）；有椎体骨折发生的有18例（男性：7，女性：11），年龄均在50岁以上；既有骨折且有SN发生的有3例，同一椎体中既有骨折且有SN发生的0例。

4 讨论

许莫氏结节作为临床上较为常见的病变，它的发生率不同的研究者统计的也不尽相同，但其较为常见却没有争议。根据笔者的统计，SN的发生率男性稍高于女性，这与其他研究文献相同；以SN截面积小于椎体截面积的10%较小占比的为多见，胸椎下段和腰椎各椎体均易发生；在发生SN的34例患者和出现椎体骨折的18例患者中只有3例存在交叉，且无一例椎体既有骨折且有SN发生。

据此，笔者认为：①从力学的角度上讲，SN的发生会改变椎体的原有强度，但较小的SN对骨折的形成没有特殊的意义，不能将SN作为椎体病变在椎体骨折的鉴定中作为常规影响因素来考虑；②即使是较大的SN在椎体骨折鉴定时作为降级因素时也要慎重，因为同一脊柱在受力时不一定是有SN发生的椎体容易发生骨折（图7-9）；③目前，同一椎体既有骨折且有SN发生时，SN占椎体之比为多少时应将其考虑为伤病关系尚无具体的指标，也未见相关的研究文献，应继续进一步收集资料，进行研究；④对椎体骨折的鉴定主要考虑的因素还是作用力的强度和方向，病理因素主要考虑重度骨质疏松、肿瘤和骨坏死等；⑤本次的病例统计分析有一定的局限性。一是统计样本数量偏少；二是因为是县级医院，病例有地域的限制；三是样本的年龄偏大，50岁以上的有91人；四是检查椎体均在胸腰段，缺乏全椎体检查。

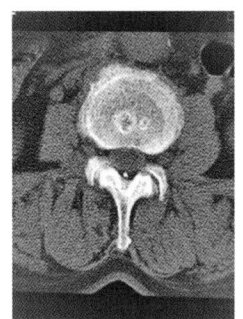

图7-8 2处SN

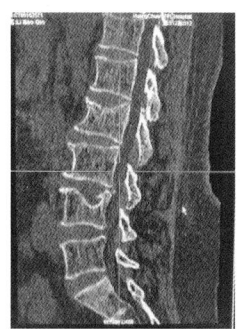

图7-9 L2骨折 L4S）

从案例中浅谈法医精准提取生物物证经DNA检验为侦查和诉讼提供证据

刘新强

山东省聊城市公安局东昌府分局刑侦大队 山东 聊城 252000

1 案例一

1.1 简要案情

2020年11月4日，某福利院工作人员发现401室房门反锁，破门进入后见老人石某死于床上，体表及床上无血迹。同房间的另一老人史某对石某的死缄口不言。

1.2 检材提取

考虑到死因可能是窒息、中毒、刺激因素诱发疾病等多种可能性，尸检前法医针对各种可能性做好了提取检材的准备。其中DNA检验是非常重要的一环。

尸表检验发现，死者颈部有皮下出血，并有散在月牙状小片表皮剥脱，考虑死者生前曾遭扼颈的可能性极大，遂以植绒拭子擦取死者颈部损伤皮肤。又通知办案民警提取嫌疑人史某的双手指甲和手指末节指腹擦拭物。

1.3 DNA检验情况

考虑到检材的情况，如果使用chelex-100提取法可能得不到满意的结果；而使用硅珠法纯化，会因为擦拭物中死者和嫌疑人的细胞含量差距大导致扩增时模板量小的一方出不来。所以我们在使用D盾超敏DNA提取试剂盒纯化检材后，扩增时降低了加入DNA模板量。经检验，在死者颈部擦拭物、嫌疑人手指末节指腹擦拭物上均检出了包含死者石某和嫌疑人史某的两个个体混合基因型。

1.4 思考与讨论

本案在逻辑推理上，石某的死应该是史某所为，但室内没有监控等任何客观证据，找到客观证据成为案件能够顺利诉讼的关键。由于法医同志证据意识很强，在尸体检验之前就联系 DNA 技术员沟通发现和提取生物物证，DNA 技术员才有机会将检材证据价值发挥到最大。死者颈部掐痕检出嫌疑人 DNA、嫌疑人手指检出死者 DNA，互相印证，加上法医尸检结果死者石某系颈部受外力致机械性窒息死亡，对于认定案件性质和诉讼夯实了证据。如果法医同志没有充分研究分析案情、证据意识淡薄，那就可能尸表检验后直接解剖，将有价值的证据忽略或者破坏了。虽然后来经过审讯，史某承认了其因琐事掐死石某的犯罪事实，但是如果没有客观证据支持，诉讼过程肯定没有那么顺利，嫌疑人随时可能翻供。

2 案例二

2.1 简要案情

2020 年 7 月 24 日凌晨 1 时左右，派出所民警巡逻至兴华路正在施工路段时，突然听见女子的尖叫声，随即循声找到该女子，该女子称刚刚下夜班途中被一男子劫持到围挡里面实施强奸，女子向巡逻警车呼救后嫌疑人逃窜。随后巡逻民警在附近的一辆轿车底部抓获藏匿的嫌疑人。

2.2 检材提取

由于案发时该女子极度害怕，她只能说清当时被脱掉裤子，阴部被嫌疑人接触过，至于嫌疑人是否将阴茎插入、是否射精根本说不清。女法医考虑到需要提取检材做 DNA，在与笔者沟通提取思路和方法后，先以植绒拭子轻轻擦拭被害人外阴部，又提取被害人阴道擦拭物、颈部擦拭物和被害人裤子、内裤，并让办案民警提取了嫌疑人阴茎擦拭物。

2.3 DNA 检验情况

被害人的阴道和外阴擦拭物经人精液 PSA 检测金标试条法检验均为阴性。

鉴于检材情况，我们使用 D 盾超敏 DNA 提取试剂盒（硅珠法）对上述检材进行纯化。经检验，在被害人外阴擦拭物和嫌疑人阴茎擦拭物上均检出了包含被害人和嫌疑人的混合基因型。虽然阴道内未检出嫌疑人 DNA，但以上已经为案件定性和诉讼提供了强有力的证据支撑。

2.4 思考和讨论

本案中，被害人在被实施犯罪时见到巡逻警车拼尽全力呼救，被巡逻民警救下，嫌疑人也现场被抓获。但是案发现场段正在修路，路灯监控全都没电，而且嫌疑人实施犯罪的时候，将被害女子挟持到围挡里面停放的车辆处。PSA 检验阴性，嫌疑人没有射精。案件如果没有客观证据，只有被害人陈述，对案件定性和诉讼很有难度。该案中，女法医证据意识很强，有提取生物物证备检 DNA 的观念，在自己对 DNA 专业不是非常精通的情况下，及时联系 DNA 技术员进行沟通，精准提取到了有价值的物证，才能让 DNA 技术员检出有价值的分型，为认定案件性质和诉讼提供证据。如果女法医当时证据意识不强，自己没想到也没有联系 DNA 技术员沟通提取生物物证的思路方法，也许就只提取了被害人阴道内擦拭物等检材，即便是从被害人颈部擦拭物、裤子、内裤边缘检出嫌疑人的 DNA，那么对于认定强奸来说，证据还不够。

严把技术性证据关，杜绝冤假错案发生

刘旸，熊攀

湖北省麻城市人民检察院 湖北 麻城 438300

1 案情简介

2018 年 4 月 6 日，袁某因纠纷用手掌击打两位被鉴定人张某、肖某头面部各一下。张某、肖某伤后自诉头痛、头晕，偶有恶心感，头颅 CT 检查未见明显外伤性改变。公诉部门于 2018 年 8 月 21 日委托技术部门进行技术性证据审查。此案的技术性证据审查意见书决定了该案是否可以定罪。我们在审查中发现：该案中两被鉴定人鉴定意见均为轻微伤，某司法鉴定中心鉴定意见记载：被鉴定人张某、肖某因外伤所致轻型颅脑损伤，根据《人体损伤程度鉴定标准》5.1.5 a）之规定被鉴定人张某、肖某的损伤程度均为轻微伤。

2 审查过程

该案在审查过程中，收到公诉部门的委托后，在查阅相关病历后，法医认为某司法鉴定中心出具的鉴定意见书存在客观依据不足。当天下午，法医对被鉴定人张某、肖某现场进行伤情复查后，发现被鉴定人张某、肖某头部均未见损伤痕迹，查阅头颅 CT 三维电脑图像，伤侧与健侧对比，无皮下组织结构改变，故认定面部软组织挫伤的依据不足。调阅卷宗，没有证人证言证实被鉴定人伤后出现颅脑损伤神经症状的客观表现，且 CT 检查颅脑未见明显外伤性改变，故认定被鉴定人头部外伤后伴有神经症状的依据不足。法医综合分析认为不能评定被鉴定人张某、肖某的损伤程度为轻微伤。技术部门及时出具技术性证据审查意见书：某司法鉴定意见书在程序上合法，在实体上不符合鉴定标准，其结论不可采信。

3 司法效果

公诉部门在收到该技术性证据审查意见书后依法决定不起诉犯罪嫌疑人袁某。本案的典型意义在于：一是反映出技术性证据审查意见书作为定案核心证据，对诉与不诉、罪与非罪产生直接影响；二是体现了检察机关技术性证据审查的严谨性，检察机关应当严把技术性证据关，不放过任何一个细节，杜绝错案的发生，维护司法公正。《楚天法治》《鄂东晚报》等多家媒体对本案进行了报道。

4 经验总结

技术性证据审查是检察机关在办理技术检案中的专项职能工作，需要具有专业知识的技术人员进行审查。本案通过技术性证据审查，成功地避免了一件错案的发生，彰显了检察技术监督职能。该案的成功办理得益于以下两点。

4.1 突出技术部门的法律监督职能，形成有案必审查的工作机制

将技术性证据审查融入办案流程，形成业务部门凡涉及技术性证据的案件必委托技术人员审查的工作机制。对涉及技术问题的证据材料，应当提交检察技术人员或其他具有专业技术的人员审查而没有提交的，且因技术性证据质量问题而出现错案的，办案检察官应当承担相应责任。

4.2 强化内部司法鉴定职能，提高技术性证据审查队伍水平

检察机关技术人员在做好技术检案的同时，应当注重自身能力的提升，以适应技术性证据审查工作任务加重的形势需要，对不符合鉴定程序和标准的鉴定意见出具不予采信的审查意见。

5 讨论

5.1 评定为轻微伤不合理

《人体损伤程度鉴定标准》5.1.5 a）规定头部外伤后伴有神经症状为轻微伤。本案例某司法鉴定中心仅依据被鉴定人头痛、头晕，偶有感恶心等主观症状，没有查证到神经症状的客观表现，以及客观检查没有发现颅脑损伤，评定为轻微伤不合理。

5.2 建议

实践中引起我们对《人体损伤程度鉴定标准》5.1.5 a）应用的思考。该条款中只列出头部外伤后伴有神经症状，容易导致鉴定人采用此条款理解有出入，建议对此条款的适用解释加注应有客观检查颅脑有外伤性改变，或头脑外伤后伴有客观的神经症状。

5.3 本例面部外伤的法医鉴定应当排除是否应用面部软组织挫伤条款

本例面部外伤的法医鉴定，应当排除是否应用面部软组织挫伤条款，涉及应用《人体损伤程度鉴定标准》5.2.5 c）条款的实践中，应当注意面部软组织挫伤的物证证据固定，还有结合客观检查结果综合分析，综合评定。

杀人后高坠自杀法医学尸体检验两例分析

刘燚，张凯策，张倩，魏鑫，庄果，吴爱民，沈毅

贵州省安顺市公安局西秀分局刑事科学技术室 贵州 安顺 561000

1 案例一

1.1 简要案情

2019 年 3 月 10 日 8 时许，安顺市西秀区某小区三栋 3 单元楼下水沟中发现一具男性尸体。

（1）现场勘查：现场位于三栋 3 单元楼下，距楼墙 40.0 cm 处有一水沟，深 65.0 cm、宽 38.0 cm，死者上半身呈倒立位插于沟中。衣着完整，上身穿黑色夹克前胸部及双袖内侧新鲜疑似血迹浸染，黑色西裤双膝有纵行擦痕。楼上 501 室阳台窗户呈开启状且阳台外侧墙上有疑似血迹，开锁进入勘查，发现客厅、卧室门口及厕所大量滴状疑似血迹，卧室门反锁，破门后发现卧室床上一具女性尸体呈平卧位；卧室地面发现成对的淌血足迹，且足尖指向阳台；阳台窗户开启状，窗沿离地面约 15 m，窗内、外沿和阳台内、外侧多处新鲜擦拭状疑似血迹。

（2）尸体检验：男性尸体，尸长 175.0 cm，颅顶部凹陷、头皮挫裂，触及颅骨粉碎性骨折；前胸及双上臂呈片状擦伤（方向从上至下）；左手腕前侧见 6 处由外至内平行走行创口，长 4.5 cm 至 6.0 cm；右手背、手掌及指甲缝内见大片涂擦状疑似血迹，左手中指中节背侧见一长 1.0 cm 横行创口。解剖发现额、颞、顶、枕骨爆裂性骨折，硬脑膜破裂，硬膜下、蛛网膜下腔广泛性出血，额部、枕部脑组织挫裂伤，颅底广泛粉碎性骨折。

（3）理化检验：死者赵某心血未检出乙醇，胃内容物、肝脏及肾脏未检出常规毒品、药物成分。

1.2 案例二

（1）简要案情：2019 年 12 月 6 日 6 时许，安顺市西秀区某乡某村一男性从 3 楼窗户高坠死亡。

（2）现场勘查：现场位于一楼地面，距墙 215.0 cm 处有一男性尸体，死者上身穿红色棉衣拉链裂开，前胸部新鲜疑似血迹呈喷溅状，黑色棉裤双膝有纵行擦痕，右脚黑色皮鞋距离尸体 190.0 cm。楼上卧室窗户呈开启状，三楼卧室床上、地面及三楼至二楼的楼道大量滴状疑似血迹；卧室床头柜上见死者吴某遗书，卧室窗户开启状，窗沿离地面约 10 m，窗沿见两枚血指纹（指尖朝外）及多处新鲜擦拭状疑似血迹。

（3）尸体检验：尸长 152.0 cm，左额部凹陷，左额顶部皮肤挫裂，触及颅骨粉碎性骨折，左面部、前胸、双上臂均见大片状擦痕（方向从下至上）；双手血染，左中指近节骨折畸形，双手背、手掌及指甲缝内见大片涂擦状疑似血迹；双膝部擦伤，双足拇指挫擦伤。提取血样备查。

（4）理化检验：死者吴某心血未检出乙醇、常规毒品、毒物及药物成分。

2 讨论

两个案例根据调查、监控显示：死者进入现场，从窗户跳下，死者以高坠方式自杀事实清楚，挫伤、挫裂创及骨折均可由高坠形成。两名死者前胸、双手或单手手背、手掌及指甲缝内大片涂擦状血迹，据血迹新鲜程度、形态、血迹量、分布特点，分析认为前胸部、手背、手掌及指甲缝血迹系高坠前黏附，多为被害人血迹，且被害人损伤出血严重或存在多处开放性损伤。在法医实践中见：用无护手的锐器多次、用力刺戳他人时，手指、虎口、小鱼际等手掌部位易被锐器割划伤。

关于杀人后自杀案件一般具有以下特点：死者多为青年，被害人多以女性为主，加害人多以男性为主，多为熟人作案，以亲属为主；案发场所多选择熟悉环境，多为同一室内或相邻室内外环境；案发原因多为家庭矛盾、情感纠纷等引起激情杀人，有同归于尽的自杀准备或在杀人后出于愧疚的心理而选择自杀。加害人杀人方式采用暴力手段为主，加害人自杀多选择迅速死亡的手段为主，其中，自缢、高坠、中毒占前三位。以上两个案件分析认为死者均因家庭矛盾及情感纠纷原因激情杀人，在行凶后选择高坠自杀。案例一中，死者张某为赵某的未婚夫，赵某全身多处刀刺伤当场死亡；DNA 检验证实张某前胸部、右手掌、右手背及指缝内血迹均属于赵某。案例二中，伤者一叶某为吴某的前妻，伤者郑某二为叶某男友，现场遗书为事前准备带至现场，内容证实其具有杀人动机；DNA 检验证实死者吴某前胸部、右手掌、右手背及指缝内血迹属于其前妻叶某和前妻男友郑某。

高坠尸体的检验除注意高坠伤，还需注意衣着检查、尸表血迹分布，判别细小轻微的损伤是否来自高坠之前，再通过走访调查、视频监控、现场分析、DNA 检验配合法医学尸体检验等，可以合理排除后，再进行比较完整的现场重建，这有助于法医学检验高坠尸体时对自杀、他杀做出判断，同时对增进刑事技术个人能力和提高团队水平至关重要。

综合应用STR、Y-STR破获多年命案一起

刘忠文，杨峰，郭中云

辽宁省鞍山市公安局刑事案件侦查局 辽宁 鞍山 114001

随着DNA检验技术的不断提高，接触性检材的检出率也随之提高。在日常案件中检出混合分型的概率也随着接触性检材的检出率提高而提高。近年来随着全国男性家族系统的逐步建立，利用Y-STR破案的概率也随之提高，以下案例就是工作中检出1例两人混合基因型，通过对混合分型进行有效拆分后比中嫌疑人，为案件的侦破提供了直接的线索。

1 简要案情

2002年11月23日，台安县桑林镇团结村出租车司机金某某身中数刀被杀死在新台镇孙家屯沈盘公路112 km减90 m处，现场遗留黑色线手套一副。

2 破案经过

案发后，虽经市、县两级公安机关多方侦查，但受当年技术条件所限，该案一直未破获。2020年公安部开展命案积案攻坚专项行动，鞍山市公安局DNA实验室人员对该案现存的物证及当年的检验情况进行了重新梳理，对当年可能是嫌疑人遗留在现场的手套重新进行了检验，终于在手套上检出两名男性的混合常染色体和Y染色体分型，通过进一步对死者血样的检验，利用"混合DNA拆分技术"，通过对混合基因型的拆分，获得一未知男性的常染色体和Y染色体数据。利用Y染色体分型成功比中沈阳市一"范姓家族"，通过对该家族人员常染色体STR分析，发现手套中检出的混合基因型包含该家族中一成员染色体STR分型，该案成功告破。嫌疑人被抓获后对犯罪事实供认不讳。

3 经验总结

DNA常染色体STR分型技术因其灵敏度高，适用检材范围广，且可达同一认定水平，故在命案的侦破中得到高度的重视和广泛的应用。Y染色体为人类的性染色体，为正常男性所特有，呈单倍型连锁遗传及父系遗传，即同一父系的男性样本Y-STR分型结果一致（突变情形除外）。当在现场发现了男性犯罪嫌疑人的生物检材，对相关范围内家系中男性个体进行调查，可以缩小侦查范围，并节省大量警力、物力与财力。为成功锁定犯罪嫌疑人提供可靠的技术支持。Y-STR作为常染色体STR分型技术的补充，在刻画犯罪嫌疑人遗传特征、缩小排查范围方面具有不可估量的作用。本文中案例充分利用了Y-STR特点，先圈定犯罪嫌疑人家系，后利用常染色体STR分型技术同一认定的优势，达到认定犯罪嫌疑人的目标。

目前，混合基因分型的解释多数是凭借个人技术水平和经验，混合结果拆分是法庭科学DNA检验破案的重要手段，混合结果是指被检测检材来自两个或两个以上个体，图谱中多个基因座同时观测到三个及三个以上等位基因峰。随着DNA检验的灵敏度越来越高，从混合样本中获得较少成分的能力越来越高，日常检案中碰到的混合结果也越来越多。实际工作中遇到混合结果时，首先确定混合型的存在。其次，判断混合分型的供体数。判断混合比例时，物共享等位基因座比有共享等位基因的基因座更加准确。将已知分型作为已知条件，根据混合结果进行拆分，确定每种DNA分型的可能性。

本案的破获得益于以下几点，其一，对于检材的细致处理；其二，对混合基因型的有效拆分；其三，通过综合运用DNA数据库和Y-STR统计分析方法是破案的关键；其四，男性家族系统的建立为本案的侦破提供了坚实的基础。

法医学死因问题浅析

龙贵峰[1]，卫彦均[2]

1. 河南省三门峡市中级人民法院 河南三门峡 472000
2. 河南省卢氏县人民法院 河南卢氏 472200

确定死亡原因是法医病理学的首要任务，死亡学在法医病理学中死亡学发展成为一门独立的科学，在法医病理学中，有十分重要的地位。其内容包括死亡的诊断标准，死亡过程、近似死亡的状态与死亡原因分析

等。对临床医学来说，从病例的死因分析，可以检讨诊断、治疗经验和存在的问题。从而提高诊疗水平。从法医学来讲，从案例的死因分析，可以判明案件性质。法医学鉴定中错误的死因分析必然导致死亡案件处理的困难或结论的完全错误。晚清四大奇案之首案杨乃武与小白菜案，是仵作沈祥未按规操作将银针以皂角水擦洗，得出错误结论中毒死亡所致。

根据作者30多年法医学工作经验，在死因分析中存在的主要问题是：①对死因分析缺乏规范化。对死因学中一些名词要领不清，互相混用。因此结论不一，不利于总结交流，不利于统计，不利于计算机存档、检索，不利于分清与死亡有关的各种因素其责任关系。②在复杂伤亡事件，有两种以上的死亡原因，尤其是外伤自然性疾病，或中毒与自然性疾病，手术（或药物）与自然性疾病并存，以致主次难分。③某些猝死案件中，尸检无明显病变以其他阳性发现，死因难以确定。实践中往往把死亡原因和死亡机制互相混用，其实死亡原因和死亡机制的涵义不同，从尸检角度死因分析的最终目的是判明案件性质，分析涉及法律，各种原因的主次位置，和各种病变化的因果关系，确定损伤、疾病与死亡结果之间的相互关系，以便客观、公正、科学地做出法医学鉴定。下面结合上述存在问题，对死因分析问题进行浅探，供同行参考。

国际卫生组织发布的《国际疾病分类》对所有疾病和死亡原因概括为17大类，该分类关于死因的定义为："所有直接导致或间接接促进死亡的疾病、病情和损伤，以及任何造成这类损伤的事故或暴力的情况"。死因导致致命性结果的疾病、外伤或事件，即为死因。将死亡原因分为主要死因、直接死因、诱因、辅助死因和联合死因等。

1 主要死因

主要死因就是引起死亡的初始原因，是指引起死亡的原发性自然性疾病或暴力性损伤。原发性是这个定义的关键，许多疾病或病变仅仅是某一疾病或外伤的直接结果时，就不宜作为根本死因，在自然性疾病致死案例中，其主要死因与主要疾病一致，如冠心病心肌梗死致死，动脉粥样硬化脑动脉突发破裂出血致死，心脏动脉瘤破裂急性心包压塞致死等。在暴力性死亡中如机械性损伤致心脏破裂等。如扼颈可立即因窒息而死，也可当时不死而引起喉头水肿或继发肺水肿. 肺炎而死，则扼颈为根本死因。

2 直接死因

直接死因是指直接引起死亡的原因，可以说是主要死因的致命性并发症，它不是一种独立的疾病、病变或病理过程，不能以直接死因代替主要死因。暴力案件中，外伤为主要死因，如果根本死因不经过中间环节直接引起死亡，它既是根本死因，又是直接死因。如果根本死因没有立即引起死亡，而由它的继发病或并发症等致死，此时的继发病或并发症为直接死因。在法医学中常见的直接死因有感染、出血、栓塞、中毒、全身衰竭等。主要死因和直接死因是一种因果关系，常见的直接死因有：①感染；②出血；③栓塞；④肺水肿；⑤中毒。

3 辅助死因

辅助死因是根本死因之外的自然性疾病或损伤，它们本身不会致命，但在死亡过程中起到辅助作用。例如严重脂肪肝患者因酒精中毒死亡–则酒精中毒为根本死因. 而脂肪肝为辅助死因。巨大主动脉瘤患者被人拳击后动脉瘤破裂死亡，动脉瘤是根本死因而拳击是辅助死因。 独立于主要死因的疾病或外伤，与主要死因无因果关系。在致死过程中仅起辅助作用。

4 诱因

诱因即诱发身体原有潜在疾病恶化而引起死亡的因素,常见有各种体力活动、精神情绪因素、劳累过度、性交、吸烟、轻微外伤、大量饮酒、过度饱食、饥饿、气温骤降等。这些因素对健康人一般不会致命，但对某些重要器官有潜在性病变的人，却能诱发疾病恶化而引起死亡。诱因与主要死因间存在因果关系。

5 联合死因

是两种或两种以上难以区分主次的死因、在同一案例中联合在一起引起死亡而共同构成死因。其中包括；病与病联合致死；病与暴力联合致死；暴力与暴力联合致死。两种原因在同一病例中起到死因作用，可称合并死因。

磁共振水成像在脑脊液漏的法医学鉴定中的应用

罗璇，王力，张超

北京市通州区公安司法鉴定中心 北京 101100

外伤性脑脊液漏在颅脑损伤中发生率约为2%~9%，在颅底骨折中占5.0%~24.6%，也有文献报道高达88.3%，是常见的颅脑损伤合并症。本文作者结合近年医学影像新进展之一的磁共振水成像技术，对此类案件的法医临床鉴定相关问题进行总结分析。

1 外伤性脑脊液漏的特点

脑脊液正常存在于脑室和蛛网膜下腔内，通过蛛网膜、硬膜及颅骨与外界相隔，当该屏障遭到破坏，有脑脊液流出即为脑脊液漏。外伤性脑脊液漏在医学临床中最常见，约占80%~90%。颅脑外伤引起蛛网膜撕裂，硬脑膜和颅骨的连续性中断导致脑脊液经鼻腔、外耳道或开放伤口流出，成为外伤性脑脊液漏，最常见的是脑脊液鼻漏、耳漏。颅底骨折是引起脑脊液漏最常见原因，由于颅底筛板、眶板、蝶骨体、鼓室盖等多处骨质菲薄，易发生骨折。颅底硬脑膜与颅底部组织紧密粘连，而颅底硬脑膜与蛛网膜间又有较多纤维粘连，骨折导致相连的硬脑膜和蛛网膜撕裂，蛛网膜下腔开放，形成脑脊液漏。导致脑脊液鼻漏、耳漏的颅底骨折以颅前窝骨折多见，有报道发生率达39%。有学者统计脑脊液漏发生部位与外伤着力部位关系密切，额颞部着力多发生鼻漏，颞枕部着力多发生耳漏。而脑脊液漏发生部位与颅脑损伤的严重程度无明显关系，不同漏液部位在各型脑伤患者中分布均无显著差异。

2 磁共振水成像技术

磁共振水成像近年发展的体内静态或缓慢流动液体的MRI成像技术，具有信号高、对比度大，在暗黑背景中含液解剖结构如胆道、囊腔等呈亮白高信号的特点。对于脑脊液漏，磁共振水成像可以利用脑脊液的长T2特性，体内静态或缓慢流动的液体T2值远远大于其他组织，采用重T2序列，其他组织的横向磁化矢量几乎完全衰减，信号强度很低，甚至几乎没有信号，而脑脊液仍保持较大的横向磁化矢量，能够显示漏口及其周围软组织。磁共振水成像作为一种非侵袭性的检查方法，具有对脑脊液鼻漏漏口定位准确、简便快捷、解剖结构清楚、无放射性等优点。

3 脑脊液漏的法医学鉴定

应根据损伤成因、临床表现、影像学检查等来确诊脑脊液漏。在检验鉴定中，需注意以下几点。应有导致颅底骨折的外力，有"熊猫眼"征、耳后皮下出血等表现。伤后立即或迟发出现耳、鼻道流出血水样液或清亮水样液。脑脊液常与血液相混淆，呈淡红色，滴在吸水纸或纱布上，可见血迹外有黄色浸渍圈；被脑脊液浸湿的手帕，不像被鼻涕或组织渗出液浸润干后会变硬的现象。定性诊断有漏出液的葡萄糖定量测定>30 mg/dL，但因其有较高的假阳性（糖尿病患者）和假阴性（颅内感染患者），漏出液还应进行β-2转铁蛋白电泳定性测定。β-2转铁蛋白存在于脑脊液中，血清、鼻腔分泌物中阙如，其假阳性及假阴性均少见，是临床上确诊脑脊液漏的金标准。

定位诊断即要明确硬膜-颅骨缺损部位，除临床治疗需要外，在法医临床鉴定中也应确定。高分辨CT是首选的影像检查方法，冠状面、矢状面重建可发现颅底骨质缺损，对颅底缺损的定位很有帮助，但对软组织分辨率较差，无法清晰显示脑脊液的异常分布。MRI是一种无创检查方法，对脑脊液的显影较好，尤其是脑脊液水成像，可发现脑脊液连至对应鼻腔或鼻窦内，但对处于不活动期的脑脊液鼻漏无法发现，且不易观察颅底骨质异常。对于非活动性脑脊液鼻漏，可以通过检查体位的变化以及压迫双侧颈静脉增加颅内压，使脑脊液鼻漏成为暂时持续性，从而清楚显示出漏口的位置，甚至能准确发现较小的漏口。故将磁共振水成像与高分辨率CT相结合，能明确脑脊液漏的定位。

部分伤者1周甚至更长时间后才出现脑脊液漏，为迟发性脑脊液漏。其原因分析有，伤后颅底骨折处的硬脑膜挫伤但未破裂，在脑脊液搏动的反复冲击下，硬脑膜嵌入骨折处，导致破裂，进而出现脑脊液漏；外伤后脑组织经骨质缺损处嵌入暂时封堵硬膜破口，但是随着组织水肿的消退脑脊液漏显现出来；外伤后继发化脓性脑膜炎，阻碍了挫伤硬膜的修复，颅压升高后形成脑脊液漏。对于此类案件，应综合分析，明确原因后进行鉴定。

浅谈损伤后迁延死亡及其法医学鉴定

吕建立

河南省三门峡陕州区检察院 河南 三门峡 472100

损伤后迁延性死亡是指人体受到损伤后当时未死，经数天、数周或更长时间死亡的。其中有些是经过医疗机构治疗后死亡，有些是在家中死亡。由于损伤与死亡之间有时间上的间隔，往往引起侦查部门和当事人双方的疑问，要求法医阐明损伤与死亡之间的关系。法医介入，进行详尽的调查，全面的尸体解剖及病理学检验，对这类死亡做出正确法医鉴定，一是避免了社会不安定因素的出现，如当事人无理纠纷，停尸闹事、抬尸或割头上访等；二是对要追究刑事责任的案件提供了科学的依据，有利于定罪量刑；三是对医疗部门的差错、失误事故予以提出，以提高医护人员的技术水平。

损伤后迁延性死亡大致有以下几种情况。

1 损伤本身严重，直接引起死亡

损伤伤及人体重要脏器、血管，有些虽经全力抢救，但也无法避免死亡。如有 1 例心脏刺伤，修补后两天死于心功能衰竭。损伤引起的各种休克及挤压综合征，有些也是难于救治的。挤压综合征虽然伤及的不是重要脏器，但是一旦出现肾脏不可逆的损害，也是大面积软组织损伤后引起死亡的一个重要因素。上述是在伤后数天死亡，是由原发性损伤引起的后果，原发性损伤是死亡的主要原因。此类损伤死亡比较多见，死亡原因也比较明确。鉴定时需要对损伤的部位、器官进行仔细的检验、综合临床表现，一般不难做出结论。

2 医疗部门诊疗失误引起死亡

此种情况的损伤一般不是太严重，或者虽然严重但经治疗可以痊愈的，由于医疗部门诊断治疗上的失误，致使伤者行了死亡。有 1 例刮宫致子宫穿孔、肠破裂案例，手术后病人一般情况较好，未发生失血和感染性休克，但由于术后输液速度过快，输入量过多，致使急性肺水肿，呼吸循环功能衰竭死亡。此类从病情上看往往原发性损伤不足以致死，主要是由医疗差错引起的死亡。由于医疗机构的干扰，此类鉴定相当复杂，鉴定时必需详细地查阅病历，了解整个治疗过程，讯问有关医护人员，掌握一手资料，尸体解剖要全面细致公开，病理学检验要全面，必要时要邀请有关专家进行讨论。

3 损伤促使原有疾病发展，引起死亡

此类一般是死者原本患有某种疾病，病情可以是明显的，也可以是潜在未发现的，损伤程度本身不足以致死，但是损伤促进了其原有疾病的发展恶化，引起死亡。如原患有严重的心血管或脑血管疾病的，症状或明显或隐蔽或潜在，在受到较小的损伤后，促使血管破裂出血，血栓形成或血液循环障碍死亡。此类鉴定的关键是发现死者原有的严重疾病，解剖要证实损伤不足以致死，有损伤促进原有疾病发展的证据，全面地病理学检验是解决问题的重要手段。

4 损伤后单纯由疾病引起的死亡

此类是指损伤轻微、不足以发生持续的损害，或损伤发生于致命性疾病很久以前，对机体无明显影响。如一 50 岁工人，触电后曾知觉丧失 10 min，随后一切恢复正常，两个月后死于重度冠状动脉粥样硬化及心肌纤维化，电休克的后果早已消失，未影响疾病的发展。此类死亡原因的鉴定，一是要弄清损伤与死亡发生的时间关系和损伤的程度，二是要依靠剖验和病理学检验查明真正死因，综合分析不难得出结论。

损伤后迁延死亡的鉴定比较复杂，常常涉及到个体、损伤和医疗等诸多方面的因素，只有尽可能详尽地了解案情，全面细致地死体解剖和病理学检验，正确判断伤病关系，综合分析死亡原因或者是主要死因，才能科学地界定案件性质，划清责任。

人身损害赔偿"误工期"的法医学鉴定

吕元一,张意平,胡志强

湖北省武汉平安法医司法鉴定所 湖北 武汉 430000

目前,在交通事故、工伤事故、普通伤害等各类人身损害赔偿案件的法医临床学鉴定中,误工期、护理期、营养期(在司法实践中简称为"三期")的评定,属于专业技术问题,是司法鉴定的范畴,其评定的结果与民事审判的最终赔偿金额密切相关。目前,"三期"的评定主要依据 GA/T1193—2014《人身损害误工期、护理期、营养期评定规范》(以下简称《规范》),并结合伤情、既往病情及治疗愈合情况等综合评定。在司法鉴定实践中,护理期和营养期通常短于误工期,而"三期"的评定,尤其是误工期的评定,往往由于鉴定时机不一而造成同伤不同鉴、同案不同判的情况,损害了司法的公正性、客观性和科学性。作者针对误工期的评定,结合近年来鉴定实践工作,对工作中遇到的问题进行探讨。

1 误工期的定义及评定原则

误工期(又称休息期),是指人体损伤后经过诊断、治疗达到临床医学一般原则所承认的治愈(即临床症状和体征消失)或体征固定所需要的时间。在司法鉴定实践中,一般参照医疗终结时间和功能锻炼达到稳定的时间来确定。

误工期评定分以下两种情况(见图 7-10):①被鉴定人经法医司法鉴定,构成伤残的情况时:a.已达到医疗终结时间,误工期的评定依据司法鉴定意见中关于误工时间的鉴定结论;b.未达到医疗终结时间,误工期为至定残日前 1 d。②被鉴定人经司法鉴定,不构成伤残的情况时,其误工期依照法医鉴定里关于误工时间的鉴定结论即可。

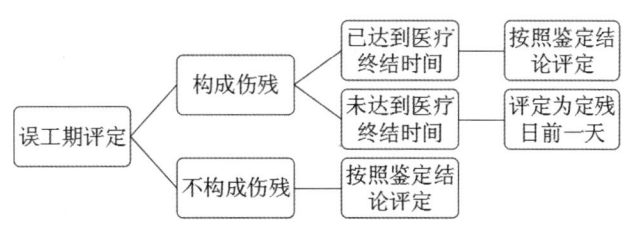

图 7-10 误工期评定

在法医临床学鉴定中,作者常常遇到被鉴定人由于各种因素(如经济原因家庭收入较低无力支付医药费,或社会因素如在工地上受伤,并未签署劳动合同,担心包工头跑路等),在未达到医疗终结时间,就已进入司法调解程序或诉讼程序,要求进行鉴定并尽快出具鉴定意见以此得到赔偿的情况。如本案例中的张某,男性,48 岁,在工地上被广告牌砸伤致股骨干粉碎性骨折术后 4 月余,来我所进行伤残等级及"三期"的评定,我所给予其误工期评定至定残日前 1 d。

该案例属于损伤后恢复期较长,但已进入司法调解程序或诉讼程序,按照《规范》附录 A.5 条之规定,其误工期评定的上限可以至伤残评定前一日。但这一规定欠缺一定的科学性、合理性和公正性。试想,如张某在一年后来我所进行鉴定,根据《规范》第 10.2.10 b))条,其误工期至多可评定为 300 d。然而由于被鉴定人因各种原因提前进行鉴定,造成伤者损失近六个月的误工费,这显然有失公平、存有争议。

2 误工期评定的考虑因素

针对该类案例情况,我国 2003 年《最高人民法院关于审理人身损害赔偿案件适用法律若干问题的解释》(以下简称为《解释》)中第二十条规定:"误工时间根据受害人接受治疗的医疗机构出具的证明确定。受害人持续误工的,误工时间可以计算至定残日前 1 d。"刘瑞钰等认为误工费计算至定残前一日的依据是残疾程度与劳动能力丧失程度密切相关,劳动能力的下降或丧失导致误工,受害人在定残后获得的因劳动能力的下降或丧失而产生的残疾赔偿金,其实质就是对应该得到而没有得到的收入进行的经济补偿,即误工的赔偿。因此在获得残疾赔偿金的情况下,劳动能力丧失的损害后果已获赔偿,如将误工时间按照医疗机构出具的证明进行计算,将导致定残日之后也存在误工费,该计算方法的结果是对同一损害的重复赔偿。

另有观点认为，当伤者定残日早于医疗机构出具的误工证明期限最后一日的（及未达到医疗终结之时），误工期应当按照医疗机构出具的证明为准予以支持。伤者在事故中受伤致残，往往进行伤残等级鉴定的时间不一。一般来讲，伤残鉴定的合理时机为医疗治疗终结之时，但由于种种因素，部分伤者在未达到医疗终结时间就仓促进行鉴定。《规范》中规定误工时间的上限"可以"至定残日前 1 d，而非"应当"至。另外从《解释》第二十条规定的文义解释及立法解释的角度理解，"定残日"标准实际上应为"医疗机构证明标准"的补充，在未达到医疗终结之时应以医疗机构证明标准为据，而当伤者持续误工超过一般临床恢复到稳定所需的时间时，误工期的上限可以至伤残评定前一日。另一方面，残疾赔偿金是对伤者因受伤定残后劳动能力减损而产生的收入损失的补偿，而误工费是伤后因治疗及恢复期完全无法工作产生的收入损失，二者在赔偿内容上是不同的，应区别开来，依照医疗机构证明标准评定误工期将不会导致重复赔偿。反之，如此裁判，也从反面助长了拖延伤残鉴定之风，不利于伤者利益的维护，也不利于维护法律的权威性、统一性。

3 讨论

王旭等认为，在实际鉴定工作中应严格掌握鉴定时限，即医疗终结时间，通常不应过早进行鉴定，为避免对"三期"评定的不合理影响，另外也为避免案件拖延未结，因此鉴定时限应掌握在 6 个月为宜。特殊情况下，如刑事附带民事案件或举例中提到的经济或社会因素影响的，无法严格按照医疗终结时间进行鉴定的，应告知相关人员上述原则和鉴定风险（即过早鉴定对"三期"评定的影响），以减少鉴定争端。可将鉴定文书表述为：误工期掌握在 ×× 个月为宜，限于其目前医疗情况尚未终结，具体时间难以准确判断，必要时可待医疗终结后进行复检。

作者认为在鉴定实践中应尽可能把握鉴定时限，在医疗终结时间进行鉴定，避免过早鉴定。但对于特殊情况下（被鉴定人方因各种原因要求提前鉴定并出具鉴定意见的），在提前鉴定对伤残等级的评定无明显影响的情况下（如肋骨骨折，椎体骨折或脏器缺失、切除等），可提前进行鉴定。针对"三期"中"评定的上限可以至伤残评定前一日"这一规定需灵活把握，鉴定实践中应根据损伤基础、目前治疗情况、自身疾病及医疗机构出具的误工证明期限等，在认定被鉴定人误工时间的合理性和必要性的情况下，对误工期的评定给出合理推定的意见，不应单纯、刻板的以定残日作为误工期的上限，确保鉴定的质量，维护司法的公平与正义。

法医技术性证据审查中关于隐性骨折的审查与判定

马李波

四川省南充市顺庆区人民检察院 四川 南充 637000

隐性骨折是常规 X 片所不能发现而实际却存在的骨折，这种骨折亦不能靠临床症状确诊，是一种假阴性现象。隐性骨折的审查与判定是法医临床技术性证据审查工作中较难判定和审查的关键。而掌握隐性骨折的成因、鉴定的注意事项以及检察机关技术性证据审查与判定的重点，将对隐性骨折的认定具有重要作用。

1 隐性骨折的成因

隐性骨折是指常规 X 片所不能发现而实际却存在的骨折，这种骨折亦不能靠临床症状确诊，是一种假阴性现象，只有进行 MRI 检查时才能确诊。其原因主要有：骨折线细微，并受骨结构的重叠掩盖；骨折断端无移位，骨形态完整；部分骨折为骨小梁的骨折，未累及皮质。根据所受外力损伤机制不同隐性骨折主要分为应力骨折和隐性创伤骨折两大类。应力骨折是反复、多次的轻微损伤引起的骨折，病人无明显外伤史。隐性创伤骨折则为单次暴力损伤引起的骨折，受累骨质为正常或异常骨质，部分隐性创伤骨折如发生于老年人股骨颈者常需手术固定治疗，严重者需行关节置换。而仅有骨小梁骨折而并未累及皮质的隐性创伤骨折，临床常采取保守治疗，为一类特殊的隐性骨折，称为隐性骨内骨折。因此，隐性骨折可以分为四种亚型：疲劳骨折、衰竭骨折、隐性创伤骨折、隐性骨内骨折。而检察机关对法医临床技术性证据进行审查过程中，以外力致隐性创伤骨折尤为多见。如：本院审查的万某被人打伤一案。因万某伤后感胸部压痛去医院接受治疗，第 2 d CT 检查结果显示右侧第 7、8 肋骨不全性骨折，伤后 1 周以右侧第 7、8 肋骨不全性骨折诊断出院，伤后 3 周到医院复查，CT 片显示右侧第 3~8 肋骨骨折，有骨痂生成。至此，万某被人致伤是造成右侧第 7、8 肋骨骨折还是右侧第 3~8 肋骨骨折？是隐性骨折后期检查发现还是有二次致伤可能？急需了解隐性骨折的成因来做出恰当的判断。

2 疑似隐性骨折的鉴定注意事项

针对因交通事故、外力等方式受创后出现肢体肿胀压痛，X 片检查为阴性或怀疑有骨折时，鉴定人应从以下三方面着手检查并做出鉴定。一是询问受伤经过，分析、判断损伤成因，排除其他致伤可能。例如可能造成的衰竭骨折，骨本身由于矿物质含量减少和弹性抵抗力降低，机体的正常活动即可导致此类骨折。在鉴别隐性骨折时应注意外力参与度、隐性骨折的新鲜程度及成因等情况，当遇到中老年人发生隐性骨折时，特别是老年女性时要提高鉴定警惕性。二是进行功能检测。隐性骨折的临床表现除体表有或无轻微软组织损伤外，主要为疼痛、不能受力，受损部位功能存在一定程度的受限。三是凡有外伤史，X 线及 CT 未见异常，而局部有功能障碍者，均建议行 MRI 检查，以明确诊断。万某被人致伤后而未及时进行 MRI 检查，以致后期发现多根肋骨骨折而不易做出准确诊断。

3 检察机关对隐性骨折的审查与判定的重点

检察机关在审查疑似存在隐性骨折可能的损伤鉴定时，应仔细了解案件详情，受伤经过，致伤方式以及损伤成因，有无功能障碍，并结合 X 片、CT 片、MRI 结果做出准确判断，着重应从以下三方面进行审查与判定。

3.1 详细了解受伤经过，分析、判断损伤成因

结合临床体征及伤者自身状况（如年龄、健康情况、疾病等），详细了解受伤经过，分析、判断损伤成因，排除其他致伤可能。万某被人致伤后住院，以 CT 检查右侧第 7、8 肋骨不全性骨折诊断出院，经询问伤者以及伤者亲属，伤后出院至复查期间并未再受到外力创伤，可以排除二次致伤可能。

3.2 仔细查阅前后 X 片、CT 片，检查有无新增骨折征象

本例中万某伤后第 2 d 的 X 片显示右侧第 7、8 肋骨不全性骨折，而伤后 3 周 CT 片显示右侧第 3-8 肋骨骨折，有骨痂生成。说明万某外伤后造成右侧第 3~6 肋骨隐性骨折，若伤后及时行 MRI 检查，可表现有骨折线、骨髓水肿或合并出血改变。在 MRI 压脂像中，出血、水肿的局部可呈现高信号，这一征象可以辅助鉴别损伤的新旧程度。

3.3 有无外伤致功能障碍

功能障碍亦是对隐性骨折审查和判定的一个重要方面。隐性骨折多发生于骨质疏松的部位，也可见于正常骨质。由于骨质疏松的存在，单次轻微的外伤即可导致骨折。最常见于骨质疏松的髋关节。在骨矿物质含量正常的年轻人，正常的股骨 X 片基本可排除骨折，但在骨质疏松的老年个体，敏感性较低的 X 片表现正常不能排除骨折的可能。在骨质疏松的病人出现突发的髋部疼痛，尤其是在跌倒后出现，尽管 X 片表现正常，也应高度怀疑隐性创伤骨折的存在。老年女性由于骨质疏松的发生率增加似乎更具有发生这种损伤的危险。

常见造作伤的法医学分析

毛瑞明，何冠英

辽宁省公安厅刑事技术总队 辽宁 沈阳 110032

在伤害案件鉴定中，造作伤常以逃避刑事责任，加重损伤程度，或反诬他人、恶意索赔为目的，严重妨碍司法公正。本文总结几种常见造作伤的特点，以期准确识别常见造作伤。

1 造作伤的常见类型及针对检查

1.1 造作外伤性鼓膜穿孔

（1）损伤特点：鼓膜是整个听觉传导路径中的起始站，呈椭圆形，边缘略厚，中央较稀薄，鼓膜穿孔后，新生的鼓膜比正常鼓膜薄。外伤性鼓膜穿孔主要是故意伤害和意外伤害。穿孔的类型包括气压性伤害类、意外损伤类、颅骨骨折合并类等，穿孔多为不规则形，边缘不整齐、锐利，边缘伴有充血或出血等征象，可伴有鼓膜穿孔症候群。造作外伤性鼓膜穿孔多利用医疗器械及尖、锐类利器割、切、捅、刺、划、擦、导致鼓膜穿孔，形态各异，极具迷惑性。

(2）针对检查：对鼓膜的检查需借助鼓膜内窥镜帮助，造作者熟悉了解造作的后果、并发症和后遗症。因此伤后早期必须行鼓膜摄像检查，根据穿孔部位、形态、出血及伴随症状等确定是否为外伤性鼓膜穿孔，在确定为外伤性鼓膜穿孔的前提下，对被鉴定人进行定期（每周）复检，动态观察鼓膜形态，从而提高鉴定的准确性。

1.2 造作创

（1）损伤特点：机械性损伤形成的造作伤在法医鉴定中最为常见，采用的致伤工具多为锐器，多发生在原始创的基础上向两端或其中一端延长，损伤往往轻微，创口表浅，不伤及肌肉、大血管及骨组织，一般会略超过被鉴定人期待的损伤程度下限。

（2）针对性检查：创口愈合前，愈合程度、血痂形态、厚薄色泽及创缘平滑程度不同。锐器造作创缘平滑，不伴表皮剥脱、挫伤带等。创口愈合后，体表瘢痕宽窄程度不同。锐器形成造作创口，损伤轻微，形成的瘢痕均匀一致，明显窄于原创瘢痕。

1.3 造作牙齿损伤

（1）损伤特点：牙损伤的原因有很多，包括碰撞、摔跌、斗殴打击、体育运动及生活中的意外；可单独发生，也可同时伴有颌面外伤。法医实践中，已有造作牙齿损伤的案例报道。造作牙齿损伤的案例，在没有牙周疾病的情况下，牙齿坚固，很难个人独自完成，往往会借助牙科诊所的帮助。

（2）针对性检查：根据外伤史、详细询问受伤经过，了解口唇部受伤部位，外伤暴力直接作用点、牙齿及牙周组织的损伤情况、结合影像学辅助检查、治疗情况及法医学检查等情况，综合分析，才能得出科学合理的鉴定结论。

1.4 造作功能性障碍

常见的功能障碍主要有肢体功能障碍、视觉障碍、嗅觉障碍、男子性功能与生育功能障碍、认知功能障碍等。对功能性障碍的认定，常见的检查方法有脑电图、诱发电位、肌电图等电生理检查方法，缺少客观有效的检查方法，鉴定技术或评定方法远不能满足司法实践的需要。

1.5 造作骨折

近年来报道的造作骨折案例屡见不鲜，常见的造作骨折有，造作指（趾）骨骨折、鼻骨骨折、肋骨骨折等。上述造作骨折中，尤以指骨骨折多见，常见的造作方式为手指在固定位置的状态下，一侧有硬物衬垫，另一侧以钝器打击形成。常见特征有损伤范围小，手指背侧及掌侧均有钝挫伤，背侧皮肤创口多见。

2 法医学鉴定应对措施

2.1 详细的法医学检查

全面细致的检查，记录损伤的部位、数目、形状、大小、走向等特征，采用照相、录像等方法及时固定，必要时进行辅助检查，从而为造作伤的鉴别提供有力证据。

2.2 询问受伤经过，发现前后矛盾之处

在鉴定实践中，被鉴定人虽然经过详细的准备，由于专业知识储备不足，在法医问询过程中被问及意料之外的问题，造成前后描述矛盾。

2.3 用好资质认定有关程序

自全国公安机关开展资质认定工作以来，全面规范了检验鉴定的程序和方法，在鉴定之前，做好合同评审工作，掌握事发前后的视频、音频及调查笔录等资料及全部病历资料。加强外部信息审核，确保引入鉴定的检查报告及胶片等原始资料的客观准确，使整个鉴定流程规范合理。

3 结语

人体伤残程度鉴定是司法案件的重要一环，造作伤的出现，影响了司法鉴定的客观公正。作为法医工作者，要保持高度的责任感，运用好法医学专业知识，做出科学、客观、公正的鉴定，维护社会公平正义。

2 例汽车燃烧火场尸体检验浅析

孟凡刚，刘爱鹏

吉林省东辽县公安局刑事侦查大队 吉林 东辽 136600

1 案例资料

1.1 案例一

施某，男，60 岁，2019 年 1 月 24 日 10 时 35 分，施某儿子驾驶吉 D×××98 号小型普通客车载乘施某由东向西行驶至东辽县辽河源镇鹦鹉村 1 组道路，车辆驶出道路，坠入道外沟内，车辆燃烧，造成车辆燃烧损坏及施某死亡。

尸表检验：火烧尸体，呈"拳斗"姿势，全身炭黑色，头部、躯干、四肢烧灼碳化，头颅盖骨烧灼碎裂，未见骨折征象，脑组织暴露，部分脑组织碳化，颅底未见骨折，胸腹部烧灼碳化，部分脏器裸露，其裸露部分烧灼碳化，四肢烧灼残缺不全。后背部残留部分皮肤，表面可见烧焦水疱结构。

解剖检验：面颅骨未见骨折征象，颅盖骨烧灼碎裂，部分残留，残留颅底未见骨折。会厌部存在，会厌黏膜可见少量炭尘颗粒，烟熏状痕迹，局部会厌黏膜皱缩，呈脱落样改变，基底部淡红色，剖开气管，气管黏膜发红，且气管黏膜改变较大，局部色泽变深局部气管黏膜可见少量烟熏状黑色颗粒。胸前部肋骨烧灼阙如，残存肋骨未见骨折。上腹部腹壁结构烧灼阙如，腹腔开放，四肢部分残存。

病理检验：气管黏膜脱落，上皮肿胀，表面凝固性坏死，肺泡腔、肺间质灶状出血改变。

理化检验：公安部物证鉴定中心及省厅物证鉴定中心检测血液碳氧血红蛋白均为 0。血液中毒物检测未检测出毒性物质。

1.2 案例二

宋某，男，21 岁，2019 年 2 月 13 日 21 时 30 分，孙某驾驶吉 D×××55 号小型轿车载乘宋某由东向西行驶至集锡线 282 km 处，车辆驶出道外，与路外指示标牌杆相撞，而后车辆燃烧，造成车辆损坏及孙某、宋某死亡的道路交通事故后果。

尸表检验：火烧尸体，尸体呈挛缩状，尸体全身呈碳化状态，颅骨因烧灼部分缺失，脑组织烧灼部分缺失碳化变性，面颅可见下颌骨残端，颈部肌群烧灼部分缺失。颈胸部皮肤及皮下组织碳化，腹部见有血性渗出，左侧腹部部分肠管外露，双臂烧灼碳化挛缩，背部正中见残留 22.0 cm×25.0 cm 碳化脂肪层，双下肢碳化部分缺失。

解剖检验：剥离顶部碳化脑组织，见有血液，切开双侧脑组织，脑室内见有出血，左颞叶见有血肿，左侧残留颅骨见骨折线向颅底延伸。

2 分析讨论

火场案件大多为意外发生，单纯用烧死方式的他杀并不多见，案件中判断生前烧死还是死后焚尸尤为重要，生前烧死与死后焚尸有区别：尸表有红斑和水疱及局部坏死组织周围的炎性反应（红斑）；呼吸道有烟灰炭末；呼吸道烧伤；眼部有放射状纹理；心脏和大血管血液含有碳氧血红蛋白；食道和胃内有烟灰、炭末。死后焚尸无以上征象，尸体上可找到其他死亡原因。烧死的原因：烧伤休克；一氧化碳中毒；窒息死亡；有毒气体中毒死亡。

案例一尸表没有明显致死性机械性损伤，而特别之处在于理化检验血液中未检出氧血红蛋白。一氧化碳的产生要有一定的条件，相对密闭、空间狭小、缺氧、燃烧不充分是产生一氧化碳的条件，该案例中车辆位于野外，车窗属于开启状态，当天风力 4 级，车内座位下有汽油两瓶，为易燃物品且燃烧剧烈充分，氧气充足，因此不易产生一氧化碳，因此施某血液中未检出碳氧血红蛋白。施某残存皮肤表面可见碳化水疱、会厌、气管内见炭尘颗粒，烟熏痕迹，组织病理学见气管黏膜脱落上皮肿胀，表面凝固，肺泡腔、肺间质灶状出血，以上变化符合烧死的病理解剖及病理组织学改变（窒息死亡）。

案例二尸表无明显生活反映，呼吸道未见炭末及热作用综合征，头部颅脑损伤明显，钝性外力可以形成，宋某为钝性外力作用致颅脑损伤死亡，后车辆在撞击的过程中起火，尸体被焚烧。

以上两个典型案例均为道路交通事故后汽车燃烧起火，尸体被焚烧，但死因确大不相同，因此在检验过程中，要求我们加强重视程度，避免引起死者家属上访进而引发群体性事件。工作要细致全面综合分析，发现显著特征，抓住重点，火灾现场相对破坏严重，仅凭尸表检验是远远不够的，必须进行全面系统的解剖检验才能获取更多有价值的信息，要学会合理的运用法医病理检验知识，综合分析得出正确结论；尸体检验要细之又细，查明死因，判断案件性质；要综合利用尸体检验、现场勘查、走访调查、视频材料等。

使用过氧化氢清创引起静脉气体栓塞的法医学分析

倪大鹏

辽宁省丹东市公安局刑侦支队 辽宁 丹东 118000

过氧化氢主要成分为过氧化氢（H_2O_2），3%双氧水在医疗中经常用来消毒清洁创口、瘘管、牙周等。如果过氧化氢使用不当，会对人体造成严重的伤害甚至死亡，主要原因为气体栓塞（Gas embolism），其中以静脉气体栓塞（venous gas embolism，VGE）最为常见。VGE发病急、难以预料、后果严重，在临床或鉴定中容易误诊、漏检，易引起争议纠纷。笔者对处理过的一起医疗使用过氧化氢清创导致VGE死亡并引起纠纷的案例进行阐述，供法医同行们参考。

1 案例资料

1.1 案例

付某，男，47岁，农民，因使用电锯不慎割伤左大腿入院治疗，患者无既往病史。手术扩创探查伤口见股直肌及股外侧肌部分断裂，未伤及大血管。因伤口污染，清创时使用大剂量3%过氧化氢冲洗，行肌肉吻合、皮肤缝合。40 min后于手术结束前患者突发胸痛、躁动、呼吸短促，血压、心率、血氧饱和度持续下降，进而出现面色发绀、呼吸困难。静推阿托品、肾上腺素后，患者血压、心率有所回升。30 min后，患者胸痛加重、肢体抽动，继而发生昏迷，脉氧饱和度35%以下，呼末二氧化碳分压降至0，血压测不出，ECG示频发房性期前收缩。虽经积极抢救，患者仍于1 h内死亡。死者家属对手术治疗过程有异议，将医院告到当地卫健委。

1.2 尸体检验

死后48 h内进行尸检。尸表：尸斑浓重，面色发绀。左大腿前外侧见14.0 cm缝合创口，内行肌肉吻合、深达股直肌及股外侧肌。剖验：脑、肺呈水肿样外观，双肺表面出血斑点。右心与肺动脉干外形饱满，注射器加水刺入肺动脉干抽取到气体约15 mL。右心房、室及肺动脉内见有大量泡沫状血液。组织学镜下：脑、肺淤血、水肿，双肺大量肺大疱，双肺间质小动脉内见大量小气泡阻塞管腔，分布广泛弥漫。心肌纤维波浪样变性、部分断裂，冠状动脉左前降支管腔Ⅰ级狭窄。肝、脾、肾等多脏器淤血。

2 讨论

2.1 死因分析

本例尸体保存良好，右心、肺动脉内检见大量泡沫状血液和气体，病理镜下肺动脉多数细小动脉分支有大量小气泡阻塞管腔，各组织器官均见以心、肺功能衰竭为主的急死征象，且未检出可以说明死亡的其他原因，可确定为VGE死亡。

本例死因判断并不困难，但需要解决的是气体进入静脉系统的途径。从病历记载和医生口述得知，术中并没有使用易导致气体栓塞的手术方法和仪器设备，伤口未伤及深层静脉，没有压力差导致空气进入破损静脉的可能性。因术中曾使用大剂量3%过氧化氢冲洗消毒伤口，结合过氧化氢的特性，分析本例为过氧化氢清创所引起的氧气栓塞。

2.2 过氧化氢引起VGE的机制

过氧化氢酶广泛存在于机体中尤其是红细胞中，过氧化氢在过氧化氢酶的作用下能迅速分解生成氧气和水。3%的过氧化氢1 mL在体内反应可生成约10 mL氧气，并释放热量。本例使用过氧化氢冲洗伤口，因静脉内压小于动脉，冲洗压力可使过氧化氢直接进入破损的静脉血管，在血管内反应产生氧气，或者在创口内过氧化氢已经分解，氧气在冲洗压力下进入破损的静脉血管。氧气在静脉血管内因气体量大超过血管吸收的限度，大部分气体随着血流进入右心，心脏搏动造成气体和血液搅拌成泡沫状血液，严重阻碍静脉回流和肺动脉输出，导致急性呼吸循环衰竭。通常 VGE 气体致死量成年人一般在 100~150 mL，体弱者及幼儿致死量更低。

一定情况下，VGE 也可以引起动脉气体栓塞（arterial gas embolism，AGE），主要是因静脉端的气体量大超出肺部的过滤能力进入肺静脉，或者气体经动静脉分流进入动脉端，引起脑、心终端小动脉的阻塞，这种现象称为反常性气体栓塞。

2.3 VGE 检验鉴定方面的注意事项

VGE 大多见于医疗中，如加压静脉输液、中央静脉置管、胸外科手术、分娩、流产，以及需要气体的手术操作等，使用过氧化氢引起 VGE 的情况少见。充分的了解病史和治疗过程非常重要，如围手术期是否使用了有可能造成气体栓塞的医疗手段和仪器设备，是否有过氧化氢冲洗脏器、体腔、伤口的过程等。如死前突发类似肺梗死症状，还应考虑有气体栓塞的可能性。VGE 尸检应先剖验胸腔，一般采用心脏浮扬试验：结扎进出心脏的血管，心包内注入清水，观察心脏是否上浮，刺破右心观察是否有气体溢出，也可以使用加满水的量筒倒扣收集气体。注射器加水抽气的方法也可以用来检测气体栓子，但针头斜行刺入肺动脉干或者右心少许即可，刺入过深易将泡沫状血液抽出。因气体栓子的检查具有不可重复性，有条件的要做好同步录像作为证据保存，避免产生争议。

VGE 主要表现为右心及肺动脉外形饱满，内部检见大量气体及泡沫状血液成分，病理镜下见肺间质小动脉大多数被大量小气泡阻塞。确定 VGE 死亡还要排除其他死因，如毒物中毒、药物过敏、疾病猝死等。

尸体腐败会对 VGE 的鉴定产生影响，轻度以上腐败的尸体右心和肺动脉可呈膨隆状改变，内部充盈腐败气体，此时不可轻易判定为 VGE，应结合其他更为充足的证据（典型临床病史、死亡经过、空气入口检测、影像学检测、病理组织学改变以及排除其他死因等）才能认定气体栓塞的发生。

应用人工神经网络推断死亡时间的探索

倪大鹏

辽宁省丹东市公安局刑侦支队 辽宁 丹东 118000

人工神经网络（artificial neural network，ANN）是人工智能技术的一个分支，应用计算机技术建立数学模型，模仿人脑的生理机制，通过计算机仿真，实现联想记忆、模式识别、智能控制及预测等功能。现阶段人工神经网络已经应用到医学和生物学等各个学科领域中，但在法医学中的应用甚少。本文通过对人工神经网络的概况进行简介，探讨其在推断死亡时间方面的应用。

1 人工神经网络的原理和特点

人工神经网络是通过数学模型模拟人脑神经元功能，把大量简单的数据处理单元按照某种方式广泛连接成复杂的网络，实现能够自主学习分析的人工智能系统。主要原理为：人工神经网络是由人工建立的以有向图为拓扑结构的动态系统，它通过对连续或断续的输入作状态响应而进行信息处理。

人工神经网络的特点是信息处理能力强大、信息存储容量大，有自主学习、联想存储和找到最优答案的能力。人工神经网络一方面可以通过人为给定样本进行分类模仿，另一方面也可以自主根据输入任意已知样本数据的特征和规律性进行学习训练和智能分析。人工神经网络形成广泛联想后，当输入条件样本数据后反馈到人工神经网络，经过计算机的高速运算能很快找到优化答案。

2 人工神经网络与死亡时间推断

死亡时间（postmortem interval，PMI）是指发现、检查尸体时距离死亡发生的时间间隔，死亡时间推断历来是法医学中的一个难题，尚没有一个确切的金标准。目前已知的推断死亡时间的方法有：利用尸体温度（肛温）推断死亡时间的回归方程 $Y=25.993+0.04X_1+0.172X_2+0.88X_3+0.047X_4+0.373X_5+0.347X_6-0.766X_7$（$Y$、$X_1$–$X_7$ 为死亡时间、个体胖瘦情况、环境温度、衣着情况、载体情况、环境通风情况、死亡原因、直肠温度）；应用骨骼肌随着死亡时间的延长呈收缩性下降的规律性推断死亡时间；房水中钾离子浓度和早期死亡时间呈现高度相关，其相关系数要明显高于玻璃体液钾离子浓度。房水中 $PMI=1.572-0.579\times[K^+]+0.107\times[K^+]^2-0.002\times[K^+]^3$，$r=0.956$，玻璃体液中 $PMI=5.130+0.385\times[K^+]$，$r=0.525$；应用双缩脲法检测骨骼肌肌原纤维小片化指数推断死亡时间；应用红外线方法测量耳温推测死亡时间；细胞核 DNA 含量随着死亡时间的延长而有规律降低，与死亡时间有较强的相关性；利用胃内容物的消化程度推断死亡时间；利用角膜混浊、尸斑、尸僵等早期尸体现象推断死亡时间；利用腐败、白骨化等晚期尸体现象推断死亡时间；法医昆虫学通过蝇类昆虫生长发育过程的规律性来大致推断死亡时间等。

从工作实践得知，利用某种经验得出的结果往往是不可靠的，例如利用角膜混浊的程度来推断死亡时间，常受到环境温度、湿度等因素的影响。利用统计学回归方程方法推断死亡时间也往往只能反映某些自变量对死亡时间的影响，例如受个体差异、载体、温度、衣着、通风、死因的影响等。

人工神经网络可以把多种信息整合到一起进行非线性分析，根据各种已知的基础样本数据的规律性总结出一套自成体系的计算方法，也可以根据现有的计算公式为基础不断完善其算法。我们可以将以往推断死亡时间的方法与人工神经网络结合起来，即把多种经验和统计学回归方程推断死亡时间的计算方法和已知样本作为基础数据输入人工神经网络用于对其训练。输入的基础数据量越多、范围越广、内容越细化，人工神经网络推导出的死亡时间计算方法就越可靠，输出的结论就越准确。此时人工神经网络就会像法医学专家一样，有着丰富的知识和理论方法，可以综合多种条件因素来推断死亡时间。训练成熟的人工神经网络，输入死亡时间的条件样本数据就可以得出相对准确的死亡时间结论，使用期间也可以继续对人工神经网络进行训练，使得推断死亡时间更加准确、高效。

3 人工神经网络推断死亡时间优缺点

人工神经网络推断死亡时间的优点：①多种方法进行非线性整合，摒除单一方法推断死亡时间不准确性的弊端；②人工神经网络可作为专家辅助系统，可以一定程度上减少人为因素干扰；③人工神经网络自主学习，在不断的学习过程中，使得推断死亡时间越来越准确；④人工神经网络是一种人工智能，使得推断死亡时间更加迅速和简化。

人工神经网络也有它的局限性：①不能对训练得出的权值网络结果进行解释；②目前还没有一套科学可行的推断死亡时间的人工神经网络设计方法，往往需要把法医工作者的经验和以往各项统计学研究结果作为基础数据输入人工神经网络作为其自主学习的样本，如果这些样本有错误，那么其推断出的结果也就不准确，需要实践者边摸索边设计边验证；③现今人工神经网络还处于研究阶段，不能完全代替以往使用的传统方法，还需要法医学工作者的人工判断。

4 小结

随着研究和实践的不断深入，人工神经网络设计得到了持续的优化和完善，已应用于多个学科领域。在法医学方面，随着技术的发展，人工神经网络将逐步突破传统领域界限，在应用人工智能形成法医学专家辅助系统方面有着广阔的发展空间，能够较好地帮助法医工作者解决推断死亡时间等一系列的技术难题。

浅谈 DNA 生物检材发现、提取、保存中的注意事项

宁雪丽，张忠祥，张勇

辽宁省鞍山市公安局刑侦局辽宁 鞍山 114201

法医 DNA 新技术的广泛应用和发展，已成为现代法庭不可缺少的技术手段，通过对现场生物物证的规范、有效提取和后期检验，可以在侦破各类刑事案件、处置重大事故及自然灾害等其他重大事件中发挥最有效的同一认定和亲缘关系识别作用。基层技术人员能否采集到第一手有价值的生物检材并及时送检、妥善保存，是至关重要的一步，将直接决定后续检验的检出率及检测数据的成功获取。

1. DNA 生物检材的发现

DNA 生物检材主要是各种人体体液、分泌物、排泄物、骨骼、组织等，如血液（血斑）、唾液（唾液斑）、精液（精斑）、粪便、毛发等。而日常案件现场中，提取的物证多数都是承托这些 DNA 分子的各类载体，出现的形式多种多样。

1.1 全面仔细寻找与案件相关的有效检材

基层现场错综复杂，在现场勘验过程中，全面仔细寻找与案件相关的有效检材很重要，首先尽可能保持现场原貌，要根据案情和现场状态综合分析犯罪分子可能遗留生物检材的部位，特殊注意能与身体腔道（如口腔、阴道、肛门等）接触过的载体，如烟头、饮料瓶、牙刷、厕纸等，这类检材在案发现场较为常见，另也要注意与人体能密切接触的生物检材，如口罩、手套、帽子、鞋袜、手机等，这类物品属于个人用品，其他人员少有接触，且大多是反复多次与人体皮肤摩擦，上皮细胞很可能会脱落在这些物品与皮肤接触处，比较容易获取 DNA 成分，再次注意与双手有过接触的检材，如各种作案工具的柄、把手等。必要时要使用放大镜、红外、紫外、光谱等设备，发现可疑检材要第一时间拍照固定，并作好详细的记录，记录好对应的特征，再行提取。

1.2 尽可能全面提取与案件相关的生物物证

在对受害人或者到案的嫌疑人进行人身检查时，按照相关法律、法规的人身检查条款规定，操作一定要规范，在严格遵守法律法规的前提下，尽可能全面提取与案件相关的生物物证，比如受害人或者嫌疑人指甲、口腔、乳头、阴道拭子等。

2. DNA 生物检材的提取

检材的提取步骤也是经常出现问题的一个环节，下面是我把在日常工作中积累的一点经验见解，与大家交流。

2.1 防止 DNA 生物物证的污染

最容易出现的问题就是裸手接触生物检材，或者不戴口罩直接对着检材咳嗽、打喷嚏、大声说话等现象时有发生，很容易将提取人自身的 DNA 成分混合到要提取的物证当中，所以好个人防护很必要，带好一次性帽子、手套、口罩、鞋套等，不仅是对个人的防护，也是防止来自勘察人员对 DNA 生物物证的污染。

2.2 检材的包装要规范

提取工具要做到洁净无污染，检材的包装要规范，不同生物检材要放在不同的物证包袋里，千万不可混装到一个物证袋中，造成交叉污染，检材被污染，不仅影响 DNA 的检测率，还可能导致检测结果的不可信，这种后果也是很严重的！

2.3 尽量做到原物提取

能够原物提取的生物检材尽量做到原物提取，对于大载体检材转移困难的，既要提取大载体检材上的生物物证，也要提取检材附近材料，以备空白对照使用；且注意不能破坏大载体检材，以备补充提取检验使用。

2.4 对于微量生物检材的提取要保持高度的敏锐性

对于微量生物检材的提取一定要保持高度的敏锐性，在一些复杂的案件中，作案手法隐蔽经常很难提到有价值的生物检材，深入分析案情，细致入微得搜索现场，发现和提取接触性微量生物检材等有价值的 DNA 信息，对案件的破获就显得尤为关键了。

2.5 检材的提取需要特别注意

由于 DNA 生物检材容易腐败、降解的特殊性，很多检材的提取需要特别注意，比如人体组织如骨骼、肌肉等提取后，应当冰冻保存。血衣物、阴道擦拭物等潮湿的生物检材未经晾干，不得放入塑料包装袋中，因为蒸汽易浓缩在塑料袋中，水可以加速 DNA 分子的降解。值得注意的是在晾干过程中，生物物证严禁在日光下暴晒，要在干燥阴凉的条件下晾干，因为日光下紫外线的照射也会造成生物检材中 DNA 分子的降解。现场采集的血液、精液等检材，若不能及时送检，就要求制成斑痕，阴干后，装入洁净的物证包装袋存放于阴凉干燥处或冰箱中，及早送检。

3. DNA 生物检材的保存

没有及时送检的或者检验结束后需要保存的生物检材存放及管理工作也不能忽视，当然任何检材提取后均应第一时间迅速送检，防止检材腐败变质或者不慎丢失。

3.1 生物检材的包装

提取的每一件物证都要单独包装，物证包装袋外面要写明案件的名称及检材的名称、来源、数量和采集日期等，再进行送检。

3.2 标明信息

检验结束有剩余可进行二次检验的生物检材，应当放入新的物证包装袋中，在包装袋外面重新标明该检材的具体信息并补充标明该检材的检验使用情况。

3.3 管理要规范化

生物检材保存的日常管理一定要规范化，有条理。首先要有专门的温度、湿度等条件合适的房间来存放生物检材，要分类有序存放，每个案件的每一个检材都要单独存放在物证包装袋中，然后再按顺序集中放在一个物证保存箱内，在物证保存箱表面标明、写全相关联案件的案情及存放检材的信息登记记录。且无关人员不能随意进出物证存放室，要有专职人员负责，防止生物检材丢失。

1 例急性会厌炎伴会厌囊肿致猝死的医疗损害责任分析

彭艳霞，洪仕君，文维，张冬先

云南省昆明医科大学法医学院 云南 昆明 650500

急性会厌炎是一种危及生命的严重感染，可引起喉阻塞而窒息死亡。急性会厌炎伴会厌囊肿较少见，临床表现及危险性与急性会厌炎相仿，临床经过又有其自身特点，患者常以急性会厌炎就诊。笔者以我中心受理的一起因急性会厌炎伴会厌囊肿致猝死所引发的医疗损害司法鉴定 1 例，报告如下。

1 案情摘要

被鉴定人陈某（男，32 岁）因"咽痛 1 d"于 2020 年 09 月 09 日 16:40 左右到某三甲医院就诊，当天 17 时 09 分陈某入住该医院耳鼻喉头颈外科，诊断为：急性会厌炎？会厌囊肿？高血压？2020 年 09 月 09 日 20 时 35 分左右被鉴定人陈某诉呼吸困难，喉部梗阻感，立即予吸氧、心电监护、静推地塞米松治疗，随即被鉴定人突然出现意识障碍，呼之不应等症状，经抢救无效于 2020 年 09 月 09 日 23 时 26 分临床死亡。

2 病历摘要

2.1 入院记录

患者自诉 2 d 前无明显诱因出现咽喉部吞咽时疼痛，伴咽部异物感及说话含糊，不伴气促、发热、畏寒，未予治疗，于 2020 年 09 月 09 日 17 时收住院。查体：T 36.2℃，脉搏 100 次/min，R 21 次/min，血压 170/120 mmHg，步入病室，步态正常，神志清楚，查体合作。口腔部黏膜稍红，无红肿，双侧扁桃体Ⅰ度肿大，间接喉镜下会厌充血肿胀，上抬欠佳，声门窥不见。辅助检查：纤维喉镜示急性会厌炎。初步诊断：急性会厌炎、会厌囊肿、高血压？

2.2 诊疗过程

入院后给予Ⅰ级护理，抗炎、布地奈德雾化吸入、使用糖皮质激素并完善相关检查等处理。约 20:35 患者诉呼吸困难，喉部梗阻感，立即予吸氧、心电监护、静推地塞米松治疗，随即患者突然出现意识障碍，呼之不应，心电监护显示心率 56 次/min，窦性心律，血氧饱和度 14%，立即予以面罩给氧、胸外心脏按压，按压后患者血氧饱和度升至 84%，同时联系麻醉科及上级医生，准备气管插管，喉镜下见会厌肿胀呈球状，声门区完全窥不清，尝试气管插管困难，立即准备气管切开。20:45 患者窦性心律消失，经抢救无效临床死亡。

2.3

2020 年 09 月 09 日电子鼻咽喉镜检查报告单：会厌充血、水肿，呈球形，右侧会厌舌面见囊性新生物。

2.4 鉴定意见

医方在诊疗过程中存在过错，该过错是陈某死亡的主要原因。

3 讨论

3.1 关于急性会厌炎的诊断与治疗原则

急性会厌炎的临床表现以局部症状为主，如咽喉痛，吞咽时加重，会厌高度肿胀时可引起吸气性呼吸困难，甚至窒息。间接喉镜检查可见会厌明显充血、肿胀，严重时呈球形。治疗原则为抗感染及消肿，并维持呼吸道通畅，常规床旁备气管切开包。

3.2 急性会厌炎伴会厌囊肿的临床特点

由于会厌的静脉血流均通过会厌根部，当会厌囊肿感染并发急性会厌炎或急性会厌炎侵及囊肿时，会厌根部受到炎症浸润及囊肿压迫，静脉回流受阻，会厌迅速发生严重水肿，且不易消退。本病一经诊断，均应收住院治疗，不论有否呼吸困难，常规床旁备气管切开包，告知患者此病的严重性，以取得其配合。同时急性会厌炎并会厌囊肿继发感染较单纯急性会厌炎用药起效慢，疗程长。

本例患者临床表现典型，有咽部异物感及说话含糊，间接喉镜检查示会厌充血、水肿，呈球形，右侧会厌舌面见囊性新生物。本例急性会厌炎、会厌囊肿的诊断不难。入院后患者出现心率增快、血压增高、缺氧等临床表现，但医方未予重视，未予吸氧、心电监护、准备床旁气管切开等相应治疗措施，也未按医嘱"Ⅰ级护理"进行查房巡视，致使患者会厌水肿、呼吸困难未被尽早发现，以及出现喉部梗阻症状后也未行气管切开或紧急环甲膜切开。

3.3 不良结果预见及回避义务

不良结果预见义务主要体现在医方是否已经预见到病情发展可能出现的不良后果或并发症。回避义务主要考虑是否采取相应的措施以避免并发症或损害后果的发生。在本例中，医方因对急性会厌炎伴会厌囊肿导致气道梗阻的严重后果未能预见，也未积极采取措干预以避免窒息的发生。

综合上述，对于急性会厌炎伴会厌囊肿的患者，医护人员在诊疗实践中应切实履行高度的诊疗注意义务，以避免不良结果发生。

口服氰化物及呋喃丹中毒死亡1例

任智慧[1]，许如意[2]

1. 浙江省东阳市公安局 浙江 东阳 322100
2. 河南科技大学法医学院 河南 洛阳 471000

1 案例

1.1 简要案情

某年4月9日15时许，某宾馆服务员打扫卫生时发现8302房间旅客曾某（男，21岁）平躺在床上死亡。

1.2 现场勘验及尸表检验

现场位于某宾馆8302房间，房间外楼道内有视频监控，房间东侧放有一张床，床头南侧有一个床头柜，床头柜上方放有一个混有白色粉末的农夫山泉矿泉水瓶、一包白色粉末、6根白色蜡棒等。床边南侧地面散在白色粉末，垃圾袋内有数根断裂的白色蜡棒及一张黄色锡箔纸，锡箔纸上有白色粉末。床上仰卧着一具男性尸体，衣着整齐，体型中等，尸长169 cm，尸斑呈褐色，分布于后颈部、背部及四肢等低下未受压区，重压稍褪色。尸僵强硬，存在于全身各大关节。双眼睑未闭合，角膜清晰，双侧瞳孔直径约3 mm，双眼睑、球结膜点状出血，体表未见损伤，双上肢呈上举状，双肘关节屈曲，双手五指呈分开状。双手指甲发绀，左中指、环指近节背侧散在白色粉末附着。

1.3 解剖检验

头皮未见损伤、出血，两侧颞肌未见出血，颅骨未见骨折，锯开颅骨，硬膜外未见出血，硬脑膜未见破裂，硬膜下、蛛网膜下腔未见出血，脑组织未见损伤、出血，颅底未见骨折。

颈部皮下、浅层及深层肌群未见出血，舌骨、甲状软骨、环状软骨、颈椎未见骨折。

胸壁皮下组织、肌肉未见出血，双侧锁骨、胸骨、双侧肋骨未见骨折。心包完整，未见破裂，心包腔少量积液，心表面点状出血，心脏未见损伤；双侧胸腔少量积液，双肺淤血、水肿，双肺表面点片状出血，双肺未见损伤。食管内少许食物残渣，食管上端黏膜点状出血，食管壁黏膜部分腐蚀；气管及支气管内血性泡沫样液体，左、右支气管壁黏膜点状出血。腹腔未见积血、积液，肝脏、脾脏、胰腺、双肾等腹腔脏器未见明显损伤；胃内充盈，量约342 g，胃内容有白色颗粒、玉米等，未闻及刺激性气味，胃黏膜充血，膀胱尿液量约15 mL。

1.4 组织病理学检验

肺出血、肺水肿，多脏器淤血。

1.5 毒物检验

①在尿液中未检出常见毒品成分。②在胃壁、胃内容及肝组织、血液中均检出呋喃丹成分。③在现场床头柜上的白色粉末、现场床头柜上装有白色粉末的农夫山泉矿泉水瓶中均检出呋喃丹成分。④在血液、胃内容物及白色液体、白色蜡棒内粉末中均检出氰化物成分，血液中氰化物的质量浓度为 40 μg/mL。

1.6 死因分析

经毒物检验，在死者的胃壁、胃内容及肝组织、血液中均检出呋喃丹成分，在死者的血液、胃内容物中均检出氰化物成分，血液中氰化物的质量浓度为 40 μg/mL，达致死血浓度。据此分析认为死者存在氰化物及呋喃丹中毒。

经解剖检验、组织病理学检验，死者双手指甲发绀，双眼睑、球结膜点状出血，心、肺表面点片状出血，食管上端黏膜点状出血，左、右支气管壁黏膜点状出血，双肺淤血、水肿，气管及支气管内血性泡沫样液体，食管壁黏膜部分腐蚀，胃内白色颗粒，胃黏膜充血，肺出血、肺水肿，多脏器淤血。上述征象符合氰化物及呋喃丹中毒的病理学变化。

经解剖检验、组织病理学检验，未发现机械性损伤、机械性窒息、疾病等致死因素存在。

根据上述情况综合分析，死者符合氰化物及呋喃丹中毒死亡。

2 讨论

氰化物是指化学结构中含有氰基团（-CN）的无机化合物。其毒性作用取决于在体内代谢过程中释放 CN- 的速度和数量。CN- 可与活性金属离子，如铁、铜、锌等结合，其中 CN- 与 Fe^{3+} 反应最迅速；Fe^{3+} 主要存在于细胞线粒体内，是细胞呼吸过程中氧化型细胞色素氧化酶的辅基，辅助完成电子传递过程。CN- 与 Fe^{3+} 结合可中断电子传递，使生物氧化过程终止，细胞失去对氧的利用能力，引起细胞"内窒息"，导致细胞生理生化功能停止而死亡。氰化物中毒时，全身组织细胞丧失了利用氧的能力，血氧消耗量甚少，静脉血中氧饱和量增高，同时血液中有氰化高铁血红蛋白形成，故静脉血为鲜红色，并且皮肤、肌肉、黏膜及尸斑呈鲜红色。死亡迅速者发绀明显，则尸斑呈紫红色，而口唇及肺仍呈鲜红色。

呋喃丹是国内生产使用最多的氨基甲酸酯类杀虫剂，其纯品多为白色或无色结晶，具有一定熔点，水中有一定溶解度。剂型主要为颗粒剂，商品化的呋喃丹有紫蓝和粉红两种颜色，有刺激性气味。呋喃丹是一种胆碱酯酶抑制剂，进入机体后与胆碱酯酶结合，从而阻止了乙酰胆碱与胆碱酯酶结合，使胆碱酯酶失去酶解乙酰胆碱的能力致使乙酰胆碱在体内蓄积，引起神经系统功能紊乱的中毒表现，表现为腺体分泌增加、平滑肌收缩、肌颤、肌无力、肌麻痹等。故呋喃丹中毒死者尸检可见尸僵出现早而强、瞳孔多缩小等征象。

本案死者为青年男性，现场勘验发现混有白色粉末的农夫山泉矿泉水瓶，白色粉末，白色蜡棒，有白色粉末的黄色锡箔纸；褐色尸斑，尸僵强硬，上肢姿势奇特，双侧瞳孔不大，指甲发绀，手指附着白色粉末。首先高度怀疑中毒死亡，尤其怀疑毒品、亚硝酸盐等中毒。但对尿液进行检验，未发现毒品，对血液进行毒物检验未发现亚硝酸盐。后加大毒物筛查，检出呋喃丹及氰化物。

本案起初未重点考虑氰化物和呋喃丹中毒，原因有以下几点：①未出现氰化物中毒的典型尸斑颜色——鲜红色，本案例尸斑呈褐色（图7-10），解剖中亦未发现肺呈鲜红色；②未了解氰化物的储存方式，由于氰化钠、氰化钾均为白色易潮解的晶体，能迅速溶于水，遇酸立即分解，故需要防潮保存，而本案中氰化物被密封在白色蜡棒内以起到防潮的作用（图7-11）；③本案中使用的呋喃丹为纯品（图7-11），因而解剖未发现胃内鲜艳的颗粒样物，亦未闻到刺激性气味。

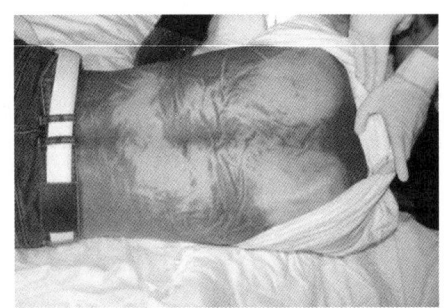

图7-10 背部尸斑

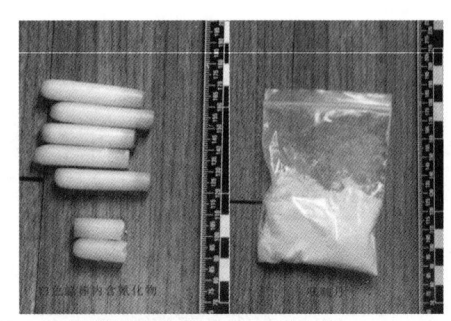

图7-11 白色蜡棒内含氰化物、呋喃丹

本案启示，工作中见到尸斑颜色特殊的尸体，首先考虑中毒，现场注意发现可疑毒物，出现白色蜡棒样物的，高度怀疑氰化物中毒，应做好个人安全防护。

1例疑为他杀案件的法医学检验

邵辉

黑龙江省海伦市公安局技术大队 黑龙江 海伦 152300

1 案例

1.1 简要案情

2016年3月某日早8时许，我局指挥中心接到吴某电话报案称：其母亲徐某与继父郭某双双死在其继父郭某家炕上，面部暗黑，怀疑为煤烟中毒。经过初步勘查，发现两名死者头部均有外伤，现场有大量血迹。从而判定此案件系他杀案件，而并不是一起非正常死亡案件。

1.2 调查访问

在前期调查访问工作中发现报案人，即死者徐某儿子吴某表现异常，且发现其所穿外裤前侧有微量疑似血迹样物，故暂将吴某作为重点嫌疑人进行审查。

1.3 现场勘验检查

郭某家院门、院墙无异常，门窗无异常。两名尸体所在位置为郭某家东寝室北炕，两名死者头部均位于炕里侧。在现场北炕西墙南部墙面上见有血迹空白区，以此为中心点状暗红色血迹样物呈芒向四周发散。在现场炕面徐某枕头西部的卫生纸上发现点状血迹样物。徐某尸体下侧有一瓶盖。徐某下侧有木把奶头锤。在现场炕面东部发现一个带有"80%敌敌畏"字样的农药瓶，上侧面见有血点样物，底部见有擦蹭状血迹样物。现场挂牌日历撕至2016年3月22日。

1.4 尸体检验

郭某：头部见多处创口，有的呈弧形，有的呈不规则形，均创缘不整齐，伴有挫伤带，部分组织挫灭。头皮下大面积出血，左侧颞肌出血，左颞部颅骨粉碎性凹陷性骨折，骨片不重叠，其中上部见直径4.5 cm类弧形骨折，骨断端较整齐，内板缺损。创腔内可见硬脑膜破裂，脑组织外露。大脑脑回扁平变宽，脑沟浅窄，双侧大脑蛛网膜下腔广泛出血，左颞叶大面积脑挫裂伤，颅骨骨片嵌入脑内，小脑蛛网膜下腔出血。颅底未见骨折。

徐某：头部见多处散在创口，其中额顶部窗口集中，部分创口相交叉，部分呈弧形，创口边缘较整齐，伴有挫伤带，创角较锐，深浅不一，部分达颅骨创口边缘不整齐。及散在片状头皮下出血，部分皮下出血创面伴有创口，创口创缘不整齐，两创角锐利，深达帽状腱膜。双侧眼睑见散在针尖大小出血点，双手指甲床下发绀。解剖见额顶部及右颞枕部大面积头皮下出血，额顶部颅骨自上向下分别见三处颅骨外板压痕呈坑状凹陷及散在条线状骨裂。硬膜外、下未见出血，硬脑膜未见破裂，脑实质切面未见损伤及出血。颅底未见骨折。双肺浆膜下见散在点、片状出血。胃内见黑褐色液体，可嗅及类似柴油味。

1.5 实验室检验

DNA检验：现场提取奶头锤平头血迹为郭某、徐某混合血，圆头血迹为徐某血。徐某尸体上衣上血、西墙血、徐某枕头西侧卫生纸块血、农药瓶擦蹭血均为徐某血。吴某所穿外裤前侧嫌疑物质排除人血。

毒物检验：徐某胃内容物检出呋喃丹组分。

2 讨论

2.1 致伤工具

郭某头部见多处散在创口，有的呈弧形，有的呈不规则形，均创缘不整齐，伴有挫伤带，对应处颅骨粉碎性骨折，有的形成弧形骨折，骨断端较整齐，内板缺损，根据损伤形态，符合奶头锤多次作用所形成的特征，奶头锤可以形成。徐某头部见多处散在创口，均创缘不整齐，边缘伴有挫伤，创口相对较浅对应处颅骨仅见三处颅骨外板压痕呈坑状凹陷及散在条线状骨裂，根据损伤形态，符合奶头锤以其平面、圆面多次作用所形成的，且自身功能位可以形成，自伤可以形成。DNA检验现场提取奶头锤平头上血迹检见郭某、徐某血，证实致伤工具为现场提取的奶头锤。

2.2 死亡原因

郭某头部多处钝器伤致颅骨粉碎性骨折，双侧大脑蛛网膜下腔广泛出血，脑挫裂伤，颅骨骨片嵌入脑内，系颅脑损伤死亡。徐某头部多处钝器伤致颅骨外板压痕呈坑状凹陷及散在条线状骨裂，脑实质切面未见损伤及出血，颅底未见骨折。毒物检验：徐某胃内容物检出呋喃丹组分，结合其双侧眼睑见散在针尖大小出血点，双手指甲床下发绀，双肺浆膜下见散在点、片状出血，符合窒息的尸体内、外部征象，徐某系生前服用呋喃丹中毒导致呼吸衰竭死亡。颅脑损伤为辅助死因。

2.3 成伤机制

综合以上现场勘验、尸体检验、实验室检验结果，可以充分认定，此案件系徐某用现场提取的奶头锤将郭某致死后，以锤自伤、伤后又服毒自杀。排除吴某作案的可能。

2.4 结语

通过此案，我们从中可以看出，在法医实践中，只有细致认真地对现场、尸体进行勘验，不放过任何一点蛛丝马迹，去伪存真，才能真正地认清案件的本质，从而判定案件的性质，避免冤假错案，为侦查破案、定案起诉提供坚实可靠的证据支撑。

数字影像阅片在法医鉴定中应用的体会

沈宇，陆一，黄红娟，龚群

浙江省公安厅刑侦总队 浙江 杭州 310009

影像学在法医鉴定中应用极为广泛，其结果客观、被广为认可。医院影像学阅片早已进入数字化时代，《刑事诉讼法》在证据章节中也引入了电子数据这一概念。电子数据作为证据在案件办理过程中的作用也越来越重要，法医阅片也在由胶片时代逐渐向数字化阅片转型。

1 数字影像阅片的优点

以往，在法医鉴定过程中，通常使用相机翻拍或扫描仪将胶片转化为电子版存档，所得的电子数据有一定程度的失真而导致图像清晰度下降，影响证据效力，甚至影响案件审理。医院打印给患者的胶片，尤其是CT和MRI胶片，存在层面不全、法医阅胶片时难以对缺失层面翻拍、扫描取证或因未能获取缺失层面而造成漏诊误诊等问题。现在，DICOM（Digital Imaging and Communications in Medicine）数据完整地包含了阅片所需要的电子信息，简单地说DICOM数据就是一种包含有丰富信息的电子数据，能够被转换成"电子胶片"供医生阅片诊断，因此，法医进行电子阅片时，只要将DICOM数据全部拷贝到电脑上，就可以运用阅片软件通过电脑显示屏或者灰阶显示器进行阅片，且具有以下优点：①由于DICOM数据包含丰富的原始图像信息，被读取后保证了影像学信息的完整性和连续性，呈现出来的"电子胶片"远较传统胶片清晰；②被解读出来的图像信息可以进行灰度、大小等任意调节，也可以将不同时间段拍摄的片子在同一个屏幕上进行对比；③可对成套DICOM数据进行连续动态观察，抑或进行三维重建；④DICOM数据可打包并通过电子邮件发送、接收，或是通过资源共享方式，直接在线阅片和线上会诊。以上优点，不仅弥补了阅胶片时层面不全的缺点，而且提升了法医阅片诊断的精准性、高效性、便捷性。

2 数据的调取和阅读

DICOM数据存储于各医院和当地卫生健康委员会的数据中心，调取和阅读主要有三种方式：①借助移动载体，比如光盘、U盘等，将DICOM数据从医院数据中心刻录或拷贝到自己电脑上，或是在线发送、接收，最后借助阅片软件进行数字化阅片；②由于医学影像存档与通信系统（Picture Archiving and Communication System，PACS）系统的存在，医院临床医生可以进行在线阅片，因此，可以建立专网连接PACS系统，办案民警通过履行相关程序可以远程调取影像数据资料并提供给法医进行在线阅片；③部分地方医院在影像学报告单上附有二维码，经智能手机扫描二维码后，直接在手机上在线阅片或下载数据到电脑上再进行阅片。

3 数字影像阅片的价值

数字影像阅片手段已在临床上广泛应用，技术相对成熟，相较于传统胶片阅片有诸多优点，而法医鉴定又与影像学密不可分，因此，数字影像学阅片在法医鉴定中的有着很高的应用价值，进而完成法医阅片手段的转型升级。

实践中，伤害类案件普遍存在当事人信访现象，由传统阅胶片转向数字阅片后，在对相关信访案件当事人做解释工作的时候，法医可运用"电子胶片"放大、对比、灰度调节、三维重建等技术手段将清晰明确的图像展示给信访人看，依据更加清晰、直观，更容易让当事人信服，为化解信访提供关键作用，这是传统阅片手段所不具备的。DICOM数据具有电子信息的一般特点，比如发送方便快捷、在线视频时电脑阅片屏幕共享等，开辟了法医影像学远程会诊的新格局，尤其是在新冠病毒肺炎疫情防控期间，展现了无可比拟的优势，为疑难案例的解决提供了更加便利的渠道。但是，也存在一些不足，主要是阅片软件的来源缺少相对固定的途径、阅片软件购买价格昂贵，以及互联网能免费使用的软件存在激活码、试用期，试用期过后需要重新激活，过程烦琐等问题。

4 展望

数字影像阅片引入法医鉴定领域后，能突破时间和空间的局限，促使法医疑难案例会诊在质效方面有巨大提升，同时，也为后期人工智能深度学习、精准读片、快速诊断损伤奠定基础。目前，法医的数字影像学阅片主要处于利用移动载体从医院数据中心复制DICOM数据，再复制到自己电脑进行阅片这个阶段，如果各地能公安与医院PACS系统实现对接，实现资源共享，能够远程调取影像电子资料，那么将更大地促进法医数字影像阅片的普及，值得一提的是，在公安与医院PACS系统对接后，法医使用专线进行线上阅片时，应考虑法律程序上的问题。

多专业参与审查，认定致伤原因

时波[1]，庄亚[2]

1. 江苏省徐州市人民检察院 江苏 徐州 221006
2. 江苏省邳州市人民检察院 江苏 邳州 221300

1 简要案情

2020年06月04日，王某与张某因土地纠纷发生争执，互相殴打，打斗中致王某右手骨折。2020年07月06日经鉴定机构法医鉴定，王某右手第一掌骨完全性骨折，损伤程度为轻伤二级。案件移送审查逮捕，检察机关法医通过技术性证据审查，根据骨折形态和图像处理技术认定损伤成因，否定了原鉴定意见。

2 审查过程

鉴定文书记载鉴定人右手第1掌骨基底部骨质完全断损，断面清晰锐利，周围软组织肿胀，符合完全性新鲜骨折表现，鉴定机构依据《人体损伤程度鉴定标准》5.10.4 d）出具了轻伤二级的鉴定意见。经进一步审查病历资料，伤后被鉴定人王某右手第一掌骨骨折在当地医院进行了手术治疗，手术记录记载右手第一掌骨骨折位于基底部，骨折断端碎成大小共两块；复核影像学片右手第一掌骨骨折形态，可见明显的基底部两块骨折碎片。根据骨折的形态，骨折面断端非螺旋形或斜行分离，在纵向受力的方向上，力的传导会向远端的基底部，形成基底部的损伤；旋转用力会导致掌骨的整体受力，出现掌骨骨体的损伤，因此第一掌骨受力的方向和着力点应当考虑，来区分掌骨基底部骨折形成的原因；案情提供被鉴定人称伤情系嫌疑人张某"用力扭其右手形成"，损伤方式造成的骨折与影像学片和手术记录骨折的形态不相吻合，是否存在被鉴定人拳击他人过程中形成右手第一掌骨基底部粉碎性骨折？或者另外其他原因形成。

分析骨折成因，单纯从骨折的形态只是初步判断作用力的方向，要充分明确还要依据体表损伤、致伤物的特征，现场图像等多项因素。为明确查明真相，法医调取了案发现场监控视频，发现由于案发时光线、位置等原因，视频清晰度无法达到清晰可辨的程度，通过图像清晰化处理技术对视频进行处理，将模糊的视频还原至清晰可辨的程度，可以分辨出被鉴定人王某在打斗过程中击打嫌疑人张某的动作，王某用拳头直接击打张某过程通过图像分析进行了佐证。在补充侦查过程中王某承认了用拳头击打张某的事实，该情节同其他证据相互印证，可以排除伤情系嫌疑人张某的行为导致，最后认定被鉴定人王某在与张某纠纷中用拳击打他人造成自身右手第一掌骨骨折"的意见，鉴定机构撤销了原鉴定文书。

3 审查的意义

检察院机关办理的法医技术性证据审查，摒弃"只看结果"的机械办案模式，拓展审查范围，查明伤情成因，还原事实真相，切实维护了案件当事人的合法权益，为把每一起案件都办成经得起历史和法律检验的铁案贡献技术力量。

陈旧性膈疝与损伤的辩证分析 1 例

孙纯，初巧红，吕永富

山东省青岛市人民检察院 山东 青岛 266000

1 案例资料

1.1 简要案情

管某，女，40 岁。2016 年 10 月 26 日因纠纷被小区工作人员殴打，约 18 h 后入院诊治。

1.2 病历摘要

2016 年 10 月 12 日双肺 CT 平扫示：双肺纹理增重，左肺体积小，左下肺见条片状高密度影，左侧膈面抬高，左侧腹腔脏器及肠管向上移位。印象：左侧膈疝？左肺体积小，左肺纤维可能性大。

2016 年 10 月 27 日住院病历：18 h 前被人打伤头颈部、胸部、腹部、四肢等全身多处。感胸部疼痛，以咳嗽、深呼吸及体位转动时为著，伴胸闷，稍感憋气，时有轻度咳嗽；感轻度腹痛；四肢感多处疼痛。专科检查：胸廓挤压征（＋），胸部压痛、右侧为著。左肺局部呼吸音低、右肺呼吸音清晰，无干湿性啰音。腹部平坦，局部轻压痛，无反跳痛。双侧腕部、左膝关节及左踝关节轻压痛。CT 诊断：符合左肺炎症；右侧肋骨骨折；符合左侧膈膨升，左侧脾脏局部上突，符合膈疝。

2016 年 11 月 4 日再入院病历：外伤后胸痛 9 d。11 月 7 日行"腹腔镜辅助膈肌修补术"，术中见膈肌大部破裂缺损，脾、胃、大网膜疝入胸腔内，胸膜腔内广泛粘连，脾与胸壁粘连固定，左下叶肺萎缩。术中诊断：膈疝，肋骨骨折。

1.3 法医学检验

2016 年 10 月 28 日检验：伤者坐轮椅他人推入室内，诉右胸前及左侧胸腹部疼痛感，右乳房内上方胸壁局部见 1.0 cm × 1.0 cm 浅淡皮肤发绀（触压痛），左腕周散在小斑片状浅淡皮肤发绀。2016 年 12 月 9 日检验：伤者左侧胸背部斜行 17 cm 手术创疤（该创疤下方见 1 cm 手术引流口创疤）。

2 讨论

胸部闭合性创伤产生膈肌破裂或膈肌受刀刃或枪弹的直接创伤可引起创伤性膈疝，一般在外伤后立即发生，少数可因合并其他损伤而于数月乃至数年后发现。创伤性膈疝在法医临床鉴定中较少见，偶可见外伤性迟发性膈疝的报道，而鲜见此类陈旧性膈疝与损伤并存的案例。

本例，根据医院病历记录，被鉴定人伤后就医，诉胸部疼痛，以咳嗽、深呼吸及体位转动时为著，伴胸闷，稍感憋气，轻度腹痛；CT 检查左侧膈膨升，左侧脾脏局部上突，符合膈疝；伤后 12 d 行手术治疗，术中见膈肌大部破裂缺损，脾、胃、大网膜疝入胸腔内，胸膜腔内广泛粘连，脾与胸壁粘连固定。补充伤前 14 d 双肺 CT 平扫片，示左侧膈面抬高，左侧腹腔脏器及肠管向上移位。本次外伤所致体表损伤较轻，比对伤前伤后两次 CT 片，显示疝入胸腔脾上极均位于隆突下水平，膈疝高度一致，且病历记录记载疝入的脾脏与胸壁粘连固定，考虑伤者膈疝为陈旧性膈疝，非本次外伤所致，外力作用可加重其症状表现，因此不宜依据《人体损伤程度鉴定标准》第 5.6.2 k）条之规定评定为重伤二级，而应依据《人体损伤程度鉴定标准》第 4.3.3 条之规定，只说明因果关系。

伤病共存的司法鉴定，在法医实践中极其常见，也较难把握，容易引起争议，是法医司法鉴定中的难点和热点。伤病共存司法鉴定尤其要注意以下原则：客观检查原则，包括活体检验的全面查体、专家会诊、医学检测等；综合分析原则，在全面、系统、客观检查的基础上，进行科学、严谨、理性的分析判断；近因原则，紧紧抓住损伤与疾病病理生理上的关联关系和关联程度，而非损伤与疾病时间上的先后关系。在法医鉴定实践中，伤者到法医门诊作伤情鉴定时只提供部分病历材料，而不说明从前伤病事实的情况时有发生，作为法医必须合理存疑，挖掘出可能存在的隐瞒病情甚至伪造病历材料的情况，结合损伤前后的病历资料，必要时走访主治医生，明确在伤亡过程中损伤与疾病的相关性，对陈旧伤病与当前损伤的因果关系做出准确的判断。

此外，钝性暴力导致的膈肌损伤临床表现较轻，往往被其他重要脏器损伤掩盖而漏诊，至数年后发生膈疝才被发现。在法医学鉴定中应对原发损伤产生的后果及对鉴定结果的影响，运用医学理论和观点，客观地加以论证，维护法律的公平和受害人的合法权益，充分体现法医学鉴定意见的公正性、严肃性。

浅谈"外伤性癫痫"鉴定

孙海波

山东省莱州市公安局刑侦大队 山东 莱州 261400

外伤性癫痫（Traumatic epilepsy）是由闭合性脑挫裂伤、硬膜下血肿导致脑皮质组织瘢痕形成，刺激神经细胞发生异常放电，临床表现为局限性或全身性痉挛，突然发生阵发性、短暂性、刻板性的反复发作的大脑功能障碍。临床可分为早期癫痫、中期癫痫、晚期癫痫。

早期癫痫于伤后24 h内发作者称为即刻发作，于伤后2~7 d发作者称为近期发作。就病因而言，早期癫痫多与脑挫裂伤、凹陷性骨折、急性脑水肿、蛛网膜下腔出血和颅内血肿等有关，多属于暂时性发作。

晚期癫痫是指伤后一个月至数年内发作，发作类型大多数是局部发作，常与脑膜瘢痕、脑组织瘢痕、脑萎缩、脑室穿通畸形、脑内囊肿、脑脓肿及颅内血肿、异物、骨折片等有关，多为持久性发作。

日常伤害案件的检案中外伤性癫痫占有一定比例，法医对外伤性癫痫鉴定正确与否，直接关系到案件的定性量刑，还牵涉民事责任的归属问题，单凭医院诊断情况定案的话往往会在准确性上出现差错，因此就需要认识外伤性癫痫的特征，做出正确的鉴定结果。

外伤性癫痫又叫器质性癫痫，约有3%~6%的病人在头部外伤意识丧失后继而发展成慢性的抽搐病变，但也有极少数的病例在外伤后短期内发生抽搐，往往没有后遗症。外伤性癫痫根据抽搐发作症状的表现，可分为癫痫大发作、小发作、局限性发作和精神运动性发作，都有间歇性、短暂性和刻板性。在检案中往往常遇到的是癫痫大发作，医院出具的诊断证明也常指大发作而言。

1 临床表现

外伤性癫痫大发作的临床典型症状分有先兆期、抽搐期和痉挛后期。

1.1 先兆期

先兆期是在发作前一瞬间出现的先兆症状，如肢体的某一部位不适，或有幻觉感觉性表现，或有身体和头眼突然地转向一侧和恐惧梦幻等。先兆症状短暂，一般持续几秒钟。

1.2 抽搐期

先兆症状出现几秒钟后，突然意识丧失，有尖叫、倒地、全身出现肌肉痉挛强直，拇指内收，上肢的肘关节和掌指关节屈曲，双足内翻，呼吸暂停，牙关紧闭，口中可喷出泡沫，大小便失禁。此期可持续1~3 min不等。

1.3 痉挛后期

上述症状逐渐缓解，由昏迷、深睡状态转为清醒，醒后除对先兆症状有回忆外，对发作的整个过程的表现毫无记忆。

2 与其他疾病的鉴别

外伤性癫痫是脑损伤所致的一种症状表现，有时与其他疾病症状相似，需鉴别如下。

2.1 紧张型精神分裂症

主要表现运动方面的障碍，不言不动，不食不眠，可出现木僵状态，有刻板的反复的动作，脑电图及CT检查无明显改变。

2.2 癔症痉挛性发作

此病有一定的精神刺激因素，多有他人进行刺激时当场发作。突然发病，可出现感觉运动和自主神经功能紊乱或有短暂的精神异常。阵挛性抽搐呈非强直性，发作的同时有叫喊哭闹，意识不丧失，无大小便失禁，经暗示疗法可终止发作，脑电图检查一般正常。

3 鉴定依据

外伤性癫痫的鉴定，主要是以颅脑损伤史、临床发作的典型症状和其他客观检查结论为依据，不能单凭病人口述，也不能只凭医院出具的诊断证明。

3.1 病史调查

首先要了解案情的经过，特别是对头部外伤史的调查，发作症状的调查，要仔细认真，对医院的病历要进行反复审阅，结合临床检验，全面分析，确证头部外伤史及头部损伤后 90 d 以上仍被证实有癫痫的临床表现。

3.2 脑电图检查

包括常规清醒脑电图检查、睡眠脑电图检查或者较长时间连续同步录像脑电图检查等。

在临床客观检查中，脑电图检查显示异常脑电图对癫痫的鉴定价值很大，不但能帮助确定癫痫，而且还可以了解其发作的类型。大发作在间歇期测定时，常显示非特异性的轻度异常，多出现慢波，也可有一些不典型的棘慢波。

3.3 其他客观检查

CT 检查可检出脑部器质性损伤灶，确定癫痫病灶的部位，其他如颅脑超声检查、脑血管造影、气脑造影等检查也可帮助探查癫痫情况的发生。

关于外伤性癫痫的伤害程度的评定问题，由于发病原因是外伤致大脑皮层组织的破坏所引起的，而且症状反复发作，脑功能障碍明显，随着病程的继续而延长，劳动能力的丧失随之较重，故按重伤条款规定应为外伤性迟发性癫痫。这类病人的症状发作往往持续顽固，有的需经手术切除病灶才终止发作。

浅谈法医阅片在人体损伤程度鉴定中的作用

孙宏丽[1]，王绍波[2]

1. 内蒙古金河森林公安局 内蒙古 022357
2. 内蒙古得耳布尔森林公安局 内蒙古 022357

在伤害案件人体损伤程度鉴定过程中，法医需要对办案部门提供的病历、各种相关检查结果特别是各类影像片进行检验，结合被鉴定人的损伤表现，最终依照《人体损伤程度鉴定标准》的规定得出结论。因此，熟练掌握各类影像片的阅片知识在法医活体检验中具有十分重要的意义。法医对影像片的阅片不同于临床影像学阅片，它不是完全针对病例的诊断，而是主要判断各类影像片的真伪、审核影像片与病例诊断的关系以及影像片在法医鉴定中的具体作用。

1 法医阅片常见类型

法医阅片常见类型：①出血：主要包括头部、胸部、腹部及其他部位出血；②骨折、关节脱位；③挫伤；④其他：包括与有关或无关的影像片，与外伤有关的影像片，如损伤后周围血管动脉瘤、损伤后纵隔气肿、损伤性脑梗死等；与外伤无关的影像片，如瘤、先天畸形等。

2 人体损伤程度鉴定中法医阅片要点

2.1 鉴别送检影像片的真伪

法医阅片的研究对象为影像资料，鉴别送检影像片的真伪是法医检验中的首要问题。对此，在拿到影像片的时候，一方面要认真核对影像片上的医院名称、伤者姓名、年龄。另一方面，要结合病历记载、伤者本人所描述的症状及伤者的表现进行综合判断。发现有可疑之处时，要求办案单位对影像片的提供医院进行调查，认真核实。

2.2 结合病例记载阅片

法医检验人员在阅片前应熟悉病历，对病历中的损伤情况了然于胸，阅片时有针对性地进行，根据病历记载的临床表现，手术和治疗情况，仔细检验影像片中的表现是否与诊断相符，同时针对影像片中直接涉及法医检验意见的损伤进行重点检验。此外，还要结合病历中的影像诊断报告阅片，做到阅片和查看病例相辅相成。如病历中记载左第6肋骨骨折，法医阅片却发现左第6肋骨两处骨折，从而做出正确的检验意见。

2.3 结合对伤者的问询、检查进行阅片

在检验过程中，对伤者的问询也对法医阅片起着重要的作用。在对伤者的问询中，可以了解到受伤当时的细节情况，由此可以知道如何受伤，是钝器伤还是锐器伤，损伤的具体部位等，阅片结果是否与之讲述吻合，从中去伪存真，得出正确的鉴定意见。此外，对伤者的检查也应与阅片结合起来，尤其是涉及关节功能的检查，根据影像片所反映的损伤，伤者是否会出现与损伤相吻合的功能障碍，这对鉴定意见具有重要的影响。

2.4 结合办案人员调查进行阅片

在问询伤者的过程中，伤者常常夸大受伤情况，甚至编造或隐瞒事实。尤其对于不易判断工具、时间的陈旧性骨折等，这就需要结合办案人员的调查进行阅片，必要时，调阅所需要的调查笔录等有关材料，了解到致伤物、打击部位、原来有无受伤史、是否存在二次受伤等，从而得出正确的判断。

2.5 结合临床专业分析阅片

对于法医鉴定人不能看明白的影像片，不要不懂装懂，应虚心求助临床专业人员，可以求助、咨询正规医院的专业人员，通过他们的分析，正确反映影像片的情况，同时也使自己的知识得到提高。

2.6 阅片后的综合分析

阅片后不能根据阅片结果轻率做出结论，也不能轻易否定影像片所表现的内容，一定要结合病历、被鉴定人口述、办案人员调查情况，进行综合分析，从而得出客观的鉴定意见。如一些影像片反映的病理疾病，要结合病历记载仔细分析，确证与外伤之间的关系，即损伤与疾病的因果关系。在损伤与疾病并存的时候，准确判明外伤的参与程度。

总之，在损伤鉴定中法医阅片具有不可替代的重要作用，既不能过于依赖影像片的作用，也不能单纯注重病历的诊断和记载，忽视影像片在法医检验中的作用。

浅谈司法鉴定文书的规范化制作

唐可爽，刘敏，黄卫巍

北京通达首诚司法鉴定所 北京 100000

司法鉴定文书是司法鉴定人通过运用专门的知识或者技能，对专门性问题进行鉴别和判断后，制作的用来承载司法鉴定意见的法律文书。一份规范的高质量的司法鉴定文书可以清晰地阐述出司法鉴定意见，从而体现出其制作人的司法鉴定能力和水平，并且增加司法鉴定文书的公正、公平，使其更具有公信力，为庭审过程提供更加强有力的证据。

然而在实际鉴定当中，司法鉴定文书的制作形式和内容均存在一定的不足和缺陷。导致司法鉴定文书在实际应用过程当中存在着一些问题，本文就司法鉴定文书制作过程的相关问题进行讨论，供同行参考。

1 司法鉴定文书规范化的重要意义

司法鉴定文书作为庭审过程中诉讼证据的一种，应该具备公正、公平、科学、合法等性质。这就要求在制作司法鉴定文书的过程中，应当全面、客观、真实、规范地记录整个司法鉴定过程，从而体现司法鉴定的严肃性，为案件的审理提供真实可靠的依据。

司法鉴定文书格式的是否规范，是体现一份司法鉴定文书质量的重要环节。因此司法鉴定意见书的制作一定要做到格式的规范化，才能充分地发挥其在诉讼过程当中的证据作用。我认为司法鉴定文书的规范化制作有以下几点重要意义。

1.1 规范司法鉴定文书，提高审判效率

司法鉴定意见书是一种具有较强专业性的诉讼证据材料，其鉴定过程中所使用的鉴定技术和方法外人较难理解，这就会导致双方当事人对鉴定结论的猜疑或者不信服，从而导致公信力及效率受到影响。司法鉴定文书是够体现出鉴定人所具有的相关专业知识，以及其所出具鉴定意见的专业性的重要载体，规范化的制作司法鉴定文书就显得尤为重要。规范的鉴定文书，能够全面、准确、清晰等记录司法鉴定的全过程，提供科学、合法的鉴定依据，弥补庭审过程中各方对相关知识存在的不足，增加了双方当事人对鉴定结论认同的可能性，从而提高了鉴定文书的公信力，帮助审判者做出更加公正的裁决，减少庭审过程中一些不必要的争论。因此，司法鉴定文书制作的规范化对提高审判效率具有重要的意义。

1.2 规范司法鉴定文书，保障合法权益

司法鉴定文书是司法鉴定人运用相关专业知识及技能，对相关专业问题鉴别和判断后制作而成的，这一鉴定及制作过程中，免不了受到一些外界条件或环境等因素的影响和制约，从而导致鉴定文书带有一些错误。这些错误的存在会或多或少地影响到当事人的合法权益，在庭审过程当中产生一些必要或不必要的争论，导致审判工作无法正常有序进行。司法鉴定文书中的错误一般分为两种，一种是鉴定意见无误，但文书制作、校对过程中产生的文书格式、错别字等错误；另一种是鉴定意见出现的错误，导致鉴定意见不被采信，影响双方当事人的合法权益。只有严格鉴定文书的规范化制作，才能减少不必要的错误产生，从而更好地保障了当事人的合法权益。因此，规范制作司法鉴定文书对保障当事人的合法权益就显得尤为重要。

1.3 规范司法鉴定文书，维护鉴定声誉

司法鉴定文书是体现司法鉴定人知识、水平、观点的重要载体，一份司法鉴定文书是否规范不仅仅影响到当事人权益能否得到保障，同时也对司法鉴定人的声誉至关重要。在实际鉴定工作当中，司法鉴定人不可避免的面对质询或者出庭作证。如果司法鉴定文书存在措辞不当、层次不清、缺乏条理、逻辑不当等不规范的表现，可想而知鉴定人在回答他人提出的质疑时就会有所欠缺，降低鉴定文书的公信力，使相关鉴定人员的声誉受到损害。而一份规范的司法鉴定文书就可以很好的帮助鉴定人回答面对的质疑，从而维护鉴定人及嘉定机构的声誉所以。所以，规范的制作司法鉴定文书显得更加重要。

由此可见，一份规范的司法鉴定文书不仅能够提高鉴定结论的说服力，增加审判效率，保障当事人的合法权益不受到侵犯，同时还可以维护鉴定人及鉴定机构的声誉不受到损害。

2 司法鉴定文书的规范化制作注意事项

司法鉴定文书是司法鉴定人在完成鉴定工作后，出具的具有法律效应的，承载着司法鉴定意见的书面载体，是体现鉴定过程中使用相关技术、方法的体现，同时也反映了鉴定的质量和水平。结合司法部《司法鉴定文书规范》（以下简称《规范》），我认为司法鉴定文书的规范化制作应该注意以下几点。

2.1 司法鉴定文书的编号

司法鉴定文书的编号应为司法鉴定机构的缩略名、专业缩略语、文书性质缩略语及序号四部分组成。

（1）司法鉴定机构的缩略名是由司法鉴定机构的全称缩略而得来的。一般司法鉴定机构的全程由"区域名+字号+司法鉴定中心（所）"组成。司法鉴定机构缩略名一般从司法鉴定机构全称中每个部分各取一个字代表，后叠加即可，如：京×鉴。这样既达到了名称上的统一，又不会造成重复。

（2）专业缩略语是反映该司法鉴定文书内容所涉及的司法鉴定项目，针对不同的鉴定项目使用不同的缩略语，一般取一个字能代表并区分该鉴定项目即可。如"法医临床鉴定"可写为"临"；"法医病理鉴定"可写为"病"；"法医精神病鉴定"可写为"精"。

（3）文书性质缩略语一般分为"鉴字"及"检字"两类，这是因为《规范》中将司法鉴定文书分为司法鉴定意见书和司法鉴定检验报告书两种，为了对应这两种文书形式，故文书性质缩略语也分两种。

（4）序号是司法鉴定文书编号中最简单，也是最复杂的存在。说其简单，因为序号只是鉴定文书的一个数字。其复杂在于序号并不是随意编成的一组数字，这组数字的编写有一定的要求，如序号要求不编虚位，即号码前面不必加"0"。这组数字一般代表该鉴定机构在同一年内，所做同类鉴定项目的编号，不与其他年份、其他鉴定项目相混淆。同时每一个数字对应着不同的鉴定，对应着不同的案件，对应着不同的当事人，当我们需要查阅一份档案或者一份鉴定，最便捷的方法便是去寻找它所对应的序号，所以序号的重要性也是显而易见的。

2.2 司法鉴定文书的委托要求

司法鉴定文书的委托要求包括委托的鉴定项目、鉴定所依据的相关文件、鉴定所使用的材料、鉴定开始的日期、被鉴定人的信息等。因为不同种类的鉴定项目所涉及的文件及使用的材料不同，应作详细、准确的说明，如伤残鉴定中应写明使用文件《人体损伤致残程度分级》，鉴定材料写明影像片××张，××医院病历等信息，以免当事人对鉴定结论产生怀疑，影响司法鉴定文书的公信力。

2.3 司法鉴定文书的检案摘要

司法鉴定文书的检案摘要是描述与鉴定项目有关的案情的简要情况，是客观、综合、简明的叙述案件发生的实质过程，并突出与鉴定事项有关的细节，其中不应含有个人的主观情感及看法。不同类别的鉴定项目所需要的案情侧重点不同，但是基本原则却是相通的。对待案情应慎之又慎，因为案情有时可能含有陈述人的情感在其中，可能存在不真实，不详细等问题，此时就需要冷静的分析面，做到不被先入为主的观点所引导。案情摘要时应注意：①抓住案件的重点问题，了解其中的主要矛盾；②应尽量详细、全面地反映案件的始末；③剔除个人情感，避免被先入为主的观念引导；④全面、完整的引用某句话或某个事件。

2.4 司法鉴定文书的检验过程

司法鉴定文书的检验过程应全面、完整的体现鉴定的实施过程，以及所发现的现象和使用的科学依据。这其中包括检材处理的顺序和方法、鉴定所使用的操作方法和技术规范等。不同的鉴定项目具有不同的鉴定标准，从上向下依次是国家标准、行业标准、专业领域认可的标准和规范。检验过程中应体现出鉴定标准的具体名称，并按照标准规定规范司法鉴定文书。如法医病理鉴定的检验过程要求由表及里，从上到下，从外到内的顺序进行，即先看衣着、体表，再做解剖看内部情况，注意文书中应使用规范的解剖术语。法医临床鉴定的检验过程应包括一般状态、体格检查、损伤情况、目前情况等。体格检查时应注意从上到下，从左到右的顺序进行检查及描述。法医物证及毒物分析鉴定检验过程应注意检材的包装是否完整，检材数量及编号是否正确，还需注明所使用的仪器的名称及型号等。

2.5 司法鉴定文书的分析说明

司法鉴定文书的分析说明是根据鉴定材料和检验结果形成鉴定意见的分析、鉴别和判断的全过程。分析说明的内容应紧密围绕鉴定项目及鉴定材料，依据客观的检验结果，通过逻辑推理而得出的。分析说明能够直接地反映出改司法鉴定人的知识水平、业务能力、逻辑思维、文字表达及认真的态度。在日常鉴定工作当中，分析说明应注意案情及鉴定材料与检查中所发现的现象等是否相关，是否有遗漏，损伤与后果存在的主次关系及因果关系等。分析说明是反映一份司法鉴定文书质量的关键所在，同时也是规范化司法鉴定文书的重中之重。所以能够规范分析说明的内容是规范化司法鉴定文书的重点所在。

2.6 司法鉴定文书的鉴定结论

司法鉴定文书的鉴定结论是司法鉴定人依据鉴定材料和客观检查，通过全面、细致的分析后，所得出的关于鉴定事项的结论，是司法鉴定人综合能力的体现，也是一份鉴定文书中最终的落脚点。鉴定结论应简明、规范、具有针对性，用最简洁的话语回答鉴定项目所委托的问题。

因此，司法鉴定文书的整体格式不仅要具有规范，每一小部分的内容及格式也要规范化，这样得到的司法鉴定文书才是一份高质量的、规范化的司法鉴定文书。

3 当前司法鉴定文书存在的问题

虽然《规范》中对司法鉴定文书的规范有一定的规定，但是在实际工作当中，司法鉴定文书的制作仍存在一些问题。

3.1 内容过于简单

司法鉴定文书是由司法鉴定人运用专业的知识及丰富的经验制作的关于回答鉴定项目问题的文书，这就导致了许多被专业人员视为"常识"的内容并不会在鉴定文书中有所体现，从而导致一些外行人看不懂鉴定文书所写的内容，甚至引起一些不必要的争执。这一问题最明显的体现就是分析说明内容不全面、详细。分析说明是一份司法鉴定文书的灵魂部分，是检验一份鉴定文书好坏的关键之一，如果分析说明看不懂，那么这份鉴定文书就不是一份好的鉴定文书。所以我们需要尽可能地去完善分析说明的内容，尽可能全面、详细、规范地去完成分析说明的书写，只有这样的鉴定文书才是一份具有灵魂的鉴定文书，才是能够说服当事人、帮助审判机关的高质量的司法鉴定文书。

3.2 鉴定意见表述不准

司法鉴定文书的鉴定意见是司法鉴定人依据鉴定材料和客观检查，通过全面、细致的分析后，所得出的关于鉴定事项的结论。这不仅仅是一句或者两句话这么简单，要做到简明扼要地表达出鉴定意见，是需要认真斟酌每一个字的用法，稍有不慎，就可能带来意想不到的影响。现如今的鉴定结论表述方式参差不齐，有的答非所问，有的含糊不清，这些问题的存在使得他人无法做出正确的判断，影响司法鉴定文书的公信力。

4 关于司法鉴定文书规范化制作的思考

司法鉴定文书是司法鉴定意见的最终体现形式，体现了司法鉴定过程中的技术方法和标准，也体现了司法鉴定人的综合能力。一份高质量、规范化的鉴定文书不仅需要用词的准确性，逻辑的清晰，内容的严谨，还要遵循科学原理，依据技术规范及标准，经过司法鉴定人周密的调查，全面的检查，以及缜密的思考才能完成。因此，司法鉴定文书的规范化制作需要大家共同努力才能向前发展，需要在实际工作中不断完善。

3例机械性窒息死亡案例比较性分析

唐立冈[1]，刘永亭[2]，薛燕[3]，薄杰[4]，张以刚[5]，赵永斌[6]，赵鹏[7]

1. 山东省公安厅物证鉴定研究中心 山东 济南 250001
2. 山东省青州市公安局 山东 青州 262500
3. 山东省康复研究中心 山东 济南 250109
4. 山东省东营市公安局 山东 东营 257000
5. 山东省德州市公安局 山东 德州 253000
6. 山东省寿光市公安局 山东 寿光 262700
7. 青岛大学附属医院病理科 山东 青岛 266400

1 案例资料

1.1 案例一

侯某（男，37岁），某年3月16日在租住房中死亡，尸体被其妻子及家属运回老家准备火花处理，3月17日其朋友参加遗体告别时发现面部损伤怀疑他杀，遂报案。现场已破坏，无特殊发现。

尸表检验：尸体已换寿衣，右耳郭有3.0 cm×1.5 cm皮肤发绀，面部呈暗红色，左眼上睑、左颌面部、鼻尖及鼻翼均见散在表皮剥脱，上下唇黏膜呈暗红色，局部见黏膜破损，牙龈黏膜出血，左肩胛背部见3.0 cm×0.4 cm皮肤擦伤。手足甲床发绀。

解剖检验：左侧斜方肌有7.0 cm×2 cm肌肉出血，脑出血水肿，双肺浆膜下见大量出血斑，心外膜下见多量点状出血，胃黏膜见点状出血，肝表面见点状出血，脾脏淤血，余未见异常。

病理检验：双肺重度淤血水肿伴代偿性肺气肿，并多处点片状肺出血；心脏表面浆膜下脂肪组织内下多处小灶性出血；肝脏被膜下及实质内多处小灶性出血。

脑组织蛛网膜下腔小灶性少量出血；气管周围肌肉间质内少量小灶性出血；肾上腺周边脂肪组织内小灶性出血；灶胃壁黏膜层及黏膜下层小灶性出血；多脏器淤血水肿改变。左侧斜方肌和寰框椎周围肌肉灶性出血，伴有小血肿形成；右侧竖直小灶性出血；脊髓蛛网膜下腔淤血，伴蛛网膜下腔小灶性出血，部分区域伴有少量巨噬细胞浸润，送检肾髓及肌组织淤血水肿改变。

实验室检验心血中均未检出毒鼠强、安定和甲拌磷成分；在死者心血中检出乙醇成分，含量为2 mg/100 mL。

1.2 案例二

薛某（女，25岁），某年7月18日在宾馆被发现死亡，现场无异常发现。

尸表检验：鼻腔内有泡沫，唇黏膜发绀，指（趾）甲发绀，余未见异常。

解剖检验右侧颞骨岩出血，甲状软骨下缘有0.5 cm细条形出血，右肺上中叶肺间裂见有数个出血点，双肺重度淤血，气管内大量泡沫，脾脏皱缩，余未见异常。

病理检验：急性肺淤血及肺出血（肺泡壁毛细血管高度扩张充血，肺泡腔内可见灶性出血；肝轻度淤血，中央静脉周围肝细胞脂肪变性；肾小管上皮细胞广泛水肿变性，肾间质充血；脾脏淤血；心肌充血水肿，心肌断裂；脑组织充血水肿。

1.3 案例三

张某（女，32岁），某年1月15日因夫妻矛盾纠纷打架后被送往医院抢救无效死亡。

尸表检验：口唇发绀，球睑结合膜见密集性出血点、斑。65⌋缺失，牙槽窝空虚，见血凝块，牙龈见缝合线缝合；上下唇黏膜及舌尖部散在多处黏膜破损出血。颈前及两侧16.0 cm×7.1 cm范围散在多处条片状皮下出血及表皮剥脱，表皮剥脱呈现点、条、片状及弧形等多种形态。左肩上部10.0 cm×5.5 cm范围内散在条片状皮下出血，已黄变；左肩部后侧一4.0 cm×3.5 cm皮下出血。右肩前外侧13.0 cm×5.0 cm范围内散在条片状皮下出血，已黄变；右肩部后侧一4.0 cm×3.0 cm皮下出血。左前臂一0.5 cm×0.6 cm皮下出血；右前臂一5.5 cm×2.5 cm皮下出血。左手背一1.4 cm×0.5 cm皮下出血。双手指甲甲床发绀。右股后侧一4.0 cm×2.5 cm皮下出血；右膝部两处1.0 cm×1.0 cm皮下出血；右小腿腹侧一3.0 cm×2.1 cm皮下出血，右小腿胫前两处各7.0 cm×2.0 cm、1.2 cm×1.0 cm皮下出血；右内踝一0.3 cm×0.4 cm表皮剥脱；右前踝一0.2 cm×0.2 cm表皮剥脱。左膝部一1.4 cm×0.5 cm表皮剥脱；左足背三处各0.8 cm×0.6 cm、0.5 cm×0.5 cm、1.5 cm×1.0 cm皮下出血，局部表皮剥脱。左内踝一0.5 cm×0.6 cm表皮剥脱；左足第一趾背侧一0.3 cm×0.2 cm表皮剥脱。

解剖检验：颈前肌群散在多处灶状出血；环状软骨骨折，周围软组织出血；咽后壁局部软组织出血；舌骨及甲状软骨未见骨折；气管内见少量血性黏液；会厌软骨及气管内壁黏膜出血。双肺及心脏被膜见密集出血点；脾脏、肝脏、双肾瘀血。胃内容物呈血性糊状，量约30.0 mL，胃黏膜广泛出血。

实验室检查：血液、胃内容及胃壁、肝脏均未检出下列毒物成分：甲胺磷、敌敌畏、敌百虫、灭多威、呋喃丹、1605、甲氰菊酯、胺菊酯、氟氯氰菊酯、氯菊酯、氯氰菊酯、氰戊菊酯、溴氰菊酯、巴比妥、苯巴比妥、安定。血液中未检出乙醇成分。

2 讨论

机械性窒息法医学鉴定原则，首先要检查有机械性窒息死亡的一般征象，如尸体尸表征象，包括颜面部发绀、肿胀、瘀点性出血、尸斑出现早、显著、分布广泛等一般有；内部征象包括内部器官瘀血、器官被膜下、黏膜瘀点性出血、肺气肿、肺水肿等，但是上述征象非机械性窒息特有，各种自然性疾病死亡的尸体中均可见到这类改变，因此还要查找机械性窒息的特异性改变，特别是抑制呼吸和循环的特殊性损伤，如颈部缢沟、扼痕。部分案件需要综合毒物分析、案情调查综合判断。

本文3例死者具备机械性窒息一般征象和特征性损伤，死亡原因均可归为机械性窒息死亡，区别为具体致伤方式及尸体表现存在差异，根据尸检、现场勘查和案情调查综合分析如下：①致伤方式，案例一为尸体俯卧位时，被按压颈项部致面部与床体接触压闭呼吸道死亡，因此项部存在肌肉出血，右面部及口鼻存在皮肤、黏膜损伤；案例二为软性衬垫物正面压闭呼吸道致死；案例三为口鼻及颈部损伤明显符合直接扼颈、捂扪口鼻致死。②抵抗伤，案例一与案例二均不明显，与二者死亡地点均为床上衬垫物较软、均为感情出轨者存在愧疚情绪及体力悬殊因素有关；案例三抵抗伤明显，与正面接触，体力相当有直接关系。③内部脏器表现，三者心肺表面均存在出血，但是案例一呈现为斑片状，出血量较大，从病理学角度考虑存在窒息时间长，甚至可能存在中间缓解期有关，也与女性杀人力量稍微薄弱有一定关系。

"毒针"杀人后自杀1例

王菲，于庆志，李炜栋

山东省临沂市莒南县公安局刑事侦查大队 山东 莒南 276600

1 案例资料

1.1 简要案情

2018年9月5日，我县局接报案称：某乡镇小学幼儿园教室内发现有人死亡。经侦查发现，死者杨某，女，28岁，系幼儿园老师；死者祁某，男，30岁，系死者杨某男友。祁某生前与死者杨某因感情纠纷，杨某提出分手，祁某有些想不开，就产生了杀死杨某再自杀的念头。现场发现死者祁某的遗书。在祁某家中电脑里发现生前在网上购买大量偷狗贼使用的毒针。

1.2 现场勘查

现场位于某乡镇小学内，中心现场位于该小学北侧幼儿园教室内。该教室东西长 9.41 m，南北长 6.178 m。西门开于距离西墙 0.4 m 的南墙上，为一 1.2 m×2.35 m 的双扇内开启木门。西门北侧地面上躺有两具尸体，东侧为一男性尸体，西侧为一女性尸体，均呈仰卧位。室内南墙上并排放有三张办公桌，办公桌表面发现部分针头注射器。室内东门开于距离东墙 0.4 m 的南墙上，为一 1.2 m×2.35 m 的双扇内开木门。

1.3 尸体检验

（1）尸表检验。

1）死者杨某，颜面部发绀，口唇发绀，左季肋部有针眼三个，左股部后外侧下段有针眼一枚，右膝关节前侧有 1.8 cm×1.2 cm 表皮剥脱一处，右胫前上段有 0.8 cm×0.6 cm 皮下出血一处，左胫前中段有 1.7 cm×1.5 cm 皮下出血一处。

2）死者祁某，尸表检验：青年男性，发育正常，营养良好，尸长 174 cm，发长 8 cm。尸斑位于背侧未受压部位，呈暗红色，指压不褪色，尸僵全身。双眼球睑结膜苍白，角膜清晰，瞳孔等大等圆，直径 0.5 cm。颜面部发绀，口唇发绀，双指甲发绀。左颈部有 5 cm×1 cm 皮下出血伴表皮剥脱，左季肋部有针眼一枚，左前臂中段前侧有 2 cm×0.7 cm 表皮剥脱一处，左手背有 5 cm×2 cm 皮下出血伴表皮剥脱，右前臂下段前侧有 0.8 cm×0.1 cm 表皮剥脱一处，右手示指近指间关节背侧有 0.2 cm×0.1 cm 表皮剥脱一处，右股部下段前外侧有针眼六枚。

（2）解剖检验。

1）死者杨某，血液呈暗红色流动状。头皮无挫伤，颈部皮下肌肉组织无出血，舌骨、甲状软骨无骨折，气管、食管无异物。左季肋区针眼相应处胸壁肌肉有 3 cm×0.3 cm 出血一处，肋骨无骨折，双侧胸腔无积血，双肺被膜下广泛出血，心包完整，左心室后壁被膜下有 0.7 cm×0.5 cm 出血一处，左心室尖部被膜下有 0.5 cm×0.3 cm 出血一处。腹腔无积血，子宫大小正常，宫腔内无异物。余脏器未见明显异常。

2）死者祁某，血液呈暗红色流动状。头皮无挫伤，颈部皮下肌肉组织无出血，舌骨、甲状软骨无骨折，气管、食管无异物。肋骨无骨折，双侧胸腔无积血，双肺被膜下密集状出血点，心包完整，心脏被膜下有少量出血点，腹腔无积血。余脏器未见明显异常。

1.4 理化检验

①提取死者杨某T恤衫上的斑迹、尸体心血、左季肋部针眼处皮肤软组织、部分肝脏、肾脏、阴道擦拭物备检。②提取祁宝石黑色短裤上的斑迹、尸体心血、右大腿针眼处皮肤软组织、部分肝脏、肾脏备检。

送检检验结果：杨某T恤上的斑迹、祁某黑色短裤上的斑迹、学习桌上的毒镖、杨某的心血、祁某的心血、祁某右腿针眼处皮肤软组织、木桌上的毒镖、木椅上的毒镖中均检出氯化琥珀胆碱成分。

2 讨论

根据尸体检验见杨某、祁某颜面部发绀，口唇、指甲发绀，血液呈暗红色流动状，心肺被膜下出血等急死征象，毒物检验见从杨某T恤上的斑迹、祁某黑色短裤上的斑迹、学习桌上的毒镖、杨某的心血、祁某的心血、祁某右腿针眼处皮肤软组织、木桌上的毒镖、木椅上的毒镖中均检出氯化琥珀胆碱成分，结合未见其他致命性暴力性损伤等，分析认为杨某、祁某均符合氯化琥珀胆碱中毒死亡。

氯化琥珀胆碱属毒性化学物质，对人毒性极大。含有氯化琥珀胆碱的弩箭，俗称"毒狗针"，一般用于毒杀动物。弩箭损伤致死的主要机制不是在其损伤的本身，而是因为弩箭的箭针内含氯化琥珀胆碱，其毒理作用及致死机制主要有引起肌纤维去极化时细胞内钾离子迅速流至细胞外产生高钾血症，产生严重室性心律失常导致心搏停止，其拟乙酰胆碱作用可以引起心动过缓、结性心律失常和心搏骤停；大剂量的氯化琥珀胆碱可以有神经节阻断作用，可能使组胺明显释放引起支气管痉挛、血压下降或过敏性休克大剂量的氯化琥珀胆碱可引起呼吸肌麻痹，窒息死亡。

如何检测出氯化琥珀胆碱成分是案件检验的关键。一般在现场可以发现弩箭箭针的存在，应做氯化琥珀胆碱的检验，如若现场没有遗留箭针，而发现尸体上有针眼存在时，应该想到有氯化琥珀胆碱中毒的可能，在尸体检验过程中，不仅要取死者的心血，更重要的是局部软组织内的药物检测，可以取带有针眼的皮肤送检检验。

轻微面部外伤致硬膜下血肿死亡 1 例

王欢，王飞飞

江苏省南通市海门区公安局 江苏 海门 226100

1 案例资料

1.1 简要案情

刘某，男，60岁，2017年6月18日晚19时许，被发现死在自己家中床上。经查，当日中午14时许，犯罪嫌疑人龚某与被害人刘某因琐事发生纠纷，过程中犯罪嫌疑人龚某打了被害人刘某两耳光。

1.2 尸体检验

尸表检验：死者尸长169 cm，发育正常，营养中等。尸斑呈暗红色，位于背腰部不受压部位，指压褪色。尸僵强，形成于全身各大关节。死者右面颊部发绀肿胀，见8.0 cm×5.0 cm发绀皮下出血及0.3 cm×0.2 cm表皮剥脱。其余为阴性所见。

尸体解剖：冠状切开头皮后检验，双侧颞肌无出血，颅盖骨无骨折，锯开颅骨，发现脑组织结构体积缩小，脑回变平等老年性脑萎缩改变，左额颞部及右额部见硬膜下血肿，量约170 g，将血块用水冲去，左侧大脑广泛性皮质血管破裂出血，左颞顶部见9.0 cm×5.0 cm蛛网膜下腔出血，剖开大脑组织，见左侧脑室受压变小。小脑扁桃体疝形成，压迫延脑。颅底无骨折。其他脏器解剖未见异常。

理化检验：提取死者心血、胃内容物等做理化检验未发现毒物。

2 讨论

硬膜下血肿是在硬脑膜与蛛网膜之间形成的血肿。硬膜下血肿有如下特点：①硬膜下血肿常发生于50岁以上；②出血来源主要为皮质血管、桥静脉，大脑穹窿面的皮质静脉在离开皮质时以垂直方向穿过蛛网膜进入硬脑膜下腔，然后沿硬脑膜下面游离行走约2 cm进入静脉窦内，此段静脉为桥静脉。脑萎缩者，桥静脉可呈游离状；③多见于着力处对侧。

本例死者只是右面部遭受轻微外伤，即导致死亡，解剖发现硬膜下血肿达170 g。分析原因，死者60岁，出现脑组织结构体积缩小，脑回变平等老年性脑萎缩改变，颅内空间增大，当头面部受外力作用而发生前后或后前方向运动时，因脑与颅骨之间发生了速度不同的相对运动，导致皮质血管、桥静脉撕裂，该死者出现老年性脑萎缩改变，硬膜下腔空隙增宽，即使遭受轻微外力，也可引起大幅度脑旋转运动，导致皮质血管、桥静脉撕裂，引起硬膜下出血。出血进行性增加，产生硬膜下血肿，硬膜下血肿进而引起颅内压增高，颅内压力增高使小脑扁桃体嵌入枕骨大孔，产生小脑扁桃体疝，压迫延脑，最终导致中枢性衰竭死亡。

本案提示，轻微头面部外伤引起死亡的案例，在排除疾病、毒物中毒致死等基础上，可考虑硬膜下血肿的形成，尤其是50岁以上人群，大脑可能已出现萎缩，颅内空间增大，硬膜下腔空隙增宽，头面部遭受外力，容易引起大幅度脑旋转运动而发生脑内血管撕裂，产生硬膜下血肿，引起颅内压增高，脑疝形成，进而导致死亡。

23 例比照评定伤残的审核分析

王建国，侯龙龙

江苏省东台市人民法院 江苏 东台 224200

1 概述

比照评残的结果是原本不构成伤残的评残了，原本伤残较低的评高了，通常会引起当事人的投诉、举报、信访。2017年分级标准实施以来，笔者所在法院委托鉴定机构适用该标准进行评定伤残计4618例，其中比照评定伤残23例，本文对比照的条款进行汇总，对鉴定意见进行分析，对案件审理采信的结果予以公布。

2 鉴定意见与审核分析

2.1 比照评残案件概况

比照评残共23例，其中脊柱损伤5例，占21.7%，四肢损伤12例，占52.2%，内脏器官损伤4例，占17.4%，生殖器官损伤1例，占4.3%，心血管损伤1例，占4.3%。

2.2 审核结果

上述 23 例评残结果，经审核，认定采信的 10 例，占 43.5%，重新鉴定改变原结果的 9 例，占 39.1%，重新鉴定维持原鉴定意见的 4 例，占 17.4%。

2.3 涉及分则条款

涉及分则条款共 12 条，汇总见下表：

表 7-8 鉴定涉及分则条款汇总

序号	涉及分则条款	比照次数	审核结果
1	5.5.6 2）一肢缺失，另一肢功能障碍	1	不予采信
2	5.6.5 6）双侧输精管损伤难以修复	1	采信
3	5.8.3 7）心脏或者大血管修补术后	1	采信
4	5.8.6 4）股骨头缺血性坏死难以置换	1	不予采信
5	5.8.6 1）二椎体压缩性骨折（均 1/3）	2	采信
6	5.9.4 2）脾部分切除术后	1	不予采信
7	5.10.4 3）胃、肠、胆道修补术后	3	采信
8	5.10.6 2）一椎体骨折经手术治疗后	2	不予采信
9	5.10.6 3）四处以上横突、棘突骨折	1	不予采信
10	5.10.6 5）一侧髌骨切除	1	采信
11	5.10.6 6）半月板、韧带撕裂术后	3	采信 1 例
12	5.10.6 11）四肢任一关节功能障碍	6	采信 1 例

3 建议与对策

3.1 已列入的致残情形，不得比照

分级标准共涉及分则条款 457 条，已经列入的损伤致残情形，鉴定人不得做出不合理、不科学的判断，如上述 5.5.6 2）条款，原告一下肢膝关节以上截肢，另一肢膝关节功能丧失 50%，踝关节功能丧失 75%，鉴定人未坚持以分则条款分别评定伤残，适用比照条款评残，评残结果偏高，经审核不予采信，分别评定 6、9、10 级伤残。另 1 例股骨颈骨折骨不连，鉴定人认为参照活动度条款不公平、比照难以置换评残，审核不予采信。

3.2 比照评残应当坚持公正、合理、科学的原则

适用附录规定比照评残时，应当听取专家意见、对照其他标准、研判伤情与伤残是否相当，保证鉴定意见的准确。如一 1 复评定六级伤残。再如 1 例肠系膜破裂，专家意见认为损伤程度较单纯肠破裂严重且出现术后并发症，比照肠破裂评定十级伤残。该案专家意见具有指导意义，后续 2 例均据此评定十级伤残且予采信。

3.3 建立健全比照评残的制度

伤残鉴定结果不公正必然损害一方当事人的合法权益，错误的鉴定可能会引起投诉、信访，甚至追究鉴定人的责任，建立健全比照评残的制度显得极为重要。笔者建议：对于未列入的致残情形，一是鉴定人集体讨论、集思广益，二是广泛听取专家意见，三是司法行政部门切实履行管理职责，适时将本地区比照伤残的信息汇总报告标准起草机构，客观的比照评残对标准的适用、修改具有积极意义。江苏省司法鉴定协会针对分级标准适用过程中遇到的问题进行研究讨论，形成指导意见下发，值得推广。

《人体损伤程度鉴定标准》遇到的问题及对策

王磊[1]，张富刚[2]

四川省德阳市公安局罗江区分局 四川 德阳 618500

《人体损伤程度鉴定标准》（以下简称《标准》）自 2014 年 1 月 1 日起施行的，随后公安部刑事侦查局及司法部司法鉴定管理局分别组织编写了《〈人体损伤程度鉴定标准〉释义》（以下简称《释义》）及《〈人体损伤程度鉴定标准〉适用指南》（以下简称《适用指南》）。《标准》自颁布施行以来，其中部分的条款应用存在很多的争议。现就本人在具体鉴定中遇到的问题进行梳理，期望通过探讨来减少争议，以便于今后的鉴定工作顺利开展。

1 外伤性骨膜穿孔损伤鉴定中的问题及对策

外伤性骨膜穿孔损伤程度的鉴定需要详细了解案情情况，仔细阅览住院诊疗资料，分析成伤机制，综合多方面因素再行鉴定，但在具体操作过程中又存在很多难点。《标准》中"5.3.4 a）外伤性鼓膜穿孔6周不能自行愈合"评定为轻伤二级。伤者自身体质健康情况、是否积极配合治疗、是否存在二次损伤等，都会直接或间接的影响鼓膜穿孔的愈合时间。外伤性骨膜穿孔的恢复时间《标准》中只是规定了时间，未能详细说明具体采信条件，笔者认为因明细在规定恢复期限内应做的相关检查及时间节点，如鼓膜镜检1周1次，或第6周恢复期内复检次数，做到有据可循，前后有对比，恢复有层次，这样可操作性更强，依据检查结果综合评定损伤程度。

2 医疗因素对鉴定意见的影响的问题及对策

伤害案件发生后，相对应的医疗救治行为第一时间介入，而各地、各级的医疗水平、检查设备又存在较大的差异，对损伤愈后情况的影响是必然的。如四肢肌腱损伤，在医疗水平较好的医院，再加上个人积极配合后期康复治疗的情况下，治疗效果就好，恢复就好，功能影响不大，鉴定意见可为轻伤；反之，损伤的愈后就不好，影响到肢体功能，则被鉴定为重伤。伤情鉴定的结果，直接关系到罪与非罪、罪重与罪轻，因此必须慎重，应如何运用标准排除医疗因素对鉴定意见的影响，在实际鉴定中是一个难点。笔者认为对原始损伤的第一时间固定显得尤为重要，详细了解住院治疗过程、后期个人参与康复情况，辨别伤病关系，愈后转归等，综合评定更为稳妥。

3 关于肋骨骨折损伤鉴定中的问题及对策

肋骨骨折为临床胸部常见的损伤，由于其独特的解剖结构，在行肋骨影像学检查时，很多细微的肋骨骨折并不能清晰的显示。鉴定中我们会经常遇到被鉴定人伤后多次拍片诊断结果不一致的情况，笔者认为在了解病史和外伤史的基础上，因首先确定肋骨骨折数量，根据肋骨愈合骨痂形成的生理特点，可以选择在骨痂生长、骨折塑形愈合期进行复查，依据骨痂的生长情况明确骨折部位，从而确定骨折数量。其次，还需鉴别骨折新旧情况，在鉴定过程中应关注肋骨骨折表现有无骨折愈合转归过程，前期有无持续的临床症状，伤前与伤后不同时期影像学检查的情况对比，检查受伤软组织反应情况与骨折线出现的部位、骨痂形成变化是否一致。通过以上甄别，符合新鲜骨折特征的方可认定为此次外伤所致，否则不能予以认定。最后，分析骨折与此次外力是否存在因果关系。从骨痂愈合转归、骨折部位、致伤方式、临床症状等多方面综合判断，如一次与多次外力作用，在肋骨骨折断端所表现出来的特征就不一样。一次外力所致的骨折，骨折位置基本处于同一延长线，且位置都相近，骨痂形态和密度也基本一致，反之则不同。在具体损伤程度鉴定实践中是否骨折、骨折数量、骨折"透光线"是法医鉴定意见的客观依据。通过具体案例在鉴定过程中依据案情明确外伤史、住院诊疗过程并结合初期影像学检查结果及择期复查三维重建结果复阅对比，对判定骨折部位、数量、新旧程度更为准确。

上述是笔者在基层从事法医鉴定工作中遇到的一些实际问题，并对相关问题进行简单探讨，提出一些自己的见解，存在一定的不足之处，恳请各位同仁予以批评指正，从而更好地服务基层，提高鉴定质量，避免出现鉴定意见和实际情况不相符。

外伤性心搏骤停猝死与心源性猝死法医学鉴定案例

王路艳[1]，涂友才[2]

1. 四川省泸州市人民检察院 四川 泸州 646000
2. 四川省泸州市纳溪区人民检察院 四川 泸州 646000

1 案例资料

1.1 简要案情

何某，男，16岁，某看守所在押人员，入所体检：正常心搏，一度房阻。某年6月9日8时许，何某被他人用拳头反复多次击打胸部心前区、腹部、头部等部位5 min后，出现昏迷、抽搐，同监室人员报警后，所内医务室予以肾上腺素等基本抢救措施，120送医后抢救无效死亡。医院出具死亡医学证明，死亡时间：某年6月9日，死亡原因：心源性猝死。

1.2 外伤部位

调阅看守所监控视频见：何某在死亡当天被他人用拳头反复多次击打心前区，持续时间约 5 min 后昏迷。监控视频见事发数天前何某就一直被骚扰未能睡觉，存在过度疲劳现象。

1.3 尸体检验

某年 6 月 10 日，某鉴定机构对何某进行尸体检验。尸表检查：胸前中下部偏左有 5 cm × (1.5~4 cm) 不规则皮下出血。右大腿、左大腿可见三处皮下出血，双下肢多处表皮剥脱，余 (−)。尸体解剖：以上对应部位未见明显损伤出血，心脏未称重，各心腔未扩张，左室壁厚 15 mm，右室壁厚 3 mm。

1.4 尸检结论

某年 6 月 10 日，某鉴定机构对何某进行尸体检验，提取部分脏器作病理检验。6 月 17 日病理诊断：心肌炎、双肺急支炎、肺炎、肺膜下斑片状出血、急性肺水肿、肺淤血等。该鉴定机构依据尸检、病检结果，结合其全身多处皮肤软组织伤属非致命伤，出具鉴定意见：何某系患心肌炎致急性呼吸循环衰竭死亡，外伤为诱因。

某年 7 月 1 日，另一家鉴定机构对何某死因作重新鉴定，对提取的脏器重作病理检验。7 月 27 日病理学诊断：心肌间质散在出血，室间隔心肌灶性出血，心肌受损，心肌变性，心脏淤血，双肺多片状出血灶。该鉴定机构依据尸检照片见心包腔少量淡红色液体，结合病检，出具鉴定意见：何某外伤所致心脏挫伤是引起心搏骤停的主要原因，自身疾病为次要原因。

2 讨论

猝死是由于机体潜在的疾病或重要器官急性功能障碍导致的意外的突然死亡，其常见诱发因素有精神心理因素、外伤、热冷刺激、过度疲劳和其他等。

心源性猝死（sudden cardiac death，SCD）是猝死的一种类型。是指急性症状发作后 1 h 内突然发生的以意识骤然丧失为特征的、由心脏原因引起的自然死亡。基本病因：冠脉粥样硬化性心脏病、肥厚型心肌病、先天性冠脉异常等。

外伤性心搏骤停所是指暴力打击上腹部、心前区等神经敏感区引起反射性心跳停止而猝死。外伤作用相对较轻、本身不足以构成直接死因；另外，外伤与猝死间隔时间短，一般不超过 24 h。

据案例资料分析，何某的猝死偏向外伤性心搏骤停猝死而非心源性猝死，其依据如下：①外伤程度较轻、击打心前区、持续久。虽外伤暴力程度不足以引起死亡，但因击打部位在心前区、并持续击打了数分钟，正常人也可因此致反射性心跳停止而猝死。②外伤与猝死时间间隔时间短。何某被他人暴力击打后昏迷，送医后当天死亡，外伤到死亡未超过 24 h。③本例中存在猝死的常见诱发因素外伤和过度疲劳。外伤打击心前区可引起反射性心跳停止，过度疲劳可使心脏负荷突增致急性心肌缺血或心室纤颤、心脏停搏。④何某的心肌病不严重。体检见一度房室传导阻滞、心搏正常，尸检见各心腔无扩大、左室壁稍厚，病检见心肌变性，其心肌病不严重。⑤病理组织学诊断依赖于鉴定机构的诊断水平。第一家鉴定机构的病检未发现心肌受损、出血等改变，结合不全面的尸检、未充分考虑外伤对死亡的影响，从而做出不科学的结论。综上，笔者认为应认定何某的猝死为外伤性心搏骤停所致。

本例鉴定提示，在外伤性心搏骤停猝死与心源性猝死的鉴定中，要结合临床体征、外伤程度、全面尸检和准确病检进行综合分析，才能做出科学的论断。

252 例损伤程度鉴定审查报告

王强[1]，梁春迎[2]

1. 河南省开封市人民检察院司法鉴定中心 河南 开封 475000
2. 河南省开封市祥符区人民检察院 河南 开封 475000

1 审查内容

对从全市业务系统一抽取的 252 例伤害类案件鉴定文书及相关资料进行技术性证据审查，并明确审查内容如下：①文书制作是否规范；②技术性证据的制作机构和人员是否具备相应资质、资格；③制作、形成过程是否合法；④相关程序是否符合法定要求；⑤检验鉴定项目是否有遗漏、过程是否全面、细致、步骤方法是否科学合理；⑥分析论证方法、步骤是否符合客观规律和相关学科的基本原理，因果关系是否清楚、明确，采用的技术标准是否准确、明晰；⑦鉴定意见是否客观、合理，引用或依据的标准条文是否准确、明晰；⑧鉴定意见所依据的材料是否充足可靠，在252例鉴定中，是否存在同一损伤部位、相同损伤程度不同鉴定意见的鉴定等。

2 发现的问题

通过集中审查共发现存在问题鉴定28份，总结列表如下：

表7-9 集中审查发现存在问题

问题类型	分析论证不科学	多部位损伤漏鉴	鉴定书缺少送检人	条款引用错误	鉴定人为一人签字	鉴定依据不充分
案例数	14	1	3	3	6	1
百分比	50.0%	3.5%	10.7%	10.7%	21.4%	3.5%

2.1 分析论证不科学

共发现14例。法医学检验过于简单，大部分鉴定书分析论证部分缺少专业影像学阅片记录，前后影像学检查不一致的未说明原因，未做专家会诊等统一认定。如兰考县公安局出具的一份法医鉴定书中，被鉴定人两次的鼻部CT查结果不一致，鉴定人未做分析论证或复查确诊而出具"轻伤二级"鉴定意见。有的对骨折部位、骨折形态及压缩程度未做具体描述。如兰考县公安局出具的一份法医鉴定书中，被鉴定人T12椎体压缩骨折，未说明T12椎体的压缩程度（三分之一以下为轻伤二级），就评定为"轻伤二级"。

2.2 多部位损伤漏鉴

全身多处损伤，仅对一处损伤引用条款进行评定，其他部位的损伤程度未做评定。如通许县公安局出具的鉴定书中，被鉴定人外伤致右侧颞顶骨骨折、右侧颞顶部硬膜外血肿，鉴定人只对右侧颞顶部硬膜外血肿进行评定，未评定右侧颞顶骨骨折的损伤程度。

2.3 鉴定文书缺少送检人

如杞县公安局3份法医鉴定书上送检人项只显示"办案民警"，字样，未写明具体送检人。

2.4 损伤条款

再如祥符区公安局一份法医鉴定书上引用条款"5.6.5 c）"，而标准中该条款只有a）、b）项。

2.5 鉴定人落款为一人签字

共发现6例，应该是工作疏漏，但违反了鉴定规则。

2.6 鉴定依据不充分

引用临床上未确诊的诊断意见作为鉴定依据，未进行复查确证而出具鉴定意见。如尉氏县公安出具的一份法医鉴定书中，临床诊断意见为"左眼晶状体损伤？"，鉴定人并未进行复查确证就依据带有疑问的诊断意见出具了"轻伤二级"的鉴定意见。

3 整改建议

3.1 充分认识整改的必要性

近年来，随着全民法律意识和法制观念的不断增强，司法工作的公正性和诚信度越来越受到社会各界的关注，在检察机关开展的各项业务工作和受理的各类来访中，涉及技术类鉴定争议的数量和比例均有一定幅度上升，当事人及其诉讼代理人、辩护人有时会对鉴定机构和鉴定人出具的鉴定意见的公正性、合法性、甚或对鉴定意见的准确性提出质疑，在委托重新鉴定时，有时会出现与原鉴定机构鉴定意见不尽一致甚至截然不同的结论，对这些技术性鉴定结论的采信和准确把握直接影响到案件的定性和处理。这次集中对252例伤害案件鉴定后，我们组织召开由原鉴定机构技术人员及部门领导参加的联席会议，通报存在问题，深刻剖析原因，在以后的工作中杜绝此类问题的再次发生。

3.2 提高责任心，做到程序合法

《司法鉴定程序通则》第十九条规定：司法鉴定机构对同一鉴定事项，应当指定或者选择二名司法鉴定人进行鉴定；对复杂、疑难或者特殊鉴定事项，可以指定或者选择多名司法鉴定人进行鉴定。但审查中仍发现6份鉴定书鉴定人系一人签字，应是工作疏忽，责任心不强造成的。

3.3 分析论证科学，做到实体公正

法医鉴定结论是定案依据，要求准确、科学，因此要求鉴定结论的依据必须充分、客观才能保证结论的准确。如本次审查的一份鉴定书中，临床诊断为"左眼晶状体损伤？"（带问号），鉴定人并未进行复查确证就依据带有疑问的诊断意见出具了"轻伤二级"的鉴定意见。另有 14 份鉴定，法医学检验过于简单，大部分鉴定书分析论证部分缺少专业影像学阅片记录，前后影像学检查不一致的未说明原因，未做专家会诊等统一认定。这样的鉴定书，是否有违证据的客观性，甚至会影响案件的公平公正。

临床法医案例文证审查的实践与分析

王少军

江苏省东海县人民检察院 江苏 东海 222300

法医文证审查是根据有关法律规定，法医鉴定人对法医鉴定进行综合审查、分析判断和鉴别，并出具审查意见。文证审查是避免错捕、错诉和错判的重要手段，这是检察机关法律监督职能全面履行的重要内容。

1 资料与方法

1.1 资料

收集了江苏省某县检察院 2018—2020 年间受理审查的 247 例法医临床鉴定案例，发现其中有明显瑕疵或错误的 14 件案例。

1.2 统计学方法

通过对案例鉴定文书中关于资料摘要、检验所见、论证分析、鉴定意见等的全面、客观审查，及与鉴定相关病案资料的核对审查，着重归类分析了 14 例明显瑕疵或错误案例鉴定的损伤部位、损伤特点、伤情等级以及瑕疵、错误的性质、类型等。

2 结果

2.1 一般性结果

在 247 例法医临床鉴定案例中，发现 14 例明显瑕疵或错误案例，其中鉴定意见错误 5 例，约占全部案例的 2%；明显瑕疵案例 9 例，约占全部案例的 3.6%。所有案例问题均通过实体审查时发现。

2.2 重点对 14 例问题案例按分类事项分析

表 7-10 根据损伤程度分级部位分类

颅脑脊髓损伤	面部耳郭损伤	听器听力损伤	视器视力损伤	颈部损伤	胸部损伤	腹部损伤	盆部及会阴损伤	脊柱四肢损伤	手损伤	体表损伤	其他损伤
3	0	0	0	0	1	2	2	1	3	1	1

表 7-11 根据伤情等级分类：

重伤一级	重伤二级	轻伤一级	轻伤二级	轻微伤
0	2	2	9	1

表 7-12 根据关键节点①分类（①造成鉴定错误或瑕疵的最初环节）

病史文证	检验所见	分析论证	鉴定结论
0	8	6	0

表 7-13 根据损伤特点分类（其中两例同时存在两种情形）

联合创口	骨折	陈旧伤	伤病并存	其他
1	7（+1）	2	1	3（+1）

2.3 典型案例简介

（1）典型案例介绍。

案例：误将陈旧性颧弓骨折当新鲜骨折。

朱某（男，66 岁）因琐事与人发生争执受伤。原鉴定以朱某右颧弓骨折，评定为轻伤二级。审查发现这份鉴定存在两大疑点：①骨折缺乏外伤基础。伤后摄片均报示右颧弓 3 处骨折，但首诊病历记载其面部未见损伤。伤后第 4 d 法医检验面部未见损伤表现。②未准确判明骨折新、旧。审查法医将 CT 片扫描后用电脑阅

片，未见骨折断端锐利表现，且骨折端周软组织未见肿胀，考虑为陈旧性骨折。后经退查证实：①朱某半年前曾从高处坠落受伤，但受伤病情资料未能找到；②经专家会检，明确为陈旧性骨折。

3 讨论

3.1 法医文证审查的内容

法医学审查主要在于程序性审查和实体性审查，而检察院法医主要面对公安及司法鉴定机构的法医学鉴定进行审查。程序性审查相对简单，无需涉及专业知识技能。实体性审查是检察法医审查的重点，主要是结合据以形成鉴定的医学资料等，对鉴定文书内容进行全面性、客观性、科学性、关联性审查。

3.2 法医文证审查的项目

（1）了解鉴定书委托、送检、受理、检验、鉴定资质等基本情况，判断鉴定的程序合法性。

（2）审查引述资料（病史资料）是否全面、具体、客观，摘抄内容与原始资料是否一致。

（3）审查检验所见是否全面、具体、客观，检验记录与检验照片、录像等反映的内容是否一致。

（4）审查检测结果、特征性所见是否明确。鉴定检验结果与辅助检查以及其他检验资料能否印证，是否存在矛盾。

（5）审查鉴定依据的标准、方法是否明确、具体、恰当。

（6）审查鉴定是否遵守和采用相关国家标准、行业标准、技术规范、技术方法以及操作规程等。

（7）审查分析论证认定的事实是否有充分的依据，依据是否科学全面、客观可靠、符合逻辑，是否存在遗漏，适用标准条款是否准确、恰当。

（8）审查是否考虑、分析相关影响因素（如伤病关系等）。

（9）审查鉴定意见否解决委托要求内容，是否存在漏项或超范围表述，意见是否明确，是否有矛盾或歧义，表述是否规范。有无附必要的检验照片、表格等。

3.3 做好法医文证审查应当注意的问题

（1）程序性审查简单，但必不可少。如果鉴定程序违法，那么侦查机关应当补充侦查或重新鉴定，否则该鉴定意见应予排除。

（2）病史资料要全面完整。资料完备是做好实体审查的基础。

（3）附件资料（如照片、测算图片表格等）要核对。检验测量、测算等的方式方法是否符合标准。

（4）重视发现伤病共存因素。做出准确伤病关系判断。

（5）要了解案情、损伤经过。便于分析判断成伤原因及机制等。

（6）必要时需要审查人亲自查验伤者。审查人通过对伤情的复检，可以得到更为直观的认知。

二次 PCI 医疗事故鉴定两例分析

王硕[1]，赵智军[2]，邢新华[3]，麻景龙[3]，杨清秀[3]

1. 内蒙古通辽市人民检察院 内蒙古 通辽 028000
2. 内蒙古通辽市中级人民法院 内蒙古 通辽 028000
3. 内蒙古通辽市医学会医疗事故技术鉴定办公室 内蒙古 通辽 028000

1 案例资料

1.1 案例一

朱某，男，71岁，2020年2月26日因"阵发胸闷、心悸、后背部烧灼感10余天，加重4 h"到某三级医院就诊，入院查体血压160/90 mmHg，心电图示窦性心律、非特异性T波异常，血清肌钙蛋白0.007 ng/mL，冠脉CTA示左主干近段及远段、左前降支近段及中段、第1对角支近段、右主干近段及中段管腔轻-中度狭窄，钝缘支近段管腔重度狭窄（80%~90%）。诊断：冠心病、不稳定型心绞痛、心功能Ⅰ级、高血压2级（高危）。给予扩冠、改善微循环、稳定斑块、抗血小板聚集、抗凝、降压等治疗。3月9日行冠状动脉造影球囊扩张及支架植入术（PCI），见左前降支弥漫不规则60%狭窄，第1对角支中段管状偏心70%狭窄，左回旋支第1钝缘支近段90%狭窄，右冠状动脉中段管状偏心85%狭窄，后降支开口95%狭窄，给予右冠状动脉中段、后降支各植入1枚支架。后降支支架释放过程中，患者深吸气，支架向远端移位3 mm。因术后症状改善不明显，3月18日于上级医院再次行PCI，见左回旋支第1钝缘支近段80%狭窄，后降支开口80%狭窄，给予各植入1枚支架，症状改善。鉴定意见：四级医疗事故，医方负次要责任。

1.2 案例二

姜某，女，59岁，2020年3月27日因"间断心悸2月余，加重伴胸闷气短2 d"到某三级医院就诊，入院查体生命体征平稳，心电图示窦性心律、ST-T改变，冠脉CTA示左前降支起始部局部管腔可疑变窄、必要时结合DSA进一步明确管腔情况。初步诊断：冠状动脉粥样硬化性心脏病、心绞痛、心功能Ⅰ级。给予扩冠、改善微循环、抗血小板聚集、调脂、稳定粥样硬化斑块等治疗。4月3日行冠状动脉造影术（DSA），见前降支起始处可见斑块、回旋支及右冠状动脉未见异常、冠状动脉未见狭窄性病变。返回病房后，出现血压降低、频发室性期前收缩、心室颤动、心源性休克，抢救治疗后再次行DSA，见右冠状动脉由近端至远端冠脉夹层，给予置入2枚支架治疗，6月11日出院时心功能Ⅱ级。鉴定查体心功能Ⅰ级，心电图示病理性Q波。鉴定意见：三级戊等医疗事故，医方负主要责任。

2 讨论

本文两例均为常规行冠脉介入手术，医方存在过失，导致二次行PCI治疗。

案例一中，患者具备PCI指征，由于后降支开口处放置支架难度较高，第一次PCI术中医患双方共同原因，造成支架释放位置未完全覆盖病变，未达到预期治疗效果；患者冠脉三支病变（左回旋支第1钝缘支近段、右侧冠状动脉中段、后降支开口处重度狭窄），为降低风险，分期手术改善血流是可行的，但医方未对需要分几次手术、置入支架数量以及替代方案等履行详尽的告知义务。综上所述，医方的诊疗行为与患者的损害后果（二次手术）有一定因果关系。经上级医院二次PCI，患者预后良好，无器官功能障碍，故评定为四级医疗事故、医方负次要责任。

案例二中，患者行冠脉CTA检查后，为进一步明确冠脉管腔情况，申请DSA检查，术中造成右冠状动脉内膜损伤、出现夹层，术后出现血压下降、室颤，再次行PCI给予植入2枚支架，未造成严重后果。虽然冠脉介入手术造成血管损伤是难以完全避免的并发症，且医方已尽到风险告知义务，但并不能免除其术中操作失误损伤冠脉血管内膜造成夹层的责任，医方的诊疗行为与患者的损害后果有直接因果关系。医方行为造成患者植入2枚支架，心电图示病理性Q波，心脏功能轻微障碍，故评定为三级戊等医疗事故、医方负主要责任。

随着我国人群生活方式的改变和人口老龄化现象的加重，冠心病的发病率也呈逐年上升趋势，已成为我国老年人群除肿瘤性疾病之外的最重要的死因。目前诊断和评估冠脉阻塞和狭窄的方式有DSA和冠脉CTA，DSA是诊断冠心病的一种较为安全可靠的有创诊断技术，现已广泛应用于临床，被认为是诊断冠心病的"金标准"。PCI治疗冠心病已有30余年历史，由于方法创伤小、成功率高、适应证宽，使其与冠状动脉搭桥术共同成为目前临床冠心病治疗的重要手段，但该技术风险大、并发症多，由此引发的医疗纠纷也比较多，但与之相关的医疗事故技术鉴定鲜有报道。希望本文能为冠脉介入手术引发医疗纠纷的处理提供有价值的参考意见。

浅谈人体损伤程度鉴定的前期取证

王维，刘礼，唐俊亮

安徽省铜陵市公安局刑警支队 安徽 铜陵 244000

人体损伤程度鉴定意见作为公安机关办理伤害案件的重要依据，如何保证鉴定意见的客观、准确，就需要检验鉴定人员认真审核送检材料，包括临床病史收集、现场勘验、活体检查和物证检验等，这其中最困扰鉴定人的就是损伤后果与损伤行为间因果关系的确定。所以，委托单位能否及时做好被鉴定人原始损伤的前期取证工作，对人体损伤程度鉴定起到至关重要的作用。

1 前期取证的作用

①有效解决诈伤（病）。②有效解决造作伤（病）。③有效解决干扰伤（病）。④提高鉴定信息的证据力。前期取证对于原始伤情的固定早于就医所见，在证据力上相对较高，且可以印证病历资料的真实性，如：

对于放置比例尺的创口长度等前期取证，其长度数值较病历上记录的估计数值更为准确。⑤提供后期比对的依据。通过对比前期取证时所获得的照片、视频或损伤记录，可以判断损伤的转归是否符合医学常规，遗留的功能障碍是否在合理范围等。⑥有助于提高庭审效果。在出庭质证时，出示一张前期取证的损伤照片，其直观的说服力远大于详尽的推理与分析。

2 前期取证的难点

2.1 取证不规范、不全面

前期取证的主体主要是一线接处警民警，大多不具备医学基础知识，故在取证过程中容易出现取证不全面的情况；同时，对一些体表损伤进行拍照固定时，容易出现未加比例尺、部位不明确等不规范的现象。

2.2 医疗机构的配合不够

在前期取证过程中，部分医疗机构或接诊医师可能会出现不太配合的情况。

2.3 阴性证据的认识不足

接处警过程中，往往注重体表损伤和不适主诉的记录，而忽略了对阴性证据的固定。

3 前期取证的注意事项

3.1 详细了解事发经过，询问伤者损伤的具体部位、伤情以及既往伤病史等情况

及时询问（讯问）双方当事人，有在场人员的应及时走访，详细了解事发经过，重点询问伤者损伤的具体部位、伤情以及既往伤病史等情况，详细了解致伤工具的特征、来源和去向，并及时提取。对因伤不能接受询问（讯问）的，应当在条件允许后及时进行。伤者已送医院治疗的，办案民警应当及时向接诊的医师了解当事人的伤情，以免因时过境迁或其他不确定因素的影响而加大取证难度。

3.2 接处警民警应注意事项

接处警民警应当初步固定伤者体表损伤和隐匿损伤的表现，及时对伤者的体表挫伤、擦伤及创口等放置比例尺规范拍照固定，比例尺不应遮挡损伤部位。拍照时应拍摄大体照和细目照，同时询问伤者有无其他不适主诉。此外也可开启执法记录仪对伤者进行全方位拍摄。若损伤部位有污染，不易观察的，应在清创后再次拍照固定。

3.3 如有视频资料应及时提取、保存

视频资料最能直接反映现场真实情况，能够客观再现案（事）件的过程。在前期取证中，应当注意观察现场是否有监控，在场人员有没有拍摄事发经过的视频。鉴于视频资料的存储有一定时限，故应及时提取、保存。

4 特殊损伤的相关事项告知

4.1 及时询问伤者伤前听力和视力情况及所从事的职业等

对伤后感觉听力、视力下降的伤者应及时询问其伤前的听力和视力情况，以及伤者所从事的职业等。

4.2 应告知伤者及时去医院拍摄鼓膜照片并预防感染

对伤后出现鼓膜穿孔的应告知其及时去医院拍摄鼓膜照片，预防感染，并于6周后再次复查鼓膜照片，以确定穿孔是否愈合。

4.3 引导当事人及时、规范就诊

在接处警过程中，如果对某些损伤、医院的诊断有疑问或需了解相关情况的，可及时与当地法医进行沟通，以便及时进行相应的检查，避免漏诊或因缺少相应的检查以致无法认定部分损伤，便于后期的人体损伤程度鉴定和诉讼。

利用电子数据推断死亡时间 1 例

王卫军[1]，延彦军[2]，姚亚江[1]
1. 陕西省清涧县公安局 陕西清涧 718399
2. 陕西省绥德县公安局 陕西 绥德 718000

1 案件资料

1.1 简要案情

2017年12月13日18时54分许，报案称：在一国道边沟发现一肇事车辆。驾驶员景某为男性，副驾驶为一女性刘某，系驾驶员之妻，已死亡，为怀孕状。

1.2 尸体检验

于2017年12月20日对该女尸体进行检验：冷冻尸体，衣着完好，额、枕后双侧头皮下出血，角膜高度混浊，右侧鼻唇沟有0.5 cm片状的擦伤，心肺表面点片状出血，胃内容物为糊状，可见略成型食物，子宫内有成型胎儿，其余器官为淤血、水肿表现，体内未检出常见毒物，死亡原因为窒息。

1.3 现场勘查

肇事车辆呈头南尾北车身右侧斜于某国道西侧排水沟内，车辆左前后轴在公路西侧边缘，右前后轴位于排水沟内，车辆损伤轻微。

1.4 案件调查

景某与刘某2016年5月结婚。2017年初景某有婚外情，2017年5月以来，景某多次要求刘某打掉肚子里的孩子并离婚，未果。2017年12月13日上午11在市区吃饭后该二人驾车驶向县区。

1.5 电子数据

①调取2017年12月13日景某驾驶车辆沿途的视频监控显示：自市区开始行至途中一A县区，车辆均为正常行驶，14时12分开始在该A县区路边卫生区停留37 min，该卫生区出入口均有监控，无饭馆及门市，后又正常行驶至本县，距"肇事"地点的最后一个视频监控显示车辆经过的时间为16时23分，该区域至"肇事"地点5.7 km；②调取景某手机通话详单显示：2017年12月13日沿途接听电话与车辆轨迹、基站位置能相互对应，但16时25分、16时43分、17时28分、17时29分分别接到其亲属四个电话，均在30962基站位置接听拨打，根据现场基站分析，该基站覆盖直线距离为2.1 km，可以说明景某至少在该范围内停留1 h 3 min；19时12分后，基站位置改变至"肇事"地点，所有打进的电话均为未接听状态；③调取刘某手机通话详单显示：2017年12月13日途中刘某通话三次分别为12时06分、15时36分、17时01分，前两个接听者均为刘某，17时01分通话接听电话者为景某，且在30962基站位置；④通过恢复景某手机数据显示：2017年12月13日该手机浏览器于14时16分搜索"孕妇车祸死亡率"，16时38分搜索"窒息多久可以叫人死亡"。

2 讨论

死亡时间推断历来是法医病理学研究的热点问题，目前主要依据死后尸体变化的规律、胃肠消化程度、尸温下降粗略推断死亡时间，上述方法又受到多种因素的影响，有外在环境（包括自然气候、尸体所处环境地点）、尸体本身的内在因素（衣着、年龄、性别、体型、疾病、死亡原因）以及人为因素等。因此单纯依据死后上述尸体变化，精确的推断死亡时间极为困难，一些现场遗留物、视频监控及电子数据等有时对推断死亡时间能起到事半功倍的效果。

本例死者于死后7 d尸检，依据早期尸体现象和尸温下降已不能粗略推断死亡时间，而胃内容物为略成型的糊状物质，根据规律推断应为进食后2~3 h，死者证实进食时间为上午11时许，因此死亡时间应为13时至14时左右。本例15时36分刘某还与他人通话。根据景某、刘某通话基站位置、视频监控及死因分析，只有A县的卫生区和30962基站覆盖的位置有足够的作案时间，应为作案的地点，但该二人14时39分离开A县卫生区，可以排除作案时间和地点，因此景某作案的地点应为30962基站位置，到达该区域的时间为16时25分，在该区域停留一个余小时，景某手机浏览器于16时38分搜索"窒息多久可以叫人死亡"，17时01分通话刘某手机接听电话者为景某，有充分的作案时间和动机。综合分析，刘某的死亡时间为2017

年12月13日16时25分至17时01分。破案后景某供述：手机16时38分搜索完"窒息多久可以叫人死亡"，将刘某捂死。

百草枯投毒杀人未遂案法医损伤程度鉴定1例探讨

王跃进[1]，张淑新[2]，赵振业[2]，于云辉[2]

1. 浙江温州天正司法鉴定所 浙江 温州 325088
2. 山东省济南市公安局章丘区分局刑警大队 山东 济南 250299

百草枯是一种高效能的除草剂，对人畜有很强的毒性。多因自杀服用或意外接触导致中毒。本文系罕见的百草枯投毒谋杀未遂案，探讨其特点如下。

1 案例资料

1.1 简要案情

刘某与王某（女）系恋爱关系，因王父母反对，王便继续与前男友李某保持关系。刘遂怨恨报复李某，从网上搜集百草枯的相关知识，并网购"洋酒"醉鹅娘掺入购买的百草枯约100 mL，骗李喝下，因味道呛，李只喝了几小口，次日晨4时出现呕吐、腹泻等症状，李出发到达内蒙古后加重，入住医院救治，最后辗转进入省立医院始怀疑百草枯中毒救治。

1.2 病历资料

（1）内蒙古某院2019年10月23日记录，主诉：呕吐腹泻2 d。患者2 d前无诱因出现恶心呕吐症状，呕吐物为胃内容物，否认喷射状，并伴有腹泻，7~8次\d，为稀水样大便。查体下唇、舌正中部可见大面积溃疡，表面有黄色伪膜，边缘充血，有渗血。诊断：口腔多发溃疡（化学灼伤不除外），血清检验报告单示：尿素：17.5 mmol/L；血肌酐：399 μmol/L；尿酸：514 μmol/L。

2019年10月24日某院血清检验报告单示：尿素：27.7 mmol/L；血肌酐：803 μmol/L；尿酸：490 μmol/L。

2019年10月26日某院血清检验报告单示：尿素：26.8 mmol/L；血肌酐：805 μmol/L；尿酸：344 μmol/L；按肾衰进行透析治疗。

（2）某省立医院：患者于2019年10月27日01时14分收入院。主诉：恶心、呕吐伴腹泻6 d，发现百草枯中毒1 h。患者6 d前于饮酒后次日出现恶心、呕吐，呕吐物为胃内容物，伴腹泻，大量水样便，7~8次\d。

4 d前患者自行前往外地出差，因上述症状加重，伴口腔黏膜糜烂，于当地医院就诊，查肾功：血肌酐399 μmol/L，尿酸514 μmol/L提示肾功能不全，行股静脉置管并透析治疗，同时给予补液、抗感染、护胃等对症处理及支持治疗，未见明显好转。

今日我院急诊查百草枯浓度3~10 μg/mL。以"百草枯中毒"收入我科。专科检查：全身皮肤黏膜无黄染，右侧股静脉置管。伸舌居中，口腔黏膜及舌体可见多处糜烂，扁桃体无肿大。双肺叩诊呈清音，听诊双侧呼吸音清，未闻及明显啰音，未闻及胸膜摩擦音。

2019年10月27日病程记录：患者中毒后病程较长，现肝肾功能受损，病情危重，有进一步恶化甚至猝死的风险，下病重。

2019年10月27日转出记录：李文超，男，26岁。于2019年10月27日2时入住中毒与职业病科。现转入急诊ICU科。

2019年10月27日转入记录：李文超，男，26岁。因百草枯中毒由急诊内科转入EICU科。

2019年11月5日记录：胸部CT：双肺炎性改变，双侧胸腔积液，心包少量积液，扫描野腹水。复查白蛋白偏低。

2019年11月11日记录：右侧髂外静脉及股总静脉血栓（部分血栓不稳定）；有脱落可能并引起肺栓塞、脑栓塞或危及生命，下病危通知书。

2019年11月12日记录：于今日在介入中心局麻行下腔静脉造影+下腔静脉滤器植入术。行溶栓治疗。

2019年11月28日山东省立医院肺功能检查报告示：轻度限制性通气功能障碍；中度弥散功能障碍。

2020年1月9日山东省立医院肺功能检查报告示：通气功能大致正常；轻度弥散功能障碍。

1.3 分析论证鉴定意见

（1）李某饮酒后出现呕吐腹泻、口腔溃疡等消化系统症状，后逐渐出现肾肝肺等脏器损害的症状体征并致急性肾衰竭，经化验确诊酒中掺有百草枯农药，经ICU透析治疗转危为安。长期卧床等因素作用下并发右侧髂外静脉及股总静脉不稳定血栓，若非及时发现有效救治极为可能危及生命。

（2）虽经救治仍遗留双肺轻度纤维化，轻度肺功能障碍等后遗症状，目前尚未治疗终结。据此认为，其目前中毒损伤符合《人体损伤程度鉴定标准》第3.2条之规定的轻伤定义及《〈人体损伤程度鉴定标准〉释义》中"尚未构成重伤又不属于轻微伤"的解释规定，属于轻伤一级范畴，目前鉴定为轻伤（一级）。

2 讨论

口服百草枯中毒成人估计致死量为20%水溶液5～15 mL或40 mg/kg左右，致死血、尿浓度至今无标准。该例中毒百草枯的摄入量无法估计，一者因嫌疑人掺入酒中的百草枯原液量不具体，而李某某服时觉得味道不好喝，就小口喝了几口，喝入的数量也不具体；二是作案后嫌疑人将所有涉案的百草枯原液和喝剩的洋酒全部销毁。但从中毒后症状看，应属量不太大，早期以肠胃症状为主，逐渐出现口腔溃疡、肝肾损害，院方给予透析及对症治疗，一度下了病危通知。

李某同学系山东省立医院，闻讯后分析疑为百草枯中毒，千里紧急转入某省立医院，化验后得以确诊。入院治疗过程中，发现右侧髂外静脉不稳定血栓，置入下腔静脉滤器溶栓治疗，病情得以逐渐好转稳定。

值得注意的是本例中毒，肺脏损伤一直不太严重，出现肺炎，肺气肿，双侧胸腔积液，双肺下叶不张及肺轻度通气功能障碍和双肺轻度纤维化，呼吸困难不明显，最终得以生存，也佐证了其摄入量相对较少的事实。

其伤情程度评定因《人体损伤程度鉴定标准》中并无具体条款，基于百草枯中毒的事实和中毒后肾衰等损害的严重性，参照轻重伤定义综合进行了评定。其虽然在院方治疗过程中两次通知病危，损伤确系严重，但纵观其诊疗过程，尚未出现直接危及生命的临床事实，因而评定为轻伤一级。

根据案件诉讼进程及治疗终结后，最终损伤程度是否构成重伤，补充后续材料后另行委托补充鉴定或重新鉴定。

利用损伤形成机制成功鉴别头部造作伤的法医鉴定探讨

王跃进[1]，赵振业[2]，张淑新[2]，于云辉[2]，李长征[3]，吴正鑫[4]

1. 浙江温州天正司法鉴定所 浙江 温州 325088
2. 山东省济南市公安局章丘区分局刑警大队 山东 济南 250299
3. 山东省济宁医学院司法鉴定中心 山东 济宁 272002
4. 浙江博智鉴定科学研究院 浙江 杭州 310000

1 案例资料

1.1 简要案例

2019年12月26日晚，祁某在自住小区内被人用酒瓶砸伤头部（现场酒瓶完整），伤后流血立即就医。于2020年1月5日委托，要求进行伤情鉴定。

1.2 病例资料

2019年12月26日急诊病历记载：头颈部外伤1 h来院，查体见头面部大面积血污，头顶部及左额部两处及壹处分别为5、1、2 cm伤口，伤及皮下，皮缘欠齐，头顶部、左颞部散在点状伤口。

2019年12月26日急诊病历（补写病历）：查体见头顶部可见三处分别为1、2.8、2 cm伤口，左额部见外伤约2 cm伤口。

住院病历专科情况：头顶左侧、右侧及左额部分别见长约5、1、2 cm伤口，已缝合。同2019年12月26日门诊病历记载的相同。

1.3 委托的派出所提供的伤后照片材料

提供的伤后医生清创缝合后的照片：左顶部有一处纵行缝合三针的创口，血迹较多，看不到有另外的创口及缝线，与首次门诊病历的描述相符。

1.4 法医检验

头部有四处瘢痕，左额部一处 1.9 cm×0.1 cm 瘢痕，左顶部有 2.0 cm×0.1 cm、2.8 cm×0.2 cm "L"形瘢痕，右枕顶部有 1.8 cm×0.1 cm "L"形瘢痕。

2 检验分析论证

2.1 经审查送检材料

门诊病历两份，正式病历载明头部（左额、头顶）共计 3 处创口，与当时入院记录是一致。

补写病历，时间与原门诊病历相同，内容修改为头部 4 处创口，将原来头顶部的 2 处创口，描述为 3 处，长度做了修改。这份补充的病历与法医实际检验的瘢痕数相符。

2.2 法医检验分析比对损伤特征发现疑点

仔细观察瘢痕形状，结合致伤物、致伤方式分析，头右顶部的一处瘢痕，头皮伴有挫伤表现，符合酒瓶打击形成（案情证实：酒瓶打击后酒瓶未破裂）；头左顶部有相邻较近的两处瘢痕，一处为"L"形，瘢痕较宽约 0.2 cm，表皮有挫伤痕迹，符合酒瓶形成；但其相邻的另一条状瘢痕长度为 2 cm 直线型，宽为 0.1 cm，瘢痕右侧表皮无挫伤，与前述瘢痕无交叉。根据其相对位置和嫌疑人供述的打击次数，该头顶部左侧两条不同类型的宽窄的瘢痕，该酒瓶一次打击且难以形成。

2.3 法医鉴定人参加对病历书写医生调查，强化了询问的针对性和专业辨别力

经调查清创手术医生，法医从专业技术角度发问，该医生，闪烁其词，拒绝形成笔录签字。

2.4 法医从专业角度指导刑事调查有针对性的提取固定证据

建议指导派出所及时搜集到其伤后原始头部照片。

2.5 依据原始照片证实法医损伤特征质疑，确认造作伤

在一张医生首次缝合后的头部的原始照片中，发现左顶部在清创后，虽有血迹覆盖，但仍能辨清楚只有一条缝合 3 针的创口，而其相邻位置即法医检验时所见条形瘢痕的位置，原始照片并未见有缝合创口。

据此判定直线型瘢痕为造作伤。

3 讨论

造作伤是为了达到某种目的，自己或授意他人对自己身体造成伤害或故意夸大、改变原有伤情称为造作伤。造作伤检验鉴定有以下几个特点值得注意。

造作伤最常见的目的是加重损伤程度，恶意索赔，因此其特点是不愿意也不需要威胁自己的生命或给自己造成严重伤害，因此，造作伤程度一般是刚刚超过轻伤的下限，与标准的条文密切相关。

造作伤的参与人在一定程度上了解鉴定标准的内容，也清楚造作伤具有较强的欺骗性，常常能蒙蔽鉴定人得到较为理想的鉴定意见。

造作伤往往是在得知原始损伤构不成轻伤或者获悉对方的损伤达到轻伤后开始造作，与原始损伤有一定的时间间隔。

基于以上原因，临床鉴定时一般遇到的为鼓膜穿孔、体表造作伤、牙齿拔除、手指骨折、鼻骨骨折等，其中体表造作创最为常见。优秀称职的法医鉴定人应当具有侦查意识、法律诉讼的证据意识，庭审质证的控辩意识。

该例造作伤有以下几个特征：①本例损伤入院后 3 d，便匆匆出院，有悖于情理，符合时间间隔；②头部创口累加刚超过轻伤二级标准，符合刚刚超过轻伤下限；③其左顶部两处瘢痕中条状瘢痕大部分未缝合，而另一条同等长度部分缝合 3 针，意在造成瘢痕宽大，避免出现细小瘢痕，符合参与造作伤的人具备医学知识；④其左顶部两处瘢痕类型特征不同，嫌疑人供述的用酒瓶一次打击左顶部难以形成；⑤清创医师不敢对病历真实性作证，甚为可疑；⑥法医建议的搜集伤后原始资料照片扩大查找陪同人员获取信息的建议，发挥关键作用，获取的陪同家属为了知悉伤情用手机拍摄了医生清创后的当时照片，明显识别出左顶部只有一处缝合创口，为辨明真相提供了关键证据支撑，避免了一起因造作伤导致法医鉴定意见错误的错捕错诉错

判案件的发生，为法医同行鉴定提供了有益的经验，同时为整顿医疗卫生行业提高医务人员的法治教育发挥了法医鉴定科学的特殊作用。为国家法治建设做出了贡献。

使用麻醉药剂杀人法医学分析 1 例

吴东，冶海红

青海省西宁市公安局城中公安分局刑侦大队 青海 西宁 810000

1 案例资料

1.1 简要案情

2018 年某日上午，某男（42 岁，农民，独居）在家中被人发现死亡。现场勘查中发现死者身旁有一较新的输液针帽。

1.2 法医学尸体检验

颜面部发绀、肿胀，双侧上下睑结膜、球结膜重度充血，角膜清亮，双侧瞳孔等大、等圆，瞳孔直径 0.5 cm。口、鼻腔内见血性分泌物溢出。口唇发绀，牙龈发绀，双侧颊黏膜未见损伤。双侧外耳道内未见异常分泌物，耳郭发绀。

颈部皮肤发绀，未见损伤。颈椎未见反常活动。

双侧胸廓对称、无畸形，未触及骨擦感。右侧肩部、前胸及背部见广泛散在的出血点，皮肤未见损伤。腹部皮肤未见损伤。

背部皮肤未见损伤，椎体未见反常活动。

右手背第 2、3 掌骨间见一点状出血，其周伴 3.0 cm×2.0 cm 范围的瘀血区。十指甲床发绀。

余未见明显异常。

切开头皮，未见异常。双侧颞肌未见出血。打开颅腔，硬膜完好，脑血管见弥漫性淤血。

切开颈部皮肤，皮下未见出血，肌肉组织未见异常。舌骨未见骨折。会厌内壁右侧见散在点、片状出血，甲状软骨未见骨折。气管、支气管内壁见多处散在点状出血。食管内膜见 0.5 cm×0.2 cm 血肿。

打开胸腔，皮下未见出血，胸骨、双侧肋骨未见骨折。左肺叶间见多处散在点状出血，右肺叶间见多处散在点状出血。心包膜完好，内见淡黄色清亮液体。心脏右侧缘见多处散在点状出血，膈面见一点状出血。升主动脉起始部见多处散在血肿，最大为 1.0 cm×0.8 cm，最小为 0.2 cm×0.2 cm。

打开腹腔，见腹腔脏器原位。肝淤血，质硬；胰腺被膜下弥漫性出血；脾脏皱缩；胃呈半充盈状，可辨识粉条、白菜等食糜，量约 200 mL，胃黏膜弥漫性出血；膀胱空虚。

切开右手背淤血区，见皮下 7.0 cm×2.5 cm 范围出血。

余未见明显异常。

1.3 组织病理学检验

多组织、器官表现为细胞缺氧性改变、淤血。

1.4 理化检验

从送检死者心血、肝组织、胃内容物、注射部位皮肤组织中均检出米达唑仑、丙泊酚、维库溴铵，其中心血中米达唑仑含量为 0.290 μg/mL、丙泊酚含量为 1.54 μg/mL、维库溴铵含量为 0.517 μg/mL。

2 讨论

2.1 现场分析

注射针帽出现在中心现场较为反常，右手背见一点状出血，其周伴瘀血，损伤表现为注射针孔刺戳的特征。由此提示本案可能与某种医疗行为有关。

2.2 破案经过

基于上述法医分析意见，确定侦查思路和方向，案件在较短时间内侦破，起获使用后丢弃的 3 种药剂瓶。

本案系医院实习医生利用医院处方类麻醉药品使用过程中存在的严重监管漏洞，盗取医院手术室麻醉药剂，以为被害人注射缓解疲劳药物为由，将多种麻醉药剂注入被害人体内致其死亡，后实施盗窃行为。

2.3 关于麻醉药的说明

（1）丙泊酚是适用于诱导和维持全身麻醉的短效静脉麻醉药。

（2）米达唑仑具有抗焦虑、镇静、催眠、抗惊厥及中枢性肌肉松弛作用，可产生暂时的顺行性遗忘作用。适用于麻醉前给药、全麻醉诱导和维持、椎管内麻醉及局部麻醉时辅助用药。

（3）维库溴铵为非去极化肌松药，肌松作用强，作用时间较短，起效时间为 2~3 min，临床作用时间为 25~30 min。主要作为全身麻醉辅助用药，用于全麻时的气管插管及手术中的松弛肌肉。

（4）死亡原因：尸体整体表现为明显的缺氧征象，尸检未见致命性外力损伤迹象，在排除暴力性及病理性致死因素的情形下，结合现场勘查情况，根据右手背注射针孔损伤及相关丙泊酚、米达唑仑、维库溴铵检验结果分析，注射麻醉药物是造成死亡的直接原因。

麻醉手术过程中，需要建立人工气道并使用麻醉机行机械通气。本例根据现场勘验所见，在不具备麻醉实施的条件下，静脉注射麻醉药物，没有麻醉期间的机械通气管理、生命功能的监测和调控及重要器官功能的维护和治疗，必然导致呼吸骤停、组织供血供氧不足致缺血窒息性死亡。

电动三轮车压迫身体致死亡 1 例

吴跃欣

江西省九江市人民检察院 江西 九江 332000

1 简要案情

2017 年 9 月 13 日下午 5 时许，嫌疑人杨某驾驶一中型平板货车行驶过程中，超越前方同向由罗某驾驶的电动三轮车时，两车发生剐碰，嫌疑人在不知情的情况下驾车驶离；次日早上被人发现电动三轮车压迫罗某身体，人已死亡。

2 材料摘抄

据报案记录记载，2017 年 9 月 14 日早晨 6 时许，我看到一辆红色三轮车翻在河里面，（办案部门确认该河段没有河水）就下车，看到有只脚露在外面，就与其他人把车扶起来，看到有个女老人躺在下面。

3 检验情况

冰冻缓解尸体，长 160 cm 发育正常，营养一般，背侧尸斑浅淡，指压不褪色，双眼睑结膜充血，口唇发绀；颈前部胸腹部双侧腹股沟部见弥漫性瘀点及片状瘀斑，右颈部见多发小条片状擦伤；未见掐痕勒痕等损伤异常情况；左肩胛部右臂部片状擦伤；双手指甲床明显发绀，双足趾甲床轻度发绀；解剖见：右颞头皮下 7 cm×5 cm 范围内见点片状出血；颞肌未见损伤，颅盖骨颅底骨未见骨折，硬膜外硬膜下未见出血。颈部组织未见出血挫伤，舌骨甲状软骨未见骨折，喉头无水肿，肋骨无骨折，胸腹腔内脏器未见损伤出血，双侧胸腔、心包腔、腹腔未见异常积液。

全脑重 1270 g，脑膜血管扩张充血明显，蛛网膜下腔未见出血，脑组织肿胀，脑回增宽，脑沟变浅；脑组织未见挫伤出血。

左右肺分别重 558 g，617 g，大小分别为 22 cm×13 cm×7.5 cm、24 cm×14 cm×8 cm；双肺肿胀，边缘圆钝，弹性差，触及捻发感，表面光滑，未见损伤。

肝重 1309 g，大小 25 cm×15 cm×8 cm，表面光滑，切面暗红，未见结节及损伤。

脾重 177 g，大小 13 cm×6 cm×3 cm，包膜光滑完整切面暗红，未见损伤。

左右肾重分别为 168 g、161 g；大小分别为 11.5 cm×5 cm×3 cm、12 cm×5 cm×3 cm；表面光滑，未见损伤出血。

胰重 129 g，大小 16 cm×4 cm×2 cm，未见损伤出血坏死。

胃内见半成形蔬菜类内容物，黏膜光滑，未见损伤穿孔。

肠，大小肠黏膜光滑未见损伤出血等。

组织病理学检查：

脑膜血管扩张充血，蛛网膜下腔未见出血，脑组织疏松水肿，脑实质未见出血坏死，神经细胞肿胀。

心肌间质疏松水肿，血管扩张充血，心肌纤维横纹欠清楚，心内外膜未见增厚，冠脉系各分支未见斑块等异常。

肺膜未见增厚，肺泡间隔增宽，血管扩张充血，部分区域肺泡壁断裂，肺泡扩张融合，呈代偿性肺气肿改变；部分肺泡腔内见红染水肿液。

肝小叶结构存在，中央静脉及肝窦扩张充血，汇管区未见异常。

脾小体等结构清楚，脾窦扩张充血。

肾小球结构清楚，肾小管上皮细胞水肿，间质血管扩张充血。

胰小叶结构不清呈自溶改变；胃肠组织结构清楚，黏膜疏松水肿，余未见明显异常。

气管组织结构清楚，黏膜疏松水肿，余未见明显异常。

4 讨论

车辆交通事故致人死亡案件非常普遍；但在发生事故后肇事司机在不知情的情况下驶离现场，周围又没有其他目击者，受害人在长达近12h内被三轮车压迫身体，未发现其他严重致命伤情，出现死亡的比较少见；根据现场有关报案材料及尸体检验情况，死者罗某被三轮车压迫的现场没有河水，死者体表仅检见右颈部、右臀部左肩胛部有擦伤，右颞部头皮下出血外，没有发现身体其他部位有损伤；颈部也没有发现掐痕勒痕，舌骨甲状软骨亦未见骨折；颈前、胸腹部、双侧腹股沟部弥漫性瘀点及片状瘀斑，双眼睑结膜充血，口唇发绀，双手指甲床明显发绀，双足趾甲床轻度发绀，双肺肿胀，边缘圆钝，弹性差，触及捻发感，显微镜下呈代偿性肺气肿改变；没有检见严重疾病；上述情况符合缺氧窒息尸体征象。分析本案例死者死亡机制符合生前所驾驶三轮车被他人车辆剐擦致翻车，长时间被三轮车压迫致身体固定受限，躯干部长时间受到重物压迫，人体正常的呼吸运动受到严重限制，导致缺氧窒息死亡。本案例告诫同仁，在体表没有明显损伤的情况下，检验一定要认真仔细系统全面，以排除其他死因，病理检查要详细，不遗漏细小疑点；在排除机械性损伤、本身严重疾病、中毒等其他能够导致死亡情形下，结合死者被重物压迫的现实条件，方能够做出缺氧窒息死亡的鉴定意见。

思维导图对《人体损伤致残程度分级》的知识梳理
——以肢体瘫痪为例

夏铭

贵州中医药大学基础医学院 贵州 贵阳 550025

1 概况

2005年始，为解决因人体损伤致残鉴定标准不一样，重复、多次鉴定得到不同鉴定结论等诸多问题，历时十余年，多个机构，多位专家最终形成了《〈人体损伤致残程度分级〉》（以下简称《适用指南》）。《适用指南》采用列举式条款的方法规定每一致残等级的评定基准，在实际鉴定标准的运用与条款的选择上，可能遇见条款对残情的涵盖不够全面、器官功能在生命周期权重和生活重要性不一致、尽量摒弃模糊标准而建立更好的量化标准和评价尺度、个别条款相互冲突等问题。

2 思维导图和XMind软件

思维导图是由英国人东尼·博赞基于关键词为中心创造的一个工具，因图文并茂的形式，使其对思考方法、记忆方法和学习方法上都有帮助，并被广泛运用于很多学科系统的知识梳理。

XMind软件是一款专业的绘制思维导图的软件，很多人都运用它来归类思考和管理复杂的信息。《适用指南》将人体损伤致残程度分七个部位列举为共计460条款、十个伤残等级的评定基准。每个部位因生理功能差异，所形成的伤残等级情形不同。针对条款繁多、规律难寻，本文试以肢体瘫痪为例，运用思维导图的图文模式：以鱼骨图、矩阵图，思维导图为例，科学的梳理肢体瘫痪的伤残等级，有利于法医临床伤残鉴定工作时更方便、准确的选择标准，同时对于《适用指南》中未列入残情的比照条款情形，能够更准确地对致残程度等级选定。从而有效提升法医鉴定质量。

3 结果

3.1 以鉴定思路为主题

致残程度的划分依据主要依据器官的缺失和功能、生活和社交能力。致残等级中肢体瘫痪的命名分类方法采用了混合命名分类方法，需要综合考虑致瘫病灶确定瘫痪的性质、瘫痪肢体的数量、肌力共同明确残情（图7-12）。

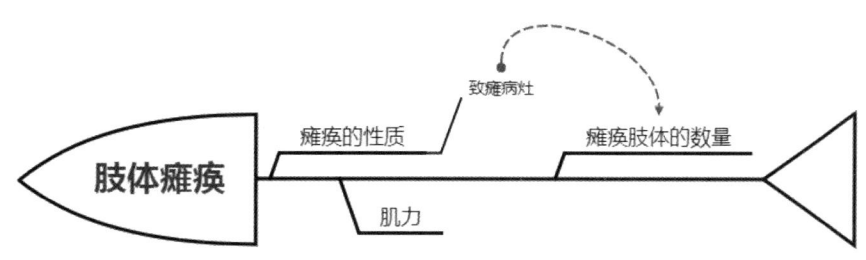

图7-12 肢体瘫痪鉴定思路

3.2 以肢体瘫痪为主题

鉴定原则规定符合两处以上致残程度等级者，鉴定意见中应该分别写明各处的致残程度等级。列举式条款在实际的鉴定工作中，不利于寻找多处的伤残等级，同时对于《适用指南》中未列入的残情，不方便寻找比照条款。矩阵图将所有的分级条款列举于一张表格，可以有效地解决上述的两种情形（图7-13）。

图7-13 肢体瘫痪伤残分级

3.3 以肌力为主题

肌力对于肢体瘫痪的分级非常重要，也是影响伤残人员生活能力和社交能力的重要因素。对于条款中同一名称的残情，肌力的不同，伤残等级的跨度很大。如截瘫的残情可以从一级到七级；偏瘫的残情可以从二级到七级；四肢瘫的残情可以从一级到五级，等等。因此以肌力为主题，对残情的鉴定非常重要（图7-14）。

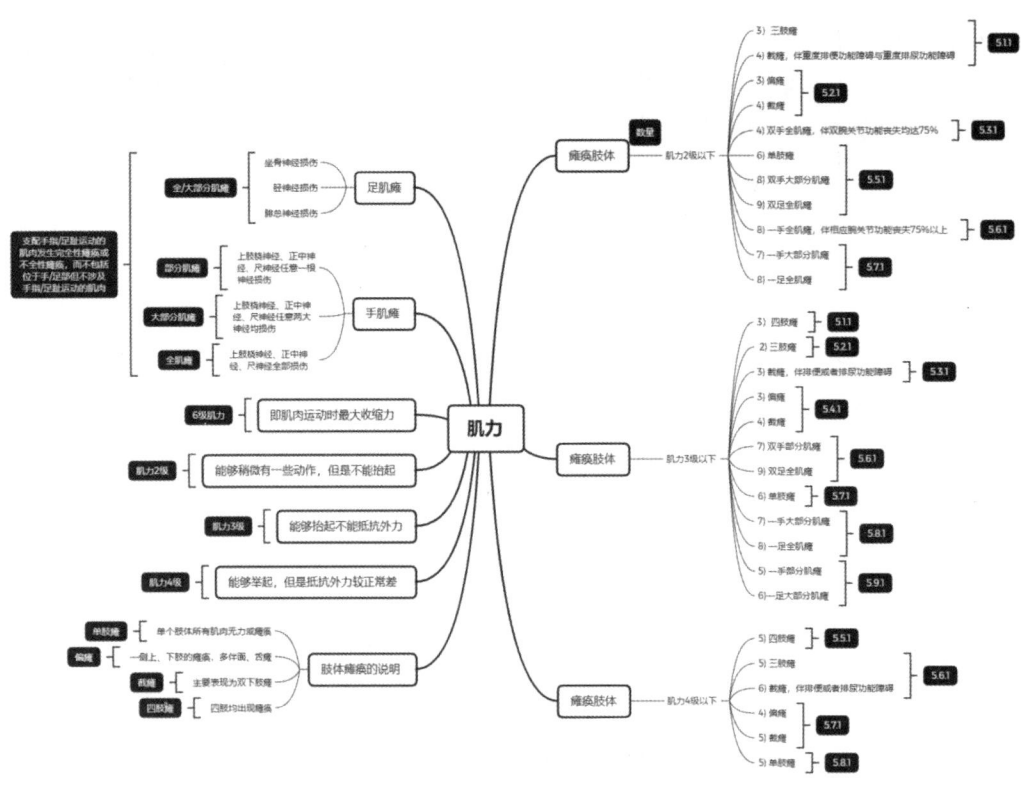

图 7-14 肢体瘫痪之肌力分级

4 结语

随着我国全民学法、办事依法、遇事找法、解决问题用法、化解矛盾靠法的法治环境建设的稳步推进，出台《人体损伤致残程度分级》，为法医临床司法鉴定定残、赔偿提供了统一的标准。相对于《人体损伤致残程度分级》的列举式条款的展现方式，思维导图的图文并茂的特点，对全面和比照条款选定带来积极效果。

法医学损伤程度鉴定书的分析说理

夏元飞[1]，宋红[2]，方俊杰[3]

1. 安徽省合肥市公安局 安徽 合肥 230051
2. 安徽大学 安徽 合肥 230601
3. 安徽省公安厅 安徽 合肥 230061

2005年2月28日全国人大《关于司法鉴定管理问题的决定》实施后，我国鉴定机构现状是国家司法鉴定机构和社会司法鉴定机构并存。2016年司法部颁发《司法部关于印发司法鉴定文书格式的通知》，2017年公安部颁布新的《公安机关鉴定规则》，都对损伤程度鉴定书格式建立规范性要求。一份法医学损伤程度鉴定书一般包括四个部分，即绪论、检验、分析说明、鉴定意见。其中，分析说明部分是法医学鉴定人运用法医学及其他学科的理论实践和相关鉴定标准，对送检的待鉴检材和被鉴定人进行检验得出结果，在遵循鉴定原则、鉴定时机的前提下，结合有关教材和文献，进行全面分析，综合鉴定，进而依据《人体损伤程度鉴定标准》（以下简称《标准》）相关条款形成鉴定意见的过程。

在人身伤害案事件的办理中，损伤程度鉴定意见属于法定证据的一种，其证据价值不言而喻，甚至被称为"证据之王"。由此可见，损伤程度鉴定意见对此类案事件的侦查、起诉、审判以及仲裁都有着关键作用。党的十八届四中全会明确要求："加强法律文书释法说理"。为贯彻中央要求，最高人民检察院及最高人民法院也分别相继印发了《最高人民检察院关于加强检察法律文书说理工作的意见》及《裁判文书释法说理意见》，上述文件都对法律文书说理都做出了具体规定。法医学鉴定书虽是法医鉴定人的专业意见，但从鉴定意见的准司法性视角，它也可属于广义的法律文书。因此，法医学损伤程度鉴定书的制作同样需要在分析说明部分加强说理,使不同的疑惑或异议得以在充分说理中释放和改变。厘清鉴定书中的分析说明,能够洞察鉴定人的理论认识,检验能力,归纳总结,逻辑推演以及鉴定水平,可以帮助有关人员对鉴定意见进行评价和取舍。可以说,一份高质量的鉴定书,最重要的便是分析说明部分,认识准确,提炼合理,总结到位,分析全面,逻辑严密,说明在理,鉴定意见理应水到渠成,瓜熟蒂落。

那么,损伤程度鉴定书如何在分析说明中说理?仅从逻辑出发,损伤程度鉴定书形成一般符合三段论推理,即《标准》的规定是大前提,被鉴定人的损伤诊断是小前提,鉴定意见是结论。说理的重点自然就是为什么得出此鉴定意见,而非彼鉴定意见。本文试从法医学损伤程度鉴定书分析说理的基本要求、具体原则、关注重点三方面进行阐述,供同行评议。

1 损伤程度鉴定书说理的基本要求

1.1 损伤诊断的确认

损伤程度鉴定书的说理建立在客观的待鉴材料和检验所见的结果之上,检验所见是鉴定人专业能力的体现,鉴定人要从众多的检材中发现损伤,认清损伤,不能对检验中蕴藏的损伤视而不见,也不能指鹿为马,无中生有,臆断揣测,还要对随着时间迁移而发生愈后改变的损伤进行分析判断,准确的检验所见和损伤诊断是分析说明的基础。通过检验所见来确认法医学上的损伤诊断这个小前提。例如肋骨骨折的鉴定案例,损伤诊断就应当从临床病史、检查资料,医院医学诊断依据及鉴别诊断,以及鉴定人通过阅读一系列医学影像资料和人身检查,进而确认肋骨骨折部位和数量,再紧紧依据《标准》相关条款规定的大前提,运用三段论推理得出鉴定意见。按照这样的分析说理,自然显得条理清晰,逻辑完整,得到的鉴定意见理应顺理成章。

1.2 《标准》规定的理解

损伤程度鉴定书分析说明的目的是得出客观、公正、科学、准确的鉴定意见,这就要求我们正确理解《标准》条款的真实意思。由于《标准》的人为创造以及医学或法医学认识的局限性,难免在条款字面表述上存在分歧和争议,甚至有看起来矛盾的条款。但无论如何,所有条款都应有其原本意思,也应符合相应术语和定义以及损伤程度划分原则。鉴定人在熟悉《标准》条款内容后,在实战中不断总结的基础上,要善于跳出《标准》看《标准》,不能局限在咬文嚼字层面。例如在考虑休克程度的鉴定案例中,分析说明时就需要综合临床症状,实验室检查,不能单凭一次血压和脉搏计数,注意补充血容量后的血压变化,测量基础血压,以及抗休克的有效性治疗(审查病程记录、麻醉记录和护理记录,注意补充血容量后的生命体征变化和尿量、CVP、PCWP、血气分析等监测指标)等方面进行说理。

1.3 加强文理和常理的运用

很多法医鉴定人在制作损伤程度鉴定书时,重点放在专业知识及专业水平的展现上,这些虽毋庸置疑,但绝不能忽略对文书文理和常理的运用。其实在鉴定书说理时,高大上的理论可以给人专业的好感,但要达到更接地气,让人信服,法医鉴定人在分析说理时就要做到语言规范、表达准确、逻辑清晰、通俗易懂,特别是合理运用说理技巧,把复杂的理由简单说,把隐性的结果显性说,把专业的道理用常理说,增强说理效果。鉴定虽是专业规范,但也应尊重文理常理。

2 损伤程度鉴定书说理的具体原则

2.1 直接原则

被鉴定人受伤后去医院诊治,法医鉴定时,检验所见结果与医院诊断基本一致。《标准》条款规定与法医检验结果匹配,鉴定人分析说理时,直接运用"三段论"的逻辑,依据《标准》做出鉴定意见。如张三被人用菜刀砍伤,医院诊断左前臂刀砍伤,病历记载左前臂单条皮肤创口13 cm,行清创缝合手术。伤后20 d去鉴定机构鉴定,法医检验见左前臂单条皮肤新鲜瘢痕12.7 cm。鉴定人在分析说理时,首先是明确诊断被鉴定人左前臂新鲜瘢痕12.7 cm,再对应《标准》5.9.4 1)规定为肢体皮肤一处创口或者瘢痕长度累计10.0 cm以上。因此,依据《标准》5.9.4 1),鉴定意见为被鉴定人张三左前臂损伤程度属轻伤二级。由于这类损伤程度鉴定损伤诊断明确,损伤检验结果又与《标准》规定良好对应,这类鉴定意见的分析说理宜"简单粗暴",直接明了。

2.2 解释原则

被鉴定人受伤后去医院诊治,法医鉴定时,检验所见结果与医院诊断吻合。但诊断结果与《标准》条文规定似乎不匹配,鉴定人直接依据《标准》做出鉴定意见,不具备医学知识的人对鉴定意见有疑问,因这类鉴定诊断与条款内容可能不匹配，会引起一定的误判或不理解。如张三被人用菜刀砍伤左前臂，医院诊断左前臂开放性刀砍伤，左桡骨骨折，皮肤裂伤。鉴定时鉴定人通过人身检查、阅读X、CT片，确定左侧桡骨骨折，骨折线深达骨髓腔，左前臂外侧见皮肤瘢痕，《标准》5.9.4 f)规定为四肢长骨骨折。鉴定人在分析说理时，明确左侧桡骨骨折后，要先对《标准》5.9.4 f)规定要从医学上给予解释。医学上，四肢长骨包括：上肢的左右肱骨、尺骨、桡骨，下肢的左右股骨、胫骨、腓骨。因此，左侧桡骨骨折属于四肢长骨骨折。再依据《标准》5.9.4 f)，做出轻伤二级的鉴定意见。分析说理时，这种看似"画蛇添足"的解释给其他非医学背景的关联人起到明示作用，起到一定的释疑效果。

2.3 吸收原则

一处损伤导致多个组织器官结构破坏，或者多处损伤导致多个组织器官结构破坏，最终多个损伤结果共同构成同一或者多个诊断，鉴定时，同一诊断涉及《标准》一个较重条款，而多个诊断又分别对应《标准》多个较轻条款。在分析说理时，应当按照备选条款中损伤程度最重的条款鉴定，备选条款中损伤程度较轻的条款可以被吸收，不再另行鉴定。如张三头部被人用菜刀砍伤一处，医院诊断开放性颅脑损伤（硬脑膜破裂、颅骨骨折、头皮裂伤），法医鉴定人依据《标准》5.1.2 b)，开放性颅骨骨折伴硬脑膜破裂直接鉴定为重伤二级，不必再依据《标准》5.1.4 d)，颅骨骨折鉴定为轻伤二级，也不必再依据《标准》对头皮损伤进行鉴定。类似的一处损伤导致多个结果或者多处损伤共同导致一个结果，原则上，鉴定时择一重处，其他的被吸收。分析说理的重点是诊断明确为开放性颅脑损伤，之所以为开放性颅脑损伤，已然包括头皮裂伤、颅骨骨折及硬脑膜破裂，是总与分的关系，是包含与被包含的逻辑，脱离上述关系和逻辑，就不能诊断为开放性损伤。另外，一种损伤结果不能进行两次或叠加鉴定，否则，违反一伤不二鉴的常理，类似于法律中一事不再理的规定。

2.4 优先原则

单一损伤可能对应《标准》中多个条款，多个条款的结果可能不一致，多处损伤中单一损伤已经达到《标准》中某个条款，与其他部位同类损伤累加，仍然与单一损伤达到《标准》中条款等级相同，则按单一损伤达到《标准》鉴定。也就是说，既有笼统条款又有专门条款可以使用时，不管结果是否一致，分析说理时皆适用专门条款优先原则。如张三被人打伤鼻部，医院诊断鼻骨骨折，那么，是依据《标准》5.1.4 d)，颅骨骨折鉴定为轻伤二级？还是依据《标准》5.2.5 g)，鼻骨骨折鉴定为轻微伤？虽然在解剖学上，鼻骨属于颅骨，但当《标准》有专门条款规定时，要优先适用专门条款，不能适用笼统条款。因此，鼻骨骨折、筛窦纸板骨折按专门条款鉴定为轻微伤更为恰当。分析说理时，要强调的是特殊与一般的关系，即专门条款的特殊性，笼统条款的一般性，要坚持特殊优先于一般的通常道理。

2.5 从轻原则

当一种损伤结果无论是诊断还是适用《标准》有冲突时，即有可能得到两个不同的结果时，最终诊断或鉴定为较轻的一种意见。如张三被人用菜刀砍伤左小腿，医院诊断左腓骨骨折。鉴定时法医阅读X片确认左侧腓骨皮质不连续，骨折未达骨髓腔，且左小腿无功能障碍，确定诊断为左腓骨砍痕。《标准》5.9.4 f)规定：四肢长骨骨折属轻伤二级，而《标准》6.7规定：骨皮质的砍（刺）痕或者轻微撕脱性骨折（无功能障碍）的，不构成本标准所指的轻伤。本例究竟诊断为左腓骨骨折还是左腓骨砍痕，在医学上两者是包含关系，当出现争议时，应审慎区分，明确诊断为左腓骨砍痕后，鉴定为轻微伤。在分析说理时，应当阐述每个鉴定条款都是构成本级的低限，当损伤诊断涉及两个或以上鉴定条款，并导致鉴定意见不一致时，在正反两方面反复比较后，鉴定人宜采取界定从紧，鉴定从轻。遵从疑伤疑规从轻原则，这也同刑事法律中有利于被告人原则吻合。当然，从轻原则不是要求违背事实，只是在鉴定证据发生冲突时的妥协，当发现新的鉴定证据材料或规定可能影响鉴定意见时，可以启动补充鉴定或者重新鉴定。

2.6 比照原则

《标准》6.2规定：未列入本标准中的物理性、化学性和生物性等致伤因素造成的人体损伤，比照本标准中的相应条款综合鉴定。6.4规定：本标准未作具体规定的损伤，可以遵循损伤程度等级划分原则，比照本标准相近条款进行损伤程度鉴定。6.2强调的是外界致伤因素，而非损伤具体情形，6.4针对未作具体规定的损伤，强调的是人体损伤的多样性和复杂性，难以列举出所有的损伤。《标准》6.2及6.4，虽所述不同，但都明确规定比照相应或相近条款鉴定。如张三被人用百草枯投毒后出现急性肾功能障碍，经治疗后好转。

应当依据《标准》6.2 及 5.7.4 g），鉴定为轻伤二级。运用比照原则进行分析说理时，除诊断明确外，要详细说明此致伤因素属于化学性因素，《标准》虽未列入，但与拟比照的条款在损伤结果、危害、影响上的相近性、可比性，因而得出此鉴定意见。

2.7 习惯原则

这里的习惯原则仅指由于我国地域宽广，经济、医疗、认识等条件差异大，各地执行《标准》中部分条文实际做法不一，但在一定区域内也能较好解决需要鉴定问题，而且不同的鉴定意见还被各自区域内法院所采信，并被作为证据在裁判中使用，提请引起注意。并建议遵从过往习惯和当地共识。如 2014 年 12 月 15 日，最高人民法院研究室给北京市高级人民法院关于"眶壁骨折"伤情等级鉴定问题的答复（法研〔2014〕171 号）如下：《标准》第 5.2.5 d）条规定，眶内壁骨折为轻微伤。是指单侧或双侧眶内壁骨折不论损伤类型（线性、粉碎）和数量，均应当认定为轻微伤的范畴。第 5.2.4 f）条规定，眶壁骨折（单纯眶内壁骨折除外）为轻伤二级，是指单侧或双侧眶内壁外的其余三壁只要有一壁的骨折，应当认定为轻伤二级。第 5.2.3 g）条规定，两处以上不同眶壁骨折为轻伤一级。是指眼眶四壁中只要有两处不同眶壁的骨折，应当认定为轻伤一级。如单侧眶内壁骨折合并眶下壁骨折的情况。而在鉴定实践中，鉴定人对最高法政研室答复有无强制性、约束性，不究所以，此批复未得到法医学术界普遍认同，甚至遭到强烈反对，认为过分注重字面解释，没有从法医学学理上认真思考，各地仍然我行我素，因地制宜。如双侧眶内壁骨折的，有鉴定为轻伤一级、轻伤二级及轻微伤三种情况。对于此类特殊情况，除积极呼吁全国统一认识外，在分析说理时，应抛开国内尚存争议的学说，放弃"实事求是"，着重强调遵从各地习惯和区域内共识的理由，借助本地处理类似鉴定的经验，谨慎做出鉴定意见。

3 损伤程度鉴定书说理的关注重点

根据前段所述的说理原则，损伤程度鉴定文书分析说明的说理就有了需要关注的重点。

3.1 对鉴定意见表述的说理

鉴定意见的说理应该是损伤程度鉴定书说理的核心内容，即便运用上述 7 个说理原则，也不能满足形形色色的损伤情况，损伤程度鉴定说理更不会是一帆风顺。针对现实中损伤的各种差别以及标准本身不可避免的局限性，在三段论推理的常规操作下，有必要根据具体个例，通过鉴定意见的差异表述加以区分，不必拘泥于高度的一致性。如鉴定意见的表述可以分为三层次，如：被鉴定人某某的损伤程度属于轻伤二级；被鉴定人某某肋骨 2 处骨折的损伤程度构成轻伤二级；若委托部门能够认定被鉴定人某某损伤系本次损伤所致，则属于轻伤二级范畴。

3.2 对损伤机制的说理

损伤程度鉴定书除了损伤等级进行鉴定外，有些损伤机制根据委托要求也可在分析说明中具体论述。如造作伤的鉴定，攻击伤的鉴定，扭伤的鉴定等。虽然鉴定人在说理过程中，可能会结合现场勘查情况，当时视频影像资料，甚至证人证言，即便如此，也可能没有得出委托方希望的鉴定意见，但是，鉴定意见可以对案事件中需要解决的问题有一定的提示和方向，可以起到排除或辨别的作用。如实践中要求对左手第 5 掌骨骨折损伤机制要求鉴定的，需要明确是被打造成还是打击别人形成的？鉴定意见却是被鉴定人某某左手第 5 掌骨骨折符合来自与第 5 掌骨长轴平行方向的外力传导作用所致。结合其他证据材料，委托单位可以做出攻击他人造成自身左手第 5 掌骨骨折的意见。

3.3 对伤病关系的说理

损伤程度鉴定中，疑难争议鉴定常常涉及伤病关系的处理。即损伤后结果形成的原因，是本次损伤抑或既往伤/病造成的？在《标准》中，对伤病关系处理原则虽做了规定，但对损伤为主要作用，共同作用，次要或者轻微作用，操作中也难以把握。分析说理时，对既往损伤的排除，要从病史、初诊时症状体征、损伤基础、损伤机制、外力大小、受力部位、方向、作用方式等多维度考量，对伤病关系，除上述维度外，还要结合正常人群生理变化，机体承受力的大数据资料，以及疾病的部位、程度等，不可有疾病就牵强考虑应当参与，要在常态下坚持损伤优先的原则。

3.4 对轻微损伤的说理

根据前文所述的吸收原则，在损伤程度鉴定中严重损伤需要重点关注。但轻微损伤的发现和说理，可以对案事件的具体情节予以验证或佐证，增强当事人的信任和认可。可以说轻微损伤的说理是法医鉴定人立足本专业，对整个案事件负责的表现，也是实事求是精神对法医鉴定人的职业要求，更是证据体系证据链中不可或缺的一环。

鉴定文书的分析说理，特别要注意在可能引发被鉴定人、有关部门和新闻舆论质疑的问题上多着笔墨，不断加强说理的针对性和回应性。要通过有理有据、翔实可信的说理，让不了解真相的人豁然开朗，心存猜测的人消除疑虑，可能不服的人无话可说，关注和关心的人心里放心。要相信，只要我们工作做到位了，人民群众是讲理的，有关部门是理解的，社会各界是认同的。"让人民群众在每一个司法案件中感受到公平正义"的愿景方能逐步实现。

二次碾压损伤的法医学补充鉴定1例

邢庭

江苏省人民检察院 江苏南京 210024

1 案例

1.1 简要案情

某日21时许，龚某雨中驾驶别克商务车，在某地由西向东行驶至十字路口，与由南向北欲通过该路口的徐某驾驶的电动自行车发生碰撞。事故发生后龚某下车查看，在明知被害人徐某被压在其车下的情况下，仍驾车逃离现场，徐某于当日经抢救无效死亡。

1.2 尸体检验情况

尸长162 cm，球结膜、唇黏膜苍白，下唇见两处黏膜挫伤。死者胸廓前后径最大为21 cm，左右径最宽为34 cm，双侧髂嵴最宽为36 cm。

左胸部腋后线处皮下及浅肌层出血，左第1~6肋锁骨中线处骨折，断端朝胸腔外，左第1~3肋腋前线处骨折。右肩锁关节脱位，右第1~8肋锁骨中线处骨折，断端朝胸腔外，右第8肋腋前线处骨折，右第9肋腋中线处骨折，右第9、11肋肩胛线处骨折，上述骨折断端均朝胸腔内，右季肋部见一18 cm宽皮下及肌层出血区，右侧第9~12肋近脊柱旁骨折。肝脏膈面出血范围13 cm×12 cm，。背部切开见左胸部腋后线右侧以及右腋中线肋弓下至左肩胛线皮下及肌层出血。

左上臂前侧见两处皮下出血区，右上臂中段、下段分别见一皮下出血，左膝内侧见5.5 cm×2.5 cm大小的皮下出血，左腘窝见1.0 cm×0.8 cm大小的皮下出血，右髂前上棘外下方8 cm处见10 cm×6 cm的皮下出血，右大腿内侧见一10.5 cm×4.5 cm的袋状创，其下缘距耻骨联合上缘20 cm。

解剖见：头部、颈部解剖未见明显异常。双侧胸腔见少量血性液体，左肺上叶见一挫伤灶，前纵隔上部出血，心包腔内见约20 mL血性液体。右腹外侧壁见一7.0 cm×3.0 cm大小的皮下出血，右髂部见一7.0 cm×2.0 cm大小的皮下出血，腹腔、盆腔共见约1000 mL血性液体，膈肌下见少量血肿，肝左叶挫伤、右叶大部分挫碎，其中右叶右侧缘大块挫碎并分离，脾脏皱缩，双侧后腹膜血肿。

1.3 毒物化验情况

送检检材中未检出常见毒物、药物成分。

1.4 痕迹检验情况

据交通事故痕迹检验意见书记载，别克商务车空载时车底盘最低点距地面高度15 cm，前保险杠右侧面碰撞痕迹符合与电动自行车车把处撞击形成，车底部灰尘擦划痕迹（车底盘由前至后的擦剐痕迹呈前窄后宽）符合与徐某在车底碰擦形成，徐某所着雨披上压痕符合被车轮碾压形成。

1.5 衣着检验情况

据被害人徐某所着雨披以及肇事车辆相关照片，雨披背侧颈胸部及腹部各见一处车轮碾压痕迹。

1.6 监控视频情况

监控显示两车碰撞后，徐某倒地，别克商务车右前轮从徐某身体上压过，车停下，龚某下车查看情况后上车，继续驾车再次前行，徐某自车底脱出，龚某逃离现场。

2 讨论

本案是1例因机动车碰撞行人碾压引起的短时间内被害人遭受两次损伤的典型案例。本例初次鉴定已明确被害人死亡原因，且有监控资料反映整个交通肇事过程，但该案需要进一步明确是否存在二次损伤或多次交通行为致伤过程，若存在，哪些损伤是第一次形成，哪些是第二次形成？单一损伤的严重程度，被害人的致命伤是第一次损伤还是第二次损伤形成？两次损伤分别在死亡进程中的作用与地位？每一致命损伤能否区分是何种损伤方式，以及如何形成？尸检结果能否与痕迹检验、视听资料、被告人供述以及证人证言等其他证据相互印证？这些关键事实的认定直接影响案件的定罪、量刑，这也是启动本例补充鉴定的缘由所在。

2.1 致伤方式

（1）碾压过程分析：

根据现场勘验、尸体检验，死者徐某体表见有散在的皮下及肌层出血，解剖见双侧肋骨多发性骨折，胸腹腔脏器损伤，尤以肝脏为甚，肝脏破裂，肝右叶大部分挫碎分离，上腹腔后腹膜下血肿形成，右大腿内侧见一袋状创等，结合体表损伤分布情况、损伤形态以及严重程度，结合案情分析，徐某上述损伤系遭严重钝性暴力作用所致，符合躯体遭车辆碾压后形成。

（2）二次碾压过程分析：

徐某双侧胸部多发性肋骨骨折，其中左第1~6肋锁骨中线处、右第1~8肋锁骨中线处骨折断端朝向胸腔外，表明此系胸廓遭受左右方向受力所致；右第8肋腋前线、第9肋腋中线、第9、11肋肩胛线处骨折，骨折断端朝向胸腔内，表明此处系遭受直接外力作用所致，亦即胸腹部右侧至左胸部遭受碾压。

死者右髂前上棘下外方见一皮下出血区，右大腿内侧呈袋状创，左膝内侧及左腘窝处见皮下出血，且上述损伤呈上上下下分布，说明外力作用系从右上大腿向左腘窝处走行的特点。结合事发当时人与车相对位置关系以及车辆痕迹检验车底部擦剐痕迹分布特点，分析徐某胸腹部右侧至胸部左侧遭受碾压在前，右髂前上棘下方至左腘窝处碾压在后。与视频监控中车辆行驶过程中与骑电动自行车的徐某碰撞后，肇事车辆右侧前、后轮分别碾压徐某的过程一致。

（3）碾压、挤压过程分析：

由于徐某双侧肋骨骨折断端朝外，说明其胸部遭受了左右方向力的作用；另据现场测量肇事车辆空载时车底盘最低点距地面高度15 cm，死者胸廓前后径最大处为21 cm，左右径最大处为34 cm，说明死者徐某被车辆碾压后躯体可能有侧向翻动的过程，故不能排除其胸腹部可能遭受肇事车辆车体底部挤压的过程。

2.2 死亡原因

根据尸体检验，结合毒物化验结果分析，徐某符合遭车辆碾压致肝脏破裂等引起创伤性、失血性休克死亡。其中右胸腹部遭受车辆碾压致肝脏挫碎损伤等是导致死亡的直接、主要原因，肇事车辆停止后继续行驶以及第二次碾压将加速其死亡的进程。

2.3 案件办理效果

经鉴定，明确了两次碾压行为与徐某的死亡均有因果关系。徐某右胸腹部遭受车辆碾压致肝脏挫碎损伤等是导致死亡的直接、主要原因，肇事车辆停止后继续行驶以及第二次碾压将加速其死亡的进程。

检察机关以故意杀人罪对龚某提起公诉，二审法院同时采信了第二次鉴定意见，认定被告人龚某驾驶车辆发生交通事故后，明知被害人在车底下，仍驾车逃离现场，使被害人遭再次碾压死亡，其行为已构成故意杀人罪。最终以龚某犯故意杀人罪，判处有期徒刑十五年，剥夺政治权利五年。

2.4 案件办理启示

司法实践中，二次损伤鉴定常见于道路交通事故类案件，严谨科学的法医学鉴定意见对于厘清主体责任、判断案件性质以及准确定罪量刑起到关键作用。笔者建议在开展道路交通事故法医学死因鉴定时，应通过详尽的现场勘验检查、法医病理学检验，结合衣着、痕迹、DNA、毒（药）物、微量物证、车速测定等检验结果，必要时开展侦查、模拟实验，并参考案情调查，综合判断解决以下关键问题：①推断肇事车辆类型、数量，被害人交通方式，判断驾乘关系等；②判断碰撞接触部位、碰撞次数、碾压次数；③区分致命损伤、非致命损伤，鉴别生前伤、死后伤，划分摔跌伤、撞击伤、碾压伤等；④判断成伤机制、分析伤病关系、确定死亡原因。

一起涉嫌伤害案法医学鉴定思考

徐红星[1]，杨军虎[2]

1. 陕西省西安市人民检察院 陕西 西安 710016
2. 陕西省商洛市人民检察院 陕西 商洛 726000

1 案例资料

1.1 简要案情

某日下午，某汽车销售服务公司员工常某某与朱某某因工作问题发生口角，继而发生厮打，常某某在飞踹朱某某时受伤，经鉴定为轻伤一级。公安机关以朱某某涉嫌故意伤害罪移送检察机关审查起诉，检察机关审查认为公安机关认定的犯罪事实不清、证据不足，不符合起诉条件，决定对朱某某不起诉。

1.2 病历材料

摔伤致右膝部肿痛、活动受限 3 h。专科检查：右膝关节周围压痛、叩击痛明显，轴向叩击痛阳性，右膝关节自主活动受限，被动活动疼痛剧烈。诊断：①右胫骨平台骨折；②右膝前交叉韧带止点撕脱性骨折；③右腓骨头骨折；④右膝外侧半月板损伤；⑤右下肢深静脉血栓形成。

手术记录记载：术中见右胫骨平台劈裂，骨折移位明显，伴关节面压缩塌陷，外侧半月板破裂。

辅助检查：4月9日右膝部三维 CT 示：右侧胫骨平台塌陷，骨质不连续，骨小梁中断，可见不规则透亮线影，左侧腓骨头骨质结构亦不完整。关节间隙不对称，关节腔髌上囊可见液性密度区。

1.3 法医学鉴定

依照《人体损伤程度鉴定标准》，被鉴定人常建伟本次外伤各单项损伤的损伤程度评定如下：右胫骨平台、右腓骨头、右膝前交叉韧带止点撕脱性骨折，依据 5.9.3 e)、5.9.3 f) 条款，构成轻伤一级；右下肢胫、腓静脉破裂，依据 5.9.4 c) 条款，构成轻伤二级；右下肢二处手术切痕，累及长度 37.5 cm，依据 5.9.4 l) 条款，构成轻伤二级。鉴定意见：被鉴定人常某某本次外伤损伤程度构成轻伤一级。

2 讨论

2.1 科学鉴定，确保鉴定意见客观准确

鉴定是指鉴定人运用科学技术或者专门知识，就案件中专门问题进行鉴别和判断并出具鉴定意见。伤害案件首要的是解决损伤程度问题。鉴定因委托而启动，一般情况下，鉴定人结合案情、病历资料以及法医活体损伤检查，依据《人体损伤程度鉴定标准》相关条款对损伤程度不难做出评定，但在个别情况下，鉴定人会遇到特殊损伤，比如攻击伤、造作伤等，笔者认为，鉴定具有司法属性，鉴定工作不可马虎，要认真负责，科学鉴定，若能确定系攻击伤、造作伤等，不宜评定损伤程度。

如报道案例，损伤过程有攻击行为，损伤程度鉴定存在疑点，作为鉴定人就应当慎重对待，就相关问题进行再调查。首先，再次有针对性地了解案情，尤其对伤害过程细节进行全面详细地了解，必要时可询问相关当事人；其次，再仔细审阅病历材料，尤其是影像学资料，必要时可就相关问题聘请影像学专家进行会诊；再次，可能的话，调取事发现场的视频监控录像，通过视频监控录像可直观了解伤害过程和细节。本案正是通过调取视频监控录像，伤害过程及细节一目了然，再通过进一步调查以及扎实细致地工作，可以确定报道案例右下肢损伤应在第一次飞踹他人坠落滑倒中形成，非直接打击形成，不宜评定损伤程度，在分析论证中就损伤的成因、损伤的性质以及致伤方式进行充分说明，以便办案机关能够正确地采信和应用。

2.2 加强证据审查，确保案件公正处理

伤害案件发生后，公安机关在办理案件过程中会涉及损伤专门性问题，必然启动鉴定程序，办案人一般关注的是损伤程度，当达到轻伤二级以上，构成刑事案件立案侦查，符合逮捕条件报请逮捕，符合起诉条件移送审查起诉……

鉴定意见相较于其他证据，具有较强的专业性、科学性、客观性，被人们称为"证据之王"，很少受办案人的质疑，往往是"拿来主义"，盲目采信，而忽视它的另一属性——主观性。鉴定意见的科学性客观性受鉴定人能力水平职业素养等的制约，并不具有当然的证明力，需要办案人结合全案证据查证属实加以认定。办案人员要善于借力，充分发挥内部鉴定机构及专业技术人员的优势，发现问题，并助力解决问题。在刑事诉讼办案过程中，立案之时、立案侦查、批准逮捕、审查起诉、审判等均为办案的重要的节点，办案人一定

要把握好，加强与技术部门的协作配合，做好对技术性证据审查工作，确定鉴定意见是否采信，或补充鉴定或重新鉴定等。作为国家法律监督的检察机关，更应该加强技术监督，凡涉及技术性证据应当由专业技术人员进行审查，做到技术性证据专门审查全覆盖，发现瑕疵鉴定、错误鉴定，及时纠正，有效避免冤假错案的发生。

刑事责任能力在法医临床精神病鉴定中的相关问题

徐京男[1]，宋光涛[2]，范哲[3]

1. 吉林省延边朝鲜族自治州人民检察院 吉林 延吉 133001
2. 吉林省长春市人民检察院 吉林 长春 130022
3. 吉林省人民检察院 吉林 长春 130000

精神疾病司法鉴定经常介入到热点案件，尤其是近年来"急性短暂性精神障碍""限制刑事责任能力"的鉴定意见更是多次引爆媒体眼球，一次次使精神疾病司法鉴定，尤其是精神病人刑事责任能力的司法鉴定成为社会焦点。

1 法律上对精神病人刑事责任能力的认定

当代中国刑事责任能力受到精神病影响，进而影响精神病人刑事责任的认定。高铭暄等认为这是由于中国刑法关于定罪和刑罚适用两个方面的要求造成的。从定罪方面看，在实施危害行为时丧失了辨认、控制行为的能力，这样就不符合犯罪主体的条件。从刑罚适用角度出发，在实施危害行为时不具备责任能力和主观罪过，因而即便对其适用刑罚，行为人也不理解对其判刑的意义。

赵秉志认为精神病人缺乏理性思维和行为，造成危害后果的只应赔偿损失，不应受到其他惩罚。而在纯粹的报应理论下，强调罪责均衡，则只能科以轻刑，暂时达到防卫社会之目的。

还有学者认为：在危害行为的司法化和医学化之间形成一种平衡手段，采取控制响应，制裁违法行为的手段。

2 精神疾病司法鉴定人的角色和功能定位

中国《刑法》第十八条和《刑事诉讼法》第一百四十四条的规定，对精神病人进行司法鉴定成为法律的当然。

被鉴定人刑事责任能力是法律问题而不是事实问题，鉴定人是辅助司法工作人员对犯罪嫌疑人/被告人是否具有刑事责任能力做出客观判断。

3 精神病人刑事责任能力评定标准

在精神障碍的诊断方面，争议的焦点在于如何进行规范的精神检查，如何准确识别精神症状。中国司法精神病学者进行了大量的工作，并在此基础上制定《精神障碍者刑事责任能力评定指南》，由司法部2011年3月颁布施行。

4 无刑事责任能力精神病人安置

胡泽卿等对四川地区1990年1月至1995年12月鉴定对象的随访调查表明，95例无刑事责任能力的精神病人中，50.52%被释放，仅47.36%得到监护治疗。2001年至2003年在杭州市公安局安康医院鉴定的90例无刑事责任能力鉴定后处理随访研究表明，仅有68.9%接受强制治疗。

2012年修改《刑事诉讼法》在第五篇第四章专门规定了"依法不负刑事责任的精神病人的强制医疗程序"。最高人民法院还对此做出了具体的司法解释，如认定困难、强制医疗的执行场所不足、强制期内的诊断评估缺位等。

虽然面临质疑，刑事责任能力评定仍然是当前中国司法精神病学鉴定的常规项目。当前社会对精神疾病司法鉴定存在诸多误解，立法者应当决定如何面对此种社会舆情并做出应对，而不应由精神疾病司法鉴定人面对此种困境。

肺脂肪栓塞死亡1例

许云峰，高玉志，徐明，刘洪鹏，孙媛媛

山东省高密市公安局刑事科学技术室 山东 高密 261500

1 案例资料

付某，男，32岁，2020年7月20日在某市某街道某村被刘某、薛某手持木棒打伤头面部、背部、腰部、四肢等部位，后入院治疗无效死亡。

2 病历资料

××市人民医院门诊病历（2020-07-20）：主诉：被人打伤致多处疼痛、出血约3 h。体格检查：111/61 mmHg，体温35.9℃，神志尚清，意识淡漠，痛苦貌，查体欠配合。左肘、右小腿畸形，见开放性伤口，无活动性出血，可触及明显骨擦感及异常活动；双大腿及腰背部见淤青，触压痛，活动无明显受限；右前臂触压痛，无明显异常活动；双股部大片淤青、肿胀明显；右小腿上段见两处约1 cm×1 cm皮肤裂口，创缘不整，污染流血，皮下潜行剥脱，可扪及骨擦感及异常活动，右足背动脉搏动差，右足趾血运差。

患者于2020年7月20日06时00分入住急诊外科病房后突然出现意识丧失，呼之不应，血压未测出，休克状态，查体：呼吸心跳停止，双侧瞳孔直径7 mm，散大固定，对光反射消失，后经抢救无效死亡。

3 尸体检验

全身多处软组织挫伤，右胫腓骨开放性骨折，左尺骨开放粉碎性骨折。病理检验见肺泡壁内毛细血管扩张充血，局部肺泡腔内可见大量红细胞及水肿液；双肺随机取材并进行冰冻切片，油红O染色显示肺泡间隔毛细血管内散在灶性分布的大小不等的橘红色小球。心脏：室间隔心肌间质内可见散在少量出血，右冠状动脉周围脂肪组织内可见散在少量出血，左冠状动脉内膜较厚。脑表面沟回清楚，血管未见明显扩张。双侧肾脏被膜均易剥离，皮髓质分界清楚。脾脏及副脾，切面暗红色。镜检：脑组织轻度水肿，肝脏、肾脏、脾脏及副脾呈淤血性改变，食管黏膜及胰腺等脏器均呈轻度自溶性变化，未见明显异常。

4 理化检验

送检付某胃内容物常规毒物检测，未检出敌敌畏、乐果、对硫磷、水胺硫磷、氯氟氰菊酯、氰戊菊酯成分。

5 分析讨论

脂肪栓塞多发生于严重外伤特别是长管状骨骨折、脂肪组织丰富的软组织挫压伤后，80%脂肪栓塞在外伤后48 h内发病，引起死亡的脂肪栓塞，死前往往有意识障碍、皮肤瘀斑、呼吸窘迫和进行性低氧血症等临床表现。肺脂肪栓塞主要病理变化为肺细小血管，尤其是肺泡壁毛细血管内可见多量脂滴，肺间质"化学性"炎症反应，苏丹Ⅲ及猩红染色，血管内脂肪栓子显现为亮橙黄色至红色小球。

本案例中付某被人打伤全身多处部位，尤其是右胫腓骨开放性骨折，左尺骨开放粉碎性骨折，这是发生脂肪栓塞最主要的原因。从病历资料中可得知付某刚入院时生命体征较平稳，未危及生命，在转入急诊外科病房后突然出现意识丧失，呼之不应，血压未测出，休克状态，其入院后病情的动态变化过程，符合肺脂肪栓塞的病情演变过程。病理检验见肺泡壁内毛细血管扩张充血，局部肺泡腔内可见大量红细胞及水肿液，油红O染色显示肺泡间隔毛细血管内散在灶性分布的大小不等的橘红色小球，其特征也符合肺脂肪栓塞的病理征象。心脏、脑、肾、脾等器官病理未见明显异常，可排除心脑血管疾病，理化检验付某胃内容未检出常规毒物，可排除常规毒物中毒可能，最后结合案情、病历资料、病理及理化检验，可得出付某死亡原因为多处骨折及多处软组织挫伤导致肺脂肪栓塞致呼吸循环功能衰竭死亡。

水中尸体死因鉴定

杨旭禄

昆明锦康司法鉴定中心 云南 昆明 650051

1 案例资料

1.1 简要案情

2016年2月17日,死者赵某在当地水库里被打捞起来。为明确死因,需要进行尸体解剖检验。

1.2 现场勘查

现场水库边缘有杂草、稀疏树木、碎石等,上方约5 m高处为乡村公路。经调查,死者前晚饮酒后沿公路巡逻未归,现场发现死者衣着存在反常脱衣现象,经勘查现场未见打斗、转移等情况。

1.3 尸体检验

(1) 尸表检验:中年男性解冻尸体,枕部头皮挫伤伴表皮剥脱,颜面部散在小片状浅表皮肤擦伤。双眼睑结膜充血,双侧鼻腔见黄色黏性物质附着。唇黏膜发绀,唇及双侧颊黏膜未见破损。颈部皮肤未见损伤。躯干及四肢散在片状皮肤擦挫伤,十指甲床发绀。双足底皮肤粗糙,见灰褐色泥沙样物质附着,不易擦除。

(2) 解剖检验:枕顶部广泛帽状腱膜下出血,骨缝分离性骨折,双侧额叶、左侧颞极脑组织大片状挫伤出血、血肿形成,双额叶颅底面脑组织挫碎,广泛蛛网膜下腔出血。颈部皮下组织及各肌群未见损伤出血,舌骨、甲状软骨、颈椎未见骨折。右侧第7后肋线性骨折伴肋间肌出血,双肺未见明显异常。喉咽部、气管上段及气管叉处见食物样成分,堵塞主支气管。心脏未见异常。横膈、降结肠、升结肠系膜、胰腺局部挫伤,右肝叶破裂出血,右侧腹腔少量积血,胃内容物为半成型米粒样物及蔬菜。

(3) 组织病理学诊断:额叶、颞叶多处脑挫伤、出血,脑蛛网膜下腔出血;冠状动脉粥样硬化Ⅲ级;无明显肺水肿、肺淤血表现;全身多器官组织呈缺血缺氧性改变。

(4) 实验室检验:

毒化检验:血液中乙醇含量为111 mg/100 mL,未检出常规毒药物成分。赵某成醉酒状态,可排除赵某乙醇中毒及常见毒(药)死亡因素。

硅藻实验:肺、肝、牙齿中检出硅藻为阳性(但数量不能明确),硅藻种类与现场水样中的形态一致。

2 讨论

2.1 死因分析

根据尸体检验及组织学结果,赵某可排除捂堵口鼻、扼压颈部致机械性窒息死亡因素,未发现心源性猝死的病理形态学诊断。

赵某体表多处散在浅表皮肤擦挫伤,枕顶部头皮挫伤,骨缝分离性骨折,脑组织多发挫伤出血、血肿形成,广泛性蛛网膜下腔出血,右侧第7后肋骨折,横膈、胰腺挫伤,肝、肠系膜破裂,腹腔积血。上述损伤总体呈外轻内重、分布广泛,结合案情分析符合高坠形成,其中颅脑损伤严重。

赵某喉咽部、气管内见堵塞物情况,气道、胃未见明显溺液,无肺水肿、肺淤血,全身多器官组织呈缺血缺氧性改变,分析认为赵某存在胃内容物返流至呼吸道堵塞主支气管致呼吸功能障碍。

综上,赵某符合在醉酒状态下,高坠致颅脑损伤及胃内容物返流堵塞主支气管致呼吸功能衰竭死亡。

2.2 本案的疑点

反常脱衣现象:反常脱衣表现为全身裸露或将衣服翻起,暴露胸部,或仅穿内衣裤,称为反常脱衣现象。通常为冻死尸体的形态学改变,随着体温、心率、呼吸和血压逐渐下降,对外界刺激反应迟钝,意识处于朦胧状态,可出现反常热感,发生反常脱衣现象。要与他人伪装脱衣、强奸、抢劫或其他刑事案件造成的脱衣现象相鉴别。本案例中通过现场、尸检结合环境及检验结果等情况,可以排除刑事案件,结合颅脑损伤情况考虑为颅脑损伤后出现的幻觉热感。

溺死:溺死是由于溺液阻塞呼吸道及肺泡,阻碍气体交换,造成体内缺氧及二氧化碳潴留发生窒息死亡。溺死者在气管和支气管腔内可充满与口、鼻孔部泡沫性质相同的白色泡沫性液体,是确定生前溺死的重要证据之一。目前在利用硅藻检验结果鉴定生前溺死中所持的原则是:凡是肺组织(一般取被膜下肺组织)检出硅藻为阳性,肝、肾、牙齿和骨髓等器官也有硅藻,且硅藻种类与实地水样一致,即可诊断为溺死。Audrey

和 Bertrand 提出定量检验的阳性标准是从每 2 g 肺组织中提取出 100 μL 球状沉淀物中发现至少 20 个硅藻，并且从每 2 g 其他组织如脑、肾、肝和骨髓中发现超过 5 个完整的硅藻。当定性分析在器官中发现与水样一致的硅藻，并且定量分析也到达标准时，可以得出溺死的诊断。通过硅藻检验对硅藻进行定性定量分析，不仅可以直接判断死因，而且对尸体和溺死可疑地点的水样种类及数量比对分析，还有助于推断溺死地点。本例中死者赵某虽然肺、肝组织及牙齿中检出了硅藻，但未能进行定量分析，尸检中未见呼吸道及胃肠明显溺液、无水性肺气肿及肺水肿。故认为溺死依据不充分，不宜参与死因鉴定。

男性性功能鉴定 80 例分析

杨玉有，唐鹏程，杨智曦

重庆市人口和计划生育科学技术研究院/重庆市正鼎司法鉴定所 重庆 400020

在涉及男性性功能障碍的法医学鉴定中，以阴茎勃起功能障碍（Erectile Dysfunction，ED）最为常见。本文通过对 80 例男性阴茎勃起功能鉴定案例进行分析，旨在为相关法医学鉴定提供参考。

1 案例资料

1.1 案例来源

80 例案例来自本所受理的男性性功能鉴定实践。被检测者年龄分布为 18~62 岁，平均 39 岁，中位年龄 39 岁。鉴定时间距受伤时间 6~69 个月，平均 13 个月，中位时间 10 月。除其中 1 例有高血压病史外，其他 79 例均无高血压、糖尿病等病史或长期服药史。

按致伤原因分：工伤 31 例、交通事故 34 例、男科手术 6 例、脊椎手术 4 例、腹盆腔手术 1 例、刀刺伤 2 例、踢伤 1 例、意外从高处跌落 1 例。按损伤基础分：骨盆骨折合并尿道损伤 28 例、单纯骨盆骨折 4 例、骨盆骨折合并会阴部软组织伤 2 例、单纯尿道损伤 2 例、T11 及以下脊髓损伤 18 例、T11 及以下脊髓损伤伴骨盆骨折 2 例、T10 及以上脊髓损伤 6 例、单纯颅脑损伤 6 例、颅脑伤合并颈椎病 1 例、颅脑伤合并 T11 以下脊髓损伤 1 例、单纯会阴部软组织损伤 3 例、男科手术 6 例、腹盆腔手术 1 例。

1.2 鉴定过程

详细了解外伤史，审阅病史资料，依照 GB/T 37237—2018《男性性功能障碍法医学鉴定》标准对被鉴定人进行临床查体和夜间阴茎勃起（Nocturnal Penile Tumescence，NPT）监测等检查，其中 NPT 检查使用阴茎硬度监测仪（RigiScan，美国 Timm Medical Technologies 公司）对被鉴定人连续测试 3 夜。依据 GB/T 37237—2018《男性性功能障碍法医学鉴定》标准对被鉴定人的阴茎勃起障碍程度分级。另外，采用国际勃起功能指数-5（IIEF-5）进行问卷调查，评分标准：>21 分为正常，12~21 分为轻度 ED，8~11 分为中度 ED，<7 分为重度 ED。

1.3 鉴定结果

按照 IIEF-5 评分分析，70 例被测者评分均小于 7 分，为重度 ED；而根据 NPT 结果，仅 3 例属阴茎勃起重度障碍。80 例中，仅 4 例 NPT 结果与 IIEF-5 评分结果分级一致，且不一致结果中根据 IIEF-5 评分得出的分级结果均比 NPT 结果更严重，两者总体吻合率为 5%。

根据 NPT 结果分析，80 例被检测者中，重度 ED3 例，中度 ED20 例，轻度 ED26 例，严重影响阴茎勃起功能 15 例，影响阴茎勃起功能 7 例，阴茎勃起功能正常 9 例。

2 讨论

2.1 NPT 检查的必要性

司法鉴定中，被鉴定人可能由于赔偿心理等夸大病情。本文 80 例被测者中，IIEF-5 评分与 NPT 结果一致性仅 5%，其余 95%案例根据 IIEF-5 评分的分级均比 NPT 分级更严重。因此不能简单根据 IIEF-5 评分进行诊断，而主要依据客观的实验室检查。阴茎硬度监测分为 NPT 检查和视听性性刺激（Audio Visual Sexual Stimulation，AVSS）两种方法。AVSS 明显的缺点就是由于受试者的害羞、紧张和焦虑等，经常记录不到正常的勃起反应，而经常观看此类音像制品的人同样会出现假阴性；王飞翔等进行 54 例 AVSS 检测均未见有效勃起，但 NPT 监测表明其中有 10 例存在有效勃起。Karacan 认为，人在清醒时许多心理性因素对阴茎勃起有抑制作用，而在睡眠状态下，这些心理因素被解除并失去这种抑制作用；阴茎夜间自发性勃起是由于中枢神经系统传导冲动至骶神经丛引起，正常男性每夜有 3~5 次阴茎有效勃起。因此，进行 NPT 检查是更加客观、准确的阴茎勃起功能评价方法。

2.2 NPT 检查的注意事项

阴茎夜间自发性勃起多发生在睡眠的快速动眼相，因此 NPT 检查的准确性受被检查者睡眠质量的影响。《男性性功能障碍法医学鉴定》要求鉴定时需进行连续 3 夜的 NPT 监测。本文 80 例连续 3 夜的 NPT 检测中，有 30 例 3 夜检测结果分级不一致，重复一致性为 62.5%，提示按规范进行连续 3 夜检测的重要性和必要性。

2.3 结果分析

本文 80 例被检测者中，骨盆骨折、尿道断裂最多，为 36 例，占重度 ED 的 2/3，中度 ED 的 10/20；其次为脊髓损伤 27 例，占中度 ED 的 9/20；与其他文献的报道基本一致：骨盆骨折伴后尿道断裂后 ED 发生率为 54%~62%。因此在司法鉴定实践中遇到上述损伤，必须进行细致全面的调查和检测。

总之，男性性功能鉴定应综合考虑损伤基础、临床症状和其他实验室检查结果，全面、客观、准确地评定被鉴定人的性功能障碍程度。

两次外力致颅脑损伤死亡 1 例鉴定分析

杨正凯

四川省阆中市人民检察院 四川 阆中 637400

1 案例资料

1.1 简要案情

2016 年 12 月 3 日晚 23 时许，孙某在喝酒的过程中与他人发生争执，自己先滑倒在地，后被他人摔倒在地，即出现意识障碍，送医院抢救无效死亡。

1.2 病历资料

孙某因"意识障碍 30 min"，于 2016 年 12 月 4 日 00:39 入院。入院查体：体温 36℃，脉搏 120 次/min，呼吸 9 次/min，血压：178/101 mmHg，神志深昏迷，口腔内见血性食物残渣，双侧瞳孔等大圆形，直径 0.5 cm，对光反射消失，左耳道、双侧鼻腔活动性出血，口腔见血迹，头颅无畸形，头皮多处肿胀，双下肢可见多处皮肤擦伤，四肢肌力无法准确测及，肌张力不高，双侧巴宾斯基征阴性。于 12 月 4 日 3:00 在全麻下行右侧开颅颅内血肿清除术+去骨瓣减压术，术中见：右侧颞顶部头皮肿胀，其下组织严重挫伤出血；右侧颞顶部见完全性线性骨折，骨折线延伸至颅底，活动性出血；于颅骨钻孔紧急减压，见暗红色液体喷出；右侧额颞顶部硬膜蓝变，张力极高，切开硬膜见其下血凝块及血性液 100 mL，广泛蛛网膜下腔出血，右侧额叶脑组织挫伤严重，明显活动性出血，右侧颞叶部分脑组织挫伤渗血，侧裂区见少量脑组织挫伤，脑压极高，脑搏动微弱。术后患者意识障碍较深，并多次出现呼吸心搏骤停，于 12 月 7 日 00:10 临床死亡。死亡诊断：特重型开放性颅脑损伤：双侧颞叶及右侧额叶脑挫裂伤，双侧额颞顶部急性硬膜下血肿，右侧额部急性硬膜外血肿，外伤性蛛网膜下腔出血，脑疝晚期，右侧颞骨骨折，左侧顶骨骨折，鼻骨骨折，双侧颞顶部头皮血肿；呼吸衰竭，吸入性肺炎，哮喘；急性酒精中毒。

1.3 尸体检验

右侧额颞顶部见呈马蹄形已缝合手术切口长 29 cm，此处扪及颅骨缺失；右颞顶部见 5 cm×3 cm 椭圆形表皮剥脱伴皮下出血，左额颞部见 4 cm×3 cm 椭圆形表皮剥脱伴皮下出血；鼻骨中份扪及骨折；双手背、右前臂背侧、右肘窝处见针眼；右侧上下肢、左下肢散在片状表皮剥脱伴皮下出血。右侧颞部头皮下出血，右侧颅骨部分缺失，右侧颅前窝外侧至右侧颅中窝后份外侧颅骨缺失缘呈不规则锯齿状，其余颅骨缺失边缘整齐，硬脑膜缝线呈"C"形。左侧额颞顶部头皮下及颞肌出血，左额顶枕部见斜形 13 cm 长完全性线性颅骨骨折，裂开 0.2 cm，骨折线自左额部向左枕部延伸。左侧额颞顶部硬膜外见 70 g 血凝块，清除血凝块后硬脑膜未见破裂，左侧额颞顶部硬膜下见血凝块 30 g。广泛蛛网膜下腔出血，以右侧为甚，脑回增宽，脑沟变浅，双侧颞叶及额叶脑挫伤，小脑扁桃体疝明显。双侧胸腔各有淡红色液体 200 mL，双肺水肿、实变，左侧胸膜大片粘连。腹腔有淡红色液体 300 mL，胃内有黄色乳糜状内容物 300 g，胃黏膜充血。

1.4 阅片所见

阅 2016 年 12 月 4 日急诊 CT 片示：双侧颞顶部头皮血肿，右侧颞骨骨折，左侧顶骨骨折，鼻骨骨折，右侧额部急性硬膜外血肿，双侧额颞顶部急性硬膜下血肿，外伤性蛛网膜下腔出血，右侧额颞叶脑挫伤；右侧大脑半球受压、推移，脑中线结构向左侧偏移 1.5 cm，右侧侧脑室受压；双侧侧裂池、鞍上池、环池及四叠体池受压，脑疝形成；颅内右侧出血明显，出血量大，颅内左侧出血量较少。

1.5 理化检验

胃内容物未检见常见毒物。

提取心血中检出乙醇成分，乙醇含量为 3.7 mg/100 mL。

2 讨论

2.1 死亡原因分析

根据毒化检验，结合临床表现及现场勘查，排除孙某常见毒物中毒死亡。

孙某死后提取心血中检出乙醇成分，乙醇含量为 3.7 mg/100 mL。说明其生前饮酒，但其死前经医院抢救 4 d，因酒精的代谢和衰减，不能准确推断其案发时的血酒精含量。虽然医院诊断"急性酒精中毒"，但根据其损伤及临床表现，排除酒精中毒直接导致死亡，其醉酒在死亡中起辅助作用。

孙某颅脑损伤严重，其余仅四肢散在片状表皮剥脱伴皮下出血，损伤轻微。其颅脑损伤为致命伤。其死亡原因为：外伤致特重型颅脑损伤，因颅内高压致脑疝形成，致中枢性呼吸循环衰竭死亡。

2.2 两次外力作用分析

根据尸体检验情况及病历资料、影像学资料，孙某头部左右侧均存在颅脑损伤。其右侧颞顶部和左侧额颞部均有椭圆形头皮挫伤及皮下出血，其下对应有颅骨骨折，为外力直接作用部位，结合现场勘查，符合与地面类钝性物体碰撞所致。但上述两处损伤不在同一水平面，难以用一次外力形成解释；其左右侧颅骨骨折为完全性线性骨折，骨折线较长，无交叉，也难以用颅骨整体变形来解释。因此，其头部损伤符合两次外力作用所致。

其左右侧均有颅脑损伤，根据急诊 CT 检查所示，其入院时右侧脑挫伤及颅内出血明显，出血量大，颅内左侧出血量较少，右侧大脑半球及侧脑室受压明显，脑中线结构向左侧明显偏移。经右侧开颅颅内血肿清除术+去骨瓣减压术。说明其入院时，右侧颅脑损伤较左侧严重而明显。结合案情，其左侧颅脑损伤为自己滑倒在地形成，其右侧颅脑损伤为被他人摔倒在地形成。其左侧颅脑损伤在入院时较右侧轻，但在治疗过程中左侧颅内出血量增加，损伤加重。根据左右侧损伤对比，其左侧颅脑损伤总体较右侧稍轻，但在其死亡中所起作用大小难分主次。因此，其为两次外力共同作用，导致颅脑损伤死亡。

活体电击伤的伤情鉴定探讨

张宝龙[1]，范文武[2]，夏元飞[1]

1. 安徽省合肥市公安局 安徽 合肥 230001
2. 安徽省庐江县公安局 安徽 庐江 231500

电在工业、农业及日常生活中应用非常广泛，如果使用不当，很容易使人遭到电击，俗称触电。电击往往会引发人体严重伤害，轻者全身症状轻微，触电肢体可麻木，轻度心悸；重者面色苍白，心跳、呼吸增快，可出现昏厥、意识丧失，甚至导致死亡。关于电击伤的法医鉴定多见于触电死亡，很少见到电击后存活的伤者。本文报道 1 例活体电击伤的案例，借此探讨一下有关电击伤的临床法医学鉴定。

1 案例

刘某，女，48 岁。2018 年 5 月 22 日早晨，准备上山采茶，路过一个斜坡，发现一根铁丝围成的电网（主要用来捕杀野兔、野猪等），打算跨过去时碰到铁丝，立即遭到电击，顿时失去意识，滚落到田间，大约 1 h 后苏醒过来。苏醒后感觉头晕、头痛，遂报警。

现场勘查发现一个电子狩猎器，它由蓄电池（一组电瓶 60 V）、升压器、电网（图 7-15）等组成的。动物一旦触碰电网，电子狩猎器立即升压，电压可达数千伏，并释放大电流电能，轻者动物被电晕，重者被电死。因犯罪嫌疑人在公共场所擅自安装使用电网，并导致刘某遭受电击，涉嫌构成了危害公共安全罪。办案单位要求法医对刘某进行伤情鉴定。

5月24日行法医学检查，检查见：被鉴定人左踝关节处一典型电流斑（图7-16）。电流斑又称电流印记，系电流入口。此处电流斑呈灰白色圆形，直径5 mm，质干燥，中央凹陷，周围稍隆起，边缘钝圆，形似火山口。外周组织电烧伤呈贫血性凝固性坏死，与周围组织分界清晰。左足第五跖骨外侧见一直径3 mm圆形电流出口（图7-16），出口处皮肤因电流灼伤呈灰黄色焦皮。左下肢外侧、左前臂近肘部和左上臂外侧均可见条形皮肤擦伤，分析为电击后摔倒滚落所致。右侧肢体正常。

9月1日复检：左踝外侧原发性电流斑处瘢痕愈合。左足外侧电流出口处瘢痕愈合。被鉴定人主诉左下肢感觉麻木。

图7-15 现场勘查照片

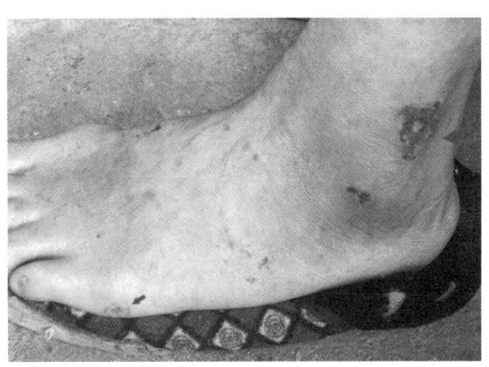

图7-16 被鉴定人左踝电流斑

2 讨论

电击伤和溺水类似，短时间接触就可能丧命。电击伤的死亡机制：电流通过心脏，使心肌细胞兴奋性增高，在心肌内形成许多异位起搏点，导致心室纤颤、心力衰竭。电流通过颈髓上部或脑干，引起呼吸中枢麻痹，患者可立即昏迷，瞳孔散大或固定，呼吸、心搏骤停。电流作用于呼吸肌，可发生强直性或痉挛性收缩，甚至角弓反张，造成呼吸衰竭、窒息而死亡。但电击伤或溺水时如果非常幸运、及时摆脱危险，可以存活。在电击或溺水时，由于会出现两个极端的结果：要么存活、要么死亡，故此类损伤属于轻重伤范畴中的"其他对于人身健康有重大或中度伤害的损伤"，而不是通常的轻重伤定义——丧失器官功能、出现器官功能障碍。

对于活体电击伤的鉴定，多数学者认为，应主要依据现场勘验、症状与体征、有无电流斑与电烧伤等三个方面。本案法医鉴定人员进行了现场勘验，发现电击装置，法医学检查见左足有电流斑、电流出口。并在现场进行了受伤过程重现，发现现场可以形成伤者的左足电流斑和电流出口，电击后会摔倒滚落。而《〈人体损伤程度鉴定标准〉释义》电击伤Ⅰ度和Ⅱ度鉴别要点是有无出现昏厥、意识丧失。虽然缺少目击者，但分析被鉴定人主诉触电后突然摔倒、意识丧失，基本真实、可信。全面分析，综合评定，被鉴定人应属于电击伤Ⅱ度，依据《人体损伤程度鉴定标准》5.12.2 h，应鉴定为重伤二级。

低压交流电（尤其是家用电源220 V）电击易导致心室纤颤，高压电常直接导致心搏骤停。电流通过脑、心、肺致呼吸肌麻痹、心室纤颤、心脏停搏、昏迷和瘫痪。本例伤者被高压电击而幸存，一方面与当时特殊的斜坡地形有关；另一方面是由于电流入口和电流出口均位于左足，相距很近，电流只在局部通过，作用于人体的范围小、电流回路短，离心、脑、肺较远有关，故而没有引起电击死。

中医角度解释几种特殊的人体现象

张宝龙[1]，何庆勇[2]

1.安徽省合肥市公安局 安徽 合肥 230001
2.安徽瑞普司法鉴定所 安徽 合肥 230001

临床法医学研究的对象是活体，而法医病理学的检查对象是尸体。法医大部分工作是验伤和尸检，针对的对象分别是活体和尸体。大家工作中经常会发现有些人体现象，很难用生活常识来解释，理解起来也很困难。如新生儿腰部、臀部出现青斑-胎记；人在临终前往往有回光返照、大冬天出现大汗淋漓；冻死者往往有反常脱衣现象，等等。笔者近几年研究了一下中医，有了一点感悟，以上反常的现象，皆可通过中医的六淫之一——寒邪、八纲中的阴阳来解释，现写出来供各位同行专家商榷指正。

新生儿宝宝身上常见有一块块青斑，一般称为青记或胎生青痣。为什么会出现青斑？原因是孕妇在怀孕时遭受寒邪，肚子里有寒邪，寒邪郁结在小孩子的身上，小孩子出生后身上就会有一块块青斑，有些小孩子过一段时间身上的青斑就消散开了，就好了；但有些小孩子因为孕妇肚子里的寒邪太重了，导致青斑久久都消散不了，这个现象叫寒气胎毒。寒气胎毒意思是孕妇在怀孕时体内有寒邪、寒气，它郁结在胎儿身上就表现为一种毒素。

"回光返照"这种奇特的人体现象，自古以来传统医学就有相关记载，从中医的角度来讲，得神者昌，失神者亡，回光返照又叫"假神"，是久病重病的患者，突然一时间出现某些神气暂时"好转"的虚假表现。假神是由于脏腑精气衰竭殆尽，正气将绝，阴不敛阳，虚阳外越，阴阳即将离绝的危候。也是病人在全身脏腑衰竭前最后动员所有能量所做垂死挣扎的表现，常见于临终之前的预兆。

临床表现：久病重病的患者，原来精神不好，突然精神转"佳"；原来已经吃不下饭了，突然之间很想吃东西，并且暴食；原来面色十分晦暗，忽然两颧发红如妆。这就是回光返照的典型表现。中医分析原因：阴阳即将离绝，阴不敛阳，差不多要亡阳了。因为阳气是往上走的，全身的阳气都是往上、往外出去的。在亡阳时病人残余的一点阳气经过胃时，胃开始蠕动，病人感觉有点饿，想要吃东西。阳气继续跑，跑到脸颊颧部停一停，出现两颧发红如妆"戴阳证"。这就是回光返照。阳气再往外跑，全都跑出去，就亡阳了，病人就驾鹤西去。

人在临终时，阴阳出现离决和亡失。只要出现阴阳离决和亡失，病人一定会出现大汗出、大汗淋漓的表现。亡阳时，身体内没有阳气，脉搏跳动不起来，就会出现脉微欲绝。

冻死者反常脱衣。冻死者死前常脱去衣服，全身裸露，或将衣服翻起，暴露胸部。法医病理学教材上分析：可能是由于低温作用下体温调节中枢麻痹，有幻觉热感。与中医理论不谋而合。中医认为这是阴阳相互转化，"寒极生热"，"生"就是"变成"的意思。阴阳相互转化的条件，一般都表现在事物变化的"物极"阶段，重阴必阳，重阳必阴。如生活中小孩子发高烧时，当热到一定程度时，突然之间四肢发凉、四肢发冷，即"热到极致变成寒"。汉语亦有"否极泰来""物极必反"等词语，说明事物发展到极端，就会向相反方向转化。

中医是国粹，博大精深，如著名的青蒿素治疗疟疾等。以上几点分析，来自中医药学教材和专家的授课，笔者认为分析得很有道理，故写出来，供大家参考。

同案两伤者损伤法医鉴定分析

张富刚[1]，喻大兵[2]

1. 四川省德阳市公安局罗江分局　四川　德阳　618500
2. 四川省阿坝州壤塘县公安局　四川　壤塘　624300

判定损伤程度、确定损伤类型、分析损伤形成机制、推断致伤物，是法医临床鉴定的主要任务；在具体案件中，客观、全面分析损伤形成机制十分必要；是立案、侦查，诉讼、调解的重要依据；笔者结合同案两伤者法医临床鉴定分析，以期同仁提出意见建议，并在同类案件法医鉴定中参考利用。

1 案例资料

1.1 案情

周某某，男，汉族，45岁，王某、男、汉族、35岁，2020年2月6日，周某某与王强两家因修路、刮树皮等邻里纠纷发生口角，继而双方发生扭打倒地，致周某某和王某均受伤；因疫情初期未住院治疗。

1.2 病历摘要

据某医院病情证明记载："王某,男,35岁,病情及诊断:右髌骨骨折,2020年2月7日。该医院2020-02-07右股骨中下段正侧位DR示：右股骨下段、胫腓骨上段骨质未见异常；髌骨骨折，折线清晰，对位良好，膝关节正常；DR诊断意见：右髌骨骨折，对位良好；2020-02-17右膝关节正侧位DR示：右髌骨骨折，折线清晰，对位良好，膝关节间隙正常，周围软组织肿胀；2020-03-06 右膝关节正侧位 DR 示：右髌骨骨折，折线清晰、边缘稍模糊，折块对位良好，右膝关节关系未见异常。

据某中医院病情证明书记载："周某某、男 45 岁，诊断：右桡骨远端骨折；建议：患肢夹板外固定制动，口服消肿止痛药物，休息二月"该院 2020-02-06 日右腕关节 X 片示：右桡骨远端骨折，折端对位对线尚可，2020-03-05 日 MRI 示：右桡骨远端骨折伴骨髓水肿征，双折端对位对线良好，右腕月骨少许骨髓水肿征；2020-03-11 日右腕关节正侧位 DR 片示：右桡骨远端骨折外固定术后 1 月复查：右桡骨远端骨折，骨折线稍模糊，折断对位对线良好；右腕关节 CT 片示：右桡骨远端骨折、折线累及关节面，折端对位良好；2020-03-26 日复查右腕关节 DR 片示：右桡骨远端骨折，折端对位良好；2020-07-14 日 DR 片示：右桡骨远端骨折，对位良好，折线不清，腕关节正常，右手及腕关节骨质疏松。

2 损伤程度鉴定意见

2020 年 3 月 9 日，依据《人体损伤程度鉴定标准》5.9.4 轻伤二级 f）"髌骨骨折"的规定被鉴定人王某右髌骨骨折的人体损伤程度属轻伤二级；2020 年 7 月 14 日，依据《人体损伤程度鉴定标准》5.9.3 f）"四肢长骨骨折累及关节面"的规定被鉴定人周某某右桡骨远端骨折累及关节面的人体损伤程度属轻伤一级。

3 讨论

3.1 王某右髌骨骨折损伤机制

髌骨是全身最大籽骨，位于膝关节的前方，传导并增强股四头肌作用力，保护、稳定膝关节；髌骨骨折多见于中壮年，分为横断、粉碎、纵向和上下极撕脱；王某右膝关节正侧位 DR 王某右髌骨外上可见'」'形骨折线，折线清晰、折块对位良好；结合现场及案情综合分析王某右髌骨骨折符合在屈膝、髌骨相对固定状态下跪地外力直接作用形成。

3.2 关于周某某右桡骨远端骨折损伤机制

桡骨远端是松质骨与皮质骨交界处，为解剖薄弱处，遭受外力，容易发生骨折；骨折多由间接暴力向上轴向传导形成骨折；周某某右腕影像辅查证实：右桡骨远端骨折、折线累及关节面、折端对位良好，右腕月骨少许骨髓水肿征；属关节内骨折，累及桡腕关节；结合现场及案情综合分析周某某右桡骨远端骨折符合扭打摔倒过程中，右手掌面触地外力轴向传导形成。

3.3 客观、全面的案情、病历资料是法医临床鉴定的基础

客观、全面的案情、病历资料是法医临床鉴定的基础；案情、现场、原始损伤情况在损伤机制分析中非常关键；该案发生在农村户外，现场有石块凹凸不平，两伤者面对面扭打过程中两次倒地，王某将周某某摔倒，倒地过程中周某某右手掌触地、王某右膝跪地；故两伤者对损伤程度、损伤机制鉴定无异议；此案不予立案。

体表挫（擦）伤消失后准确测量损伤面积的研究

张光宇，张晓莹，周玉林

吉林省四平市公安局刑事侦查支队 吉林 四平 136001

《人体损伤程度鉴定标准》适用指南对轻微伤的鉴定要求需在被鉴定者损伤消失前做出评定，是因为许多是否构成轻微伤的鉴定于皮肤挫（擦）伤的面积大小有关，损伤消失后可能无法准确测量损伤面积。近两年来，随着公安机关扫黑除恶专项斗争的开展，许多时过境迁未做过的伤害案件需要进行损伤程度评定，此类案件中常常涉及皮肤挫（擦）伤面积的准确测量。如何根据办案单位提供的伤者损伤照片进行准确测量损伤面积，是准确评定此类案件损伤程度的关键。现结合实际案例报告如下。

1 设备与方法

1.1 主要设备

办公电脑一台、MRS-6400 A3PL 彩色扫描仪一台、NIKON D800E 数码相机一部、软件 Photoshop CS 2 9.0 版。

1.2 方法与步骤

第一步，将带有伤者损伤部位或体表标志、需要测量面积照片及带有标准比例尺的照片用扫描仪扫描或用数码相机翻拍后存储到办公电脑中；第二步，运行 Photoshop 软件并打开需要测量的照片，点击"窗口-直方图"，这时窗口中会出现一个直方图，然后点击直方图图标右上角的小三角标志，选择"扩展视图"；第三步，选择左侧竖排工具栏中的"套索工具"，在照片上用鼠标连续标记需测量的部分，形成闭锁的区域后，在扩展视图中即可看到所选区域的详细像素信息，记录该像素值；第四步，重复第三步的方法，测量出照片中已知面积部位的像素，通过比例计算可以算出需要测量的皮肤损伤面积。

1.3 案例

某男，52 岁。于某年 6 月 1 日被他人打伤，伤及右上臂及左侧腰背部，致上述部位皮肤挫伤形成皮下出血。伤后一个月，办案单位委托某县法医室对某男的损伤程度进行鉴定，并提供处警时拍摄的某男损伤部位照片。法医依据照片推测孙某皮肤挫伤构成轻微伤。因对方认为伤者全身损伤不构成轻微伤，故要求上级机关对某男进行再次鉴定。本案关键是是否能够准确测量送检照片上的损伤面积，其面积是否达到轻微伤的要求。笔者审阅了办案单位提供的照片，照片上伤者右上臂中段外侧有不规则片状皮下出血，其内上方有一类圆形疫苗接种瘢痕；左侧腰背部有一不规则片状皮下出血，其内下方有一类圆形皮肤色素改变区。由于送检照片上具有能测量面积的特定标识，对某男进行法医临床检查。在某男右上臂疫苗接种瘢痕和左侧腰背部皮肤色素改变区分别添加标准比例尺，进行拍照，然后将得到的照片和办案单位提供的伤者照片一并导入电脑内，运行 Photoshop 软件，应用前述第一步至第四步方法先测量出伤者右上臂疫苗接种瘢痕面积，再依据受伤当时伤者右上臂皮肤挫伤区与疫苗接种瘢痕的比例，算出皮肤挫伤面积；同样方法，可以算出左侧腰背部皮肤挫伤面积。经测量标准照片中 1 cm^2 像素为 9409，右上臂疫苗接种瘢痕区像素为 30580，左腰背部皮肤色素改变区像素为 3092，送检照片中伤者右上臂皮肤挫伤区和疫苗接种区像素比值为 3.5，左腰背部皮肤挫伤区和色素改变区像素比值为 62.7，即伤者右上臂皮肤挫伤面积为 11.4 cm^2，左腰背部皮肤挫伤面积为 20.7 cm^2，即全身皮肤挫伤面积累计为 32.1 cm^2。依据《人体损伤程度鉴定标准》有关定评定为轻微伤。

2 讨论

利用 Photoshop 软件可以对照片中选定区域的像素值进行测量，而像素是构成数码图像的基本单位，一个图像由多个像素构成，如不改变图像大小，图像的像素大小和总数是不变的，且同一图像中相同面积内的像素是相同的，如果可以计算出每平方厘米内图像像素值，就可以通过测量像素值得到选定区域的面积。

对于损伤已经消失的伤者，关键是受伤当时的照片上是否有能够反映出面积的标识物。受伤当时的照片上如果有能够反映出面积的标识，即使损伤已经消失了，也可以应用 Photoshop 软件准确测量损伤面积。如本案中照片上有疫苗接种遗留的片状瘢痕和体表色素改变区，大小稳定，通过检验伤者均可以准确测量面积，推算出损伤面积，为损伤程度的评定提供准确数据。

综上所述，对于损伤已消失的案件，是否能够进行损伤程度评定不能一概而论。要审阅送检伤者受伤后的照片，如果准确测量损伤面积，也可以接着进行损伤程度特别是轻微伤的评定。

男性假两性畸形法医学鉴定 1 例

张海兰，褚文毅

青海省大通县公安局刑侦大队 青海 大通 810100

1 案例资料

1.1 简要案情

2019 年某日，崔某在家中持刀刺伤冯某致死，随后投案自首。犯罪嫌疑人崔某身份证件显示性别为女性，长相外貌似男性，遂进行法医学鉴定，以便收监。

1.2 病历摘要

某三甲医院门诊病历摘要。

现病史：发现外生殖器异常两年；过敏史：无；既往史：平素体健，否认传染病史及接触史；家族史：否认家族遗传病史及传染病史；体格检查：阴茎发育畸形，短小，阴囊发育畸形类似阴唇，根部可触及类似睾丸组织块，尿道外口开口异常；门诊泌尿科血常规检验示孕酮（P）测定值低于参考值；染色体核型分析报告诊断结果：46，XY，320～450 条带阶段未见染色体核型明显异常；男性生殖系统彩色多普勒超声检查示：左侧隐睾；经腹部妇科彩色多普勒超声检查示：盆腔未探及子宫；诊断：男性假两性畸形？

1.3 法医学检查及鉴定意见

崔某，19 岁。神志清，精神可，查体合作。经询问自述以女性身份生活多年，无月经史。法医查体：发现外生殖器异常，阴茎发育畸形、短小，阴囊发育畸形类似阴唇，根部可触及类似睾丸组织块，尿道外口开口异常，颈部甲状软骨明显突出，胸部平坦未见明显隆起。

DNA 检验鉴定意见：在排除近亲和其他不良因素的影响下，嫌疑人崔某的性别基因为 X/Y。

被鉴定人崔某性别基因为 X/Y；染色体核型分析诊断结果为 46，XY，320～450 条带阶段未见染色体核型明显异常；超声检查未见女性内生殖系统，被鉴定人应为男性。查体见被鉴定人甲状软骨突出，胸部平坦未见明显异常，阴茎发育畸形、短小，阴囊发育畸形类似阴唇，根部可触及类似睾丸组织块，尿道外口开口异常，被鉴定人应为男性假两性畸形。

1.4 调查情况

经调查，崔某从出生被父母根据生殖器官外形认定为女孩，故身份证显示性别女。崔某自述自己一直以女生身份生活，从上小学到初中毕业，都是上女生厕所，住女生宿舍，但是从初中毕业的前段时间开始一直把自己当男生，因为自己的身体男女特征都有，从生殖器外观上看是女性，但是从来没有来过例假，也有喉结，因此交往女朋友冯某并能像正常男人一样与冯某发生性关系。

2 讨论

两性畸形是指男女生物学性别可根据性染色体、生殖腺结构、外生殖器形态以及第二性征加以区分，但有些患者生殖器官同时具有某些男女两性特征。两性畸形分为女性假两性畸形、男性假两性畸形、生殖腺发育异常。男性假两性畸形是指患者染色体核型为"46，XY"，生殖腺为睾丸，无子宫无阴道，阴茎极小、生精功能异常，无生育能力。系因男性胚胎或胎儿在母体缺少雄激素刺激发育。

本案中，被鉴定人因是重大刑事案件嫌疑人，故在案件调查结束后进行收监看押，而在进行人身检查过程中发现犯罪嫌疑人崔某身份证显示性别女，而体貌特征及案件中涉及案情为男性，询问得知崔某至今无月经史，对崔某性别存在争议，无法顺利送至看守所进行看押，故对崔某进行性别鉴定。

在性别鉴定过程中，对崔某进行法医学鉴定之前，首先将崔某带至省三甲医院进行医学临床检查，按照身份证性别先进行腹部妇科彩色多普勒超声检查，检查盆腔是否有女性子宫及附件，结果显示崔某盆腔无女性子宫，故又进行男性生殖系统彩色多普勒超声检查，结果为崔某男性生殖系统中存在左侧隐睾。同时，为进一步查明，对崔某进行了泌尿科血常规检验，检查性激素是否正常，结果显示孕酮（P）测定值低于参考值。在崔某的性别诊断在临床医学结果上偏向男性时，我们将性别判断方向考虑至染色体，故又做了崔某的染色体核型分析，看染色体是否正常，有无 Y 染色体，染色体核型分析诊断结果为 46，XY，320～450 条带阶段未见染色体核型明显异常。在医院染色体核型分析的基础上，对崔某进行了 DNA 检验鉴定性别基因，结果崔某的性别基因为 X/Y，崔某的性染色体属于男性。至此，结合崔某身体特征、医院检查结果及性别基因检验鉴定得出法医学鉴定结果为崔某属于男性假两性畸形。

男性假两性畸形的判断要综合体貌特征的观察、临床诊断及基因检测后确定。

浅论司法精神病鉴定的启动标准

张宏星[1]，尚欢[2]

1. 陕西省西安市人民检察院 陕西 西安 710016
2. 西北政法大学 陕西 西安 710061

司法实践中司法精神病鉴定既涉及诉讼程序中的举证责任，也事关人权保障和惩罚犯罪的价值平衡，但是相关法律和司法解释在司法精神病鉴定的启动标准方面却没有明确具体的规定，导致司法机关和被告人及其近亲属、辩护人面对此问题时无所适从，影响了司法的公正和效率。笔者结合相关法律和司法解释，对我国司法精神病鉴定启动标准进行探讨。

1 司法精神病鉴定的特点

司法精神病鉴定是司法鉴定的一种类型，具有司法鉴定的共同特征，也具有自身的特性，主要表现在：一是司法精神病学是跨越法学和医学的交叉学科，因此司法精神病鉴定同时具备法律性和医学性。二是司法精神病鉴定受主、客观因素影响较大，难以得出确定一致的鉴定意见。三是司法精神病鉴定意见对案件处理有重大影响。而不管司法精神病鉴定的结果如何，案件办理机关、相关鉴定机构、鉴定人员均面临着来自当事人（犯罪嫌疑人或者被告人、被害人）及其亲属、社会舆论的巨大压力。综上，司法精神病鉴定具有很强的医学性和不确定性以及对案件处理结果有重大影响等特征，所以启动司法精神病鉴定意义重大，应当慎之又慎，应有较具说服力的评判标准。

2 司法精神病鉴定的启动标准

根据我国的法律规定就精神病司法鉴定启动制度而言，鉴定的决定启动权由司法机关行使，辩方仅享有申请启动鉴定或者申请补充鉴定、重新鉴定的权利。但对于以什么标准判断是否应该启动，目前，法律无相应规定。实践中，随着对嫌疑人或被告人权保护的推进，审判机关越来越重视司法精神病的鉴定，因为其对案件处理影响较大，由于我国法律规定刑事公诉案件的举证责任由司法机关承担，因此，司法精神病鉴定作为可能证实犯罪嫌疑人、被告人无罪或者罪轻的证据，自然也属于司法机关的举证责任范围。

由司法精神病鉴定具有医学性和法学性相互交叉的特性，启动标准也要兼顾法律领域和精神医学领域的共同要求，从保障嫌疑人或被告人权利出发，对启动司法精神病鉴定，应采取较宽松的标准，结合司法办案实践，若有下列情形之一的，应启动司法精神病鉴定程序：①曾经有明确精神异常史，证据来自医院门诊、住院病历记录、诊断证明、精神残疾证等；②有精神病家族史，亲属及周围人反映涉案对象有精神异常表现；③案件办理过程中有精神反常现象，如涉案对象行为的目的、动机、方式、过程等有悖常理，有毒品依赖表现等。

3 对把握启动司法精神病鉴定评判标准应注意的几个问题

①由于公安机关、检察机关和人民法院都可以作为启动司法精神病鉴定的主体，所以在案件侦查、审查起诉和审判阶段都可以做司法精神病鉴定。②司法精神病鉴定越早越好，可为以后案件处理打好基础，减少纠纷。③司法精神病鉴定时间不计入诉讼时间，不影响其他侦查工作的进行，可利用鉴定时间合理安排其他办案时间。④对于达不到启动标准的，经过调查分析，不予启动，但应做好说理释法工作，避免矛盾激化，造成缠诉。⑤5 对于鉴定不服的可以启动重新鉴定，但要减少多次鉴定，必要时，可以组织听证会，形成统一认识。

1例精神病责任鉴定的法医学讨论

张宏星[1]，白宁波[2]，杜增凯[3]
1.陕西省西安市人民检察院 陕西 西安 710016
2.陕西省人民检察院 陕西 西安 710016
3.陕西省榆林市公安局 陕西 榆林 719000

1 案例资料

1.1 案情简况

2012年3月28日中午，陕西省西安市公安局雁塔分局某派出所接群众报警称，在西万路旁康×村一废弃房内，发现一烧焦的尸体，侦查人员在案发现场勘验时发现一名男性流浪人员，随即将其控制，经讯问，该流浪男子自称李某某，供述被害人在其居住场地外大便时发生争执打斗，其用棍子将被害人打到后继续用棍子在被害人头部乱打，然后将被害人拖至里面小房间内，由于天冷，点燃房间内杂物烧火取暖致被害人焚烧。在案件办理过程中，公安机关委托当地一家鉴定机构对嫌疑人进行司法鉴定，鉴定意见为被鉴定人患有精神分裂症，无刑事责任能力。因被害人家属对该鉴定意见持有异议，公安机关又委托当地另一家鉴定机构对嫌疑人进行了第二次鉴定，鉴定意见为被鉴定人患有慢性精神分裂症，具有部分刑事责任能力。后该案经中级人民法院一审判处被鉴定人死刑，缓期两年执行，经二审审理，省高级人民法院裁定发回重审。在重审过程中，又补充对被鉴定人作案时的精神状态及刑事责任进行更准确鉴定，经委托外地一家鉴定机构进行第三次鉴定，鉴定意见为被鉴定人患有精神分裂症，案发时处于慢性期，具有限定刑事责任能力。本例引申出的问题是如何看待这三份意见？被鉴定人的责任该如何确定？

1.2 相关资料

（1）被害人死因鉴定主要发现：①死者头面部多处皮肤挫裂伤，颅骨粉碎性凹陷性骨折，表明死者头面部遭受钝性外力作用，结合头部解剖所见，死者符合他人用钝器致伤头面部致重型颅脑损伤而死亡的特征；②据尸检所见及现场勘验情况，分析认为死者受到焚烧时已丧失自主能力。③根据头部及面部创口形态特征分析，致伤物符合具有一定重量及棱角的钝器致伤特征（如砖块、木条等）。

（2）现场勘验发现：①现场房外路边有死者电动车。②现场房外大便痕迹。③现场房内大房地面有大量血迹及有死者血迹的椅子木条3根和砖块1个，墙面有死者的喷溅血迹。④现场房内小房地面有大量血迹及有部分烧焦状的死者尸体。

（3）被鉴定人平时表现及前科：据被鉴定人家属邻里讲，被鉴定人小时候表现良好，曾坐过牢，近几年精神不太正常，曾到医院看过精神科，没留下病历。据河南省内乡县人民法院判决书示被鉴定人因犯抢劫罪判处十二年有期徒刑，于2009年10月被刑满释放。

（4）被鉴定人检查所见：意识清晰，注意力欠集中，思维连贯，承认住过精神病院，讲不清发病表现，引出被议论、被害观念，知道身处看守所，承认作案行为，不能清楚陈述作案经过，称当日作案因被害人打他，自己"心里有气"，"失手把他打死的"，对后果有一定认识。情感反应平淡，主动意志减退，记忆、智能尚可，自知力无。辅助检查示精神病责任能力评定表测定，总分小于30分。

2 鉴定讨论

2.1 依法依规，慎重对待

此类鉴定主要解决精神状态和责任能力两个问题，有时需鉴定诉讼能力即受审能力的问题。因为精神病鉴定是一类特殊鉴定，其结果对当事双方及司法机关有着重要关系，所以，对精神病鉴定需高度重视、依规慎重，包括鉴定的申请、审批、启动、鉴定机构的选择、结果告知、复议、重新鉴定等，要严格遵守制定，充分维护当事方的权利。

2.2 精神病要严格按照精神病鉴定的规范进行

包括《中国精神障碍分类与诊断标准（CCMD-3）》（第3版）及《精神障碍者刑事责任能力评定指南》（SF/JD0104002—2011）等，满足鉴定质量核查的要求。

2.3 尽量多收集相关鉴定资料，力求客观科学

在鉴定过程中，尽量多的收集相关鉴定资料，多和办案部门沟通，了解案发经过、现场情况等，必要时对被鉴定人进行住院观察，临床仪器检测，也可以做侦查实验，力求客观科学。

2.4 力求鉴定准确

力求鉴定准确，因为此类鉴定意见与案件办理息息相关，直接影响被鉴定人定罪量刑。如评判被鉴定人有无精神障碍需准确评定病名，案发时的病情状态，对限制刑事责任能需评定该限定部分的大小，是大部分责任，或是小部分责任等。

2.5 注意区分诈病和伪装

注意区分诈病和伪装，夸大病情。应根据检查结果，综合分析，慎重评判。

2.6 注意鉴定人出庭问题

精神病鉴定比较特殊，易引起纠纷，在新媒体时代，也容易成为焦点热点。很可能需要出庭作证，所以，鉴定后要有所准备，注意宣传答疑解惑，正确引导。

未成年人案件中虐待伤的损伤特点

张嘉川，王峥，李伟昊

北京市丰台公安司法鉴定中心北京 丰台 100071

虐待伤，是指以取乐、迫害、发泄等为目的，使用殴打、捆绑等过激手段，对被害人造成一定的损伤，被侵害者年龄多在8岁以下，主要分生理和心理两方面，生理损伤包括外部损伤、内部损伤和性虐待。心理

损伤是指被虐待后形成不健康的性格和人设，包括畏惧、自闭以及对环境和社会的错误认知等，一般需要心理疏导治疗，这里不做过多阐述。

1 案例资料

1.1 案例一

2018年6月22日2时许，李某某（女，6个月）在北京市丰台区一连锁酒店内被发现死亡，120工作人员到现场后报警。

本案中，死者李某某因遭受虐待而损伤的事实清楚，损伤后果严重，解剖结论清晰。法医尸表检验发现死者体表损伤轻微，新旧不一且相互重叠（图7-17），解剖结论为符合钝性外力作用于躯干部造成下腔静脉入心处破裂（图7-17）致心脏压塞合并心肺挫伤死亡。嫌疑人为死者继父，据他交代，以前为防止孩子哭闹，曾多次对其全身掐捏，案发当晚因李某某哭闹被掐捏止哭无效后嫌疑人崩溃，用拳头击打李某某胸部并抱起向床上摔跌，这些供述与法医后来的尸表检验及解剖检验结果可以前后印证。本案中李某某所受损伤既包含外部损伤也包含内部损伤，相对来说，外部损伤的致伤过程较长。

图7-17 新旧伤重叠

图7-18 下腔静脉破裂

1.2 案例二

2019年8月9日23时许，唐某某（女，一岁半）在北京市丰台区一居民楼被发现死亡。120送医后，因有外伤及无明确死因，医生报警。

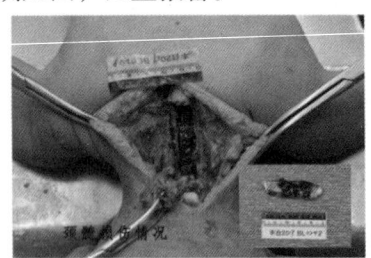

图7-19 颈髓损伤情况

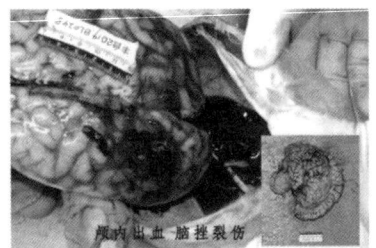

图7-20 颅内出血、脑挫裂伤

经了解，嫌疑人为死者唐某某的亲生父亲。两次婚姻5个孩子让他心力交瘁，生活窘迫带来的压力和小女儿未谙世事的哭闹使唐某某成了他长期的撒气桶。法医尸表检验见多处挫伤新旧不一，大小不等，以双下肢为著，因死因无法确定申请解剖检验，结果为唐某某符合头、颈部受钝性外力作用致头颅过度运动、颈部过伸过屈，引起颅内血肿及出血、脑挫裂伤（图7-19）、颈髓神经根损伤（图7-20），颅压增高导致呼吸循环衰竭死亡。本案中，肉眼可见的生理损伤并不致死，致死伤为颅内出血及脑挫裂伤，如果没有CT扫描或解剖检验等深层检查很难发现。

以上为未成年人被虐待致死的两个案例，相对于工作中其他涉及未成年人的案例来说，案情及伤情都比较清晰明确，下面就未成年人虐待伤中的共同特点做简要阐述。

2 外部损伤

较常见的外部损伤有表皮擦划伤、表皮剥脱、皮肤软组织挫伤，以挫伤较多见，其中头皮挫伤在实际检验工作中容易遗漏，热烧伤和电流烧灼斑等相对少见。损伤以长期、多伤、重叠、隐蔽等为主要特点。嫌疑人多为继父母或其他监护或看管人员，有显著的主观故意，致伤手段包括机械性暴力、高低温热源、电流等，也有因长期断食断水致营养不良的情况，所有手段经常联合应用。头面部损伤中除颅脑和眶周皮下出血等损伤外，还要注意结膜出血、视网膜出血、视网膜剥离等。口腔损伤方面，常为口唇外面皮肤挫擦伤、口唇黏膜的挫伤或挫裂伤以及牙龈挫伤或牙齿折断，其中牙齿折断较少见。虐待致死案件的尸检工作中应注意根据皮肤挫擦伤的位置及形态走向翻开上下口唇，细致对照内外口唇所受的挫伤力度与打击方向，分析推断嫌疑人的身高体重、致伤致死动机及是否有作案工具。颈部损伤的尸表检验中常见因用力扼颈造成皮肤挫伤而遗留指形指印，如果有条件，可根据拇指方向大致推断嫌疑人左利手或右利手。颈部损伤的解剖检验常见舌骨骨折、喉室黏膜出血点及气管内均匀的白色黏性泡沫。肢体损伤中常见肘部和膝部指甲损伤痕迹，少有烟头热水等热源烫伤、腐蚀剂烧伤以及牙签、针尖等异物刺伤，热源、腐蚀剂等损伤表现常为红斑、水疱等临床改变。躯体损伤中臀部、背部等部位可见大片新旧不等的软组织挫伤相互重叠融合，腹部挫伤虽不明显，但可能隐藏严重的内脏挫伤或破裂。咬伤也是外部损伤的一种，咬伤是虐待儿童案件中具有特殊意义的损伤，可在颊部、肩、胸部、上下肢、臀部等多处、重叠发生，也常常新旧不等，因互相融合而边界不清，陈旧性咬伤镜下可见含铁血黄素沉着，有时可见瘢痕形成，咬伤的形态、性状应与其他小儿损伤进行鉴别，必要时需提取齿痕。

3 内部损伤

虐待伤里的内部损伤通常是指需要借助仪器检查或解剖检验等才能进一步识别认定的损伤，常见的主要有骨折、出血及内部组织器官的挫伤。颅脑损伤包括颅骨骨折及颅内出血，颅骨骨折一般伴随脑实质损伤，包括对冲伤、脑组织挫伤及脑出血，尤其硬脑膜外出血，会导致颅内压迅速升高，硬脑膜外出血和硬脑膜下出血同样都会危及受害人生命，出血原因可为直接打击，也可为反复摇晃，注意二者体表区别。在内部损伤中，视网膜出血和硬膜下血肿是虐待未成年人造成损伤的强有力指征。骨骼损伤主要以闭合性骨折为主，其中四肢长骨骨折多见，18个月以下受害者可形成螺旋形和横断性骨折。直接暴力引起的肋骨骨折多在受伤部位发生，损伤后被害人表现为哭闹不止，体温略升，局部肿胀有骨擦音和畸形，周围常可见挫伤，亦可合并内脏损伤。间接暴力引起的肋骨骨折多在肋骨的后侧近脊柱侧，以双侧多见，也可见腋中线骨折，少见肋软骨骨折，脊椎骨折时有所见，局部鞋印及挫伤等痕迹证据有利于脊柱骨折。另外，受虐儿童形成的骨折常有反复性，如能发现新旧不同的骨折并判定损伤时间，则具有重要的法医学意义。所有骨折多由钝性外力引起，具有隐蔽性，应拍全身正侧位和局部X线，致死案件中对尸体进行的X线或CT检查应在解剖前进行。腹腔器官损伤多为闭合性损伤，多由钝性暴力造成，有时无伤痕，更具隐蔽性。所有虐待伤应与车祸等意外损伤相鉴别。外伤性鼓膜穿孔在未成年人虐待伤案件中较为常见，也属于内部损伤的一种，以左耳居多，与嫌疑人右利手习惯有关。穿孔发生后除了少许血液流出和听力急速下降外可能会伴随眩晕、恶心、呕吐或者腹泻等症状，3到12岁居多，鼓膜镜下的愈合瘢痕表现应与炎症性穿孔相鉴别。

4 性虐待

未成年人遭受性虐待具有一定强制性，但有别于传统意义的猥亵，一般是指成年人或年龄偏大的青少年强迫未成年人进行色情活动，从而取得满足感的行为，性虐待包含猥亵，但比猥亵的范围要广，包括强迫儿童观看色情片、裸露生殖器、对儿童使用情趣用品、捆绑、扪堵口鼻或用手指、异物等强行插入身体等，也包括嫌疑人长期对未成年人灌输错误的性认知，诱导其自愿参与到自己的性活动中来。嫌疑人往往是受害人比较熟悉的家人、保姆、朋友或邻居及邻居的孩子，在性虐待致死案件中，嫌疑人多为陌生人。为防止侵害过程中受害人呼救，作案手段多合并扪堵口鼻，也见施虐前以混合了催眠药物的饮料或糖果作为诱惑以实施作案。涉及死亡的性虐待多见于女童，表现为阴道或肛门重度撕裂，死亡原因常为创伤性休克合并机械性窒息。

5 小结

未成年人作为社会的弱势群体，他们的身心安全及健康备受社会各界的广泛关注，查阅相关资料，结合各鉴定机构实际接案情况，可知未成年人被虐待案件在所有案件中的占比约为6‰，致死率约为0.5‰，虽说占比不高，但也不容忽视，尤其是虐待伤，在涉及未成年人的案件中较为常见。但由于畏惧心理和沟通不畅等因素，未成年人虐待伤具有一定隐蔽性，受虐未成年人多表现为身体瘦小、精神萎靡、眼神迷离有畏惧心理、发育迟缓以及多种疾病表现，虐待伤致死的比较罕见，死因常为硬脑膜下出血、脑疝、失血性休克及机械性窒息。工作中应详细调查走访，并全面收集和检验包括脱落细胞等在内的各种痕迹物证，有条件的应尽量分清损伤的次数、时间、损伤的种类和程度，从而判断作案手段、成伤机制以及虐待伤与非正常死亡的关联，同时要注意通过案情走访研判与意外事故相鉴别，不能通过主观第一印象而"想当然"。经过多科室会诊如果发现损伤新旧不等、反复发生且不同于自然疾病或意外因素的损伤，可认定为虐待伤。

对虐待儿童案件的法医学分析与研究

张良宾，邱宇

江苏省常州市公安局刑警支队 江苏 常州 213000

1 社会现状

美国疾病控制和保护中心将"虐待儿童"定义为：任何对儿童导致伤害、潜在的伤害或恐吓的伤害的行为，同时，该机构将虐待儿童分为四种类型：身体虐待、性虐待、忽视、心理感情虐待。本文中主要讨论暴力伤害，对于儿童，踢、踹、捏、打耳光、拉耳朵、拉头发、鞭打、捆绑、香烟烫伤等过度的体罚，都可以导致儿童严重受伤或死亡，将涉及刑责。

虐待儿童案件一般具有以下特点：①施虐人多为义务主体，包括父亲或继父、母亲或继母以及其他监护人等。②受害人年龄较小。③受害人损伤具有多样性特点。致伤因素有机械性暴力、烫伤、冻伤、电击伤等物理因素，上述因素既可单独致伤也可以合并致伤。损伤可见于身体各个部位，且损伤形式多样，可以是软组织损伤和骨折，也可以是内部器官损伤，多以软组织损伤及骨折较常见。④各部位损伤时间不等，陈旧损伤和新鲜损伤并存，多数为非致命性损伤。

2 虐待所致损伤的法医学鉴定

2.1 软组织损伤

（1）体表挫伤：体表皮肤挫伤是最常见的损伤类型。儿童的年龄、挫伤的位置及挫伤的形态都有助于确定挫伤的形成原因。对于不能行走的婴儿身上的挫伤，在排除疾病的前提下，应怀疑虐待儿童的可能。能自主行走儿童的挫伤出现在如面部、耳后、颈部、胸腹背部、臀部、外生殖器、大腿内侧等通常受保护的部位的时候，特别是挫伤成片出现以及陈旧性挫伤和新鲜挫伤同时出现时，要考虑以上损伤是否为虐待所致。皮肤挫伤具有明显特征时，比如条形挫伤、中空性皮下出血以及具有特殊图案的挫伤，均要考虑虐待儿童的可能性。

（2）烧烫伤：针对儿童的烧烫伤一般多为香烟、铁器、热水等直接接触性烧烫伤。烧伤广泛分部在背部、臀部及四肢，成片状或簇状，烧伤呈大小一致的圆形，要高度怀疑是否为香烟虐待所致。其他深度均匀一致，边界清楚的烧伤，亦要考虑是否存在虐待行为。

热水烫伤是常见的虐待儿童的形式。虐待导致的浸没性烫伤一般深度均匀一致，在烫伤皮肤与正常皮肤之间有明显的分界线。意外性烫伤形态不规则，轻重不一，在同一部位同时可出现烫伤和未烫伤的皮肤，在烫伤皮肤周边会出现圆形或者类圆形的分散状的烫伤区域。

（3）咬伤：儿童身上出现成人咬痕，特别是在儿童无法自己形成的部位，则要考虑是否为受到虐待行为，儿童自己形成身体上的咬伤，一般在手、脚等处。因此，儿童的咬伤可以与自己的牙模进行比较，排除自伤的可能性。

2.2 骨折

（1）颅骨骨折：日常生活中婴幼儿意外从桌子、沙发、床上摔落很少导致颅骨骨折，或偶尔造成单纯性的线状骨折，但不伴有明显的颅内损伤。因此，在排查交通事故、高坠等因素的情况下，颅骨多发性骨折、凹陷性骨折、颅底骨折、跨越骨缝的颅骨骨折，伴有硬膜外血肿或颅脑损伤，应考虑是否有虐待行为。

（2）四肢长骨骨折：不能独立行走的婴幼儿四肢长骨螺旋形、斜形骨折通常是由于四肢的扭曲或旋转外力所致，长骨干横形骨折是由于直接打击或将骨骼弯曲形成的。能独立行走的儿童，四肢长骨骨折，意外可能性大。结合四肢骨折部位挫伤及其他提体表损伤情况，综合分析其虐待形成的可能性。

骨折与其他损伤一样，不能孤立地解释，要与儿童的病史、案情、骨折部位类型、骨折成伤机制、有无其他损伤及周围环境等综合判断。

3 总结

儿童期身心尚未成熟，大多数儿童与其监护人都存在天然属性上的依附关系，面对成人的暴力威吓，与之对抗的意识和能力均处弱势，而暴力行为常发生于家中，家庭环境的相对隐蔽，更让此类犯罪难以被外界及时干预和施救。在此类案件的鉴定工作中，首先需要明确损伤是否可由虐待行为造成，通过案情调查等排除自身疾病或意外等情况。重点在于仔细检查体表及皮下组织，判断内部器官的损伤种类和程度，明确是否有骨折，记录损伤形态并进行致伤物推断，多处损伤如有形成时间上的差异，常可提示存在多次虐待。与此同时，还需要仔细甄别是否意外等其他情况。

人体损伤程度鉴定工作中遇到的问题及对策

张秋芬，史智勇

北京市公安局石景山分局 北京 石景山 100043

人体损伤程度鉴定工作是司法鉴定的重要组成部分，鉴定意见作为《中华人民共和国刑事诉讼法》八大证据之一，在案（事）件的法庭审判中具有重要意义。鉴定工作实践中，发现《人体损伤程度鉴定标准》条款本身及鉴定实施有些问题需要探讨。

1 标准条款本身隐含的问题及解决对策

1.1 《人体损伤程度鉴定标准》条款的使用具有前置条件

（1）引用损伤名词，建议先行损伤概念鉴定或判断。比如涉及咬伤、电击伤、枪弹伤等的条款。在引用咬伤、电击伤、枪弹伤等损伤名词时，建议对这些损伤先行鉴定，通过《法医人类学》齿痕的鉴定，先行鉴定该损伤符合咬伤，然后才能引用咬伤条款；电击伤、枪弹伤等用理化方法对该损伤部位提取到的微量进行理化检验，并且结合损伤局部形态，与《法医病理学》对损伤所描述的形态相符，确认为电击伤、枪弹伤等。没有对损伤先行单独鉴定的，或者没有对损伤进行独立行文判断损伤性质的，不宜直接引用该损伤名词，不宜直接套用相关条款得出相关鉴定意见。对于直接引用进行人体损伤程度鉴定的，由于缺乏科学性、严谨性、客观性，漏洞明显，在庭审质证中，显然不堪一击。

（2）引用损伤条款，宜先行开展损伤机制鉴定。损伤如何形成即致伤方式，是直接暴力还是间接暴力形成，对分析是自己造成还是他人造成有一定帮助。开展人体损伤程度鉴定的意义是为了通过法庭审判，维护被害者权益。如果是自己造成的损伤，显然没有进行人体损伤程度鉴定的必要。比如掌骨骨折，国内尹伊贺、周晓蓉、姜琼璘等对掌骨骨折致伤方式进行了比较详细的阐述。在打斗过程中自己和他人都可以形成的损伤，建议先行损伤机制鉴定。在损伤机制鉴定基础上，再考虑是否受理人体损伤程度鉴定。

1.2 标准中存在概念空白

表现在《人体损伤程度鉴定标准》5.2.5 c)、5.2.5 d)，涉及"划伤"，划伤的概念在《法医临床学》第5版、《〈人体损伤程度鉴定标准〉释义》、《法医病理学》第5版等书籍中均未涉及。国内魏海朋对划伤进行了有关研究探索。在概念空白的前提下，引用"划伤"进行人体损伤程度鉴定，即使只是轻微伤的鉴定意见，作为司法行为来说也是不严谨的。同时，因为概念空白在实际使用中出现随意性，比如为了追求轻微伤的鉴定意见，把手抓伤形成的条片状擦伤当作"划伤"使用。建议在《人体损伤程度鉴定标准》的附录中，增加划伤的概念，比如：划伤是指物体的尖端与人体皮肤表面做切线方向运动，形成皮肤细条状、浅表的、未达真皮层的损伤。

1.3 等同于文证审查

有些条款的使用需要重点依据被鉴定人的病历资料，等同于对病历资料做文证审查。涉及损伤经手术治疗的，如涉及腹腔脏器的损伤，因为腹腔脏器多且位置重叠复杂，CT检查影像所见不能完全显示损伤全貌。所以，腹腔器官破裂，只能依据手术记录进行人体损伤程度鉴定的，实际上是对病历资料进行的文证审查，腹腔脏器损伤依据《人体损伤程度鉴定标准》5.7.2、5.7.3、5.7.4 所涉及的条款，评定为重伤二级到轻伤二级。其他类似的问题，包括休克的诊断及鉴定，休克的诊断完全依据被鉴定人的病历资料，等同于鉴定人对病历资料"拿来使用"，作为鉴定的依据。所以病历记录的真实性及详细程度，就显得极其重要，鉴定人对病历记录的真实性不具有把控条件，如果出现不真实的病历记录，不应该由鉴定人承担错误鉴定的后果。解决的对策方面，建议对实施手术的医生及病历记录中签字的医生等人员做询问笔录，就病历中的有关记录用笔录的方式核实确认。还可以请医生出庭，当庭对病历记录中的内容阐述、确认。

2 标准在实践操作中遇到的问题及解决对策

2.1 专业人做专业事

涉及视觉功能障碍、听力障碍、男子性功能障碍等的条款，专业性极强，有专设标准，《法庭科学 视觉功能障碍鉴定技术规范 GA/T 1582—2019》《听力障碍的法医学评定 GA/T 914—2010》《男子性功能障碍法医学鉴定 GA/T 1188—2014》。这些专业在医院各科室对比中也是专业性非常强的，从专业所需的人员素质、设备、环境等方面，基层公安机关的鉴定机构几乎没有能力开展上述功能检查。涉及这些功能障碍的人体损伤程度，是基层公安鉴定机构的绝对短板。建议这些专业性过强的鉴定，委托到有能力的鉴定机构进行鉴定；从长远角度看，建议统合县级鉴定机构，建立地级市规模大的鉴定机构，负责辖下的鉴定工作。大规模的鉴定机构对培养人才具有优势。或者法医鉴定工作独立于公安机关之外，建立大格局的法医鉴定机构，专业人做专业事。

2.2 统一测量方法

涉及损伤部位面积、积气积血体积等的测量，如何得到准确数据是一个常见问题。国内张剑、冉聘等对不规则形态的体表擦伤、挫伤、瘢痕的测量做了细致研究，凌跃等对耳郭缺损面积测量进行了研究，体腔积血、积气等涉及体积计算，国内吴永波等做了有关气胸肺压缩程度测量的研究。不规则面积和体积的测量是人体损伤程度鉴定工作经常面临的具体操作，如何做到尽量准确，专业人员做了前述等大量研究。目前，不规则面积和体积的测量，尚缺乏统一的可溯源的方法。涉及不规则面积和体积测量的条款众多，建议对具体操作方法出具有关标准推荐方法，统一测量方法，避免因使用不同测量方法得出较大差异数据的情形。

2.3 识别被鉴定人伪装的成分

标准中，有些条款涉及的检查内容，需要被鉴定人的主动配合才能完成。比如上睑下垂，此项检查和关节功能检查不同，后者是由鉴定人对其关节进行活动，及被动活动，检查功能障碍程度。当然上睑下垂还需要通过病史、肌电图等检查，排除先天性因素、病理性因素等情况，确认为外伤性因素造成的上睑下垂才能进行鉴定。怎样剔除被鉴定人伪装的成分，需要鉴定人仔细观察。

外伤后心肌梗死医疗费及后续治疗费的计算

张士军[1]，周玉林[2]，林大可[2]

1. 吉林衡德司法鉴定所 吉林 四平 13600
2. 北京北京凤凰可丽法医临床学研究中心 北京 111000

后续治疗费在涉及伤病关系的案件中如何赔偿，赔偿比例如何划分，没有相关指导意见，罕见这方面的案例报道。现结合案例，进行分析，与同道进行商榷。

1 案例

某男，57岁。某日被倒车的轿车剐到身体，与司机发生争吵，出现胸痛、位于胸骨后，巴掌大小，呈闷痛，伴胸闷、气短、心悸、出汗，持续不缓解，于 2 h 30 min 后入院。既往高血压病史 30 年，最高达 180/110 mmHg，未规律服用降压药，血压控制不详；糖尿病病史 20 年，门冬 30 早 22 单位，晚 20 单位餐前 20 min 皮下注射，控制血糖 10 mmol/L 左右。查体：血压 137/87 mmHg，脉搏 100 次/min，呼吸 16 次/min。心电图检查窦性心动过速，V1～V3 导联呈 QS 型，Ⅲ、aVF、V4 导联呈 rs 型。高敏肌钙蛋白 T41 pg/mL。入院初步诊断：冠状动脉粥样硬化性心脏病（急性非 ST 段抬高型心肌梗死、心功能Ⅰ级）；心律失常（窦性心动过速、室性早搏）；高血压 3 级（极高危险组）；2 型糖尿病。入院第 3 d 行冠状动脉介入治疗。于治疗 25 d 后出院。出院时查体患者无胸痛、胸闷、气短，无心悸，血压 132/74 mmHg，心率 68 次/min，节律规整，$A_2>P_2$，各瓣膜听诊区未闻及杂音。

2 讨论

第一种意见认为：被鉴定人是在原有隐性冠心病的基础上，在发生交通事故时由于精神紧张、情绪激动等诱发因素情况下使冠心病急性发作，导致心肌梗死、心律失常。入院后行冠状动脉支架治疗及药物治疗与此次交通事故存在因果关系。冠状动脉支架后需终身服用抗凝血药、降脂药、保护支架等药物，每月需药费约1000元。应全额赔偿。

第二种意见认为：被鉴定人住院期间的治疗行为与此次交通事故存在因果关系，应为诱发因素，住院期间的治疗费及出院后的后续治疗费，应按诱发因素参与度赔偿。

第三种意见认为：被鉴定人入院后进行冠状动脉内支架置入术治疗产生的费用，及出院后产生的后续治疗费用，不赔偿。理由如下：

被鉴定人患有动脉粥样硬化疾病与本次交通事故无关。而冠状动脉粥样硬化性心脏病是指冠状动脉粥样硬化使血管腔狭窄或阻塞，或（和）冠状动脉功能性改变（痉挛）导致心肌缺血缺氧或坏死而引起的心脏病。冠心病的介入治疗是用心导管技术疏通狭窄甚至闭塞的冠状动脉管腔，从而改善心肌的血流灌注的方法。它属血管再通术的范畴，是心肌血流重建。目前冠状动脉内支架置入术已成为治疗本病的重要手段。因此，对于被鉴定人入院后进行此项治疗产生的费用，及出院后产生的后续治疗费用，不应赔偿。

另据《损伤与疾病》（主编 范利华，吴军，牛伟新）记载：损伤与疾病之间因果关系分为直接因果关系和间接因果关系，以及很难区分究竟为直接因果关系，还是间接因果关系的"临界型"因果关系，又称共同（相当）因果关系。在间接因果关系中，损伤基本表现形式为：轻微作、次要作用、损伤后又介入了"第三者"的行为，或者介入行为人本身的行为，或者介入了自然因素、医源性因素等造成了进一步损害。因此，被鉴定人交通事故诱发被鉴定人冠心病显现，与此次交通事故有因果关系，即间接因果关系，损伤基本表现形成式为轻微作用。参照损伤与疾病参与程度划分确定此次交通事故参与程度：即有外伤，又有疾病，若外伤轻微因素，外伤参与程度为5%～15%（建议为10%左右）。被鉴定人住院期间的药费，另一方应承担10%左右。

据被鉴定人此次住院病历记载：出院时患者无胸痛、胸闷、气短，无心悸，心率68次/min，节律规整。说明被鉴定人此次交通事故诱发的冠心病的症状及体征出现已治疗痊愈，出院后不再需要相应症状及体征的治疗。而后续治疗费，是治疗抗凝血药、降脂药、保护支架等药物，与此次交通事故无关。

刍议保外就医中直肠癌疾病的审查

张书维1，聂桂芳2，赵倩1
1. 烟台市中级人民法院 山东 烟台 264000
2. 威海市中级人民法院 山东 威海 264200

1 案例资料

1.1 案例一

（1）简要案情：李某，男，55岁，2018年9月14日因犯危险驾驶罪、妨碍公务罪被某区法院判处有期徒刑六个月。2018年10月9日以患有"直肠癌术后"申请保外就医。

（2）病史摘要：某市中医医院住院病历记载：2016年8月11日，患者因"便血伴下腹隐痛不适半年"入院，半年前无诱因大便带血，时为鲜红色，时暗红色，与大便不相混，排便后可稍有缓解。纤维结肠镜示：直肠肿瘤。8月14日行经腹前直肠癌根治术。8月16日病理诊断：（直肠）溃疡型中低分化腺癌，侵及浆膜层，肠周淋巴结未见转移。诊断：直肠癌。2016年12月14日电子结肠镜示：结肠多发息肉，直肠吻合口狭窄、增生，小者息肉予以氩气点烧，大者取病理，病理结果：腺瘤性息肉。2017年1月23日，入院后行结肠多发息肉内镜下治疗、直肠吻合口增生、息肉切除术，1月12日病理诊断：（结肠黏膜）结肠管状腺瘤，伴慢性炎症。1月15日病理诊断：（吻合口黏膜）见增生的鳞状上皮及肉芽组织。2017年6月5日全腹CT平扫+增强示：直肠癌术后改变。癌胚抗原（CEA）1.21 ng/mL，甲胎蛋白（AFP）6.7 ng/mL，血清CA19-9 1.4 ng/mL。

（3）医学检查：2018年12月11日委托某省政府指定医院，白细胞数$6.56×10^9$/L，中性粒细胞百分比76.6%，淋巴细胞百分数14.4%，CEA 2.44 ng/mL，血清CA19-9 11.58 ng/mL，直肠镜：结肠息肉，吻合口病变性质待查，直肠术后。病理诊断报告单：（吻合口）中度黏膜急慢性炎，未见明显恶症。

（4）法医审查意见：本次医学检查 CEA、CA19-9 正常，电子结肠镜检查吻合口黏膜水肿增生，病理报告为中度急慢性炎，未见明显恶症。罪犯 2017 年 6 月 5 日住院记录和本次医学检查肿瘤标志物均正常范围、影像学检查未见明显异常，直肠癌术后达临床治愈，不符合《保外就医严重疾病范围》（以下简称《范围》）第十四条的规定。

1.2 案例二

（1）简要案情：曲某，男，58 岁，2017 年 3 月 6 日因犯受贿罪、帮助犯罪分子逃避处罚罪，被某区法院判处两年四个月。以患有直肠癌复发、肾癌、恶性神经鞘瘤申请保外就医。

（2）病史摘要：某市毓璜顶医院住院记载：2015 年 7 月 27 日，患者 1 月前无明显诱因大便带血，为鲜红色血便，与大便相混，有脓液、黏液。直肠指诊：进指 6 cm 可触及 3 cm×3 cm 溃疡型肿物，退指指套血染。行腹腔镜下根治性直肠癌前切除术。病理报告：（直肠）溃疡型中分化癌，侵及深肌层，肠周淋巴结 1/7 枚见癌转移，肠周见癌结节 3 枚。诊断：直肠癌。2016 年 9 月 9 日，发现左肾及左侧附睾肿物 10 d 入院，CT 示左肾结节，行左肾部分切除，病理报告：嫌色肾细胞癌。10 月 27 日行左侧附睾肿物切除术。2017 年 7 月 24 日，1 月前无明显诱因出现右肩部包块，行右肩部神经鞘瘤切除术。病理报告：右肩部肿物病变符合恶性外周神经鞘瘤。2018 年 3 月 19 日，右肩部恶性神经鞘瘤术后复发，行右肩部肿物切除术。2018 年 10 月 11 日，CEA 20.41 ng/mL↑，CA19-9 28.1 ng/mL，AFP 2.71 ng/mL，腹部 CT：直肠右侧软组织密度灶，累计右侧输尿管，伴右侧肾、输尿管积水。盆腔 MRI：直肠右侧盆腔团块状异常强化影。诊断：直肠癌术后复发。

（3）医学检查：2019 年 3 月 1 日委托某省政府指定医院，CEA 1.48 ng/mL，血清 CA19-9 18.0 ng/mL，CA125 10.2 ng/mL，AFP 2.4 ng/mL，鳞状上皮细胞癌相关抗原 0.7 ng/mL，全腹部 CT 平扫+增强示：右肾萎缩，右侧肾盂及输尿管上段可见管状高密度影通向体外，右肾盂置管术后改变，直肠呈术后改变，右侧骶前软组织增厚。

（4）法医审查意见：罪犯曲某 2015 年 7 月 27 日入院病理报告：（直肠）溃疡型中分化癌转移。2016 年 9 月 9 日入院病理报告：（左肾）嫌色肾细胞癌。2017 年 7 月 24 日病理报告：右肩部肿物病变符合恶性外周神经鞘瘤。2018 年 3 月 19 日入院右肩部恶性神经鞘瘤术后复发。2018 年 10 月 11 日入院，CEA 20.41 ng/mL↑，直肠右侧盆腔团块状异常强化影，诊断：直肠癌术后复发。本次医学检查 CEA、CA19-9 等肿瘤标志物正常，全腹部 CT 平扫+增强示：直肠呈术后改变，右侧骶前软组织增厚，综合判定罪犯曲某直肠癌术后未临床治愈，符合《范围》第十四条的规定。

2 讨论

2.1 直肠癌概述

直肠癌（colorectal cancer，CRC）是我国常见的恶性肿瘤，多数患者发现时已属中晚期。早期可无明显症状，病情发展到一定程度可出现全身乏力、低热、排便次数改变、出现血便、黏液便等，多伴有腹痛、腹部肿块、肠梗阻等。早期癌瘤局限于直肠黏膜及黏膜下层，进展期则侵入固有肌层。进展期病理大体分为肿块型、浸润型和溃疡型。CRC 的诊断主要通过肠镜和病理活检确定，常见的组织学类型有腺癌、腺鳞、梭形细胞癌和未分化癌，其中以腺癌最多见。CRC 可通过直接蔓延、淋巴转移、和血液转移三种转移途径。CRC 术后复发以局部复发为主，局部复发向后累及骶骨前方软组织和骨性结构的发生率为 7.1%～22.9%，远处以肝脏、肺、腹膜转移最常见，有较多文献报道复发率最高的时期为术后 1～2 年。本病的唯一根治方法是癌肿的早期切除，化疗作为术前和术后的辅助治疗，放疗可作为术前辅助治疗和术后局部复发治疗。

2.2 法医学审查

根据《范围》第十四条规定："非临床治愈期的各种恶性肿瘤"，需审查罪犯本次医学检查的病情是否为临床治愈期。本文两个案例病理结果均为（直肠）恶性肿瘤，行手术治疗，符合直肠癌术后的诊断。

案例一李某的病理结果为中低分化腺癌，侵及浆膜层，肠周淋巴结未见转移。术后 4 个月、6 个月吻合口处增生伴炎性反应，术后 10 个月及本次（术后 2 年）医学检查肿瘤标志物属正常水平，影像学、病理学检查均未发现明显异常，应视为临床治愈。

案例二曲某的病理结果为溃疡型中分化癌，侵及深肌层，伴淋巴转移，病情较重。术后 1 年发现肾癌，术后 2 年发现神经癌，均为恶性肿瘤，术后 3 年发现盆腔转移，本次医学检查（术后 4 年）肿瘤标志物属正常水平，影像学检查发现盆腔骶前转移，属非临床治愈期。

2.3 直肠恶性肿瘤临床治愈期审查要点

临床治愈期和非临床治愈期并不是一个被收录的医学专业名词，而是疾病症状是否存在的状态术语。对于不同分类、名称的恶性肿瘤，医学检查侧重项目、审查标准均不相同，《范围》没有做出明确释义，增加了法医评估病情的难度。目前仅有江苏、福建等少数省对"非临床治愈期的界定"做了概括性的解释，但具体到某一种恶性肿瘤，仍缺乏统一的数值标准和审查方法要求。

笔者认为要想把握好直肠恶性肿瘤的审查，需要法医注意以下几点：

（1）《范围》规定："罪犯有下列严重疾病之一，久治不愈，严重影响其身心健康的，属于适用保外就医的疾病范围"。即评价"临床治愈期"的前提是经过系统的治疗，对于可以手术而未手术或处于化疗、放疗期间，都不宜评价是否为临床治愈期。

（2）肿瘤标志物可以提示肿瘤的存在，可作为肿瘤的诊断证据之一。在委托省政府指定医院进行医学检查时，必须检测的肿瘤标志物为癌胚抗原（CEA）、CA19-9，同时可选用检测甲胎蛋白（AFP）、CA50、CA72、CA125等，评估是否有疑似肝、腹膜、卵巢等部位转移。需要注意的是，肿瘤标志物升高不一定患有恶性肿瘤，已经明确恶性肿瘤的病人，其肿瘤标志物也可是完全正常的，因为肿瘤标志物并非绝对特异，也非绝对敏感，有假阳性和假阴性，而且肿瘤标志物本身不完全与肿瘤有直接因果关系，其结果只能作为参考，需要结合其他方面的检查综合判断。所以，肿瘤标志物的动态水平变化更有意义，除非明显的异常升高，否则仅凭一次的检测结果轻度升高，不能判定为非临床治愈期；如果进行性升高，则要高度重视，结合其他医学检查进一步查明；如果一直保持较低的水平稳定状态，不宜下结论，建议继续复查。

（3）影像学检查对于诊断恶性肿瘤复发起着关键作用。普通CT平扫和超声分辨瘢痕和恶性肿瘤方面特异性不高，增强CT对直肠癌复发检出灵敏度和特异性分别为52%和80%，MRI相比CT在分辨纤维瘢痕和肿瘤复发灶有独特的优势。推荐使用增强CT、MRI对胸、腹、盆腔联合检查，条件允许也可以做18F-FDG PET/CT检查或超声下细针穿刺活检。

（4）病理学检查是恶性肿瘤复发的金标准，直肠癌术后吻合口处病变可通过直肠镜检查取组织活检。

面部抓伤遗留色素改变重新鉴定1例

张威武，吕海生

安徽省淮北市公安局刑事科学技术研究所　安徽　淮北　235000

1 案例

1.1 简要案情

岳某，男，46岁。2020年10月6日16时许，因土地纠纷被他人抓伤面部、胸部等处。伤后4 h到当地医院就诊。医院查体见其左侧面部见多处皮肤抓痕，表面肿胀渗血，压痛明显。

1.2 初次鉴定情况

2020年10月12日，初次鉴定法医学检验见其左侧面部有5.8 cm×0.5 cm、2.3 cm×0.5 cm、3.3 cm×0.5 cm、2.5 cm×0.5 cm四处斜行条片状表皮剥脱。依据《人体损伤程度鉴定标准》5.2.5 c）之规定，其损伤程度评定为轻微伤。

1.3 重新鉴定情况

岳某认为其面部遗留有瘢痕，要求重新鉴定。2021年1月22日，重新鉴定法医学检验见其左侧面部有5.6 cm×0.3 cm、3.0 cm×0.3 cm两处斜行条状色素改变，不属于瘢痕。依据《人体损伤程度鉴定标准》5.2.5 b）之规定，其损伤程度评定为轻微伤。

2 讨论

外伤致皮肤、软组织损伤在法医临床鉴定中极为常见，体表遭受损伤后遗留瘢痕或色素异常，其长度或面积是评定损伤程度的重要依据。《人体损伤程度鉴定标准》中有相应多条条款对此进行规定。

本文案例中，被鉴定人岳某被抓伤左面部，伤后遗留有条状色素异常，且有一定的长度。合理区分被鉴定人面部损伤类型，是本次鉴定的关键。被鉴定人左面部损伤是属于色素异常，还是瘢痕，应当从瘢痕的形成机制进行分析。

伤口愈合一般分为四个阶段：血液凝固、炎症、增生和重塑。瘢痕的形成发生在后两个阶段，增生期主要是成纤维细胞迁移到伤口处，Ⅲ型胶原蛋白沉积、血管新生和上皮细胞增生。重塑期主要是Ⅰ型胶原蛋白逐渐替代Ⅲ型胶原以及成纤维皮肤是由表皮和真皮组成的，表皮是最外面的一层，相对于真皮来说更薄，表皮之下为真皮。当皮肤的创伤深度仅到达表皮或真皮时，皮肤的修复就会通过局部的上皮细胞移行来愈合，修复后的创面和正常皮肤一样完整，并且可恢复皮肤正常功能。这类创伤愈合后，可能会暂时性遗留色素沉着，但不会留下瘢痕。当创伤深达皮下组织时，愈合就无法通过简单的皮肤再生来修复了，而是通过瘢痕组织来修复，形成我们肉眼可见的瘢痕。

笔者根据委托单位提供的照片（图7-21为2020年10月6日现场拍摄，图7-22为2020年10月8日医院拍摄，图7-23为2020年10月12日拍摄），认为岳某左面部抓伤仅伤及表皮、真皮层，无形成瘢痕的基础。结合2021年1月22日法医学检验，左面部遗留色素异常（图7-24为2021年1月22日拍摄），虽然看上去像"瘢痕"，但其活动性好、与皮下组织无粘连，不会发生功能障碍，不应认定为瘢痕。而应以面部色素改变，评定为轻微伤。在实际检案过程中，笔者认为《人体损伤程度鉴定标准》中瘢痕应为皮肤全层破裂愈合后形成，即应由创口愈合形成，对于抓伤未伤及皮肤全层的损伤后的愈合不宜按瘢痕评定。

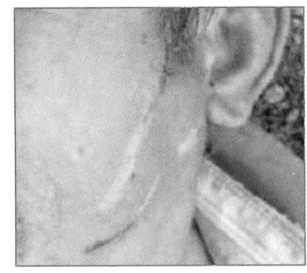 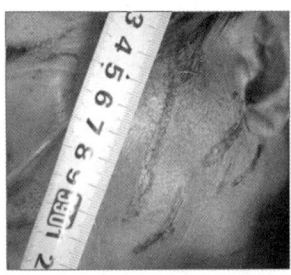 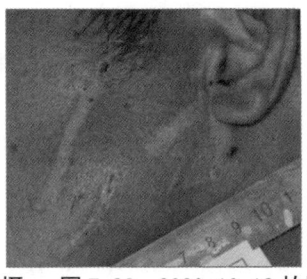 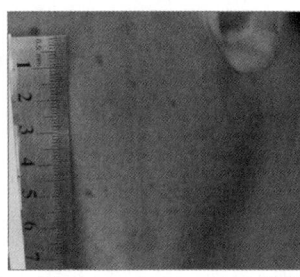

图7-21　2020-10-06 现场拍摄　　图7-22　2020-10-08 医院拍摄　　图7-23　2020-10-12 拍摄　　图7-24　2021-01-22 拍摄

面部损伤后遗留瘢痕、色素改变，对容貌有影响，容易引起争议，应此对于面部损伤的鉴定要了解损伤形成方式，致伤物，伤后时间，伤后如何处理等。注意观察伤口愈合的形状（种类、色泽、质地、边缘及宽度等），客观细致的检验和记录；准确测量创口或瘢痕的长度、宽度等。对于评定时限也应合理把握，初次鉴定中由于未考虑可能遗留的色素改变，较早地做出了鉴定意见，导致了被鉴定人的不理解，要求了重新鉴定。总之，对于面部损伤应综合损伤特点客观合理地进行损伤程度评定。

法医临床重新鉴定改变鉴定意见26 例分析

张忠，张峰，张锋，喻林升

温州医科大学司法鉴定中心　浙江　温州　325000

在司法鉴定活动中，司法鉴定鉴定意见与其他证据一样，是人民法院查明案件事实、认定案件性质的重要依据，司法鉴定意见的准确性直接关系到办案质量。然而，由于目前我国司法鉴定实践中存在的一些问题，致使鉴定意见的准确性受到了一定程度的影响，这不仅使司法鉴定的公信力受到严重的损害，而且造成了不良的社会影响，并因此产生重新鉴定、多次鉴定。如何避免重复鉴定，特别是多次鉴定，是摆在每个办案机构面前的重要课题。这对于规范鉴定机构和鉴定人的执业行为，提高行业整体水平起到了很大的促进作用。本文收集了温州医科大学司法鉴定中心自2019年至今开展法医临床学伤残等级重新鉴定工作中改变鉴定意见的26件案例，对鉴定意见改变的原因进行了分析，并提出针对性改进鉴定意见，就如何减少重新鉴定、避免多次鉴定的发生，有几点不成熟的做法，在此抛砖引玉，与同仁共同磋商，探索出一条更好的办法为司法鉴定工作做出应有的贡献。

1 资料与方法

1.1 资料来源

收集2019年至今由温州市各级人民法院委托温州医科大学司法鉴定中心的伤残等级重新鉴定工作中改变鉴定意见的26件案例，在重新鉴定改变鉴定意见的26件案例中，有25例为交通事故，申请人均为道路交通事故肇事方的保险公司；在本组案例中被鉴定人男性19例，女性7例，平均年龄为44岁；按损伤部位分为颅脑、脊髓及周围神经损伤6例，头面部损伤1例，脊柱损伤3例，胸部损伤1例，肢体损伤16例（其中1个案例包括多部位损伤）。

1.2 重新鉴定结果

（1）重新鉴定与原鉴定结果比较：26件案例中通过比较发现重新鉴定结果伤残等级降低22例，其中20例直接降为无等级，并且有1例不构成因果关系；其中4例伤残等级提高，且有1例伤残部位增加，有2例等级评定错误。22例伤残等级降低的案例中，颅脑、脊髓及周围神经损伤共3例，头面部损伤1例，脊柱损伤2例，肢体损伤16例，降低伤残等级的主要为肢体损伤。4例伤残等级提高的案例均为颅脑、脊髓损伤，伤残等级升高但伤残部位增加1例，增加的伤残为外伤后眼部视力下降漏鉴1例。

（2）伤残等级鉴定意见改变情况分析：本组案例以伤残等级降低为主，在此类案件中，肢体损伤占61.5%，提示肢体损伤伤残等级初次鉴定中存在较多问题。以由十级伤残改变为不构成伤残等级的为最多，达20例，占本组所有案例的76.9%。以颅脑、脊髓损伤伤残等级变更程度最大，重新鉴定和初次鉴定伤残等级最多相差4个级别（脊髓损伤致残由六级提高到二级）。

2 讨论

伤残等级鉴定意见改变的原因主要有两类，即技术原因和责任原因。就本组案例而言，伤残等级降低案例数明显多于提高数，说明重新鉴定鉴定意见改变趋向于降低级别，提示初次鉴定在鉴定时机把握、法医临床学检验及标准条款适用等方面存在尺度过宽的问题。而伤残等级提高者，主要与初次鉴定机构的法医临床学检验方法不当有关。伤残等级部位增加的，则主要为初次鉴定机构存在漏鉴。

2.1 初次鉴定机构存在的主要问题

（1）鉴定时机把握不当：鉴定时机把握不当，是导致鉴定意见不准确的主要原因。关于鉴定时机的把握，一般以伤后3至6个月，在实践中，本中心通常要求达到6个月，尤其是肢体损伤涉及关节活动受限的，需要关节活动度测量，以及颅脑、脊髓损伤导致偏瘫及截瘫的案例。因过早进行伤残等级的评定，很容易误把伤后的暂时性失能认定为永久性残疾。例如，本组案例中大部分肢体损伤，需要测量关节活动度重新鉴定都未构成伤残等级，出现这样问题，最主要原因是鉴定时机把握不当，该类重新鉴定意见改变多属于鉴定时机过早，深层次原因是不同的鉴定人对临床治疗终结的认识水平存在高低之分，或许是因为某些鉴定机构为了案源而较早地对被鉴定人进行鉴定，这就要求不论是机构还是鉴定人提高鉴定质量，鉴定时机把握起到至关重要的作用。

（2）法医临床学检验不当：个别鉴定人检验方法粗糙，不能获得科学、客观的结果，再或者有些鉴定人检验不全面，容易出现漏诊。第一，个别鉴定人缺乏对新鲜伤和陈旧伤的鉴别能力。例如，1例交通事故损伤后脊柱横突骨折，初次鉴定机构也予以认定本次外伤导致，并据此鉴定为十级伤残；但重新鉴定发现，伤者脊柱横突骨折为陈旧性骨折，和本次外伤无因果关系，故做出了不构成伤残的鉴定意见。第二，法医临床影像学检验不细致，例如，1例交通事故损伤后4根肋骨骨折，初次以畸形愈合鉴定为十级伤残，但重新鉴定发现没有畸形愈合，故做出了不构成伤残的鉴定意见。第三，因鉴定人在鉴定时检验不够全面，可能漏鉴某些部位的伤残。例如，1例鉴定中，伤者在初次鉴定时仅对颅脑损伤造成的肢体肌力下降进行评定，重新鉴定时发现其外伤致眼神经萎缩，视力下降，可以构成十级伤残。还有情况就是有些鉴定人过度依赖临床病历，如果临床已经出现漏诊，自己鉴定时检验不全面、不细致，极容易漏诊。还有些被鉴定人不配合检查、伪造材料、诈病等，导致鉴定人误判，做出错误鉴定。如颅脑、脊髓损伤后，伪装卧床不起，不配合肌力、肌张力检查等，导致鉴定人出现误鉴。

（3）标准条款理解和适用错误：首先是对伤残标准内涵缺乏深刻理解，如手损伤功能丧失程度，踝关节活动度受限等，在不具备损伤基础和定量标准的情况下利用活动度等主观性较强的指标套用标准条款。还有就是鉴定理念，就高不就低以及某些鉴定人出于对伤者的同情或其他原因，通过改变测量值等方法迎合伤残条款，个别案例中，送检材料不全面，在受理后又没有要求补充必要的材料，导致过多依赖主观检查，造鉴定意见错误。

2.2 对策分析

通过本组案例分析，近些年来，重新鉴定主要由保险公司提出，反映了保险公司对某些初次鉴定机构的鉴定质量的不信任。这同时也暴露了鉴定机构和鉴定人在业务水平等方面的问题。针对以上问题，首先，要加强鉴定机构的监督和管理，鉴定人存在违纪行为时，应严肃处理，给予处罚；其次，在实践中潜心学习人体损伤致残程度分级总体原则的把握与理解，对标准中某些漏洞规定加以细化，形成地区性共识；最后，还应时刻强化执业纪律。

关于人体损伤程度鉴定的一些思考

章天驰

江苏省苏州市公安局 江苏 苏州 215000

《人体损伤程度鉴定标准》（以下简称《标准》）自 2014 年 1 月 1 日正式实施以来，在司法实践中发挥了重要作用。特别是《标准》附则及附录，统一规范了《标准》中涉及的具体伤情分级、参数、标准等，避免了不同鉴定机构采用不同参考资料导致鉴定标准不一、鉴定结果差异。经过这些年来的鉴定实践，通过成千上万例伤情的检验、鉴定以及争议、讨论，也反映出在执行《标准》中仍然存在着一些难点问题，笔者就工作中遇到的一些问题思考如下，供同行们交流、讨论。

1 关于鉴定原则方面的思考

1.1 参照刑法"罪刑法定"原则，把"伤情法定"引入损伤程度鉴定原则

《标准》中已然涵盖了绝大多数伤情，但同样不能穷尽所有损伤及多发损伤组合。在实际工作中，特别是在一线初次受理鉴定时，除《标准》中明确要求比照相关条文鉴定的外，《标准》中未提及的伤情可以不做损伤程度鉴定。不然，定无依据，尺度不一，引起争议、质疑，导致上访、反复鉴定。

1.2 参照刑诉法"疑罪从无"原则，把"疑伤从无"引入损伤程度鉴定原则

在受理损伤程度鉴定过程中，有时会遇到一些伤情经检查、检测，仍然无法确定损伤性质及程度，特别在一些主观判断参与度比较大或正好在分级点上的伤情，定则依据充分，疑则存疑不处，从低从轻，降低损伤程度等级，或采取降级暂定方式，等待进一步证据证实，再做补充鉴定。

2 关于一些常见损伤的思考

2.1 统一鉴定尺度，合情合理合法

关于《标准》5.2.4 a）"面部创口或瘢痕"及 5.2.4 f）"眶壁骨折"的条文，已由最高人民法院通过答复的形式对这两类伤情率较大、争议较多的损伤做出了详尽明确的释义，已再无异议。通过这样的形式来解决争议，统一鉴定尺度，合情合理合法，无疑具有权威性、可操作性。希望有更多类似请示答复来指导一线鉴定工作。

2.2 "外伤性鼓膜穿孔"的鉴定标准

关于《标准》5.3.4 a）和 5.3.5 a）"外伤性鼓膜穿孔"的条文，定性即构成轻微伤，6 周不能自行愈合的构成轻伤二级，而 6 周内已经行修补手术的，按"疑伤从无"原则，定轻微伤。

2.3 创口或瘢痕长度计算

关于《标准》中的创口或瘢痕长度，由于清创、扩创在临床外伤治疗中很常见，也是因原始损伤（创口）导致的，故因临床治疗需要清创、扩创形成的创口或瘢痕应计入创口或者瘢痕的总长度内。

2.4 皮肤缺损鉴定

关于植皮，损伤致皮肤永久性缺损或缺损皮肤经植皮成活的，应按照皮肤缺损相关条款鉴定；植皮区最大直径应累计入条状瘢痕长度鉴定；而遗留瘢痕的取皮区因是治疗原发损伤所需形成，应计入瘢痕总长度或面积鉴定损伤程度。

2.5 颅脑损伤致颅内出血

关于颅脑损伤致颅内出血，医院出于抢救治疗时机、效果考虑，已行开颅手术治疗的，应比照 5.1.2 h）鉴定为重伤二级。

2.6 颅骨骨折

《标准》中 5.1.4 d）颅骨骨折应理解为达到板障的骨折；5.1.3 c）颅骨凹陷性骨折应理解为颅骨全层骨折，并向颅内凹陷。而额窦前壁的凹陷性或粉碎性骨折应按照 5.1.4 d）鉴定为轻伤二级。

2.7 三处以上横突、棘突或者椎弓骨折

《标准》5.9.3 b）中"三处以上横突、棘突或者椎弓骨折"应理解为横突、棘突或椎弓累计有三处以上骨折，而不是指某一横突、棘突或者椎弓三处以上骨折。

2.8 肋骨骨折

肋骨骨折不包括皮质连续性未见破坏的肋骨挫伤、皮质凹陷。一根肋骨粉碎性骨折适用5.6.4 b）。

2.9 指骨骨折

《标准》中5.10.4 c）应理解为一节指骨粉碎性骨折（不含第2至5指末节）或者两节指骨线形骨折；而5.10.3 b）一手拇指离断或缺失未超过指间关节，自由裁量度过大，须伤及拇指末节指骨，体现分级梯度。

2.10 深部组织内异物存留

《标准》5.12.4 j）深部组织内异物存留应理解为异物深达肌层或关节腔内，不宜手术摘除的。

2.11 内眦韧带断裂

《标准》5.2.3 i）内眦韧带的断裂包括部分断裂；认定内眦韧带断裂应具备三个条件其中之一：①术中明确存在断裂；②影像学明确诊断；③出现内眦韧带断裂后的形态学改变或功能障碍。

2.12 掌骨骨折

掌骨完整性骨折位于关节面的，适用5.10.4 d）时，骨折应达到关节面1/2以上。1节指骨线形骨折伴1处掌骨不完全性骨折，或2节以上掌骨不完全性骨折，适用5.10.4 c）。

2.13《标准》中所提到的手术应包括胸腹腔脏器破裂或组织坏死行腔镜等微创手术，不包括清创缝合术、碎骨片清除术、钻孔引流术等手术。

对醉酒合并颅脑损伤的挤压性窒息死亡的分析和认定

赵凯[1]，吉玉强[2]，王广杰[2]

1. 天津市公安局河北分局物证鉴定所 天津 300070
2. 天津市公安局河东分局物证鉴定所 天津 300011

挤压性窒息死是指胸部或腹部受到强烈挤压，阻碍了呼吸运动（主要是横膈运动受限及肋骨运动受限）所引起的死亡。它属于机械性窒息的范畴，以灾害性事故最为常见，偶有以挤压手段致被害人（多见于老、弱、病、残）窒息死亡的，由于其窒息征象比较明显，结合现场分析并排除其他致死因素后便可做出判断。笔者结合实际工作中遇到的一起比较罕见的醉酒后合并颅脑损伤的挤压性窒息死亡的案例对挤压性窒息进行分析和再认识。

1 案情及尸体检验

刘某，男性，25岁，平素体健，于某年2月在辖区内某酒吧大量饮白酒后，因琐事与朋友发生争执并互相撕打起来。在此过程中刘某站立不稳摔倒在地后又被其朋友骑在身下，同时头、面部遭到对方拳头打击、胸部也受到手掌挤压。后围观者将骑在刘某身上的人强行拽开后发现其当时已经没有反应，经拨打120确证刘某死亡。

尸表：尸长175 cm，发育正常，尸斑存在于腰背部未受压处，呈暗红色，指压褪色，尸僵存在于全身各大关节处，尚未缓解。双眼周围皮肤可见散在出血点，角膜轻度混浊，瞳孔等大等圆，直径0.6 cm大小。双眼睑结膜均可见散在出血点。鼻腔、口腔内有少量血迹。双耳腔未见异常。左侧额面部可见皮下淤血，右侧面颊部可见表皮剥脱伴散在皮下淤血，右上臂可见表皮剥脱。

解剖：颅骨未发现骨折，脑膜无破裂出血，大脑表面无出血，脑沟变窄，脑回增宽、变平，双侧海马沟回可见切迹，脑实质存在点状淤血，未发现挫裂伤和血肿。心脏正常大小，各瓣膜周径正常。颈部未见损伤，肌群无出血，气管未见异物，咽喉无水肿，双肺叶间胸膜可见散在出血点，双肺水肿、淤血。腹腔各脏器明显淤血，未见损伤及病变。睾丸未见出血。

镜检：脑血管高度扩张，充盈，血管周围间隙扩大，部分小血管周围可见出血，右枕叶可见小灶性点状出血，脑干小血管周围出血，延髓脊髓未见异常。心脏轻度淤血，冠脉畅通。双肺小血管高度淤血水肿，部

分肺泡腔内出血，细支气管内未见异物，未见炎性反应。肾脏淤血，轻度自溶。肝脏部分肝细胞胞浆疏松，肝糖原减少。脾脏、胰腺、睾丸未见异常。

毒化：心血内检验出酒精成分，含量 1g/L。

2 分析和认定

此例虽然情况特殊，但是笔者仍然认为挤压性窒息应为其死亡的主要原因，醉酒和颅脑损伤在此过程中也都起到了一定的促进作用。一般情况下，人体胸部与腹部受到 50～80 kg 重量挤压后即有可能造成挤压性窒息，其原因主要是由于其胸、腹部受压，呼吸运动受到严重的限制，从而使肺内无法进行气体交换，最终造成呼吸衰竭死亡，其死亡过程由十几分钟至几十分钟不等。

刘某大量饮用白酒，伴随意志力减弱、自制力部分丧失，有情绪激动、易激惹的表现，只因为一点琐事就与朋友发生争执并撕打起来，说明其当时已经处于醉酒状态，所以造成厮打中站立不稳摔倒在地，当其朋友骑到他身上时也失去了反抗能力，客观上已经造成了对其躯体的长时间挤压，同时刘某被人骑在身下，腹部受到他人部分体重压迫，胸部受到他人手掌挤压的时候已经足以达到挤压性窒息的程度，故因此尸检窒息征象非常明显。同时由于醉酒状态造成其中枢神经系统特别是血管运动中枢和呼吸中枢已受到酒精抑制，同时酒精也具有扩张血管、间接增强血管内血液充盈度和抑制凝血的作用。其头部受到拳头打击后造成颅脑损伤与醉酒二者作用共同加速了挤压性窒息的进程，而不足单纯的挤压性窒息的十几分钟，大大地缩短了死亡发生的时间。综合以上分析，我们认为挤压性窒息应为导致刘某死亡的主要原因。

3 对案件侦办的意义

此案发生后死者一方的家属由于道听途说认为死者是人活活打死，特别是得知嫌疑人已经投案后，家属代表聚集到公安机关强烈要求严惩凶手。正是由于法医及时、准确的定性，一方面在把各种检验的结果及时告知家属，并从法医的专业角度进行了耐心、细致的解释工作，使家属消除了怒气和误解；另一方面主动与办案单位沟通，为案件的准确定性提供了及时的技术支持。另外在案件进入刑事诉讼的过程中，为检察院的诉讼人员和法院的审判人员定罪量刑提供了客观、有效的依据，为案件最终得到有效的解决发挥出了法医专业的重要作用。

强奸案中的 DNA 应用

赵清泉[1]，阮少华[2]，宁雪丽[1]

1. 辽宁省鞍山市公安局刑事案件侦查局 辽宁 鞍山 114001
2. 辽宁省大连市公安局刑侦支队 辽宁 大连 116033

鞍山市公安局 DNA 实验室从 2006 年成立至今，共收检强奸类案件两千多起，通过实际检验工作经验，归纳总结出强奸案中一些常见的物证检材，在这些检材上有可能获得嫌疑人遗传信息。

1 混合斑、精斑类检材

强奸类案件最直接的证据就是在被害人阴道拭子中检出嫌疑人的精斑，通常说的"精斑"大部分是混合斑，由女性阴道分泌物和精液组成，有些物证可能会有纯精斑出现，例如避孕套内的精斑就是纯精斑可以直接消化提取。混合斑、精斑类检材可以通过现场勘验、活体采集及尸体检验获得，此类检材是在男性个体性交和自慰射精后形成。通过现场勘验去查找提取嫌疑人可能遗留精液的物证或者射精后加害人、被害人擦拭阴部的物品，这类物证常见的有床单、衣物、卫生纸、避孕套、卫生巾等。通过被害人对侵害过程的叙述，对被害人进行生物物证活体采集；由于被害人恐惧、羞涩而不能叙述侵害过程的，也要尽可能全面采集。这类物证常见的有阴道擦拭棉签，由办案民警领被害人去医院妇科做妇科检查时提取。刑事案件中涉及女性死者的案件，由法医在尸检过程中常规提取阴道拭子、肛周拭子、口腔和其他体表上怀疑有精液存在的皮肤表面拭子。有时被害人去公安局报案时自己提供的内裤、卫生纸，可由办案民警做扣押笔录后送检。实验室检验人员可以通过两步分离法提取精子 DNA，有些案件还会需要检出混合斑中的女性 DNA，可以通过两步分离法提取混合斑中的女性 DNA。

2 唾液斑类检材

此类检材通过现场勘验、活体采集及尸体检验获得，此类检材是犯罪嫌疑人口腔上皮脱落细胞随着唾液转移附着在物证表面形成。通过现场勘验查找可能存在犯罪嫌疑人唾液斑的物证。这类物证常见的有烟蒂、饮料瓶、杯子、咀嚼过的口香糖、食品包装袋、吸管、果皮、果核、痰迹。由医院的医师或者办案单位的女性工作人员对被害人进行活体采集，用湿棉签在犯罪嫌疑人口、舌接触过的部位轻轻擦拭提取。这类物证常见的有皮肤咬痕拭子、口唇周围拭子、颈部拭子、乳头拭子、耳垂拭子。由法医在尸检过程中常规提取乳头拭子、皮肤咬痕拭子、口唇周围拭子、颈部拭子、其他体表上怀疑有唾液斑存在的皮肤表面拭子。这类检材，实验室检验人员可以用 Chelex-100 方法提取。如果存在唾液斑，检出率很高。

3 接触类 DNA 检材

此类检材是案犯皮肤表面的脱落细胞通过接触到物体表面形成。通过现场勘验查找提取嫌疑人可能接触过的地方，由勘验人员用湿棉签擦拭提取或者原物提取。此类物证一般常见的有门把手、灯开关、犯罪现场中的可疑指纹、犯罪嫌疑人携带的作案工具（凶器、绳索、胶带纸等）、犯罪嫌疑人所穿戴的衣物（衣服、裤子、鞋、袜子、手套、帽子、口罩、内裤等）、犯罪嫌疑人在犯罪过程中脱拽的被害人衣物。此类检材大部分属于疑难检材，检验人员最好用硅珠或者磁珠提取。

4 嫌疑人身上的检材

有些强奸案，犯罪嫌疑人很快到案，由办案人员对犯罪嫌疑人进行活体采集，主要目的是在嫌疑人身上提取并检出被害人的遗传物质，使其与案件或犯罪现场联系起来。这类物证常见的有嫌疑人阴茎龟头冠状沟拭子、嫌疑人的内裤、十指指甲。对于检验人员来说，可根据检材性质选择适当的检验方法。

5 其他类检材

结合案情和被害人的叙述，通过现场勘查、法医检验、医院妇科检验的方式，还可以在强奸类案件中提取到其他一些检材。犯罪嫌疑人在作案时受伤，现场勘查时提取到的血迹；现场勘查时发现的可疑毛发；被害人反抗抓伤犯罪嫌疑人，提取被害人十指指甲；强奸导致被害人怀孕，被害人决定终止妊娠的，可以送检流产胎儿，或者分娩后送检孩子的血样，通过亲子关系查找锁定嫌疑人。

6 轮奸案生物检材提取与检测

轮奸案中犯罪嫌疑人多于两人，混合斑中的精子 DNA 容易检出二人以上混合分型，不利于查找锁定嫌疑人。如果混合斑检材很多，检验人员需要对混合斑检材分区域多处提取以加大检出单一个体精斑的概率。结合案情和被害人的叙述，全方位提取检验混合斑、精斑之外其他类检材来获得单一嫌疑人的 DNA 分型。如犯罪嫌疑人及时到位，可以分别采取嫌疑人身上的检材（例如龟头冠状沟拭子、内裤等），如检出被害人DNA，也可以分别锁定嫌疑人。

一起雷击事故的浅析

郑云甫

内蒙古呼伦贝尔市陈巴尔虎旗公安司法鉴定中心　内蒙古　陈巴尔虎旗　021500

1 简要案情

2018 年 6 月 30 日某旗某某苏木刘某某牧羊点发生一起羊倌被雷击案，某旗公安局局长指派刑事技术人员前往现场进行勘验。勘验前据何某某讲：当日上午何某某女婿长某去南山坡放羊刚走，就下了半天雨并听到打雷声，雨后长某很长时间没回去，何某某等人出去找长某，发现长某在山坡草丛中呈俯卧状，将其翻过来后发现已死亡。

1.1 现场勘查及尸体检验

死者为男性，上身穿军用棉袄，下身穿迷彩裤子，脚穿黑色布底鞋，尸体呈仰卧状，面部朝上，头西脚东，脚下草地上有三个不规则圆形坑，坑的直径分别为 30、24、30 cm，掀开棉袄发现衬衣上有似撕裂状的雷击纹，腰带卡扣（铁制）处有电弧烧灼痕迹，附近有不规则圆形孔洞，孔洞周边有黑色物质，透过外裤、衬裤、内裤至皮肤上似烧灼伤，尸斑位于尸体背侧面，大片状暗紫红色，较显著，指压褪色，尸僵尚未形成，角膜透明，瞳孔较大，双眼睑结膜充血颜面皮肤局限性充血，颈部及胸部皮肤充血明显，呈暗紫红色。上身两肩膀处有长条状暗红色纹线，腋下腋毛末端有被烧灼痕迹。阴毛末端有被烧灼痕迹，全身未检见骨折。

1.2 解剖所见

头皮下弥漫性帽状腱膜出血，颅骨无骨折，硬脑膜外、硬脑膜下无出血，蛛网膜下腔充血；其他大部分脏器呈淤血状；血液呈暗红色，流动性；躯干及四肢骨无骨折。

2 讨论

雷电是带有大量电荷的云层与云层间或云层与地面间，在极短的时间内产生的巨大自然放电现象，放电可造成树焚房塌、人畜伤亡。有统计显示，44%~60%着雷击者当即死亡。雷电通过对人体的直接电流作用、超热作用以及空气膨胀导致的机械性损伤作用，可造成多种形式的损伤，而对人体危害最大的是电流的直接作用。此外，闪电电弧可使大气温度骤升，导致爆炸性膨胀作用，可使固体物碎裂。雷击死者常常由于强大电流的直接冲击作用，导致心脏或神经中枢麻痹而死，并伴有不同程度和不同类型的损伤，如烧伤、机械性损伤等。由于闪电电弧的爆炸性膨胀作用，可致衣服破撕裂；电的电弧热作用，可致人体皮肤毛发烧伤或烧焦，甚至可使随身携带的金属物品出现熔化或磁化现象。

本例中尸体检验检见明显的衣着破损撕裂痕迹，这是由于闪电电弧的爆炸性膨胀作用所致。同时尸检见腋毛及阴毛呈烧焦状变色，质易断，捻之即碎，这是由于雷电的电弧热作用所致；而且在死者上身两肩膀处皮肤检见有长条状暗红色纹线，形态范围模境界不消，状似电击纹，但不典型。这是由于巨大闪电电流通过人体时导致局部轻度皮肤烧伤及皮下血管麻痹扩张所致。由于死者身上衣着、鞋袜较为潮湿，且周围空间空气及地表湿度较大，导致电阻减小，而且，通过人体体表的面积相对增大。本例死者身上损伤分布范围较广，形态多样，既有死者衣着的破损撕裂烧灼，又有腋毛及阴毛的烧焦、变色，还有死者身上局限性皮肤血管扩张淤血所致的充血印痕。

根据上述检验所见，结合调查走访，排除其他可能的死因，本例符合空旷地带雨中或雨后，由于雷电的作用，加之死者身上衣着鞋袜被雨水淋湿的特定状况，在雷电云层与地面之间充分构成了雷电通路，造成该人被雷击致死的结果。通过及时勘验现场，尽快检验尸体，详细进行尸体检验，查看典型与非典型的尸体征象，在现场周围走访查找知情人，了解事发时是否有雷击现象发生，然后综合分析判断，是确定本例案件性质的关键所在。

一起窒息死亡误鉴为心脏间叶瘤破裂死亡

郑正

安徽省人民检察院 安徽 合肥 230000

1 案情摘要

2017年3月1日，公安机关接到报案称被害人王某（女，24岁）在犯罪嫌疑人位于城内某小区的家中头部受伤，后经120送至医院时宣布死亡。该案有若干疑点，在社会上引起广泛关注，影响恶劣。

2 资料摘要

2.1 某公安局尸体检验情况摘要

尸体解剖：死者左枕部、右额角、左额部皮肤挫伤；面部和两眼睑皮肤广泛点状出血，两眼睑结膜和球结膜出血，上下唇黏膜挫伤、淤血，右侧口腔黏膜淤血，下颌缘处皮肤淤血；右侧颈部有 1.5 cm×3.0 cm 片状皮肤淤血；胸腹部右乳头、左乳头、胸骨左侧、左胸肋缘处有数处陈旧性皮肤擦伤；右肩胛上方有 3.0 cm×3.0 cm 不规则片状皮肤淤血；两下肢有片状皮肤淤血。开三腔后见右侧胸锁乳突肌内侧软组织出血；喉头充血水肿；两肺淤血；心包完整，心包内积血填塞，有大量不凝血液，心脏左室壁有 0.7 cm×1.7 cm 破裂口。

病理检查：脑、肺、脾、肾淤血；肺泡扩张并大泡形成；心脏裂口周边心肌纤维细胞增粗，排列紊乱，部分成团状，部分细胞内肌纤维少成均质样改变，部分细胞内少量黏液成分堆积，较符合心肌间叶瘤等病理学特征；结论：左室间叶瘤并破裂。

毒物检验：死者心血中未检出毒鼠强、甲拌磷、对硫磷和敌敌畏成分，可排除上述毒物中毒死亡。

2.2 原鉴定意见

原鉴定分析意见：死者系遭受捂闷口鼻和扼掐颈部引起机械性窒息时，因回心血量增多，血压升高，引发心脏左室间叶瘤破裂从而导致死亡。

3 办案过程

3.1 审查过程

接到公诉部门委托后，技术部门法医高度重视，立刻对检验鉴定书和法医病理检验报告书进行技术性证据审查。经审查发现，原公安机关认为死者心脏左室间叶瘤破裂导致死亡的鉴定意见依据存疑。鉴于此结论对量刑定罪有重大影响，与公诉部门讨论案情后，法医和承案检察官主动到该案件的侦查部门调查了解相关情况，到原案病理报告的出具部门调取死者脑、心、肺等检材病理切片，联系权威法医病理专家对检材病理切片进行重新会检，最后出具技术性证据审查意见书。

3.2 检验过程

（1）关于病理结论：原案鉴定意见认为死者存在心脏间叶瘤，以此作为被害人死亡的重要病理基础。新的病理会检否定了这一说法。从镜下看到，死者左心室破裂口处心肌纤维断裂、排列紊乱，有些肌组织被红细胞包裹，部分心肌纤维及红细胞呈自溶改变，破裂口心内膜下可见透明均质物附着，部分心肌纤维呈波浪状收缩及断裂改变，部分见水疱变性。心肌间质血管淤血，部分区域有灶性出血。未见肿瘤细胞成分，也未见心肌坏死及炎细胞浸润。

（2）关于死者胸前损伤：根据原案尸检照片，死者左胸部损伤无生命特征，胸部软组织及肋骨均未见生前损伤。综合分析案情，死者曾有120送医史，且左胸部损伤呈一定形态，不排除抢救时电击片接触所致。

（3）关于死亡原因分析：病理会检也对死者肺组织切片等进行了重新检查，镜下可见死者全肺大部分肺泡断裂融合成大泡，少数肺泡水肿、灶性出血，细支气管痉挛收缩，间质血管淤血，少数静脉内见透明血栓形成，支气管及会厌部黏膜结构疏松水肿，灶性淤血、炎症。

结合尸检照片、原案尸表检查结果、病理会检结果及案情，可知死者有明确的典型的一般窒息征象，有口部及颈部遭受捂压和扼压的窒息方式，可排除因肿瘤破裂致心脏压塞死亡，符合因口部及颈部遭受捂压和扼压致机械性窒息死亡。

4 办案效果及经验总结

病理诊断是死因鉴定的核心和基础。经充分讨论，我处法医做出技术性审查意见后，再次与某医学院司法鉴定中心暨原案病理报告的出具部门进行了沟通，该部门同意我处法医意见，并根据该意见撤销原报告。公诉部门根据我处法医的死亡分析意见提出控诉，被法院采纳。

面对重大敏感案件，检察机关技术人员应积极参与办案，用技术办案积极履行法律监督职能，为法庭提供客观公正的技术性证据。办案中，一要认真全面进行实质性技术性证据审查；二要注重与包括承案检察官及公安等部门的沟通，全面了解案情，为处理问题提供行之有效的意见；三要借力用好系统外优质资源，为办好案件提供强大技术支持和保障。

超声检查在对刺裂创鉴定的意义

钟凌，王英琦，许赛英

复旦大学上海医学院司法鉴定中心 上海 200083

1 案例资料

1.1 案情

2019年6月13日，张某被人用小刀刺伤，警方要求对其进行损伤程度鉴定。

1.2 病史（2019年6月13日）

张某因刀伤致左前臂疼痛流血1 h余就诊。医院检见伤者左前臂桡侧近肘部有一长约3 cm的伤口，伤口边缘整齐，伤口深度约3.5 cm，可见较多流血，左前臂感胀痛，左前臂无麻木，桡动脉搏动明显。临床诊断：左前臂外伤（刀扎伤）。予清创缝合。

1.3 本室检查及超声检查结论

2019 年 6 月 20 日，本中心法医对伤者检查见伤者左前臂上段桡侧近肘部有皮肤裂伤，长 1.3 cm，其中缝创长 0.5 cm，左肘、腕关节活动可，左手指血供、感觉及活动正常。其间本中心法医为了明确刺创的深度及内部血肿等情况，安排了伤者进行超声检查。2019 年 6 月 21 日伤者的超声检查提示：左前臂近肘部伤口处后方肌筋膜见连续中断，肌层回声欠均匀，距体表 16 mm 处见无回声，大小 12.0 cm×8.0 mm，边界清，形态规则，内回声欠均匀，未见血流信号（表浅组织长度 0.404 cm）。

2 讨论

2.1 超声诊断可显示检查人体不同部位组织病理和损伤情况

本中心法医为了明确本案伤者刺创的深度及内部血肿等情况，运用了超声检查加以判断。超声诊断学作为一门独立的学科，利用人体不同部位的组织类型之间以及病理、损伤组织之间声波特点的差异，以图形、数字及声音等组成显示，它不仅可显示人体器官组织的断面、解剖结构，而且可显示组织病理、损伤形态的改变，据此提示所显示检查人体不同部位组织病理和损伤的情况。

2.2 鉴定结论

本案伤者被小刀刺伤后到医院验伤，由于医院医生在验伤检验时对伤者刺创的长度、深度等均是目测，且伤者来本室法医损伤程度鉴定时已距刀刺伤缝合后 8 d。本中心法医测量伤者的皮肤裂伤长 1.3 cm，其中缝创仅 0.5 cm，按照人体损伤程度相关条款，构不成轻微伤，但本案伤者左前臂的刺创究竟有多深，况且《人体损伤程度鉴定标准》中 5.10.5 b）款项明确规定刺创深达肌层可构成轻微伤，为此法医考虑到运用超声学进行检查，来明确伤者刺创的深度和血肿情况。经超声检查显示伤者左前臂刺创的创道、深度及血肿等情况，刺创深度（1.6 cm）大于皮肤软组织深度（0.4 cm），显示刺创深达肌层，肌筋膜连续中断及深部血肿的范围、边界、形态。以此为依据，本中心法医根据《人体损伤程度鉴定标准》相关条款对伤者的刺创出具了轻微伤的结论。

2.3 鉴定体会

本中心法医通过对此案刺创的损伤鉴定，体会到：《人体损伤程度鉴定标准》附则第 6.5 条规定，盲管创、贯通创，其创道长度可视为皮肤创口长度，并参照皮肤创口长度相应条款鉴定损伤程度。而在《法医临床检验规范》中也记载了可以使用超声检查或其他影像学方法明确创道深度。在锐器刺创损伤的此类案件中，可以借助超声或者 MRI 检查来进行帮助明确锐器刺创的深度、创道及创腔内部等情况，而超声检查与 MRI 检查相比，超声检查更便捷、快速。通过观察创道中血流信号的多少、创道中及创道周围组织回声区域的形态与强弱，有助法医来了解人体损伤的时间、愈合等情况，同时也可借助来区别新鲜和陈旧性损伤等。法医鉴定人在临床法医实际的鉴定过程中，运用掌握阅读超声图像具有重要意义，从而可以得出客观、公正的鉴定意见。

外伤性颈内动脉海绵窦瘘并假性动脉瘤法医临床鉴定 1 例

周鹿希，李志艳，唐双柏

中山大学法医鉴定中心 广东 广州 510080

1 案件资料

1.1 简要案情

李某，女，44 岁，于 2019 年 8 月 18 日因交通事故受伤。经临床治疗终结后，由某法院委托要求按《人体损伤致残程度分级》标准对其进行伤残等级评定，并分析颈内动脉海绵窦瘘并假性动脉瘤与交通事故的因果关系及参与度。

1.2 病历摘录

据被鉴定人伤后病历记载：2019 年 8 月 18 日李翠平因患者因"车祸致伤头部 3.5 h"入院。于 2019 年 8 月 19 日行"左侧开颅探查、血肿清除、颅底重建、脑脊液漏修补、颞叶切除、硬膜外下引流、去骨瓣减压、右肘清除缝合术"及"开颅探查、脑内血肿清除、额颞叶切除、硬膜修补、硬外下引流术"。2019 年 12 月 2 日再次入院，体查见"神清，对答不切题，口齿欠清。左侧上肢肌力 5 级，左下肢肌力 5 级，右上肢肌力约 1 级，右下肢肌力 1 级，四肢肌张力大致正常，右侧病理征（+/-）"等体征。2020 年 4 月 22 日被鉴定人因"突发右眼肿胀伴眼睑下垂 1 d"入院，体查见"神志清楚，反应迟钝，运动性失语。右眼肿胀，伴有眼睛分泌物流出，右眼可闻及吹风样杂音。右眼瞳孔未能评估，左眼瞳孔直径约 4 mm，对光反射迟钝。颈软，四肢肌肉形态正常，四肢肌张力正常，右上肢肌力 1 级，右下肢肌力 4 级，左侧肌力 5 级，双侧巴宾斯基征阴性"等体征，行"全脑血管造影术+左侧颈内动脉海绵窦瘘并假性动脉瘤栓塞术"，术中见左侧颈内动脉海绵窦瘘伴假性动脉瘤。出院诊断：①左额颞顶部硬膜下血肿；②蛛网膜下腔出血；③左侧额颞叶、右侧额叶脑挫裂伤；④左侧额颞顶叶脑梗死；⑤左侧颈内动脉海绵窦瘘并假性动脉瘤；⑥运动性失语；⑦右眼动眼神经麻痹；⑧右侧肢体偏瘫。

1.3 法医学检查

法医检见被鉴定人头颈部瘢痕形成；完全运动性失语；右眼眼球活动障碍；右侧肢体关节稍僵硬，右手大小鱼际肌肉萎缩，右踝关节内翻畸形，右踝部带有矫形器；右上肢近端肌力 3 级，远端肌力 1 级；右下肢近端肌力 3+级，远端肌力 1 级。右侧肢体腱反射稍亢进，右侧霍夫曼征（+）、巴宾斯基征弱阳性。阅送检 CT 片见：①左额颞顶部硬膜下血肿，脑中线右侧移位；②蛛网膜下腔出血；③左侧额颞叶、右侧额叶脑挫裂伤；④右颞顶枕部皮下血肿；⑤左侧额颞顶叶片状脑梗死形成；⑥左侧大脑中动脉起始段重度狭窄，远端闭塞；⑦左侧大脑前动脉 A1 段明显狭窄，A2 段动脉瘤样扩张；⑧双侧额叶及左侧颞顶枕叶大面积脑软化灶形成，局部脑萎缩，左侧脑室明显扩张积液。

2 讨论

颈内动脉海绵窦瘘按病因可分为外伤性（75%~85%）和自发性（25%以下）。Barrow 根据颈内动脉海绵窦瘘的脑血管造影及治疗方法分为 A、B、C、D 四型，A 型为颈内动脉海绵窦瘘，常见于外伤。自发性颈内动脉海绵窦瘘多伴有自身血管畸形、动脉瘤、动脉炎、动脉冲粥样硬化等自身病史。外伤性颈内动脉海绵窦瘘最多见于闭合性颅脑创伤所致的颈内动脉壁挫伤和点状出血而形成的假性动脉瘤破裂。一般海绵窦颈内动脉受伤后，会出现两种情况：①动静脉瘘；②动脉瘤。前一种远比后一种多，当海绵窦内颈内动脉壁受到损伤，该部由于受到血液冲击而逐渐扩张，形成动脉瘤，若动脉瘤破裂则成为海绵窦动静脉瘘。若受伤血管周围机化形成动脉瘤壁，则造影上也显示为囊形动脉瘤的形态，为假性动脉瘤。外伤性颈内动脉海绵窦瘘由于具有一定个体差异的进展性，患者的就诊时间据报道为伤后 1 h~20 个月不等。

综合被鉴定人病历材料，未审查发现被鉴定人存在明显的血管畸形、动脉瘤、动脉炎、动脉冲粥样硬化等自身病史。且被鉴定人存在严重的颅脑外伤史，其左侧颈内动脉海绵窦瘘影像学分型属于 Barrow A 型。考虑此次交通事故外力使被鉴定人脑组织受剪切力和冲击力的作用发生应变，撕裂海绵窦硬脑膜，过度牵拉窦内颈内动脉，致使颈内动脉发生扭曲并受损，逐步形成外有海绵窦结缔组织小梁包裹的囊性血肿，随着时间的推移及动脉血流的持续冲击，囊性血肿最终破溃形成外伤性颈内动脉海绵窦瘘与假性动脉瘤。外伤性颈内动脉海绵窦瘘与假性动脉瘤应与交通事故外伤有直接因果关系。根据《人体损伤致残程度分级》5.4.1 3）及 5.5.1 2）条规定，被鉴定人颅脑损伤后遗右侧肢体偏瘫肌力小于 3 级符合四级残疾；颅脑损伤后遗完全运动性失语符合五级残疾。

对一起寻衅滋事案中涉伤病关系的技术性证据审查

周万红

重庆市沙坪坝区人民检察院 重庆 400030

1 基本案情

2018 年 1 月 4 日凌晨 2 时许，出租车司机王某与醉酒乘客范某等 4 人发生驾乘纠纷后被殴打倒地，之后被送医诊治，诊断：①急性脑梗死（右侧大脑半球）；②右侧大脑中动脉闭塞；③双肺肺炎；④左侧肘部软组织挫伤；⑤颈部血管斑块。公安机关鉴定认为："王某颈部外伤不明显，头枕部外伤轻微，脑梗死部位在右额颞顶区，伤后 30 min 内出现左肢乏力，结合颈部血管彩超发现既往有颈内动脉硬化，故分析认为王某脑梗死与外伤无直接因果关系，不宜进行损伤程度评定。"后以寻衅滋事罪将上述范某等 4 人移送检察院审查起诉。

2 技术性证据审查经过

检察机关受案后将技术性证据送交法医审查。法医对鉴定及医学资料进行审阅后注意到：1月4日头颅CT示，右侧大脑中动脉M1段中段以远未见显影；1月5日头颈部MRI示，右侧额颞顶叶大片急性脑梗死；1月6日颈部血管彩超示，右侧颈动脉窦前壁靠颈内动脉起始段内中膜毛糙、局限性增厚，较厚处2.8 mm，左侧颈动脉窦部内中膜毛糙，较厚处1.2 mm。据此证实王某存在右侧颈动脉血管粥样斑块、右侧大脑中动脉闭塞、右额颞顶叶急性脑梗死等病理性改变。

为细致分析伤病关系，法医调阅监控录像发现：王某反复被人推搡，并被人用较强大力量拉推倒地，王某倒地后站起、行走，仍被人推搡，持续约7 min后王某出现步态不稳、自行摔倒的情况。

经了解案情，在纠纷时王某有被人从后面用手卡住脖子将其摔倒和被人用肘部击打右侧头面颈部区域的情况。最后法医提出：王某右颈动脉粥样硬化斑块是受到较大暴力后出现破裂、脱落，进而导致右侧大脑中动脉闭塞并造成右侧额颞顶叶急性脑梗死。故做出"建议进行重新鉴定"的审查意见。

遂检察官对王某的伤情实施了重新鉴定。鉴定意见：①王某自身病变（右颈动脉粥样硬化斑块）与外伤为右大脑中动脉闭塞、右颞顶叶脑梗死的共同因素；②王某损伤程度属轻伤二级。为慎重起见，检察官将该案件提交某市专家咨询委员会进行论证。最终，专家咨询意见与重新鉴定的意见一致。

3 案件的启发

3.1 法医审查伤害类案件需要较强的专业知识和逻辑分析能力

本案被害人案后就诊发现右颈动脉粥样硬化斑块，系其本身疾患。同时发现的右侧大脑中动脉闭塞、右额颞顶叶急性脑梗死，与其颈动脉粥样硬化斑块均属同侧，从斑块的大小、厚度等分析，右脑的病理性改变能够由破裂、脱落的硬化斑块所造成。结合右侧头面颈部区域被较大暴力打击、打击后仅数分钟即出现步态不稳、摔倒等症状，其右颈动脉粥样硬化斑块的疾患、颈部被较大暴力打击和右侧大脑中动脉闭塞、右额颞顶叶脑梗死，三者之间有着内在的关联性。

3.2 检察官审查伤害类案件时要充分考虑被害人自身疾病因素

检察官在审查人身伤害类案件时，要在思想上建立伤病共存的意识，考虑到被害人是否存在自身疾患可能，在审查案件时有意识的加以注意；要注意结合案件调查情况，灵活运用监控等信息技术手段，力求重建案发情况；要注意全面收集、细致审查各类病历资料，充分了解既往病史，及时发现疾病问题；要坚持开展技术性证据审查工作，充分运用法医的专业知识来发现和解决伤病关系问题，从而查明案件真相，确保案件质量。

3.3 法医应审慎全面审查伤害类案件中可能存在的伤病关系

自身患有疾病的情况下遭受暴力伤害，评价疾病与暴力共同作用所产生的结果，需要法医工作者进行科学的分析研判，如外伤下患高血压的昏厥、患骨质疏松的骨折、患中耳炎的鼓膜穿孔等情况。关于损伤与既往伤/病共同作用问题，虽然《人体损伤程度鉴定标准》有条文进行了规定，但较为笼统，国内现行资料或工作实践也无明确细化、量化的方法，因此需要法医工作者既要有扎实、丰富的业务知识，也要有全局、逻辑的分析能力。

先天性室间隔缺损猝死法医学鉴定1例

周哲

辽宁省沈阳市人民检察院 辽宁 沈阳 110002

1 案情资料

死者王某，男，17岁。某日，在网吧内与他人发生纠纷，随后嫌疑人纠集多人将死者围住，在撕扯过程中，嫌疑人使用匕首抵住死者胸部时，死者突然倒地并失去意识，急救到达现场时王某已死亡。

2 法医学检验与鉴定

死亡2 d后进行系统尸体解剖检验。

尸表检验：胸部正中于胸骨柄下方5 cm处见一0.4 cm×0.4 cm类圆形浅表创口，创口周围伴2.5 cm×2 cm皮下出血。余体表未见损伤。

解剖检验主要所见：胸部体表创口深达皮下肌层，局部见 3 cm×2 cm 肌肉出血，对应处胸骨未见损伤。心包完整，心外膜完整。心脏重 363 g，心包腔内充满暗红色血液。三尖瓣周径 12 cm，肺动脉瓣周径 9 cm，二尖瓣周径 10 cm，主动脉瓣周径 7 cm，左室壁厚 1 cm，右室壁厚 0.4 cm，室间隔厚 0.8 cm。左右冠状动脉开口通畅，各级分支未见狭窄。主动脉瓣下方室间隔膜部见 2.0 cm×1.5 cm 类圆形缺损致左右心室腔相通，缺损边缘光滑钝圆，周围心内膜、室间隔未见出血。肝重 1249 g，表面及切面弥漫散在大小不等粟粒性结节。脾重 254 g，体积明显增大，切面淤血状。

组织病理学主要所见：心内膜增厚，心肌纤维横纹不清，片状心肌纤维断裂，部分心肌纤维波浪样弯曲。心肌间质间隙增宽，散在小灶状纤维瘢痕。冠状动脉未见异常。肝小叶间纤维结缔组织明显增生，呈条索状将肝小叶分割包裹成大小不等假小叶，增生纤维结缔组织宽窄不均，其间散在灶状淋巴细胞浸润，肝窦空虚。其余各组织、器官主要呈脑水肿、肺水肿、肺泡内出血、多脏器淤血等改变。

毒药物检验：死者心血、胃内容物中未检出乙醇、毒品、农药、剧毒鼠药、巴比妥类药物、苯二氮䓬类药物、吩噻嗪类药物及抗癫痫药物。

法医学鉴定意见：死者系因先天性室间隔缺损导致急性心功能障碍死亡；死者死前与他人撕扯过程中所致情绪激动及惊吓等精神心理因素符合本例死亡诱因。

3 讨论

3.1 根本死因的认定

室间隔缺损（ventricular septal defect，VSD）是常见的先天性心脏畸形之一，占先天性心脏病的 20%～30%，可单独存在，也可为复杂先天性心血管畸形的一部分。随着医学诊断技术的不断提高，室间隔缺损的发病率呈上升趋势，目前已位居我国主要先天畸形的第三位。室间隔缺损通常被认为是无生命危险的，可自行闭合或及时手术治疗，但仍有 16%～31% 的患者发生心律失常，严重者可导致猝死。目前，室间隔缺损猝死的相关案例报道多集中于儿童或新生儿，青壮年因 VSD 猝死的报道罕见。

本例尸体解剖发现死者室间隔膜部存在 2.0 cm×1.5 cm 缺损，缺损边缘光滑钝圆，周围心内膜、室间隔未见出血，符合先天性室间隔缺损的病理学改变，死者肝硬化、脾肿大亦符合因先天性室间隔缺损造成长期血流动力学改变及循环障碍所致的相应继发病理变化。同时，除心、肝、脾外的其他器官、组织未检见原发性致死性疾病存在，尸体解剖、组织病理学检验及毒化检验排除了损伤、中毒致死的可能性。因此，本例死者符合因先天性室间隔缺损导致急性心功能障碍引发猝死。

3.2 诱因的认定

诱因（predisposing cause）即诱发身体原有潜在疾病恶化而引起死亡的因素。常见的诱因包括剧烈运动或劳累；情绪激动或紧张、惊吓；饮酒过量；轻微外伤；高热或低温；性交；饱食；某些药物或毒品作用等。

诱因具有以下三个特点：①诱因本身的作用是显著轻微的，不足以使被作用的人体发生程度显著的疾病、损伤或死亡，如果外伤参与诱因构成，那么外伤应该在轻微伤的范畴；②受诱因作用的人体存在足以致死的自身潜在或代偿状态下的疾病（包括特异性体质）；③诱因或死亡的发生在时间上紧密相关。

根据上述诱因的特点，对比法医学检验所见，本例的鉴定结论将与他人撕扯过程中所致情绪激动及惊吓等精神心理因素认定为死亡诱因依据充分。首先，死者存在足以致死的先天性心脏缺陷——较大面积的室间隔缺损，并因长期血流动力学改变及循环障碍继发了严重的肝脾病变。其次，尸体解剖检验未发现达轻伤及以上标准的损伤存在。对于争议焦点——死者胸部被匕首刺中是否为本例死因，通过尸检证实，死者胸部创口微小，创腔浅，对应处胸骨、心包、心脏均未受损，该损伤符合具有较锋利尖端的致伤物（匕首）以其尖端作用所致，但其损伤程度轻微，不足以构成本例死因，该损伤导致死者遭受惊吓以及在撕扯过程中引发情绪激动等精神心理因素，可以诱发其先天性心脏缺陷（在代偿状态下足以致死的原有疾病）引起急性心功能障碍而死亡。最后，诱因刺激所引起的应激反应，几乎都是即刻和在诱因作用时间内发生的，这与本例迅速死亡的现场特点相一致。

法医临床中断指再植的手功能鉴定的回顾性研究

蔡杰，王博，徐玉钊，宋涛，陈建华，邓建强

海南医学院法医鉴定中心/海南省热带法医学司法鉴定工程研究中心/海南省院士工作站（热带法医学）/海南医学院法医学教研室 海南 海口 571199

1 目的

分析涉及断指再植相关法医临床案件鉴定的注意和影响因素。

2 方法

收集海南医学院法医鉴定中心2016—2021年间涉及断指再植的鉴定案例，对其临床病历和影像学资料片、法医学查体所见进行复阅，对临床影像学资料中再植体的手缺失、损伤相关数据进行测量与再计算，综合进行断指再植后手部功能丧失程度的评价分析。

3 结果

共收集到涉及断指再植的法医临床鉴定案例22例，其中仅伴有手部分缺失的7例，仅伴手部活动功能受限的6例，手部分缺失合并功能受限的9例；鉴定时以手功能受限为依据的15例，以手部缺失为依据的有7例。影响评定的因素主要有：局部愈合、瘢痕形成、神经肌腱损伤、治疗与鉴定时机、指关节功能测量准确度、健侧情况等。

4 结论

在涉及断指再植致使手功能缺失的法医临床鉴定中，必须对断指再植造成的手缺失和功能受限情况予以整体考虑，应当充分考虑受伤部位、瘢痕形成、神经肌腱损伤的严重程度、术后恢复与鉴定时机等，并测量健侧进行对比，从骨折、软组织损伤、神经损伤、瘢痕形成等方面分析损伤基础，审慎鉴定。

足弓结构破坏法医学鉴定中影响因素的分析性研究

王博，蔡杰，徐玉钊，曲一泓，陈建华，邓建强

海南医学院法医鉴定中心/海南省热带法医学司法鉴定工程研究中心/海南省院士工作站（热带法医学）/海南医学院法医学教研室 海南 海口 571199

1 目的

依据《人体损伤致残程度分级》标准，分析在足损伤的法医临床学案件鉴定中，对足弓破坏的认定和评定策略，以及影响因素。

2 方法

收集2016—2021年间海南医学院法医鉴定中心涉及足部损伤足弓结构破坏的鉴定案例，对其病历资料和影像学片（胶片或原始电子文件）进行复阅，人工测量计算足部弓角、外弓角、前弓角、后弓角四个角度，并对足弓结构的完整性进行综合分析，与临床影像学报告中关于足弓的测量数据进行对比。

3 结果

共收集到涉及足部损伤的案例105例，其中45例鉴定涉及足弓结构破坏，18例应用足弓角度测量值作为鉴定依据。对足弓结构破坏的准确测量产生影响的因素包括：法医学检验和临床摄片中相关解剖学测量点的选择；对足弓解剖结构的熟悉程度；测量技巧；摄片的体位、角度、负重与半负重摄片的采用等摄片特殊要求的执行情况；足部其他损伤对足弓评定综合评定的影响等。

4 结论

足弓结构影像学片的摄片操作的规范性、解剖测量点的准确性进行评价，是影响足弓评定的最重要影响因素，临床检验报告的采用必须采取审慎原则，如不满足要求则需通过重新摄片来满足法医学需要，避免盲目采信临床影像学检验数据。检验中应当全面综合考虑足部结构的整体损伤。